Le Livre de Word, Excel, PowerPoint, Outlook & OneNote 2010

Jean-François Sehan

FIRST
> Interactive

Le Livre de Word, Excel, PowerPoint, Outlook & OneNote 2010

60, rue Mazarine
75006 Paris – France
Tél. 01 45 49 60 00
Fax 01 45 49 60 01
E-mail : firstinfo@efirst.com
Web : www.editionsfirst.fr

ISBN : 978-2-7540-2039-8
Dépôt légal : Août 2010
Imprimé en France par Hérissey à Évreux (Eure) - N° 119696

Mise en page : Catherine Kédémos
Suivi éditorial : Emmanuelle Mary

Vue d'ensemble

Table des matières

Chapitre 29. Illustrer vos feuilles de calcul 587

Chapitre 30. Mieux connaître les formules et les fonctions 601

PARTIE III. POWERPOINT 2010

PARTIE V. ONENOTE 2010

Annexes

Présentation

Vous venez d'acquérir la « bible » indispensable à l'usage optimal de la suite Office 2010. Mais savez-vous que sous cette appellation inconnue de beaucoup, se cachent les programmes les plus célèbres du marché ?

En effet, Office regroupe un ensemble de logiciels dont les noms, vous seront, eux, tout à fait familiers. Word, le célébrissime traitement de texte, et Excel, le tableur sans conteste le plus performant dans son domaine, en font partie. Outre ces deux « géants », Microsoft, avec la suite Microsoft Office, vous offre une série de logiciels dans leur toute dernière version. Vous trouverez donc, en achetant Office Famille et Étudiant, Word et Excel, mais aussi PowerPoint, un logiciel de présentations et OneNote un « pense-bête » informatique. Si vous avez opté pour la version d'Office Famille et Petite Entreprise, vous bénéficiez en plus d'Outlook, un gestionnaire de courrier électronique et de rendez-vous.

Le ruban, apparu avec la version précédente, continue de servir de fil conducteur commun aux différents programmes, y compris dans OneNote qui en était jusqu'ici dépourvu. Innovant en matière de conception des interfaces de logiciels, le ruban remplace dorénavant les menus, barres d'outils et autres volets de tâches. Son système de fonctionnement est basé sur des onglets composés de groupes contenant les divers boutons de commandes. La nouvelle version permet de personnaliser le ruban en créant des onglets « sur mesure » composé de vos commandes préférées.

Microsoft a aussi considérablement amélioré le temps de chargement des applications dont l'ouverture est, aujourd'hui, quasiment instantanée !

À qui est destiné ce livre ?

Ce livre, destiné aussi bien aux utilisateurs initiés qu'aux débutants, a pour but de vous faire découvrir les centaines de fonctions que recèle chacun des logiciels contenus dans Office. Détaillé et précis, grâce à des explications claires et des exemples concrets, il est l'outil indispensable pour apprendre sereinement et réussir à maîtriser rapidement les possibilités innombrables qu'offre ce produit riche et complexe. Cet ouvrage se propose donc de vous servir de guide à travers les étapes de votre découverte.

Dans un souci pédagogique, toutes les actions à réaliser sont décrites étape par étape, et, quand cela est nécessaire, complétées par des copies d'écrans. De plus, des paragraphes spécifiques vous fournissent des informations sur les termes employés, des conseils d'utilisation ou des astuces pour aller plus loin.

Contenu de ce livre

Le chapitre d'introduction fait un tour d'horizon des éléments communs aux applications Office : ruban, barre d'accès rapide et aide en ligne.

Ce livre est ensuite divisé en 5 parties contenant chacune 1 à 17 chapitres.

Partie I – Word 2010

Cette première partie est consacrée à Word.

Le *chapitre 1* présente l'interface de Word et ses modes d'affichage.

Le *chapitre 2* vous expose la saisie des textes de vos documents, ainsi que l'enregistrement de ces derniers.

Le *chapitre 3* traite de la recherche et du remplacement de textes, ainsi que des corrections orthographiques et grammaticales. Il propose aussi la traduction en langue étrangère.

Le *chapitre 4* est consacré à la mise en forme des caractères et le *chapitre 5* à celle des paragraphes.

Le *chapitre 6* vous explique dans la mise en page des documents et leur impression sur papier.

Le *chapitre 7* vous donnera toutes les indications pour mettre en page vos documents avec des sections.

Le *chapitre 8* s'intéresse à l'utilisation des styles pour mettre en page plus facilement vos documents.

Le *chapitre 9* vous dévoilera l'utilisation des thèmes et des modèles pour créer des documents de qualité professionnelle en quelques clics.

Le *chapitre 10* vous montrera l'encadrement et les tramages des paragraphes et des pages.

Le *chapitre 11* est consacré à la réalisation des tableaux.

Le *chapitre 12* traite de l'illustration avec des dessins, des images et des clipart.

Le dernier chapitre de cette partie regroupe une multitude de trucs et d'astuces pour peaufiner vos documents.

Partie II – Excel 2010

Cette deuxième partie est dédiée à Excel.

Le *chapitre 14* présente l'interface, les classeurs et les feuilles, le ruban, la barre d'accès rapide ainsi que l'aide en ligne.

Le *chapitre 15* vous propose de saisir des données dans vos feuilles de calcul.

Le *chapitre 16* rentre dans le vif du sujet : la réalisation de calculs, premier but d'Excel.

Le *chapitre 17* est consacré aux incontournables : la gestion des classeurs (enregistrement, ouverture, *etc.*), la gestion des feuilles (ajout, copie, *etc.*) et la gestion des cellules (sélection, insertion, *etc.*).

Le *chapitre 18* traite de la mise en forme pour présenter vos tableaux sous des aspects plus conviviaux.

Le *chapitre 19* est dédié à l'impression, moment tant attendu pour coucher sur le papier vos feuilles de calcul.

Le *chapitre 20* propose de gérer vos données sous forme de tableaux pris en charge par Excel, ainsi que le tri et le filtrage.

Le *chapitre 21* vous explique comment lier vos données entre vos feuilles ou vos classeurs, regrouper vos données, ou masquer les détails de vos calculs pour n'afficher que les résultats importants.

Si vous n'avez pas trouvé de fonction adaptée, le *chapitre 22* vous apprendra à résoudre des problèmes avec le solveur.

Le *chapitre 23* est réservé aux tableaux croisés dynamiques, un outil très puissant pour synthétiser vos données.

Le *chapitre 24* vous apprendra à protéger et à vérifier vos précieuses données.

Le *chapitre 25* vous donnera toutes les indications pour créer des graphiques et les modifier.

Le *chapitre 26* se consacre aux graphiques croisés, prolongement logique de vos tableaux croisés réalisés au chapitre 23.

Le *chapitre 27* vous apporte les solutions pour aller plus loin dans vos graphiques.

Avec le *chapitre 28*, vous saurez tout sur les graphiques boursiers.

Le *chapitre 29* vous dévoilera l'illustration de vos feuilles avec des dessins, des images ou des graphiques SmarArt.

Le dernier chapitre de cette partie vous permettra de mieux connaître les fonctions et les formules.

Partie III – PowerPoint 2010

Cette troisième partie est dédiée à PowerPoint.

Le *chapitre 31* présente l'interface de PowerPoint et ses différents modes d'affichage, ainsi que la création de diapositives.

Le *chapitre 32* est consacré à la modification et la mise en forme des diapositives.

Le *chapitre 33* vous explique la mise en forme des présentations avec des thèmes et des modèles, ainsi que la configuration des diaporamas.

Le dernier chapitre de cette partie vous donne les solutions pour améliorer vos présentations avec des dessins, des images et des graphiques SmartArt. Il traite aussi de l'interactivité et de la sonorisation.

Partie IV – Outlook 2010

Le *chapitre 35* fait un tour d'horizon des principales fonctions d'Outlook : la messagerie électronique, la gestion des contacts, l'enregistrement des rendez-vous et la planification des tâches.

Partie V – OneNote 2010

Le dernier chapitre de ce livre est intégralement dédié à OneNote, la meilleure solution pour conserver et classer vos notes, et débarrasser votre bureau de papiers encombrants.

Annexes

En fin d'ouvrage, les annexes proposent les principaux raccourcis clavier de Word, Excel, PowerPoint, Outlook et OneNote.

Conventions

Ce livre est agrémenté de paragraphes spécifiques fournissant des informations complémentaires :

Note Informations complémentaires en relation avec le sujet traité.

Conseil Recommandations sur l'utilisation d'une étape.

Astuce Solution pour aller plus loin sur le sujet traité.

Définition Explicitation et clarification relatives à un terme technique.

Attention Mises en garde à lire attentivement pour éviter les fausses manœuvres.

Bonne lecture !

Chapitre d'introduction

Découvrir Office 2010

Découvrir Office 2010

Dans ce chapitre

- Découvrir les éléments d'Office
- Utiliser le ruban
- Modifier la barre d'outils Accès rapide
- Utiliser l'aide en ligne
- Diagnostiquer les problèmes

Office est un ensemble d'applications (appelées aussi programmes ou logiciels) qui couvrent la majeure partie des activités de bureautique et permettent de créer des documents. Word pour réaliser des textes (courrier, rapport, brochure, *etc.*), Excel pour effectuer des calculs (budget, prêt, portefeuille, ingénierie, *etc.*), PowerPoint pour créer des présentations (conférence, rapport, diaporama, *etc.*), OneNote pour gérer vos pense-bêtes et vos idées au quotidien, et Outlook pour organiser votre correspondance par email.

Mais avant de commencer à réaliser des documents, nous allons découvrir tous les éléments qui composent l'environnement d'Office. Pour ouvrir une application, cliquez le bouton **Démarrer**, le lien **Tous les programmes**, puis le dossier **Microsoft Office**. Pour finir, cliquez dans le dossier Microsoft Office l'application à exécuter : **Microsoft Word 2010**, **Microsoft Excel 2010**, **Microsoft PowerPoint 2010**, **Microsoft OneNote 2010**, ou **Microsoft Outlook 2010**.

Note Pour simplifier les commandes que vous devez exécuter, nous utiliserons dans ce livre la notation suivante (par exemple pour Word) : cliquez le bouton **Démarrer ➜ Tous les programmes ➜ Microsoft Office ➜ Microsoft Word 2010**.

L'application Office choisie s'affiche dans une nouvelle fenêtre.

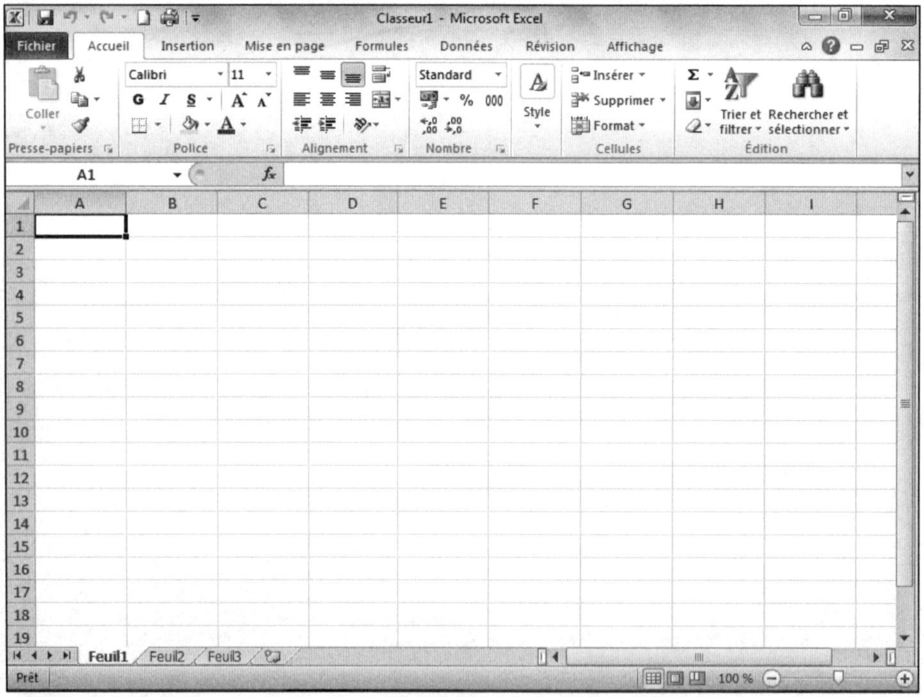

Figure 1 La fenêtre d'Excel.

Pour accéder plus rapidement aux applications Office

Pour ajouter un raccourci direct dans le menu Démarrer :

1. Cliquez le bouton **Démarrer ➜ Tous les programmes ➜ Microsoft Office**.
2. Cliquez avec le bouton droit le raccourci de l'application, par exemple **Microsoft Excel 2010**.
3. Cliquez la commande **Ajouter au menu Démarrer** ou **Épingler au menu Démarrer** dans le menu contextuel.
4. Répétez les étapes **2** et **3** pour les autres applications.

Note Cette astuce fonctionne aussi bien pour Windows XP que pour Windows Vista et Windows 7.

Les raccourcis se trouvent maintenant en haut du menu Démarrer (figure 2).

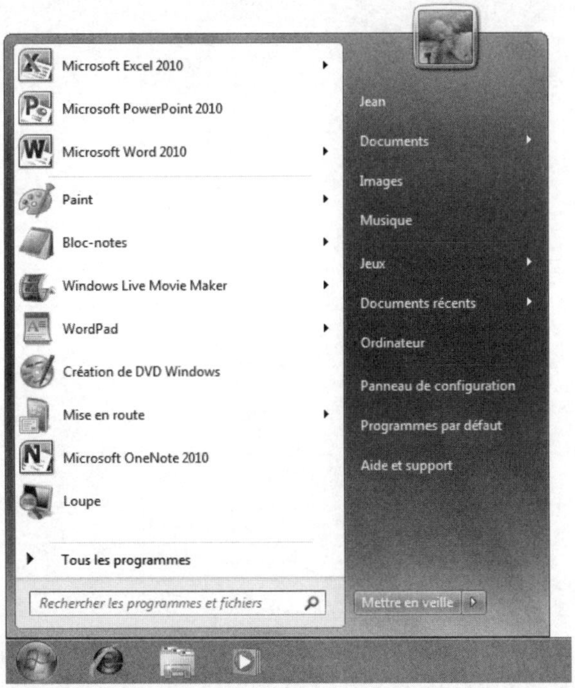

Figure 2 Raccourcis d'Office au début du menu Démarrer de Windows 7.

Pour ajouter un raccourci sur le Bureau de Windows :

1. Cliquez le bouton **Démarrer → Tous les programmes → Microsoft Office**.
2. Cliquez avec le bouton droit le raccourci de l'application, par exemple **Microsoft Word 2010**.
3. Cliquez la commande **Envoyer vers → Bureau (créer un raccourci)**.

Vous pouvez maintenant ouvrir facilement votre application Office à partir du raccourci sur le Bureau (figure 3).

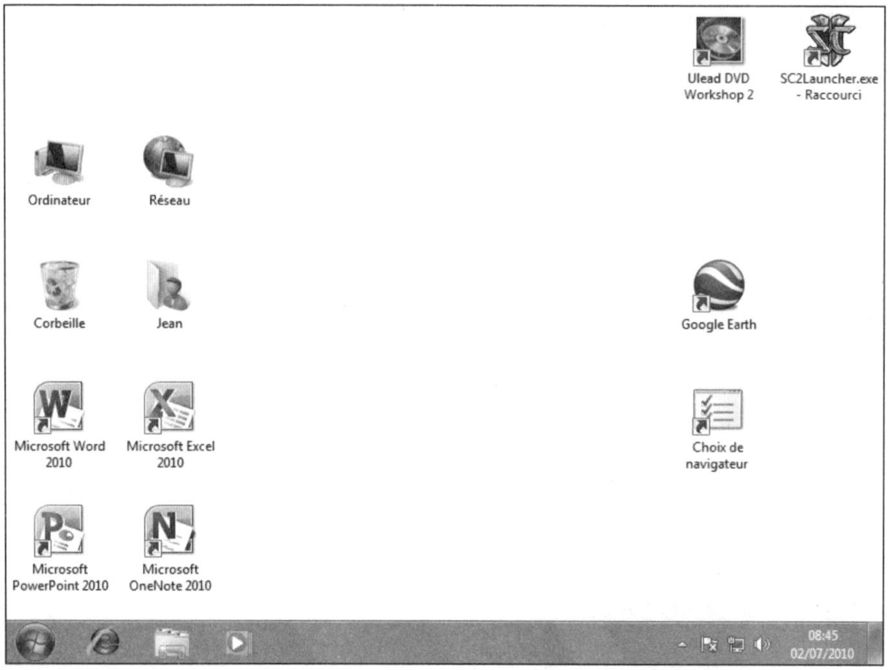

Figure 3 Raccourcis d'applications Office sur le bureau de Windows 7.

Éléments de base d'Office

Office propose plusieurs éléments importants qu'il est nécessaire de bien connaître pour suivre la terminologie employée dans ce livre ou celle de l'aide en ligne. Tous ces éléments sont communs aux applications Office : Word, Excel, PowerPoint, *etc.*

Barre de titre

Située en haut de la fenêtre, la barre de titre indique le nom du document et de l'application en cours. C'est donc le moyen d'identifier le document, mais aussi celui de l'application si vous en changez fréquemment (d'Excel à Word par exemple).

Dans sa partie droite, la barre de titre propose des boutons pour gérer la fenêtre :

-  réduit la fenêtre de l'application à un bouton dans la barre des tâches. Pour réafficher l'application, cliquez ce dernier.
-  rétablit la fenêtre de l'application à sa taille normale (ni agrandie, ni réduite).
-  agrandit la fenêtre de l'application à la taille de l'écran.
-  ferme l'application. Si un document n'est pas enregistré, une boîte de dialogue vous invitera à le faire.

Onglet Fichier

L'onglet **Fichier** affiche un menu qui permet d'accéder aux commandes principales de l'application, comme l'ouverture, l'enregistrement ou l'impression des documents. C'est aussi dans ce menu que l'on trouve un bouton pour modifier les options ou fermer l'application. La couleur de l'onglet **Fichier** correspond à celle de l'application (bleu pour Word, vert pour Excel, *etc.*).

Barre d'outils Accès rapide

Les applications conservent au moins une barre d'outils : la barre d'outils Accès rapide. Par défaut, elle ne propose que trois boutons pour enregistrer le document en cours ou annuler et rétablir une action. Vous pouvez la modifier facilement pour l'adapter à votre façon de travailler.

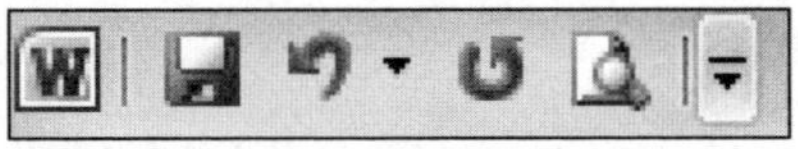

Ruban

Le ruban regroupe presque toutes les commandes disponibles pour gérer l'application. Il remplace les menus et les barres d'outils devenus trop nombreux dans les anciennes versions.

Le ruban est en fait une barre d'outils dont chaque catégorie est accessible par des onglets. Dans chaque onglet se trouvent des groupes contenant des boutons ou des listes d'actions à réaliser.

Par exemple, dans les versions précédentes d'Excel, pour exécuter la commande **Grouper**, il était nécessaire de cliquer le menu **Données**, la commande **Grouper et créer un plan** puis la sous-commande **Grouper**.

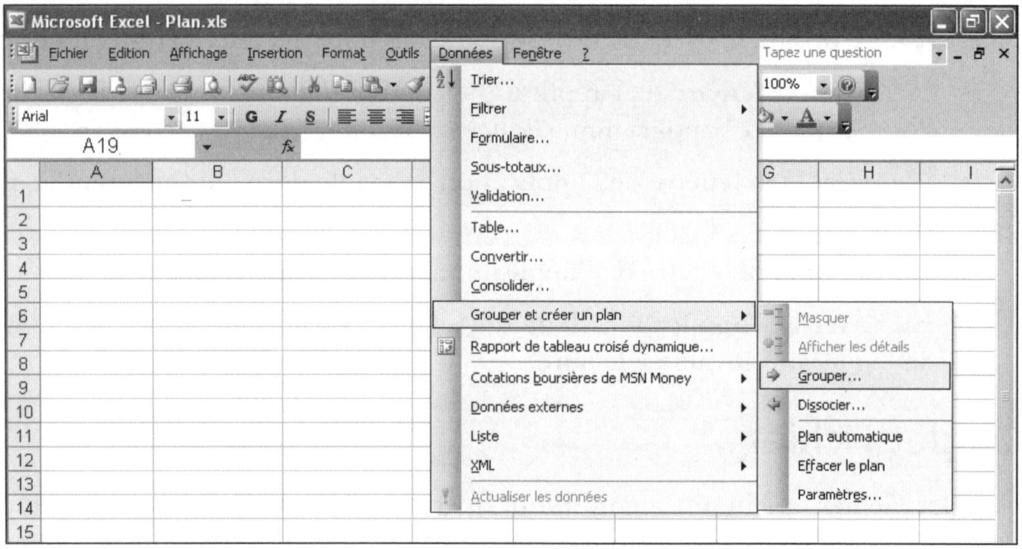

Figure 4 Menus d'Excel 2003.

Avec le ruban de la version 2010, on trouve toutes les commandes pour gérer les plans dans l'onglet **Données** sans avoir à chercher dans les menus.

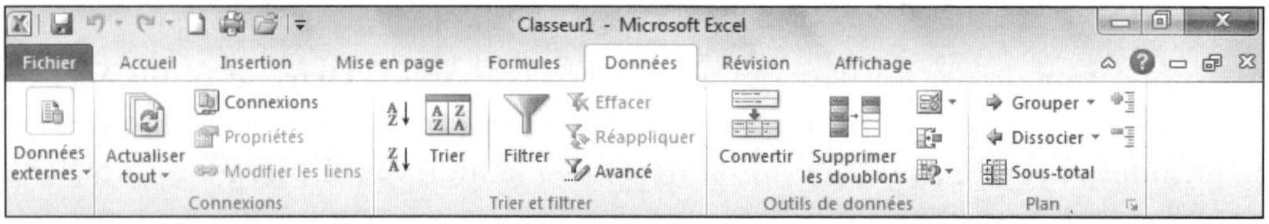

Figure 5 Ruban d'Excel 2010.

Note Pour simplifier les commandes que vous devez exécuter à partir du ruban, nous utiliserons dans ce livre la notation suivante : cliquez l'onglet **Données → Plan → Grouper**.

Nous avons pris Excel comme exemple, mais le ruban existe bien sûr dans Word, PowerPoint, OneNote et Outlook 2010.

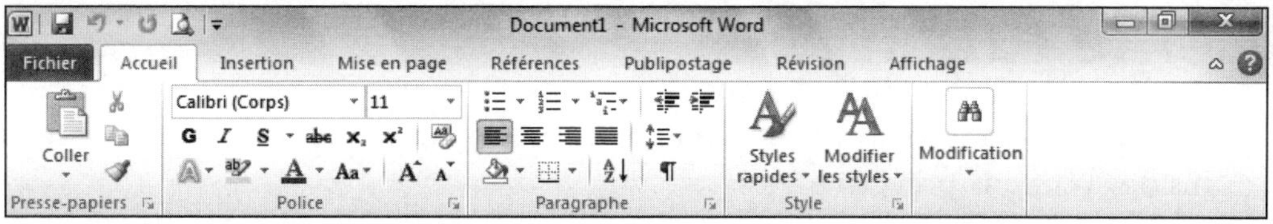

Figure 6 Ruban de Word 2010.

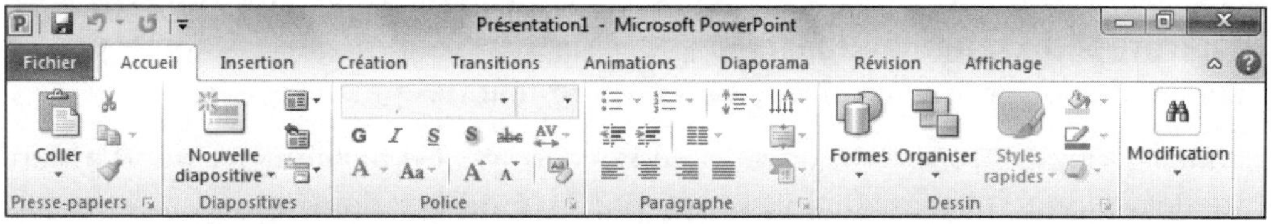

Figure 7 Ruban de PowerPoint 2010.

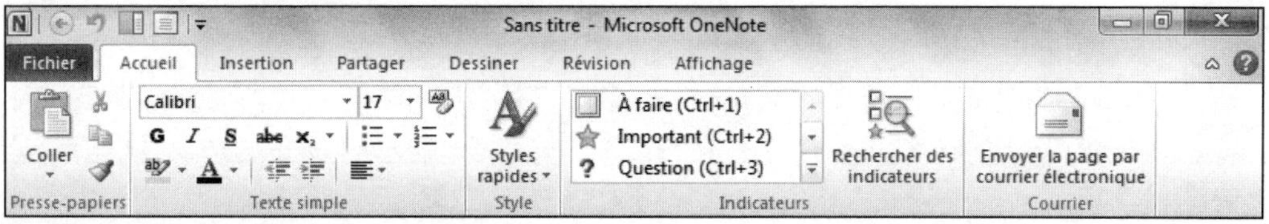

Figure 8 Ruban de OneNote 2010.

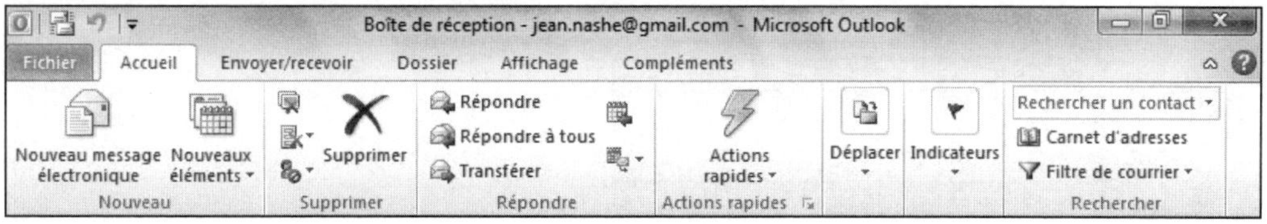

Figure 9 Ruban d'Outlook 2010.

Barre d'état

Située en bas de la fenêtre, elle donne des indications sur les opérations effectuées par l'application et des renseignements sur les cellules sélectionnées (Excel), la page (Word) ou la diapositive en cours (PowerPoint). Elle permet aussi de changer de vue et de modifier le zoom.

Utiliser le ruban

Comme nous l'avons vu précédemment, le ruban remplace les menus et les barres d'outils des versions précédentes.

C'est une « super barre » d'outils dont chaque sujet est accessible en cliquant des onglets. À l'intérieur de chaque onglet, se trouvent des groupes proposant des boutons ou des listes. Par exemple, l'onglet **Accueil** propose le groupe **Presse-papiers**. Ce groupe propose quatre boutons : , , et . Notez que le bouton propose une flèche en dessous pour accéder à d'autres commandes plus précises.

Certains groupes proposent, en plus, le bouton . Ce dernier permet d'accéder à la boîte de dialogue principale du groupe pour y modifier des options.

Des onglets dits « contextuels » apparaissent automatiquement lors de la sélection de certains éléments comme les graphiques ou les images. Ils proposent des commandes propres à l'élément sélectionné.

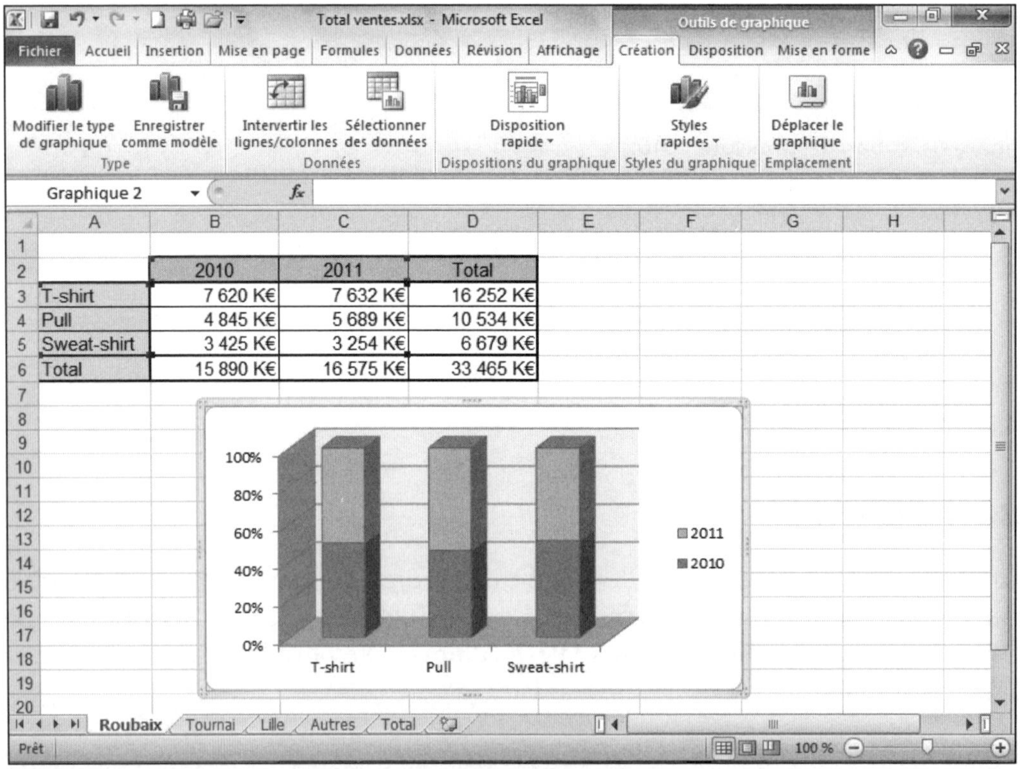

Figure 10 Onglet contextuel des graphiques dans Excel.

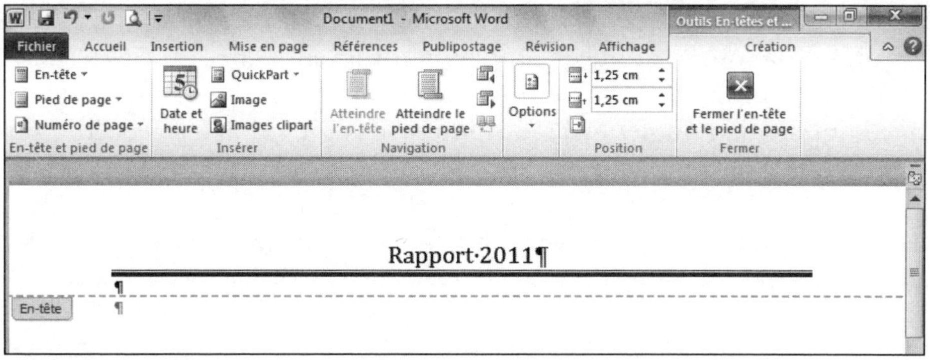

Figure 11 Onglet contextuel des en-têtes et pieds de page dans Word.

Astuce Si le ruban prend trop de place, il suffit d'appuyer sur la combinaison de touches **Ctrl+F1** pour le masquer. Appuyez de nouveau sur ces touches pour le faire réapparaître. Vous pouvez aussi cliquer le bouton à droite des onglets.

Le ruban s'adapte à la taille de votre écran ou à la taille de la fenêtre de l'application si cette dernière n'est pas agrandie (bouton pour l'affichage en mode normal). Les commandes de chaque groupe sont alors restreintes, parfois même limitées à un seul bouton. Dans ce cas, cliquez ce dernier pour afficher tous les boutons du groupe.

Note Office a été optimisé pour une résolution d'écran d'au moins 1024 x 786.

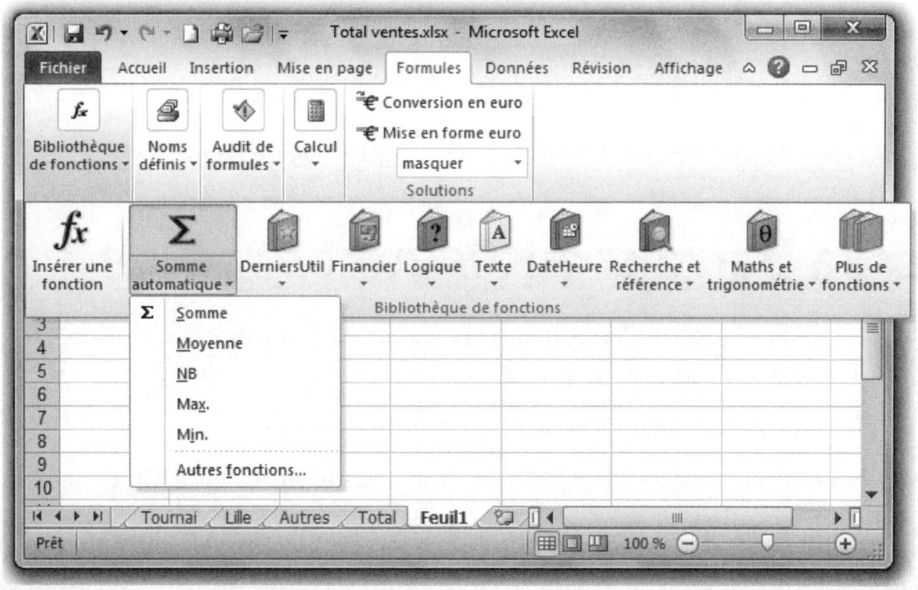

Figure 12 Ruban réduit.

Si vous êtes un adepte du clavier, il est très facile d'accéder à une commande dans le ruban sans utiliser la souris. Appuyez simplement sur la touche **Alt**. Des lettres ou des chiffres vont automatiquement apparaître sur chaque onglet, mais aussi sur la barre d'outils Accès rapide ou l'onglet **Fichier**. Appuyez ensuite sur la lettre correspondant à l'onglet à ouvrir ou à la commande à exécuter.

Note Pour ne plus utiliser les commandes par le clavier, appuyez simplement sur la touche **Echap**. Vous pouvez aussi effectuer directement une sélection avec la souris.

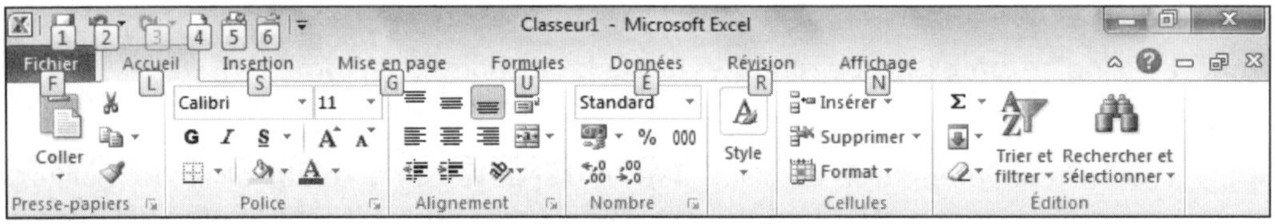

Figure 13 Utilisation du clavier pour sélectionner un onglet dans le ruban.

Une fois l'onglet sélectionné, d'autres lettres ou chiffres s'affichent. Appuyez sur la lettre ou le chiffre correspondant à la commande à exécuter.

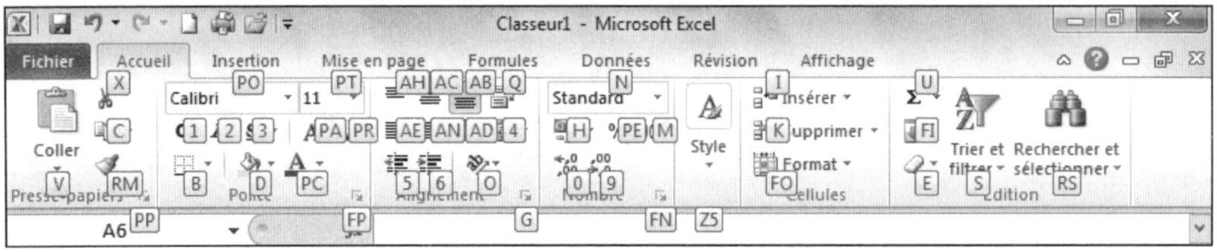

Figure 14 Utilisation du clavier pour sélectionner une commande dans un onglet du ruban.

Si vous avez choisi une liste, d'autres lettres ou chiffres vont s'afficher, et ainsi de suite.

Modifier la barre d'outils Accès rapide

La barre d'outils Accès rapide s'adapte à votre façon de travailler. Vous pouvez y ajouter les commandes que vous utilisez le plus fréquemment.

1. Cliquez le bouton à droite de la barre d'outils Accès rapide.
2. Cochez la commande à ajouter. Décochez la commande à supprimer.

Si votre commande préférée ne se trouve pas dans la liste, vous devez la rechercher.

1. Cliquez le bouton à droite de la barre d'outils Accès rapide, puis cliquez **Autres commandes** dans la liste.

2. Sélectionnez l'onglet où se trouve la commande dans la liste **Choisir les commandes....**

3. Cliquez la commande à ajouter dans la liste de gauche.

4. Cliquez le bouton **Ajouter**.

   La commande est ajoutée à la liste de droite.

Note Si vous désirez supprimer une commande, cliquez-la dans la liste de droite, puis cliquez le bouton **Supprimer**.

5. Répétez les étapes **2** à **4** pour compléter votre barre d'outils Accès rapide.

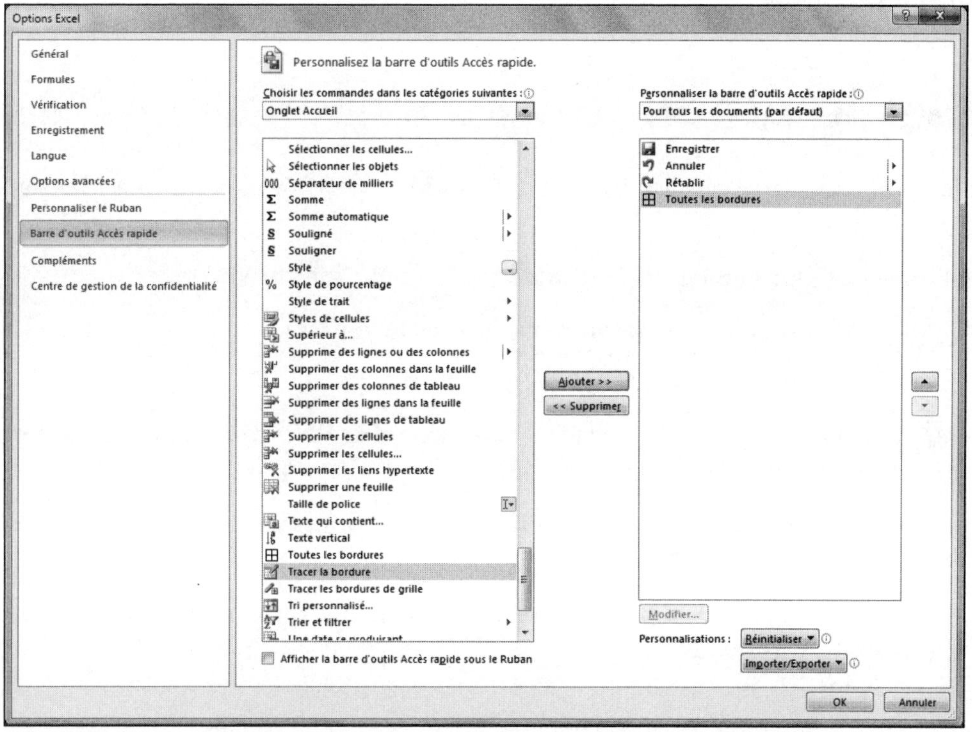

Figure 15 Ajout d'une commande dans la barre d'outils Accès rapide.

6. Cliquez le bouton **OK**.

Astuce Nous vous conseillons d'ajouter les commandes suivantes dans la barre d'Accès rapide : **Ouvrir**, **Nouveau** et **Aperçu avant impression**.

Il est aussi possible d'ajouter rapidement une commande dans la barre d'outils Accès rapide à partir du ruban.

1. Recherchez, dans le ruban, la commande à ajouter à la barre d'outils Accès rapide.
2. Cliquez la commande du bouton droit de la souris.
3. Cliquez la commande **Ajouter à la barre d'outils Accès rapide** dans le menu contextuel.

Si vous le désirez, vous pouvez placer la barre d'outils Accès rapide au-dessous du ruban.

1. Cliquez le bouton à droite de la barre d'outils Accès rapide.
2. Cliquez la commande **Afficher en dessous du ruban**. Pour réafficher la barre d'outils Accès rapide à sa place d'origine, cliquez la commande **Afficher au-dessus du ruban**.

Modifier le ruban

Comme pour la barre Accès rapide, il est possible de modifier les commandes présentes dans le ruban.

1. Cliquez l'onglet **Fichier ➜ Options**.
2. Cliquez **Personnaliser le ruban** dans la liste de gauche.
3. Cliquez le bouton **Nouvel Onglet**.
4. Dans la liste de droite, cliquez avec le bouton droit **Nouvel onglet (Personnalisé)** puis choisissez la commande Renommer.
5. Tapez le nom du nouvel onglet dans la boîte **Renommer**, puis cliquez le bouton **OK**.
6. Répétez les étapes **5** et **6** pour le groupe **Nouveau groupe (Personnalisé)**, et sélectionnez son icône.

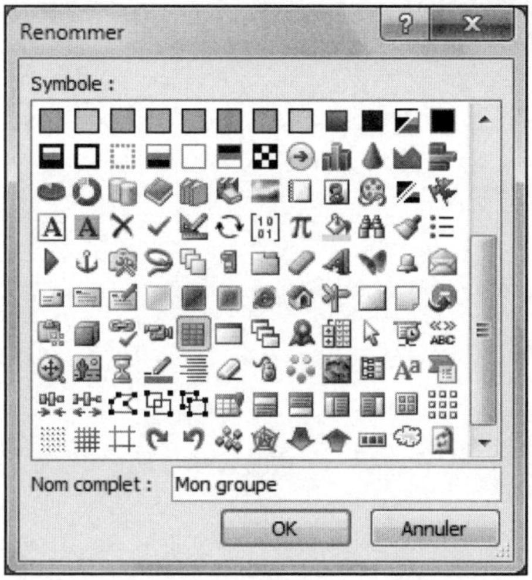

Figure 16 Création d'un nouveau groupe.

7. Cliquez le nom du groupe pour le sélectionner.
8. Dans la liste du milieu, sélectionnez la commande à ajouter dans le nouveau groupe.
9. Cliquez le bouton **Ajouter**.
10. Répétez les étapes **8** et **9** pour ajouter d'autres commandes.

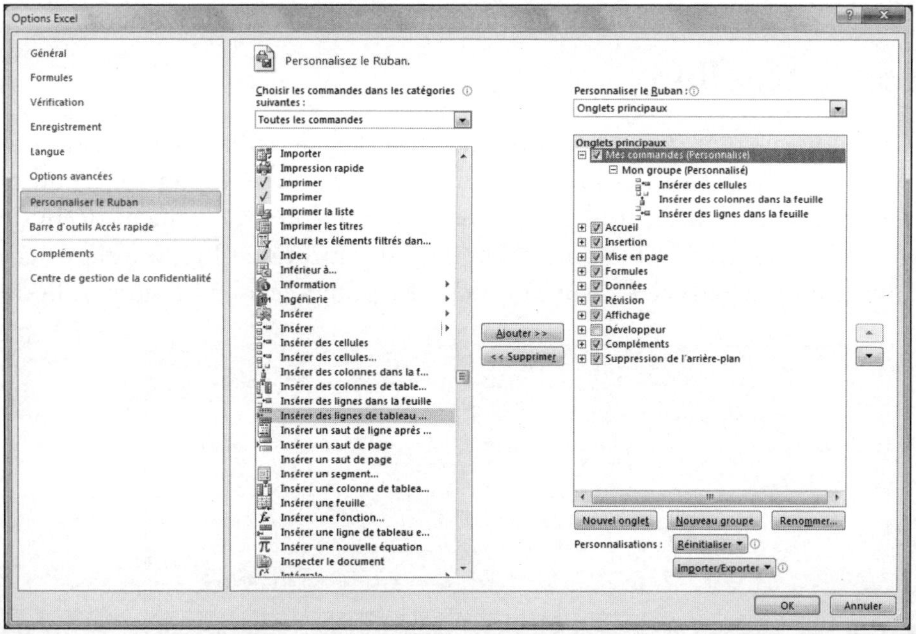

Figure 17 Ajout de commandes à un nouveau groupe.

11. Répétez les étapes **3** à **10** pour ajouter d'autres d'onglets, d'autres groupes et d'autres commandes.
12. Pour choisir l'ordre des onglets, cliquez l'onglet à déplacer puis utilisez les boutons **Monter** et **Descendre**.
13. Cliquez le bouton **OK**.

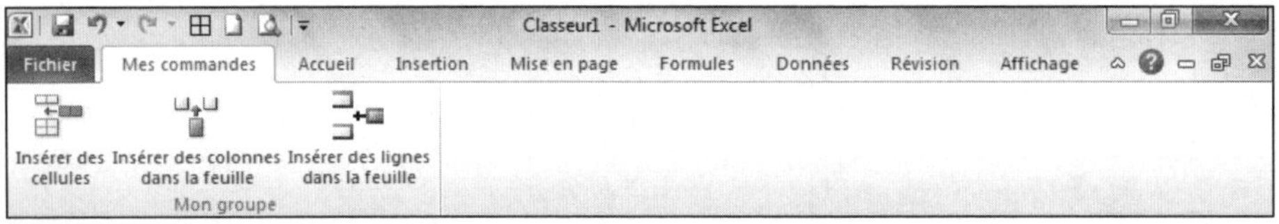

Figure 18 Ruban après modifications.

Note Pour rétablir le ruban avec ses onglets d'origines, cliquez **Réinitialiser → Réinitialiser toutes les personnalisations** dans la boîte Options (figure 17), puis cliquez **Oui** pour confirmer.

Utiliser l'aide

Office propose plusieurs solutions pour vous assister ou venir à votre secours en cas de problème.

Aide contextuelle

Dès que vous pointez plus d'une seconde un outil dans le ruban, l'application affiche une petite fenêtre appelée « info-bulle ». Cette dernière donne le nom de la commande, son raccourci clavier s'il existe, ainsi qu'un texte d'explication. Certaines info-bulles vous indiquent, par la présence de l'icône , qu'il existe une aide plus complète accessible directement. Appuyez dans ce cas sur la touche **F1** pour accéder à l'aide en ligne.

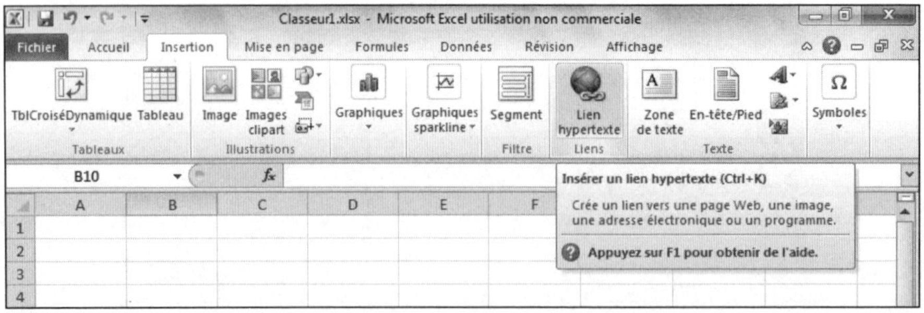

Figure 19 Aide contextuelle.

Aide en ligne

L'aide en ligne regroupe la documentation sur chaque application Office. Pour y accéder, cliquez le bouton en haut à droite, ou appuyez sur la touche **F1**. Le fonctionnement de l'aide est identique à celui d'une page Web sur Internet.

1. Affichez l'aide (appuyez sur la touche **F1** ou cliquez le bouton).

   Les rubriques d'aide sont classées dans un sommaire (au besoin cliquez le lien **Tout afficher**).

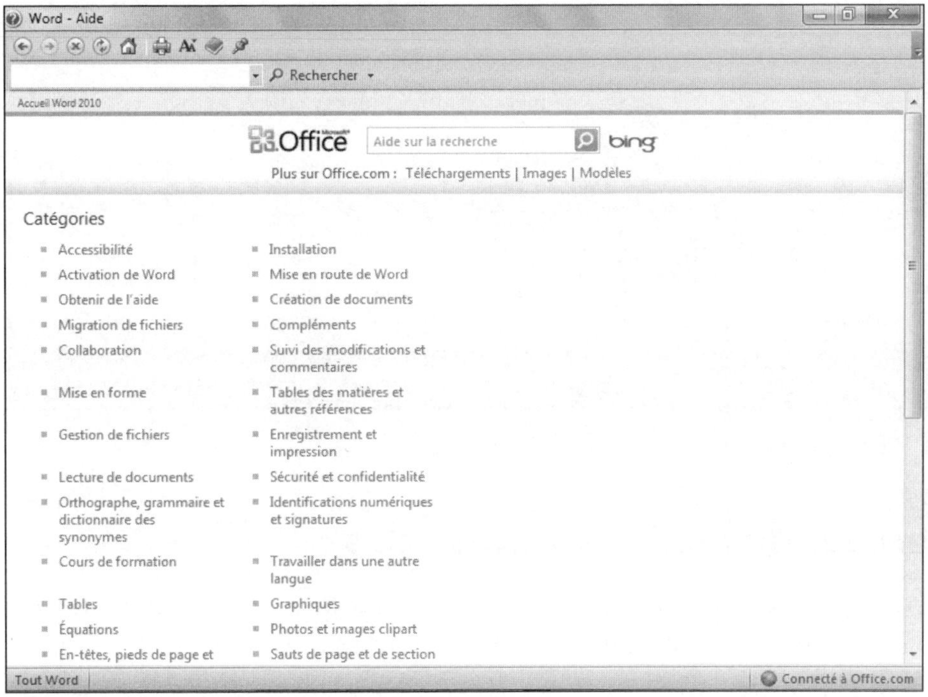

Figure 20 Sommaire de l'aide en ligne pour Word.

2. Cliquez une rubrique pour afficher l'aide correspondante.

Comme la navigation sur Internet, la recherche dans l'aide en ligne reste intuitive.

Note Cliquez les boutons et pour naviguer entre les pages de l'aide déjà parcourues.

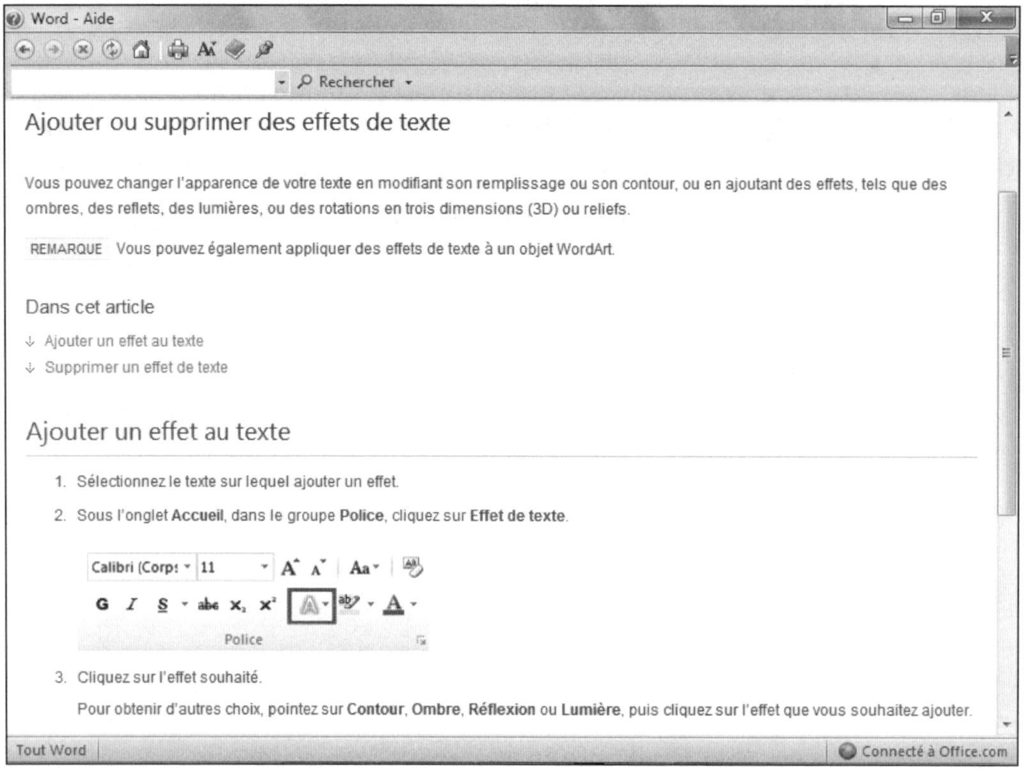
Word - Aide
Rechercher
Ajouter ou supprimer des effets de texte
Vous pouvez changer l'apparence de votre texte en modifiant son remplissage ou son contour, ou en ajoutant des effets, tels que des ombres, des reflets, des lumières, ou des rotations en trois dimensions (3D) ou reliefs.
REMARQUE Vous pouvez également appliquer des effets de texte à un objet WordArt.
Dans cet article
Ajouter un effet au texte
Supprimer un effet de texte
Ajouter un effet au texte
1. Sélectionnez le texte sur lequel ajouter un effet.
2. Sous l'onglet Accueil, dans le groupe Police, cliquez sur Effet de texte.
Calibri (Corp: 11
Police
3. Cliquez sur l'effet souhaité.
Pour obtenir d'autres choix, pointez sur Contour, Ombre, Réflexion ou Lumière, puis cliquez sur l'effet que vous souhaitez ajouter.
Tout Word
Connecté à Office.com

Figure 21 Rubrique d'aide.

Rechercher de l'aide par mots-clés

La recherche par mots-clés permet de trouver les rubriques contenant des textes précis. Utilisez-la si les autres solutions ne vous donnent pas satisfaction.

1. Afficher l'aide (**F1** ou).
2. Tapez le mot ou les mots à rechercher dans la zone **Rechercher** et validez avec la touche **Entrée**.

   L'aide affiche les rubriques correspondant aux mots-clés saisis.

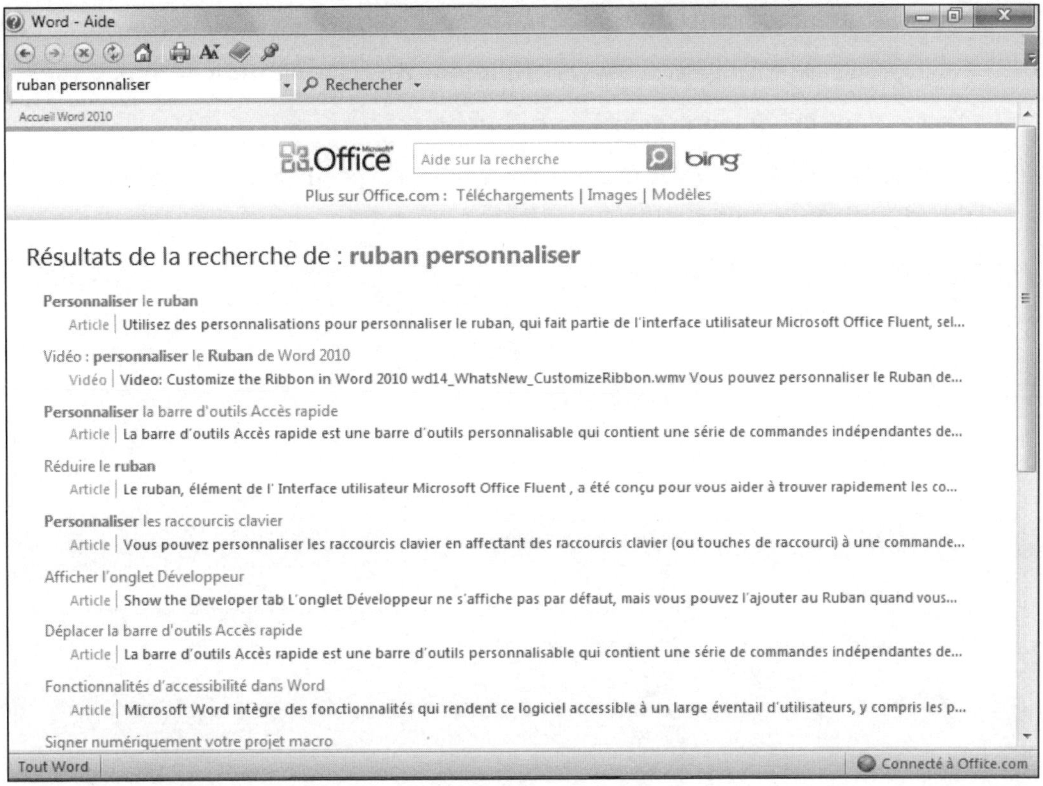

Figure 22 Recherche dans l'aide.

3. Cliquez la rubrique qui vous intéresse.

   L'aide affiche le document correspondant.

4. Cliquez le bouton  pour fermer l'aide.

Enregistrer automatiquement et récupérer des documents

Si vous avez peur de perdre vos documents, suite à une coupure de courant par exemple, vous pouvez demander à Office de les enregistrer automatiquement et préciser la fréquence de ces enregistrements. Office peut aussi conserver les documents modifiés mais non enregistrés.

1. Cliquez l'onglet **Fichier**.
2. Cliquez le bouton **Options**.

3. Sélectionnez **Enregistrement** dans la liste de gauche.
4. Cochez la case **Enregistrer les informations de récupération automatique**.
5. Tapez, dans la zone en regard, la fréquence d'enregistrement.
6. Cochez la case **Conserver la dernière version...** pour récupérer, si nécessaire, les documents non enregistrés.

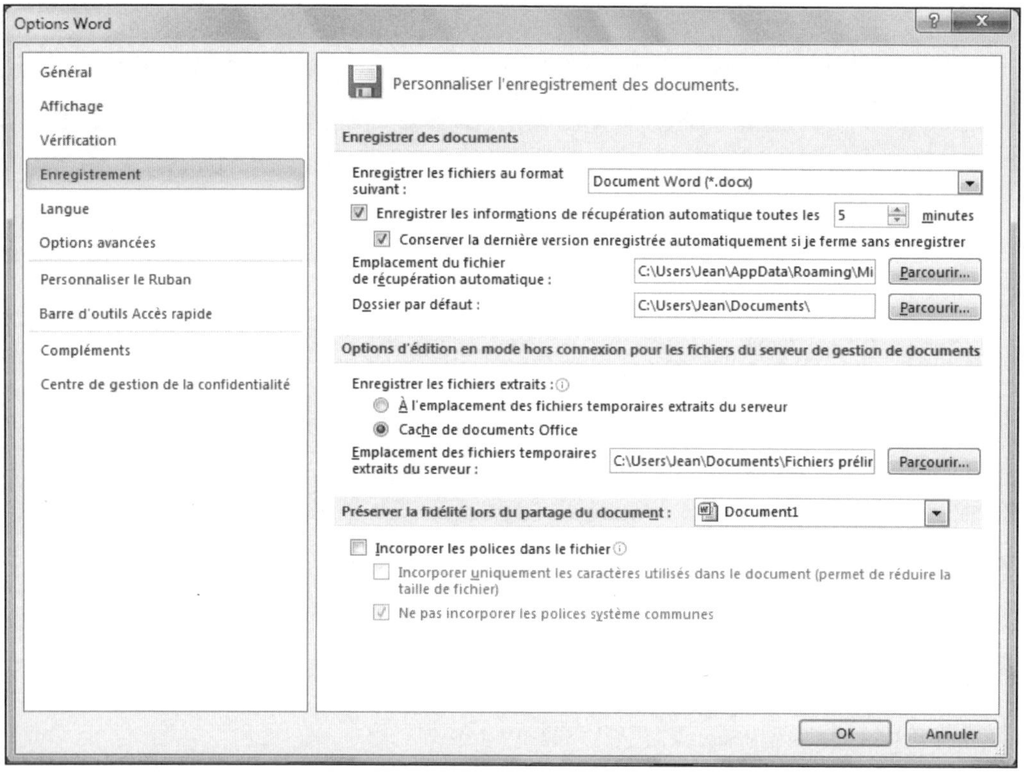

Figure 23 Choix de la fréquence d'enregistrement automatique des documents.

7. Cliquez le bouton **OK**.

Après un arrêt brutal, l'application Office affiche, dès que vous l'ouvrez de nouveau, la liste des documents que vous pouvez récupérer. Cliquez la flèche en regard du nom du document, puis choisissez ce que vous désirez faire (ouvrir le document, l'enregistrer sous un autre nom, *etc.*).

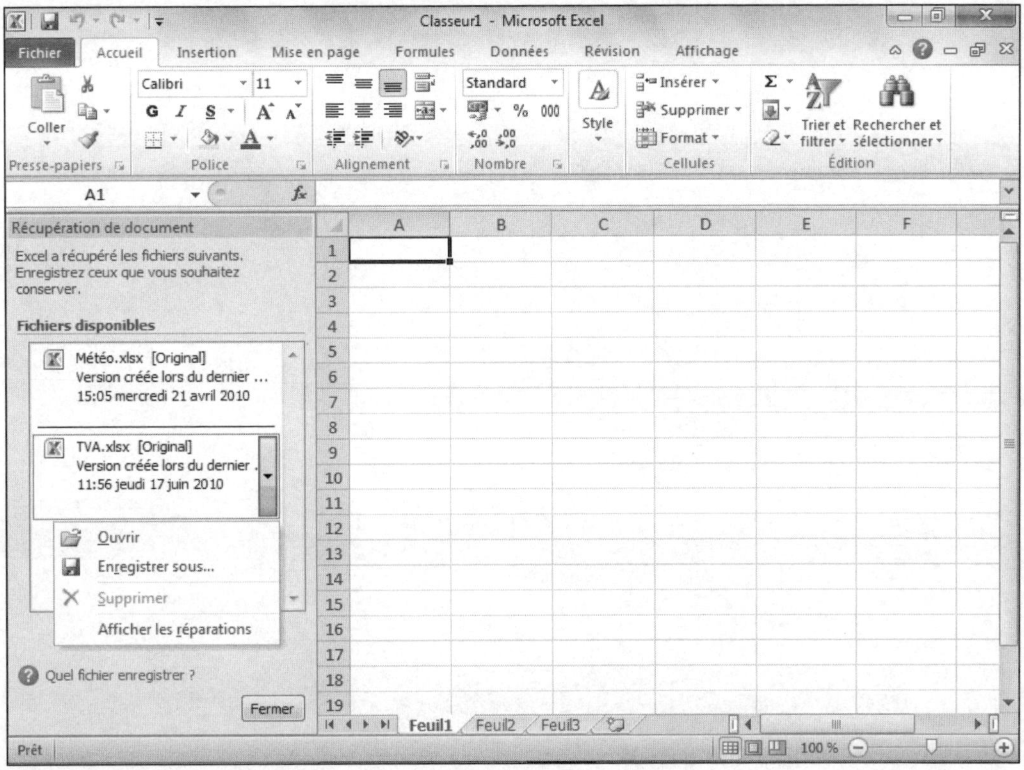

Figure 24 Liste des documents récupérés.

Si vous n'enregistrez pas un document modifié, Office vous demande s'il doit conserver cette version.

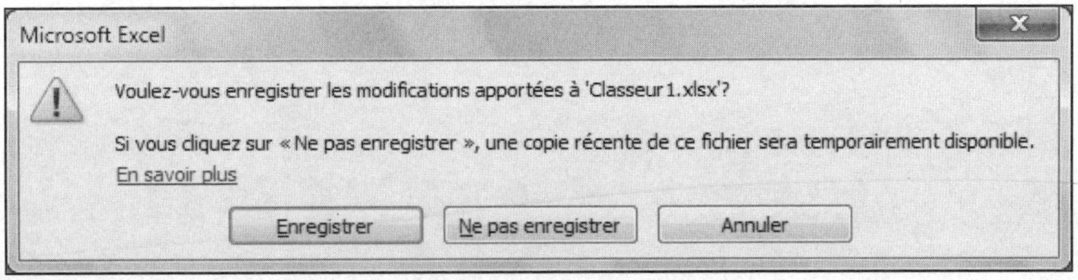

Figure 25 Proposition de l'application pour conserver une copie d'un document non enregistré.

Pour récupérer un document non enregistré :

1. Cliquez l'onglet **Fichier → Récent**.
2. Cliquez **Récupérer des classeurs non enregistrés** en bas à droite.

PARTIE I
WORD 2010

Chapitre 1

Découvrir Word

Dans ce chapitre

- Modifier l'affichage
- Zoomer dans un document
- Se déplacer entre les documents
- Se déplacer dans un document
- Afficher plusieurs fenêtres du même document
- Scinder une fenêtre en deux parties
- Comparer des documents
- Afficher des miniatures avec le volet Navigation

Word est un logiciel de traitement de texte. Il permet de créer toutes sortes de documents, du simple courrier d'une page à la documentation de plusieurs centaines de pages.

Mais Word ne se contente pas de simples textes. Il peut aussi gérer des tableaux ou utiliser des images et des photographies pour agrémenter vos brochures, rapports, invitations, *etc.*

Mais avant de réaliser vos premiers documents, vous devez connaître les fonctions de base de Word.

Pour ouvrir Word, cliquez le bouton **Démarrer → Tous les programmes → Microsoft Office → Microsoft Word 2010**.

Note Pour plus d'informations sur les applications Office, consultez le chapitre d'introduction.

À l'ouverture, Word affiche un document vierge (la zone blanche au milieu de l'écran).

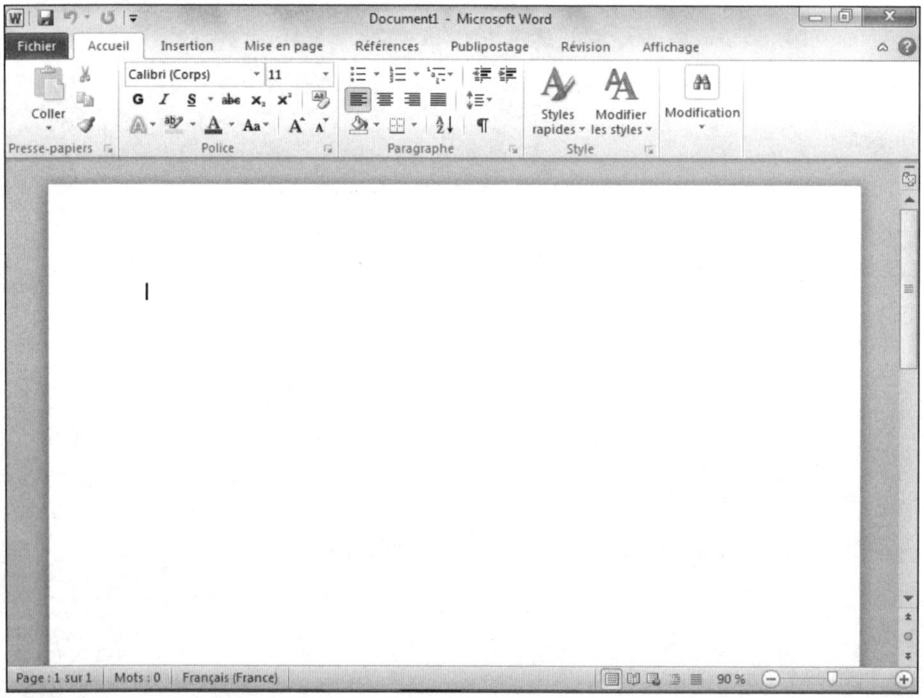

Figure 1-1 La fenêtre de Word.

Modifier l'affichage

Changer le mode d'affichage

Word propose plusieurs manières de présenter vos documents à l'écran :

- Mode **Page** : les pages du documents s'affichent comme des feuilles de papier les unes à la suite des autres. C'est le mode le plus utilisé car c'est la représentation la plus proche de la réalité. C'est aussi le mode par défaut. Pour afficher le mode Page, cliquez l'onglet **Affichage ➜ Affichages document ➜ Page**.

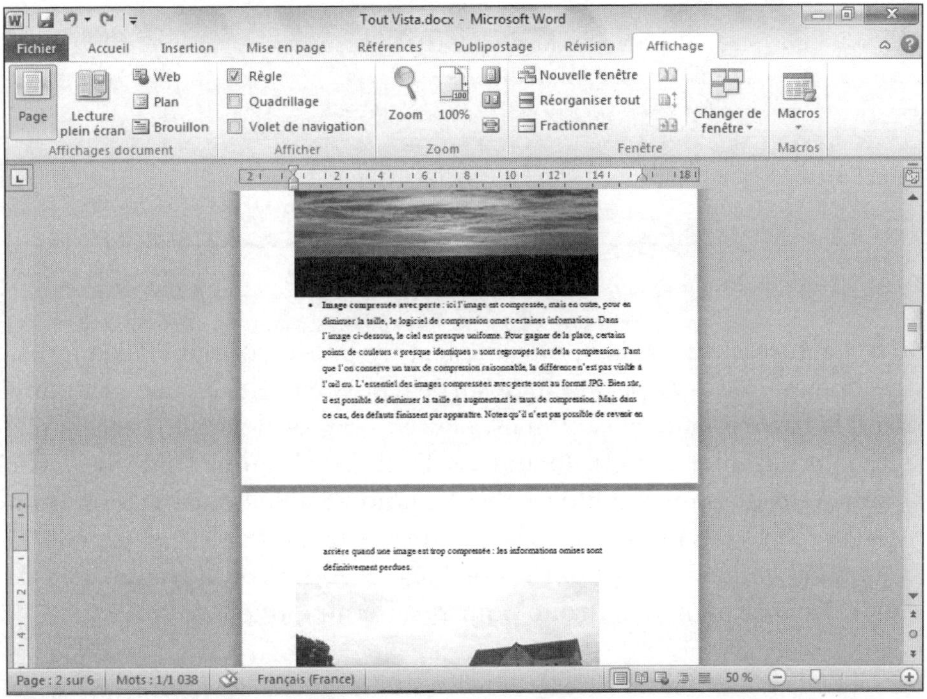

Figure 1-2 Affichage en mode Page.

- Mode **Brouillon** : le texte du document apparaît en un seul bloc. Tous les paragraphes sont à la suite les uns des autres sans séparation. Les images ne sont pas affichées. Utilisez ce mode pour faire rapidement des corrections (ajout, suppression, *etc.*). Pour afficher le mode Brouillon, cliquez l'onglet **Affichage ➜ Affichages document ➜ Brouillon**.

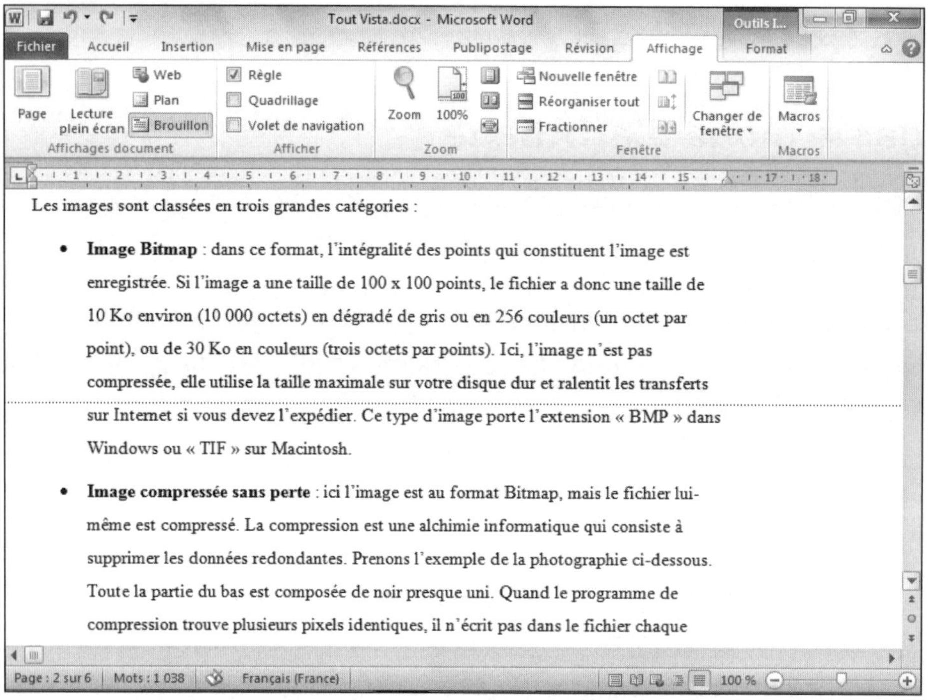
Tout Vista.docx - Microsoft Word
Outils I...
Fichier
Accueil
Insertion
Mise en page
Références
Publipostage
Révision
Affichage
Format
Web
Plan
Brouillon
Page
Lecture plein écran
Affichages document
Règle
Quadrillage
Volet de navigation
Afficher
Zoom
100%
Zoom
Nouvelle fenêtre
Réorganiser tout
Fractionner
Changer de fenêtre
Fenêtre
Macros
Macros
Les images sont classées en trois grandes catégories :
Image Bitmap : dans ce format, l'intégralité des points qui constituent l'image est enregistrée. Si l'image a une taille de 100 x 100 points, le fichier a donc une taille de 10 Ko environ (10 000 octets) en dégradé de gris ou en 256 couleurs (un octet par point), ou de 30 Ko en couleurs (trois octets par points). Ici, l'image n'est pas compressée, elle utilise la taille maximale sur votre disque dur et ralentit les transferts sur Internet si vous devez l'expédier. Ce type d'image porte l'extension « BMP » dans Windows ou « TIF » sur Macintosh.
Image compressée sans perte : ici l'image est au format Bitmap, mais le fichier lui-même est compressé. La compression est une alchimie informatique qui consiste à supprimer les données redondantes. Prenons l'exemple de la photographie ci-dessous. Toute la partie du bas est composée de noir presque uni. Quand le programme de compression trouve plusieurs pixels identiques, il n'écrit pas dans le fichier chaque
Page : 2 sur 6
Mots : 1 038
Français (France)
100 %

Figure 1-3 Affichage en mode Brouillon.

- Mode **Lecture plein écran** : pour une lecture plus confortable, ce mode affiche votre document sur la plus grande surface possible. Les éléments comme le ruban, la barre d'état, *etc.* sont masqués. Utilisez les flèches en bas de chaque page pour naviguer dans le document. Utilisez le bouton **Options d'affichage** en haut à droite pour modifier la présentation (taille des caractères, nombre de pages, *etc.*).Vous ne pouvez pas modifier le texte dans ce mode, sauf en cochant la commande **Options d'affichage → Autoriser la frappe**. Cliquez le bouton **Fermer** en haut à droite pour revenir au mode Page.

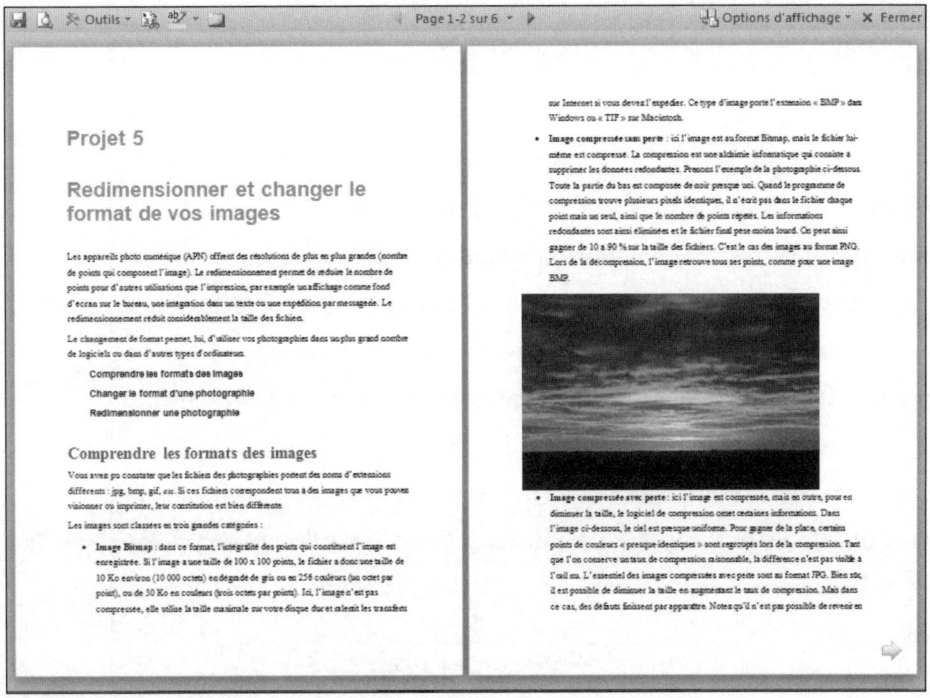

Figure 1-4 Affichage en mode Lecture plein écran.

Zoomer

Pour travailler plus confortablement, vous pouvez effectuer un zoom de votre document. Cela ne modifie en rien la taille de votre texte, mais juste son affichage à l'écran.

Cliquez et faites glisser le curseur de la zone **Zoom** en bas à droite de l'écran pour augmenter ou diminuer la taille de l'affichage.

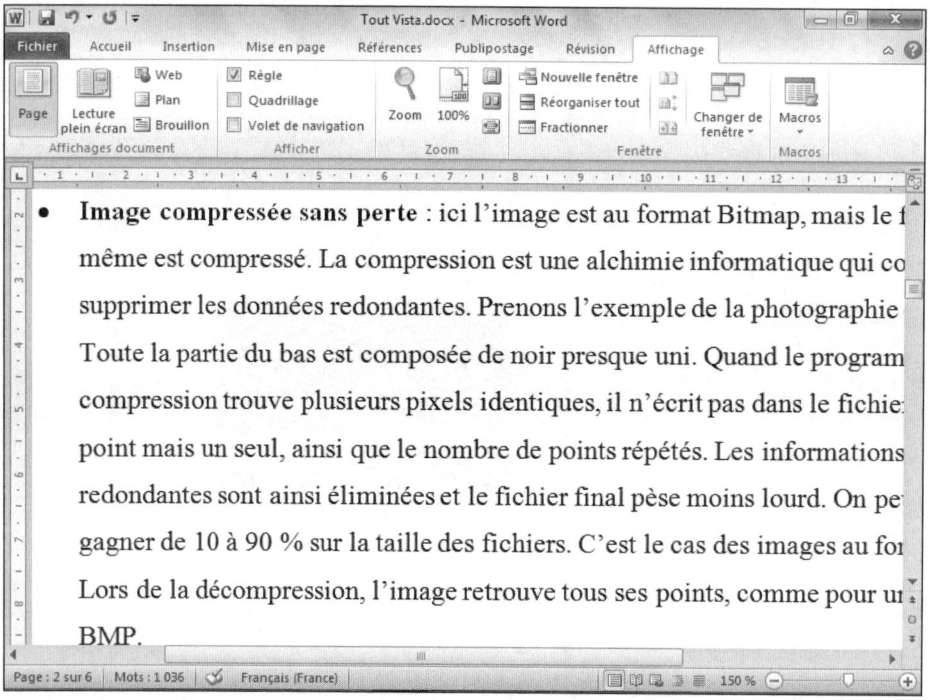
Tout Vista.docx - Microsoft Word
Fichier
Accueil
Insertion
Mise en page
Références
Publipostage
Révision
Affichage
Page
Lecture plein écran
Web
Plan
Brouillon
Affichages document
Règle
Quadrillage
Volet de navigation
Afficher
Zoom
100%
Zoom
Nouvelle fenêtre
Réorganiser tout
Fractionner
Changer de fenêtre
Fenêtre
Macros
Macros
• Image compressée sans perte : ici l'image est au format Bitmap, mais le f
même est compressé. La compression est une alchimie informatique qui co
supprimer les données redondantes. Prenons l'exemple de la photographie
Toute la partie du bas est composée de noir presque uni. Quand le program
compression trouve plusieurs pixels identiques, il n'écrit pas dans le fichie
point mais un seul, ainsi que le nombre de points répétés. Les informations
redondantes sont ainsi éliminées et le fichier final pèse moins lourd. On pe
gagner de 10 à 90 % sur la taille des fichiers. C'est le cas des images au for
Lors de la décompression, l'image retrouve tous ses points, comme pour un
BMP.
Page : 2 sur 6
Mots : 1 036
Français (France)
150 %

Figure 1-5 Affichage avec un zoom de 150 %.

Avec un zoom supérieur à 100 %, vous afficherez moins de texte mais il sera beaucoup plus lisible.

Avec un zoom inférieur à 100 % votre texte ne sera plus très lisible, mais vous aurez une vue d'ensemble de plusieurs pages.

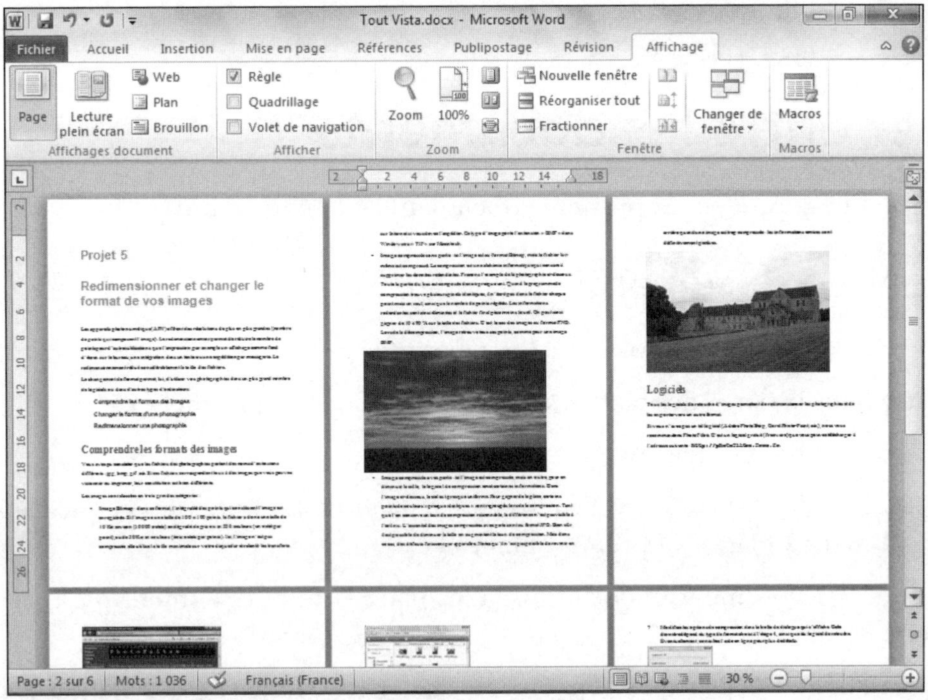

Figure 1-6 Affichage avec un zoom de 30 %.

Vous pouvez aussi choisir précisément la taille de votre zoom.

1. Cliquez le chiffre en pourcentage en regard de la zone **Zoom**, ou cliquez l'onglet **Affichage → Zoom → Zoom**.
2. Modifiez les options proposées (faites des tests).

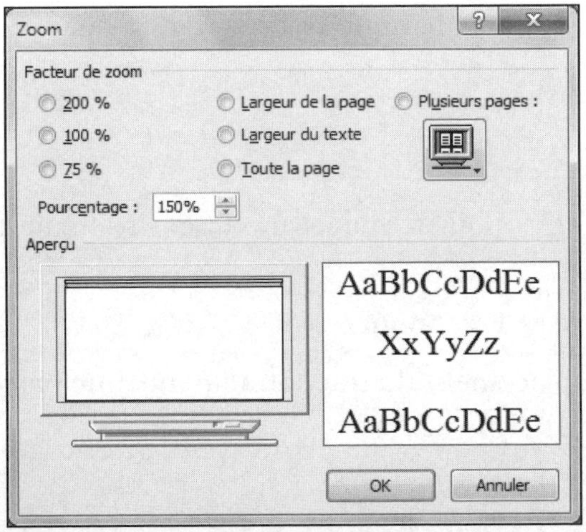

Figure 1-7 Boîte de modification du zoom.

3. Cliquez le bouton **OK**.

Naviguer entre les documents

Word permet de travailler sur plusieurs documents en même temps.

Changer de document

Si la barre des tâches de Windows n'est pas masquée :

1. Cliquez dans la barre des tâches le bouton du document à afficher.

Si la barre des tâches est masquée :

1. Cliquez l'onglet **Affichage ➜ Fenêtre ➜ Changer de fenêtre**, puis cliquez le nom du document à placer au premier plan.

Le document sélectionné s'affiche au premier plan. L'autre document n'est pas pour autant fermé.

2. Cliquez l'onglet **Affichage ➜ Fenêtre ➜ Changer de fenêtre**, puis cliquez le nom du document à remettre au premier plan.

Afficher plusieurs fenêtres du même document

Word n'affiche qu'une seule partie de votre document. En multipliant les fenêtres, vous pourrez voir plusieurs parties en même temps.

1. Cliquez l'onglet **Affichage ➜ Fenêtre ➜ Nouvelle fenêtre**.

La barre de titre indique le nom du document et le numéro de la fenêtre, par exemple « MonDocument:2 ».

Fractionner une fenêtre

En fractionnant une fenêtre en deux, vous pouvez voir et modifier en même temps deux parties du même document.

1. Cliquez l'onglet **Affichage ➜ Fenêtre ➜ Fractionner**.
2. Déplacez la souris pour choisir l'emplacement du fractionnement (une barre grise vous indique sa position).
3. Cliquez à l'emplacement désiré.

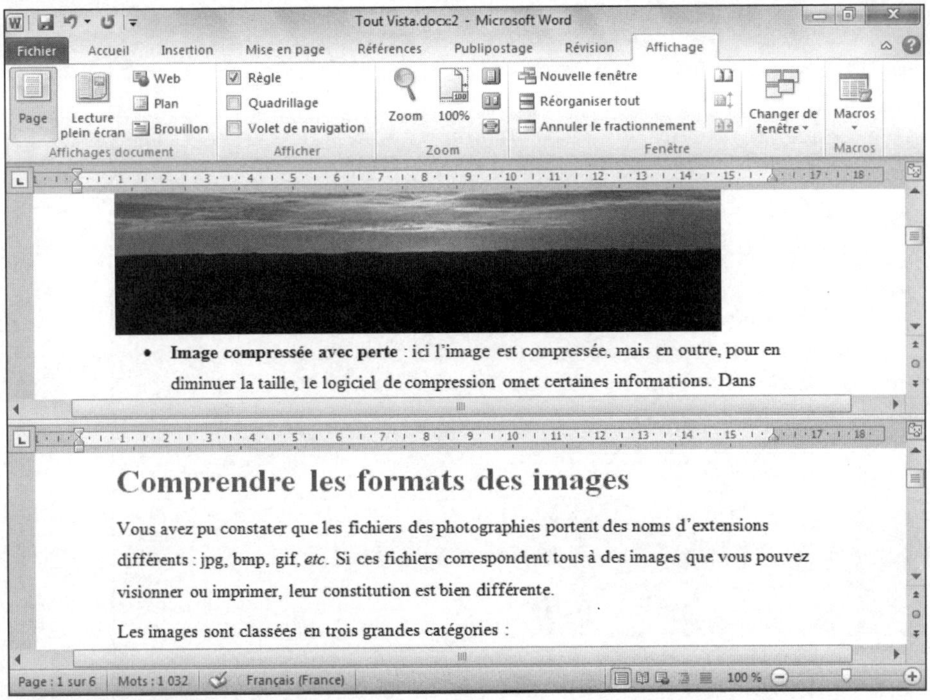
Tout Vista.docx:2 - Microsoft Word
Fichier
Accueil
Insertion
Mise en page
Références
Publipostage
Révision
Affichage
Page
Lecture plein écran
Web
Plan
Brouillon
Affichages document
Règle
Quadrillage
Volet de navigation
Afficher
Zoom
100%
Zoom
Nouvelle fenêtre
Réorganiser tout
Annuler le fractionnement
Changer de fenêtre
Fenêtre
Macros
Macros
Image compressée avec perte : ici l'image est compressée, mais en outre, pour en diminuer la taille, le logiciel de compression omet certaines informations. Dans
Comprendre les formats des images
Vous avez pu constater que les fichiers des photographies portent des noms d'extensions différents : jpg, bmp, gif, etc. Si ces fichiers correspondent tous à des images que vous pouvez visionner ou imprimer, leur constitution est bien différente.
Les images sont classées en trois grandes catégories :
Page : 1 sur 6
Mots : 1 032
Français (France)
100 %

Figure 1-8 Document fractionné en deux parties.

4. Cliquez l'onglet **Affichage → Fenêtre → Annuler le fractionnement**.

Afficher plusieurs documents

Vous pouvez aussi afficher plusieurs documents en même temps.

1. Cliquez l'onglet **Affichage → Fenêtre → Réorganiser tout**.

Tous les documents ouverts sont visibles dans des fenêtres réduites.

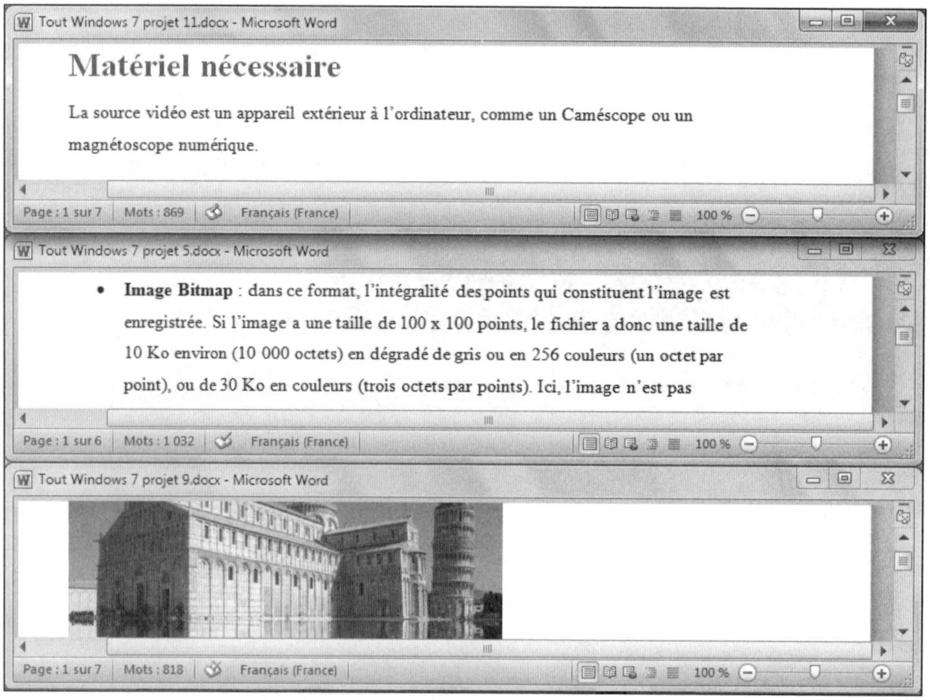
Tout Windows 7 projet 11.docx - Microsoft Word
Matériel nécessaire
La source vidéo est un appareil extérieur à l'ordinateur, comme un Caméscope ou un magnétoscope numérique.
Page : 1 sur 7 | Mots : 869 | Français (France) | 100 %
Tout Windows 7 projet 5.docx - Microsoft Word
Image Bitmap : dans ce format, l'intégralité des points qui constituent l'image est enregistrée. Si l'image a une taille de 100 x 100 points, le fichier a donc une taille de 10 Ko environ (10 000 octets) en dégradé de gris ou en 256 couleurs (un octet par point), ou de 30 Ko en couleurs (trois octets par points). Ici, l'image n'est pas
Page : 1 sur 6 | Mots : 1 032 | Français (France) | 100 %
Tout Windows 7 projet 9.docx - Microsoft Word
Page : 1 sur 7 | Mots : 818 | Français (France) | 100 %

Figure 1-9 Affichage de plusieurs documents.

Comparer des documents côte à côte

Si vous devez comparer le contenu de deux documents, il existe le mode « côte à côte » qui les affiche dans deux fenêtres verticales et permet de les faire défiler en même temps.

1. Cliquez l'onglet **Affichage → Fenêtre → Afficher côte à côte** .
2. Si vous avez plus de deux documents ouverts, sélectionnez celui à comparer dans la boîte qui s'affiche.
3. Pour synchroniser le défilement des deux documents, cliquez l'onglet **Affichage → Fenêtre → Défilement synchrone** .
4. Pour répartir à égalité la surface de la fenêtre entre les deux documents, cliquez l'onglet **Affichage → Fenêtre → Rétablir la position de la fenêtre** .
5. Si vous ne désirez plus comparer les deux documents, cliquez l'onglet **Affichage → Fenêtre → Afficher côte à côte** .

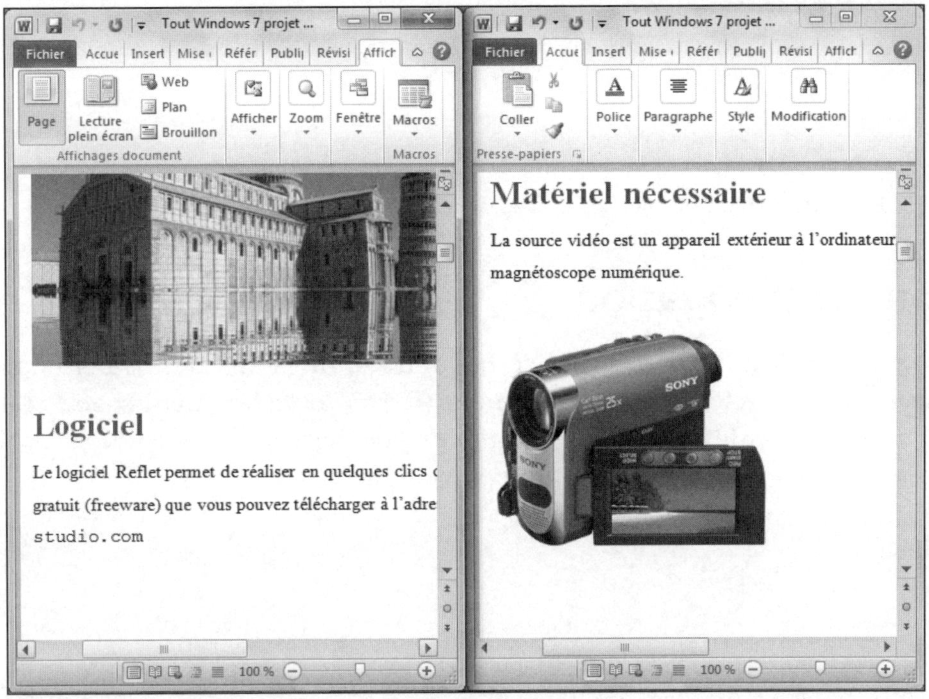

Figure 1-10 Comparaison de deux documents côte à côte.

Se déplacer dans un document

Barre de défilement

Quand la fenêtre de Word ne permet pas de voir l'intégralité du document, des barres de défilement apparaissent, soit à la verticale (des lignes ne sont pas visibles en haut ou en bas), soit à l'horizontale (des mots ne sont pas visibles à droite ou à gauche).

Les barres de défilement s'utilisent de trois façons :

- Pour déplacer le texte ligne par ligne, cliquez les flèches aux extrémités.
- Pour vous déplacer à l'emplacement de votre choix, cliquez et faites glisser le curseur. Une info-bulle vous indique la page en cours.
- Pour vous déplacer écran par écran, cliquez les parties foncées (en dehors des flèches et du curseur).

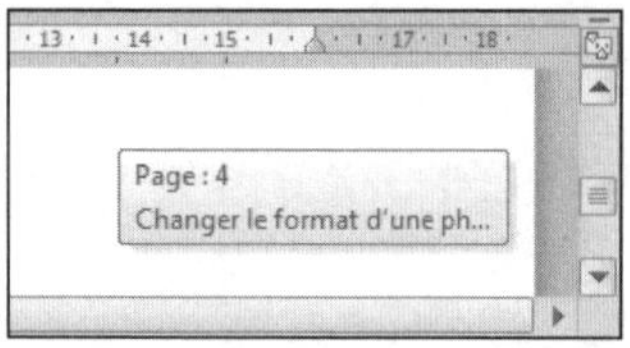

Figure 1-11 Barre de défilement verticale avec info-bulle de la page en cours.

Boutons de navigation

Les boutons de navigation sont situés en bas à droite de la fenêtre. Ils permettent de se déplacer entre des éléments du document (dernière recherche, images, tableaux, *etc.*). Cliquez le cercle du milieu, puis cliquez le type de recherche. Utilisez ensuite les flèches pour trouver l'élément suivant ou précédent.

Figure 1-12 Boutons de navigation.

Afficher des miniatures

L'affichage en miniature permet de voir rapidement l'ensemble des pages d'un long document.

1. Cliquez l'onglet **Affichage → Afficher** puis cochez la case **Volet de navigation**.

   Word affiche le volet Navigation dans la partie de gauche.

2. Cliquez l'onglet dans le volet Navigation.

   De petites images correspondant à chaque page s'affichent dans le volet Navigation.

3. Cliquez une miniature pour afficher la page correspondante.

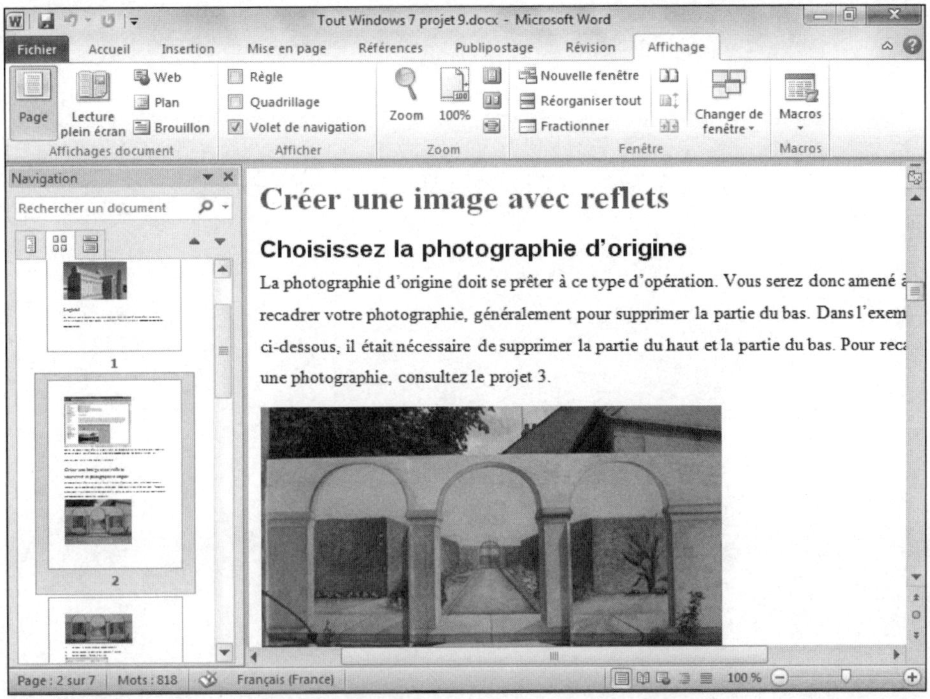

Figure 1-13 Affichage des miniatures.

4. Cliquez l'onglet **Affichage → Afficher** puis décochez la case **Volet de navigation**.

Note Pour effectuer des recherches avec le volet Navigation (onglet), consultez le chapitre 3. Pour naviguer entre les titres du document (onglet), consultez le chapitre 8.

Chapitre 2

Rédiger des textes

Dans ce chapitre

- Ajouter ou supprimer du texte
- Déplacer ou dupliquer un texte
- Annuler des actions
- Se déplacer dans le document
- Sélectionner du texte
- Scinder ou regrouper des paragraphes
- Utiliser le Copier/Coller
- Modifier la casse
- Insérer des caractères spéciaux et des dates
- Enregistrer et ouvrir un document
- Créer un nouveau document

Comme le démontrera ce chapitre, la saisie d'un texte avec Word est très facile. Vous devez cependant connaître quelques astuces pour vous déplacer facilement dans votre document ou en modifier certaines parties.

Saisir un texte

À l'ouverture de Word, la fenêtre affiche un document vierge (la zone blanche au milieu de l'écran). Le trait | que vous voyez clignoter représente le curseur. Vous ne devez pas le perdre de vue. Tous les caractères que vous taperez au clavier apparaîtront à la position de ce curseur. C'est le point d'insertion pour les ajouts, les suppressions et les sélections.

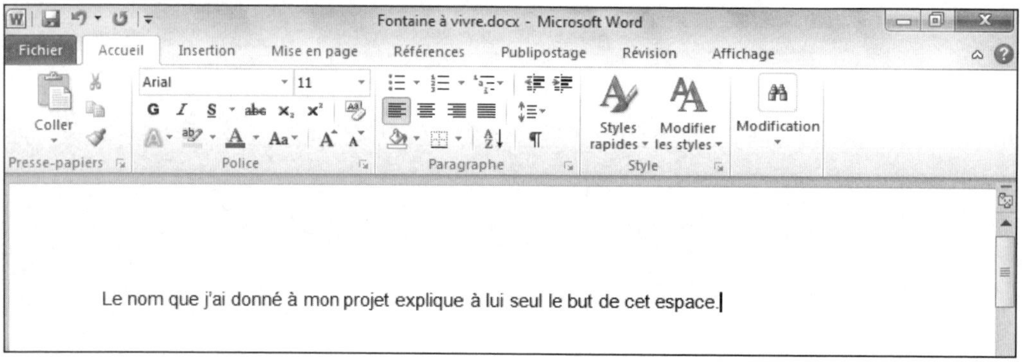

Figure 2-1 Saisie d'un texte.

Word utilise la saisie « au kilomètre ». Cela signifie que vous ne devez pas vous soucier des sauts de lignes dans un paragraphe. Word passe tout seul à la ligne suivante quand c'est nécessaire. Dès que toutes les lignes du paragraphe sont saisies, il suffit d'appuyer sur la touche **Entrée** pour créer un nouveau paragraphe sous le précédent.

1. Tapez toutes les lignes du premier paragraphe jusqu'au point final.
2. Appuyez sur **Entrée** pour passer au paragraphe suivant.
3. Répétez les étapes **1** et **2** pour les autres paragraphes.

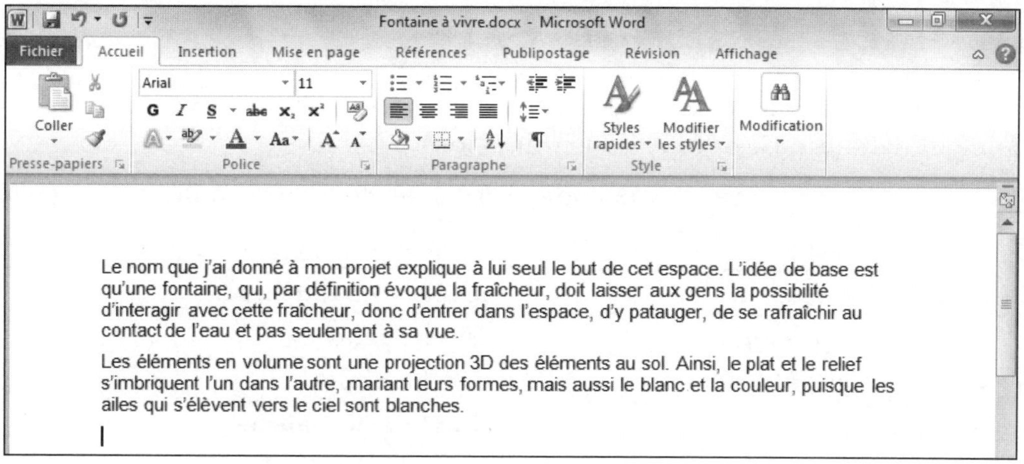
Fontaine à vivre.docx - Microsoft Word
Fichier
Accueil
Insertion
Mise en page
Références
Publipostage
Révision
Affichage
Arial
11
Coller
Styles rapides
Modifier les styles
Modification
Presse-papiers
Police
Paragraphe
Style
Le nom que j'ai donné à mon projet explique à lui seul le but de cet espace. L'idée de base est qu'une fontaine, qui, par définition évoque la fraîcheur, doit laisser aux gens la possibilité d'interagir avec cette fraîcheur, donc d'entrer dans l'espace, d'y patauger, de se rafraîchir au contact de l'eau et pas seulement à sa vue.
Les éléments en volume sont une projection 3D des éléments au sol. Ainsi, le plat et le relief s'imbriquent l'un dans l'autre, mariant leurs formes, mais aussi le blanc et la couleur, puisque les ailes qui s'élèvent vers le ciel sont blanches.

Figure 2-2 Ajout d'un paragraphe.

Afficher les caractères non imprimables

Si vous appuyez sur la touche **Entrée**, vous créez un nouveau paragraphe. Visuellement, le curseur passe au début de la ligne suivante. Pour afficher les marques de paragraphes, et donc mieux les visualiser, cliquez l'onglet **Accueil → Afficher tout** ¶. Les symboles « ¶ » représentent la fin des paragraphes (là où vous avez appuyé sur **Entrée**). Les symboles « • » représentent les espaces entre les mots. Les symboles « → » représentent les tabulations. Tous ces symboles ne sont jamais imprimés et ne sont pas visibles si le bouton ¶ n'est pas enfoncé.

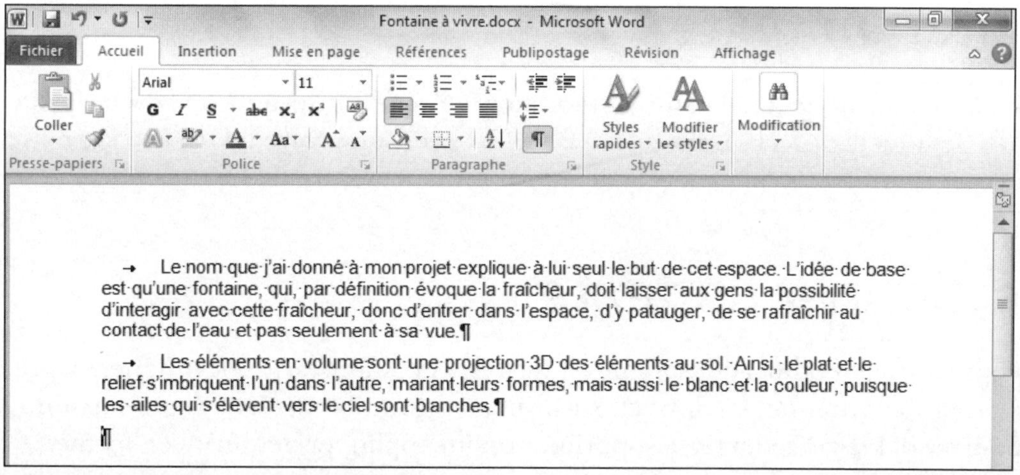
Fontaine à vivre.docx - Microsoft Word
Fichier
Accueil
Insertion
Mise en page
Références
Publipostage
Révision
Affichage
Arial
11
Coller
Styles rapides
Modifier les styles
Modification
Presse-papiers
Police
Paragraphe
Style
→ Le·nom·que·j'ai·donné·à·mon·projet·explique·à·lui·seul·le·but·de·cet·espace.·L'idée·de·base·est·qu'une·fontaine,·qui,·par·définition·évoque·la·fraîcheur,·doit·laisser·aux·gens·la·possibilité·d'interagir·avec·cette·fraîcheur,·donc·d'entrer·dans·l'espace,·d'y·patauger,·de·se·rafraîchir·au·contact·de·l'eau·et·pas·seulement·à·sa·vue.¶
→ Les·éléments·en·volume·sont·une·projection·3D·des·éléments·au·sol.·Ainsi,·le·plat·et·le·relief·s'imbriquent·l'un·dans·l'autre,·mariant·leurs·formes,·mais·aussi·le·blanc·et·la·couleur,·puisque·les·ailes·qui·s'élèvent·vers·le·ciel·sont·blanches.¶

Figure 2-3 Affichage des caractères non imprimables.

Se déplacer dans un texte

Pour modifier le point d'insertion, il suffit de cliquer la nouvelle position avec le pointeur de souris. Ce dernier doit avoir la forme I.

Pour vous déplacer dans un document à l'aide du clavier, utilisez les touches du tableau 2-1.

Pour se déplacer vers...	Utiliser les touches...
Le caractère précédent	**Flèche gauche**
Le caractère suivant	**Flèche droite**
Le mot précédent	**Ctrl+Flèche gauche**
Le mot suivant	**Ctrl+Flèche droite**
La ligne précédente	**Flèche haut**
La ligne suivante	**Flèche bas**
Le début de la ligne	**Origine**
La fin de la ligne	**Fin**
L'écran précédent	**Page précédente (PgPr)**
L'écran suivant	**Page suivante (PgSv)**
Le début du document	**Ctrl+Origine**
La fin du document	**Ctrl+Fin**

Tableau 2-1 Touches pour se déplacer dans le document.

Ajouter un texte

Pour ajouter un texte, il suffit de modifier le point d'insertion, soit avec la souris, soit avec les touches du clavier (tableau 2-1). Tapez ensuite votre texte : le texte existant est décalé automatiquement vers la droite au fur et à mesure de votre saisie.

Sélectionner un texte

Pour faire des modifications sur un texte, il est nécessaire de le sélectionner au préalable. Le texte sélectionné apparaît en surbrillance (fond bleu). Une fois sélectionné, vous pourrez déplacer ce texte, le supprimer ou lui appliquer des mises en forme.

Pour sélectionner un texte avec la souris, procédez comme ceci :

- **Sélectionner des caractères** : pointez le curseur de souris avant la première lettre, puis cliquez et faites glisser jusqu'au dernier caractère.

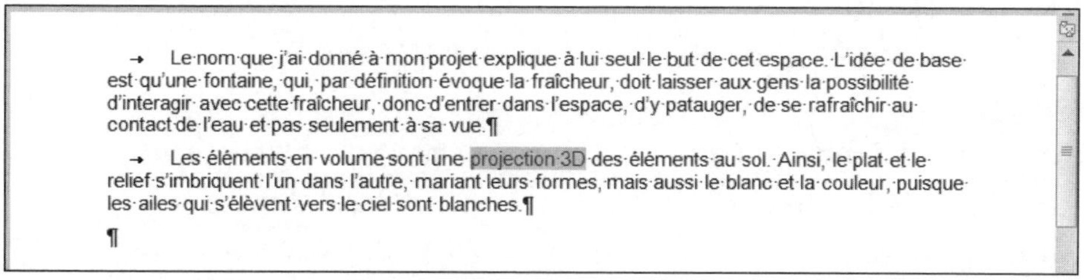

→ Le·nom·que·j'ai·donné·à·mon·projet·explique·à·lui·seul·le·but·de·cet·espace.·L'idée·de·base·est·qu'une·fontaine,·qui,·par·définition·évoque·la·fraîcheur,·doit·laisser·aux·gens·la·possibilité·d'interagir·avec·cette·fraîcheur,·donc·d'entrer·dans·l'espace,·d'y·patauger,·de·se·rafraîchir·au·contact·de·l'eau·et·pas·seulement·à·sa·vue.¶

→ Les·éléments·en·volume·sont·une·projection·3D·des·éléments·au·sol.·Ainsi,·le·plat·et·le·relief·s'imbriquent·l'un·dans·l'autre,·mariant·leurs·formes,·mais·aussi·le·blanc·et·la·couleur,·puisque·les·ailes·qui·s'élèvent·vers·le·ciel·sont·blanches.¶

¶

Figure 2-4 Sélection d'une portion de texte.

- **Sélectionner un mot** : double-cliquez le mot.
- **Sélectionner une ligne** : placez le curseur de souris dans la marge gauche en regard de la ligne. Le curseur de souris prend la forme ↗. Cliquez pour sélectionner la ligne.
- **Sélectionner un paragraphe** : placez le curseur de souris dans la marge gauche en regard de la première ligne du paragraphe. Le curseur de souris prend la forme ↗. Cliquez et faites glisser vers le bas jusqu'à la dernière ligne. Vous pouvez aussi triple-cliquer dans un paragraphe pour le sélectionner (trois clics rapides avec le bouton de gauche).

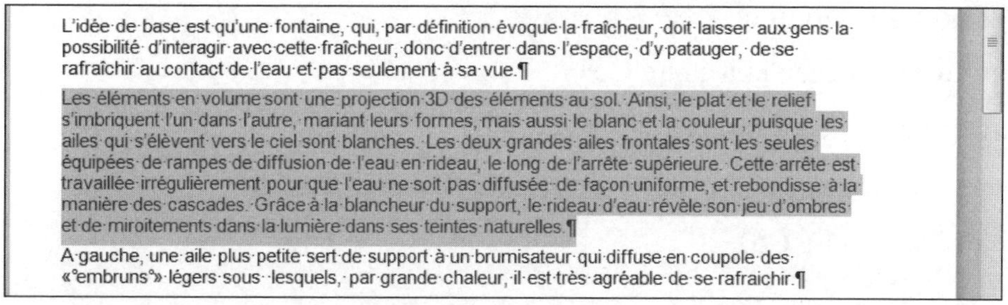

L'idée·de·base·est·qu'une·fontaine,·qui,·par·définition·évoque·la·fraîcheur,·doit·laisser·aux·gens·la·possibilité·d'interagir·avec·cette·fraîcheur,·donc·d'entrer·dans·l'espace,·d'y·patauger,·de·se·rafraîchir·au·contact·de·l'eau·et·pas·seulement·à·sa·vue.¶

Les·éléments·en·volume·sont·une·projection·3D·des·éléments·au·sol.·Ainsi,·le·plat·et·le·relief·s'imbriquent·l'un·dans·l'autre,·mariant·leurs·formes,·mais·aussi·le·blanc·et·la·couleur,·puisque·les·ailes·qui·s'élèvent·vers·le·ciel·sont·blanches.·Les·deux·grandes·ailes·frontales·sont·les·seules·équipées·de·rampes·de·diffusion·de·l'eau·en·rideau,·le·long·de·l'arrête·supérieure.·Cette·arrête·est·travaillée·irrégulièrement·pour·que·l'eau·ne·soit·pas·diffusée·de·façon·uniforme,·et·rebondisse·à·la·manière·des·cascades.·Grâce·à·la·blancheur·du·support,·le·rideau·d'eau·révèle·son·jeu·d'ombres·et·de·miroitements·dans·la·lumière·dans·ses·teintes·naturelles.¶

A·gauche,·une·aile·plus·petite·sert·de·support·à·un·brumisateur·qui·diffuse·en·coupole·des·«°embruns°»·légers·sous··lesquels,·par·grande·chaleur,·il·est·très·agréable·de·se·rafraichir.¶

Figure 2-5 Sélection d'un paragraphe.

Pour sélectionner un texte à l'aide du clavier, utilisez les touches du tableau 2-2.

Pour sélectionner...	Utiliser les touches...
Le caractère précédent	**Maj+Flèche gauche**
Le caractère suivant	**Maj+Flèche droite**
Le mot précédent	**Ctrl+Maj+Flèche gauche**

Tableau 2-2 Touches pour sélectionner un texte. →

Pour sélectionner...	Utiliser les touches...
Le mot suivant	**Ctrl+Maj+Flèche droite**
Du curseur jusqu'à la même position dans la ligne précédente	**Maj+Flèche haut**
Du curseur jusqu'à la même position dans la ligne suivante	**Maj+Flèche bas**
Du curseur jusqu'au début du paragraphe	**Ctrl+Maj + Flèche haut**
Du curseur jusqu'à la fin du paragraphe	**Ctrl+Maj+Flèche bas**
Du curseur jusqu'au début du document	**Ctrl+Maj+Origine**
Du curseur jusqu'à la fin du document	**Ctrl+Maj+Fin**
L'intégralité du document	**Ctrl+A**

Tableau 2-2 Touches pour sélectionner un texte (suite).

Maintenant que votre texte est sélectionné, vous pouvez lui appliquer des actions et des mises en forme.

Sélectionner plusieurs textes

Il est tout à fait possible de sélectionner en même temps plusieurs portions de texte. Cela évite de répéter la même action. Par exemple, si vous désirez mettre tous vos titres en gras, il est plus simple de tous les sélectionner, puis d'appliquer cet attribut.

1. Sélectionnez le premier texte.
2. Maintenez enfoncée la touche **Ctrl**.
3. Sélectionnez le second texte.
4. Répétez les étapes **2** et **3** pour sélectionner d'autres textes.
5. Relâchez la touche **Ctrl**.

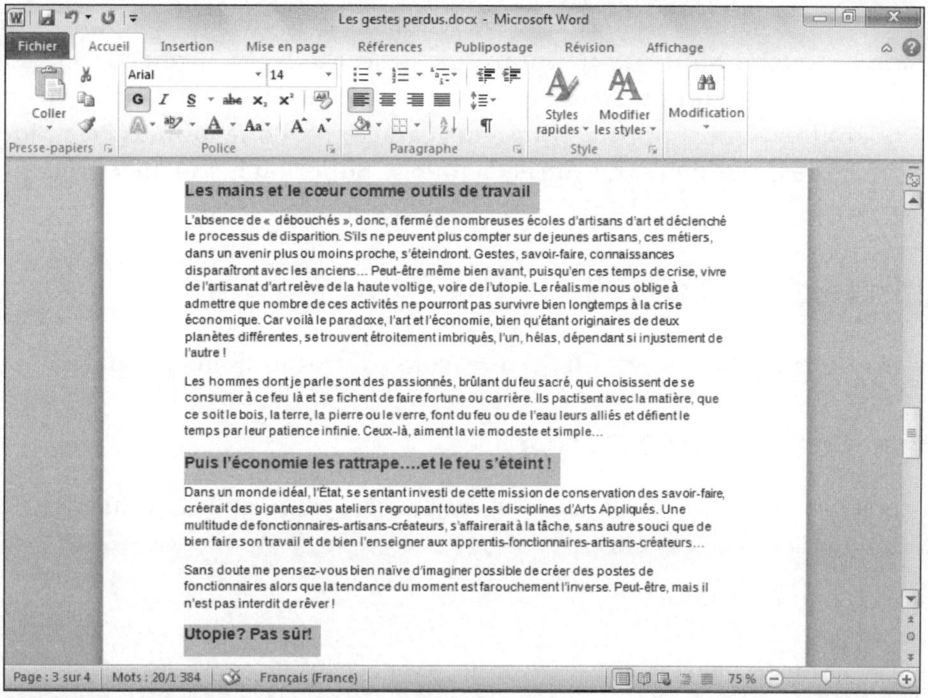
Les gestes perdus.docx - Microsoft Word
Fichier
Accueil
Insertion
Mise en page
Références
Publipostage
Révision
Affichage
Coller
Presse-papiers
Arial
14
Police
Paragraphe
Styles rapides
Modifier les styles
Style
Modification
Les mains et le cœur comme outils de travail
L'absence de « débouchés », donc, a fermé de nombreuses écoles d'artisans d'art et déclenché le processus de disparition. S'ils ne peuvent plus compter sur de jeunes artisans, ces métiers, dans un avenir plus ou moins proche, s'éteindront. Gestes, savoir-faire, connaissances disparaîtront avec les anciens… Peut-être même bien avant, puisqu'en ces temps de crise, vivre de l'artisanat d'art relève de la haute voltige, voire de l'utopie. Le réalisme nous oblige à admettre que nombre de ces activités ne pourront pas survivre bien longtemps à la crise économique. Car voilà le paradoxe, l'art et l'économie, bien qu'étant originaires de deux planètes différentes, se trouvent étroitement imbriqués, l'un, hélas, dépendant si injustement de l'autre !
Les hommes dont je parle sont des passionnés, brûlant du feu sacré, qui choisissent de se consumer à ce feu là et se fichent de faire fortune ou carrière. Ils pactisent avec la matière, que ce soit le bois, la terre, la pierre ou le verre, font du feu ou de l'eau leurs alliés et défient le temps par leur patience infinie. Ceux-là, aiment la vie modeste et simple…
Puis l'économie les rattrape….et le feu s'éteint !
Dans un monde idéal, l'État, se sentant investi de cette mission de conservation des savoir-faire, créerait des gigantesques ateliers regroupant toutes les disciplines d'Arts Appliqués. Une multitude de fonctionnaires-artisans-créateurs, s'affairerait à la tâche, sans autre souci que de bien faire son travail et de bien l'enseigner aux apprentis-fonctionnaires-artisans-créateurs…
Sans doute me pensez-vous bien naïve d'imaginer possible de créer des postes de fonctionnaires alors que la tendance du moment est farouchement l'inverse. Peut-être, mais il n'est pas interdit de rêver !
Utopie? Pas sûr!
Page : 3 sur 4
Mots : 20/1 384
Français (France)
75 %

Figure 2-6 Sélection de plusieurs textes.

Sélectionner un texte très long

Si le texte à sélectionner s'étale sur plusieurs pages, il est très difficile d'effectuer cette sélection avec la souris ou le clavier.

1. Sélectionnez la première partie du texte, ou positionnez simplement le curseur au début de ce texte.
2. Déroulez le texte avec la barre de défilement ou la roulette de la souris pour trouver la fin du texte.
3. Maintenez enfoncée la touche **Maj**.
4. Cliquez à la fin du texte à sélectionner.
5. Relâchez la touche **Maj**.

Effacer un texte

Pour supprimer un texte, rien de plus simple : vous le sélectionnez puis vous appuyez sur la touche **Suppr**.

Pour supprimer des caractères avec le clavier, cliquez la position de suppression, puis appuyez sur la touche **Suppr** pour supprimer le caractère à droite du curseur, ou appuyez sur la touche **Retour arrière** pour supprimer le caractère à gauche du curseur. Répétez l'opération pour supprimer plusieurs caractères. Pour supprimer rapidement plusieurs caractères, maintenez enfoncée la touche **Suppr** ou la touche **Retour arrière**.

Annuler des actions

Si vous avez effectué une action non désirée, vous pouvez toujours l'annuler.

Annuler la dernière action

1. Cliquez le bouton dans la barre d'outils Accès rapide pour annuler uniquement la dernière action.

La dernière action est annulée.

Note Si vous voulez connaître la dernière action avant de l'annuler, cliquez la flèche qui borde le bouton .

Annuler plusieurs actions

1. Cliquez la flèche en regard du bouton dans la barre d'outils Accès rapide pour ouvrir la liste.

   La liste répertorie les dernières actions.

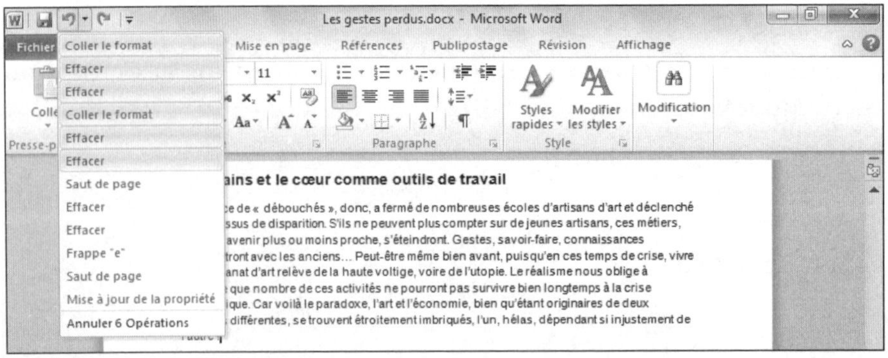

Figure 2-7 Annulation de plusieurs actions.

2. Cliquez l'action à annuler dans la liste.

L'action sélectionnée est annulée ainsi que toutes celles qui la précèdent dans la liste.

Note Vous pouvez annuler et rétablir jusqu'à 100 actions.

Rétablir des actions annulées

Pour rétablir la dernière action annulée, cliquez le bouton dans la barre d'outils Accès rapide. Pour rétablir plusieurs actions annulées, cliquez la flèche en regard du bouton, puis cliquez l'action à rétablir ainsi que celles qui la précèdent dans la liste.

Note Le bouton est indisponible s'il n'y a pas eu d'annulation.

Scinder ou regrouper des paragraphes

Pour peaufiner votre document, vous pouvez couper en deux parties un paragraphe, ou, à l'inverse, en regrouper deux pour n'en former qu'un seul.

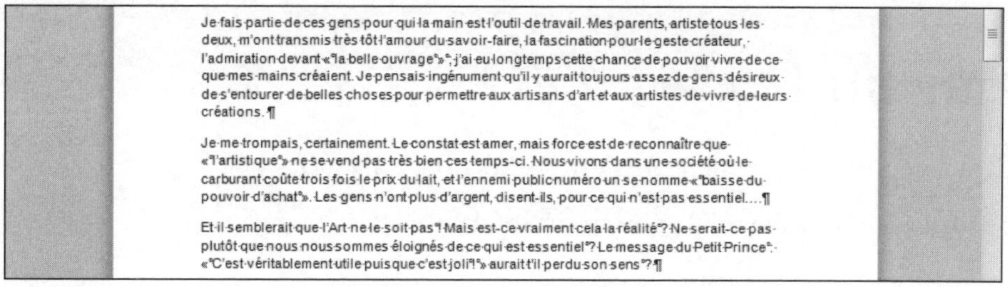
Je fais partie de ces gens pour qui la main est l'outil de travail. Mes parents, artiste tous les deux, m'ont transmis très tôt l'amour du savoir-faire, la fascination pour le geste créateur, l'admiration devant « la belle ouvrage » ; j'ai eu longtemps cette chance de pouvoir vivre de ce que mes mains créaient. Je pensais ingénument qu'il y aurait toujours assez de gens désireux de s'entourer de belles choses pour permettre aux artisans d'art et aux artistes de vivre de leurs créations. ¶

Je me trompais, certainement. Le constat est amer, mais force est de reconnaître que « l'artistique » ne se vend pas très bien ces temps-ci. Nous vivons dans une société où le carburant coûte trois fois le prix du lait, et l'ennemi public numéro un se nomme « baisse du pouvoir d'achat ». Les gens n'ont plus d'argent, disent-ils, pour ce qui n'est pas essentiel.... ¶

Et il semblerait que l'Art ne le soit pas ! Mais est-ce vraiment cela la réalité ? Ne serait-ce pas plutôt que nous nous sommes éloignés de ce qui est essentiel ? Le message du Petit Prince : « C'est véritablement utile puisque c'est joli ! » aurait t'il perdu son sens ? ¶

Figure 2-8 Paragraphes avant division ou regroupement.

Pour scinder un paragraphe en deux parties, cliquez la position d'insertion pour y placer le curseur, généralement après un point, puis appuyez sur **Entrée**. Cette action insère une nouvelle marque de paragraphe.

Pour fusionner deux paragraphes, cliquez à la fin du premier, puis appuyez sur **Suppr**. Cette action supprime la marque de paragraphe.

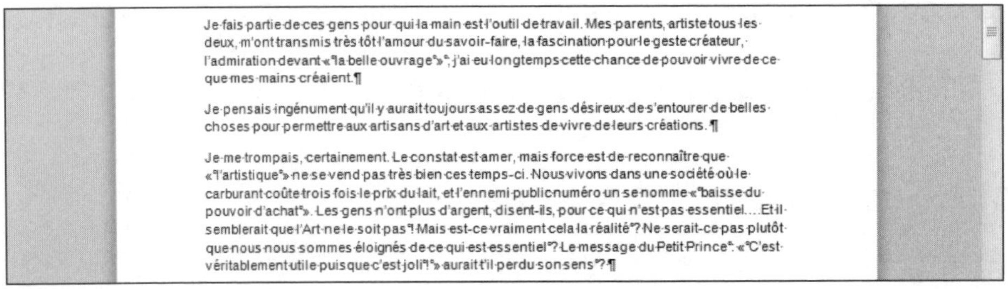

Je fais partie de ces gens pour qui la main est l'outil de travail. Mes parents, artiste tous les deux, m'ont transmis très tôt l'amour du savoir-faire, la fascination pour le geste créateur, l'admiration devant « la belle ouvrage » ; j'ai eu longtemps cette chance de pouvoir vivre de ce que mes mains créaient.¶

Je pensais ingénument qu'il y aurait toujours assez de gens désireux de s'entourer de belles choses pour permettre aux artisans d'art et aux artistes de vivre de leurs créations.¶

Je me trompais, certainement. Le constat est amer, mais force est de reconnaître que « l'artistique » ne se vend pas très bien ces temps-ci. Nous vivons dans une société où le carburant coûte trois fois le prix du lait, et l'ennemi public numéro un se nomme « baisse du pouvoir d'achat ». Les gens n'ont plus d'argent, disent-ils, pour ce qui n'est pas essentiel.... Et il semblerait que l'Art ne le soit pas ! Mais est-ce vraiment cela la réalité ? Ne serait-ce pas plutôt que nous nous sommes éloignés de ce qui est essentiel ? Le message du Petit Prince : « C'est véritablement utile puisque c'est joli ! » aurait t'il perdu son sens ?¶

Figure 2-9 Paragraphes après division ou regroupement.

Déplacer un texte

Si un texte (une ligne ou un paragraphe entier) n'est pas au bon endroit, vous pouvez facilement le déplacer.

1. Sélectionnez le texte avec la souris ou le clavier.
2. Cliquez et faites glisser la sélection à son nouvel emplacement.

Dupliquer un texte

Si vous devez répéter un texte à plusieurs endroits, copiez-le.

1. Sélectionnez le texte avec la souris ou le clavier.
2. Maintenez enfoncée la touche **Ctrl**.
3. Cliquez et faites glisser la sélection à l'emplacement de la copie.
4. Relâchez la touche **Ctrl**.

Utiliser le Copier/Coller

Windows dispose d'une zone de mémoire appelée « Presse-papiers ». C'est une zone temporaire dans laquelle est stockée une partie ou l'intégralité d'un document quel que soit son type (texte, image, *etc.*). Vous pouvez à tout moment récupérer le contenu de ce presse-papiers pour l'insérer dans un document.

Un « Copier/Coller » consiste à copier une partie d'un document dans le presse-papiers, puis à coller, c'est-à-dire recopier, le contenu du presse-papiers à un autre endroit. Le presse-papiers étant commun à toutes les applications, vous pouvez échanger des portions de document dans des logiciels différents. Par exemple, il est possible de copier un tableau Excel dans le presse-papiers, puis de recopier ce tableau du presse-papiers vers un document Word.

Si une partie d'un document doit être déplacée, on utilise alors un Couper/Coller. La partie de document est copiée vers le presse-papiers, puis effacée du document d'origine.

Quand vous effectuez un copier ou couper vers le presse-papiers Windows, le précédent contenu de ce dernier est effacé. Le presse-papiers ne peut contenir qu'un seul document à la fois. Mais Office possède son propre presse-papiers. Il permet de stocker temporairement vingt-quatre données différentes.

Copier des données *via* le presse-papiers

1. Sélectionnez le (les) texte(s) à copier.
2. Cliquez l'onglet **Accueil ➜ Presse-papiers ➜ Copier** ou tapez **Ctrl+C**.

   Le texte copié est placé dans le presse-papiers.
3. Cliquez dans le texte la position devant recevoir la copie.
4. Cliquez l'onglet **Accueil ➜ Presse-papiers ➜ Coller** ou tapez **Ctrl+V**.

   Les données du presse-papiers sont placées dans le document au point d'insertion.

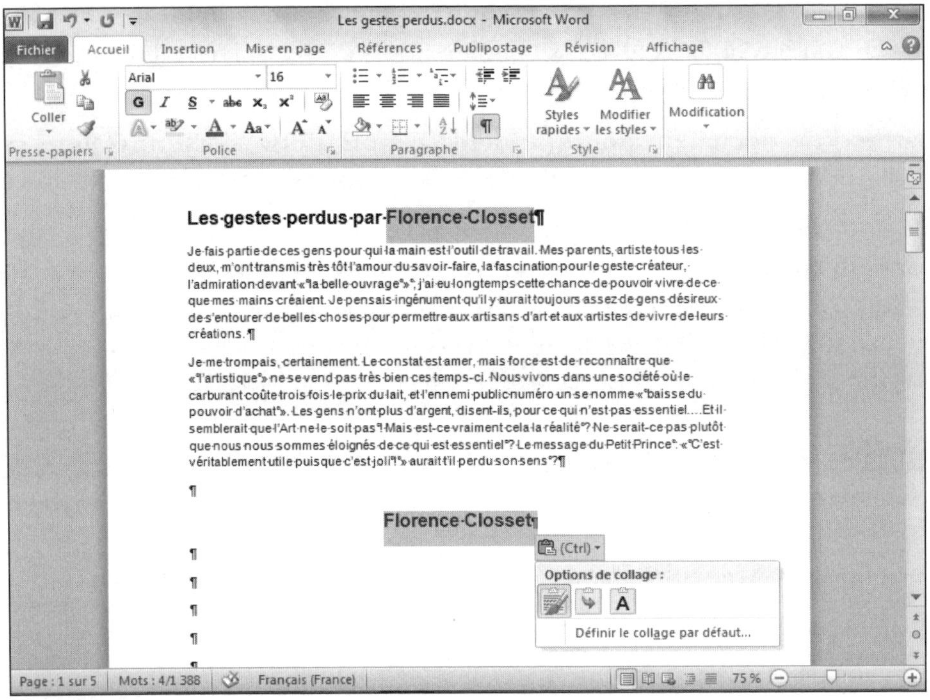

Figure 2-10 Copie du presse-papiers pour dupliquer un texte.

5. Éventuellement, cliquez la balise puis le type de mise en forme. Aidez-vous des info-bulles pour connaître la fonction de chaque bouton de la balise.

Note Tant que le texte copié n'est pas modifié dans le presse-papiers, vous pouvez encore le recopier à d'autres emplacements.

Déplacer des données *via* le presse-papiers

1. Sélectionnez le (les) texte(s) à déplacer.
2. Cliquez l'onglet **Accueil ➜ Presse-papiers ➜ Couper** ou tapez **Ctrl+X**.

   La sélection est déplacée vers le presse-papiers. Elle n'apparaît plus dans le texte.
3. Cliquez à la position d'insertion du texte coupé.
4. Cliquez l'onglet **Accueil ➜ Presse-papiers ➜ Coller** ou tapez **Ctrl+V**.

Le texte est déplacé vers le nouvel emplacement. Si vous avez sélectionné plusieurs textes à l'étape **1**, ils apparaissent les uns au-dessous des autres.

Utiliser le presse-papiers Office

Si vous devez copier plusieurs données, utilisez le presse-papiers commun aux applications Office.

1. Cliquez l'onglet **Accueil**, puis cliquez le bouton  en regard du groupe **Presse-papiers**.

   Le volet Presse-papiers s'affiche dans la partie gauche de la feuille.

2. Sélectionnez un texte puis cliquez  ou .
3. Sélectionnez un second texte puis cliquez  ou .

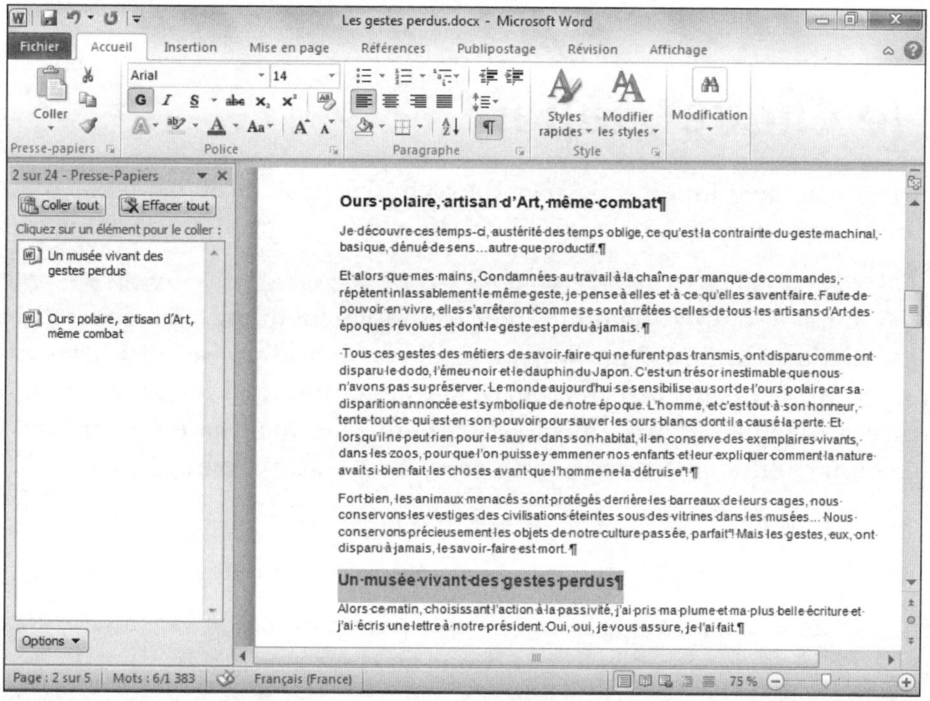

Figure 2-11 Presse-papiers Office.

Le volet Presse-papiers affiche toutes les données copiées ou coupées.

Pour copier des données du presse-papiers Office :

1. Cliquez la position qui doit recevoir le texte.
2. Cliquez l'élément à coller dans le volet Presse-papiers.

Note Chaque élément affiche les premiers caractères de son contenu.

Les données du presse-papiers sont copiées dans le document.

Pour copier toutes les données du presse-papiers vers le document, cliquez la position qui doit recevoir les données puis cliquez **Coller tout** dans le volet Presse-papiers.

Le presse-papiers multiple est commun aux produits d'Office. Vous pouvez donc copier des données entre ses différentes applications (un graphique Excel dans un document Word, des enregistrements Access dans une feuille Excel, *etc.*).

Tant que vous ne cliquez pas le bouton **Effacer tout** dans le volet Presse-papiers, les données y restent (dans la limite de 24).

Cliquez le bouton pour fermer le volet Presse-papiers quand vous n'avez plus besoin de lui.

Utiliser le Cliquer/Taper

La fonction « Cliquer/Taper » permet de commencer à saisir un texte n'importe où dans une page sans se soucier de l'insertion de paragraphes, de tabulations ou d'alignement.

Cette fonction n'a d'intérêt que pour créer très rapidement un texte court. En temps normal, lors de la rédaction d'un document, il convient d'utiliser des styles pour les paragraphes. Un document correctement rédigé ne comprend donc pas de paragraphes vides. À titre d'exemple, le livre que vous avez entre les mains a été écrit avec Word. Même s'il compte plusieurs centaines de pages, il n'y a aucun paragraphe vide.

Pour utiliser le Cliquer/Taper :

1. Pointez la souris à l'emplacement ou vous désirez commencer votre texte.

   Le curseur de souris prend la forme si le paragraphe doit être aligné à gauche, pour un alignement à droite, et pour un centrage.

2. Double-cliquez la position d'insertion.

   En fonction de la position choisie et du type d'alignement, Word ajoute des paragraphes vierges et les tabulations correspondantes.

3. Tapez votre texte.

Dans l'exemple de la figure 2-12, Word a ajouté deux paragraphes vides et un troisième centré.

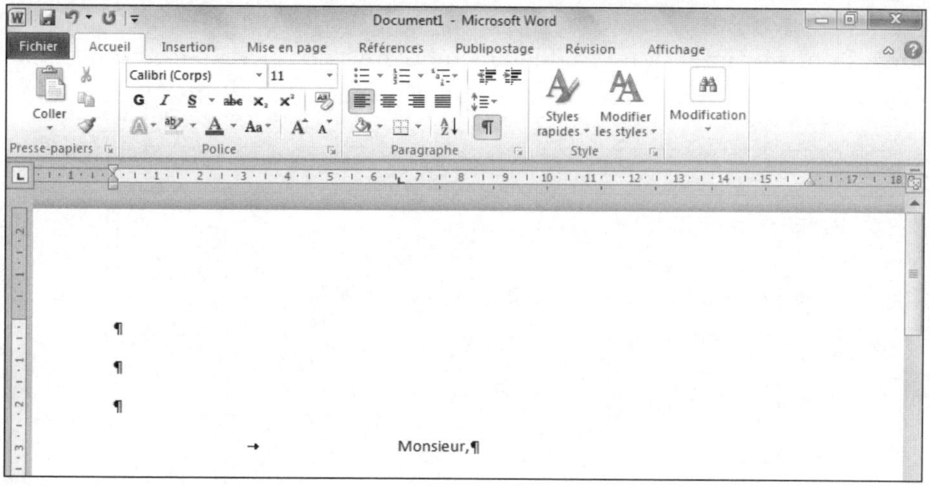

Figure 2-12 Utilisation du Cliquer/Taper.

Insérer des caractères spéciaux

Tous les caractères ne sont pas présents sur votre clavier. Ne cherchez pas, par exemple, le symbole « © ». Ce dernier n'est pas accessible avec une touche.

Pour insérer un caractère spécial, vous devez utiliser une boîte de dialogue.

1. Cliquez l'onglet **Insertion ➜ Symboles ➜ Symbole**.
2. Cliquez le symbole désiré dans la liste qui s'affiche.

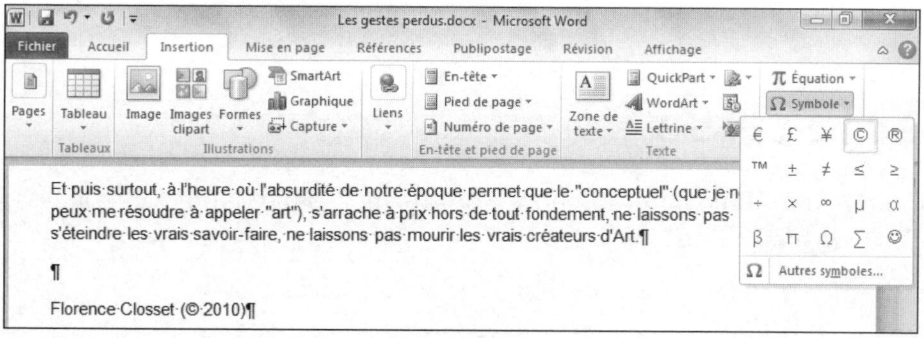

Figure 2-13 Insertion rapide d'un caractère spécial.

Si le caractère désiré n'est pas présent dans la liste, vous devez le rechercher.

1. Cliquez l'onglet **Insertion ➜ Symboles ➜ Symbole ➜ Autres symboles**.

La liste **Police** propose la valeur **(texte normal)** ce qui correspond à la police de caractères utilisée actuellement. Si vous ne trouvez pas votre bonheur dans celle-ci, sélectionnez-en une autre, par exemple la police Wingdings.

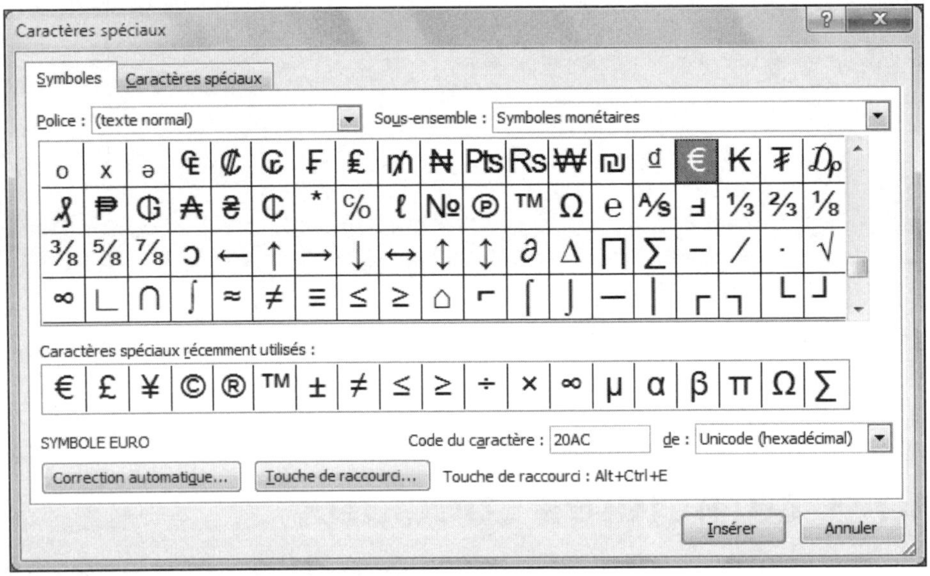

Figure 2-14 Boîte d'insertion d'un caractère spécial.

2. Cliquez le caractère à placer dans votre document.
3. Cliquez le bouton **Insérer**.
4. Répétez les étapes **2** et **3** pour insérer d'autres caractères.
5. Cliquez le bouton **Fermer**.

Modifier la casse

Word propose plusieurs solutions pour transformer rapidement des majuscules en minuscules et inversement.

1. Sélectionnez le texte dont vous désirez modifier la casse.
2. Cliquez l'onglet **Accueil → Police → Modifier la casse** Aa.
3. Cliquez le type de changement de casse dans la liste Aa.

   Vous pouvez effectuer cette opération avec le clavier :

1. Sélectionnez le texte dont vous désirez modifier la casse.

2. Appuyez plusieurs fois sur **Maj+F3** pour changer la casse dans l'ordre suivant : tout en minuscules, tout en majuscules, et première lettre de chaque mot en majuscule et le reste du mot en minuscules.

Insérer la date et l'heure

Vous pouvez facilement insérer la date et l'heure actuelles dans votre document, et ce, avec ou sans mise à jour.

1. Cliquez le point d'insertion de la date ou de l'heure.
2. Cliquez l'onglet **Insertion → Texte → Date et heure** .
3. Sélectionnez dans la liste de gauche la mise en forme de la date ou de l'heure à insérer.
4. Pour que la date ou l'heure soit mises à jour à chaque ouverture du document, cochez la case **Mettre à jour automatiquement**.

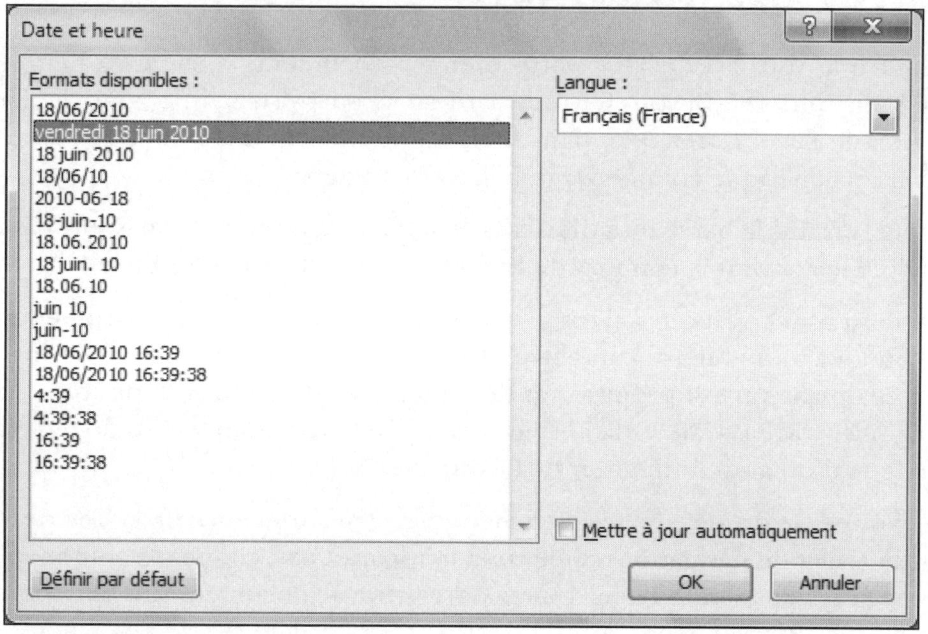

Figure 2-15 Insertion d'une date ou d'une heure.

5. Cliquez le bouton **OK**.

Règles des espaces

Dans la rédaction d'un document, il est d'usage de respecter certaines règles. Ces conventions concernent l'utilisation des espaces qui entourent les signes de ponctuation. Reportez-vous au tableau 2-3 pour connaître leur application.

Pour le signe...	Ajouter un espace...
. point	après
, virgule	après
; point virgule	avant et après
: deux points	avant et après
? ! point d'interrogation et point d'exclamation	avant et après

Tableau 2-3 Règles des espaces.

Enregistrer un document

Maintenant que vous avez réalisé votre premier document, vous devez l'enregistrer pour qu'il soit conservé. Si vous fermez Word sans l'enregistrer, une boîte de dialogue vous invite à le faire. Notez que, dans la barre de titre, le document non enregistré porte un nom générique comme Document1, Document2, *etc.*

1. Cliquez dans la barre d'outils Accès rapide. Si ce bouton est masqué, cliquez l'onglet **Fichier** puis la commande **Enregistrer** dans la liste de gauche.

   Pour des raisons pratiques, il est plus simple d'utiliser le dossier **Documents** (Vista ou Windows 7) ou **Mes documents** (XP) qui vous a été attribué par Windows. C'est ce dossier qui est proposé par défaut par Word quand vous désirez enregistrer votre travail. Cela permet aussi de ne pas mélanger vos documents avec ceux d'un autre utilisateur de l'ordinateur.

2. Sélectionnez le dossier d'enregistrement dans l'arborescence de la liste de gauche (volet de navigation). Si le volet n'apparaît pas, cliquez le bouton **Parcourir les dossiers**. Si vous désirez enregistrer le document sur votre bureau, sélectionnez **Bureau** dans la liste.

3. Tapez le nom du document dans la zone **Nom de fichier**.

4. Pour faciliter les recherches, vous pouvez ajouter des mots-clés. Cliquez la zone **Mots-clés**, puis tapez des mots séparés par des points virgules.

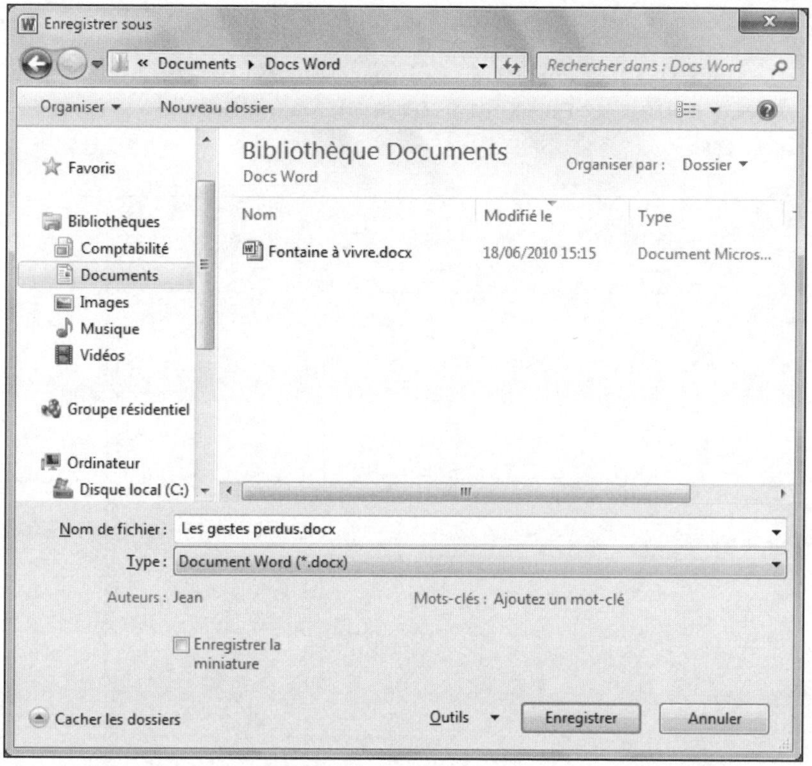

Figure 2-16 Enregistrement d'un document.

5. Cliquez le bouton **Enregistrer**.

Note Les documents portent l'extension **.DOCX**. Les versions précédentes de Word portaient l'extension **.DOC**.

La barre de titre indique le nom du document.

Vous devez régulièrement enregistrer vos documents, car nul n'est à l'abri d'un dysfonctionnement de l'ordinateur ou d'une coupure de courant. Cliquez pour cela le bouton dans la barre d'outils Accès rapide ou l'onglet **Fichier → Enregistrer**. En apparence, cette action n'a pas d'effet. En réalité, comme votre document possède déjà un nom, Word s'est contenté de l'enregistrer sans que vous ayez besoin d'intervenir.

Ouvrir un document

À son ouverture, Word propose toujours un document vierge. Vous devez ouvrir les anciens documents si vous souhaitez les consulter ou les modifier.

1. Cliquez l'onglet **Fichier → Ouvrir** ou tapez le raccourci clavier **Ctrl+O**.
2. Sélectionnez le dossier d'enregistrement dans l'arborescence de la liste de gauche (volet de navigation). Si le volet n'apparaît pas, cliquez le bouton **Parcourir les dossiers**.

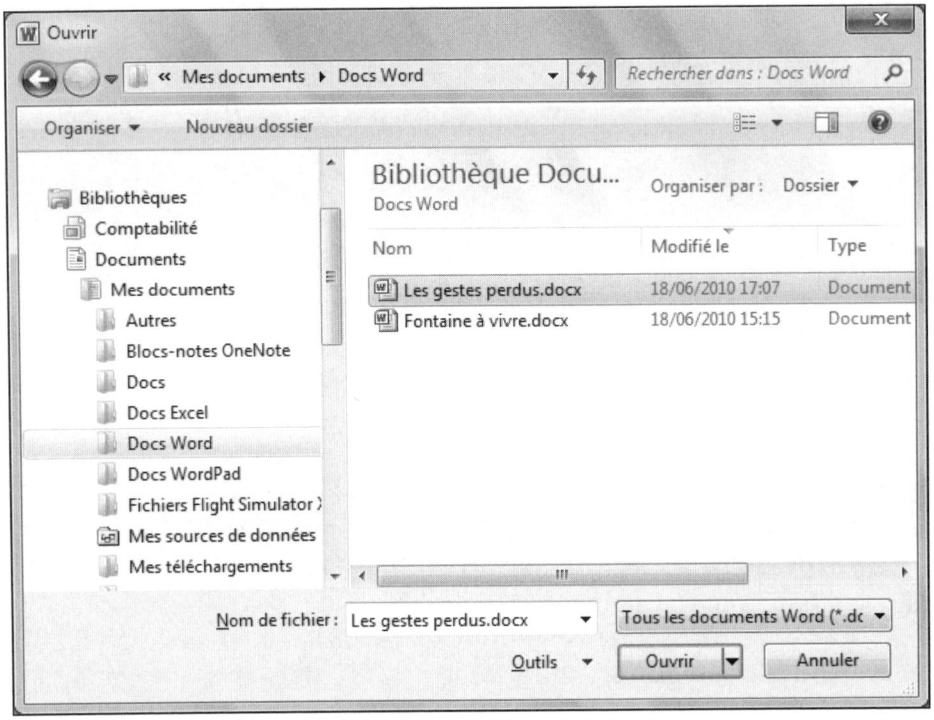

Figure 2-17 Ouverture d'un document.

3. Cliquez le document à ouvrir dans la liste de droite.
4. Cliquez le bouton **Ouvrir**.

Ouvrir les derniers documents utilisés

Word conserve la liste des derniers documents utilisés. Cette liste, limitée, est remise à jour en permanence. Les nouveaux documents ouverts remplacent dans la liste les documents les plus anciens.

1. Cliquez l'onglet **Fichier → Récent**.

   La liste de droite affiche les noms des derniers documents ouverts.

2. Cliquez le nom du document à ouvrir.

Maintenir certains documents dans la liste

Si vous avez des documents que vous utilisez fréquemment, vous pouvez les bloquer pour éviter qu'ils ne disparaissent de la liste Documents récents.

1. Cliquez l'onglet **Fichier → Récent**.
2. Cliquez le bouton en regard du classeur à conserver dans la liste.

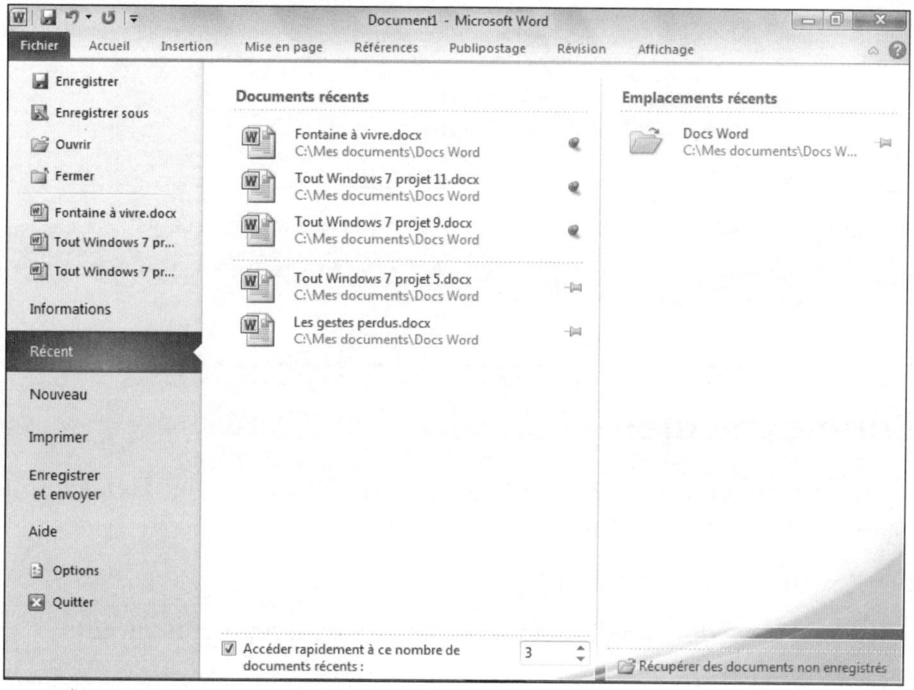

Figure 2-18 Liste des documents récemment ouverts.

3. Pour débloquer un document de la liste Documents récents, cliquez l'onglet **Fichier**, puis cliquez le bouton en regard du nom du document.

Définir la taille de la liste des derniers documents ouverts

Par défaut, le bouton Word conserve les noms des 17 derniers documents ouverts. Vous pouvez modifier ce nombre (entre 0 et 50).

1. Cliquez l'onglet **Fichier**, puis cliquez le bouton **Options** dans la liste de gauche.
2. Cliquez **Options avancées** dans la liste de gauche.
3. Dans la zone **Afficher** de la liste de droite, tapez le nombre de classeurs à conserver dans la liste Documents récents dans la zone **Afficher ce nombre**.

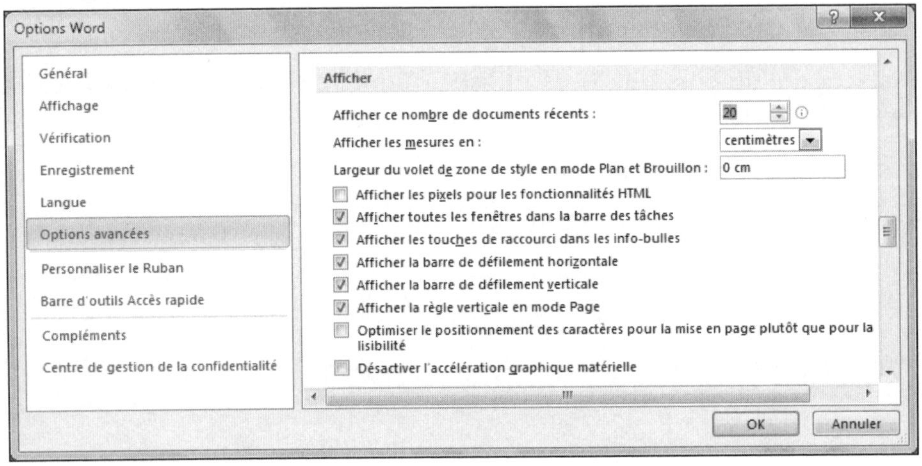

Figure 2-19 Nombre de documents disponibles dans la liste Documents récents.

4. Cliquez le bouton **OK** pour valider.

Accéder rapidement aux derniers documents dans l'onglet Fichier

Vous pouvez aussi maintenir les derniers documents dans l'onglet **Fichier** pour vous éviter de sélectionner à chaque fois la liste **Récent**.

1. Cliquez l'onglet **Fichier ➜ Récent**.
2. Cochez la case **Accéder rapidement à ce nombre de documents récents** (figure 2-18).
3. Tapez ou sélectionnez dans la zone en regard le nombre de documents à maintenir dans l'onglet Fichier.

Les derniers documents ouverts apparaissent dans l'onglet Fichier (figure 2-18).

Enregistrer un document sous un autre nom

Pour ne pas ressaisir des éléments existants, il est parfois plus simple de débuter un nouveau document en le fondant sur un document existant. Dès que vous aurez ouvert l'ancien document, enregistrez-le immédiatement sous un autre nom, puis modifiez-le.

1. Cliquez l'onglet **Fichier ➜ Enregistrer sous.**
2. Sélectionnez le dossier de sauvegarde comme nous l'avons vu précédemment.
3. Dans la zone **Nom de fichier**, tapez un nouveau nom.
4. Cliquez le bouton **Enregistrer**.

Créer un nouveau document

Dès que vous devez changer de sujet, créez un nouveau document.

1. Cliquez l'onglet **Fichier ➔ Nouveau**.
2. Cliquez l'icône **Document vierge** dans la liste du milieu.

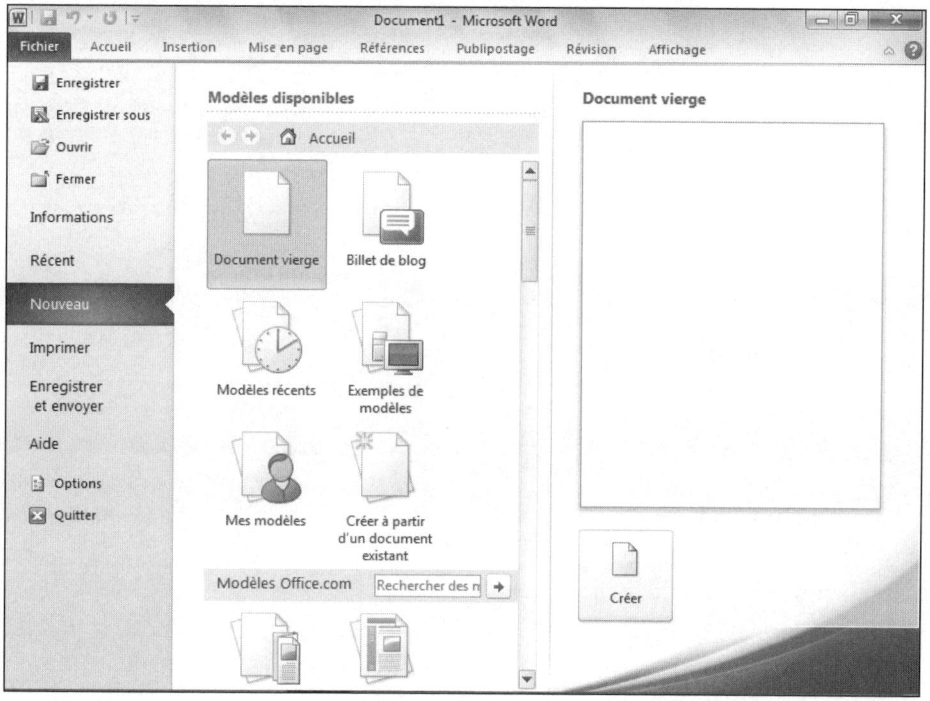

Figure 2-20 Création d'un document vierge.

3. Cliquez le bouton **Créer**.

   ou

   Tapez le raccourci clavier **Ctrl+N**.

   ou

   Cliquez le bouton dans la barre d'outils Accès rapide (ce bouton n'est pas présent par défaut, vous devrez peut-être l'ajouter).

Le nouveau document vierge s'affiche.

Note Pour créer des documents à partir d'un modèle, consultez le chapitre 8.

Chapitre 3

Rechercher et corriger des textes

Dans ce chapitre

- Rechercher un texte
- Effectuer une recherche avancée
- Remplacer un texte
- Utiliser les insertions automatiques
- Trouver un synonyme
- Corriger l'orthographe et la grammaire
- Vérifier un mot dans le dictionnaire
- Traduire des textes en langue étrangère

Ce chapitre est dédié à la vérification et à l'optimisation des textes. Outre les fonctions de base comme la recherche et le remplacement, vous découvrirez ici les corrections orthographiques et grammaticales, la recherche de synonymes et la traduction dans une autre langue.

Rechercher un texte

Si vous recherchez des mots dans un grand document, Word peut les trouver pour vous. Cela vous évitera de parcourir toutes les pages.

1. Cliquez l'onglet **Accueil ➜ Modification ➜ Rechercher** ou tapez **Ctrl+F**.

   Word affiche le volet **Navigation** à gauche de l'écran. L'onglet **Parcourir les résultats** est sélectionné.

2. Tapez le ou les mots à trouver dans la zone de texte en haut du volet **Navigation**.

   Le volet Navigation affiche immédiatement la liste des textes contenant les mots-clés saisis. Ces derniers sont aussi surlignés dans le document.

3. Cliquez le texte à atteindre dans la liste du volet Navigation.

   Word sélectionne immédiatement le texte choisi.

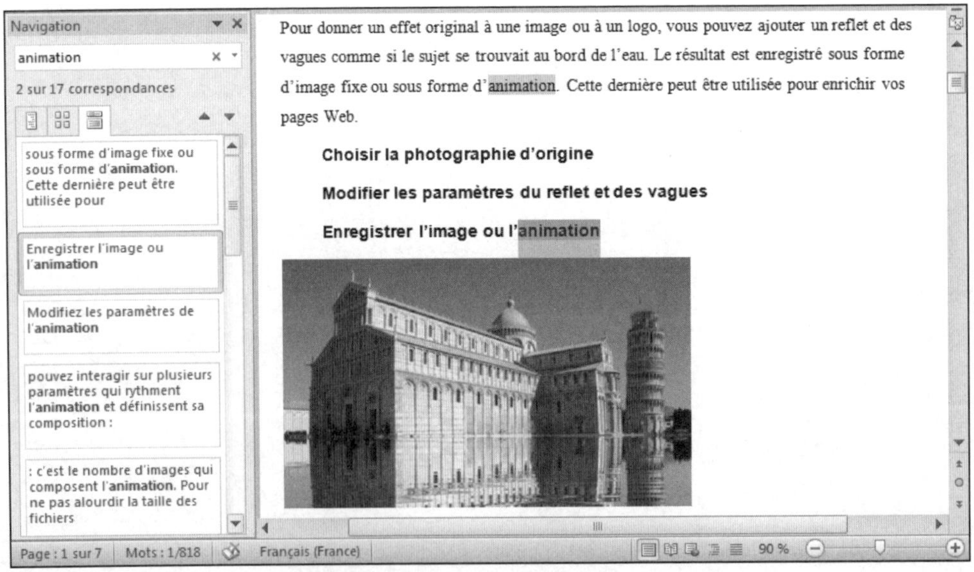
Navigation
animation
2 sur 17 correspondances
sous forme d'image fixe ou sous forme d'animation. Cette dernière peut être utilisée pour
Enregistrer l'image ou l'animation
Modifiez les paramètres de l'animation
pouvez interagir sur plusieurs paramètres qui rythment l'animation et définissent sa composition :
: c'est le nombre d'images qui composent l'animation. Pour ne pas alourdir la taille des fichiers
Pour donner un effet original à une image ou à un logo, vous pouvez ajouter un reflet et des vagues comme si le sujet se trouvait au bord de l'eau. Le résultat est enregistré sous forme d'image fixe ou sous forme d'animation. Cette dernière peut être utilisée pour enrichir vos pages Web.
Choisir la photographie d'origine
Modifier les paramètres du reflet et des vagues
Enregistrer l'image ou l'animation
Page : 1 sur 7
Mots : 1/818
Français (France)
90 %

Figure 3-1 Recherche d'un texte avec le volet Navigation.

Rechercher des éléments précis

Il est possible d'atteindre rapidement des éléments précis contenus dans le texte (images ou graphismes, tableaux, *etc.*).

1. Cliquez la flèche en regard de la zone de saisie des mots-clés.
2. Sélectionnez le type d'élément à rechercher (**Graphismes**, **Tableaux**, *etc.*).

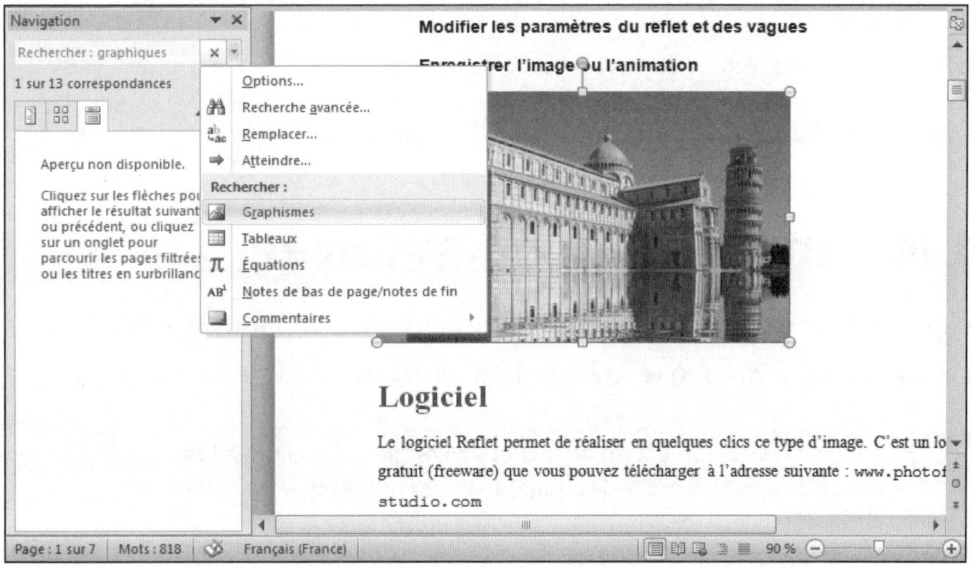

Figure 3-2 Recherche d'éléments avec le volet Navigation.

Le volet Navigation affiche la liste des éléments trouvés. Si ce n'est pas le cas, par exemple pour les images (figure 3-2), utilisez les boutons et pour naviguer entre les éléments.

Affiner les recherches

Le volet Navigation propose quelques options pour préciser vos recherches.

1. Cliquez la flèche en regard de la zone de saisie des mots-clés.
2. Cliquez la commande **Options**.
3. Cochez les options désirées.
4. Si vous utilisez toujours les mêmes options, cliquez le bouton **Définir par défaut** puis cliquez le bouton **OK** pour confirmer.

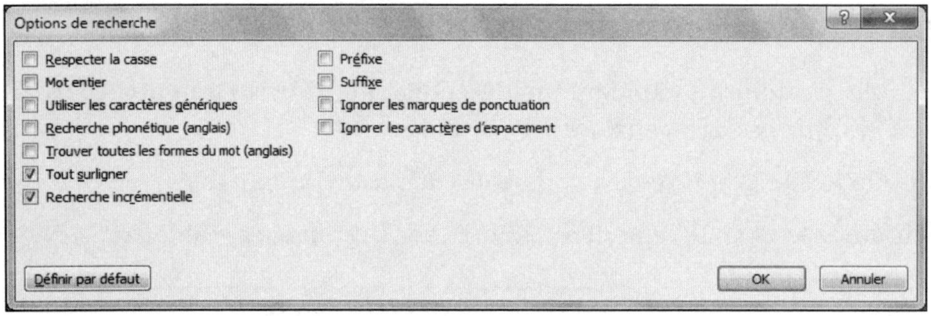

Figure 3-3 Options de recherche pour le volet Navigation.

5. Cliquez le bouton **OK** pour confirmer les options choisies.

Effectuer une recherche avancée

Pour approfondir vos recherches, vous devez utiliser les options avancées.

1. Cliquez l'onglet **Accueil → Modification → Rechercher → Recherche avancée**.

Note Si le volet Navigation est affiché, cliquez l'onglet , cliquez la flèche en regard de la zone de saisie des mots-clés, puis la commande **Recherche avancée**.

Word ouvre la boîte de dialogue Rechercher et remplacer.

2. Tapez le ou les mots à trouver dans la zone **Rechercher**.
3. Cliquez le bouton **Suivant**.

La première occurrence de votre recherche est sélectionnée.

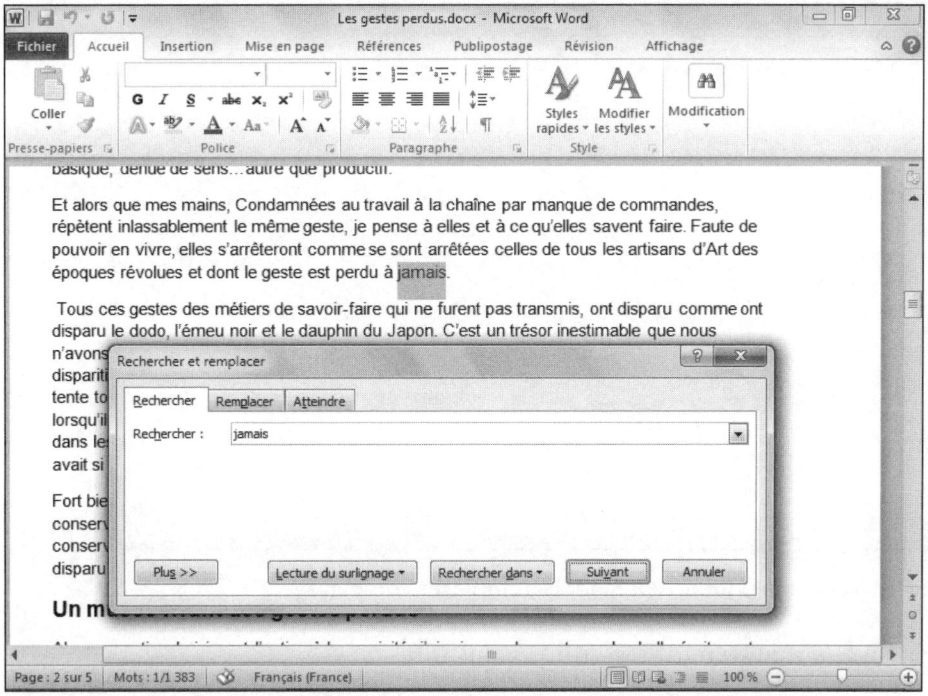
Les gestes perdus.docx - Microsoft Word
Fichier
Accueil
Insertion
Mise en page
Références
Publipostage
Révision
Affichage
Coller
Presse-papiers
Police
Paragraphe
Styles rapides
Modifier les styles
Style
Modification
Et alors que mes mains, Condamnées au travail à la chaîne par manque de commandes, répètent inlassablement le même geste, je pense à elles et à ce qu'elles savent faire. Faute de pouvoir en vivre, elles s'arrêteront comme se sont arrêtées celles de tous les artisans d'Art des époques révolues et dont le geste est perdu à jamais.
Tous ces gestes des métiers de savoir-faire qui ne furent pas transmis, ont disparu comme ont disparu le dodo, l'émeu noir et le dauphin du Japon. C'est un trésor inestimable que nous
Rechercher et remplacer
Rechercher
Remplacer
Atteindre
Rechercher :
jamais
Plus >>
Lecture du surlignage
Rechercher dans
Suivant
Annuler
Page : 2 sur 5
Mots : 1/1 383
Français (France)
100 %

Figure 3-4 Recherche d'un texte.

4. Cliquez le bouton **Suivant** autant de fois que nécessaire pour trouver les autres occurrences.

   Dès que Word ne trouve plus d'occurrence, il affiche la boîte de la figure 3-5.

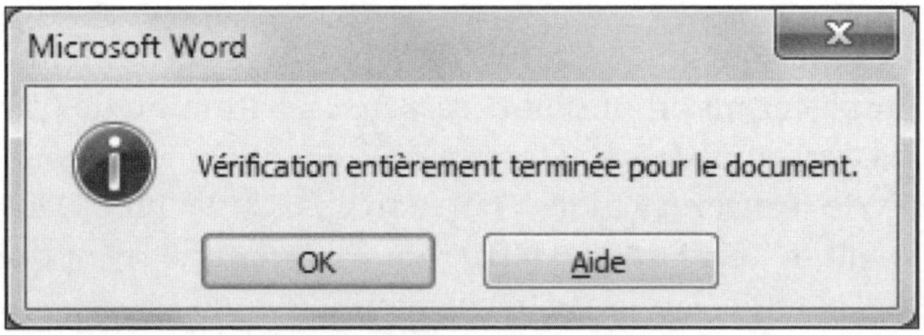
Microsoft Word
Vérification entièrement terminée pour le document.
OK
Aide

Figure 3-5 Fin de la recherche.

5. Cliquez le bouton **OK**.

Affiner les recherches

Pour mieux cibler vos recherches, cliquez le bouton **Plus >>** afin d'agrandir la boîte de dialogue Rechercher et remplacer.

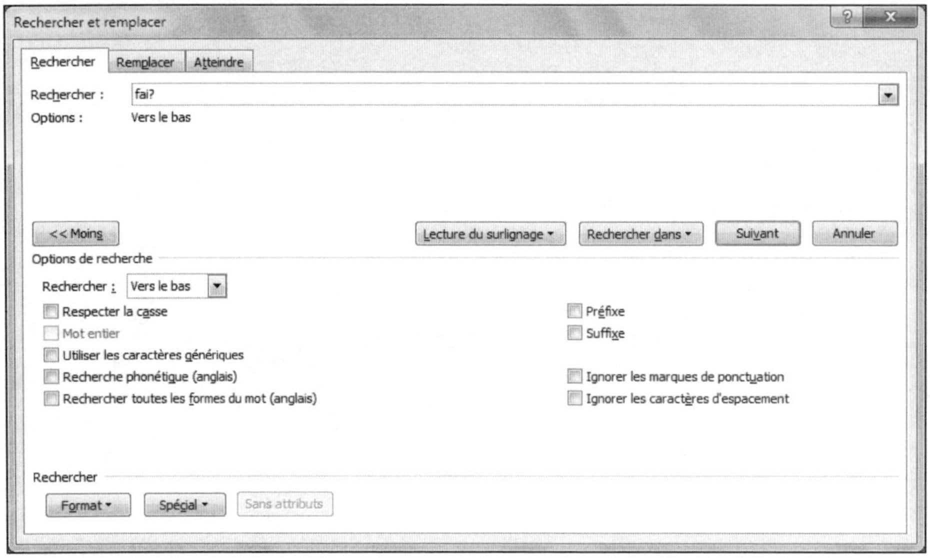

Figure 3-6 Boîte de dialogue Rechercher et remplacer complète.

La boîte propose maintenant les options suivantes :

- **Rechercher** : pour définir le sens de la recherche par rapport à la position actuelle du curseur.
- **Respecter la casse** : Word tient compte des majuscules et des minuscules.
- **Mot entier** : ne prend en compte que les mots exacts. Si vous recherchez le mot « place », Word ne vous proposera pas les mots « remplacer », « déplacer », « placebo », *etc.*
- **Utiliser les caractères génériques** : si vous ne connaissez pas exactement le mot à rechercher, remplacez un ou plusieurs caractères par un ou des points d'interrogation **?**, ou un groupe de caractères par une étoile *. Par exemple, le mot « fai? » permet de trouver les mots « fait » ou « fais ». Le mot « par* » permet de trouver les mots « parfait » ou « parfum ». Notez que les options **Respecter la casse** et **Mot entier** ne sont plus disponibles si vous cochez l'option **Utiliser les caractères génériques**.

Quelques précisions sur la recherche :

- Dès que vous avez défini votre recherche et trouvé la première occurrence, vous pouvez fermer la boîte de dialogue Rechercher et remplacer puis utiliser les touches **Ctrl+Page précédente** ou **Ctrl+Page suivante** pour vous déplacer vers les autres occurrences. Vous pouvez aussi utiliser les boutons de navigation et (en bas à droite de l'écran).

- Pour surligner toutes les occurrences, cliquez le bouton **Lecture du surlignage ➜ Tout surligner**. Cliquez le bouton **Lecture du surlignage ➜ Supprimer le surlignage** si vous ne désirez plus marquer les occurrences.
- Le bouton **Format** permet de rechercher des textes en fonction de leur mise en forme (police, style de paragraphe, tabulation, *etc.*).
- Le bouton **Spécial** permet de rechercher des textes qui contiennent des caractères spéciaux (marque de paragraphe, tabulation, *etc.*) ou des éléments particuliers (images, saut de page manuel, *etc.*).

Remplacer un texte

Si Word peut rechercher des textes, il peut aussi les remplacer par d'autres.

1. Cliquez l'onglet **Accueil ➜ Modification ➜ Remplacer** ou tapez **Ctrl+H**.

Note Si la boîte Rechercher et remplacer est déjà ouverte, cliquez simplement l'onglet **Remplacer**.

2. Tapez le ou les mots à trouver dans la zone **Rechercher**.
3. Tapez le ou les mots de remplacement dans la zone **Remplacer**.
4. Cliquez le bouton **Suivant**.

   La première occurrence trouvée est sélectionnée.

Figure 3-7 Remplacement d'un texte.

5. Si le texte trouvé doit être remplacé, cliquez le bouton **Remplacer**, sinon cliquez le bouton **Suivant**.
6. Répétez l'étape **5** pour les autres occurrences.

En cliquant le bouton **Remplacer tout**, toutes les occurrences sont modifiées et une boîte de dialogue vous indique le nombre de remplacements. Word ne demande pas de confirmation. Cliquez simplement le bouton **OK**. Vous pouvez cependant annuler ces modifications en cliquant le bouton ou en tapant **Ctrl+Z**.

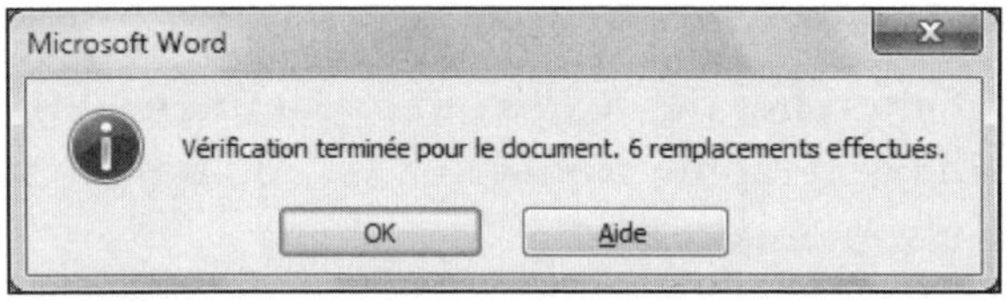

Figure 3-8 Remplacement de toutes les occurrences.

Note Pour effectuer des recherches et des remplacements basés sur des mises en forme, consultez le chapitre 4.

Utiliser les corrections automatiques

Word permet de corriger automatiquement les erreurs de frappe. Le principe est simple. Si le mot saisi n'existe pas dans son dictionnaire, il tente de le remplacer par le mot exact. Par exemple, si vous tapez le mot « arute », il le remplace automatiquement par « autre ». Pour que la correction s'effectue, vous devez taper un espace après chaque mot ou groupe de mots. S'il s'agit du dernier mot avant le point, il est simplement souligné, et vous devrez utiliser la correction orthographique.

1. Saisissez votre phrase avec des erreurs de frappe, par exemple le texte : « Dan scette inovation existe t il dse problemmes professionels pou rles sucursales ?».
2. Au fur et à mesure de la frappe, Word corrige les erreurs pour rétablir la phrase : « Dans cette innovation existe-t-il des problèmes professionnels pour les succursales ?».
3. Si une modification automatique ne vous convient pas, il suffit de taper **Ctrl+Z** pour l'annuler immédiatement.

Conversion des symboles

Word utilise aussi les corrections automatiques pour convertir des symboles qui n'existent pas sur le clavier. Par exemple le texte « (c) » est converti en symbole © ou le texte « (r) » en ®.

Cela fonctionne aussi pour les émoticônes, par exemple :) affiche ☺ ou :(affiche ☹, et les flèches, ==> affiche ➔ ou <=> affiche ⇔.

Pour connaître la liste des symboles, consultez la boîte de dialogue Correction automatique (figure 3-9). Pour utiliser des symboles mathématiques, consultez l'onglet **AutoMaths** de cette boîte.

Ajouter des corrections automatiques

Si Word possède une liste de mots à corriger automatiquement, rien ne vous empêche d'y ajouter vos propres entrées. Par exemple, si vous avez la fâcheuse habitude de taper « dasn » à la place de « dans », il suffit d'ajouter une nouvelle règle de correction automatique à la liste existante.

Note La liste des corrections automatiques est commune à toutes les applications Office. Une modification dans Word se répercute dans Excel et vice-versa.

1. Cliquez l'onglet **Fichier ➜ Options**.
2. Cliquez **Vérification** dans la liste de gauche.
3. Cliquez le bouton **Options de correction automatique** dans la partie de droite.
4. Cliquez l'onglet **Correction automatique**.

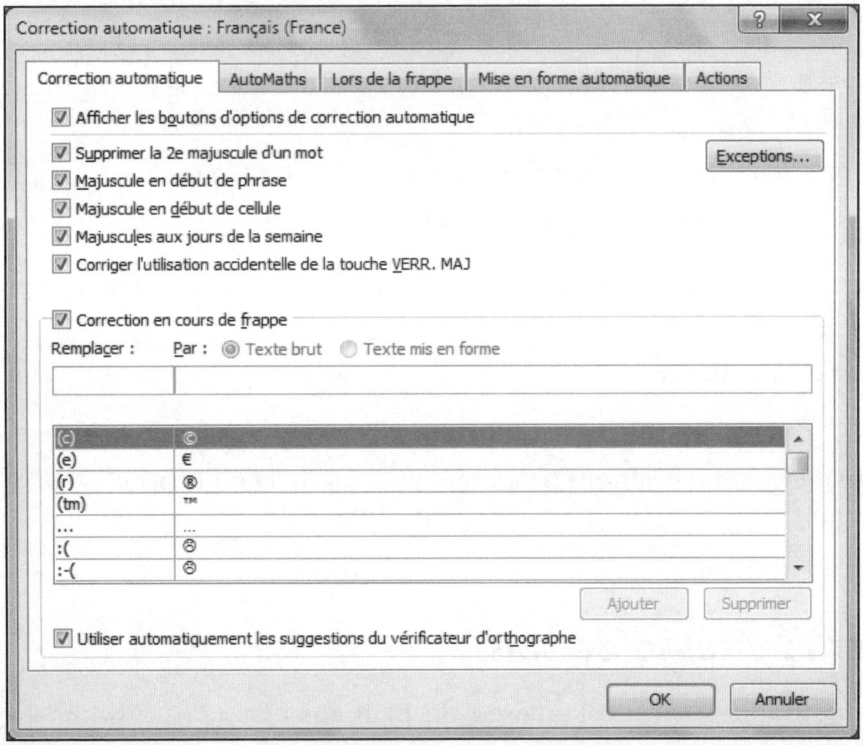

Figure 3-9 Liste des corrections automatiques.

La liste en bas de cette boîte contient toutes les corrections automatiques.

5. Tapez le mot à remplacer dans la zone **Remplacer**.
6. Tapez le mot de remplacement dans la zone **Par**.

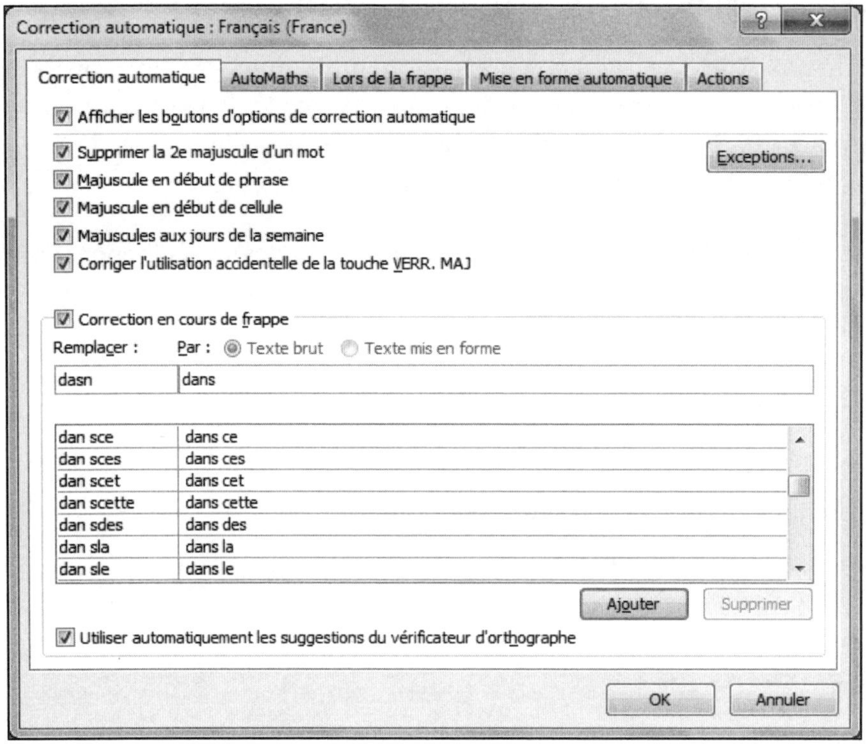

Figure 3-10 Ajout d'une nouvelle correction automatique.

Dans l'exemple de la figure 3-10, le mot « dasn » sera automatiquement remplacé par le mot « dans ».

7. Cliquez le bouton **Ajouter**.

   Le mot apparaît dans la liste des corrections automatiques.

8. Cochez ou décochez les options proposées en haut de la boîte pour la correction automatique.
9. Cliquez le bouton **OK**.

Améliorer la vitesse de saisie

Si les erreurs de frappe sont involontaires, on peut aussi les utiliser volontairement pour accélérer les saisies.

Vous avez peut-être l'habitude de prendre rapidement des notes manuscrites. Si vous devez écrire la phrase « Dans le même temps », cela deviendra probablement sur le papier « ds le ^m tps » (on suppose ici que l'accent circonflexe est au-dessus du m). Dans Word, il est tout à fait possible de saisir le même « charabia » et d'obtenir au final un texte tout à fait correct.

Il suffit d'ajouter les abréviations correspondantes dans la liste des corrections automatiques. Cela vous prendra quelques minutes mais vous obtiendrez par la suite un gain de temps non négligeable.

Utiliser les insertions automatiques

Les insertions automatiques permettent de conserver des éléments (texte, image, *etc.*) pour les insérer rapidement sans les retaper ou les rechercher.

Note Le terme « Insertions automatiques » n'existe plus dans Word 2010. Toutes les insertions suivent maintenant le même fonctionnement que les corrections automatiques.

Prenons un exemple simple. Si vous insérez fréquemment une signature, vous pouvez définir une insertion automatique qui remplacera le terme « jd » par « Monsieur **Jean Dupont** – *Président Directeur Général* ».

Notez qu'il est possible de conserver la mise en forme et de l'appliquer lors de l'insertion.

Si vous avez par exemple une image du logo de l'entreprise, vous pouvez aussi l'ajouter à l'insertion automatique.

Ajouter une insertion automatique

1. Sélectionnez le texte, et éventuellement les images, à définir comme insertion automatique.
2. Cliquez l'onglet **Fichier ➜ Options**.
3. Cliquez **Vérification** dans la liste de gauche.
4. Cliquez le bouton **Options de correction automatique** dans la partie de droite.
5. Cliquez l'onglet **Correction automatique**.
6. Tapez l'abréviation de l'insertion dans la zone **Remplacer**.

7. Cochez l'option **Texte mis en forme** si vous désirez appliquer l'actuelle mise en forme lors des insertions. Cette option est appliquée obligatoirement si la sélection de l'étape **1** contient une image.

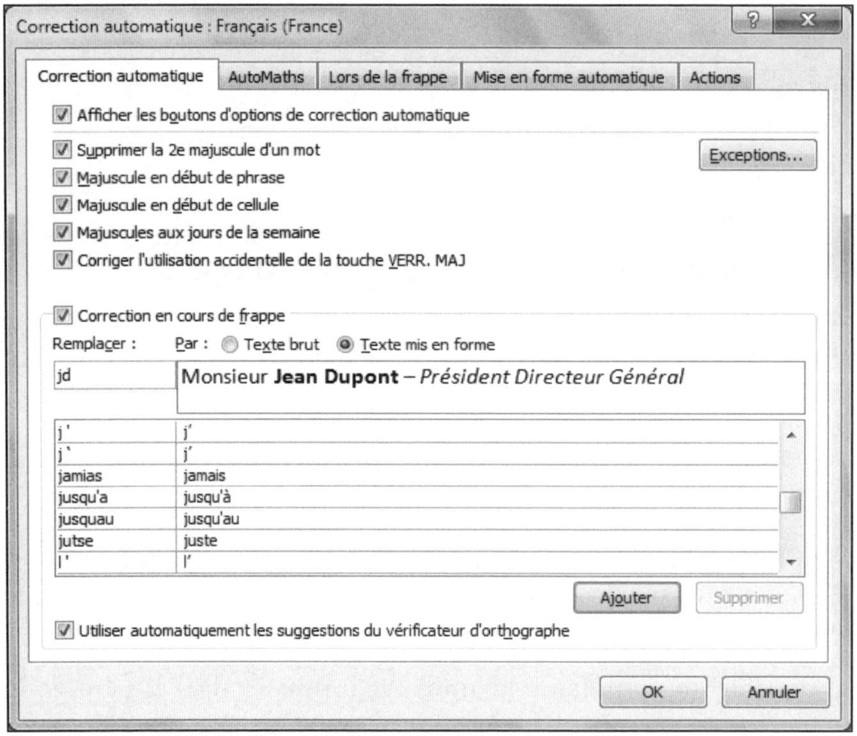

Figure 3-11 Ajout d'une nouvelle insertion automatique avec mise en forme.

8. Cliquez le bouton **Ajouter**.

9. Cliquez le bouton **OK**.

Corriger l'orthographe et la grammaire

Word permet de corriger les fautes d'orthographe et de grammaire, et ce, en temps réel lors de la frappe.

Les fautes d'orthographe sont signalées par un trait ondulé rouge. Les fautes de grammaire, elles, sont signalées par un trait ondulé vert.

Vous pouvez à tout moment demander l'aide de Word pour corriger vos fautes.

1. Cliquez avec le bouton droit le mot souligné.

   Word ouvre un menu contextuel proposant des solutions de correction.

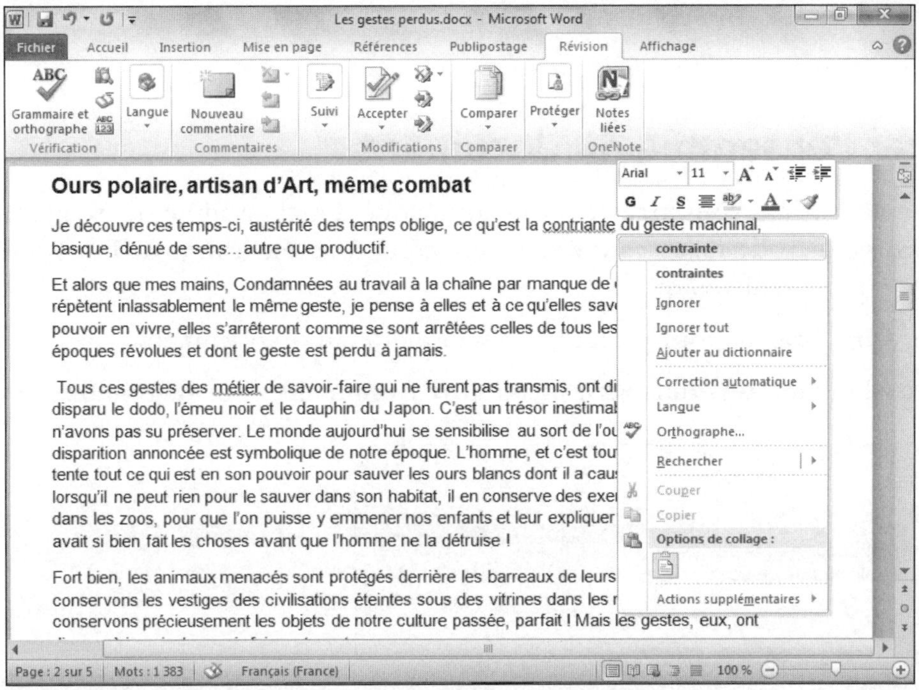
Les gestes perdus.docx - Microsoft Word
Fichier
Accueil
Insertion
Mise en page
Références
Publipostage
Révision
Affichage
Grammaire et orthographe
Langue
Nouveau commentaire
Suivi
Accepter
Comparer
Protéger
Notes liées
Vérification
Commentaires
Modifications
Comparer
OneNote
Ours polaire, artisan d'Art, même combat
Je découvre ces temps-ci, austérité des temps oblige, ce qu'est la contriante du geste machinal,
basique, dénué de sens... autre que productif.
Et alors que mes mains, Condamnées au travail à la chaîne par manque de
répètent inlassablement le même geste, je pense à elles et à ce qu'elles sav
pouvoir en vivre, elles s'arrêteront comme se sont arrêtées celles de tous les
époques révolues et dont le geste est perdu à jamais.
Tous ces gestes des métier de savoir-faire qui ne furent pas transmis, ont di
disparu le dodo, l'émeu noir et le dauphin du Japon. C'est un trésor inestima
n'avons pas su préserver. Le monde aujourd'hui se sensibilise au sort de l'ou
disparition annoncée est symbolique de notre époque. L'homme, et c'est tou
tente tout ce qui est en son pouvoir pour sauver les ours blancs dont il a cau
lorsqu'il ne peut rien pour le sauver dans son habitat, il en conserve des exe
dans les zoos, pour que l'on puisse y emmener nos enfants et leur expliquer
avait si bien fait les choses avant que l'homme ne la détruise !
Fort bien, les animaux menacés sont protégés derrière les barreaux de leurs
conservons les vestiges des civilisations éteintes sous des vitrines dans les
conservons précieusement les objets de notre culture passée, parfait ! Mais les gestes, eux, ont
contrainte
contraintes
Ignorer
Ignorer tout
Ajouter au dictionnaire
Correction automatique
Langue
Orthographe...
Rechercher
Couper
Copier
Options de collage :
Actions supplémentaires
Arial
11
Page : 2 sur 5
Mots : 1 383
Français (France)
100 %

Figure 3-12 Proposition de correction d'une faute d'orthographe.

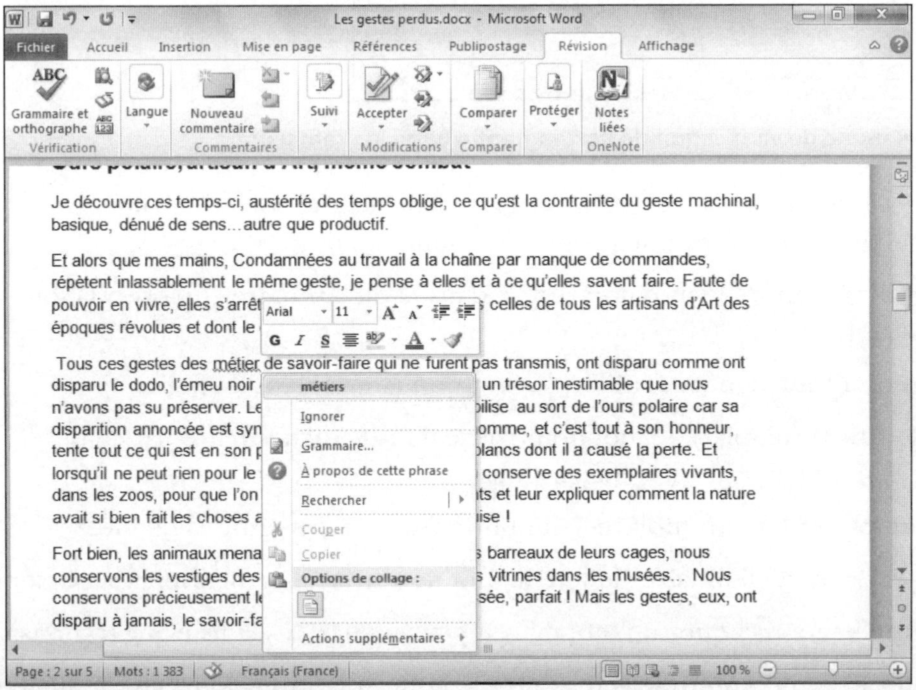
Les gestes perdus.docx - Microsoft Word
Fichier
Accueil
Insertion
Mise en page
Références
Publipostage
Révision
Affichage
Grammaire et orthographe
Langue
Nouveau commentaire
Suivi
Accepter
Comparer
Protéger
Notes liées
Vérification
Commentaires
Modifications
Comparer
OneNote
Je découvre ces temps-ci, austérité des temps oblige, ce qu'est la contrainte du geste machinal,
basique, dénué de sens... autre que productif.
Et alors que mes mains, Condamnées au travail à la chaîne par manque de commandes,
répètent inlassablement le même geste, je pense à elles et à ce qu'elles savent faire. Faute de
pouvoir en vivre, elles s'arrêt
celles de tous les artisans d'Art des
époques révolues et dont le
Tous ces gestes des métier de savoir-faire qui ne furent pas transmis, ont disparu comme ont
disparu le dodo, l'émeu noir
un trésor inestimable que nous
n'avons pas su préserver. Le
ilise au sort de l'ours polaire car sa
disparition annoncée est syn
omme, et c'est tout à son honneur,
tente tout ce qui est en son
lancs dont il a causé la perte. Et
lorsqu'il ne peut rien pour le
conserve des exemplaires vivants,
dans les zoos, pour que l'on
ts et leur expliquer comment la nature
avait si bien fait les choses
ise !
Fort bien, les animaux mena
barreaux de leurs cages, nous
conservons les vestiges des
vitrines dans les musées... Nous
conservons précieusement l
sée, parfait ! Mais les gestes, eux, ont
disparu à jamais, le savoir-fa
Arial
11
métiers
Ignorer
Grammaire...
À propos de cette phrase
Rechercher
Couper
Copier
Options de collage :
Actions supplémentaires
Page : 2 sur 5
Mots : 1 383
Français (France)
100 %

Figure 3-13 Proposition de correction d'une faute de grammaire.

2. Cliquez dans le menu contextuel la correction adéquate.

Word corrige immédiatement votre texte.

Corriger l'ensemble du document

Si vous ne désirez pas vous arrêter sur chaque faute d'orthographe ou de grammaire lors de la saisie de votre texte, vous pouvez effectuer une vérification de l'intégralité du document en une seule étape.

1. Tapez **Ctrl+Origine** pour placer le curseur au début du document.
2. Cliquez l'onglet **Révision ➜ Vérification ➜ Grammaire et orthographe**.

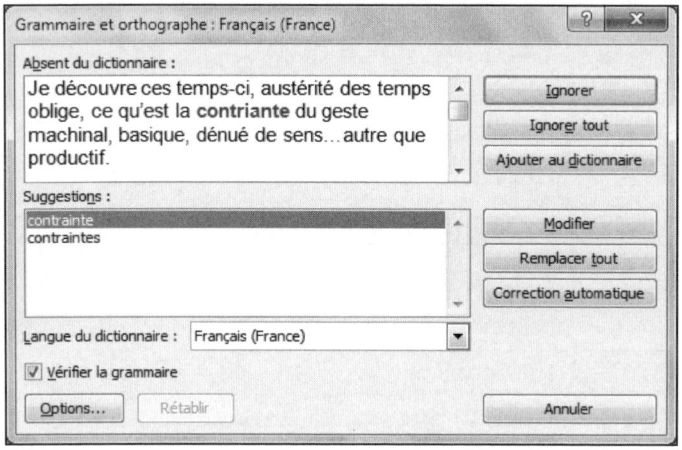

Figure 3-14 Boîte de vérification de l'orthographe et de la grammaire.

Word se positionne sur la première faute trouvée. La boîte de dialogue Grammaire et orthographe propose les options suivantes :

- **Ignorer** : ignore le mot non trouvé dans le dictionnaire et passe à la faute suivante.
- **Ignorer tout** : ignore toujours le mot non trouvé dans le dictionnaire.
- **Modifier** : remplace le mot non trouvé dans le dictionnaire par celui sélectionné dans la liste **Suggestions**.
- **Remplacer tout** : remplace le mot non trouvé dans toute la feuille.
- **Ajouter au dictionnaire** : ajoute le mot non trouvé au dictionnaire personnel.

3. Éventuellement, cliquez un mot de remplacement dans la liste **Suggestions**.
4. Cliquez le bouton **Modifier** ou cliquez le bouton **Ignorer** pour passer à la faute suivante.

5. Répétez autant de fois que nécessaire les étapes **3** et **4**.

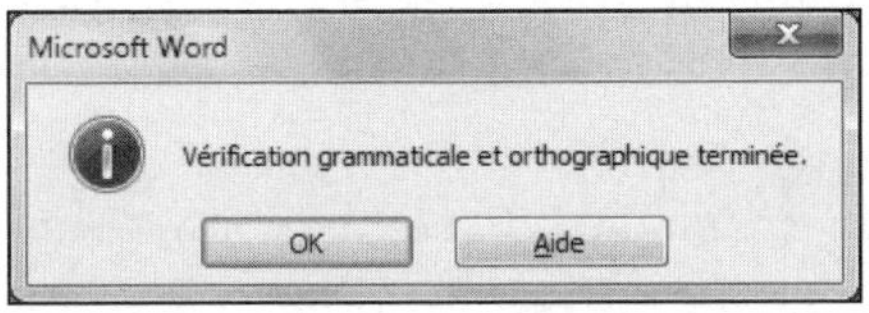

Figure 3-15 Boîte qui s'affiche quand Word ne trouve plus de fautes à corriger.

6. Cliquez le bouton **OK**.

Gérer votre dictionnaire personnel

Ajouter un mot à votre dictionnaire

Si le dictionnaire de référence d'Office contient tous les mots de la langue française, il ne possède pas tous les noms propres ni les néologismes. Pour vous éviter d'accepter systématiquement les corrections des mêmes mots lors de la vérification de vos documents, vous pouvez les ajouter à votre dictionnaire personnel.

1. Cliquez avec le bouton droit le mot souligné par un trait ondulé rouge.

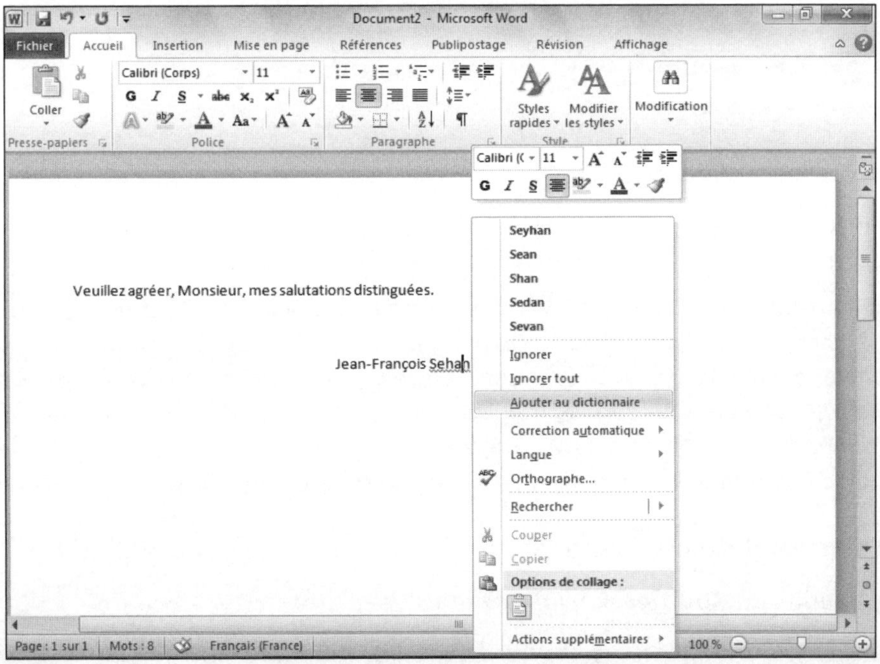

Figure 3-16 Ajout d'un mot inconnu au dictionnaire personnel.

2. Cliquez la commande **Ajouter au dictionnaire** dans le menu contextuel.

Le mot est ajouté à votre dictionnaire sans demande de confirmation. Il n'est plus souligné par un trait ondulé rouge dans le texte.

Note Lors de la vérification de l'intégralité d'un document, cliquez le bouton **Ajouter au dictionnaire** dans la boîte Grammaire et orthographe (figure 3-14).

Gérer votre dictionnaire personnel

Vous pouvez accéder à votre dictionnaire pour ajouter ou supprimer directement des mots.

1. Cliquez l'onglet **Fichier ➜ Options**.
2. Cliquez **Vérification** dans la liste de gauche.
3. Cliquez le bouton **Dictionnaires personnels** dans la partie de droite.

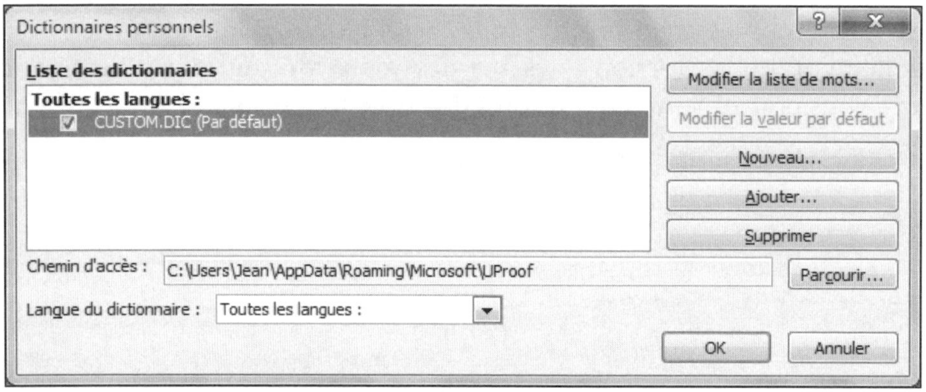

Figure 3-17 Boîte de gestion des dictionnaires personnels.

Note Comme le montre la figure 3-17, Word permet de créer plusieurs dictionnaires personnels. Sauf dans les cas particuliers (utilisation de plusieurs langues, ordinateur géré par plusieurs personnes, *etc.*), il est plus simple de n'utiliser qu'un seul dictionnaire personnel. Si cela est vraiment nécessaire, utilisez la boîte de la figure 3-17 pour créer plusieurs dictionnaires. Si vous demandez à ajouter un mot au dictionnaire à partir de votre document (voir plus haut), celui-ci est ajouté au dictionnaire personnel par défaut.

4. Cliquez **Custom.dic** dans la Liste des dictionnaires si vous en avez plusieurs.
5. Cliquez le bouton **Modifier la liste des mots**.
6. Pour ajouter un mot à votre dictionnaire personnel, tapez-le dans la zone **Mot(s)**.

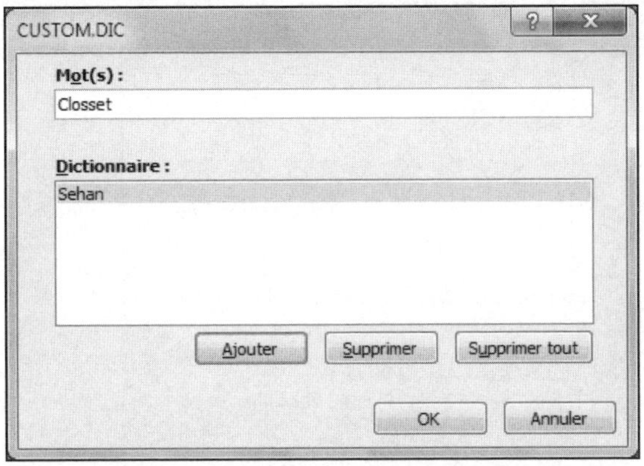

Figure 3-18 Ajout d'un mot dans le dictionnaire personnel.

7. Cliquez le bouton **Ajouter**.
8. Pour supprimer un mot, sélectionnez-le dans la liste **Dictionnaire**, puis cliquez le bouton **Supprimer**.
9. Cliquez le bouton **OK**.

Trouver un synonyme

Si un mot se répète trop souvent dans un texte ou s'il ne semble pas assez proche du contexte, vous pouvez trouver un mot équivalent ou approchant, voire un antonyme, à l'aide du dictionnaire des synonymes.

Trouver rapidement un synonyme

1. Cliquez avec le bouton droit le mot dont vous désirez trouver un synonyme.
2. Pointez la commande **Synonymes** dans le menu contextuel.

   Word propose une liste de synonymes.

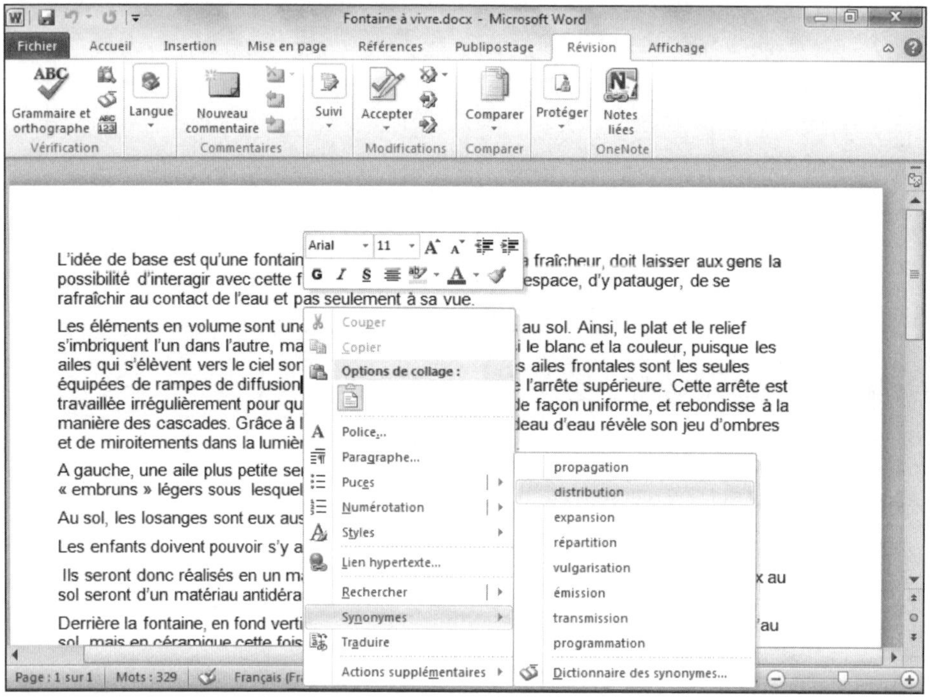

Figure 3-19 Liste des synonymes proposés par Word.

3. Cliquez le mot de remplacement dans la liste proposée.

Word remplace le mot par un synonyme.

Utiliser le dictionnaire des synonymes

Si vous ne trouvez pas votre bonheur dans la liste réduite du menu contextuel, vous pouvez tenter votre chance dans le dictionnaire des synonymes.

1. Cliquez avec le bouton droit le mot dont vous désirez trouver un synonyme.
2. Cliquez la commande **Synonymes ➜ Dictionnaire des synonymes** dans le menu contextuel.

   Word ouvre le volet Rechercher qui s'affiche dans la partie de droite de l'écran. Ce volet affiche tous les synonymes du mot choisi classés par sens.

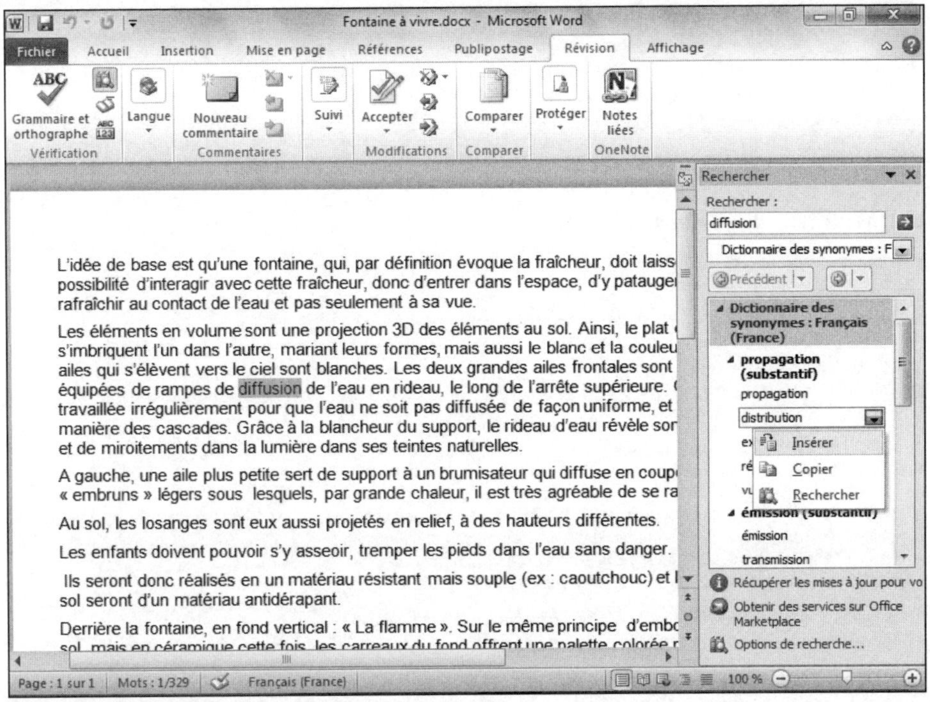

Figure 3-20 Volet de recherche de synonymes.

3. Cliquez un des synonymes proposés pour afficher une nouvelle liste de synonymes.
4. Pour remplacer le mot d'origine, cliquez la flèche en regard d'un synonyme, puis cliquez **Insérer**.
5. Cliquez le bouton × pour fermer le volet Rechercher.

Vérifier un mot dans le dictionnaire

Word propose aussi un dictionnaire classique de définition de mots.

1. Cliquez avec le bouton droit le mot dont vous désirez la définition.
2. Cliquez **Rechercher → Dictionnaire Encarta** dans le menu contextuel.

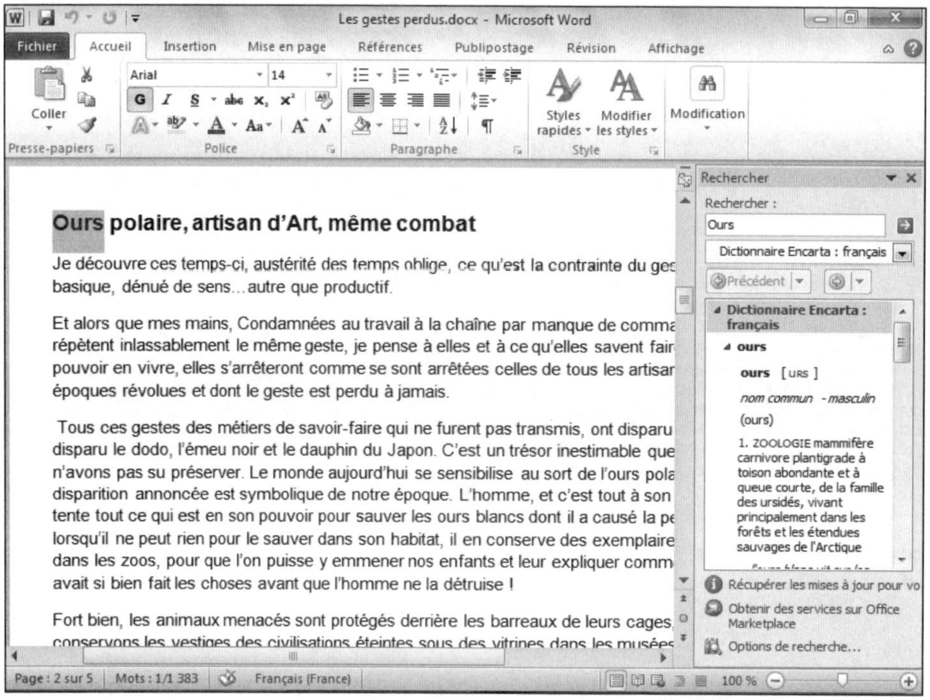
Les gestes perdus.docx - Microsoft Word
Fichier
Accueil
Insertion
Mise en page
Références
Publipostage
Révision
Affichage
Coller
Arial
14
Styles rapides
Modifier les styles
Modification
Presse-papiers
Police
Paragraphe
Style
Ours polaire, artisan d'Art, même combat
Je découvre ces temps-ci, austérité des temps oblige, ce qu'est la contrainte du ges
basique, dénué de sens…autre que productif.
Et alors que mes mains, Condamnées au travail à la chaîne par manque de comma
répètent inlassablement le même geste, je pense à elles et à ce qu'elles savent fair
pouvoir en vivre, elles s'arrêteront comme se sont arrêtées celles de tous les artisar
époques révolues et dont le geste est perdu à jamais.
Tous ces gestes des métiers de savoir-faire qui ne furent pas transmis, ont disparu
disparu le dodo, l'émeu noir et le dauphin du Japon. C'est un trésor inestimable que
n'avons pas su préserver. Le monde aujourd'hui se sensibilise au sort de l'ours pola
disparition annoncée est symbolique de notre époque. L'homme, et c'est tout à son
tente tout ce qui est en son pouvoir pour sauver les ours blancs dont il a causé la pe
lorsqu'il ne peut rien pour le sauver dans son habitat, il en conserve des exemplaire
dans les zoos, pour que l'on puisse y emmener nos enfants et leur expliquer comm
avait si bien fait les choses avant que l'homme ne la détruise !
Fort bien, les animaux menacés sont protégés derrière les barreaux de leurs cages,
Rechercher
Rechercher :
Ours
Dictionnaire Encarta : français
Précédent
Dictionnaire Encarta : français
ours
ours [URS]
nom commun - masculin
(ours)
1. ZOOLOGIE mammifère carnivore plantigrade à toison abondante et à queue courte, de la famille des ursidés, vivant principalement dans les forêts et les étendues sauvages de l'Arctique
Récupérer les mises à jour pour vo
Obtenir des services sur Office Marketplace
Options de recherche...
Page : 2 sur 5
Mots : 1/1 383
Français (France)
100 %

Figure 3-21 Volet de recherche d'un mot dans le dictionnaire.

Le volet affiche toutes les définitions du mot choisi.

Choisir la langue du document

Par défaut, Office prend en charge la langue de l'installation. Celle-ci est indiquée dans la barre d'état, généralement **Français (France)**. Si vous devez utilisez une autre langue pour une partie ou l'intégralité de votre texte, vous devez le préciser pour obtenir des corrections grammaticales et orthographiques correctes. De plus, vous aurez accès au dictionnaire des synonymes de cette langue.

La version française d'Office propose les langues suivantes : Français, Anglais, Allemand, Espagnol, Néerlandais et Arabe.

1. Sélectionnez le texte dont vous désirez modifier la langue (tapez **Ctrl+A** pour sélectionner l'intégralité du document).
2. Cliquez la langue actuelle dans la barre d'état (**Français (France)** par défaut), ou cliquez l'onglet **Révision → Langue → Langue → Définir la langue** .
3. Sélectionnez la nouvelle langue dans la liste **La sélection est en**. Les langues proposant un dictionnaire sont précédées de l'icône ABC✓.

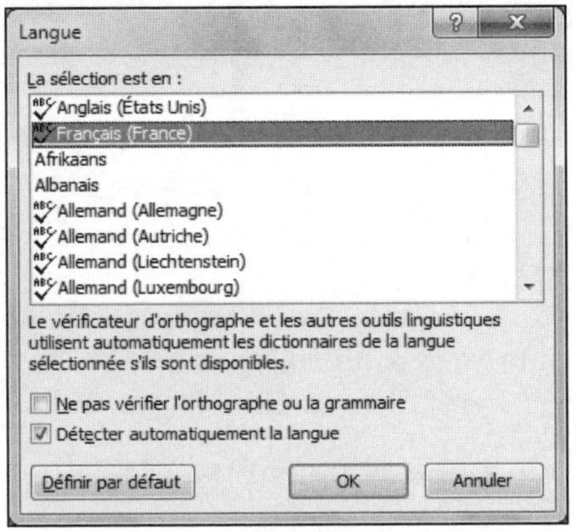

Figure 3-22 Sélection d'une langue.

4. Cliquez le bouton **OK**.

Les corrections s'effectuent maintenant dans la langue choisie. Vous pouvez aussi obtenir des synonymes.

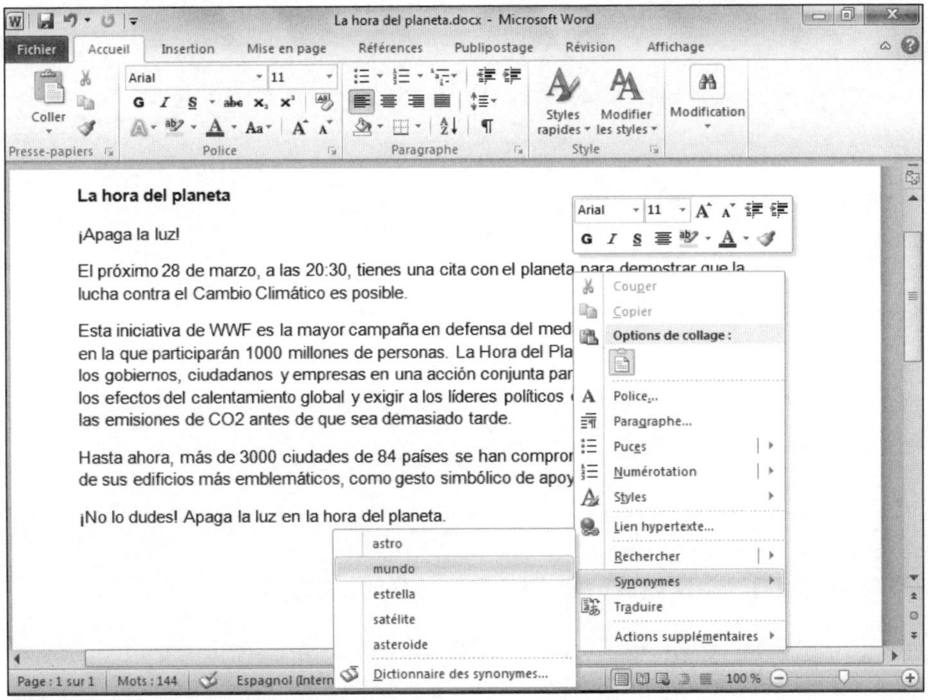

Figure 3-23 Synonymes dans une autre langue.

Note Pour installer une autre langue que celles proposées par défaut, consultez le site de Microsoft ou votre revendeur.

Traduire un texte en langue étrangère

Word propose plusieurs solutions pour traduire des textes en langue étrangère ou obtenir une traduction d'un texte en français.

Choisir les langues de traduction

1. Cliquez l'onglet **Révision → Langue → Traduire → Choisir la langue de traduction**.
2. Sélectionnez la langue de traduction pour le mini-traducteur dans la liste **Traduire en**.
3. Sélectionnez la langue à traduire pour les documents dans la liste **Traduire de**.
4. Sélectionnez la langue de traduction pour les documents dans la liste **Traduire en**.

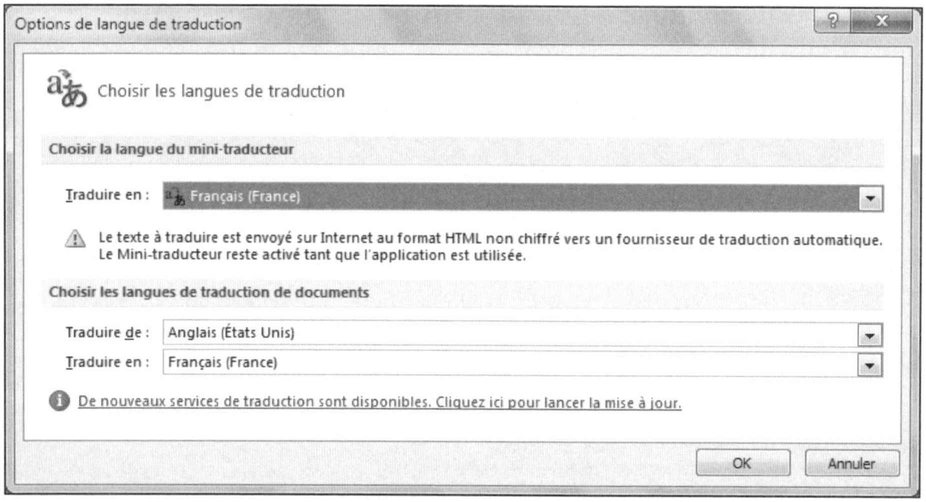

Figure 3-24 Choix des langues de traduction.

5. Cliquez le bouton **OK**.

Traduire un mot avec le mini-traducteur

1. Cliquez l'onglet **Révision → Langue → Traduire → Mini-traducteur** pour cocher l'option (le bouton est encadré).

Note Vous pouvez aussi cliquer le texte avec le bouton droit de la souris, cliquer la commande **Traduire** dans le menu contextuel, puis choisir la langue de traduction dans le volet **Rechercher**.

2. Pointez un mot dans le texte.

   Word affiche dans une info-bulle les traductions possibles du mot pointé.

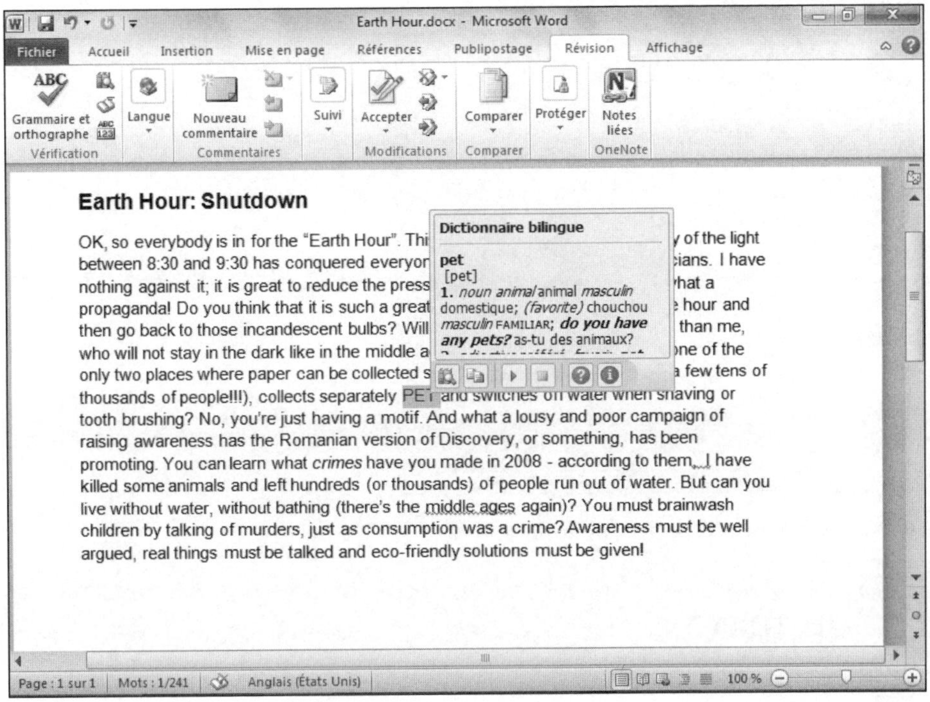
Earth Hour.docx - Microsoft Word
Fichier
Accueil
Insertion
Mise en page
Références
Publipostage
Révision
Affichage
Grammaire et orthographe
Langue
Nouveau commentaire
Suivi
Accepter
Comparer
Protéger
Notes liées
Vérification
Commentaires
Modifications
Comparer
OneNote
Earth Hour: Shutdown
Dictionnaire bilingue
pet
[pet]
1. noun animal animal masculin domestique; (favorite) chouchou masculin FAMILIAR; do you have any pets? as-tu des animaux?
tooth brushing? No, you're just having a motif. And what a lousy and poor campaign of raising awareness has the Romanian version of Discovery, or something, has been promoting. You can learn what crimes have you made in 2008 - according to them, I have killed some animals and left hundreds (or thousands) of people run out of water. But can you live without water, without bathing (there's the middle ages again)? You must brainwash children by talking of murders, just as consumption was a crime? Awareness must be well argued, real things must be talked and eco-friendly solutions must be given!
Page : 1 sur 1
Mots : 1/241
Anglais (États Unis)
100 %

Figure 3-25 Info-bulle de traduction.

3. Pour écouter le mot dans la langue originale, cliquez le bouton ▶ dans l'info-bulle.
4. Cliquez l'onglet **Révision ➜ Langue ➜ Traduire ➜ Mini-traducteur** pour décocher l'option (le bouton n'est plus encadré).

Vous ne pouvez pas traduire toutes les langues les unes vers les autres. Pour connaître les traductions prises en charge, suivez ces étapes :

1. Cliquez l'onglet **Révision ➜ Langue ➜ Traduire ➜ Traduire le texte sélectionné**.

   Word ouvre le volet Rechercher dans la partie droite de l'écran.

2. Cliquez le lien **Options de traduction** dans le volet Rechercher.

La liste Paire de langues disponibles vous donne toutes les combinaisons possibles.

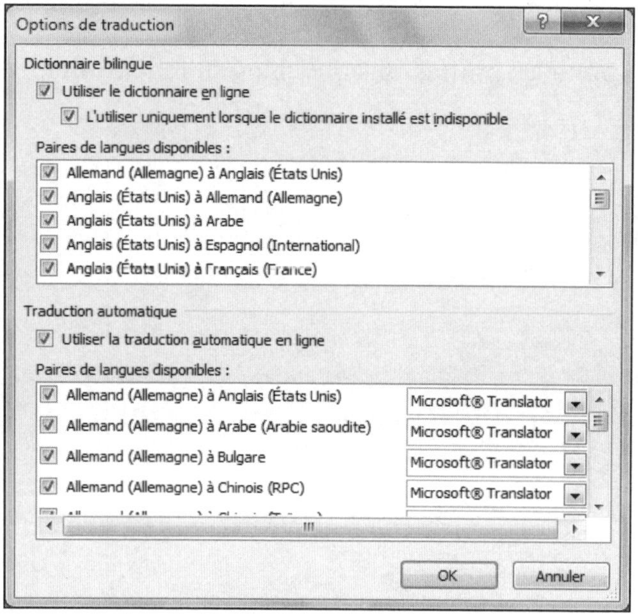

Figure 3-26 Liste des options de traduction.

Traduire un texte

Vous pouvez aussi traduire une partie de texte.

1. Sélectionnez le texte à traduire.
2. Cliquez l'onglet **Révision** ➜ **Langue** ➜ **Traduire** ➜ **Traduire le texte sélectionné**.

   Word ouvre le volet Rechercher dans la partie droite de l'écran.
3. Sélectionnez la langue d'origine dans la liste **De**.
4. Sélectionnez la langue de traduction dans la liste **Vers**.

Le volet Rechercher affiche une traduction du texte sélectionné.

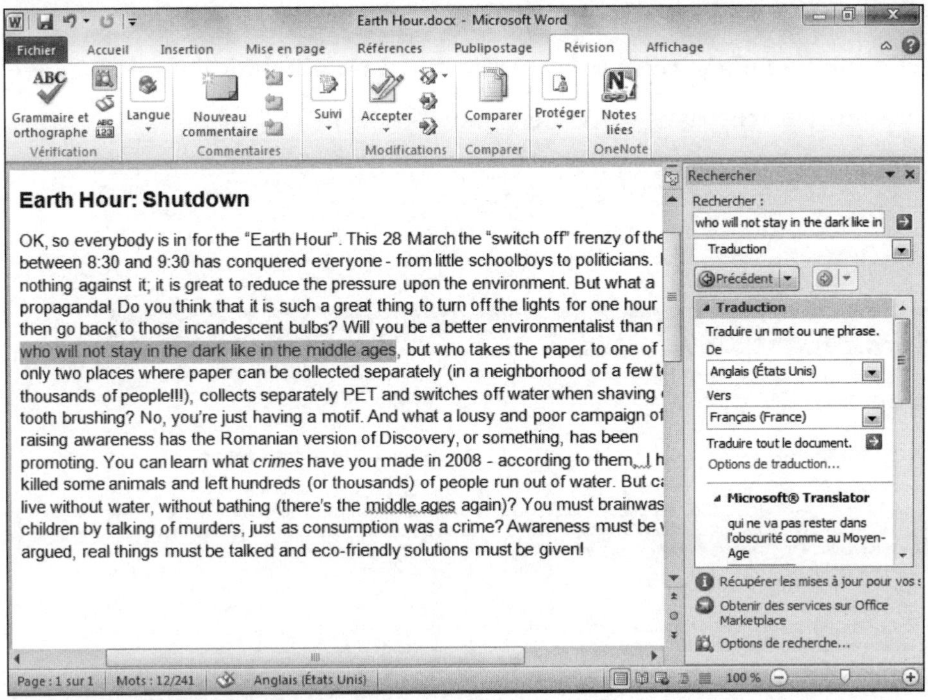
Earth Hour.docx - Microsoft Word
Fichier
Accueil
Insertion
Mise en page
Références
Publipostage
Révision
Affichage
Grammaire et orthographe
Langue
Nouveau commentaire
Suivi
Accepter
Comparer
Protéger
Notes liées
Vérification
Commentaires
Modifications
Comparer
OneNote
Earth Hour: Shutdown
OK, so everybody is in for the "Earth Hour". This 28 March the "switch off" frenzy of the
between 8:30 and 9:30 has conquered everyone - from little schoolboys to politicians.
nothing against it; it is great to reduce the pressure upon the environment. But what a
propaganda! Do you think that it is such a great thing to turn off the lights for one hour
then go back to those incandescent bulbs? Will you be a better environmentalist than
who will not stay in the dark like in the middle ages, but who takes the paper to one of
only two places where paper can be collected separately (in a neighborhood of a few
thousands of people!!!), collects separately PET and switches off water when shaving
tooth brushing? No, you're just having a motif. And what a lousy and poor campaign of
raising awareness has the Romanian version of Discovery, or something, has been
promoting. You can learn what crimes have you made in 2008 - according to them, I h
killed some animals and left hundreds (or thousands) of people run out of water. But c
live without water, without bathing (there's the middle ages again)? You must brainwas
children by talking of murders, just as consumption was a crime? Awareness must be
argued, real things must be talked and eco-friendly solutions must be given!
Rechercher
Rechercher :
who will not stay in the dark like in
Traduction
Précédent
Traduction
Traduire un mot ou une phrase.
De
Anglais (États Unis)
Vers
Français (France)
Traduire tout le document.
Options de traduction...
Microsoft® Translator
qui ne va pas rester dans l'obscurité comme au Moyen-Age
Récupérer les mises à jour pour vos
Obtenir des services sur Office Marketplace
Options de recherche...
Page : 1 sur 1
Mots : 12/241
Anglais (États Unis)
100 %

Figure 3-27 Traduction d'un texte.

Traduire tout le document

Vous pouvez aussi obtenir une traduction plus précise *via* Internet.

1. Cliquez l'onglet **Révision** ➜ **Langue** ➜ **Traduire** ➜ **Traduire le document**.
2. Cliquez le bouton **Envoyer** pour obtenir une traduction *via* Internet.

Traduire tout le document
Word est prêt à envoyer le document à traduire via Internet dans un format HTML non chiffré. Il sera traduit par le service Microsoft® Translator, situé sur http://www.microsofttranslator.com/officetrans/httpquery.aspx. Voulez-vous continuer ?
Envoyer
Ne pas envoyer

Figure 3-28 Confirmation avant la traduction d'un texte *via* Internet.

Attention La confidentialité du texte n'est pas garantie *via* Internet. Ne demandez pas, par ce biais, la traduction de textes sensibles.

Word ouvre votre navigateur sur le site de traduction de Microsoft.

3. Sélectionnez la langue d'origine et la langue de traduction dans la page Web.

Le texte traduit s'affiche dans votre navigateur Internet.

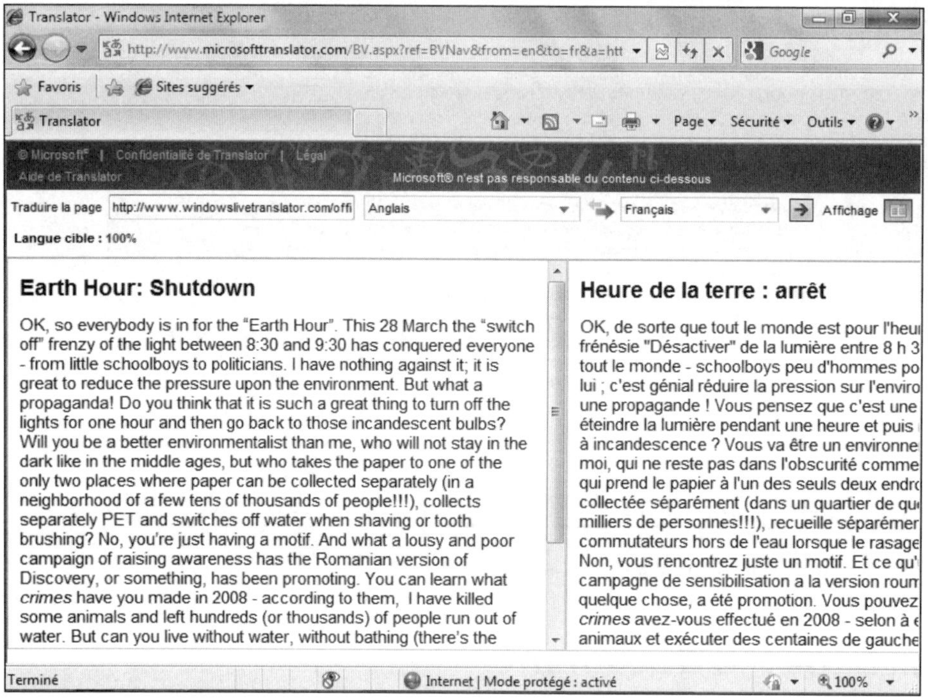
Translator - Windows Internet Explorer
http://www.microsofttranslator.com/BV.aspx?ref=BVNav&from=en&to=fr&a=htt
Google
Favoris
Sites suggérés
Translator
Page Sécurité Outils
Microsoft® n'est pas responsable du contenu ci-dessous
Traduire la page
http://www.windowslivetranslator.com/offi
Anglais
Français
Affichage
Langue cible : 100%
Earth Hour: Shutdown
OK, so everybody is in for the "Earth Hour". This 28 March the "switch off" frenzy of the light between 8:30 and 9:30 has conquered everyone - from little schoolboys to politicians. I have nothing against it; it is great to reduce the pressure upon the environment. But what a propaganda! Do you think that it is such a great thing to turn off the lights for one hour and then go back to those incandescent bulbs? Will you be a better environmentalist than me, who will not stay in the dark like in the middle ages, but who takes the paper to one of the only two places where paper can be collected separately (in a neighborhood of a few tens of thousands of people!!!), collects separately PET and switches off water when shaving or tooth brushing? No, you're just having a motif. And what a lousy and poor campaign of raising awareness has the Romanian version of Discovery, or something, has been promoting. You can learn what crimes have you made in 2008 - according to them, I have killed some animals and left hundreds (or thousands) of people run out of water. But can you live without water, without bathing (there's the
Heure de la terre : arrêt
Terminé
Internet | Mode protégé : activé
100%

Figure 3-29 Traduction d'un document sur le Web.

Chapitre 4

Mettre en forme un texte

Dans ce chapitre

- Modifier la police et la taille des caractères
- Changer les attributs des caractères
- Utiliser des couleurs
- Surligner un texte
- Recopier une mise en forme
- Définir les attributs par défaut
- Rechercher et remplacer des mises en forme

Maintenant que vous avez saisi votre texte, il est temps de passer à la mise en forme des caractères. Police, attributs, couleurs et surlignages sont au menu de ce chapitre.

Modifier la police de caractères

Word permet de changer les polices, c'est-à-dire la forme et la taille des caractères. Pour installer de nouvelles polices, consultez l'encadré ci-après.

1. Sélectionnez le texte dont vous désirez modifier la police.
2. Dans l'onglet **Accueil → Police**, cliquez la flèche en regard de la liste **Police**.
3. Pointez une police dans la liste.

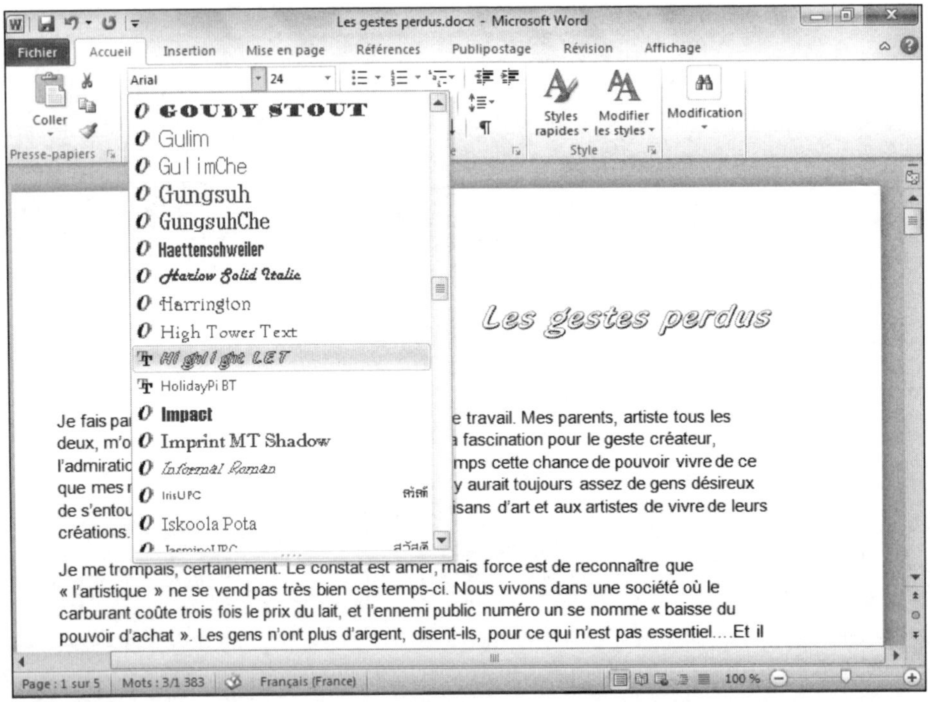

Figure 4-1 Liste des polices disponibles.

Word affiche le texte sélectionné avec la police pointée dans la liste.

4. Cliquez la police souhaitée dans la liste.

Astuce Les dernières polices utilisées sont présentes au début de la liste.

Modifier la taille de la police

Comme pour la police, vous pouvez modifier la taille des caractères de vos textes.

1. Sélectionnez le texte dont vous désirez modifier la taille des caractères.
2. Dans l'onglet **Accueil → Police**, cliquez la flèche en regard de la liste **Taille de police**.
3. Pointez une taille dans la liste.

   Word affiche le texte sélectionné avec la taille de police pointée dans la liste.

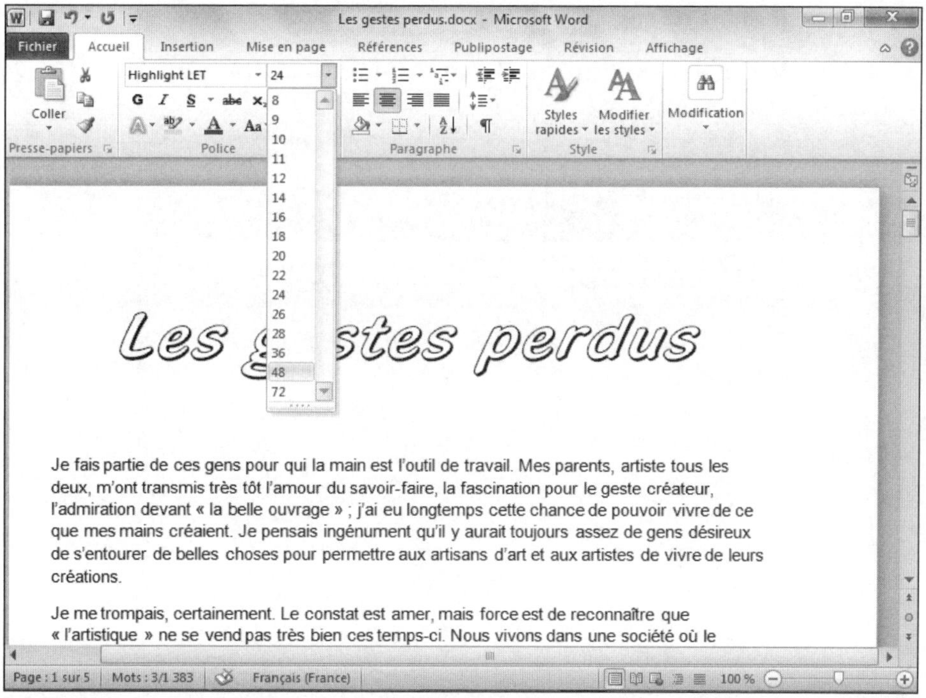
Les gestes perdus.docx - Microsoft Word
Fichier
Accueil
Insertion
Mise en page
Références
Publipostage
Révision
Affichage
Highlight LET
24
Coller
Presse-papiers
Police
Paragraphe
Styles rapides
Modifier les styles
Style
Modification
8
9
10
11
12
14
16
18
20
22
24
26
28
36
48
72
Les gestes perdus
Je fais partie de ces gens pour qui la main est l'outil de travail. Mes parents, artiste tous les deux, m'ont transmis très tôt l'amour du savoir-faire, la fascination pour le geste créateur, l'admiration devant « la belle ouvrage » ; j'ai eu longtemps cette chance de pouvoir vivre de ce que mes mains créaient. Je pensais ingénument qu'il y aurait toujours assez de gens désireux de s'entourer de belles choses pour permettre aux artisans d'art et aux artistes de vivre de leurs créations.
Je me trompais, certainement. Le constat est amer, mais force est de reconnaître que « l'artistique » ne se vend pas très bien ces temps-ci. Nous vivons dans une société où le
Page : 1 sur 5
Mots : 3/1 383
Français (France)
100 %

Figure 4-2 Modification de la taille de la police.

4. Cliquez la taille souhaitée dans la liste.

Vous pouvez aussi saisir la taille de votre choix, y compris des valeurs décimales, 8,5 par exemple. Tapez simplement le nombre désiré dans la zone **Taille de police**.

Si vous désirez seulement augmenter ou diminuer la taille des caractères sélectionnés, utilisez les boutons A˄ et A˅ du groupe **Police** de l'onglet **Accueil**.

Installer une nouvelle police de caractères sous Windows XP et Vista

Ne limitez pas vos envies de changement : installez autant de polices qu'il vous plaira.

1. Cliquez le bouton **Démarrer ➜ Panneau de configuration**.
2. Éventuellement, pour afficher toutes les icônes du Panneau de configuration, cliquez dans le volet de gauche **Affichage classique** (Windows Vista) ou **Basculer vers l'affichage classique** (Windows XP).
3. Double-cliquez l'icône **Polices**.

   Windows affiche le dossier des polices déjà présentes sur votre ordinateur.

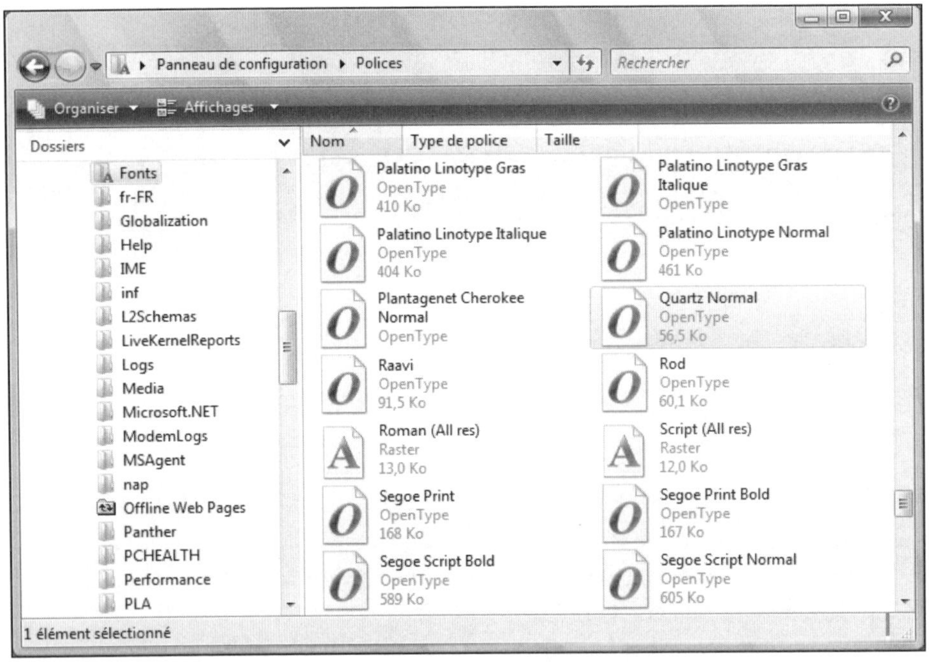

Figure 4-3 Liste des polices déjà installées.

4. Cliquez le menu **Fichier ➜ Installer une nouvelle police** (dans Windows Vista, appuyez sur la touche **Alt** si la barre de menus n'est pas affichée).
5. Si les polices ne sont pas sur le disque dur, insérez dans son lecteur le support amovible qui contient des polices (généralement un CD-ROM).

➜

6. Sélectionnez le lecteur puis le dossier qui contient les polices dans les deux listes du bas.

   Les polices du dossier sélectionné apparaissent dans la **Liste des polices**.

7. Cliquez une police dans cette liste pour afficher au-dessous un exemple (Windows Vista uniquement).

8. Sélectionnez les polices à installer. Utilisez les touches **Maj** et **Ctrl** pour sélectionner plusieurs fichiers.

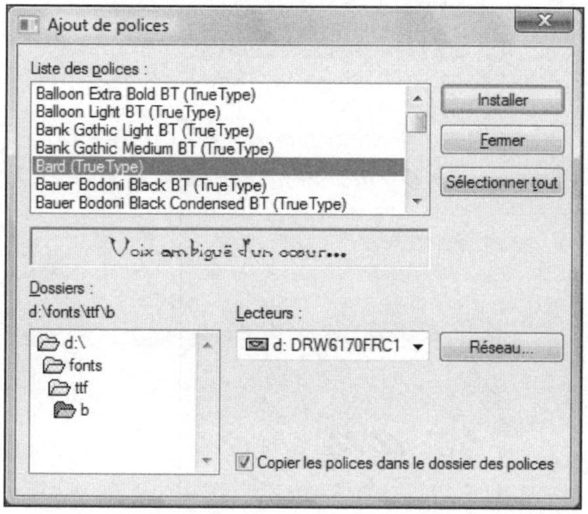

Figure 4-4 Installation de polices de caractères sous XP et Vista.

9. Cliquez le bouton **OK** pour installer les polices sélectionnées.

Installer une nouvelle police de caractères sous Windows 7

1 Cliquez le bouton **Démarrer → Ordinateur**.

2 Si les polices ne sont pas sur le disque dur, insérez le support amovible qui contient des polices (généralement un CD-ROM).

3 Sélectionnez le lecteur puis le dossier qui contient les polices.

Les polices du dossier sélectionné apparaissent dans la liste à droite.

4 Cliquez le bouton dans la barre d'outils pour afficher le volet de visualisation.

→

5 Cliquez le fichier de la police pour afficher un aperçu rapide dans le volet de visualisation. Double-cliquez le fichier de la police pour afficher un exemple complet dans une nouvelle fenêtre.

6 Cliquez avec le bouton droit le fichier de la police, puis **Installer** dans le menu contextuel. Si vous avez affiché l'aperçu complet à l'étape **5**, cliquez le bouton **Installer**.

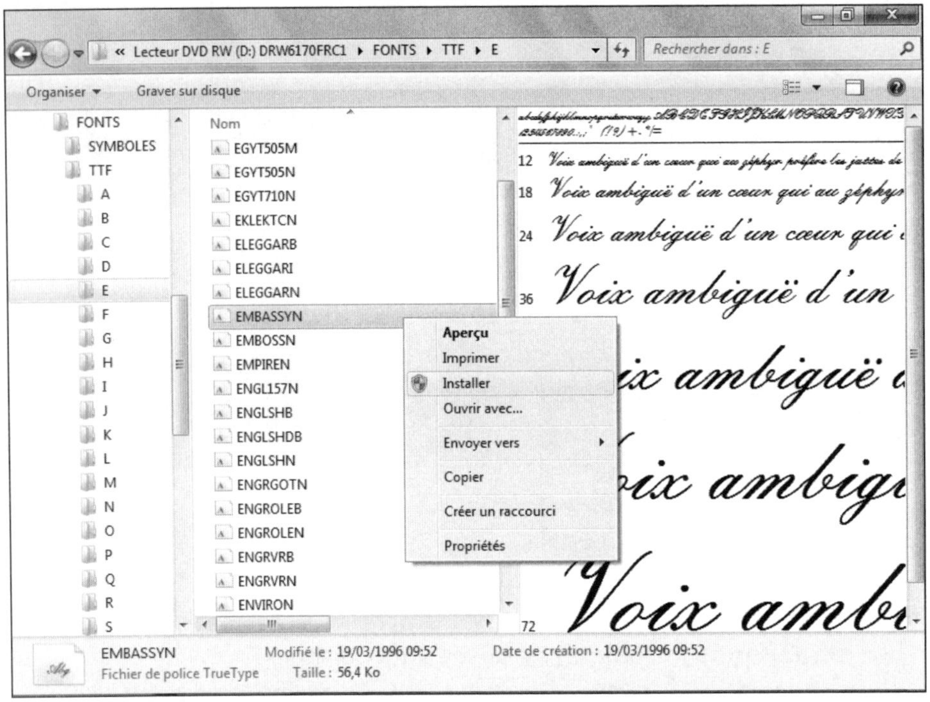

Figure 4-5 Installation de polices de caractères sous Windows 7.

7 Répétez les étapes **5** et **6** pour installer d'autres polices.

Visualiser et imprimer une police sous Windows XP et Vista

Maintenant que votre police est installée, vous pouvez la visualiser et l'imprimer.

1. Double-cliquez la police à visualiser (figure 4-3).

→

Le texte « Voix ambiguë d'un cœur … » représente toutes les lettres de l'alphabet.

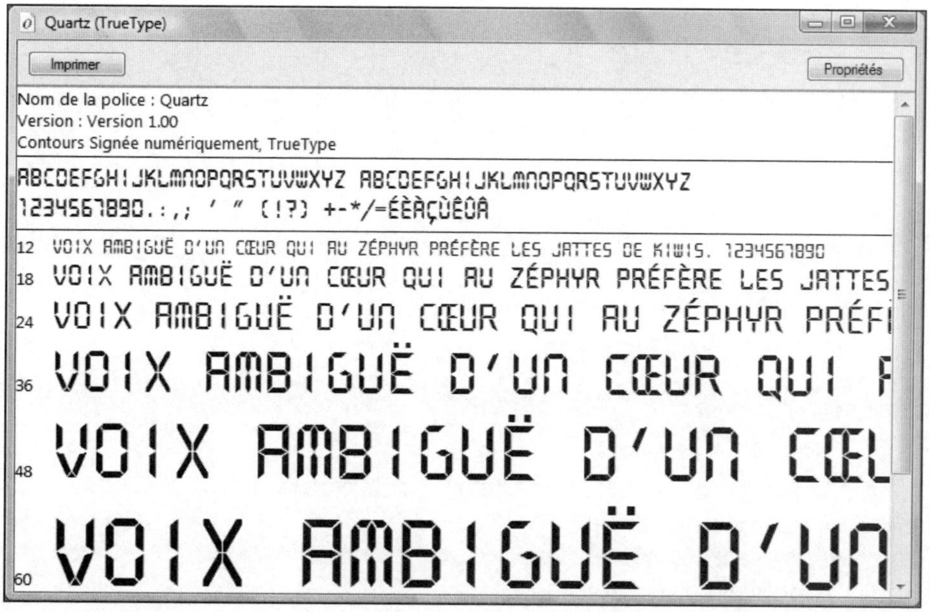

Figure 4-6 Exemple des caractères d'une police.

2. Éventuellement, cliquez le bouton **Imprimer** pour garder une trace papier de la police.
3. Cliquez le bouton  pour fermer la fenêtre de la police.

Visualiser et imprimer une police sous Windows 7

1. Cliquez le bouton **Démarrer → Panneau de configuration**.
2. Éventuellement, pour afficher toutes les icônes du Panneau de configuration, sélectionnez **Petites icônes** dans la liste **Afficher par**.
3. Cliquez l'icône **Polices** dans le Panneau de configuration.

→

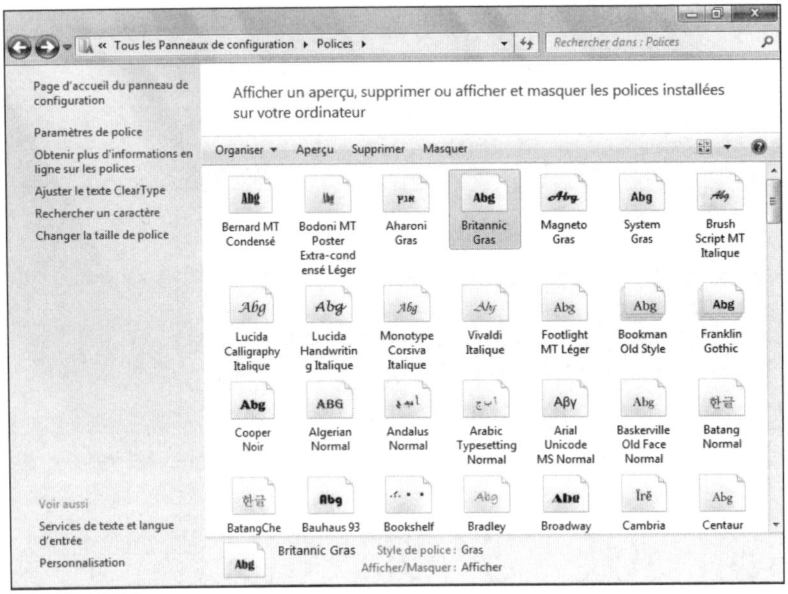

Figure 4-7 Liste des polices installées.

4. Double-cliquez la police à visualiser.

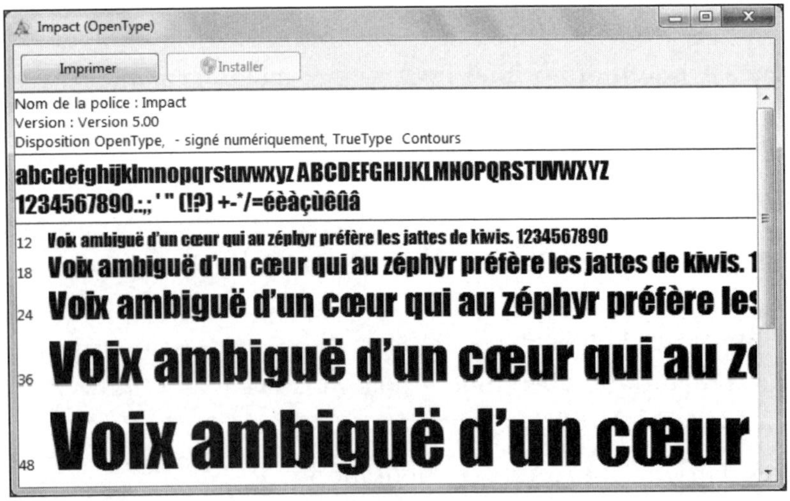

Figure 4-8 Exemple des caractères d'une police.

5. Éventuellement, cliquez le bouton Imprimer pour garder une trace papier de la police.
6. Cliquez le bouton  pour fermer la fenêtre de la police.

Changer les attributs des caractères

Pour donner plus de relief à certains mots, vous pouvez modifier la mise en forme de leurs caractères.

Modifier les attributs avec le ruban

Le ruban propose toute une palette d'outils pour modifier la mise en forme de vos caractères.

1. Sélectionnez le texte à modifier.
2. Cliquez l'onglet **Accueil**.
3. Dans le groupe **Police**, utilisez les boutons suivants :

Boutons	**Fonctions**
G	Gras
I	Italique
S	Souligné
abc	Barré
x_2	Indice
x^2	Exposant
	Efface toutes les mises en forme
	Modifier la couleur de la police. Cliquez la flèche pour afficher la palette de couleurs. Cliquez Autres couleurs si vous ne trouvez pas votre bonheur dans la palette.

Tableau 4-1 Boutons de mise en forme des caractères.

4. Cliquez le bouton correspondant à la mise en forme à appliquer.

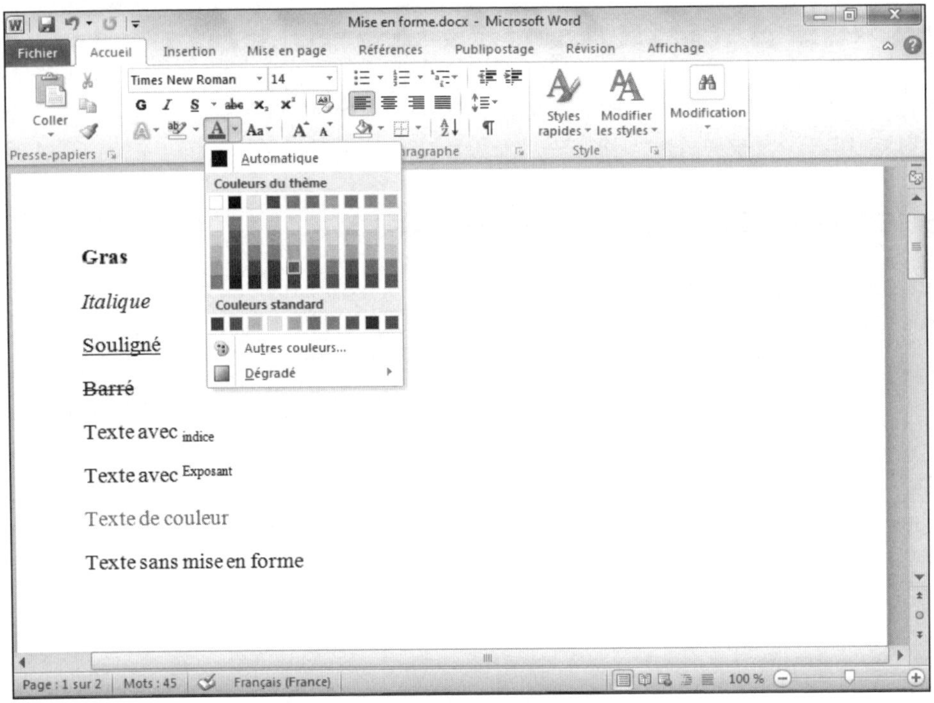

Figure 4-9 Exemples de mise en forme.

Modifier les attributs avec la boîte Police

Tous les outils de mise en forme ne sont pas disponibles dans le ruban. Ils sont regroupés dans une boîte de dialogue.

1. Sélectionnez le texte à modifier.
2. Cliquez l'onglet **Accueil → Police** .

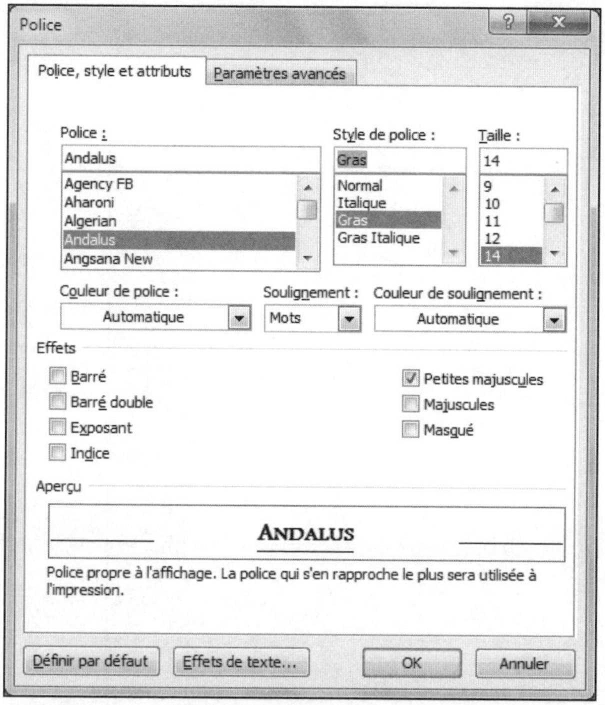

Figure 4-10 Boîte pour modifier tous les attributs.

Word ouvre la boîte des attributs de police. En plus des outils vus précédemment dans le ruban, cette boîte propose de nouveaux attributs comme le type et la couleur des soulignements, le double barré, des ombres, *etc.* Les textes avec l'attribut « Masqué » sont visibles à l'écran si vous avez choisi **Afficher tout** ¶, mais ne sont jamais imprimés.

3. Sélectionnez les attributs à appliquer.

   La boîte affiche un exemple dans la zone **Aperçu**.

4. Cliquez le bouton **OK**.

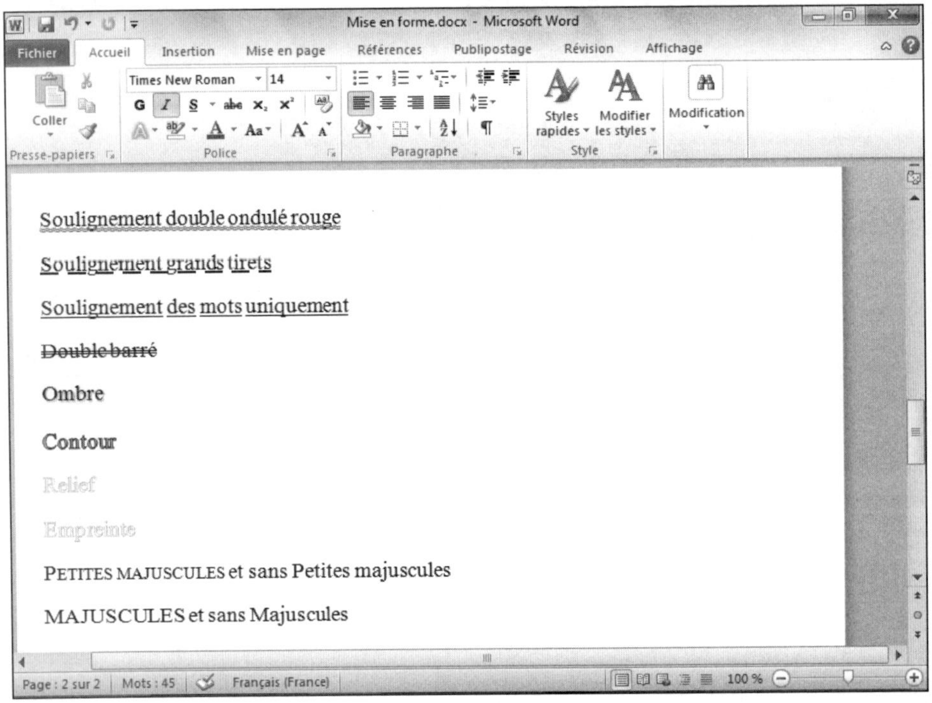

Figure 4-11 Exemples de mise en forme.

Modifier l'espacement entre les caractères

La fonction d'espacement permet d'aérer ou de resserrer les caractères de vos textes.

1. Sélectionnez le texte à modifier.
2. Cliquez l'onglet **Accueil → Police** .
3. Cliquez l'onglet **Paramètres avancés**.
4. Dans la liste **Espacement**, sélectionnez **Étendu** pour aérer le texte ou **Condensé** pour le resserrer.
5. Dans la zone **De** en regard, tapez le nombre de points d'extension ou de condensation entre les caractères.
6. Modifiez les autres options proposées. La zone **Aperçu** affiche un exemple.

Figure 4-12 Boîte de modification de l'espacement entre les caractères.

7. Cliquez le bouton **OK**.

Surligner un texte

Comme vous le faites avec un marker, Word vous propose de surligner les passages importants de vos textes.

1. Cliquez l'onglet **Accueil → Police**, puis la flèche en regard du bouton **Couleur de surbrillance du texte**.
2. Sélectionnez la couleur de surlignage dans la palette.
3. Cliquez l'onglet **Accueil → Police → Couleur de surbrillance du texte**.
4. Cliquez et faites glisser la souris sur le texte à surligner.

Note Si vous avez sélectionné un texte au préalable, celui-ci est automatiquement surligné.

5. Répétez l'étape **4** pour les autres textes à surligner.
6. Appuyez sur la touche **Echap** pour annuler la fonction de surlignage.

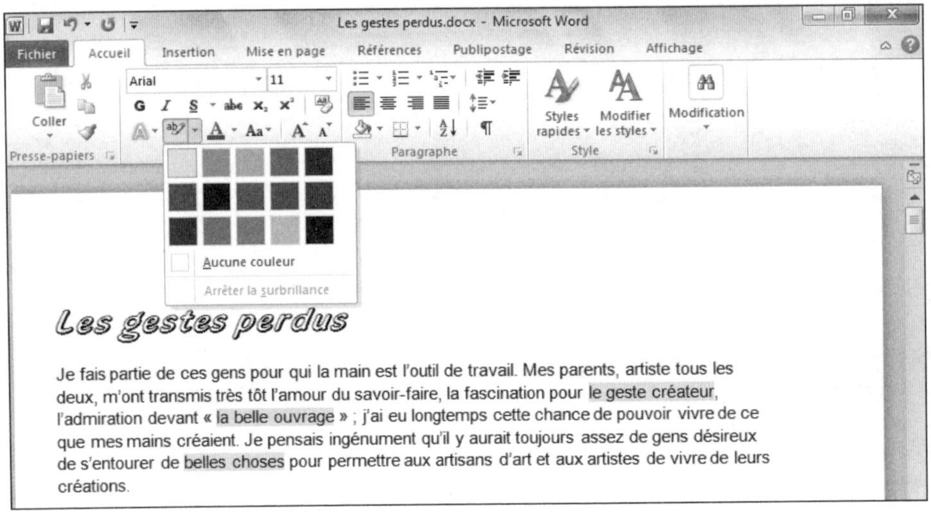

Figure 4-13 Textes surlignés.

Utiliser la barre d'outils contextuelle

Pour mettre en forme vos textes, vous pouvez utiliser la barre d'outils contextuelle à la place du ruban.

1. Sélectionnez le texte à mettre en forme.
2. Placez le curseur de souris juste au-dessus de la sélection.

   La barre d'outils contextuelle s'affiche.
3. Cliquez le bouton correspondant à la mise en forme à appliquer à la sélection.

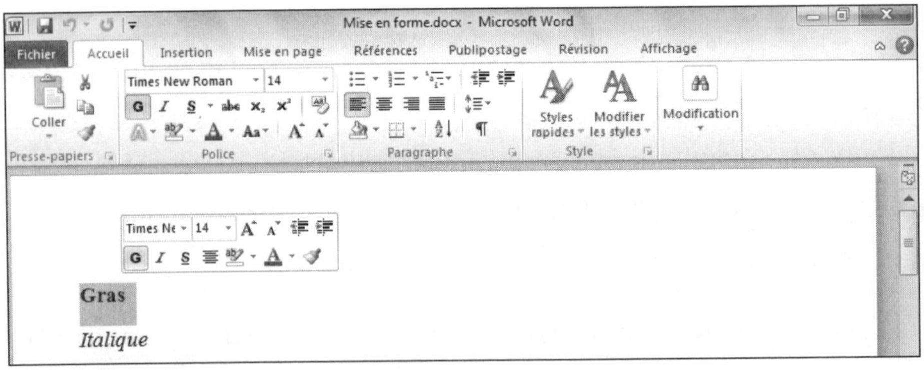

Figure 4-14 Utilisation de la barre d'outils contextuelle.

Note Si la barre d'outils contextuelle ne s'affiche pas, faites un clic droit sur la sélection.

Recopier une mise en forme

Dès qu'un texte est mis en forme, vous pouvez appliquer cette dernière à d'autres textes.

1. Sélectionnez le texte déjà mis en forme.
2. Cliquez l'onglet **Accueil ➔ Presse-papiers ➔ Reproduire la mise en forme** .
3. Sélectionnez le texte qui doit recevoir la même mise en forme.

Si vous devez reproduire la mise en forme sur plusieurs textes, suivez ces étapes :

1. Sélectionnez le texte déjà mis en forme.
2. Cliquez l'onglet **Accueil ➔ Presse-papiers**, puis double-cliquez le bouton **Reproduire la mise en forme** .
3. Sélectionnez le texte qui doit recevoir la même mise en forme.
4. Répétez l'étape **3** pour les autres textes.
5. Appuyez sur la touche **Echap** pour annuler la fonction de recopie de la mise en forme.

Définir les attributs par défaut

Lors de la création d'un nouveau document, Word utilise des mises en forme par défaut. Pour vous éviter de changer systématiquement la mise en forme de vos nouveaux textes, vous pouvez définir ces valeurs par défaut.

1. Cliquez l'onglet **Accueil ➔ Police ➔** .
2. Dans la boîte Police, sélectionnez la police et sa taille, ainsi que les attributs.
3. Cliquez le bouton **Par défaut**.
4. Cochez l'étendu des attributs par défaut (document actuel ou tous les nouveaux documents).

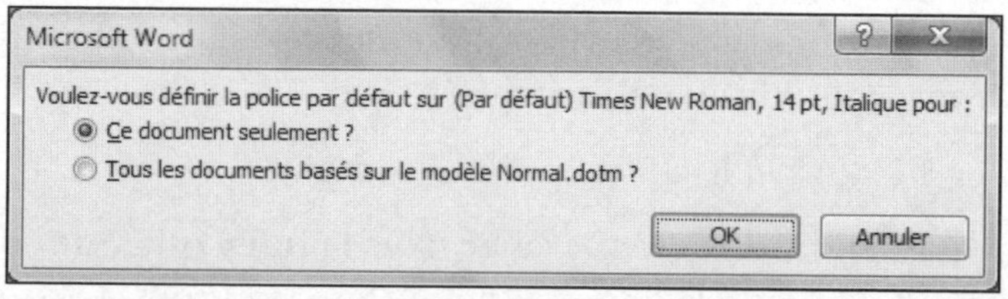
Microsoft Word
Voulez-vous définir la police par défaut sur (Par défaut) Times New Roman, 14 pt, Italique pour :
Ce document seulement ?
Tous les documents basés sur le modèle Normal.dotm ?
OK
Annuler

Figure 4-15 Définition des valeurs par défaut.

5. Cliquez le bouton **OK**. pour accepter la modification des valeurs par défaut.

Rechercher et remplacer des mises en forme

Si la fonction de recherche permet de retrouver des mots dans votre document, elle permet aussi de retrouver des mises en forme. La fonction de remplacement permet même de rechercher une mise en forme et de la remplacer par une autre.

1. Cliquez l'onglet **Accueil ➜ Modification ➜ Rechercher**.
2. Dans la boîte Rechercher et remplacer, cliquez le bouton **Plus >>**.

   La boîte Rechercher et remplacer propose de nouvelles options.

3. Cliquez le bouton **Format**.

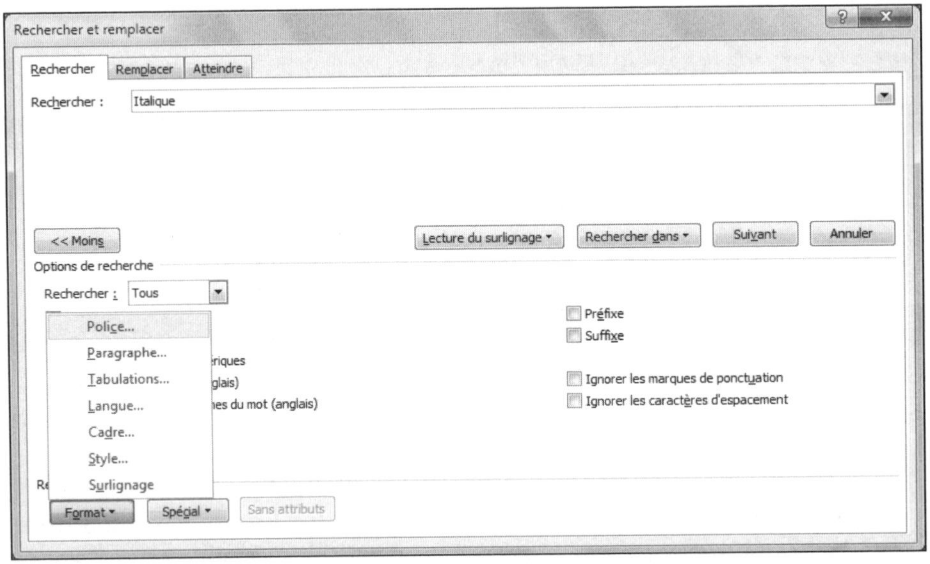

Figure 4-16 Paramètres de recherche de mises en forme dans un document.

La liste du bouton **Format** permet de choisir le type de mise en forme à rechercher. Par exemple, la commande **Police** permet de trouver des textes avec une police ou des attributs particuliers (gras, italique, *etc.*), la commande **Surlignage** permet de trouver tous les textes surlignés, *etc.*

4. Cliquez le type de recherche dans la liste du bouton **Format**.
5. Sélectionnez le type de mise en forme à rechercher dans la boîte qui s'affiche puis validez avec le bouton **OK** (seule la commande Surlignage n'ouvre pas de boîte de dialogue).

Les mises en forme recherchées s'affichent en dessous de la zone **Rechercher**.

Note Vous pouvez, bien sûr, ajouter un texte dans la zone **Rechercher** qui se cumulera à la mise en forme.

6. Cliquez le bouton **Suivant** dans la boîte Rechercher et remplacer pour trouver la première occurrence correspondant à votre recherche.

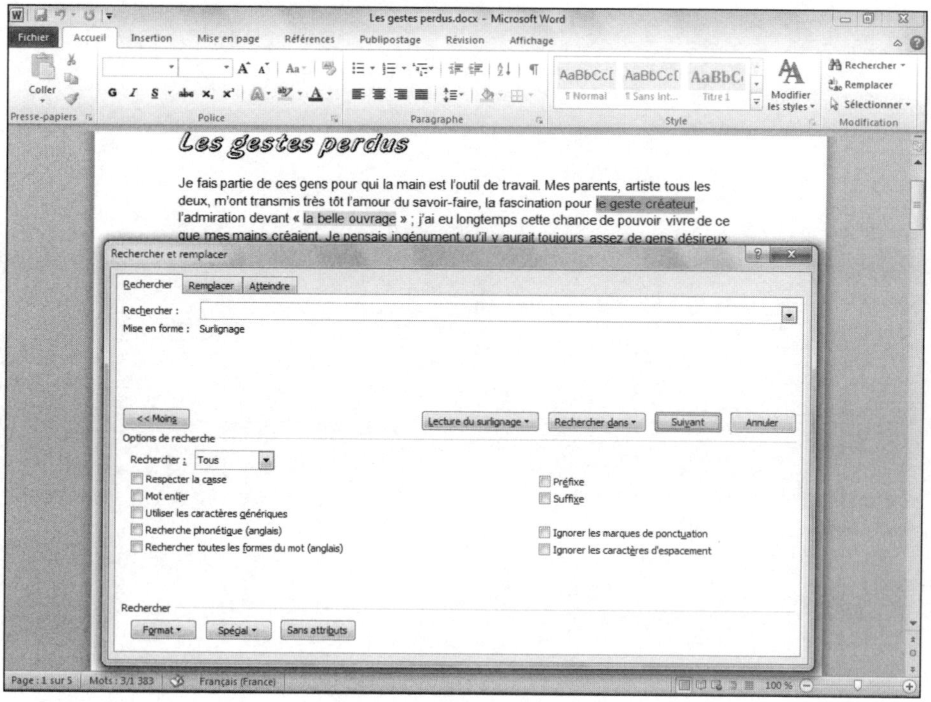

Figure 4-17 Recherche de mises en forme dans un document.

Note Pour supprimer la recherche de mise en forme, cliquez le bouton **Sans attributs** en bas de la boîte Rechercher et remplacer.

De la même manière, vous pouvez rechercher des mises en forme particulières et les remplacer par d'autres. Pour cela, cliquez l'onglet **Remplacer**, puis effectuez les actions vues précédemment.

Chapitre 5

Mettre en forme des paragraphes

Dans ce chapitre

- Aligner et justifier un texte
- Ajouter des retraits
- Modifier l'espace entre les lignes et les paragraphes
- Utiliser les tabulations
- Ajouter une liste à puces
- Ajouter une liste numérotée

La mise en forme des caractères n'est pas le seul moyen de rendre vos textes faciles et agréables à lire. Nous étudierons, dans ce chapitre, les différentes mises en forme à appliquer aux paragraphes pour donner un maximum de clarté à vos documents.

Aligner et justifier un texte

Si vous consultez n'importe quel courrier, vous constaterez que tous les paragraphes ne sont pas alignés de la même manière. Le nom et l'adresse de l'expéditeur sont alignés à gauche, le nom et l'adresse du destinataire sont alignés à droite, et la signature est centrée. Quant au texte principal, il est soit aligné à gauche, soit justifié.

L'alignement s'effectue par paragraphe. Pour aligner un paragraphe, suivez ces étapes :

1. Si vous désirez aligner un seul paragraphe, cliquez-le simplement pour y placer le curseur. Si la mise en forme s'applique à plusieurs paragraphes, sélectionnez-les au préalable.

2. Cliquez l'onglet **Accueil ➜ Paragraphe**, puis cliquez le type d'alignement : **Aligner le texte à gauche**, **Centrer**, **Aligner le texte droite** ou **Justifier**.

   Quand un paragraphe est justifié, le premier mot est aligné à gauche et le dernier mot est aligné à droite. Pour cela, Word modifie « raisonnablement » l'espace entre les mots. On appelle cela un « espacement proportionnel ». Si l'espace entre les mots est trop condensé, le dernier mot passe sur la ligne suivante. À l'inverse, si l'espace entre les mots est trop important, le premier mot de la ligne suivante remonte d'une ligne.

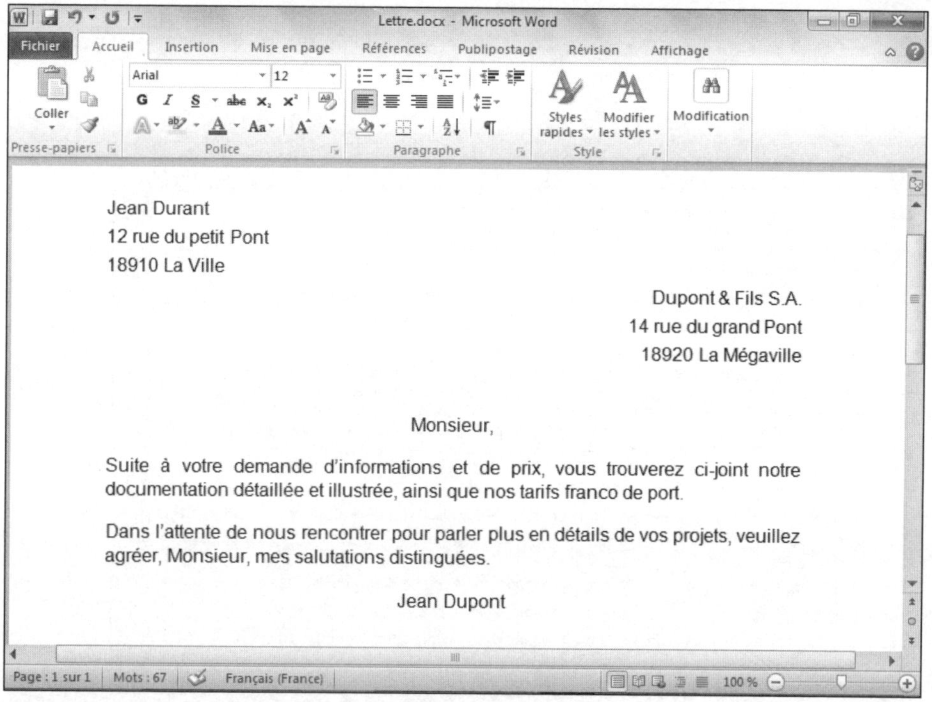
Lettre.docx - Microsoft Word
Fichier
Accueil
Insertion
Mise en page
Références
Publipostage
Révision
Affichage
Coller
Presse-papiers
Arial
12
Police
Paragraphe
Styles rapides
Modifier les styles
Style
Modification
Jean Durant
12 rue du petit Pont
18910 La Ville
Dupont & Fils S.A.
14 rue du grand Pont
18920 La Mégaville
Monsieur,
Suite à votre demande d'informations et de prix, vous trouverez ci-joint notre documentation détaillée et illustrée, ainsi que nos tarifs franco de port.
Dans l'attente de nous rencontrer pour parler plus en détails de vos projets, veuillez agréer, Monsieur, mes salutations distinguées.
Jean Dupont
Page : 1 sur 1
Mots : 67
Français (France)
100 %

Figure 5-1 Exemples d'alignements de paragraphes.

La figure 5-1 montre des exemples d'alignements de paragraphes.

Ajouter des retraits

Pour créer un nouveau paragraphe avec une première ligne décalée ou définir le niveau hiérarchique des paragraphes, vous pouvez ajouter des retraits par rapport à la marge de gauche ou de droite.

Modifier rapidement la marge de gauche

1. Cliquez dans le paragraphe ou sélectionnez-en plusieurs.
2. Cliquez l'onglet **Accueil ➜ Paragraphe ➜ Augmenter le retrait** ou **Diminuer le retrait**.

Le ou les paragraphes sélectionnés sont décalés vers la droite ou vers la gauche. Ce décalage correspond à une tabulation standard, soit 1,25 cm.

Note Un paragraphe ne peut être décalé vers la gauche que s'il a déjà fait l'objet d'un décalage vers la droite.

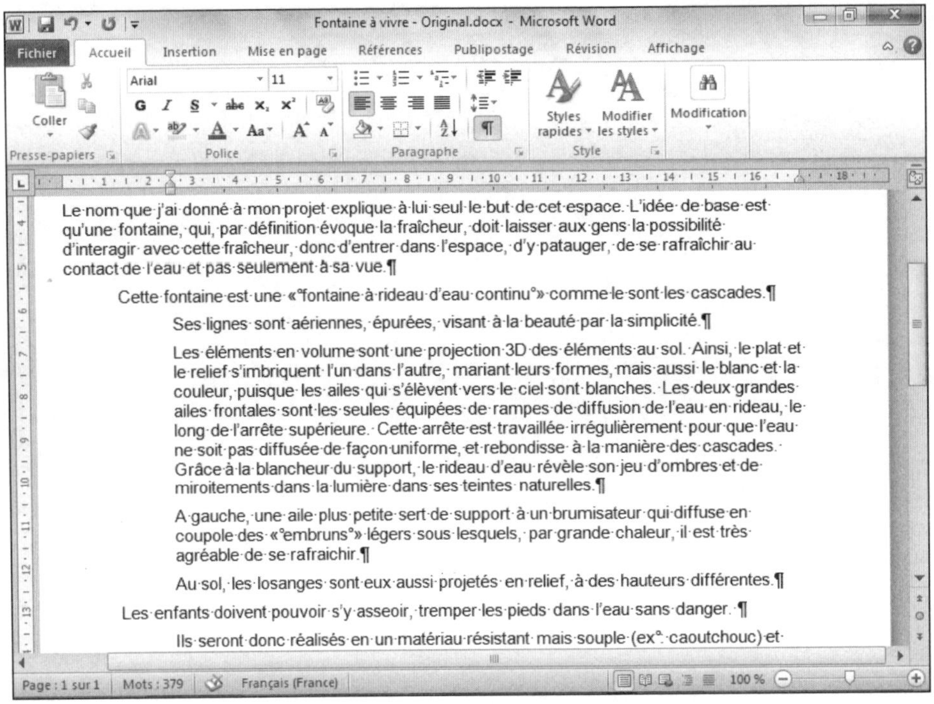
Fontaine à vivre - Original.docx - Microsoft Word
Fichier
Accueil
Insertion
Mise en page
Références
Publipostage
Révision
Affichage
Coller
Presse-papiers
Arial
11
Police
Paragraphe
Styles rapides
Modifier les styles
Style
Modification
Le nom que j'ai donné à mon projet explique à lui seul le but de cet espace. L'idée de base est qu'une fontaine, qui, par définition évoque la fraîcheur, doit laisser aux gens la possibilité d'interagir avec cette fraîcheur, donc d'entrer dans l'espace, d'y patauger, de se rafraîchir au contact de l'eau et pas seulement à sa vue.¶
Cette fontaine est une « fontaine à rideau d'eau continu » comme le sont les cascades.¶
Ses lignes sont aériennes, épurées, visant à la beauté par la simplicité.¶
Les éléments en volume sont une projection 3D des éléments au sol. Ainsi, le plat et le relief s'imbriquent l'un dans l'autre, mariant leurs formes, mais aussi le blanc et la couleur, puisque les ailes qui s'élèvent vers le ciel sont blanches. Les deux grandes ailes frontales sont les seules équipées de rampes de diffusion de l'eau en rideau, le long de l'arrête supérieure. Cette arrête est travaillée irrégulièrement pour que l'eau ne soit pas diffusée de façon uniforme, et rebondisse à la manière des cascades. Grâce à la blancheur du support, le rideau d'eau révèle son jeu d'ombres et de miroitements dans la lumière dans ses teintes naturelles.¶
A gauche, une aile plus petite sert de support à un brumisateur qui diffuse en coupole des « embruns » légers sous lesquels, par grande chaleur, il est très agréable de se rafraichir.¶
Au sol, les losanges sont eux aussi projetés en relief, à des hauteurs différentes.¶
Les enfants doivent pouvoir s'y asseoir, tremper les pieds dans l'eau sans danger. ¶
Ils seront donc réalisés en un matériau résistant mais souple (ex : caoutchouc) et
Page : 1 sur 1
Mots : 379
Français (France)
100 %

Figure 5-2 Exemple de retrait des paragraphes.

Modifier les marges avec la règle

La règle permet de définir le retrait de gauche et de droite ainsi que le retrait de première ligne, et ce, indépendamment des alignements vus précédemment.

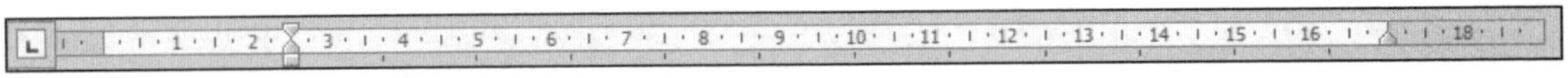

Figure 5-3 Règle pour définir les retraits et les tabulations.

Note Si la règle n'est pas affichée, cliquez le bouton au-dessus de la barre de défilement vertical.

Le symbole à gauche de la règle est, en réalité, l'association de trois éléments pour modifier les retraits de gauche : pour définir le retrait de première ligne, pour définir le retrait des autres lignes, et pour définir le retrait de toutes les lignes. Le symbole qui se trouve à droite de la règle permet de modifier le retrait à droite de toutes les lignes

Pour modifier le retrait de première ligne :

1. Cliquez le paragraphe à modifier ou sélectionnez-en plusieurs.

2. Cliquez et faites glisser l'élément pour définir le retrait gauche uniquement pour la première ligne. Une ligne en pointillé indique le retrait qui sera appliqué.

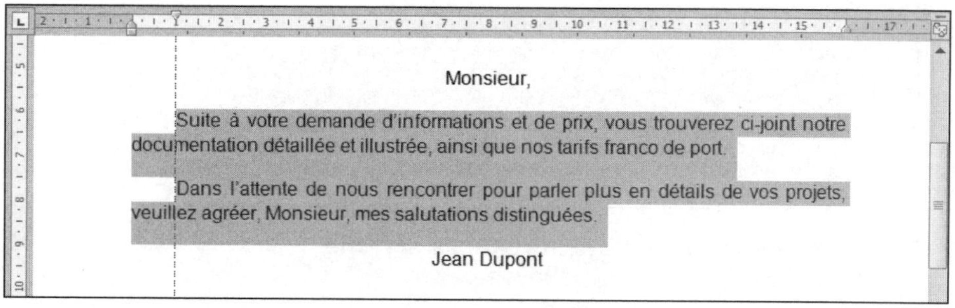
Monsieur,
Suite à votre demande d'informations et de prix, vous trouverez ci-joint notre documentation détaillée et illustrée, ainsi que nos tarifs franco de port.
Dans l'attente de nous rencontrer pour parler plus en détails de vos projets, veuillez agréer, Monsieur, mes salutations distinguées.
Jean Dupont

Figure 5-4 Retrait de première ligne d'un paragraphe.

Pour modifier le retrait à gauche du paragraphe à l'exception de la première ligne :

1. Cliquez le paragraphe à modifier ou sélectionnez-en plusieurs.
2. Cliquez et faites glisser l'élément pour définir le retrait à gauche de toutes les lignes à l'exception de la première. Une ligne en pointillé indique le retrait qui sera appliqué.

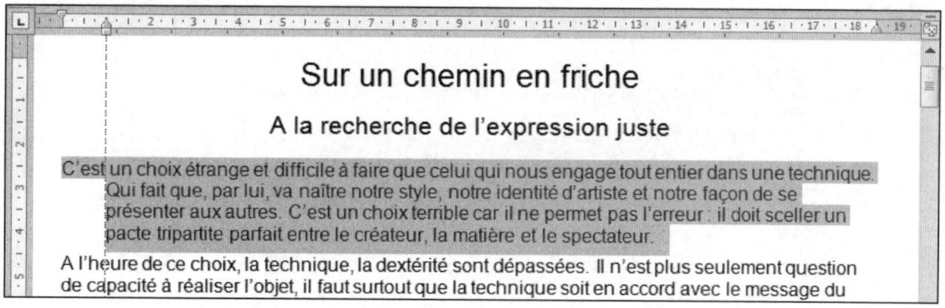
Sur un chemin en friche
A la recherche de l'expression juste
C'est un choix étrange et difficile à faire que celui qui nous engage tout entier dans une technique. Qui fait que, par lui, va naître notre style, notre identité d'artiste et notre façon de se présenter aux autres. C'est un choix terrible car il ne permet pas l'erreur : il doit sceller un pacte tripartite parfait entre le créateur, la matière et le spectateur.
A l'heure de ce choix, la technique, la dextérité sont dépassées. Il n'est plus seulement question de capacité à réaliser l'objet, il faut surtout que la technique soit en accord avec le message du

Figure 5-5 Retrait gauche des autres lignes d'un paragraphe.

Pour modifier le retrait à gauche de toutes les lignes d'un paragraphe :

1. Cliquez le paragraphe à modifier ou sélectionnez-en plusieurs.
2. Cliquez et faites glisser l'élément pour définir le retrait à gauche de toutes les lignes. Une ligne en pointillé indique le retrait qui sera appliqué.

Notez que le retrait s'effectue pour toutes les lignes. Si vous avez défini un autre retrait précédemment, par exemple de première ligne, celui-ci est conservé comme dans l'exemple de la figure 5-6.

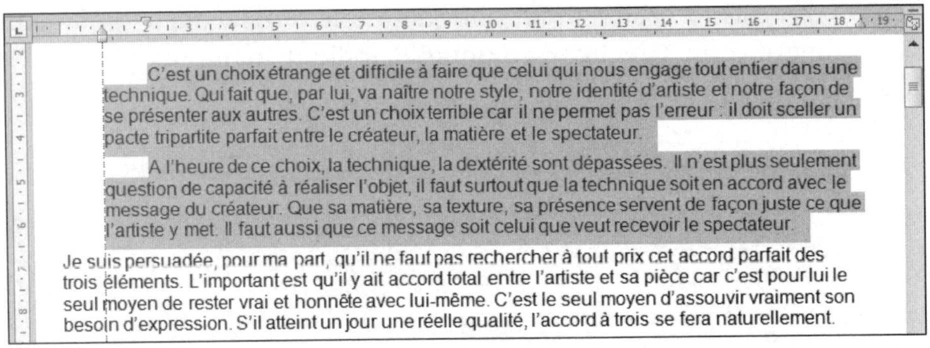

C'est un choix étrange et difficile à faire que celui qui nous engage tout entier dans une technique. Qui fait que, par lui, va naître notre style, notre identité d'artiste et notre façon de se présenter aux autres. C'est un choix terrible car il ne permet pas l'erreur : il doit sceller un pacte tripartite parfait entre le créateur, la matière et le spectateur.

A l'heure de ce choix, la technique, la dextérité sont dépassées. Il n'est plus seulement question de capacité à réaliser l'objet, il faut surtout que la technique soit en accord avec le message du créateur. Que sa matière, sa texture, sa présence servent de façon juste ce que l'artiste y met. Il faut aussi que ce message soit celui que veut recevoir le spectateur.

Je suis persuadée, pour ma part, qu'il ne faut pas rechercher à tout prix cet accord parfait des trois éléments. L'important est qu'il y ait accord total entre l'artiste et sa pièce car c'est pour lui le seul moyen de rester vrai et honnête avec lui-même. C'est le seul moyen d'assouvir vraiment son besoin d'expression. S'il atteint un jour une réelle qualité, l'accord à trois se fera naturellement.

Figure 5-6 Retrait gauche de toutes les lignes d'un paragraphe.

Modifier l'espace entre les paragraphes

Pour éviter que les paragraphes soient collés les uns aux autres, il est possible de définir l'espace qui les sépare. Cette technique évite aussi d'ajouter des paragraphes vides.

1. Cliquez le paragraphe à modifier ou sélectionnez-en plusieurs.

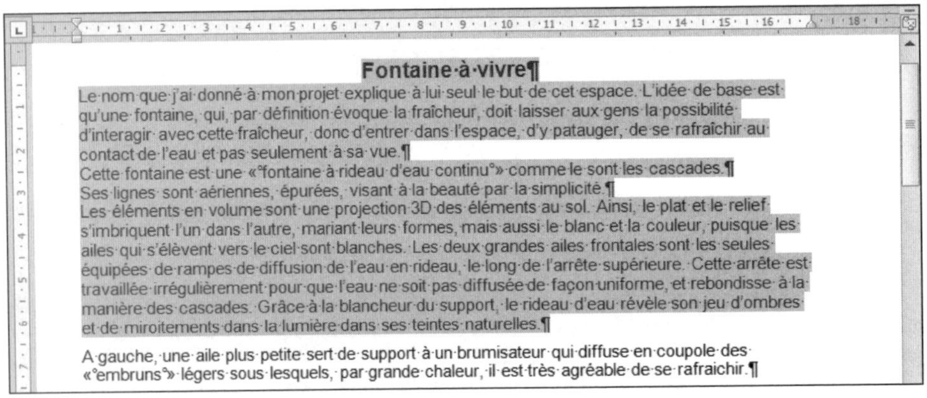

Fontaine à vivre¶

Le nom que j'ai donné à mon projet explique à lui seul le but de cet espace. L'idée de base est qu'une fontaine, qui, par définition évoque la fraîcheur, doit laisser aux gens la possibilité d'interagir avec cette fraîcheur, donc d'entrer dans l'espace, d'y patauger, de se rafraîchir au contact de l'eau et pas seulement à sa vue.¶

Cette fontaine est une « fontaine à rideau d'eau continu » comme le sont les cascades.¶

Ses lignes sont aériennes, épurées, visant à la beauté par la simplicité.¶

Les éléments en volume sont une projection 3D des éléments au sol. Ainsi, le plat et le relief s'imbriquent l'un dans l'autre, mariant leurs formes, mais aussi le blanc et la couleur, puisque les ailes qui s'élèvent vers le ciel sont blanches. Les deux grandes ailes frontales sont les seules équipées de rampes de diffusion de l'eau en rideau, le long de l'arrête supérieure. Cette arrête est travaillée irrégulièrement pour que l'eau ne soit pas diffusée de façon uniforme, et rebondisse à la manière des cascades. Grâce à la blancheur du support, le rideau d'eau révèle son jeu d'ombres et de miroitements dans la lumière dans ses teintes naturelles.¶

A gauche, une aile plus petite sert de support à un brumisateur qui diffuse en coupole des « embruns » légers sous lesquels, par grande chaleur, il est très agréable de se rafraîchir.¶

Figure 5-7 Paragraphes avant espacement.

2. Cliquez l'onglet **Accueil → Paragraphe →** [bouton].
3. Dans la liste du bouton [bouton], cliquez **Ajouter un espace avant le paragraphe** ou **Ajouter un espace après le paragraphe**.

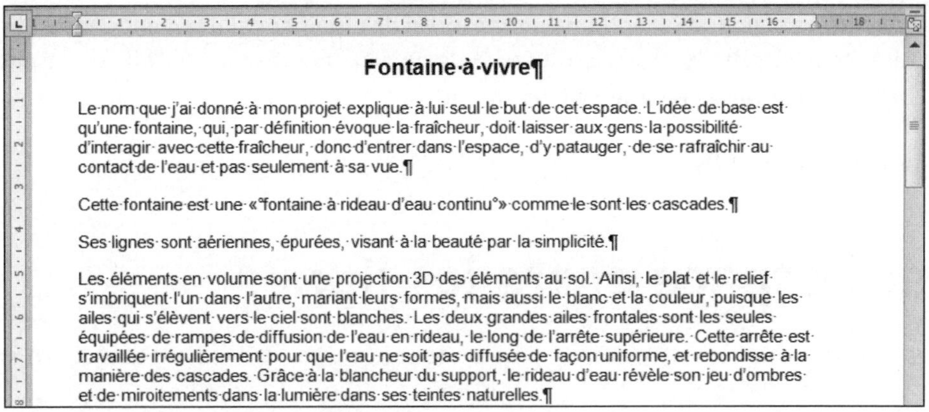
Fontaine à vivre¶
Le nom que j'ai donné à mon projet explique à lui seul le but de cet espace. L'idée de base est qu'une fontaine, qui, par définition évoque la fraîcheur, doit laisser aux gens la possibilité d'interagir avec cette fraîcheur, donc d'entrer dans l'espace, d'y patauger, de se rafraîchir au contact de l'eau et pas seulement à sa vue.¶
Cette fontaine est une « fontaine à rideau d'eau continu » comme le sont les cascades.¶
Ses lignes sont aériennes, épurées, visant à la beauté par la simplicité.¶
Les éléments en volume sont une projection 3D des éléments au sol. Ainsi, le plat et le relief s'imbriquent l'un dans l'autre, mariant leurs formes, mais aussi le blanc et la couleur, puisque les ailes qui s'élèvent vers le ciel sont blanches. Les deux grandes ailes frontales sont les seules équipées de rampes de diffusion de l'eau en rideau, le long de l'arrête supérieure. Cette arrête est travaillée irrégulièrement pour que l'eau ne soit pas diffusée de façon uniforme, et rebondisse à la manière des cascades. Grâce à la blancheur du support, le rideau d'eau révèle son jeu d'ombres et de miroitements dans la lumière dans ses teintes naturelles.¶

Figure 5-8 Paragraphes après espacement.

Par défaut, les commandes de l'étape **3** ajoutent 12 points avant ou après les paragraphes. Word vous laisse aussi le choix de cet espacement.

1. Cliquez le paragraphe à modifier ou sélectionnez-en plusieurs.
2. Cliquez l'onglet **Accueil** ➜ **Paragraphe** ➜ .
3. Dans le groupe Espacement, tapez le nombre de points dans les zones **Avant** et **Après**.

Paragraphe
Retrait et espacement
Enchaînements
Général
Alignement : Gauche
Niveau hiérarchique : Corps de texte
Retrait
Gauche : 0 cm
Droite : 0 cm
De 1re ligne :
(aucun)
De :
Retraits inversés
Espacement
Avant : 6 pt
Après : 6 pt
Interligne :
Simple
De :
Ne pas ajouter d'espace entre les paragraphes du même style
Aperçu
Tabulations...
Définir par défaut
OK
Annuler

Figure 5-9 Modification manuelle de l'espace entre les paragraphes.

Note La boîte de dialogue Paragraphe permet aussi de modifier l'alignement des paragraphes, ainsi que les retraits. Avec le ruban, vous pouvez modifier les retraits et l'espacement dans l'onglet **Mise en page ➜ Paragraphe**.

4. Cliquez le bouton **OK**.

Modifier l'espace entre les lignes

Pour aérer l'ensemble de votre texte, vous pouvez aussi modifier l'espace entre chaque ligne.

1. Cliquez le paragraphe à modifier ou sélectionnez-en plusieurs.
2. Cliquez l'onglet **Accueil ➜ Paragraphe ➜** .
3. Dans la liste du bouton , cliquez l'espace entre chaque ligne (1 correspond à l'espace standard d'une ligne, 1,5 à une ligne et demi, *etc.*).

Astuce Si vous désirez imprimer votre texte puis effectuer des corrections manuscrites en dessous de chaque ligne, choisissez un espacement entre 2 et 3.

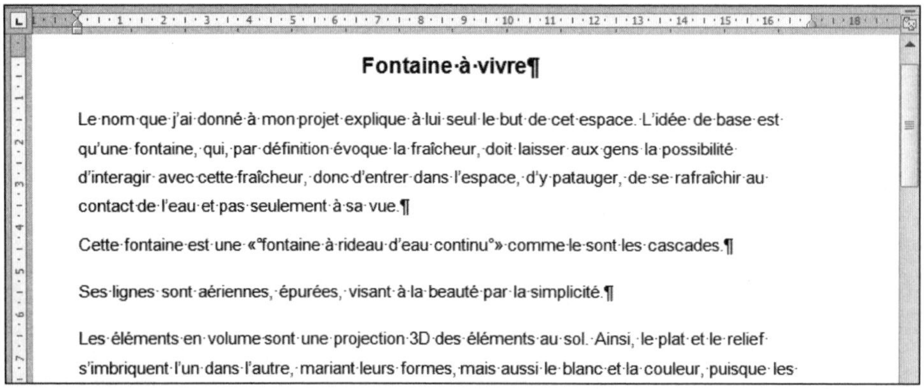
Fontaine·à·vivre¶
Le·nom·que·j'ai·donné·à·mon·projet·explique·à·lui·seul·le·but·de·cet·espace.·L'idée·de·base·est·qu'une·fontaine,·qui,·par·définition·évoque·la·fraîcheur,·doit·laisser·aux·gens·la·possibilité·d'interagir·avec·cette·fraîcheur,·donc·d'entrer·dans·l'espace,·d'y·patauger,·de·se·rafraîchir·au·contact·de·l'eau·et·pas·seulement·à·sa·vue.¶
Cette·fontaine·est·une·«°fontaine·à·rideau·d'eau·continu°»·comme·le·sont·les·cascades.¶
Ses·lignes·sont·aériennes,·épurées,·visant·à·la·beauté·par·la·simplicité.¶
Les·éléments·en·volume·sont·une·projection·3D·des·éléments·au·sol.·Ainsi,·le·plat·et·le·relief·s'imbriquent·l'un·dans·l'autre,·mariant·leurs·formes,·mais·aussi·le·blanc·et·la·couleur,·puisque·les·

Figure 5-10 Modification de l'espace entre les lignes.

Il est parfois nécessaire de ne pas appliquer d'espace entre les paragraphes. Par exemple, si vous ajoutez vos coordonnées dans un en-tête de lettre, celui-ci sera réparti sur 3 ou 4 lignes, donc 3 ou 4 paragraphes.

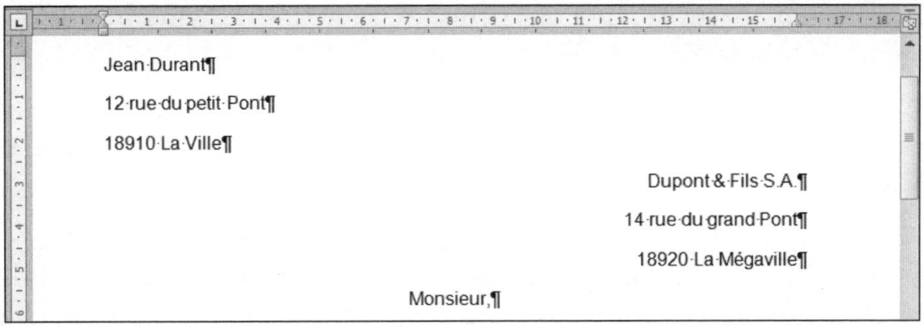

Figure 5-11 Espace entre les paragraphes d'un en-tête.

Pour éviter l'ajout d'espaces inutiles, vous devez indiquer que vous désirez passer à la ligne sans pour autant changer de paragraphe. Pour cela, tapez **Maj**+**Entrée** à la fin de chaque ligne à la place du traditionnel **Entrée**. Le symbole ↵ indique un passage à la ligne sans changement de paragraphe.

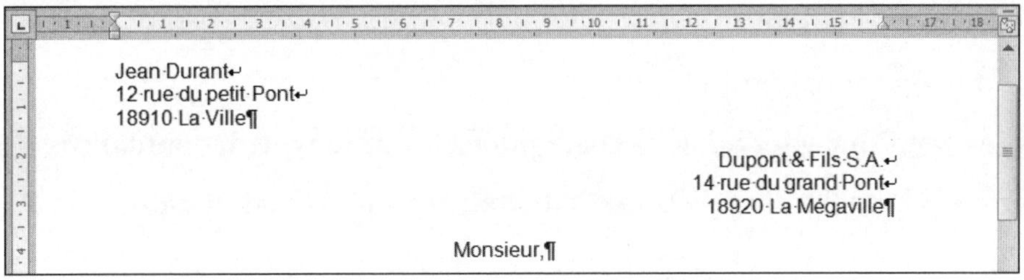

Figure 5-12 Passage à la ligne dans le même paragraphe.

Utiliser les tabulations

Les tabulations permettent de démarrer un texte à une position précise à partir de la marge de gauche quand on utilise la touche **Tab**. Des tabulations par défaut sont placées tous les 1,25 cm. Par exemple, si vous appuyez 2 fois sur la touche **Tab**, votre texte commencera à 2,5 cm de la marge gauche.

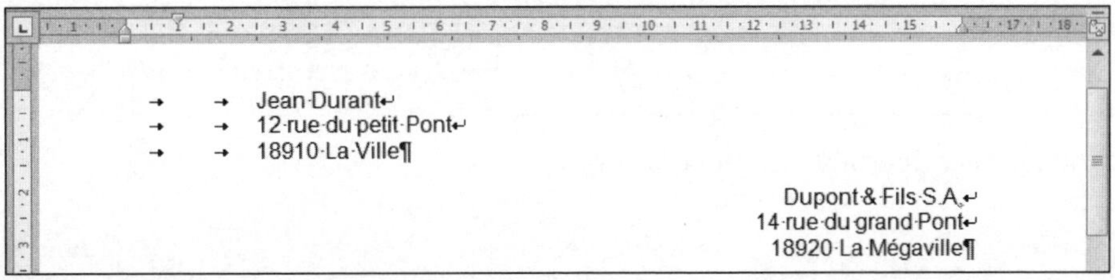

Figure 5-13 Utilisation des tabulations par défaut.

Les tabulations s'ajoutent sur la règle. Les petits traits tous les 1,25 cm sur cette dernière correspondent aux tabulations par défaut.

Le bouton à gauche de la règle permet de choisir le type de tabulation (il peut aussi avoir la forme , , *etc.*). Pour changer le type de tabulation, il suffit de cliquer plusieurs fois ce bouton.

Le bouton correspond à une tabulation à gauche (le texte s'écrit vers la gauche à partir de la tabulation), à une tabulation à droite (le texte s'écrit vers la droite à partir de la tabulation), à une tabulation centrée (le texte est centré par rapport à la tabulation), à une tabulation numérique (le nombre est placé à gauche de la tabulation et les décimales à droite), et à une barre verticale (ce n'est pas une vraie tabulation mais une ligne de séparation dans le texte).

Vous pouvez, bien sûr, ajouter plusieurs tabulations de type différent dans chaque paragraphe. Si vous ajoutez un nouveau paragraphe en appuyant sur la touche **Entrée**, ce dernier hérite les tabulations définies dans le paragraphe précédent.

Pour ajouter une tabulation :

1. Créez un nouveau paragraphe.
2. Cliquez le bouton à gauche de la règle pour choisir le type de tabulation.
3. Cliquez dans la règle à la position où doit être ajoutée la tabulation.
4. Appuyez sur la touche **Tab** pour déplacer le curseur jusqu'au taquet de tabulation.
5. Saisissez votre texte.

Voici quelques exemples d'utilisation des tabulations :

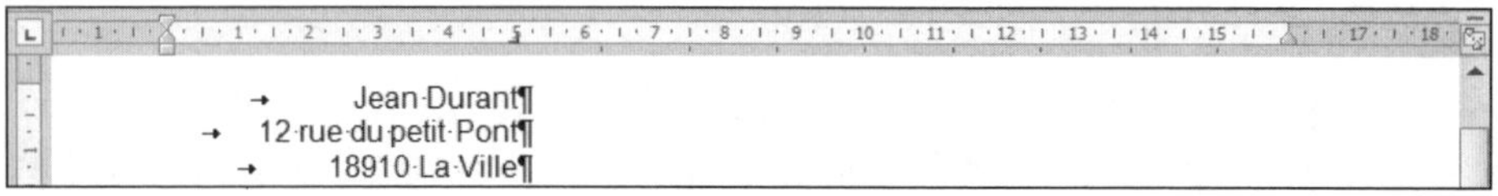
Jean·Durant¶
12·rue·du·petit·Pont¶
18910·La·Ville¶

Figure 5-14 Textes avec une tabulation à droite.

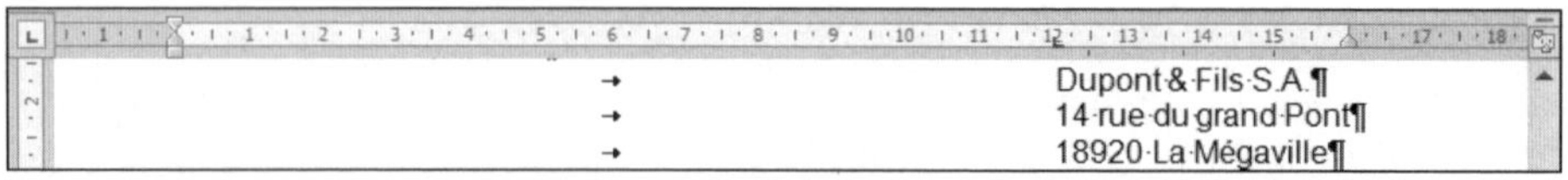
Dupont·&·Fils·S.A.¶
14·rue·du·grand·Pont¶
18920·La·Mégaville¶

Figure 5-15 Textes avec une tabulation à gauche.

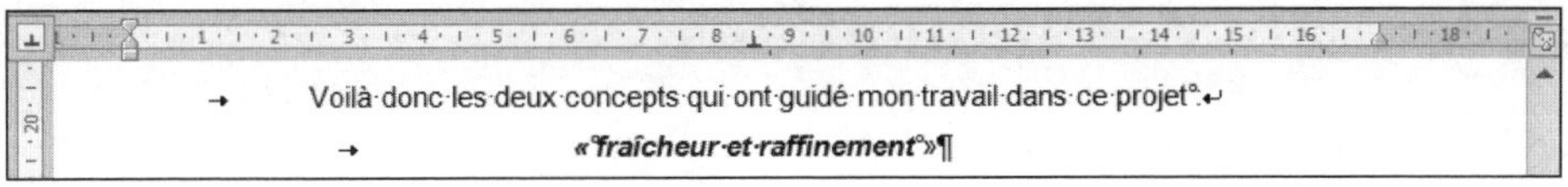

Figure 5-16 Textes avec une tabulation centrée.

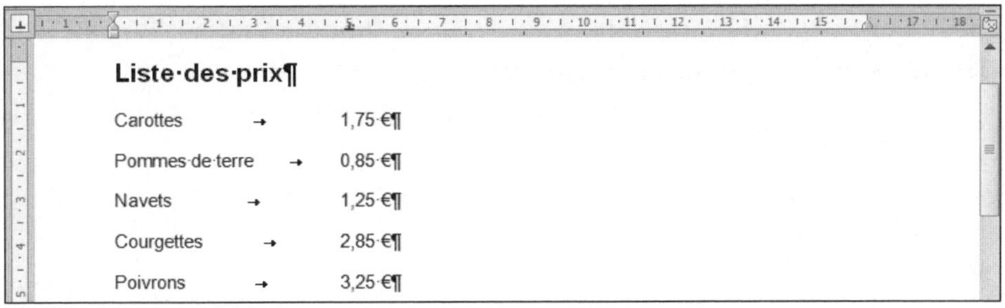

Figure 5-17 Textes avec une tabulation décimale.

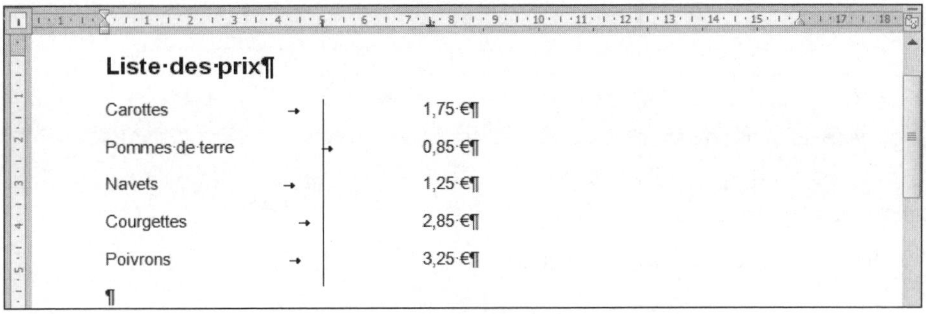

Figure 5-18 Textes avec une barre (fausse tabulation).

Déplacer des tabulations

Pour déplacer une tabulation, rien de plus simple :

1. Cliquez le paragraphe qui contient la tabulation à déplacer.
2. Cliquez et faites glisser, dans la règle, la tabulation à déplacer.

Supprimer des tabulations

Si vous n'avez plus besoin d'une tabulation, supprimez-la.

1. Cliquez le paragraphe qui contient la tabulation à supprimer.
2. Cliquez et faites glisser la tabulation de la règle vers le texte.

La tabulation est immédiatement supprimée.

Utiliser la boîte des tabulations

Toutes les tabulations sont consultables et modifiables dans une boîte de dialogue. Cette dernière propose d'autres options pour vos tabulations.

1. Cliquez le paragraphe à modifier ou sélectionnez-en plusieurs.
2. Double-cliquez une tabulation dans la règle, ou cliquez l'onglet **Accueil** ➜ **Paragraphe** ➜ puis le bouton **Tabulations**.

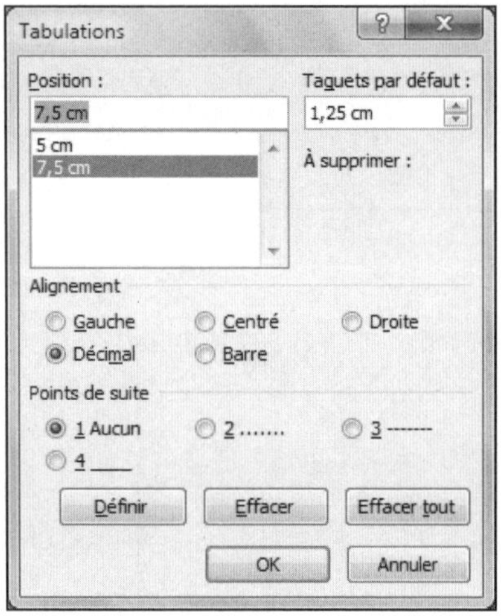

Figure 5-19 Boîte de modification des tabulations.

Cette boîte propose toutes les options des tabulations.

Pour ajouter manuellement une tabulation aux paragraphes sélectionnés précédemment :

1. Tapez en cm la position de la tabulation dans la zone **Position**.
2. Sélectionnez le type de tabulation dans le groupe d'options **Alignement**.
3. Si vous désirez ajouter des points de suite, cochez le type dans la zone **Points de suite**.

Note Une tabulation avec points de suite permet d'afficher des points, des tirets ou une ligne entre le texte qui précède la tabulation et le début du texte qui suit la tabulation. Ce type de tabulation est utilisé dans les tables des matières et les index, ainsi que dans les énumérations où il est nécessaire de faire correspondre deux données éloignées (un article et son prix, un titre et son numéro de page, *etc.*). Vous trouverez un exemple dans la figure 5-20.

4. Cliquez le bouton **Définir**.

5. Répétez les étapes **1** à **4** pour définir d'autres tabulations.
6. Cliquez le bouton **OK**.

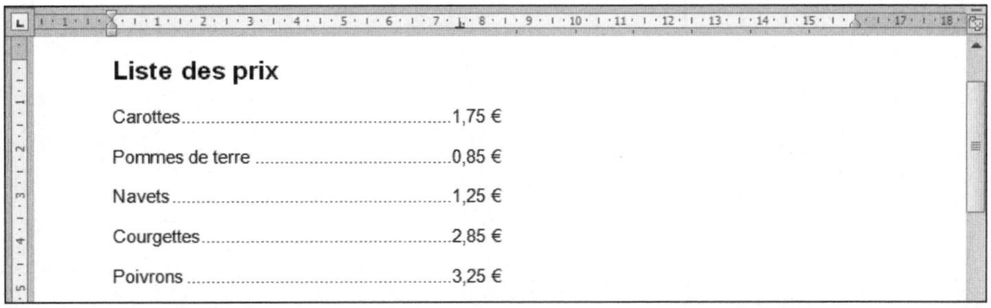

Figure 5-20 Tabulations avec des points de suite.

Pour modifier une tabulation :

1. Cliquez la tabulation dans la liste **Position**.
2. Modifiez les options proposées (**Alignement** et **Points de suite**).
2. Cliquez le bouton **Définir**.

Pour supprimer une tabulation :

1. Cliquez la tabulation dans la liste **Position**.
2. Cliquez le bouton **Effacer** (cliquez le bouton **Effacer tout** pour supprimer toutes les tabulations des paragraphes sélectionnés).

Définir les tabulations par défaut

Comme nous l'avons vu plus haut, les tabulations par défaut sont réparties tous les 1,25 cm. Word vous permet de modifier ce chiffre.

1. Double-cliquez une tabulation dans la règle, ou cliquez l'onglet **Accueil ➜ Paragraphe ➜** puis le bouton **Tabulations**.
2. Tapez dans la zone **Taquets par défaut** le nouvel espacement entre les tabulations.

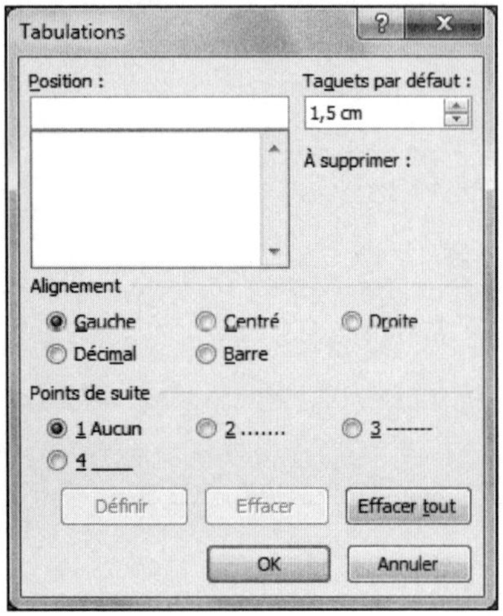

Figure 5-21 Choix de l'espacement des tabulations par défaut.

Ajouter une liste à puces

Les listes à puces permettent d'énumérer une liste de données en ajoutant un point ou un autre symbole au début de chaque paragraphe.

1. Sélectionnez les paragraphes pour lesquels vous désirez ajouter un symbole et un retrait.
2. Cliquez l'onglet **Accueil ➜ Paragraphe ➜** .

Les paragraphes sélectionnés affichent maintenant un point au début de chaque première ligne ainsi qu'un retrait à gauche.

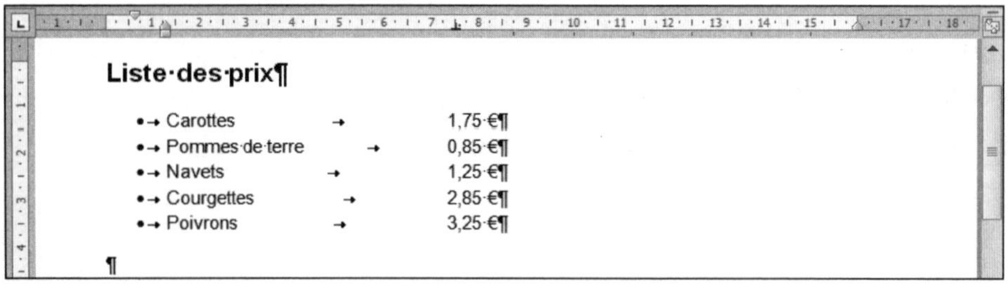

Figure 5-22 Ajout de puces à des paragraphes.

Si les points ne vous conviennent pas, vous pouvez choisir un autre symbole pour vos listes.

1. Sélectionnez les paragraphes pour lesquels vous désirez ajouter un symbole et un retrait.
2. Cliquez l'onglet **Accueil ➜ Paragraphe** puis cliquez la flèche en regard du bouton .
3. Choisissez un symbole dans la liste proposée.

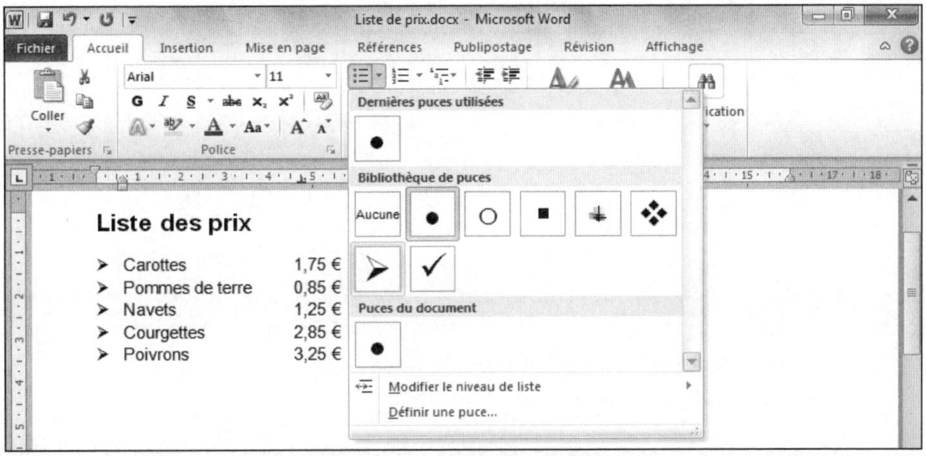

Figure 5-23 Ajout de puces personnalisées à des paragraphes.

Si les symboles proposés ne vous conviennent pas, vous pouvez ajouter le caractère ou le dessin de votre choix.

1. Sélectionnez les paragraphes pour lesquels vous désirez ajouter un symbole et un retrait.
2. Cliquez l'onglet **Accueil ➜ Paragraphe** puis la flèche en regard du bouton .
3. Cliquez la commande **Définir une puce** dans la liste proposée.

   Word affiche la boîte de dialogue Définir une nouvelle puce.
4. Pour choisir un caractère dans une police, cliquez le bouton **Symbole**. Pour choisir un dessin, cliquez le bouton **Image**.
5. Sélectionnez dans la boîte qui s'affiche la représentation de votre liste à puces.

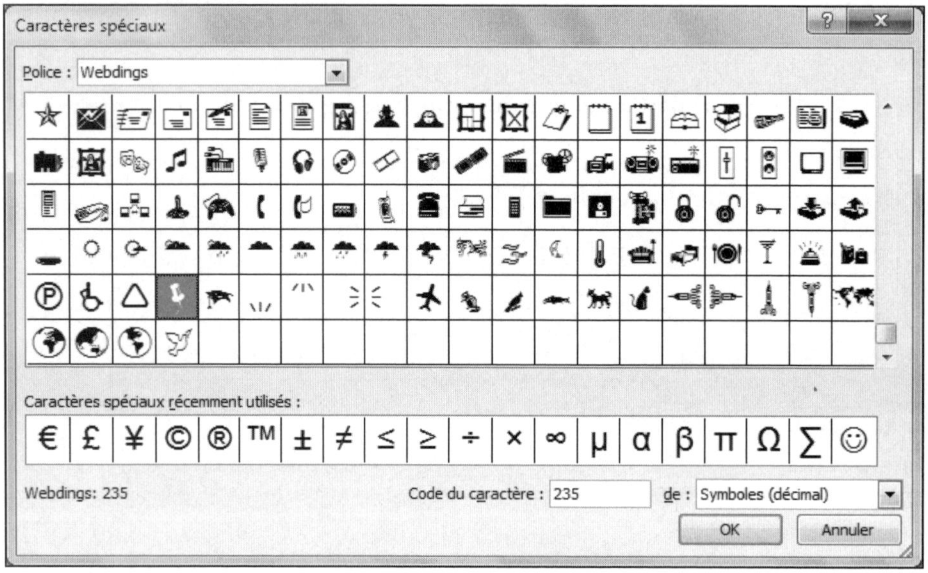

Figure 5-24 Choix d'un caractère comme symbole de puce.

Note Dans la boîte Caractères spéciaux, si vous ne trouvez pas votre caractère dans la liste proposée, sélectionnez une autre police de caractères dans la liste **Police**.

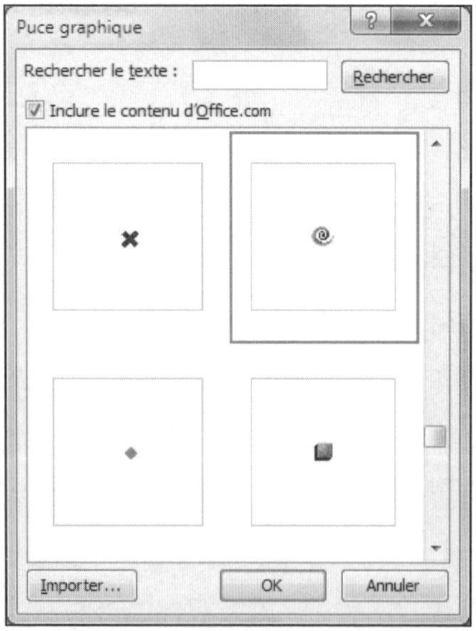

Figure 5-25 Choix d'une image comme symbole de puce.

Note Dans la boîte Puce graphique, si vous désirez utiliser une image personnelle, cliquez le bouton **Importer** pour parcourir le contenu de votre disque dur.

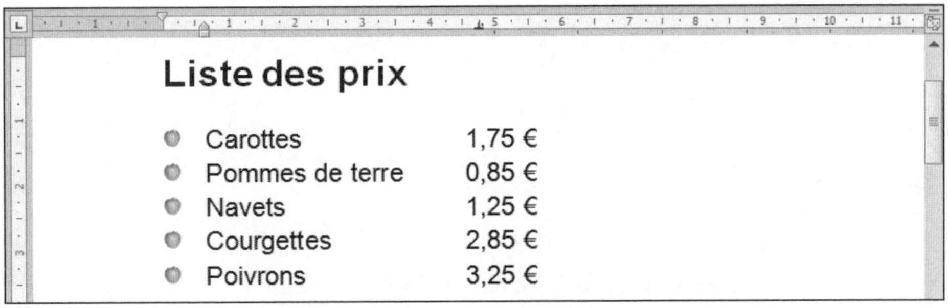
Liste des prix
Carottes 1,75 €
Pommes de terre 0,85 €
Navets 1,25 €
Courgettes 2,85 €
Poivrons 3,25 €

Figure 5-26 Liste à puces avec une image personnelle.

Ajouter une liste numérotée

Les listes numérotées permettent d'énumérer des données en leur attribuant une lettre ou un numéro comme les étapes de ce livre.

1. Sélectionnez les paragraphes que vous désirez numéroter.
2. Cliquez l'onglet **Accueil → Paragraphe →** .

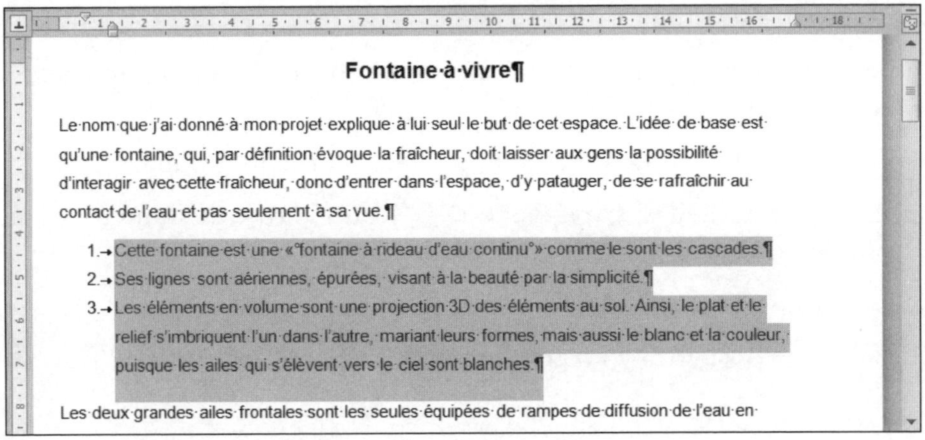
Fontaine à vivre¶
Le nom que j'ai donné à mon projet explique à lui seul le but de cet espace. L'idée de base est qu'une fontaine, qui, par définition évoque la fraîcheur, doit laisser aux gens la possibilité d'interagir avec cette fraîcheur, donc d'entrer dans l'espace, d'y patauger, de se rafraîchir au contact de l'eau et pas seulement à sa vue.¶
1. Cette fontaine est une « fontaine à rideau d'eau continu » comme le sont les cascades.¶
2. Ses lignes sont aériennes, épurées, visant à la beauté par la simplicité.¶
3. Les éléments en volume sont une projection 3D des éléments au sol. Ainsi, le plat et le relief s'imbriquent l'un dans l'autre, mariant leurs formes, mais aussi le blanc et la couleur, puisque les ailes qui s'élèvent vers le ciel sont blanches.¶
Les deux grandes ailes frontales sont les seules équipées de rampes de diffusion de l'eau en

Figure 5-27 Liste numérotée.

Vous pouvez aussi utiliser des lettres ou des chiffres romains :

1. Sélectionnez les paragraphes que vous désirez numéroter.

2. Cliquez l'onglet **Accueil ➜ Paragraphe**, puis cliquez la flèche en regard du bouton .

3. Cliquez le type de numérotation dans la liste du bouton .

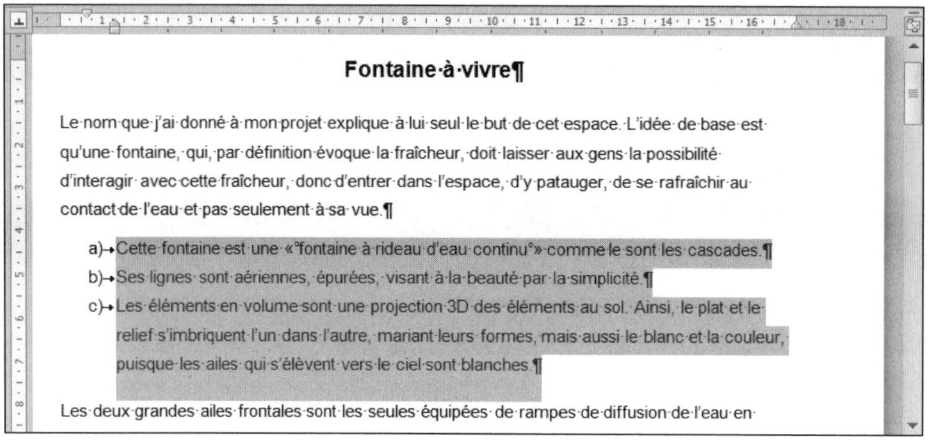
Fontaine·à·vivre¶
Le·nom·que·j'ai·donné·à·mon·projet·explique·à·lui·seul·le·but·de·cet·espace.·L'idée·de·base·est·qu'une·fontaine,·qui,·par·définition·évoque·la·fraîcheur,·doit·laisser·aux·gens·la·possibilité·d'interagir·avec·cette·fraîcheur,·donc·d'entrer·dans·l'espace,·d'y·patauger,·de·se·rafraîchir·au·contact·de·l'eau·et·pas·seulement·à·sa·vue.¶
a)→Cette·fontaine·est·une·«°fontaine·à·rideau·d'eau·continu°»·comme·le·sont·les·cascades.¶
b)→Ses·lignes·sont·aériennes,·épurées,·visant·à·la·beauté·par·la·simplicité.¶
c)→Les·éléments·en·volume·sont·une·projection·3D·des·éléments·au·sol.·Ainsi,·le·plat·et·le·relief·s'imbriquent·l'un·dans·l'autre,·mariant·leurs·formes,·mais·aussi·le·blanc·et·la·couleur,·puisque·les·ailes·qui·s'élèvent·vers·le·ciel·sont·blanches.¶
Les·deux·grandes·ailes·frontales·sont·les·seules·équipées·de·rampes·de·diffusion·de·l'eau·en·

Figure 5-28 Liste numérotée avec des lettres.

Définir une liste à plusieurs niveaux

Les listes numérotées à plusieurs niveaux permettent d'établir une hiérarchie dans les paragraphes de votre document.

Pour définir la hiérarchie, vous devez décaler vers la droite les paragraphes de niveau inférieur.

1. Sélectionnez tous les paragraphes (niveau supérieur et inférieur).

2. Cliquez l'onglet **Accueil ➜ Paragraphe ➜** , puis le type de numérotation dans la liste du bouton .

3. Sélectionnez les paragraphes de niveau inférieur.

4. Cliquez l'onglet **Accueil ➜ Paragraphe ➜** .

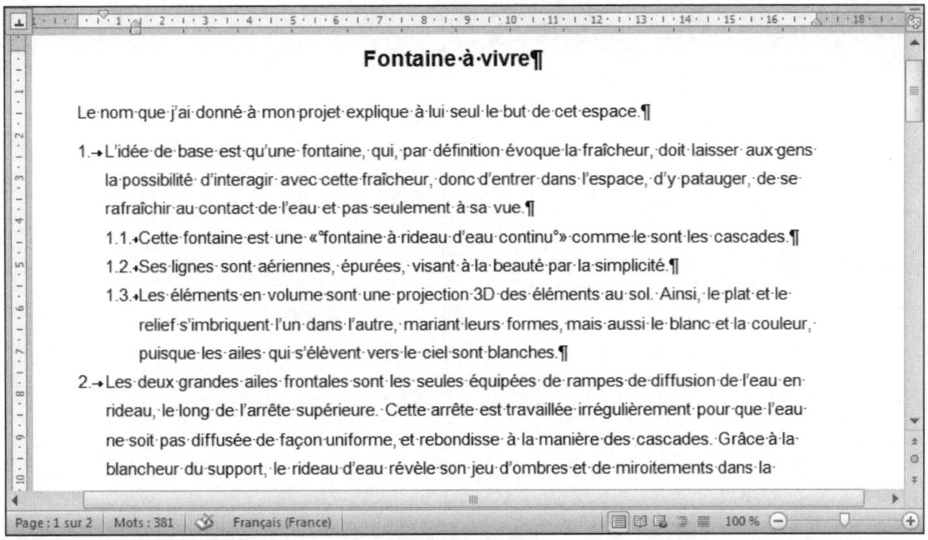

Figure 5-29 Liste numérotée à plusieurs niveaux.

Modifier la mise en forme par défaut des paragraphes

Lors de la création d'un nouveau document, Word utilise une mise en forme par défaut. Pour vous éviter de changer systématiquement la mise en forme de vos nouveaux paragraphes, vous pouvez définir ces valeurs.

1. Cliquez l'onglet **Accueil** ➜ **Paragraphe** ➜ .
2. Dans la boîte Paragraphe, sélectionnez la mise en forme par défaut (alignement, retrait, espacement, *etc.*).
3. Cliquez le bouton **Définir par défaut**.

Figure 05-30 Définition des valeurs par défaut.

4 Cochez l'étendu des attributs par défaut (document actuel ou tous les nouveaux documents).

5. Cliquez le bouton **OK**. pour accepter la modification des valeurs par défaut.

Note Pour modifier les valeurs par défaut des caractères, consultez le chapitre 4.

Chapitre 6

Mettre en page et imprimer un document

Dans ce chapitre

- Définir la taille des pages
- Choisir l'orientation des pages
- Marges d'impression
- Ajouter des en-têtes et des pieds de page
- Numéroter les pages
- Afficher un aperçu avant impression
- Imprimer un document

Même si actuellement la tendance est à la réduction des impressions papier, elles restent cependant incontournables dans bien des cas. Avant de vous lancer dans l'édition, il est nécessaire d'effectuer quelques réglages indispensables.

Ce chapitre vous dévoile tous les éléments à connaître pour obtenir des documents impeccables, et vous éviter de gâcher de l'encre et du papier.

Définir la taille des pages

Si le format A4 correspond au format standard, il existe d'autres formats acceptés par les imprimantes : A5, A3, enveloppe, carte postale, *etc.*

1. Cliquez l'onglet **Mise en page → Mise en page → Taille**.
2. Cliquez dans la liste la taille du papier à utiliser.

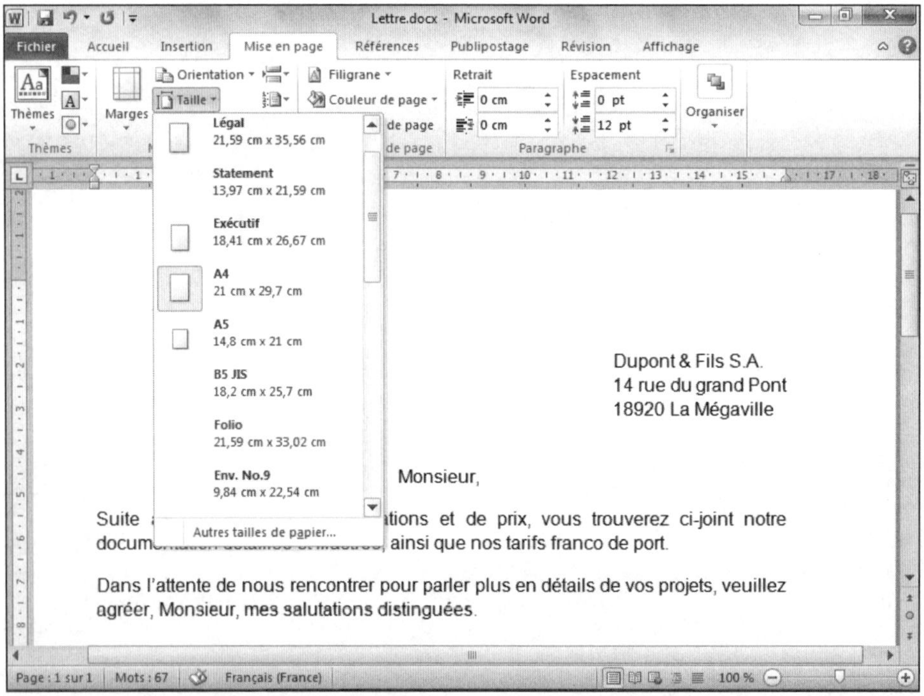

Figure 6-1 Choix de la taille du papier.

Note Toutes les imprimantes n'acceptent pas toutes les tailles. Par exemple, le format A3 n'est pas pris en charge par les petites imprimantes de bureau. Vérifiez les formats possibles dans la documentation de votre imprimante ou consultez le paragraphe « Régler les options de l'imprimante » plus loin dans ce chapitre.

Si votre papier ne correspond à aucune des tailles proposées, vous devez la définir manuellement :

1. Cliquez l'onglet **Mise en page ➜ Mise en page ➜ Taille ➜ Autres tailles de papier**.
2. Dans la liste **Format du papier**, sélectionnez **Taille personnalisée** (dernière valeur de la liste).
3. Tapez la taille du papier dans les zones **Largeur** et **Hauteur**.

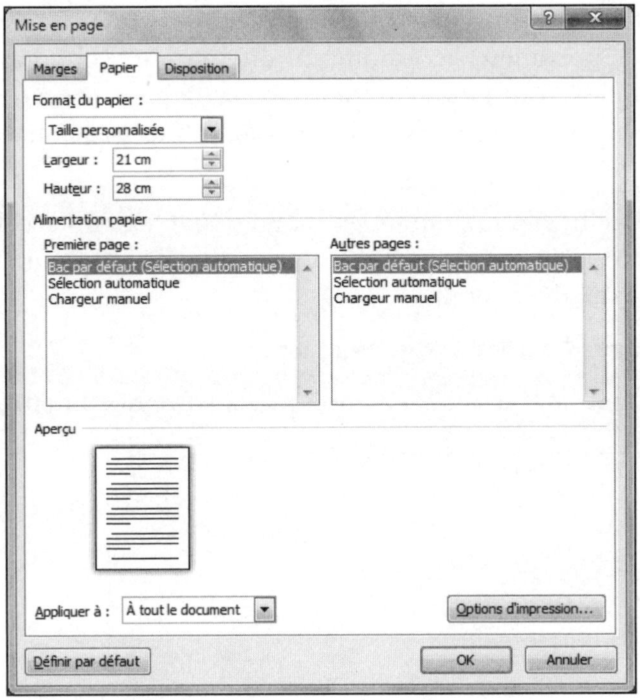

Figure 6-2 Choix personnalisé de la taille du papier.

4. Cliquez le bouton **OK**.

Choisir l'orientation des pages

En fonction du type de document, vous pouvez choisir l'orientation des pages. Le mode Portrait (appelé aussi « à la française ») imprime les pages à la verticale. Le mode Paysage (appelé aussi « à l'italienne ») imprime les pages à l'horizontale.

Note Vous n'avez pas à changer le sens d'introduction des feuilles dans votre imprimante. Word se charge lui-même d'effectuer l'impression dans le bon sens.

1. Cliquez l'onglet → **Mise en page** → **Mise en page** → **Orientation**.
2. Cliquez le sens d'impression dans liste **Orientation**.

Marges d'impression

Les marges correspondent aux bordures non imprimables autour de chaque feuille. Par défaut, Word définit toutes les marges à 2,5 cm.

Pour imprimer plus d'informations sur une page, vous pouvez réduire les marges. Cette solution est très intéressante si le document se termine sur une page ne contenant que quelques lignes. Ces dernières passeront automatiquement sur la page précédente si vous diminuez les marges. Vous économiserez ainsi l'impression d'une page quasiment vide.

À l'inverse, il peut être intéressant d'augmenter les marges, par exemple celle de gauche si le document doit être relié, ou celle de droite si vous désirez ajouter des annotations manuscrites de ce côté de la feuille.

1. Cliquez l'onglet **Mise en page** → **Mise en page** → **Marges**.
2. Cliquez dans la liste du bouton **Marges** celles à appliquer à votre document.

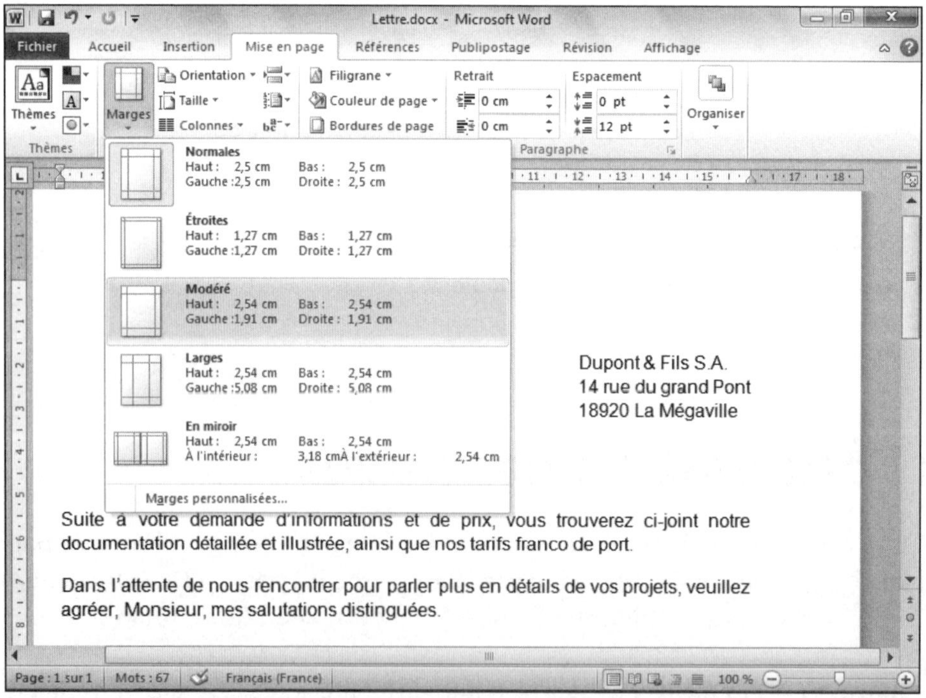

Figure 6-3 Modification des marges.

Si les tailles proposées par le bouton **Marges** ne vous conviennent pas, vous pouvez opter pour des valeurs personnalisées.

1. Cliquez l'onglet **Mise en page** ➜ **Mise en page** ➜ **Marges** ➜ **Marges personnalisées**.
2. Tapez dans les zones **Haut**, **Bas**, **Gauche** et **Droite** les valeurs des marges désirées.
3. Si vous désirez une marge pour la reliure, saisissez sa taille dans la zone **Reliure** et sa position dans la zone **Position de la reliure**.

Astuce Si vous imprimez en recto verso, la zone réservée à la reliure est appliquée à gauche pour les pages impaires et à droite pour les pages paires.

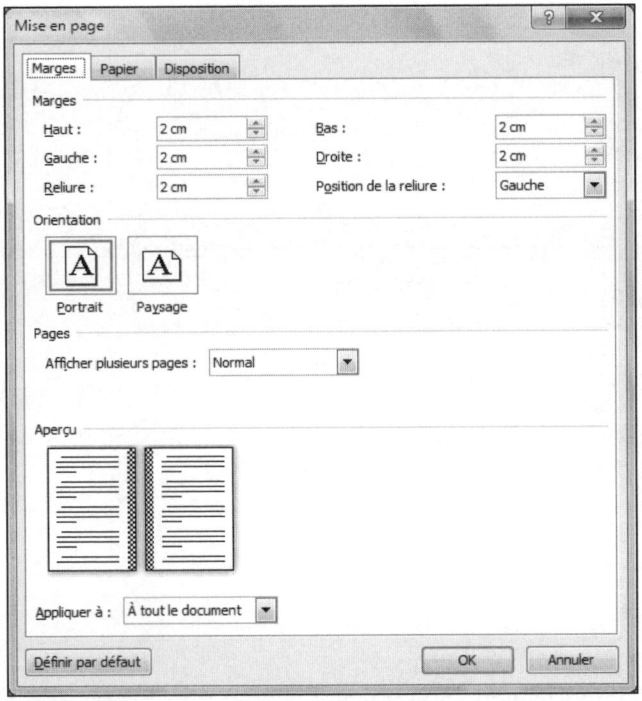

Figure 6-4 Personnalisation des marges.

4. Cliquez le bouton **OK**.

Ajouter des en-têtes et des pieds de page

Les en-têtes et les pieds de page sont des textes courts qui ne font pas partie du texte principal et qui sont répétés en haut et en bas de chaque page lors de l'impression.

Ils peuvent proposer toutes sortes d'informations : numéros de page, date et heure, titre du document, nom de la personne ou du service qui a rédigé le texte, logo de la société, *etc.*

Ajouter un en-tête

1. Cliquez l'onglet **Insertion ➜ En-tête et pied de page ➜ En-tête**.
2. Cliquez dans la liste **En-tête** le type de présentation à utiliser.

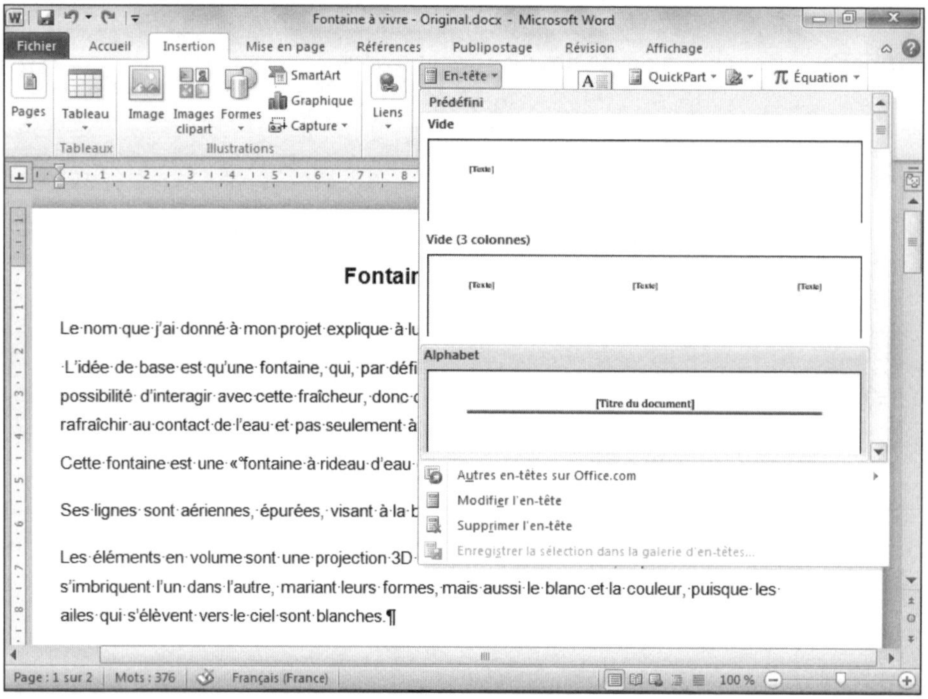

Figure 6-5 Ajout d'un en-tête de page.

Note Si l'en-tête existe déjà, cliquez **Modifier** l'en-tête dans la liste. Pour trouver d'autres en-têtes, cliquez Autres en-têtes sur Office.com.

Word affiche la zone réservée à l'en-tête au-dessus de la page. Il affiche aussi l'onglet **Outils En-têtes et pieds de page** dans le ruban.

3. Cliquez la zone [**Texte**] (un texte, le titre, le sous-titre, *etc.*) puis saisissez votre texte.
4. Mettez en forme votre en-tête comme pour le texte de votre document (police, gras, italique, *etc.*).

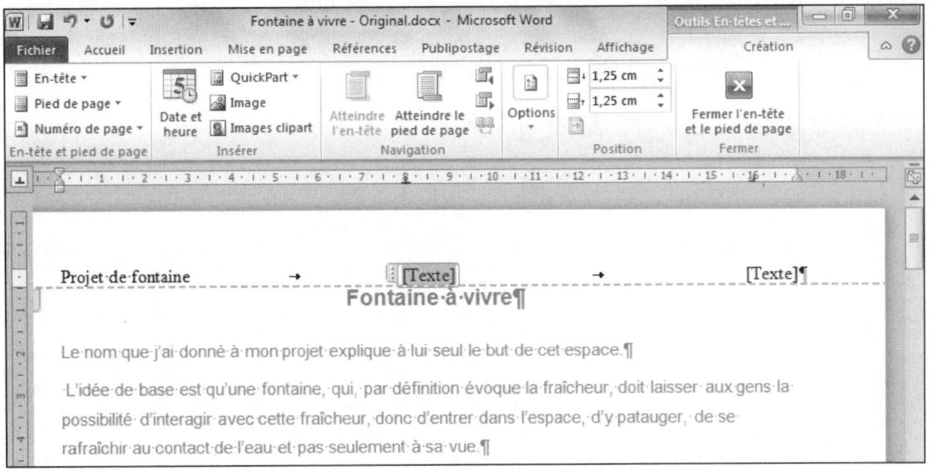

Figure 6-6 En-tête de page.

Insérer des informations dans l'en-tête

Comme nous l'avons dit plus haut, les en-têtes et les pieds de page peuvent contenir une foule d'informations.

Ajouter la date et l'heure

1. Cliquez la zone **Tapez** (un texte, le titre, le sous-titre, *etc.*) qui doit contenir la date ou l'heure.

Note S'il existe déjà des informations dans l'en-tête, cliquez simplement la position d'insertion de vos informations (date, heure, image, champ, *etc.*).

2. Cliquez l'onglet **Outils En-têtes et pieds de page → Création → Insérer → Date et heure**.
3. Sélectionnez dans la liste **Formats disponibles** le type de date et/ou d'heure.
4. Si vous désirez que la date ou l'heure soit actualisée à chaque impression, cochez la case **Mettre à jour automatiquement**.

Note Si vous avez demandé la mise à jour automatique, la date ou l'heure est intégralement sélectionnée en gris si vous la cliquez, car il s'agit d'un « champ » et non d'un texte. Pour connaître la fonction d'un champ, reportez-vous au paragraphe « Ajouter un champ ».

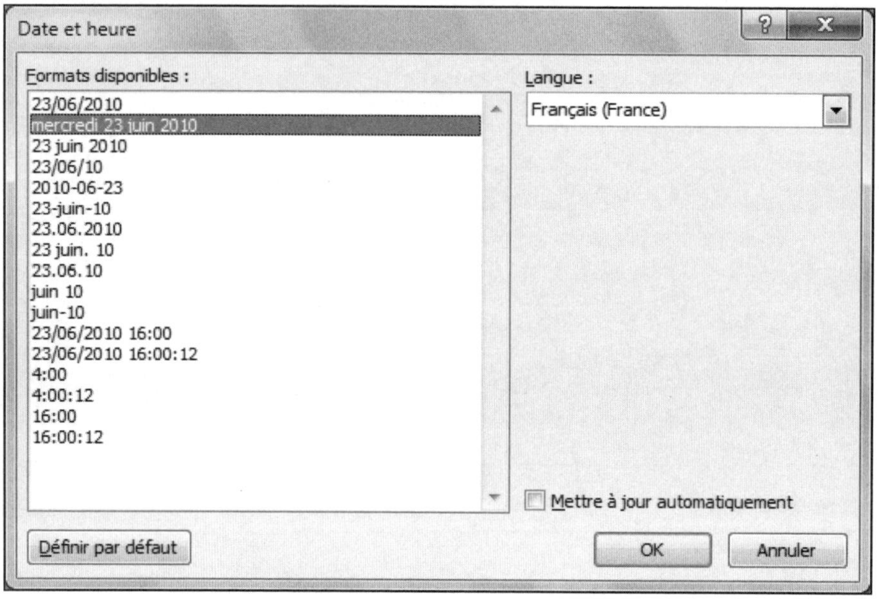

Figure 6-7 Insertion de la date et de l'heure.

5. Cliquez le bouton **OK**.

Insérer une image clipart

1. Cliquez la zone [**Texte**] (un texte, le titre, le sous-titre, *etc.*) qui doit contenir l'image clipart, ou cliquez la position d'insertion dans l'en-tête.
2. Cliquez l'onglet **Outils En-têtes et pieds de page → Création → Insérer → Images clipart**.

   Word affiche le panneau **Images clipart** à droite de la fenêtre.
3. Sélectionnez dans la liste **Les résultats devraient être** le type d'image à rechercher.
4. Tapez dans la zone **Rechercher** un ou des mots-clés correspondant à l'image à trouver.
5. Cliquez le bouton **OK** en regard de la zone **Rechercher**.

   Le panneau **Images clipart** affiche les images trouvées.
6. Cliquez dans la liste proposée l'image clipart à insérer dans votre en-tête.

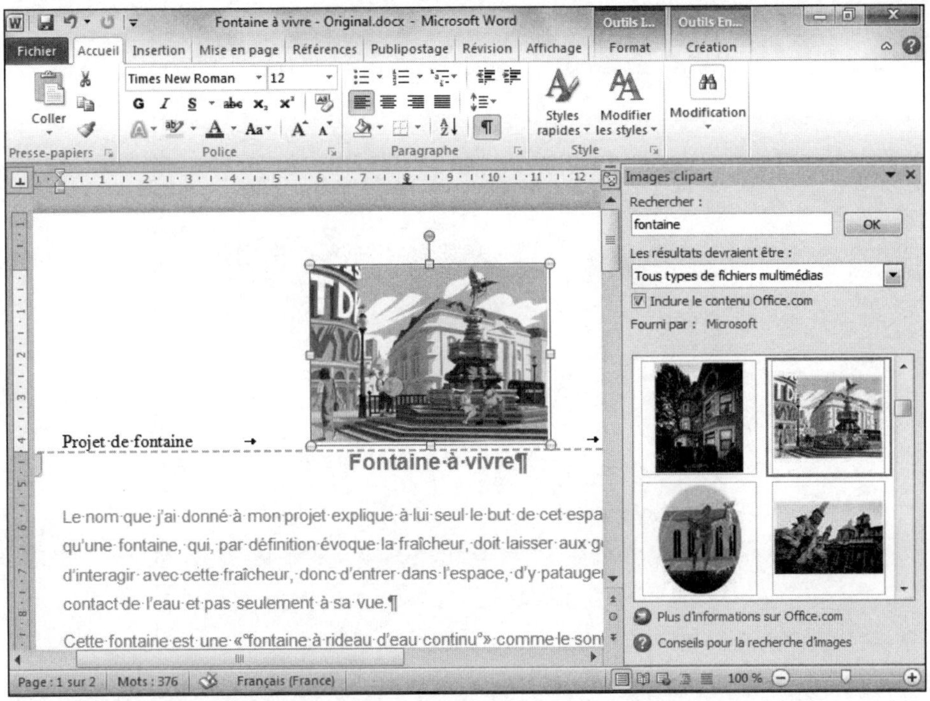

Figure 6-8 Insertion d'une image clipart.

7. Cliquez le bouton × dans le panneau Images clipart.

Note Consultez le chapitre 12 pour l'utilisation des images et des cliparts. Vous devrez probablement redimensionner votre image.

Insérer une image

Si votre image se trouve sur votre disque dur, vous pouvez aussi l'insérer dans l'en-tête. C'est aussi la méthode à utiliser pour ajouter le logo d'une entreprise en haut d'un courrier.

1. Cliquez la zone **Texte** (un texte, le titre, le sous-titre, *etc.*) qui doit contenir l'image, ou cliquez la position d'insertion dans l'en-tête.
2. Cliquez l'onglet **Outils En-têtes et pieds de page → Création → Insérer → Image**.
3. Sélectionnez dans le volet de navigation (partie gauche) le disque et le dossier qui contiennent l'image.
4. Cliquez le nom de l'image dans la partie droite.

Figure 6-9 Sélection d'une image pour l'en-tête.

5. Cliquez le bouton **Insérer**.

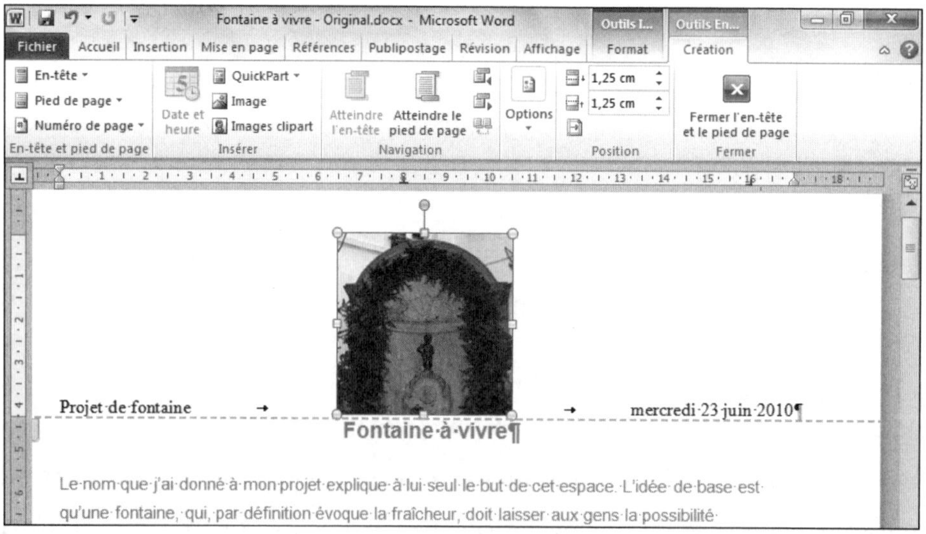

Figure 6-10 Insertion d'une image dans un en-tête.

Ajouter un champ

D'autres informations peuvent être insérées dans vos en-têtes. Ce sont des données que Word connaît, mais qu'il doit rechercher dans ses paramètres ou ceux de l'utilisateur. C'est le cas, par exemple, du nom du fichier du document, le nom de l'auteur, *etc.*

1. Cliquez la zone [**Texte**] (un texte, le titre, le sous-titre, *etc.*) qui doit contenir le champ, ou cliquez la position d'insertion dans l'en-tête.

2. Cliquez l'onglet **Outils En-têtes et pieds de page → Création → Insérer → QuickPart → Propriété du document**, puis cliquez le type d'information dans la liste.

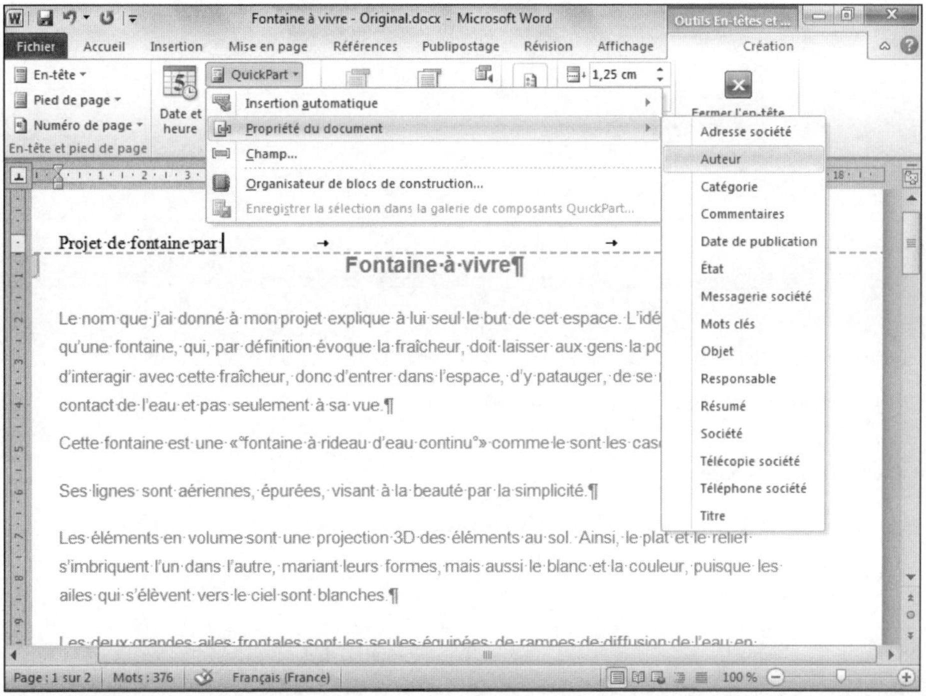

Figure 6-11 Insertion d'une propriété dans un en-tête.

Si vous ne trouvez pas votre bonheur dans la liste **Propriété du document**, vous devez effectuer une recherche dans tous les champs proposés par Word.

1. Cliquez la zone [**Texte**] (un texte, le titre, le sous-titre, *etc.*) qui doit contenir le champ, ou cliquez la position d'insertion dans l'en-tête.

2. Cliquez l'onglet **Outils En-têtes et pieds de page → Création → Insérer → QuickPart → Champ**.

3. Pour limiter la liste des champs possibles, sélectionnez un type dans la liste **Catégories**.
4. Cliquez le champ à insérer dans la liste **Noms de champs**.
5. Éventuellement, sélectionnez une propriété dans la liste **Format**.
6. Au besoin, cochez les options à appliquer dans la zone **Options du champ**.

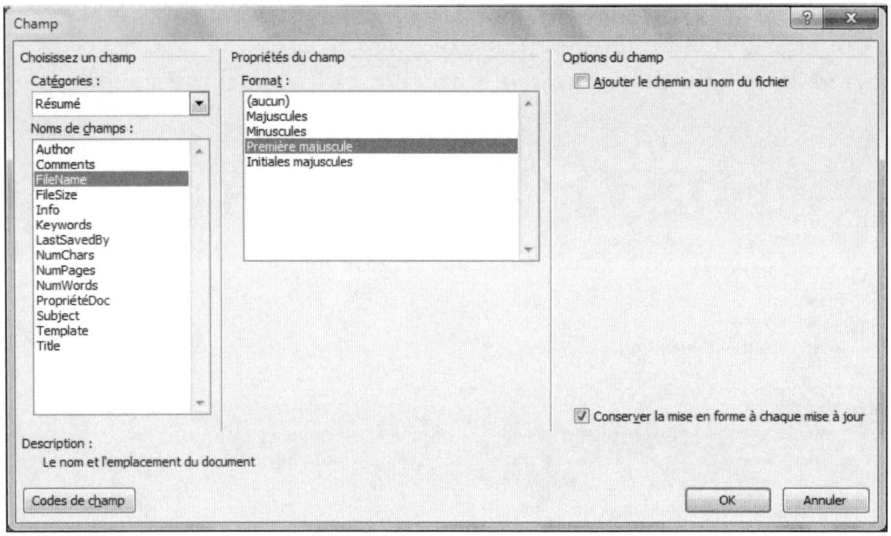

Figure 6-12 Insertion d'un champ dans un en-tête.

7. Cliquez le bouton **OK**.

Word insère la valeur du champ dans l'en-tête.

Figure 6-13 En-tête avec texte, date, image et champs (nom d'auteur et nom de fichier).

Note S'il reste une zone [**Texte**] dans votre en-tête et que vous ne désirez pas l'utiliser, cliquez-la puis appuyez sur la touche **Suppr** pour le supprimer.

Basculer entre votre document et l'en-tête

Dès que vous avez terminé la saisie de votre en-tête, il suffit de double-cliquer dans votre texte pour revenir à l'intérieur du document. L'en-tête reste visible même s'il est grisé.

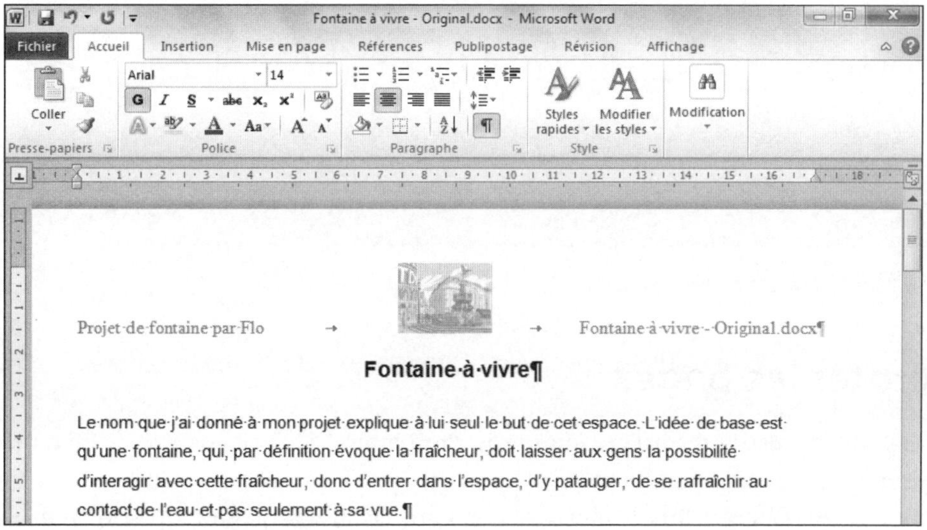

Figure 6-14 Document avec en-tête.

Pour revenir à l'en-tête, il suffit de le double-cliquer. Vous pouvez aussi utiliser l'onglet **Insertion → En-tête et pied de page → En-tête → Modifier l'en-tête**.

Afficher uniquement l'en-tête

Pour travailler uniquement sur l'en-tête, si ce dernier est imposant, vous pouvez masquer le reste du document.

1. Double-cliquez l'en-tête pour le sélectionner.
2. Cliquez l'onglet **Outils En-têtes et pieds de page → Création → Options → Afficher le texte du document** pour ôter la coche.

Pour réafficher le texte du document, répétez l'étape **2**.

Basculer vers le pied de page

Les pieds de page fonctionnent de la même façon que les en-têtes. Vous pouvez passer facilement de l'un à l'autre. Pour cela, cliquez l'onglet **Outils En-têtes et pieds de page → Création → Navigation → Atteindre le pied de page**.

Si vous n'avez pas d'en-tête, cliquez l'onglet **Insertion → En-tête et pied de page → Pied de page**, puis cliquez dans la liste le type de présentation à utiliser.

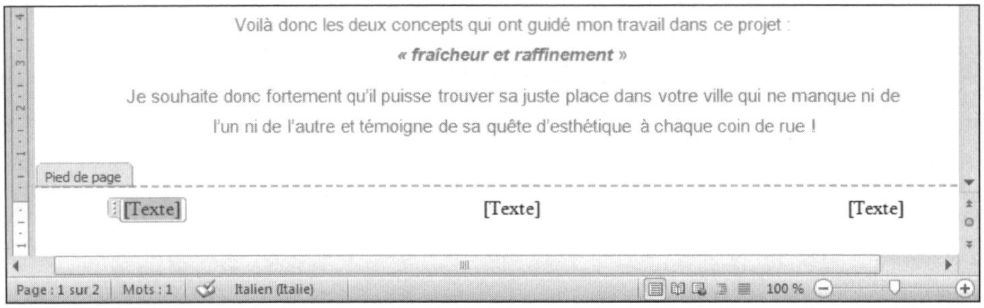
Voilà donc les deux concepts qui ont guidé mon travail dans ce projet :
« fraîcheur et raffinement »
Je souhaite donc fortement qu'il puisse trouver sa juste place dans votre ville qui ne manque ni de l'un ni de l'autre et témoigne de sa quête d'esthétique à chaque coin de rue !
Pied de page
[Texte]
[Texte]
[Texte]
Page : 1 sur 2
Mots : 1
Italien (Italie)
100 %

Figure 6-15 Insertion d'un pied de page.

Numéroter les pages

La numérotation des pages est un élément important. Si vous avez déjà laissé tomber un manuscrit de 100 pages dans un escalier, vous savez à quel point cette numérotation est indispensable. Elle est aussi nécessaire si vous désiriez ajouter un sommaire ou un index à votre document.

1. Éventuellement, ajoutez un en-tête ou un pied de page comme vu précédemment.
2. Cliquez la zone [**Texte**] (un texte, le titre, le sous-titre, *etc.*) qui doit contenir le numéro de page, ou cliquez la position d'insertion dans l'en-tête.
3. Cliquez l'onglet **Outils En-têtes et pieds de page → Création → En-tête et pied de page → Numéro de page → Position actuelle**.
4. Cliquez dans la liste **Position actuelle** la mise en forme de vos numéros de page (Numéro normal, Mosaïque, Rectangle arrondi, Page X sur Y, *etc.*).

Note Les commandes **Haut de page, Bas de page** et **Marges de la page** ajoutent aussi des numéros mais suppriment les autres informations de l'en-tête ou du pied de page.

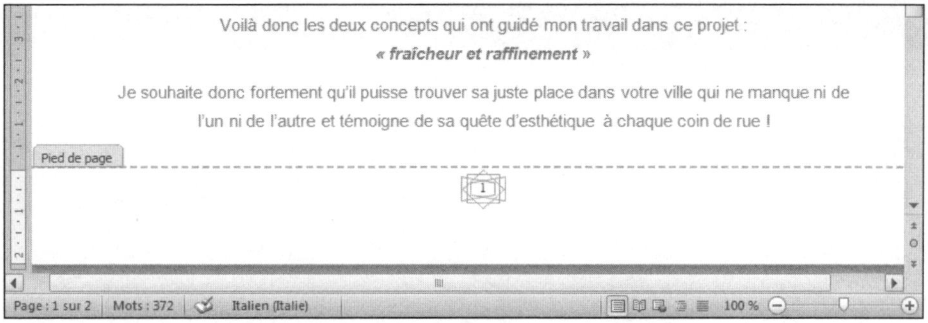
Voilà donc les deux concepts qui ont guidé mon travail dans ce projet :
« fraîcheur et raffinement »
Je souhaite donc fortement qu'il puisse trouver sa juste place dans votre ville qui ne manque ni de
l'un ni de l'autre et témoigne de sa quête d'esthétique à chaque coin de rue !
Pied de page
1
Page : 1 sur 2
Mots : 372
Italien (Italie)
100 %

Figure 6-16 Numérotation des pages.

Modifier la taille ou la position de l'en-tête ou du pied de page

En modifiant la position de l'en-tête, vous pouvez choisir la marge qui le sépare du haut de la feuille.

1. Éventuellement, double-cliquez l'en-tête pour le sélectionner.

   La zone blanche de la règle à gauche indique la hauteur et la position de l'en-tête.

2. Cliquez et faites glisser la partie haute de la zone blanche de la règle de gauche pour définir la position de l'en-tête.

Note Vous pouvez aussi utiliser l'onglet **Outils En-têtes et pieds de page → Création → Position → Position de l'en-tête à partir du haut** en tapant directement la valeur en cm.

En modifiant la taille de l'en-tête, vous la séparez mieux du texte de votre document.

1. Éventuellement, double-cliquez l'en-tête pour le sélectionner.
2. Cliquez et faites glisser la partie basse de la zone blanche de la règle de gauche pour définir la taille de l'en-tête.

Note La hauteur de l'en-tête est ajustée automatiquement par Word. Vous ne pouvez pas la réduire davantage que la taille nécessaire à son affichage.

Figure 6-17 Modification de la taille et de la position de l'en-tête.

Les pieds de page fonctionnent bien sûr de la même façon.

Choisir l'imprimante

Si vous possédez plusieurs imprimantes, vous devez choisir celle à utiliser pour vos impressions. En effet, la mise en page est toujours légèrement différente d'une imprimante à l'autre. Cela est essentiellement dû à des marges techniquement non imprimables dont la taille varie d'un modèle à l'autre, ainsi qu'à la résolution d'impression. Vous devez donc, avant d'utiliser l'aperçu avant impression et l'impression elle-même, choisir l'imprimante destinée à éditer votre document.

1. Cliquez l'onglet **Fichier ➜ Imprimer**.
2. Dans la liste **Imprimante**, sélectionnez l'imprimante à utiliser.

Note Le symbole ✔ dans la liste **Nom** indique l'imprimante par défaut utilisée par votre ordinateur. Pour choisir votre imprimante par défaut, consultez l'encadré « Définir l'imprimante par défaut dans Windows ».

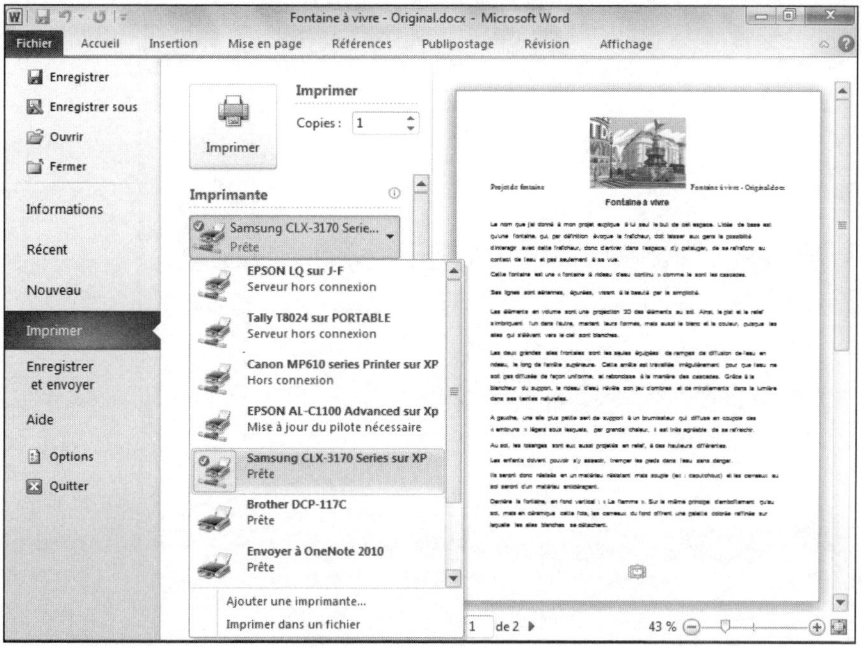

Figure 6-18 Sélection de l'imprimante à utiliser.

3. Cliquez l'onglet **Accueil** pour revenir au document.

Définir l'imprimante par défaut dans Windows

1 Cliquez le bouton **Démarrer → Panneau de configuration.**

2 Cliquez **Périphériques et imprimantes** (Windows 7), ou double-cliquez **Imprimantes** (Vista) ou **Imprimantes et télécopieurs** (XP).

3 Cliquez avec le bouton droit l'icône de l'imprimante à utiliser par défaut.

4 Cliquez la commande **Définir comme imprimante par défaut** dans le menu contextuel.

→

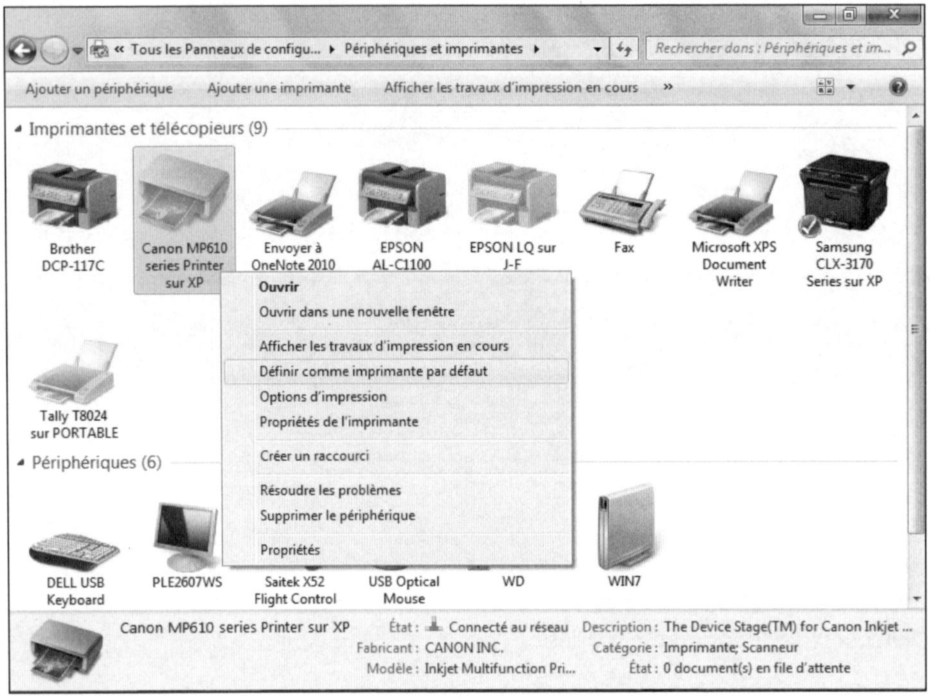

Figure 6-19 Choix de l'imprimante par défaut.

L'icône de l'imprimante par défaut affiche le symbole ✔.

Afficher un aperçu avant impression

Après toutes les modifications vues précédemment, il reste une étape avant l'impression : assurez-vous que tout est conforme à vos désirs. L'aperçu avant impression permet de vérifier à l'écran ce qui sera réellement imprimé et vous évitera de gâcher du papier.

1. Cliquez l'onglet **Fichier ➜ Imprimer**.

Astuce L'accès à l'aperçu avant impression avec l'onglet **Fichier** n'est pas très pratique. Nous vous suggérons d'utiliser la barre Accès rapide en ajoutant un bouton. Cliquez le bouton à droite de la barre Accès rapide puis cochez la commande Aperçu avant impression. Utilisez ensuite le bouton de la barre Accès rapide.

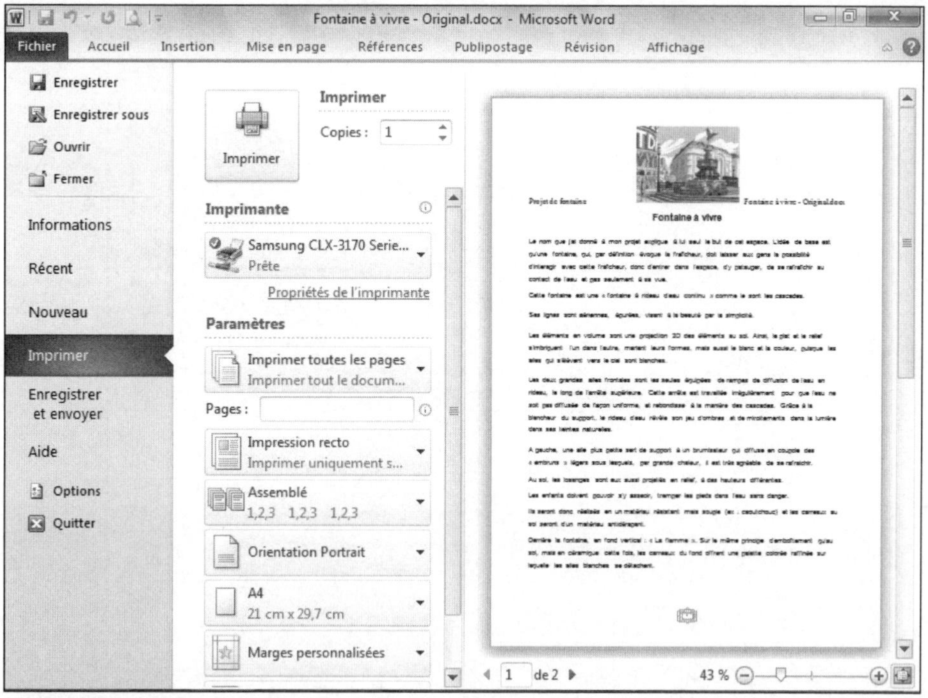

Figure 6-20 Aperçu avant impression.

Word affiche un aperçu de la feuille telle qu'elle sera imprimée dans la partie droite de l'onglet. Vous pouvez ainsi détecter d'un seul coup d'œil ce qui ne correspond pas à vos attentes. Le numéro de la page en cours et le nombre de pages s'affichent en dessous de l'aperçu.

2. Cliquez les boutons ◄ et ► en dessous de l'aperçu ou la barre de défilement verticale pour changer de page.
3. Cliquez le bouton pour effectuer un zoom avant.
4. Utilisez la barre de zoom en bas à droite pour choisir le pourcentage de zoom. Si le zoom est fortement diminué, l'aperçu affiche plusieurs pages.

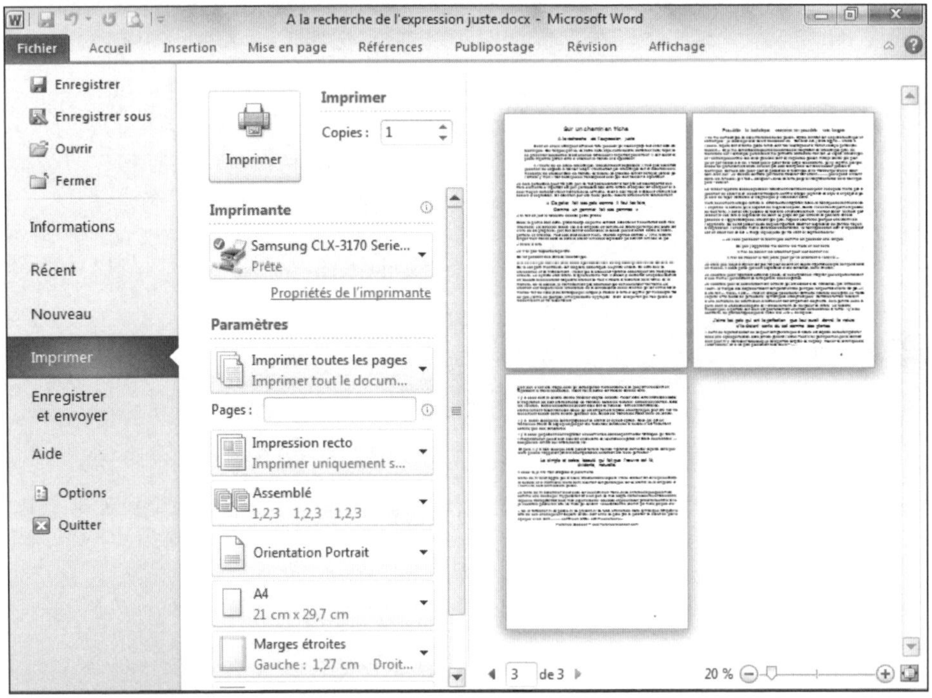

Figure 6-21 Aperçu avant impression de plusieurs pages.

5. Cliquez l'onglet **Accueil** pour revenir au document.

Imprimer un document

C'est maintenant le moment tant attendu pour coucher votre œuvre sur le papier.

1. Cliquez l'onglet **Fichier → Imprimer**.
2. Si ce n'est déjà fait, sélectionnez dans la liste **Nom** l'imprimante à utiliser. Le symbole correspond à l'imprimante par défaut.
3. Si vous souhaitez modifier les options de l'imprimante (résolution, taille du papier, *etc.*), cliquez le lien **Propriétés de l'imprimante**.

Note La boîte des propriétés dépend de votre imprimante. Au besoin, consultez sa notice.

4. Sélectionnez, dans la première liste en dessous de **Paramètres**, l'étendue de l'impression (toutes les pages, la sélection, *etc.*).

5. Dans la zone **Pages**, tapez les numéros des pages à imprimer. Séparez les numéros non contigus par des points-virgules (par exemple 1 ;3 ;8), et les numéros contigus par des tirets (par exemple 3-8 ; 12-15).

6. Tapez dans la zone **Copie** le nombre d'exemplaires à imprimer.

7. Si vous avez choisi d'imprimer plusieurs copies en modifiant la zone **Copies**, sélectionnez **Assemblées** pour imprimer des pages triées (pages 1, 2, 3, *etc.* puis 1, 2, 3, *etc.*) ou sélectionnez **Non assemblé** pour une impression plus rapide (pages 1, 1, *etc.* puis pages 2, 2, *etc.*).

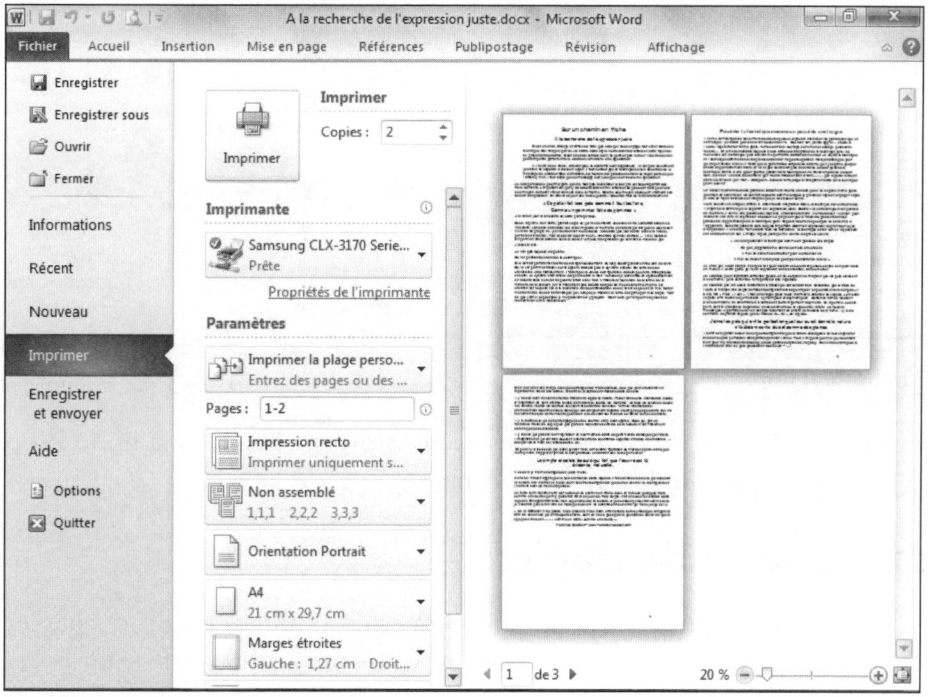

Figure 6-22 Impression du document.

8. Cliquez le bouton **Imprimer** pour débuter l'impression.

Régler les options de l'imprimante

L'impression est aussi fonction de votre imprimante. Dans l'onglet **Fichier → Imprimer**, choisissez celle à utiliser dans la liste **Imprimer**, puis cliquez le lien **Propriétés de l'imprimante**. La boîte qui s'affiche alors est propre à votre imprimante.

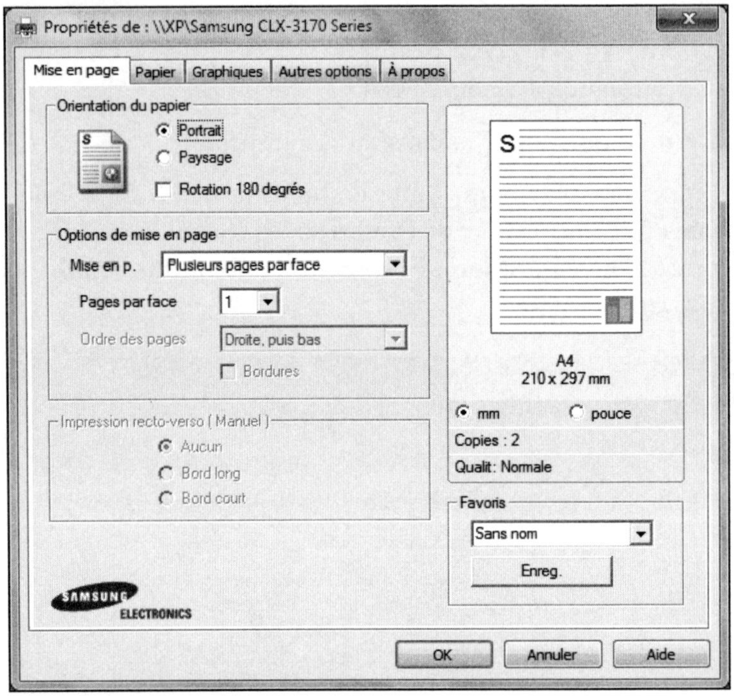

Figure 6-23 Boîte d'impression.

Pour comprendre l'utilité de chacune des options proposées dans la boîte Propriétés, consultez la documentation de votre imprimante.

Choisir la source du papier

La majorité des imprimantes propose plusieurs types d'alimentation du papier. Vous pouvez choisir celle qui vous convient et définir une source différente pour la première page.

1. Cliquez l'onglet **Mise en page ➜ Mise en page** .
2. Cliquez l'onglet **Papier**.
3. Dans les listes de la zone **Alimentation papier**, sélectionnez la source du papier dans les listes **Première page** et **Autres pages**.

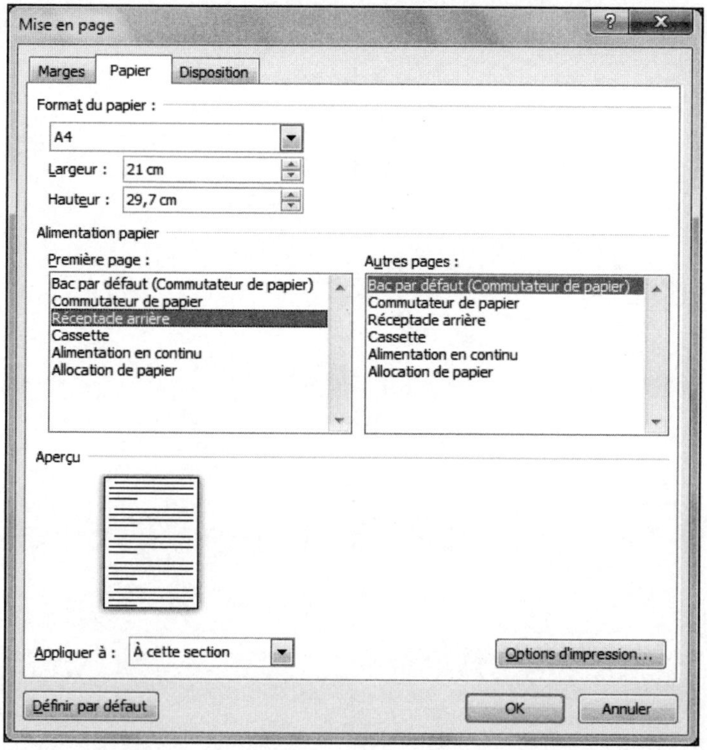

Figure 6-24 Choix de la source du papier.

4. Cliquez le bouton **OK**.

Attention Le choix proposé dans la figure 6-24 correspond à l'imprimante par défaut. Si vous avez plusieurs imprimantes, vous devez au préalable sélectionner celle à utiliser. Consultez pour cela le paragraphe « Choisir l'imprimante » plus haut dans ce chapitre.

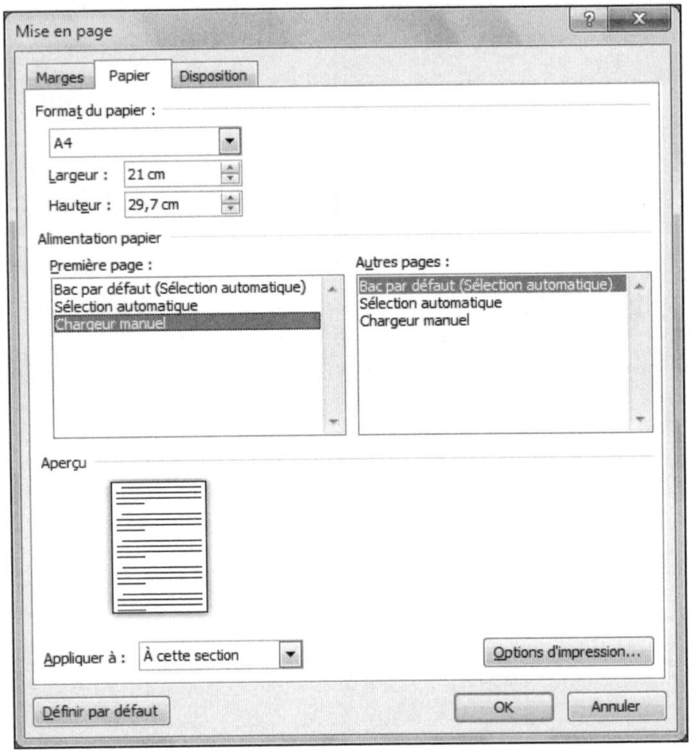

Figure 6-25 Choix de la source du papier d'une autre imprimante que celle proposée dans la figure 6-24.

Chapitre 7

Mettre en forme un document

Dans ce chapitre

- Ajouter des sauts de page
- Utiliser les sections
- Disposer un texte en colonnes
- Modifier la présentation en colonnes
- Choisir les en-têtes des pages paires, impaires et de première page
- En-têtes et pieds de page par section
- Choisir l'orientation des pages d'une section

Ce chapitre est consacré à la mise en forme avancée de vos documents pour les adapter à des situations plus complexes.

Ajouter des sauts de page

Comme il passe à la ligne suivante automatiquement, Word change aussi de page sans votre intervention. Il indique la fin et le début des pages de plusieurs façons en fonction du type d'affichage. En mode Brouillon, la limite est signalée par une ligne en pointillés comme dans la figure 7-1. En mode Page, la limite est visible par la présence de deux pages séparées comme dans la figure 7-2.

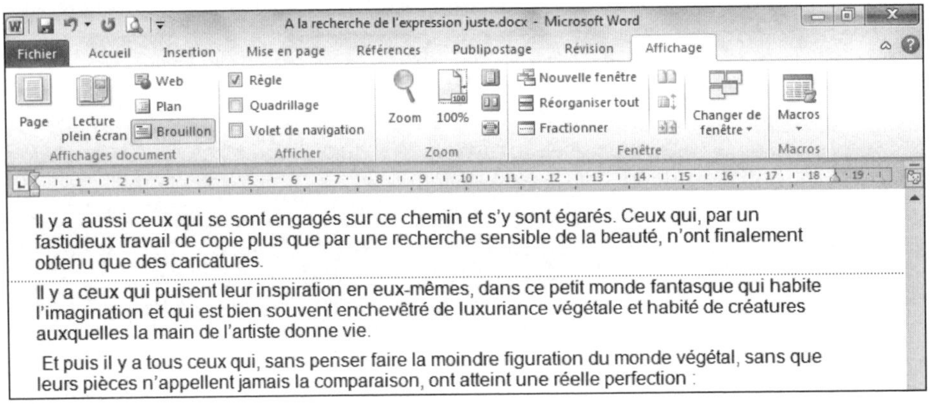
A la recherche de l'expression juste.docx - Microsoft Word
Fichier
Accueil
Insertion
Mise en page
Références
Publipostage
Révision
Affichage
Page
Lecture plein écran
Web
Plan
Brouillon
Affichages document
Règle
Quadrillage
Volet de navigation
Afficher
Zoom
100%
Zoom
Nouvelle fenêtre
Réorganiser tout
Fractionner
Changer de fenêtre
Fenêtre
Macros
Macros
Il y a aussi ceux qui se sont engagés sur ce chemin et s'y sont égarés. Ceux qui, par un fastidieux travail de copie plus que par une recherche sensible de la beauté, n'ont finalement obtenu que des caricatures.
Il y a ceux qui puisent leur inspiration en eux-mêmes, dans ce petit monde fantasque qui habite l'imagination et qui est bien souvent enchevêtré de luxuriance végétale et habité de créatures auxquelles la main de l'artiste donne vie.
Et puis il y a tous ceux qui, sans penser faire la moindre figuration du monde végétal, sans que leurs pièces n'appellent jamais la comparaison, ont atteint une réelle perfection :

Figure 7-1 Fin et début de page en mode Brouillon.

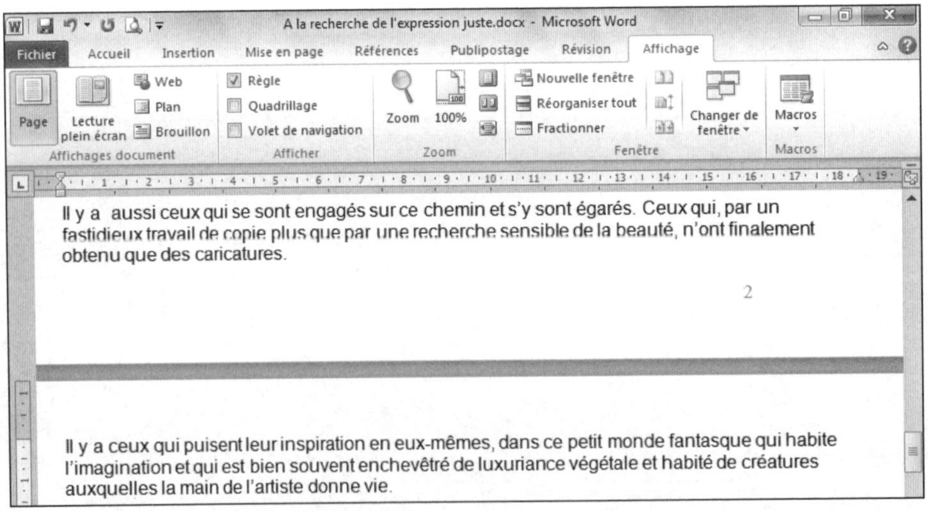
A la recherche de l'expression juste.docx - Microsoft Word
Fichier
Accueil
Insertion
Mise en page
Références
Publipostage
Révision
Affichage
Page
Lecture plein écran
Web
Plan
Brouillon
Affichages document
Règle
Quadrillage
Volet de navigation
Afficher
Zoom
100%
Zoom
Nouvelle fenêtre
Réorganiser tout
Fractionner
Changer de fenêtre
Fenêtre
Macros
Macros
Il y a aussi ceux qui se sont engagés sur ce chemin et s'y sont égarés. Ceux qui, par un fastidieux travail de copie plus que par une recherche sensible de la beauté, n'ont finalement obtenu que des caricatures.
2
Il y a ceux qui puisent leur inspiration en eux-mêmes, dans ce petit monde fantasque qui habite l'imagination et qui est bien souvent enchevêtré de luxuriance végétale et habité de créatures auxquelles la main de l'artiste donne vie.

Figure 7-2 Fin et début de page en mode Page.

Si vous désirez obtenir plus de place à l'écran pour votre document, vous pouvez supprimer l'espace entre les pages en mode Page. Double-cliquez simplement cet espace pour qu'il ne soit plus symbolisé que par une ligne (figure 7-3).

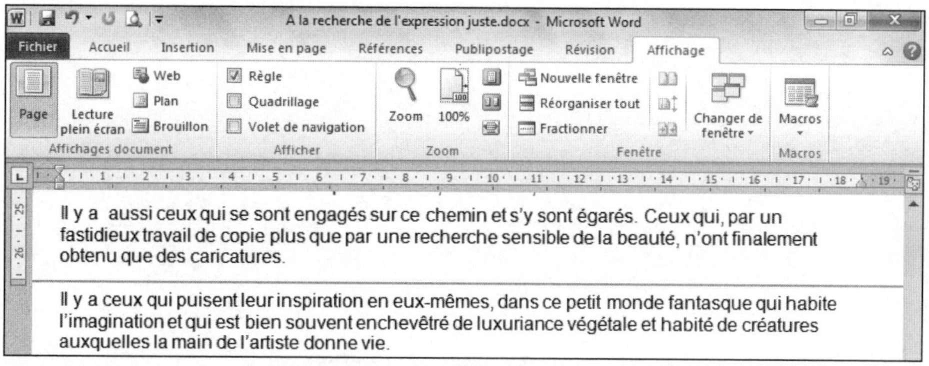
A la recherche de l'expression juste.docx - Microsoft Word
Fichier
Accueil
Insertion
Mise en page
Références
Publipostage
Révision
Affichage
Page
Lecture plein écran
Web
Plan
Brouillon
Affichages document
Règle
Quadrillage
Volet de navigation
Afficher
Zoom
100%
Zoom
Nouvelle fenêtre
Réorganiser tout
Fractionner
Changer de fenêtre
Fenêtre
Macros
Macros
Il y a aussi ceux qui se sont engagés sur ce chemin et s'y sont égarés. Ceux qui, par un fastidieux travail de copie plus que par une recherche sensible de la beauté, n'ont finalement obtenu que des caricatures.
Il y a ceux qui puisent leur inspiration en eux-mêmes, dans ce petit monde fantasque qui habite l'imagination et qui est bien souvent enchevêtré de luxuriance végétale et habité de créatures auxquelles la main de l'artiste donne vie.

Figure 7-3 Ligne de séparation de page en mode Page.

Si vous désirez que votre texte passe à la page suivante, vous pouvez ajouter un saut de page manuellement.

1. Cliquez au début du paragraphe qui doit passer à la page suivante.
2. Tapez **Ctrl+Entrée** ou cliquez l'onglet **Insertion ➜ Pages ➜ Saut de page**.

Le paragraphe sélectionné à l'étape **1**, et ceux qui le suivent, passent à la page suivante. La ligne « ....Saut de page.............. », visible si vous affichez les marques des paragraphes ¶, indique que vous avez forcé le passage à la page suivante.

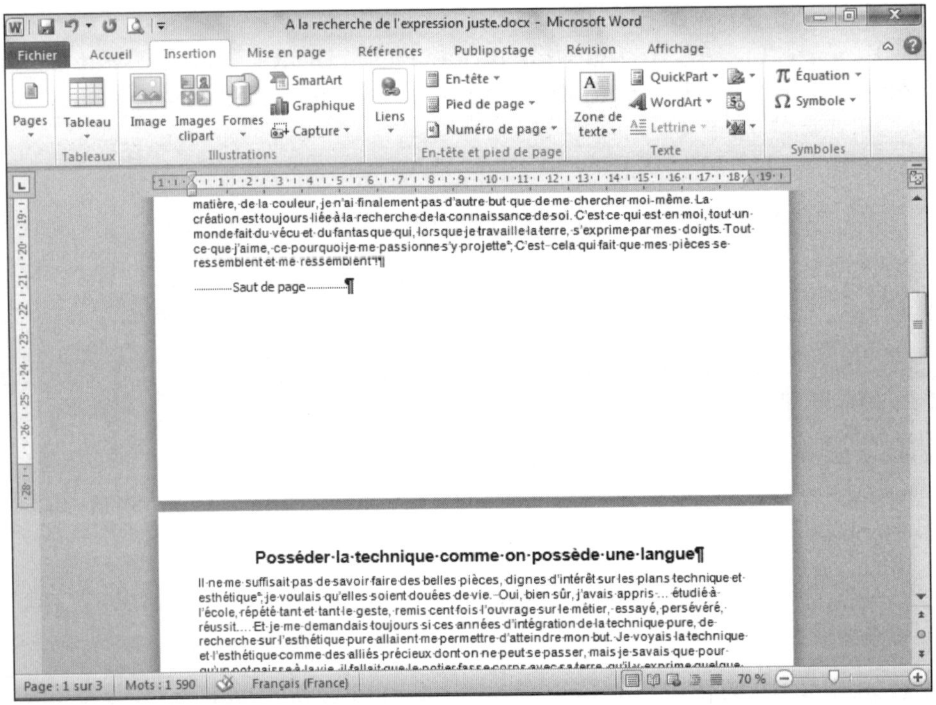

Figure 7-4 Saut de page manuel.

Sans insérer un saut de page manuellement, vous pouvez ajouter une page vierge à l'intérieur ou à la fin du document.

1. Placez le curseur à la position d'insertion de la nouvelle page (tapez **Ctrl+Fin** pour la fin du document).
2. Cliquez l'onglet **Insertion ➜ Pages ➜ Pages vierge**.

Utiliser les sections

Un grand nombre de mises en page s'appliquent à l'ensemble du document. C'est le cas de la majeure partie de celles présentées dans le chapitre 6 (format de pages, orientation, *etc.*).

Les sections permettent de définir une mise en forme page par page dans le même document. Par exemple, si vous avez une page avec un tableau à imprimer en mode paysage, un saut de section permet de définir uniquement cette page dans ce mode, alors que le reste du document est en mode portrait. Les sauts de sections sont aussi utilisés pour délimiter des parties de texte qui doivent s'afficher sur plusieurs colonnes, ou définir des numéros de pages qui ne se suivent pas.

Insérer un saut de section

1. Cliquez dans votre texte au début de la section à insérer.
2. Cliquez l'onglet **Mise en page ➔ Mise en page ➔ Insérer un saut de page et de section** .
3. Cliquez le type de saut de section dans la liste.
   - **Page suivante** : ajoute un saut de page comme vu précédemment et marque dans le texte la présence d'une nouvelle section.
   - **Continu** : marque dans le texte la présence d'une nouvelle section sans pour autant changer le déroulement normal du texte.
   - **Page paire** et **Page impaire** : marque une nouvelle section et ajoute un saut de page vers la page paire ou impaire suivante.

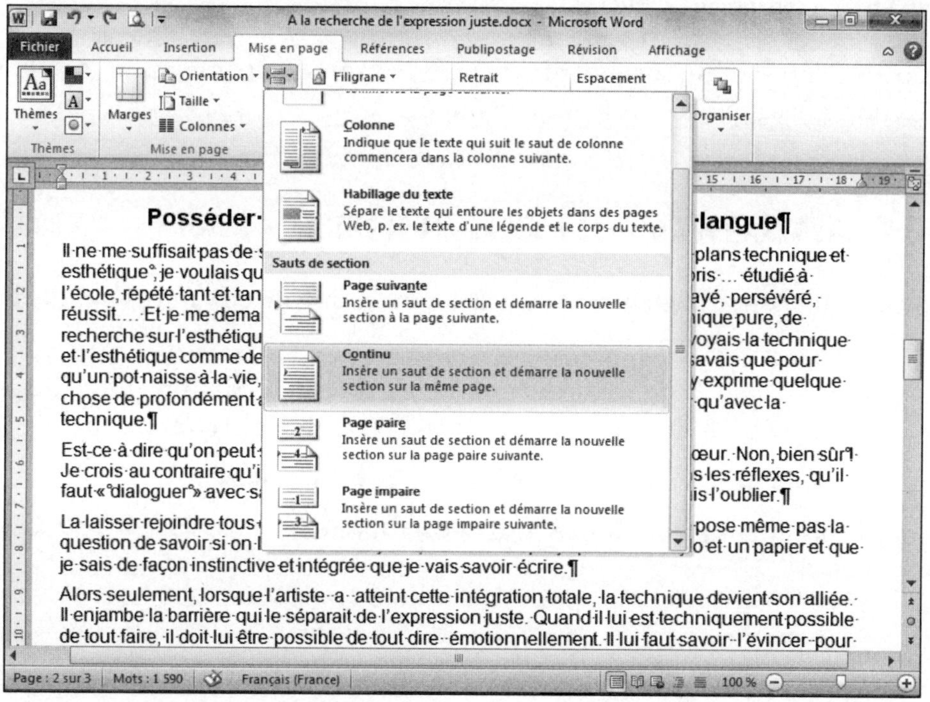
A la recherche de l'expression juste.docx - Microsoft Word
Fichier
Accueil
Insertion
Mise en page
Références
Publipostage
Révision
Affichage
Thèmes
Marges
Orientation
Taille
Colonnes
Mise en page
Filigrane
Retrait
Espacement
Organiser
Colonne
Indique que le texte qui suit le saut de colonne commencera dans la colonne suivante.
Habillage du texte
Sépare le texte qui entoure les objets dans des pages Web, p. ex. le texte d'une légende et le corps du texte.
Sauts de section
Page suivante
Insère un saut de section et démarre la nouvelle section à la page suivante.
Continu
Insère un saut de section et démarre la nouvelle section sur la même page.
Page paire
Insère un saut de section et démarre la nouvelle section sur la page paire suivante.
Page impaire
Insère un saut de section et démarre la nouvelle section sur la page impaire suivante.
je sais de façon instinctive et intégrée que je vais savoir écrire.¶
Alors seulement, lorsque l'artiste a atteint cette intégration totale, la technique devient son alliée.
Il enjambe la barrière qui le séparait de l'expression juste. Quand il lui est techniquement possible
de tout faire, il doit lui être possible de tout dire émotionnellement. Il lui faut savoir l'évincer pour
Page : 2 sur 3
Mots : 1 590
Français (France)
100 %

Figure 7-5 Ajout d'un saut de section.

Si vous affichez les marques de paragraphe (onglet **Accueil ➔ Paragraphe ➔** ¶), les sauts de section apparaissent dans le texte.

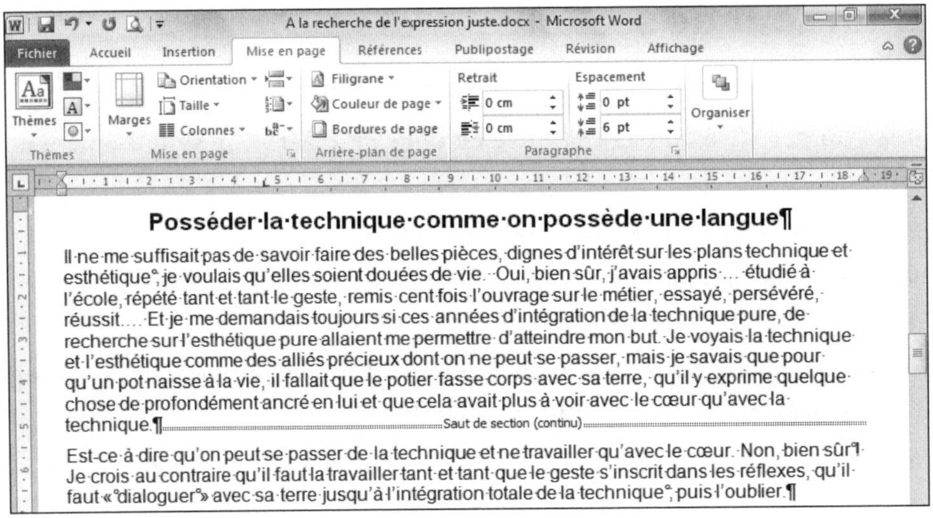
A la recherche de l'expression juste.docx - Microsoft Word
Fichier
Accueil
Insertion
Mise en page
Références
Publipostage
Révision
Affichage
Thèmes
Marges
Orientation
Taille
Colonnes
Mise en page
Filigrane
Couleur de page
Bordures de page
Arrière-plan de page
Retrait
0 cm
0 cm
Espacement
0 pt
6 pt
Paragraphe
Organiser
Posséder la technique comme on possède une langue
Il ne me suffisait pas de savoir faire des belles pièces, dignes d'intérêt sur les plans technique et esthétique ; je voulais qu'elles soient douées de vie. Oui, bien sûr, j'avais appris… étudié à l'école, répété tant et tant le geste, remis cent fois l'ouvrage sur le métier, essayé, persévéré, réussit…. Et je me demandais toujours si ces années d'intégration de la technique pure, de recherche sur l'esthétique pure allaient me permettre d'atteindre mon but. Je voyais la technique et l'esthétique comme des alliés précieux dont on ne peut se passer, mais je savais que pour qu'un pot naisse à la vie, il fallait que le potier fasse corps avec sa terre, qu'il y exprime quelque chose de profondément ancré en lui et que cela avait plus à voir avec le cœur qu'avec la technique.
Saut de section (continu)
Est-ce à dire qu'on peut se passer de la technique et ne travailler qu'avec le cœur. Non, bien sûr ! Je crois au contraire qu'il faut la travailler tant et tant que le geste s'inscrit dans les réflexes, qu'il faut « dialoguer » avec sa terre jusqu'à l'intégration totale de la technique ; puis l'oublier.

Figure 7-6 Saut de section en continu.

Pour supprimer un saut de section, affichez les marques de paragraphe [¶], cliquez le saut de section puis appuyez sur la touche **Suppr**.

Disposer un texte en colonnes

Word propose de mettre facilement vos textes sous forme de colonnes comme dans un journal.

1. Sélectionnez le texte à présenter sur plusieurs colonnes. Si l'intégralité du document doit être formaté sur plusieurs colonnes, ne sélectionnez pas de texte.
2. Cliquez l'onglet **Mise en page ➜ Mise en page ➜ Colonnes**.
3. Cliquez le nombre de colonnes dans la liste **Colonnes**.

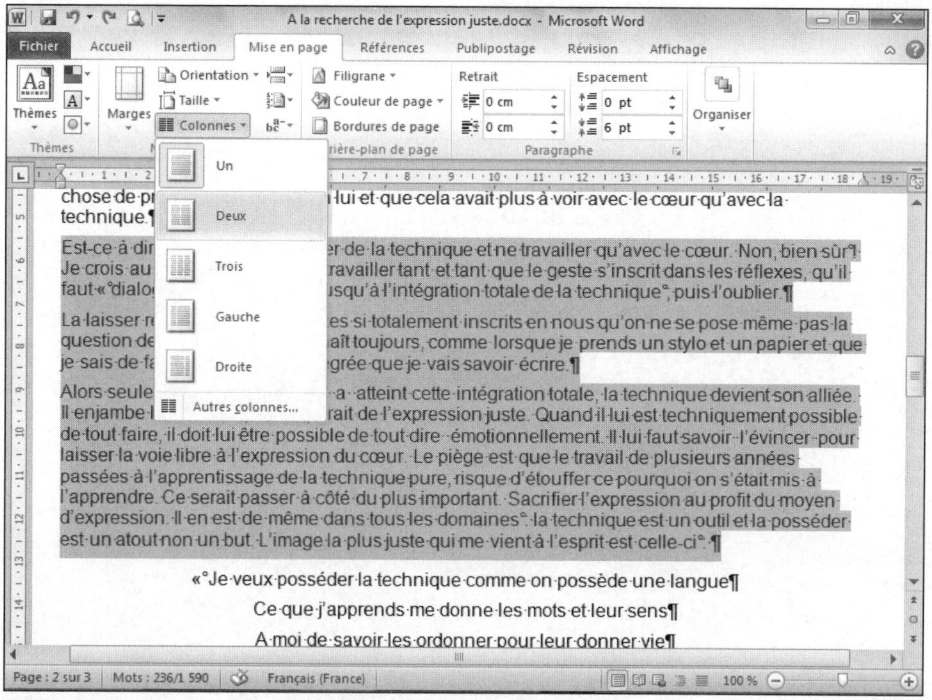

Figure 7-7 Choix du nombre de colonnes.

Note N'abusez pas du nombre de colonnes. Pour un format A4, ne dépassez pas les deux colonnes en portrait et les trois colonnes en paysage.

Word répartit votre texte sur le nombre de colonnes choisi. Notez qu'il ajoute des sauts de section continus avant et après le texte présenté en colonnes.

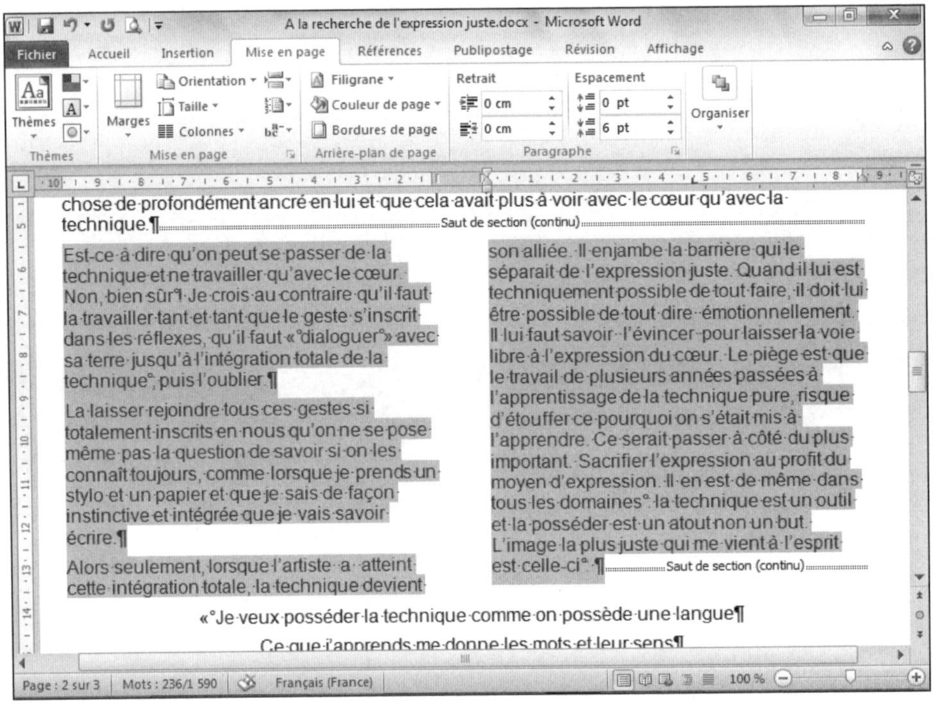
A la recherche de l'expression juste.docx - Microsoft Word
Fichier
Accueil
Insertion
Mise en page
Références
Publipostage
Révision
Affichage
Thèmes
Marges
Orientation
Taille
Colonnes
Filigrane
Couleur de page
Bordures de page
Retrait
0 cm
0 cm
Espacement
0 pt
6 pt
Organiser
Thèmes
Mise en page
Arrière-plan de page
Paragraphe
chose de profondément ancré en lui et que cela avait plus à voir avec le cœur qu'avec la technique.¶ Saut de section (continu)
Est-ce à dire qu'on peut se passer de la technique et ne travailler qu'avec le cœur. Non, bien sûr ! Je crois au contraire qu'il faut la travailler tant et tant que le geste s'inscrit dans les réflexes, qu'il faut « dialoguer » avec sa terre jusqu'à l'intégration totale de la technique, puis l'oublier.¶
La laisser rejoindre tous ces gestes si totalement inscrits en nous qu'on ne se pose même pas la question de savoir si on les connaît toujours, comme lorsque je prends un stylo et un papier et que je sais de façon instinctive et intégrée que je vais savoir écrire.¶
Alors seulement, lorsque l'artiste a atteint cette intégration totale, la technique devient son alliée. Il enjambe la barrière qui le séparait de l'expression juste. Quand il lui est techniquement possible de tout faire, il doit lui être possible de tout dire émotionnellement. Il lui faut savoir l'évincer pour laisser la voie libre à l'expression du cœur. Le piège est que le travail de plusieurs années passées à l'apprentissage de la technique pure, risque d'étouffer ce pourquoi on s'était mis à l'apprendre. Ce serait passer à côté du plus important. Sacrifier l'expression au profit du moyen d'expression. Il en est de même dans tous les domaines : la technique est un outil et la posséder est un atout non un but. L'image la plus juste qui me vient à l'esprit est celle-ci : ¶ Saut de section (continu)
« Je veux posséder la technique comme on possède une langue¶
Page : 2 sur 3
Mots : 236/1 590
Français (France)
100 %

Figure 7-8 Texte sous forme de colonnes.

Modifier la présentation en colonnes

Word propose plusieurs types de présentation pour vos textes en colonnes.

1. Cliquez dans un texte déjà en colonnes ou sélectionnez le texte à mettre en colonnes.
2. Cliquez l'onglet **Mise en page → Mise en page → Colonnes → Autres colonnes**.

   Cette boîte permet de définir la largeur de chacune des colonnes.
3. Cliquez dans la zone **Prédéfinir** le type de mise en forme des colonnes.
4. Sélectionnez dans **Nombre de colonnes** celui à appliquer.
5. Tapez pour chaque colonne sa **Largeur** et l'**Espacement** entre les colonnes, ou cochez la case **Largeurs de colonne identiques** pour une présentation uniforme.
6. Pour bien séparer les colonnes les unes des autres, cochez la case **Ligne séparatrice**.

   La boîte affiche un aperçu de la mise en forme choisie.

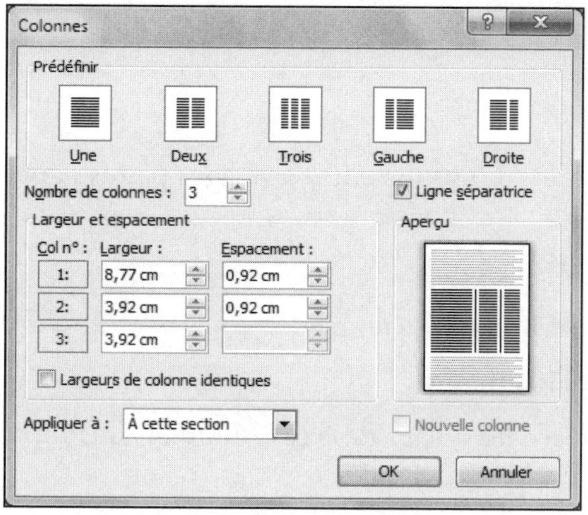

Figure 7-9 Modification de la mise en forme des colonnes.

7. Cliquez le bouton **OK**.

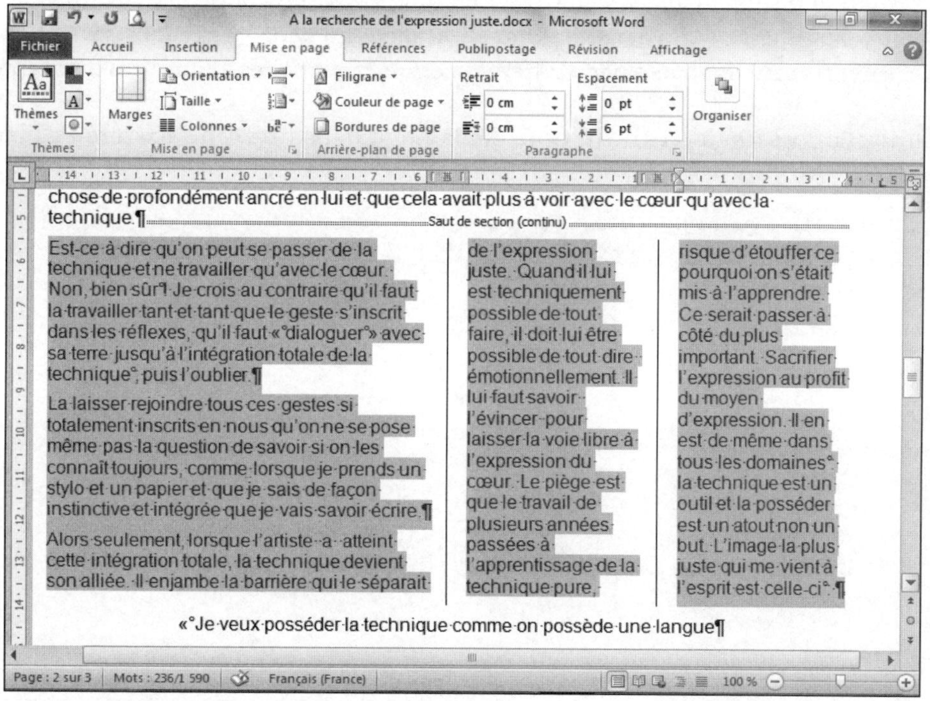

Figure 7-10 Texte sous forme de colonnes dissymétriques avec ligne de séparation.

Définir des en-têtes de pages paires ou impaires différents

Les en-têtes et pieds de page peuvent être différents entre les pages paires et impaires, mais aussi pour la première page.

1. Cliquez l'onglet **Mise en page → Mise en page**.
2. Cliquez l'onglet **Disposition** dans la boîte Mise en page.
3. Cochez la case **Paires et impaires différentes**.
4. Cochez la case **Première page différente** si vous désirez appliquer une autre mise en forme au début du document.

Note On laisse généralement l'en-tête de première page vide. C'est le cas, par exemple, de tous les débuts de chapitre dans ce livre.

Astuce Si vous devez uniquement changer les en-têtes et pieds de page, double-cliquez un en-tête, puis utilisez l'onglet Outils En-têtes et pieds de page → Création → Options, puis cochez les cases Première page différente et/ou Pages paires et impaires différentes.

5. Modifiez la position à partir du bord de la page dans les zones **En-tête** et **Pied de page**.

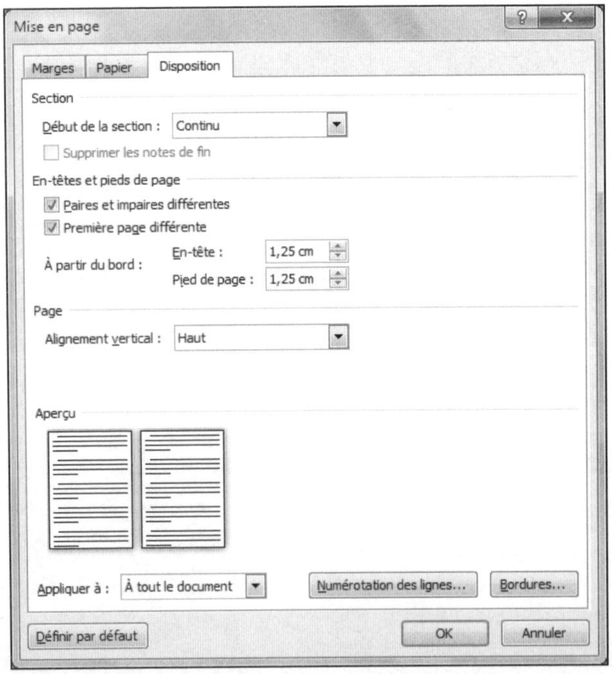

Figure 7-11 Application d'en-têtes et pieds de page différents pour la première page et les pages paires et impaires.

6. Cliquez le bouton **OK**.
7. Double-cliquez un en-tête.

Note Consultez le chapitre 6 pour créer des en-têtes et pieds de page.

Word affiche pour chaque en-tête et pied de page l'endroit où vous vous trouvez (Premier en-tête, En-tête de page paire, En-tête de page impaire, *etc.*).

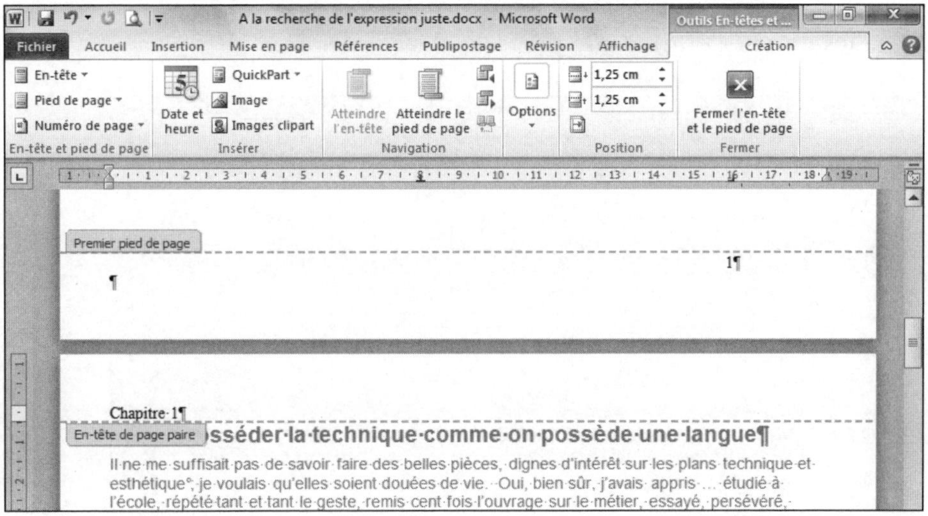

Figure 7-12 Documents avec des en-têtes et pieds de page différents.

8. Modifiez chacun des en-têtes et pieds de page.

Définir des en-têtes de pages différents par section

Si vous avez ajouté des sections à votre document, vous pouvez définir des en-têtes et pieds de page différents pour chacun d'eux.

Naviguer entre les en-têtes des sections

Pour vous faciliter la tâche dans la modification des en-têtes, Word propose des boutons de navigation.

1. Double-cliquez un en-tête pour l'afficher en mode modification.

2. Cliquez l'onglet **Outils En-têtes et pieds de page → Navigation**, puis utilisez les boutons **Section précédente** et **Section suivante** pour passer d'une section à l'autre.

Modifier les en-têtes des sections

Si vous avez des sections, Word indique leur nom dans les l'en-têtes et les pieds de page.

1. Double-cliquez un en-tête pour l'afficher en mode modification.
2. Modifiez les en-têtes et pieds de page de chaque section

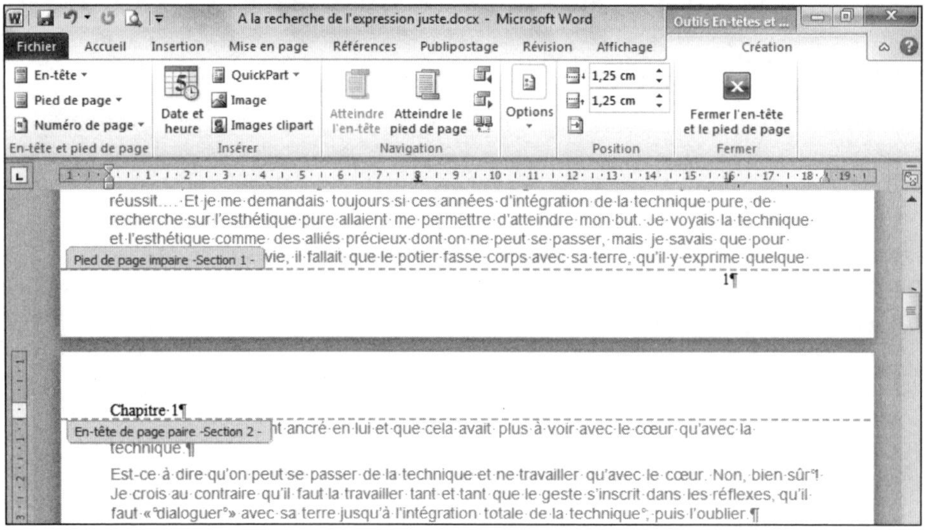
A la recherche de l'expression juste.docx - Microsoft Word
Outils En-têtes et ...
Fichier
Accueil
Insertion
Mise en page
Références
Publipostage
Révision
Affichage
Création
En-tête
Pied de page
Numéro de page
En-tête et pied de page
Date et heure
QuickPart
Image
Images clipart
Insérer
Atteindre l'en-tête
Atteindre le pied de page
Navigation
Options
1,25 cm
1,25 cm
Position
Fermer l'en-tête et le pied de page
Fermer
réussit.... Et je me demandais toujours si ces années d'intégration de la technique pure, de recherche sur l'esthétique pure allaient me permettre d'atteindre mon but. Je voyais la technique et l'esthétique comme des alliés précieux dont on ne peut se passer, mais je savais que pour
Pied de page impaire -Section 1-
vie, il fallait que le potier fasse corps avec sa terre, qu'il y exprime quelque
1¶
Chapitre 1¶
En-tête de page paire -Section 2-
nt ancré en lui et que cela avait plus à voir avec le cœur qu'avec la technique.¶
Est-ce à dire qu'on peut se passer de la technique et ne travailler qu'avec le cœur. Non, bien sûr !
Je crois au contraire qu'il faut la travailler tant et tant que le geste s'inscrit dans les réflexes, qu'il faut « dialoguer » avec sa terre jusqu'à l'intégration totale de la technique, puis l'oublier.¶

Figure 7-13 Documents avec des sections.

Répéter un en-tête précédent

Plutôt que de recopier l'en-tête ou le pied de page qui existe déjà dans la section précédente, demandez à Word de lier les deux sections.

1. Double-cliquez l'en-tête qui doit répéter celui de la section précédente.
2. Cliquez l'onglet **Outils En-têtes et pieds de page → Navigation → Lier au précédent**.

Word indique dans l'en-tête ou le pied de page sa liaison avec celui de la section précédente.

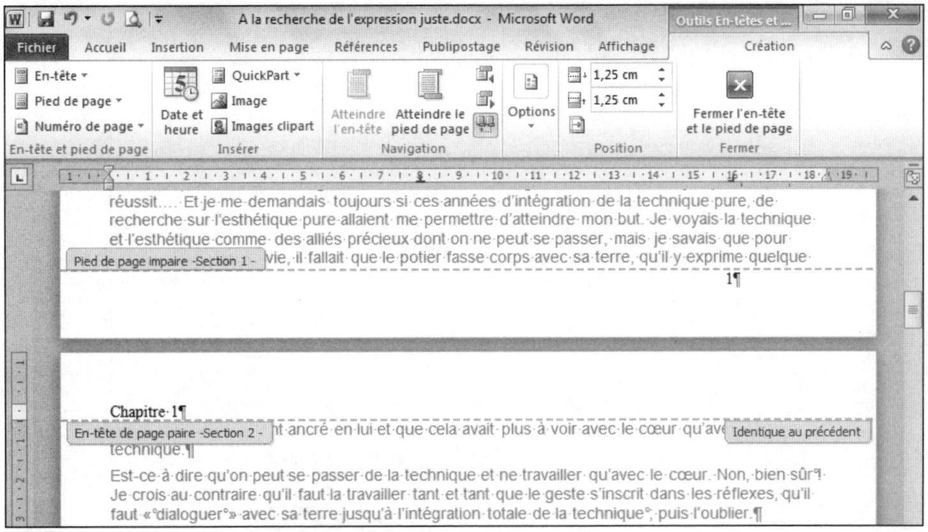
A la recherche de l'expression juste.docx - Microsoft Word
Outils En-têtes et ...
Fichier
Accueil
Insertion
Mise en page
Références
Publipostage
Révision
Affichage
Création
En-tête
Pied de page
Numéro de page
En-tête et pied de page
Date et heure
QuickPart
Image
Images clipart
Insérer
Atteindre l'en-tête
Atteindre le pied de page
Navigation
Options
1,25 cm
1,25 cm
Position
Fermer l'en-tête et le pied de page
Fermer
réussit.... Et je me demandais toujours si ces années d'intégration de la technique pure, de recherche sur l'esthétique pure allaient me permettre d'atteindre mon but. Je voyais la technique et l'esthétique comme des alliés précieux dont on ne peut se passer, mais je savais que pour
Pied de page impaire -Section 1-
vie, il fallait que le potier fasse corps avec sa terre, qu'il y exprime quelque
1¶
Chapitre 1¶
En-tête de page paire -Section 2-
nt ancré en lui et que cela avait plus à voir avec le cœur qu'av
Identique au précédent
technique.¶
Est-ce à dire qu'on peut se passer de la technique et ne travailler qu'avec le cœur. Non, bien sûr¶
Je crois au contraire qu'il faut la travailler tant et tant que le geste s'inscrit dans les réflexes, qu'il faut « dialoguer » avec sa terre jusqu'à l'intégration totale de la technique, puis l'oublier.¶

Figure 7-14 Liaison entre les en-têtes et pieds de page de deux sections consécutives.

Choisir l'orientation des pages d'une section

Il est parfois nécessaire de mélanger des pages aux formats « portrait » et « paysage » dans le même document. Cela est tout à fait possible avec les sections.

1. Ajoutez des sections autour de la ou des pages à modifier.
2. Placez le curseur dans la section à modifier.
3. Cliquez l'onglet **Mise en page ➜ Mise en page**.
4. Cliquez l'onglet **Marges**.
5. Sélectionnez l'orientation du texte (**Portrait** ou **Paysage**).
6. Sélectionnez **À cette section** dans la liste **Appliquer à**.
7. Cliquez le bouton **OK**.
8. Cliquez l'onglet **Fichier ➜ Imprimer**.
9. Diminuez le zoom pour afficher plusieurs pages.

La ou les pages de la section sélectionnée à l'étape 2 sont orientées différemment.

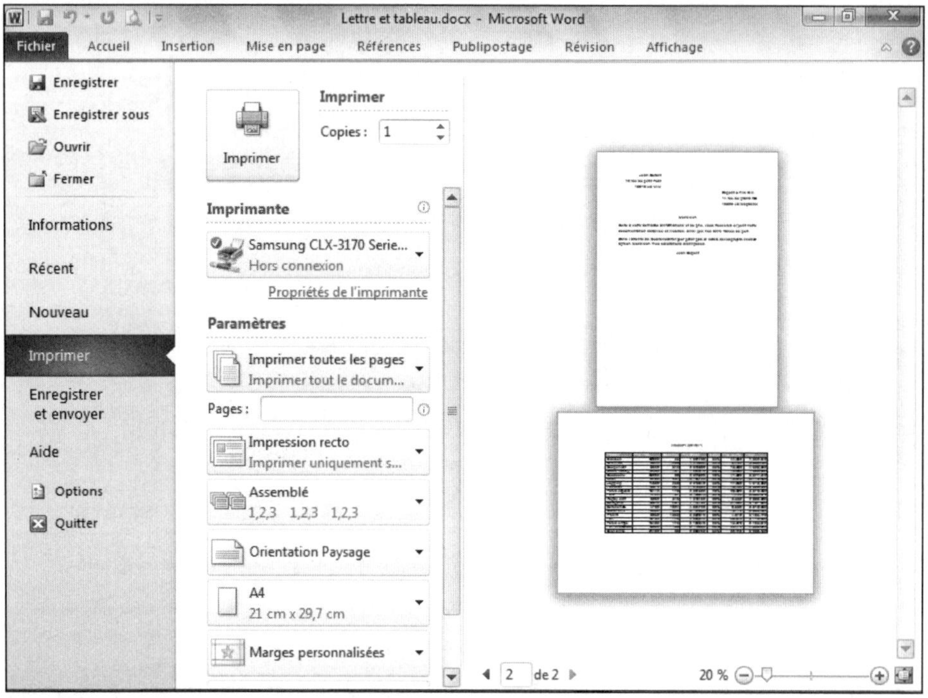

Figure 7-15 Pages orientées différemment dans le même document.

Chapitre 8

Utiliser les styles

Dans ce chapitre

- Comprendre les styles
- Définir les styles de vos paragraphes
- Utiliser les styles prédéfinis
- Créer vos propres styles
- Gérer les styles de vos documents

Si vous désirez être plus efficace et gagner du temps, ce chapitre est fait pour vous. Il présente l'usage des différents styles pour créer rapidement des mises en page professionnelles à partir des modèles proposés par Word. Il aborde aussi la création de vos propres styles et leur gestion entre vos documents.

Comprendre les styles

Un style est une combinaison de mises en forme de paragraphes et de caractères. Par exemple, si vous désirez présenter plusieurs textes avec une police Arial de 12 points et un retrait de première ligne, il suffit de définir un style correspondant. Vous pourrez ensuite appliquer ce style à tous les paragraphes qui doivent prendre cette mise en forme.

Même si vous ne le savez pas, chacun des paragraphes de vos documents utilise un style. Par défaut, c'est le style « Normal » qui est appliqué tant que vous ne décidez pas d'en utiliser un autre. Ce style « Normal » est en fait le reflet des valeurs par défaut des mises en forme de caractères (voir chapitre 4) et des mises en forme de paragraphes (voir chapitre 5).

À partir d'un style, vous pouvez en créer d'autres. Par exemple, en ajoutant une taille de 16 et du gras à votre style « Normal », vous obtenez un nouveau style. Ce dernier est nommé Normal + 16 points + gras. Vous pouvez aussi le rebaptiser « Titre 1 ». Dès que vous avez besoin de transformer un paragraphe en titre, vous appliquez tout simplement le style « Titre 1 ». Dans cet exemple, les deux styles sont liés. Si vous décidez de changer la police du style « Normal », de Arial à Times New Roman, le style « Titre 1 » hérite automatiquement de cette nouvelle police. Vous n'avez pas besoin de parcourir tout votre document pour effectuer cette modification.

Définir les styles de vos documents

Pour bien utiliser les styles, vous devez les définir pour chaque paragraphe de votre document. Pour le texte courant, vous devez appliquer le style **Normal**. Pour le titre principal, vous devez appliquer le style **Titre 1**. Pour les titres de niveaux inférieurs, vous devez utiliser les styles **Titre 2**, **Titre 3**, *etc.* Si cela semble fastidieux pour un document déjà existant, cela ne l'est pas si vous appliquez les styles au fur et à mesure de la saisie. C'est une habitude à prendre pour réaliser des textes de grande qualité.

1. Sélectionnez le ou les paragraphes dont vous désirez définir le style.

2. Cliquez l'onglet **Accueil → Style → Styles rapides** (résolution d'écran inférieure à 1024 x 768). Si le bouton **Styles rapides** n'apparaît pas (résolution d'écran au moins égale à 1024 x 768), cliquez le bouton ▾ dans le groupe **Style**.
3. Cliquez le style désiré dans la liste.

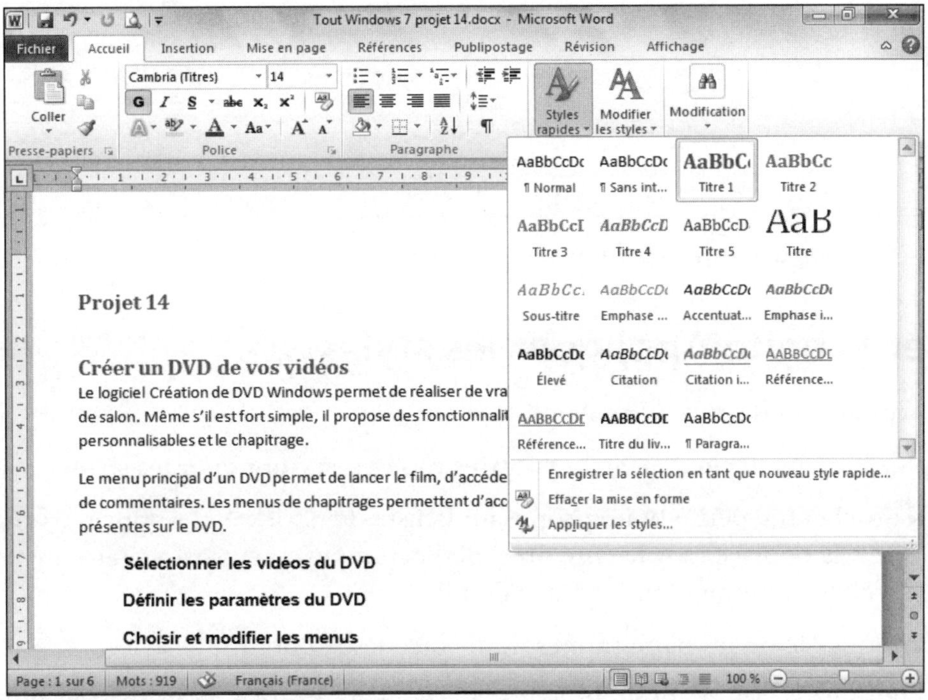

Figure 8-1 Sélection d'un style à partir du bouton Styles rapides.

La mise en forme ici n'a pas d'importance. L'essentiel est de définir le nom du style de chacun des paragraphes dans votre document. Le choix de la mise en forme réelle à partir de styles prédéfinis ou de vos propres styles vous est expliqué dans les paragraphes suivants.

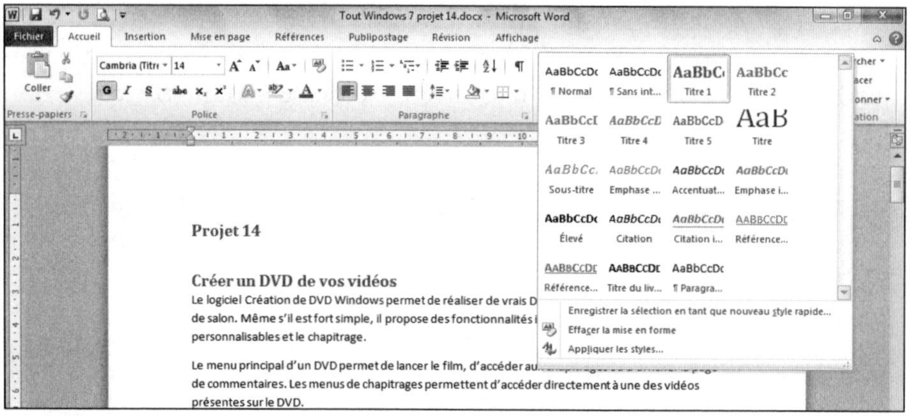

Figure 8-2 Sélection d'un style à partir du groupe Style.

Utiliser la boîte Appliquer les styles

Vous pouvez aussi utiliser la boîte Appliquer les styles :

1. Cliquez l'onglet **Accueil → Style → Styles rapides → Appliquer les styles**.

   Word affiche une petite boîte proposant la liste des styles. Vous pouvez, si vous le désirez, la déplacer sur le côté droit de l'écran pour la transformer en volet. Double-cliquez simplement sa barre de titre.

2. Sélectionnez le ou les paragraphes dont vous désirez définir le style.

3. Sélectionnez le style à appliquer dans la liste **Nom du style**. Pour trouver plus facilement un style dans la liste, cochez la case **Saisie semi-automatique**, puis tapez les premières lettres de son nom.

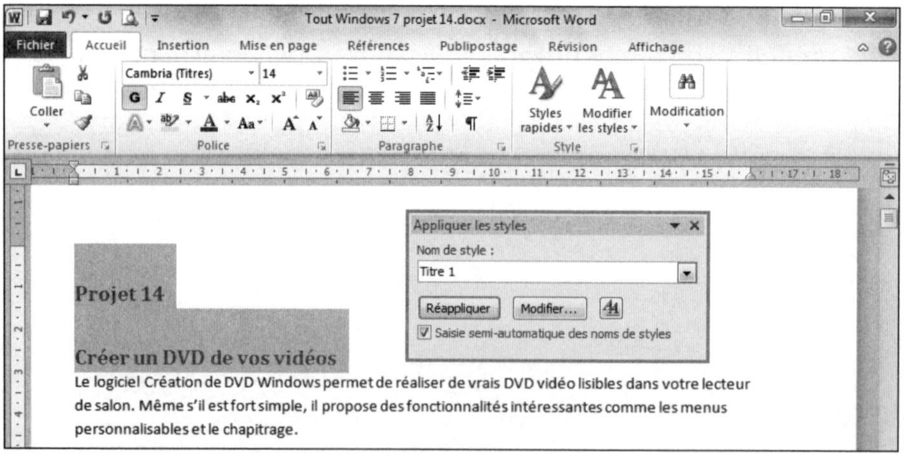

Figure 8-3 Utilisation de la boîte Appliquer les styles.

4. Si un paragraphe a été modifié depuis son attribution d'un style, vous pouvez lui redonner la mise en forme d'origine en cliquant le bouton **Réappliquer**.

Utiliser le volet Styles

La liste **Styles rapides** n'affiche en réalité qu'une partie des styles disponibles. Si vous désirez afficher plus de styles, vous devez utiliser le volet Styles.

1. Cliquez l'onglet **Accueil → Style** .
2. Au besoin, double-cliquez la barre de titre de la fenêtre **Styles** pour l'afficher comme volet.
3. Sélectionnez le ou les paragraphes dont vous désirez définir le style.
4. Sélectionnez le style à appliquer dans le volet **Style**. Pour voir plus de styles dans le volet, décochez la case **Afficher l'aperçu**.

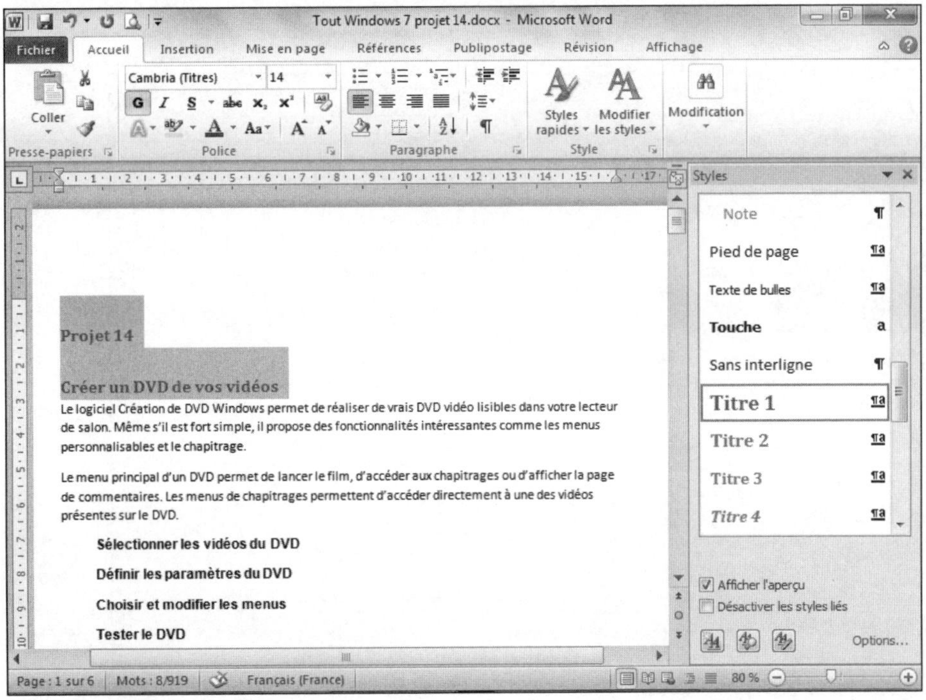

Figure 8-4 Utilisation du volet Styles.

Note Pour afficher tous les styles disponibles, cliquez le lien **Options** dans le volet Style. Choisissez **Tous les styles** dans la liste **Sélectionnez les styles à afficher**. Validez la boîte avec le bouton **OK**.

Utiliser les styles prédéfinis

Pour vous simplifier la tâche, Word propose des styles « prêts à l'emploi ». Chaque groupe de styles fait parti d'un thème, avec des polices et des couleurs prédéfinies. Vous pouvez facilement choisir et mélanger tous ces éléments.

Choisir le thème

Les thèmes proposés sont composés de mises en forme complexes réalisées à partir de toutes les possibilités offertes par Word.

1. Cliquez l'onglet **Accueil ➜ Style ➜ Modifier les styles ➜ Jeu de styles**.

Note Il n'est pas nécessaire de sélectionner un paragraphe en particulier puisque les thèmes s'appliquent à l'ensemble du document.

2. Pointez un jeu de styles dans la liste.

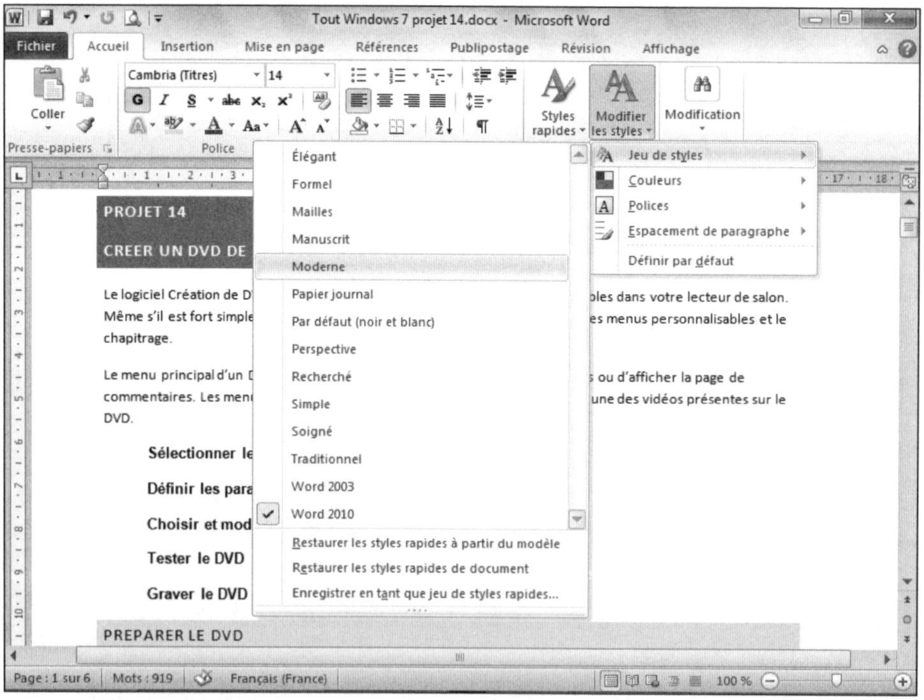

Figure 8-5 Liste des jeux de styles disponibles.

Word affiche immédiatement un exemple dans votre document. Vous pouvez ainsi juger du résultat avant de choisir le jeu de styles le plus approprié.

3. Cliquez le jeu de styles dans la liste.

Le jeu de styles s'applique à l'ensemble du document. Toutes les mises en forme de chaque style dans la liste **Styles rapides** sont modifiées.

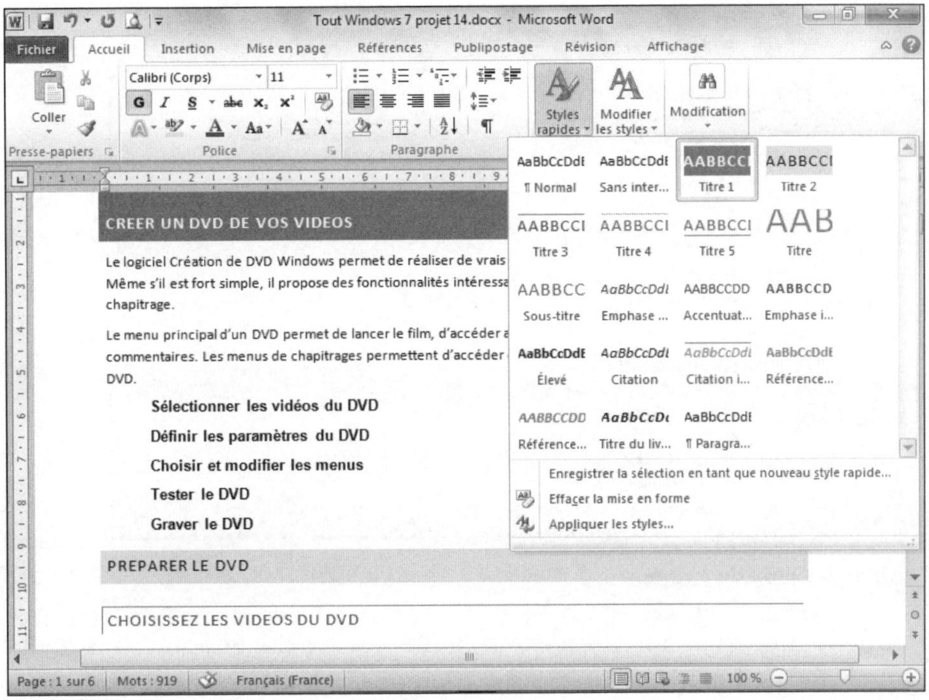

Figure 8-6 Application d'un jeu de styles.

Note Pour annuler les modifications, vous pouvez toujours cliquer le bouton dans la barre Accès rapide ou taper le raccourci **Ctrl+Z**.

Choisir les couleurs

Une fois le thème choisi, vous pouvez aussi modifier les couleurs à appliquer. Favorisez celles qui correspondent le plus à vos goûts ou à celles utilisées par votre entreprise (correspondant à un logo par exemple). Si votre document n'est destiné qu'à une impression noir et blanc, privilégiez le jeu Nuances de gris. Vous aurez ainsi un meilleur aperçu du résultat final.

1. Cliquez l'onglet **Accueil → Style → Modifier les styles → Couleurs**.
2. Pointez un jeu de couleurs dans la liste.

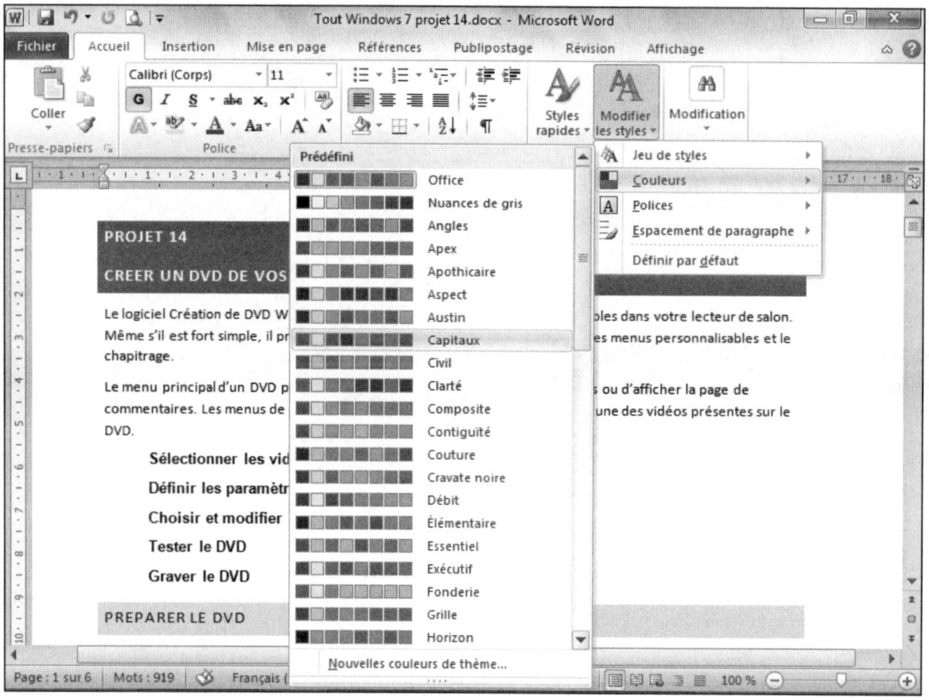

Figure 8-7 Liste des jeux de couleurs.

Word affiche immédiatement un exemple dans votre document. Vous pouvez ainsi juger du résultat avant de choisir le jeu de couleurs le plus approprié.

3. Cliquez le jeu de couleurs dans la liste.

Le jeu de couleurs s'applique à l'ensemble du document. Toutes les mises en forme de chaque style dans la liste **Styles rapides** sont modifiées comme pour la modification des jeux de styles.

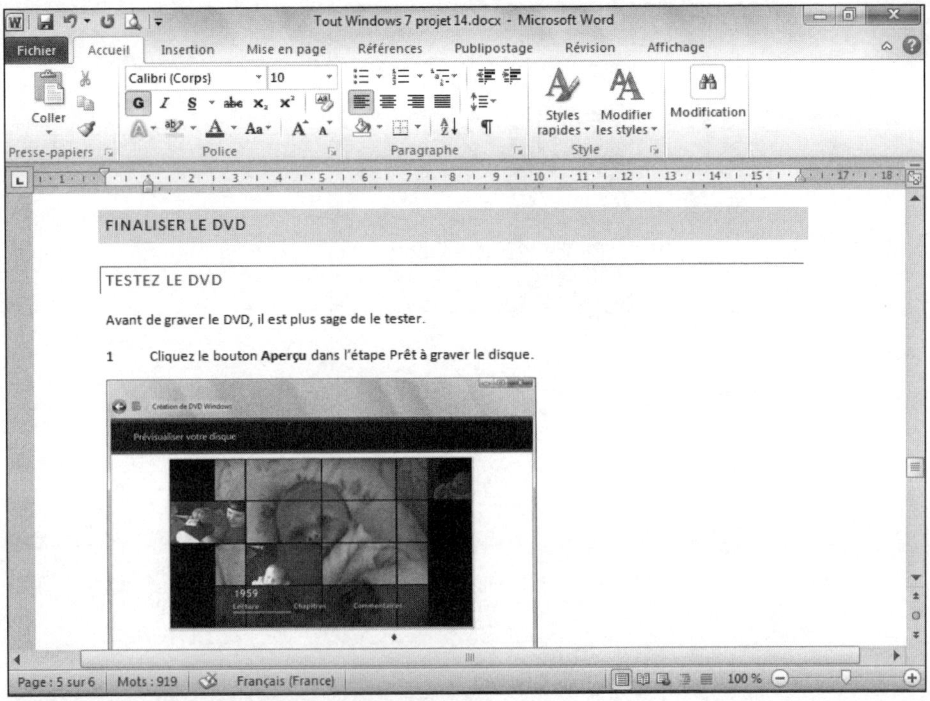

Figure 8-8 Application d'un jeu de couleurs.

Définir vos propres couleurs

Si les couleurs proposées ne vous conviennent pas, il est toujours possible de créer votre propre palette.

1. Cliquez l'onglet **Accueil → Style → Modifier les styles → Couleurs → Nouvelles couleurs de thème**.
2. Sélectionnez dans chacune des valeurs de la liste **Couleurs du thème**, celles à utiliser.

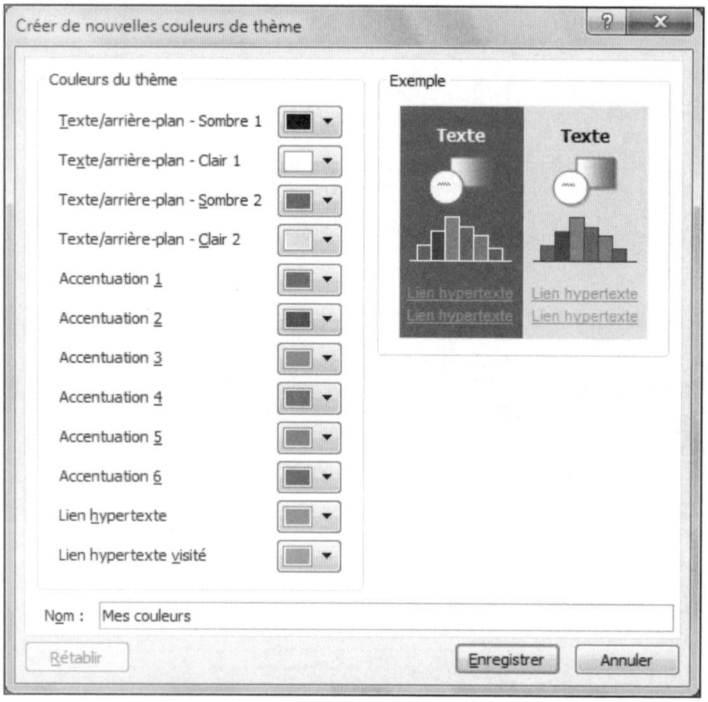

Figure 8-9 Création d'une nouvelle palette de couleurs.

3. Tapez dans la zone **Nom** celui de votre palette personnelle.
4. Cliquez le bouton **Enregistrer**.

La nouvelle palette apparaît au début de la liste des couleurs de l'onglet **Accueil ➜ Style ➜ Modifier les styles ➜ Couleurs**.

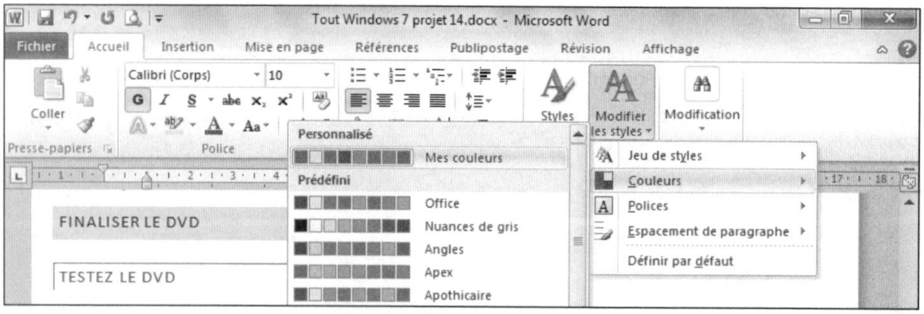

Figure 8-10 Palettes de couleurs personnalisées.

Modifier la police d'un jeu de styles

En plus des thèmes et des couleurs, vous pouvez aussi choisir les polices à utiliser pour les titres et l'ensemble du texte.

1. Cliquez l'onglet **Accueil ➜ Style ➜ Modifier les styles ➜ Polices**.
2. Pointez un jeu de polices dans la liste.

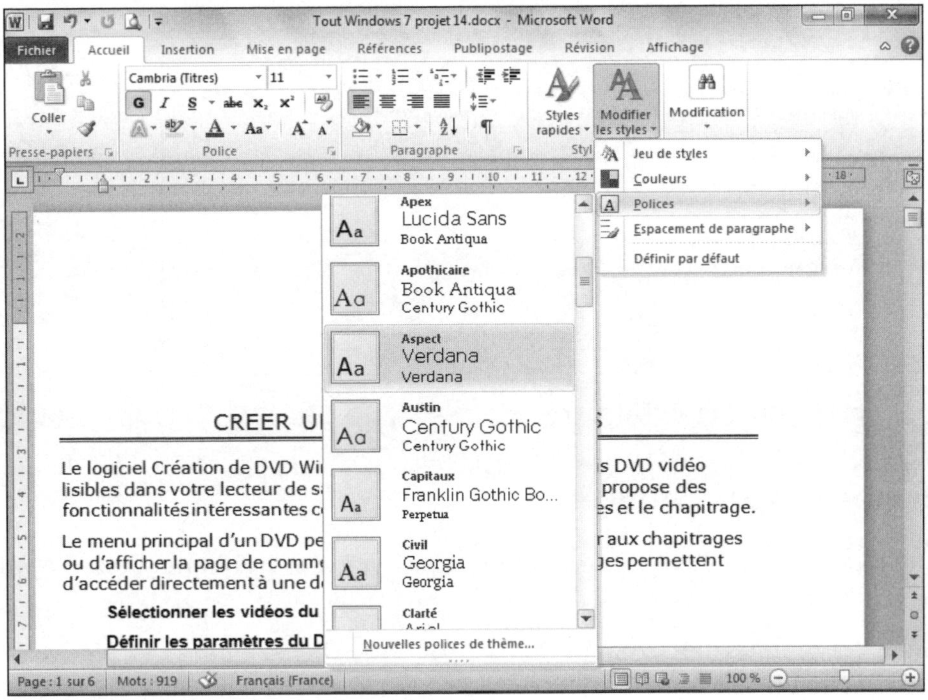

Figure 8-11 Liste des polices de thème.

Word affiche immédiatement un exemple dans votre document. Vérifiez que les polices choisies correspondent à vos souhaits.

3. Cliquez le jeu de polices dans la liste.

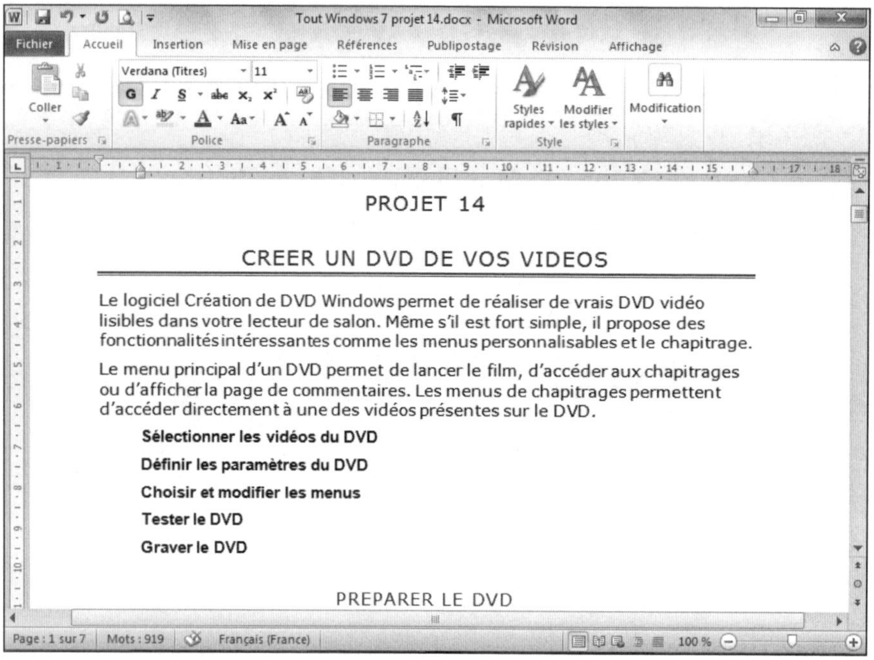

Figure 8-12 Application d'un jeu de polices.

Définir vos propres polices

Si les polices proposées ne vous conviennent pas, il est toujours possible d'appliquer les vôtres.

1. Cliquez l'onglet **Accueil ➜ Style ➜ Modifier les styles ➜ Polices ➜ Nouvelles polices de thème**.
2. Sélectionnez dans la liste **Police de titre** celle à utiliser pour vos titres.
3. Sélectionnez dans la liste **Police du corps du texte** celle à utiliser pour le texte ordinaire.

   La zone **Exemple** affiche un aperçu des polices sélectionnées.

Figure 8-13 Sélection de polices personnalisées.

4. Tapez dans la zone **Nom** celui de vos polices personnelles.

5. Cliquez le bouton **Enregistrer**.

Votre nouveau jeu de polices apparaît au début de la liste des polices de l'onglet **Accueil ➜ Style ➜ Modifier les styles ➜ Polices**.

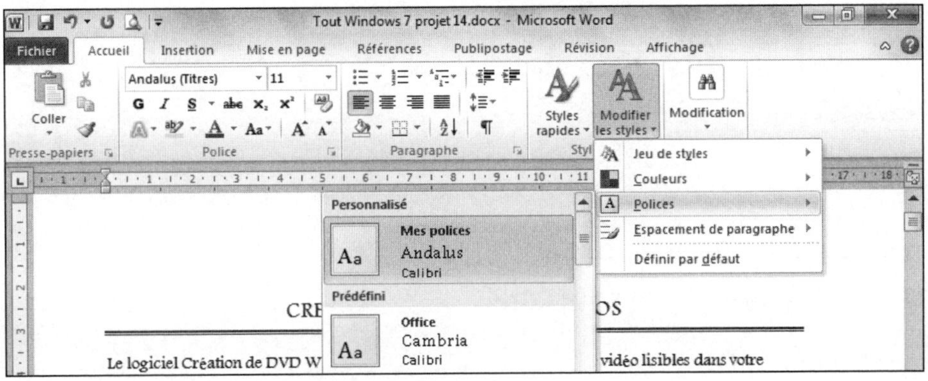

Figure 8-14 Jeu de polices personnalisé.

Définir le jeu de styles par défaut

Une fois défini le thème, les couleurs et les polices, vous pouvez enregistrer ces éléments comme le style par défaut.

1. Cliquez l'onglet **Accueil ➜ Style ➜Modifier les styles ➜ Définir par défaut**.

Tous les nouveaux documents seront basés sur ce jeu de styles.

Créer et modifier vos styles

Si ceux proposés par Word ne vous conviennent pas, vous pouvez créer de toutes pièces un nouveau jeu de styles correspondant à vos goûts et à votre manière de travailler.

Créer rapidement un style

Le plus simple pour créer un style consiste à mettre en forme un paragraphe puis à le définir comme style.

1. Mettez en forme un paragraphe. Utilisez toutes les mises en forme de caractères et de paragraphes à votre disposition.

2. Sélectionnez le paragraphe.

3. Cliquez l'onglet **Accueil ➜ Style ➜ Styles rapides ➜ Enregistrer la sélection en tant que nouveau style rapide**.

   La boîte affiche un aperçu du style.

4. Tapez le nom à attribuer au nouveau style dans la zone **Nom**.

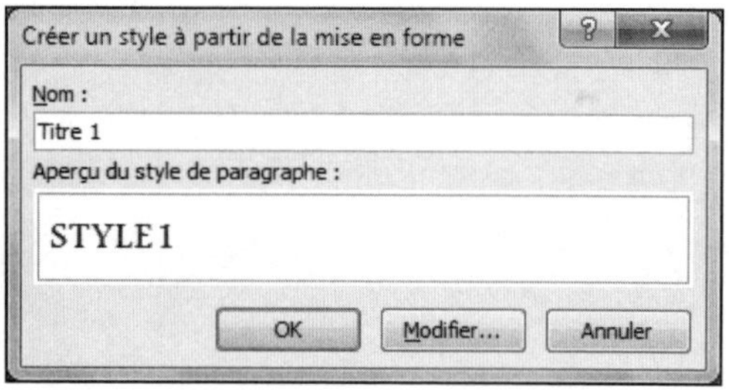

Figure 8-15 Création rapide d'un nouveau style.

5. Cliquez le bouton **OK**.

Créer un style

Si vous désirez vérifier et modifier un style avant de le créer, vous devez passer par une boîte de dialogue plus complète.

1. Mettez en forme un paragraphe. Utilisez toutes les mises en forme de caractères et de paragraphes à votre disposition.
2. Sélectionnez le paragraphe.
3. Cliquez l'onglet **Accueil ➜ Style ➜ Styles rapides ➜ Enregistrer la sélection en tant que nouveau style rapide**. Dans la boîte Créer un style, cliquez le bouton **Modifier**. Si le volet **Styles** est affiché, cliquez dans ce dernier le bouton **Nouveau style** .
4. Tapez le nom à attribuer au nouveau style dans la zone **Nom**.
5. Sélectionnez dans la liste **Type de style** à quelle type de mise en forme il doit s'appliquer (**Paragraphe**, **Caractère**, **Lié (paragraphe et caractère)**, **Tableau** ou **Liste**). Notez que les options disponibles dans cette boîte sont fonction de ce choix.
6. Sélectionnez dans la liste **Style basé sur** le style en amont. Les modifications de ce dernier seront répercutées sur votre nouveau style (voir début de ce chapitre). Si cela ne vous convient pas, sélectionnez **(aucun style)** au début de la liste.
7. Sélectionnez dans la liste **Style du paragraphe suivant** celui qui doit être appliqué quand vous appuyez sur la touche **Entrée** pour créer un nouveau paragraphe.

8. Sélectionnez dans la zone **Mise en forme** les options à appliquer à votre nouveau style. Cette zone propose déjà celles correspondant au paragraphe sélectionné à l'étape **2**.

9. Si les options proposées dans la zone **Mise en forme** sont insuffisantes, cliquez le bouton **Format** puis le type de modifications à appliquer avec plus de précision. Choisissez les options désirées dans la boîte qui s'affiche, puis cliquez le bouton **OK**.

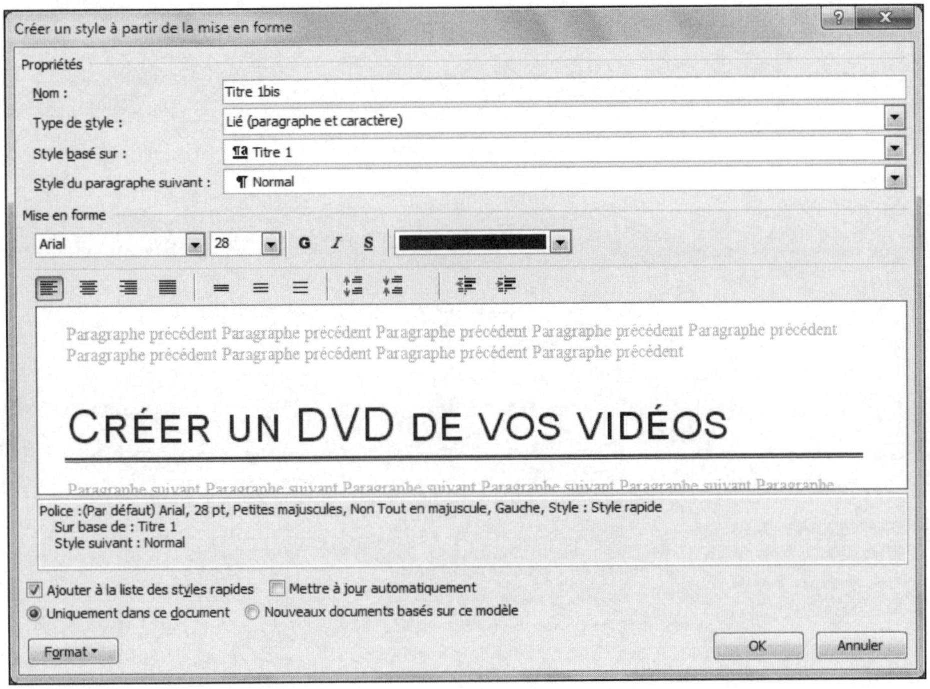

Figure 8-16 Création d'un nouveau style.

10. Cliquez le bouton **OK**.

Modifier un style

Vous ne pouvez pas créer un style portant un nom réservé aux styles prédéfinis. Vous ne pouvez pas, par exemple, créer un style Titre 1. Vous pouvez seulement modifier celui existant.

1. Cliquez l'onglet **Accueil → Style → Styles rapides**, cliquez avec le bouton droit le style à modifier, puis cliquez **Modifier** dans le menu contextuel. Si le volet **Style** est affiché, cliquez la flèche en regard du nom du style, puis choisissez **Modifier** dans la liste qui s'affiche.

2. Modifiez le style comme vu précédemment.

Vous pouvez aussi mettre à jour un style directement dans le texte.

1. Attribuez le style à un paragraphe.
2. Modifiez la mise en forme du paragraphe.
3. Sélectionnez le paragraphe.
4. Cliquez le paragraphe avec le bouton droit, puis cliquez **Styles → Mettre à jour...** dans le menu contextuel.

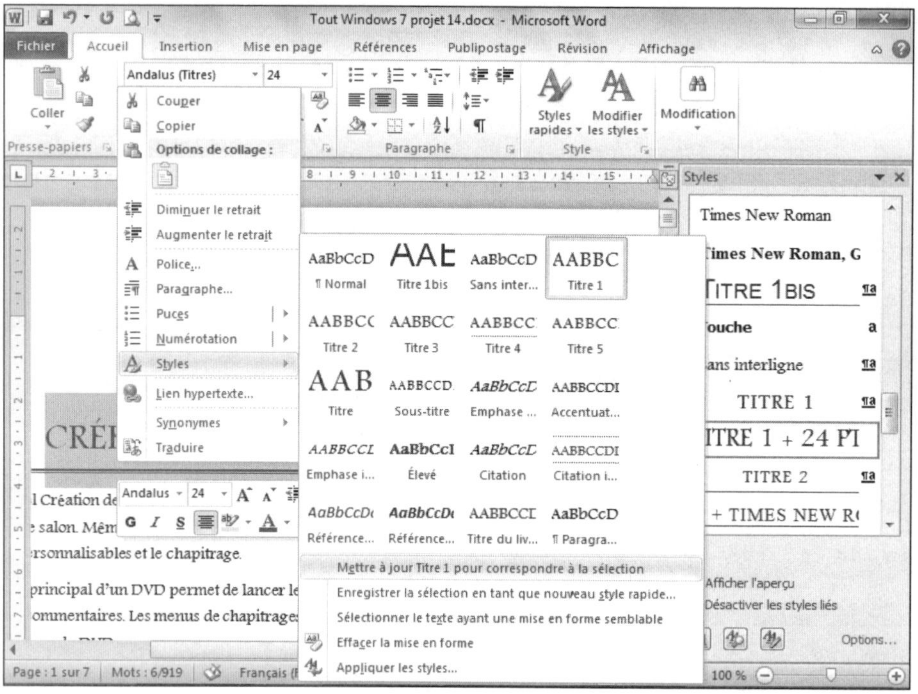

Figure 8-17 Modification d'un style.

Supprimer un style

Vous pouvez supprimer les styles que vous avez créés.

1. Dans le volet **Styles**, cliquez le bouton **Gérer les styles** .
2. Sélectionnez le style dans la liste **Sélectionnez un style à modifier**.
3. Cliquez le bouton **Supprimer**.
4. Cliquez le bouton **Oui** pour confirmer la suppression.

Vous ne pouvez pas supprimer les styles prédéfinis (Normal, Titre 1, *etc.*).

Gérer les styles

Les styles que vous créez ou que vous modifiez sont conservés avec le document. Word vous donne la possibilité de récupérer les styles d'un autre document pour vous éviter de les recréer.

Note Vous pouvez aussi utiliser des modèles. Consultez le chapitre 9.

1. Dans le volet **Styles**, cliquez le bouton **Gérer les styles**.

   Cette boîte vous permet de modifier ou de créer de nouveaux styles. Elle affiche la description de toutes les mises en forme du style sélectionné.

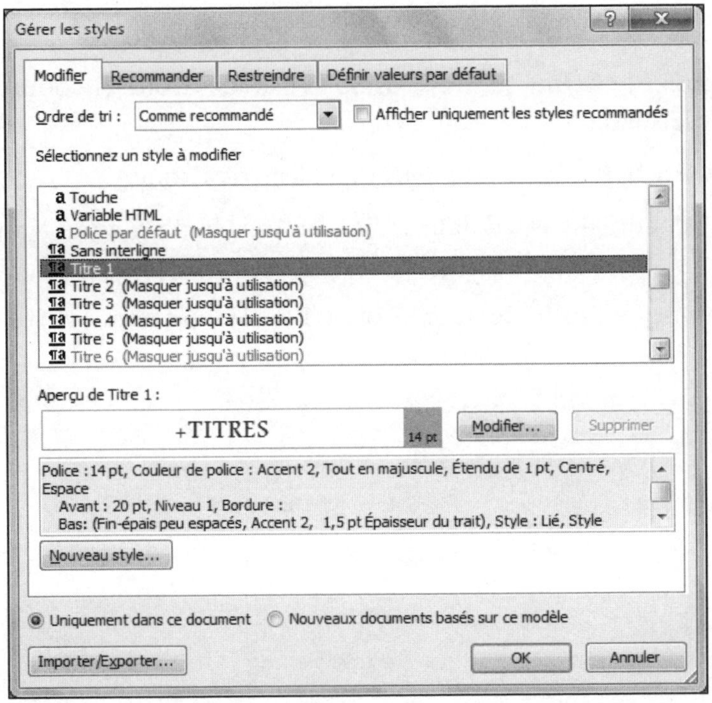

Figure 8-18 Boîte de gestion des styles.

2. Cliquez le bouton **Importer/Exporter**.

   La liste de gauche correspond aux styles du document en cours. La liste de droite correspond aux styles du modèle utilisé pour la création du document. Ces deux listes permettent de copier des styles d'un document à l'autre.

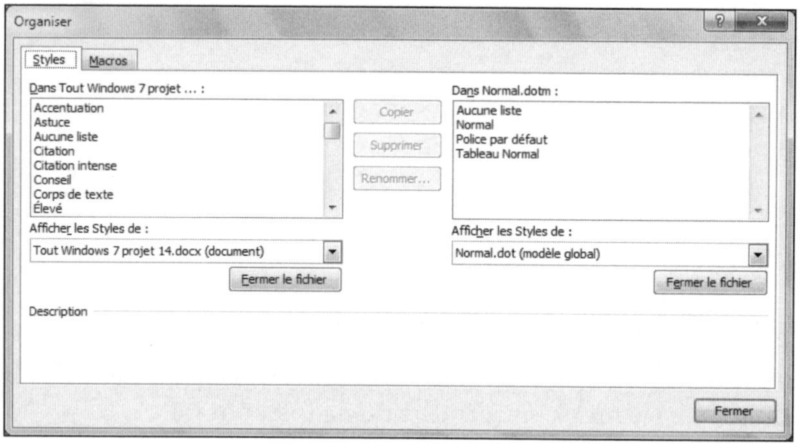

Figure 8-19 Boîte d'organisation des styles.

3. Cliquez le bouton **Fermer le fichier** en dessous de la liste de droite (le bouton se transforme en **Ouvrir le fichier**).
4. Cliquez le bouton **Ouvrir le fichier** en dessous de la liste de droite.
5. Sélectionnez **Tous les document Word** dans la liste en regard de la zone **Nom de fichier**.
6. Recherchez sur votre disque dur le document ou le modèle qui contient les styles à récupérer.

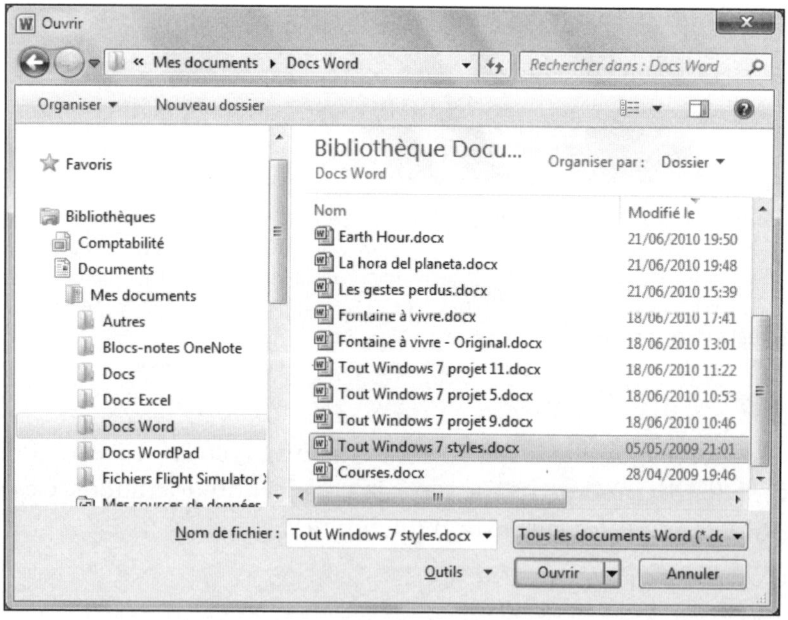

Figure 8-20 Ouverture du document ou du modèle contenant les styles.

7. Cliquez le bouton **Ouvrir**.
8. Dans la liste de droite, cliquez le style à récupérer. Vous pouvez aussi en sélectionner plusieurs en maintenant les touches **Maj** et **Ctrl** comme dans l'Explorateur Windows.
9. Cliquez le bouton **<- Copier**.

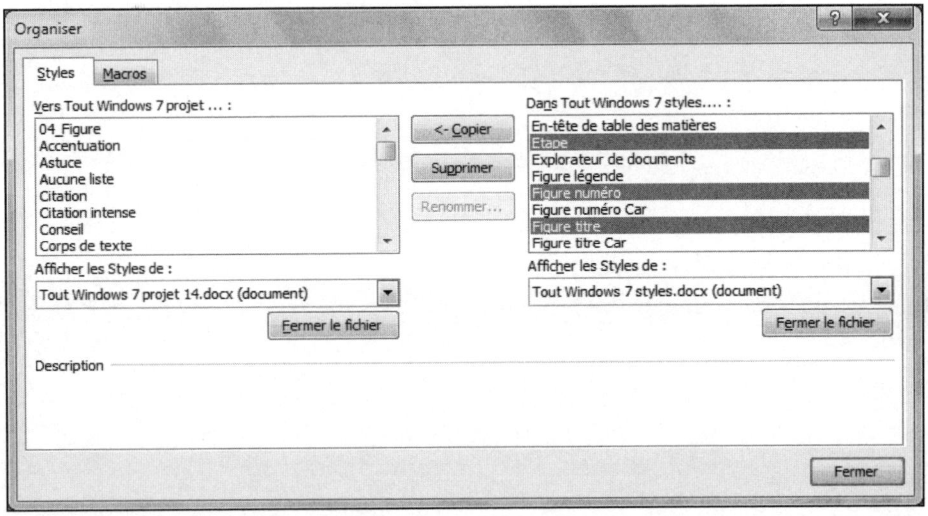

Figure 8-21 Récupération des styles d'un autre document.

10. Répétez les étapes **8** et **9** pour les autres styles à récupérer.
11. Si des styles de même nom existent déjà dans le document, Word demande de confirmer le remplacement. Cliquez le bouton **Oui** ou **Oui pour tout** si vous avez sélectionné plusieurs styles à l'étape **8**.

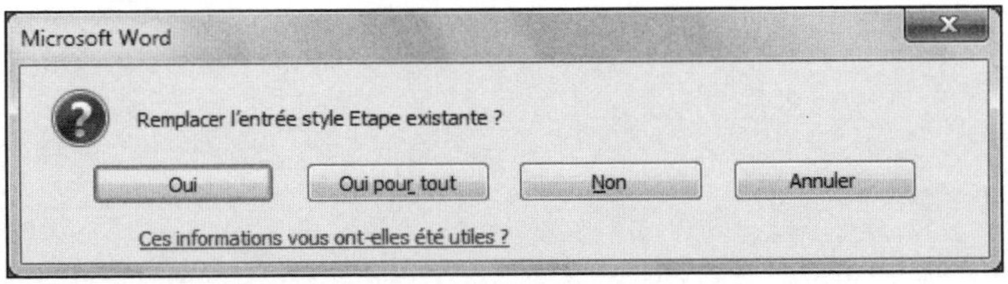

Figure 8-22 Récupération des styles d'un autre document.

12. Cliquez le bouton **Fermer** dans la boîte **Organiser**.

Chapitre 9

Utiliser les thèmes et les modèles

Dans ce chapitre

- Appliquer un thème
- Modifier ou créer un thème
- Utiliser les modèles de document
- Rechercher des modèles sur Internet
- Créer un modèle personnalisé
- Insérer une page de garde
- Créer des pages de garde personnalisées
- Gérer les modèles de pages de garde

Pour mettre en forme l'intégralité de vos textes, Word vous propose deux outils : les thèmes et les modèles. En quelques clics vous serez en mesure de présenter vos documents sous une forme professionnelle. Laissez-vous guider par ce chapitre pour découvrir le moyen d'être plus efficace dans vos réalisations et garder une harmonie de mise en page dans tous vos documents.

Appliquer un thème

Les thèmes sont des ensembles de mises en forme pour vos documents. Ils concernent trois éléments principaux : les couleurs, les polices et les effets graphiques.

Note Les thèmes ne remplacent pas les styles. Vous devez toujours spécifier les styles de chaque paragraphe pour l'ensemble de vos documents (consultez le chapitre 8).

1. Cliquez l'onglet **Mise en page → Thèmes → Thèmes**.
2. Pointez un thème dans la liste.

   Word applique le thème à l'ensemble du document.
3. Cliquez le thème désiré dans la liste.

Figure 9-1 Sélection d'un thème.

Si vous ne trouvez pas dans la liste proposée un thème correspondant à vos souhaits, vous pouvez en télécharger d'autres *via* Internet.

1. Cliquez l'onglet **Mise en page → Thèmes → Activer les mises à jour de contenu sur Office.com**.

Note Si la commande de l'étape **1** n'apparaît pas, Word est déjà configuré pour recevoir automatiquement les mises à jour.

2. Cochez le type de mise à jour désirée.

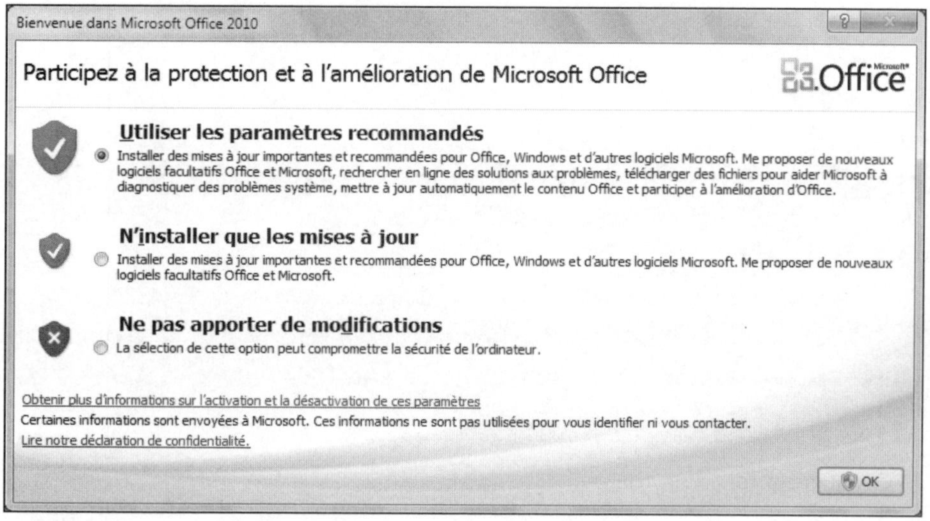
Bienvenue dans Microsoft Office 2010
Participez à la protection et à l'amélioration de Microsoft Office
Office
Utiliser les paramètres recommandés
Installer des mises à jour importantes et recommandées pour Office, Windows et d'autres logiciels Microsoft. Me proposer de nouveaux logiciels facultatifs Office et Microsoft, rechercher en ligne des solutions aux problèmes, télécharger des fichiers pour aider Microsoft à diagnostiquer des problèmes système, mettre à jour automatiquement le contenu Office et participer à l'amélioration d'Office.
N'installer que les mises à jour
Installer des mises à jour importantes et recommandées pour Office, Windows et d'autres logiciels Microsoft. Me proposer de nouveaux logiciels facultatifs Office et Microsoft.
Ne pas apporter de modifications
La sélection de cette option peut compromettre la sécurité de l'ordinateur.
Obtenir plus d'informations sur l'activation et la désactivation de ces paramètres
Certaines informations sont envoyées à Microsoft. Ces informations ne sont pas utilisées pour vous identifier ni vous contacter.
Lire notre déclaration de confidentialité.
OK

Figure 9-2 Choix des mises à jour sur le site Office.com.

3. Cliquez le bouton **OK**.
4. Éventuellement, validez la demande de confirmation de Windows.

   Les thèmes seront automatiquement téléchargés dès que vous serez connecté à Internet.

Vous pouvez maintenant modifier les autres paramètres du thème :

1. Cliquez l'onglet **Mise en page → Thèmes → Couleurs du thème** puis cliquez un jeu de couleurs dans la liste.

   Comme pour les thèmes, les couleurs, les polices et les effets de thème téléchargés *via* Internet apparaissent en haut de chaque liste.

2. Cliquez l'onglet **Mise en page → Thèmes → Police du thème** puis cliquez un jeu de polices dans la liste.

3. Cliquez l'onglet **Mise en page → Thèmes → Effets du thème** puis cliquez un jeu d'effets dans la liste.

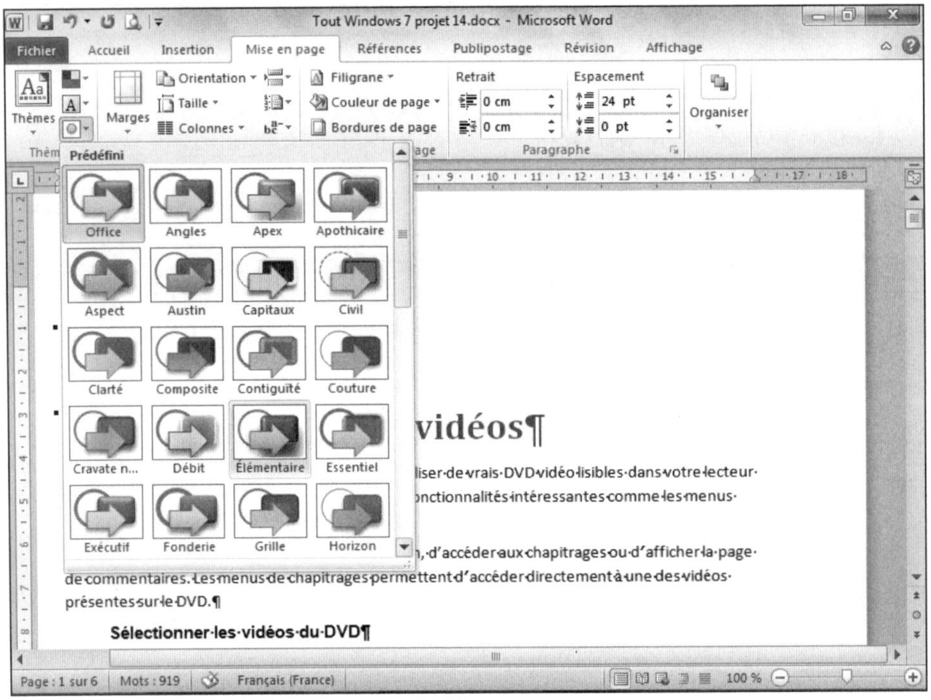

Figure 9-3 Choix des effets d'un thème.

Note Les thèmes ne sont compatibles qu'avec les versions 2007 et 2010 de Word. Pour les documents créés dans les versions antérieures, vous devez au préalable les enregistrer sous le format 2007/2010 (utilisez l'onglet **Fichier → Enregistrer sous** puis sélectionnez **Document Word (*.docx)** dans la liste **Type**).

Modifier ou créer un thème

Il n'existe pas de fonction pour créer un thème de toutes pièces. Vous devez donc modifier un thème prédéfini, puis l'enregistrer comme nouveau thème.

1. Cliquez l'onglet **Mise en page → Thèmes → Thèmes**.
2. Cliquez le thème désiré dans la liste.
3. Cliquez l'onglet **Mise en page → Thèmes → Couleurs du thème → Nouvelles couleurs de thème**.

4. Sélectionnez les couleurs de chaque rubrique.
5. Tapez dans la zone **Nom** celui de votre jeu de couleurs.

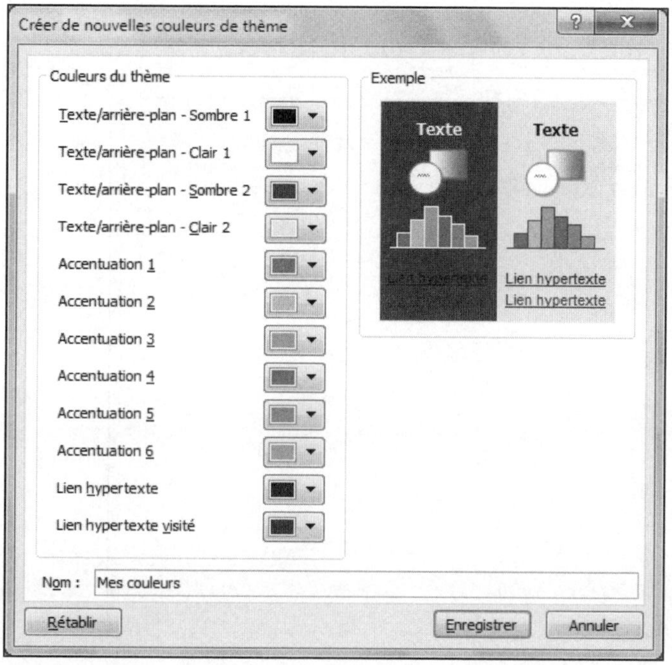

Figure 9-4 Choix des couleurs d'un nouveau thème.

6. Cliquez le bouton **Enregistrer**.
7. Cliquez l'onglet **Mise en page ➜ Thèmes ➜ Police du thème** ➜ **Nouvelles polices du thème**.
8. Sélectionnez les polices dans les listes **Police du titre** et **Police du corps du texte**.
9. Tapez dans la zone **Nom** celui de votre jeu de polices.

Figure 9-5 Choix des polices d'un nouveau thème.

10. Cliquez le bouton **Enregistrer**.

11. Cliquez l'onglet **Mise en page ➜ Thèmes ➜ Effets du thème** puis cliquez un jeu d'effets dans la liste.
12. Cliquez l'onglet **Mise en page ➜ Thèmes ➜ Thèmes ➜ Enregistrer le thème actif**.
13. Tapez le nom de votre thème dans la zone **Nom de fichier**.

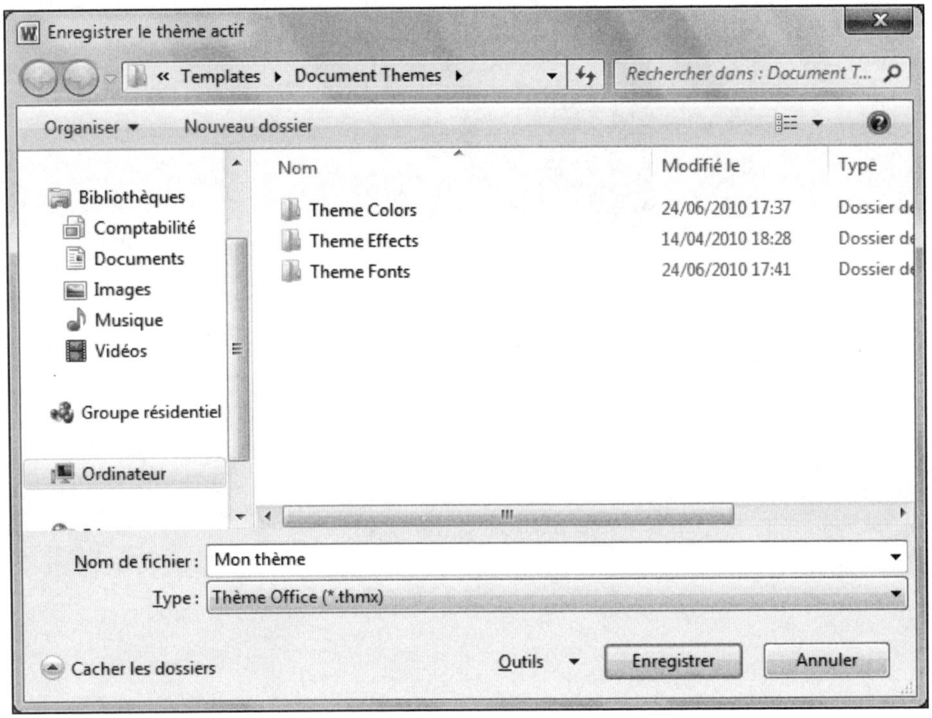

Figure 9-6 Enregistrement d'un nouveau thème.

14. Cliquez le bouton **Enregistrer**.

Votre thème apparaît maintenant au début de la liste des thèmes.

Figure 9-7 Thèmes personnalisés.

Utiliser les modèles de document

Pourquoi refaire ce qui existe déjà ? Word vous propose des modèles pour tous les sujets de la vie courante et professionnelle.

Un modèle est une description complète de la mise en forme d'un document. Cela comprend les styles, les thèmes, mais aussi des mises en pages où il ne reste plus qu'à « remplir les cases ».

Créer un document avec un modèle prédéfini

1. Cliquez l'onglet **Fichier → Nouveau**.
2. Cliquez **Exemples de modèles** dans la liste du milieu.

   La liste du milieu propose les modèles disponibles sur votre ordinateur.

3. Cliquez un modèle dans la liste du milieu.

   La zone à droite affiche un aperçu du modèle sélectionné.

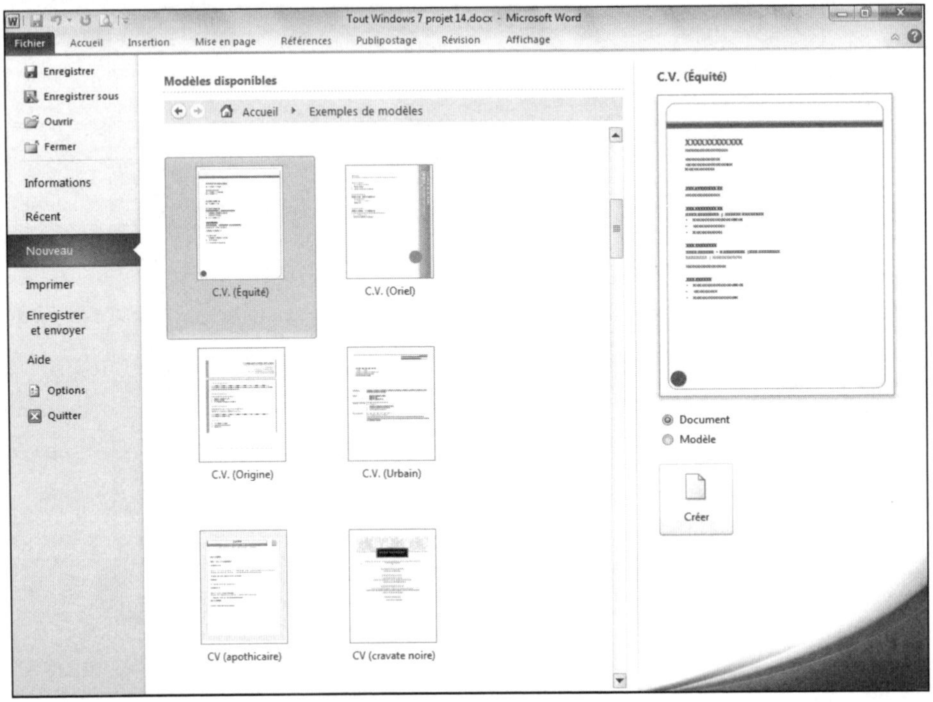

Figure 9-8 Modèle de document.

Astuce En cochant l'option **Modèle** dans la zone à droite, vous pouvez créer un nouveau modèle fondé sur le modèle choisi.

4. Cliquez le bouton **Créer**.

Le nouveau document est créé à partir du modèle. Vous n'avez qu'à compléter les zones entre crochets et ajouter d'autres textes.

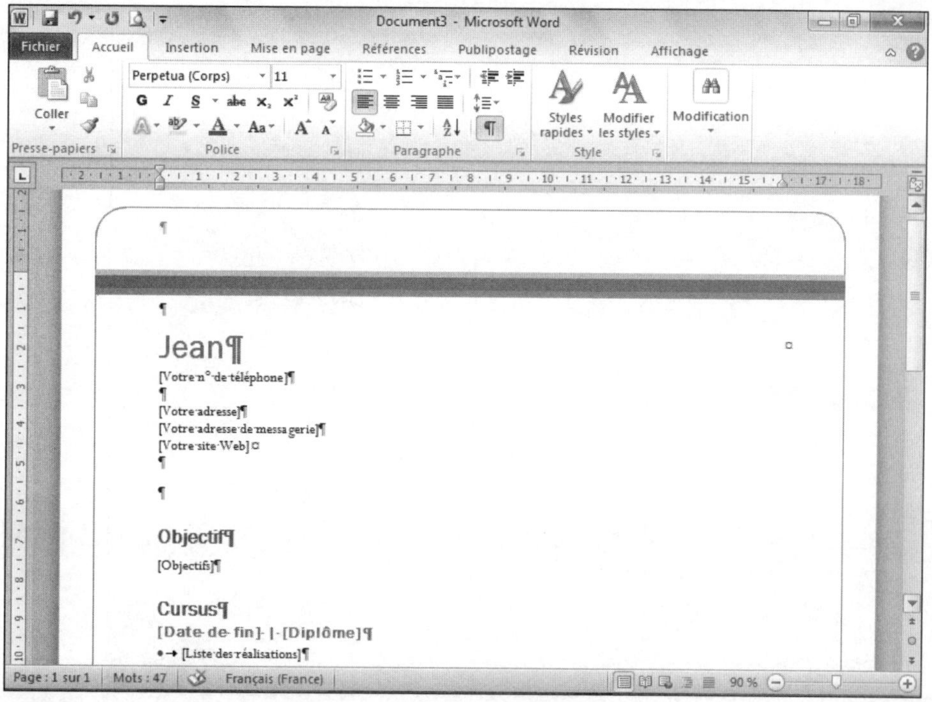

Figure 9-9 Document fondé sur un modèle prédéfini.

Utiliser un modèle sur Internet

Les modèles déjà installés sur votre ordinateur sont peu nombreux. En accédant à Internet, vous pouvez trouver une foule de modèles sur les sujets les plus divers.

1. Cliquez l'onglet **Fichier ➜ Nouveau**.

2. Cliquez un thème de modèles dans la liste du milieu en dessous de **Modèles Office.com**.

   Les modèles disponibles sur Internet s'affichent dans la liste du centre.

Astuce Si vous ne trouvez pas votre sujet dans la liste de gauche, cliquez **Autres catégories** tout en bas de cette dernière. Certaines catégories affichent des sous-catégories dans la liste centrale. Cliquez alors une des sous-catégories pour afficher les modèles correspondants.

3. Cliquez un modèle dans la liste du centre.

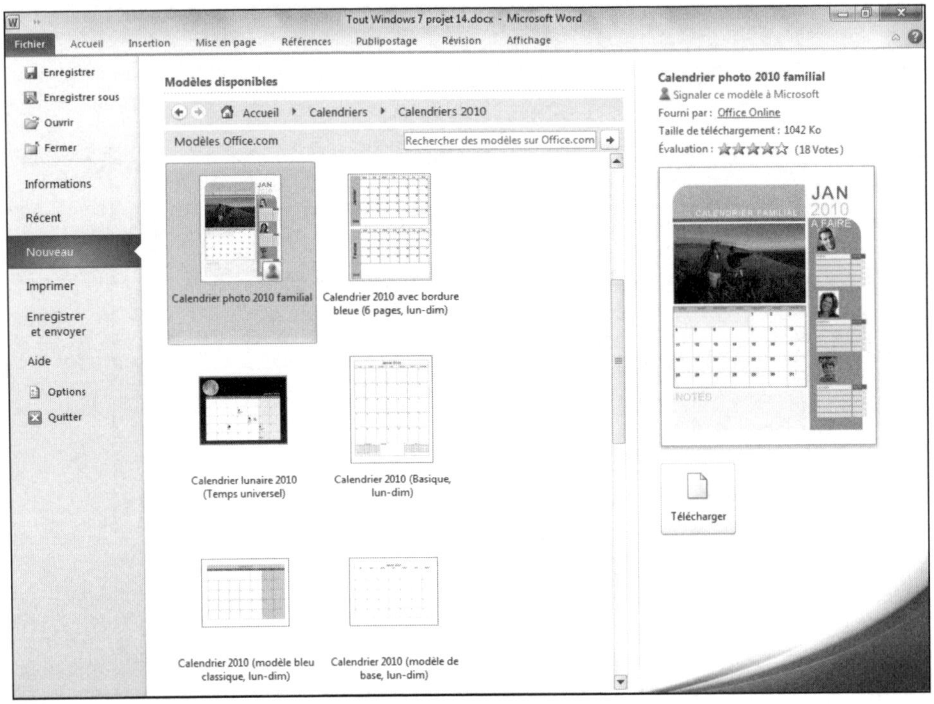

Figure 9-10 Modèle de document proposé sur Internet.

Note Nous avons trouvé ici un modèle de calendrier pour l'année 2010. Comme les modèles sont mis à jour régulièrement sur Internet, nous trouverons sans problème un calendrier 2011 l'année prochaine.

4. Cliquez le bouton **Télécharger**.
5. Cliquez le bouton **J'accepte** si Office demande une confirmation pour le téléchargement.

   Le modèle est téléchargé *via* Internet.

Figure 9-11 Téléchargement d'un modèle sur Internet.

6. Modifiez les éléments du document (textes, images, *etc.*).

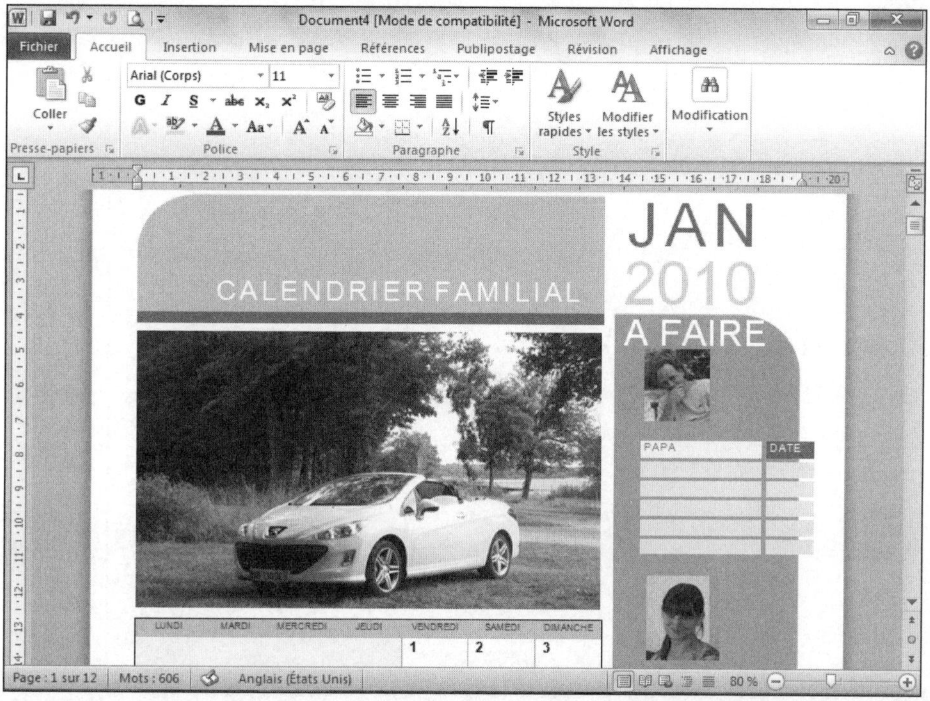

Figure 9-12 Document fondé sur un modèle téléchargé *via* Internet.

Créer un modèle de document

Si vous utilisez fréquemment la même mise en page, il est plus simple de créer votre propre modèle.

1. Saisissez les éléments de mise en page qui se répètent dans chaque document.
2. Définissez les styles nécessaires à la mise en forme de chacun des paragraphes du document.

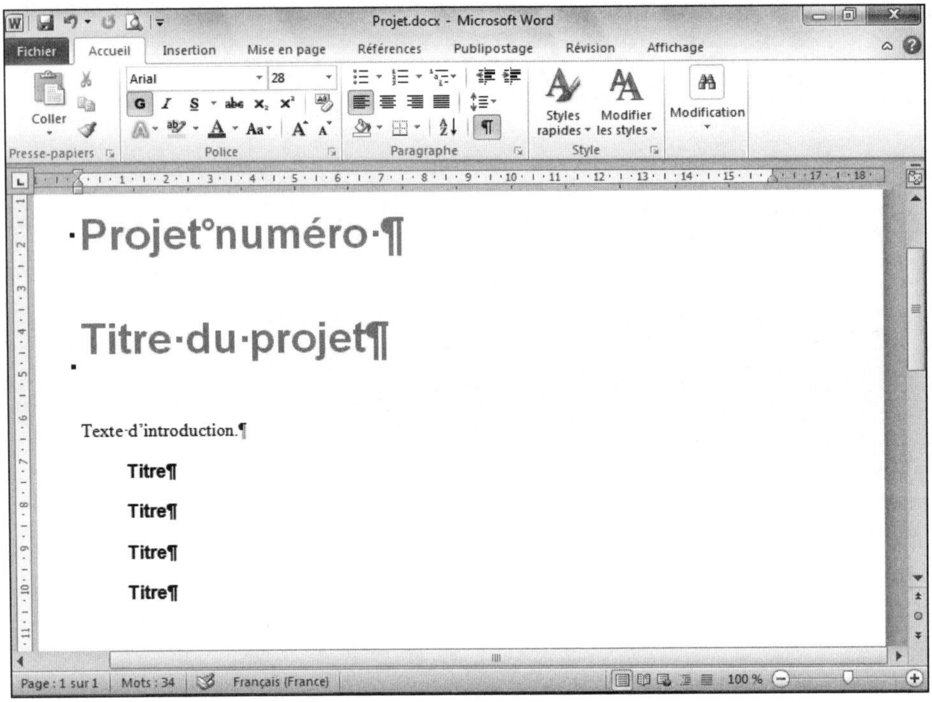

Figure 9-13 Modèle de document personnel.

3. Cliquez l'onglet **Fichier ➜ Enregistrer sous.**

Attention Pour utiliser la liste **Mes modèles** dans l'onglet **Fichier ➜ Nouveau**, vous devez enregistrer vos fichiers dans un dossier particulier. Sous Windows XP, cliquez le dossier **Modèles approuvés** dans la liste de gauche de la boîte Enregistrer sous. Sous Windows 7 et Vista, vous devez enregistrer vos fichiers dans le dossier : `C:\Utilisateurs\votre nom\AppData\Roaming\Microsoft\Templates`.

4. Sélectionnez **Modèle Word (*.dotx)** dans la liste **Type**.
5. Tapez le nom du modèle dans la zone **Nom de fichier**.

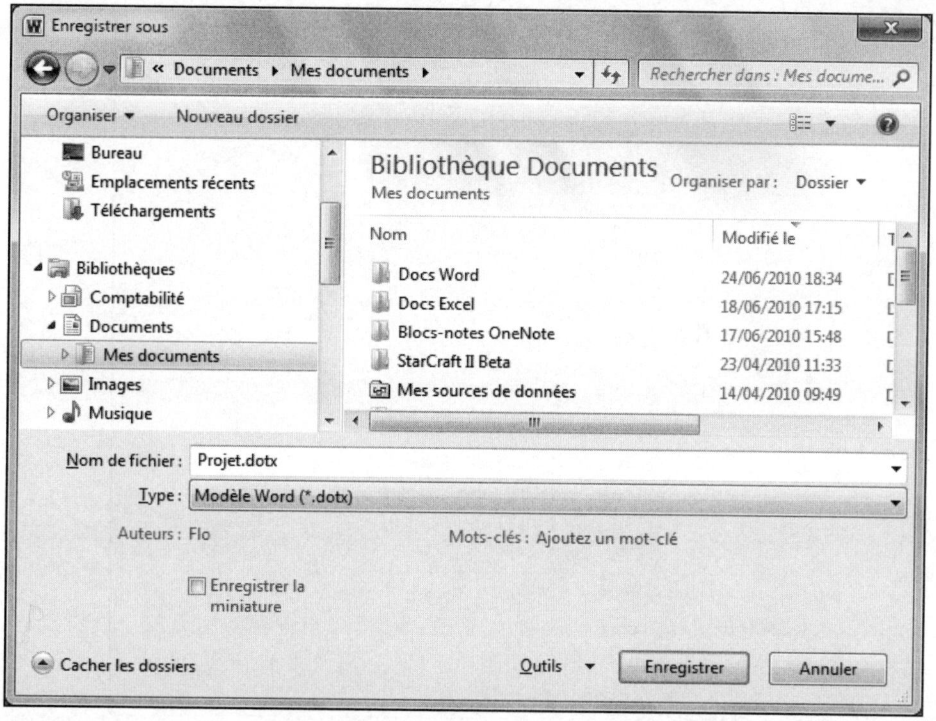

Figure 9-14 Enregistrement d'un modèle de document personnel.

Note Les fichiers de modèles portent l'extension .DOTX.

6. Cliquez le bouton **Enregistrer**.

Utiliser votre modèle

Vous pouvez maintenant créer de nouveaux documents basés sur le modèle que vous avez enregistré.

Si vous avez enregistré votre modèle dans un dossier comme **Documents** ou **Mes documents** :

1. Cliquez le l'onglet **Fichier → Nouveau**.
2. Cliquez **Créer à partir d'un document existant** dans la liste du milieu.
3. Sélectionnez le fichier du modèle.

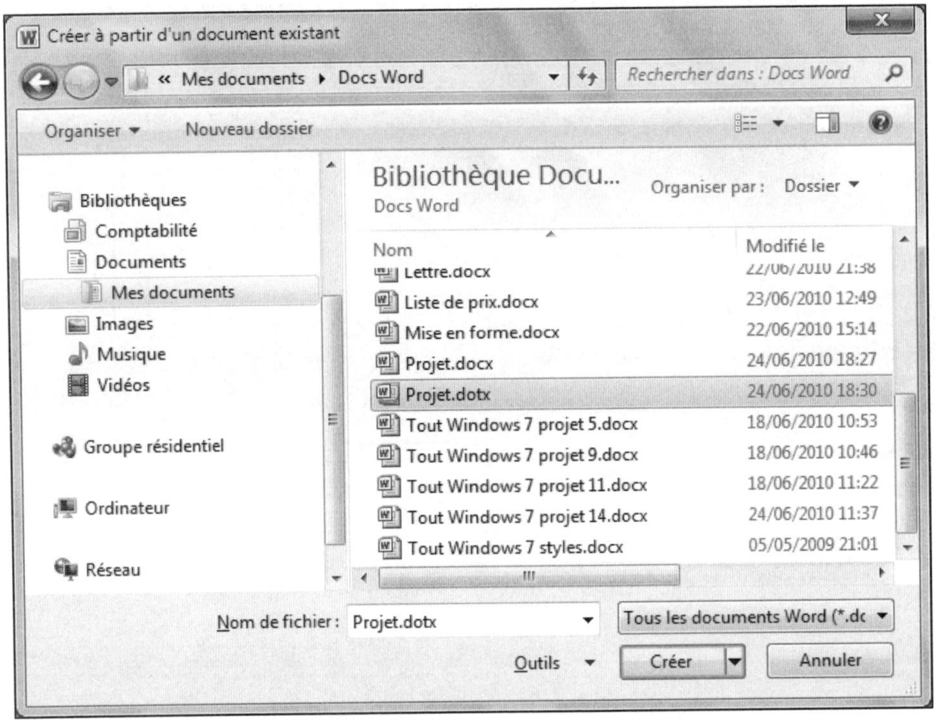

Figure 9-15 Recherche d'un modèle de document personnel.

4. Cliquez le bouton **Créer**.

Word affiche un nouveau document basé sur votre modèle.

Si vous avez enregistré votre modèle dans le dossier prévu à cet effet :

1. Cliquez l'onglet **Fichier → Nouveau**.
2. Cliquez **Mes modèles** dans la liste du milieu.
3. Sélectionnez le modèle.
4. Si vous désirez créer un modèle à partir d'un autre modèle, cochez l'option **Modèle**.

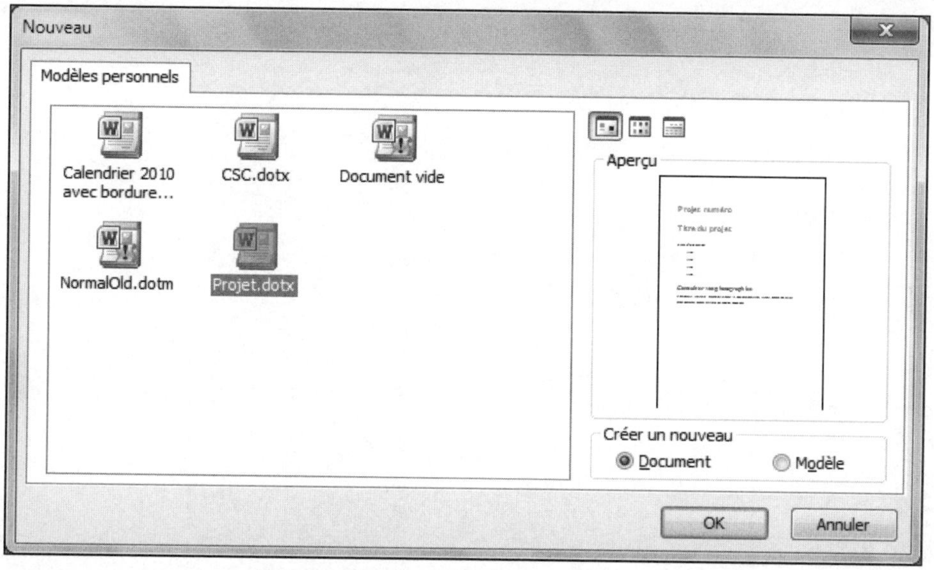

Figure 9-16 Utilisation d'un modèle de document personnel.

5. Cliquez le bouton **OK**.

Modifier un modèle

Un modèle se modifie comme n'importe quel document.

1. Cliquez l'onglet **Fichier ➜ Ouvrir**.
2. Sélectionnez **Modèles Word (*.dotx)** dans la liste en regard de la zone **Nom de fichier**.
3. Sélectionnez le fichier du modèle.
4. Cliquez le bouton **Ouvrir**.
5. Modifiez votre modèle comme vous le feriez pour tout autre document, puis enregistrez-le.

Insérer une page de garde

Parallèlement aux modèles, vous pouvez insérer une page de garde ou une couverture « prête à l'emploi » dans votre document.

1. Cliquez l'onglet **Insertion ➜ Pages ➜ Page de garde**.
2. Cliquez un modèle de page dans la liste **Page de garde**.

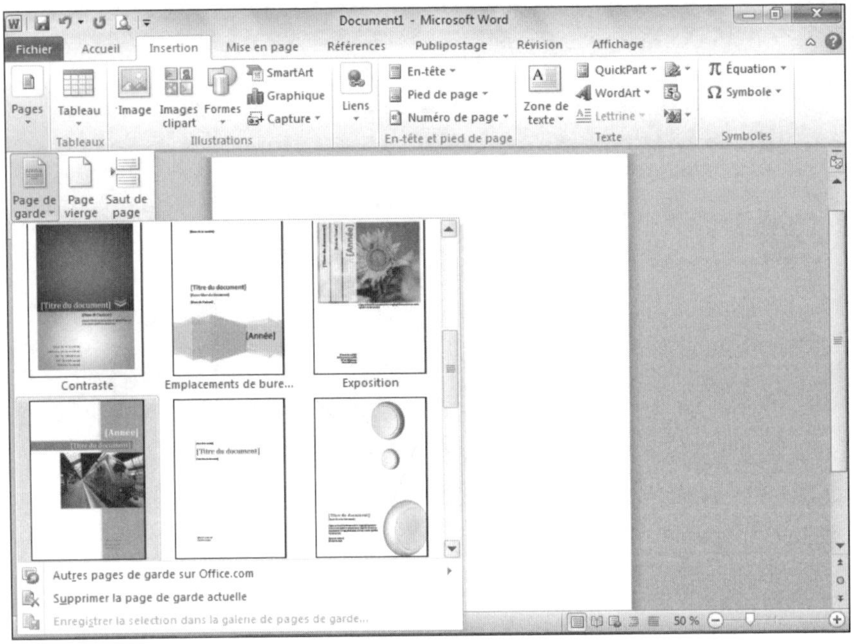

Figure 9-17 Sélection d'une page de garde.

Une nouvelle page est insérée au début de votre document.

3. Modifiez les textes et les images pour les adapter à votre document.

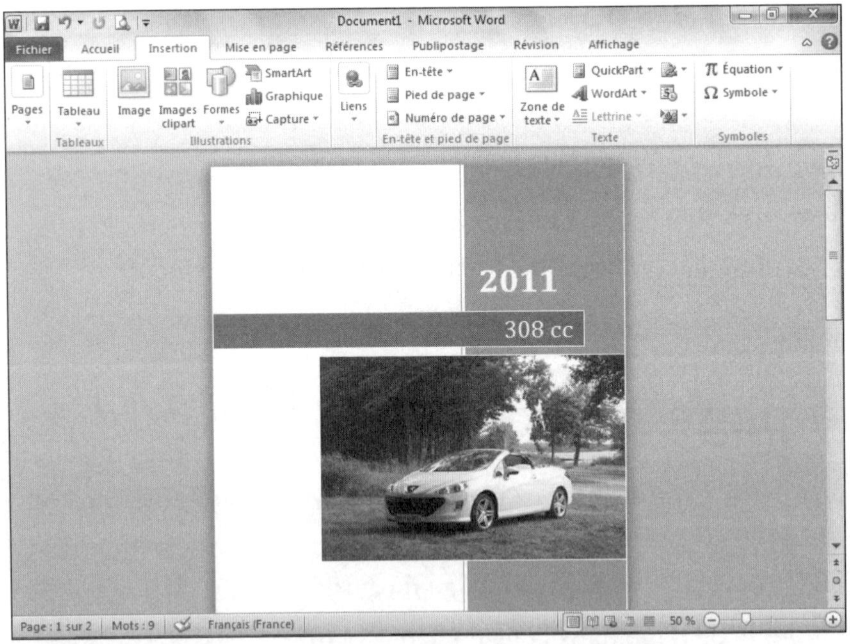

Figure 9-18 Modification d'une page de garde.

Créer un modèle de page de garde

Comme les modèles de document, vous pouvez enregistrer des modèles de page de garde.

1. Créez un nouveau document et réalisez votre page de garde. Pour plus de simplicité, veillez à ce que les éléments tiennent sur une seule page.
2. Sélectionnez tous les éléments de votre page, ou tapez **Ctrl+A** si le document contient uniquement cette page.
3. Cliquez l'onglet **Insertion → Pages → Page de garde → Enregistrer la sélection dans la galerie de pages de garde** (la commande se trouve tout en bas de la liste).

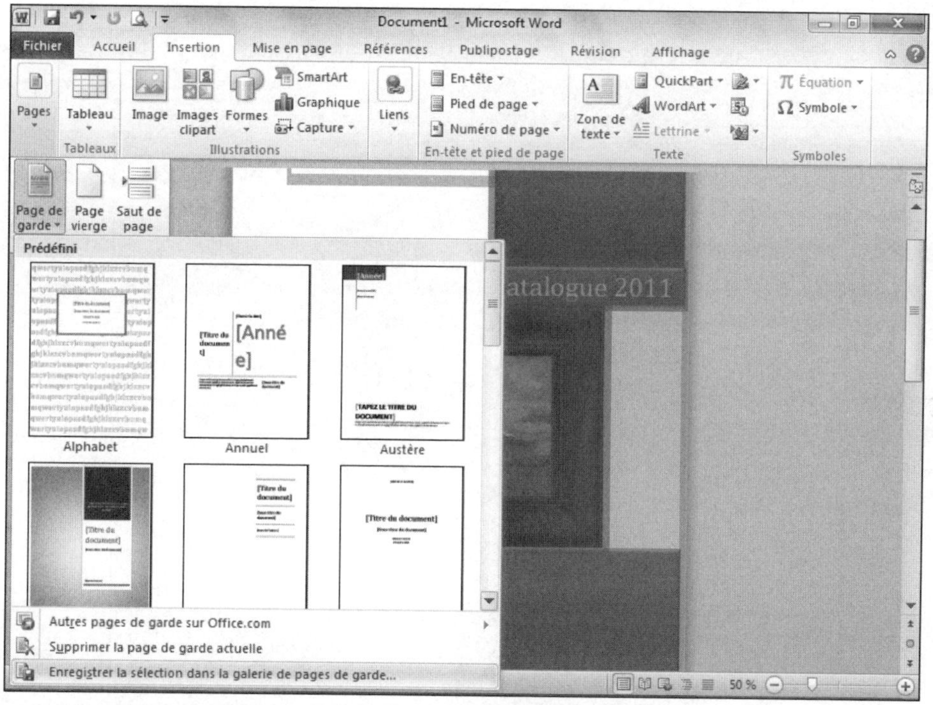

Figure 9-19 Enregistrement d'une page de garde personnalisée.

4. Saisissez les renseignements demandés pour classer et retrouver plus facilement votre page de garde.

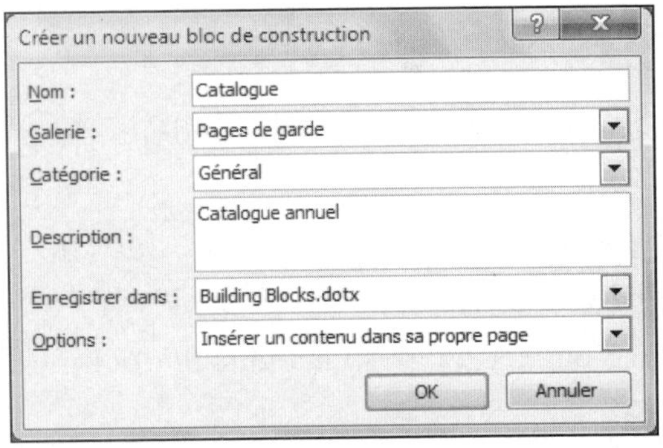

Figure 9-20 Renseignements sur la page de garde personnalisée.

5. Cliquez le bouton **OK**.

Vous retrouvez votre page de garde personnalisée dans la liste des pages de garde.

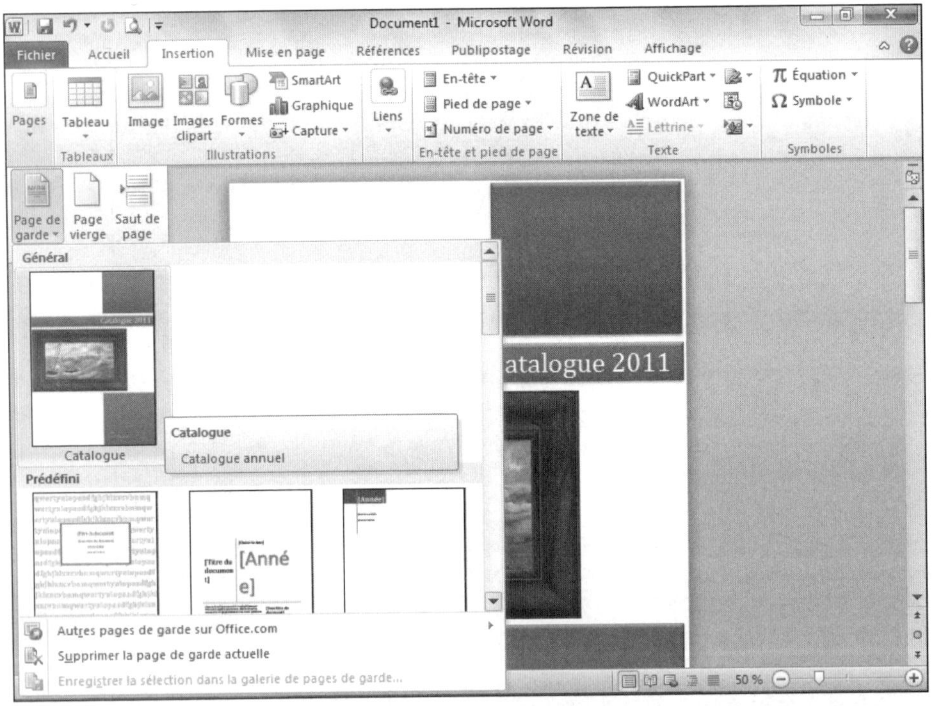

Figure 9-21 Page de garde personnalisée dans la liste des pages de garde.

Gérer les modèles de page de garde

1. Cliquez l'onglet **Insertion** ➜ **Pages** ➜ **Page de garde**.
2. Cliquez avec le bouton droit un modèle dans la liste, puis choisissez la commande **Organiser et supprimer** dans le menu contextuel.
3. Sélectionnez une page de garde dans la liste **Blocs de construction**.
4. Utilisez les boutons **Modifier les propriétés**, **Supprimer** ou **Insérer**.

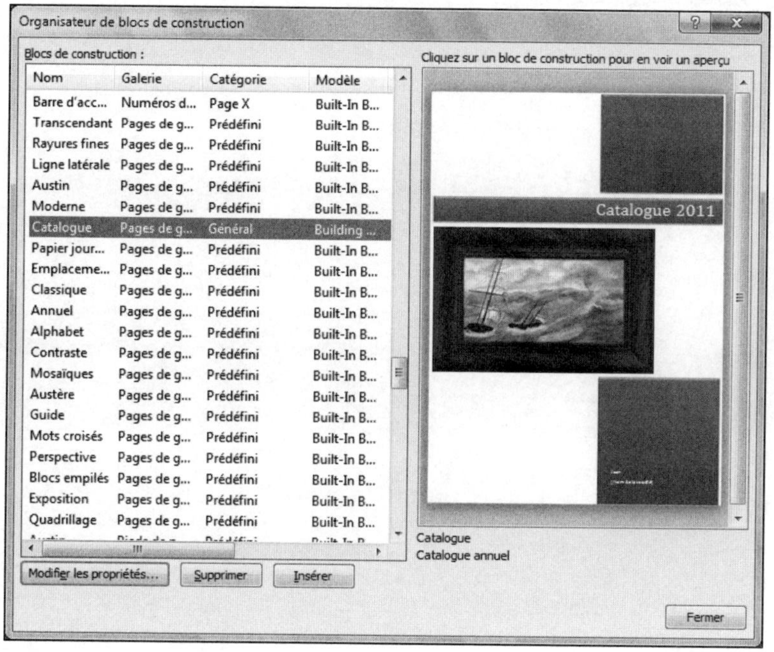

Figure 9-22 Gestion des pages de garde.

5. Cliquez le bouton **Fermer**.

Enregistrer les modèles de page

Les modèles de page sont sauvegardés dans le fichier `Building blocks.dotx`. À la fermeture de Word, ce dernier vous demandera d'enregistrer vos modifications. Cliquez simplement le bouton **Enregistrer** dans la boîte qui s'affiche.

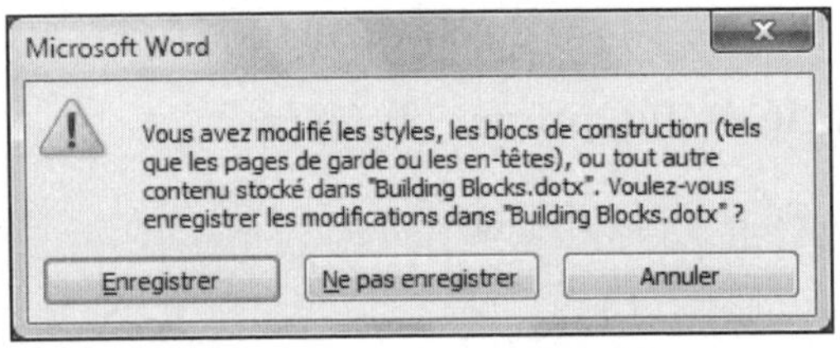
Microsoft Word
Vous avez modifié les styles, les blocs de construction (tels que les pages de garde ou les en-têtes), ou tout autre contenu stocké dans "Building Blocks.dotx". Voulez-vous enregistrer les modifications dans "Building Blocks.dotx" ?
Enregistrer
Ne pas enregistrer
Annuler

Figure 9-23 Enregistrement des modèles de pages de garde.

Chapitre 10

Ajouter des cadres, des bordures et des trames

Dans ce chapitre

- Ajouter des bordures aux paragraphes
- Encadrer des textes
- Encadrer des titres
- Ajouter des trames
- Ajouter un cadre en bordure de page
- Modifier la couleur des feuilles
- Ajouter un filigrane

Ce chapitre vous propose d'enjoliver vos documents avec des cadres pour vos paragraphes ou vos feuilles, des trames de couleurs, des images de fond de page ou des filigranes.

Ajouter des bordures

Les bordures de paragraphe permettent d'encadrer vos textes pour les mettre en valeur, ou de créer des titres.

Les bordures s'appliquent à l'intégralité du paragraphe. Autrement dit, vous ne pouvez pas ajouter une bordure à un ou quelques mots. Il faut alors encadrer le texte (voir plus loin dans ce chapitre).

1. Cliquez dans le paragraphe à border, ou sélectionnez plusieurs paragraphes.
2. Dans l'onglet **Accueil → Paragraphe**, cliquez la flèche en regard du bouton puis cliquez le type de trait à ajouter.

Note L'apparence du bouton est fonction du dernier choix effectué à l'étape **2**. Cliquez directement le bouton, et non la flèche, pour appliquer le dernier type de bordure sélectionné. En revanche, si vous appliquez le même type de bordure au même paragraphe, celui-ci est supprimé.

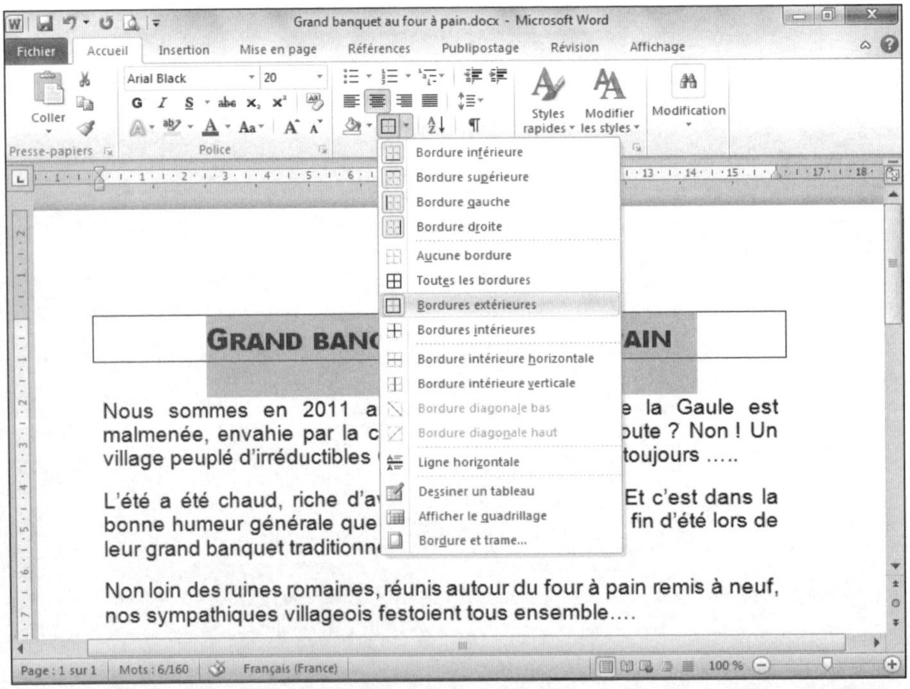

Figure 10-1 Ajout d'une bordure à un paragraphe.

Pour supprimer des bordures :

1. Sélectionnez le ou les paragraphes avec bordures.
2. Dans l'onglet **Accueil → Paragraphe**, cliquez la flèche en regard du bouton ⊞ puis cliquez **Aucune bordure**.

Encadrer des titres

Dans l'exemple de la figure 10-1, le paragraphe est entouré intégralement. Si vous désirez éliminer les bordures à gauche et à droite du texte, il suffit de modifier les retraits gauche et droit du paragraphe.

1. Sélectionnez le ou les paragraphes à modifier.
2. Cliquez et faites glisser les taquets des retraits gauche et droit (consultez le chapitre 5).
3. Si le ou les paragraphes ne sont pas encore bordés, cliquez l'onglet **Accueil → Paragraphe**, cliquez la flèche en regard du bouton ⊞ puis cliquez le type de traits à ajouter.

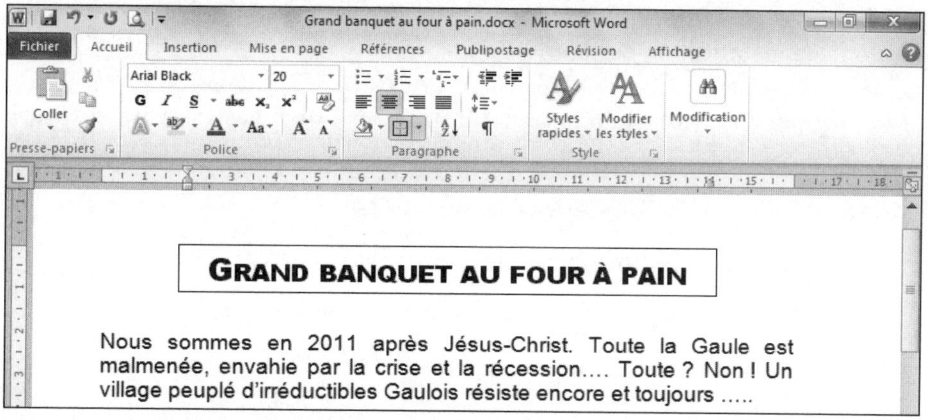

Figure 10-2 Bordure d'un titre.

Définir précisément les bordures

Pour choisir précisément la forme des bordures (épaisseur, couleur, *etc.*), vous devez passer par une boîte de dialogue.

1. Sélectionnez le ou les paragraphes avec bordures.
2. Dans l'onglet **Accueil → Paragraphe**, cliquez la flèche en regard du bouton ⊞ puis cliquez **Bordure et trame**.

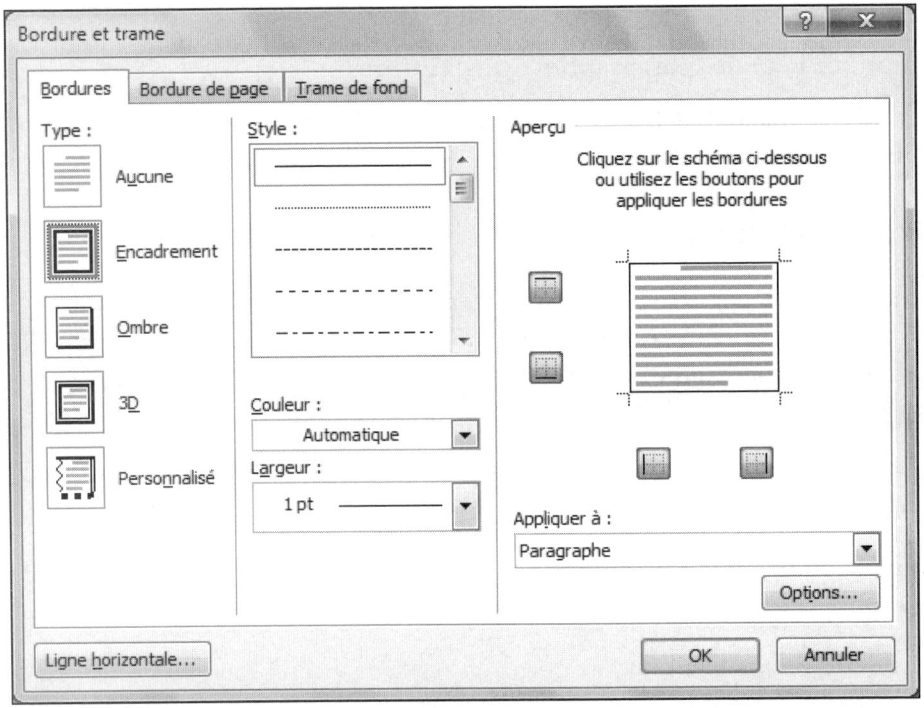

Figure 10-3 Boîte de modification des bordures.

3. Sélectionnez dans la liste **Style** le type de trait des bordures (simple, multiple, pointillé, *etc.*).
4. Sélectionnez dans la liste **Couleur** celle des traits.
5. Sélectionnez dans la liste **Largeur** celle des traits.
6. Dans la zone **Aperçu**, cliquez les boutons pour choisir les traits de bordure.
7. Cochez **Ombre** pour ajouter une ombre à la bordure.

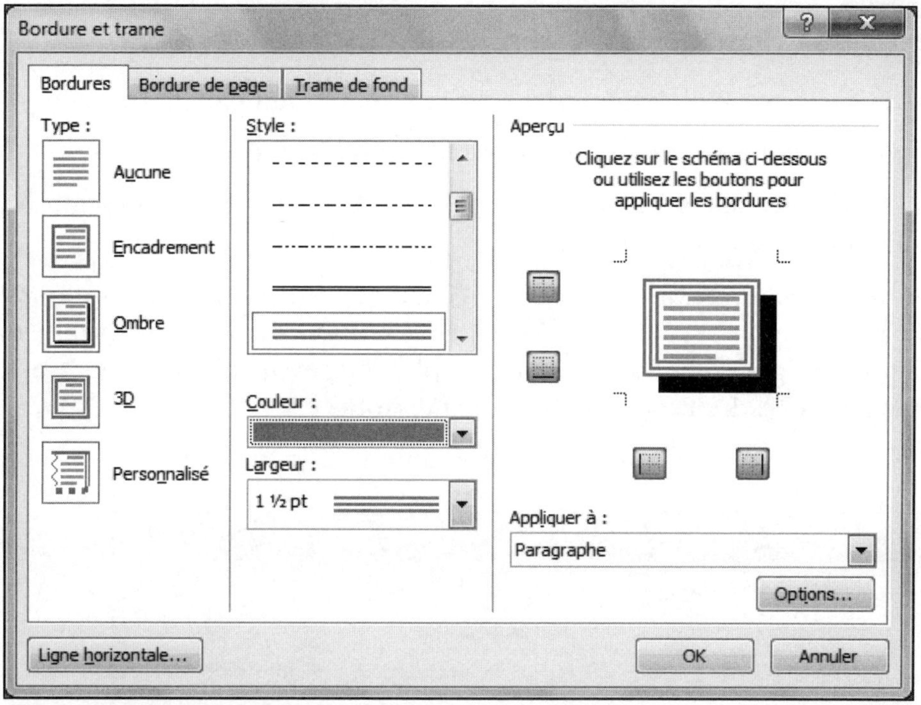

Figure 10-4 Bordures après modifications.

8. Cliquez le bouton **OK**.

Figure 10-5 Bordures modifiées dans le document.

Encadrer un texte

Word vous laisse la possibilité d'encadrer des mots et non un paragraphe complet.

1. Sélectionnez, dans un paragraphe, le ou les mots à encadrer.
2. Dans l'onglet **Accueil → Paragraphe**, cliquez la flèche en regard du bouton puis cliquez **Bordure et trame**.

   Notez que la valeur **Texte** est sélectionnée dans la liste **Appliquer à**. Cette valeur n'est pas disponible si vous avez juste placé le curseur dans un paragraphe ou si vous l'avez intégralement sélectionné. De plus, l'Aperçu affiche un texte au lieu du traditionnel cadre représentant un paragraphe.
3. Modifiez les paramètres comme vu précédemment.

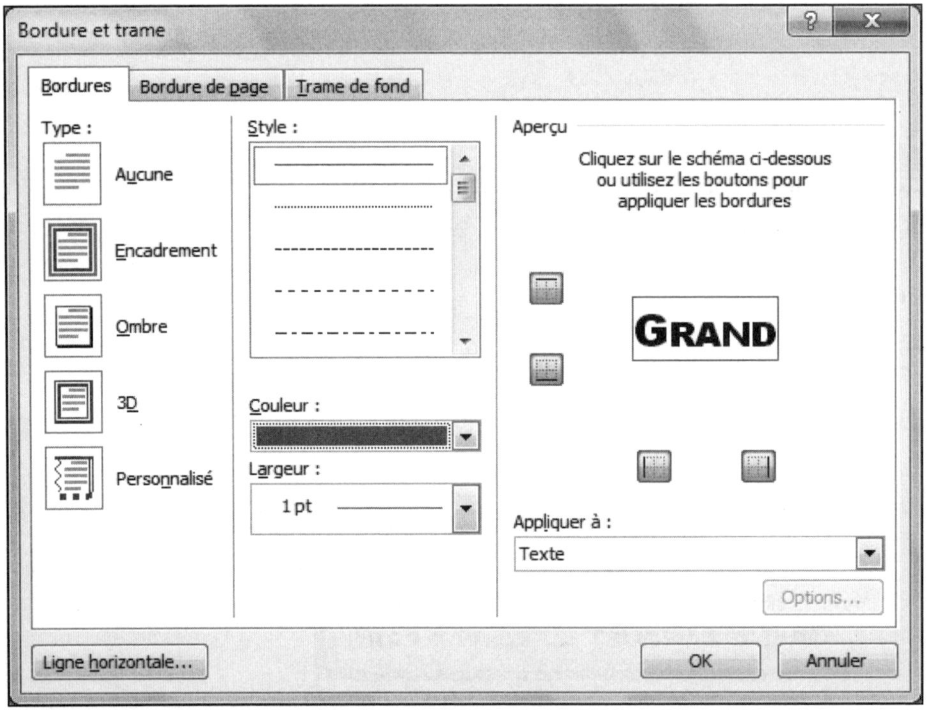

Figure 10-6 Modification des bordures d'un texte.

4. Cliquez le bouton **OK**.

Dans l'exemple de la figure 10-7 nous avons volontairement cumulé des bordures de paragraphe et de texte.

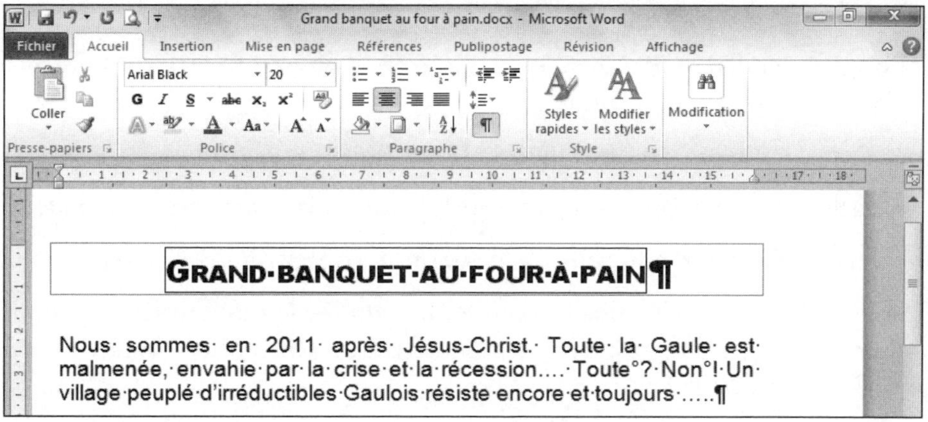

Figure 10-7 Texte avec bordures dans un paragraphe lui aussi avec bordures.

Ajouter des trames

Les trames permettent de colorer le fond des paragraphes bordés.

1. Sélectionnez le ou les paragraphes.
2. Cliquez l'onglet **Accueil → Paragraphe**, puis la flèche en regard du bouton .
3. Cliquez la couleur de trame dans la palette. Cliquez **Autres couleurs** pour en choisir une autre que celles proposées.

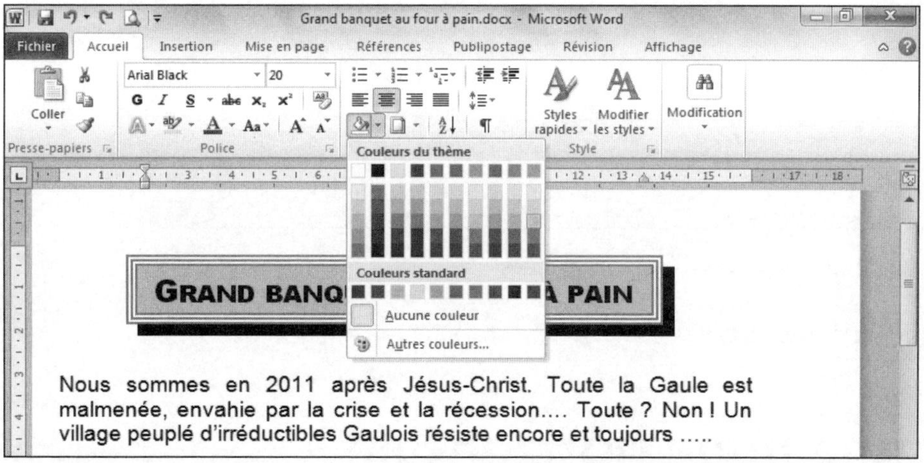

Figure 10-8 Choix de la couleur de trame d'un paragraphe.

Comme pour les bordures, vous pouvez utiliser une boîte de dialogue pour choisir plus précisément vos trames.

1. Sélectionnez le ou les paragraphes.
2. Dans l'onglet **Accueil → Paragraphe**, cliquez la flèche en regard du bouton ⊞, puis cliquez **Bordure et trame**.
3. Cliquez l'onglet **Trame de fond** dans la boîte Bordure et trame.
4. Cliquez la liste **Remplissage** pour choisir la couleur de base dans une palette.
5. Cliquez la liste **Couleur** pour choisir la seconde couleur dans une palette.
6. Dans la liste **Style**, sélectionnez le pourcentage entre la couleur de base et la seconde couleur, ou sélectionnez un type de trame particulier (quadrillage, diagonale, treillis, *etc.*).

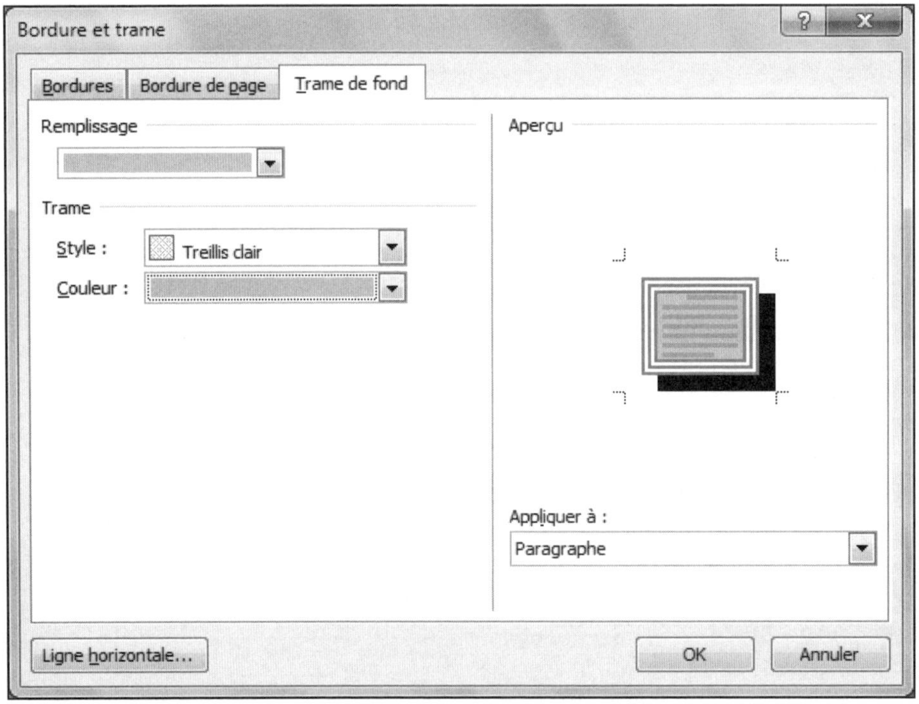

Figure 10-09 Boîte de modification des trames.

7. Cliquez le bouton **OK**.

Insérer une ligne horizontale

Les lignes horizontales permettent de partager plus visuellement des paragraphes dans vos documents.

1. Cliquez la position d'insertion de la ligne (généralement à la fin du paragraphe qui doit précéder la ligne ou au début de celui qui doit la suivre).
2. Dans l'onglet **Accueil → Paragraphe**, cliquez la flèche en regard du bouton puis cliquez **Ligne horizontale**.

Une ligne de séparation est insérée entre les deux paragraphes.

Modifier une ligne horizontale

Bien sûr, vous pouvez modifier la taille et la couleur de la ligne.

1. Double-cliquez la ligne pour la modifier.
2. Modifiez les options proposées (largeur, hauteur, couleur, *etc.*).

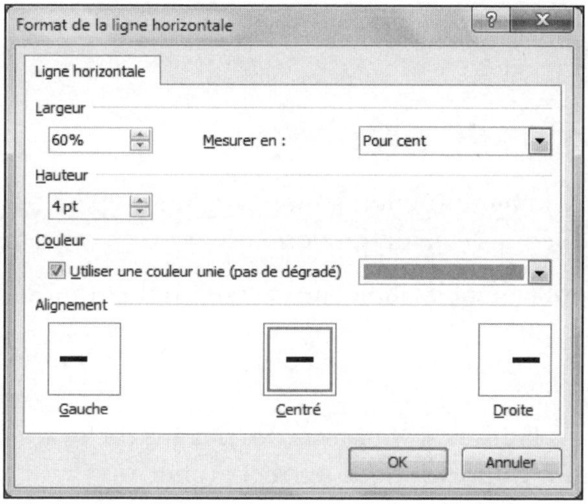

Figure 10-10 Modification des propriétés d'une ligne horizontale.

3. Cliquez le bouton **OK**.

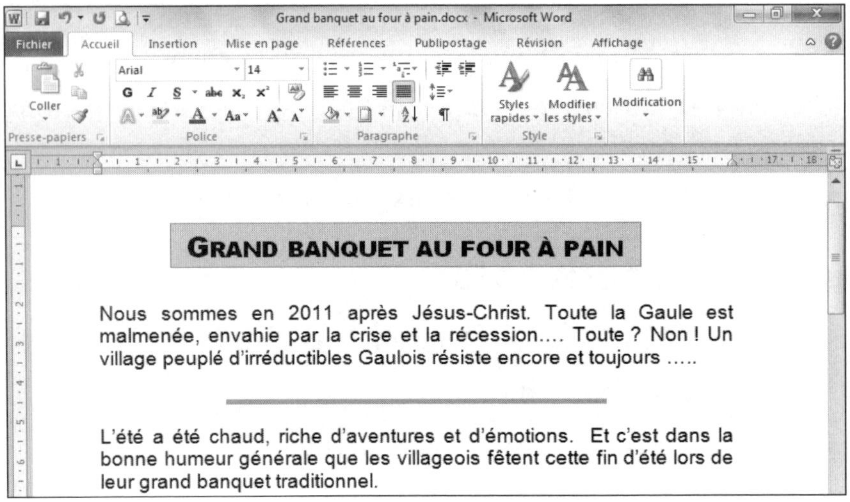
Grand banquet au four à pain.docx - Microsoft Word
Fichier
Accueil
Insertion
Mise en page
Références
Publipostage
Révision
Affichage
Coller
Presse-papiers
Arial
14
Police
Paragraphe
Styles rapides
Modifier les styles
Style
Modification
GRAND BANQUET AU FOUR À PAIN
Nous sommes en 2011 après Jésus-Christ. Toute la Gaule est malmenée, envahie par la crise et la récession.... Toute ? Non ! Un village peuplé d'irréductibles Gaulois résiste encore et toujours .....
L'été a été chaud, riche d'aventures et d'émotions. Et c'est dans la bonne humeur générale que les villageois fêtent cette fin d'été lors de leur grand banquet traditionnel.

Figure 10-11 Ligne horizontale entre deux paragraphes.

Ajouter une ligne horizontale graphique

1. Cliquez la position d'insertion de la ligne (généralement à la fin du paragraphe qui doit précéder la ligne ou au début de celui qui doit la suivre).
2. Dans l'onglet **Accueil → Paragraphe**, cliquez la flèche en regard du bouton, puis cliquez **Bordure et trame**.
3. Cliquez le bouton **Ligne horizontale**.
4. Cliquez le dessin d'une ligne dans la liste. Si vous avez des dessins de lignes dans votre ordinateur, cliquez le bouton **Importer** pour les rechercher.

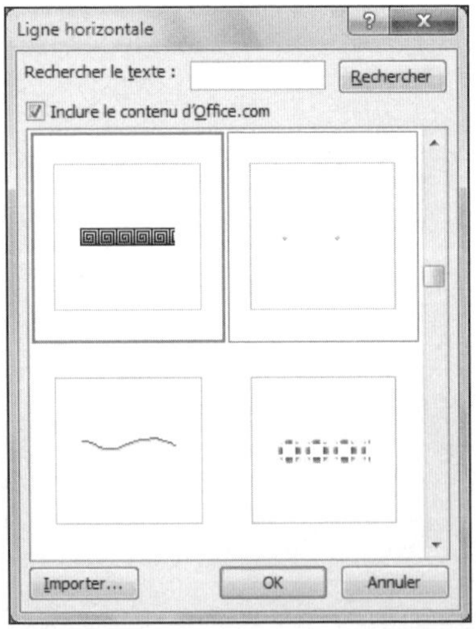
Ligne horizontale
Rechercher le texte :
Rechercher
Inclure le contenu d'Office.com
Importer...
OK
Annuler

Figure 10-12 Sélection d'un graphisme pour une ligne horizontale.

5. Cliquez le bouton **OK**.

Note Pour modifier les caractéristiques de l'image, double-cliquez la ligne, puis l'onglet **Image** dans la boîte Format de la ligne horizontale.

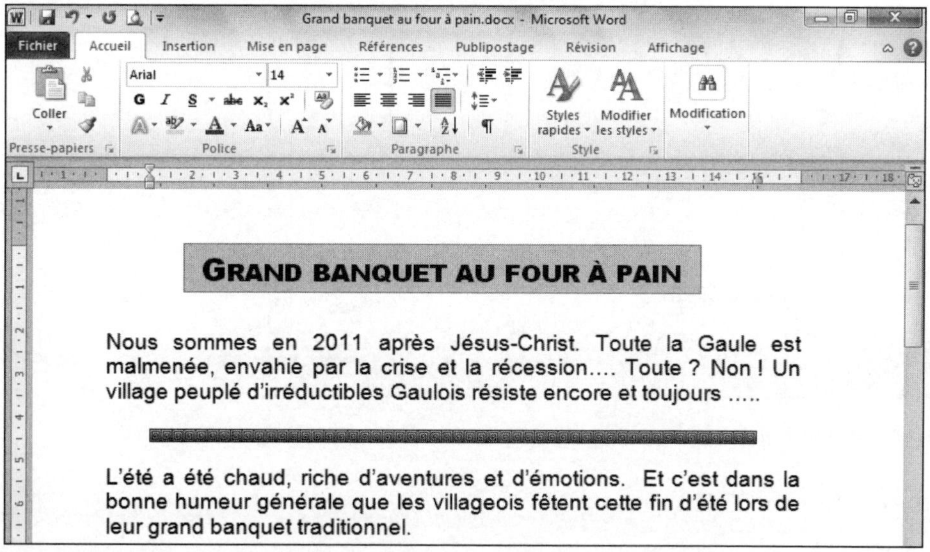

Grand banquet au four à pain.docx - Microsoft Word
Fichier
Accueil
Insertion
Mise en page
Références
Publipostage
Révision
Affichage
Arial
14
Coller
Styles rapides
Modifier les styles
Modification
Presse-papiers
Police
Paragraphe
Style
GRAND BANQUET AU FOUR À PAIN
Nous sommes en 2011 après Jésus-Christ. Toute la Gaule est malmenée, envahie par la crise et la récession.... Toute ? Non ! Un village peuplé d'irréductibles Gaulois résiste encore et toujours .....
L'été a été chaud, riche d'aventures et d'émotions. Et c'est dans la bonne humeur générale que les villageois fêtent cette fin d'été lors de leur grand banquet traditionnel.

Figure 10-13 Ligne sous forme d'image dans un document.

Encadrer vos pages

En plus des paragraphes et des textes, vous pouvez encadrer vos pages.

1. Cliquez l'onglet **Mise en page → Arrière-plan de page → Bordures de page**.
2. Sélectionnez les paramètres comme pour les bordures d'un paragraphe.
3. Éventuellement, sélectionnez un dessin dans la liste **Motif**.
4. Indiquez dans la liste **Appliquer à** si la bordure s'applique à l'ensemble du document ou à certaines sections (reportez-vous au chapitre 7 pour créer des sections).

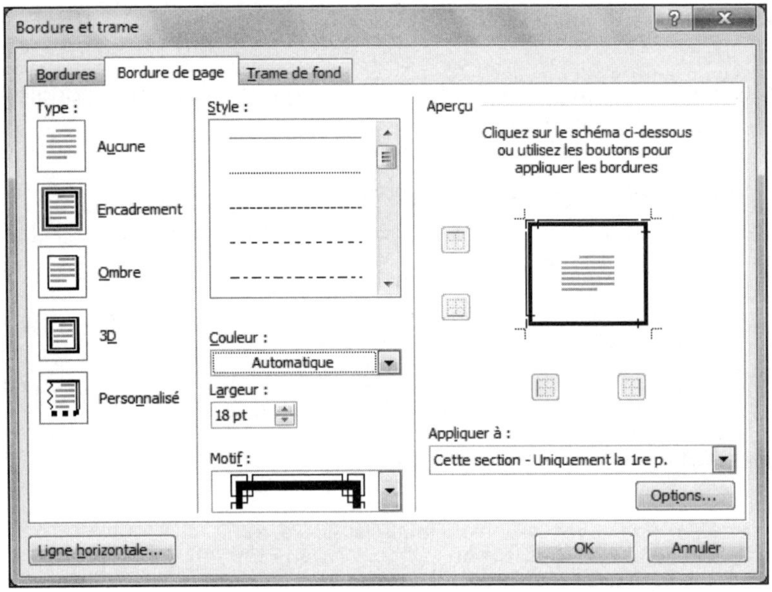

Figure 10-14 Choix d'une bordure de page.

5. Cliquez le bouton **OK**.

Figure 10-15 Page avec bordure.

Modifier la couleur ou le fond des pages

Vous pouvez changer le fond de vos pages, que ce soit pour que l'affichage du document corresponde à la couleur du papier que vous utilisez, ou pour imprimer réellement une trame de fond ou une image.

Modifier la couleur de page

1. Cliquez l'onglet **Mise en page → Arrière-plan de page → Couleur de page**.
2. Cliquez une couleur dans la palette.

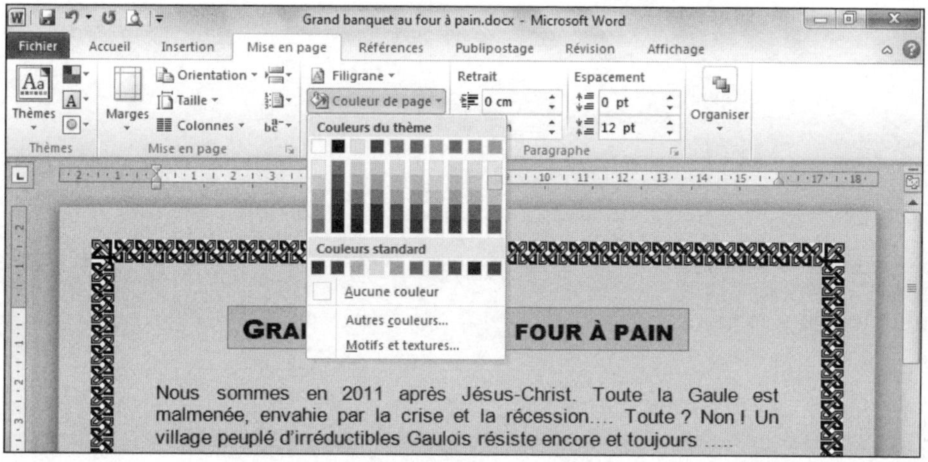

Figure 10-16 Choix de la couleur de la page.

Ajouter un motif, une trame ou une image

1. Cliquez l'onglet **Mise en page → Arrière-plan de page → Couleur de page → Motifs et textures**.
2. Cliquez l'onglet correspondant au type de dessin ou d'image à ajouter en fond de page (**Dégradé**, **Texture**, **Motif** ou **Image**).
3. Modifiez les options proposées.

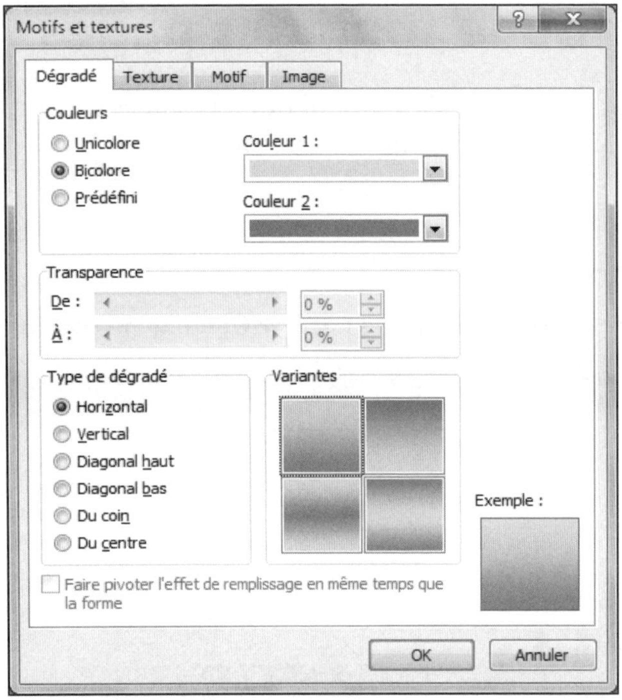

Figure 10-17 Choix du fond de page.

4. Cliquez le bouton **OK**.

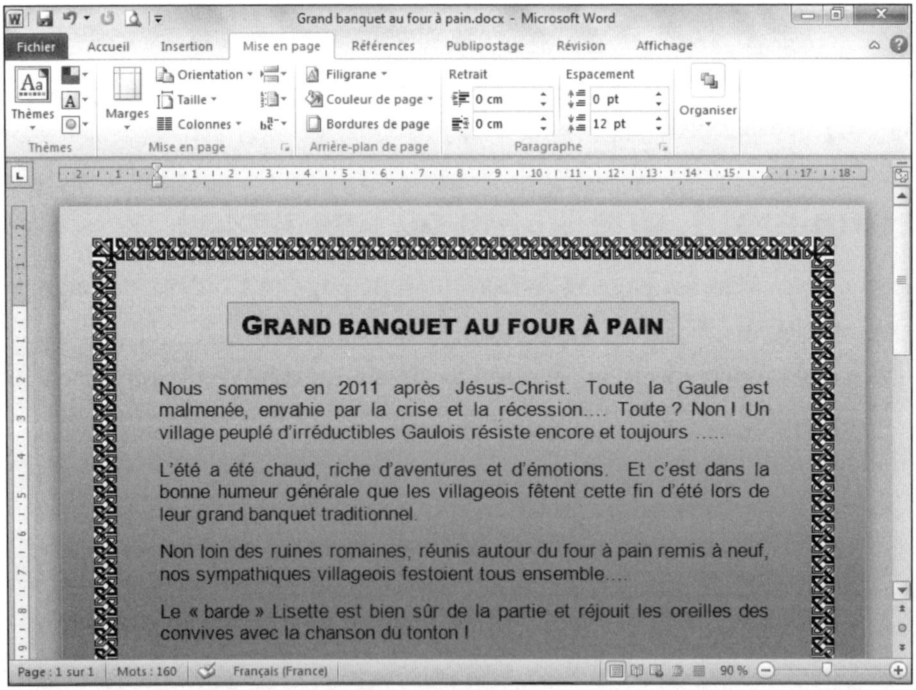

Figure 10-18 Page avec une image de fond.

Forcer l'impression des couleurs et des images

Si les couleurs ou les images sont visibles à l'écran mais ne s'impriment pas, vous devez modifier une des options d'impression :

1. Cliquez l'onglet **Fichier → Options Word**.
2. Cliquez **Affichage** dans la liste de gauche.
3. Dans la zone **Options d'impression**, cochez la case **Imprimer les couleurs et images d'arrière-plan**.
4. Cliquez le bouton **OK**.

Ajouter un filigrane

Un filigrane est un motif inscrit dans le corps d'un papier et que l'on ne voit que par transparence. Word peut simuler la présence d'un texte ou d'une image en filigrane dans vos documents.

1. Cliquez l'onglet **Mise en page → Arrière-plan de page → Filigrane → Filigrane personnalisé**.

Note Vous pouvez aussi choisir un des filigranes proposés dans la liste **Filigrane** pour l'appliquer immédiatement.

2. Pour ajouter une image, cochez l'option **Image en filigrane** puis cliquez le bouton **Sélectionner l'image** pour la rechercher dans votre ordinateur.
3. Pour ajouter un texte, cochez l'option **Texte en filigrane**, tapez le texte dans la zone correspondante, puis sélectionnez ses attributs (police, taille, *etc.*). Pour que le filigrane soit plus ou moins visible, sélectionnez une couleur plus foncée ou plus claire.

Figure 10-19 Ajout d'un filigrane.

4. Pour voir immédiatement le résultat dans le document en dessous sans fermer la boîte, cliquez le bouton **Appliquer**.
5. Cliquez le bouton **OK**.

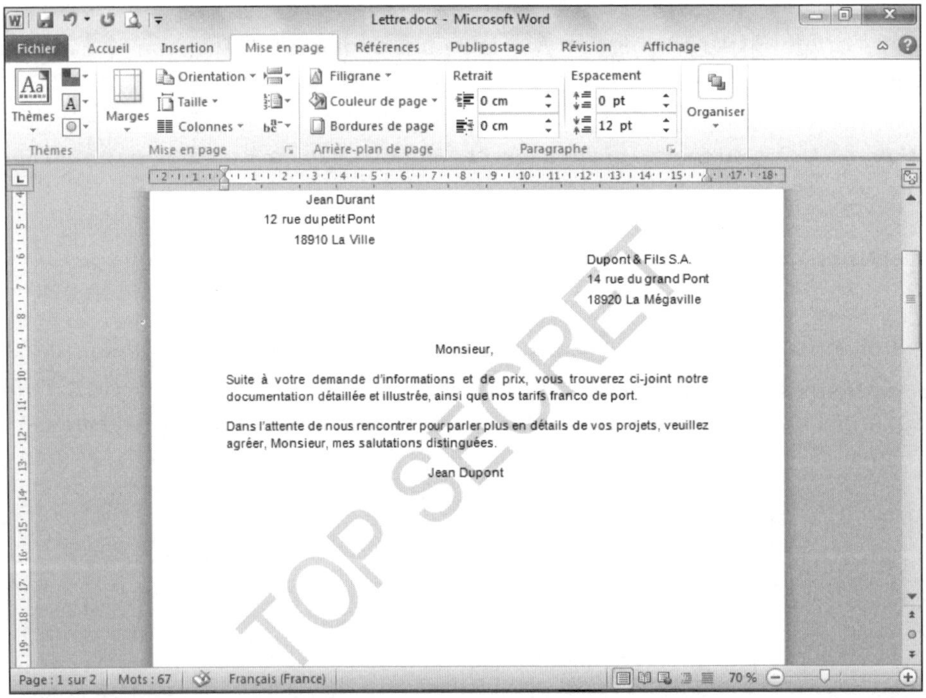

Figure 10-20 Document avec un filigrane.

Chapitre 11

Réaliser des tableaux

Dans ce chapitre

- Ajouter des tableaux
- Modifier des tableaux
- Saisir les données des tableaux
- Agencer les tableaux
- Mettre en forme les tableaux
- Habiller un texte avec un tableau
- Insérer des images dans les tableaux
- Convertir des tableaux

Les tableaux, même dans un traitement de texte, sont incontournables. Ce chapitre fait un tour d'horizon des nombreuses possibilités offertes par Word pour gérer vos présentations sous forme de tableaux.

Insérer un tableau

Pour ajouter un tableau dans un document, rien de plus facile.

1. Cliquez dans le texte la position d'insertion du tableau.
2. Cliquez l'onglet **Insertion → Tableau**.
3. Pointez, dans le menu **Tableau**, le nombre de lignes et de colonnes.

   Word affiche immédiatement le tableau correspondant dans le document. Il indique sa taille dans le menu Tableau.

Astuce Le choix du nombre de colonnes est ici plus important que celui des lignes. En effet, l'ajout ou la suppression de colonnes nécessite des manipulations, ce qui n'est pas le cas pour les lignes.

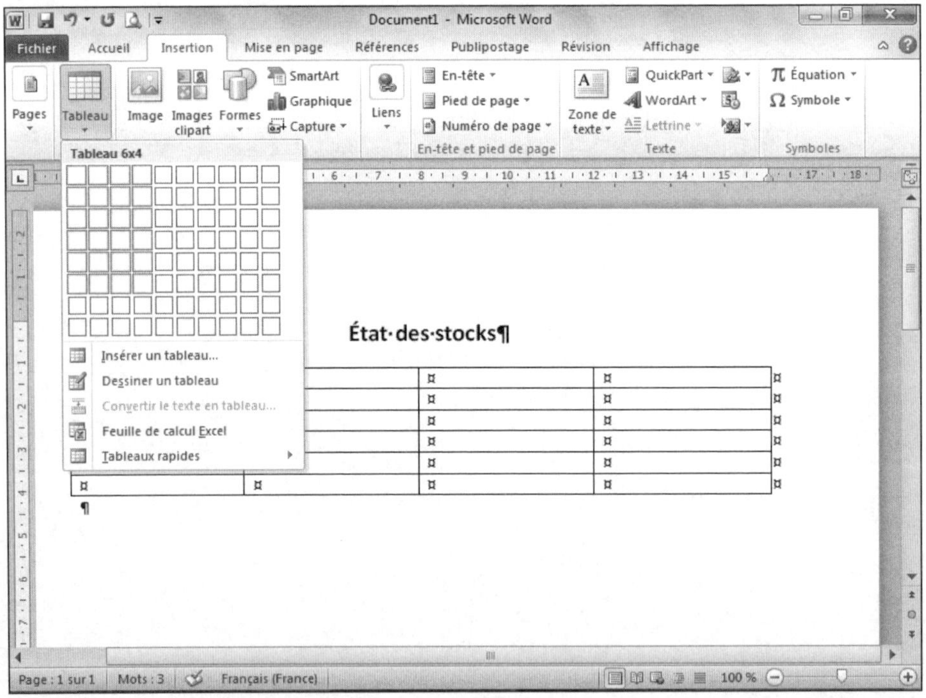

Figure 11-1 Ajout d'un tableau.

4. Cliquez dans le menu **Tableau** la taille désirée.

Le tableau est inséré dans le document. Word affiche les onglets **Création** et **Disposition** dès que le tableau est sélectionné.

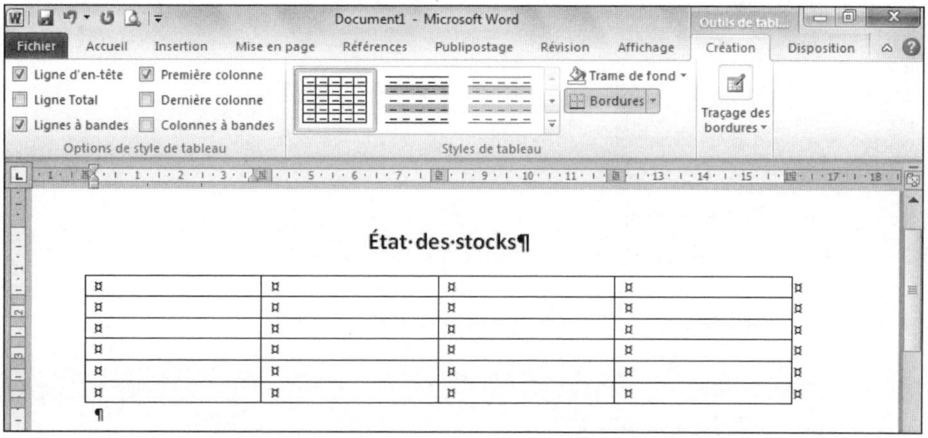

Figure 11-2 Insertion d'un tableau dans un document.

Pour créer un tableau, vous pouvez aussi utiliser une boîte de dialogue. Cela permet d'ajouter plus de lignes et de colonnes que la taille maximale du menu **Tableau**.

1. Cliquez dans le texte la position d'insertion du tableau.
2. Cliquez l'onglet **Insertion ➜ Tableau ➜ Insérer un tableau**.
3. Renseignez les zones **Nombre de colonnes** et **Nombre de ligne**s.
4. Cochez l'option correspondante à l'ajustement de la largeur des colonnes. Avec l'option **Largeur de colonne fixe**, tapez dans la zone en regard, la largeur des colonnes en cm. Avec l'option **Ajuster au contenu**, la largeur des colonnes sera modifiée en fonction du texte saisi. Avec l'option **Ajuster à la fenêtre**, le tableau est à la largeur de la page, et la largeur des colonnes est ajustée en conséquence.
5. Si la majorité de vos tableaux ont la même taille, cochez la case **Mémoriser les dimensions** pour conserver les valeurs choisies dans cette boîte. Les tableaux créés avec le menu Tableau utiliseront aussi ces paramètres.

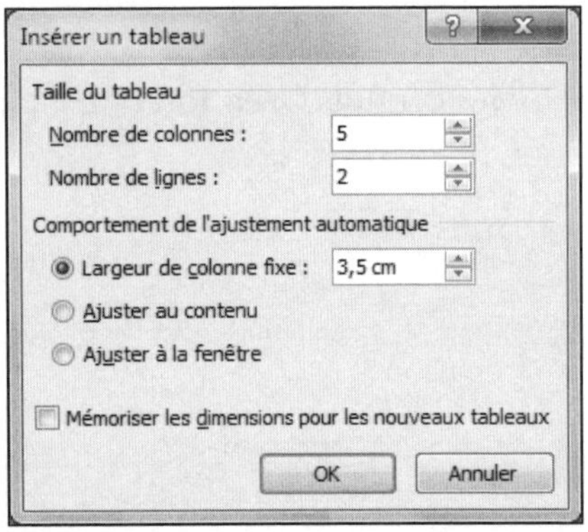

Figure 11-3 Création d'un tableau avec une boîte de dialogue.

6. Cliquez le bouton **OK**.

Dessiner un tableau

Word propose une fonction pour dessiner un tableau à main levée. Si votre tableau est complexe, c'est une solution intéressante.

1. Cliquez l'onglet **Insertion → Tableau → Dessiner un tableau**.

   Le curseur de souris prend la forme d'un crayon.

2. Cliquez et faites glisser dans la page pour dessiner chaque ligne du tableau.

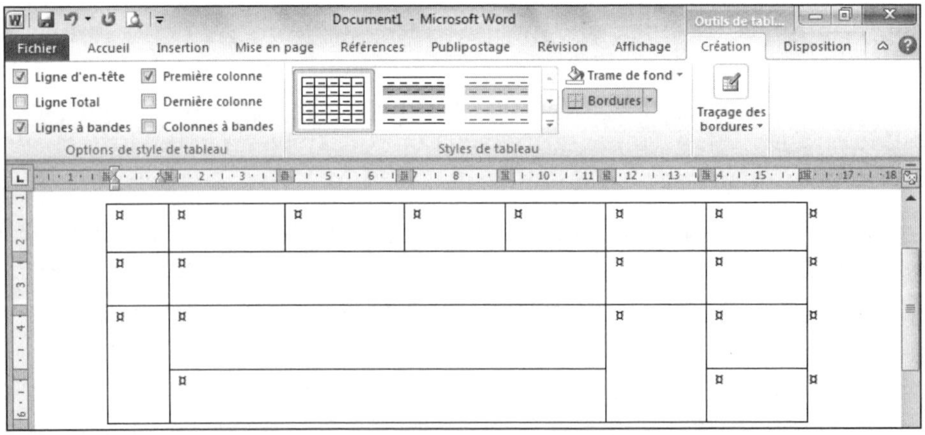

Figure 11-4 Tableau dessiné à la main.

3. Appuyez sur la touche **Echap** quand votre tableau est complet.

Note Vous pouvez revenir à tout moment à l'étape **1** pour modifier votre tableau.

Modifier un tableau à main levée

En plus du tracé à main levée, vous pouvez aussi modifier la mise en forme d'un tableau.

1. Cliquez dans le tableau pour afficher les onglets **Outils de tableau**.
2. Cliquez l'onglet **Création ➜ Traçage des bordures**.

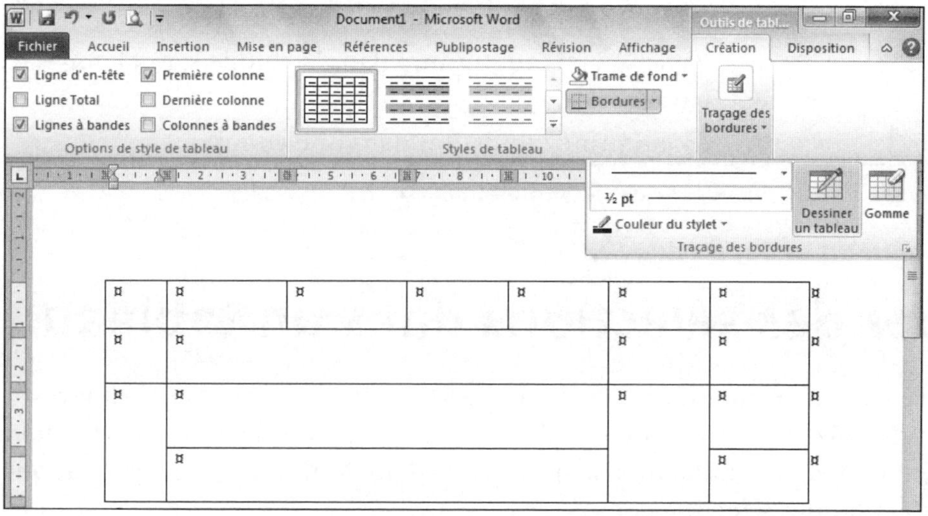

Figure 11-5 Outils de création et de modification à main levée.

Vous trouverez dans ce menu des outils pour choisir le type, l'épaisseur et la couleur des bordures, ainsi qu'une gomme pour effacer des traits.

Saisir des données dans un tableau

Vous pouvez saisir les données dans les cases du tableau, appelées cellules, comme dans le reste de votre document. Vous devez cependant utiliser les touches du tableau 11-1 pour vous déplacer à l'intérieur du tableau. Les symboles ¤ sont des marques qui indiquent la fin du texte dans les cellules.

Touche...	Pour...
Tab	Passer à la cellule suivante et sélectionner son contenu. Si vous êtes dans la dernière cellule (dernière ligne, dernière colonne), Word ajoute une nouvelle ligne au tableau.
Maj+Tab	Revenir à la cellule précédente et sélectionner son contenu.
Flèches de direction	Se déplacer entre les caractères (gauche et droite) ou les lignes (haut et bas) du texte d'une cellule. Quand le curseur se trouve sur le bord de la cellule, il passe à la cellule la plus proche.
Entrée	Ajouter un nouveau paragraphe dans la cellule.
Maj+Entrée	Passer à la ligne suivante dans la cellule sans changer de paragraphe.
Ctrl+Tab	Ajouter une tabulation dans une cellule.

Tableau 11-1 Touches de déplacement dans un tableau.

Effectuer des sélections dans un tableau

Vous serez amené à modifier l'agencement des tableaux (ajouts ou suppressions de lignes et de colonnes, fusion de cellules, *etc.*), ainsi qu'à intervenir sur le contenu des cellules (alignement, tabulations, bordures, *etc.*). Pour toutes ces opérations, vous devez effectuer des sélections.

Sélectionner un tableau

1. Pointez le tableau.

   Word affiche le symbole ✥ en haut à gauche du tableau.

2. Cliquez le symbole ✥ pour sélectionner l'intégralité du tableau.

Produit	Prix Fab	Quantité	Prix Stock	Marge	Prix Vente	Total
Blouson	28,62 €	35	1 001,70 €	55%	44,36 €	1 552,64 €
Chemise	3,54 €	1209	4 279,86 €	55%	5,49 €	6 633,78 €
Coupe-vent	8,62 €	345	2 973,90 €	55%	13,36 €	4 609,55 €
Cross-training	10,23 €	107	1 094,61 €	55%	15,86 €	1 696,65 €
Doudoune	32,28 €	89	2 872,92 €	28%	41,32 €	3 677,34 €
Jean	12,48 €	864	10 782,72 €	55%	19,34 €	16 713,22 €
Jogging	11,39 €	256	2 915,84 €	55%	17,65 €	4 519,55 €
Pantalon	12,07 €	987	11 913,09 €	39%	16,78 €	16 559,20 €

Figure 11-6 Tableau intégralement sélectionné.

Sélectionner des lignes ou des colonnes

1. Pointez à gauche d'une ligne ou au-dessus d'une colonne.

   Le curseur de souris prend la forme ou ⬇.

2. Cliquez pour sélectionner la ligne ou la colonne, ou cliquez et faites glisser pour sélectionner plusieurs lignes ou plusieurs colonnes.

Produit	Prix Fab.	Quantité	Prix Stock	Marge	Prix Vente	Total
Blouson	28,62 €	35	1 001,70 €	55%	44,36 €	1 552,64 €
Chemise	3,54 €	1209	4 279,86 €	55%	5,49 €	6 633,78 €
Coupe-vent	8,62 €	345	2 973,90 €	55%	13,36 €	4 609,55 €
Cross-training	10,23 €	107	1 094,61 €	55%	15,86 €	1 696,65 €
Doudoune	32,28 €	89	2 872,92 €	28%	41,32 €	3 677,34 €
Jean	12,48 €	864	10 782,72 €	55%	19,34 €	16 713,22 €
Jogging	11,39 €	256	2 915,84 €	55%	17,65 €	4 519,55 €
Pantalon	12,07 €	987	11 913,09 €	39%	16,78 €	16 559,20 €

Figure 11-7 Sélection de plusieurs colonnes.

Astuce Comme pour la sélection des textes non contigus, maintenez la touche Ctrl pour sélectionner des lignes ou des colonnes séparées.

Sélectionner des cellules

1. Pointez à l'intérieur de la cellule dans sa partie gauche.

   Le curseur de souris prend la forme ⬈.

2. Cliquez pour sélectionner la cellule, ou cliquez et faites glisser pour sélectionner plusieurs cellules (utilisez la touche **Ctrl** pour sélectionner des cellules non contiguës).

Produit	Prix Fab.	Quantité	Prix Stock	Marge	Prix Vente	Total
Blouson	28,62 €	35	1 001,70 €	55%	44,36 €	1 552,64 €
Chemise	3,54 €	1209	4 279,86 €	55%	5,49 €	6 633,78 €
Coupe-vent	8,62 €	345	2 973,90 €	55%	13,36 €	4 609,55 €
Cross-training	10,23 €	107	1 094,61 €	55%	15,86 €	1 696,65 €
Doudoune	32,28 €	89	2 872,92 €	28%	41,32 €	3 677,34 €
Jean	12,48 €	864	10 782,72 €	55%	19,34 €	16 713,22 €
Jogging	11,39 €	256	2 915,84 €	55%	17,65 €	4 519,55 €
Pantalon	12,07 €	987	11 913,09 €	39%	16,78 €	16 559,20 €

Figure 11-8 Sélection de plusieurs cellules non contiguës.

Modifier l'agencement d'un tableau

Ajouter des lignes et des colonnes

1. Sélectionnez la ligne ou la colonne à gauche ou à droite de celle à insérer. Pour en insérer plusieurs, sélectionnez le nombre de lignes ou colonnes équivalent.
2. Cliquez la sélection avec le bouton droit de la souris.
3. Cliquez la commande **Insérer** dans le menu contextuel, puis la commande adéquate.

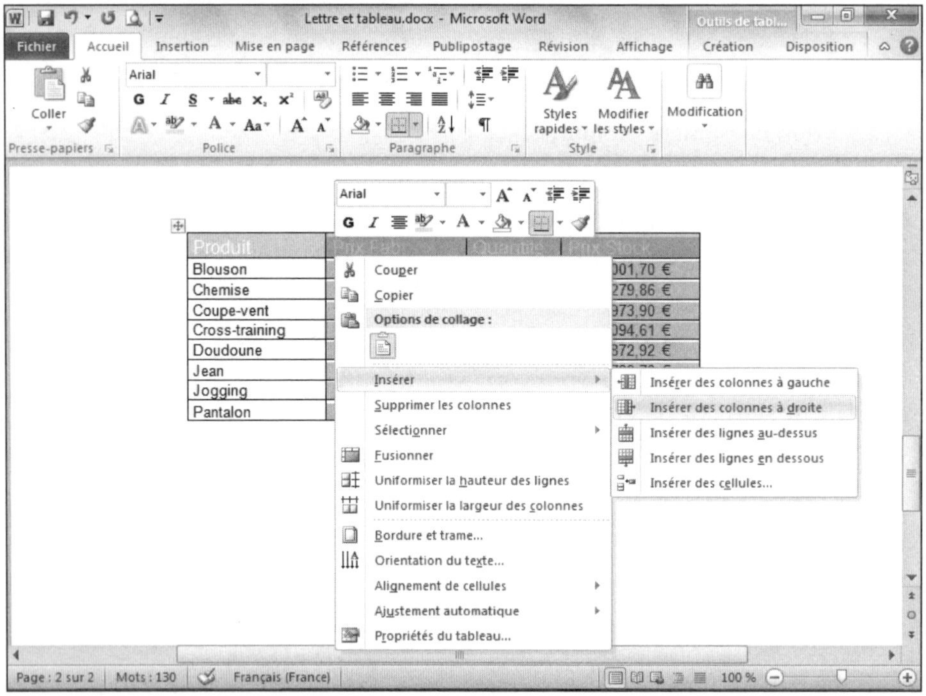

Figure 11-9 Insertion de colonnes.

Supprimer des lignes et des colonnes

1. Sélectionnez les lignes ou les colonnes à supprimer.
2. Cliquez la sélection avec le bouton droit de la souris.
3. Cliquez la commande **Supprimer les lignes** ou **Supprimer les colonnes** dans le menu contextuel.

Déplacer ou dupliquer des lignes et des colonnes

Les lignes et les colonnes d'un tableau peuvent se déplacer ou se dupliquer de la même manière que les textes dans les documents. Il suffit de les sélectionner puis d'utiliser les traditionnels boutons du presse-papier : , et .

Ajuster la taille d'un tableau

Vous pouvez modifier la taille d'un tableau par un simple cliquer-glisser.

1. Cliquez à l'intérieur du tableau.

   Le symbole apparaît en bas à droite du tableau.

2. Cliquez et faites glisser le symbole pour redimensionner le tableau. Des lignes en pointillés vous indiquent la nouvelle taille.

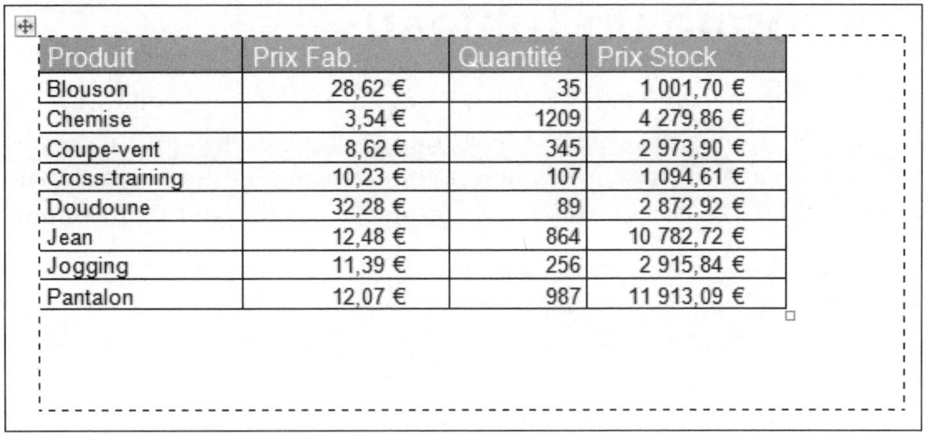

Produit	Prix Fab.	Quantité	Prix Stock
Blouson	28,62 €	35	1 001,70 €
Chemise	3,54 €	1209	4 279,86 €
Coupe-vent	8,62 €	345	2 973,90 €
Cross-training	10,23 €	107	1 094,61 €
Doudoune	32,28 €	89	2 872,92 €
Jean	12,48 €	864	10 782,72 €
Jogging	11,39 €	256	2 915,84 €
Pantalon	12,07 €	987	11 913,09 €

Figure 11-10 Redimensionnement d'un tableau.

Déplacer un tableau dans le document

Word peut déplacer votre tableau à l'emplacement de votre choix.

1. Pointez le tableau pour afficher le symbole en haut à gauche.
2. Cliquez et faites glisser le symbole pour déplacer le tableau à un autre emplacement.

Modifier la hauteur des lignes et la largeur des colonnes

Vous pouvez agrandir ou réduire la largeur des lignes et des colonnes. Il suffit de déplacer les lignes de bordure du tableau.

1. Pointez le trait de la ligne ou la colonne à modifier.

   Le curseur de souris prend la forme ou .

2. Cliquez et faites glisser pour déplacer le trait. Un trait en pointillé vous indique la nouvelle position.

Note Vous trouverez dans l'onglet **Disposition** d'autres moyens d'agencer vos tableaux.

Mettre en forme un tableau

Chaque cellule d'un tableau est en réalité un paragraphe. Les mises en forme déjà vues dans le chapitre 5 s'appliquent donc ici (alignement, tabulations, bordures, *etc.*). Word propose, en plus, des outils comme l'alignement vertical à l'intérieur des cellules ou l'orientation du texte. Tous ces outils sont regroupés dans l'onglet **Disposition**.

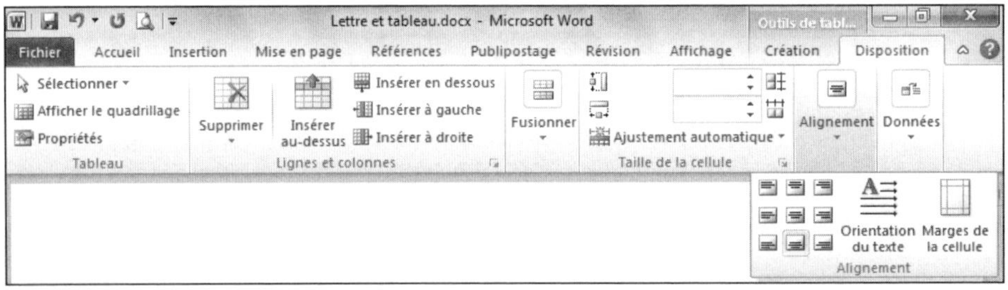

Figure 11-11 Onglet Disposition et menu Alignement.

Ajouter des bordures et des trames aux tableaux

Les bordures et les trames sont les éléments de base pour rendre vos tableaux attrayants. Le principe d'application est le même que pour les paragraphes (voir chapitre 10). Vous avez cependant, ici, la possibilité de choisir un quadrillage intérieur et non une simple bordure comme pour les paragraphes.

1. Sélectionnez les éléments à mettre en forme (cellules, lignes, colonnes ou l'intégralité du tableau).
2. Cliquez l'onglet **Création → Styles de tableau → Trame de fond**, puis sélectionnez la couleur.
3. Cliquez l'onglet **Création → Styles de tableau → Bordures**, puis cliquez le type de quadrillage.

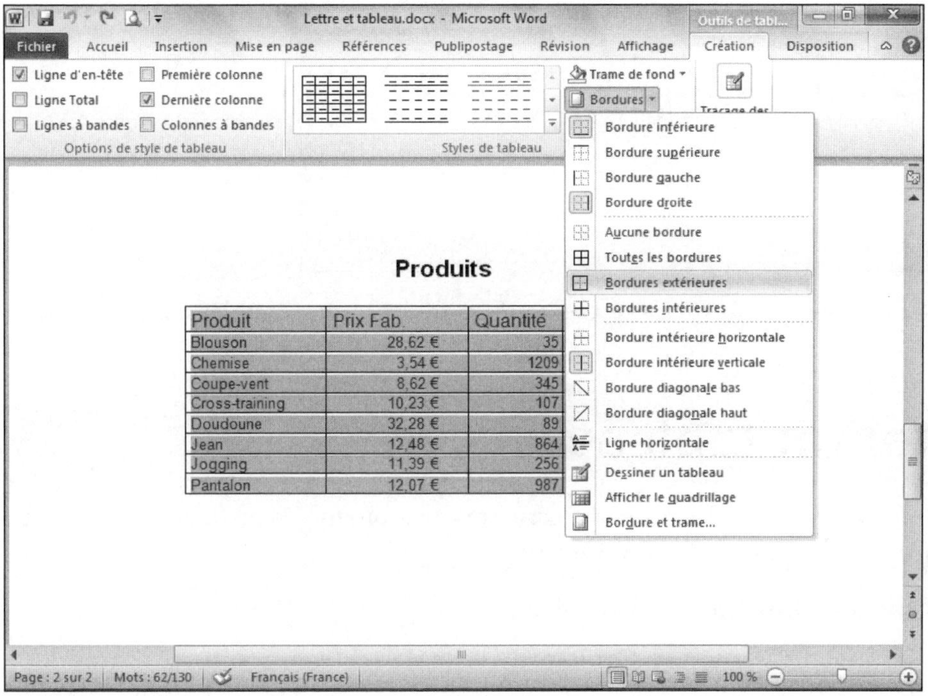

Figure 11-12 Ajout d'un quadrillage à un tableau.

Modifier précisément les bordures et les trames

Il est bien sûr possible de modifier chaque élément de quadrillage et la trame de fond avec une boîte de dialogue.

1. Sélectionnez les éléments à mettre en forme (cellules, lignes, colonnes ou l'intégralité du tableau).
2. Cliquez l'onglet **Création → Styles de tableau → Bordures → Bordure et trame** .
3. Modifiez les éléments proposés dans les onglets **Bordures** et **Trame de fond**.

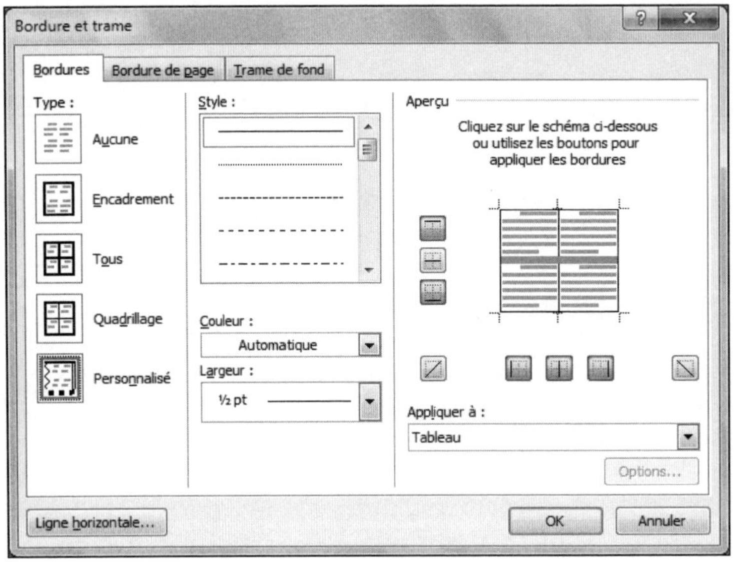

Figure 11-13 Boîte de mise en forme des bordures et des trames pour les tableaux.

Formater un tableau

Pour aller plus vite dans la mise en forme de vos tableaux, Word vous propose des styles prédéfinis mais cependant paramétrables.

1. Sélectionnez l'intégralité du tableau.
2. Dans l'onglet **Création → Options de style de tableau**, cochez les cases des éléments à mettre en évidence (ligne d'en-tête ou de total, bandes colorées, *etc.*).

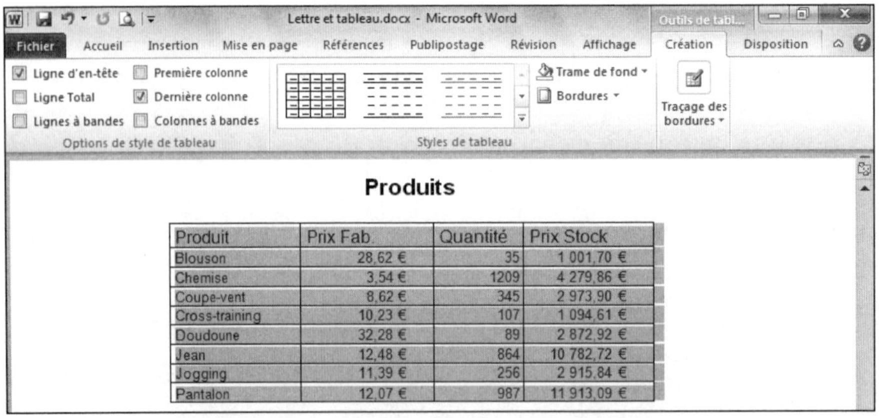

Produit	Prix Fab.	Quantité	Prix Stock
Blouson	28,62 €	35	1 001,70 €
Chemise	3,54 €	1209	4 279,86 €
Coupe-vent	8,62 €	345	2 973,90 €
Cross-training	10,23 €	107	1 094,61 €
Doudoune	32,28 €	89	2 872,92 €
Jean	12,48 €	864	10 782,72 €
Jogging	11,39 €	256	2 915,84 €
Pantalon	12,07 €	987	11 913,09 €

Figure 11-14 Choix des éléments du formatage d'un tableau.

3. Dans l'onglet **Création ➜ Styles de tableau**, cliquez le bouton ▾ de la liste **Styles de tableau**.

4. Pointez un des styles proposés pour prévisualiser votre tableau avec cette mise en forme.

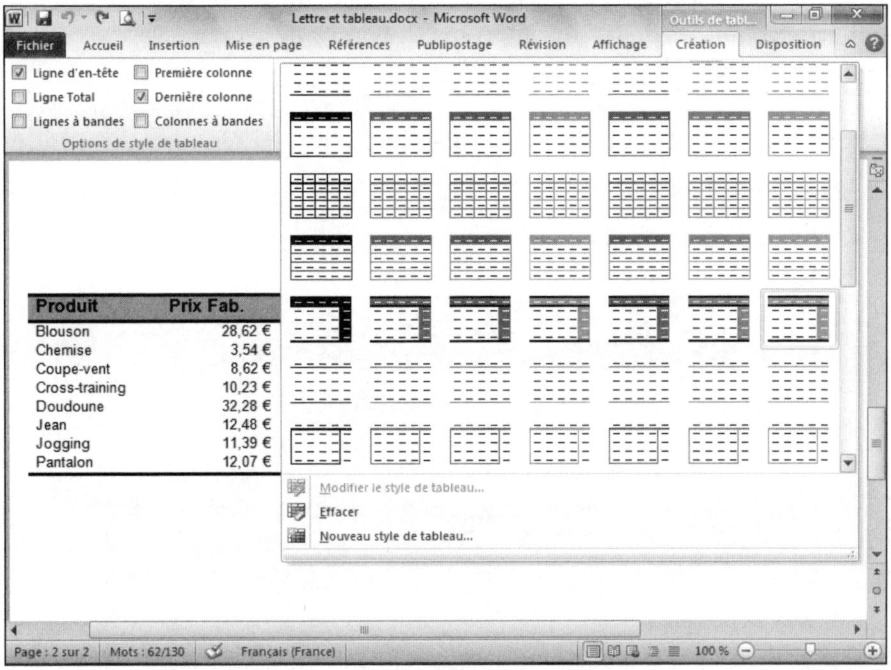

Figure 11-15 Liste des styles proposés pour votre tableau.

5. Cliquez le modèle de votre choix dans la liste **Styles de tableau**.

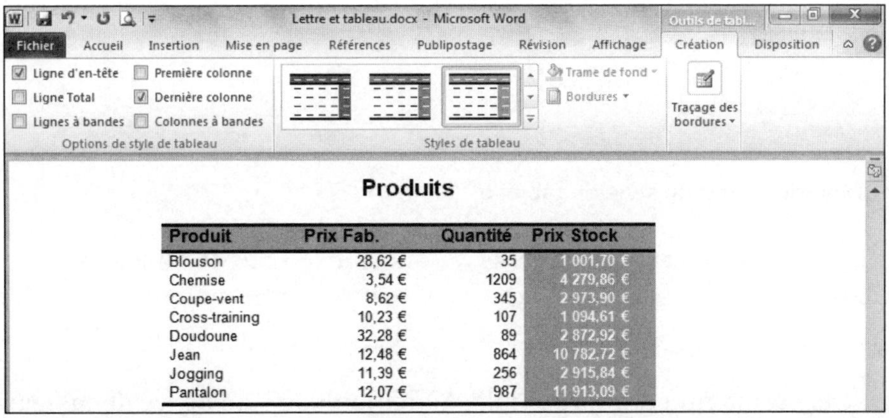

Figure 11-16 Tableau avec un style prédéfini.

Modifier un style de tableau

Vous pouvez aussi modifier un style et l'enregistrer comme style personnel.

1. Sélectionnez le tableau formaté avec un style prédéfini.
2. Cliquez l'onglet **Création → Styles de tableau → Modifier le style de tableau** (éventuellement cliquez le bouton pour dérouler la liste).
3. Tapez dans la zone **Nom** celui de votre nouveau style.
4. Sélectionnez dans la liste **Appliquer la mise en forme à** l'élément à modifier.
5. Modifiez dans les zones en dessous les mises en forme à appliquer à cet élément.
6. Répétez les étapes **4** et **5** pour tous les éléments à modifier.

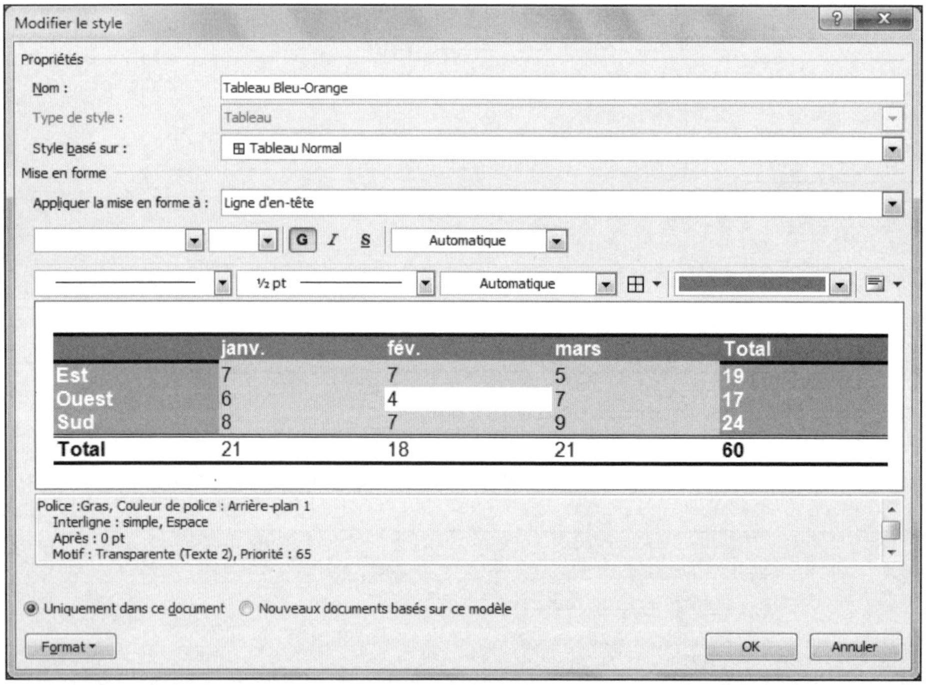

Figure 11-17 Modification d'un style de tableau.

7. Cochez l'option **Nouveaux documents...** pour que le style de tableau soit disponible pour d'autres documents.
8. Cliquez le bouton **OK**.

Le nouveau style est maintenant disponible au début de la liste **Styles de tableau**.

Juxtaposer un texte et un tableau

Dans Word, textes et tableaux peuvent faire bon ménage. En effet, un tableau étant indépendant, il est possible de le déplacer n'importe où. Le texte du document se trouve alors lui aussi déplacé en proportion.

1. Cliquez et faites glisser le tableau avec le symbole ⊞.

   Un cadre en pointillé indique la nouvelle position.

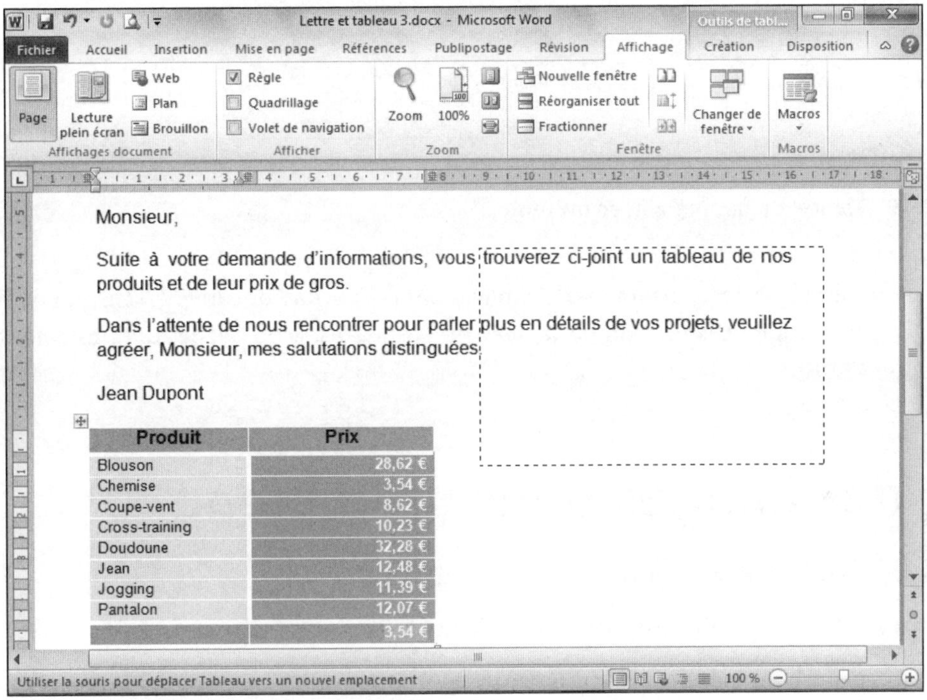

Figure 11-18 Déplacement d'un tableau dans une page de texte.

2. Relâchez le bouton de la souris quand le tableau est à la position désirée.

Le texte est déplacé pour laisser la place au tableau.

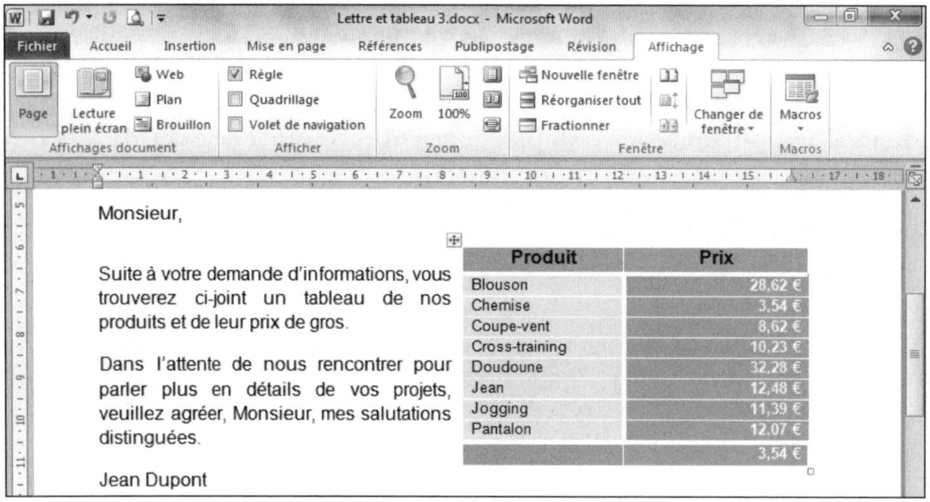

Figure 11-19 Tableau « habillé » avec un texte.

Note Pour définir le comportement du tableau par rapport au document, sélectionnez-le puis cliquez l'onglet **Disposition ➔ Tableau ➔ Propriétés**. Modifiez les options dans la boîte qui s'affiche.

Insérer des images dans un tableau

Pour illustrer vos tableaux, ajoutez des photographies.

1. Cliquez dans la cellule qui doit recevoir l'image.
2. Cliquez l'onglet **Insertion ➔ Illustrations ➔ Image**.
3. Recherchez l'image dans votre ordinateur puis cliquez le bouton **Insérer**.

   L'image est placée dans la cellule sélectionnée à l'étape **1**. La taille de la cellule est modifiée automatiquement pour s'adapter à la taille de l'image.
4. Éventuellement, réduisez ou agrandissez l'image avec les poignées de redimensionnement (consultez le chapitre 12 pour plus de détails.).

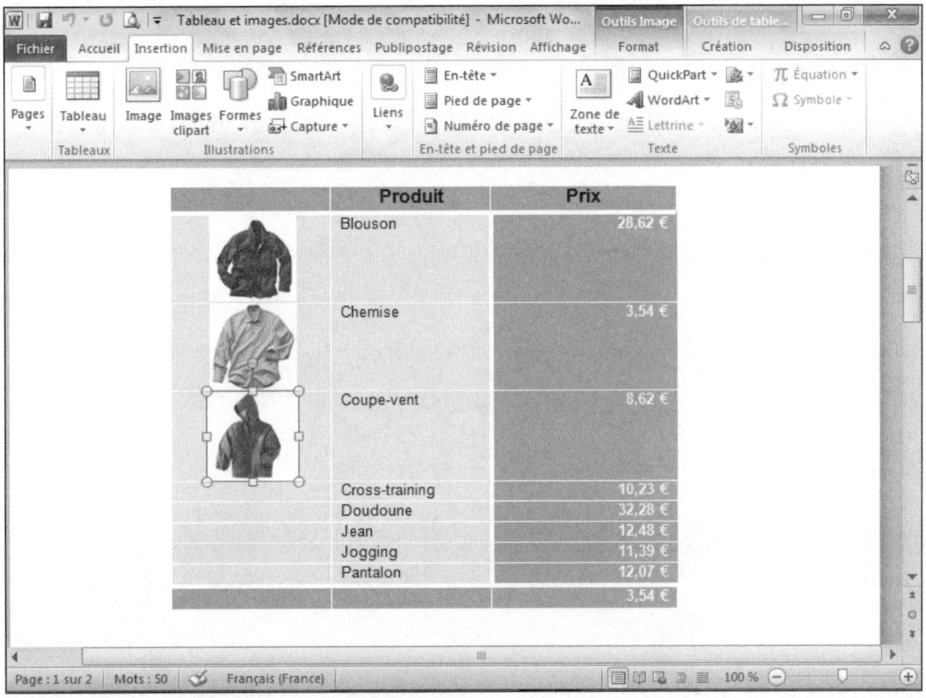

Figure 11-20 Images dans un tableau.

Utiliser les modèles de tableaux

Comme pour vos nouveaux documents, Word propose des modèles de tableaux.

1. Cliquez dans le texte la position d'insertion du tableau.
2. Cliquez l'onglet **Insertion ➜ Tableau ➜ Tableaux rapides** puis cliquez un modèle dans la liste.

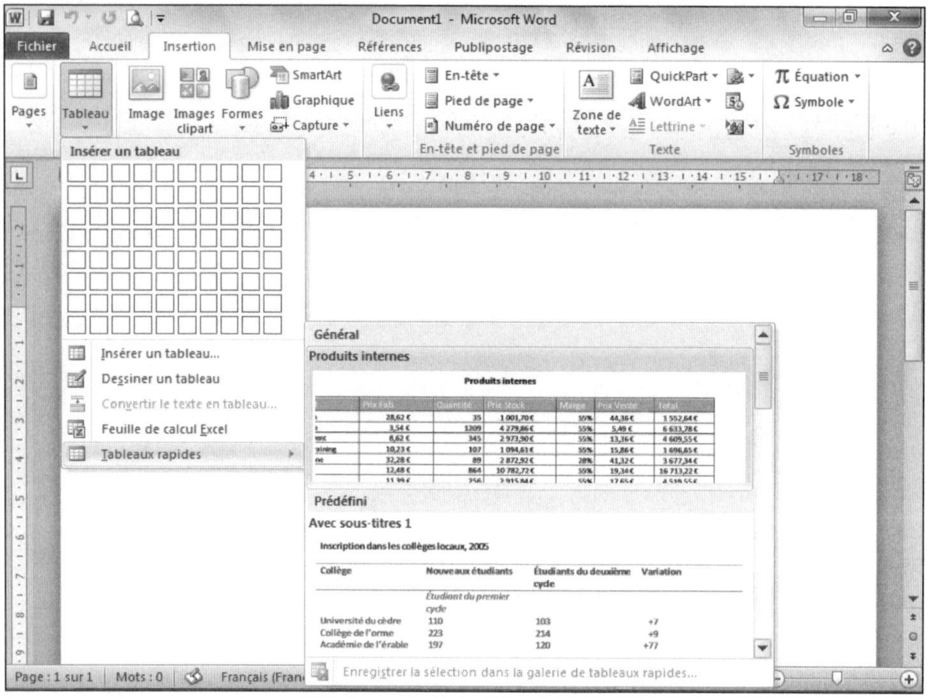

Figure 11-21 Modèles de tableaux.

Les modèles proposés sont peu nombreux et adaptés uniquement à certains cas. Vous devez donc ajouter vos propres tableaux.

1. Sélectionnez l'intégralité de votre tableau avec le symbole ⊞.
2. Cliquez l'onglet **Insertion → Tableau → Tableaux rapides → Enregistrer la sélection dans la galerie de tableaux rapides**.
3. Tapez les renseignements demandés dans la boîte **Créer un nouveau bloc de construction**.
4. Cliquez le bouton **OK**.

Votre modèle apparaît maintenant au début du menu **Tableaux rapides** comme dans la figure 11-21.

Convertir des tableaux

Convertir un texte en tableau

Si vous avez un texte simple, dont les données sont en colonnes, vous pouvez le transformer en tableau Word. Les données doivent être délimitées les unes des autres par des éléments séparateurs, par exemple des tabulations ou des points-virgules.

La figure 11-22 montre un exemple de texte dont les données sont séparées par des tabulations.

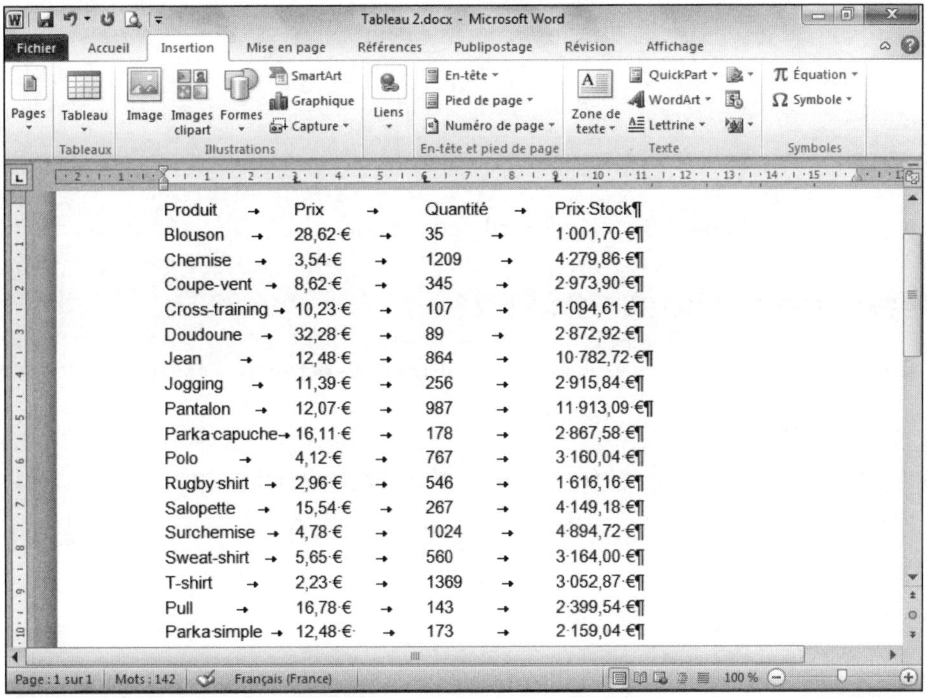

Figure 11-22 Tableau sous forme de texte.

1. Sélectionnez l'intégralité du texte à convertir.
2. Cliquez l'onglet **Insertion → Tableaux → Tableau → Convertir le texte en tableau**.
3. Éventuellement, renseignez les zones **Nombre de colonnes** et **Nombre de lignes**. Vous n'avez pas à modifier ces zones si la conversion est évidente. Par exemple, si vous avez sélectionné 20 lignes de texte et que les colonnes sont séparées par des tabulations.

4. Si Word ne les a pas détectés, choisissez les séparateurs de votre tableau dans la zone **Séparer le texte au niveau des**.

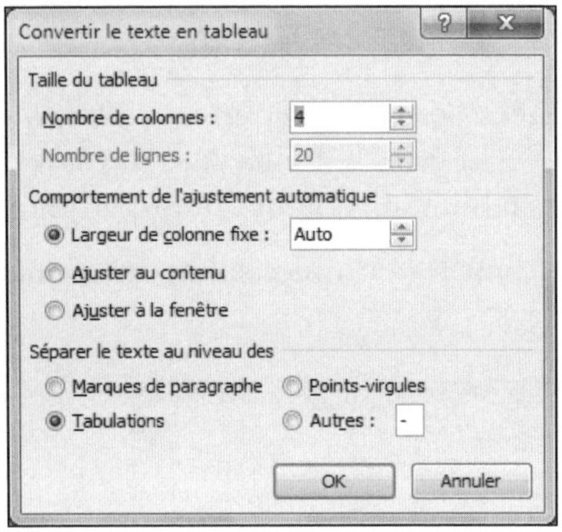

Figure 11-23 Boîte de conversion des textes en tableaux.

5. Cliquez le bouton **OK** pour effectuer la conversion.

Convertir un tableau en texte

Si Word sait convertir des textes en tableaux, l'inverse est aussi possible.

1. Sélectionnez le tableau à convertir.
2. Cliquez l'onglet **Disposition → Données → Convertir en texte**.
3. Choisissez dans la zone **Séparer le texte par des**, le séparateur à utiliser pour la conversion.

Figure 11-24 Boîte de conversion des tableaux en textes.

4. Cliquez le bouton **OK**.

Supprimer un tableau

Si vous n'avez plus besoin d'un tableau, supprimez-le. N'oubliez pas que cette suppression entraîne la perte de toutes les données du tableau.

1. Cliquez le tableau pour le sélectionner.
2. Cliquez l'onglet **Disposition ➜ Lignes et colonnes ➜ Supprimer ➜ Supprimer le tableau**.

Word ne demande pas de confirmer la suppression. Vous pouvez toujours cliquer le bouton dans la barre d'outils Accès rapide pour annuler cette action.

Chapitre 12

Illustrer vos documents

Dans ce chapitre

- Ajouter une image
- Insérer un clipart
- Ajouter des formes
- Modifier les formes
- Insérer une zone de texte
- Insérer un objet WordArt
- Utiliser les graphiques SmartArt

Du simple trait aux dessins en trois dimensions en passant par l'insertion d'image, découvrez dans ce chapitre toutes les possibilités graphiques pour agrémenter vos documents et leur donner un impact visuel encore plus convaincant.

Utiliser des images

Pour augmenter la force visuelle de vos documents, ajoutez des images dès que cela est nécessaire. Word propose toute une palette d'outils pour appliquer à vos dessins et photographies des effets saisissants qu'il serait dommage de ne pas exploiter.

Ajouter une image

1. Cliquez la position d'insertion de l'image. Vous pouvez ajouter un paragraphe uniquement destiné à recevoir l'image.
2. Cliquez l'onglet **Insertion ➜ Illustrations ➜ Image**.
3. Sélectionnez le dossier qui contient votre image.
4. Cliquez le nom du fichier contenant une image.
5. Cliquez le bouton **Insérer**.

Figure 12-1 Ajout d'une image.

L'image est insérée dans le document à la position choisie à l'étape **1**. Word affiche l'onglet **Format** dans le ruban. Ce dernier propose des outils pour modifier le style d'affichage, l'habillage, le contraste, *etc.*

Redimensionner une image

L'image est insérée à sa taille maximale. Pour l'adapter au document, vous devez la redimensionner dans la limite de la largeur de la page.

1. Cliquez l'image pour la sélectionner.

   L'image est entourée par ses poignées de redimensionnement. Les carrés permettent d'en modifier la hauteur ou la largeur. Les cercles permettent d'en modifier en même temps la largeur et la hauteur.

2. Cliquez et faites glisser une des poignées pour redimensionner l'image.

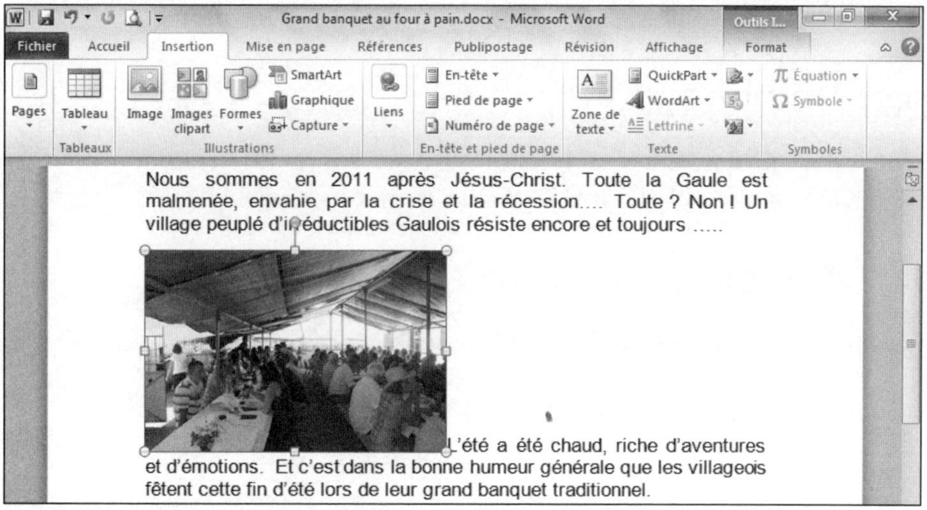

Figure 12-2 Redimensionnement d'une image.

Rogner une image

Si des zones de l'image doivent être masquées, vous devez utiliser l'outil de rognage.

1. Cliquez l'image pour la sélectionner.
2. Cliquez l'onglet **Format → Taille → Rogner**.
3. Cliquez et faites glisser les lignes autour de l'image pour masquer certaines parties.

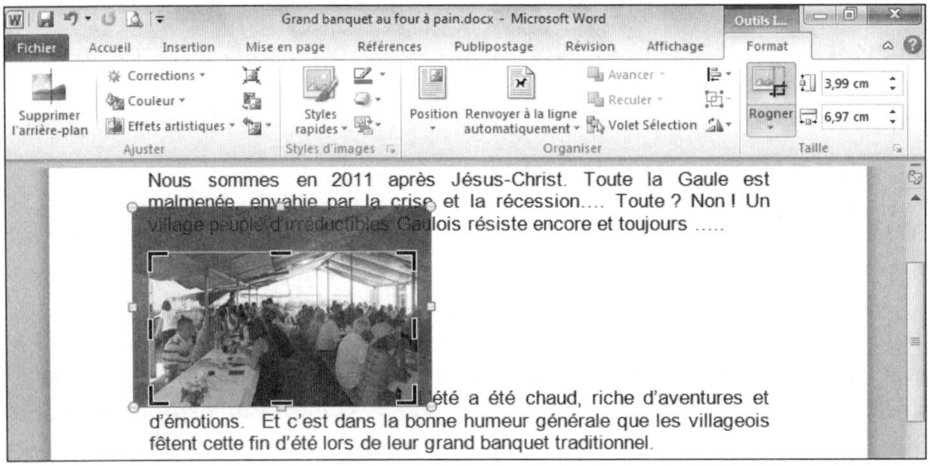

Figure 12-3 Rognage d'une image.

4. Appuyez sur la touche **Echap** quand vous avez terminé le rognage.

Déplacer une image

Pour déplacer une image, faites simplement glisser son centre à la nouvelle position. Le curseur de souris prend la forme ✥ lors du déplacement.

Habiller une image avec un texte

Quand vous insérez une image, cette dernière se trouve au milieu du texte. Vous pouvez « habiller » l'image en l'entourant du texte, ce qui évite de perdre de la place sur la page. C'est la technique utilisée par les journaux.

1. Cliquez l'image pour la sélectionner.
2. Cliquez l'onglet **Format → Organiser → Position**, puis cliquez la position de l'image dans le texte.

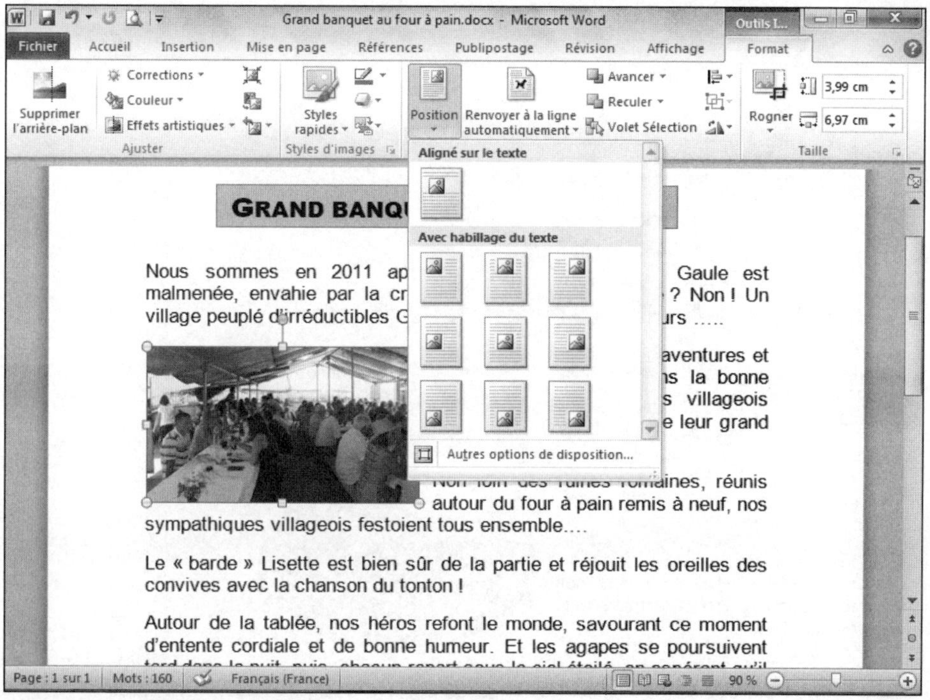

Figure 12-4 Image habillée par le texte.

Définir le style de l'image

Les styles rapides sont des mises en forme très puissantes qui présentent vos images sous forme professionnelle.

1 Cliquez l'image pour la sélectionner.

2 Cliquez l'onglet **Format ➜ Styles d'images ➜ Styles rapides**, puis pointez dans la liste la forme désirée.

Word affiche un exemple dans le document.

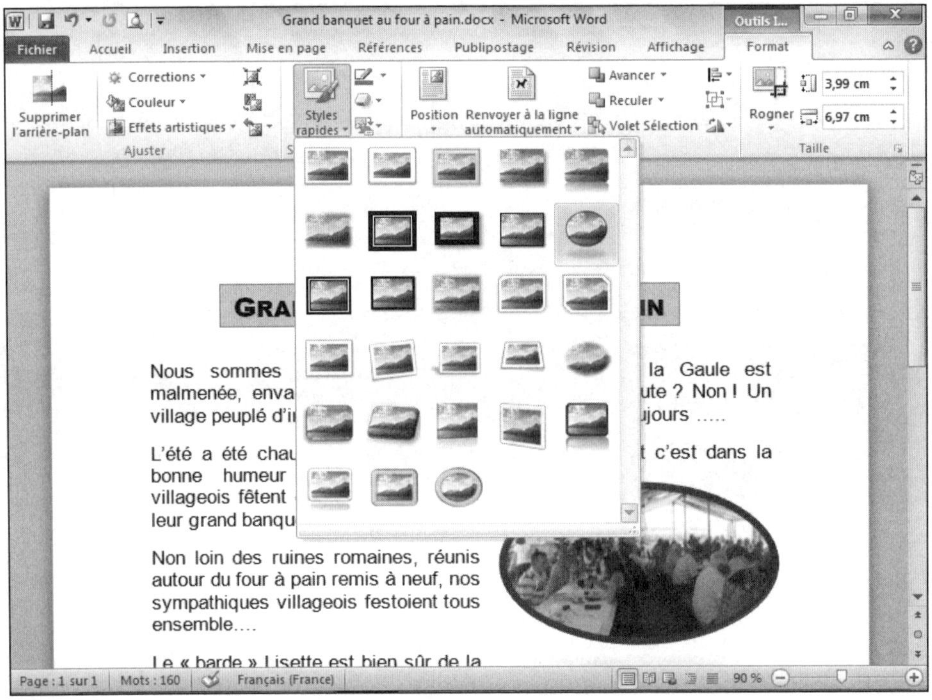

Figure 12-5 Image avec un style rapide.

3. Cliquez la forme voulue dans la liste.

Définir l'habillage de l'image

Quand l'image n'est pas rectangulaire, vous pouvez définir son type d'habillage.

1. Cliquez l'image pour la sélectionner.
2. Cliquez l'onglet **Format → Organiser → Habillage du texte**, puis cliquez la position du texte par rapport à l'image.

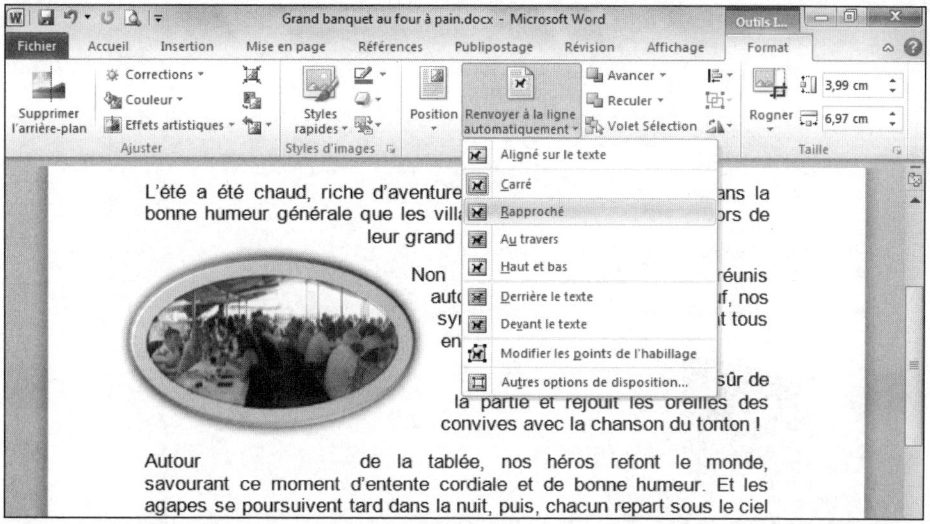

Figure 12-6 Image avec un texte rapproché.

Dans cet exemple, nous avons choisi l'option **Rapproché**. Testez les autres options proposées.

Appliquer des effets aux images

Comme les styles rapides, Word propose d'appliquer des effets professionnels à vos images.

1. Cliquez l'image pour la sélectionner.
2. Cliquez l'onglet **Format ➜ Styles d'images ➜ Effets des images**, puis pointez dans le menu l'effet désiré.

   Word affiche un exemple dans le document.

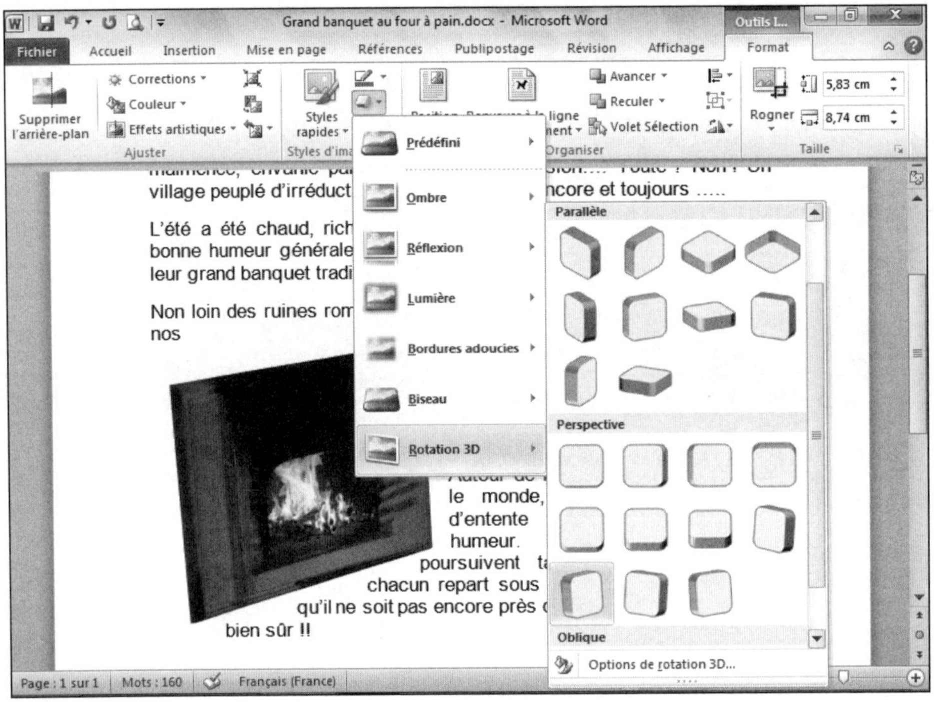

Figure 12-7 Image avec un effet.

3. Cliquez l'effet voulu dans le menu.

Corriger les défauts des images

Bien que n'étant pas un logiciel de retouche d'image, Word intègre quelques fonctions pour modifier la luminosité ou le contraste. Vous trouverez ces fonctions dans l'onglet **Format ➜ Ajuster Corrections, Couleur**, *etc.*

Appliquer des effets artistiques

Les effets artistiques permettent de donner une nouvelle dimension à vos images (effet de craie, crayon, plastique, *etc.*).

1. Cliquez l'image pour la sélectionner.
2. Cliquez l'onglet **Format** @@> **Ajuster** @@> **Effets artistiques**, puis pointez dans le menu l'effet désiré.

   Word affiche un exemple dans le document.

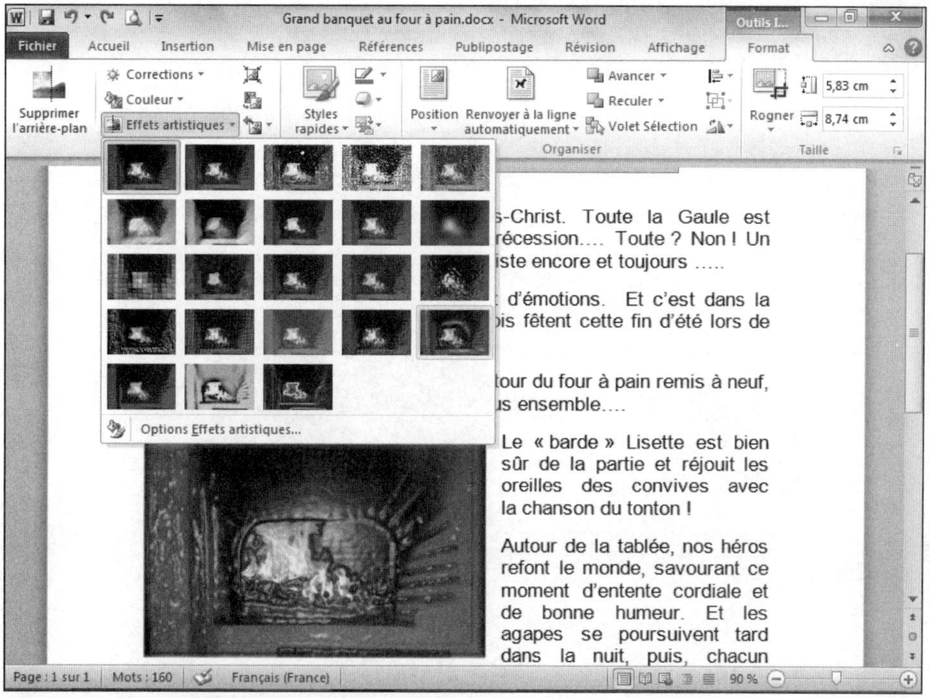

Figure 12-8 Image avec un effet artistique.

3. Cliquez l'effet désiré dans le menu.

Supprimer l'arrière-plan

Word propose aussi de détourer vos images.

1. Cliquez l'image pour la sélectionner.
2. Cliquez l'onglet **Format → Ajuster → Supprimer l'arrière-plan**.

   Word affiche un nouvel onglet **Suppression de l'arrière-plan**. Utilisez les outils proposés dans ce dernier pour choisir les éléments à supprimer dans votre image.

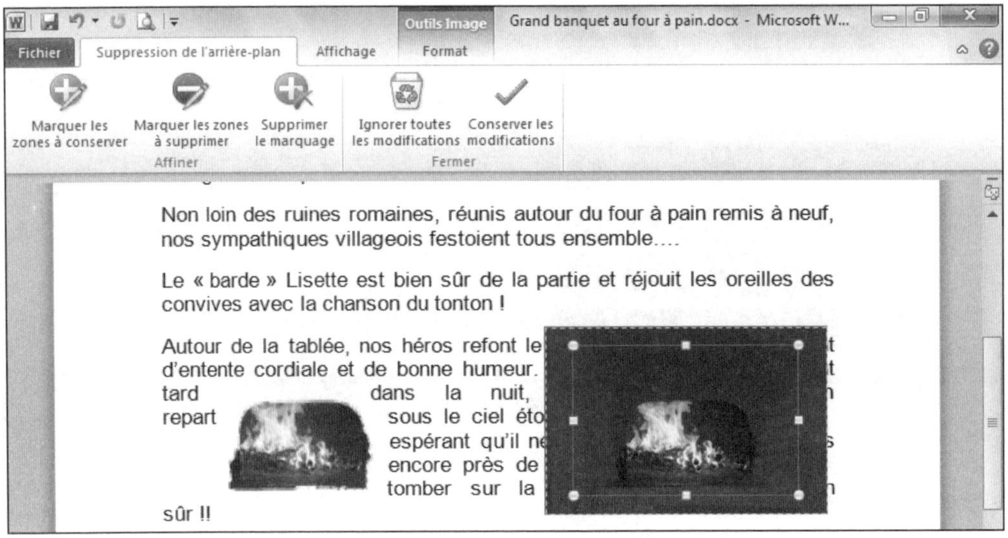
Outils Image
Grand banquet au four à pain.docx - Microsoft W...
Fichier
Suppression de l'arrière-plan
Affichage
Format
Marquer les zones à conserver
Marquer les zones à supprimer
Supprimer le marquage
Affiner
Ignorer toutes les modifications
Conserver les modifications
Fermer
Non loin des ruines romaines, réunis autour du four à pain remis à neuf, nos sympathiques villageois festoient tous ensemble....
Le « barde » Lisette est bien sûr de la partie et réjouit les oreilles des convives avec la chanson du tonton !
Autour de la tablée, nos héros refont le
d'entente cordiale et de bonne humeur.
tard dans la nuit,
repart sous le ciel éto
espérant qu'il n
encore près de
tomber sur la
sûr !!

Figure 12-9 Suppression de l'arrière-plan d'une image.

Modifier les paramètres des images

Word propose une boîte de dialogue qui regroupe l'essentiel des paramètres vus précédemment, ainsi que ceux que nous n'avons pas encore abordés.

1. Cliquez l'image avec le bouton droit.
2. Cliquez la commande **Format de l'image** dans le menu contextuel.
3. Choisissez une rubrique dans la liste de gauche.
4. Modifiez les options et paramètres dans la partie de droite.

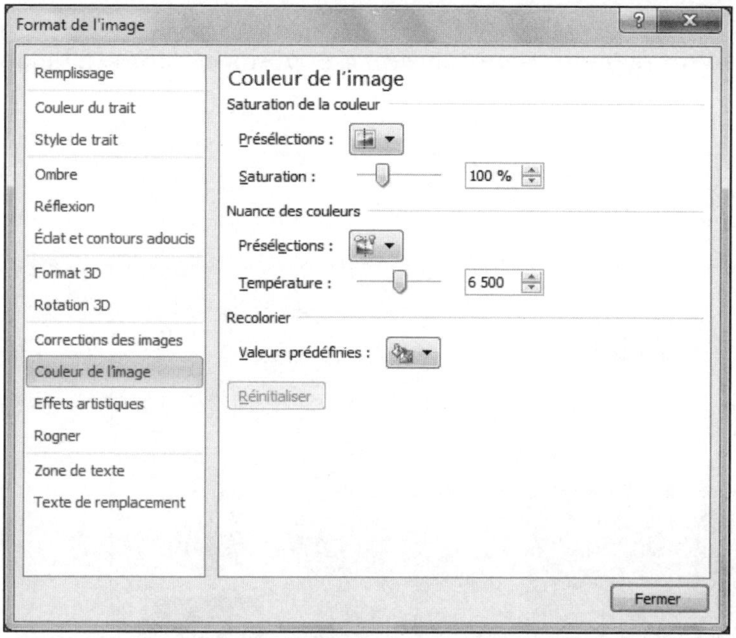

Figure 12-10 Boîte de format des images.

5. Cliquez le bouton **OK**.

Insérer des images clipart

Si vous n'avez pas d'images sous la main, Word propose une bibliothèque d'images et de cliparts sur différents thèmes.

1. Cliquez dans le texte la position d'insertion du clipart.
2. Cliquez l'onglet **Insertion ➜ Illustrations ➜ Images clipart**.

   Le volet **Images clipart** s'affiche à droite de la fenêtre. Comme les images et les dessins sont nombreux, il est préférable d'effectuer une recherche par mots-clés.

3 Sélectionnez dans la liste **Les résultats devraient être** le type d'image à rechercher.

4. Tapez dans la zone **Rechercher** un ou des mots-clés correspondant à l'image à trouver.
5. Cliquez le bouton **OK** en regard de la zone **Rechercher**.

   Le panneau **Images clipart** affiche les images trouvées.

6. Cliquez et faites glisser le clipart qui vous intéresse du volet **Images Clipart** vers le document. Cliquez-le simplement pour l'insérer à la position définie à l'étape **1**.

Figure 12-11 Insertion d'une image clipart.

7. Cliquez le bouton [x] dans le panneau Images clipart.

Comme pour les images, Word ajoute un onglet **Format** dans le ruban. Utilisez les outils de cet onglet pour modifier la mise en forme des clipart.

Ajouter des formes

Word propose des formes courantes pour réaliser rapidement des dessins. Flèches, étoiles ou légendes, autant de graphismes nouveaux pour agrémenter vos documents. Toutes ces formes sont regroupées dans une liste du groupe **Illustrations** de l'onglet **Insertion**.

1. Cliquez l'onglet **Insertion ➜ Illustrations ➜ Formes**.

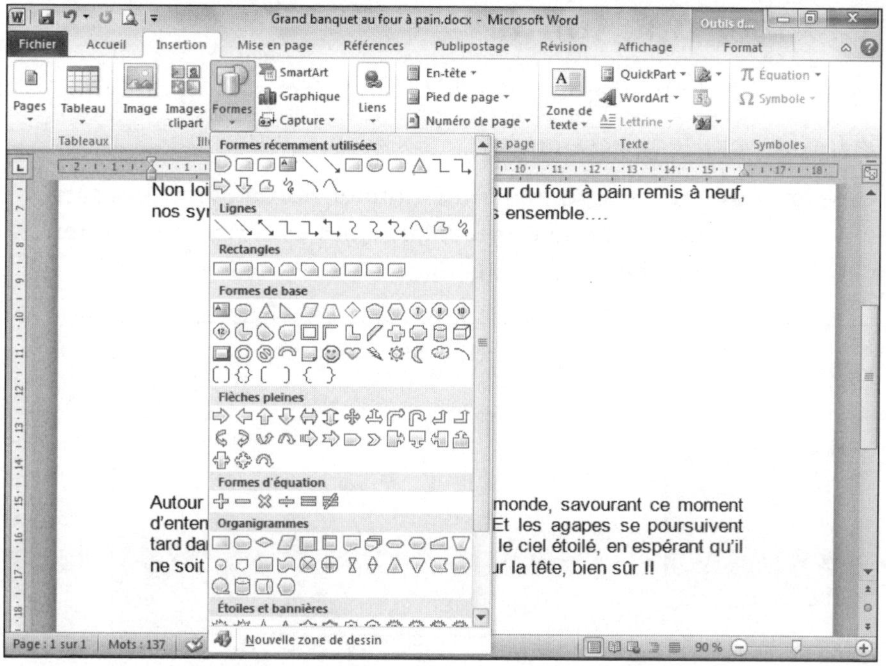

Figure 12-12 Liste des formes disponibles.

2. Cliquez la forme désirée dans la liste **Formes**.
3. Cliquez et faites glisser dans le document.

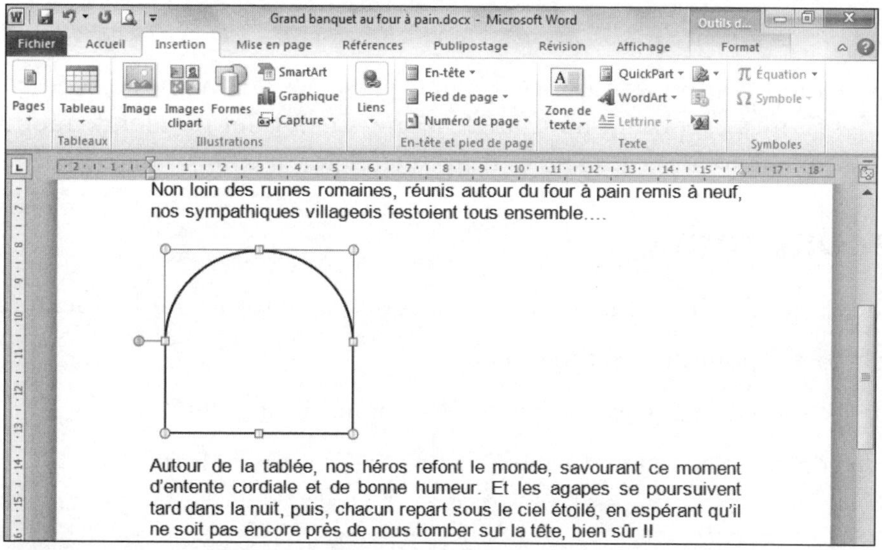

Figure 12-13 Ajout d'une forme dans un document.

La forme est posée sur la page. Un nouvel onglet **Format** apparaît dans le ruban.

Redimensionner une forme

Grâce aux poignées de redimensionnement de la forme, vous pouvez modifier sa taille.

1. Cliquez la forme pour le sélectionner.

   La forme est entourée par ses poignées de redimensionnement. Les carrés permettent d'en modifier la hauteur ou la largeur. Les cercles permettent d'en modifier en même temps la largeur et la hauteur.

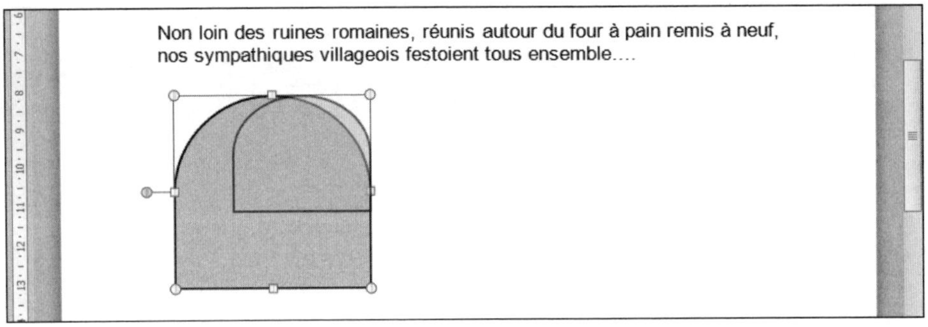
Non loin des ruines romaines, réunis autour du four à pain remis à neuf,
nos sympathiques villageois festoient tous ensemble....

Figure 12-14 Redimensionnement d'une forme.

2. Cliquez et faites glisser une des poignées pour redimensionner la forme.

Astuce Pour respecter les proportions d'origine (largeur et hauteur), maintenez la touche Maj enfoncée pendant le redimensionnement. Cette touche est indispensable pour obtenir des cercles et non des ellipses ou des carrés et non des rectangles.

Pour appliquer une rotation à une forme, faites glisser la poignée ronde de couleur verte. Certaines formes proposent un triangle jaune. Ce dernier permet de modifier la forme, par exemple d'arrondir les angles d'un rectangle.

Déplacer une forme

Pour réorganiser vos dessins, vous pouvez déplacer chaque forme sur le document.

1. Cliquez la forme pour la sélectionner.

   La forme est entourée par ses poignées de redimensionnement.

2. Pointez le centre de la forme. Le curseur de souris prend la forme ✥.

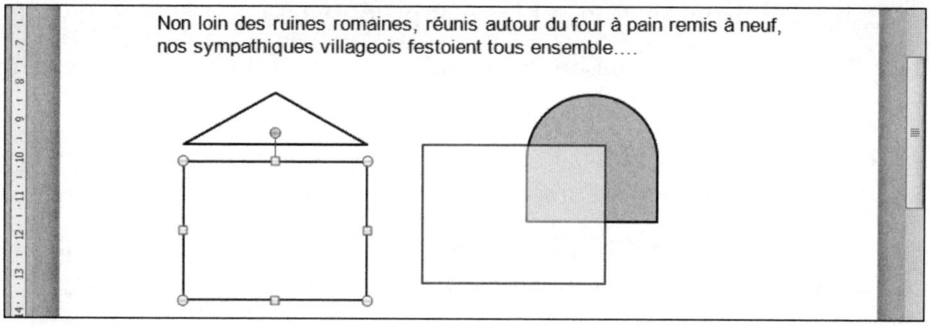

Figure 12-15 Déplacement d'une forme.

3. Cliquez et faites glisser pour déplacer la forme.

Note Pour supprimer une forme, cliquez-la pour la sélectionner, puis appuyez sur la touche **Suppr**. Vous pouvez cliquer le bouton de la barre d'outils Accès rapide pour annuler la suppression.

Modifier le style des formes

Tous les paramètres de mise en forme (couleurs, style, effets, *etc.*) sont regroupés dans l'onglet **Format**.

1. Cliquez la forme pour la sélectionner.
2. Éventuellement, cliquez l'onglet **Format**. Cet onglet se sélectionne automatiquement si votre dernière action concernait une forme.

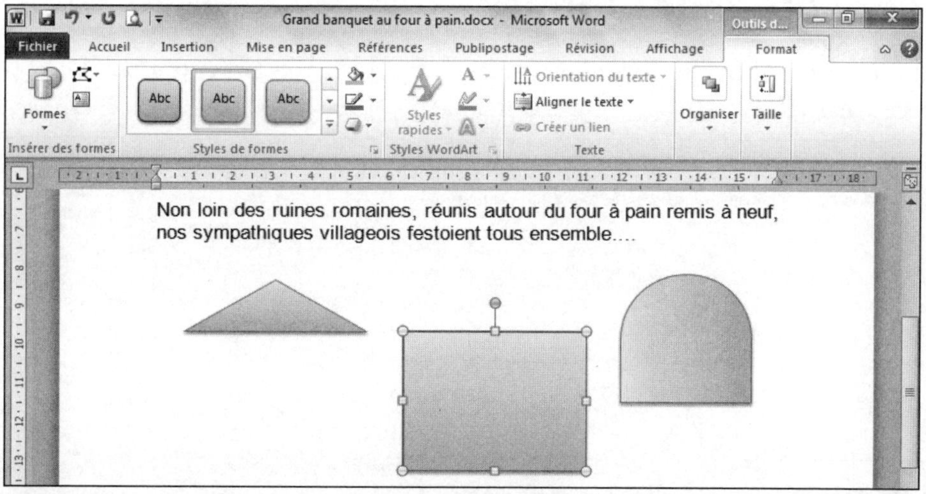

Figure 12-16 Formes avant modification de styles.

Le groupe **Styles de formes** de l'onglet **Format** propose les commandes suivantes :

- **Remplissage de forme** : modifier la couleur de fond de la forme et appliquer des dégradés ou des textures.
- **Contour de forme** : modifier la couleur du trait qui entoure la forme, ainsi que son apparence (épaisseur, tirets, *etc.*).
- **Style visuel** : appliquer des styles prédéfinis à une forme. Cliquez le bouton pour agrandir la liste. La commande **Autres thèmes de remplissage** propose de modifier les dégradés.
- **Effets sur la forme** : ajouter une ombre, un effet 3D, un reflet, *etc.*

1. Cliquez la forme pour la sélectionner.
2. Cliquez l'onglet **Format ➜ Styles de formes** puis le type d'élément à modifier.

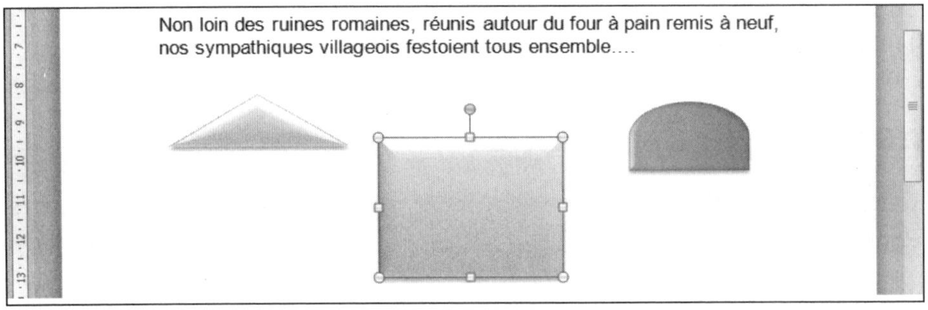
Non loin des ruines romaines, réunis autour du four à pain remis à neuf,
nos sympathiques villageois festoient tous ensemble....

Figure 12-17 Formes après modification des styles.

Modifier l'ordre des formes

Par défaut, chaque nouvelle forme est placée au-dessus des précédentes. Vous pouvez modifier cet ordre.

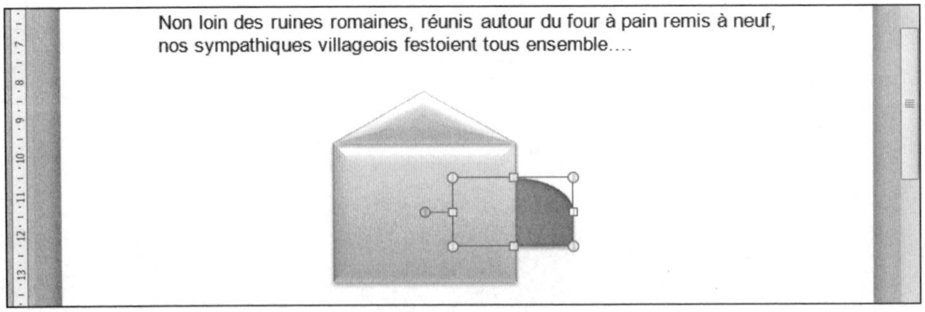
Non loin des ruines romaines, réunis autour du four à pain remis à neuf,
nos sympathiques villageois festoient tous ensemble....

Figure 12-18 Formes avant modification de l'ordre.

1. Cliquez la forme avec le bouton droit.
2. Cliquez la commande **Ordre** dans le menu contextuel, cliquez **Mettre au premier** ou **Mettre à l'arrière-plan**, puis cliquez la position exacte.

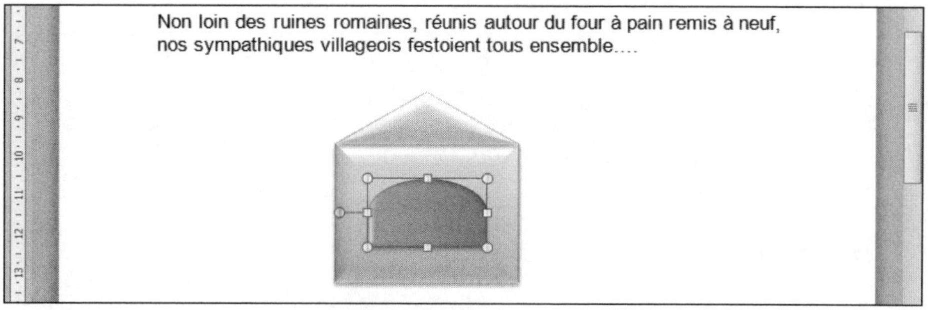
Non loin des ruines romaines, réunis autour du four à pain remis à neuf,
nos sympathiques villageois festoient tous ensemble....

Figure 12-19 Formes après modification de l'ordre.

Note Vous pouvez aussi utiliser l'onglet **Format → Organiser**.

Sélectionner et grouper des formes

Pour appliquer un format à plusieurs formes ou pour les grouper, vous devez toutes les sélectionner.

1. Cliquez la première forme.
2. Maintenez la touche **Ctrl** enfoncée.
3. Cliquez les autres formes pour les sélectionner aussi.

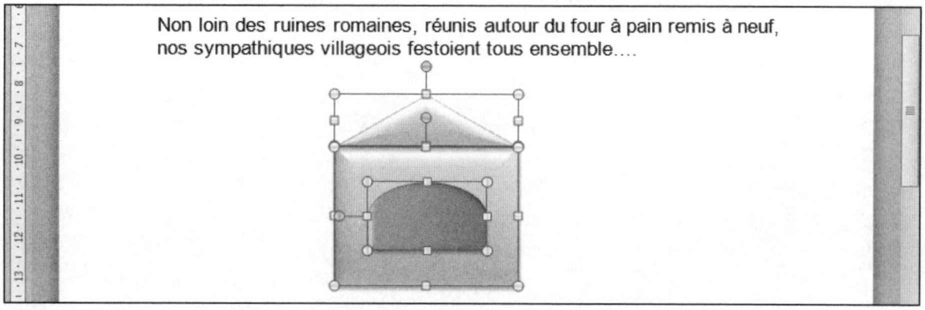
Non loin des ruines romaines, réunis autour du four à pain remis à neuf,
nos sympathiques villageois festoient tous ensemble....

Figure 12-20 Sélection de plusieurs formes.

Pour les déplacer facilement ou modifier leur format, vous pouvez grouper les formes en une seule.

1. Sélectionnez les formes à grouper.

2. Cliquez l'onglet **Format → Organiser → Grouper → Grouper**.

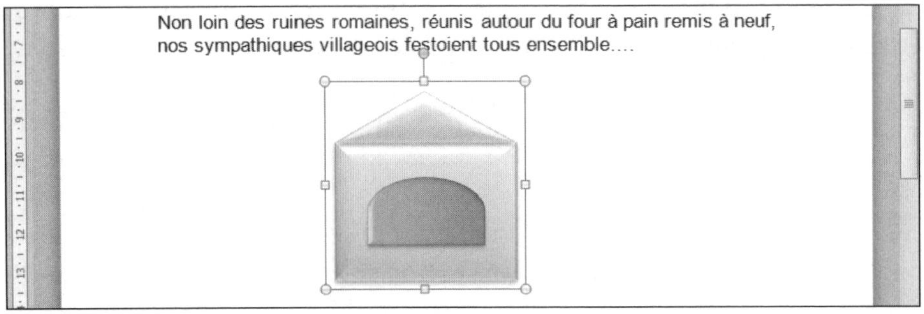

Figure 12-21 Groupe de plusieurs formes.

Pour dissocier des formes groupées, cliquez l'onglet **Format → Organiser → Grouper → Dissocier**.

Aligner les formes

Pour obtenir une belle présentation, vous pouvez aligner les formes les unes par rapport aux autres.

1. Sélectionnez les formes à déplacer.

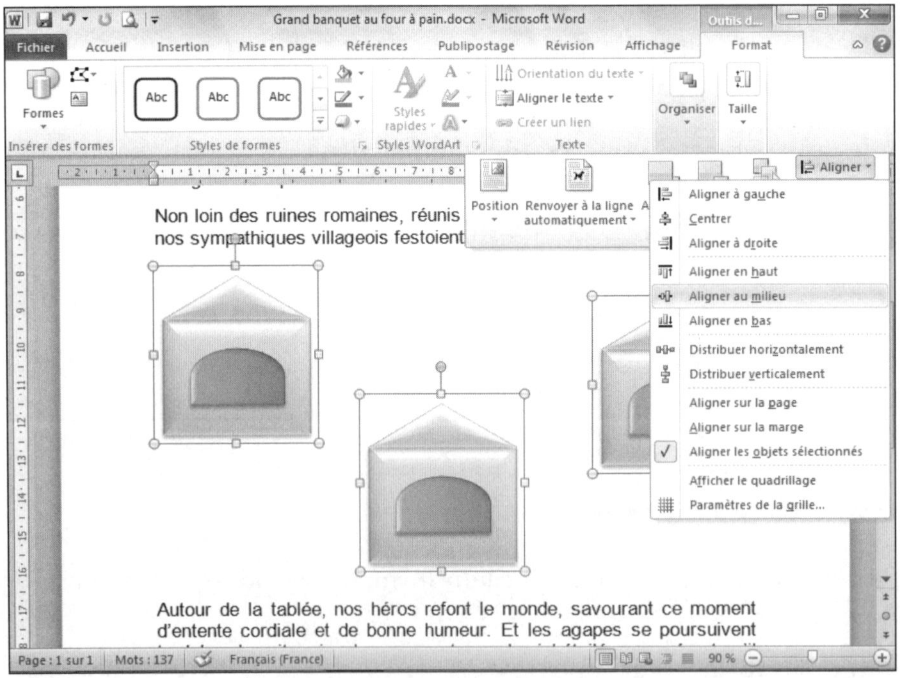

Figure 12-22 Sélection de plusieurs formes à aligner.

2. Cliquez l'onglet **Format** ➜ **Organiser** ➜ **Aligner** puis cliquez l'alignement à appliquer.

Note La commande **Distribuer** n'est disponible que si vous avez sélectionné au moins trois formes. Elle permet de placer les formes à égale distance.

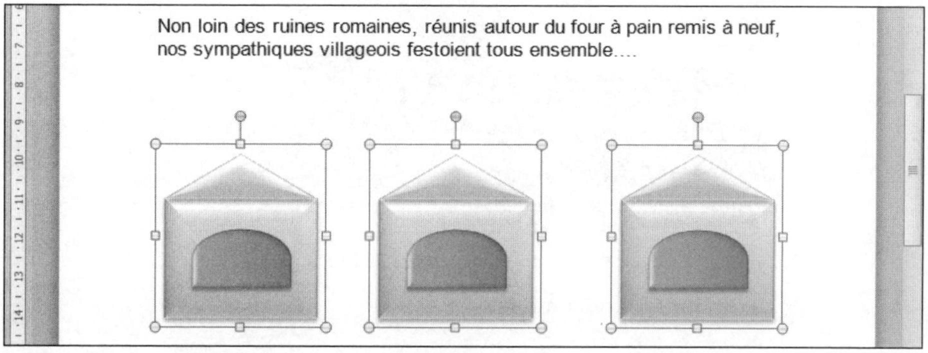
Non loin des ruines romaines, réunis autour du four à pain remis à neuf,
nos sympathiques villageois festoient tous ensemble....

Figure 12-23 Alignement au centre de plusieurs formes.

Insérer une zone de texte

Pour compléter vos documents, ajoutez des zones de texte qui se superposeront aux pages. Vous pourrez ensuite modifier leur style comme pour les autres formes.

1. Cliquez l'onglet **Insertion** ➜ **Texte** ➜ **Zone de texte** ➜ **Dessiner une zone de texte**.
2. Cliquez dans le document à la position d'insertion. Vous pouvez aussi cliquer et faire glisser si vous désirez définir la taille de la zone de texte.
3. Tapez le texte dans le cadre de la zone de texte.
4. Pour modifier la mise en forme du texte, sélectionnez les caractères, puis utilisez les outils de l'onglet **Accueil** ➜ **Police**.

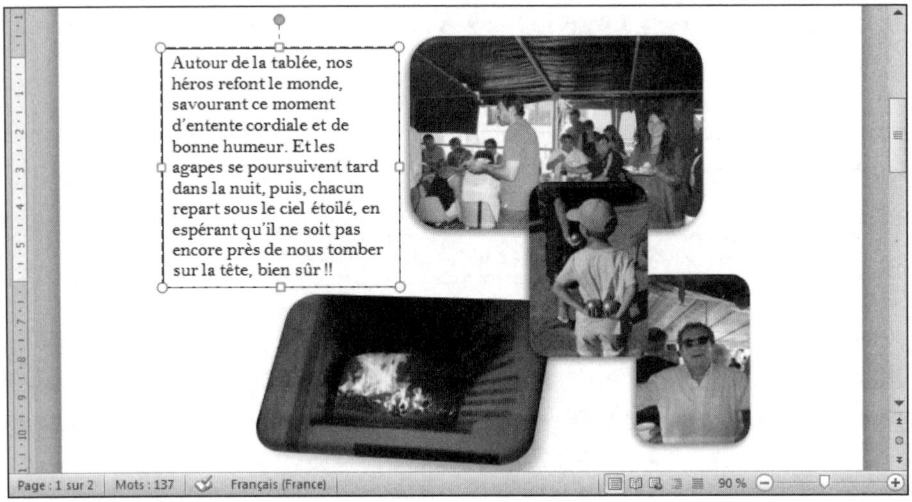

Figure 12-24 Zone de texte dans un document.

Vous pouvez aussi utiliser des zones de texte avec des formes prédéfinies.

1. Cliquez dans le document à la position d'insertion de la zone de texte.
2. Cliquez l'onglet **Insertion ➜ Texte ➜ Zone de texte**, puis cliquez un modèle prédéfini.

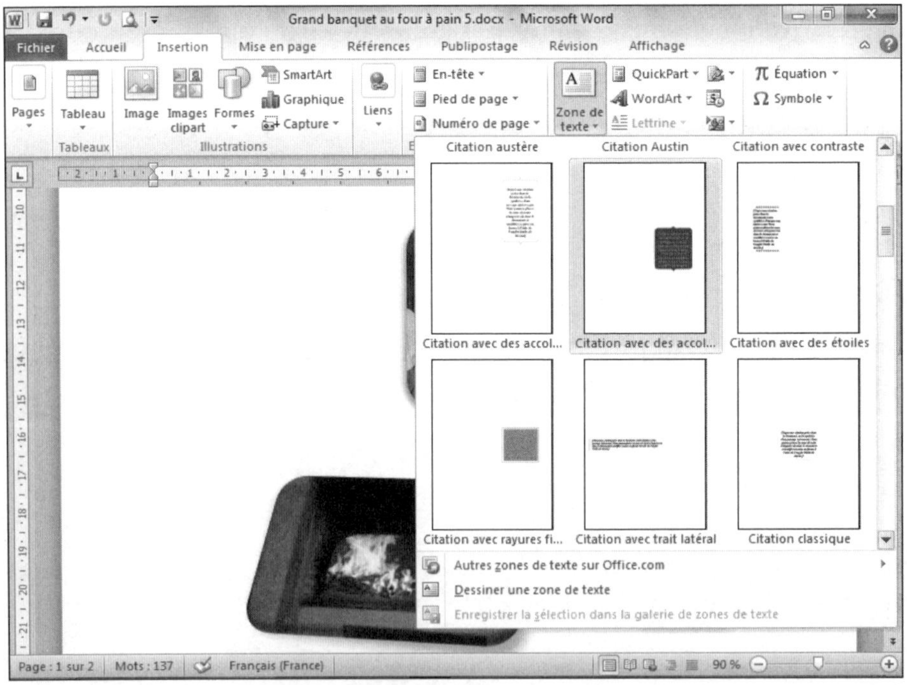

Figure 12-25 Modèles de zone de texte.

3. Tapez le texte dans le cadre de la zone de texte.
4. Modifiez les caractéristiques de la zone de texte (position, taille, couleurs, *etc.*).

Autour de la tablée, nos héros refont le monde, savourant ce moment d'entente cordiale et de bonne humeur. Et les agapes se poursuivent tard dans la nuit, puis, chacun repart sous le ciel étoilé, en espérant qu'il ne soit pas encore près de nous tomber sur la tête, bien sûr !!
Page : 1 sur 2
Mots : 51/137
Français (France)
90 %

Figure 12-26 Zone de texte prédéfinie.

Insérer un objet WordArt

Les objets WordArt s'apparentent aux zones de texte mais possèdent des mises en forme plus sophistiquées.

1. Pour commencer, sélectionnez le texte qui doit être converti en WordArt.
2. Cliquez l'onglet **Insertion → Texte → WordArt**.
3. Cliquez la forme de base des caractères dans la liste.

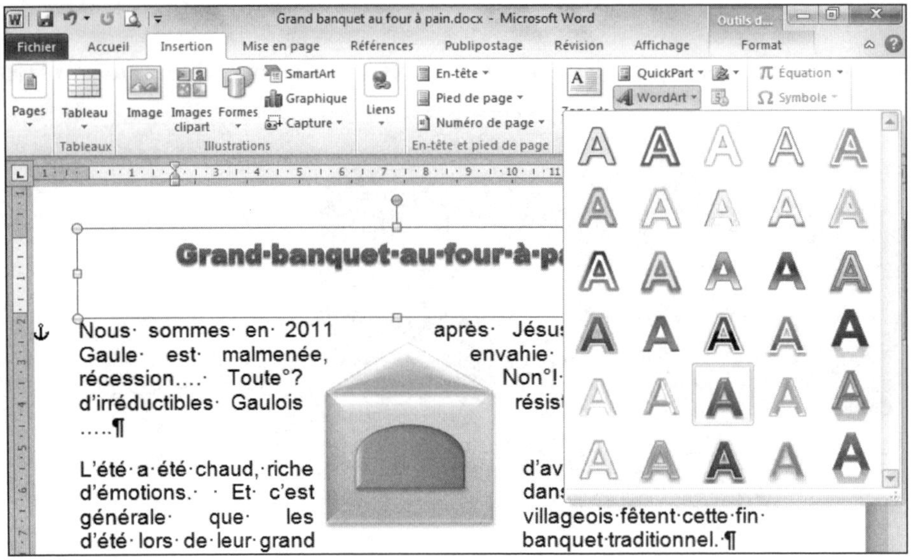

Figure 12-27 Liste des caractères WordArt.

4. Utilisez les outils de l'onglet **Format → Styles WordArt** pour modifier le texte (forme, couleur, effets 3D, ombres, reflets, *etc.*). Ces outils fonctionnent de la même manière que ceux des formes.

Figure 12-28 Objets WordArt dans un document.

Utiliser les graphiques SmartArt

Les graphiques SmartArt sont des formes prédéfinies qui permettent de présenter des informations ou des idées sous forme professionnelle. Il s'agit en fait d'associations de formes classées par thèmes : processus, cycle, hiérarchie, relation, *etc.*

1. Cliquez l'onglet **Insertion ➜ Illustration ➜ SmartArt**.
2. Cliquez dans la liste de gauche le type de graphique SmartArt.
3. Cliquez dans la liste du centre un graphique SmartArt.

   La liste de droite affiche le graphique sélectionné en couleur, ainsi qu'une description de ses possibilités.

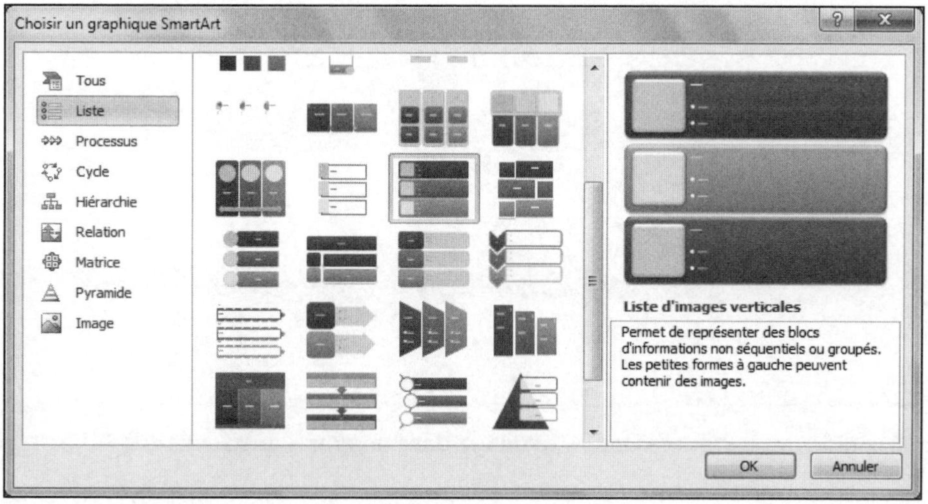

Figure 12-29 Sélection d'un graphique SmartArt.

4. Cliquez le bouton **OK** pour insérer le graphique dans le document.

Word affiche deux nouveaux onglets dans le ruban : **Création** et **Format**.

Quand le graphique SmartArt est sélectionné, une boîte permet de saisir ses textes. Pour insérer des images, cliquez les symboles directement dans le graphique.

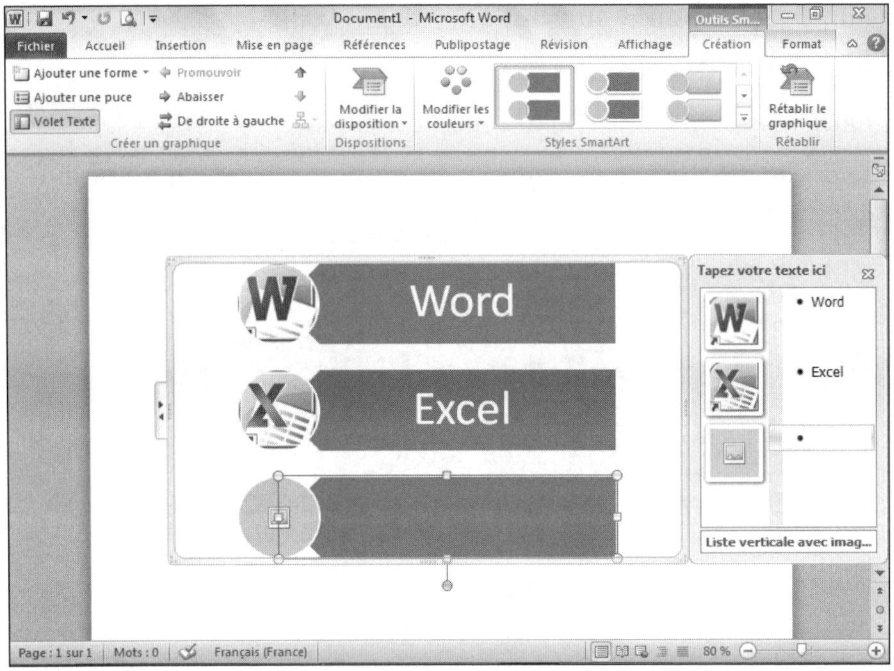

Figure 12-30 Saisie des textes et insertion d'image dans un graphique SmartArt.

Vous trouverez dans les onglets **Création** et **Format** toute une panoplie d'outils pour modifier la forme et le style des graphiques SmartArt. Comme ils sont très nombreux, nous vous conseillons de vous reporter à l'aide en ligne. Appuyez sur la touche **F1** puis effectuez une recherche sur le mot-clé « SmartArt ». Les modifications d'un graphique SmartArt restent cependant très intuitives.

Figure 12-31 Mise en forme d'un graphique SmartArt.

Chapitre 13

Trucs et astuces pour aller plus loin

Dans ce chapitre

- Créer une lettrine
- Gérer les coupures de mots
- Effectuer des tris
- Insérer des équations
- Utiliser les signets
- Ajouter des numéros de ligne
- Insérer des liens hypertexte
- Ajouter des renvois
- Utiliser le mode plan
- Créer une table des matières et un index

Ce chapitre regroupe une multitude d'astuces pour peaufiner vos documents. Il intègre aussi des notions qui n'ont pas été abordées dans les chapitres précédents.

Créer une lettrine

Une lettrine correspond au premier caractère d'un paragraphe que l'on affiche dans une taille supérieure à l'ensemble du texte. Les lettrines sont employées pour commencer un article dans un journal, un chapitre de livre, *etc.*

1. Sélectionnez la première lettre du paragraphe.
2. Cliquez l'onglet **Insertion ➜ Texte ➜ Lettrine**.
3. Pointez le type de lettrine dans la liste.

   Word affiche un exemple dans le document.

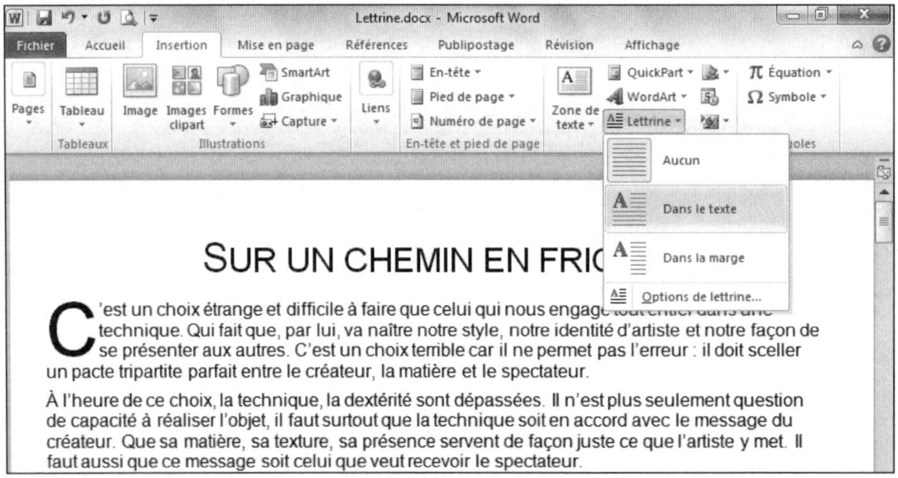
Lettrine.docx - Microsoft Word
Fichier
Accueil
Insertion
Mise en page
Références
Publipostage
Révision
Affichage
Pages
Tableau
Image
Images clipart
Formes
SmartArt
Graphique
Capture
Liens
En-tête
Pied de page
Numéro de page
Zone de texte
QuickPart
WordArt
Lettrine
Équation
Symbole
Tableaux
Illustrations
En-tête et pied de page
Aucun
Dans le texte
Dans la marge
Options de lettrine...
SUR UN CHEMIN EN FRI
C'est un choix étrange et difficile à faire que celui qui nous engag
technique. Qui fait que, par lui, va naître notre style, notre identité d'artiste et notre façon de
se présenter aux autres. C'est un choix terrible car il ne permet pas l'erreur : il doit sceller
un pacte tripartite parfait entre le créateur, la matière et le spectateur.
À l'heure de ce choix, la technique, la dextérité sont dépassées. Il n'est plus seulement question
de capacité à réaliser l'objet, il faut surtout que la technique soit en accord avec le message du
créateur. Que sa matière, sa texture, sa présence servent de façon juste ce que l'artiste y met. Il
faut aussi que ce message soit celui que veut recevoir le spectateur.

Figure 13-01 Ajout d'une lettrine à un paragraphe.

4. Cliquez le type de lettrine dans la liste.

Vous pouvez aussi choisir les caractéristiques de votre lettrine avec une boîte de dialogue :

1. Sélectionnez la première lettre de votre paragraphe.
2. Cliquez l'onglet **Insertion ➜ Texte ➜ Lettrine ➜ Options de lettrine**.
3. Cliquez le type de lettrine dans la zone **Position**.
4. Sélectionnez dans la liste **Police** celle de la lettrine.

5. Sélectionnez dans la zone **Hauteur** le nombre de lignes du paragraphe auquel la lettrine doit correspondre.

6. Tapez dans la zone **Distance du texte** celle entre la lettrine et le paragraphe.

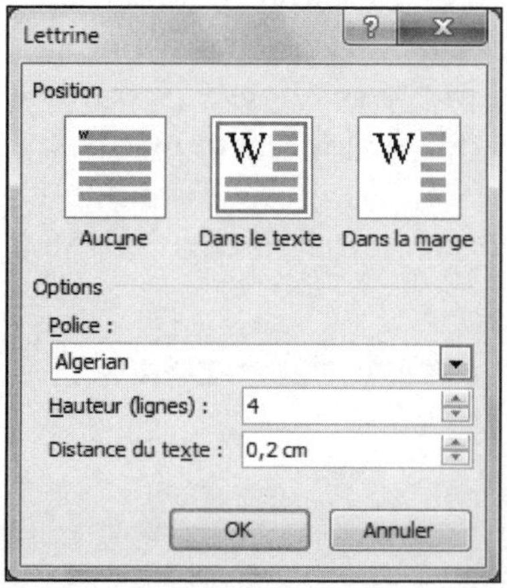

Figure 13-02 Création d'une lettrine avec une boîte de dialogue.

7. Cliquez le bouton **OK**.

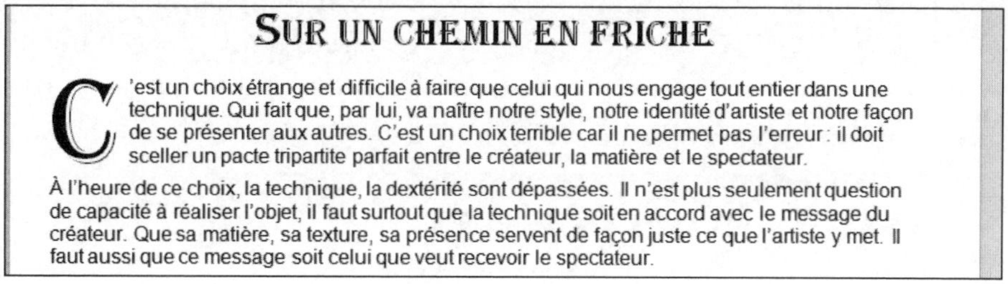

SUR UN CHEMIN EN FRICHE

C'est un choix étrange et difficile à faire que celui qui nous engage tout entier dans une technique. Qui fait que, par lui, va naître notre style, notre identité d'artiste et notre façon de se présenter aux autres. C'est un choix terrible car il ne permet pas l'erreur : il doit sceller un pacte tripartite parfait entre le créateur, la matière et le spectateur.

À l'heure de ce choix, la technique, la dextérité sont dépassées. Il n'est plus seulement question de capacité à réaliser l'objet, il faut surtout que la technique soit en accord avec le message du créateur. Que sa matière, sa texture, sa présence servent de façon juste ce que l'artiste y met. Il faut aussi que ce message soit celui que veut recevoir le spectateur.

Figure 13-3 Lettrine dans un document.

Revenir à l'emplacement des dernières éditions

Si vous vous déplacez fréquemment à l'intérieur d'un document, voire entre plusieurs documents, Word propose un raccourci pour vous déplacer instantanément entre les derniers lieux que vous avez visités. Tapez simplement le raccourci **Maj+F5** pour revenir à la position précédente.

Ajouter un espace insécable

Quand vous arrivez en fin de ligne dans un paragraphe, Word passe automatiquement à la ligne suivante. La séparation des deux lignes s'effectue à l'emplacement d'un espace. Ce passage, décidé par Word, peut être gênant dans certains cas. Par exemple, si vous tapez « 150 € » à la fin d'une ligne, il est possible que le symbole € se retrouve seul au début de la ligne suivante. Pour éviter cela, vous devez ajouter un espace insécable entre 150 et €. Ces deux éléments resteront solidaires et passeront ensemble à la ligne suivante. Pour ajouter un espace insécable, tapez le raccourci clavier **Ctrl+Maj+Barre d'espace** à la place d'un espace ordinaire.

Si vous affichez les marques de paragraphe (onglet **Accueil → Paragraphe →** ¶), les espaces insécables sont représentés par le symbole « ° ».

Utiliser les coupures de mots

Comme nous venons de le voir dans la section précédente, Word effectue le passage à la ligne suivante en fonction des espaces. Si le dernier mot contient beaucoup de lettres et qu'il passe sur la ligne suivante, cela engendre des espaces très larges et peu esthétiques sur la ligne précédente. Si cela n'est généralement pas gênant pour les textes ordinaires, il n'en est pas de même pour les textes présentés sous forme de colonnes comme dans les journaux.

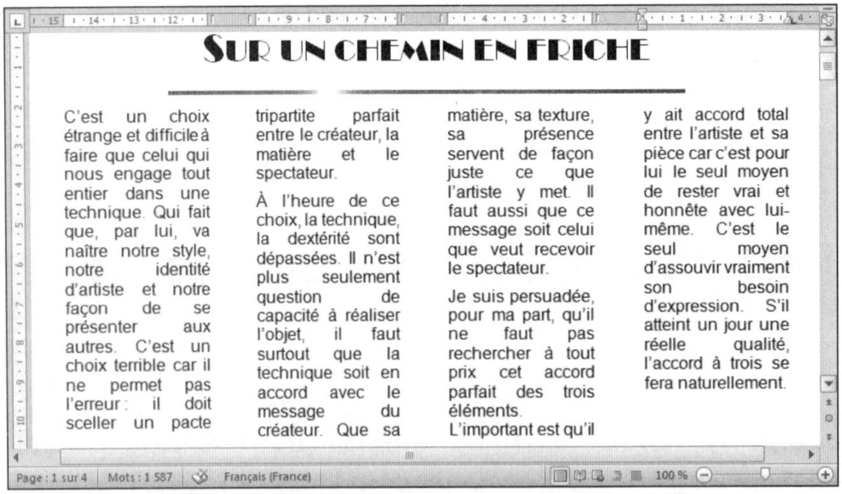
SUR UN CHEMIN EN FRICHE
C'est un choix étrange et difficile à faire que celui qui nous engage tout entier dans une technique. Qui fait que, par lui, va naître notre style, notre identité d'artiste et notre façon de se présenter aux autres. C'est un choix terrible car il ne permet pas l'erreur : il doit sceller un pacte tripartite parfait entre le créateur, la matière et le spectateur.
À l'heure de ce choix, la technique, la dextérité sont dépassées. Il n'est plus seulement question de capacité à réaliser l'objet, il faut surtout que la technique soit en accord avec le message du créateur. Que sa matière, sa texture, sa présence servent de façon juste ce que l'artiste y met. Il faut aussi que ce message soit celui que veut recevoir le spectateur.
Je suis persuadée, pour ma part, qu'il ne faut pas rechercher à tout prix cet accord parfait des trois éléments. L'important est qu'il y ait accord total entre l'artiste et sa pièce car c'est pour lui le seul moyen de rester vrai et honnête avec lui-même. C'est le seul moyen d'assouvir vraiment son besoin d'expression. S'il atteint un jour une réelle qualité, l'accord à trois se fera naturellement.
Page : 1 sur 4
Mots : 1 587
Français (France)
100 %

Figure 13-4 Texte sur quatre colonnes sans coupure de mots.

Il est alors nécessaire de couper les mots entre les syllabes. Vous pouvez laisser à Word le soin d'effectuer automatiquement les coupures ou les réaliser vous-même manuellement.

Pour couper les mots automatiquement :

1. Cliquez l'onglet **Mise en page** ➜ **Mise en page** ➜ **Coupure de mots** ➜ **Automatique**.

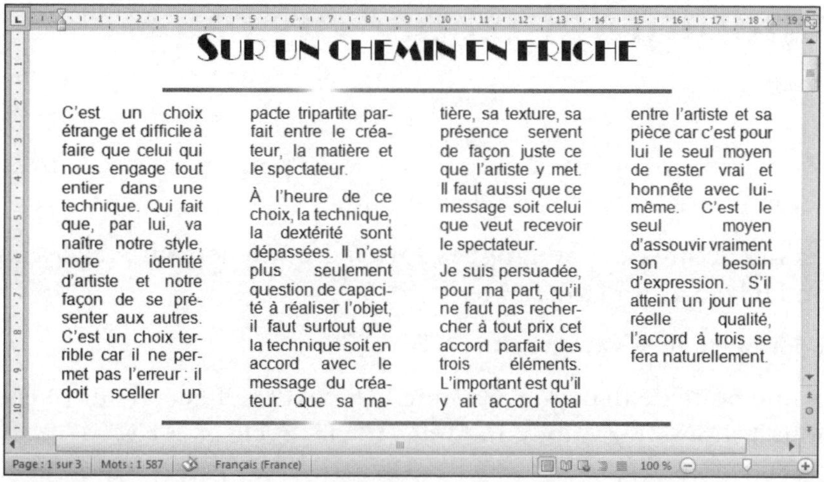
Sur un chemin en friche
C'est un choix étrange et difficile à faire que celui qui nous engage tout entier dans une technique. Qui fait que, par lui, va naître notre style, notre identité d'artiste et notre façon de se pré-senter aux autres. C'est un choix ter-rible car il ne per-met pas l'erreur : il doit sceller un pacte tripartite par-fait entre le créa-teur, la matière et le spectateur.
À l'heure de ce choix, la technique, la dextérité sont dépassées. Il n'est plus seulement question de capaci-té à réaliser l'objet, il faut surtout que la technique soit en accord avec le message du créa-teur. Que sa ma-tière, sa texture, sa présence servent de façon juste ce que l'artiste y met. Il faut aussi que ce message soit celui que veut recevoir le spectateur.
Je suis persuadée, pour ma part, qu'il ne faut pas recher-cher à tout prix cet accord parfait des trois éléments. L'important est qu'il y ait accord total entre l'artiste et sa pièce car c'est pour lui le seul moyen de rester vrai et honnête avec lui-même. C'est le seul moyen d'assouvir vraiment son besoin d'expression. S'il atteint un jour une réelle qualité, l'accord à trois se fera naturellement.
Page : 1 sur 3
Mots : 1 587
Français (France)
100 %

Figure 13-5 Texte sur quatre colonnes avec coupures de mots.

Pour effectuer les coupures de mots manuellement :

1. Cliquez l'onglet **Mise en page** ➜ **Mise en page** ➜ **Coupure de mots** ➜ **Manuel**.

   Word ouvre une boîte de dialogue et se positionne sur la première coupure de mot possible. Le curseur clignotant, sur un tiret, indique sa suggestion. Les autres tirets indiquent les autres coupures possibles. Le trait vertical indique la limite des coupures.

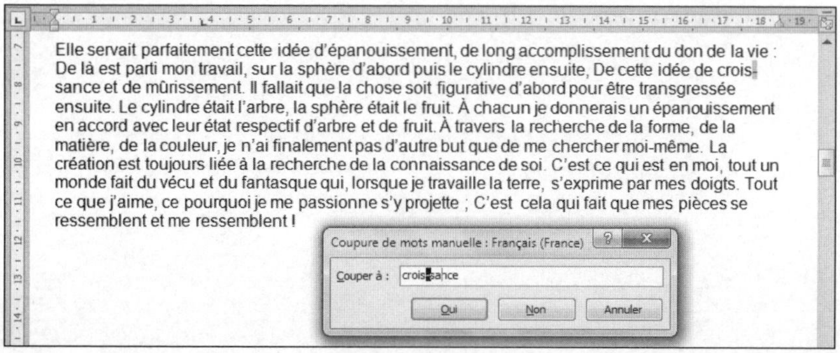
Elle servait parfaitement cette idée d'épanouissement, de long accomplissement du don de la vie :
De là est parti mon travail, sur la sphère d'abord puis le cylindre ensuite, De cette idée de crois-
sance et de mûrissement. Il fallait que la chose soit figurative d'abord pour être transgressée
ensuite. Le cylindre était l'arbre, la sphère était le fruit. À chacun je donnerais un épanouissement
en accord avec leur état respectif d'arbre et de fruit. À travers la recherche de la forme, de la
matière, de la couleur, je n'ai finalement pas d'autre but que de me chercher moi-même. La
création est toujours liée à la recherche de la connaissance de soi. C'est ce qui est en moi, tout un
monde fait du vécu et du fantasque qui, lorsque je travaille la terre, s'exprime par mes doigts. Tout
ce que j'aime, ce pourquoi je me passionne s'y projette ; C'est cela qui fait que mes pièces se
ressemblent et me ressemblent !
Coupure de mots manuelle : Français (France)
Couper à :
crois-sance
Oui
Non
Annuler

Figure 13-6 Coupure de mots manuelle.

2. Si vous êtes d'accord avec la suggestion, cliquez le bouton **Oui**. Si une autre coupure vous semble plus appropriée, cliquez-la dans la zone **Couper à**, puis cliquez le bouton **Oui**. Si vous ne désirez pas couper le mot, cliquez le bouton **Non**.
3. Répétez l'étape **2** pour toutes les autres occurrences.

Classer des paragraphes par ordre alphabétique

Si vos paragraphes correspondent à une liste, vous pouvez les trier par ordre alphabétique ou numérique, croissant ou décroissant.

1. Sélectionnez l'intégralité des paragraphes à trier, éventuellement avec les en-têtes s'il s'agit d'un tableau avec des colonnes.
2. Cliquez l'onglet **Accueil ➜ Paragraphe ➜ Trier** A↓Z.

   Word affiche une boîte de dialogue. Comme le tri peut s'effectuer sur plusieurs critères, la boîte propose 3 groupes, nommés **1re clé**, **2e clé** et **3e clé**.
3. Si votre sélection est un tableau avec des en-têtes, cochez l'option **Oui** dans la zone **Ligne d'en-tête**.
4. Si votre sélection n'est pas un tableau ou si vous désirez effectuer le tri en fonction des premiers caractères de la première colonne, sélectionnez **Paragraphes** dans la première liste. Si votre sélection est un tableau, sélectionnez le nom de l'en-tête ou le numéro de la colonne (champ1, champ2, *etc.*).
5. Sélectionnez le type de données à trier dans la seconde liste, généralement **Texte**.
6. Cochez l'option correspondant au sens du tri (**Croissant** ou **Décroissant**).
7. Si vous avez sélectionné un tableau à l'étape **1**, vous pouvez répéter les étapes **4** à **6** pour les deux autres groupes de critère.

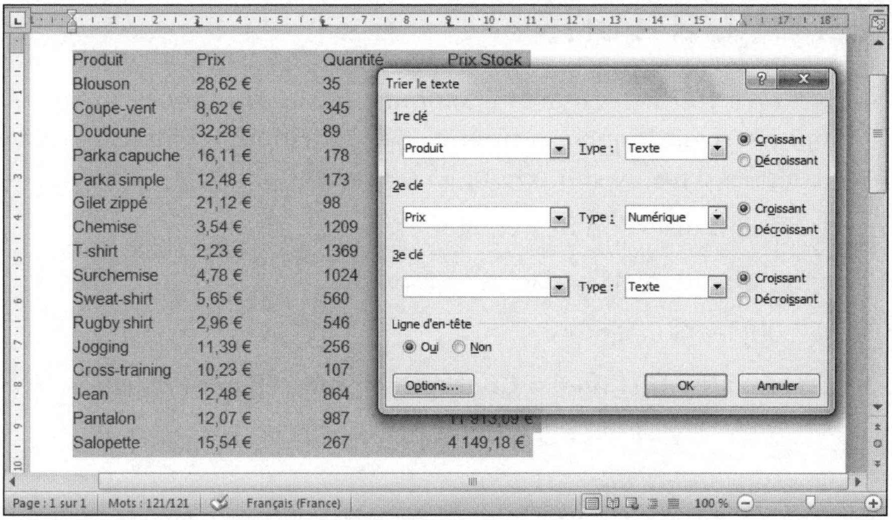

Figure 13-7 Exemple de tableau à trier.

8. Cliquez le bouton **OK**.

Word trie les paragraphes en fonction de vos critères.

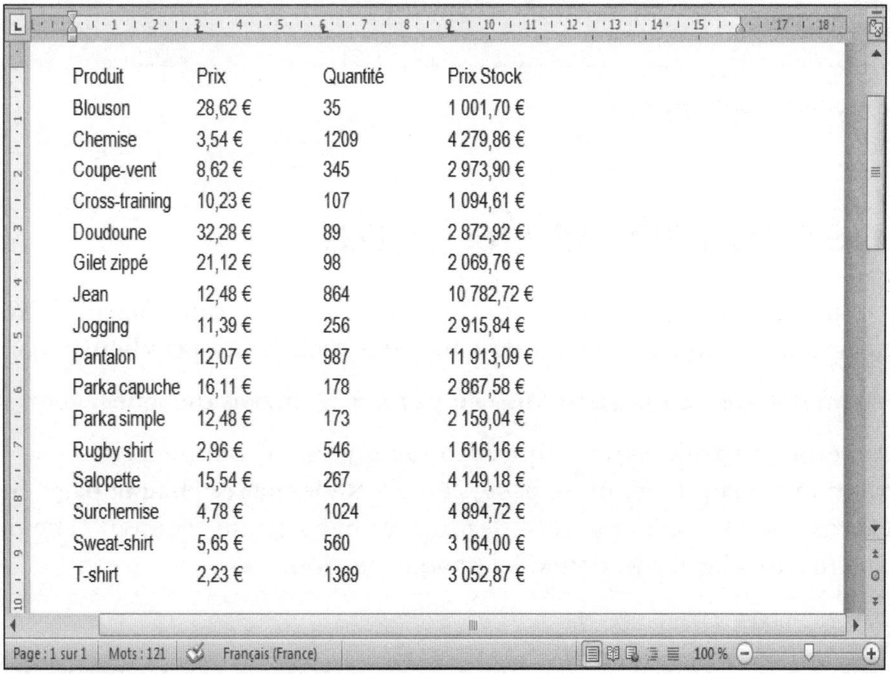

Produit	Prix	Quantité	Prix Stock
Blouson	28,62 €	35	1 001,70 €
Chemise	3,54 €	1209	4 279,86 €
Coupe-vent	8,62 €	345	2 973,90 €
Cross-training	10,23 €	107	1 094,61 €
Doudoune	32,28 €	89	2 872,92 €
Gilet zippé	21,12 €	98	2 069,76 €
Jean	12,48 €	864	10 782,72 €
Jogging	11,39 €	256	2 915,84 €
Pantalon	12,07 €	987	11 913,09 €
Parka capuche	16,11 €	178	2 867,58 €
Parka simple	12,48 €	173	2 159,04 €
Rugby shirt	2,96 €	546	1 616,16 €
Salopette	15,54 €	267	4 149,18 €
Surchemise	4,78 €	1024	4 894,72 €
Sweat-shirt	5,65 €	560	3 164,00 €
T-shirt	2,23 €	1369	3 052,87 €

Figure 13-8 Exemple de tableau trié.

Note Le tri fonctionne de la même façon pour les tableaux vus au chapitre 11.

Insérer des équations

Même si Word n'est pas très fort en mathématiques, il propose, pour ceux qui doivent rédiger des rapports scientifiques, d'insérer des équations complexes grâce aux commandes regroupées dans un nouvel onglet du ruban.

1. Cliquez la position d'insertion de l'équation.
2. Cliquez l'onglet **Insertion ➜ Symboles ➜ Équation**.

   Word affiche l'onglet **Conception**.
3. Utilisez les commandes de l'onglet **Conception** pour rédiger l'équation.

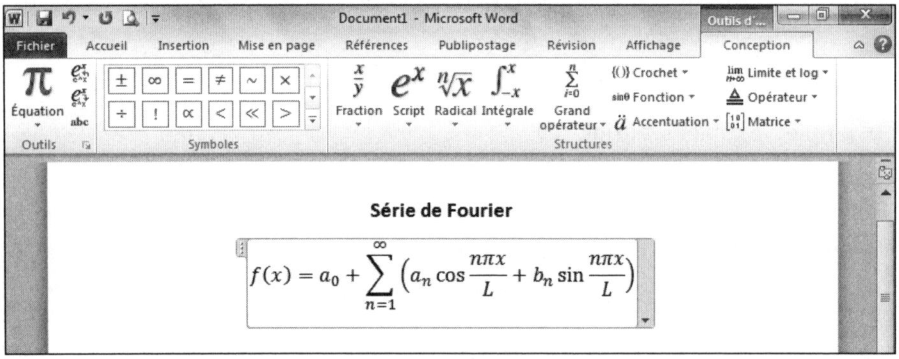

Figure 13-9 Insertion d'une équation.

Ajouter des numéros de ligne

Word peut numéroter chaque ligne d'un document. Cela permet de se référer plus facilement à certains textes sans devoir effectuer des recherches fastidieuses.

1. Cliquez l'onglet **Mise en page ➜ Mise en page ➜ Numéros de ligne** .
2. Pour numéroter chaque ligne, cliquez **Continu**. Pour recommencer la numérotation à chaque début de page, cliquez **Redémarrer chaque page**. Si vous avez défini des sections, et que vous désiriez numéroter uniquement celle où se trouve le curseur, cliquez **Redémarrer chaque section**.

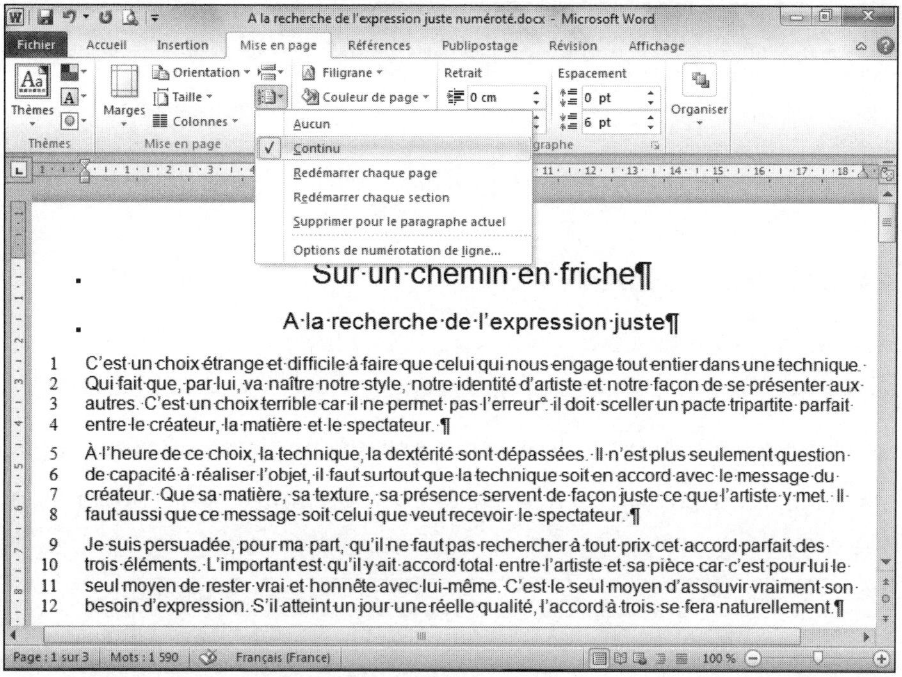
A la recherche de l'expression juste numéroté.docx - Microsoft Word
Fichier
Accueil
Insertion
Mise en page
Références
Publipostage
Révision
Affichage
Thèmes
Marges
Orientation
Taille
Colonnes
Mise en page
Filigrane
Couleur de page
Retrait
0 cm
Espacement
0 pt
6 pt
Organiser
Aucun
Continu
Redémarrer chaque page
Redémarrer chaque section
Supprimer pour le paragraphe actuel
Options de numérotation de ligne...
Sur un chemin en friche
A la recherche de l'expression juste
C'est un choix étrange et difficile à faire que celui qui nous engage tout entier dans une technique. Qui fait que, par lui, va naître notre style, notre identité d'artiste et notre façon de se présenter aux autres. C'est un choix terrible car il ne permet pas l'erreur : il doit sceller un pacte tripartite parfait entre le créateur, la matière et le spectateur.
À l'heure de ce choix, la technique, la dextérité sont dépassées. Il n'est plus seulement question de capacité à réaliser l'objet, il faut surtout que la technique soit en accord avec le message du créateur. Que sa matière, sa texture, sa présence servent de façon juste ce que l'artiste y met. Il faut aussi que ce message soit celui que veut recevoir le spectateur.
Je suis persuadée, pour ma part, qu'il ne faut pas rechercher à tout prix cet accord parfait des trois éléments. L'important est qu'il y ait accord total entre l'artiste et sa pièce car c'est pour lui le seul moyen de rester vrai et honnête avec lui-même. C'est le seul moyen d'assouvir vraiment son besoin d'expression. S'il atteint un jour une réelle qualité, l'accord à trois se fera naturellement.
Page : 1 sur 3
Mots : 1 590
Français (France)
100 %

Figure 13-10 Lignes numérotées dans un document.

Si vous ne désirez pas numéroter certains paragraphes, par exemple des titres :

1. Cliquez dans le paragraphe qui ne doit pas être numéroté.
2. Cliquez l'onglet **Mise en page → Mise en page → Numéros de ligne** → **Supprimer pour le paragraphe actuel**.

Dans l'exemple de la figure 13-10, les deux titres au début du document ne sont pas numérotés. Ces paragraphes sont précédés d'un petit carré noir à la place du numéro.

Insérer un lien hypertexte

Word reconnaît les liens hypertexte dès que vous saisissez une adresse du type `www.monsite.com`. Le lien est alors automatiquement souligné et affiché en bleu. Il suffit de maintenir la touche **Ctrl** et de cliquer le lien pour afficher la page Web correspondante dans votre navigateur Internet. Le lien devient violet dès qu'il a été visité.

Si vous ne désirez pas du lien ajouté par Word, cliquez-le avec le bouton droit de la souris, puis cliquez la commande **Supprimer le lien hypertexte** dans le menu contextuel. Le texte du lien n'est pas supprimé pour autant.

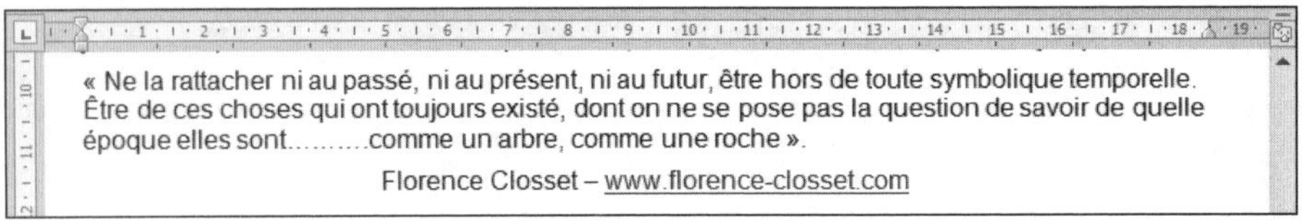

Figure 13-11 Lien hypertexte ajouté automatiquement.

Modifier un lien hypertexte

Vous pouvez remplacer un lien par le texte de votre choix.

1. Cliquez le lien avec le bouton droit de la souris.
2. Cliquez la commande **Modifier le lien hypertexte** dans le menu contextuel.
3. Tapez dans la zone **Texte à afficher** ce qui doit apparaître dans le document à la place du lien.

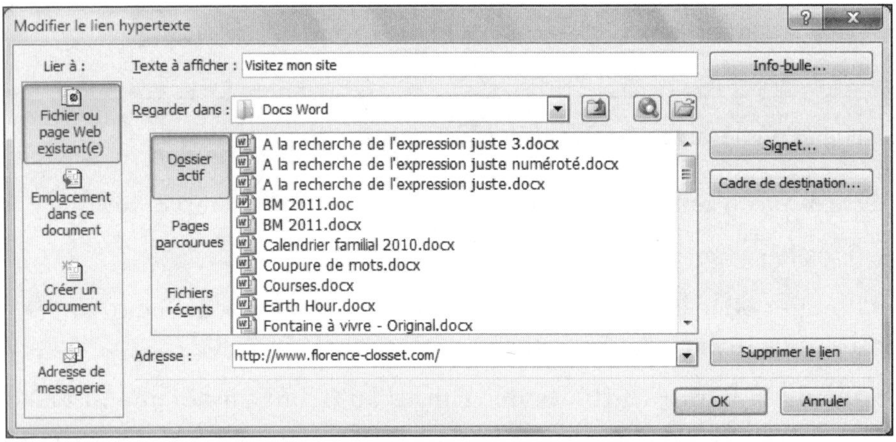

Figure 13-12 Modification d'un lien hypertexte.

4. Cliquez le bouton **OK**.

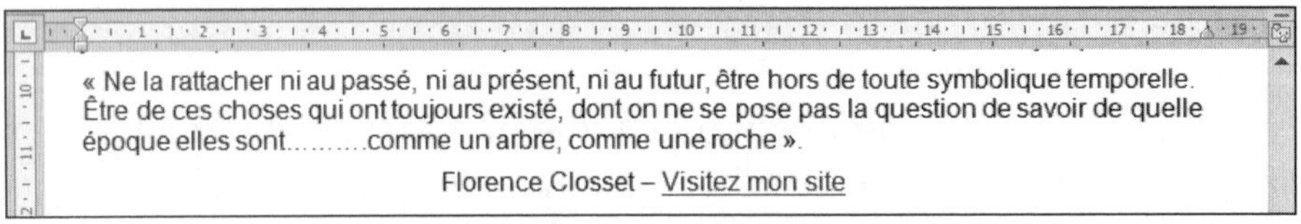

Figure 13-13 Lien hypertexte affiché avec un autre texte.

Ajouter un lien vers un document

Les liens ne se contentent pas d'ouvrir des pages Internet. Vous pouvez aussi les utiliser pour ouvrir des documents présents sur votre ordinateur.

1. Cliquez à la position d'insertion du lien.
2. Cliquez l'onglet **Insertion ➜ Liens ➜ Lien hypertexte**.
3. Cliquez Fichier ou page Web existant(e) dans la liste **Lier à**.
4. Par défaut, la zone **Regarder dans** propose le dossier que vous utilisez actuellement. Si le document est situé à un autre emplacement, sélectionnez le bon dossier dans la zone **Regarder dans**.
5. Cliquez le document dans la liste **Regarder dans** pour le sélectionner.

   La zone **Adresse** contient maintenant le nom du document.
6. Tapez dans la zone **Texte à afficher** ce qui doit apparaître dans le document à la place du lien.

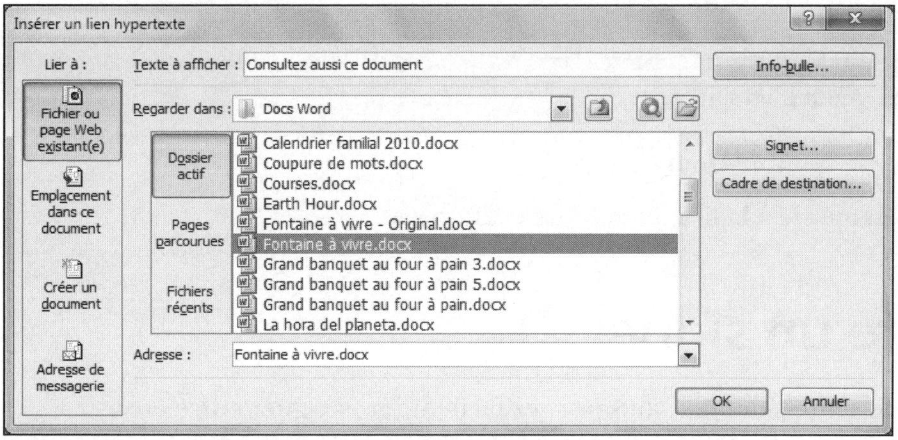

Figure 13-14 Ajout d'un lien vers un document.

7. Cliquez le bouton **OK**.

Insérer des signets

Un signet marque un emplacement à l'intérieur d'un document. Il permet de se rendre rapidement à un endroit précis avec la boîte de dialogue Atteindre, ou ajouter des renvois vers un autre texte.

1. Cliquez à la position d'insertion du signet.

2. Cliquez l'onglet **Insertion → Liens → Signet**.

   La liste du centre affiche tous les signets déjà définis.

3. Tapez un nom mnémonique dans la zone **Nom du signet**. Comme le nom des signets ne doit pas comporter d'espace, remplacez ces derniers par des soulignements.

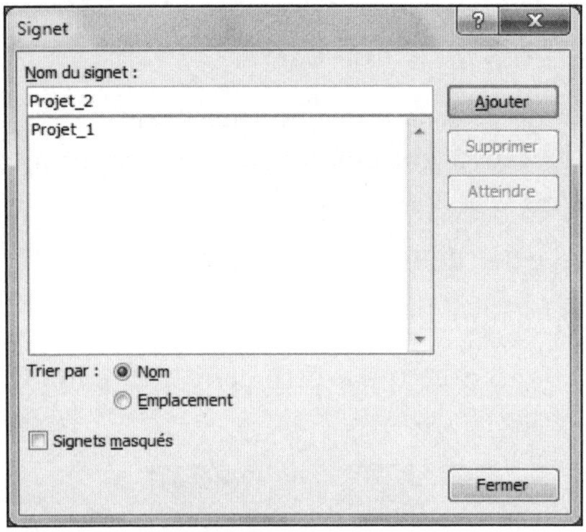

Figure 13-15 Ajout d'un signet.

4. Cliquez le bouton **Ajouter**.

Le signet est ajouté à la liste et la boîte est fermée.

Atteindre un signet

Une fois vos signets définis, vous pouvez facilement naviguer entre eux.

1. Appuyez sur la touche **F5** pour afficher la boîte **Atteindre**.
2. Sélectionnez **Signet** dans la liste **Atteindre**.
3. Sélectionnez le signet dans la liste **Nom du signet**.

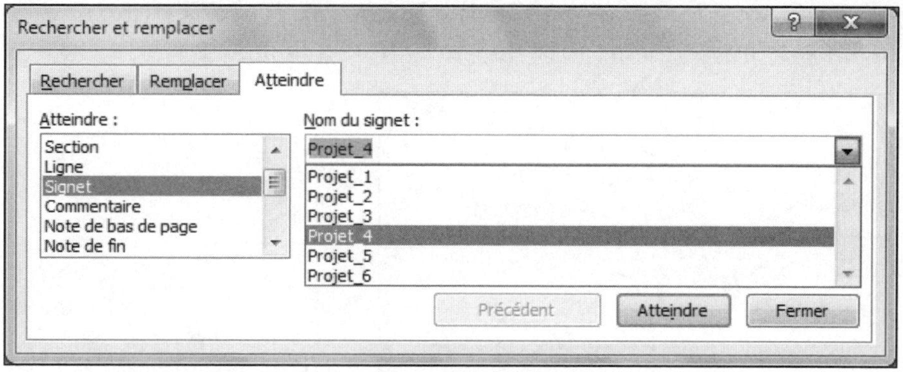

Figure 13-16 Recherche d'un signet dans un document.

4. Cliquez le bouton **Atteindre**.

Le curseur dans le document se trouve maintenant à l'emplacement du signet choisi.

Note Vous pouvez accéder au document et y effectuer des modifications même si la boîte **Rechercher et remplacer** n'est pas fermée.

5. Répétez les étapes **3** et **4** pour vous déplacer vers d'autres signets.
6. Cliquez le bouton **Fermer**.

Insérer un renvoi

Word propose d'insérer des renvois vers des éléments du document. Ces renvois ont l'avantage d'être dynamiques. Par exemple, si votre document contient le texte « consultez la page » puis le renvoi vers un signet, le numéro de page est mis à jour automatiquement même si vous changez totalement la pagination.

1. Tapez le texte avant le renvoi vers un élément du document, par exemple « consultez le paragraphe », « reportez-vous à la page », *etc.*
2. Laissez le curseur d'insertion après le texte saisi à l'étape **1**.
3. Cliquez l'onglet **Insertion → Liens → Renvoi**.
4. Sélectionnez le type d'élément de référence dans la liste **Catégorie** (signets, titre, *etc.*).
5. Sélectionnez dans la liste du bas la référence pour le renvoi. Cette liste dépend de votre choix à l'étape **4**. Elle est vide si aucun élément ne correspond.

6. Sélectionnez le type de renvoi dans la liste **Insérer un renvoi à** (titre, numéro de page, *etc.*). Cette liste dépend aussi de votre choix à l'étape **4**.

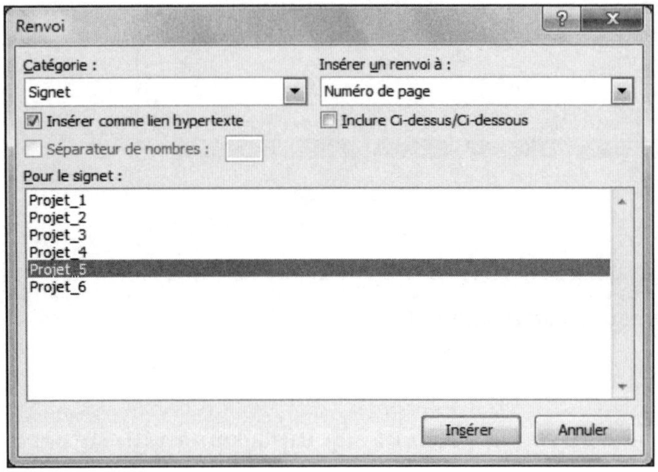

Figure 13-17 Ajout d'un renvoi vers un signet.

7. Cliquez le bouton **Insérer**.

Le renvoi est ajouté dans votre texte. Il sera mis à jour en cas de modification du document.

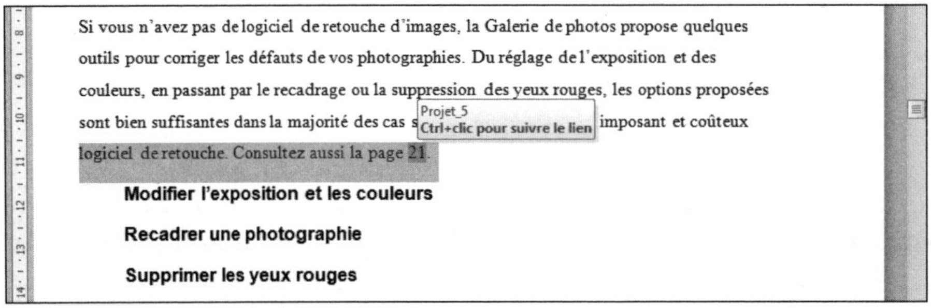

Figure 13-18 Renvoi dans un document.

Dans l'exemple de la figure 13-18, nous avons sélectionné la ligne qui contient le renvoi. Vous pouvez constater que ce dernier est surligné par une couleur plus foncée, ce qui indique la présence d'un champ.

Utiliser le mode Plan

Le mode plan permet d'obtenir une vue d'ensemble d'un document dont les titres sont définis avec des styles **Titre 1**, **Titre 2**, *etc.*

1. Cliquez l'onglet **Affichage ➜ Affichage document ➜ Plan**.

   Word affiche l'onglet supplémentaire **Mode plan**. Notez que ce dernier se trouve au début des onglets.

2. Dans la liste **Afficher le niveau**, de l'onglet **Mode Plan ➜ Outils Mode Plan**, sélectionnez le niveau de titre. Par exemple, le **Niveau 1** affiche uniquement les paragraphes de styles **Titre 1**, le **Niveau 2** uniquement les paragraphes de styles **Titre 1** et **Titre 2**, *etc.*

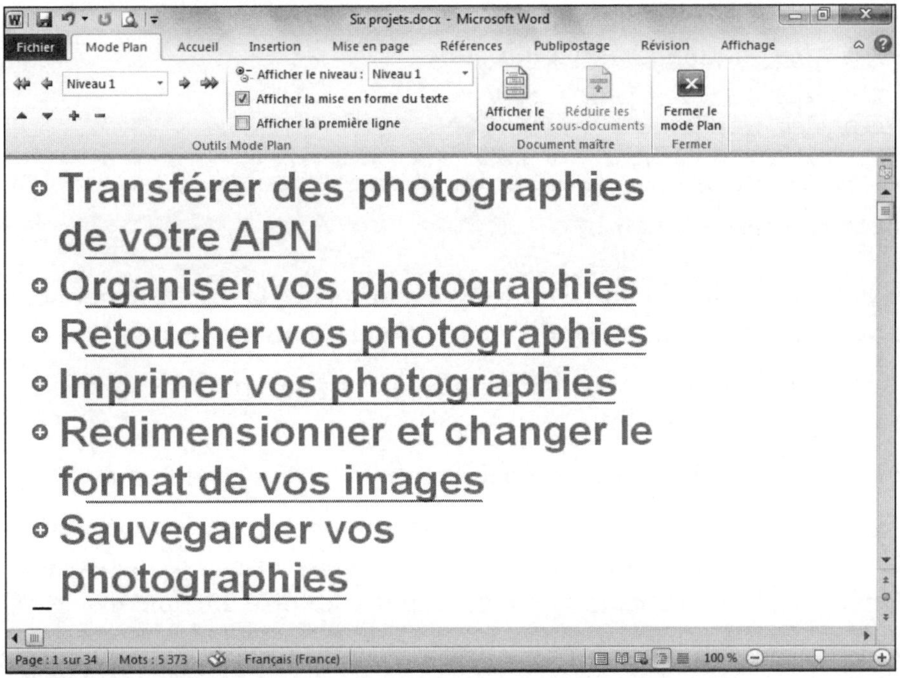

Figure 13-19 Mode plan uniquement avec les titres de niveau 1.

3. Choisissez la liste **Afficher le niveau**, de l'onglet **Mode Plan ➜ Outils Mode Plan**, puis sélectionnez un autre niveau.

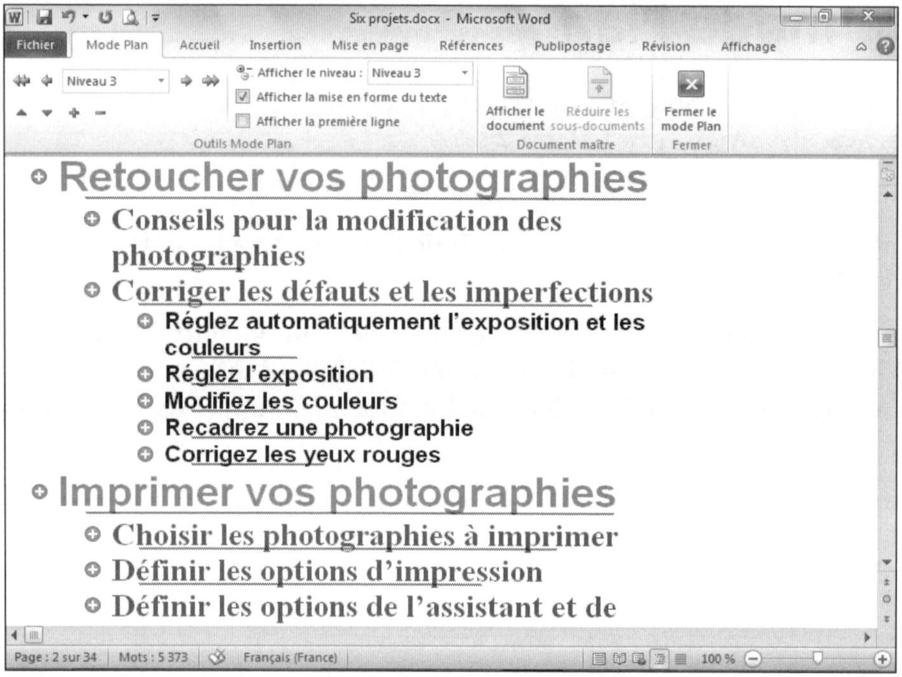

Figure 13-20 Mode plan à trois niveaux.

4. Si vous désirez simplifier l'affichage du plan, décochez la case **Afficher la mise en forme du texte** dans l'onglet **Mode Plan ➜ Outils de mode plan**.

Dans le mode Plan, vous pouvez modifier l'ordre des paragraphes de même niveau, ou changer le niveau d'un paragraphe.

1. Cliquez le symbole ⊕ à gauche du paragraphe pour le sélectionner.

   Le paragraphe est sélectionné, et tous les paragraphes de niveau inférieur le sont aussi. Cela permet de déplacer ou de modifier le niveau d'un ensemble de paragraphes et ne pas mélanger les paragraphes de votre document.

2. Cliquez le bouton **Promouvoir** pour augmenter le niveau du paragraphe sélectionné ainsi que tous ceux de niveau inférieur. Cliquez le bouton **Abaisser** pour diminuer le niveau du paragraphe sélectionné ainsi que ceux de niveau inférieur.

3. Cliquez le bouton **Monter** pour déplacer l'ensemble des paragraphes sélectionnés au-dessus du paragraphe de même niveau. Cliquez le bouton **Descendre** pour déplacer l'ensemble des paragraphes sélectionnés en dessous du paragraphe de même niveau.

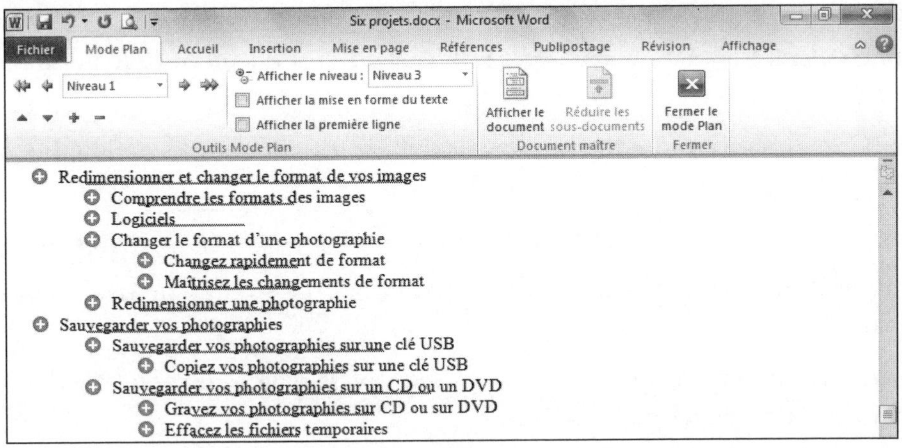

Figure 13-21 Mode plan sans mise en forme. La sélection d'un paragraphe de niveau 1 sélectionne automatiquement les paragraphes de niveau 2 et 3.

Avec le mode Plan, vous vous déplacez rapidement dans votre document.

1. Affichez le mode Plan.
2. Sélectionnez le niveau d'affichage.
3. Cliquez dans le paragraphe que vous désirez atteindre.
4. Cliquez l'onglet **Mode Plan ➔ Fermer ➔ Fermer le mode plan** pour revenir en mode Page.

Le curseur est positionné dans le paragraphe sélectionné à l'étape **3**.

Créer une table des matières

Comme pour le mode Plan, si vous avez respecté une certaine hiérarchie dans votre document en ajoutant des titres avec des styles prédéfinis (**Titre 1**, **Titre 2**, *etc.*), vous pouvez créer une table des matières ou un sommaire, en seulement quelques clics.

1. Cliquez à la position d'insertion de la table des matières.

Astuce Une table des matières est généralement située au début du document. Suivez ces actions pour l'ajouter en première page : tapez **Ctrl+Origine** pour placer le curseur au début du document, tapez **Ctrl+Entrée** pour ajouter un saut de page, et, pour finir, tapez de nouveau **Ctrl+Origine** pour revenir au début du document.

2. Cliquez l'onglet **Références ➜ Table des matières ➜ Table de matières ➜ Insérez une table des matières**. Si vous désirez utiliser un modèle, cliquez-le au début de la liste.

   Word affiche une boîte de dialogue pour définir les paramètres de la table des matières.

3. Sélectionnez la mise en forme de la table des matières dans la liste **Formats**.
4. Tapez dans la zone **Afficher les niveaux** le nombre de niveaux de titres à utiliser pour créer la table.
5. Si vous désirez créer un sommaire sans numéros de pages, décochez la case **Afficher les numéros de page**.
6. Si vous désirez des points de suite entre les entrées de la table et les numéros de page, sélectionnez leur type dans la liste **Caractères de suite**.

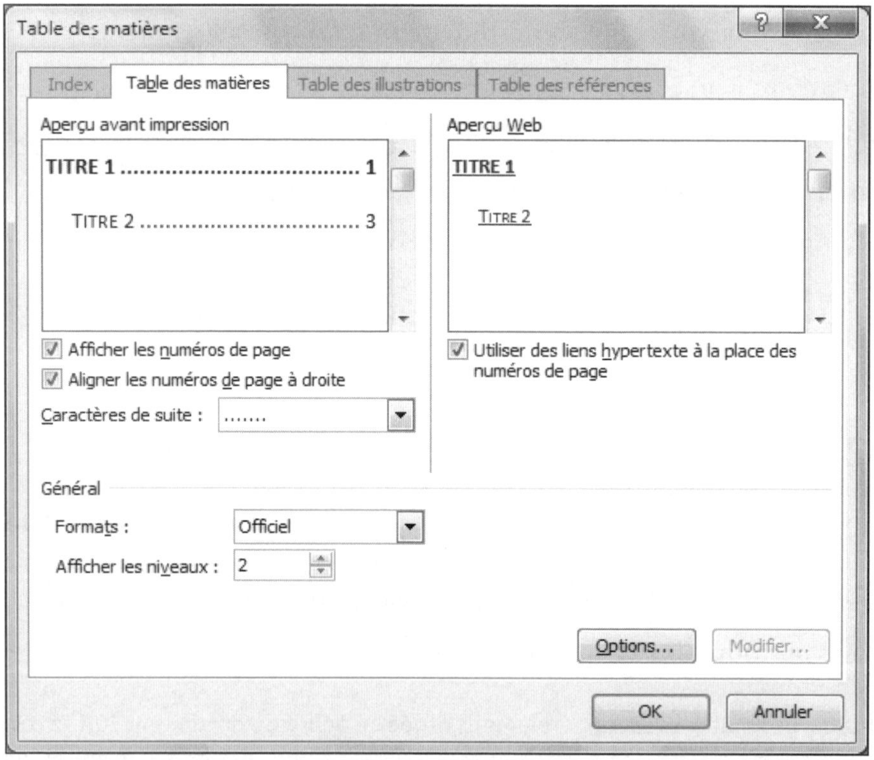

Figure 13-22 Ajout d'une table des matières.

7. Cliquez le bouton **OK**.

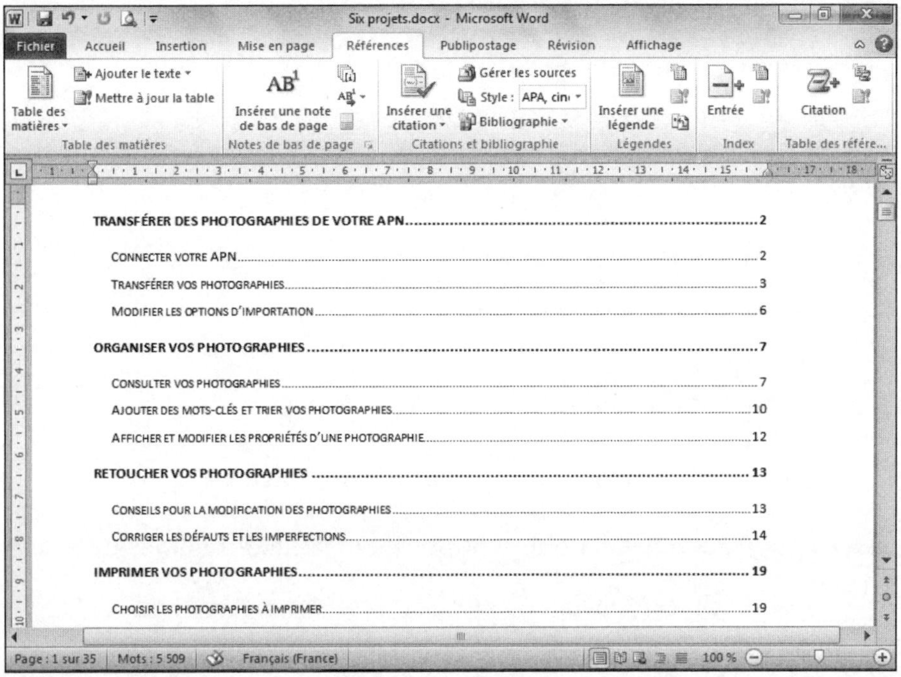

Figure 13-23 Table des matières dans un document.

Si vous n'avez pas respecté les styles prédéfinis dans votre document (**Titre 1**, **Titre 2**, *etc.*), il existe quand même un moyen de créer une table des matières. Cette solution est aussi à employer si vous ne désirez pas utiliser tous les styles de titre (par exemple en commençant par les titres de niveau 2).

1. Cliquez à la position d'insertion de la table des matières.
2. Cliquez l'onglet **Références → Table des matières → Table de matières. → Insérez une table des matières**.
3. Modifiez les options de mise en forme comme vu précédemment.
4. Cliquez le bouton **Options**.
5. Tapez le niveau de hiérarchie en regard de chacun des styles à utiliser.
   Dans l'exemple de la figure 13-24, nous n'utilisons pas le style **Titre 1**, mais uniquement les styles **Titre 2** et **Titre 3**.

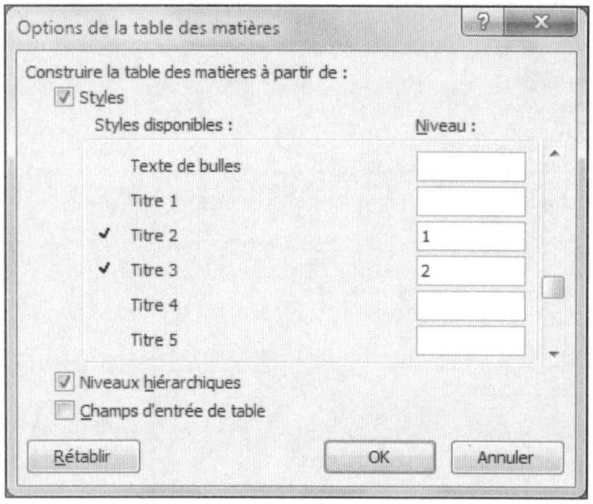

Figure 13-24 Choix des styles à employer pour créer la table des matières.

6. Cliquez le bouton **OK** dans la boîte Options de la table des matières.
7. Cliquez le bouton **OK** dans la boîte Table des matières.

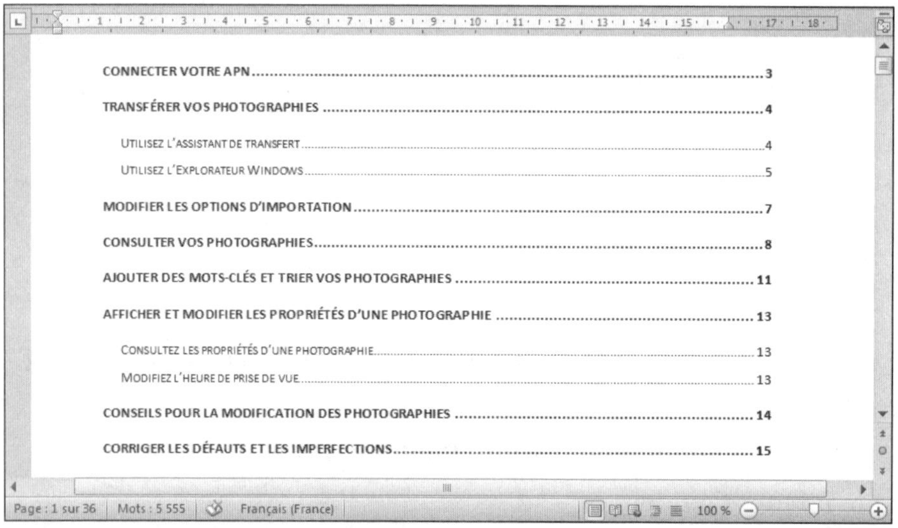

Figure 13-25 Table des matières fondée sur les styles Titre 2 et Titre 3.

Les tables des matières ne sont pas mises à jour automatiquement si vous effectuez des modifications dans le document. C'est à vous de demander ces mises à jour. Cliquez simplement dans la table, puis cliquez l'onglet **Références ➜ Table des matières ➜ Mettre à jour la table** .

Créer un index

La création d'un index s'effectue en deux temps.

Ajouter des entrées d'index

Vous devez marquer dans votre document tous les mots qui doivent apparaître dans l'index.

1. Affichez les marques de paragraphe pour voir les entrées d'index dans le document (onglet **Accueil ➜ Paragraphe ➜** ¶).
2. Cliquez à la position de l'entrée d'index. Vous pouvez aussi sélectionner le mot à marquer.
3. Cliquez l'onglet **Références ➜ Index ➜ Entrée**, ou tapez le raccourci **Alt**+**Maj**+**X**.
4. Tapez dans la zone **Entrée** le mot à ajouter à l'index. Cette zone est déjà renseignée si vous avez sélectionné ce mot à l'étape **2**.
5. Si vous désirez créer un index à plusieurs niveaux, tapez le deuxième niveau dans la zone **Sous-entrée**.
6. Si l'entrée doit renvoyer vers un autre mot et non un numéro de page, par exemple « Windows 7 *voir* Windows », cochez l'option **Renvoi** puis tapez le mot du report dans la zone en regard.
7. Cliquez le bouton **Marquer**. Cliquez le bouton **Marquer tout** pour ajouter une entrée d'index pour chaque occurrence du mot dans le document.

   L'entrée est ajoutée dans le document. Il s'agit d'un champ entre accolades avec le code « EX ». La boîte de dialogue Marquer les entrées d'index reste affichée pour vous permettre d'ajouter les autres entrées.

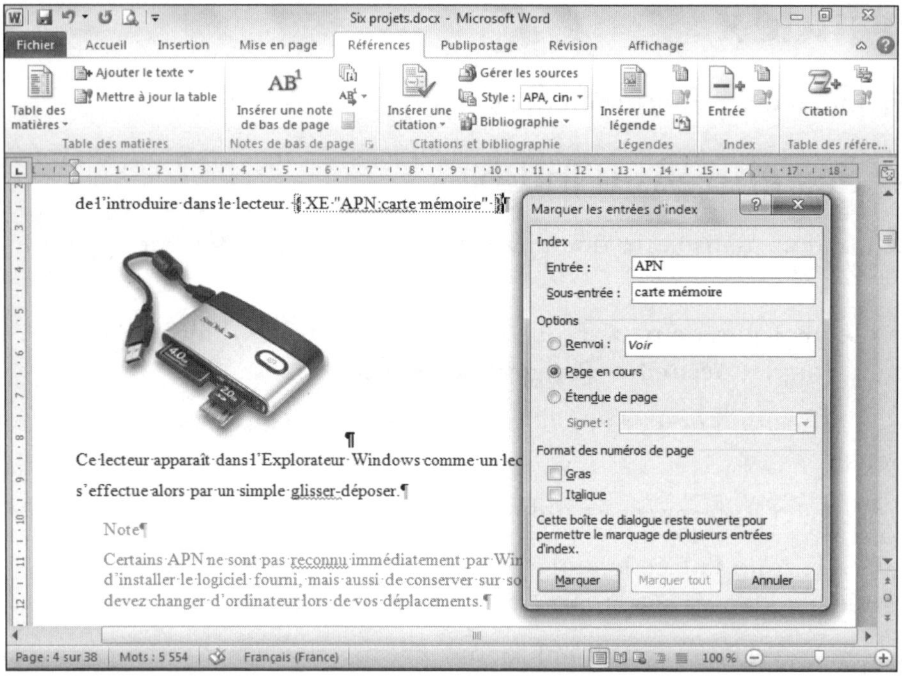

Figure 13-26 Ajout d'une entrée d'index.

8. Répétez les étapes **2** à **7** pour les autres entrées d'index.
9. Cliquez le bouton **Annuler**.

Compiler un index

Maintenant que votre document contient des entrées, vous pouvez compiler l'index.

1. Cliquez à la position d'insertion de l'index.

Astuce Un index est généralement situé à la fin du document. Suivez ces étapes pour l'ajouter en dernière page : tapez **Ctrl+Fin** pour placer le curseur à la fin du document, puis tapez **Ctrl+Entrée** pour ajouter un saut de page.

2. Cliquez l'onglet **Références → Index → Insérer l'index**.

   Word affiche une boîte de dialogue pour définir les paramètres de l'index.

3. Sélectionnez la mise en forme de l'index dans la liste **Formats**.
4. Si vous désirez des points de suite entre les entrées de l'index et les numéros de pages, sélectionnez leur type dans la liste **Caractères de suite**.

5. Si vous désirez que les entrées à plusieurs niveaux s'affichent sur la même ligne, cochez l'option **À la suite**.

6. Tapez le nombre de colonnes dans la zone **Colonnes**. Tapez **1** si vous ne désirez pas de colonnes.

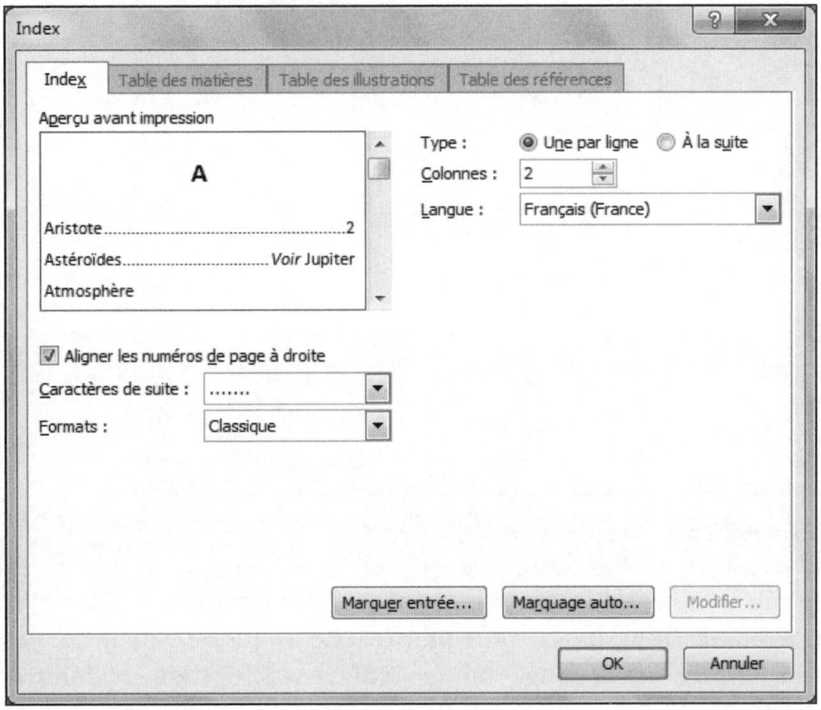

Figure 13-27 Ajout d'un index.

7. Cliquez le bouton **OK**.

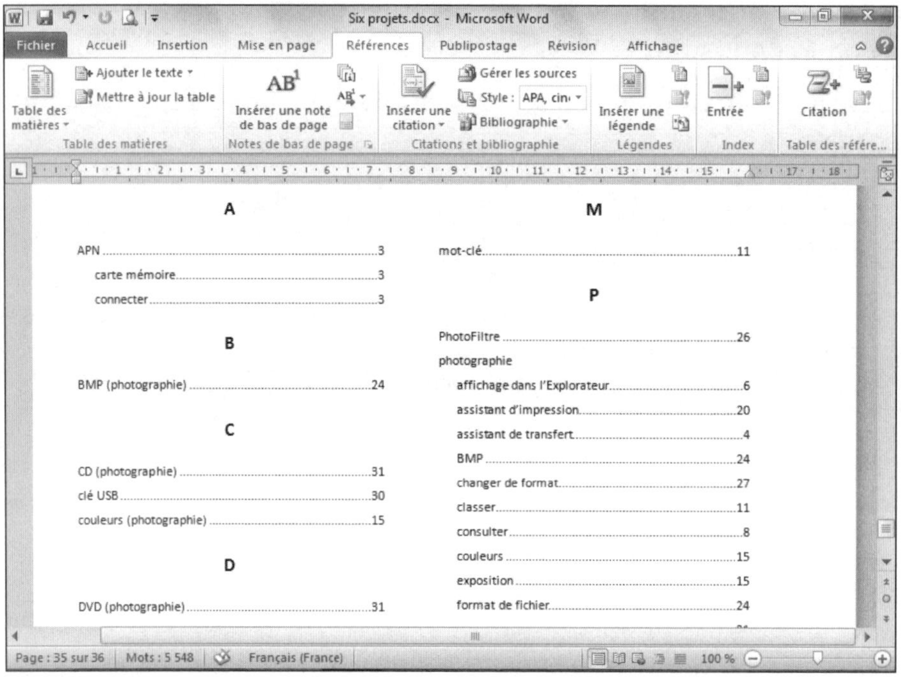

Figure 13-28 Index sur deux colonnes dans un document.

Comme les tables des matières, les index ne sont pas mis à jour automatiquement si vous effectuez des modifications dans le document. C'est à vous de demander ces mises à jour. Cliquez dans l'index, puis cliquez l'onglet **Références → Index → Mettre à jour l'index** .

PARTIE II
EXCEL 2010

Chapitre 14

Découvrir Excel

Dans ce chapitre

- Éléments de base d'Excel
- Classeurs
- Feuilles
- Cellules
- Se déplacer dans une feuille
- Changer de classeur
- Barre de formule

Excel est un tableur, c'est-à-dire un logiciel de gestion de tableaux. Il permet de réaliser des calculs avec des valeurs numériques, mais aussi avec des dates et des textes.

Ainsi résumé en trois lignes, cela peut sembler simplissime. Il n'en est rien. Inutile de faire appel à Excel pour réaliser quelques opérations dans un tableau : un logiciel de traitement de texte comme Word en est parfaitement capable.

Excel, lui, est un logiciel très puissant qui permet de réaliser des calculs complexes, et ce, quel qu'en soit le domaine : comptabilité, stock, facturation, budget, planning, prêt, portefeuille, statistique, ingénierie, *etc.* Cette liste n'est nullement exhaustive ! Quel que soit votre problème de calcul, Excel peut vous apporter rapidement la solution.

La plus grande force d'Excel, c'est son actualisation automatique des données. Prenons un exemple simple. Vous désirez contracter un prêt pour un bien immobilier et faites vous-même le calcul de vos remboursements avant de vous engager auprès du vendeur. En fonction de vos possibilités financières, vous devrez choisir la durée de ce prêt : 10 ans, 15 ans, 20 ans ? Mais dans le calcul d'un échéancier, la durée remet systématiquement en cause l'intégralité des calculs du crédit. Si vous avez réalisé votre tableau avec Excel, il suffit de changer une seule donnée pour recalculer l'ensemble. Il en sera de même le jour où votre banquier vous donnera le taux exact de votre crédit.

Mais avant d'effectuer des calculs, vous devez connaître les fonctions de base d'Excel.

Pour ouvrir Excel, cliquez le bouton **Démarrer ➜ Tous les programmes ➜ Microsoft Office ➜ Microsoft Excel 2010**.

Astuce Pour ajouter des raccourcis sur le bureau ou au début du menu Démarrer de Windows, consultez le chapitre d'introduction de ce livre.

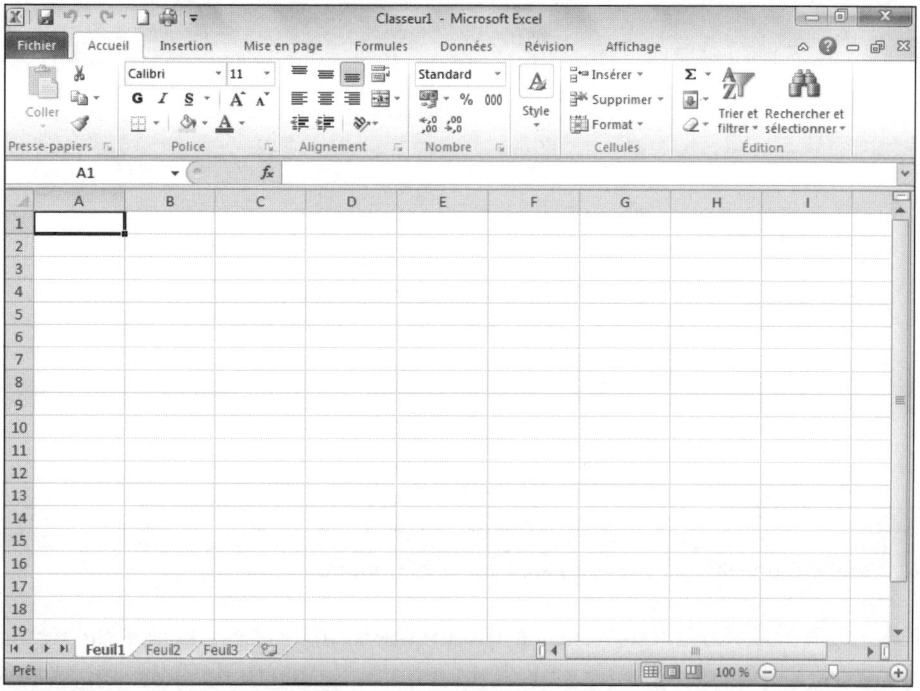

Figure 14-1 L'interface d'Excel.

Feuilles et classeurs

Les classeurs sont les documents d'Excel. Ils sont constitués de feuilles de calcul. Chaque feuille est accessible par des onglets en bas du classeur (Feuil1, Feuil2, *etc.*).

Les feuilles, elles, sont constituées de cases appelées « cellules », réparties sur 1 048 576 lignes et 16 384 colonnes. Les colonnes sont numérotées avec des lettres, de A jusqu'aux lettres XFD.

Chaque cellule porte le nom de l'intersection de la ligne et de la colonne où elle se trouve. La cellule C4, par exemple, se situe donc à l'intersection de la troisième colonne et de la quatrième ligne. C'est le même principe que pour un échiquier ou une grille de bataille navale.

Pour sélectionner une cellule, il suffit de la cliquer avec la souris. La cellule ainsi sélectionnée est entourée d'un cadre noir. Le numéro de la ligne et la lettre de la colonne de la cellule sélectionnée sont affichés avec un fond orange.

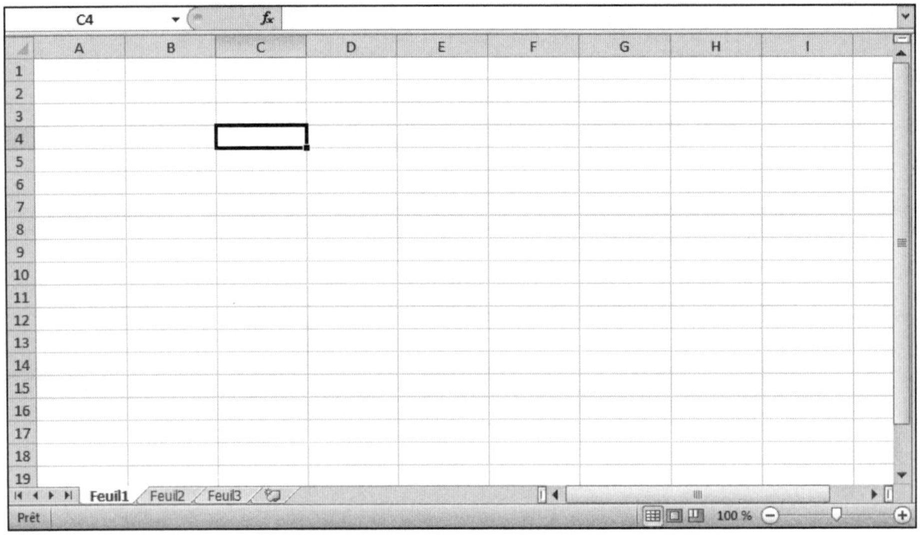

Figure 14-2 Feuille d'un classeur : la cellule C4 est sélectionnée.

Toutes les cellules ne sont pas visibles en même temps. Les barres de défilement permettent de se déplacer à l'intérieur de la feuille. La barre de défilement verticale, située à droite de la feuille, déplace les lignes. La barre de défilement horizontale, située à droite des onglets des feuilles, déplace les colonnes.

Les barres de défilement s'utilisent de trois façons :

- Pour déplacer la feuille colonne par colonne ou ligne par ligne, cliquez les flèches aux extrémités.
- Pour vous déplacer à l'endroit de votre choix dans la feuille de calcul, cliquez et faites glisser le curseur.
- Pour vous déplacer très rapidement à l'endroit de votre choix dans la feuille de calcul, maintenez la touche **Maj** puis cliquez et faites glisser le curseur.
- Pour vous déplacer rapidement, page par page, cliquez les parties grisées (en dehors des flèches et du curseur).

Note Dans l'ergonomie des barres de défilement, Excel tient compte des cellules qui contiennent effectivement des données. En conséquence, il est possible que le curseur prenne presque la taille de la barre de défilement et que les parties foncées n'apparaissent pas à droite ou à gauche du curseur. C'est le cas pour les nouveaux classeurs.

Figure 14-3 Barre de défilement horizontale.

Changer de classeur

Excel permet d'ouvrir plusieurs classeurs en même temps. Il existe donc plusieurs solutions pour gérer leur fenêtre.

Quand un classeur est agrandi, on trouve à droite du ruban des boutons pour gérer sa fenêtre. Si le classeur est réduit ou a sa taille normale, les boutons sont accessibles dans la partie droite de sa barre de titre.

- [–] réduit la fenêtre du classeur à un bouton en bas à gauche de la fenêtre d'Excel.
- [▭] rétablit la fenêtre du classeur à sa taille normale (ni agrandie, ni réduite).
- [▭] agrandit la fenêtre du classeur à la taille maximale de la fenêtre d'Excel. La fenêtre de ce classeur masque tous les autres classeurs.
- [×] ferme le classeur. Si le classeur n'est pas enregistré, une boîte de dialogue vous invitera à le faire.

Dans l'exemple de la figure 14-4, il y a deux classeurs réduits (Classeur1 et Classeur4) et deux classeurs à leur taille normale (Classeur2 et Classeur3).

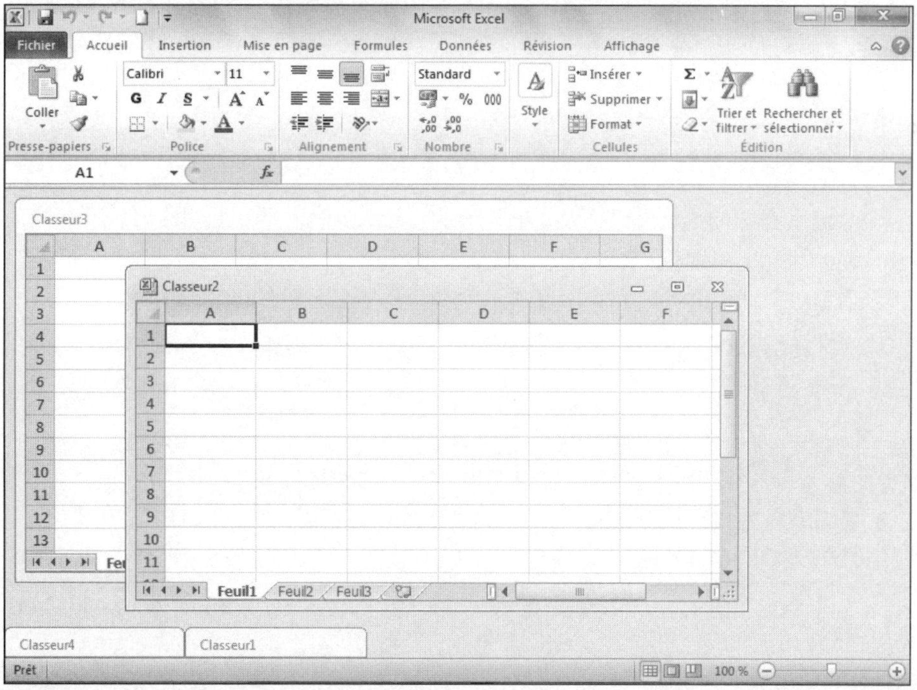

Figure 14-4 Fenêtres de classeurs dans Excel.

Barre de formule

La barre de formule, située au-dessus de la feuille de calcul, permet de voir et de modifier le contenu de la cellule active (la cellule sélectionnée). En effet, si une cellule contient des calculs, elle n'affiche dans la feuille que le résultat. Seule la barre de formule permet de voir ce qu'elle contient réellement.

Dans l'exemple de la figure 14-5, la cellule A1 affiche le résultat d'une addition. La barre de formule, elle, affiche le calcul effectué.

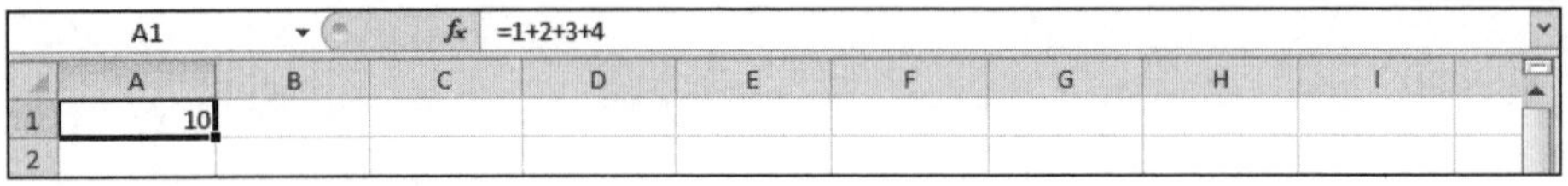

Figure 14-5 Barre de formule.

Si la formule présente dans une cellule est très longue, il est possible d'agrandir la barre de formule avec le bouton qui se trouve en regard.

La zone située à gauche de la barre de formule, appelée « Zone Nom », affiche le nom de la cellule sélectionnée (A1 dans l'exemple de la figure 14-5).

Chapitre 15

Saisir des données

Dans ce chapitre

- Sélectionner des cellules
- Saisir des textes et des nombres
- Modifier le contenu des cellules
- Annuler des modifications
- Ajouter des commentaires
- Vérifier l'orthographe

Ayant passé le stade de la découverte et bien intégré les notions présentées dans le chapitre 14, vous êtes prêts à mettre en pratique les premières manipulations que nous allons détailler au cours des pages suivantes. Saisir, modifier ou effacer des informations seront choses faciles lorsque vous aurez suivi pas à pas ce chapitre. Les informations supplémentaires que vous y trouverez vous permettront aussi de corriger l'orthographe ou d'ajouter des commentaires aisément.

Sélectionner des cellules

Les cellules contiennent les valeurs des tableaux. Pour saisir une donnée, il faut au préalable sélectionner la cellule.

Sélectionner une cellule

Pour sélectionner une cellule, cliquez-la. Elle devient la cellule active. La cellule est entourée d'un cadre noir. Le numéro de la ligne et la lettre de la colonne sont affichés avec un fond orange. La zone Nom, à gauche de la barre de formule, affiche les références de la cellule, par exemple C3.

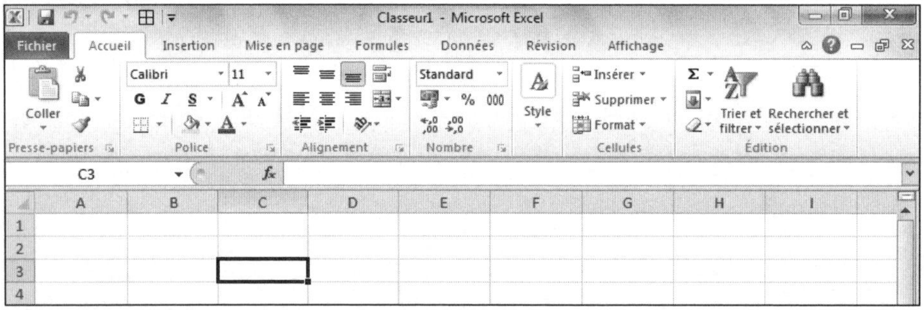

Figure 15-1 Sélection de la cellule C3.

Toutes les données que vous allez maintenant saisir au clavier le seront dans la cellule active.

Vous pouvez aussi changer de cellule active avec les touches du clavier (tableau 15-1).

Flèche gauche	Sélectionne la cellule de la colonne précédente.
Flèche droite	Sélectionne la cellule de la colonne suivante.
Flèche haut	Sélectionne la cellule de la ligne précédente.
Flèche bas	Sélectionne la cellule de la ligne suivante.
Début	Sélectionne la première cellule de la ligne.
Ctrl+Début	Sélectionne la cellule A1.
Ctrl+Fin	Sélectionne la dernière cellule contenant des données.
Page haut	Sélectionne la cellule de la même colonne un écran plus haut.
Page bas	Sélectionne la cellule de la même colonne un écran plus bas.
Fin puis **flèche haut**	Sélectionne la ligne 1.
Fin puis **flèche gauche**	Sélectionne la colonne A.
Fin puis **flèche bas**	Sélectionne la ligne 1 048 576.
Fin puis **flèche droite**	Sélectionne la colonne XFD.

Tableau 15-1 Touches de déplacement dans une feuille de calcul.

Note La touche **Début** se trouve au-dessus de la touche **Fin**.

Sélectionner plusieurs cellules

La sélection de plusieurs cellules permet d'appliquer des modifications en une seule fois (suppression, mise en forme, *etc.*). On appelle cette sélection une « plage de cellules ».

1. Cliquez la cellule en haut à gauche des cellules à sélectionner.
2. Faites glisser jusqu'à la cellule en bas à droite.

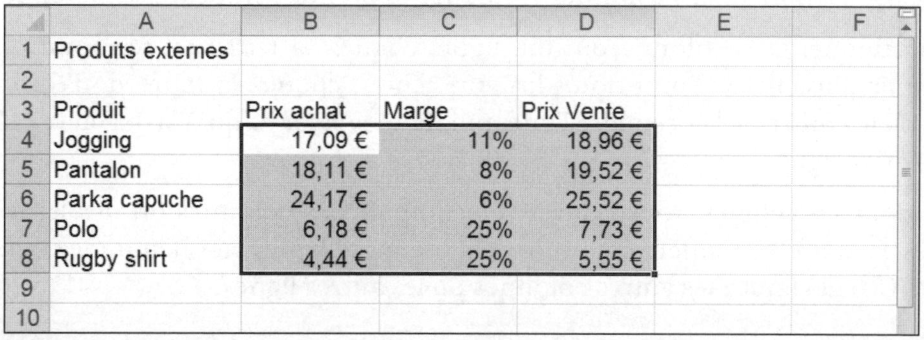

	A	B	C	D	E	F
1	Produits externes					
2						
3	Produit	Prix achat	Marge	Prix Vente		
4	Jogging	17,09 €	11%	18,96 €		
5	Pantalon	18,11 €	8%	19,52 €		
6	Parka capuche	24,17 €	6%	25,52 €		
7	Polo	6,18 €	25%	7,73 €		
8	Rugby shirt	4,44 €	25%	5,55 €		
9						
10						

Figure 15-2 Sélection d'une plage de cellules.

Toutes les cellules dans le rectangle délimité par la cellule en haut à gauche et en bas à droite sont sélectionnées.

La cellule active reste avec un fond blanc. C'est cette cellule qui recevra les prochaines données tapées au clavier.

Sélectionner des plages non contiguës

1. Répétez les étapes **1** et **2** du paragraphe précédent pour sélectionner la première plage.
2. Maintenez enfoncée la touche **Ctrl**.
3. Sélectionnez une autre plage.
4. Relâchez la touche **Ctrl**.

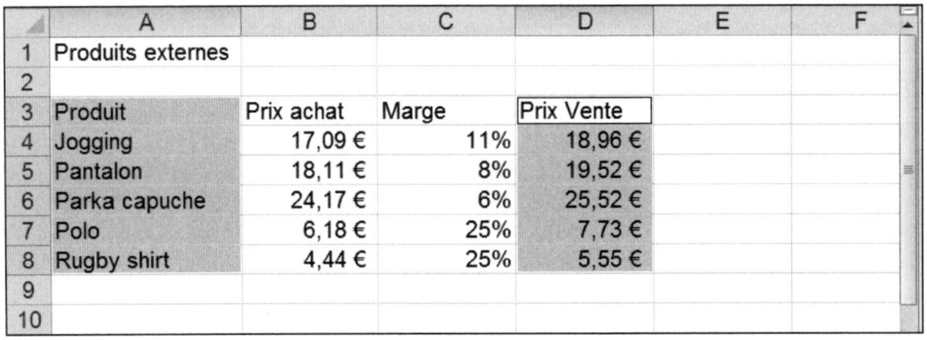

	A	B	C	D	E	F
1	Produits externes					
2						
3	Produit	Prix achat	Marge	Prix Vente		
4	Jogging	17,09 €	11%	18,96 €		
5	Pantalon	18,11 €	8%	19,52 €		
6	Parka capuche	24,17 €	6%	25,52 €		
7	Polo	6,18 €	25%	7,73 €		
8	Rugby shirt	4,44 €	25%	5,55 €		
9						
10						

Figure 15-3 Sélection de plages non contiguës (A3:A8 et D3:D8).

Les deux plages sont sélectionnées en même temps. La cellule active reste avec un fond blanc.

Sélectionner des lignes et des colonnes

Les lettres et les chiffres des colonnes et des lignes permettent de les sélectionner.

Pour sélectionner une colonne ou une ligne, cliquez sa lettre ou son chiffre. Pour sélectionner plusieurs colonnes ou plusieurs lignes, cliquez la lettre de la première colonne ou le chiffre de la première ligne, puis faites glisser jusqu'à la dernière colonne ou la dernière ligne.

Comme pour les cellules, vous pouvez sélectionner des colonnes ou des lignes non contiguës. Cliquez la première colonne ou la première ligne, puis maintenez enfoncée la touche **Ctrl** et cliquez les autres colonnes ou les autres lignes.

	A	B	C	D	E	F
1	Produits externes					
2						
3	Produit	Prix achat	Marge	Prix Vente		
4	Jogging	17,09 €	11%	18,96 €		
5	Pantalon	18,11 €	8%	19,52 €		
6	Parka capuche	24,17 €	6%	25,52 €		
7	Polo	6,18 €	25%	7,73 €		
8	Rugby shirt	4,44 €	25%	5,55 €		
9						
10						

Figure 15-4 Sélection de lignes non contiguës.

Saisir des textes et des nombres

Chaque cellule accepte un nombre ou un texte. Excel analyse ce que vous tapez pour déterminer le type de saisie.

Saisir un texte

1. Cliquez la cellule qui doit contenir le texte.
2. Tapez le texte au clavier.
3. Appuyez sur la touche **Entrée** pour valider.

	A	B	C	D	E	F
1	Facture					
2						
3	Total HT de votre facture					
4						
5	Total TTC de vo	123,45				
6						

Figure 15-5 Saisies de textes.

Le texte est placé à gauche dans la cellule. Si le texte est trop long, il déborde sur la cellule de droite. Si la cellule de droite est déjà occupée, le texte est tronqué.

Saisir un nombre

1. Cliquez la cellule qui doit contenir le nombre.
2. Tapez le nombre au clavier.
3. Appuyez sur la touche **Entrée** pour valider.

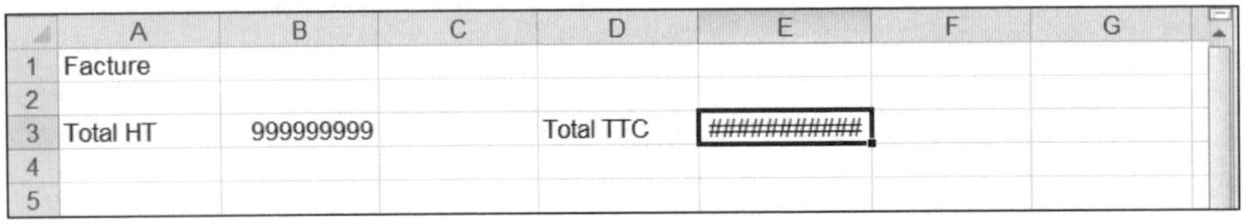

Figure 15-6 Saisies de nombres.

Le nombre est placé à droite dans la cellule.

Si la cellule est trop petite, des dièses ### remplace le nombre. Consultez le chapitre 18 pour modifier la largeur des colonnes.

Attention Si le nombre est placé à gauche, c'est qu'il contient des caractères qu'Excel ne reconnaît pas (un point à la place d'une virgule par exemple). La saisie est alors considérée comme un texte et non un nombre.

Définir la nouvelle cellule active

Quand vous validez une saisie avec la touche **Entrée**, une nouvelle cellule est sélectionnée. Par défaut, c'est la cellule en dessous de celle que vous venez de saisir. Cette sélection est dépendante d'une option que vous pouvez modifier.

1. Cliquez l'onglet **Fichier** puis le bouton **Options** dans la liste de gauche.
2. Cliquez **Options avancées** dans la liste de gauche.
3. Sélectionnez dans la liste **Sens** la cellule qui doit être sélectionnée après la saisie.
4. Si vous désirez que la cellule saisie reste la cellule active, décochez la case **Déplacer la sélection après validation**.

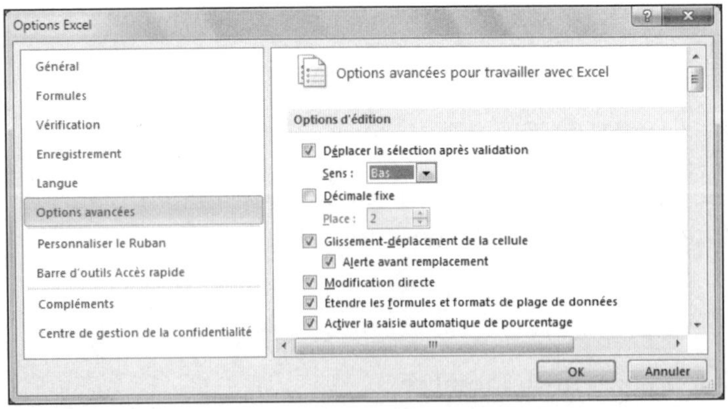

Figure 15-7 Choix de la cellule active après une saisie.

5. Cliquez le bouton **OK**.

Astuce Pour valider une saisie sans changer de cellule active, utilisez les touches Ctrl+Entrée à la place de la touche Entrée. Pour sélectionner la cellule au-dessus, utilisez les touches Maj+Entrée.

Saisir un grand tableau

Les grands tableaux sont difficiles à saisir car il faut remonter à la première ligne après la saisie de chaque colonne. Voici une méthode simple pour vous éviter cette peine.

1. Sélectionnez l'intégralité des cellules à saisir.
2. Tapez la première donnée et appuyez sur **Entrée**.

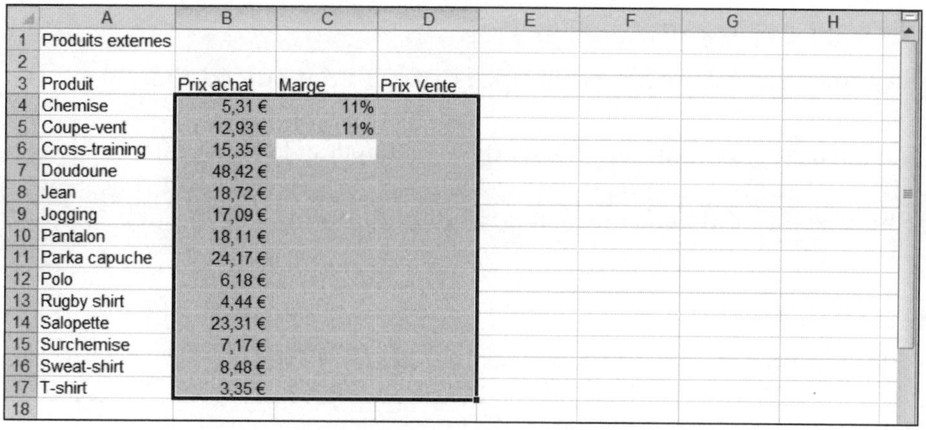

Figure 15-8 Saisie d'un grand tableau.

La cellule en dessous est automatiquement sélectionnée.

3. Tapez les autres données en validant toujours avec **Entrée**.

Note En cas d'erreur, utilisez les touches **Maj+Entrée** pour la ligne précédente, **Tab** pour la colonne suivante et **Maj+Tab** pour la colonne précédente. N'utilisez pas les flèches, ce qui aurait pour conséquence de désélectionner le tableau.

Arrivé à la dernière ligne, Excel sélectionne la première cellule de la colonne suivante.

Note Pour saisir des données dans un tableau Excel, consultez le chapitre 20. Les tableaux Excel permettent une plus grande souplesse si vous devez ajouter fréquemment de nouvelles données.

Modifier une cellule

Changer le contenu d'une cellule

Cette méthode remplace le contenu actuel de la cellule.

1. Cliquez la cellule à modifier.
2. Tapez le nouveau contenu pour remplacer l'ancien.
3. Appuyez sur **Entrée** pour valider.

Éditer le contenu d'une cellule

Le contenu des cellules change souvent. Il est plus simple de modifier le contenu d'une cellule plutôt que de tout avoir à retaper.

1. Double-cliquez la cellule à modifier pour passer en mode édition.

Note Vous pouvez aussi appuyer sur la touche **F2** pour éditer la cellule sélectionnée.

La cellule est en mode édition. Un curseur clignotant vous indique la position de modification.

2. Cliquez éventuellement dans la cellule à l'endroit de la modification.
3. Tapez les modifications en utilisant les touches du tableau 15-2.

Les touches...	ont pour effet de...
Flèches gauche et **droite**	déplacer le curseur vers la gauche ou vers la droite.
Retour arrière	supprimer le caractère à gauche.
Suppr	supprimer le caractère à droite.
Début	placer le curseur au début du texte.
Fin	placer le curseur à la fin du texte.
Entrée	valider la saisie.

Tableau 15-2 Touches de déplacement dans la modification du contenu d'une cellule.

Vous pouvez aussi cliquer directement dans la barre de formule pour modifier la cellule sélectionnée. Si le texte dans la cellule est très long, c'est la meilleure méthode. Pour agrandir la barre de formule, cliquez le bouton en regard (côté droit). Utilisez les touches du tableau 15-2 pour éditer le contenu de la cellule.

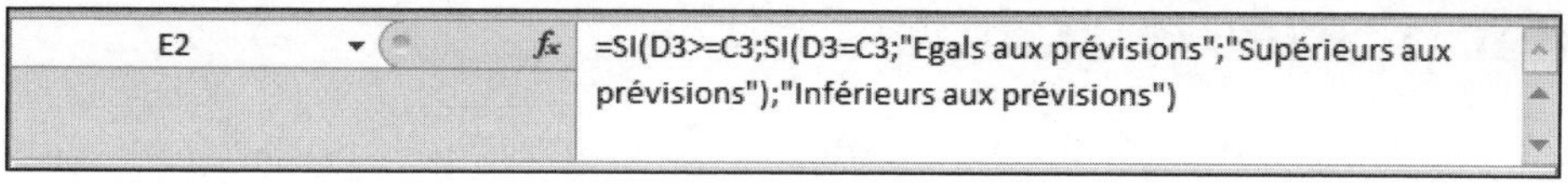
E2
=SI(D3>=C3;SI(D3=C3;"Egals aux prévisions";"Supérieurs aux prévisions");"Inférieurs aux prévisions")

Figure 15-9 Barre de formule agrandie.

Pour réduire la barre de formule, cliquez le bouton .

Note Si vous n'utilisez pas la barre de formule, vous pouvez la masquer. Cliquez l'onglet **Affichage → Afficher/Masquer** puis décochez la case **Barre de formule**.

Effacer des valeurs

Si elles ne doivent pas être remplacées par d'autres valeurs, il faut parfois effacer le contenu des cellules devenues inutiles.

1. Sélectionnez la ou les cellules à effacer.
2. Appuyez sur **Suppr**.

Le contenu des cellules sélectionnées est effacé.

Note Vous pouvez à tout moment annuler cette action (consultez le paragraphe suivant).

Annuler les dernières actions

Comme l'erreur est humaine, Excel a prévu un bouton pour annuler vos actions (dans la limite de seize).

Annuler la dernière action

1. Cliquez le bouton dans la barre d'outils Accès rapide pour annuler uniquement la dernière action.

La dernière action est annulée.

Note Si vous voulez connaître la dernière action avant de l'annuler, cliquez la flèche qui borde le bouton .

Annuler plusieurs actions

1. Cliquez la flèche en regard du bouton dans la barre d'outils Accès rapide pour ouvrir la liste.

   La liste répertorie les dernières actions.

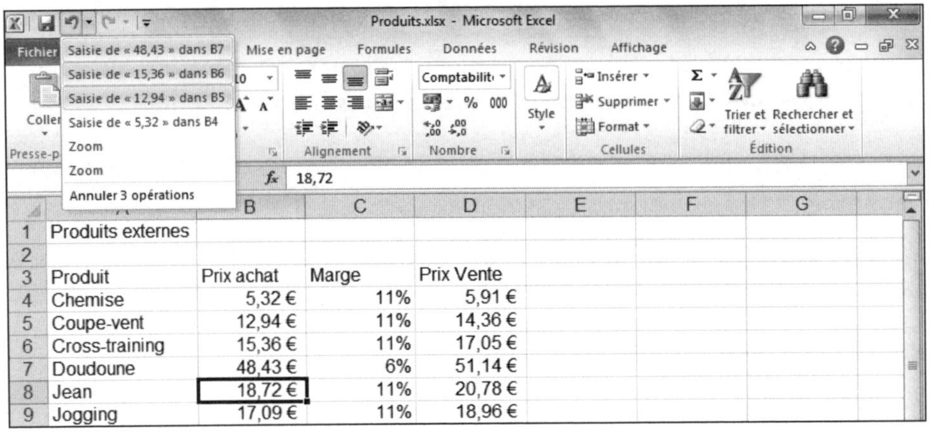

Figure 15-10 Annulation de plusieurs actions.

2. Cliquez l'action à annuler dans la liste.

L'action sélectionnée est annulée ainsi que toutes celles qui la précèdent dans la liste (ici la frappe de trois cellules).

Note Vous pouvez annuler et rétablir jusqu'à 100 actions.

Rétablir des actions annulées

Pour rétablir la dernière action annulée, cliquez le bouton dans la barre d'outils Accès rapide. Pour rétablir plusieurs actions annulées, cliquez la flèche en regard du bouton, puis cliquez l'action à rétablir ainsi que celles qui la précèdent dans la liste.

Note Le bouton est indisponible s'il n'y a pas eu d'annulation.

Ajouter un commentaire

On oublie parfois la signification du contenu d'une cellule. Un commentaire permet de se rafraîchir la mémoire. Il s'affiche sous forme d'info-bulle. Il est même possible d'afficher ces dernières en permanence.

Insérer un commentaire

1. Cliquez avec le bouton droit la cellule à commenter.
2. Cliquez la commande **Insérer un commentaire** dans le menu contextuel.
3. Tapez le texte du commentaire dans le cadre.

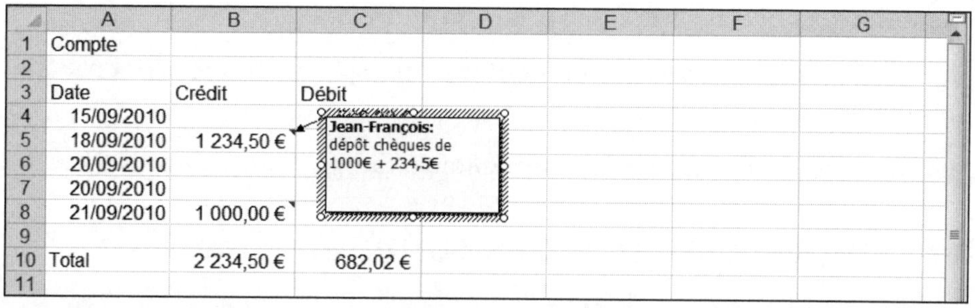

Figure 15-11 Ajout d'un commentaire à une cellule.

4. Cliquez n'importe quelle cellule pour fermer le commentaire.

   Un signe rouge en haut à droite de la cellule indique la présence d'un commentaire.

5. Pointez la cellule pour afficher le commentaire.

Le commentaire s'affiche dans une info-bulle.

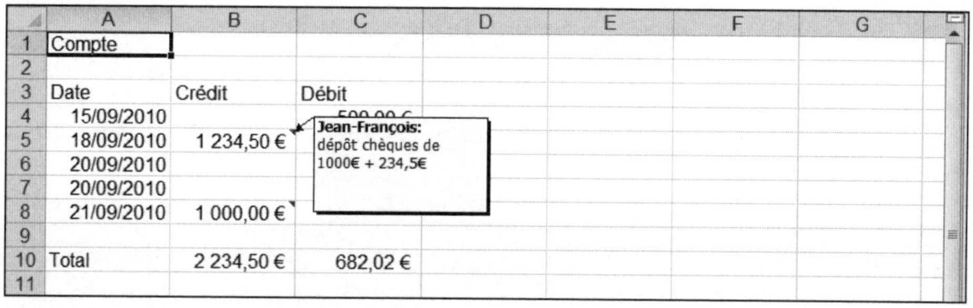

Figure 15-12 Affichage du commentaire d'une cellule.

Modifier un commentaire

Vous pouvez à tout moment modifier le contenu d'un commentaire.

1. Cliquez avec le bouton droit la cellule dont vous voulez modifier le commentaire.
2. Cliquez la commande **Modifier le commentaire** dans le menu contextuel.
3. Modifiez le texte du commentaire dans le cadre.

4. Cliquez n'importe quelle cellule pour fermer le commentaire.

Note Faites glisser les ronds autour du cadre pour modifier la taille du commentaire.

Supprimer un commentaire.

Si un commentaire n'est plus nécessaire, supprimez-le.

1. Cliquez avec le bouton droit la cellule dont vous souhaitez supprimer le commentaire.
2. Cliquez la commande **Effacer le commentaire** dans le menu contextuel.

Afficher en permanence des commentaires

Si cela est nécessaire, vous pouvez afficher en permanence un commentaire. Pour cela, cliquez avec le bouton droit la cellule avec le commentaire, puis cliquez la commande **Afficher/Masquer les commentaires** dans le menu contextuel.

Quand un commentaire est affiché en permanence, il suffit de le cliquer pour le modifier. S'il gêne la visibilité des cellules en dessous, faites glisser sa bordure quand le curseur de souris prend la forme .

Si vous désirez modifier le contenu d'un grand nombre de commentaires, il est possible de tous les afficher en même temps.

1. Cliquez l'onglet **Fichier** puis le bouton **Options** dans la liste de gauche.
2. Cliquez **Options avancées** dans la liste de gauche.
3. Dans le groupe **Afficher** de la liste de droite, cochez l'option **Commentaires et indicateurs**.

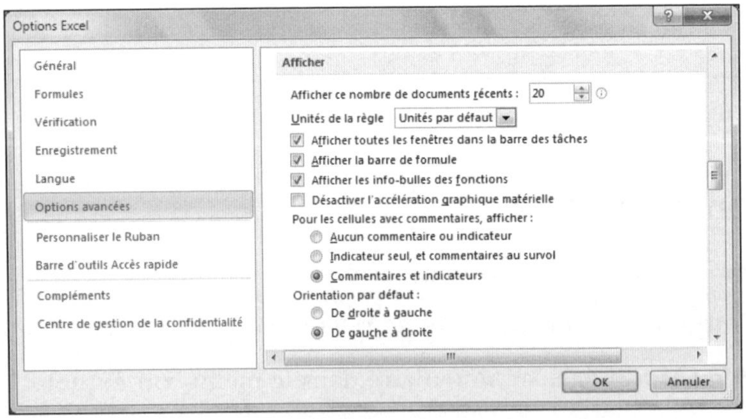

Figure 15-13 Options d'affichage des commentaires.

4. Cliquez le bouton **OK**.

Note Pour ne plus afficher en permanence les commentaires, cochez **Indicateur seul** à l'étape **3**.

Tous les commentaires sont maintenant affichés en permanence. Vous pouvez les modifier simplement en les cliquant l'un après l'autre. Vous pouvez aussi les déplacer facilement en faisant glisser leur bordure ou la zone hachurée.

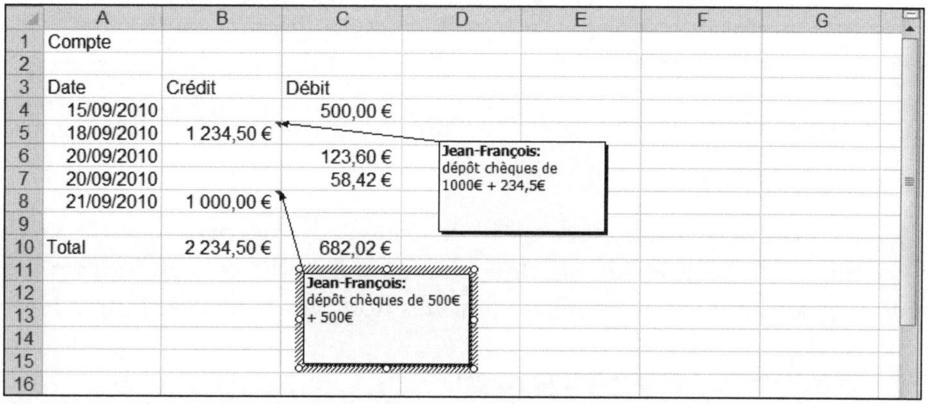

Figure 15-14 Affichage permanent des commentaires.

Rechercher ou remplacer des données

Si vous recherchez une valeur dans un grand tableau, Excel peut la retrouver pour vous. Il peut même la remplacer par une autre valeur. Cela vous évitera de parcourir l'ensemble de vos tableaux.

1. Cliquez l'onglet **Accueil ➜ Édition ➜ Rechercher et sélectionner ➜ Rechercher**.

Note Le bouton **Rechercher et sélectionner** propose plusieurs types de recherches. Si vous désirez effectuer une simple recherche, tapez le raccourci **Ctrl+F** pour accéder rapidement à cette commande. Pour effectuer des remplacements, tapez le raccourci **Ctrl+H**.

2. Tapez la donnée à rechercher dans la zone **Rechercher**.
3. Cliquez le bouton **Suivant**.

   La première cellule contenant la donnée recherchée est sélectionnée.

Note Si la donnée recherchée n'existe pas, Excel affiche une boîte de dialogue pour vous en avertir.

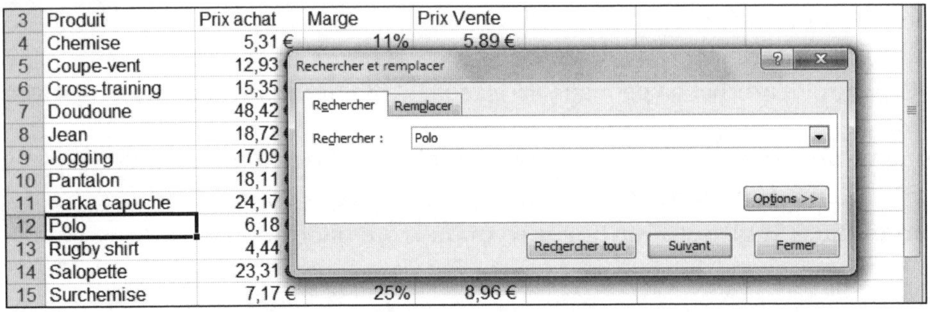

Figure 15-15 Recherche d'une donnée.

4. Cliquez **Suivant** autant de fois que nécessaire pour trouver les autres occurrences.
5. Cliquez le bouton **Fermer**.

Si vous désirez connaître l'emplacement de toutes les occurrences de la donnée recherchée, cliquez le bouton **Rechercher tout** à la place du bouton **Suivant**. La boîte de dialogue s'agrandit et liste l'emplacement des données trouvées (figure 15-16).

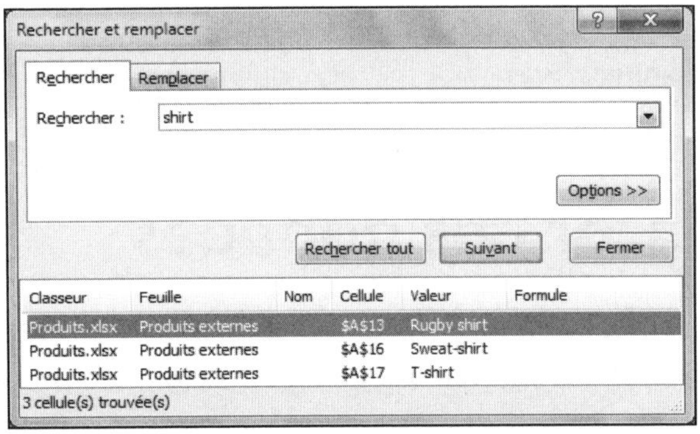

Figure 15-16 Recherche de toutes les occurrences.

Pour accéder directement à une cellule contenant la donnée recherchée, cliquez-la dans la liste de la boîte **Rechercher et remplacer**.

Remplacer des données

Excel peut aussi rechercher des données et les remplacer par d'autres valeurs.

1. Cliquez l'onglet **Accueil ➜ Édition ➜ Rechercher et sélectionner ➜ Remplacer**.

Note Tapez le raccourci **Ctrl+H** pour accéder rapidement à cette commande. Si la boîte **Rechercher et remplacer** est déjà ouverte, cliquez l'onglet **Remplacer**.

2. Tapez la donnée à rechercher dans la zone **Rechercher**.
3. Tapez la donnée de remplacement dans la zone **Remplacer par**.
4. Cliquez le bouton **Suivant**.

   La première cellule contenant la donnée recherchée est sélectionnée.
5. Si la donnée sélectionnée doit être remplacée, cliquez le bouton **Remplacer** sinon cliquez le bouton **Suivant**.

Note En cliquant **Remplacer tout**, toutes les données sont changées et une boîte vous indique le nombre de remplacements. Excel ne demande pas de confirmer. Vous pouvez cependant annuler les modifications avec le bouton .

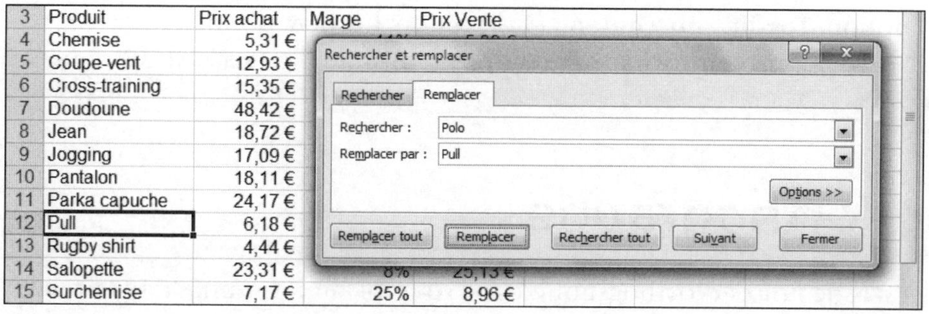

Figure 15-17 Remplacement de données.

La donnée est remplacée et la cellule suivante est sélectionnée.

6. Cliquez le bouton **Suivant** ou le bouton **Remplacer** autant de fois que nécessaire.
7. Cliquez le bouton **Fermer**.

Affiner les recherches

Pour mieux cibler vos recherches et vos remplacements, cliquez le bouton **Options** dans la boîte **Rechercher et remplacer** afin d'agrandir cette dernière. Vous pouvez choisir ici l'étendue de la recherche (feuille active ou classeur), le sens de la recherche (par ligne ou par colonne), ainsi que l'emplacement de la donnée recherchée (dans la formule, dans la valeur affichée ou dans le commentaire).

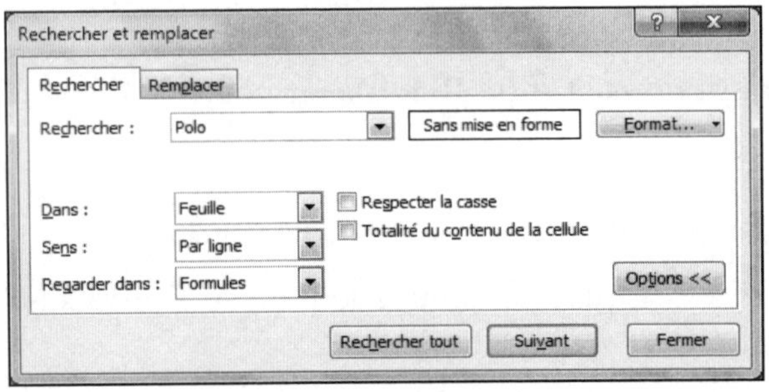

Figure 15-18 Options de recherche.

Excel tient compte des majuscules et des minuscules si vous cochez l'option **Respecter la casse**. Si les cellules à trouver doivent contenir uniquement la donnée recherchée, cochez l'option **Totalité du contenu**. Le bouton **Format** permet de rechercher des cellules avec une mise en forme particulière (consultez le chapitre 18 pour les mises en forme).

Vérifier l'orthographe

Ne laissez pas de fautes d'orthographe dans vos tableaux. Comme dans un logiciel de traitement de texte, Excel peut les rechercher pour vous et vous proposer d'autres orthographes.

1. Cliquez la cellule **A1**.

Note Si la cellule **A1** n'est pas sélectionnée, Excel commence la correction à partir de la cellule active et vous demande ensuite si vous désirez corriger aussi le début de la feuille.

2. Cliquez l'onglet **Révision ➜ Vérification ➜ Orthographe**.

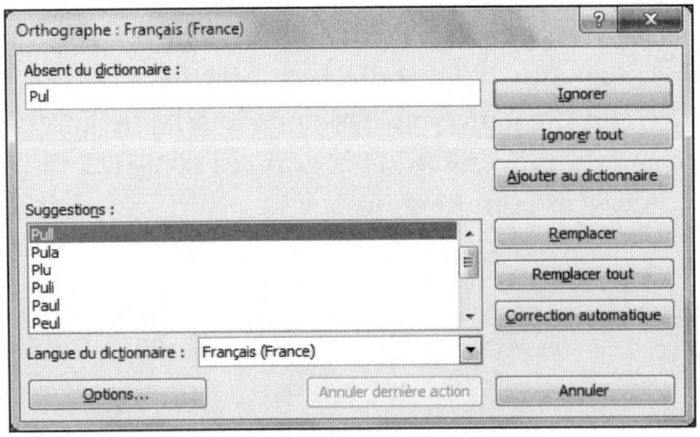

Figure 15-19 Correction de l'orthographe.

À la première faute d'orthographe trouvée, la boîte de la figure 15-19 s'affiche. Elle propose les options suivantes :

- **Ignorer** : ignore le mot non trouvé dans le dictionnaire et passe à la faute suivante.
- **Ignorer tout** : ignore toujours le mot non trouvé dans le dictionnaire.
- **Remplacer** : remplace le mot non trouvé dans le dictionnaire par celui sélectionné dans la liste **Suggestions**.
- **Remplacer tout** : remplace le mot non trouvé dans toute la feuille.
- **Ajouter au dictionnaire** : ajoute le mot non trouvé au dictionnaire personnel.

3. Éventuellement, cliquez un mot de remplacement dans la liste **Suggestions**.
4. Cliquez le bouton **Remplacer** ou cliquez le bouton **Ignorer** pour passer à la faute suivante.
5. Répétez autant de fois que nécessaire les étapes **3** et **4**.
6. Cliquez le bouton **OK**.

Modifier les corrections automatiques

Excel corrige automatiquement certains mots en cours de frappe. Ajoutez à la liste d'Excel vos abréviations ou vos erreurs de frappe fréquentes (des inversions de lettres par exemple).

1. Cliquez l'onglet **Fichier** puis le bouton **Options** dans la liste de gauche.

Note Vous pouvez aussi accéder aux options d'Excel en cliquant le bouton **Options** dans la boîte **Orthographe** (figure 15-19).

2. Cliquez **Vérification** dans la liste de gauche, puis le bouton **Options de correction automatique** dans la partie de droite.
3. Dans l'onglet **Correction automatique**, tapez le mot à remplacer dans la zone **Remplacer**.
4. Tapez le mot de remplacement dans la zone **Par**.

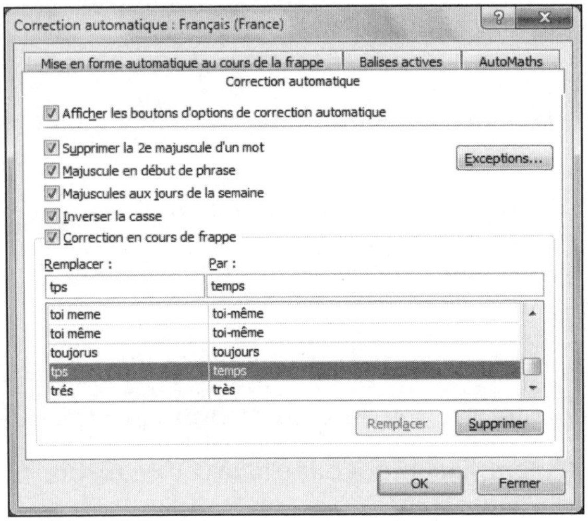

Figure 15-20 Options de correction automatique.

Dans l'exemple de la figure 15-20, le mot « tps » sera automatiquement remplacé par le mot « temps ».

5. Cliquez le bouton **Ajouter**.

   Le mot apparaît dans la liste des corrections automatiques.

6. Cochez ou décochez les options proposées pour la correction automatique.

7. Cliquez le bouton **OK**.

Dans l'onglet **Révision**, les groupes **Vérification** et **Langue** proposent des boutons pour rechercher des définitions de mots dans le dictionnaire, trouver des synonymes ou effectuer des traductions dans d'autres langues. Ces recherches s'effectuent dans un volet qui s'affiche dans la partie droite de la feuille de calcul (figure 15-21).

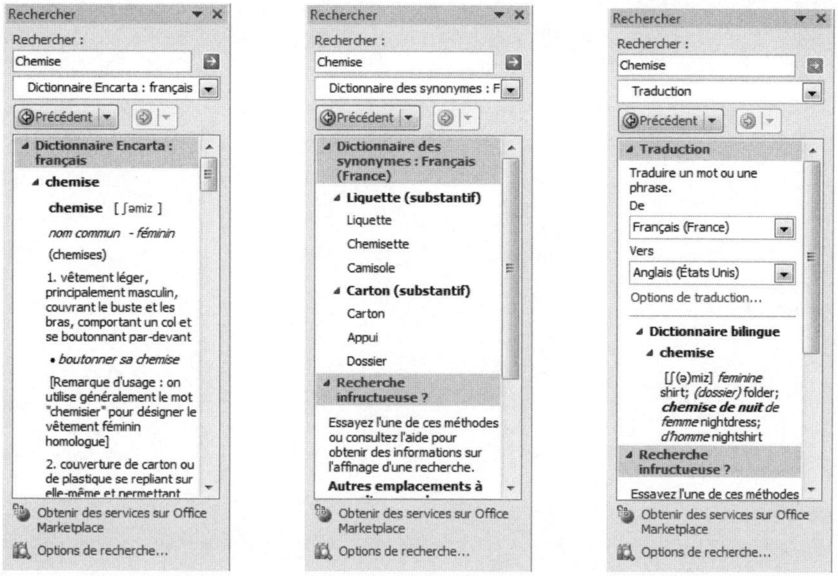

Figure 15-21 Définition, synonyme et traduction d'un mot.

Note Les dictionnaires et les corrections automatiques sont communs aux produits Office (Word, Excel, *etc.*). Vos modifications et vos apports (mots dans le dictionnaire personnel, corrections automatiques, *etc.*) sont répercutés dans les autres logiciels.

Note Pour des informations complémentaires sur l'utilisation des dictionnaires, consultez le chapitre 3.

Chapitre 16

Réaliser des calculs

Dans ce chapitre

- Comprendre les formules et les fonctions
- Saisir des formules
- Utiliser des fonctions
- Choisir des fonctions
- Définir des références relatives et absolues
- Convertir des valeurs en euros

Les formules et les fonctions démontrent toute la puissance de votre tableur. C'est pourquoi ce chapitre présente en détail les fonctions les plus usitées sans oublier l'assistant qui vous permettra de découvrir celles adaptées à la complexité des cas particuliers. Vous y trouverez également la conversion en euros pour utiliser vos anciennes données en francs.

Qu'est-ce qu'une formule ?

Une formule est un ensemble d'opérations que l'on peut effectuer dans les cellules d'une feuille de calcul. Dès que vous tapez le signe égal dans une cellule, Excel considère que vous saisissez une formule.

Éléments d'une formule

Après le signe égal, une formule est composée de cinq types d'éléments :

- Opérateurs : ils permettent d'appliquer des opérations entre des valeurs (addition, soustraction, multiplication, *etc.*).
- Valeurs numériques et chaînes de caractères : ce sont des valeurs littérales sous forme de nombres ou de caractères.
- Références de cellules : elles désignent d'autres cellules contenant des valeurs numériques ou des chaînes de caractères.
- Parenthèses : elles contrôlent l'ordre d'évaluation des calculs. Par exemple, la formule =(2*3)+4 retourne 10 alors que la formule 2*(3+4) retourne 14.
- Fonctions : elles permettent d'effectuer des opérations plus sophistiquées que les opérateurs habituels.

C'est l'ensemble de ces éléments qui constitue les formules.

Opérateurs des formules

Les opérateurs sont des symboles qui représentent des opérations. Ils sont les éléments de base des formules. Le tableau 16-1 donne la liste de ceux utilisés par Excel.

Opérateur	Opération
+	Addition
-	Soustraction
*	Multiplication

Tableau 16-1 Opérateurs de calcul. →

Opérateur	Opération
/	Division
^	Élévation à une puissance
%	Pourcentage
&	Addition de chaînes de caractères (concaténation)

Tableau 16-1 Opérateurs de calcul *(suite)*.

Valeurs littérales

Les valeurs littérales sont des nombres et des textes incorporés dans les formules. Notez qu'il n'est pas nécessaire de les faire précéder du signe égal si elles sont seules. Pour ce dernier cas, il ne s'agit pas d'une formule mais d'une simple valeur.

Par défaut, Excel aligne les nombres sur la droite et les chaînes de caractères sur la gauche. Un nombre s'aligne à gauche s'il est mal saisi. Excel le considère alors comme un texte. C'est le cas s'il contient une espace, ou plus fréquemment un point à la place d'une virgule comme séparateur des décimales.

Références des cellules

Dans les formules, on utilise des références à d'autres cellules. Les références se présentent sous quatre formes.

Références à une cellule

C'est la référence la plus simple. Elle est composée de la lettre de la colonne et du numéro de ligne.

```
= A1
```

Références à une plage de cellules

Une plage de cellules est un ensemble de cellules délimité par la référence de la cellule en haut à gauche et de la cellule en bas à droite. Ces deux références sont séparées par deux-points.

```
= SOMME(A1:B2)
```

Dans cet exemple, la plage A1:B2 est composée de quatre cellules : A1, A2, B1, B2.

Priorité des opérateurs et parenthèses

Pour éviter des résultats non souhaités dans vos formules, il est préférable d'utiliser des parenthèses pour séparer les divers calculs.

Si vous omettez les parenthèses, Excel utilise les priorités du tableau 16-2 pour déterminer quel calcul est effectué en premier.

Prenons l'exemple suivant :

```
= 2+4*3^2
```

Le résultat est ici 38 car Excel effectue en priorité l'élévation à la puissance puis la multiplication. Si on ajoute les parenthèses, le calcul effectué est en réalité celui-ci :

```
= 2+(4*(3^2))
```

Le simple fait de changer les parenthèses modifie considérablement le résultat, comme l'exemple ci-après dont le résultat est 146 :

```
= 2+((4*3)^2)
```

Quand des parenthèses sont imbriquées, comme dans l'exemple ci-après, Excel effectue d'abord le calcul des parenthèses intérieures.

Priorité	Symbole	Opération
1	-	Négation
2	%	Pourcentage
3	^	Élévation à la puissance
4	* et /	Multiplication et division
5	+ et -	Addition et soustraction
6	&	Addition de chaînes de caractères
7	=, >, <	Comparaison

Tableau 16-2 Priorités des opérateurs.

Qu'est-ce qu'une fonction ?

Une fonction est un mot-clé qui permet d'effectuer des calculs plus complexes qu'avec les quatre opérations habituelles (addition, soustraction, *etc.*). Prenons un exemple simple. Si vous désirez additionner 3 valeurs, vous pouvez saisir dans une cellule de la feuille de calcul les données suivantes :

```
= 1+5+9
```

Si ces valeurs se trouvent déjà dans des cellules de la feuille de calcul, vous pouvez alors saisir les références à ces cellules :

```
= A1+A2+A3
```

Mais si vous deviez additionner les 100 premières valeurs de la première colonne, il serait alors nécessaire de saisir la référence de ces 100 cellules. Pour simplifier les choses, on utilise alors une fonction, dans notre exemple la fonction SOMME.

```
= SOMME(A1:A100)
```

Saisir des formules

Pour réaliser des calculs, vous devez saisir des formules. Ces dernières doivent débuter par le signe « égal » pour les distinguer des nombres et des textes. Elles contiennent des nombres et des références à d'autres cellules.

Astuce Vous pouvez remplacer le signe égal par le signe plus ou moins. Cette solution est très pratique si vous désirez saisir un calcul à partir du pavé numérique, ce dernier ne proposant pas la touche égal. La formule suivante est donc acceptée par Excel : +13*27. Le signe plus est alors automatiquement transformé en signe égal. Dans certains cas, le signe plus est conservé et le signe égal est ajouté. C'est le cas par exemple pour la saisie suivante : +RACINE(9). La formule est alors remplacée par =+RACINE(9). Dans tous les cas, le signe moins est conservé.

1. Cliquez la cellule qui doit recevoir la formule.
2. Tapez le signe =.
3. Tapez les nombres et/ou les références des cellules.
4. Appuyez sur **Entrée** (appuyez sur **Ctrl+Entrée** pour rester dans la même cellule).

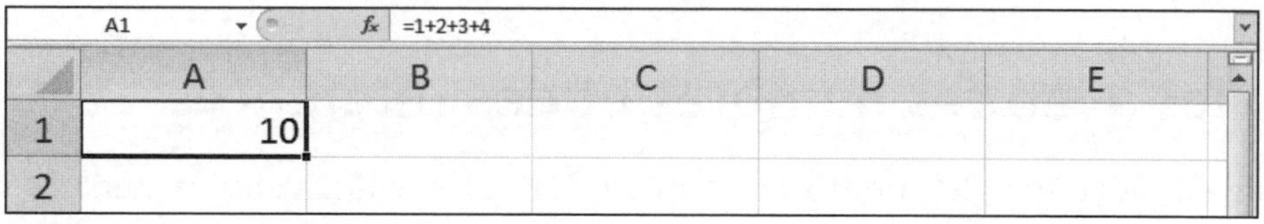

Figure 16-1 Saisie d'une formule.

Le résultat s'affiche dans la cellule. La formule s'affiche dans la barre de formule.

Références de cellules dans les formules

En utilisant des références, le résultat de la formule change en fonction du contenu des cellules. Vous n'aurez plus à modifier la formule.

Voici un exemple de formule avec des références. La cellule B3 contient la formule suivante :

```
=B1+B2
```

La cellule B3 contient donc l'addition du contenu des cellules B1 et B2.

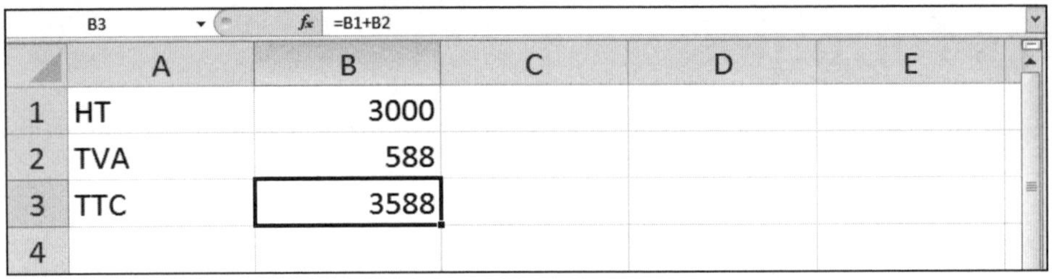

Figure 16-2 Formule avec des références.

Maintenant, si vous changez le contenu des cellules B1 et B2, Excel recalcule automatiquement le contenu de la cellule B3.

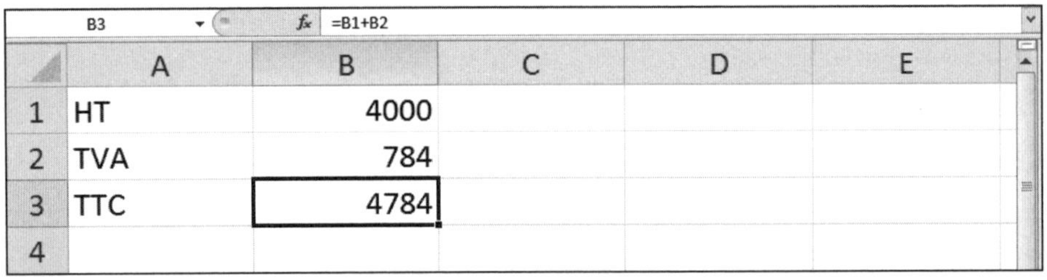

Figure 16-3 Exemple avec la même formule mais dont le contenu des cellules en référence a changé.

Formules avec des nombres et des références

Vous pouvez mélanger des nombres et des références à des cellules dans la même formule.

Dans l'exemple de la figure 16-4, la cellule B2 contient la formule suivante :

```
=B1*0,196
```

La cellule B2 contient donc la multiplication de la cellule B1 par la valeur littérale 0,196.

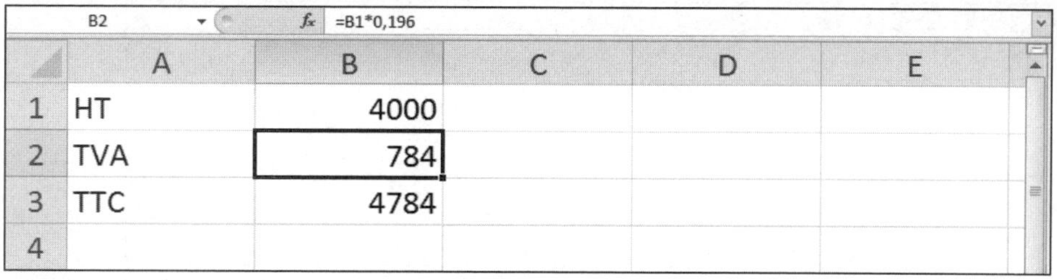

Figure 16-4 Exemple de formule avec des nombres et des références.

Notez que la cellule B3 fait référence à B1 et B2. Pour calculer le montant T.T.C (B3), il suffit de modifier le montant H.T (B1). La T.V.A (B2) est calculée automatiquement et son montant est répercuté dans le T.T.C (B3). Les calculs s'effectuent donc en cascade.

Saisir des références

Saisir manuellement

Si vous connaissez les références de cellules à ajouter à votre formule, vous pouvez les saisir directement au clavier sans utiliser la souris. C'est la méthode la plus rapide, mais aussi la plus risquée. En effet, la saisie des références à des cellules ou des plages de cellules peut engendrer des erreurs. Cela est d'autant plus vrai si ces cellules ne sont pas présentes dans la partie de la feuille de calcul visible à l'écran.

Pour éviter ces erreurs, il est donc préférable d'utiliser la souris ou les flèches du clavier pour saisir les références dans les formules.

Saisir avec la souris

L'utilisation de la souris ou des flèches du clavier simplifie la saisie des formules. Dans l'exemple qui suit, nous allons saisir la formule =B1+B2 avec la souris.

1. Dans une cellule, tapez le signe =.
2. Cliquez une cellule pour ajouter sa référence.

   La référence apparaît dans la formule. Elle a la même couleur que le cadre qui entoure la cellule choisie.

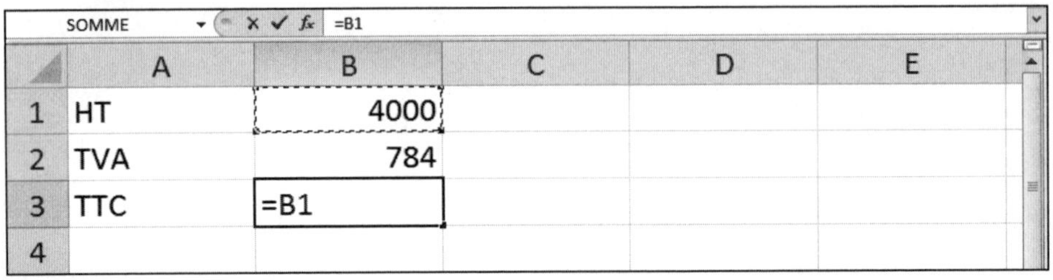

Figure 16-5 Saisie d'une référence avec la souris.

3. Tapez un opérateur, par exemple +.

Astuce Vous pouvez cliquer et faire glisser la cellule encadrée, quand le curseur a la forme , pour choisir une autre cellule. La formule est alors mise à jour automatiquement avec la nouvelle référence. Si la cellule est entourée de pointillés, il suffit de cliquer une autre cellule pour changer de référence.

4. Cliquez une cellule pour ajouter sa référence.

   La formule est complétée. Chaque référence a une couleur distincte.

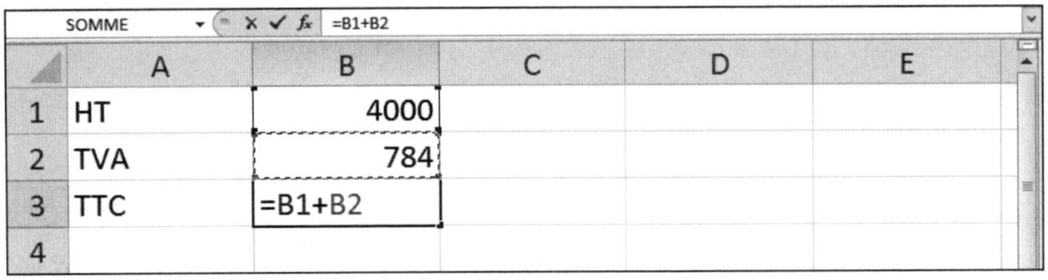

Figure 16-6 Saisie d'une seconde référence avec la souris.

5. Appuyez sur **Entrée** pour valider.

Excel calcule la formule et affiche le résultat.

Note Appuyez sur **Ctrl+Entrée** pour rester sur la même cellule après validation.

Pour saisir les références à une plage de cellules, cliquez et faites glisser pour sélectionner les cellules comme vous le faites habituellement (voir chapitre 15).

Saisir avec le clavier

Pour ajouter des références avec le clavier, tapez le signe « = », puis utilisez les flèches de direction. Pour sélectionner une plage de cellules, déplacez-vous sur la première cellule, maintenez la touche **Maj** enfoncée, puis sélectionnez, toujours avec les flèches de direction, la dernière cellule de la plage.

Afficher les formules

En affichant les formules à la place des valeurs, vous vérifierez plus facilement les éventuelles erreurs ou comprendrez la structure des formules d'une feuille de calcul existante.

1. Tapez le raccourci **Ctrl+"** (guillemets) pour afficher les formules.
2. Appuyez de nouveau sur **Ctrl+"** pour afficher les valeurs (résultats des formules).

Vous pouvez aussi utiliser la boîte des options. Cette dernière permet d'afficher ou de masquer d'autres parties des feuilles de calcul comme le quadrillage, les en-têtes des lignes et des colonnes, *etc.*

1. Cliquez l'onglet **Fichier**, puis le bouton **Options** dans la liste de gauche.
2. Cliquez **Options avancées** dans la liste de gauche.
3. Dans le groupe **Afficher les options pour cette feuille**, cochez l'option **Formules dans les cellules**. Décochez cette option pour afficher les valeurs (figure 16-7).

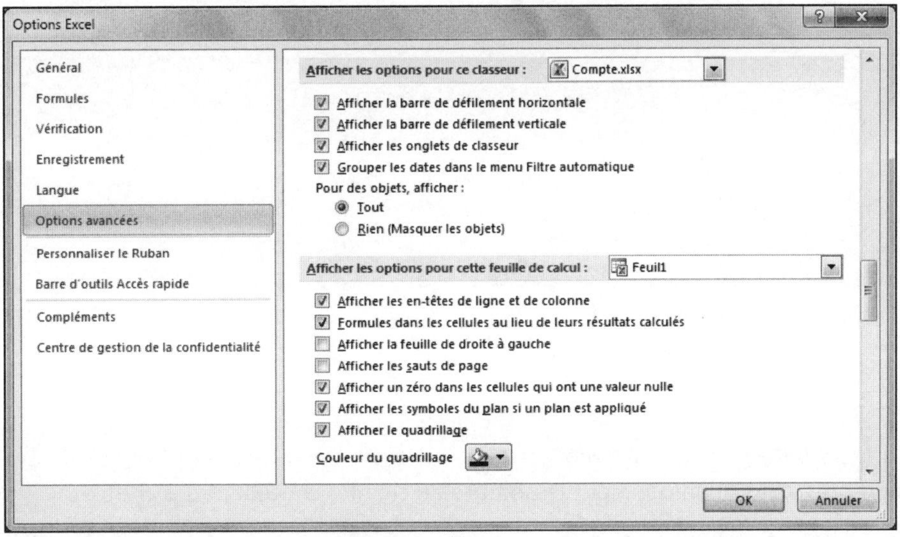

Figure 16-7 Options d'affichage d'Excel.

Note Dans les groupes **Afficher les options pour ce classeur** et **Afficher les options pour cette feuille** vous trouverez d'autres options pour afficher ou masquer des éléments d'Excel (barres de défilement, onglets, en-têtes, *etc.*).

4. Cliquez le bouton **OK** pour valider les changements.

Appliquer un calcul sans taper de formule

Voici une solution rapide pour appliquer un calcul sur la plage sélectionnée (somme, moyenne, *etc.*) sans taper de formule.

1. Cliquez avec le bouton droit de la souris la barre d'état.

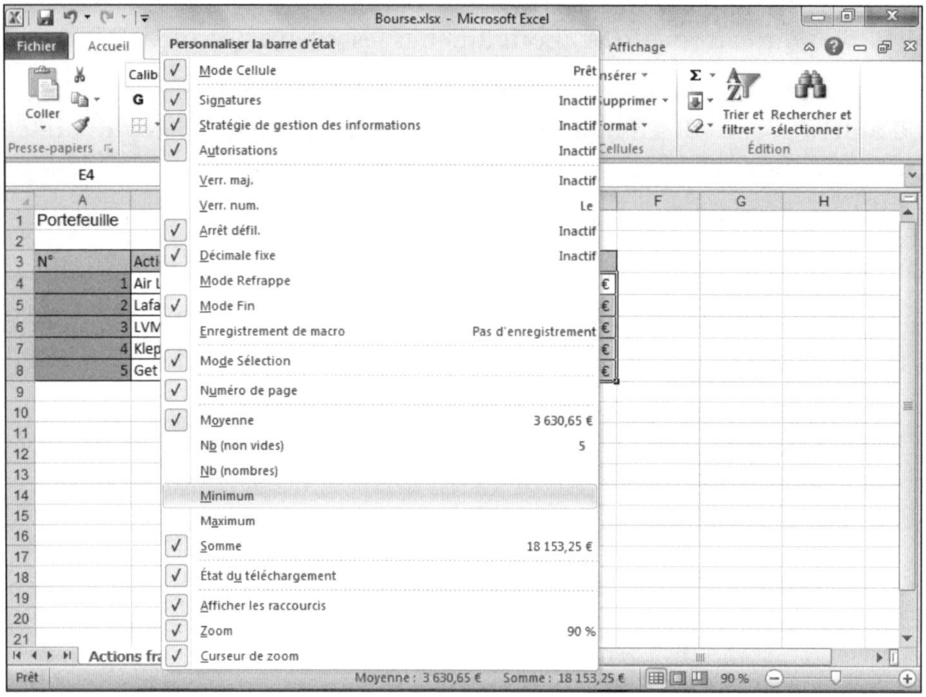

Figure 16-8 Options de la barre d'état.

2. Cochez les types de calcul à effectuer.

Note **Nb (non vides)** calcule le nombre de cellules contenant des chiffres ou du texte. **Nb (nombres)** calcule uniquement le nombre de cellules contenant des chiffres.

3. Sélectionnez les cellules qui contiennent les valeurs.

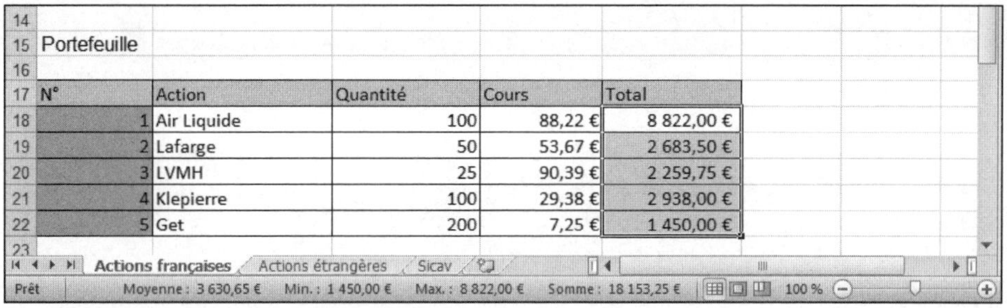

14					
15	Portefeuille				
16					
17	N°	Action	Quantité	Cours	Total
18	1	Air Liquide	100	88,22 €	8 822,00 €
19	2	Lafarge	50	53,67 €	2 683,50 €
20	3	LVMH	25	90,39 €	2 259,75 €
21	4	Klepierre	100	29,38 €	2 938,00 €
22	5	Get	200	7,25 €	1 450,00 €

Figure 16-9 Calculs dans la barre d'état.

La barre d'état affiche les calculs souhaités.

Calculer une somme

La somme étant la fonction la plus courante, elle possède son propre bouton dans l'onglet Accueil et propose plusieurs méthodes d'utilisation (ce bouton est aussi présent dans l'onglet Formules).

Suivez ces étapes si la somme doit se situer en dessous de la plage à additionner :

1. Sélectionnez la plage de cellules à additionner.
2. Cliquez l'onglet **Accueil → Édition →** Σ. Vous pouvez aussi cliquer l'onglet **Formules → Bibliothèque de fonctions → Somme automatique**.

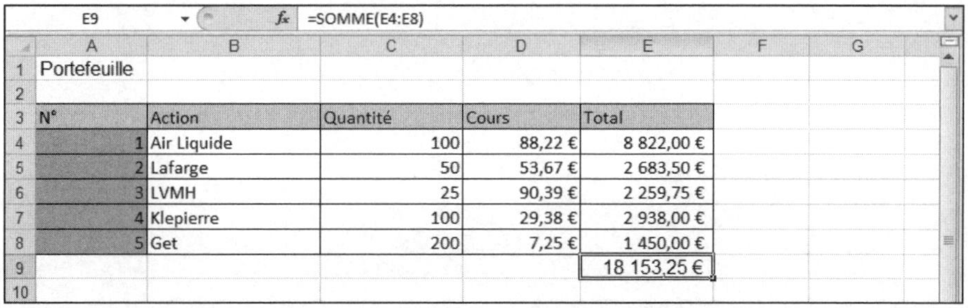

	A	B	C	D	E	F	G
1	Portefeuille						
2							
3	N°	Action	Quantité	Cours	Total		
4	1	Air Liquide	100	88,22 €	8 822,00 €		
5	2	Lafarge	50	53,67 €	2 683,50 €		
6	3	LVMH	25	90,39 €	2 259,75 €		
7	4	Klepierre	100	29,38 €	2 938,00 €		
8	5	Get	200	7,25 €	1 450,00 €		
9					18 153,25 €		
10							

Figure 16-10 Somme directement en dessous d'une plage de cellules.

Excel ajoute la formule dans la première cellule vide en dessous de la plage. Si vous avez sélectionné une plage à l'horizontale, la formule est placée dans la première cellule vide de droite.

Suivez ces étapes si la cellule qui doit contenir la somme ne se trouve pas directement en dessous de la plage à additionner :

1. Sélectionnez la cellule qui doit contenir la somme.

2. Cliquez l'onglet **Accueil** ➜ **Édition** ➜ Σ.

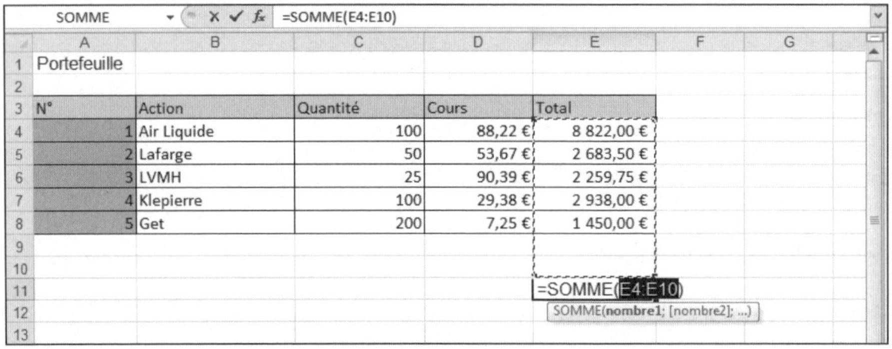

Figure 16-11 Plage à additionner proposée par Excel.

Excel entoure de pointillés la plage de valeurs la plus proche (au-dessus ou à gauche). La formule contient les références de cette plage (la cellule du haut et la cellule du bas séparées par deux points).

Note Si Excel ne propose pas de plage, vous devez obligatoirement effectuer l'étape **3**.

3. Éventuellement, sélectionnez une autre plage de cellules avec la souris si celle sélectionnée ne vous convient pas.

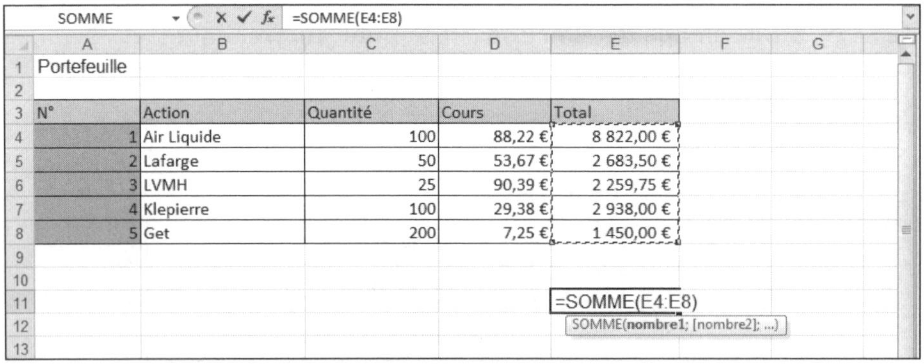

Figure 16-12 Sélection manuelle de la plage à additionner.

La formule contient maintenant les nouvelles références.

4. Appuyez sur **Entrée** pour valider la formule.

Note Si vous changez d'avis, appuyez sur **Echap** à la place d'**Entrée** pour annuler la formule.

La cellule sélectionnée au départ affiche la somme de la plage.

Astuce Après la sélection de la plage, vous pouvez la déplacer ou modifier sa taille avec la souris. Pour la déplacer, pointez le bord de la plage pour que le curseur prenne la forme , puis faites-la glisser à un autre emplacement. Pour modifier sa taille, cliquez et faites glisser un des quatre coins.

Insérer d'autres fonctions avec l'outil Somme

L'outil Somme permet d'insérer rapidement les fonctions les plus usitées.

Calculer la valeur moyenne d'une plage

1. Cliquez la cellule en dessous ou à droite des données à calculer.
2. Cliquez l'onglet **Accueil**, puis cliquez la flèche en regard du bouton Σ. Vous pouvez aussi cliquer l'onglet **Formules**, puis cliquer la flèche en regard du bouton **Somme automatique**.
3. Cliquez **Moyenne** dans la liste.

Note Vous pouvez ajouter d'autres fonctions avec l'outil Somme. Cliquez dans ce cas **Autres fonctions** dans la liste pour ouvrir la boîte de dialogue Insérer une fonction (voir plus loin dans ce chapitre).

4. Éventuellement, sélectionnez une autre plage de cellules ou déplacez ou modifiez celle proposée (consultez le paragraphe précédent).

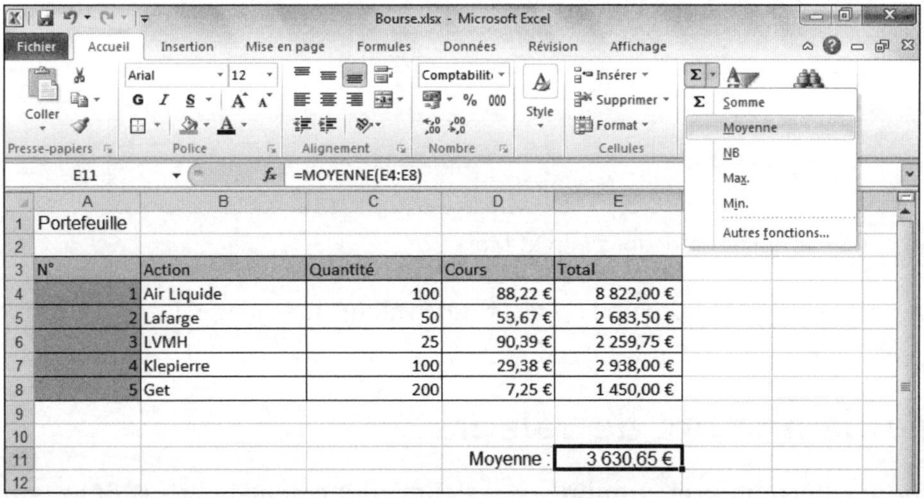

Figure 16-13 Calcul de la valeur moyenne d'une plage de cellules.

5. Appuyez sur **Entrée** pour valider la fonction.

La cellule affiche la moyenne des valeurs de la plage. La barre de formule affiche la formule complète.

Connaître la valeur minimale ou maximale d'une plage

Dans un grand tableau, il est difficile de repérer d'un seul coup d'œil la plus petite ou la plus grande valeur. C'est le rôle des fonctions Min et Max.

1. Cliquez la cellule qui doit contenir la formule.
2. Cliquez l'onglet **Accueil**, puis cliquez la flèche en regard du bouton Σ. Vous pouvez aussi cliquer l'onglet **Formules**, puis cliquer la flèche en regard du bouton **Somme automatique**.
3. Cliquez **Min** pour extraire la plus petite valeur ou **Max** pour la plus grande.
4. Sélectionnez la plage dont vous voulez extraire la valeur.
5. Appuyez sur **Entrée** pour valider.

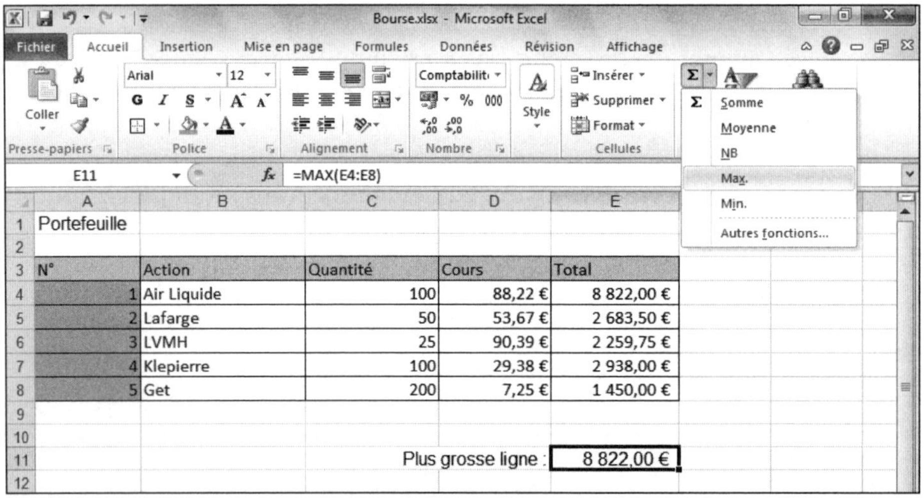

Figure 16-14 Utilisation des fonctions Min et Max.

La cellule affiche la plus petite ou la plus grande valeur de la plage. La barre de formule affiche la formule complète.

Calculer le nombre de valeurs

La fonction NB compte le nombre de valeurs d'une plage. Les cellules vides ou contenant du texte ne sont pas incluses dans le calcul.

1. Cliquez la cellule qui doit contenir la formule.
2. Cliquez l'onglet **Accueil**, puis cliquez la flèche en regard du bouton Σ ▾. Vous pouvez aussi cliquer l'onglet **Formules**, puis cliquer la flèche en regard du bouton **Somme automatique**.
3. Cliquez **NB** pour calculer le nombre de valeur.

Note Utilisez la fonction **NBVAL** pour calculer le nombre de cellules non vides (valeurs et textes).

4. Sélectionnez la plage dont vous voulez connaître le nombre de valeurs.
5. Validez avec **Entrée**.

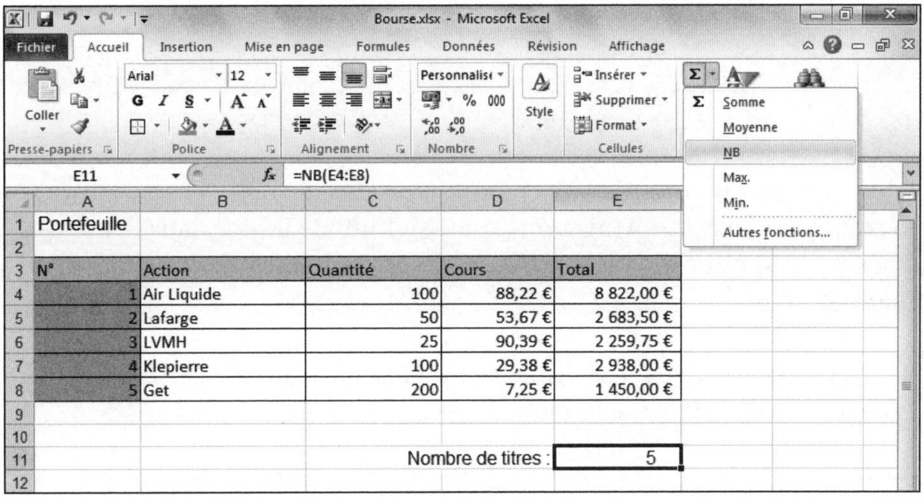

Figure 16-15 Calcul du nombre de valeurs d'une plage.

La cellule affiche le nombre de valeurs de la plage. La barre de formule affiche la formule complète.

Utiliser l'aide contextuelle de saisie

Une fonction est constituée d'un mot-clé suivi de parenthèses renfermant des paramètres (une plage de cellules par exemple). Le type et le nombre de ces paramètres dépendent de la fonction utilisée.

Comme chaque fonction possède ses propres arguments, Excel propose une aide contextuelle lors de la saisie.

Voici un exemple avec la fonction MOYENNE, même si cette dernière peut être ajoutée directement avec l'outil Somme.

1. Dans une cellule, tapez **=moy**.

   Dès le début de la frappe, Excel recherche immédiatement la fonction que vous désirez utiliser, et affiche une liste des fonctions débutant par les lettres saisies.

2. Pour connaître le rôle d'une fonction, cliquez son nom dans la liste proposée.

   Une info-bulle vous donne un résumé de son rôle.

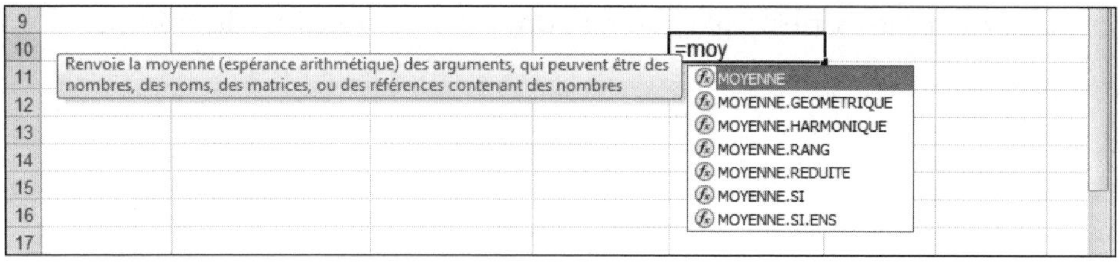

Figure 16-16 Aide sur le choix de la fonction.

3. Pour finir de saisir le nom de la fonction, tapez les dernières lettres puis une parenthèse ouvrante. Vous pouvez aussi double-cliquer dans la liste proposée pour ajouter la fonction. Dans ce cas, la parenthèse ouvrante est automatiquement ajoutée.

Note Il n'est pas nécessaire de taper le nom de la fonction en majuscules. Excel se charge de le faire dès la validation de la formule.

Comme le montre la figure 16-17, Excel affiche une info-bulle avec le nom de la fonction et ses paramètres.

Astuce Si cette info-bulle vous gêne, faites glisser sa bordure à un autre emplacement.

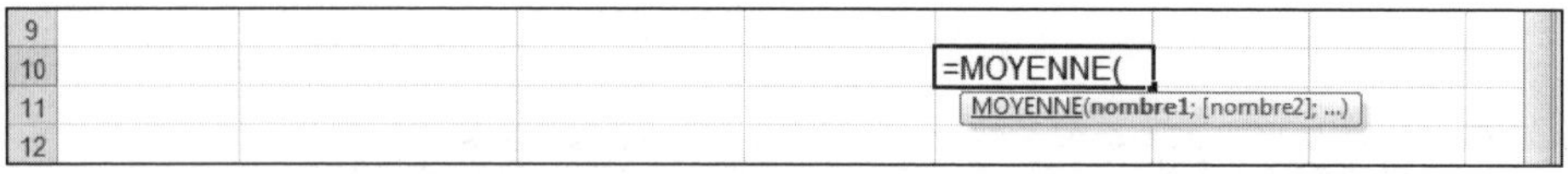

Figure 16-17 Aide sur les paramètres de la fonction.

Si vous pointez le nom de la fonction dans l'info-bulle, il se transforme en lien. Cliquez ce dernier pour ouvrir l'aide en ligne correspondante (figure 16-18).

Les arguments apparaissent entre les parenthèses. Les arguments en gras sont obligatoires. Les arguments en maigre sont optionnels. Une suite de trois points indique que la fonction accepte d'autres arguments optionnels. C'est le cas de la fonction MOYENNE de notre exemple.

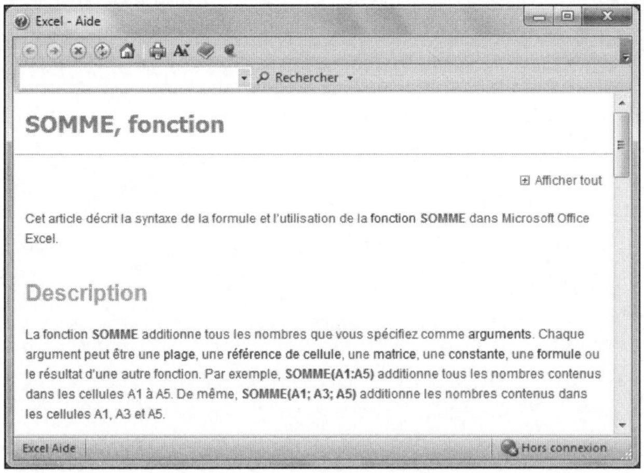
Excel - Aide
Rechercher
SOMME, fonction
Afficher tout
Cet article décrit la syntaxe de la formule et l'utilisation de la fonction SOMME dans Microsoft Office Excel.
Description
La fonction SOMME additionne tous les nombres que vous spécifiez comme arguments. Chaque argument peut être une plage, une référence de cellule, une matrice, une constante, une formule ou le résultat d'une autre fonction. Par exemple, SOMME(A1:A5) additionne tous les nombres contenus dans les cellules A1 à A5. De même, SOMME(A1; A3; A5) additionne les nombres contenus dans les cellules A1, A3 et A5.
Excel Aide
Hors connexion

Figure 16-18 Aide en ligne sur une fonction.

Pour obtenir une aide rapide sur les arguments, il existe une autre solution :

1. Dans une cellule, tapez le signe = puis le nom de la fonction.
2. Tapez **Ctrl+Maj+A**.

Excel ajoute les parenthèses et la liste des arguments (figure 16-19). Il vous suffit alors de remplacer chaque nom d'argument par la valeur correspondante.

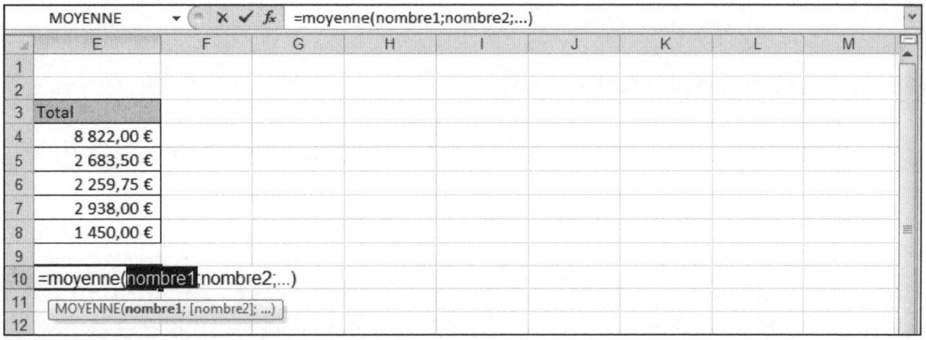
MOYENNE
=moyenne(nombre1;nombre2;...)
E F G H I J K L M
Total
8 822,00 €
2 683,50 €
2 259,75 €
2 938,00 €
1 450,00 €
=moyenne(nombre1;nombre2;...)
MOYENNE(nombre1; [nombre2]; ...)

Figure 16-19 Descriptif des arguments d'une fonction.

Choisir une fonction avec l'assistant

Comme il existe plusieurs centaines de fonctions dans Excel, il est difficile de toutes les connaître par cœur.

On connaît généralement l'objectif à atteindre, mais pas la fonction appropriée. Laissez dans ce cas l'assistant la trouver pour vous.

1. Cliquez la cellule qui doit recevoir la formule.
2. Cliquez le bouton à gauche de la barre de formule. Ce bouton existe aussi dans l'onglet **Formules ➜ Bibliothèque de fonctions ➜ Insérer une fonction**. Vous pouvez aussi utiliser le raccourci **Maj+F3**.

Excel ouvre une boîte de dialogue pour choisir une fonction (figure 16-20). Si vous n'avez aucune idée de la fonction ou même de sa catégorie, vous pouvez saisir un ou des mots-clés pour obtenir des suggestions.

1. Tapez un ou plusieurs mots-clés dans la zone **Recherchez une fonction**, puis validez avec la touche **Entrée** ou en cliquant le bouton **OK** en regard.

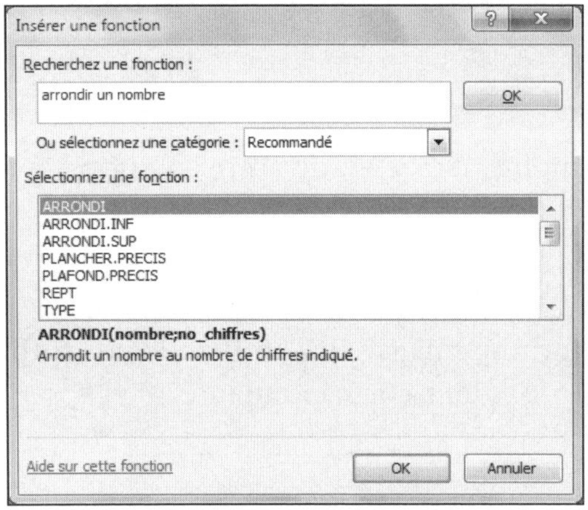

Figure 16-20 Boîte d'insertion d'une fonction.

La liste **Sélectionnez une fonction** contient maintenant les fonctions qui correspondent à votre recherche.

2. Cliquez dans la liste **Sélectionnez une fonction** celle dont vous avez besoin.

La zone en dessous de la liste affiche une description sur la fonction que vous avez choisie. Si ces explications vous semblent insuffisantes, cliquez le lien **Aide sur cette fonction**. Ce dernier ouvre directement l'aide en ligne sur la fonction en question.

Si vous connaissez le type de fonction, vous pouvez aussi effectuer une présélection en le choisissant dans la liste **Ou sélectionnez une catégorie**.

3. Cliquez le bouton **OK** en bas de la boîte pour choisir les arguments (figure 16-20).

L'assistant des fonctions ouvre une nouvelle boîte de dialogue pour saisir les arguments de la fonction.

4. Cliquez le premier argument.

   La boîte affiche une explication sur l'argument sélectionné.

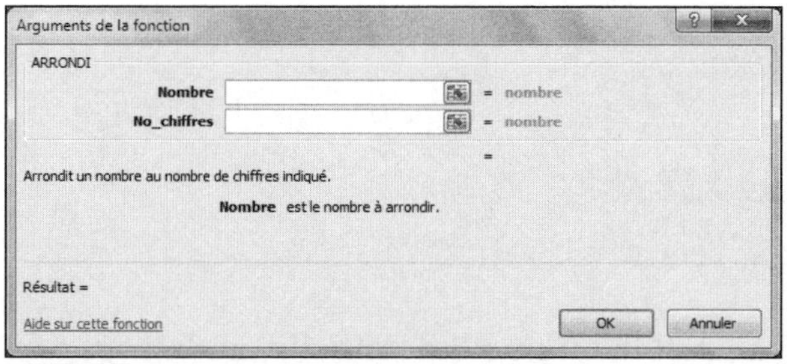

Figure 16-21 Boîte d'insertion d'une fonction.

5. Cliquez le bouton pour réduire la boîte.

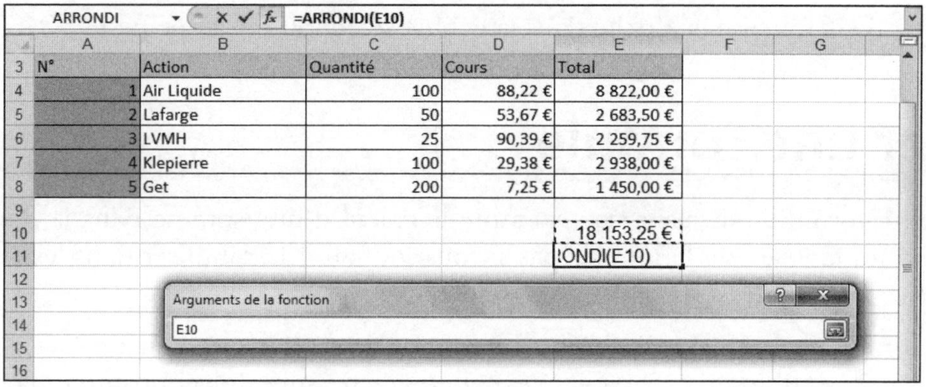

Figure 16-22 Sélection directe dans la feuille de calcul.

6. Sélectionnez la cellule ou la plage qui contient l'argument.
7. Cliquez le bouton pour agrandir la boîte.

Note Vous pouvez aussi taper directement l'argument, soit une référence, soit une valeur littérale. Vous n'êtes pas obligé d'utiliser les boutons et .

8. Répétez les étapes **4** à **7** pour les autres arguments.

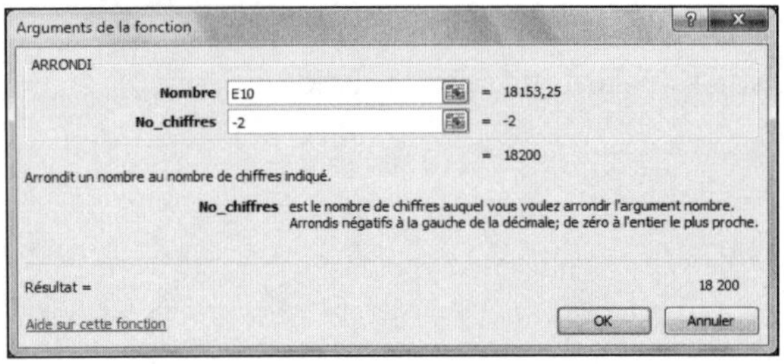

Figure 16-23 Arguments d'une fonction.

Après la saisie des arguments, un résultat immédiat s'affiche en dessous des arguments. Un résultat avec mise en forme s'affiche aussi en bas de la boîte. Ces éléments permettent de vérifier la crédibilité des arguments.

9. Cliquez le bouton **OK** pour valider.

Le résultat de la fonction s'affiche dans la cellule sélectionnée à l'étape **1**.

Recopier une formule

Dès qu'une formule est saisie, par exemple le calcul d'une somme dans la dernière colonne d'un tableau, ne la retapez pas si vous souhaitez la réutiliser dans les cellules en dessous ou à droite. Il suffit de la recopier.

Dans l'exemple ci-après, la cellule F4 contient une formule qui calcule un total à partir d'une quantité et d'un prix (D4*E4). Les cellules en dessous doivent contenir la même formule.

1. Cliquez la cellule contenant la formule à recopier.
2. Pointez le carré en bas à droite de la cellule sélectionnée.

   Le curseur prend la forme **+**.

3. Cliquez et faites glisser pour recopier la formule de la cellule sélectionnée.

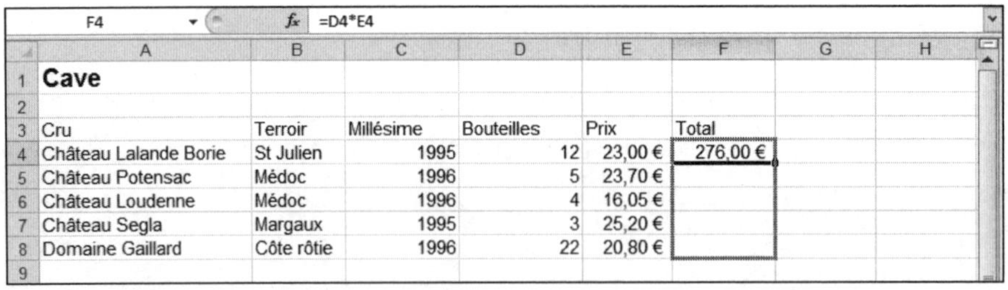

	A	B	C	D	E	F	G	H
1	Cave							
2								
3	Cru	Terroir	Millésime	Bouteilles	Prix	Total		
4	Château Lalande Borie	St Julien	1995	12	23,00 €	276,00 €		
5	Château Potensac	Médoc	1996	5	23,70 €			
6	Château Loudenne	Médoc	1996	4	16,05 €			
7	Château Segla	Margaux	1995	3	25,20 €			
8	Domaine Gaillard	Côte rôtie	1996	22	20,80 €			
9								

Figure 16-24 Recopie d'une formule.

4. Tapez le raccourci **Ctrl**+" pour afficher les formules.

   Les références des formules recopiées ont été modifiées. Les lettres des colonnes (recopie vers la droite) ou les numéros des lignes (recopie vers le bas) ont été incrémentés pour s'adapter à leur nouvelle position. Ainsi, la formule D4*E4 de la cellule F4 est devenue D5*E5 dans la cellule F5.

F4 =D4*E4

	C	D	E	F
2				
3	Millésime	Bouteilles	Prix	Total
4	1995	12	23	=D4*E4
5	1996	5	23,7	=D5*E5
6	1996	4	16,05	=D6*E6
7	1995	3	25,2	=D7*E7
8	1996	22	20,8	=D8*E8
9				

Figure 16-25 Formules d'une cellule recopiée.

5. Appuyez sur **Ctrl**+" pour afficher les valeurs.

Note La balise permet de modifier la mise en forme après une recopie. Consultez le chapitre 17 à ce sujet.

Définir des valeurs relatives et absolues

Par défaut, les références dans les formules sont relatives. Lors d'une recopie (consultez le paragraphe précédent), les lettres des colonnes ou les numéros des lignes sont modifiés. Si la formule fait référence à une cellule fixe, les calculs sont faux.

Prenons comme exemple une cellule qui contient la formule = A1. Si elle est recopiée vers le bas, la formule recopiée devient = A2 puisque l'on a changé de ligne. Si elle est recopiée vers la droite, la formule recopiée devient = B1 puisque l'on a changé de colonne.

Si la formule désigne une cellule fixe, par exemple un taux de T.V.A dans une facture, vous devez utiliser une référence absolue. Ainsi, lors des recopies, la référence n'est pas modifiée et désigne toujours la même cellule.

Dans l'exemple de la figure 16-26, on calcule dans la cellule C4 un montant T.T.C à partir du montant H.T (cellule B4) et de la T.V.A (cellule B1). Si on recopie la formule en C4, la référence B4 devient automatiquement B5 pour correspondre au H.T de la ligne suivante.

Malheureusement, la référence du taux de T.V.A varie aussi ce qui provoque des erreurs de calcul. En recopiant la formule vers le bas, la référence B1 devient B2 ce qui ne correspond plus au taux de T.V.A mais à une cellule vide. Pire ! En C6, la formule fait référence à la cellule B3 qui contient un texte. Excel affiche pour ce cas un message d'erreur à la place du résultat.

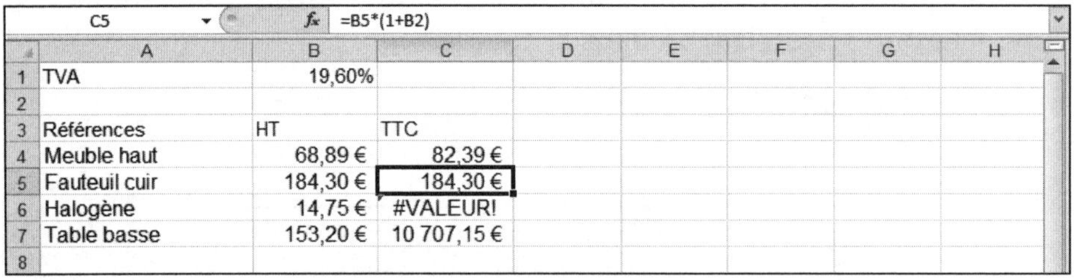

C5 =B5*(1+B2)

	A	B	C	D	E	F	G	H
1	TVA	19,60%						
2								
3	Références	HT	TTC					
4	Meuble haut	68,89 €	82,39 €					
5	Fauteuil cuir	184,30 €	184,30 €					
6	Halogène	14,75 €	#VALEUR!					
7	Table basse	153,20 €	10 707,15 €					
8								

Figure 16-26 Recopie d'une formule sans références absolues.

Il faut donc définir la cellule B1 comme référence absolue dans les formules pour qu'elle ne varie pas lors de la recopie.

Pour convertir une référence relative en référence absolue, il suffit d'ajouter le symbole $ devant la lettre de la colonne et devant le nombre de la ligne : =$B$1.

Définir une référence absolue

1. Cliquez la cellule qui contient la formule.
2. Double-cliquez la référence à modifier dans la barre de formule.
3. Appuyez sur la touche **F4**.

   Excel ajoute des $ devant la lettre de la colonne et le numéro de la ligne. C'est maintenant une référence absolue.
4. Tapez **Ctrl+Entrée** pour valider.

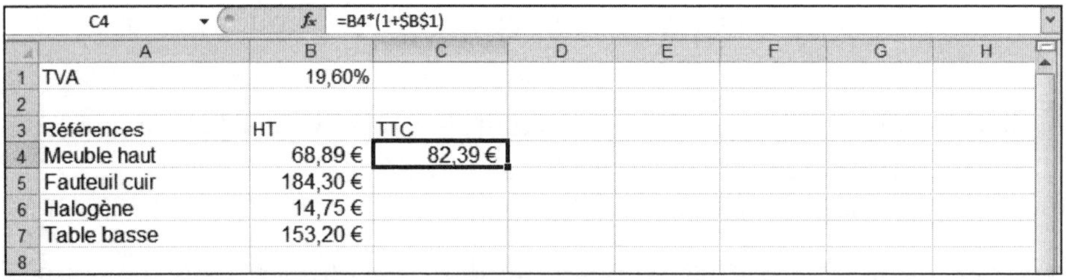

C4 =B4*(1+$B$1)

	A	B	C	D	E	F	G	H
1	TVA	19,60%						
2								
3	Références	HT	TTC					
4	Meuble haut	68,89 €	82,39 €					
5	Fauteuil cuir	184,30 €						
6	Halogène	14,75 €						
7	Table basse	153,20 €						
8								

Figure 16-27 Références absolues dans une formule.

5. Cliquez et faites glisser la poignée en bas à droite pour recopier le contenu de la cellule sélectionnée.
6. Appuyez sur **Ctrl**+" pour afficher les formules.

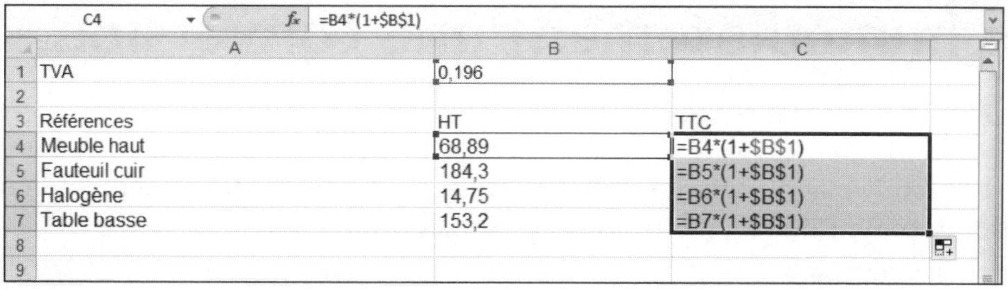

Figure 16-28 Recopie de références absolues.

Les références des montants hors taxes ont varié, mais pas celles de la T.V.A.

7. Appuyez sur **Ctrl**+" pour afficher les valeurs.

Utiliser la balise d'erreur

Si une cellule contient un message d'erreur, vous pouvez demander conseil à Excel.

1. Cliquez la cellule qui contient l'erreur (elle affiche un triangle vert en haut à gauche).
2. Cliquez la balise .

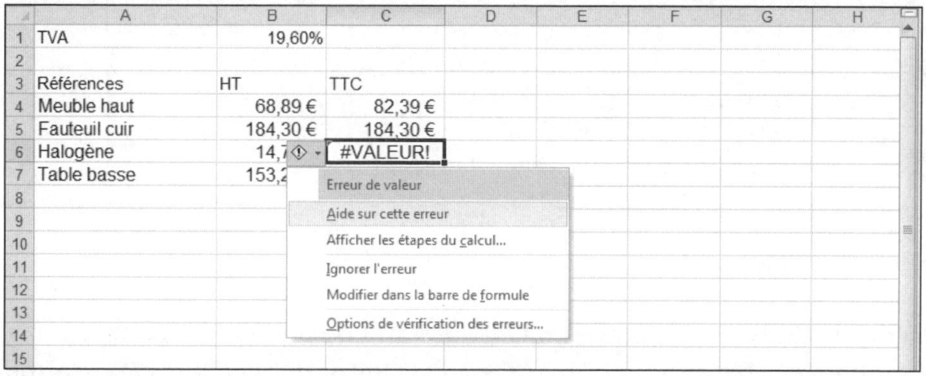

Figure 16-29 Utilisation de la balise d'erreur.

3. Cliquez l'action à exécuter dans la liste.

Note Pour obtenir des compléments d'information sur les erreurs, consultez le chapitre 30.

Obtenir immédiatement une conversion en euros

Sans faire la conversion dans les cellules, vous pouvez obtenir immédiatement une conversion d'une monnaie en euros et inversement.

1. Cliquez l'onglet **Formules**.

   Le groupe **Solutions** de l'onglet **Formules** propose une liste de conversion de monnaies en dessous du bouton **Mise en forme euro**.

2. Cliquez la liste et sélectionnez la monnaie à convertir (consultez le tableau 16-1).

3. Cliquez la cellule ou la plage de cellules contenant une valeur monétaire ou numérique.

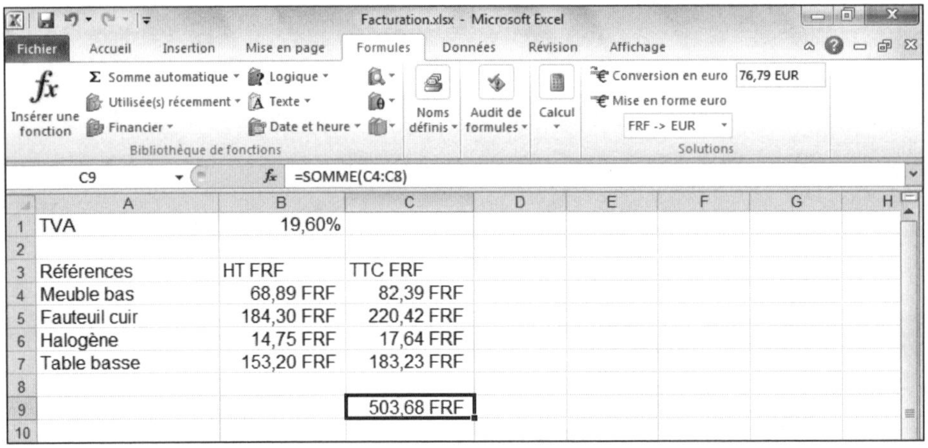

Figure 16-30 Conversion de monnaies.

La zone à droite du bouton **Conversion en euro** affiche immédiatement la conversion. Dans l'exemple de la figure 16-30, 503,68 francs français de la cellule C9 correspondent à 76,79 € dans le ruban.

Pays	Monnaie	Code
Allemagne	deutschemark	DEM
Autriche	schilling	ATS
Belgique	franc	BEF
Chypre	livre cypriote	CYP

Tableau 16-3 Liste des codes de conversion des monnaies. →

Pays	Monnaie	Code
Espagne	peseta	ESP
Finlande	mark finlandais	FIM
France	franc	FRF
Grèce	drachme	GRD
Irlande	livre	IEP
Italie	lire	ITL
Luxembourg	franc	LUF
Malte	livre maltaise	MTL
Pays-Bas	florin	NLG
Portugal	escudo	PTE
Slovaquie	couronne slovaque	SKK
Slovénie	tolar	SIT
Zone euro	euro	EUR

Tableau 16-3 Liste des codes de conversion des monnaies *(suite)*.

Note Pour appliquer un format en euros : sélectionnez la ou les cellules contenant des euros puis cliquez l'onglet **Formules → Solutions → Mise en forme euro**. Pour insérer le symbole de l'euro dans un texte, tapez **Alt Gr+E**.

Convertir vos données monétaires en euros

Excel vous propose un outil pour convertir rapidement vos tableaux de données monétaires en euros.

1. Cliquez l'onglet **Formules → Solutions → Conversion en euro**.

   Excel ouvre la boîte de dialogue Conversion en euro.

2. Cliquez la zone **Plage source** puis sélectionnez directement dans la feuille de calcul la plage de données qui contient les valeurs monétaires.
3. Cliquez la zone **Plage destination** puis sélectionnez la plage de données qui doit recevoir les valeurs converties.
4. Cliquez la liste **De** puis sélectionnez la monnaie d'origine.
5. Cliquez la liste **En** puis sélectionnez la monnaie de conversion.
6. Cliquez la liste **Format de résultat** puis sélectionnez le format d'affichage.

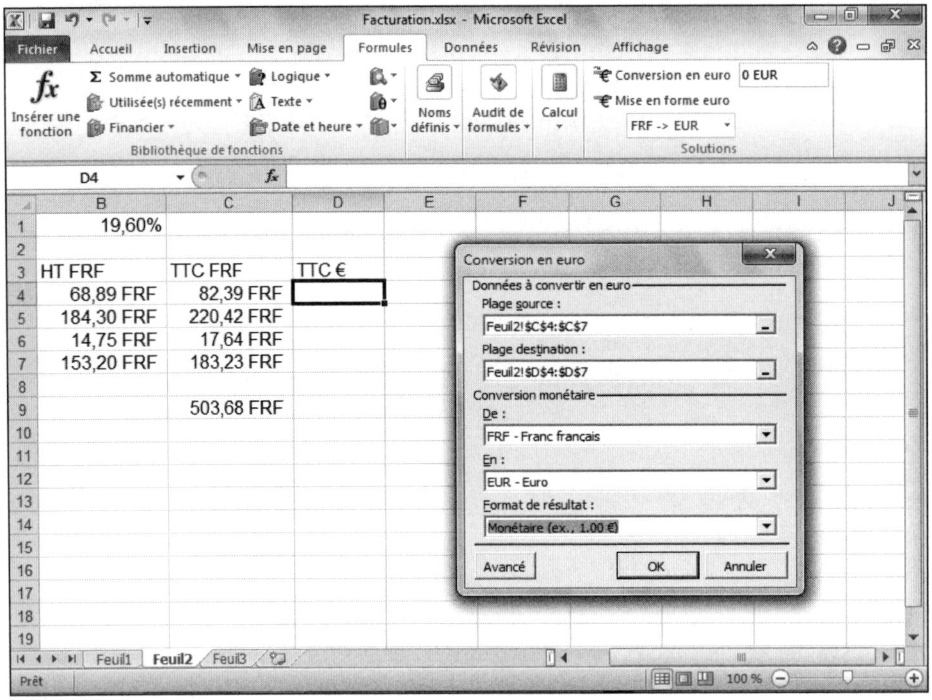

Figure 16-31 Boîte de conversion de monnaies.

7. Cliquez le bouton **OK**.

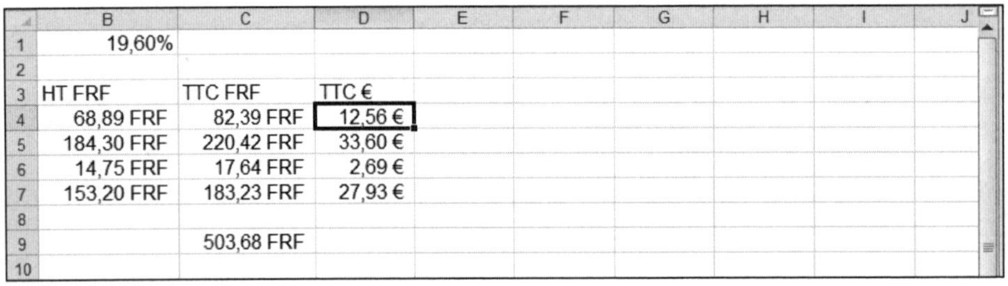

	B	C	D
1	19,60%		
2			
3	HT FRF	TTC FRF	TTC €
4	68,89 FRF	82,39 FRF	12,56 €
5	184,30 FRF	220,42 FRF	33,60 €
6	14,75 FRF	17,64 FRF	2,69 €
7	153,20 FRF	183,23 FRF	27,93 €
8			
9		503,68 FRF	
10			

Figure 16-32 Résultat de la conversion.

La plage de destination affiche les données converties.

Insérer la date ou l'heure actuelle

Date et heure actuelles peuvent être insérées dans vos feuilles de calcul avec ou sans mise à jour.

Insérer la date et l'heure actuelle sans mise à jour

1. Cliquez la cellule qui doit contenir la date actuelle.
2. Tapez le raccourci clavier **Ctrl+;** (point-virgule).
3. Cliquez la cellule qui doit contenir l'heure actuelle.
4. Tapez le raccourci clavier **Ctrl+:** (deux-points).

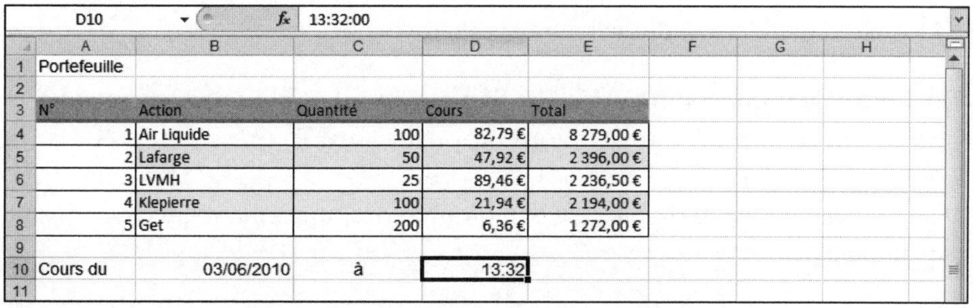

D10 | 13:32:00

	A	B	C	D	E	F	G	H
1	Portefeuille							
2								
3	N°	Action	Quantité	Cours	Total			
4	1	Air Liquide	100	82,79 €	8 279,00 €			
5	2	Lafarge	50	47,92 €	2 396,00 €			
6	3	LVMH	25	89,46 €	2 236,50 €			
7	4	Klepierre	100	21,94 €	2 194,00 €			
8	5	Get	200	6,36 €	1 272,00 €			
9								
10	Cours du	03/06/2010	à	13:32				
11								

Figure 16-33 Ajout d'une date et d'une heure sans mise à jour.

Date et heure actuelles sont insérées dans la feuille. Elles ne varieront pas avec le temps.

Note Ce sont juste des raccourcis clavier. Vous pouvez aussi taper directement la date ou l'heure de votre choix.

Insérer la date et l'heure actuelle avec mise à jour

1. Cliquez la cellule qui doit contenir la date actuelle.
2. Tapez **=Aujourdhui()**.

Note Comme **Aujourdhui** et **Maintenant** sont des fonctions, elles sont suivies de parenthèses. Comme ces fonctions n'ont pas d'argument, ces parenthèses sont vides.

3. Cliquez la cellule qui doit contenir la date et l'heure actuelle.
4. Tapez **=Maintenant()**.

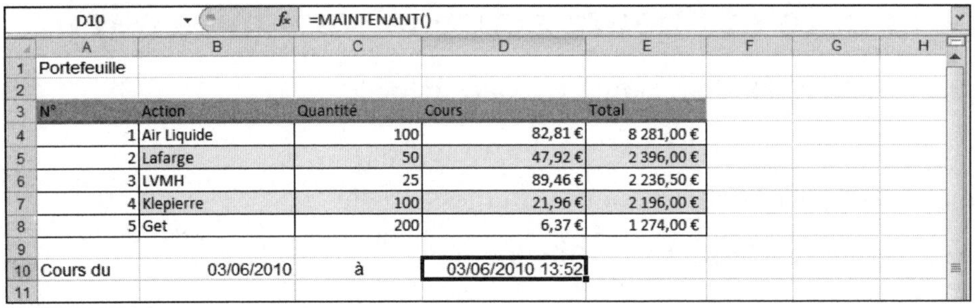

D10 =MAINTENANT()

	A	B	C	D	E
1	Portefeuille				
2					
3	N°	Action	Quantité	Cours	Total
4	1	Air Liquide	100	82,81 €	8 281,00 €
5	2	Lafarge	50	47,92 €	2 396,00 €
6	3	LVMH	25	89,46 €	2 236,50 €
7	4	Klepierre	100	21,96 €	2 196,00 €
8	5	Get	200	6,37 €	1 274,00 €
9					
10	Cours du	03/06/2010	à	03/06/2010 13:52	
11					

Figure 16-34 Ajout d'une date et d'une heure avec mise à jour.

Date et/ou heure actuelles sont insérées dans la feuille. Elles seront mises à jour au prochain calcul. Pour forcer la mise à jour, appuyez sur **F9**.

Note Vous trouverez dans le chapitre 30 des informations supplémentaires pour mieux utiliser les formules.

Chapitre 17

Gérer les classeurs, les feuilles et les cellules

Dans ce chapitre

- Gérer les classeurs
- Gérer les feuilles de calcul
- Manipuler les cellules

Dans les chapitres précédents, nous avons réalisé des calculs. Il est temps maintenant de passer à d'autres fonctionnalités essentielles comme l'enregistrement de votre travail ou l'agencement des feuilles de calcul.

Ce chapitre regroupe les fonctionnalités de base pour gérer les classeurs (enregistrement, ouverture, *etc.*), gérer les feuilles (ajout, déplacement, *etc.*), ou manipuler les cellules (copie, incrément de séries, *etc.*).

Gérer les classeurs

Un classeur étant un document essentiel, son exploitation doit être gérée avec efficacité. Ouvrir, enregistrer ou changer de classeur sont les points principaux des prochains paragraphes. Vous découvrirez aussi comment enregistrer un environnement pour ouvrir plusieurs classeurs en même temps, ou convertir les classeurs des anciennes versions.

Enregistrer un classeur

Pour que votre classeur soit conservé, vous devez l'enregistrer. Si vous fermez Excel sans enregistrer le classeur, une boîte vous proposera de le faire. N'oubliez pas que vous pouvez perdre votre travail tant qu'il n'est pas sauvegardé, et qu'une coupure de courant est vite arrivée. Notez que, dans la barre de titre, le classeur non enregistré porte un nom générique comme Classeur1, Classeur2, *etc.*

1. Cliquez dans la barre d'outils Accès rapide. Si ce bouton est masqué, cliquez l'onglet **Fichier ➜ Enregistrer**.

   Pour des raisons pratiques, il est plus simple d'utiliser le dossier **Documents** (Vista ou Windows 7) ou **Mes documents** (XP) qui vous a été attribué par Windows. C'est ce dossier qui est proposé par défaut par Excel quand vous désirez enregistrer votre travail. Cela permet aussi de ne pas mélanger vos documents avec ceux d'un autre utilisateur de l'ordinateur.

2. Sélectionnez le dossier d'enregistrement dans l'arborescence de la liste de gauche (volet de navigation). Si le volet n'apparaît pas, cliquez le bouton **Parcourir les dossiers**. Si vous désirez enregistrer le classeur sur votre bureau, sélectionnez **Bureau** dans la liste.

3. Tapez le nom du classeur dans la zone **Nom de fichier**.

4. Pour faciliter les recherches, vous pouvez ajouter des mots-clés. Cliquez la zone **Mots-clés**, puis tapez des mots séparés par des points-virgules.

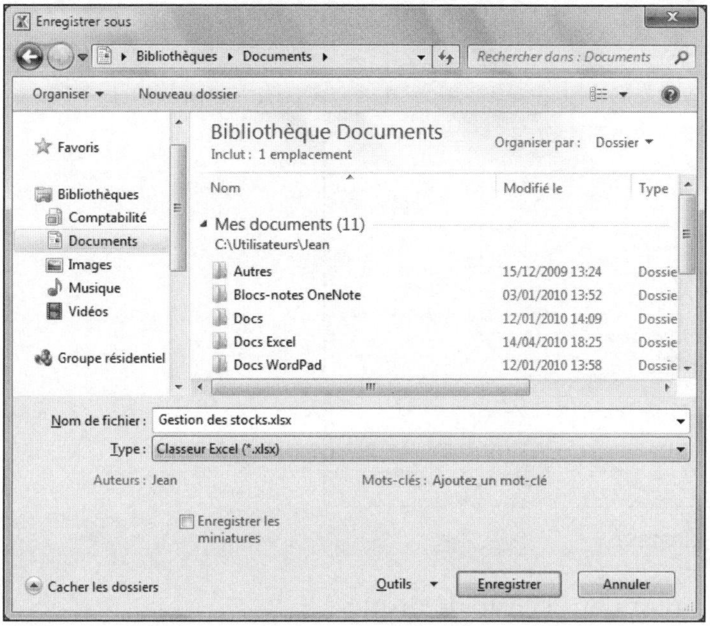

Figure 17-1 Enregistrement d'un classeur.

5. Cliquez le bouton **Enregistrer**.

Note Les classeurs portent l'extension **.XLSX**. Les classeurs des versions précédentes d'Excel portaient l'extension **.XLS**.

La barre de titre indique le nom du classeur.

Vous devez régulièrement enregistrer vos classeurs, car nul n'est à l'abri d'un dysfonctionnement de l'ordinateur ou d'une coupure de courant. Cliquez pour cela le bouton  dans la barre d'outils Accès rapide ou l'onglet **Fichier → Enregistrer**. En apparence, cette action n'a pas d'effet. En réalité, comme votre classeur possède déjà un nom, Excel s'est contenté de l'enregistrer sans que vous ayez besoin d'intervenir.

Ouvrir un classeur

À son ouverture, Excel propose toujours un nouveau classeur. Vous devez ouvrir les anciens classeurs si vous souhaitez les consulter ou les modifier.

1. Cliquez l'onglet **Fichier → Ouvrir** ou tapez le raccourci clavier **Ctrl+O**.
2. Sélectionnez le dossier d'enregistrement dans l'arborescence de la liste de gauche (volet de navigation). Si le volet n'apparaît pas, cliquez le bouton **Parcourir les dossiers**.

Figure 17-2 Ouverture d'un classeur.

3. Cliquez le classeur à ouvrir dans la liste de droite.
4. Cliquez **Ouvrir**.

Ouvrir les derniers classeurs utilisés

Excel conserve la liste des derniers classeurs utilisés. Cette liste, limitée, est remise à jour en permanence. Les nouveaux classeurs ouverts remplacent dans la liste les classeurs les plus anciens.

1. Cliquez l'onglet **Fichier → Récent**.

   La liste de droite affiche les noms des derniers classeurs ouverts.

2. Cliquez le nom du classeur à ouvrir.

Maintenir certains classeurs dans la liste

Si vous avez des classeurs que vous utilisez fréquemment, vous pouvez les bloquer pour éviter qu'ils ne disparaissent de la liste Classeurs récents.

1. Cliquez l'onglet **Fichier → Récent**.
2. Cliquez le bouton 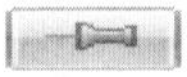 en regard du classeur à conserver dans la liste.

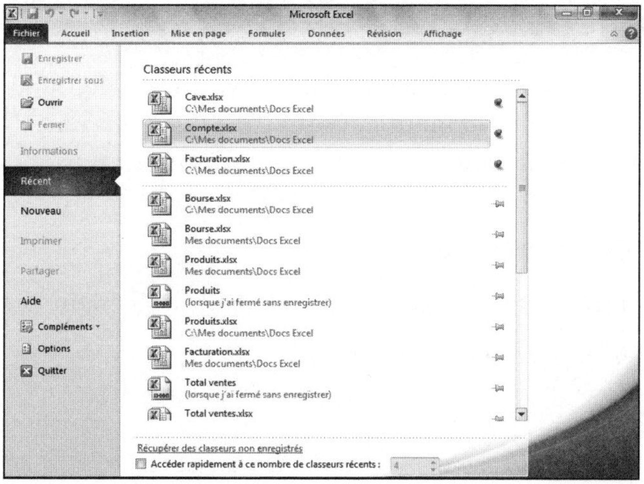

Figure 17-3 Liste des classeurs récemment ouverts.

3. Pour débloquer un classeur de la liste **Documents récents**, cliquez l'onglet **Fichier ➜ Récent**, puis le bouton  en regard du nom du classeur.

Définir la taille de la liste des derniers classeurs ouverts

Par défaut, Excel conserve les noms des 17 derniers classeurs ouverts. Vous pouvez modifier ce nombre (entre 0 et 50).

1. Cliquez l'onglet **Fichier**, puis le bouton **Options** dans la liste de gauche.
2. Cliquez **Options avancées** dans la liste de gauche.
3. Dans la zone **Afficher** de la liste de droite, tapez le nombre de classeurs à conserver dans la liste **Documents récents** dans la zone **Afficher ce nombre**.

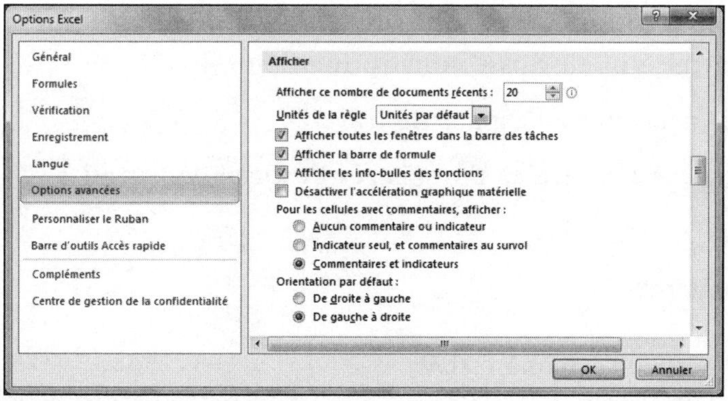

Figure 17-4 Nombre de classeurs disponibles dans la liste Documents récents.

4. Cliquez le bouton **OK** pour valider.

Enregistrer un document sous un autre nom

Pour ne pas ressaisir des éléments existants, il est parfois plus simple de débuter un nouveau document en le basant sur un document existant. Dès que vous aurez ouvert l'ancien document, enregistrez-le immédiatement sous un autre nom, puis modifiez-le.

1. Cliquez l'onglet **Fichier ➜ Enregistrer sous**.
2. Sélectionnez le dossier de sauvegarde comme nous l'avons vu précédemment.
3. Dans la zone **Nom de fichier**, tapez un nouveau nom.
4. Cliquez le bouton **Enregistrer**.

Changer de classeur

Si vous avez ouvert plusieurs classeurs, vous pouvez passer facilement de l'un à l'autre.

Si la barre des tâches n'est pas masquée :

1. Cliquez, dans la barre des tâches, le bouton du classeur à afficher.

Si la barre des tâches est masquée :

1. Cliquez l'onglet **Affichage ➜ Fenêtre ➜ Changement de fenêtre**.
2. Cliquez le nom du classeur à afficher.

Note Le classeur actif est précédé d'une coche.

Enregistrer un espace de travail

Si vous avez l'habitude d'ouvrir les mêmes classeurs simultanément, vous pouvez enregistrer cet espace de travail (appelé aussi « environnement »).

1. Ouvrez tous les classeurs à ajouter à l'espace de travail.
2. Cliquez l'onglet **Affichage ➜ Fenêtre ➜ Enregistrer l'espace de travail**.
3. Tapez le nom de l'espace de travail.
4. Cliquez le bouton **Enregistrer**.

Note Les espaces de travail portent l'extension **.XLW**.

Afficher plusieurs fenêtres pour le même classeur

Un classeur affiche une seule feuille à la fois. En multipliant les fenêtres pour un même classeur, vous voyez en même temps plusieurs feuilles.

1. Cliquez l'onglet **Affichage → Fenêtre → Nouvelle fenêtre**.

La barre de titre indique le nom du classeur et le numéro de la fenêtre, par exemple « Classeur1:2 ».

Pour fermer une fenêtre, sélectionnez-la dans l'onglet **Affichage → Fenêtre → Changement de fenêtre**, puis cliquez le bouton .

Réorganiser les fenêtres des classeurs

Une réorganisation des fenêtres vous permettra de voir et d'accéder rapidement aux données des classeurs ouverts.

1. Cliquez l'onglet **Affichage → Fenêtre → Réorganiser tout**.

Figure 17-5 Choix du type de réorganisation.

2. Cochez le type de réorganisation.
3. Éventuellement, cochez **Fenêtres du classeur actif** pour appliquer la réorganisation uniquement à ce classeur.
4. Cliquez le bouton **OK**.

Si vous avez coché **Horizontal**, les classeurs s'affichent les uns en dessous des autres.

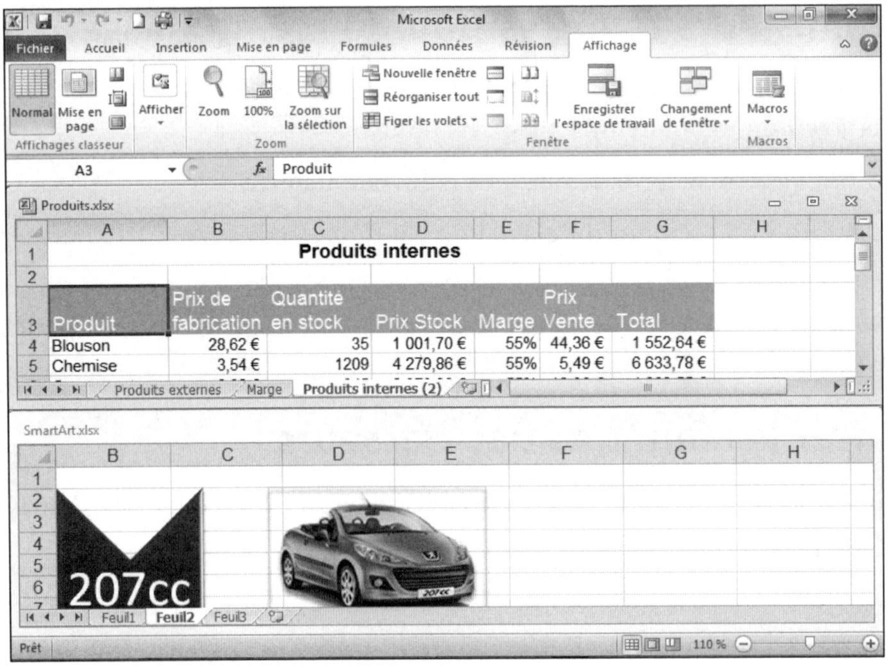

Figure 17-6 Réorganisation Horizontale.

Si vous avez coché **Vertical**, les classeurs s'affichent côte à côte. Tous sont visibles.

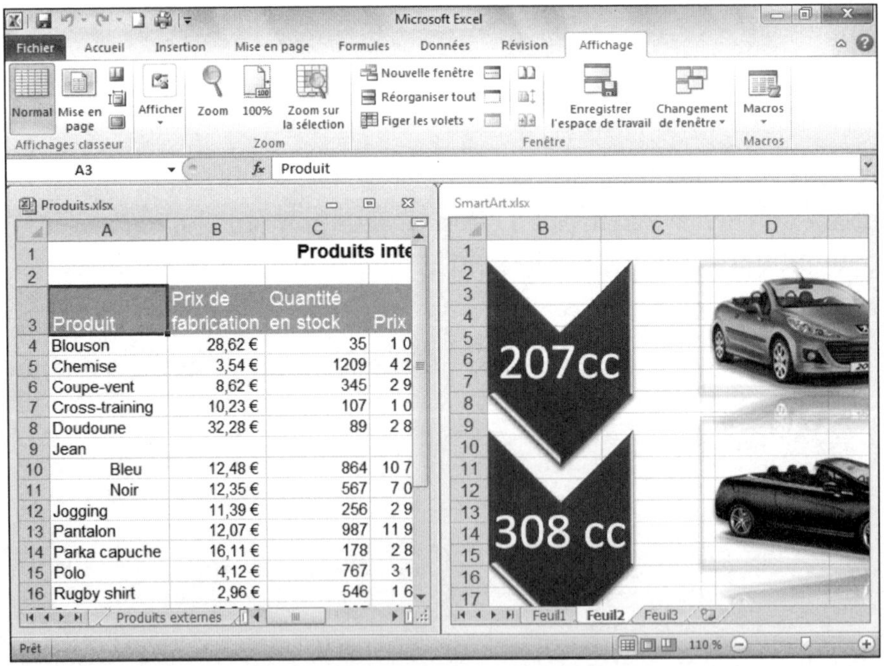

Figure 17-7 Réorganisation Verticale.

Si vous avez coché **Mosaïque**, les classeurs sont placés côte à côte et les uns en dessous des autres dans la mesure du possible. Tous sont visibles.

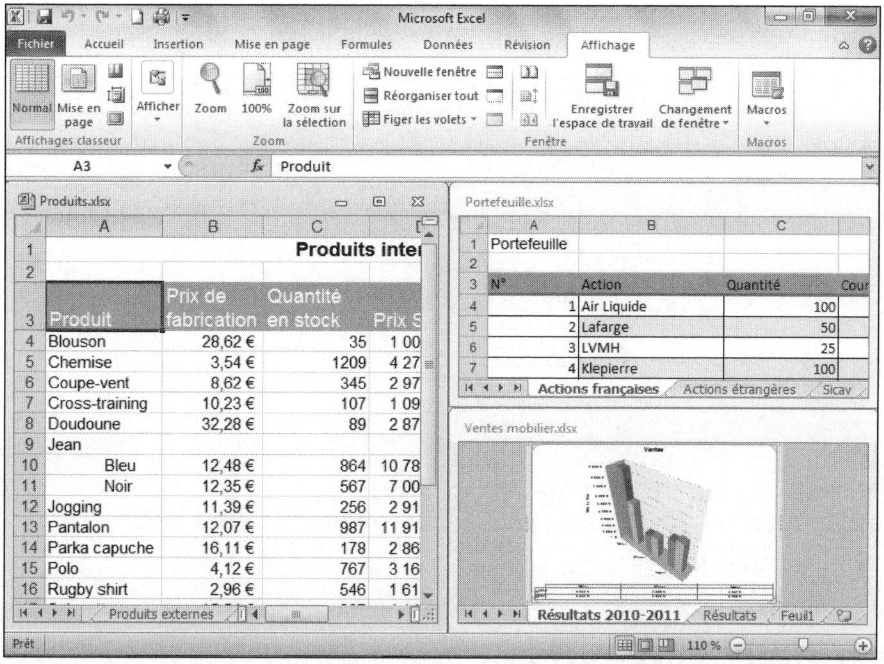

Figure 17-8 Réorganisation Mosaïque.

Si vous avez coché **Cascade**, les classeurs se superposent. Toutes les barres de titre sont visibles. Cliquez la barre de titre du classeur à placer au premier plan.

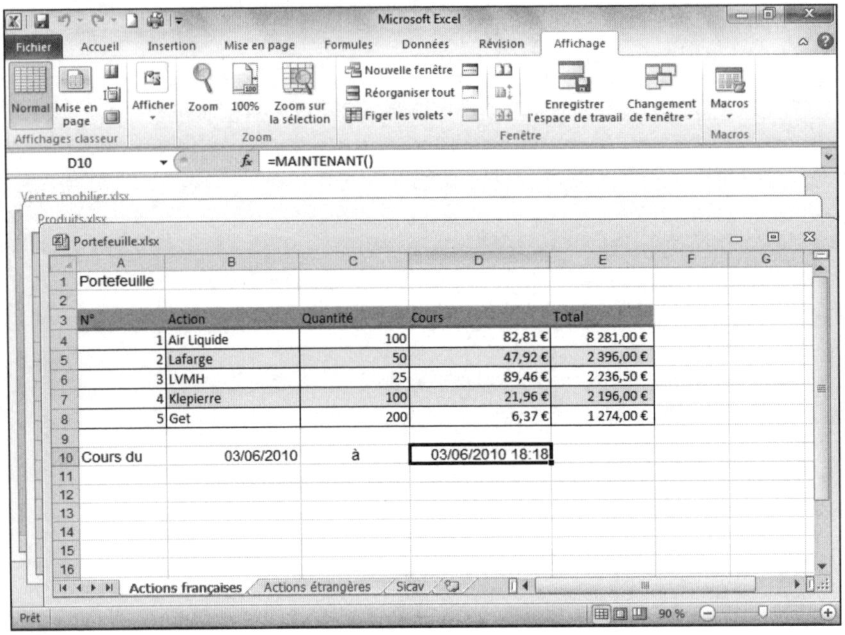

Figure 17-9 Réorganisation Cascade.

Comparer deux classeurs

Pour comparer le contenu de deux classeurs, et même les faire défiler ensemble :

1. Cliquez l'onglet **Affichage ➜ Fenêtre ➜ Afficher côte à côte**.
2. Si la position des fenêtres ne vous convient pas, cliquez l'onglet **Affichage ➜ Fenêtre ➜ Réorganiser tout**, puis choisissez **Vertical** ou **Horizontal**.
3. Pour synchroniser le défilement des deux classeurs, cliquez l'onglet **Affichage ➜ Fenêtre ➜ Défilement synchrone**.
4. Pour répartir à égalité la surface de la fenêtre entre les deux classeurs, cliquez l'onglet **Affichage ➜ Fenêtre ➜ Rétablir la position de la fenêtre**.
5. Si vous ne désirez plus comparer les deux classeurs, cliquez l'onglet **Affichage ➜ Fenêtre ➜ Afficher côte à côte**.

Créer un nouveau classeur

Dès que vous devez changer de sujet, créez un nouveau document. Généralement on crée un classeur vierge, mais Excel propose aussi des modèles prédéfinis pour simplifier la réalisation de vos projets. Il est aussi possible d'utiliser vos propres classeurs comme modèles.

Note Excel affiche toujours un classeur vierge à l'ouverture.

Pour créer un classeur vierge

1. Cliquez l'onglet **Fichier ➜ Nouveau**, ensuite cliquez l'icône **Nouveau classeur Excel** dans la liste du milieu, puis cliquez le bouton **Créer**.

   ou

   Tapez le raccourci clavier **Ctrl+N**.

   ou

   Cliquez le bouton dans la barre d'outils Accès rapide (ce bouton n'est pas présent par défaut, vous devrez peut-être l'ajouter – consultez le chapitre d'introduction).

Le nouveau classeur vierge s'affiche. Par défaut, il contient trois feuilles de calcul.

Pour créer un classeur à partir d'un modèle installé

1. Cliquez l'onglet **Fichier ➜ Nouveau**.
2. Dans la liste de gauche, cliquez **Exemples de modèles**.
3. Cliquez un modèle dans la liste du milieu.

   La liste de droite affiche un aperçu du modèle.

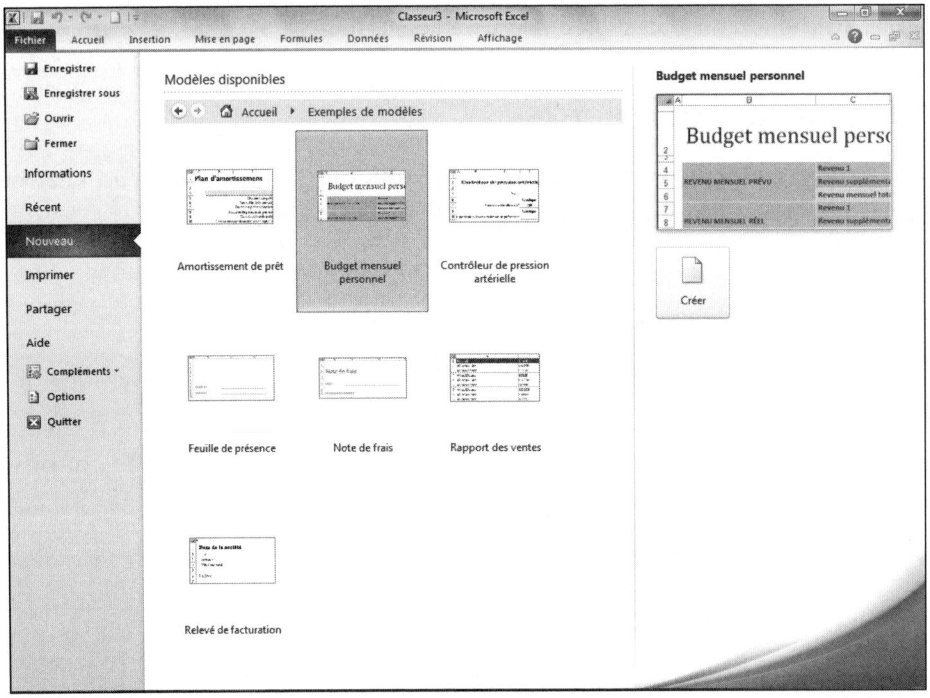

Figure 17-10 Choix d'un modèle prédéfini.

4. Cliquez le bouton **Créer**.

Pour créer un classeur à partir d'un modèle disponible sur Internet

Pour effectuer ces étapes, vous devez être connecté à Internet :

1. Cliquez l'onglet **Fichier ➜ Nouveau**.
2. Dans la liste de gauche, cliquez une catégorie en dessous de **Modèles Office.com**.
3. Cliquez un modèle dans la liste du milieu.

   La liste de droite affiche un aperçu du modèle.

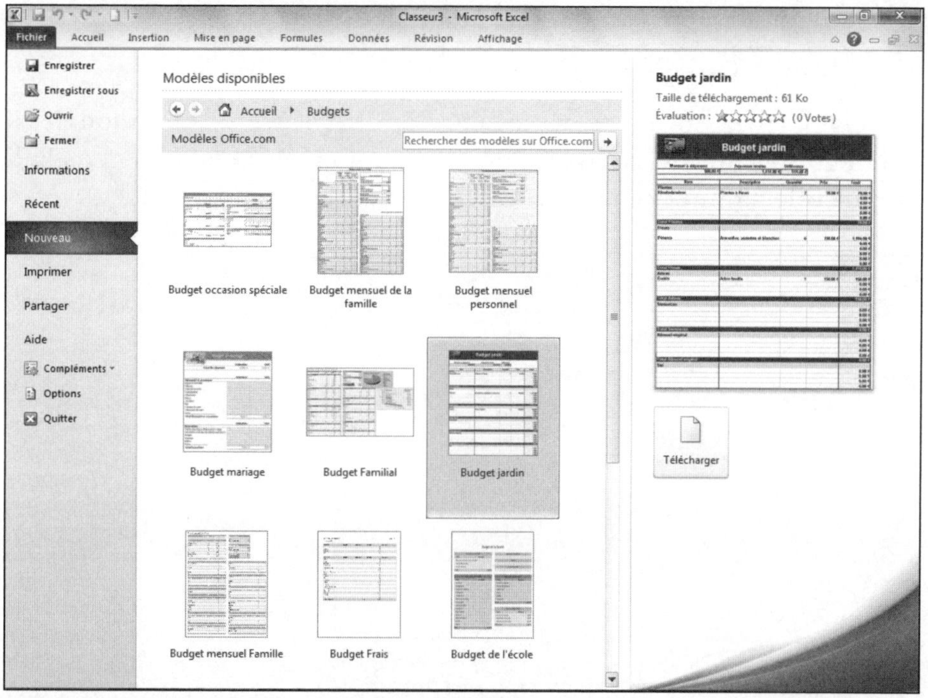

Figure 17-11 Modèle disponible sur Internet.

4. Cliquez le bouton **Télécharger**.
5. Suivez les instructions de téléchargement.

Pour créer un classeur à partir d'un de vos classeurs

1. Cliquez l'onglet **Fichier ➜ Nouveau**.
2. Dans la liste de gauche, cliquez **Créer à partir d'un document existant**.
3. Sélectionnez votre document puis cliquez le bouton **Créer**.

Le nouveau classeur est basé sur les données du classeur existant. Il porte le nom de ce dernier suivi d'un numéro.

Pour créer un modèle à partir d'un classeur existant

1. Ouvrez le classeur à prendre comme modèle.
2. Cliquez l'onglet **Fichier ➜ Enregistrer sous**.
3. Sélectionnez **Modèle Excel** dans la liste **Type**.
4. Ne modifiez pas le dossier d'enregistrement proposé par Excel.

5. Tapez le nom du modèle dans la zone **Nom du fichier**.

6. Cliquez le bouton **Enregistrer**.

Maintenant, pour créer un nouveau classeur basé sur votre propre modèle, il suffit de cliquer l'onglet **Fichier → Nouveau**, de sélectionner **Mes modèles** dans la liste de gauche, puis de sélectionner ce modèle dans la boîte de la figure 17-12.

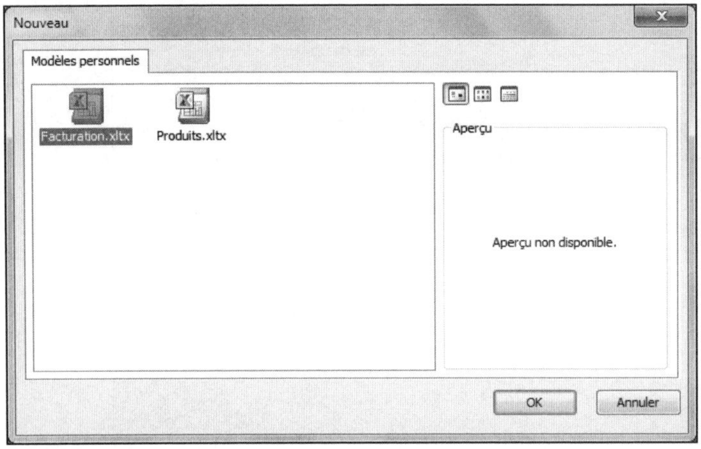

Figure 17-12 Création d'un nouveau classeur à partir d'un modèle personnalisé.

Définir le nombre de feuilles des nouveaux classeurs

Par défaut, Excel crée des classeurs vierges avec trois feuilles. Si ce nombre ne vous convient pas, modifiez les options d'Excel.

1. Cliquez l'onglet **Fichier**, puis cliquez le bouton **Options** dans la liste de gauche.

2. Dans la liste de gauche, cliquez **Général**.

3. Tapez le nombre de feuilles des nouveaux classeurs dans la zone **Inclure ces feuilles** (de 1 à 255).

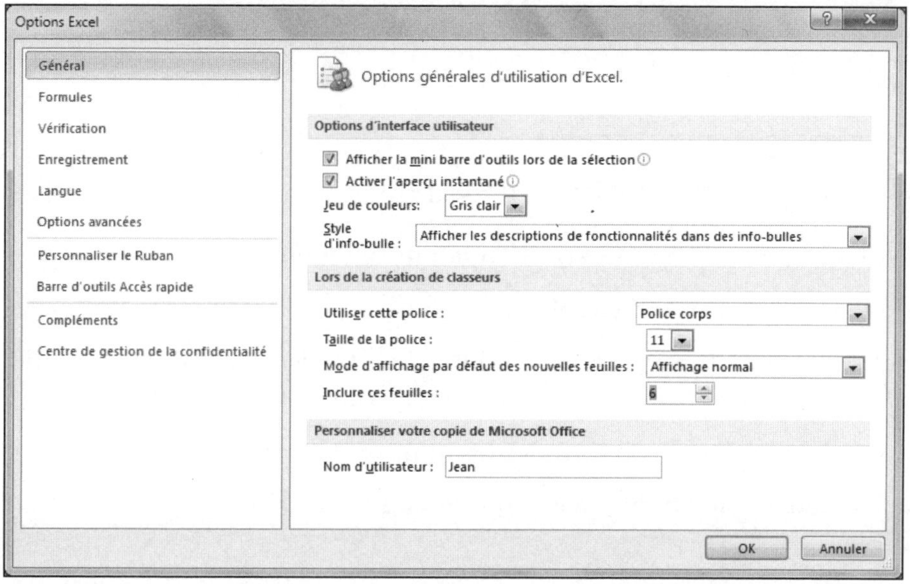

Figure 17-13 Choix du nombre de feuilles dans les nouveaux classeurs.

4. Cliquez le bouton **OK**.

Gérer les feuilles de calcul

Les feuilles méritent toute votre attention. Les renommer, les classer, les copier ou les supprimer sont le principal sujet des prochains paragraphes. Vous y découvrirez en plus comment les agrémenter avec des images de fond ou les agrandir au maximum pour travailler plus confortablement.

Sélectionner une feuille

La sélection d'une feuille ne pose pas de problèmes si le classeur en contient quelques-unes. Il suffit de cliquer son onglet en bas à gauche du classeur. Le nom de l'onglet est alors en gras.

Il n'en est pas de même quand le classeur en contient plusieurs dizaines, voire plusieurs centaines.

Pour voir tous les onglets des feuilles, vous devez utiliser la barre de défilement des onglets :

- Le bouton ⏮ sélectionne la première feuille.
- Le bouton ◀ sélectionne la feuille précédente.

- Le bouton ▶ sélectionne la feuille suivante.
- Le bouton ▶| sélectionne la dernière feuille.

Figure 17-14 Onglets et barre de défilement des onglets.

1. Cliquez |◀, ◀, ▶ ou ▶| pour voir l'onglet de la feuille à sélectionner.
2. Cliquez l'onglet de la feuille à sélectionner.

Si le classeur contient beaucoup de feuilles, il est nécessaire d'utiliser une autre méthode.

1. Cliquez avec le bouton droit l'un des boutons |◀, ◀, ▶ ou ▶|.
2. Cliquez le nom de la feuille à sélectionner (figure 17-15).

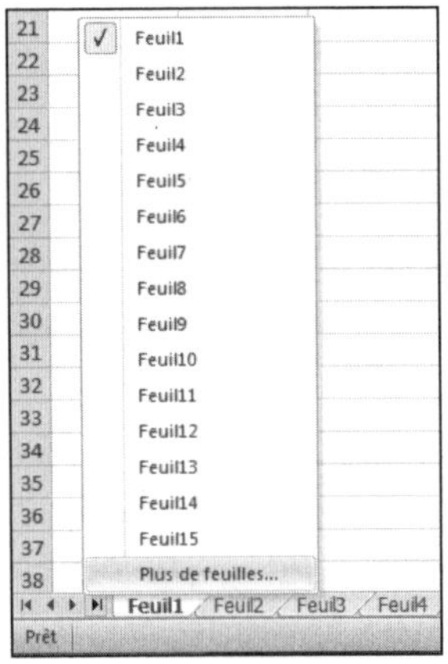

Figure 17-15 Sélection d'un onglet dans le menu contextuel.

Si le classeur contient plus de seize feuilles : cliquez avec le bouton droit la barre de défilement des onglets. Cliquez **Plus de feuilles** dans le menu contextuel. Double-cliquez la feuille à sélectionner dans la liste (figure 17-16).

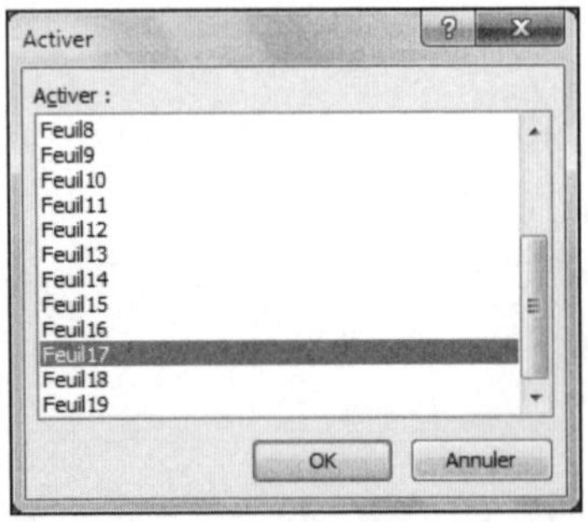

Figure 17-16 Sélection d'une feuille si le classeur en compte plus de seize.

Ajouter une nouvelle feuille au classeur

Par défaut, les nouveaux classeurs contiennent trois feuilles (consultez le paragraphe « Définir le nombre de feuilles des nouveaux classeurs » plus haut dans ce chapitre). Ajoutez celles dont vous avez besoin. Il n'y a pas de limite au nombre de feuilles dans Excel. Seule la capacité de votre ordinateur définit cette limite.

1. Cliquez l'onglet **Accueil ➜ Cellules ➜ Insérer ➜ Insérer une feuille**.

   ou

   Cliquez le dernier onglet de la barre d'onglets (il contient le symbole .)

   ou

   Tapez le raccourci clavier **Maj+F11**.

La nouvelle feuille est insérée avant la feuille active. Elle devient elle-même la feuille active. Elle porte un nom par défaut (Feuil4, Feuil5, *etc.*).

Renommer une feuille

Excel attribue un nom par défaut aux feuilles des nouveaux classeurs ou aux feuilles que vous ajoutez. Pour mieux les repérer, changez leur nom.

1. Double-cliquez l'onglet de la feuille à renommer.
2. Tapez le nouveau nom de la feuille.
3. Appuyez sur **Entrée** pour valider.

Figure 17-17 Onglets renommés.

Changer la couleur des onglets des feuilles

Pour mieux distinguer les feuilles, attribuez des couleurs différentes aux onglets.

1. Cliquez avec le bouton droit l'onglet à modifier.
2. Cliquez **Couleur d'onglet**.

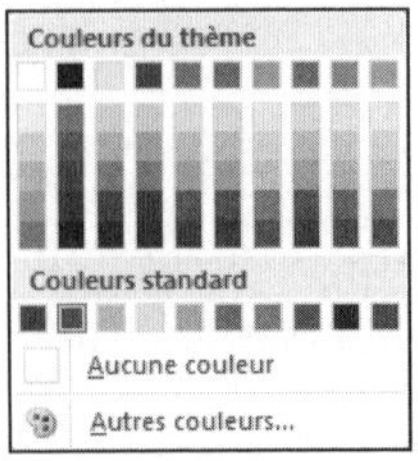

Figure 17-18 Palette de couleurs des onglets.

3. Cliquez une couleur dans la palette.
4. Répétez les étapes **1** à **3** pour les autres onglets.

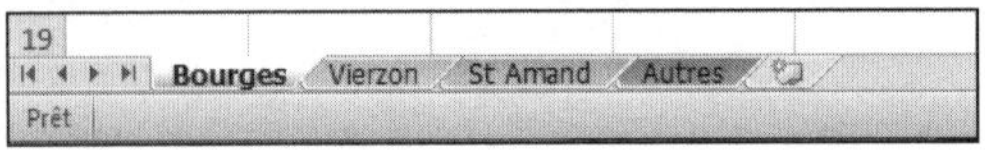

Figure 17-19 Onglets avec des couleurs différentes.

Les onglets ont une couleur différente. Le nom de l'onglet sélectionné est souligné avec sa couleur et son texte est en gras.

Déplacer une feuille

Pour réorganiser le classeur, vous pouvez déplacer les onglets des feuilles.

1. Cliquez et faites glisser l'onglet vers sa nouvelle position.

Le curseur prend la forme pendant le déplacement. Une flèche indique la position d'insertion.

Copier une feuille

Vous pouvez copier l'intégralité d'une feuille plutôt que de copier les données qu'elle contient, quitte à modifier ensuite les données de la copie.

1. Cliquez l'onglet de la feuille à copier.
2. Maintenez enfoncée la touche **Ctrl** et faites glisser l'onglet vers sa nouvelle position.

Le curseur prend la forme . Une flèche indique la position de la copie. L'onglet porte le même nom que l'onglet d'origine suivi d'un numéro.

Supprimer une feuille

Si vous n'utilisez pas toutes les feuilles proposées, vous pouvez les supprimer. Attention ! Vous supprimerez aussi les données qu'elles contiennent.

1. Cliquez avec le bouton droit l'onglet de la feuille à supprimer.
2. Cliquez la commande **Supprimer** dans le menu contextuel.

   Si la feuille sélectionnée contient des données, Excel affiche cette boîte.

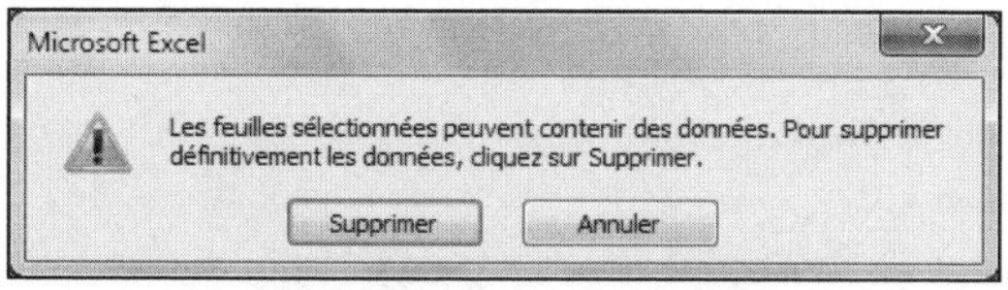

Figure 17-20 Suppression d'une feuille de calcul.

3. Cliquez le bouton **Supprimer** pour confirmer la suppression.

Ajouter une image d'arrière-plan

Les images d'arrière-plan permettent d'embellir ou de renforcer l'objet, le sujet ou le thème d'un tableau.

1. Cliquez l'onglet **Mise en page ➜ Mise en page ➜ Arrière-plan**.
2. Éventuellement, sélectionnez le dossier qui contient l'image.
3. Cliquez le fichier image.

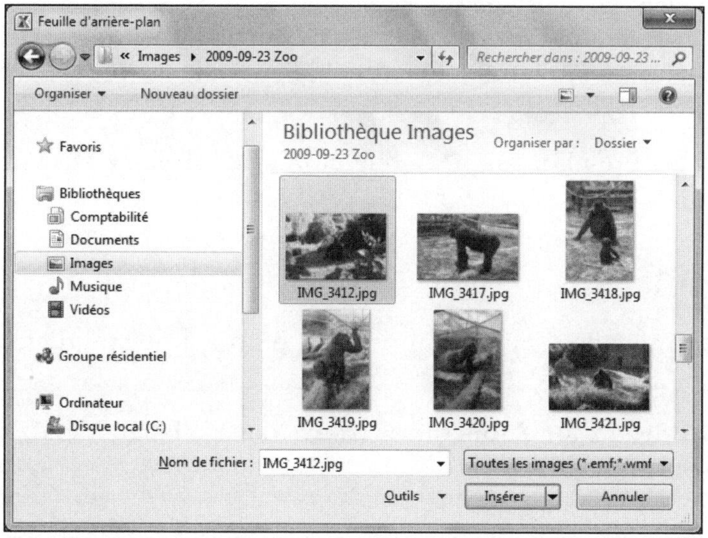

Figure 17-21 Choix de l'image d'arrière-plan.

4. Cliquez le bouton **Insérer**.

Note Excel accepte les formats d'image les plus courants (BMP, JPG, GIF, *etc.*).

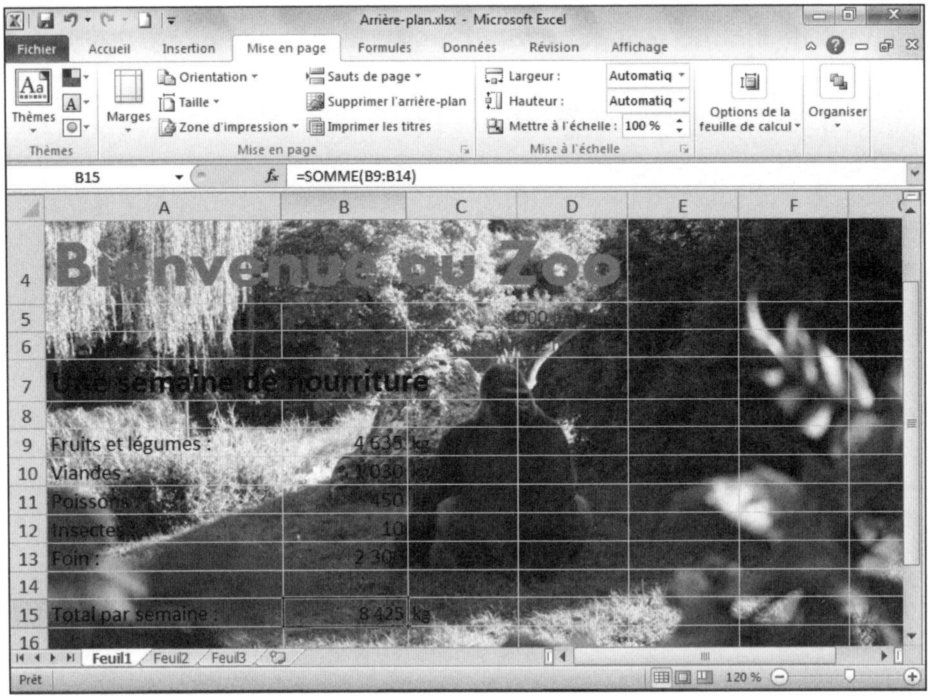

Figure 17-22 Image d'arrière-plan dans une feuille de calcul.

L'image couvre toute la surface de la feuille. Éventuellement, elle est répétée comme dans une page Web.

Pour supprimer l'image d'arrière-plan, cliquez l'onglet **Mise en page ➜ Mise en page ➜ Supprimer l'arrière-plan**.

Appliquer un zoom

Le zoom permet de voir en détail certaines données ou d'avoir une vue d'ensemble des grands tableaux.

1. Faites glisser le curseur de la zone **Zoom** qui se trouve dans la barre d'état, ou cliquez les boutons + et - en regard.

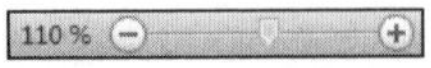

Figure 17-23 Zone Zoom.

Les cellules sont réduites ou agrandies.

Vous pouvez aussi appliquer un zoom précis ou revenir rapidement à un zoom de 100 %.

1. Cliquez l'onglet **Affichage**.

Le groupe **Zoom** propose trois commandes :

- **Zoom** : permet de choisir des zooms précis.
- **100 %** : rétablit un zoom de 100 %.
- **Zoom sur la sélection** : agrandit les cellules de la sélection pour qu'elles couvrent toute la fenêtre.

Pour choisir un zoom précis :

1. Cliquez l'onglet **Affichage ➜ Zoom ➜ Zoom**.
2. Cochez un zoom prédéfini, ou cochez **Personnalisé** puis tapez le facteur de zoom dans la zone en regard.

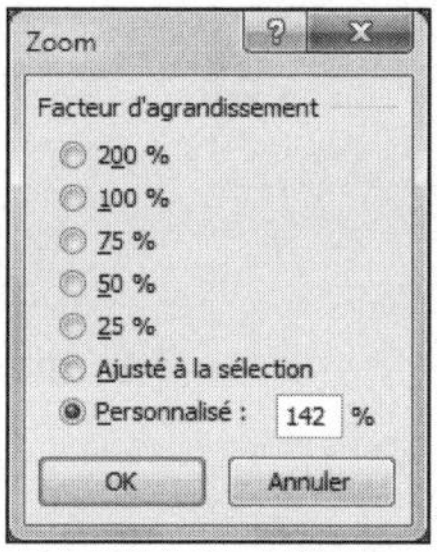

Figure 17-24 Choix d'un zoom précis.

3. Cliquez le bouton **OK**.

Agrandir au maximum la surface de travail

Pour travailler plus confortablement, agrandissez la surface de la feuille en masquant le ruban, la barre d'outils Accès rapide, la barre de formule et la barre d'état.

1. Cliquez l'onglet **Affichage ➜ Affichages classeur ➜ Plein écran/fenêtre** .

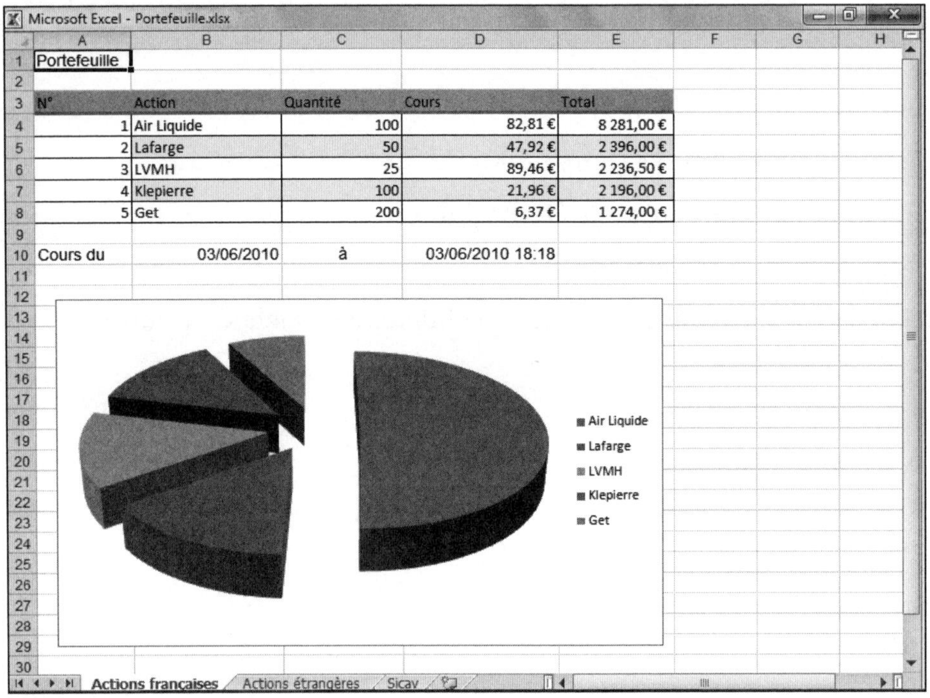

Figure 17-25 Fenêtre de classeur en plein écran.

Seuls les onglets restent affichés.

2. Appuyez sur la touche **Echap** pour revenir en mode normal.

Définir les éléments à afficher ou à masquer

Si vous ne désirez pas utiliser le mode plein écran, contentez-vous de masquer certains éléments.

1. Cliquez l'onglet **Affichage → Afficher/Masquer**.
2. Cochez les éléments à afficher et décochez les éléments à masquer.

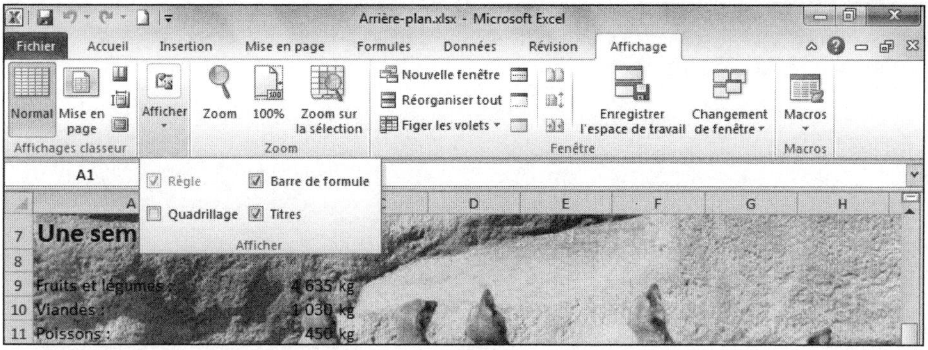

Figure 17-26 Options d'affichage des éléments d'une feuille de calcul.

Note L'option **Règle** n'est disponible que dans l'affichage en mode Mise en page.

Créer et utiliser un affichage personnalisé

Vous pouvez conserver vos modifications d'affichage pour les réappliquer rapidement.

Pour créer un affichage personnalisé :

1. Modifiez l'affichage comme cela est expliqué dans les paragraphes précédents.
2. Cliquez l'onglet **Affichage → Affichages classeur → Affichages personnalisés**.
3. Cliquez le bouton **Ajouter** dans la boîte **Affichages personnalisés**.
4. Tapez le nom de votre affichage dans la zone **Nom**.

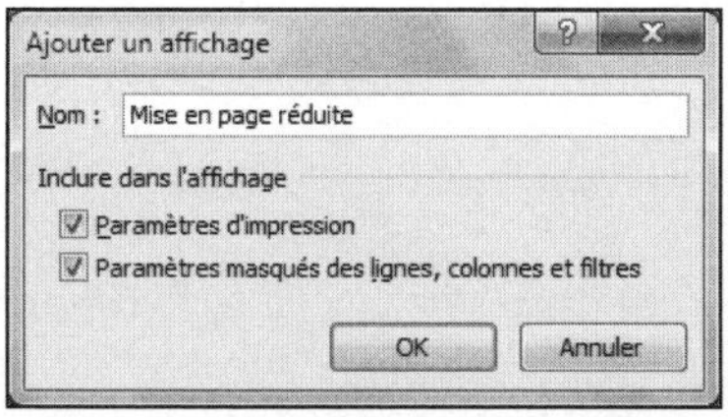

Figure 17-27 Ajout d'un affichage personnalisé.

5. Cliquez le bouton **OK**.

Pour appliquer un affichage personnalisé :

1. Cliquez l'onglet **Affichage → Affichages classeur → Affichages personnalisés**.
2. Sélectionnez un de vos modèles d'affichage dans la liste **Affichages**.

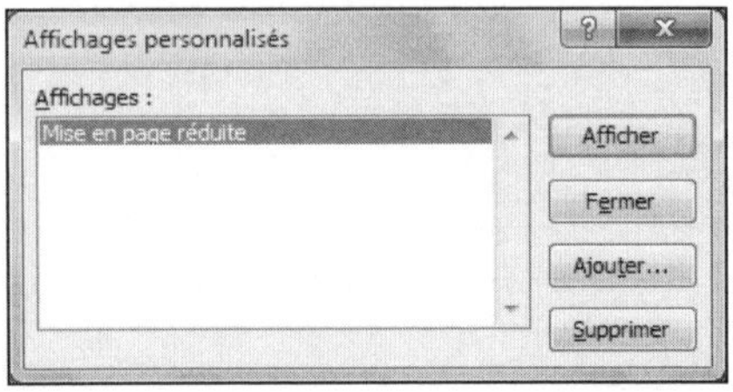

Figure 17-28 Choix d'un affichage personnalisé.

3. Cliquez le bouton **Afficher** pour appliquer l'affichage sélectionné.

Figer des lignes et des colonnes

Dans un grand tableau, on ne peut pas voir en même temps toutes les données. En figeant des lignes ou des colonnes, on affiche en même temps les en-têtes et les dernières valeurs du tableau.

Figer des lignes

1. Sélectionnez dans la colonne **A** la cellule de la première ligne qui ne sera pas figée (par exemple, A4 pour figer les trois premières lignes).
2. Cliquez l'onglet **Affichage → Fenêtre → Figer les volets → Figer les volets**. Pour figer uniquement la première ligne, cliquez la commande **Figer la ligne supérieure**.

   Une ligne en gras délimite les lignes figées.
3. Cliquez les flèches de la barre de défilement verticale.

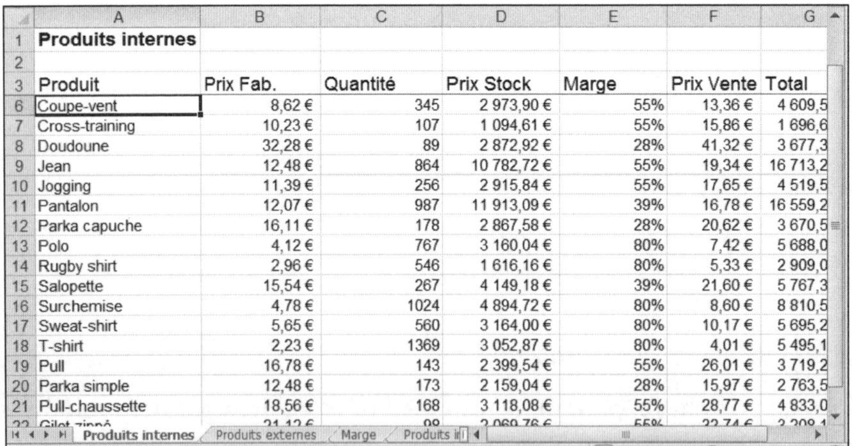

	A	B	C	D	E	F	G
1	**Produits internes**						
2							
3	Produit	Prix Fab.	Quantité	Prix Stock	Marge	Prix Vente	Total
6	Coupe-vent	8,62 €	345	2 973,90 €	55%	13,36 €	4 609,5
7	Cross-training	10,23 €	107	1 094,61 €	55%	15,86 €	1 696,6
8	Doudoune	32,28 €	89	2 872,92 €	28%	41,32 €	3 677,3
9	Jean	12,48 €	864	10 782,72 €	55%	19,34 €	16 713,2
10	Jogging	11,39 €	256	2 915,84 €	55%	17,65 €	4 519,5
11	Pantalon	12,07 €	987	11 913,09 €	39%	16,78 €	16 559,2
12	Parka capuche	16,11 €	178	2 867,58 €	28%	20,62 €	3 670,5
13	Polo	4,12 €	767	3 160,04 €	80%	7,42 €	5 688,0
14	Rugby shirt	2,96 €	546	1 616,16 €	80%	5,33 €	2 909,0
15	Salopette	15,54 €	267	4 149,18 €	39%	21,60 €	5 767,3
16	Surchemise	4,78 €	1024	4 894,72 €	80%	8,60 €	8 810,5
17	Sweat-shirt	5,65 €	560	3 164,00 €	80%	10,17 €	5 695,2
18	T-shirt	2,23 €	1369	3 052,87 €	80%	4,01 €	5 495,1
19	Pull	16,78 €	143	2 399,54 €	55%	26,01 €	3 719,2
20	Parka simple	12,48 €	173	2 159,04 €	28%	15,97 €	2 763,5
21	Pull-chaussette	18,56 €	168	3 118,08 €	55%	28,77 €	4 833,0

Figure 17-29 Lignes figées dans un tableau (trois premières lignes).

La barre de défilement verticale n'agit plus sur les lignes figées.

Figer des colonnes

1. Sélectionnez dans la ligne **1** la cellule de la première colonne qui ne sera pas figée (par exemple C1 pour figer les deux premières colonnes).
2. Cliquez l'onglet **Affichage ➜ Fenêtre ➜ Figer les volets ➜ Figer les volets**. Pour figer uniquement la première colonne, cliquez la commande **Figer la première colonne**.

   Une ligne en gras délimite les colonnes figées.
3. Cliquez les flèches de la barre de défilement horizontale.

   La barre de défilement horizontale n'agit plus sur les colonnes figées.

Figer des lignes et des colonnes

1. Sélectionnez la cellule au croisement des lignes et des colonnes qui ne seront pas figées (par exemple B4 pour figer les trois premières lignes et la première colonne).
2. Cliquez l'onglet **Affichage ➜ Fenêtre ➜ Figer les volets**.

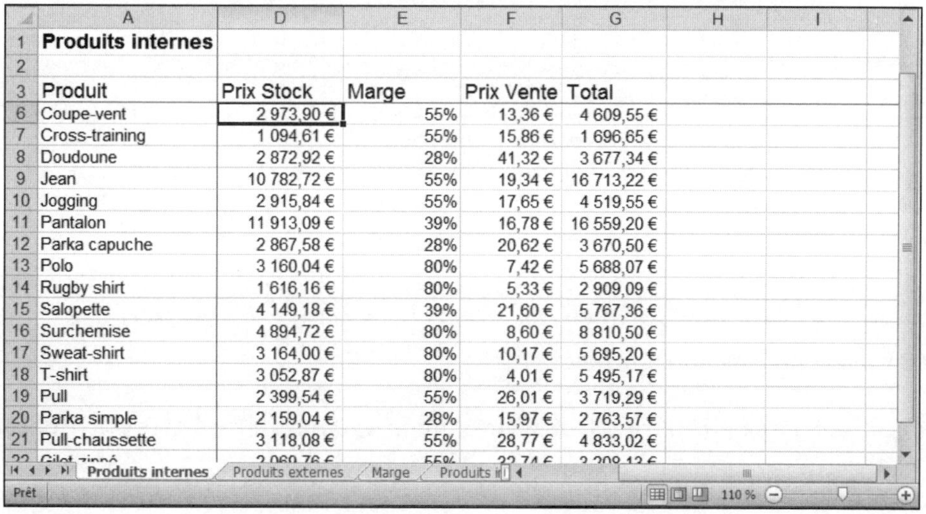

	A	D	E	F	G	H	I
1	**Produits internes**						
2							
3	Produit	Prix Stock	Marge	Prix Vente	Total		
6	Coupe-vent	2 973,90 €	55%	13,36 €	4 609,55 €		
7	Cross-training	1 094,61 €	55%	15,86 €	1 696,65 €		
8	Doudoune	2 872,92 €	28%	41,32 €	3 677,34 €		
9	Jean	10 782,72 €	55%	19,34 €	16 713,22 €		
10	Jogging	2 915,84 €	55%	17,65 €	4 519,55 €		
11	Pantalon	11 913,09 €	39%	16,78 €	16 559,20 €		
12	Parka capuche	2 867,58 €	28%	20,62 €	3 670,50 €		
13	Polo	3 160,04 €	80%	7,42 €	5 688,07 €		
14	Rugby shirt	1 616,16 €	80%	5,33 €	2 909,09 €		
15	Salopette	4 149,18 €	39%	21,60 €	5 767,36 €		
16	Surchemise	4 894,72 €	80%	8,60 €	8 810,50 €		
17	Sweat-shirt	3 164,00 €	80%	10,17 €	5 695,20 €		
18	T-shirt	3 052,87 €	80%	4,01 €	5 495,17 €		
19	Pull	2 399,54 €	55%	26,01 €	3 719,29 €		
20	Parka simple	2 159,04 €	28%	15,97 €	2 763,57 €		
21	Pull-chaussette	3 118,08 €	55%	28,77 €	4 833,02 €		

Figure 17-30 Lignes et colonne figées dans un tableau (colonne A et trois premières lignes).

Deux lignes en gras délimitent les lignes et les colonnes figées. Les barres de défilement verticale et horizontale n'agissent plus sur les lignes et les colonnes figées.

Pour libérer les lignes et/ou les colonnes figées, cliquez l'onglet **Affichage ➜ Fenêtre ➜ Libérer les volets**. Les lignes en gras disparaissent. Les barres de défilement verticale et horizontale fonctionnent comme à l'accoutumée.

Fractionner une feuille

Le fractionnement scinde en deux ou quatre parties une feuille de calcul. Contrairement aux volets (voir paragraphe précédent), chaque partie possède ses barres de défilement.

1. Cliquez la cellule à l'intersection des quatre parties. Pour fractionner uniquement à l'horizontale, sélectionnez une cellule dans la colonne A. Pour fractionner la feuille uniquement à la verticale, sélectionnez une cellule dans la ligne 1. Pour ajouter un fractionnement au milieu de la fenêtre, sélectionnez la cellule A1.
2. Cliquez l'onglet **Affichage ➜ Fenêtre ➜ Fractionner**.

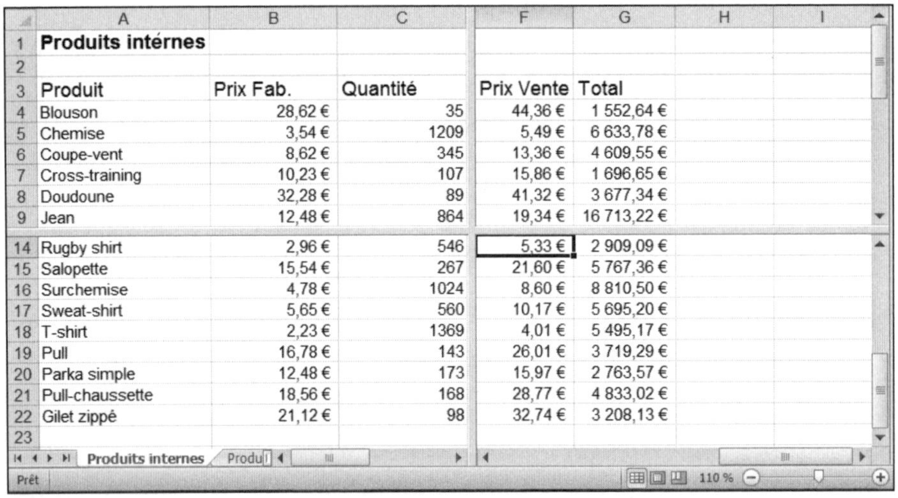

	A	B	C	F	G	H	I
1	**Produits intérnes**						
2							
3	Produit	Prix Fab.	Quantité	Prix Vente	Total		
4	Blouson	28,62 €	35	44,36 €	1 552,64 €		
5	Chemise	3,54 €	1209	5,49 €	6 633,78 €		
6	Coupe-vent	8,62 €	345	13,36 €	4 609,55 €		
7	Cross-training	10,23 €	107	15,86 €	1 696,65 €		
8	Doudoune	32,28 €	89	41,32 €	3 677,34 €		
9	Jean	12,48 €	864	19,34 €	16 713,22 €		
14	Rugby shirt	2,96 €	546	5,33 €	2 909,09 €		
15	Salopette	15,54 €	267	21,60 €	5 767,36 €		
16	Surchemise	4,78 €	1024	8,60 €	8 810,50 €		
17	Sweat-shirt	5,65 €	560	10,17 €	5 695,20 €		
18	T-shirt	2,23 €	1369	4,01 €	5 495,17 €		
19	Pull	16,78 €	143	26,01 €	3 719,29 €		
20	Parka simple	12,48 €	173	15,97 €	2 763,57 €		
21	Pull-chaussette	18,56 €	168	28,77 €	4 833,02 €		
22	Gilet zippé	21,12 €	98	32,74 €	3 208,13 €		
23							

Figure 17-31 Fractionnement d'une fenêtre.

La feuille est séparée en quatre parties. Il y a maintenant quatre barres de défilement.

Pour supprimer le fractionnement, Cliquez l'onglet **Affichage ➜ Fenêtre ➜ Fractionner**.

Astuce Cliquez et faites glisser les barres de fractionnement pour modifier la taille de chaque partie. Pour supprimer uniquement la barre verticale de fractionnement, cliquez-la et faites-la glisser vers la gauche jusqu'à la colonne A. Pour supprimer uniquement la barre horizontale de fractionnement, cliquez-la et faites-la glisser vers le haut jusqu'à la ligne 1.

Manipuler les cellules

C'est toujours lorsque l'on pense avoir achevé un tableau que l'on s'aperçoit qu'il manque une ligne, une colonne, voire des cellules au beau milieu de celui-ci. Agacement aussi, s'il faut retaper des données alors qu'elles existent déjà dans la feuille. La fin de ce chapitre répond aux questions que vous vous posez concernant la gestion des cellules.

Sélectionner un grand nombre de cellules

Sélectionner un tableau

Si un tableau est très grand, il est difficile de le sélectionner avec la souris.

1. Cliquez n'importe quelle cellule du tableau.
2. Tapez le raccourci clavier **Ctrl**+*.

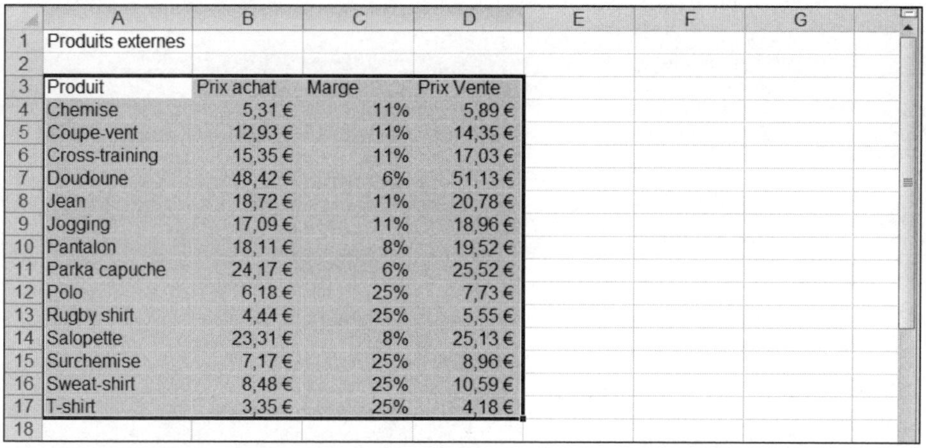

	A	B	C	D	E	F	G
1	Produits externes						
2							
3	Produit	Prix achat	Marge	Prix Vente			
4	Chemise	5,31 €	11%	5,89 €			
5	Coupe-vent	12,93 €	11%	14,35 €			
6	Cross-training	15,35 €	11%	17,03 €			
7	Doudoune	48,42 €	6%	51,13 €			
8	Jean	18,72 €	11%	20,78 €			
9	Jogging	17,09 €	11%	18,96 €			
10	Pantalon	18,11 €	8%	19,52 €			
11	Parka capuche	24,17 €	6%	25,52 €			
12	Polo	6,18 €	25%	7,73 €			
13	Rugby shirt	4,44 €	25%	5,55 €			
14	Salopette	23,31 €	8%	25,13 €			
15	Surchemise	7,17 €	25%	8,96 €			
16	Sweat-shirt	8,48 €	25%	10,59 €			
17	T-shirt	3,35 €	25%	4,18 €			
18							

Figure 17-32 Sélection d'un grand tableau.

Toutes les cellules du tableau sont sélectionnées.

Attention Le tableau ne peut être sélectionné que s'il est entouré par des lignes et des colonnes vides ou par le bord de la feuille (colonne A et ligne 1).

Sélectionner toute la feuille

Pour appliquer des modifications à l'intégralité de la feuille, vous devez sélectionner toutes les cellules.

1. Cliquez le carré entre la lettre A et le chiffre 1.

Toutes les cellules sont sélectionnées, y compris celles qui ne contiennent pas de données.

Note Cliquez n'importe quelle cellule pour annuler la sélection.

Sélectionner des cellules en fonction de leur contenu

Excel propose une commande pour sélectionner les cellules en fonction de leur contenu (texte, nombre, cellules vides, *etc.*).

1. Cliquez l'onglet **Accueil → Édition → Rechercher et sélectionner → Atteindre**.

Note Tapez le raccourci clavier **Ctrl+T** pour accéder rapidement à cette commande.

2. Cliquez le bouton **Cellules** dans la boîte **Atteindre**.

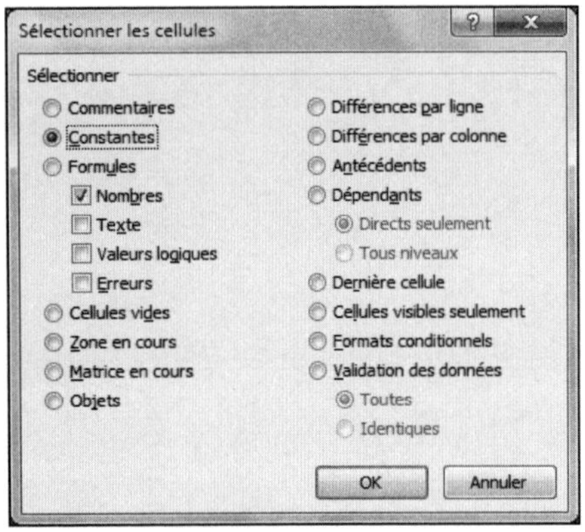

Figure 17-33 Sélection du type de cellule à atteindre.

3. Cochez les cases correspondant aux cellules à sélectionner.
4. Cliquez le bouton **OK**.

Dans l'exemple de la figure 17-34, seules les cellules contenant des nombres sont sélectionnées.

	A	B	C	D	E	F	G
1	Produits internes						
2							
3	Produit	Prix Fab.	Quantité	Prix Stock	Marge	Prix Vente	Total
4	Blouson	32,913	35	1 151,96 €	55%	51,02 €	1 785,53 €
5	Chemise	4,071	1209	4 921,84 €	55%	6,31 €	7 628,85 €
6	Coupe-vent	9,913	345	3 419,99 €	55%	15,37 €	5 300,98 €
7	Cross-training	11,7645	107	1 258,80 €	55%	18,23 €	1 951,14 €
8	Doudoune	37,122	89	3 303,86 €	28%	47,52 €	4 228,94 €
9	Jean	14,352	864	12 400,13 €	55%	22,25 €	19 220,20 €
10	Jogging	13,0985	256	3 353,22 €	55%	20,30 €	5 197,48 €
11	Pantalon	13,8805	987	13 700,05 €	39%	19,29 €	19 043,07 €
12	Parka capuche	18,5265	178	3 297,72 €	28%	23,71 €	4 221,08 €
13	Polo	4,738	767	3 634,05 €	80%	8,53 €	6 541,28 €
14	Rugby shirt	3,404	546	1 858,58 €	80%	6,13 €	3 345,45 €
15	Salopette	17,871	267	4 771,56 €	39%	24,84 €	6 632,46 €
16	Surchemise	5,497	1024	5 628,93 €	80%	9,89 €	10 132,07 €
17	Sweat-shirt	6,4975	560	3 638,60 €	80%	11,70 €	6 549,48 €
18	T-shirt	2,5645	1369	3 510,80 €	80%	4,62 €	6 319,44 €
19	Pull	19,297	143	2 759,47 €	55%	29,91 €	4 277,18 €
20	Parka simple	14,352	173	2 482,90 €	28%	18,37 €	3 178,11 €

Figure 17-34 Sélection de cellules en fonction du contenu.

Insérer des lignes et des colonnes

Vous pouvez à tout moment insérer les lignes et les colonnes qui manquent à votre tableau.

1. Sélectionnez la ou les lignes ou colonnes correspondant à la position d'insertion de la ou des nouvelle(s) ligne(s) ou colonne(s).
2. Cliquez l'onglet **Accueil ➜ Cellules ➜ Insérer**.

Note Si vous avez sélectionné des cellules et non des lignes ou des colonnes, cliquez l'onglet **Accueil ➜ Cellules ➜ Insérer** puis cliquez **Insérer des lignes dans la feuille** ou **Insérer des colonnes dans la feuille** selon le cas.

	A	B	C	D	E	F	G	
1	Produits internes							
2								
3	Produit	Prix Fab.	Quantité	Prix Stock		Marge	Prix Vente	Tot
4	Blouson	32,913	35	1 151,96 €		55%	51,02 €	1
5	Chemise	4,071	1209	4 921,84 €		55%	6,31 €	7
6	Coupe-vent	9,913	345	3 419,99 €		55%	15,37 €	5
7	Cross-training	11,7645	107	1 258,80 €		55%	18,23 €	1
8	Doudoune	37,122	89	3 303,86 €		28%	47,52 €	4
9	Jean	14,352	864	12 400,13 €		55%	22,25 €	19
10	Jogging	13,0985	256	3 353,22 €		55%	20,30 €	5
11	Pantalon	13,8805	987	13 700,05 €		39%	19,29 €	19
12	Parka capuche	18,5265	178	3 297,72 €		28%	23,71 €	4
13	Polo	4,738	767	3 634,05 €		80%	8,53 €	6
14	Rugby shirt	3,404	546	1 858,58 €		80%	6,13 €	3
15	Salopette	17,871	267	4 771,56 €		39%	24,84 €	6
16	Surchemise	5,497	1024	5 628,93 €		80%	9,89 €	10
17	Sweat-shirt	6,4975	560	3 638,60 €		80%	11,70 €	6
18	T-shirt	2,5645	1369	3 510,80 €		80%	4,62 €	6
19	Pull	19,297	143	2 759,47 €		55%	29,91 €	4
20	Parka simple	14,352	173	2 482,90 €		28%	18,37 €	3

Figure 17-35 Insertion d'une nouvelle colonne E.

La ou les nouvelles lignes ou colonnes sont ajoutées dans la feuille. Les lignes en dessous ou les colonnes à droite sont décalées.

Après l'insertion, la balise apparaît pour modifier la mise en forme.

Utiliser la balise d'insertion

Après chaque insertion, la balise s'affiche.

1. Cliquez la balise .
2. Cliquez le type de mise en forme à appliquer aux nouvelles colonnes ou aux nouvelles lignes.

Note Pour des informations complémentaires sur la mise en forme des tableaux, consultez le chapitre 18.

Astuce Il existe plusieurs moyens d'insérer des lignes et des colonnes. Sélectionnez les lignes ou les colonnes correspondant à la position d'insertion, puis appuyez sur Ctrl++ pour insérer des lignes ou des colonnes.

Astuce Autre solution. Sélectionnez la ligne ou la colonne correspondant à la position d'insertion. Pointez le carré à gauche de la sélection. Maintenez enfoncée la touche Maj. Le curseur prend la forme ou . Faites glisser pour insérer des lignes ou des colonnes.

Supprimer des lignes et des colonnes

Vous pouvez à tout moment supprimer les lignes et les colonnes devenues inutiles.

1. Sélectionnez la ou les lignes ou colonnes qui doivent être supprimées.
2. Cliquez l'onglet **Accueil → Cellules → Supprimer**.

Astuce Vous pouvez aussi appuyer sur Ctrl+– pour supprimer les lignes ou les colonnes sélectionnées.

La ou les nouvelles lignes ou colonnes sont supprimées. Les lignes en dessous ou les colonnes à droite sont décalées. Les données des lignes ou des colonnes supprimées sont perdues.

Insérer des cellules

L'insertion de cellules au milieu de la feuille implique de décaler les cellules adjacentes vers le bas ou vers la droite.

1. Sélectionnez les cellules à insérer.
2. Cliquez avec le bouton droit la plage sélectionnée, puis cliquez la commande **Insérer** dans le menu contextuel.
3. Cliquez l'option correspondant au décalage souhaité.

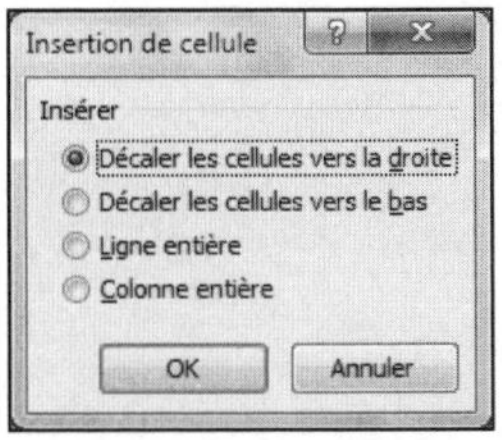

Figure 17-36 Insertion de cellules.

4. Cliquez le bouton **OK**.
5. Éventuellement, cliquez la balise pour modifier la mise en forme.

Note Si vous utilisez l'onglet **Accueil → Insérer**, l'insertion s'effectue avec les options par défaut sans afficher la boîte de la figure 17-36.

Supprimer des cellules

La suppression de cellules au milieu d'un tableau laisse un trou qui doit être comblé en décalant les cellules adjacentes vers le haut ou vers la gauche.

1. Sélectionnez les cellules à supprimer.
2. Cliquez avec le bouton droit la plage sélectionnée et cliquez la commande **Supprimer** dans le menu contextuel.
3. Cliquez l'option correspondant au décalage souhaité.

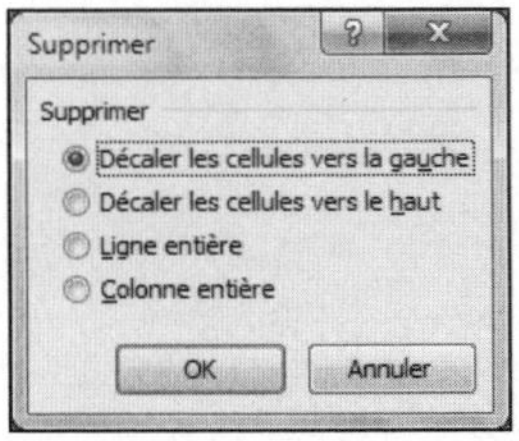

Figure 17-37 Suppression de cellules.

4. Cliquez le bouton **OK**.

Note Excel ne demande pas de confirmation des suppressions. En cas d'erreur, cliquez le bouton dans la barre d'outils Accès rapide pour annuler la suppression (ou tapez **Ctrl+Z**).

Déplacer des cellules

Pour réorganiser la feuille, vous pouvez déplacer des cellules pour éviter de retaper leur contenu.

1. Sélectionnez les cellules à déplacer.
2. Pointez le bord de la plage sélectionnée.

   Le curseur prend la forme .

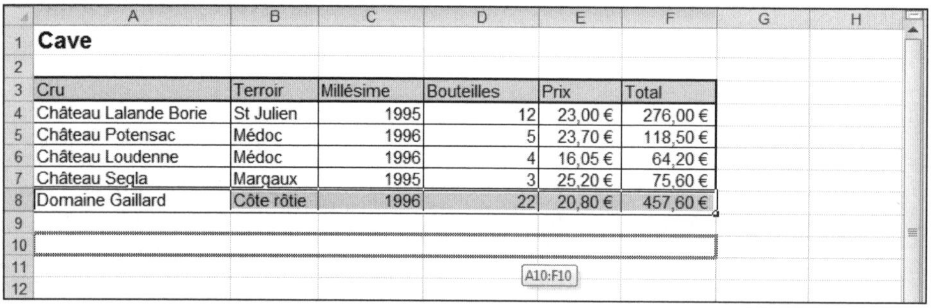

	A	B	C	D	E	F	G	H
1	Cave							
2								
3	Cru	Terroir	Millésime	Bouteilles	Prix	Total		
4	Château Lalande Borie	St Julien	1995	12	23,00 €	276,00 €		
5	Château Potensac	Médoc	1996	5	23,70 €	118,50 €		
6	Château Loudenne	Médoc	1996	4	16,05 €	64,20 €		
7	Château Segla	Margaux	1995	3	25,20 €	75,60 €		
8	Domaine Gaillard	Côte rôtie	1996	22	20,80 €	457,60 €		
9								
10								
11					A10:F10			
12								

Figure 17-38 Déplacement de cellules.

3. Faites glisser la plage vers sa nouvelle destination.

Une info-bulle indique la plage de destination.

Copier des cellules

Vous pouvez copier des cellules pour éviter de retaper leur contenu.

1. Sélectionnez les cellules à copier.
2. Pointez le bord de la plage sélectionnée.
3. Maintenez enfoncée la touche **Ctrl**.

   Le curseur prend la forme .

4. Faites glisser la plage vers sa nouvelle destination.

   Une info-bulle indique la plage de destination.

5. Relâchez la touche **Ctrl** après le bouton de souris.

Copier des cellules avec le Presse-papiers

Windows propose une zone de mémoire appelée Presse-papiers. C'est une zone temporaire dans laquelle est stockée une partie ou l'intégralité d'un document quel que soit son type (tableau, texte, image, *etc.*). Vous pouvez à tout moment récupérer le contenu du Presse-papiers pour l'insérer dans un document.

Un « Copier/Coller » consiste à copier une partie d'un document dans le Presse-papiers, puis à coller, c'est-à-dire recopier, le contenu du Presse-papiers à un autre endroit. Le Presse-papiers étant commun à toutes les applications, vous pouvez échanger des portions de document dans des logiciels différents. Par exemple, il est possible de copier un tableau Excel dans le Presse-papiers, puis de recopier ce tableau du Presse-papiers vers un document Word.

Si une partie d'un document doit être déplacée, on utilise alors un Couper/Coller. La partie de document est copiée vers le Presse-papiers, puis effacée du document d'origine. Dans Excel, les données ne sont pas effacées tant qu'elles ne sont pas recopiées. Les données ne sont jamais effacées si la copie s'effectue dans un autre logiciel.

Quand vous effectuez un Copier ou Couper vers le Presse-papiers Windows, le précédent contenu de ce dernier est effacé. Le Presse-papiers ne peut contenir qu'un seul document à la fois. Mais Office possède son propre Presse-papiers. Il permet de stocker temporairement vingt-quatre données différentes.

Copier des données *via* le Presse-papiers

1. Sélectionnez la (les) cellule(s) à copier.
2. Cliquez l'onglet **Accueil ➜ Presse-papiers ➜ Copier** ou tapez **Ctrl+C**.

   La zone copiée est entourée de pointillés.
3. Sélectionnez la première cellule de la plage devant recevoir les données.

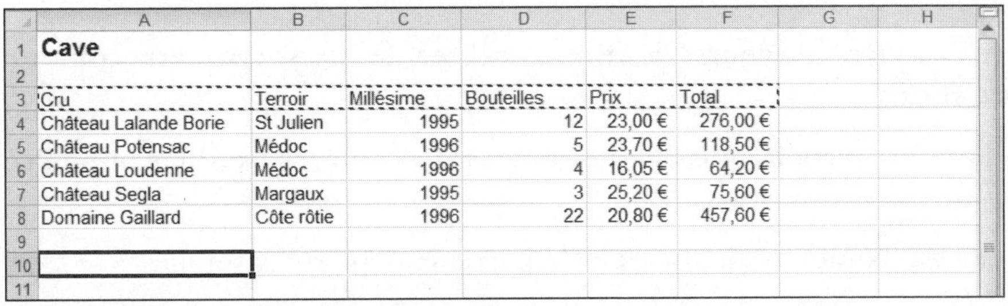

	A	B	C	D	E	F	G	H
1	Cave							
2								
3	Cru	Terroir	Millésime	Bouteilles	Prix	Total		
4	Château Lalande Borie	St Julien	1995	12	23,00 €	276,00 €		
5	Château Potensac	Médoc	1996	5	23,70 €	118,50 €		
6	Château Loudenne	Médoc	1996	4	16,05 €	64,20 €		
7	Château Segla	Margaux	1995	3	25,20 €	75,60 €		
8	Domaine Gaillard	Côte rôtie	1996	22	20,80 €	457,60 €		
9								
10								
11								

Figure 17-39 Copie de cellules vers le Presse-papiers.

4. Cliquez l'onglet **Accueil ➜ Presse-papiers ➜ Coller** ou appuyez sur **Entrée**.

Les données du Presse-papiers sont placées dans la feuille.

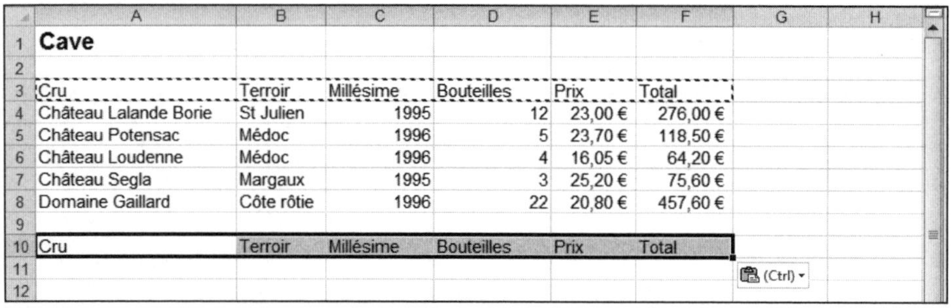

	A	B	C	D	E	F	G	H
1	Cave							
2								
3	Cru	Terroir	Millésime	Bouteilles	Prix	Total		
4	Château Lalande Borie	St Julien	1995	12	23,00 €	276,00 €		
5	Château Potensac	Médoc	1996	5	23,70 €	118,50 €		
6	Château Loudenne	Médoc	1996	4	16,05 €	64,20 €		
7	Château Segla	Margaux	1995	3	25,20 €	75,60 €		
8	Domaine Gaillard	Côte rôtie	1996	22	20,80 €	457,60 €		
9								
10	Cru	Terroir	Millésime	Bouteilles	Prix	Total		
11							(Ctrl)	
12								

Figure 17-40 Copie du Presse-papiers vers des cellules.

5. Éventuellement, cliquez la balise puis le type de mise en forme.
6. Appuyez sur **Echap** pour annuler la sélection en pointillés.

Note Tant que la zone copiée est toujours entourée de pointillés, vous pouvez encore la copier à d'autres emplacements.

Déplacer des données *via* le Presse-papiers

1. Sélectionnez la (les) cellule(s) à déplacer.
2. Cliquez l'onglet **Accueil ➜ Presse-papiers ➜ Couper** ou appuyez sur **Ctrl+X**.

   La zone copiée est entourée de pointillés.
3. Sélectionnez la première cellule de la plage devant recevoir les données.
4. Cliquez l'onglet **Accueil ➜ Presse-papiers ➜ Coller** ou appuyez sur **Entrée**.

Les données sont déplacées vers le nouvel emplacement.

Utiliser le Presse-papiers Office

Si vous devez copier plusieurs données, utilisez le Presse-papiers commun aux applications Office.

1. Cliquez l'onglet **Accueil**, puis cliquez le bouton en regard du groupe **Presse-papiers**.

   Le volet Presse-papiers s'affiche dans la partie gauche de la feuille.
2. Sélectionnez une plage puis cliquez ou .
3. Sélectionnez une seconde plage puis cliquez ou .

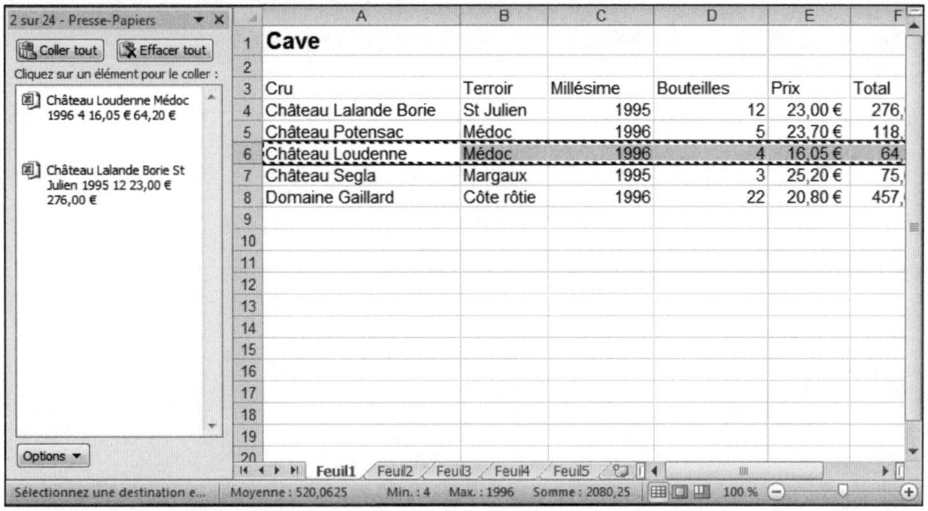

Figure 17-41 Presse-papiers Office.

Le volet Presse-papiers affiche toutes les données copiées ou coupées.

Pour copier des données du Presse-papiers Office :

1. Cliquez la cellule qui doit recevoir les données.
2. Cliquez l'élément à coller dans le volet Presse-papiers.

Note Chaque élément affiche les premiers caractères de son contenu.

Les données du Presse-papiers sont copiées dans la feuille.

Pour copier toutes les données du Presse-papiers vers la feuille, cliquez la cellule qui doit recevoir les données puis cliquez **Coller tout** dans le volet Presse-papiers.

Le Presse-papiers multiple est commun aux produits d'Office. Vous pouvez donc copier des données entre ses différentes applications (un graphique Excel dans un document Word, des enregistrements Access dans une feuille Excel, *etc.*).

Tant que vous ne cliquez pas le bouton **Effacer tout** dans le volet Presse-papiers, les données y restent (dans la limite de 24).

Cliquez le bouton  pour fermer le volet Presse-papiers quand vous n'avez plus besoin de lui.

Inverser des plages de cellules

Il existe un moyen rapide pour inverser des plages de cellules sans utiliser plusieurs déplacements successifs.

1. Sélectionnez la plage de cellules à déplacer.
2. Pointez le bord de la plage sélectionnée.

   Le curseur prend la forme ✥.
3. Faites glisser, avec le bouton droit de la souris, la plage vers sa nouvelle destination.

   Une info-bulle indique la plage de destination.

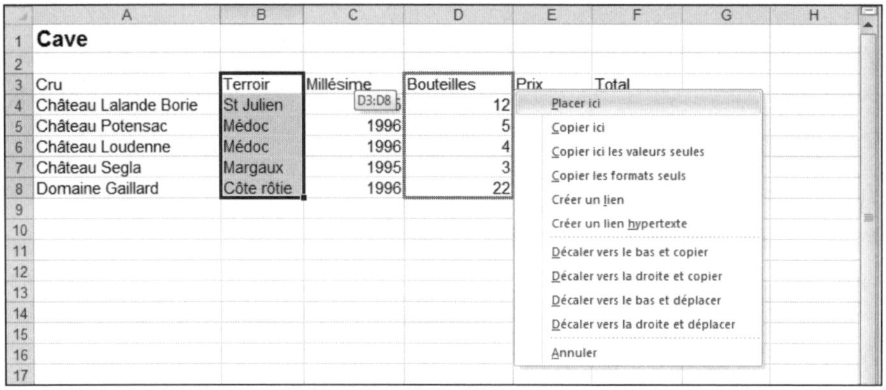

Figure 17-42 Inversion de deux plages de cellules.

4. Cliquez la commande **Décaler vers la droite et déplacer** dans le menu contextuel.

La plage sélectionnée remplace la plage de destination. La plage de destination est décalée d'une colonne vers la droite.

Recopier une cellule

La recopie permet de dupliquer le contenu d'une cellule. On utilise pour cela le carré en bas à droite de la cellule sélectionnée. On appelle ce carré la « Poignée de recopie ».

1. Cliquez la cellule à recopier.
2. Pointez le carré en bas à droite de la cellule sélectionnée. Le curseur prend la forme **+**.
3. Cliquez et faites glisser pour recopier le contenu de la cellule sélectionnée.

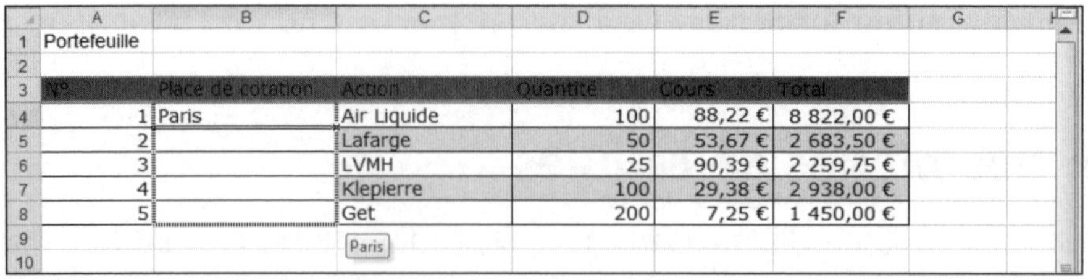

Figure 17-43 Recopie du contenu d'une cellule.

4. Éventuellement, cliquez la balise puis cliquez le type de recopie.

Note Vous pouvez recopier la cellule vers le haut, le bas, la droite et la gauche.

Incrémenter une série de nombres

L'incrémentation vous évite de taper des nombres qui se suivent. Il existe plusieurs manières d'incrémenter une série.

Il n'y a qu'une seule valeur à incrémenter

1. Sélectionnez la cellule contenant la première valeur de la série.
2. Pointez le carré en bas à droite de la cellule sélectionnée. Le curseur prend la forme **+**.
3. Cliquez et faites glisser la poignée de recopie.
4. Cliquez la balise puis cliquez **Incrémenter une série**.

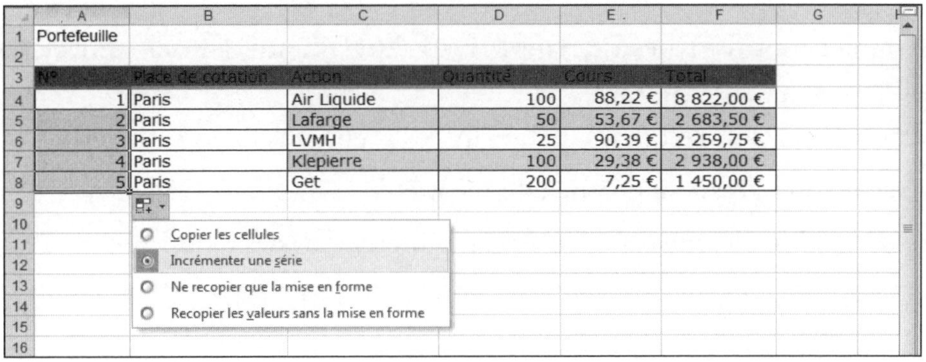

Figure 17-44 Incrémentation d'un nombre.

La première valeur est incrémentée de 1 en 1.

Il y a déjà une série de plusieurs valeurs

1. Sélectionnez les cellules contenant les premières valeurs de la série.
2. Pointez le carré en bas à droite de la cellule sélectionnée. Le curseur prend la forme **+**.
3. Cliquez et faites glisser la poignée de recopie.

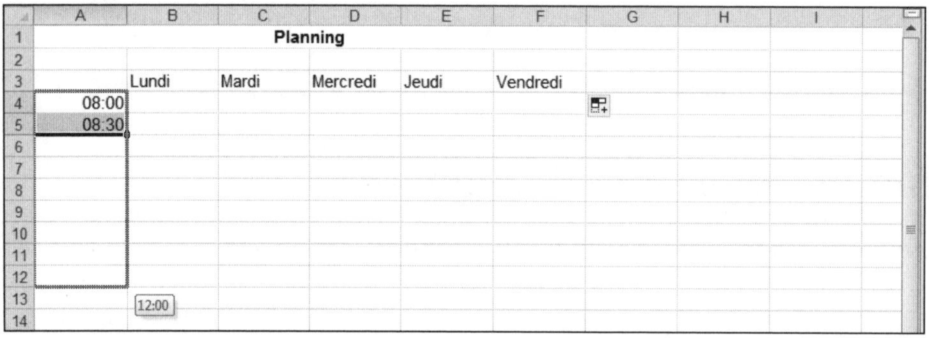

Figure 17-45 Incrémentation d'une série.

Les valeurs sont incrémentées en fonction de l'écart séparant les premières valeurs de la série.

4. Si vous ne désirez pas que la série soit incrémentée, cliquez la balise puis cliquez **Copier les cellules**.

Incrémenter une série de dates

Excel reconnaît tous les types de date (01/01/2011, lundi, janvier, *etc.*) et peut les incrémenter.

1. Sélectionnez la (les) cellule(s) contenant les premières dates de la série.
2. Cliquez et faites glisser la poignée de recopie.
3. Cliquez la balise puis cliquez le type d'incrément des dates.

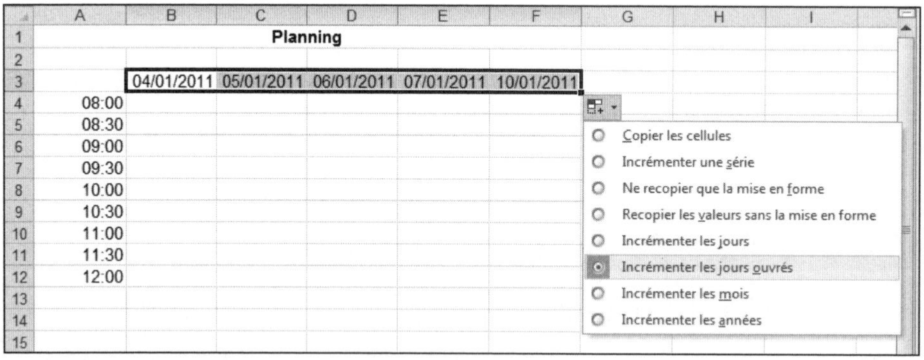

Figure 17-46 Incrémentation d'une série de dates.

Dans l'exemple de la figure 17-46, nous avons choisi d'incrémenter les jours ouvrés.

Chapitre 18

Mettre en forme les tableaux

Dans ce chapitre

- Modifier le format d'affichage
- Mettre en forme les cellules
- Ajouter des quadrillages
- Reproduire une mise en forme
- Appliquer un style prédéfini

Le moment est venu de personnaliser vos feuilles de calcul. Format d'affichage, couleurs, quadrillage, sont parmi les astuces et les artifices qui donneront à vos tableaux davantage d'impact. Découvrez comment écrire des titres en biais ou appliquer des mises en forme prédéfinies afin de gagner du temps.

Appliquer un format d'affichage

Les nombres sont affichés avec un format par défaut. Vous pouvez les afficher sous forme de valeurs monétaires, de pourcentage, *etc.*

1. Sélectionnez la ou les cellules à mettre en forme.
2. Dans l'onglet **Accueil ➜ Nombre**, cliquez l'un des boutons suivants : valeur monétaire par défaut (€), pourcentage, séparateur des milliers (espace entre chaque bloc de trois chiffres).

Note Le bouton applique le format euro par défaut. Si ce n'est pas le cas, cliquez l'onglet **Formules ➜ Solutions ➜ Mise en forme euro**.

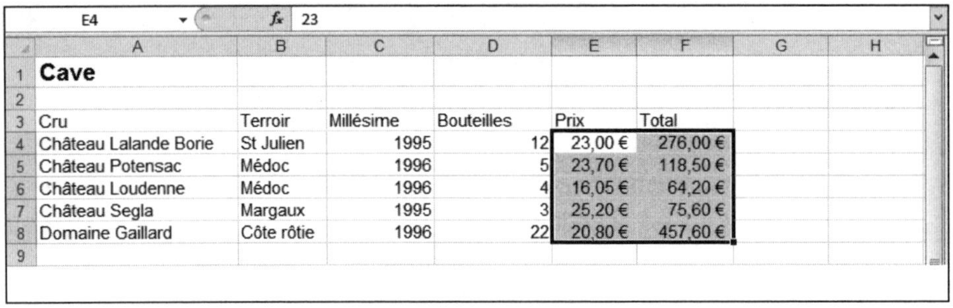

E4 fx 23

	A	B	C	D	E	F	G	H
1	Cave							
2								
3	Cru	Terroir	Millésime	Bouteilles	Prix	Total		
4	Château Lalande Borie	St Julien	1995	12	23,00 €	276,00 €		
5	Château Potensac	Médoc	1996	5	23,70 €	118,50 €		
6	Château Loudenne	Médoc	1996	4	16,05 €	64,20 €		
7	Château Segla	Margaux	1995	3	25,20 €	75,60 €		
8	Domaine Gaillard	Côte rôtie	1996	22	20,80 €	457,60 €		
9								

Figure 18-1 Format d'affichage des cellules.

Les cellules sont affichées avec le nouveau format. Les formats ne modifient en rien les valeurs contenues dans les cellules.

Pour appliquer rapidement d'autres formats, cliquez l'onglet **Accueil ➜ Nombre**, puis la flèche de la liste **Format de nombre**. Cliquez un des formats proposés dans cette dernière (figure 18-2).

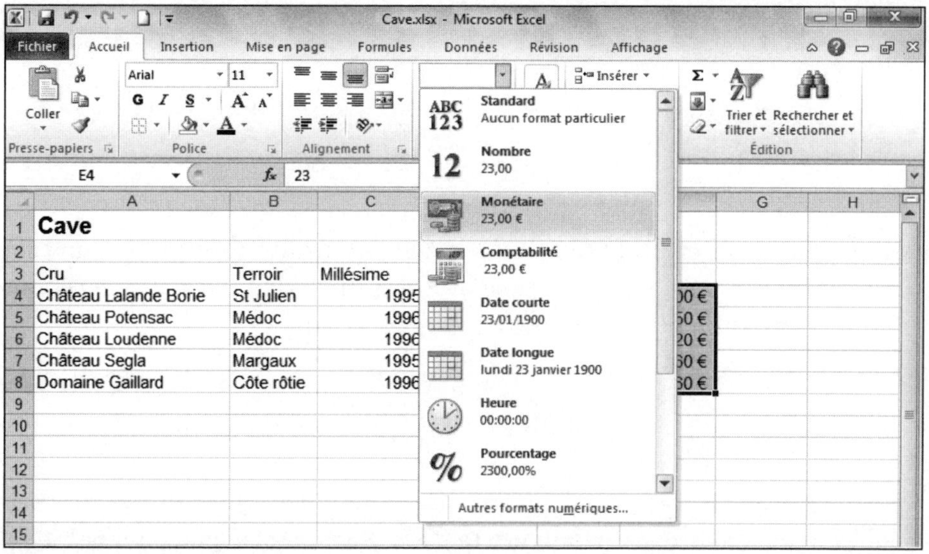

Figure 18-2 Liste des principaux formats disponibles.

Ajouter ou supprimer des décimales

Les formats d'affichage appliquent un nombre de décimales précis. Le format Monétaire, par exemple, affiche les nombres avec deux décimales. Vous pouvez modifier ce nombre.

1. Sélectionnez la ou les cellules à modifier.
2. Dans l'onglet **Accueil ➜ Nombre**, cliquez le bouton pour ajouter une décimale ou le bouton pour en retirer une.

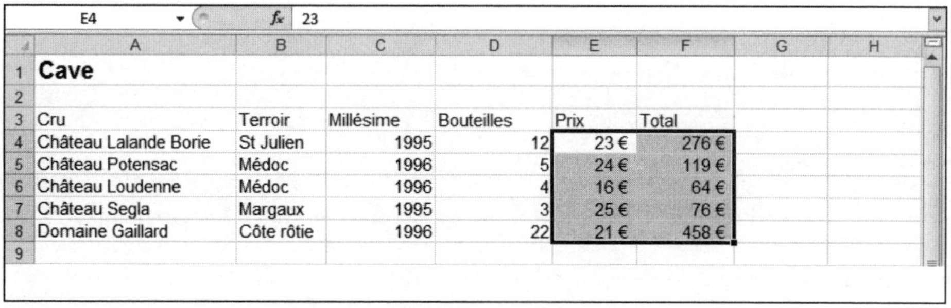

Figure 18-3 Ajout ou suppression de décimales.

Une décimale est ajoutée ou retirée du format d'affichage.

Appliquer un format d'affichage prédéfini

Si les formats proposés dans le ruban vous semblent insuffisants, Excel propose d'autres formats dans une boîte de dialogue.

1. Sélectionnez la ou les cellules à modifier.
2. Cliquez l'onglet **Accueil**, puis le bouton en regard du groupe **Nombre**. Vous pouvez aussi cliquer la sélection avec le bouton droit de la souris, puis cliquer la commande **Format de cellule** dans le menu contextuel.
3. Dans l'onglet **Nombre**, cliquez une catégorie de format dans la liste de gauche.
4. Sélectionnez les caractéristiques du format dans la partie de droite.

Note Les caractéristiques varient en fonction de la catégorie choisie. Pour afficher l'aide, cliquez le bouton en haut à droite de la boîte de dialogue ou tapez le raccourci **Maj+F1**.

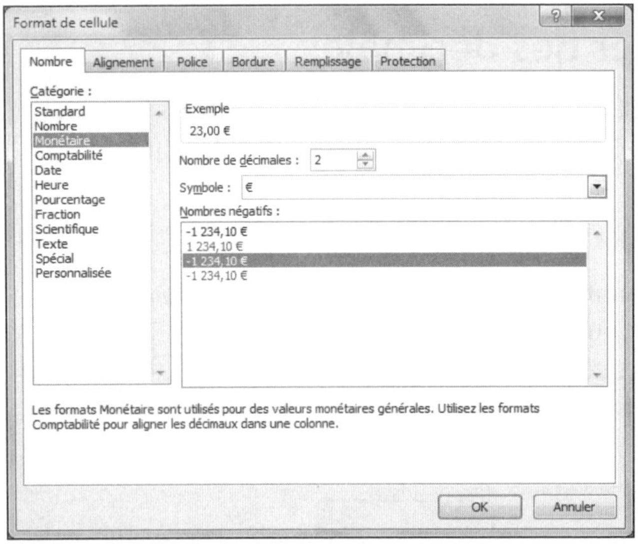

Figure 18-4 Format des nombres.

5. Cliquez le bouton **OK**.

Le format est appliqué aux cellules sélectionnées.

Définir votre propre format d'affichage

Si aucun des formats proposés ne vous convient, créez le vôtre ! Cela n'est pas toujours aisé, mais deux tableaux vont vous y aider.

1. Sélectionnez la ou les cellules à modifier.
2. Cliquez l'onglet **Accueil**, puis le bouton en regard du groupe **Nombre**. Vous pouvez aussi cliquer la sélection avec le bouton droit de la souris, puis cliquer la commande **Format de cellule** dans le menu contextuel.
3. Dans l'onglet **Nombre**, cliquez **Personnalisée** dans la liste.

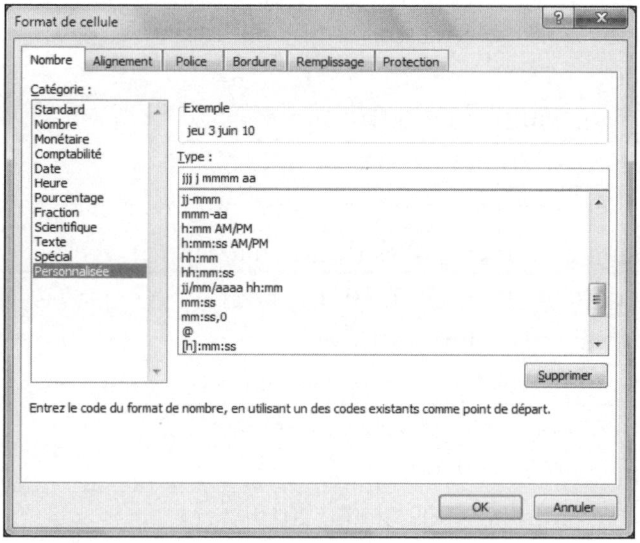

Figure 18-5 Format personnalisé.

4. Cliquez la zone **Type** et tapez votre format d'affichage (voir tableaux ci-après).

   La zone **Exemple** vous donne un aperçu du format d'affichage.
5. Cliquez le bouton **OK** pour appliquer le nouveau format d'affichage

Les formats d'affichage sont composés des principaux symboles du tableau 18-1. Pour obtenir l'intégralité des symboles disponibles, consultez l'aide en ligne.

Symbole	Utilisation
#	Emplacement d'un nombre significatif (n'affiche rien s'il n'y a pas de chiffre).
0	Emplacement d'un chiffre significatif ou non (affiche 0 s'il n'y a pas de chiffre).
%	Format pourcentage (multiplie par 100 et ajoute le signe %).
Espace	Divise par 1000 le nombre qui précède l'espace.
\	Affiche tel quel le caractère qui suit le symbole \.
" "	Affiche tels quels les caractères entre guillemets.
;	Séparateur pour le format des nombres négatifs.
[Couleur]	Change la couleur d'affichage ([Bleu] pour afficher en bleu).
?/?	Format des fractions (1/2, 1/4, 2/5, *etc.*).
j	Jour sur un ou deux chiffres (1, 5, 10, 15, *etc.*).
jj	Jour sur deux chiffres (01, 05, 10, 15, *etc.*).
jjj	Trois premières lettres du jour de la semaine (lun, mar, *etc.*).
jjjj	Jour de la semaine en toutes lettres (lundi, mardi, *etc.*).
m	Mois sur un ou deux chiffres (1, 5, 10, 15, *etc.*)
mm	Mois sur deux chiffres (01, 05, 10, 15, *etc.*).
mmm	Trois ou quatre premières lettres du mois (janv, févr, mars, *etc.*).
mmmm	Mois en toutes lettres (janvier, février, mars, *etc.*).
aa	Années sur deux chiffres (99, 00, 03, 04, *etc.*).
aaaa	Années sur quatre chiffres (1999, 2000, 2010, 2011, *etc.*).
hh	F ormat des heures.
mm	Format des minutes.
ss	Format des secondes.

Tableau 18-1 Symboles des formats d'affichage.

Format	Exemple	Résultat
#,0	0,25	,3
0,0	0,25	0,3
0,00	0,25	0,25
0,00	0,2	0,20
0,0#	0,2	0,2

Tableau 18-2 Exemples d'utilisation des symboles des formats d'affichage. →

Format	Exemple	Résultat
# ###,00	1234,5	1 234,50
0,0#%	0,12333	12,33%
# ### (espace)	123456	123
0,00" ABC"	256	256,00 ABC
#\A	123	123A
#;[Rouge]#	-123	123 (en rouge)
#;[Rouge]-#	-123	-123 (en rouge)
?/?	0,25	1/4
?/?	0,37	3/8
?/?	1,25	5/4
#" "?/?	1,25	1 1/4
jjj	1/1/11	samedi
jjjj jj mmmm aaaa	1/1/11	samedi 01 janvier 2011
jjj j mmm aa	1/1/11	sam 1 janv 11
hh-mm-ss	10:20:15	10-20-15

Tableau 18-2 Exemples d'utilisation des symboles des formats d'affichage *(suite)*.

Modifier la mise en forme des cellules

Chaque cellule accepte une mise en forme différente de ses caractères (police, taille, couleur, *etc.*).

Modifier la police et sa taille

1. Sélectionnez la ou les cellules à mettre en forme.
2. Cliquez l'onglet **Accueil**.
3. Cliquez la liste **Police** puis sélectionnez la police souhaitée (figure 18-6).
4. Cliquez la liste **Taille de police** puis sélectionnez la taille souhaitée.

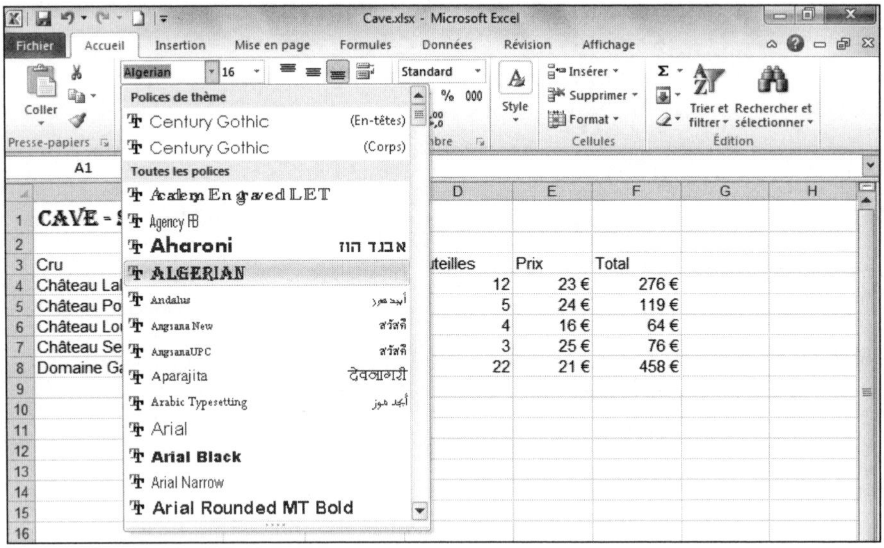

Figure 18-6 Modification de la police de caractères.

La nouvelle police est appliquée aux caractères des cellules.

Modifier les attributs

Excel propose toute une palette d'attributs que vous pouvez modifier aussi facilement que pour la police de caractères.

1. Sélectionnez la ou les cellules à mettre en forme.
2. Cliquez l'onglet **Accueil ➜ Police**, puis cliquez l'un des boutons d'attribut du tableau 18-3.

Bouton	Attribut
G	Gras.
I	Italique.
S	Souligné.
A	Augmenter la taille de la police.
A	Diminuer la taille de la police.
	Modifier la couleur de fond de la cellule. Cliquez la flèche pour afficher la palette de couleur.
	Modifier la couleur de la police. Cliquez la flèche pour afficher la palette de couleur.

Tableau 18-3 Boutons des attributs de police.

Astuce Pour mettre en forme les cellules, vous pouvez utiliser la barre d'outils contextuelle à la place du ruban. Sélectionnez les cellules à mettre en forme, puis cliquez la sélection avec le bouton droit de la souris. Cliquez dans la barre d'outils contextuelle un bouton de mise en forme.

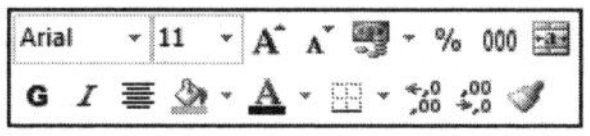

Attribuer différentes mises en forme dans la même cellule

Tous les attributs de mise en forme peuvent être appliqués à différents caractères de la même cellule.

1. Cliquez la cellule à modifier.
2. Sélectionnez avec la souris les caractères à modifier dans la barre de formule.
3. Modifiez la mise en forme comme cela est expliqué dans le paragraphe précédent.

La mise en forme ne s'applique qu'aux caractères sélectionnés.

Aligner le contenu des cellules

Par défaut, les nombres sont alignés à droite et les textes à gauche. Modifiez cet alignement pour rendre vos tableaux plus esthétiques.

1. Sélectionnez la ou les cellules à aligner.
2. Dans l'onglet **Accueil ➜ Alignement**, cliquez l'un des boutons suivants : alignement à gauche, centré ou alignement à droite.

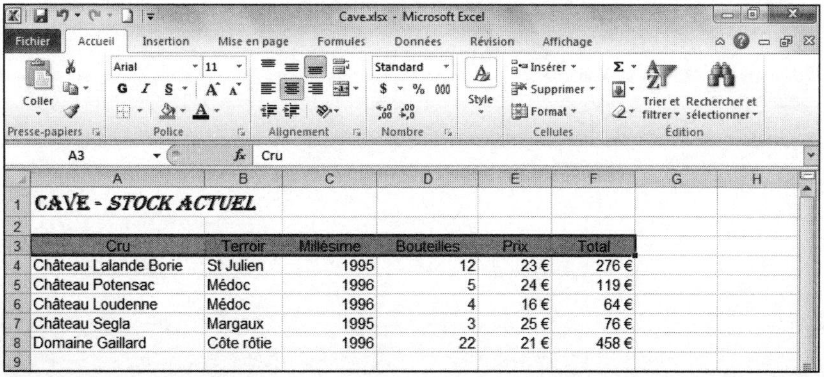

Figure 18-7 Modification de l'alignement dans les cellules.

Le nouvel alignement est appliqué au contenu des cellules (les en-têtes du tableau sont centrés dans la figure 18-7).

Note Pour retrouver l'alignement standard, cliquez le bouton actuellement sélectionné (, ou).

Excel propose aussi d'aligner le contenu des cellules mais cette fois dans la verticale.

1. Sélectionnez la ou les cellules à aligner.
2. Dans l'onglet **Accueil → Alignement**, cliquez l'un des boutons suivants : alignement en haut, centré ou alignement en bas.

Ajouter un retrait au contenu des cellules

Pour définir le niveau d'importance d'une cellule, ajoutez des retraits. Un retrait correspond à peu près à la largeur d'un caractère de la police standard.

1. Sélectionnez la ou les cellules à modifier.
2. Dans l'onglet **Accueil → Alignement**, cliquez pour ajouter un retrait et pour le retirer.

	A	B	C	D	E	F	G	H
1	Produits internes							
2								
3	Produit	Prix de fab.	Quantité	Prix Stock	Marge	Prix Vente	Total	
4	Blouson	28,62 €	35	1 001,70 €	55%	44,36 €	1 552,64 €	
5	Chemise	3,54 €	1209	4 279,86 €	55%	5,49 €	6 633,78 €	
6	Coupe-vent	8,62 €	345	2 973,90 €	55%	13,36 €	4 609,55 €	
7	Cross-training	10,23 €	107	1 094,61 €	55%	15,86 €	1 696,65 €	
8	Doudoune	32,28 €	89	2 872,92 €	28%	41,32 €	3 677,34 €	
9	Jean							
10	Bleu	12,48 €	864	10 782,72 €	55%	19,34 €	16 713,22 €	
11	Noir	12,35 €	567	7 002,45 €	55%	19,14 €	10 853,80 €	
12	Jogging	11,39 €	256	2 915,84 €	55%	17,65 €	4 519,55 €	
13	Pantalon	12,07 €	987	11 913,09 €	39%	16,78 €	16 559,20 €	

Figure 18-8 Retrait du texte dans des cellules.

Un retrait est appliqué aux cellules sélectionnées (A10 et A11 dans l'exemple de la figure 18-8).

Écrire sur plusieurs lignes dans la même cellule

Si le texte d'une cellule est trop long, Excel peut le placer sur plusieurs lignes. Ceci vous évitera de le taper dans plusieurs cellules.

1. Sélectionnez la ou les cellules à afficher sur plusieurs lignes.
2. Dans l'onglet **Accueil → Alignement**, cliquez le bouton **Renvoyer à la ligne automatiquement**.

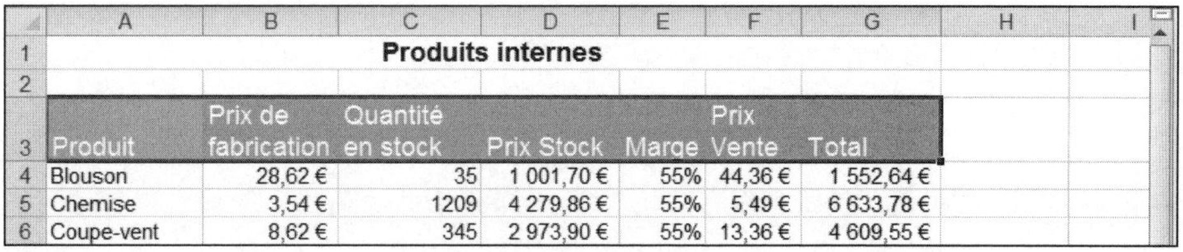

	A	B	C	D	E	F	G
1	Produits internes						
2							
3	Produit	Prix de fabrication	Quantité en stock	Prix Stock	Marge	Prix Vente	Total
4	Blouson	28,62 €	35	1 001,70 €	55%	44,36 €	1 552,64 €
5	Chemise	3,54 €	1209	4 279,86 €	55%	5,49 €	6 633,78 €
6	Coupe-vent	8,62 €	345	2 973,90 €	55%	13,36 €	4 609,55 €

Figure 18-9 Textes sur plusieurs lignes.

La hauteur des cellules est modifiée pour afficher plusieurs lignes dans la même cellule.

Orienter un texte

Pour gagner de la place quand les en-têtes des tableaux sont trop longs, modifiez leur orientation.

1. Sélectionnez la ou les cellules à orienter.
2. Dans l'onglet **Accueil → Alignement**, cliquez le bouton **Orientation**.
3. Cliquez le type d'orientation dans la liste du bouton.

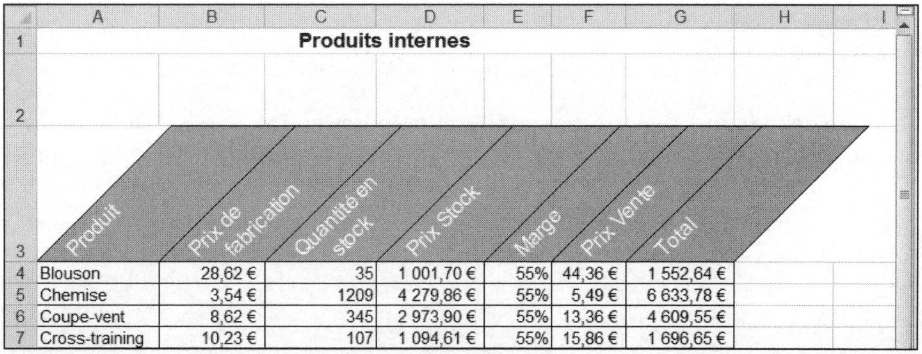

	A	B	C	D	E	F	G
1	Produits internes						
2							
3	Produit	Prix de fabrication	Quantité en stock	Prix Stock	Marge	Prix Vente	Total
4	Blouson	28,62 €	35	1 001,70 €	55%	44,36 €	1 552,64 €
5	Chemise	3,54 €	1209	4 279,86 €	55%	5,49 €	6 633,78 €
6	Coupe-vent	8,62 €	345	2 973,90 €	55%	13,36 €	4 609,55 €
7	Cross-training	10,23 €	107	1 094,61 €	55%	15,86 €	1 696,65 €

Figure 18-10 Orientation du texte des cellules.

Le contenu du texte des cellules est orienté avec l'angle choisi et la hauteur de la ligne augmente en conséquence.

Vous pouvez choisir une orientation plus précise que celle proposée par le bouton :

1. Sélectionnez la ou les cellules à orienter.
2. Dans l'onglet **Accueil → Alignement**, cliquez le bouton **Orientation** **→ Format de cellule – Alignement**.
3. Dans la zone **Degrés**, tapez l'angle d'inclinaison du texte.

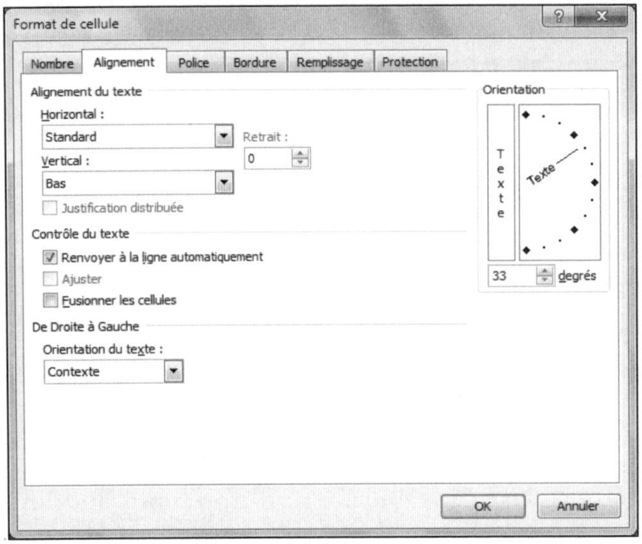

Figure 18-11 Choix précis de l'orientation du texte des cellules.

La zone **Orientation** affiche un aperçu du résultat.

Astuce Vous pouvez aussi cliquer directement dans la zone d'aperçu pour choisir l'orientation.

4. Cliquez le bouton **OK**.

Note La boîte de la figure 18-11 regroupe toutes les mises en forme des cellules. Vous l'ouvrez en cliquant le bouton en regard du groupe **Alignement** de l'onglet **Accueil**.

Ajouter un quadrillage

Sauf si vous le précisez à l'impression, le quadrillage des feuilles n'est pas imprimé. Vous devez définir manuellement tous les quadrillages de vos tableaux.

1. Sélectionnez les cellules à quadriller.
2. Dans l'onglet **Accueil → Police**, cliquez la flèche en regard du bouton ⊞ puis cliquez le type de traits à ajouter.

Note L'apparence du bouton ⊞ est fonction du dernier choix à l'étape **2**. Cliquez directement le bouton, et non sa flèche, pour appliquer le dernier type de quadrillage sélectionné.

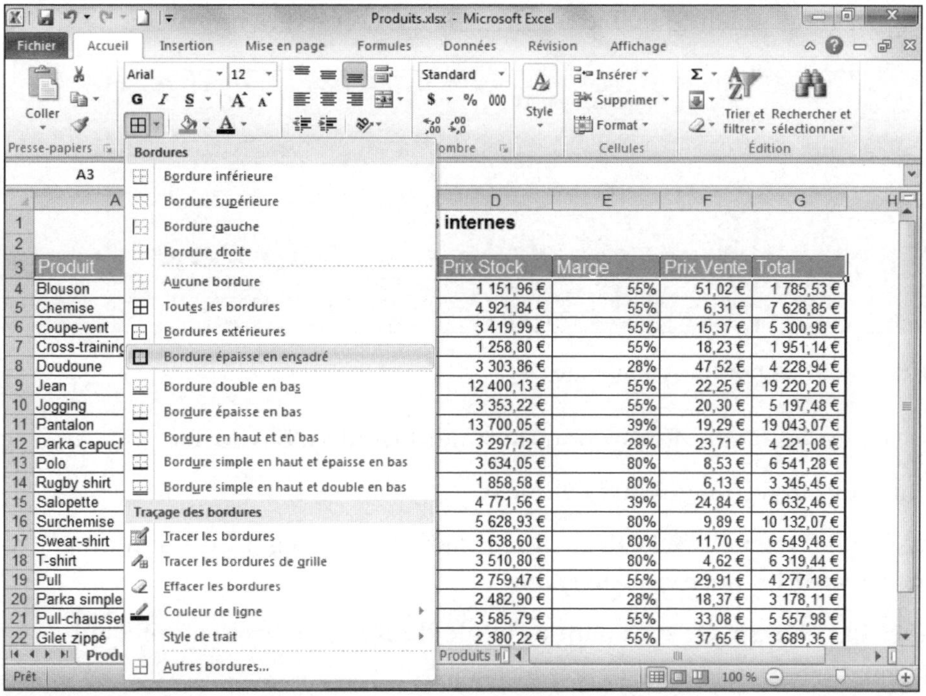

Figure 18-12 Ajout d'un quadrillage à un tableau.

3. Répétez les étapes **1** et **2** autant de fois que nécessaire.

Le quadrillage est appliqué aux cellules sélectionnées.

Astuce Pour masquer le quadrillage par défaut, et donc mieux apprécier le vôtre, cliquez l'onglet Affichage → Afficher/Masquer, puis décochez l'option Quadrillage. C'est le cas dans la figure 18-12.

Tracer à main levée les bordures d'un tableau

Si vous ne désirez pas utiliser les quadrillages prédéfinis proposés par le bouton , vous pouvez dessiner à main levée le quadrillage de vos tableaux même les plus complexes.

Pour tracer un à un les bords des cellules :

1. Dans l'onglet **Accueil ➜ Police**, cliquez la flèche en regard du bouton puis cliquez **Tracer les bordures**.
2. Cliquez et faites glisser sur chaque bordure de cellule dont vous désirez ajouter une ligne. Il est possible de barrer une cellule comme le montre la figure 18-13.

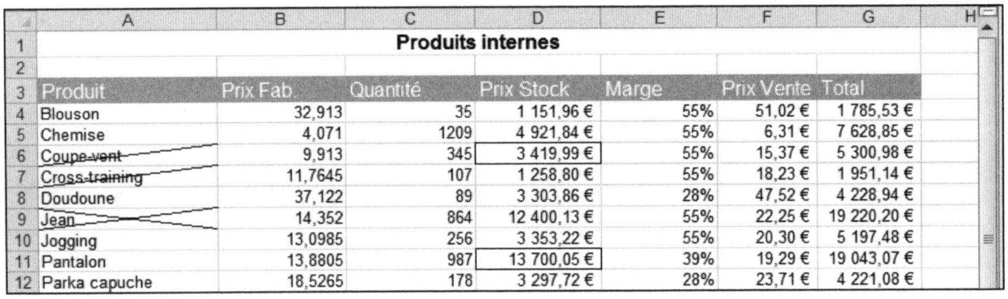

	A	B	C	D	E	F	G
1	Produits internes						
2							
3	Produit	Prix Fab.	Quantité	Prix Stock	Marge	Prix Vente	Total
4	Blouson	32,913	35	1 151,96 €	55%	51,02 €	1 785,53 €
5	Chemise	4,071	1209	4 921,84 €	55%	6,31 €	7 628,85 €
6	Coupe-vent	9,913	345	3 419,99 €	55%	15,37 €	5 300,98 €
7	Cross-training	11,7645	107	1 258,80 €	55%	18,23 €	1 951,14 €
8	Doudoune	37,122	89	3 303,86 €	28%	47,52 €	4 228,94 €
9	Jean	14,352	864	12 400,13 €	55%	22,25 €	19 220,20 €
10	Jogging	13,0985	256	3 353,22 €	55%	20,30 €	5 197,48 €
11	Pantalon	13,8805	987	13 700,05 €	39%	19,29 €	19 043,07 €
12	Parka capuche	18,5265	178	3 297,72 €	28%	23,71 €	4 221,08 €

Figure 18-13 Ajout de bordures à main levée.

3. Appuyez sur la touche **Echap** pour annuler l'outil de bordure.

Pour ajouter des quadrillages aux cellules :

1. Dans l'onglet **Accueil ➜ Police**, cliquez la flèche en regard du bouton puis cliquez **Tracer les bordures de grille**.
2. Cliquez et faites glisser sur chaque cellule dont vous désirez ajouter un quadrillage.

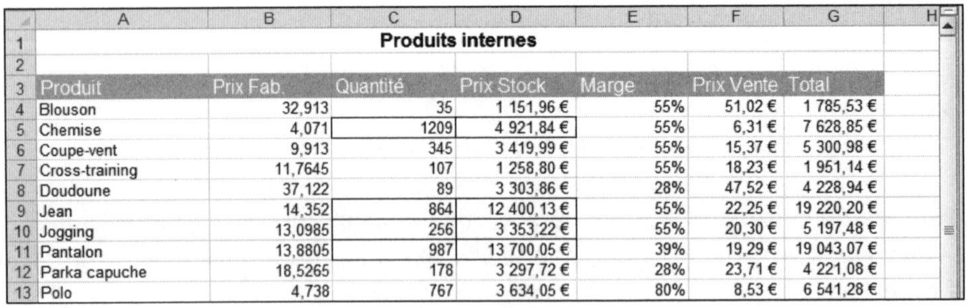

	A	B	C	D	E	F	G
1	Produits internes						
2							
3	Produit	Prix Fab.	Quantité	Prix Stock	Marge	Prix Vente	Total
4	Blouson	32,913	35	1 151,96 €	55%	51,02 €	1 785,53 €
5	Chemise	4,071	1209	4 921,84 €	55%	6,31 €	7 628,85 €
6	Coupe-vent	9,913	345	3 419,99 €	55%	15,37 €	5 300,98 €
7	Cross-training	11,7645	107	1 258,80 €	55%	18,23 €	1 951,14 €
8	Doudoune	37,122	89	3 303,86 €	28%	47,52 €	4 228,94 €
9	Jean	14,352	864	12 400,13 €	55%	22,25 €	19 220,20 €
10	Jogging	13,0985	256	3 353,22 €	55%	20,30 €	5 197,48 €
11	Pantalon	13,8805	987	13 700,05 €	39%	19,29 €	19 043,07 €
12	Parka capuche	18,5265	178	3 297,72 €	28%	23,71 €	4 221,08 €
13	Polo	4,738	767	3 634,05 €	80%	8,53 €	6 541,28 €

Figure 18-14 Ajout de quadrillages à main levée.

Note Pour modifier une seule bordure avec cet outil, cliquez la bordure sans faire glisser.

3. Appuyez sur la touche **Echap** pour annuler l'outil de quadrillage.

Vous pouvez aussi modifier la couleur des traits :

1. Dans l'onglet **Accueil → Police**, cliquez la flèche en regard du bouton ⊞▾, cliquez **Couleur de ligne**, puis cliquez une couleur dans la palette.

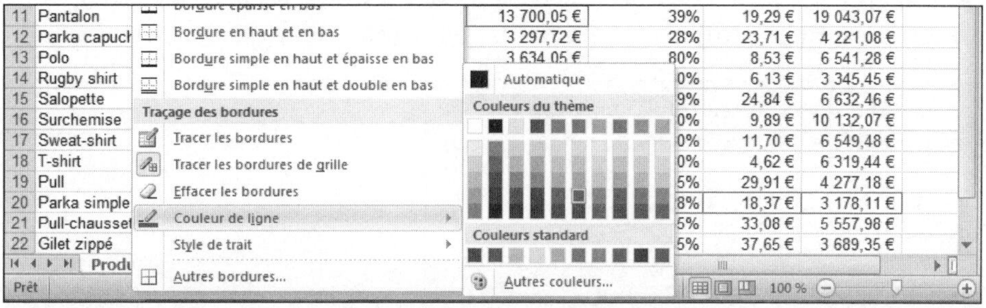

Figure 18-15 Choix de la couleur des quadrillages.

De même, vous pouvez choisir le type de trait pour vos quadrillages :

1. Dans l'onglet **Accueil → Police**, cliquez la flèche en regard du bouton ⊞▾, cliquez **Couleur de ligne**, puis le type de trait dans la liste qui s'affiche (simple, double, pointillé, *etc.*).

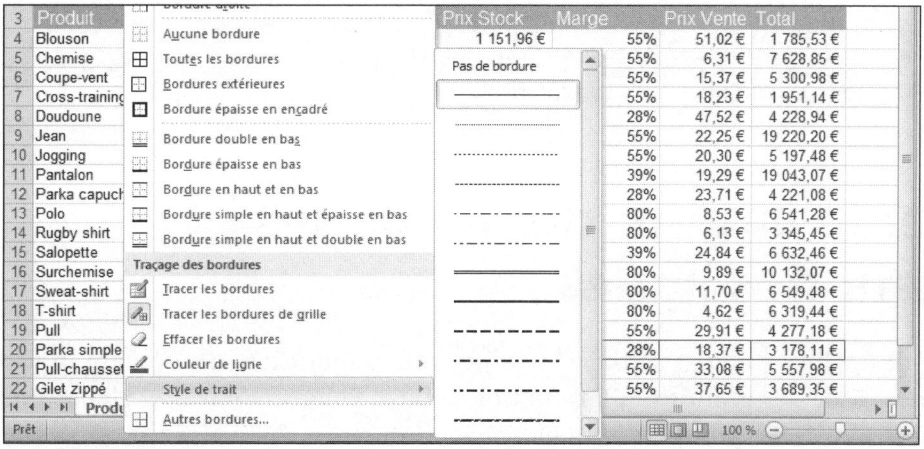

Figure 18-16 Choix du type de ligne des quadrillages.

En cas d'erreur, vous pouvez facilement effacer les quadrillages :

1. Dans l'onglet **Accueil → Police**, cliquez la flèche en regard du bouton ⊞▾, puis cliquez **Effacer les bordures**.

2. Cliquez et faites glisser sur chaque cellule dont vous souhaitez effacer les bordures et les quadrillages.

Note Pour effacer une seule bordure, cliquez le trait sans faire glisser.

Pour modifier plus précisément le quadrillage des cellules, vous pouvez utiliser la boîte **Format de cellule**. Cliquez pour cela l'onglet **Accueil** ➜ **Police**, cliquez la flèche en regard du bouton , puis cliquez **Autres bordures**. L'onglet **Bordure** propose toutes les combinaisons pour modifier vos quadrillages (figure 18-17).

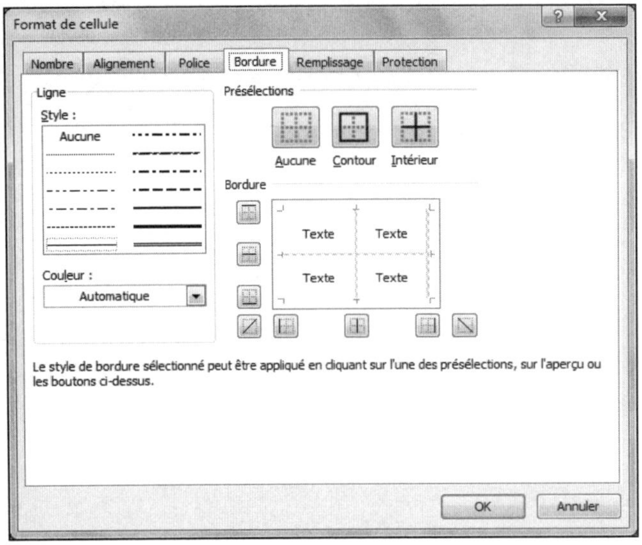

Figure 18-17 Boîte de modifications des quadrillages.

Modifier la largeur des colonnes et la hauteur des lignes

La taille des cellules n'est pas fixe. Vous pouvez la modifier. Une cellule plus haute permet d'utiliser des grandes tailles de police ou d'y placer plusieurs lignes de texte. Une cellule plus large permet d'afficher plus d'informations.

Pour modifier la largeur d'une colonne :

1. Pointez le trait entre les lettres de deux colonnes.

   Le pointeur prend la forme .

2. Cliquez et faites glisser pour augmenter ou réduire la taille de la colonne de gauche. Une info-bulle affiche la taille choisie.

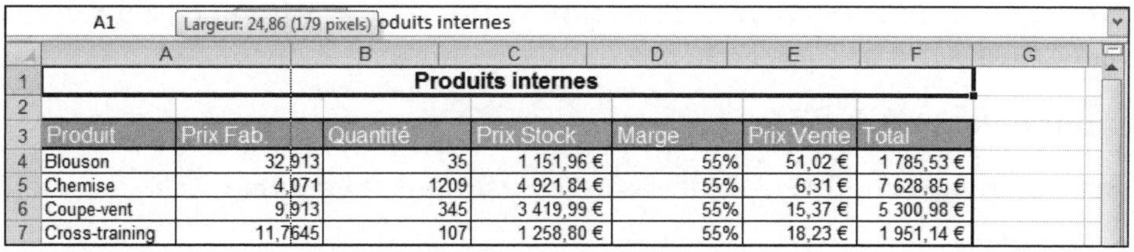

	A	B	C	D	E	F
1	Produits internes					
2						
3	Produit	Prix Fab	Quantité	Prix Stock	Marge	Prix Vente	Total
4	Blouson	32,913	35	1 151,96 €	55%	51,02 €	1 785,53 €
5	Chemise	4,071	1209	4 921,84 €	55%	6,31 €	7 628,85 €
6	Coupe-vent	9,913	345	3 419,99 €	55%	15,37 €	5 300,98 €
7	Cross-training	11,7645	107	1 258,80 €	55%	18,23 €	1 951,14 €

Figure 18-18 Modification de la largeur de la colonne A.

Note Toutes ces solutions s'appliquent de la même manière à la hauteur des lignes. Le curseur prend alors la forme quand il est placé entre deux numéros de ligne. La hauteur des lignes est exprimée en points comme les polices de caractères.

Pour modifier précisément la largeur des colonnes :

1. Sélectionnez la ou les colonnes à ajuster.
2. Cliquez la sélection avec le bouton droit.
3. Cliquez la commande **Largeur de colonne** dans le menu contextuel (**Hauteur de ligne** si vous avez sélectionné des lignes).

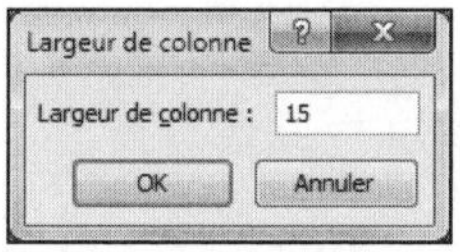

Figure 18-19 Choix précis de la largeur des colonnes.

4. Tapez la largeur de la colonne.
5. Cliquez le bouton **OK**.

Note La largeur que vous tapez correspond au nombre de caractères affichables dans la police standard.

Pour modifier automatiquement la largeur des colonnes :

1. Pointez le trait entre les lettres de deux colonnes.

   Le pointeur prend la forme .

2. Double-cliquez pour ajuster la colonne de gauche.

La largeur de la colonne est ajustée au contenu de la cellule qui renferme le plus d'informations.

Fusionner des cellules

Comment faire apparaître votre titre dans une seule cellule ayant la largeur du tableau qui figure en dessous ? Vous devez fusionner les cellules.

1. Sélectionnez les cellules à fusionner.
2. Cliquez l'onglet **Accueil → Alignement → Fusionner et centrer** .

Note Vous pouvez aussi fusionner des cellules à la verticale (cellules A4:A8 dans la figure 18-20) ou des plages de cellules de plusieurs lignes et de plusieurs colonnes.

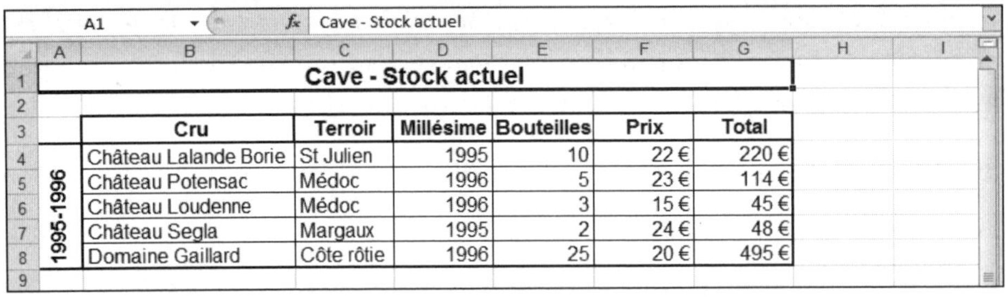

A1 | Cave - Stock actuel

	A	B	C	D	E	F	G
1	Cave - Stock actuel						
2							
3		Cru	Terroir	Millésime	Bouteilles	Prix	Total
4	1995-1996	Château Lalande Borie	St Julien	1995	10	22 €	220 €
5		Château Potensac	Médoc	1996	5	23 €	114 €
6		Château Loudenne	Médoc	1996	3	15 €	45 €
7		Château Segla	Margaux	1995	2	24 €	48 €
8		Domaine Gaillard	Côte rôtie	1996	25	20 €	495 €
9							

Figure 18-20 Fusion de plusieurs cellules.

Les cellules sélectionnées n'en font plus qu'une. Le texte est centré dans cette nouvelle cellule.

3. Pour supprimer la fusion, répétez les étapes **1** et **2**.

Attention S'il y a des informations dans plusieurs cellules à fusionner, seule celle en haut à gauche est conservée. Les autres informations sont perdues. Une boîte de dialogue vous avertit de la perte des données.

Reproduire une mise en forme

Dès qu'une cellule est mise en forme, vous pouvez appliquer cette mise en forme à d'autres cellules.

1. Cliquez la cellule déjà mise en forme.

Note La mise en forme concerne la police, les couleurs, les quadrillages mais aussi le format d'affichage.

2. Cliquez l'onglet **Accueil → Presse-papiers → Reproduire la mise en forme** .

Le curseur prend la forme ✚🖌.

3. Sélectionnez les cellules qui doivent recevoir la même mise en forme.

Astuce Si vous avez plusieurs plages de cellules à mettre en forme à partir d'une seule cellule : cliquez la cellule qui contient la mise en forme. Double-cliquez le bouton 🖌. Sélectionnez une à une les plages de cellules à mettre en forme. Cliquez 🖌 ou appuyez sur la touche Echap quand vous avez terminé.

Appliquer une mise en forme prédéfinie

Excel propose des formats prêts à être appliqués à vos tableaux selon des thèmes.

Pour choisir un thème :

1. Cliquez l'onglet **Mise en page → Thèmes → Thèmes**.
2. Sélectionnez un thème parmi la liste proposée.

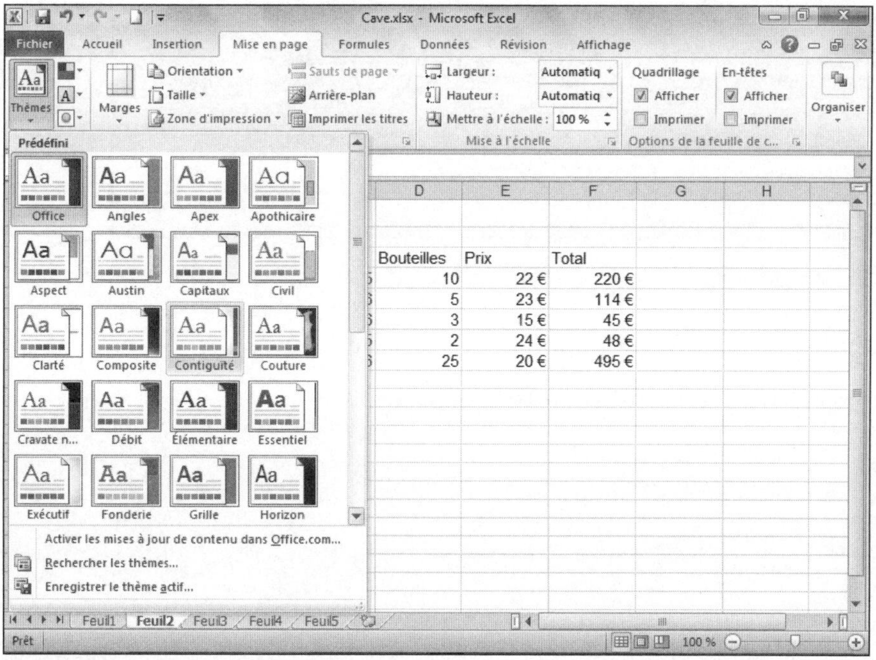

Figure 18-21 Choix d'un thème.

Pour appliquer une mise en forme :

1. Sélectionnez les cellules du tableau à mettre en forme.
2. Cliquez l'onglet **Accueil → Style**.

3. Pointez un style dans la liste pour afficher immédiatement un aperçu dans les cellules sélectionnées (cliquez le bouton de la barre de défilement verticale pour agrandir la liste).

4. Cliquez le style désiré dans la liste.

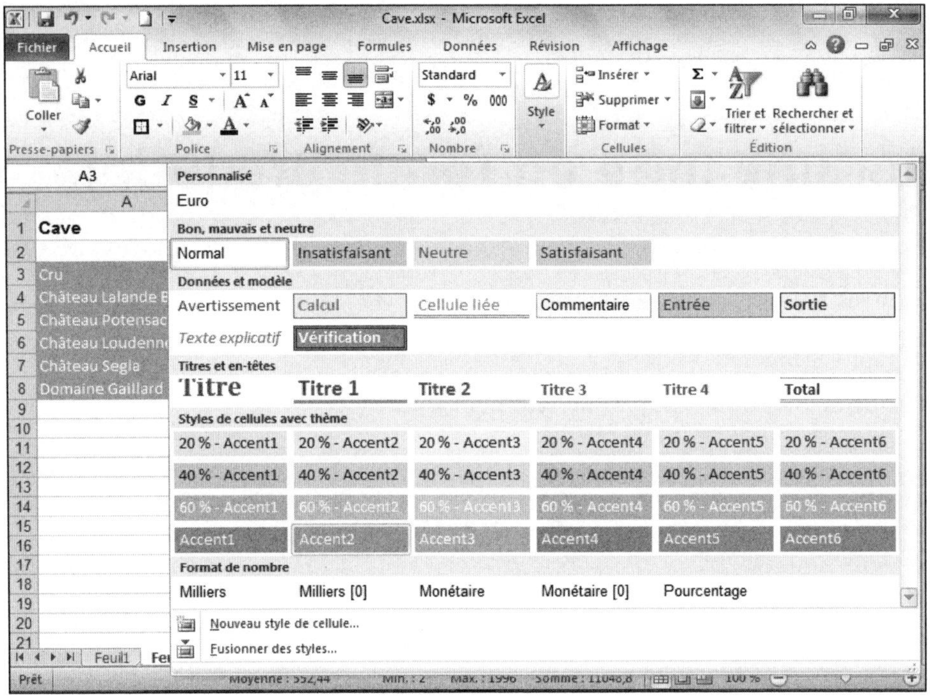

Figure 18-22 Choix d'un style.

La mise en forme choisie est appliquée à votre tableau.

5. Répétez les étapes **1** à **4** pour d'autres cellules.

Chapitre 19

Mettre en page et imprimer des tableaux

Dans ce chapitre

- Utiliser le mode Mise en page
- Utiliser l'aperçu avant impression
- Modifier les ruptures de page
- Choisir le format d'impression
- Définir les marges
- Choisir les données à imprimer
- Répéter des lignes et des colonnes
- Imprimer une feuille ou un classeur

L'impression est le moment tant attendu pour coucher votre œuvre sur le papier. Mais pas de précipitation. Il vous reste encore quelques détails à régler pour que le résultat soit encore plus convaincant. Mode Mise en page, orientation, marges, en-tête et pied de page sont les points importants de ce chapitre car ils optimiseront votre tableau.

Utiliser le mode Mise en page

Le mode « Mise en page » permet de voir la feuille de calcul telle qu'elle sera imprimée, tout en offrant la possibilité de modifier certaines options. L'accès aux cellules et à leur modification reste disponible dans ce mode.

1. Cliquez l'onglet **Affichage → Affichages classeur → Mise en page**.

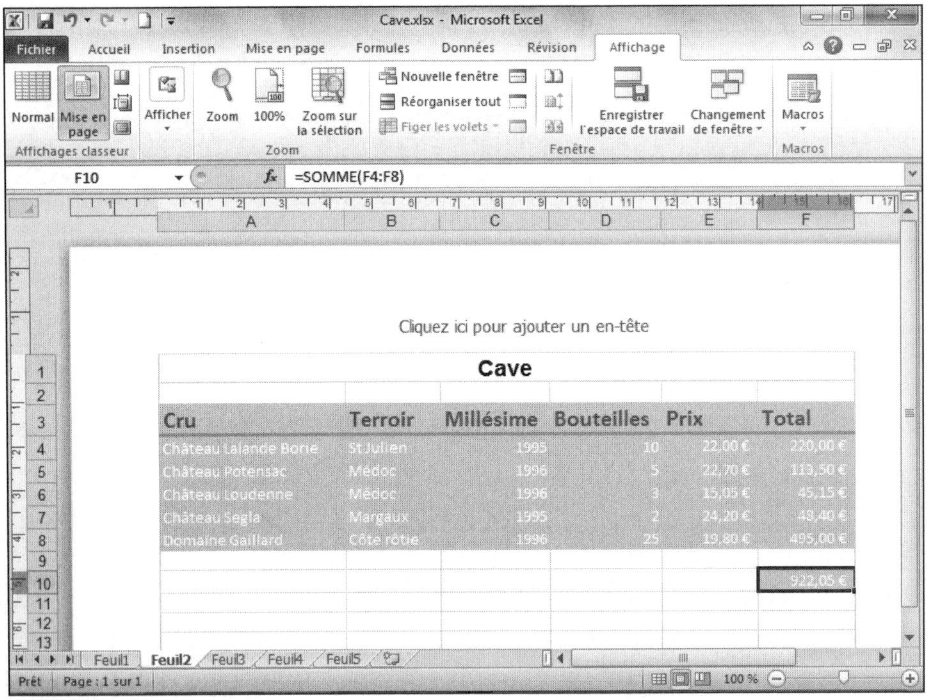

Figure 19-1 Mode Mise en page.

Astuce Vous trouverez trois boutons dans la barre d'état pour passer rapidement d'un mode à l'autre (mode Normal, mode Mise en page et mode Aperçu des sauts de page).

Vous pouvez ici modifier vos cellules, effectuer des calculs ou mettre en forme vos tableaux.

Note Pour revenir à l'affiche classique, cliquez l'onglet **Affichage → Affichages classeur → Normal**.

Le mode Mise en page permet de modifier certains éléments sans passer par le ruban ou la boîte de dialogue traditionnelle. C'est une formule rapide pour agencer les éléments importants.

Modifier les en-têtes et les pieds de pages

Les en-têtes et les pieds de pages sont des textes qui apparaissent en haut et en bas des feuilles imprimées.

1. Cliquez le texte « Cliquez ici pour ajouter un en-tête » ou « Cliquez ici pour ajouter un pied de page ».

   Un nouvel onglet **Création** apparaît dans le ruban.

   Les en-têtes et les pieds de pages sont en fait séparés en trois parties.

2. Cliquez une des trois parties (gauche, centre ou droite).
3. Tapez le texte qui doit apparaître dans l'en-tête ou le pied de page.

   En utilisant l'onglet **Accueil → Police** vous pouvez modifier la mise en forme des caractères des en-têtes et pieds de pages.

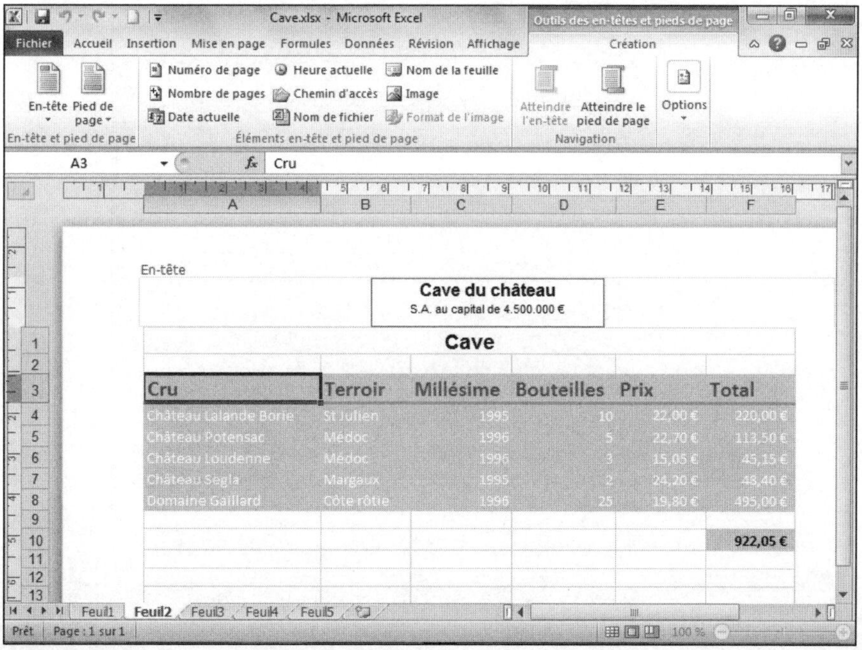

Figure 19-2 En-tête de page dans le mode Mise en page.

4. Pour passer rapidement de l'en-tête au pied de page et inversement, cliquez l'onglet **Création → Navigation → Atteindre l'en-tête** ou **Atteindre le pied de page**.

Ajouter des informations aux en-têtes et pieds de pages

Pour mieux classer vos documents imprimés, il est préférable d'ajouter des numéros de page ou le nom du document.

1. Éventuellement, passez en mode Mise en page (onglet **Affichage → Affichages classeur → Mise en page**).
2. Cliquez le texte « Cliquez ici pour ajouter un en-tête » ou « Cliquez ici pour ajouter un pied de page ».
3. Cliquez l'onglet **Création → En-tête et pied de page → En-tête** ou **Pied de page**.

   Les listes **En-tête** et **Pied de page** proposent des solutions basées sur les numéros de page, le nom du classeur ou de la feuille, sur la date actuelle et/ou sur le nom de l'utilisateur.

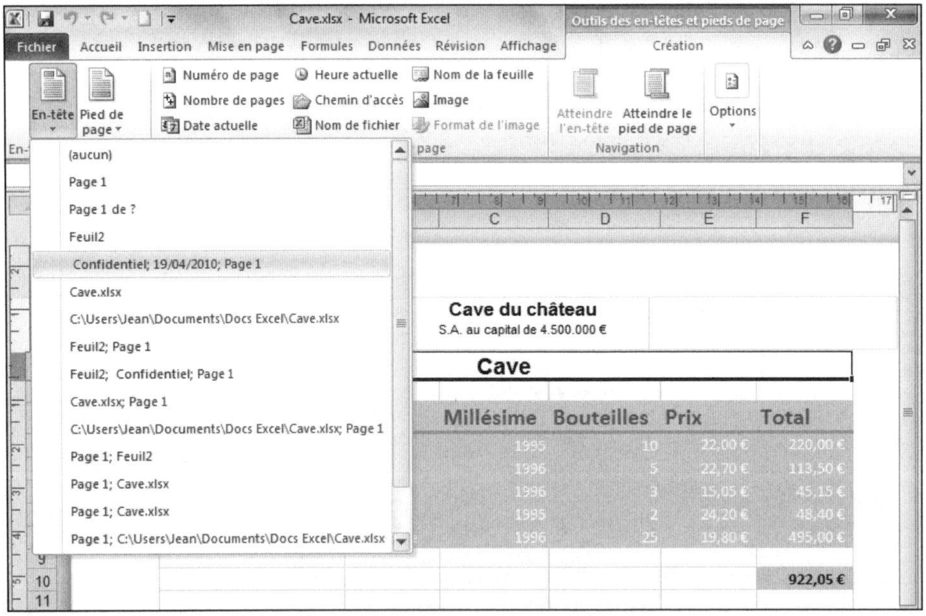

Figure 19-3 Choix des informations à ajouter à l'en-tête ou au pied de page.

4. Sélectionnez un type d'en-tête ou de pied de page dans la liste.

Personnaliser l'en-tête ou le pied de page

Vous pouvez définir vous-même le contenu des en-têtes et des pieds de pages.

1. Éventuellement, passez en mode Mise en page (onglet **Affichage ➜ Affichages classeur ➜ Mise en page**).
2. Cliquez une des trois zones de l'en-tête ou du pied de page.
3. Tapez votre texte ou cliquez les boutons de l'onglet **Création ➜ Éléments en-tête et pied de page** (consultez le tableau 19-1).
4. Répétez les étapes **2** et **3** pour les autres zones.

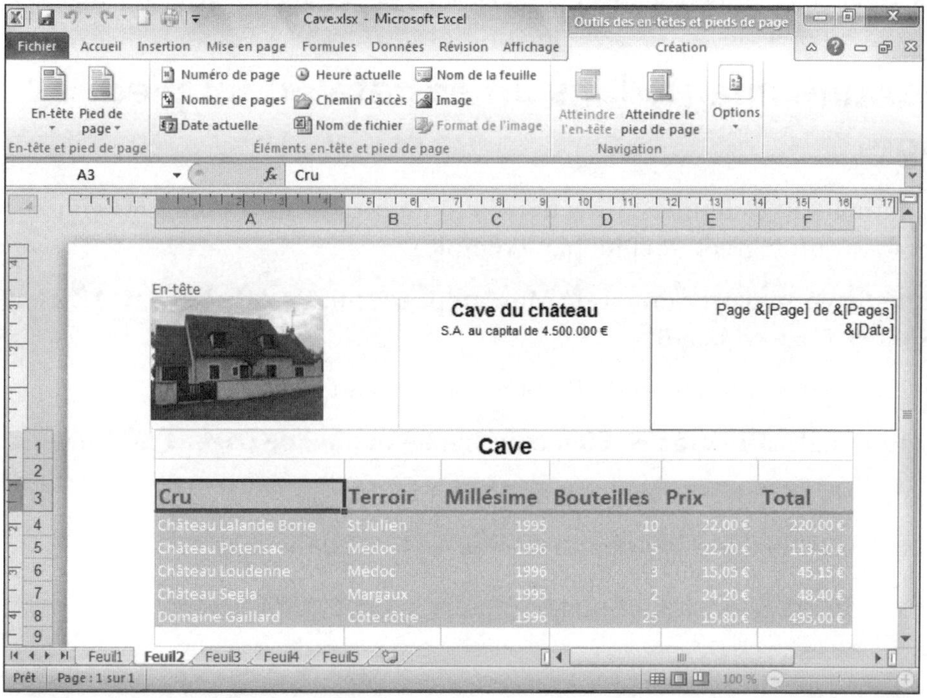

Figure 19-4 En-têtes personnalisés.

Bouton	Pour…
	ajouter le numéro de la page en cours.
	ajouter le nombre de pages lors de l'impression.
	ajouter la date d'impression.
	ajouter l'heure d'impression.

Tableau 19-1 Boutons de l'onglet Création ➜ Éléments en-tête et pied de page. ➜

Bouton	Pour...
	ajouter le chemin du classeur (chemin et nom du fichier).
	ajouter le nom du classeur (nom du fichier).
	ajouter le nom de la feuille (nom de l'onglet).
	ajouter une image (voir paragraphe suivant).
	modifier l'image (dimension, échelle, luminosité, contraste, *etc.*).

Tableau 19-1 Boutons de l'onglet Création ➜ Éléments en-tête et pied de page *(suite)*.

Ajouter une image dans un en-tête ou un pied de page

Pour personnaliser vos feuilles, vous pouvez ajouter des images dans les en-têtes et les pieds de pages (un logo de société par exemple).

1. Éventuellement, passez en mode Mise en page (onglet **Affichage ➜ Affichages classeur ➜ Mise en page**).
2. Cliquez une des trois zones de l'en-tête ou du pied de page.
3. Cliquez l'onglet **Création ➜ Éléments en-tête et pied de page ➜ Image**.
4. Sélectionnez le dossier qui contient l'image.
5. Sélectionnez l'image à ajouter à l'en-tête ou le pied de page.

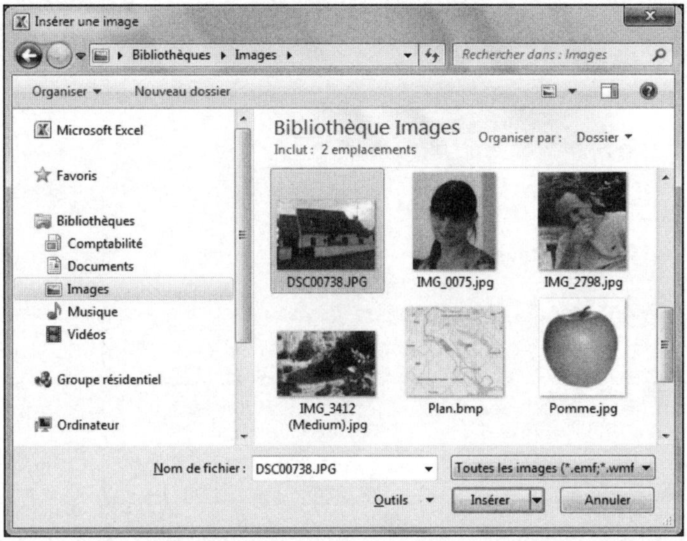

Figure 19-5 Choix d'une image pour un en-tête de page.

6. Cliquez le bouton **Insérer**.
7. Cliquez l'onglet **Création → Éléments en-tête et pied de page →** **Format de l'image** pour modifier les caractéristiques de l'image (dimension, échelle, luminosité, contraste, *etc.*).

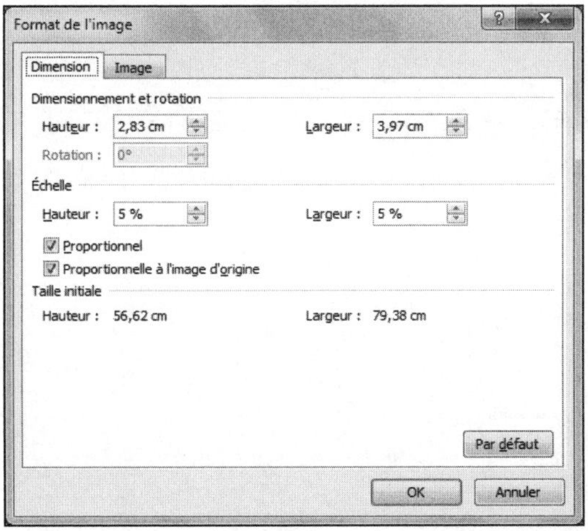

Figure 19-6 Modification des caractéristiques de l'image.

8. Modifiez les caractéristiques de l'image dans les onglets **Dimension** et **Image** de la boîte **Format de l'image**.
9. Cliquez le bouton **OK**.
10. Cliquez dans la feuille de calcul pour voir le résultat.

Figure 19-7 En-tête personnalisé avec image.

Si l'image couvre la feuille de calcul, vous devez modifier les marges (consultez le paragraphe suivant).

Modifier manuellement les marges

Les marges correspondent aux zones non imprimables d'un document. Le mode Mise en page propose des règles qui délimitent les zones imprimables (en blanc) de celles non imprimables (en bleu).

1. Pointez dans la règle verticale ou horizontale la limite entre la zone blanche et la zone bleue.

   Une info-bulle vous indique la taille de la marge.

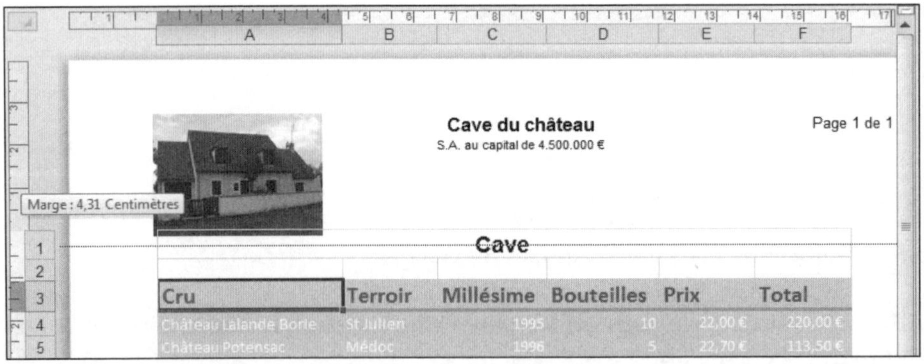

Figure 19-8 Modification des marges en mode Mise en page.

2. Cliquez et faites glisser pour augmenter ou diminuer la taille de la marge.

Afficher un aperçu avant impression

Avant d'imprimer votre feuille de calcul, vérifiez que tout est conforme à vos désirs.

1. Cliquez l'onglet **Fichier ➜ Imprimer**.

   Excel affiche un aperçu de la feuille telle qu'elle sera imprimée dans la partie droite de l'onglet.

2. Cliquez plusieurs fois le bouton pour effectuer des zooms avant et arrière.

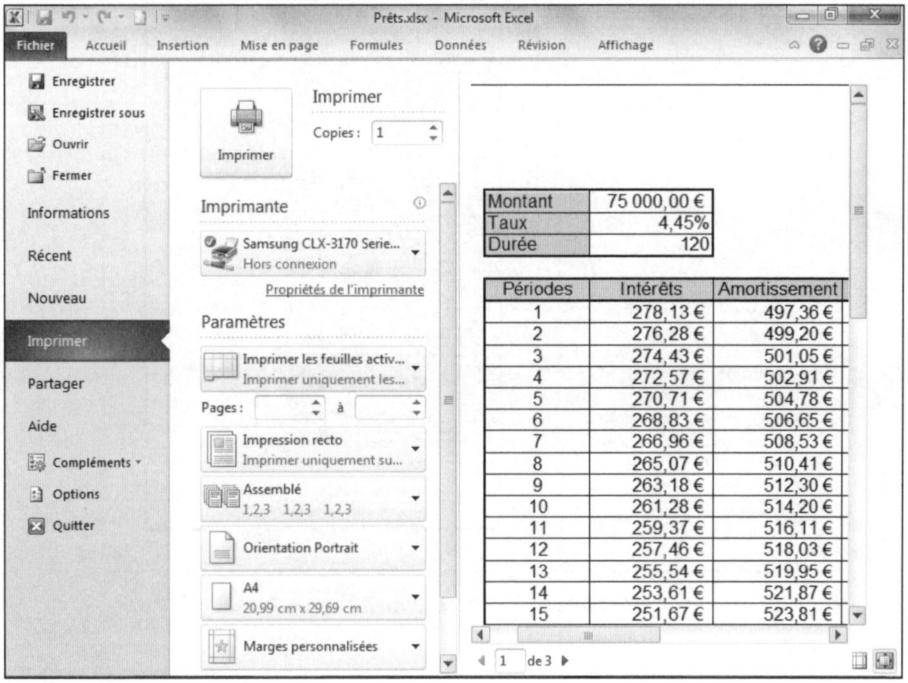

Figure 19-9 Aperçu avant impression.

   Le numéro de la page en cours et le nombre de pages s'affichent en-dessous de l'aperçu.

3. Cliquez les boutons et en-dessous de l'aperçu ou la barre de défilement verticale pour changer de page.

Note La barre de défilement verticale permet de changer de page uniquement si le zoom n'est pas actif.

Dans l'aperçu avant impression, vous pouvez modifier les marges manuellement, ainsi que la largeur des colonnes ou la taille des en-têtes et des pieds de pages.

1. Cochez le bouton dans l'aperçu.

Les lignes grises indiquent les marges non imprimables autour de la feuille. Les zones en haut et en bas délimitent l'en-tête et le pied de page. Les carrés en haut indiquent la position des colonnes.

2. Faites glisser une ligne ou un carré quand le curseur prend la forme ✣ ou ‡ pour modifier marges, en-tête, pied de page ou colonnes.

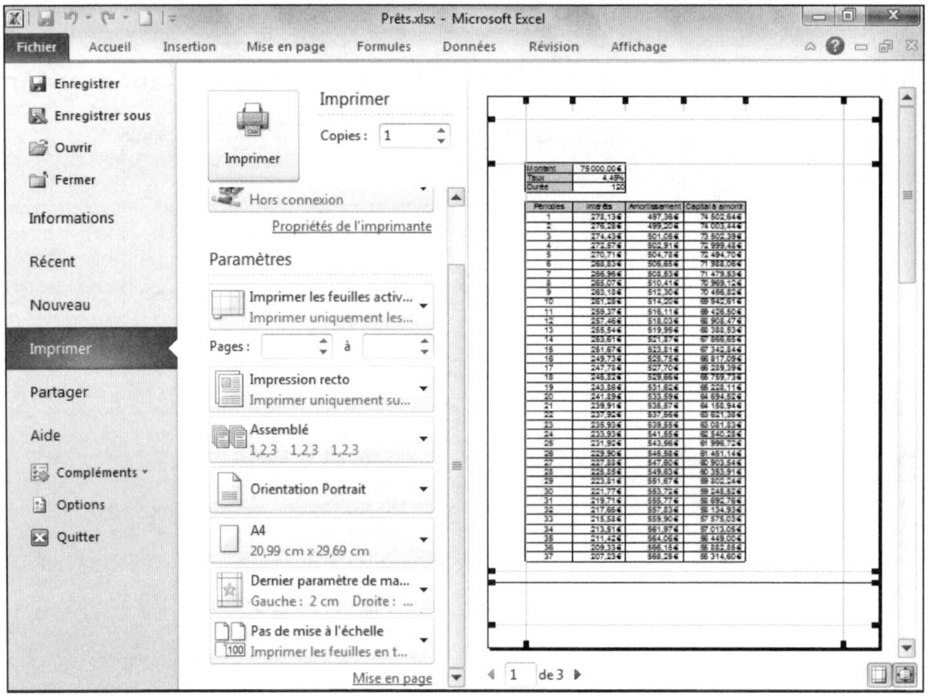

Figure 19-10 Modification des marges dans l'aperçu avant impression.

Afficher et modifier les ruptures de page

Les pages sont imprimées en fonction de la taille de la feuille de calcul et de la taille du papier de votre imprimante. Si le découpage ne vous convient pas, modifiez les ruptures de pages.

1. Cliquez l'onglet **Affichage → Affichages classeur → Aperçu des sauts de page** .

Note Vous pouvez aussi utiliser le bouton dans la barre d'état.

2. Éventuellement, cliquez le bouton **OK** dans la boîte **Aperçu des sauts de page**.

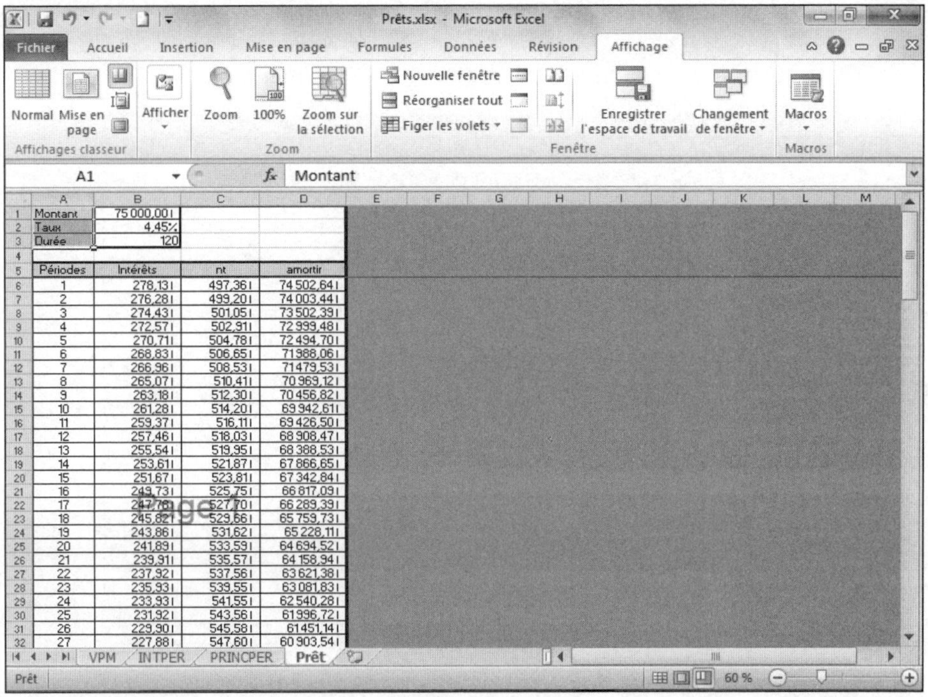

Figure 19-11 Aperçu des sauts de page.

Les pages à imprimer sont bordées de lignes bleues. Des filigranes gris indiquent les numéros de ces pages.

Pour modifier les sauts de page en mode Aperçu des sauts de page :

1. Pointez une ligne bleue verticale ou horizontale.

   Le curseur prend la forme ↔ ou ↕.

2. Faites glisser pour changer la position des sauts de page.

Le saut de page est placé à sa nouvelle position.

Les sauts de page peuvent être ajoutés ou supprimés dans le mode Normal ou dans le mode Aperçu des sauts de page.

Pour ajouter un saut de page :

1. Sélectionnez la ligne ou la colonne du saut de page.
2. Cliquez l'onglet **Mise en page ➜ Mise en page ➜ Sauts de page ➜ Insérer un saut de page**.

Note Si vous sélectionnez une cellule, Excel ajoute un saut de page vertical et horizontal à l'intersection de cette cellule.

Un saut de page est ajouté à la verticale, à l'horizontale ou les deux à la fois en fonction de votre choix.

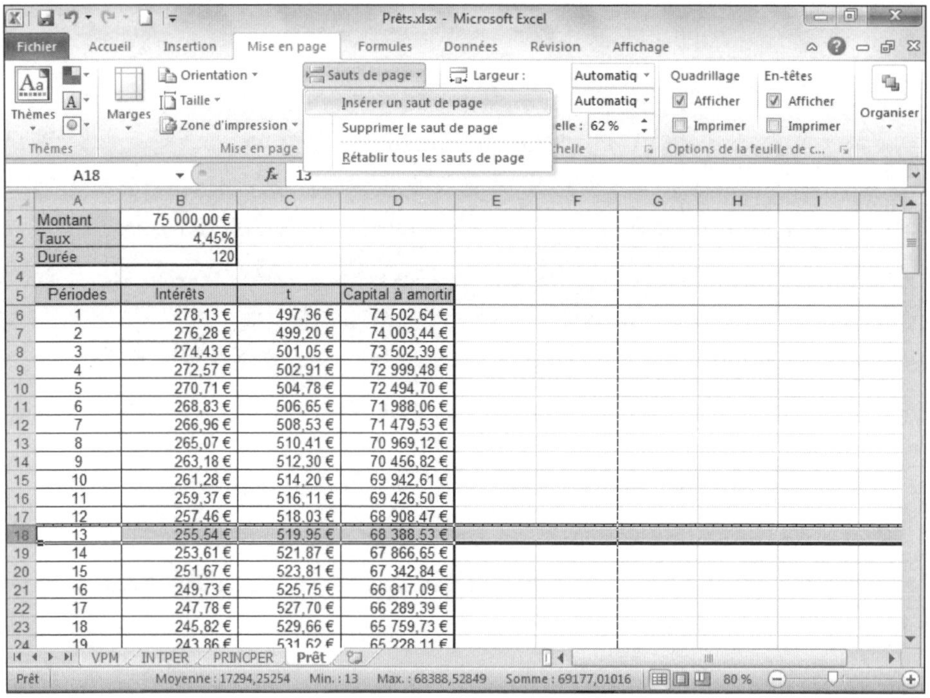

Figure 19-12 Ajout d'un saut de page.

Pour supprimer un saut de page :

1. Sélectionnez la ligne ou la colonne du saut de page.
2. Cliquez **Mise en page ➜ Mise en page ➜ Sauts de page ➜ Supprimer le saut de page**.

Astuce En mode Aperçu des sauts de page, vous supprimez un saut de page en faisant glisser sa ligne bleue en dehors de la feuille (vers les lettres des colonnes pour une ligne horizontale ou vers les numéros de lignes pour une ligne verticale).

Définir le format d'impression

Votre tableau est-il plus adapté à une impression à l'horizontale ? Faut-il le réduire pour qu'il tienne sur une seule page ? Modifiez les options d'impression en conséquence. Ces options sont accessibles soit par le ruban avec des valeurs prédéfinies, soit dans une boîte de dialogue qui permet de choisir des paramètres précis.

1. Cliquez l'onglet **Mise en page**, puis cliquez le bouton du groupe **Mise en page**.

Note Certains paramètres de mise en page sont aussi disponibles dans l'onglet **Fichier → Imprimer** (figure 19-6).

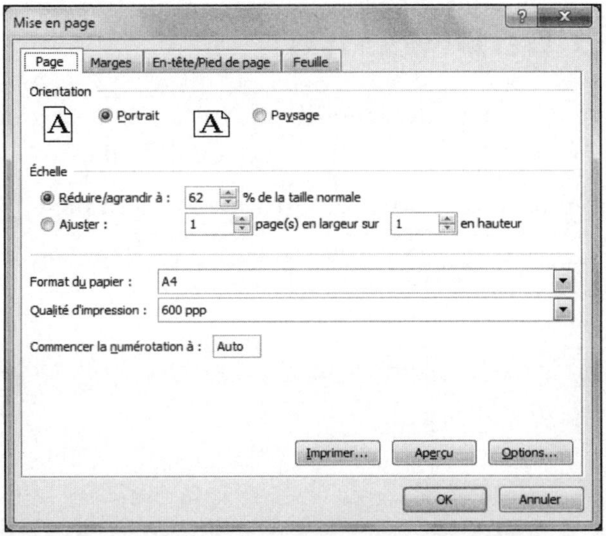

Figure 19-13 Onglet Page de la boîte Mise en page.

2. Cliquez l'onglet **Page**.
3. Cliquez ou sélectionnez les options d'impression.
   - **Orientation** : sens d'impression (page verticale ou horizontale).
   - **Réduire/Agrandir** : agrandit ou réduit la feuille de calcul au pourcentage spécifié.
   - **Ajuster** : ajuste l'impression à un certain nombre de pages en hauteur et en largeur.
   - **Format du papier** : format des feuilles utilisées dans votre imprimante.
   - **Qualité d'impression** : type d'impression (haute qualité, brouillon, *etc.*). Cette option est dépendante des possibilités de votre imprimante.
   - **Commencer la numérotation à** : sélectionne le numéro de la première page (1 par défaut en mode « Auto »).
4. Cliquez le bouton **Aperçu** afin de voir le résultat.

Note L'option **Ajuster** est efficiente si la feuille de calcul est normalement imprimée sur plusieurs pages. L'option **Qualité d'impression** est fonction de votre imprimante. Cette option n'est peut-être pas disponible. Le bouton **Option** ouvre une boîte de dialogue spécifique à votre imprimante. Consultez la documentation de celle-ci pour des informations complémentaires.

Définir les marges d'impression

En fonction de la taille de votre tableau, vous pouvez modifier les marges. En augmentant la marge de gauche, par exemple, vous relierez plus facilement vos feuilles.

1. Cliquez l'onglet **Mise en page**, puis le bouton du groupe **Mise en page**.

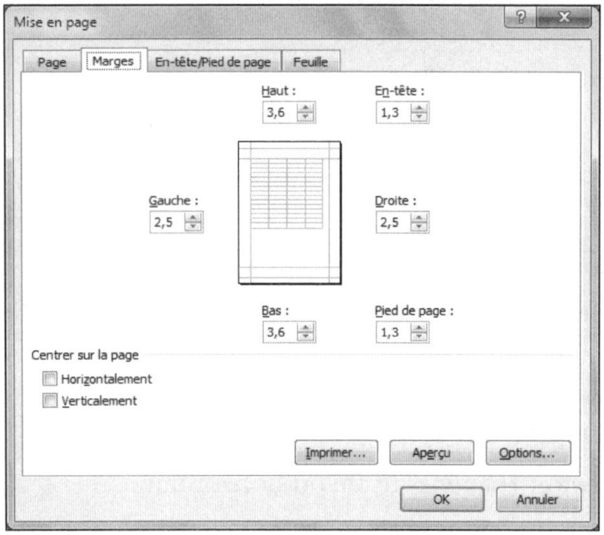

Figure 19-14 Onglet Marges de la boîte Mise en page.

2. Cliquez l'onglet **Marges**.
3. Cliquez ou sélectionnez les options d'impression.
   - **Gauche**, **droite**, **haut**, **bas** : zones non imprimables sur les bords de la feuille à imprimer.
   - **En-tête et pied de page** : zones réservées à l'en-tête et au pied de page.
   - **Horizontalement** et **Verticalement** : centre le tableau dans la page.
4. Cliquez le bouton **Aperçu** pour voir le résultat.

Astuce Si vous n'avez pas d'en-tête ou de pied de page, tapez 0 dans les zones En-tête et Pied de page pour gagner de la place sur la page.

Choisir les données à imprimer

Il est parfois judicieux de n'imprimer que la partie la plus intéressante d'une feuille de calcul.

1. Cliquez l'onglet **Mise en page**, puis le bouton du groupe **Mise en page**.
2. Cliquez l'onglet **Feuille**.
3. Cliquez le bouton dans **Zone d'impression**.
4. Sélectionnez la plage de cellules à imprimer.
5. Cliquez le bouton pour revenir à la boîte **Mise en page**.

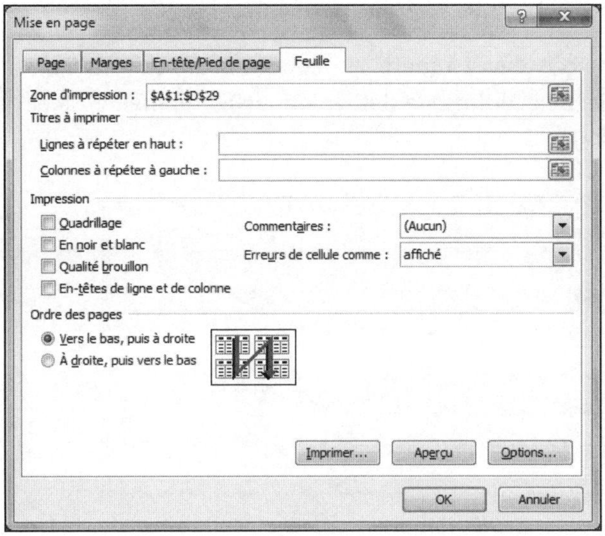

Figure 19-15 Onglet Feuille de la boîte Mise en page.

6. Cliquez le bouton **OK**.

La zone imprimable est entourée de pointillés. Seule cette zone sera imprimée en cliquant l'onglet **Fichier ➜ Imprimer ➜ Imprimer**.

Note Vous définissez aussi la zone d'impression en la sélectionnant puis en cliquant l'onglet **Mise en page ➜ Mise en page ➜ Zone d'impression ➜ Définir**. Pour supprimer la zone d'impression, cliquez l'onglet **Mise en page ➜ Mise en page ➜ Zone d'impression ➜ Annuler**.

Répéter des lignes et des colonnes d'un grand tableau

Si votre tableau tient sur plusieurs pages, les en-têtes de colonnes et de lignes ne seront pas visibles à partir de la seconde page. Demandez à Excel de les répéter systématiquement.

1. Cliquez l'onglet **Mise en page**, puis le bouton du groupe **Mise en page**.
2. Cliquez l'onglet **Feuille**.
3. Cliquez le bouton de la zone **Lignes à répéter en haut**.
4. Sélectionnez la (les) ligne(s) à répéter.

Note Si ce sont les colonnes que vous devez répéter : à l'étape **3**, cliquez dans la zone **Colonnes à répéter à gauche**. Sélectionnez la (les) colonne(s) à répéter. Cliquez pour revenir à la boîte **Mise en page**.

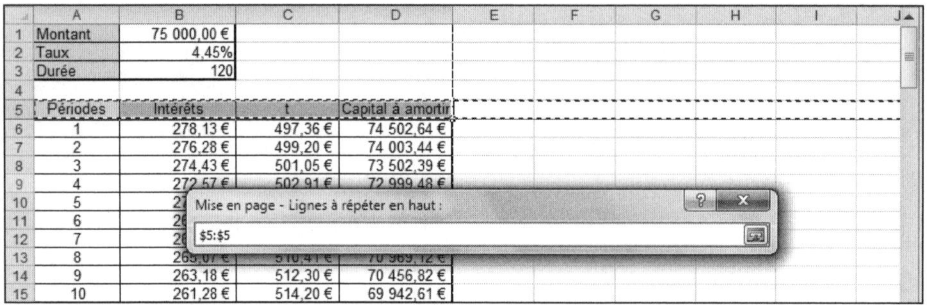

Figure 19-16 Sélection des lignes à répéter lors de l'impression.

5. Cliquez le bouton pour revenir à la boîte **Mise en page**.
6. Cliquez le bouton **OK**.

Les lignes sélectionnées seront répétées à chaque page lors de la prochaine impression.

Sauf cas très particulier, on ne répète pas et des lignes et des colonnes dans la même impression. L'option **Quadrillage** permet d'imprimer le quadrillage par défaut de chaque cellule. L'option **En-têtes de ligne et de colonne** ajoute le numéro des lignes et la lettre des colonnes. La liste **Commentaires** permet d'imprimer les commentaires des cellules (voir chapitre 15).

Imprimer une feuille ou un classeur

Rien de plus simple que d'imprimer une feuille de calcul ou un classeur. Vous devez cependant tenir compte des options expliquées dans les paragraphes précédents.

1. Cliquez l'onglet **Fichier ➜ Imprimer**.
2. Si vous désirez changer d'imprimante, sélectionnez-la dans la liste **Imprimante**.
3. Si vous souhaitez modifier les options de l'imprimante (résolution, taille du papier, *etc.*), cliquez le lien **Propriétés de l'imprimante**.

Note La boîte des propriétés dépend de votre imprimante. Au besoin, consultez sa notice.

4. Dans les zones **Pages** et **à**, tapez le numéro de la première et de la dernière page pour limiter l'impression.
5. Dans la première liste des Paramètres, sélectionnez **Imprimer le classeur entier** pour imprimer toutes les feuilles de calcul. Sélectionnez **Imprimer la sélection** pour imprimer uniquement les cellules sélectionnées avant d'ouvrir cet onglet.
6. Tapez dans la zone **Copies** le nombre d'exemplaires à imprimer.

Note Si vous avez choisi d'imprimer plusieurs copies en modifiant la zone **Copies**, sélectionnez **Assemblées** pour imprimer des pages triées (pages 1, 2, 3, *etc.* puis 1, 2, 3, *etc.*) ou sélectionnez **Non assemblé** pour une impression plus rapide (pages 1, 1, *etc.* puis pages 2, 2, *etc.*).

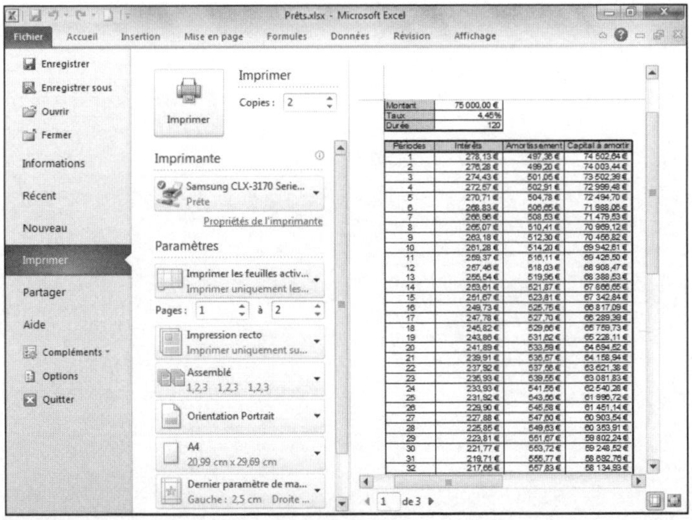

Figure 19-17 Options d'impression.

7. Cliquez le bouton **Imprimer** pour débuter l'impression.

Le bouton  de la barre d'outils Accès rapide lance directement l'impression sans ouvrir la boîte **Imprimer**. Utilisez-le pour imprimer toutes les pages de la feuille de calcul en cours avec l'imprimante par défaut. Pour ajouter ce bouton à la barre d'Accès rapide, consultez le chapitre d'introduction.

Chapitre 20

Tableaux, tris et filtres

Dans ce chapitre

- Trier les données
- Filtrer des données
- Appliquer un filtre personnalisé
- Utiliser les tableaux Excel
- Saisir avec les formulaires

Votre feuille contient un grand tableau ? Laissez le soin à Excel de le trier ou de le filtrer. Quant à la saisie proprement dite, les tableaux Excel et les formulaires vous feront gagner un temps précieux en présentant vos données sous forme de tableaux ajustés automatiquement ou sous forme de fiches.

Trier les données

Les valeurs de votre tableau ne sont pas dans le bon ordre ? Demandez à Excel de les trier.

Trier une colonne

1. Cliquez une cellule de la colonne sur laquelle vous désirez trier les données.

	Produit	Prix Fab.	Quantité	Prix Stock	Marge	Prix Vente	Total
4	Blouson	32,913	35	1 151,96 €	55%	51,02 €	1 785,53 €
5	Chemise	4,071	1209	4 921,84 €	55%	6,31 €	7 628,85 €
6	Coupe-vent	9,913	345	3 419,99 €	55%	15,37 €	5 300,98 €
7	Cross-training	11,7645	107	1 258,80 €	55%	18,23 €	1 951,14 €
8	Doudoune	37,122	89	3 303,86 €	28%	47,52 €	4 228,94 €
9	Jean	14,352	864	12 400,13 €	55%	22,25 €	19 220,20 €
10	Jogging	13,0985	256	3 353,22 €	55%	20,30 €	5 197,48 €
11	Pantalon	13,8805	987	13 700,05 €	39%	19,29 €	19 043,07 €
12	Parka capuche	18,5265	178	3 297,72 €	28%	23,71 €	4 221,08 €
13	Polo	4,738	767	3 634,05 €	80%	8,53 €	6 541,28 €
14	Rugby shirt	3,404	546	1 858,58 €	80%	6,13 €	3 345,45 €
15	Salopette	17,871	267	4 771,56 €	39%	24,84 €	6 632,46 €
16	Surchemise	5,497	1024	5 628,93 €	80%	9,89 €	10 132,07 €
17	Sweat-shirt	6,4975	560	3 638,60 €	80%	11,70 €	6 549,48 €
18	T-shirt	2,5645	1369	3 510,80 €	80%	4,62 €	6 319,44 €

Figure 20-1 Tableau à trier.

2. Cliquez l'onglet **Données ➜ Trier et filtrer** puis le bouton **Trier de A à Z** pour un tri croissant ou le bouton **Trier de Z à A** pour un tri décroissant. Vous pouvez aussi utiliser l'onglet **Accueil ➜ Édition ➜ Trier et filtrer**.

Note Si vous avez choisi une colonne contenant des valeurs numériques, les boutons et s'appellent **Trier du plus petit au plus grand** et **Trier du plus grand au plus petit**. Si vous avez choisi une colonne contenant des dates, les boutons s'appellent **Trier du plus ancien au plus récent** et **Trier du plus récent au plus ancien**.

	Produit	Prix Fab.	Quantité	Prix Stock	Marge	Prix Vente	Total
4	T-shirt	2,5645	1369	3 510,80 €	80%	4,62 €	6 319,44 €
5	Sweat-shirt	6,4975	560	3 638,60 €	80%	11,70 €	6 549,48 €
6	Surchemise	5,497	1024	5 628,93 €	80%	9,89 €	10 132,07 €
7	Salopette	17,871	267	4 771,56 €	39%	24,84 €	6 632,46 €
8	Rugby shirt	3,404	546	1 858,58 €	80%	6,13 €	3 345,45 €
9	Polo	4,738	767	3 634,05 €	80%	8,53 €	6 541,28 €
10	Parka capuche	18,5265	178	3 297,72 €	28%	23,71 €	4 221,08 €
11	Pantalon	13,8805	987	13 700,05 €	39%	19,29 €	19 043,07 €
12	Jogging	13,0985	256	3 353,22 €	55%	20,30 €	5 197,48 €
13	Jean	14,352	864	12 400,13 €	55%	22,25 €	19 220,20 €
14	Doudoune	37,122	89	3 303,86 €	28%	47,52 €	4 228,94 €
15	Cross-training	11,7645	107	1 258,80 €	55%	18,23 €	1 951,14 €
16	Coupe-vent	9,913	345	3 419,99 €	55%	15,37 €	5 300,98 €
17	Chemise	4,071	1209	4 921,84 €	55%	6,31 €	7 628,85 €
18	Blouson	32,913	35	1 151,96 €	55%	51,02 €	1 785,53 €

Figure 20-2 Tableau trié de Z à A.

La colonne est triée en ordre croissant ou décroissant. Les données des autres colonnes sont permutées en même temps.

Note Si le tableau n'est pas bordé de cellules vides, vous devez utiliser l'onglet **Données → Trier et filtrer → Trier** (consultez le paragraphe suivant).

Trier sur plusieurs colonnes

Votre tableau n'est toujours pas dans le bon ordre ? Voici une seconde solution pour trier les données sur plusieurs colonnes.

1. Cliquez une cellule quelconque du tableau.

	Ville	Code Postal	Nom
6	Paris	75010	Baunier
7	Bourges	18000	Périn
8	Paris	75002	Rolin
9	St Amand	18200	Bresson
10	Paris	75010	Leloir

Figure 20-3 Tableau à trier sur plusieurs colonnes.

   Si le tableau n'est pas bordé de cellules vides, vous devez le sélectionner intégralement avant d'utiliser l'onglet **Données → Trier et filtrer → Trier.**

2. Cliquez l'onglet **Données → Trier et filtrer → Trier**.

   Excel détecte la présence de titres dans un tableau quand la première ligne ne contient que du texte alors que les autres lignes contiennent des nombres ou des formules. Si votre tableau ne contient pas de titres de colonne et qu'Excel ne l'a pas détecté, décochez la case **Mes données ont des en-têtes** dans la boîte **Tri**.

Si vous ne décochez pas cette case, la première ligne du tableau n'est pas triée avec le reste des données.

3. Sélectionnez le titre de la colonne à trier dans la liste **Colonne**.
4. Sélectionnez **Valeurs** dans la liste **Trier sur**. Si vous avez défini des mises en forme conditionnelles, sélectionnez-en le type (consultez le chapitre 24).
5. Sélectionnez le type de tri dans la liste **Ordre**.

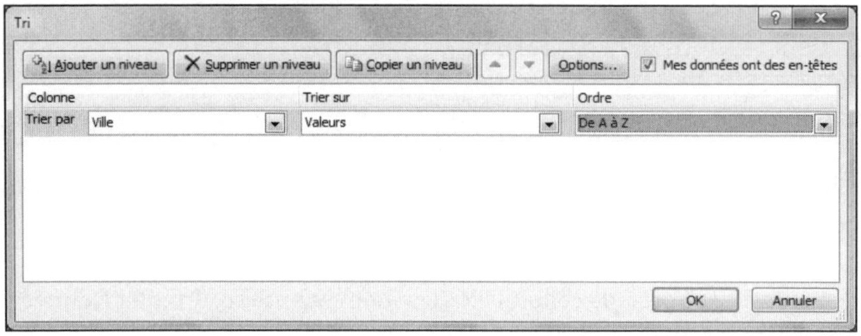

Figure 20-4 Définition d'un tri.

6. Si vous souhaitez que le tri se fasse sur d'autres colonnes, cliquez le bouton **Ajouter un niveau**, puis répétez les étapes **3** à **5** pour le tri suivant.

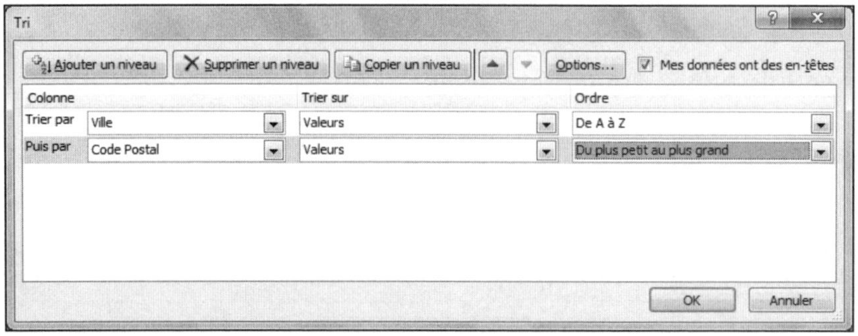

Figure 20-5 Tri sur plusieurs colonnes.

7. Cliquez le bouton **OK**.

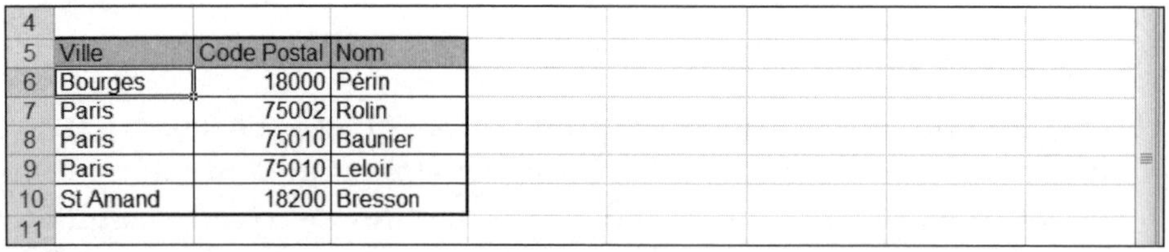

4			
5	Ville	Code Postal	Nom
6	Bourges	18000	Périn
7	Paris	75002	Rolin
8	Paris	75010	Baunier
9	Paris	75010	Leloir
10	St Amand	18200	Bresson
11			

Figure 20-6 Tableau trié sur plusieurs colonnes.

Le tableau est trié sur les colonnes choisies (ici par ville, puis par code postal). Quand vous choisissez plusieurs colonnes de tri, Excel commence par trier les colonnes les moins significatives pour finir par la première sélectionnée. Dans l'exemple de la figure 20-5, Excel trie d'abord sur la colonne « Code Postal » puis sur la colonne « Ville ». Si on se contentait de trier la colonne « Ville » avec le bouton A↓Z, les codes postaux ne seraient pas triés pour la ville de Paris.

Appliquer un filtre

Dans un grand tableau, il est difficile de repérer rapidement certaines valeurs. Le filtre automatique le fait pour vous.

1. Cliquez une cellule quelconque du tableau.
2. Cliquez l'onglet **Données ➜ Trier et filtrer ➜ Filtrer**.

Attention Votre tableau doit posséder une ligne d'en-têtes (titres de colonnes).

	Produit	Prix Fab.	Quantité	Prix Stock	Marge	Prix Vente	Total
4	Blouson	28,62 €	35	1 001,70 €	55%	44,36 €	1 552,64 €
5	Chemise	3,54 €	1209	4 279,86 €	55%	5,49 €	6 633,78 €
6	Coupe-vent	8,62 €	345	2 973,90 €	55%	13,36 €	4 609,55 €
7	Cross-training	10,23 €	107	1 094,61 €	55%	15,86 €	1 696,65 €
8	Doudoune	32,28 €	89	2 872,92 €	28%	41,32 €	3 677,34 €
9	Jogging	11,39 €	256	2 915,84 €	55%	17,65 €	4 519,55 €
10	Pantalon	12,07 €	987	11 913,09 €	39%	16,78 €	16 559,20 €
11	Parka capuche	16,11 €	178	2 867,58 €	28%	20,62 €	3 670,50 €
12	Polo	4,12 €	767	3 160,04 €	80%	7,42 €	5 688,07 €
13	Pull	16,78 €	143	2 399,54 €	55%	26,01 €	3 719,29 €
14	Rugby shirt	2,96 €	546	1 616,16 €	80%	5,33 €	2 909,09 €
15	Salopette	15,54 €	267	4 149,18 €	39%	21,60 €	5 767,36 €
16	Surchemise	4,78 €	1024	4 894,72 €	80%	8,60 €	8 810,50 €
17	Sweat-shirt	5,65 €	560	3 164,00 €	80%	10,17 €	5 695,20 €
18	T-shirt	2,23 €	1369	3 052,87 €	80%	4,01 €	5 495,17 €

Figure 20-7 Tableau avec un filtre.

Chaque en-tête du tableau devient une liste proposant les valeurs de la colonne et des options de tri.

3. Cliquez la flèche d'un en-tête du tableau.
4. Pour afficher toutes les données, cochez la case **(Sélectionner tout)**.
5. Pour sélectionner certaines données, décochez la case **(Sélectionner tout)**, puis cochez ces données dans la liste.

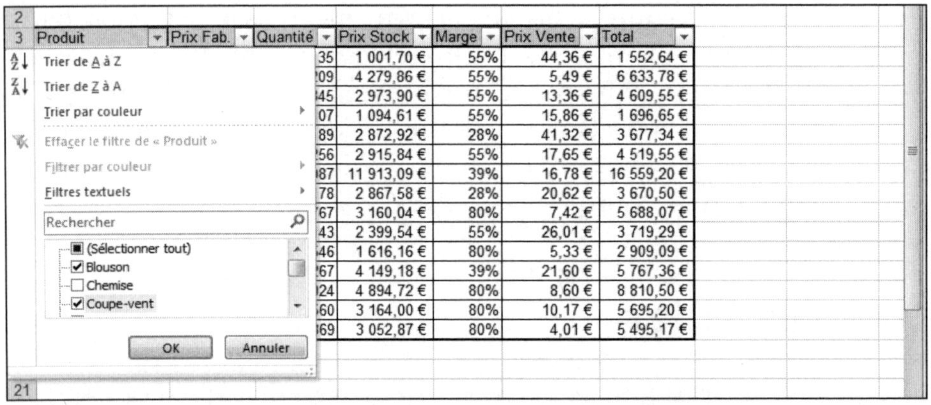

Figure 20-8 Application d'un filtre à une colonne du tableau.

Note Si une valeur apparaît plusieurs fois dans une colonne, elle n'apparaît qu'une seule fois dans la liste.

6. Cliquez le bouton **OK** pour valider vos choix.

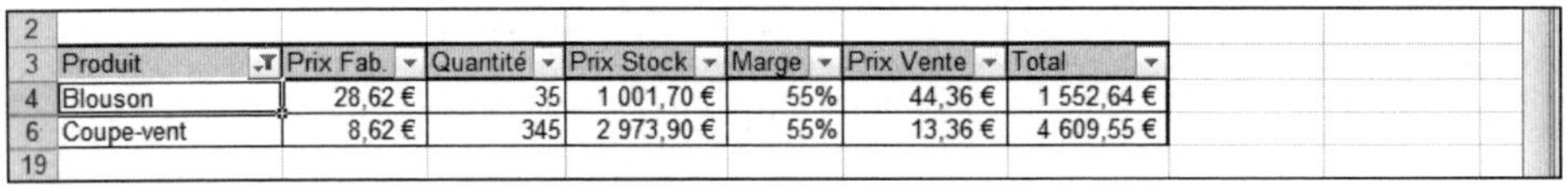

	Produit	Prix Fab.	Quantité	Prix Stock	Marge	Prix Vente	Total
4	Blouson	28,62 €	35	1 001,70 €	55%	44,36 €	1 552,64 €
6	Coupe-vent	8,62 €	345	2 973,90 €	55%	13,36 €	4 609,55 €

Figure 20-9 Tableau filtré.

Le tableau est limité aux valeurs sélectionnées. Les autres lignes sont masquées. La flèche de l'en-tête passe de l'icône à l'icône pour indiquer qu'un filtre est appliqué à cette colonne. Les numéros des lignes sont en bleu pour indiquer que certaines sont masquées.

Pour filtrer le tableau sur plusieurs colonnes, répétez les étapes précédentes sur d'autres colonnes.

Pour supprimer le filtrage :

1. Cliquez la flèche de l'en-tête.
2. Cliquez la commande **Effacer le filtre** dans la liste.
3. Si d'autres colonnes ont servi à filtrer le tableau, répétez les étapes **1** et **2**.

Attention Quand un filtre limite le tableau, les autres colonnes en tiennent compte et ne proposent pas les valeurs qui sont déjà masquées.

Pour supprimer le filtrage d'un tableau, cliquez l'onglet **Données → Trier et filtrer → Filtrer**.

Appliquer un filtre personnalisé

Si une simple sélection dans les listes ne vous suffit pas, créez des filtres personnalisés.

1. Cliquez une cellule quelconque du tableau.
2. Cliquez l'onglet **Données → Trier et filtrer → Filtrer**.
3. Cliquez la flèche d'un en-tête de colonne.

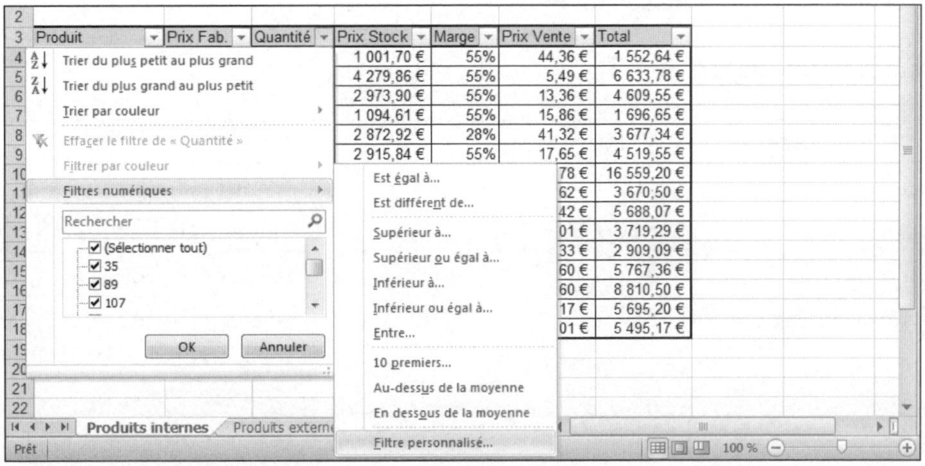

Figure 20-10 Accès aux filtres personnalisés.

4. Cliquez **Filtres numériques → Filtre personnalisé** dans la liste.

Note Les autres commandes disponibles dans la liste **Filtres numériques** ouvrent la même boîte de dialogue mais renseignent la première liste.

5. Sélectionnez le type de comparaison dans la première liste.
6. Sélectionnez ou tapez la valeur à comparer à la liste.

Note Consultez le tableau 20-1 pour des exemples de critères.

7. Vous pouvez aussi ajouter plusieurs critères. Cochez l'option **Et** ou **Ou**. Avec l'option **Et**, les deux critères doivent être vrais. Avec l'option **Ou**, un des deux critères doit être vrai. Sélectionnez le type de comparaison et la valeur à comparer dans les deux listes en dessous.

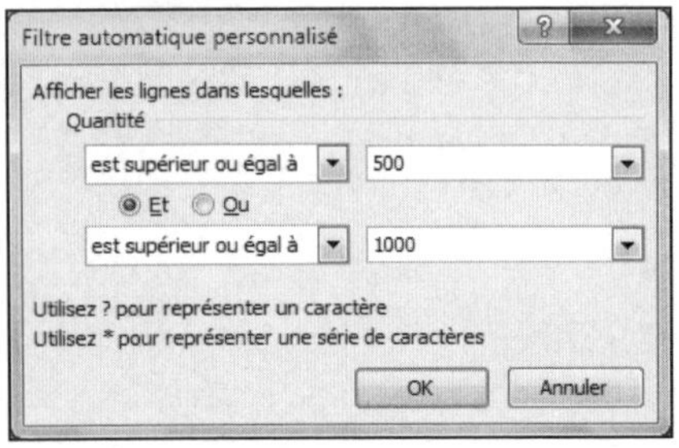

Figure 20-11 Choix de filtres personnalisés.

8. Cliquez le bouton **OK**.

Type de comparaison	Valeur	Résultat
est supérieur à	5000	valeurs supérieures à 5000
différent de	5000	valeurs différentes de 5000
commence par	S	textes commençant par S
est supérieur ou égal à	S	textes commençant par les lettres de l'alphabet supérieures à R
contient	Shirt	textes contenant les lettres Shirt
ne se termine pas par	Chemise	textes ne se terminant pas par le mot Chemise

Tableau 20-1 Exemples de critères.

Utiliser les tableaux Excel

Un tableau est un ensemble de données composé de lignes et de colonnes. Chaque ligne correspond à une entité telle que les références d'une personne (nom, prénom, *etc.*). Chaque colonne contient des données sur un sujet précis comme un nom. Dans une base de données, chaque ligne correspond à un « enregistrement » et chaque colonne à un « champ ».

Les tableaux Excel permettent de gérer facilement ce type de données. L'ajout de ligne (enregistrement) ou de colonne (champ) y est grandement facilité par rapport à un tableau ordinaire d'une feuille de calcul.

Note Dans les versions précédentes, les tableaux Excel s'appelaient « Listes ».

Créer un tableau Excel

La base d'un tableau Excel correspond à celle d'un tableau ordinaire. Il suffit d'ajouter les en-têtes de colonnes correspondant à chaque champ. Vous pouvez, bien sûr, partir d'un tableau existant contenant déjà des données.

1. Tapez dans la feuille de calcul les en-têtes de colonne.

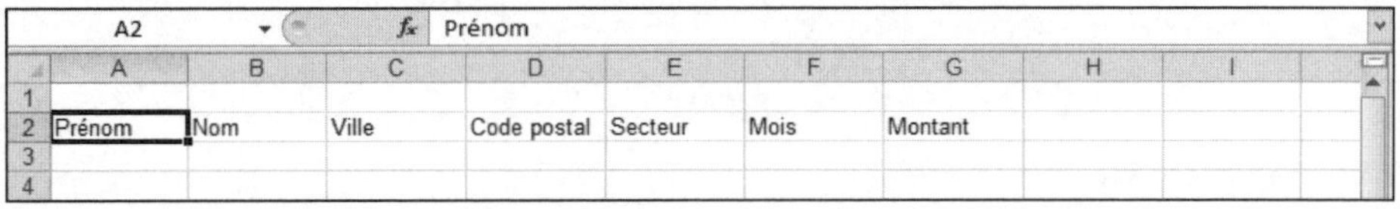

Figure 20-12 Bases d'un tableau Excel.

Note Chaque colonne ne doit correspondre qu'à une seule donnée. Il est préférable de créer une colonne **Nom** et une colonne **Prénom** plutôt qu'une seule colonne **Nom & Prénom**. Cela facilite grandement les tris.

2. Cliquez une des cellules contenant un en-tête, ou cliquez une cellule du tableau si vous avez déjà des données saisies.

Astuce Il est tout à fait possible de créer un tableau dans une feuille vide. Sélectionnez simplement les cellules à attribuer aux en-têtes. Les en-têtes créés par Excel portent alors les noms génériques Colonne1, Colonne2, etc. Vous devrez ensuite les renommer.

3. Cliquez l'onglet **Insertion ➜ Tableaux ➜ Tableau**.
4. Vérifiez que la plage sélectionnée correspond à celle de votre tableau.
5. Si vous n'avez que les en-têtes du tableau, cochez la case **Mon tableau comporte des en-têtes**.

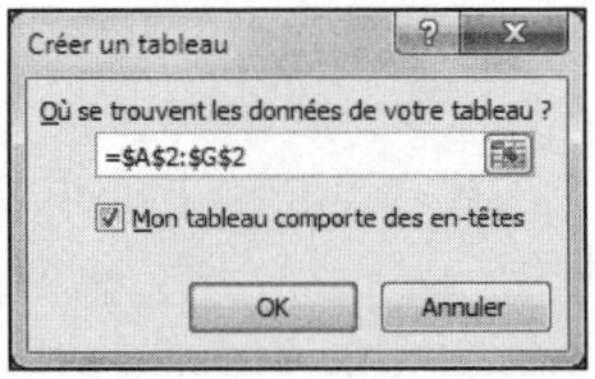

Figure 20-13 Création d'un tableau Excel.

6. Cliquez le bouton **OK**.

Excel crée le tableau. Il propose dans le ruban un nouvel onglet **Création** dédié au tableau.

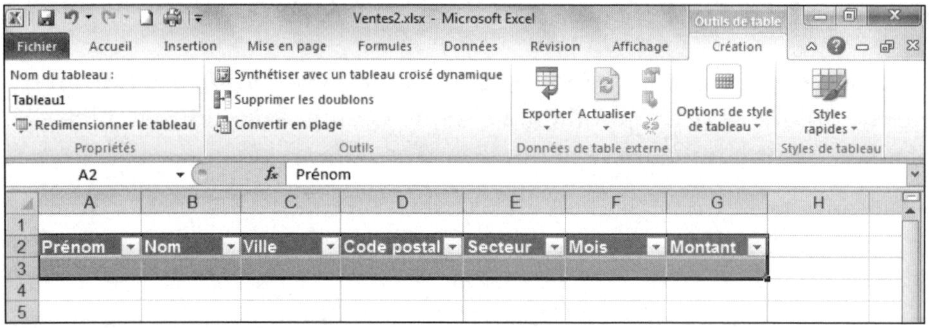

Figure 20-14 Tableau Excel.

Ajouter des données

Pour ajouter des données, cliquez la première colonne de la première ligne vide. Tapez la donnée correspondante, puis validez avec la touche **Tab**. Tapez les autres données de l'enregistrement tout en validant avec **Tab**. Après la dernière colonne, Excel crée un nouvel enregistrement vide.

Figure 20-15 Saisie de données dans un tableau Excel.

Ajouter ou supprimer des lignes

Pour ajouter une ligne en fin de tableau, il suffit de sélectionner la première cellule vide de la première colonne en dessous du tableau, puis de saisir la première donnée et de valider avec la touche **Tab**. Excel comprend que vous désirez ajouter un enregistrement. Si tel n'était pas votre souhait, cliquez la balise puis la commande **Annuler le développement automatique du tableau**.

Vous pouvez aussi cliquer la dernière cellule du tableau (dernière ligne et dernière colonne) puis appuyer sur la touche **Tab**.

Si vous désirez insérer un enregistrement au milieu du tableau :

1. Cliquez, avec le bouton droit, une cellule en dessous de la ligne à insérer.
2. Cliquez la commande **Insérer → Lignes de tableau en haut** dans le menu contextuel.

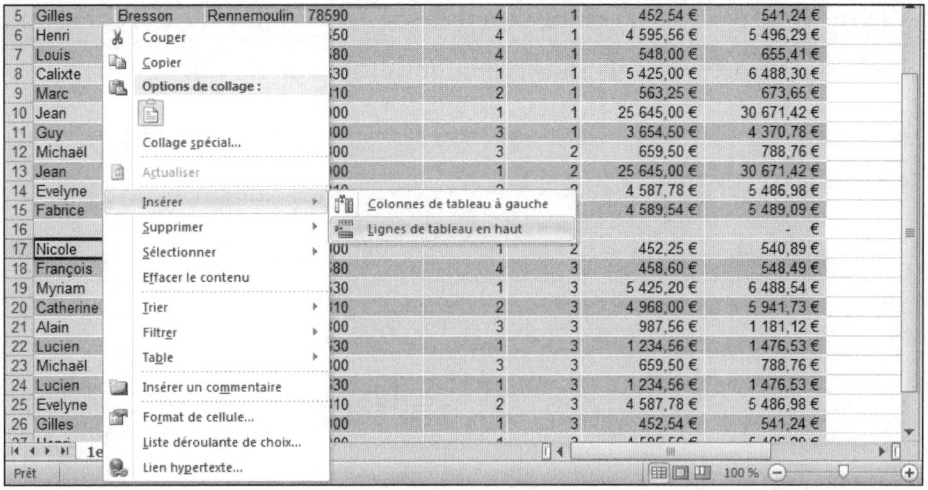

Figure 20-16 Insertion d'un nouvel enregistrement au milieu d'un tableau.

Excel insère une ligne vide. Vous pouvez y saisir des données.

Pour supprimer une ligne, cliquez avec le bouton droit une de ses cellules, puis cliquez la commande **Supprimer ➜ Lignes de tableau** dans le menu contextuel.

Ajouter ou supprimer des colonnes

Pour ajouter une nouvelle colonne à droite du tableau, cliquez et faites glisser le coin en bas à droite quand le curseur de souris prend la forme ⤡. La nouvelle colonne porte un nom générique. Double-cliquez ce dernier puis tapez le vrai nom de la colonne.

Pour ajouter une nouvelle colonne au milieu du tableau, cliquez avec le bouton droit une cellule dans la colonne à droite de celle à insérer. Cliquez la commande **Insérer ➜ Colonnes de tableau à gauche** dans le menu contextuel.

Pour supprimer une colonne, cliquez avec le bouton droit une de ses cellules, puis cliquez la commande **Supprimer ➜ Colonnes de tableau** dans le menu contextuel.

Ajouter des totaux

Vous pouvez ajouter des calculs en dessous du tableau.

1. Cliquez une cellule du tableau.
2. Cliquez l'onglet **Création ➜ Options de style de tableau**, puis cochez la case **Ligne des totaux**.

   Une ligne **Total** s'affiche en bas du tableau.

3. Sur la ligne **Total**, cliquez la colonne sur laquelle vous désirez effectuer un calcul.
4. Cliquez la flèche de la cellule puis sélectionnez le type de calcul.

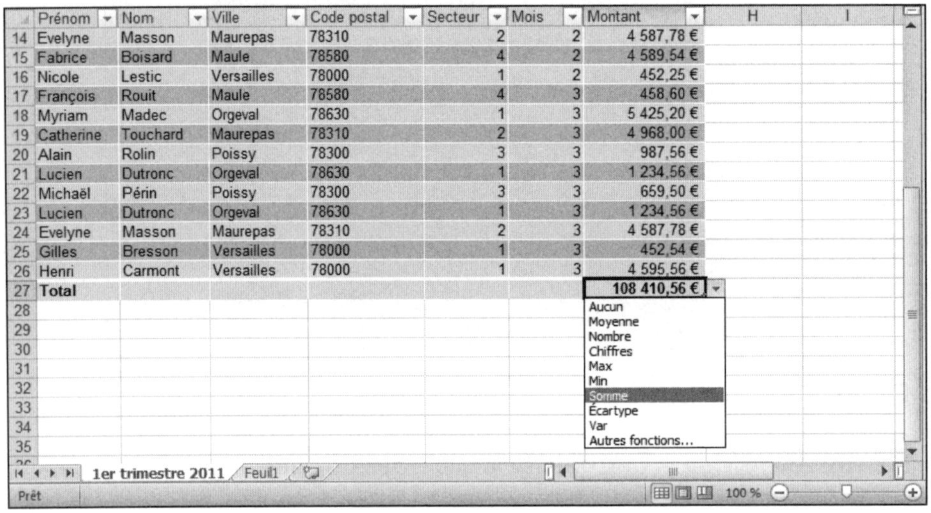

Figure 20-17 Totaux dans un tableau Excel.

Note Dans le tableau de la figure 20-17, les en-têtes se trouvent sur une ligne de la feuille qui n'est plus visible. Excel remplace alors les en-têtes de colonne de la feuille par les en-têtes de colonne du tableau. Vous n'avez pas besoin de figer les volets (voir chapitre 17).

Pour supprimer la ligne **Total**, cliquez l'onglet **Création ➜ Options de style de tableau**, puis décochez la case **Ligne des totaux**.

Trier et filtrer le tableau

Pour trier ou filtrer un tableau, cliquez la flèche de l'en-tête de colonne. Toutes les commandes proposées fonctionnent de la même manière que pour un tableau ordinaire. Consultez le début de ce chapitre.

Ajouter des champs calculés

Vous pouvez ajouter des formules dans les colonnes d'un tableau. Sélectionnez n'importe quelle cellule de la colonne, puis saisissez votre formule en utilisant la souris si vous devez ajouter des références à d'autres colonnes. L'utilisation de la souris permet d'obtenir les références structurées utilisées par les tableaux. Dans l'exemple de la figure 20-18, on obtient la formule suivante :

```
=[@[Montant HT]]*1, 196
```

Vous n'avez pas à recopier les formules. Excel s'en charge.

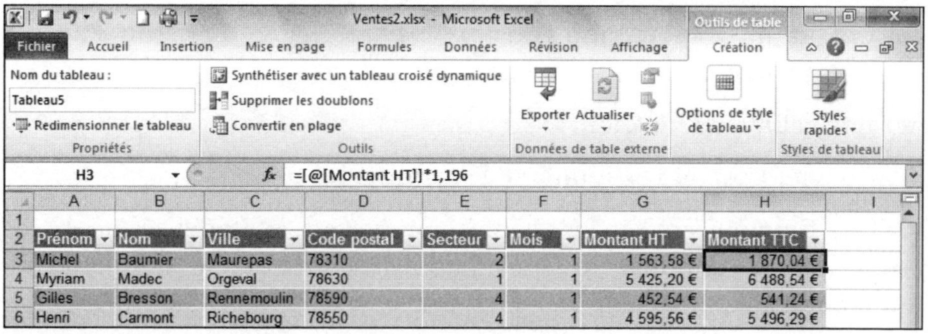

Figure 20-18 Champ calculé dans un tableau Excel.

Accéder aux données d'un tableau

Pour accéder aux données d'un tableau, vous devez utiliser les références structurées, même si la syntaxe classique fonctionne toujours.

Chaque tableau porte un nom générique (Tableau1, Tableau2, *etc.*). Pour modifier ce dernier, cliquez une cellule du tableau, puis l'onglet **Création → Propriétés**, et tapez le nouveau nom dans la zone **Nom du tableau**.

On accède à une colonne en donnant le nom du tableau, puis en ajoutant entre crochets le nom de la colonne :

```
Tableau1[Montant HT]
```

Ces références peuvent être utilisées dans une formule. La formule suivante retourne la somme de tous les montants HT :

```
=SOMME(Tableau1[Montant HT])
```

Quand vous saisissez une formule qui fait référence à un tableau, Excel propose une assistance comme pour toutes les autres fonctions.

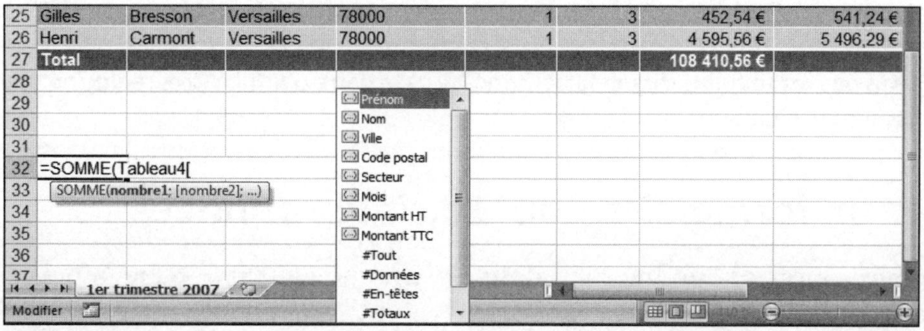

Figure 20-19 Saisie d'une formule avec des références à un tableau.

Supprimer les doublons

Il arrive que des données soient saisies en double dans un grand tableau. Excel élimine les doublons très facilement.

1. Cliquez une cellule du tableau.
2. Cliquez l'onglet **Création → Outils → Supprimer les doublons**.
3. Dans la liste **Colonne**, cochez les champs qui peuvent contenir des doublons. Pour supprimer les doublons des enregistrements strictement identiques, cliquez le bouton **Sélectionner tout**.

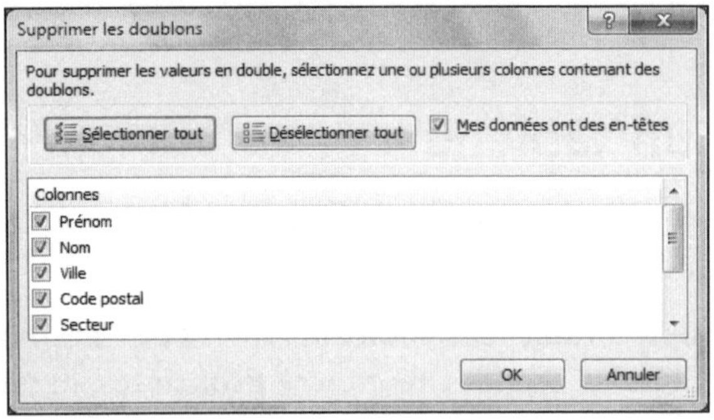

Figure 20-20 Choix des doublons à supprimer.

4. Cliquez le bouton **OK**.

   Excel affiche le nombre de doublons qu'il a supprimés.

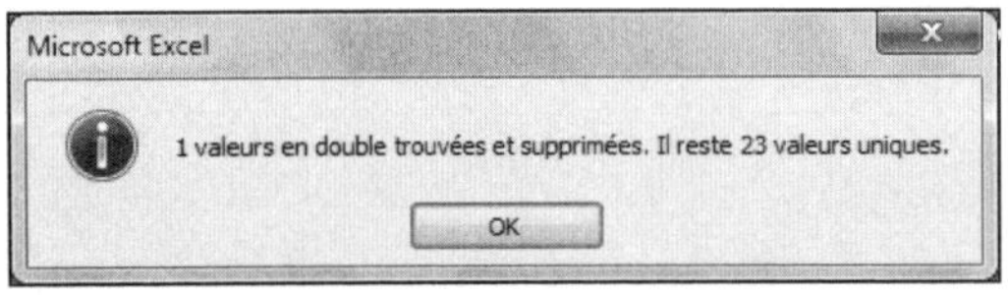

Figure 20-21 Nombre de doublons à supprimer.

5. Cliquez le bouton **OK**.

Note Vous pouvez toujours cliquer le bouton de la barre d'outils Accès rapide pour annuler les suppressions.

Utiliser un formulaire pour saisir les données

Si vous désirez saisir ou modifier vos données comme dans une fiche, affichez votre tableau sous forme de formulaire.

Le bouton des formulaires n'est pas présent dans le ruban. Vous devez l'ajouter dans la barre d'outils Accès rapide.

1. Cliquez le bouton à droite de la barre d'outils Accès rapide, puis cliquez **Autres commandes**.
2. Sélectionnez **Commandes non présentes sur le ruban** dans la liste **Choisir les commandes**.
3. Double-cliquez **Formulaire** dans la liste en dessous.
4. Cliquez le bouton **OK**.

Vous pouvez maintenant utiliser des formulaires.

1. Cliquez une cellule du tableau.
2. Cliquez le bouton dans la barre d'outils Accès rapide.

   Le formulaire affiche le premier enregistrement.

Figure 20-22 Formulaire de saisie des enregistrements.

- Chaque zone représente une colonne de données (champ).
- Il n'y a qu'une ligne du tableau visible par fiche (enregistrement).
- Des numéros indiquent la fiche en cours et le nombre de fiches.
- Les colonnes qui résultent d'un calcul sont visibles mais ne sont pas modifiables.
- Utilisez la barre de défilement verticale ou les boutons **Précédente** et **Suivante** pour naviguer entre les fiches.
- Utilisez le bouton **Nouvelle** pour ajouter une nouvelle fiche et donc un nouvel enregistrement dans le tableau Excel.
- Utilisez le bouton **Supprimer** pour effacer l'enregistrement en cours.

3. Cliquez le bouton **Fermer** pour revenir au tableau Excel.

Convertir un tableau en plage

Pour revenir à un tableau normal, vous devez convertir le tableau Excel.

1. Cliquez une cellule du tableau.
2. Cliquez l'onglet **Création** ➜ **Outils** ➜ **Convertir en plage**.
3. Cliquez le bouton **Oui** pour confirmer la conversion.

Chapitre 21

Liaisons, consolidation et mode plan

Dans ce chapitre

- Utiliser un groupe de travail
- Lier les données de plusieurs feuilles
- Lier les données de plusieurs classeurs
- Créer des plages 3D
- Consolider des données
- Créer un plan
- Ajouter des sous-totaux

Pour un maximum d'efficacité, ce chapitre vous propose des solutions pour regrouper les données de plusieurs feuilles, voire de plusieurs classeurs. Le mode plan, lui, vous permet de mieux visualiser votre travail en affichant uniquement les informations essentielles ou d'insérer des sous-totaux par groupe de données.

Utiliser un groupe de travail

Un groupe de travail permet de saisir des données sur plusieurs feuilles en même temps. Ce que vous taperez dans une cellule le sera aussi dans la même cellule des autres feuilles du groupe.

1. Cliquez l'onglet de la première feuille.
2. Maintenez enfoncée la touche **Maj**.
3. Cliquez l'onglet de la dernière feuille.

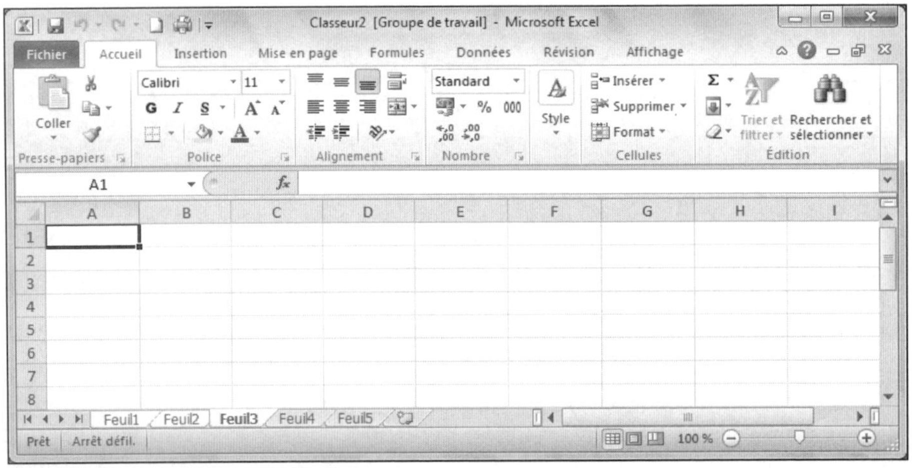

Figure 21-1 Groupe de travail (Feuil1 à Feuil3).

Toutes les feuilles entre la première et la dernière sont sélectionnées. La barre de titre indique la présence d'un **Groupe de travail**. Chaque valeur saisie le sera aussi dans les autres feuilles du groupe.

Note Pour créer un groupe dont les onglets ne sont pas contigus, cliquez l'onglet de la première feuille, maintenez enfoncée la touche **Ctrl**, puis cliquez un à un les onglets des autres feuilles. Relâchez ensuite la touche **Ctrl**.

Pour dissocier un groupe, cliquez l'onglet d'une feuille en dehors du groupe, ou cliquez avec le bouton droit un onglet du groupe puis cliquez la commande **Dissocier les feuilles** dans le menu contextuel.

Lier les données de plusieurs feuilles

En liant les données de plusieurs feuilles vers une feuille unique, vous pourrez regrouper vos informations les plus importantes.

Dans l'exemple qui suit, on regroupe les données de deux feuilles, représentant les résultats de deux magasins, vers une troisième feuille.

1. Sélectionnez les cellules qui contiennent les données de la première feuille.

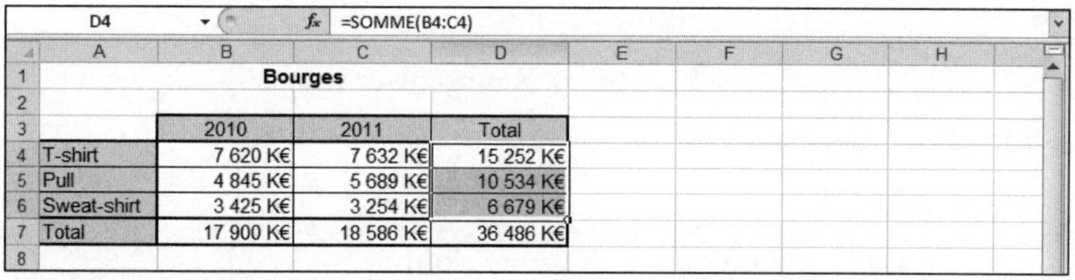

D4 =SOMME(B4:C4)

	A	B	C	D
1		Bourges		
2				
3		2010	2011	Total
4	T-shirt	7 620 K€	7 632 K€	15 252 K€
5	Pull	4 845 K€	5 689 K€	10 534 K€
6	Sweat-shirt	3 425 K€	3 254 K€	6 679 K€
7	Total	17 900 K€	18 586 K€	36 486 K€
8				

Figure 21-2 Données à lier.

2. Cliquez l'onglet **Accueil** ➜ **Presse-papiers** ➜ **Copier** ou tapez **Ctrl+C**.

   Les données sont copiées dans le Presse-papiers.

3. Cliquez l'onglet de la feuille qui doit recevoir les données.
4. Cliquez la première cellule qui doit recevoir les données.
5. Cliquez l'onglet **Accueil** ➜ **Presse-papiers** ➜ **Coller** ➜ **Coller avec liaison** .

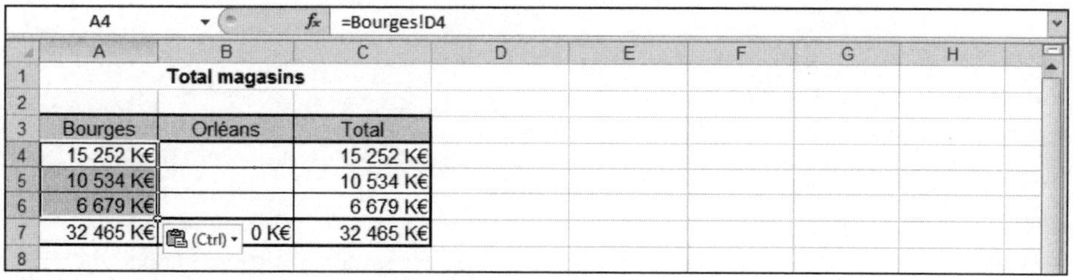

A4 =Bourges!D4

	A	B	C
1		Total magasins	
2			
3	Bourges	Orléans	Total
4	15 252 K€		15 252 K€
5	10 534 K€		10 534 K€
6	6 679 K€		6 679 K€
7	32 465 K€	0 K€	32 465 K€
8			

Figure 21-3 Données liées dans une autre feuille.

   Les cellules contiennent les références de la feuille et des cellules liées (ici la cellule D4 de la feuille Bourges).

6. Répétez les étapes **1** à **5** pour les autres cellules à lier.

Vous ajoutez directement une liaison en tapant le nom de la feuille, un point d'exclamation et les références des cellules, par exemple `=Feuil1!A1`. Ajoutez des apostrophes si le nom de la feuille contient des espaces : `='Ma feuille'!A1`.

Lier les données de plusieurs classeurs

En liant les données de plusieurs classeurs vers un nouveau classeur, vous regroupez vos informations les plus importantes.

Dans l'exemple qui suit, on regroupe les données de deux classeurs, représentant les résultats de deux magasins, vers un troisième classeur.

1. Ouvrez les classeurs qui contiennent les données.
2. Ouvrez le classeur qui doit recevoir les données.
3. Cliquez l'onglet **Affichage ➜ Fenêtre ➜ Réorganiser tout**.
4. Cliquez l'option **Vertical**.
5. Cliquez le bouton **OK**.
6. Sélectionnez les cellules qui contiennent les données.
7. Cliquez l'onglet **Accueil ➜ Presse-papiers ➜ Copier** ou tapez **Ctrl+C**.

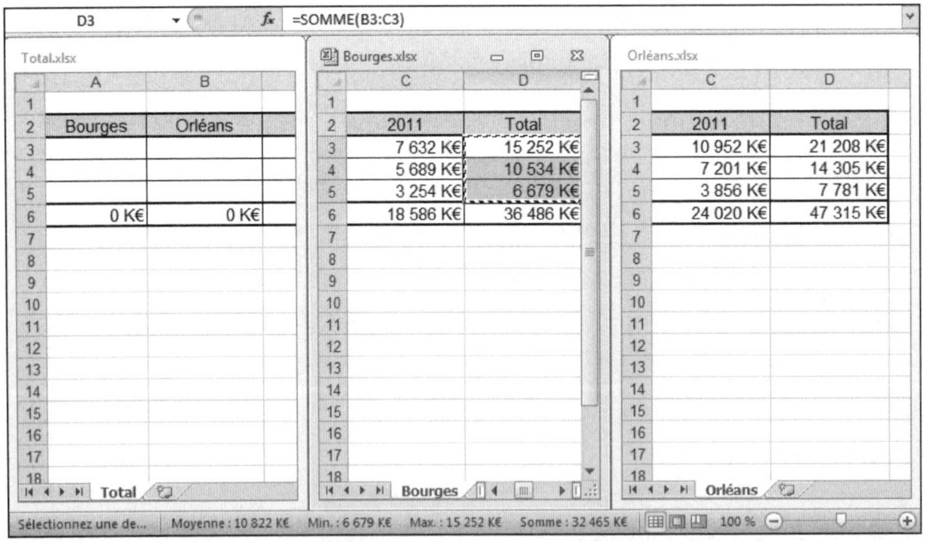

Figure 21-4 Classeurs contenant les données à lier et classeur devant les recevoir.

8. Cliquez la première cellule qui doit recevoir les données.
9. Cliquez l'onglet **Accueil ➜ Presse-papiers ➜ Coller ➜ Coller avec liaison** .

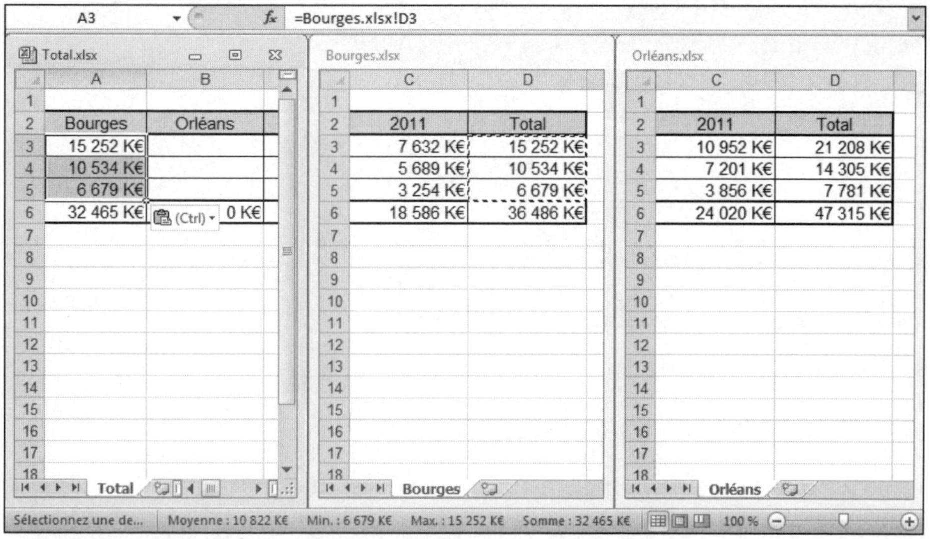

Figure 21-5 Données liées à un autre classeur.

Les cellules contiennent les références du classeur, de la feuille et des cellules liées (ici la cellule D3 de la feuille Bourges du classeur Bourges.xlsx).

10. Répétez les étapes **6** à **9** pour les autres cellules à lier.

Note Si vous ne désirez pas utiliser l'onglet **Affichage → Fenêtre → Réorganiser tout** comme à l'étape **3**, cliquez l'onglet **Affichage → Fenêtre → Changement de Fenêtre** puis le nom du classeur, ou utilisez la barre des tâches de Windows.

Vous ajoutez directement une liaison avec un autre classeur en tapant son nom entre crochets devant la référence de la feuille et des cellules, par exemple `=[Classeur1.xls]Feuil1!A1`. Ajoutez des apostrophes si le nom du classeur ou de la feuille contient des espaces : `='[Mon classeur.xls]Ma feuille'!A1`. Il n'est pas nécessaire de préciser le nom de la feuille si le classeur n'en contient qu'une.

Actualiser les données liées

Les données des liaisons sont mises à jour à l'ouverture du classeur. Si les données ont changé entre-temps, vous devez les mettre à jour manuellement.

1. Cliquez l'onglet **Données → Connexions → Modifier les liens d'accès**.
2. Dans la liste **Source**, sélectionnez le classeur qui contient les données liées. Pour sélectionner plusieurs classeurs, maintenez la touche **Ctrl** puis cliquez chaque source l'une après l'autre. Pour sélectionner tous les classeurs, tapez **Ctrl+A**.

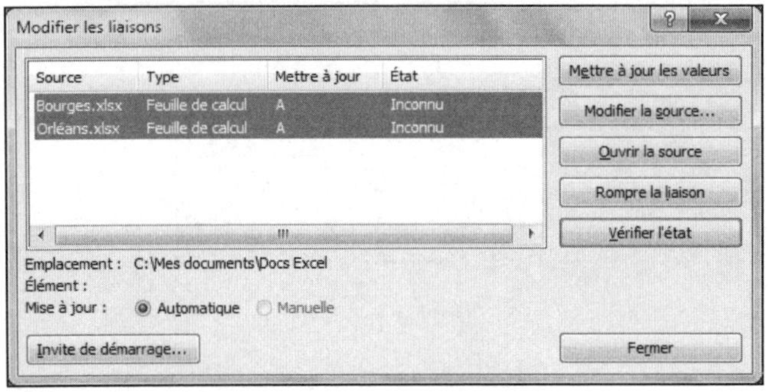

Figure 21-6 Liste des classeurs liés.

3. Cliquez le bouton **Mettre à jour les valeurs**.

   Vous pouvez aussi définir la manière dont Excel met à jour les données à l'ouverture du classeur.

4. Cliquez le bouton **Invite de démarrage**.
5. Cochez le type de mise à jour.

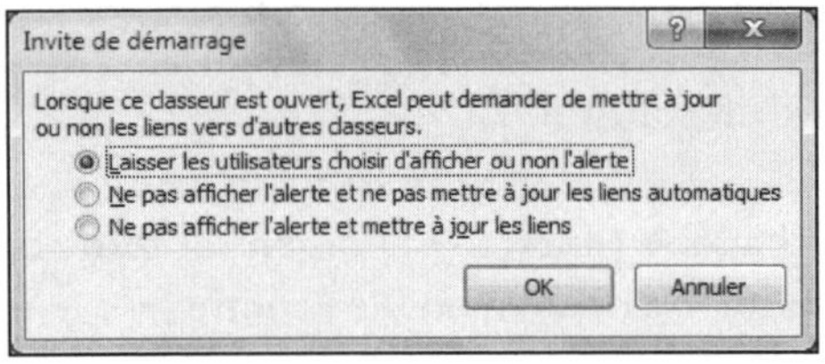

Figure 21-7 Options de mise à jour des liaisons.

6. Cliquez le bouton **OK** pour valider.
7. Cliquez le bouton **Fermer** dans la boîte **Modifier les liaisons**.

Créer des plages 3D

Les plages 3D permettent d'appliquer une opération entre des cellules ayant les mêmes références et situées dans des feuilles contiguës. La formule est placée dans une autre feuille.

1. Cliquez l'onglet de la feuille qui doit contenir la formule.
2. Cliquez la cellule qui recevra la formule.
3. Tapez = puis la fonction à utiliser et la première parenthèse.

Note Tapez `=Somme(` pour une addition, `=Moyenne(` pour une moyenne, *etc.* Consultez le chapitre 16 pour l'utilisation des fonctions.

4. Cliquez l'onglet de la première feuille qui contient les données.

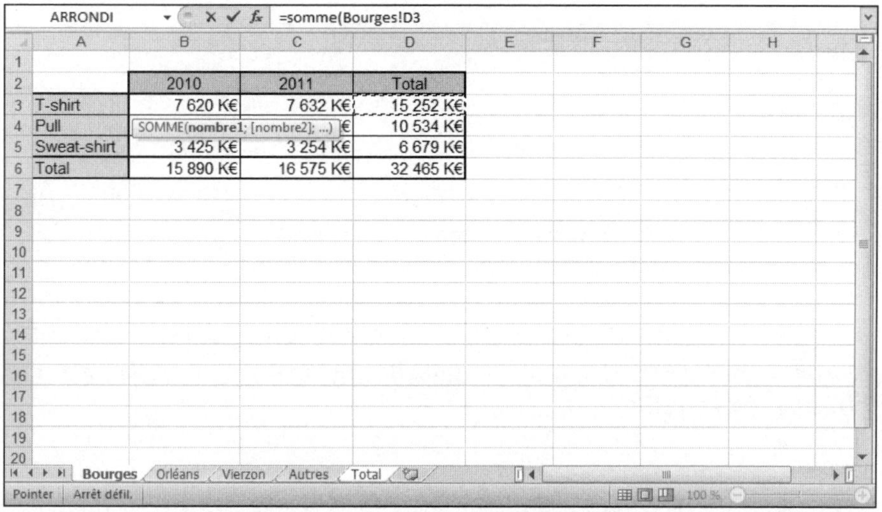

Figure 21-8 Sélection des premières données d'une plage 3D.

5. Sélectionnez la ou les cellules qui contiennent les données.
6. Maintenez enfoncée la touche **Maj**.
7. Cliquez l'onglet de la dernière feuille qui contient les données.

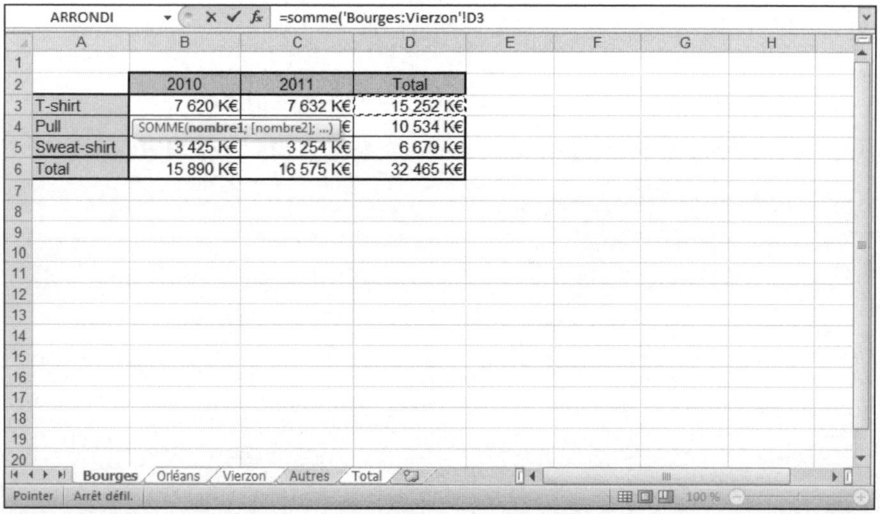

Figure 21-9 Sélection de la dernière feuille d'une plage 3D.

8. Tapez) puis appuyez sur **Entrée** pour fermer et valider la fonction.

La fonction utilise toutes les valeurs des cellules des feuilles sélectionnées précédemment. Dans l'exemple : la somme du total des ventes de T-shirt à Bourges, Orléans et Vierzon sur 2010 et 2011.

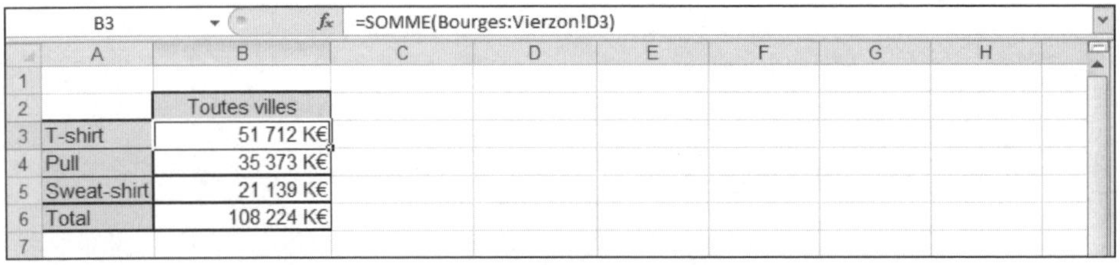

Figure 21-10 Formule avec en référence une plage 3D.

Pour ajouter directement des plages 3D dans vos formules, séparez le nom de la première feuille de celui de la dernière par le signe deux points, par exemple `=SOMME(Bourges:Vierzon!D3)`.

Consolider des données

La consolidation s'apparente aux plages 3D (voir paragraphe précédent), mais elle permet en plus d'appliquer une opération entre des plages de données de natures et de tailles différentes.

1. Cliquez l'onglet de la feuille qui recevra le tableau consolidé (une nouvelle feuille, par exemple).
2. Cliquez la première cellule qui recevra le tableau consolidé.
3. Cliquez l'onglet **Données → Outils de données → Consolider** .
4. Sélectionnez dans la liste **Fonction** le type de calcul de la consolidation.

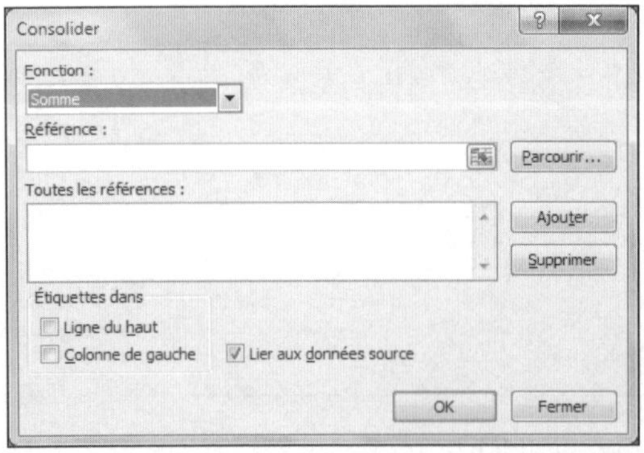

Figure 21-11 Boîte pour consolider des données.

5. Cliquez le bouton .
6. Cliquez l'onglet de la première feuille qui contient les données.
7. Sélectionnez la plage de cellules qui contient les données.

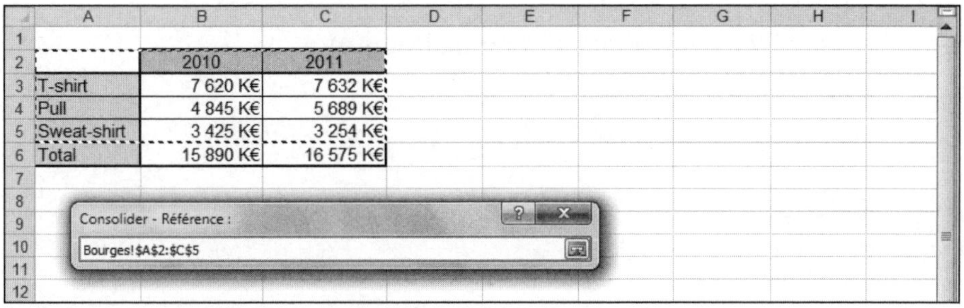

Figure 21-12 Ajout d'une plage à consolider.

8. Cliquez le bouton pour afficher la boîte **Consolider**.

   La zone **Référence** contient les références de la plage sélectionnée.

9. Cliquez le bouton **Ajouter**.

   La liste **Toutes les références** contient les références de la plage sélectionnée.

10. Répétez les étapes **5** à **9** pour les autres plages.

Note En cas d'erreur, cliquez les références dans la liste **Toutes les références** puis cliquez le bouton **Supprimer**.

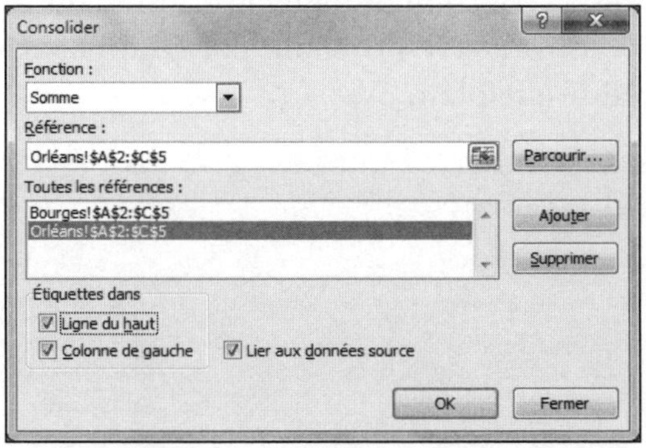

Figure 21-13 Liste des plages à consolider.

La liste **Toutes les références** contient les références de toutes les plages à consolider.

11. Si les plages contiennent des en-têtes de lignes ou de colonnes, cochez **Ligne du haut** et/ou **Colonne de gauche**.

Attention Si les plages contiennent des données de natures différentes, vous devez cocher au moins une des deux cases pour que les valeurs ne soient pas mélangées.

12. Si vous désirez que le tableau consolidé évolue avec les données sources, cochez **Lier aux données sources**.
13. Cliquez le bouton **OK** pour réaliser la consolidation.

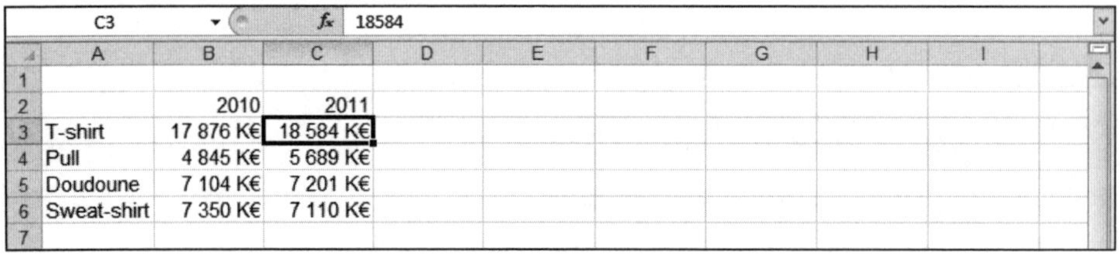

C3 | 18584

	A	B	C
1			
2		2010	2011
3	T-shirt	17 876 K€	18 584 K€
4	Pull	4 845 K€	5 689 K€
5	Doudoune	7 104 K€	7 201 K€
6	Sweat-shirt	7 350 K€	7 110 K€
7			

Figure 21-14 Tableau consolidé sans liaison.

Un tableau consolidé s'affiche à l'emplacement sélectionné à l'étape **2**. Dans l'exemple, il présente la somme des ventes de Bourges et Orléans de T-shirt, Pull, Doudoune et Sweat-shirt pour 2010 et 2011. Notez que dans notre exemple la feuille Bourges propose la donnée « Pull », mais pas la feuille Orléans. De même, la feuille Orléans propose la donnée « Doudoune », mais pas la feuille Bourges.

Note En cliquant de nouveau **Données → Consolider**, la boîte **Consolider** contient les plages de la consolidation précédente. Vous n'aurez pas à les retaper. Excel conserve ces informations pour chaque feuille de calcul.

Si vous avez coché **Lier aux données sources**, la consolidation génère automatiquement un mode plan pour le tableau consolidé (consultez le prochain paragraphe). Cliquez les signes + et − pour développer ou réduire le plan.

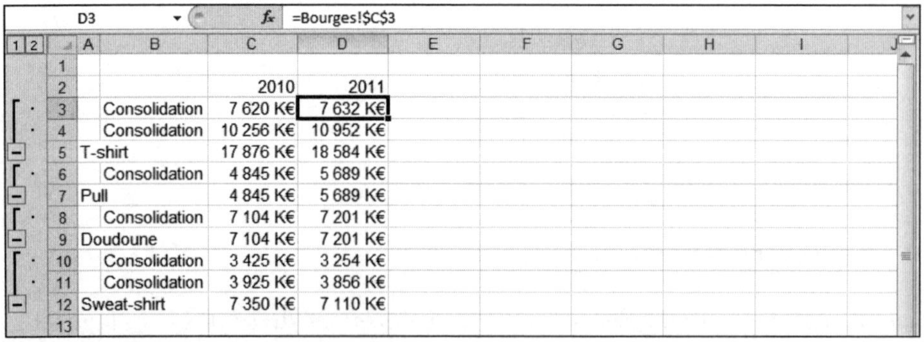

D3 | =Bourges!$C$3

	A	B	C	D
1				
2			2010	2011
3		Consolidation	7 620 K€	7 632 K€
4		Consolidation	10 256 K€	10 952 K€
5	T-shirt		17 876 K€	18 584 K€
6		Consolidation	4 845 K€	5 689 K€
7	Pull		4 845 K€	5 689 K€
8		Consolidation	7 104 K€	7 201 K€
9	Doudoune		7 104 K€	7 201 K€
10		Consolidation	3 425 K€	3 254 K€
11		Consolidation	3 925 K€	3 856 K€
12	Sweat-shirt		7 350 K€	7 110 K€
13				

Figure 21-15 Tableau consolidé avec liaisons.

Créer un plan

Si vous voulez cacher certaines colonnes ou certaines lignes de détails pour n'afficher que les colonnes ou les lignes de calcul, ajoutez un plan à votre tableau.

1. Cliquez l'onglet **Données ➜ Plan ➜ Grouper ➜ Plan automatique**.

Attention Les dernières lignes (ou colonnes) de votre tableau doivent contenir des formules utilisant les lignes (ou colonnes) précédentes.

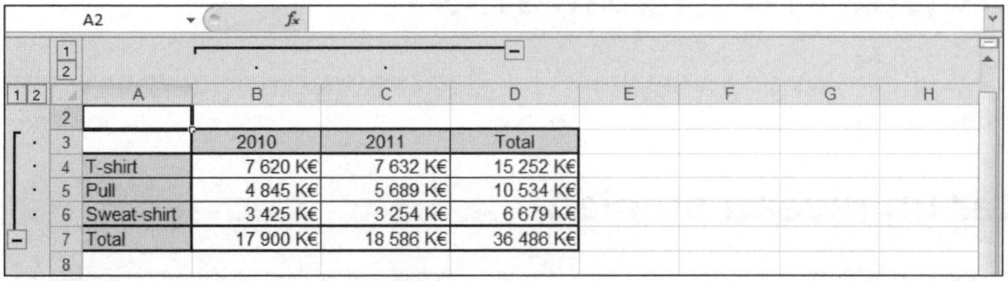

	A	B	C	D
2				
3		2010	2011	Total
4	T-shirt	7 620 K€	7 632 K€	15 252 K€
5	Pull	4 845 K€	5 689 K€	10 534 K€
6	Sweat-shirt	3 425 K€	3 254 K€	6 679 K€
7	Total	17 900 K€	18 586 K€	36 486 K€
8				

Figure 21-16 Tableau en mode plan.

Excel ajoute un signe − pour réduire le plan à chaque ligne et à chaque colonne de calcul.

2. Cliquez les signes − pour réduire le plan.

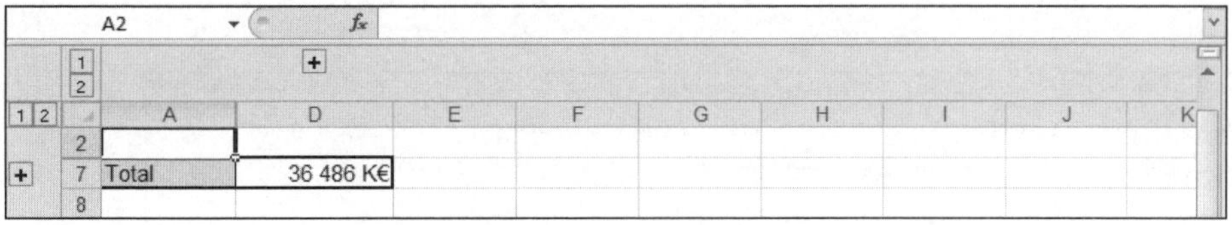

	A	D
2		
7	Total	36 486 K€
8		

Figure 21-17 Tableau en mode plan après réduction.

Les lignes de détails sont masquées. Les signes − sont remplacés par les signes + pour développer le plan.

3. Cliquez le ou les signes + pour développer le plan.

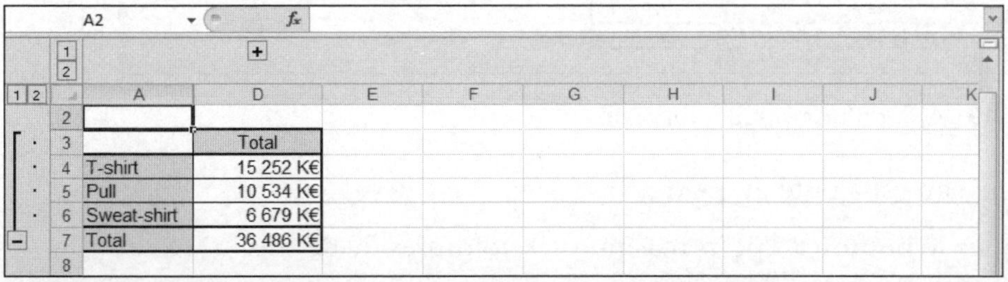

	A	D
2		
3		Total
4	T-shirt	15 252 K€
5	Pull	10 534 K€
6	Sweat-shirt	6 679 K€
7	Total	36 486 K€
8		

Figure 21-18 Tableau en mode plan partiellement développé.

Le plan est partiellement ou totalement développé.

Note Les signes 1, 2, *etc.* permettent d'afficher le plan à un niveau précis (1 pour réduire complètement le plan et le dernier chiffre pour le développer totalement).

Pour supprimer un plan, cliquez l'onglet **Données → Plan → Dissocier → Effacer le plan**.

Créer un plan manuellement

Plutôt que d'utiliser le plan automatique, Excel vous laisse la possibilité de choisir vous-même les niveaux du plan.

Ajouter un niveau au plan

Vous pouvez ajouter un niveau à un plan dès que votre tableau propose une ligne ou une colonne contenant des formules qui utilisent les lignes ou les colonnes précédentes.

1. Sélectionnez les colonnes ou les lignes de détails que vous souhaitez masquer.
2. Cliquez l'onglet **Données → Plan → Grouper**.

Note Il n'est pas nécessaire qu'il y ait déjà un plan dans la feuille.

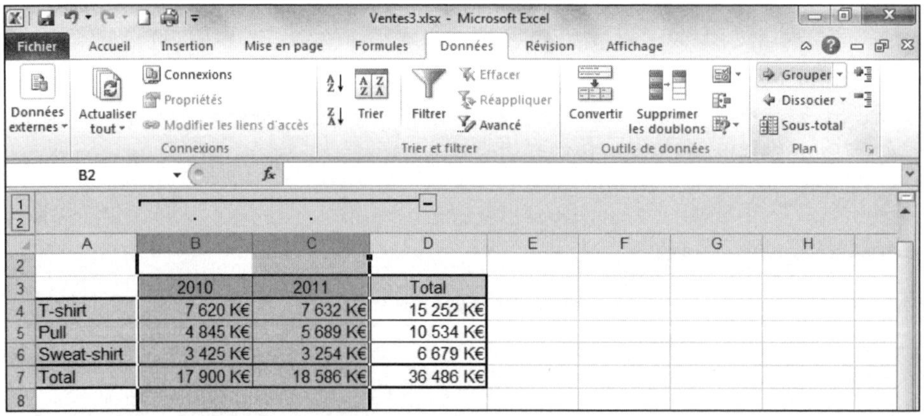

Figure 21-19 Ajout d'un niveau à un plan.

Un niveau est ajouté au plan.

3. Cliquez le bouton − pour masquer les colonnes de détails.

Supprimer un niveau du plan

Si un niveau de plan ne vous convient plus, vous pouvez le supprimer. Il est possible de supprimer un niveau même si le plan a été créé automatiquement.

1. Sélectionnez les colonnes ou les lignes de détails qui possèdent un niveau de plan.
2. Cliquez l'onglet **Données ➜ Plan ➜ Dissocier**.

Le niveau du plan est supprimé.

Calculer des sous-totaux

Si votre tableau contient des éléments qui se répètent, vous pouvez ajouter des sous-totaux pour chaque groupe identique.

1. Cliquez une cellule de la colonne qui contient les éléments qui se répètent.
2. Cliquez l'onglet **Données ➜ Trier et filtrer ➜** pour trier cette colonne.

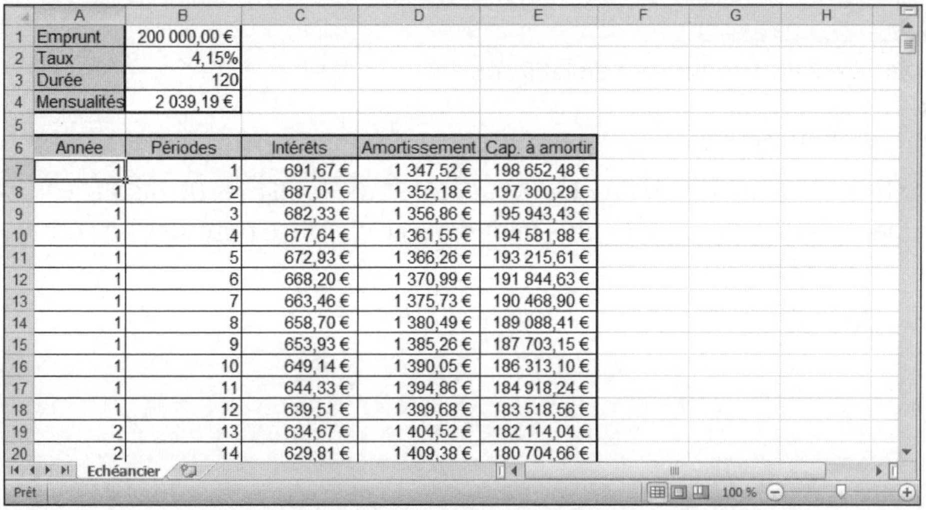

	A	B	C	D	E
1	Emprunt	200 000,00 €			
2	Taux	4,15%			
3	Durée	120			
4	Mensualités	2 039,19 €			
5					
6	Année	Périodes	Intérêts	Amortissement	Cap. à amortir
7	1	1	691,67 €	1 347,52 €	198 652,48 €
8	1	2	687,01 €	1 352,18 €	197 300,29 €
9	1	3	682,33 €	1 356,86 €	195 943,43 €
10	1	4	677,64 €	1 361,55 €	194 581,88 €
11	1	5	672,93 €	1 366,26 €	193 215,61 €
12	1	6	668,20 €	1 370,99 €	191 844,63 €
13	1	7	663,46 €	1 375,73 €	190 468,90 €
14	1	8	658,70 €	1 380,49 €	189 088,41 €
15	1	9	653,93 €	1 385,26 €	187 703,15 €
16	1	10	649,14 €	1 390,05 €	186 313,10 €
17	1	11	644,33 €	1 394,86 €	184 918,24 €
18	1	12	639,51 €	1 399,68 €	183 518,56 €
19	2	13	634,67 €	1 404,52 €	182 114,04 €
20	2	14	629,81 €	1 409,38 €	180 704,66 €

Figure 21-20 Tableau contenant des données qui se répètent (ici les années).

3. Cliquez l'onglet **Données ➜ Plan ➜ Sous-total**.
4. Éventuellement, sélectionnez la colonne des éléments qui se répètent dans la liste **À chaque changement de**.
5. Sélectionnez le type de calcul des sous-totaux dans la liste **Utiliser la fonction**.

6. Cochez les colonnes pour lesquelles vous désirez des sous-totaux dans la liste **Ajouter un sous-total à**.
7. Cochez la case **Remplacer les sous-totaux existants** si le tableau contient déjà des sous-totaux dont vous ne voulez plus.
8. Cochez la case **Saut de page entre les groupes** pour imprimer uniquement un groupe d'éléments identiques par page.
9. Cochez la case **Synthèse sous les données** pour que les sous-totaux apparaissent sous les lignes de détails et non au-dessus.

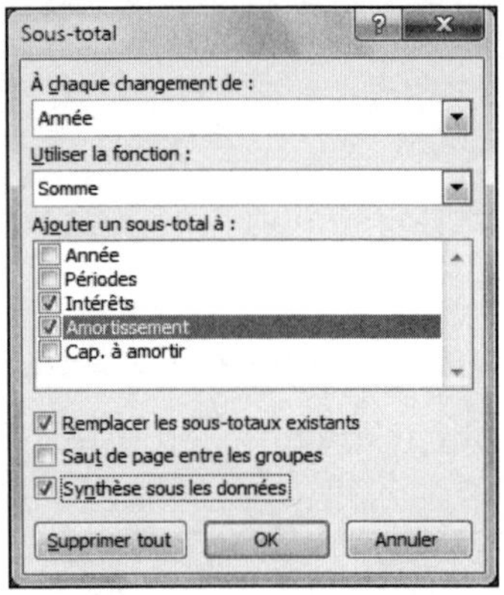

Figure 21-21 Ajout de sous-totaux à un tableau.

10. Cliquez le bouton **OK**.

    Le tableau s'affiche en mode plan développé avec les lignes de détails (consultez le paragraphe Créer un plan plus haut dans ce chapitre pour des informations sur le mode Plan).

11. Cliquez le bouton 2.

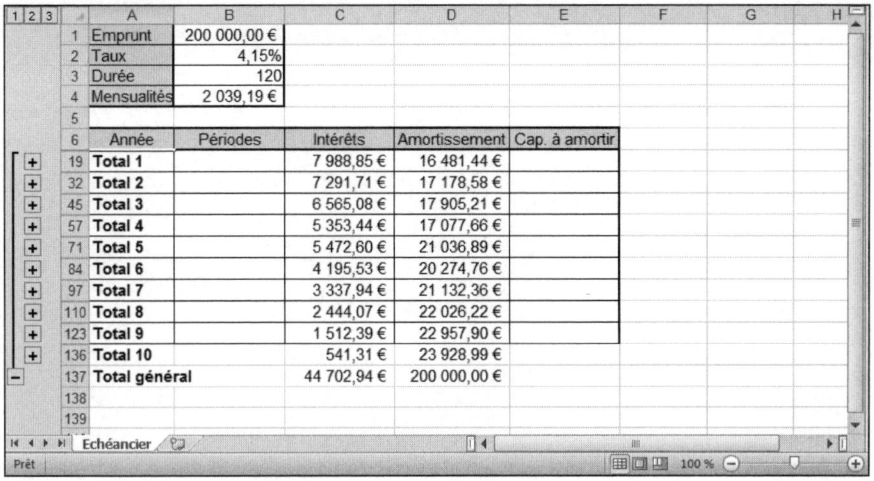

	A	B	C	D	E
1	Emprunt	200 000,00 €			
2	Taux	4,15%			
3	Durée	120			
4	Mensualités	2 039,19 €			
5					
6	Année	Périodes	Intérêts	Amortissement	Cap. à amortir
19	**Total 1**		7 988,85 €	16 481,44 €	
32	**Total 2**		7 291,71 €	17 178,58 €	
45	**Total 3**		6 565,08 €	17 905,21 €	
57	**Total 4**		5 353,44 €	17 077,66 €	
71	**Total 5**		5 472,60 €	21 036,89 €	
84	**Total 6**		4 195,53 €	20 274,76 €	
97	**Total 7**		3 337,94 €	21 132,36 €	
110	**Total 8**		2 444,07 €	22 026,22 €	
123	**Total 9**		1 512,39 €	22 957,90 €	
136	**Total 10**		541,31 €	23 928,99 €	
137	**Total général**		44 702,94 €	200 000,00 €	
138					
139					

Figure 21-22 Tableau avec des sous-totaux.

Le tableau n'affiche que les sous-totaux de chaque groupe et le total général.

12. Cliquez le bouton 1.

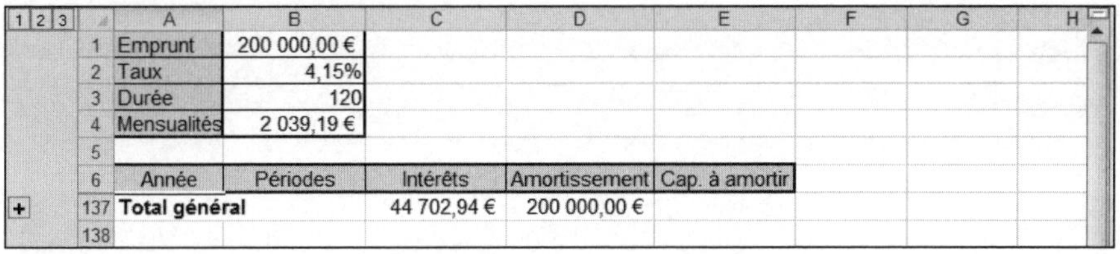

	A	B	C	D	E
1	Emprunt	200 000,00 €			
2	Taux	4,15%			
3	Durée	120			
4	Mensualités	2 039,19 €			
5					
6	Année	Périodes	Intérêts	Amortissement	Cap. à amortir
137	**Total général**		44 702,94 €	200 000,00 €	
138					

Figure 21-23 Total général du tableau avec sous-totaux.

Le tableau n'affiche plus que le total général.

Si vous avez décoché l'option **Synthèse sous les données** dans la boîte **Sous-total** (figure 21-21), le total général est placé au début du tableau et les sous-totaux sont au-dessus des lignes de détails.

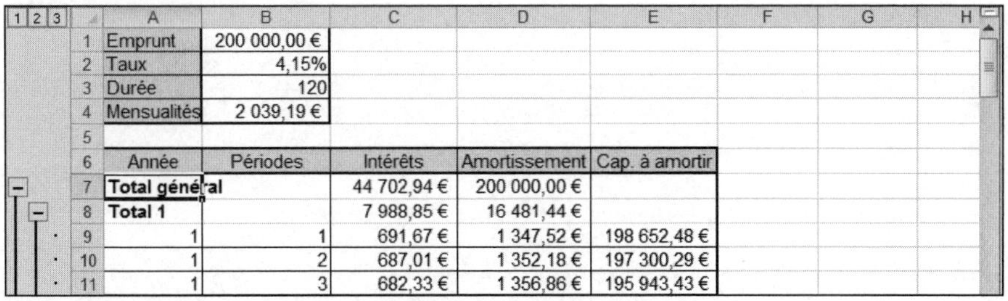

	A	B	C	D	E
1	Emprunt	200 000,00 €			
2	Taux	4,15%			
3	Durée	120			
4	Mensualités	2 039,19 €			
5					
6	Année	Périodes	Intérêts	Amortissement	Cap. à amortir
7	**Total général**		44 702,94 €	200 000,00 €	
8	**Total 1**		7 988,85 €	16 481,44 €	
9	1	1	691,67 €	1 347,52 €	198 652,48 €
10	1	2	687,01 €	1 352,18 €	197 300,29 €
11	1	3	682,33 €	1 356,86 €	195 943,43 €

Figure 21-24 Total général au début du tableau.

Pour supprimer les sous-totaux, cliquez l'onglet **Données ➜ Plan ➜ Sous-total.**, puis cliquez le bouton **Supprimer tout** dans la boîte **Sous-total**.

Chapitre

22

Utiliser le solveur

Dans ce chapitre

- Rechercher une valeur cible
- Utiliser le solveur
- Gérer les scénarios

Un problème qui vous semble insoluble ? Des valeurs à trouver impossibles à calculer de tête ? Vous n'avez pas trouvé dans ce livre la fonction adaptée à vos calculs ? Le solveur est là pour résoudre la plupart des cas difficiles. De plus, en enregistrant des scénarios, vous pouvez conserver les différents résultats obtenus en faisant varier les valeurs de vos tableaux.

Trouver une valeur cible

Avec l'outil Valeur cible, Excel peut trouver une valeur précise dans une cellule en modifiant le contenu d'une cellule dont elle dépend.

Dans l'exemple de la figure 22-1, nous désirons définir la durée d'un prêt pour que les mensualités soient égales à 850 euros.

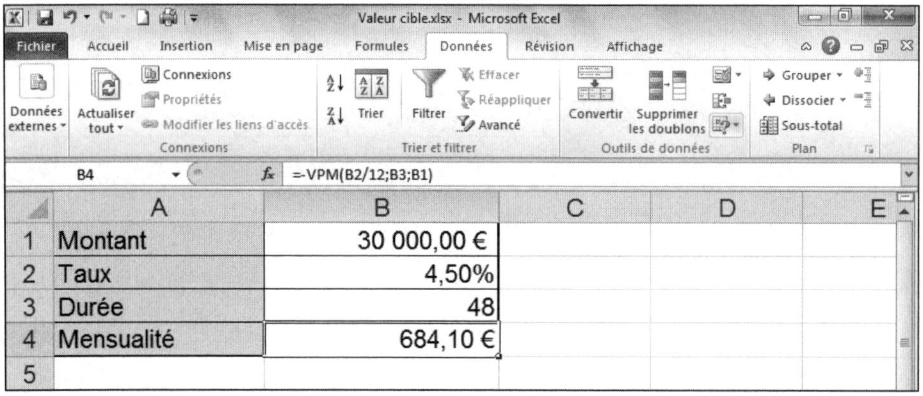

Figure 22-1 Exemple de formule à résoudre.

Note La formule en B4 utilise la fonction VPM. Consultez l'aide en ligne pour l'utilisation de cette fonction financière.

1. Cliquez l'onglet **Données ➜ Outils de données ➜ Analyse de scénarios** ➜ **Valeur cible**.
2. Cliquez la zone **Cellule à définir** puis cliquez la cellule correspondante dans la feuille (B4 dans notre exemple pour modifier les mensualités).
3. Cliquez la zone **Valeur à atteindre** puis tapez cette valeur (850 dans notre exemple pour des mensualités de 850 euros).
4. Cliquez la zone **Cellule à modifier** puis cliquez la cellule correspondante dans la feuille (B3 dans notre exemple pour modifier la durée du prêt).

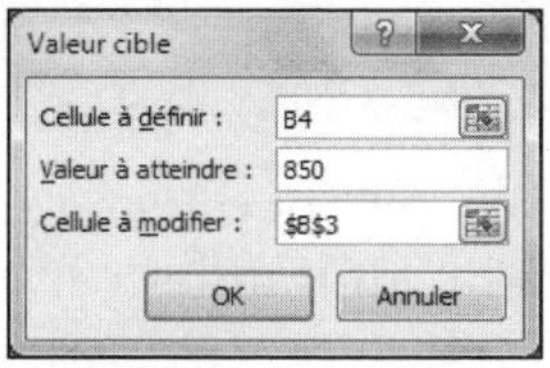

Figure 22-2 Paramètres de la recherche de la valeur cible.

5. Cliquez le bouton **OK**.

   La boîte de la figure 22-3 affiche la valeur cible que vous avez tapée à l'étape **3** et la valeur qu'Excel a pu atteindre (Valeur actuelle).

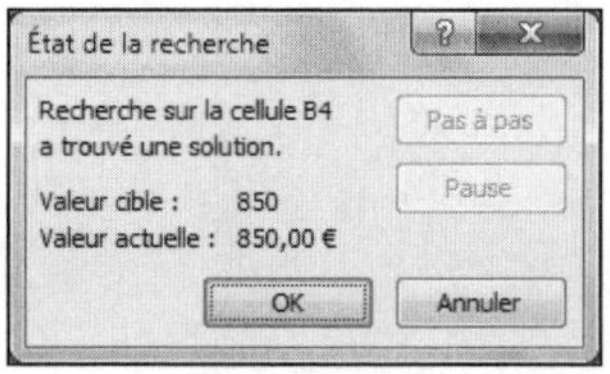

Figure 22-3 Solution trouvée par Excel.

6. Cliquez le bouton **OK** pour garder la solution proposée par Excel. Cliquez le bouton **Annuler** pour conserver l'ancienne valeur.

La cellule choisie à l'étape **4** a été modifiée et la cellule choisie à l'étape **2** contient maintenant la valeur cible.

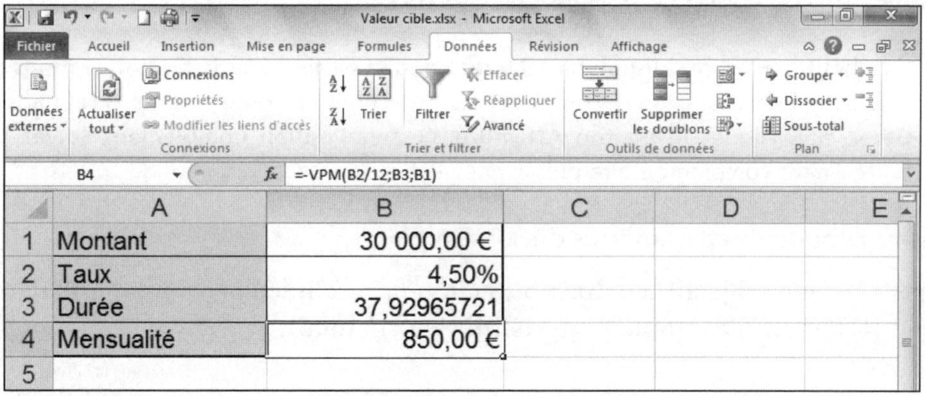

Figure 22-4 Exemple modifié après l'utilisation de la valeur cible.

Utiliser le solveur

Le solveur fonctionne sur le même principe que la valeur cible mais permet en plus de faire varier jusqu'à deux cents cellules et d'ajouter jusqu'à cent contraintes.

Dans l'exemple de la figure 22-5, on veut créer un ballotin de chocolats d'un kilogramme. Le solveur devra faire varier la quantité de chaque chocolat (C4:C8) pour obtenir un prix total de six euros (D10).

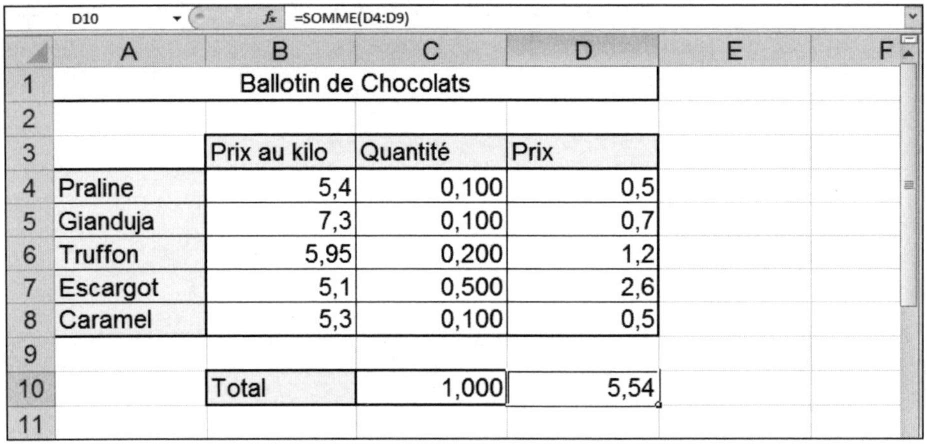

	A	B	C	D	E	F
1	Ballotin de Chocolats					
2						
3		Prix au kilo	Quantité	Prix		
4	Praline	5,4	0,100	0,5		
5	Gianduja	7,3	0,100	0,7		
6	Truffon	5,95	0,200	1,2		
7	Escargot	5,1	0,500	2,6		
8	Caramel	5,3	0,100	0,5		
9						
10		Total	1,000	5,54		
11						

Figure 22-5 Exemple de tableau à résoudre.

1. Cliquez l'onglet **Données ➜ Analyse ➜ Solveur**.

Note Si ce bouton n'est pas disponible, cliquez l'onglet **Fichier**, puis le bouton **Options** dans la liste de gauche. Là, cliquez **Compléments**. Sélectionnez **Compléments Excel** dans la liste **Gérer**, puis cliquez le bouton **Atteindre**. Cochez l'option **Complément Solver** dans la boîte **Macro complémentaire** puis cliquez le bouton **OK**.

Excel ouvre la boîte des paramètres du solveur.

2. Cliquez la zone **Objectif à définir** puis cliquez la cellule correspondante dans la feuille (D10 dans l'exemple pour définir le prix total).

Attention La cellule à définir par le solveur doit contenir obligatoirement une formule, donc dépendre d'autres cellules. Utilisez les boutons et si la boîte vous gêne.

3. Cochez l'option correspondant au type de valeur à trouver (valeur maximum, minimum ou fixe).

4. Tapez la valeur dans la zone **Égale à** (6 dans l'exemple pour limiter le ballotin à 6 €).

Figure 22-6 Paramètres de la cellule à définir.

Définir les cellules variables

Comme pour la valeur cible, vous devez définir les cellules que le solveur doit modifier pour trouver une solution.

1. Cliquez la zone **Cellules variables** puis sélectionnez la cellule ou la plage de cellules qui doit varier (la plage C4:C8 dans l'exemple pour modifier les quantités de chaque chocolat).

2. Pour définir d'autres cellules variables, tapez **;** (point-virgule) puis répétez l'étape **1**.

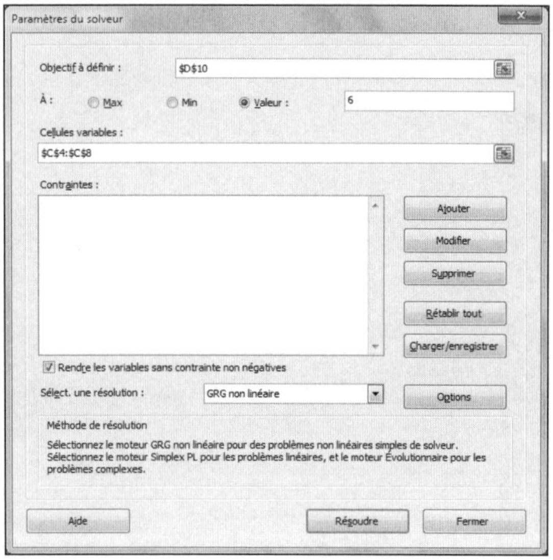

Figure 22-7 Listes des cellules à modifier.

Définir les contraintes

Les contraintes permettent de limiter les variations excessives de certains paramètres. Dans notre exemple, si les pralines sont à 6 le kilogramme, le solveur risque de proposer 1 kilogramme de pralines et aucun autre chocolat. Il faut donc lui préciser des quantités minimales et/ou maximales pour chaque produit.

1. Cliquez le bouton **Ajouter**.
2. Cliquez la zone **Cellule** puis cliquez dans la feuille la cellule qui doit subir une contrainte (la cellule C4 dans l'exemple pour limiter la quantité de pralines).
3. Sélectionnez dans la liste du milieu l'opérateur de limitation.
4. Cliquez la zone **Contrainte** puis tapez la limite de la contrainte (0,3 dans l'exemple pour limiter les pralines à 300 grammes).

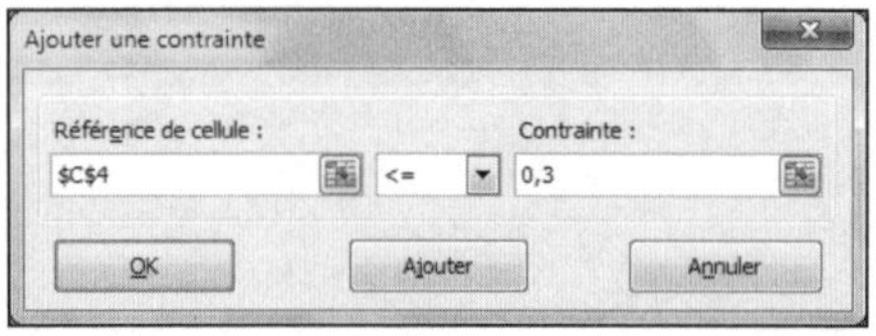

Figure 22-8 Ajout d'une contrainte.

5. Cliquez le bouton **Ajouter**.
6. Répétez les étapes **2** à **4** pour ajouter d'autres contraintes.

Dans l'exemple, nous ajoutons une contrainte sur la cellule C10 pour obtenir exactement 1 kilogramme.

Note Vous pouvez ajouter plusieurs contraintes pour la même cellule.

7. Cliquez le bouton **Annuler**.

La liste **Contraintes** affiche les contraintes choisies (figure 22-9).

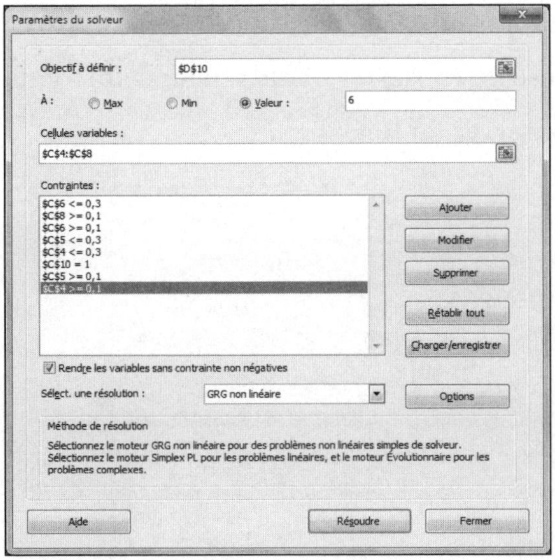

Figure 22-9 Liste des contraintes.

Modifier une contrainte

1. Cliquez dans la liste **Contraintes** celle à modifier.
2. Cliquez le bouton **Modifier**.
3. Modifiez les trois paramètres de la contrainte.
4. Cliquez le bouton **OK**.

Supprimer une contrainte

1. Cliquez la contrainte à supprimer dans la liste **Contraintes**.
2. Cliquez le bouton **Supprimer**.

Trouver une solution au problème posé

Une fois tous les paramètres saisis, vous pouvez résoudre le problème.

1. Pour définir la méthode de résolution du problème, choisissez l'option appropriée dans la liste **Sélectionnez une méthode**. Consultez l'aide en ligne pour des explications détaillées.

2. Cliquez le bouton **Résoudre**.

   La feuille de calcul affiche la solution trouvée par le solveur (figure 22-10).

   La boîte **Résultat du solveur** propose de conserver ou de rejeter cette solution.

3. Cochez la case de votre choix (**Conserver** ou **Rétablir**).

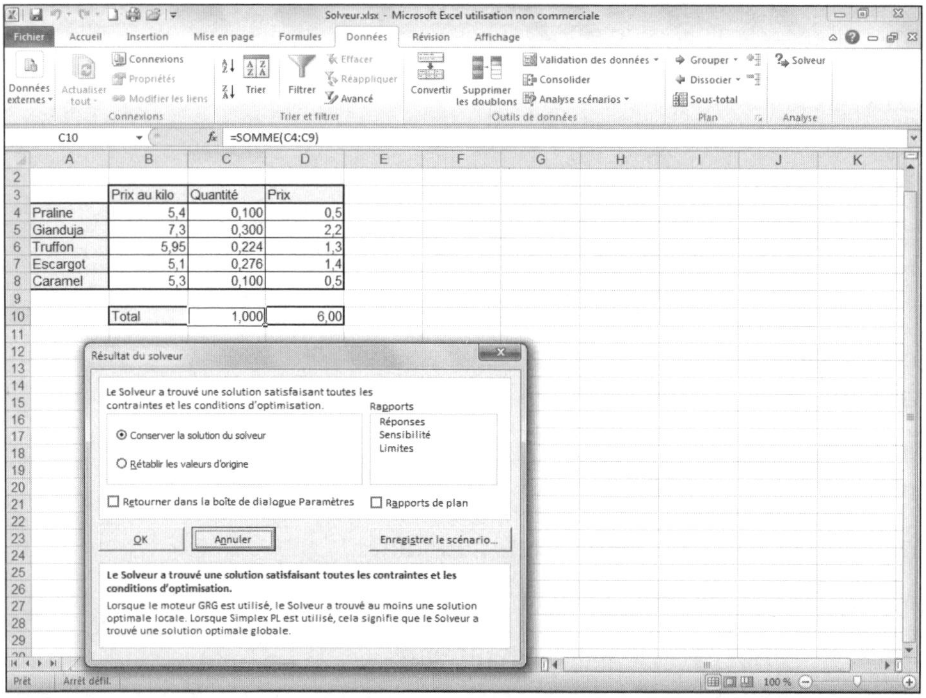

Figure 22-10 Résolution du problème.

3. Cliquez le bouton **OK**.

Si vous avez coché **Conserver la solution du solveur**, la cellule cible est mise à jour en fonction des cellules variables et des contraintes.

Le solveur ne trouve pas de solution

Si le solveur ne trouve pas de solution, vous devez modifier les contraintes.

1. Cliquez le bouton **Annuler**.
2. Cliquez l'onglet **Données ➜ Analyse ➜ Solveur** pour modifier ou supprimer des contraintes. Le solveur conserve les dernières valeurs.

Astuce Si le solveur ne trouve toujours pas de solution acceptable, cliquez **Options** dans la boîte **Paramètres du solveur**, puis modifiez les options de calcul proposées.

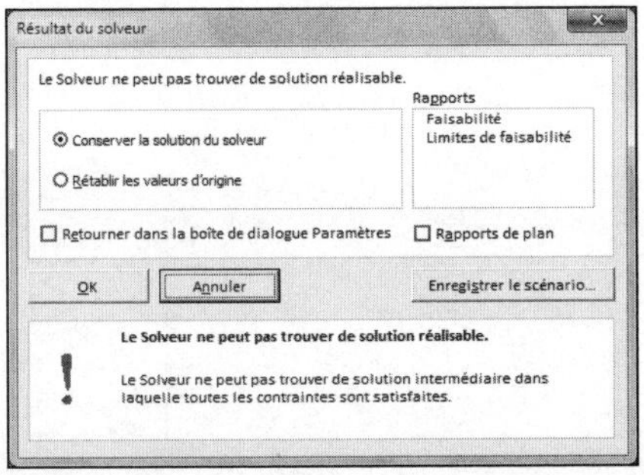

Afficher le rapport du solveur

Vous pouvez demander un rapport complet sur la solution trouvée par le solveur.

1. Cliquez le ou les types de rapports dans la liste **Rapports**. Les valeurs sélectionnées sont en surbrillance (figure 22-11).

   Au moins la première fois, sélectionnez-les tous pour les consulter et vérifier s'ils peuvent vous apporter quelque chose.

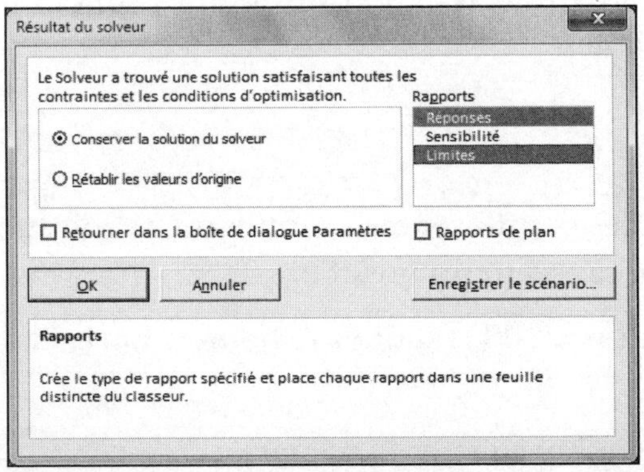

Figure 22-11 Choix des rapports du solveur.

2. Cliquez le bouton **OK**.

   Le solveur ajoute une nouvelle feuille pour chaque rapport choisi.

3. Cliquez **Rapport des réponses 1**.

   Vous retrouvez dans cette feuille les valeurs initiales et finales ainsi que toutes les contraintes choisies. Le terme **Lié** indique que le solveur a utilisé la contrainte.

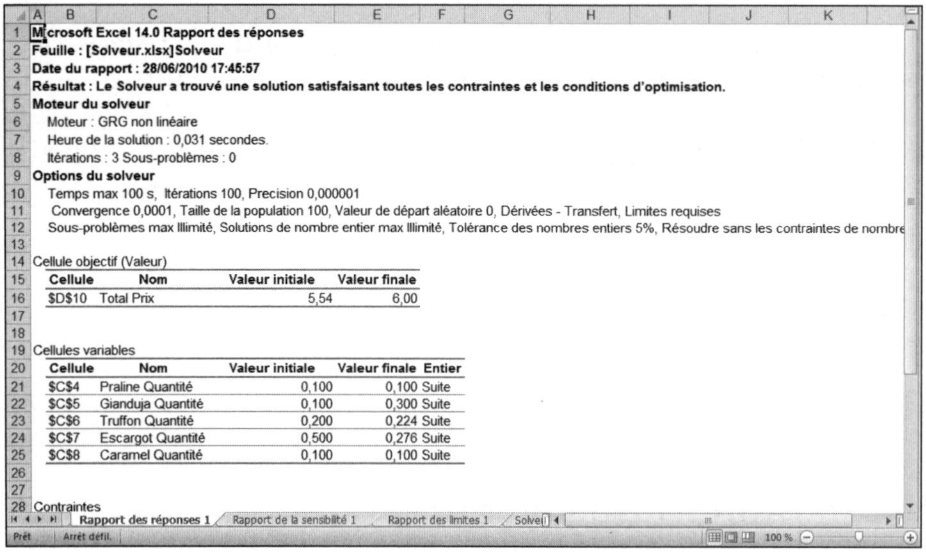

Figure 22-12 Rapport des réponses générées par le solveur.

4. Cliquez **Rapport de la sensibilité 1**.

   Cette feuille affiche les paramètres de recherche du solveur.

5. Cliquez **Rapport des limites 1**.

Cette feuille affiche la liste des valeurs cibles en fonction des limites supérieures et inférieures définies pour les cellules variables.

Définir un scénario

Si vous faites plusieurs essais avec des valeurs différentes en utilisant le solveur, vous pouvez conserver chaque résultat comme un scénario possible.

1. Dans la boîte **Résultat du solveur** (figure 22-11), cliquez le bouton **Enregistrer le scénario**.

2. Tapez le nom du scénario dans la boîte Enregistrer le scénario.

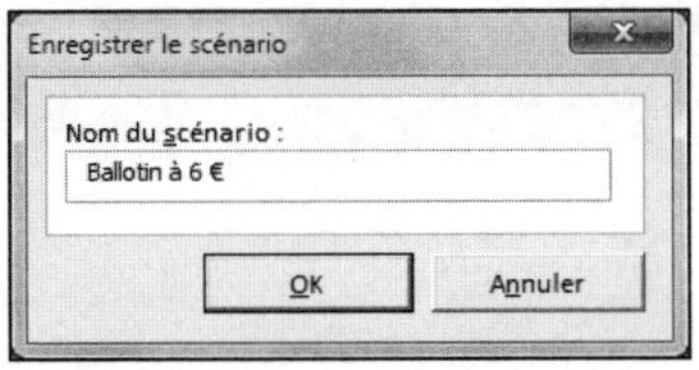

Figure 22-13 Enregistrement d'un scénario.

3. Cliquez le bouton **OK**.
4. Créer d'autres solutions avec le solveur puis effectuez les étapes **1** à **3**.

Gérer les scénarios

Dès que vous avez créé plusieurs scénarios, vous pouvez passer de l'un à l'autre, mais aussi les modifier ou en ajouter de nouveaux.

1. Cliquez l'onglet **Données** ➜ **Outils de données** ➜ **Analyse de scénarios** ➜ **Gestionnaire de scénarios**.

La liste **Scénarios** affiche ceux déjà enregistrés.

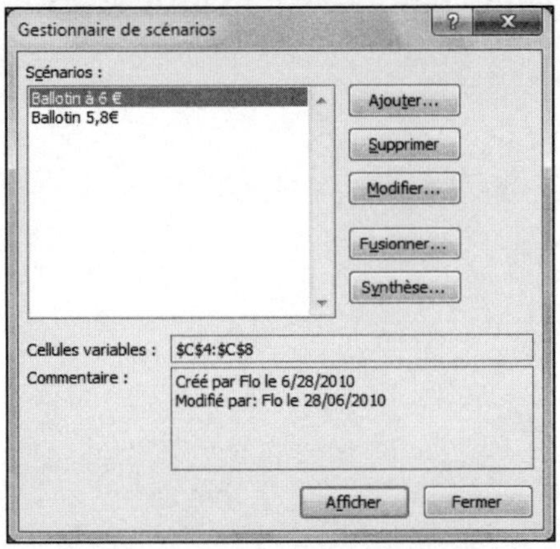

Figure 22-14 Liste des scénarios.

Ajouter un scénario

Les scénarios ne sont pas liés au solveur mais aux cellules variables. Vous pouvez donc en ajouter de nouveaux indépendamment du solveur.

1. Cliquez le bouton **Ajouter** (figure 22-14).
2. Dans la zone **Nom du scénario**, tapez celui du nouveau scénario (figure 22-15).

3. Éventuellement, modifiez la plage dans la zone **Cellules variables**.
4. Éventuellement, tapez un texte sur le scénario dans la zone **Commentaire**.

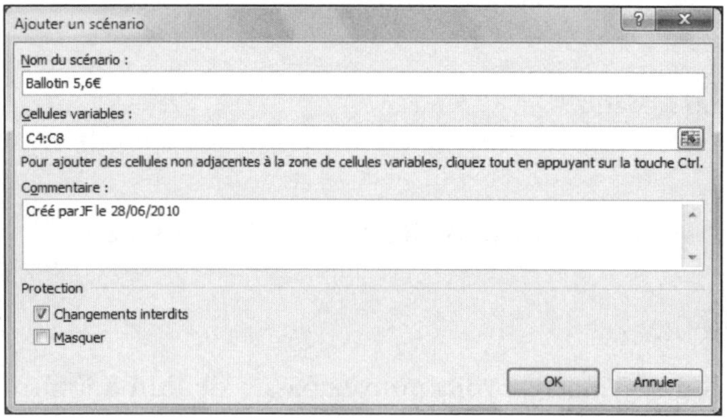

Figure 22-15 Ajout d'un scénario.

5. Cliquez le bouton **OK**.

   Le scénario propose les valeurs actuellement dans la feuille de calcul.

6. Tapez les nouvelles valeurs des cellules variables dans les zones proposées (figure 22-16).

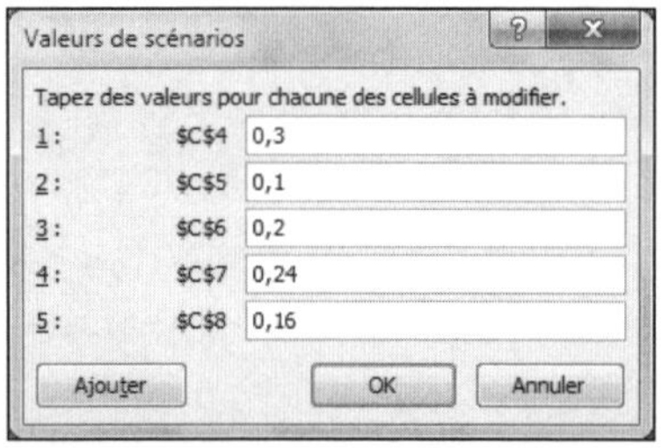

Figure 22-16 Paramètres du nouveau scénario.

7. Cliquez le bouton **OK**.
8. Dans la boîte **Gestionnaire de scénarios** (figure 22-14), cliquez le bouton **Afficher** pour voir le nouveau scénario dans la feuille de calcul.

La feuille tient compte des valeurs du scénario définies à l'étape **6**.

Note Vous pouvez à tout moment cliquer le bouton **Modifier** pour changer les valeurs du scénario sélectionné.

Changer de scénario

Passez facilement d'un scénario à un autre pour choisir celui qui résout le mieux le problème posé.

1. Cliquez le scénario dans la liste **Scénarios** (figure 22-14).
2. Cliquez le bouton **Afficher**.

   La feuille de calcul contient les valeurs du scénario choisi.
3. Cliquez un autre scénario dans la liste **Scénarios** (figure 22-14).
4. Cliquez le bouton **Afficher**.

La feuille de calcul contient les valeurs de l'autre scénario.

Note Vous pouvez à tout moment cliquer le bouton **Supprimer** pour effacer le scénario sélectionné.

Générer un rapport mono-utilisateur

Si vous êtes le seul utilisateur à modifier la feuille contenant les scénarios, vous pouvez générer un rapport en mode plan.

1. Dans la boîte **Gestionnaire de scénarios** (figure 22-14), cliquez le bouton **Synthèse**.

Note Cliquez l'onglet **Données → Outils de données → Analyse de scénarios → Gestionnaire de scénarios** pour afficher cette boîte.

2. Cochez l'option **Synthèse de scénarios**.

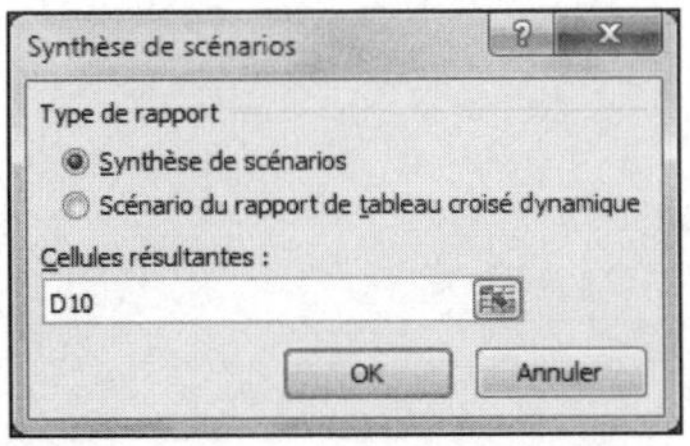

Figure 22-17 Création d'une synthèse de scénarios.

3. Cliquez le bouton **OK**.

Une nouvelle feuille regroupe tous les scénarios définis (figure 22-18).

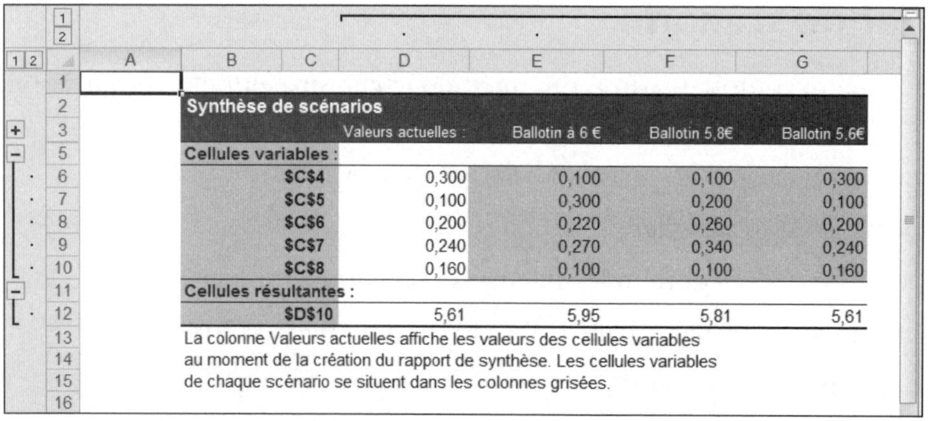

Synthèse de scénarios	Valeurs actuelles :	Ballotin à 6 €	Ballotin 5,8€	Ballotin 5,6€
Cellules variables :				
$C$4	0,300	0,100	0,100	0,300
$C$5	0,100	0,300	0,200	0,100
$C$6	0,200	0,220	0,260	0,200
$C$7	0,240	0,270	0,340	0,240
$C$8	0,160	0,100	0,100	0,160
Cellules résultantes :				
$D$10	5,61	5,95	5,81	5,61

La colonne Valeurs actuelles affiche les valeurs des cellules variables
au moment de la création du rapport de synthèse. Les cellules variables
de chaque scénario se situent dans les colonnes grisées.

Figure 22-18 Synthèse de scénarios.

Générer un rapport multi-utilisateurs

Si vous êtes plusieurs utilisateurs à modifier la feuille contenant les scénarios, vous pouvez générer un rapport sous forme de tableau croisé dynamique pour connaître l'auteur de chaque scénario.

1. Dans la boîte **Gestionnaire de scénarios** (figure 22-14), cliquez le bouton **Synthèse**.

Note Cliquez l'onglet **Données → Outils de données → Analyse de scénarios → Gestionnaire de scénarios** pour afficher cette boîte.

2. Cochez l'option **Scénario du rapport de tableau croisé dynamique** (figure 22-17).
3. Cliquez le bouton **OK**.

Une nouvelle feuille regroupe tous les scénarios définis dans un tableau croisé dynamique.

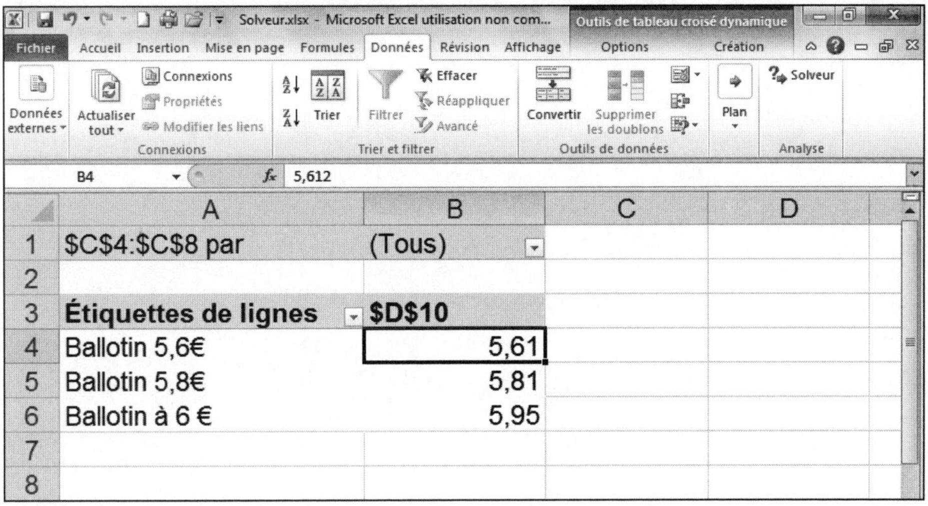

Figure 22-19 Synthèse de scénarios dans un tableau croisé dynamique.

Chapitre 23

Tableaux croisés dynamiques

Dans ce chapitre

- Créer un tableau croisé dynamique
- Modifier la position des champs
- Ajouter des sous-totaux
- Ajouter des champs calculés
- Trier les données
- Afficher les pages
- Utiliser les slicer
- Mettre en forme un tableau croisé dynamique

Un tableau croisé dynamique analyse et synthétise les données. Il prend comme en-tête de ligne et de colonne les données extraites du tableau d'origine et effectue un calcul de synthèse au croisement des lignes et colonnes correspondantes. Une fois réalisé, vous pouvez modifier dynamiquement la présentation de ces données en déplaçant de simples boutons. Les tableaux croisés dynamiques permettent de cibler les données importantes des tableaux contenant une grande quantité de données.

Créer un tableau croisé dynamique

Pour créer un tableau croisé dynamique, il est nécessaire que le tableau d'origine contienne des valeurs qui se répètent. C'est le cas dans l'exemple de la figure 23-1. Les colonnes Ville, Secteur ou Mois comportent des valeurs identiques. Il est alors possible de regrouper les données pour chacune des valeurs de ces colonnes.

De plus, le tableau doit contenir des valeurs numériques. C'est le cas de la colonne Montant de notre exemple. Si le tableau ne contient que du texte, le tableau croisé se contentera de compter le nombre de valeurs.

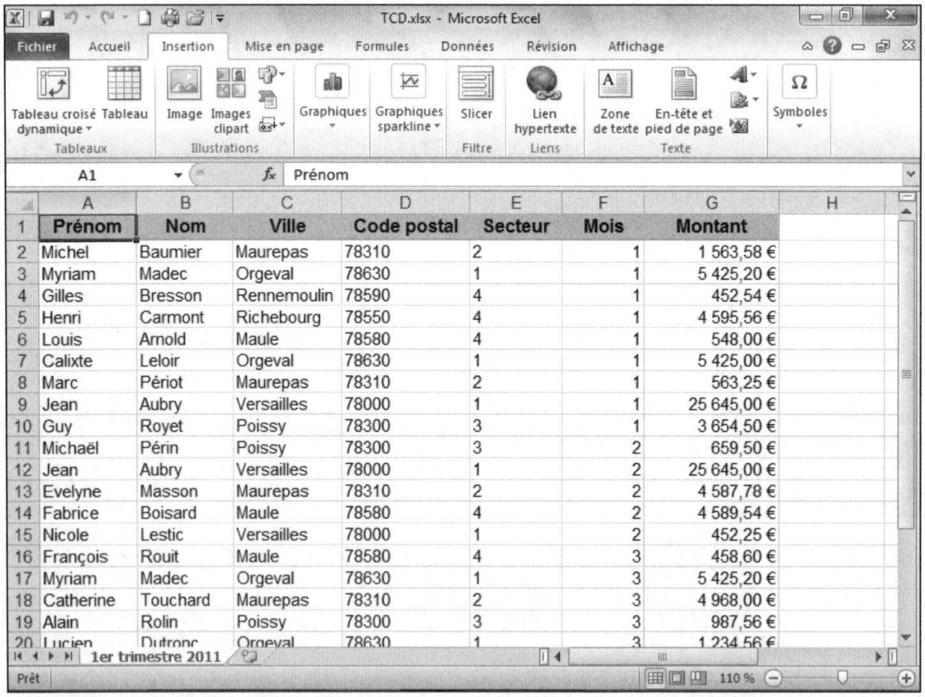

	Prénom	Nom	Ville	Code postal	Secteur	Mois	Montant
2	Michel	Baumier	Maurepas	78310	2	1	1 563,58 €
3	Myriam	Madec	Orgeval	78630	1	1	5 425,20 €
4	Gilles	Bresson	Rennemoulin	78590	4	1	452,54 €
5	Henri	Carmont	Richebourg	78550	4	1	4 595,56 €
6	Louis	Arnold	Maule	78580	4	1	548,00 €
7	Calixte	Leloir	Orgeval	78630	1	1	5 425,00 €
8	Marc	Périot	Maurepas	78310	2	1	563,25 €
9	Jean	Aubry	Versailles	78000	1	1	25 645,00 €
10	Guy	Royet	Poissy	78300	3	1	3 654,50 €
11	Michaël	Périn	Poissy	78300	3	2	659,50 €
12	Jean	Aubry	Versailles	78000	1	2	25 645,00 €
13	Evelyne	Masson	Maurepas	78310	2	2	4 587,78 €
14	Fabrice	Boisard	Maule	78580	4	2	4 589,54 €
15	Nicole	Lestic	Versailles	78000	1	2	452,25 €
16	François	Rouit	Maule	78580	4	3	458,60 €
17	Myriam	Madec	Orgeval	78630	1	3	5 425,20 €
18	Catherine	Touchard	Maurepas	78310	2	3	4 968,00 €
19	Alain	Rolin	Poissy	78300	3	3	987,56 €
20	Lucien	Dutronc	Orgeval	78630	1	3	1 234,56 €

Figure 23-1 Exemple de tableau avec des données qui se répètent.

La création d'un tableau croisé dynamique est simplifiée grâce à une simple boîte de dialogue.

1. Cliquez une cellule du tableau contenant les données.
2. Cliquez l'onglet **Insertion → Tableaux → Tableau croisé dynamique**.

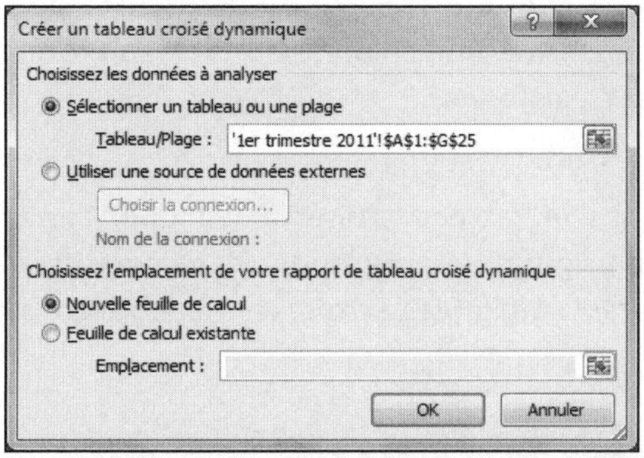

Figure 23-2 Boîte de création d'un tableau croisé dynamique.

La boîte de la figure 23-2 propose les options suivantes :

- **Sélectionner un tableau ou une plage** : les données sont dans une feuille de calcul du classeur actif ou dans un autre classeur ouvert. Si vous avez sélectionné une cellule d'un tableau à l'étape **1**, Excel propose la plage correspondante. Vérifiez que cette dernière est conforme. Vous pouvez aussi modifier cette plage directement dans une feuille du classeur actif ou dans un classeur ouvert. Utilisez les boutons et pour effectuer la sélection.
- **Utiliser une source de données externe** : les données ne se trouvent pas dans un classeur (des données sur Internet par exemple). Cliquez le bouton **Choisir la connexion** pour rechercher l'emplacement des données.

3. Cochez le type de données et leur emplacement.

   Les tableaux croisés peuvent être placés dans une nouvelle feuille ou dans une feuille existante.

4. Cochez l'option **Nouvelle feuille de calcul** ou **Feuille de calcul existante** en fonction de l'emplacement du tableau croisé.
5. Si vous avez choisi **Feuille de calcul existante** à l'étape **4**, tapez la référence de la première cellule dans cette zone ou cliquez le bouton .
6. Cliquez le bouton **OK**.

   Le tableau croisé dynamique est inséré à l'emplacement choisi. Si vous l'avez demandé, Excel a ajouté une feuille au classeur.

Deux nouveaux onglets, **Options** et **Création**, apparaissent dans le ruban. Le volet **Liste de champs**, ancré à droite de la feuille par défaut, permet de choisir les champs dynamiques qui doivent apparaître dans le tableau croisé. Vous pouvez faire glisser sa barre de titre pour le placer à un autre endroit.

Définition **Champ dynamique** : données placées dans l'en-tête de ligne ou de colonne du tableau croisé dynamique. Les données correspondent à une colonne du tableau d'origine. Par défaut, il porte le nom de l'en-tête de cette colonne.

Définition **Champ de valeurs** : valeurs placées dans le tableau croisé dynamique. Les données proviennent d'une colonne du tableau d'origine. Pour regrouper les valeurs, on applique un calcul de synthèse (une somme par défaut). Un tableau croisé contient obligatoirement un champ de valeurs.

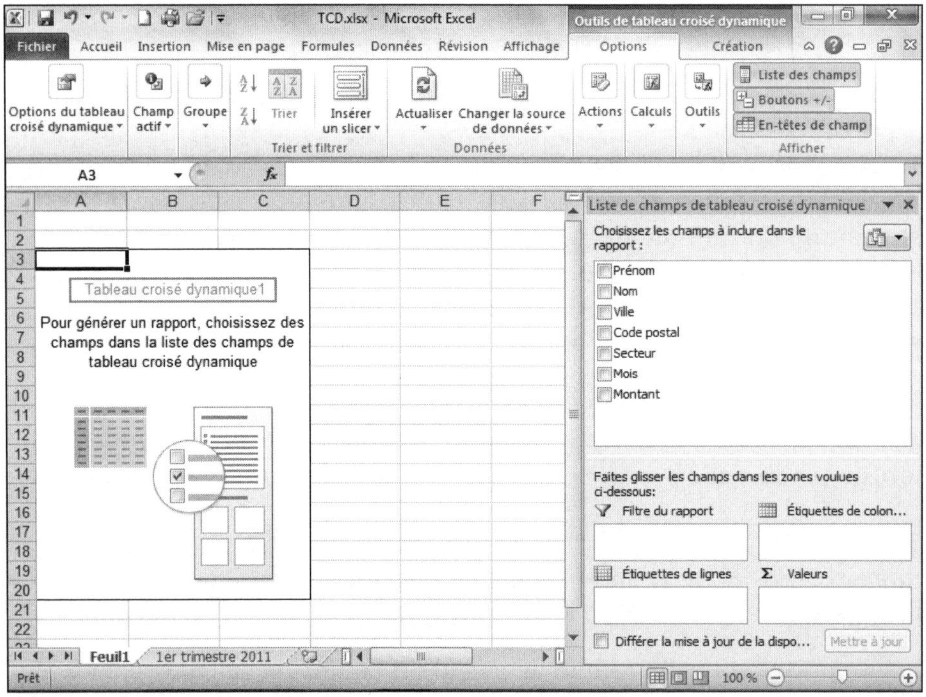

Figure 23-3 Création d'un tableau croisé dynamique.

7. Cliquez et faites glisser un des noms de champs proposés en haut du volet **Liste de champs** vers la zone **Étiquettes de colonnes** en bas du volet.

   Le champ de colonne est ajouté au tableau croisé.

8. Cliquez et faites glisser un des noms de champs proposés en haut du volet **Liste de champs** vers la zone **Étiquettes de lignes** en bas du volet.

9. Cliquez et faites glisser un des noms de champs contenant des valeurs numériques vers la zone **Valeurs** en bas du volet.

10. Cliquez et faites glisser un des noms de champs proposés en haut du volet **Liste de champs** vers la zone **Filtre du rapport** en bas du volet.

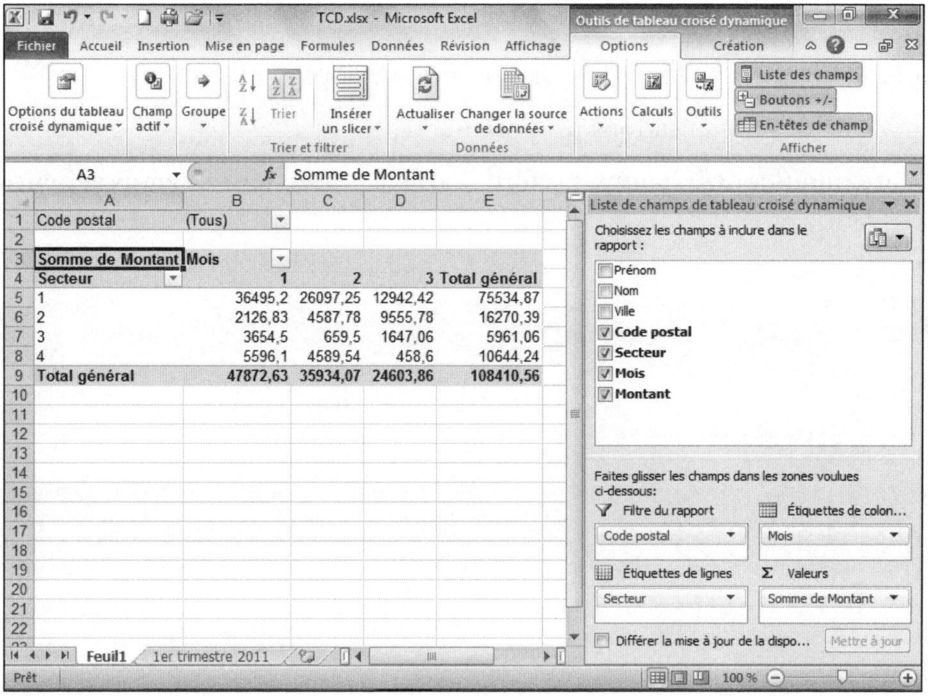

Figure 23-4 Ajout de champs dynamiques à un tableau croisé.

Le tableau croisé est maintenant complet.

Note Dans l'exemple, les **Mois** apparaissent dans les en-têtes de colonnes, les **Secteurs** dans les en-têtes de lignes, la somme des **Montants** dans les données et il sera possible de sélectionner un **Code postal** en particulier (champ de filtre). Si les noms apparaissent sous la forme « Étiquette de », il suffit de cliquer la cellule puis de taper un autre nom.

Modifier les champs dynamiques

Modifier l'apparence du volet Liste de champs

Pour faciliter les modifications des champs, vous pouvez modifier l'organisation du volet Liste de champs.

1. Cliquez le bouton  dans le volet **Liste de champs**.
2. Cliquez une des organisations proposées.

Si vous désirez ajouter des champs, préférez l'affichage **Sections Champs et Zones côtes à côtes**.

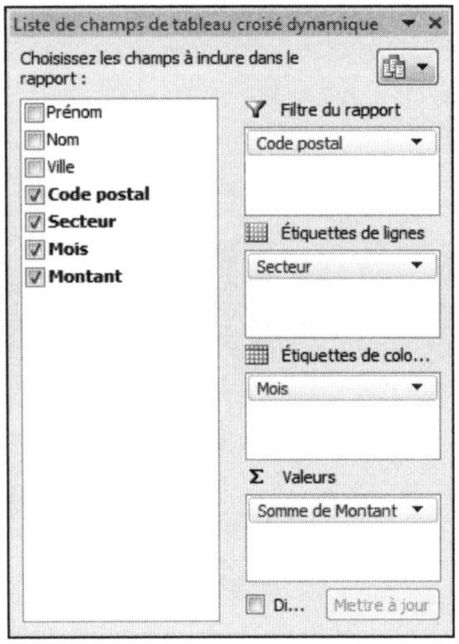

Figure 23-5 Sections Champs et Zones côtes à côtes.

Si vous désirez modifier l'organisation du tableau croisé, préférez l'affichage **Section Zones uniquement (2x2)**.

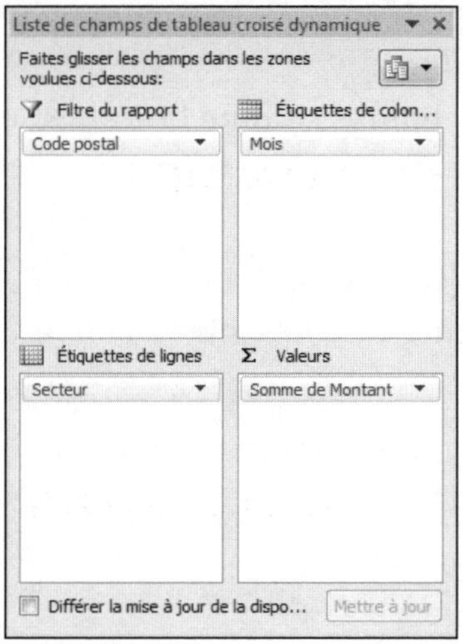

Figure 23-6 Section Zones uniquement (2x2).

Note Pour afficher ou masquer le volet Liste de champs, cliquez l'onglet **Options → Afficher → Liste des champs**.

Ajouter un champ

Vous pouvez ajouter à tout moment un champ à votre tableau croisé.

1. Cliquez une cellule du tableau croisé.
2. Cliquez et faites glisser le nom du champ vers la zone **Filtre du rapport**, **Étiquettes de colonnes**, **Étiquettes de lignes** ou **Valeurs**.

Vous pouvez placer plusieurs champs dans chaque zone. La position d'insertion du champ est fonction de la position précise où vous le déposez. Une ligne grisée vous aide à définir cette position.

Supprimer un champ

Si un champ ne vous semble plus nécessaire, vous pouvez facilement le supprimer d'un tableau croisé.

1. Cliquez et faites glisser le bouton du champ en dehors d'une des zones **Filtre du rapport**, **Étiquettes de colonnes**, **Étiquettes de lignes** ou **Valeurs**.

Le champ est supprimé.

Note Vous pouvez aussi cliquer le bouton du champ puis cliquer la commande **Supprimer le champ** dans le menu contextuel.

Déplacer un champ

Puisque le tableau est dynamique, vous organisez les champs comme bon vous semble. Il suffit pour cela de modifier l'ordre des champs dans les zones en bas du volet Liste de champs.

1. Pour modifier l'ordre à l'intérieur d'une des zones **Filtre du rapport**, **Étiquettes de colonnes**, **Étiquettes de lignes** ou **Valeurs**, cliquez et faites glisser le bouton à déplacer vers le haut ou vers le bas.

   Dans les exemples des figures 23-7 et 23-8, les champs **Secteur** et **Ville** sont intervertis dans la zone **Étiquettes de lignes**.

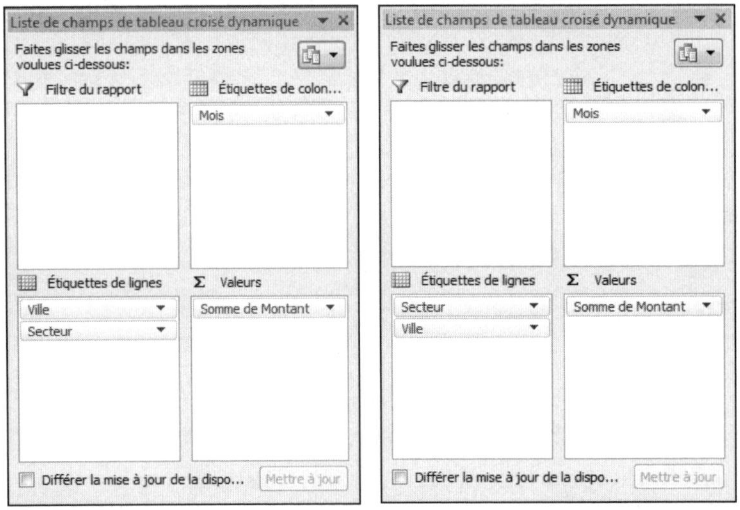

Figure 23-7 Déplacement d'un champ dans la même zone (avant et après dans le volet Liste de champs).

4	Somme de Montant	Mois			
5	Secteur	1	2	3	Total général
6	⊟Maule	548,00 €	4 589,54 €	458,60 €	5 596,14 €
7	4	548,00 €	4 589,54 €	458,60 €	5 596,14 €
8	⊟Maurepas	2 126,83 €	4 587,78 €	9 555,78 €	16 270,39 €
9	2	2 126,83 €	4 587,78 €	9 555,78 €	16 270,39 €
10	⊟Orgeval	10 850,20 €		7 894,32 €	18 744,52 €
11	1	10 850,20 €		7 894,32 €	18 744,52 €
12	⊟Poissy	3 654,50 €	659,50 €	1 647,06 €	5 961,06 €
13	3	3 654,50 €	659,50 €	1 647,06 €	5 961,06 €
14	⊟Rennemoulin	452,54 €			452,54 €
15	4	452,54 €			452,54 €
16	⊟Richebourg	4 595,56 €			4 595,56 €
17	4	4 595,56 €			4 595,56 €
18	⊟Versailles	25 645,00 €	26 097,25 €	5 048,10 €	56 790,35 €
19	1	25 645,00 €	26 097,25 €	5 048,10 €	56 790,35 €
20	Total général	47 872,63 €	35 934,07 €	24 603,86 €	108 410,56 €

4	Somme de Montant	Mois			
5	Secteur	1	2	3	Total général
6	⊟1	36495,2	26097,25	12942,42	75534,87
7	Orgeval	10 850,20 €		7 894,32 €	18 744,52 €
8	Versailles	25 645,00 €	26 097,25 €	5 048,10 €	56 790,35 €
9	⊟2	2126,83	4587,78	9555,78	16270,39
10	Maurepas	2 126,83 €	4 587,78 €	9 555,78 €	16 270,39 €
11	⊟3	3654,5	659,5	1647,06	5961,06
12	Poissy	3 654,50 €	659,50 €	1 647,06 €	5 961,06 €
13	⊟4	5596,1	4589,54	458,6	10644,24
14	Maule	548,00 €	4 589,54 €	458,60 €	5 596,14 €
15	Rennemoulin	452,54 €			452,54 €
16	Richebourg	4 595,56 €			4 595,56 €
17	Total général	47 872,63 €	35 934,07 €	24 603,86 €	108 410,56 €

Figure 23-8 Déplacement d'un champ dans la même zone (avant et après dans le tableau croisé).

2. Pour changer la position du champ dans le tableau croisé, cliquez et faites glisser le bouton vers une des autres listes (**Filtre du rapport**, **Étiquettes de colonnes**, **Étiquettes de lignes** ou **Valeurs**).

   Dans les exemples des figures 23-9 et 23-10, les champs **Code postal** et **Mois** sont intervertis entre les zones **Étiquettes de lignes** et **Étiquettes de colonnes**.

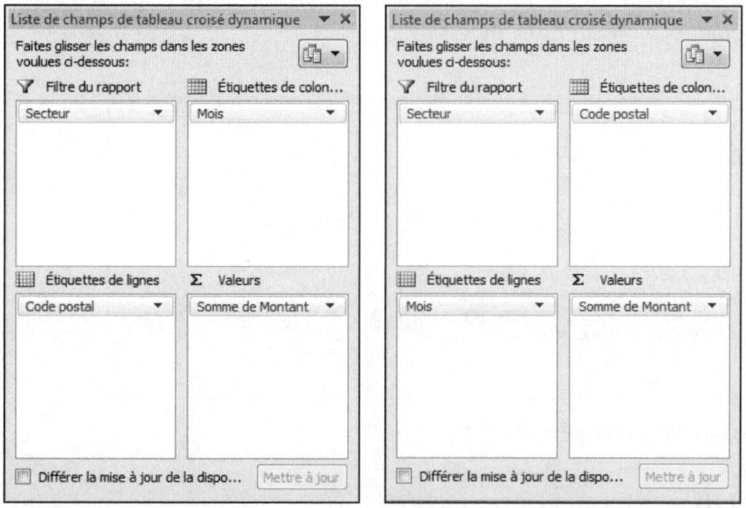

Figure 23-9 Déplacement d'un champ entre deux zones (avant et après dans le volet Liste de champs).

2	Secteur	(Tous)			
3					
4	Somme de Montant	Mois			
5	Secteur	1	2	3	Total général
6	78000	25 645,00 €	26 097,25 €	5 048,10 €	56 790,35 €
7	78300	3 654,50 €	659,50 €	1 647,06 €	5 961,06 €
8	78310	2 126,83 €	4 587,78 €	9 555,78 €	16 270,39 €
9	Total général	31 426,33 €	31 344,53 €	16 250,94 €	79 021,80 €

2	Secteur	(Tous)			
3					
4	Somme de Montant	Mois			
5	Secteur	78000	78300	78310	Total général
6	1	25 645,00 €	3 654,50 €	2 126,83 €	31 426,33 €
7	2	26 097,25 €	659,50 €	4 587,78 €	31 344,53 €
8	3	5 048,10 €	1 647,06 €	9 555,78 €	16 250,94 €
9	Total général	56 790,35 €	5 961,06 €	16 270,39 €	79 021,80 €

Figure 23-10 Déplacement d'un champ entre deux zones (avant et après dans le tableau croisé).

Astuce Vous pouvez aussi cliquer un bouton de champ puis cliquer le bouton **Monter** ou **descendre** dans le menu contextuel. Excel propose aussi les commandes **Déplacer au début** et **Déplacer à la fin**. Ces commandes sont très pratiques si les champs sont nombreux dans la même zone.

Filtrer un tableau croisé dynamique

Pour limiter les données d'un tableau croisé, vous choisissez les éléments à afficher dans les champs de filtres, de colonnes et de lignes.

Choisir un élément d'un champ de filtre

1. Cliquez la flèche dans la cellule du champ de filtre.
2. Cliquez une valeur dans la liste.

Note Pour ne pas se limiter à une seule valeur, cochez la case **Sélectionner plusieurs éléments,** puis cochez les valeurs à ajouter au filtre.

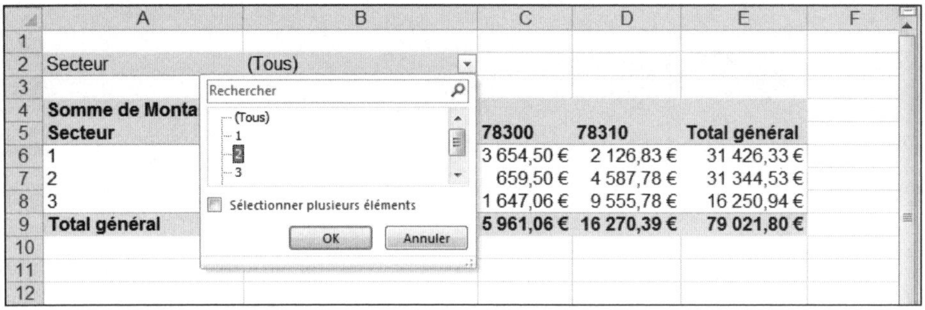

Figure 23-11 Choix des valeurs d'un champ de filtre.

3. Cliquez le bouton **OK.**

   Le tableau est recalculé et se limite à la valeur sélectionnée du champ de filtre. La flèche devient .

4. Cliquez la flèche dans la cellule du champ de filtre.
5. Cliquez **(Tous)** dans la liste pour tenir compte de toutes les valeurs.
6. Cliquez le bouton **OK.**

Tous les éléments sont de nouveau présents dans le tableau croisé dynamique.

Note Le symbole apparaît en regard des noms des champs filtrés dans le volet Liste de champs.

Choisir les éléments d'un champ de colonne ou de ligne

1. Cliquez la flèche du champ de colonne ou de ligne.
2. Cochez les éléments à afficher et décochez les éléments à masquer.

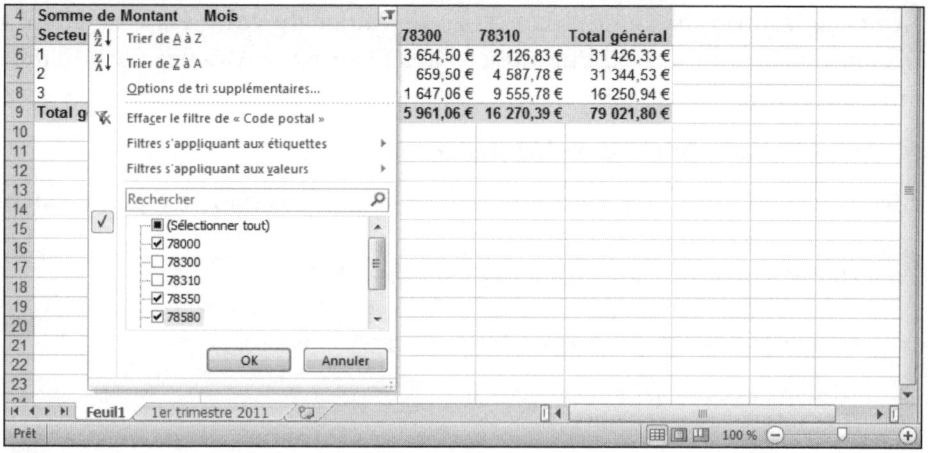

Figure 23-12 Choix des valeurs d'un champ de ligne ou de colonne.

Note Cette boîte offre d'autres solutions pour filtrer les valeurs. Faites des tests.

3. Cliquez le bouton **OK**.

   Le tableau est recalculé et se limite aux éléments sélectionnés. La flèche devient .

4. Cliquez la flèche du champ de colonne ou de ligne.
5. Cochez **(Sélectionnez tout)** pour tenir compte de tous les éléments.
6. Cliquez le bouton **OK**.

Tous les éléments sont de nouveau présents dans le tableau croisé dynamique.

Modifier le calcul du champ de valeurs

Par défaut, le tableau croisé dynamique effectue sur-le-champ une somme des valeurs. Modifiez l'opération de synthèse pour effectuer d'autres calculs. Vous pouvez aussi modifier son nom et son format.

Pour accéder à la boîte des paramètres des champs de valeurs vous avez plusieurs solutions :

- Cliquez une cellule du tableau contenant une valeur, puis cliquez l'onglet **Options ➜ Champ actif ➜ Paramètres de champs**.
- Cliquez avec le bouton droit une cellule du tableau contenant une valeur, puis cliquez la commande **Paramètres des champs de valeurs** dans le menu contextuel.

- Cliquez le bouton du champ dans la zone **Valeur du volet Liste de champs**, puis cliquez la commande **Paramètres des champs de valeurs** dans le menu contextuel.

1. Ouvrez la boîte **Paramètres des champs de valeurs**.
2. Sélectionnez l'opération de synthèse dans la liste **Choisissez le type de calcul**.

Note Pour choisir le type de calcul, consultez le tableau 23-1.

3. Tapez le nouveau nom dans la zone **Nom personnalisé**.

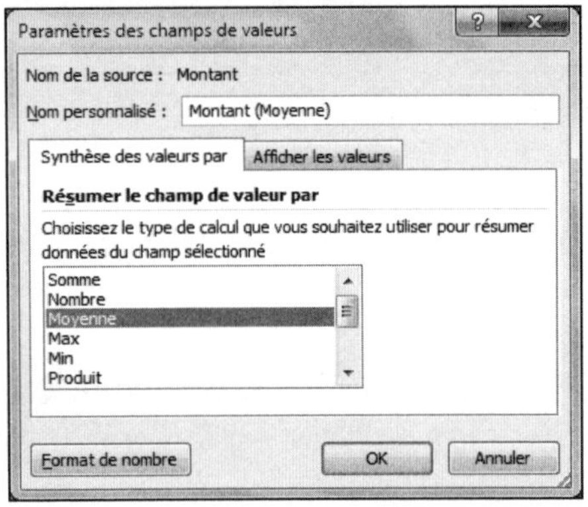

Figure 23-13 Paramètres du champ de valeurs.

Attention Respectez l'ordre des étapes **2** et **3**, car l'étape **2** change automatiquement le nom en fonction du type de calcul choisi.

4. Cliquez le bouton **Format de nombre**.
5. Cliquez un type de format dans la liste **Catégorie**.

Note Cette boîte fonctionne de la même manière que pour les cellules dans les feuilles de calcul. Par défaut, les données sont au format **Standard** dans les nouveaux tableaux croisés dynamiques.

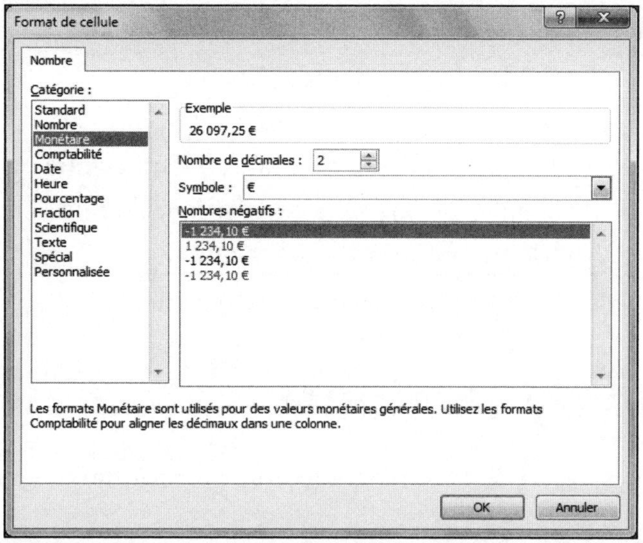

Figure 23-14 Format du champ de valeurs.

6. Sélectionnez les caractéristiques du format.
7. Cliquez **OK** dans la boîte **Format de cellule**.
8. Cliquez **OK** dans la boîte **Paramètres des champs de valeurs**.

Les modifications sont appliquées aux données du tableau croisé dynamique.

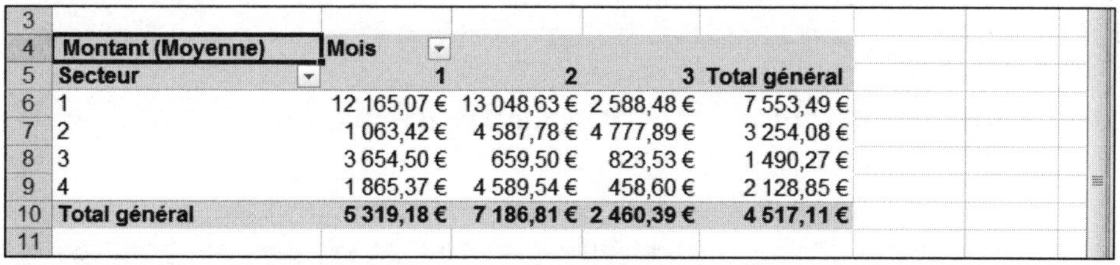

3					
4	Montant (Moyenne)	Mois			
5	Secteur	1	2	3	Total général
6	1	12 165,07 €	13 048,63 €	2 588,48 €	7 553,49 €
7	2	1 063,42 €	4 587,78 €	4 777,89 €	3 254,08 €
8	3	3 654,50 €	659,50 €	823,53 €	1 490,27 €
9	4	1 865,37 €	4 589,54 €	458,60 €	2 128,85 €
10	Total général	5 319,18 €	7 186,81 €	2 460,39 €	4 517,11 €
11					

Figure 23-15 Modification du calcul du champ de valeurs.

Synthèse ou Sous-totaux	Pour…
Somme	Calculer la somme totale des valeurs.
Nbval	Obtenir le nombre de valeurs (numériques ou non).
Moyenne	Calculer la moyenne des valeurs.
Max	Obtenir la plus grande valeur.

Tableau 23-1 Fonctions de calcul ou de sous-totaux dans un tableau croisé. ➜

Synthèse ou Sous-totaux	Pour…
Min	Obtenir la plus petite valeur.
Produit	Multiplier les valeurs entre elles.
Nb	Obtenir le nombre de valeurs numériques.
Ecartype	Calculer l'écart standard entre les valeurs.
Var	Calculer la variance des valeurs.

Tableau 23-1 Fonctions de calcul ou de sous-totaux dans un tableau croisé *(suite)*.

Modifier un champ dynamique

Comme pour le champ de valeurs, vous pouvez changer le nom et le format des champs dynamiques.

1. Ouvrez la boîte **Paramètres de champ** comme pour l'ouverture de la boîte Paramètres des champs de valeurs (consultez les trois solutions dans le paragraphe précédent).
2. Tapez le nouveau nom dans la zone **Nom personnalisé**.
3. Cliquez le bouton **Format de Nombre**.
4. Cliquez un type de format dans la liste **Catégorie**.
5. Sélectionnez les caractéristiques du format.
6. Cliquez le bouton **OK**.
7. Cliquez le bouton **OK** dans la boîte **Paramètres de champ.**

Astuce Si vous désirez juste modifier le nom des champs, vous pouvez le faire directement dans la cellule correspondante du tableau croisé sans passer par une boîte de dialogue. Double-cliquez la cellule ou utilisez la barre de formule pour changer le nom.

Les modifications sont appliquées au champ dynamique sélectionné (nom et format d'affichage).

3					
4	Somme	Vente par mois			
5	Secteur géographique	1	2	3	Total général
6	1	36 495,20 €	26 097,25 €	12 942,42 €	75 534,87 €
7	2	2 126,83 €	4 587,78 €	9 555,78 €	16 270,39 €
8	3	3 654,50 €	659,50 €	1 647,06 €	5 961,06 €
9	4	5 596,10 €	4 589,54 €	458,60 €	10 644,24 €
10	Total général	47 872,63 €	35 934,07 €	24 603,86 €	108 410,56 €
11					

Figure 23-16 Modification des champs dynamiques.

Attention Les noms des champs dynamiques n'apparaissent pas dans la disposition sous forme compactée. Pour les afficher, cliquez l'onglet **Création → Disposition → Disposition du rapport**, puis cliquez **Afficher en mode plan** ou **Afficher sous forme tabulaire**. Pour afficher ou masquer les noms des champs, cliquez l'onglet **Options → Afficher/Masquer → En-têtes de champ**.

Ajouter des sous-totaux

Si vous avez placé plusieurs champs dans les emplacements **Étiquettes de ligne** ou **Étiquettes de colonne**, vous pouvez ajouter un ou plusieurs sous-totaux.

3							
4	Somme de Montant	Secteur					
5		⊟ 1		Total 1	⊟ 2	Total 2	⊟ 3
6	Mois	78000	78630		78310		78300
7	1	25 645,00 €	10 850,20 €	36 495,20 €	2 126,83 €	2 126,83 €	3 654,50 €
8	2	26 097,25 €		26 097,25 €	4 587,78 €	4 587,78 €	659,50 €
9	3	5 048,10 €	7 894,32 €	12 942,42 €	9 555,78 €	9 555,78 €	1 647,06 €
10	Total général	56 790,35 €	18 744,52 €	75 534,87 €	16 270,39 €	16 270,39 €	5 961,06 €

Figure 23-17 Colonnes du tableau croisé avec plusieurs champs dynamiques.

Par défaut, Excel effectue automatiquement une somme pour les sous-totaux (colonnes Total 1, Total 2, *etc.* dans l'exemple de la figure 23-17).

1. Affichez la boîte **Paramètres de champ** (voir plus haut dans ce chapitre).
2. Cochez l'option **Personnalisé**.
3. Cliquez, dans la liste **Sélectionner une ou plusieurs fonctions**, les sous-totaux à ajouter au tableau croisé (ils s'affichent en surbrillance).

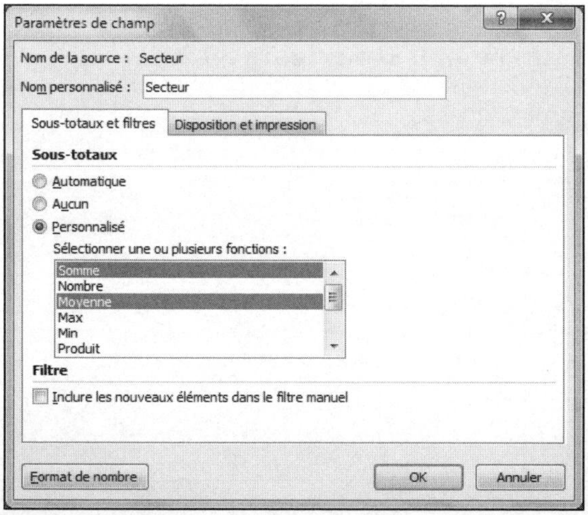

Figure 23-18 Sélection des sous-totaux à ajouter au tableau croisé.

4. Cliquez le bouton **OK**.

Note Pour le type des sous-totaux, consultez le tableau 23-1.

	A	B	C	D	E	F	G
3							
4	Somme de Montant	Secteur					
5		⊟1		Somme 1	Moyenne 1	⊟2	Somme 2
6	Mois	78000	78630			78310	
7	1	25 645,00 €	10 850,20 €	36 495,20 €	12 165,07 €	2 126,83 €	2 126,83
8	2	26 097,25 €		26 097,25 €	13 048,63 €	4 587,78 €	4 587,78
9	3	5 048,10 €	7 894,32 €	12 942,42 €	2 588,48 €	9 555,78 €	9 555,78
10	**Total général**	**56 790,35 €**	**18 744,52 €**	**75 534,87 €**	**7 553,49 €**	**16 270,39 €**	**16 270,39**
11							

Figure 23-19 Nouveaux sous-totaux dans le tableau croisé.

Les sous-totaux apparaissent dans le tableau croisé dynamique.

Ajouter un champ calculé

À partir des champs existants, vous pouvez créer de nouveaux champs en appliquant un calcul (par exemple un prix T.T.C à partir d'un prix H.T).

1. Cliquez l'onglet **Options → Calculs → Champs, éléments et jeux → Champ calculé**.
2. Tapez le nom du champ calculé dans la zone **Nom**.
3. Cliquez le champ à utiliser dans la formule dans la liste **Champs**.
4. Cliquez le bouton **Insérer un champ**.

   Le nom du champ apparaît dans la zone **Formule**.
5. Complétez la formule en fonction des besoins (voir figure 23-20).

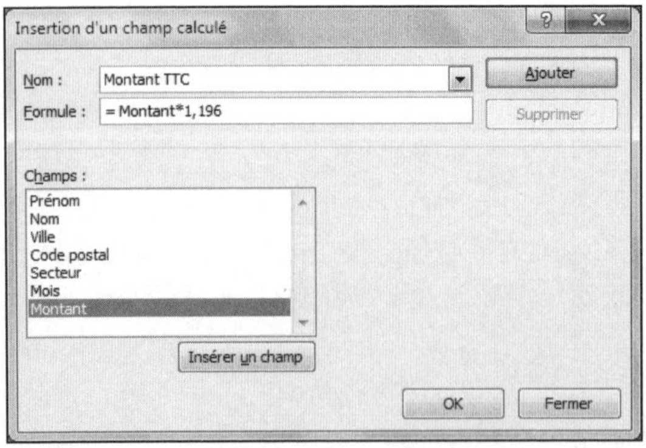

Figure 23-20 Ajout d'un champ calculé.

6. Cliquez le bouton **Ajouter**.

   Le nouveau champ calculé apparaît lui aussi dans la liste Champs.

7. Cliquez le bouton **OK**.

Note Vous pouvez taper directement le nom des champs dans la zone **Formule**. Si un nom de champ contient des espaces, mettez-le entre apostrophes.

2					
3	Secteur	(Tous)			
4					
5		Mois			
6		1		2	
7	Ville	Somme de Montant	Somme de Montant TTC	Somme de Montant	Somme de Mont
8	Maule	548,00 €	655,41 €	4 589,54 €	5
9	Maurepas	2 126,83 €	2 543,69 €	4 587,78 €	5
10	Orgeval	10 850,20 €	12 976,84 €		
11	Poissy	3 654,50 €	4 370,78 €	659,50 €	
12	Rennemoulin	452,54 €	541,24 €		
13	Richebourg	4 595,56 €	5 496,29 €		
14	Versailles	25 645,00 €	30 671,42 €	26 097,25 €	31
15	**Total général**	**47 872,63 €**	**57 255,67 €**	**35 934,07 €**	**42**
16					

Figure 23-21 Champ calculé dans un tableau croisé dynamique.

Le champ calculé apparaît dans le tableau croisé dynamique.

Supprimer un champ calculé

Dès qu'un champ calculé n'est plus nécessaire ou que son résultat ne vous convient pas, vous devez le supprimer.

1. Cliquez l'onglet **Options ➜ Calculs ➜ Champs, éléments et jeux ➜ Champ calculé**.
2. Sélectionnez le champ calculé à supprimer dans la liste **Nom**.
3. Cliquez le bouton **Supprimer**.
4. Répétez les étapes **2** et **3** pour les autres champs à supprimer.
5. Cliquez le bouton **OK**.

Comparer des valeurs entre elles

Il est très intéressant de comparer une valeur d'un champ dynamique avec toutes les autres valeurs. Le calcul peut s'effectuer quantitativement ou en pourcentage.

1. Cliquez avec le bouton droit une donnée du tableau croisé dynamique.

2. Cliquez la commande **Paramètres des champs de valeurs** dans le menu contextuel.
3. Cliquez l'onglet **Afficher les valeurs**.
4. Dans la liste **Afficher les valeurs**, sélectionnez **Différence par rapport**.

Note Sélectionner **Différence en % par rapport** pour obtenir des pourcentages.

5. Cliquez le champ qui contient les éléments à comparer dans la liste **Champ de base**.
6. Cliquez l'élément de base de comparaison dans la liste **Élément de base**.

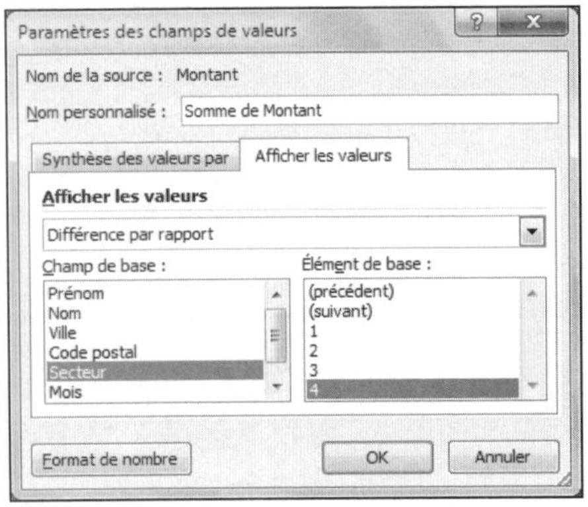

Figure 23-22 Sélection du type de comparaison et de l'élément à comparer.

7. Cliquez le bouton **OK**.

Attention Le champ de base sélectionné doit apparaître dans le tableau croisé. Dans l'exemple, nous allons comparer les ventes réalisées dans les secteurs 1, 2 et 3 à celles du secteur 4.

4						
5	**Somme de Montant**	**Secteur**				
6	**Mois**	**1**	**2**	**3**	**4**	**Total général**
7	1	30 899,10 €	-3 469,27 €	-1 941,60 €		
8	2	21 507,71 €	-1,76 €	-3 930,04 €		
9	3	12 483,82 €	9 097,18 €	1 188,46 €		
10	**Total général**	**64 890,63 €**	**5 626,15 €**	**-4 683,18 €**		
11						

Figure 23-23 Comparaison entre des valeurs d'un champ.

Les données correspondent à la différence avec l'élément de base de comparaison.

L'élément de base de comparaison, ici le secteur 4, n'a pas de données (il ne se compare pas à lui-même).

Note Sélectionnez **Normal** dans la liste **Afficher les valeurs** de la boîte **Paramètres des champs de valeurs** pour revenir à l'affichage initial du tableau.

Note Vous pouvez aussi utiliser l'onglet **Options → Calculs → Afficher les valeurs → Différence par rapport**. Choisissez ensuite le **Champ de base** et l'**Élément de base** dans la boîte **Afficher les valeurs**.

Comparer des valeurs avec le total

Les tableaux croisés dynamiques vous permettent aussi de comparer toutes les valeurs du tableau avec le total général.

1. Cliquez l'onglet **Options** → Calculs → **Afficher les valeurs** → **% du total général**.

4						
5	**Somme de Montant**	**Secteur**				
6	**Mois**	**1**	**2**	**3**	**4**	**Total général**
7	1	33,66%	1,96%	3,37%	5,16%	44,16%
8	2	24,07%	4,23%	0,61%	4,23%	33,15%
9	3	11,94%	8,81%	1,52%	0,42%	22,70%
10	**Total général**	**69,67%**	**15,01%**	**5,50%**	**9,82%**	**100,00%**
11						

Figure 23-24 Comparaison entre les valeurs et le total.

Chaque donnée du tableau est comparée avec le total général du tableau.

Le tableau 23-2 regroupe les autres fonctions disponibles pour effectuer des comparaisons (onglet **Afficher les valeurs** de la boîte **Paramètres des champs de valeurs**).

Type de calcul	Description
% de	Compare en % une donnée du tableau avec toutes les autres données.
Résultat cumulé par	Affiche les données sous forme de cumul pour chaque ligne ou pour chaque colonne en fonction de l'emplacement du champ sélectionné.
% du total de la ligne	Compare en % les données de chaque ligne. Chaque ligne correspond à 100 %.
% du total de la colonne	Compare en % les données de chaque colonne. Chaque colonne correspond à 100 %.

Tableau 23-2 Autres fonctions de la boîte Paramètres des champs de valeurs (onglet Afficher les valeurs).

→

Type de calcul	Description
% du total de la ligne parente	Compare en % les données de chaque ligne. Chaque colonne correspond à 100 %.
% du total de la colonne parente	Compare en % les données de chaque colonne. Chaque ligne correspond à 100 %.
index	Affiche les données en appliquant le calcul suivant : ((valeur dans la cellule) x (Total général)) / ((Total général de la ligne) x (Total général de la colonne)).

Tableau 23-2 Autres fonctions de la boîte Paramètres des champs de valeurs (onglet Afficher les valeurs) (suite).

Trier et filtrer les données

Par défaut, les éléments sont triés par ordre alphabétique ou numérique. Cet ordre est modifiable directement avec la souris.

Pour modifier l'ordre des données :

1. Cliquez l'élément d'en-tête de ligne ou de colonne à déplacer et faites glisser le bord de la sélection à son nouvel emplacement (le curseur de souris a la forme .

Pour choisir l'ordre de tri des éléments :

1. Cliquez avec le bouton droit un élément du champ à trier.
2. Cliquez la commande **Trier** dans le menu contextuel, puis l'ordre de tri.

   Le bouton du champ prend la forme (tri croissant) ou (tri décroissant).

Pour limiter le nombre de données :

1. Cliquez avec le bouton droit le champ à trier.
2. Cliquez la commande **Filtrer → 10 premiers** dans le menu contextuel.
3. Sélectionnez **Haut** (premières données) ou **Bas** (dernières données) dans la liste **Afficher**.
4. Tapez le nombre de données à afficher dans la zone en regard de la liste **Afficher**.
5. Cliquez le bouton **OK**.

   Le bouton du champ prend la forme pour indiquer la présence d'un filtre.

Afficher les pages

Si le tableau comporte un champ de filtre, vous pouvez créer de nouveaux tableaux croisés basés sur chaque élément de ce champ.

1. Cliquez l'onglet **Options** ➜ **Options du tableau croisé dynamique** ➜ **Options** ➜ **Afficher les pages de filtre de rapport**.
2. Cliquez dans la liste le champ à utiliser pour créer des pages.

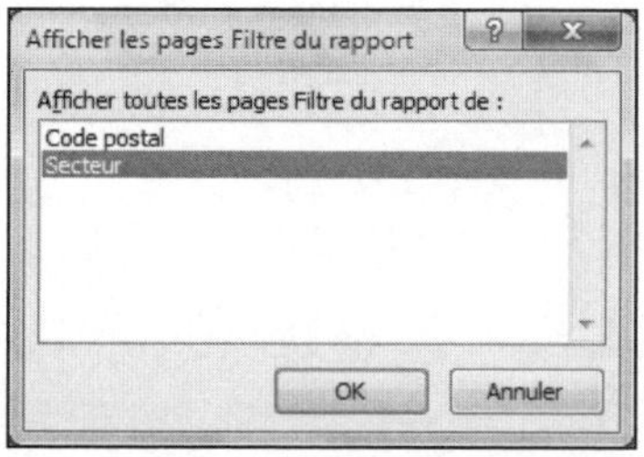

Figure 23-25 Choix des champs de filtre.

3. Cliquez le bouton **OK**.

   Excel a créé une nouvelle feuille pour chaque élément du champ de filtre. Chaque onglet de feuille porte le nom d'un élément.

4. Cliquez l'onglet de l'élément à afficher.

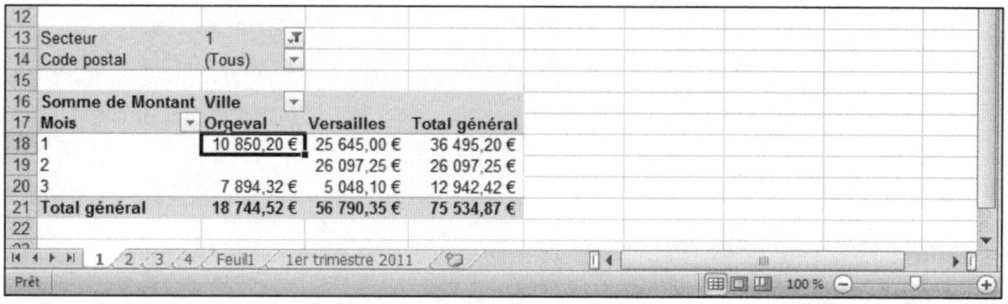

Figure 23-26 Tableau croisé dynamique d'un seul élément de filtre.

Chaque nouvelle feuille contient un tableau croisé dont la structure est identique à celle du tableau d'origine. Les valeurs du tableau varient en fonction des éléments du champ de filtre choisi à l'étape **2**.

Utiliser les slicer

Un slicer permet de filtrer rapidement et visuellement un tableau croisé dynamique.

1. Cliquez l'onglet **Options** ➜ **Trier et filtrer** ➜ **Insérer un slicer**.
2. Cochez le nom du champ dont vous désirez ajouter un slicer.

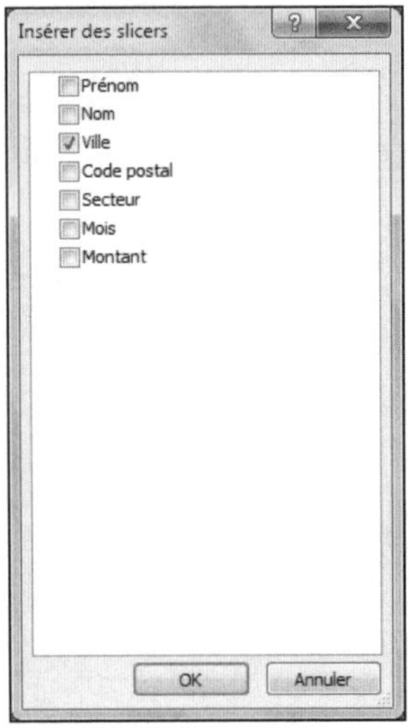

Figure 23-27 Ajout d'un slicer dans un tableau croisé dynamique.

3. Cliquez le bouton **OK**.

   Excel affiche un nouvel onglet **Options** dans le Ruban.

4. Cliquez, dans la fenêtre du slicer, l'élément de filtrage du tableau croisé dynamique.

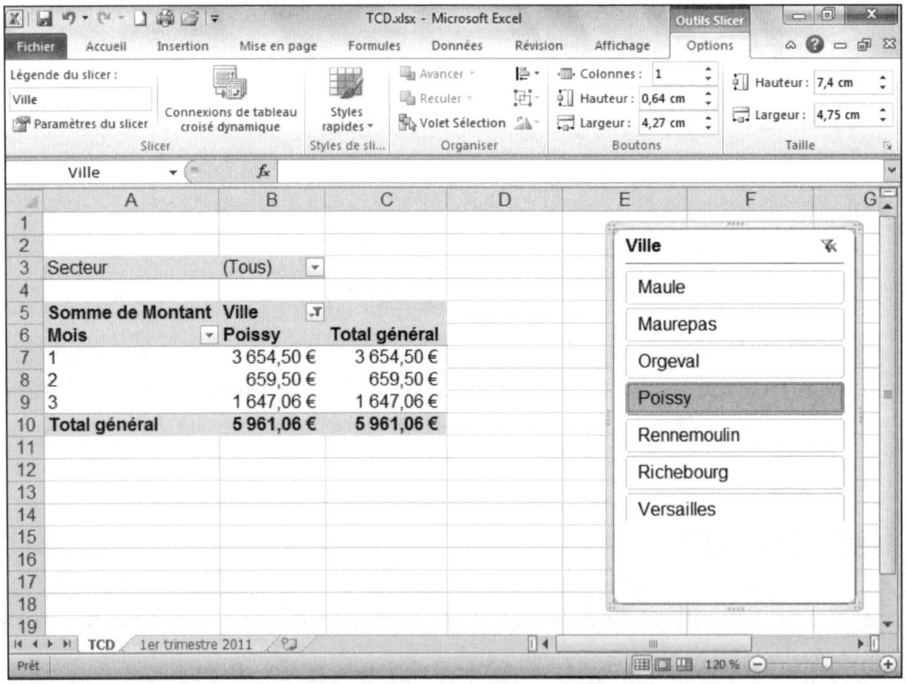

Figure 23-28 Tableau croisé dynamique filtré par un slicer.

5. Pour sélectionner plusieurs éléments, cliquez le premier, maintenez la touche **Ctrl** enfoncée, puis cliquez les autres éléments.

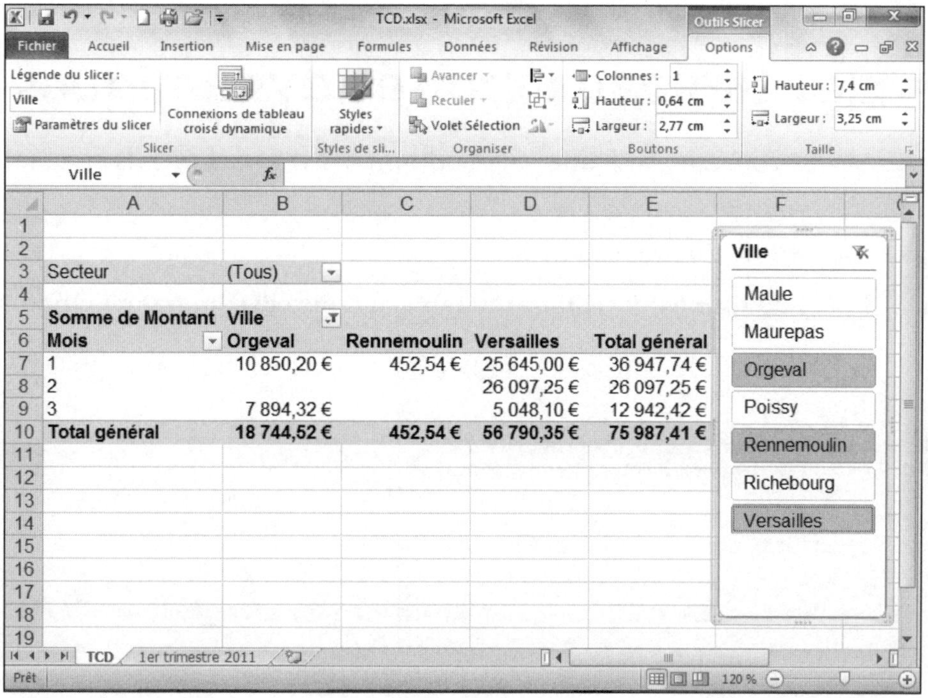

Figure 23-29 Tableau croisé dynamique filtré par un slicer sur plusieurs éléments.

6. Pour modifier l'affichage et le nom du slicer, utilisez les commandes présentes dans l'onglet **Options**.

7. Pour supprimer le filtrage actuel, cliquez le bouton dans la fenêtre du slicer.

Actualiser les données d'un tableau croisé dynamique

Les tableaux ne sont pas recalculés automatiquement quand vous modifiez les données sources. C'est à vous d'effectuer cette opération.

1. Modifiez les données sources du tableau croisé.

2. Cliquez l'onglet de la feuille qui contient le tableau croisé.

   Le tableau croisé n'a pas été mis à jour.

3. Cliquez une cellule du tableau croisé.
4. Cliquez l'onglet **Options → Données → Actualiser** ou utilisez le raccourci **Alt+F5**.

Options des tableaux croisés dynamiques

Les tableaux croisés offrent toute une palette d'options, d'agencements et de mises en forme.

1. Cliquez une cellule du tableau croisé.
2. Cliquez l'onglet **Options → Options du tableau croisé dynamique → Options**.

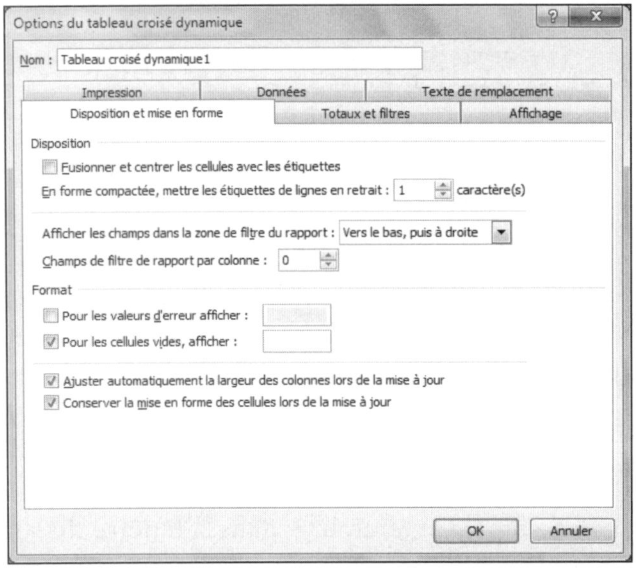

Figure 23-30 Options des tableaux croisés dynamiques.

3. Cochez ou décochez les options à modifier dans chacun des onglets.
4. Cliquez le bouton **OK**.

Mettre en forme un tableau croisé dynamique

Comme pour les tableaux ordinaires, Excel propose de modifier la mise en forme des tableaux croisés dynamiques.

1. Cliquez l'onglet **Création**.

La commande **Disposition** de l'onglet **Création** permet de choisir la position des totaux et des sous-totaux, ainsi que le mode d'affichage et les sauts de page.

La commande **Options de style de tableau croisé dynamique** de l'onglet **Création** permet de choisir les éléments à afficher (en-têtes et fonds de couleur).

Excel propose des mises en forme prédéfinies.

1. Cliquez l'onglet **Création ➜ Styles de tableau croisé dynamique**.
2. Pointez un style dans la liste pour afficher immédiatement un aperçu dans le tableau croisé (cliquez le bouton de la barre de défilement verticale pour agrandir la liste).

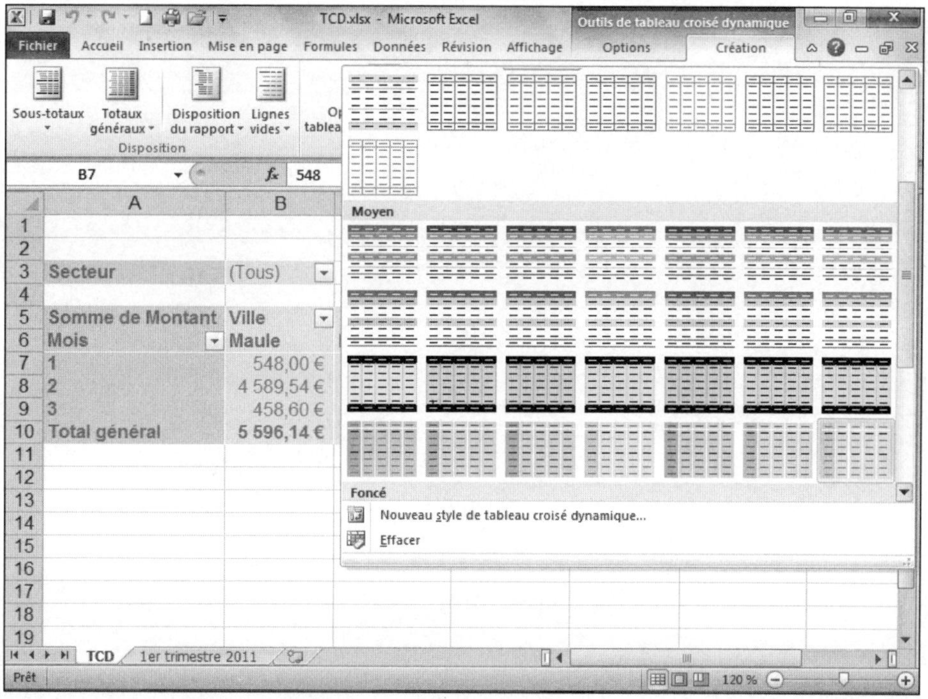

Figure 23-31 Liste des styles des tableaux croisés.

3. Cliquez le style à appliquer dans la liste.

Chapitre 24

Protéger et vérifier les données

Dans ce chapitre

- Protéger les données
- Protéger des plages
- Définir des critères de saisie
- Utiliser l'audit
- Appliquer des mises en forme conditionnelles

Quoi de plus agaçant que de constater trop tard qu'une partie des formules d'un tableau a été modifiée par inadvertance ! La protection des feuilles permet d'éviter ces déconvenues en ne donnant accès qu'à certaines cellules. Ce chapitre vous indique, en outre, le moyen de vérifier les saisies pour débusquer les données fantaisistes, d'utiliser l'audit pour détecter les erreurs dans les formules, ou d'appliquer une mise en forme conditionnelle à vos cellules.

Protéger vos données

La protection des classeurs évite de modifier involontairement des cellules qui contiennent des données fixes, par exemple des en-têtes de tableaux ou des formules.

Définir les cellules à protéger

Quand vous appliquez une protection à une feuille de calcul, par défaut, toutes les cellules du tableau sont verrouillées. Il faut donc commencer par déverrouiller les cellules qui pourront être modifiées.

1. Sélectionnez les valeurs que l'utilisateur pourra modifier.

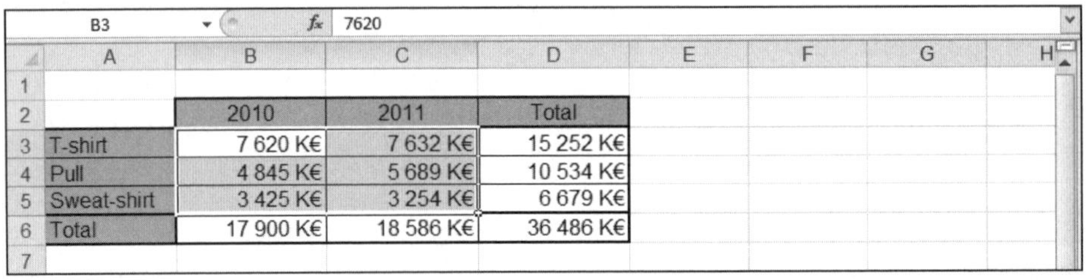

	A	B	C	D
1				
2		2010	2011	Total
3	T-shirt	7 620 K€	7 632 K€	15 252 K€
4	Pull	4 845 K€	5 689 K€	10 534 K€
5	Sweat-shirt	3 425 K€	3 254 K€	6 679 K€
6	Total	17 900 K€	18 586 K€	36 486 K€
7				

Figure 24-1 Cellules à déverrouiller.

Dans l'exemple de la figure 24-1, seules les cellules B3:C5 contiennent des valeurs modifiables. Les autres cellules contiennent des formules ou des textes.

2. Cliquez avec le bouton droit de la souris la sélection, puis cliquez **Format de Cellule** dans le menu contextuel.

3. Dans l'onglet **Protection**, décochez l'option **Verrouillée**.

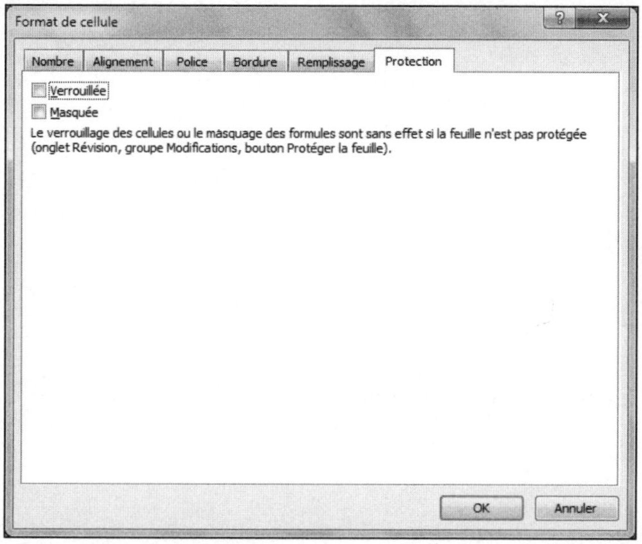
Format de cellule
Nombre
Alignement
Police
Bordure
Remplissage
Protection
Verrouillée
Masquée
Le verrouillage des cellules ou le masquage des formules sont sans effet si la feuille n'est pas protégée (onglet Révision, groupe Modifications, bouton Protéger la feuille).
OK
Annuler

Figure 24-2 Cellules à déverrouiller.

4. Cliquez le bouton **OK**.

Les cellules sélectionnées seront modifiables quand la protection de la feuille sera effective.

Note Si vous déprotégez des plages de cellules par mot de passe (consultez le paragraphe « Protéger vos plages de cellules » plus loin dans ce chapitre), vous n'avez pas à déverrouiller les cellules.

Protéger vos feuilles de calcul

Tant que la feuille n'est pas protégée, toutes les cellules sont modifiables. La protection porte sur l'intégralité des éléments de la feuille (valeurs, mises en forme, tris, tableaux croisés, *etc.*), à l'exception des cellules que vous avez déprotégées précédemment.

1. Cliquez l'onglet **Révision ➜ Modifications ➜ Protéger la feuille**.
2. Cochez dans la liste **Autoriser** les options à appliquer.
3. Éventuellement, tapez un mot de passe dans la zone **Mot de passe**.

Attention Excel distingue les majuscules et les minuscules dans les mots de passe.

Figure 24-3 Protection d'une feuille contre les modifications.

4. Cliquez le bouton **OK**.

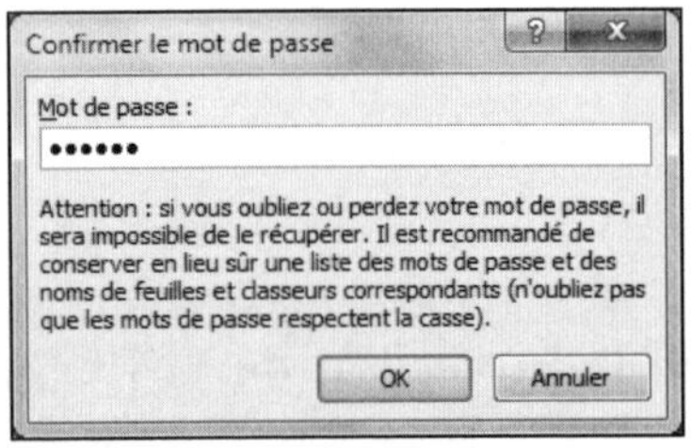

Figure 24-4 Confirmation du mot de passe.

5. Si vous avez saisi un mot de passe à l'étape **3**, retapez-le pour confirmation.

Attention Sans le mot de passe, il n'est plus possible de déprotéger la feuille, d'où la nécessité de confirmer ce mot de passe.

6. Tapez une donnée dans une cellule déverrouillée.

   Excel accepte la modification.

7. Tapez une donnée dans une cellule verrouillée.

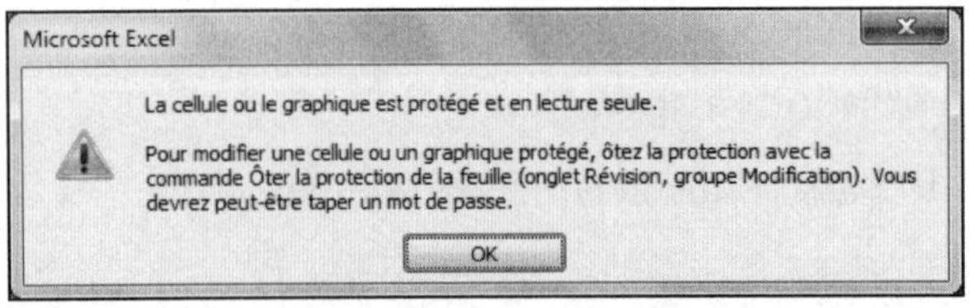

Figure 24-5 Refus d'accès aux cellules verrouillées.

   Dès la première touche, Excel affiche cette boîte pour refuser la frappe.

8. Cliquez le bouton **OK**.

Pour déprotéger la feuille de calcul :

1. Cliquez l'onglet **Révision → Modifications → Ôter la protection de la feuille**.
2. Éventuellement, saisissez le mot de passe.

Note Pour protéger l'intégralité du classeur, cliquez le menu **Révision → Modifications → Protéger le classeur**.

Protéger vos plages de cellules

Excel permet de saisir des mots de passe pour des plages précises de manière à choisir les utilisateurs qui peuvent y accéder.

1. Cliquez l'onglet **Révision → Modification → Permettre la modification des plages**.
2. Cliquez le bouton **Nouvelle** pour définir une nouvelle plage à protéger.
3. Tapez le nom de la plage à protéger dans la zone **Titre**.
4. Cliquez la zone **Fait référence aux cellules**, puis sélectionnez directement la plage dans la feuille de calcul.
5. Tapez le mot de passe dans la zone **Mot de passe de la plage**.

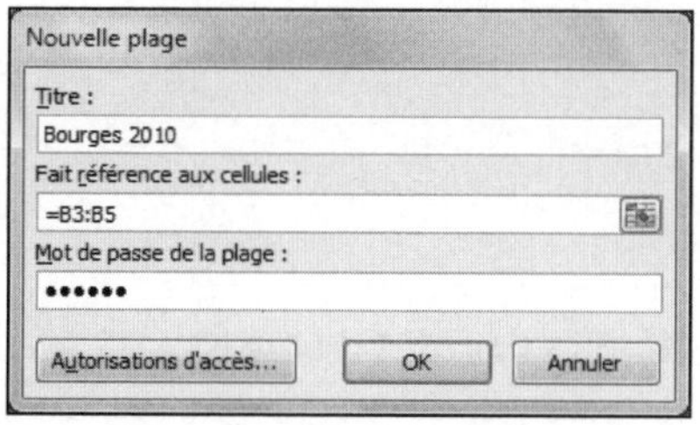

Figure 24-6 Paramètres d'une plage à protéger par mot de passe.

6. Cliquez le bouton **OK**.

Attention Retenez ce mot de passe. Sans lui, vous ne pourrez plus déprotéger la plage. Les mots de passe tiennent compte des majuscules et des minuscules.

7. Retapez le mot de passe dans la boîte qui s'affiche.
8. Cliquez le bouton **OK**.
9. Répétez les étapes **2** à **8** pour les autres plages à protéger.

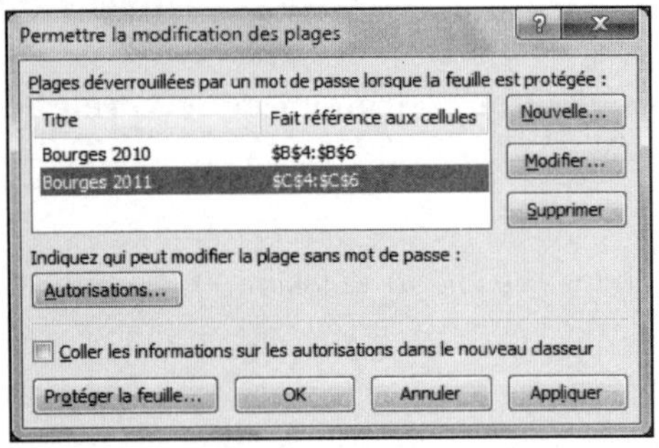

Figure 24-7 Liste des plages protégées par mot de passe.

10. Pour modifier ou supprimer un accès, cliquez son nom dans la liste puis cliquez les boutons **Modifier** ou **Supprimer**.
11. Cochez l'option **Coller les informations** pour créer un nouveau classeur avec ces informations.
12. Cliquez le bouton **OK**.

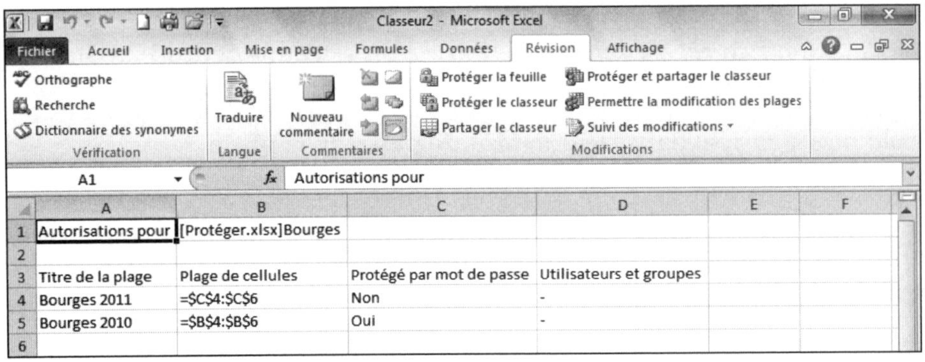

Figure 24-8 Nouveau classeur avec la liste des plages protégées par mot de passe.

Un nouveau classeur affiche la liste des plages protégées.

13. Éventuellement, cliquez le bouton  de la barre d'outils Accès rapide pour enregistrer ce classeur.

Utiliser les plages protégées

1. Tapez une donnée dans une plage protégée.

   Excel refuse la saisie.

2. Tapez le mot de passe dans cette zone pour déprotéger la plage de cellules.

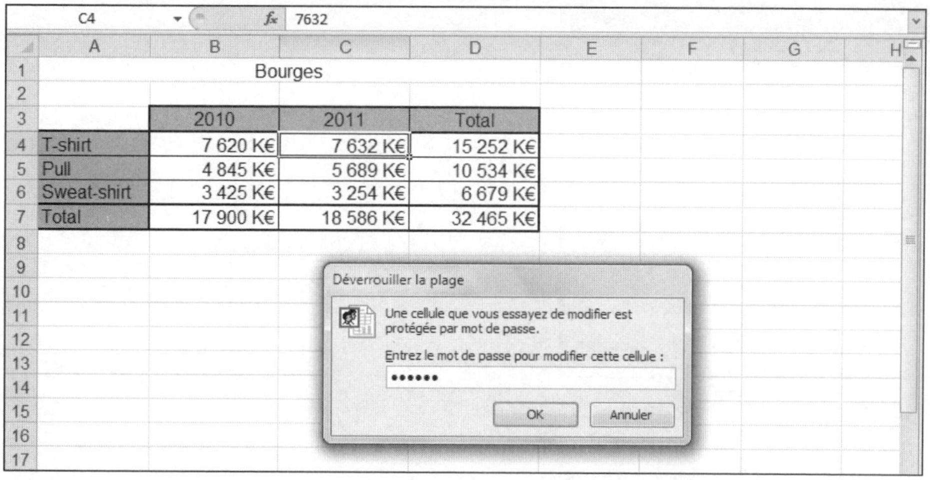

Figure 24-9 Demande de mot de passe d'une plage protégée.

3. Cliquez **OK**.

Attention Pour que les plages soient effectivement protégées, vous devez protéger aussi la feuille. Si vous protégez des plages, ne déverrouillez pas les cellules.

Définir des critères de saisie

Pour être sûr des données saisies, appliquez des critères de validation associés à des messages de saisie et d'erreur. Cela évite aux utilisateurs de la feuille de calcul de saisir des données incohérentes.

1. Sélectionnez les cellules qui doivent tenir compte des critères.
2. Cliquez l'onglet **Données → Outils de données → Validation des données**.
3. Cliquez l'onglet **Options**.
4. Sélectionnez le type de données dans la liste **Autoriser**.
5. Sélectionnez le type de plage de validation dans la liste **Données**.
6. Tapez la valeur minimale dans la zone **Minimum**.
7. Si nécessaire, tapez la valeur maximale dans la zone **Maximum**.

Note Si les valeurs minimale et maximale se trouvent dans une feuille de calcul, vous pouvez ajouter leurs références à la place des valeurs littérales.

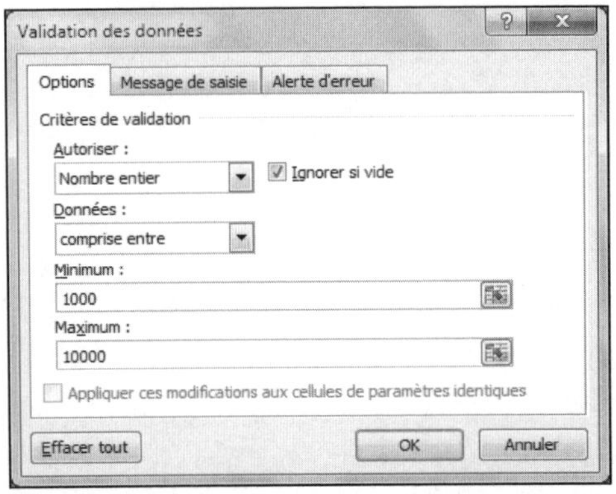

Figure 24-10 Options de validation des données.

8. Cliquez l'onglet **Message de saisie**.

   Pour prévenir l'utilisateur qu'il existe des paramètres de validation, Excel affiche des info-bulles.

9. Tapez le titre de l'info-bulle dans la zone **Titre**.
10. Tapez le texte de l'info-bulle dans la zone **Message de saisie**.

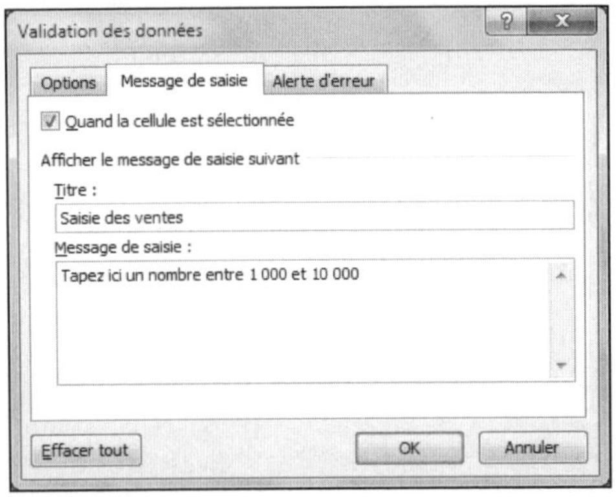

Figure 24-11 Message lors de la saisie des données.

11. Cliquez l'onglet **Alerte d'erreur**.

    Excel affiche une boîte de dialogue en cas d'erreur de saisie.

12. Sélectionnez dans la liste **Style** le type de pictogramme de la boîte d'erreur.
13. Tapez le titre de la boîte d'erreur dans la zone **Titre**.
14. Tapez le texte d'avertissement dans la zone **Message d'erreur**.

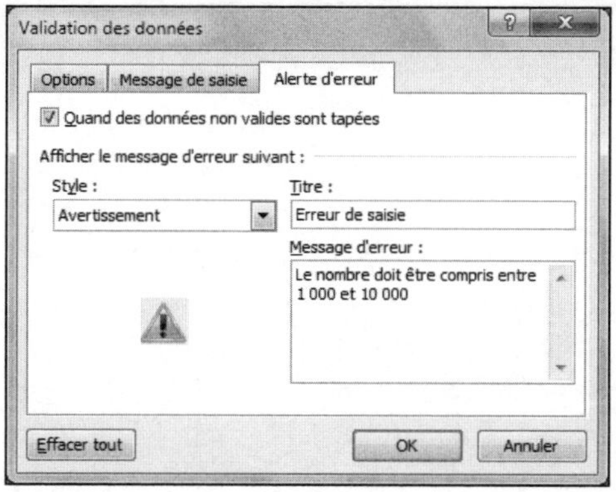

Figure 24-12 Message à afficher lors d'une erreur de saisie.

15. Cliquez le bouton **OK**.

Tester la validation

1. Cliquez la cellule à modifier.

   Une info-bulle affiche le message de saisie.

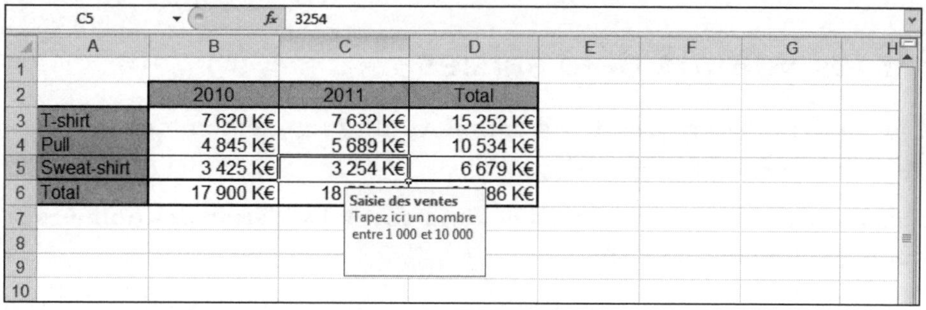

Figure 24-13 Info-bulle d'une cellule avec validation.

2. Tapez une donnée valide. Appuyez sur **Entrée** pour valider.

   Excel accepte la saisie.

3. Tapez une donnée non valide. Appuyez sur **Entrée** pour valider.

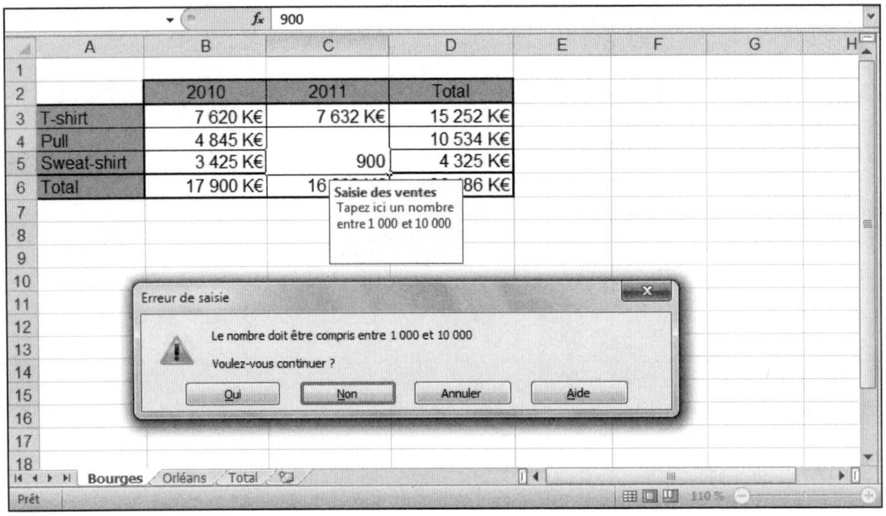

Figure 24-14 Message d'erreur lors de la saisie d'une cellule avec validation.

Excel affiche votre message d'erreur.

4. Cliquez le bouton **Oui** pour accepter la donnée, le bouton **Non** pour revenir à l'édition de la cellule ou le bouton **Annuler** pour retrouver l'ancienne valeur.

Vérifier les valeurs déjà saisies

Si la feuille contient des critères de validation, vérifiez rapidement que le contenu des cellules est conforme à ces critères.

1. Cliquez l'onglet **Données ➜ Outils de données ➜ Validation des données** ➜ **Entourer les données non valides**.

   Les cellules contenant des données ne correspondant pas aux critères de saisie sont entourées.

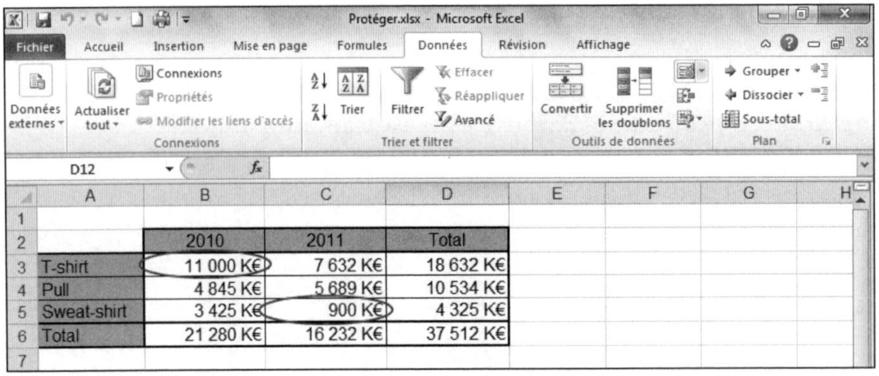

Figure 24-15 Vérification des données non valides.

2. Cliquez l'onglet **Données → Outils de données → Validation des données** → **Effacer les cercles de validation** pour effacer tous les cercles.

Utiliser l'audit

Pour savoir si une cellule dépend d'une autre cellule ou si sa modification entraîne celles d'autres cellules, demandez à l'Audit de vous aider graphiquement.

1. Cliquez une cellule contenant une formule.
2. Cliquez l'onglet **Formules → Audit de formules → Repérer les antécédents**.

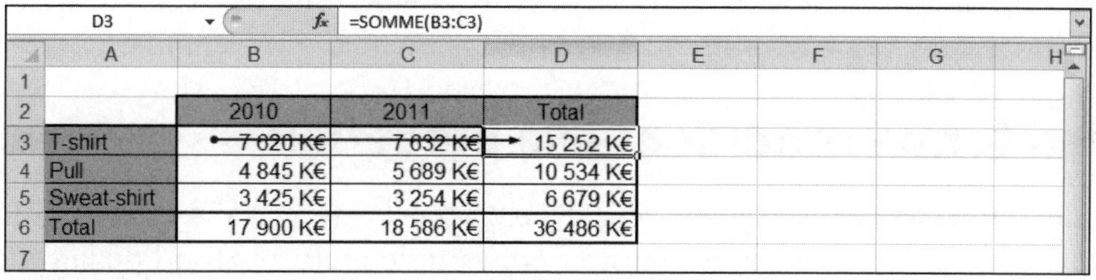

D3 =SOMME(B3:C3)

	A	B	C	D	E	F	G	H
1								
2		2010	2011	Total				
3	T-shirt	7 620 K€	7 632 K€	15 252 K€				
4	Pull	4 845 K€	5 689 K€	10 534 K€				
5	Sweat-shirt	3 425 K€	3 254 K€	6 679 K€				
6	Total	17 900 K€	18 586 K€	36 486 K€				
7								

Figure 24-16 Repérage des antécédents.

Toutes les cellules dont dépend la cellule sélectionnée sont reliées par des flèches. Si une cellule antécédente se trouve dans une autre feuille, la flèche est noire et débute par l'icône .

3. Cliquez l'onglet **Formules → Audit de formules → Supprimer les flèches → Supprimer les flèches des antécédents**.
4. Cliquez l'onglet **Formules → Audit de formules → Repérer les dépendants**.

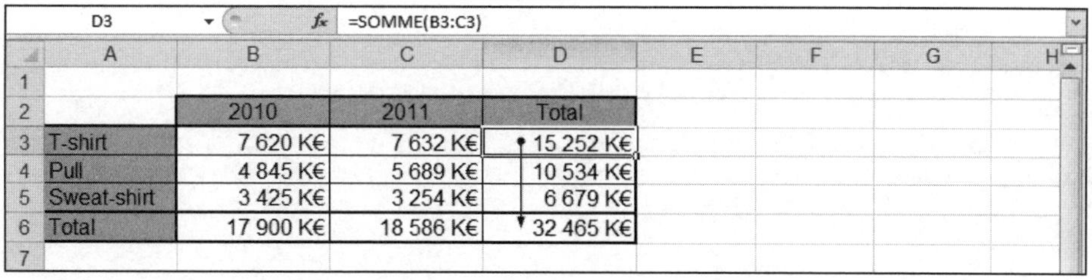

D3 =SOMME(B3:C3)

	A	B	C	D	E	F	G	H
1								
2		2010	2011	Total				
3	T-shirt	7 620 K€	7 632 K€	15 252 K€				
4	Pull	4 845 K€	5 689 K€	10 534 K€				
5	Sweat-shirt	3 425 K€	3 254 K€	6 679 K€				
6	Total	17 900 K€	18 586 K€	32 465 K€				
7								

Figure 24-17 Repérage des dépendants.

Toutes les cellules qui dépendent de la cellule sélectionnée sont reliées par des flèches. Si une cellule dépendante se trouve dans une autre feuille, la flèche est noire et se termine par l'icône .

5. Cliquez l'onglet **Formules → Audit de formules → Supprimer les flèches → Supprimer les flèches des dépendants**.

Note L'onglet **Formules → Audit de formules → Supprimer les flèches** supprime toutes les flèches.

Mise en forme conditionnelle

Les mises en forme conditionnelles permettent de modifier l'apparence des cellules pour attirer l'attention de l'utilisateur sur des données importantes. Excel propose de modifier la couleur de la police de caractères ou celle du fond de la cellule, mais aussi d'ajouter des icônes, des barres de données ou des nuances de couleurs.

Mise en forme conditionnelle prédéfinie

Les cellules peuvent être mises en forme en fonction de certaines conditions. Par exemple, si une valeur est négative, il est intéressant de mettre le fond de la cellule en rouge pour la repérer rapidement dans un tableau.

1. Sélectionnez la ou les cellules qui doivent appliquer une mise en forme conditionnelle.
2. Cliquez l'onglet **Accueil → Style → Mise en forme conditionnelle**.

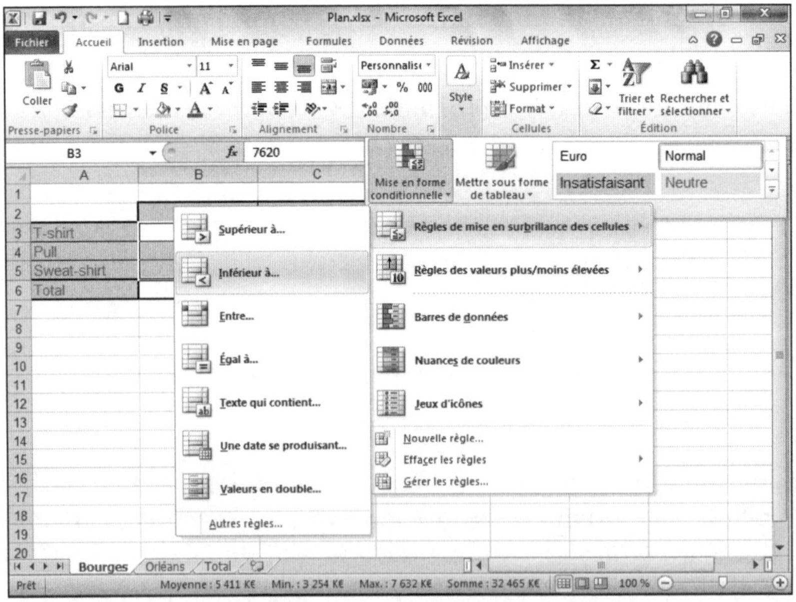

Figure 24-18 Liste des mises en forme conditionnelles.

Les deux premières commandes (figure 24-18) proposent les principales règles des mises en forme conditionnelles.

3. Cliquez **Règles de mise en surbrillance** ou **Règles des valeurs plus/moins élevées**.
4. Cliquez la règle à appliquer.
5. Tapez la valeur limite dans la première zone. Cette dernière est dépendante de la règle que vous avez choisie. Certaines règles ne proposent pas cette zone.
6. Sélectionnez le type de mise en forme dans la liste. Si aucune des mises en forme ne vous convient, sélectionnez **Format personnalisé** pour ouvrir la boîte **Format de cellule** et définir vous-même cette mise en forme.

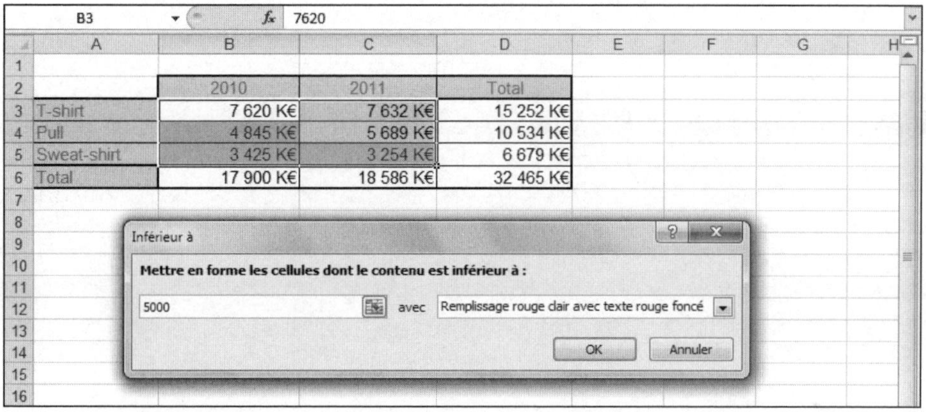

Figure 24-19 Choix d'une mise en forme conditionnelle.

Notez qu'Excel applique instantanément la mise en forme conditionnelle dans la feuille de calcul ce qui vous permet d'évaluer immédiatement le résultat.

7. Cliquez le bouton **OK**.

Note Vous pouvez cumuler plusieurs mises en forme conditionnelles, par exemple mettre en vert les valeurs au-dessus de 5 000, et en rouge les valeurs en dessous de 1 000. Vous serez cependant limité à 64 conditions...

Mise en forme conditionnelle personnalisée

Si vous n'avez pas trouvé la règle qui vous convient au paragraphe précédent, définissez la vôtre.

1. Sélectionnez la ou les cellules qui doivent appliquer une mise en forme conditionnelle.

2. Cliquez l'onglet **Accueil ➜ Style ➜ Mise en forme conditionnelle ➜ Nouvelle règle**.

   Cette boîte propose de créer votre propre règle.

3. Cliquez dans la liste **Sélectionnez un type de règle** celle qui se rapproche le plus de votre mise en forme conditionnelle.

4. Sélectionnez ou tapez dans la zone **Modifier la description de la règle** vos propres paramètres. Le nombre de paramètres est fonction de votre choix à l'étape précédente.

5. Éventuellement, cliquez le bouton **Format** pour ouvrir la boîte **Format de cellule** et définir votre mise en forme.

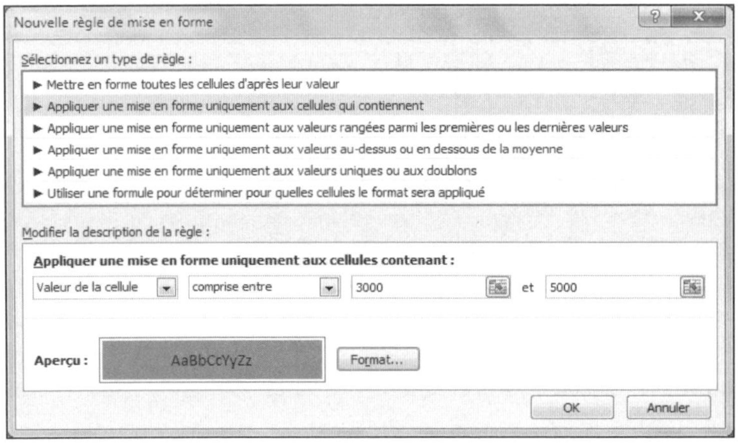

Figure 24-20 Création d'une nouvelle règle de mise en forme conditionnelle.

6. Cliquez le bouton **OK** pour appliquer la mise en forme conditionnelle.

Ajouter des barres, des nuances ou des icônes

Excel propose aussi d'ajouter des barres, des nuances et des icônes en fonction des valeurs des cellules.

1. Cliquez l'onglet **Accueil ➜ Style ➜ Mise en forme conditionnelle**, puis pointez **Barres de données**, **Nuances de couleurs** ou **Jeux d'icônes**.

2. Pointez une mise en forme dans la liste qui s'ouvre.

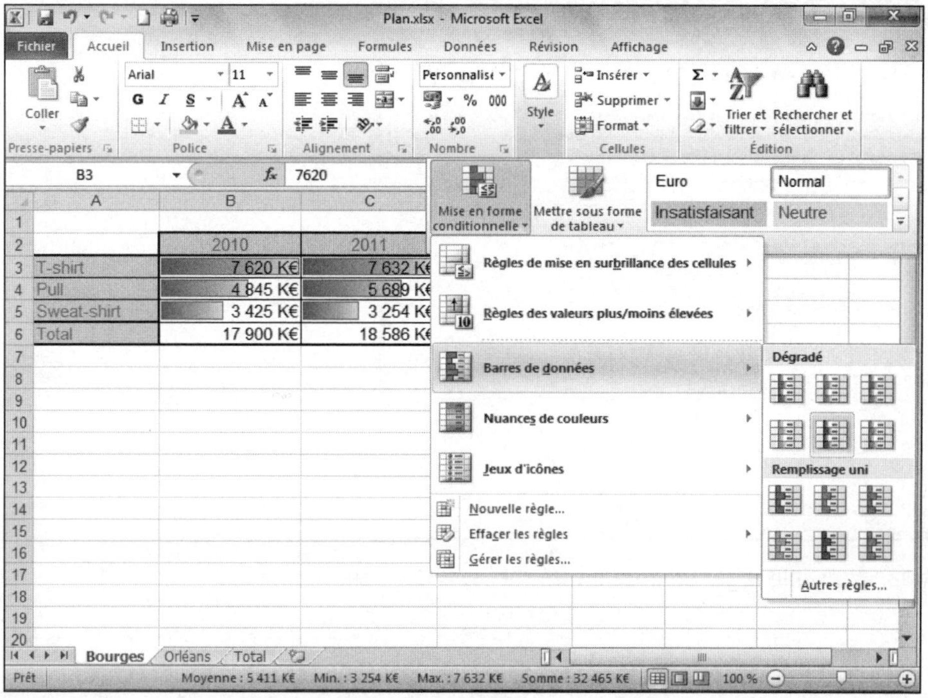

Figure 24-21 Choix d'une mise en forme conditionnelle avec un jeu d'icônes.

Excel applique instantanément la mise en forme conditionnelle dans la feuille de calcul ce qui vous permet d'évaluer immédiatement le résultat.

3. Cliquez dans la liste la mise en forme qui vous convient.

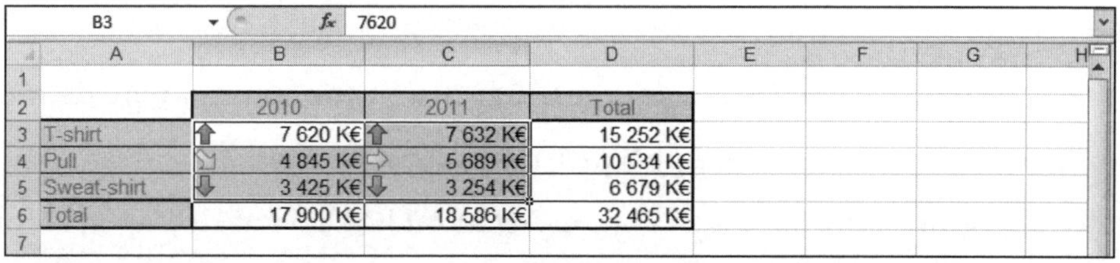

Figure 24-22 Mise en forme conditionnelle avec des barres.

Note Comme pour la mise en forme classique, vous pouvez choisir vos propres règles. Cliquez pour cela l'onglet **Accueil → Style → Mise en forme conditionnelle**, cliquez **Barres de données, Nuances de couleurs** ou **Jeux d'icônes**, puis **Autres règles**.

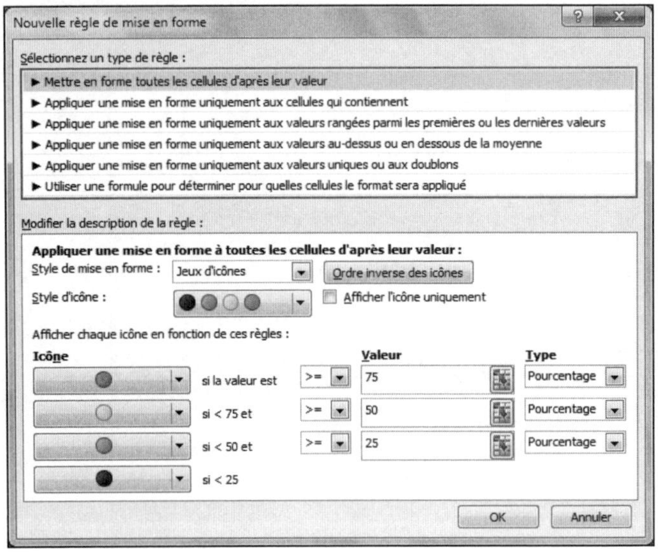

Figure 24-23 Nouvelle règle de mise en forme conditionnelle.

Mise en forme conditionnelle avec une formule

En utilisant une formule à la place d'un simple test de valeur, vous pouvez multiplier les conditions.

1. Sélectionnez la ou les cellules qui doivent appliquer une mise en forme conditionnelle.
2. Cliquez l'onglet **Accueil ➜ Style ➜ Mise en forme conditionnelle ➜ Nouvelles règles**.
3. Sélectionnez **Utiliser une formule...** dans la liste **Sélectionnez un type de règle.**
4. Tapez la formule dans la zone **Appliquer une mise en forme...**.

La formule doit retourner une valeur logique VRAI ou FAUX. Par exemple, la formule suivante retourne une valeur logique après un test :

```
=SI(A1>B1;VRAI;FAUX)
```

Lorsque vous n'utilisez pas la fonction **SI**, vous devez ajouter un opérateur de comparaison. Dans l'exemple suivant, on utilise la fonction **MOD** qui retourne le reste d'une division, ici une division par 2. Si le résultat est égal à 0, la valeur en A1 est donc paire :

```
=MOD(A1;2)=0
```

5. Cliquez le bouton **Format** puis modifiez la mise en forme.

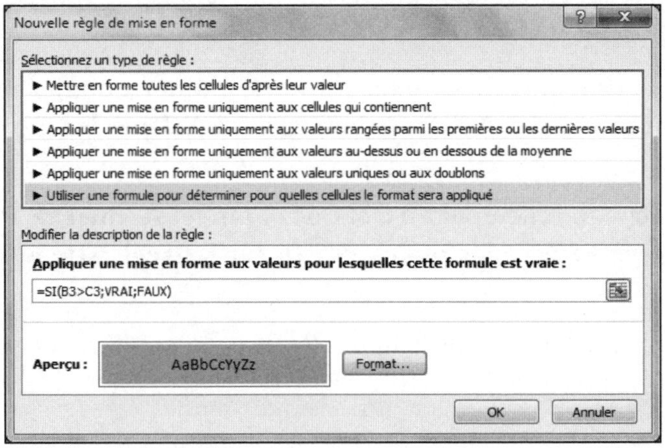

Figure 24-24 Mise en forme conditionnelle avec une formule.

6. Cliquez le bouton **OK** pour valider.

Gérer les conditions des mises en forme conditionnelles

Vous pouvez consulter, modifier ou ajouter de nouvelles règles de mises en forme conditionnelles.

1. Cliquez l'onglet **Accueil ➜ Style ➜ Mise en forme conditionnelle ➜ Gérer les règles**.

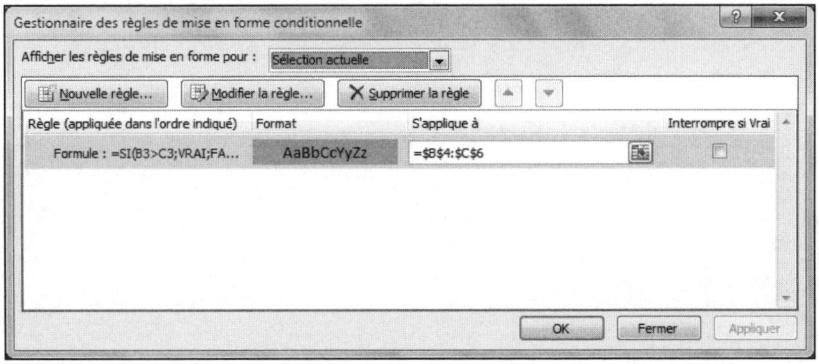

Figure 24-25 Liste des règles de mise en forme conditionnelle d'une cellule ou d'une plage.

Cette boîte permet de modifier toutes les mises en forme de la sélection actuelle ou de la feuille (modifier au besoin la liste **Afficher les règles...**).

Supprimer des mises en forme conditionnelles

Pour effacer les règles appliquées aux cellules sélectionnées, cliquez l'onglet **Accueil ➜ Style ➜ Mise en forme conditionnelle ➜ Effacer les règles ➜ Effacer les règles des cellules sélectionnées**.

Pour effacer toutes les règles de la feuille en cours, cliquez l'onglet **Accueil ➜ Style ➜ Mise en forme conditionnelle ➜ Effacer les règles ➜ Effacer les règles de la feuille entière**.

Vous pouvez aussi utiliser la boîte de dialogue de la figure 24-25 pour choisir précisément la règle à supprimer.

Chapitre 25

Réaliser des graphiques

Dans ce chapitre

- Créer un graphique
- Choisir le type de graphique
- Modifier les éléments d'un graphique
- Ajouter une série à un graphique
- Mettre en forme une série
- Définir l'orientation des graphiques 3D
- Séparer un point d'un graphique en secteurs
- Appliquer rapidement des mises en forme
- Utiliser les graphiques sparkline

Un graphique permet de présenter vos données sous forme visuelle. Les graphiques ont un réel impact pour mettre en valeur les données de vos tableaux. Même complexes, ils restent cependant faciles à créer et à modifier grâce aux commandes disponibles dans le ruban.

Un graphique est une représentation visuelle (sous forme de courbe, d'histogramme, de secteur, *etc.*) d'une suite de nombres présents dans un tableau d'une feuille de calcul.

Les graphiques utilisent les éléments suivants :

- **Série** : c'est une suite de nombres pour créer le graphique. Un graphique peut comporter plusieurs séries, par exemple des années différentes.
- **Point** : c'est un nombre à l'intérieur d'une série.
- **Légende** : c'est un repère visuel des séries d'un graphique. La légende contient la couleur et le nom de chaque série.
- **Étiquette** : c'est un repère visuel de chaque point d'une série (sa valeur ou son nom).

Créer un graphique

Grâce au ruban, la création d'un graphique se réalise en quelques clics.

1. Sélectionnez les cellules qui contiennent les données devant servir à créer le graphique.
2. Cliquez l'onglet **Insertion**.

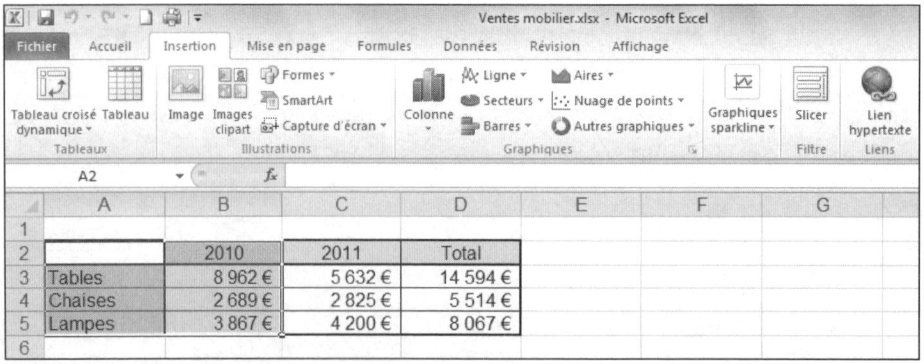

Figure 25-1 Sélection des données du graphique.

Le groupe Graphiques de l'onglet Insertion propose les principaux types de graphiques. Comme le type Colonne est le plus utilisé, c'est celui que nous prendrons dans les exemples de ce paragraphe.

3. Cliquez l'onglet **Insertion ➜ Graphiques ➜ Colonne**.

   La commande Colonne affiche une liste de formats correspondants à ce type de graphique.

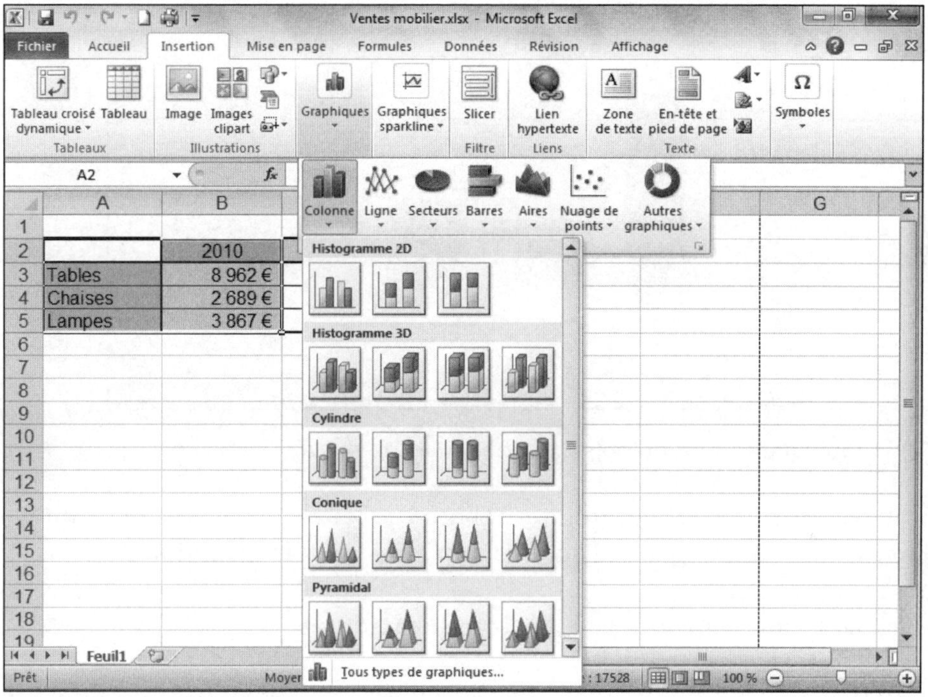

Figure 25-2 Sélection d'un type de graphique.

4. Cliquez un type de graphique dans la liste.

   Excel crée le graphique et le pose en tant qu'objet sur la feuille de calcul. Trois nouveaux onglets apparaissent dans le ruban : Création, Disposition et Mise en forme.

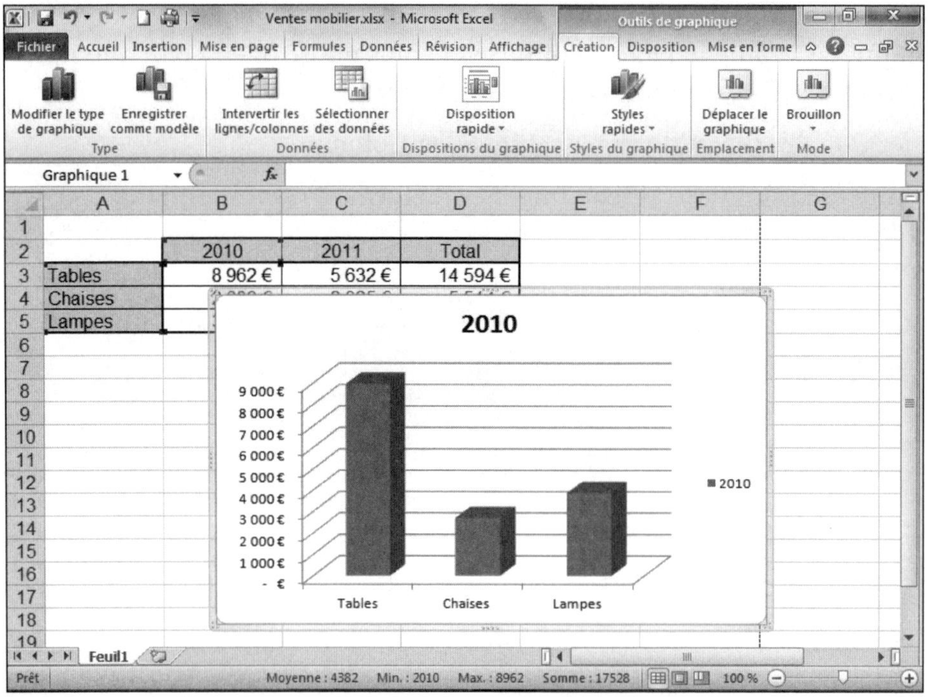

Figure 25-3 Graphique en tant qu'objet sur une feuille de calcul.

5. Pour modifier la taille du graphique, cliquez et faites glisser une des huit poignées, symbolisées par trois points, qui entourent le graphique.

Note Cliquez le graphique si les poignées n'apparaissent pas.

6. Pour déplacer le graphique sur la feuille, cliquez et faites glisser un de ses bords (sans poignées).

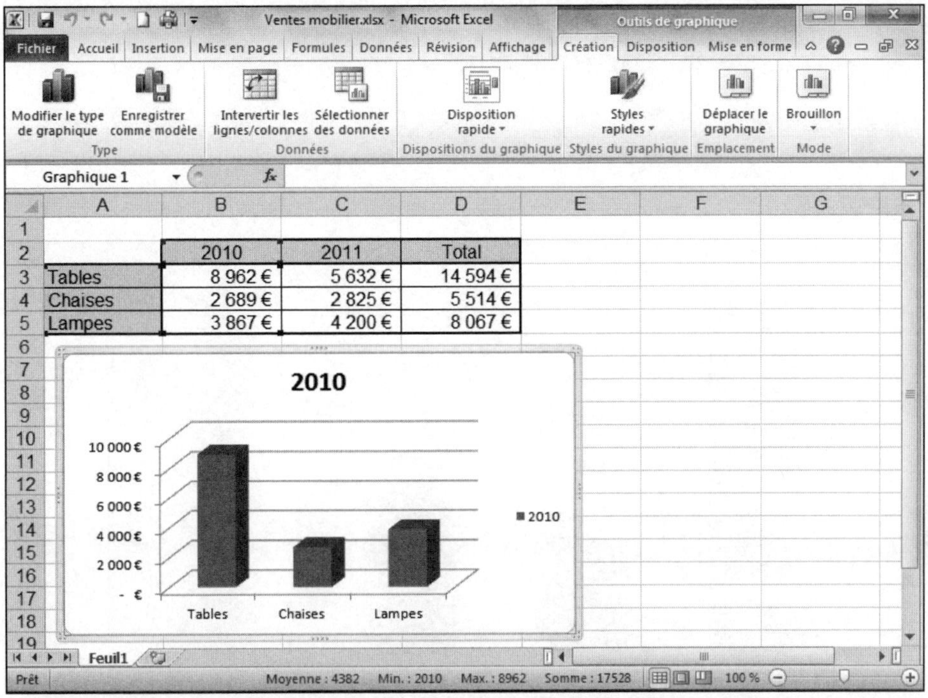

Figure 25-4 Graphique après redimensionnement et déplacement.

Modifier l'emplacement d'un graphique

Par défaut, le graphique est posé sur la feuille en cours. Excel peut aussi placer le graphique dans une feuille à part.

1. Cliquez le graphique pour le sélectionner.
2. Cliquez l'onglet **Création → Emplacement → Déplacer le graphique**.
3. Cochez l'option **Nouvelle feuille**, puis tapez le nom de cette feuille dans la zone en regard. Pour poser le graphique en tant qu'objet sur une autre feuille, cochez l'option **Objet dans**, puis sélectionnez la feuille dans la liste en regard.

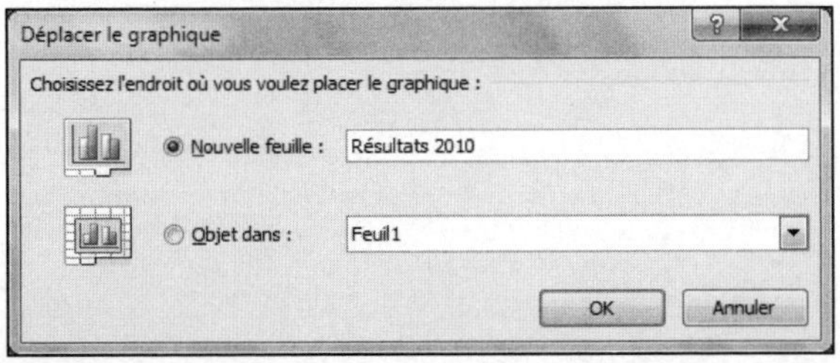

Figure 25-5 Déplacement d'un graphique vers une feuille à part.

4. Cliquez le bouton **OK** pour effectuer le déplacement.

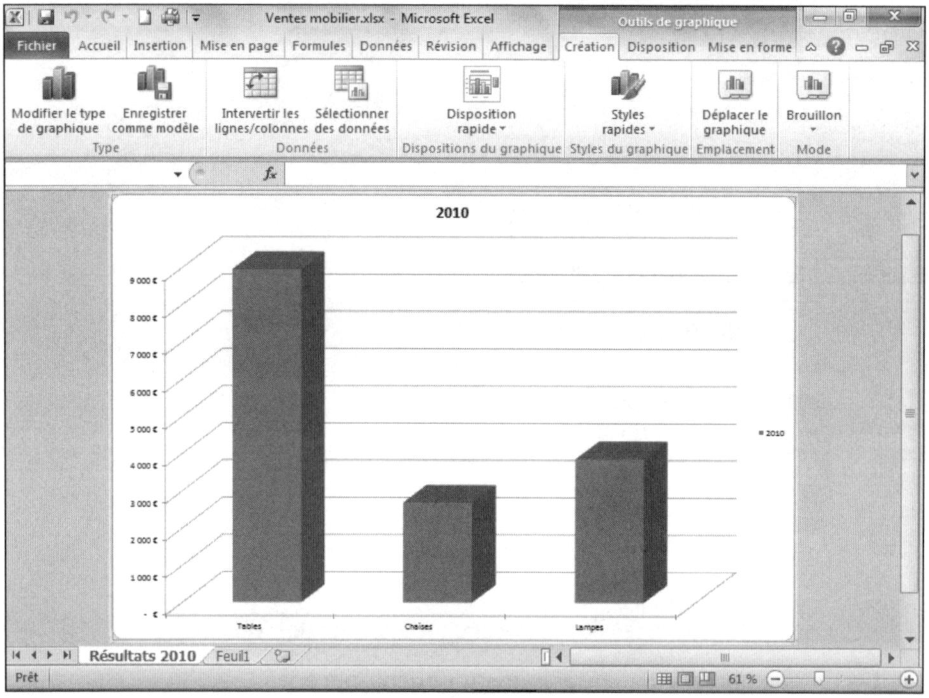

Figure 25-6 Graphique dans une feuille graphique.

Choisir le bon type de graphique

L'onglet **Insertion** permet de choisir le type et le sous-type de graphique. L'onglet **Création**, lui, propose une boîte complète de tous les types disponibles. Ce choix doit être fonction du type de valeurs à mettre en avant.

Barres

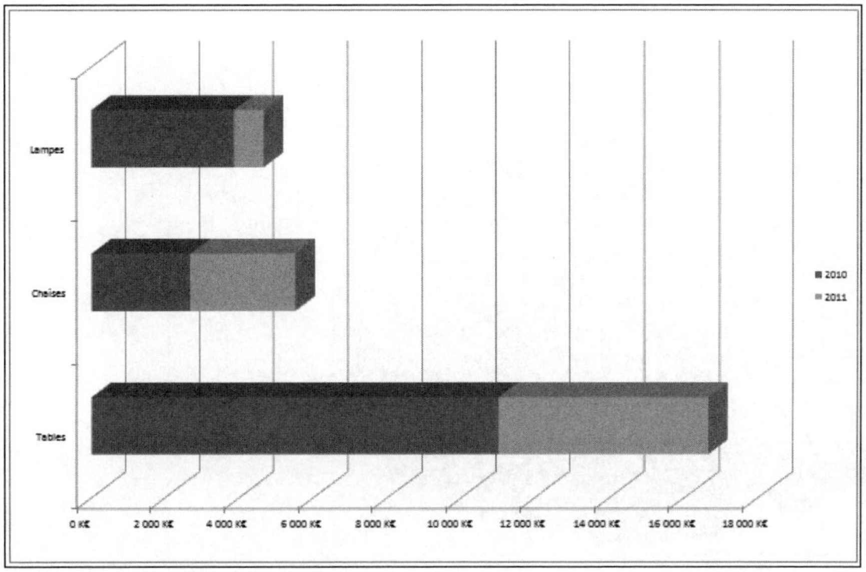

Figure 25-7 Graphique à barres.

Sur le même principe que les histogrammes, les graphiques à barres montrent une progression vers la droite plutôt que vers le haut.

Courbes

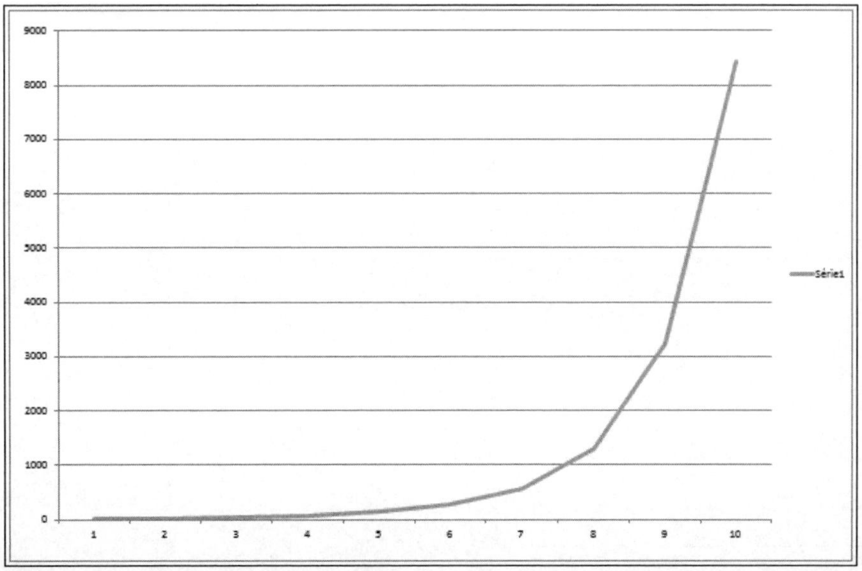

Figure 25-8 Graphique en courbes.

Les courbes peuvent être utilisées pour tous types de données et plus particulièrement pour les fonctions mathématiques.

Secteurs

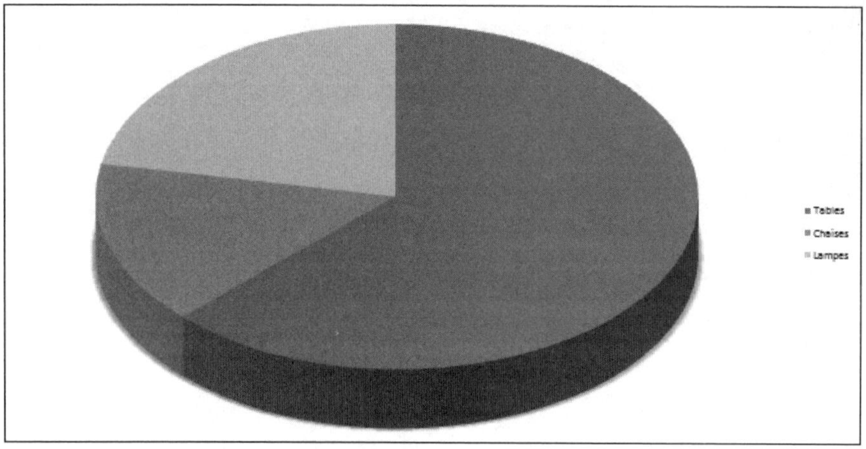

Figure 25-9 Graphique en secteurs.

Ces graphiques montrent la répartition des données, par exemple pour des régions de ventes ou des catégories de produits.

Nuages de points

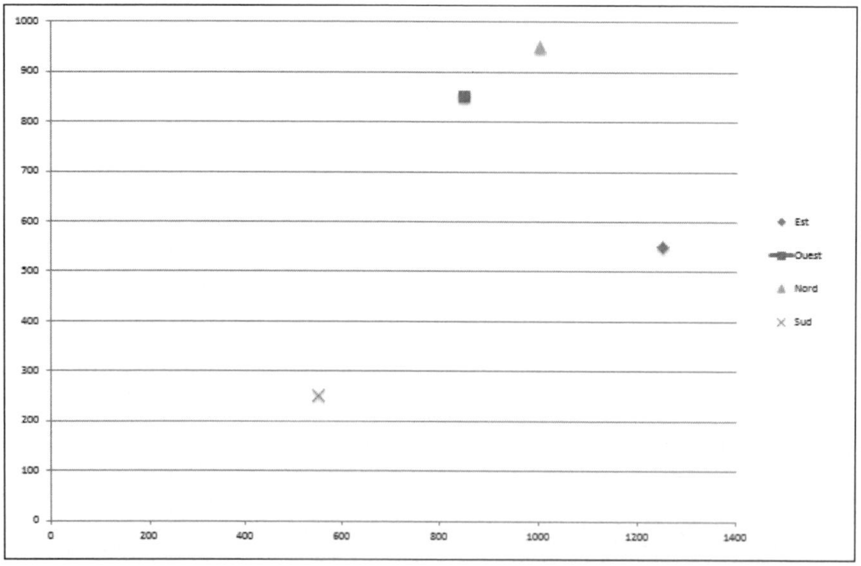

Figure 25-10 Graphique en nuages de points.

Ce type de graphique permet de comparer une paire de séries. Dans l'exemple, on compare les objectifs (axe X) avec les résultats (axe Y) pour quatre secteurs (Nord, Est, Sud, Ouest).

Aires

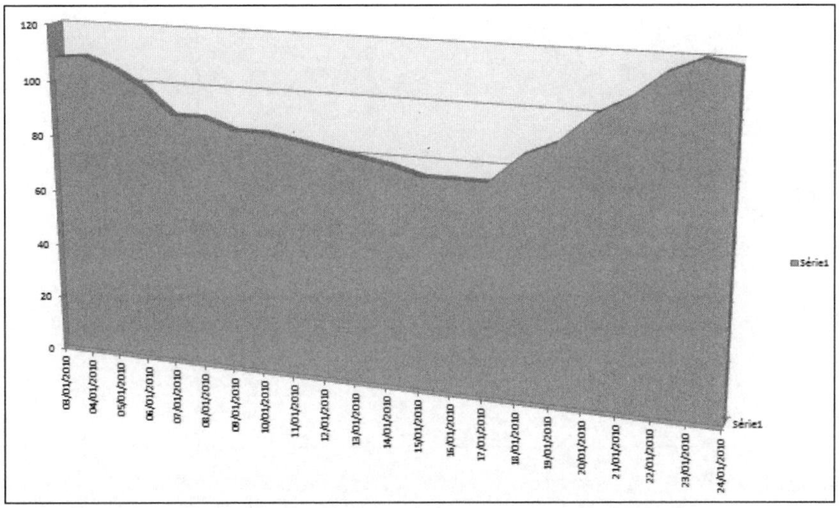

Figure 25-11 Graphique en aires.

Identiques aux courbes, leur partie inférieure est colorée jusqu'à l'axe des X. Utilisez-les si vous avez plusieurs séries superposées ou pour des intégrales en mathématique.

Anneaux

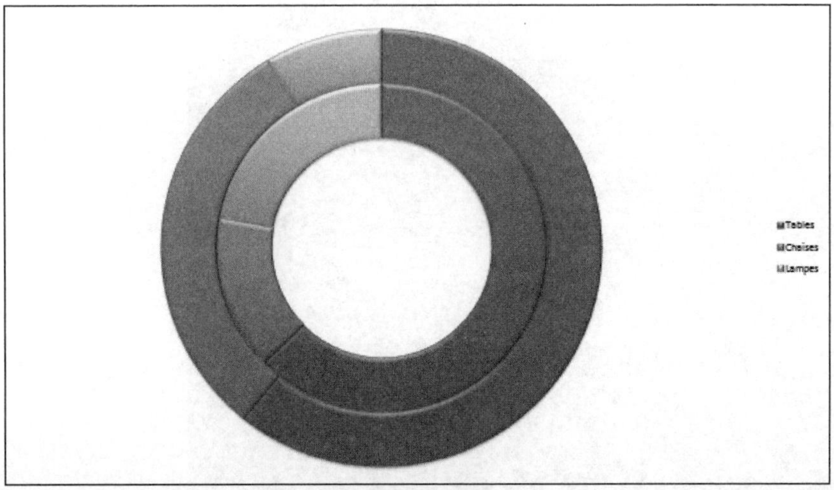

Figure 25-12 Graphique en anneaux.

Identiques aux graphiques en secteurs sur le principe, ils permettent d'afficher plusieurs séries.

Radar

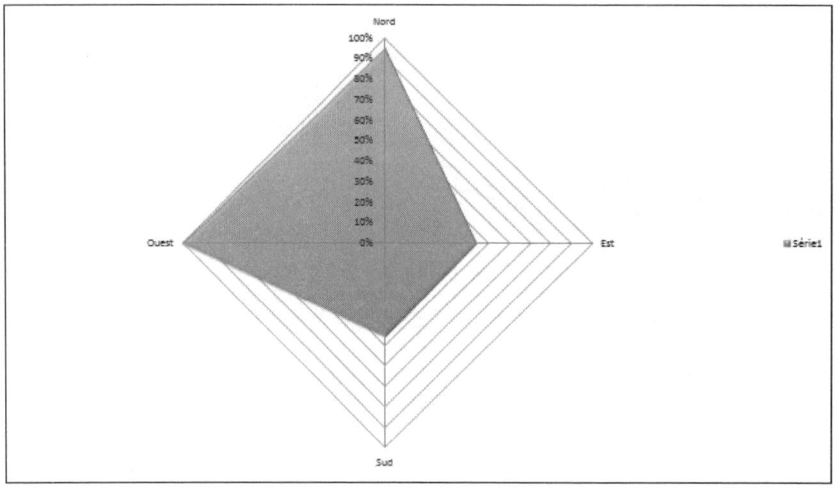

Figure 25-13 Graphique radar.

Ce type de graphique met en avant des objectifs à réaliser. En fonction des résultats, les points se rapprochent ou s'éloignent du centre.

Surface

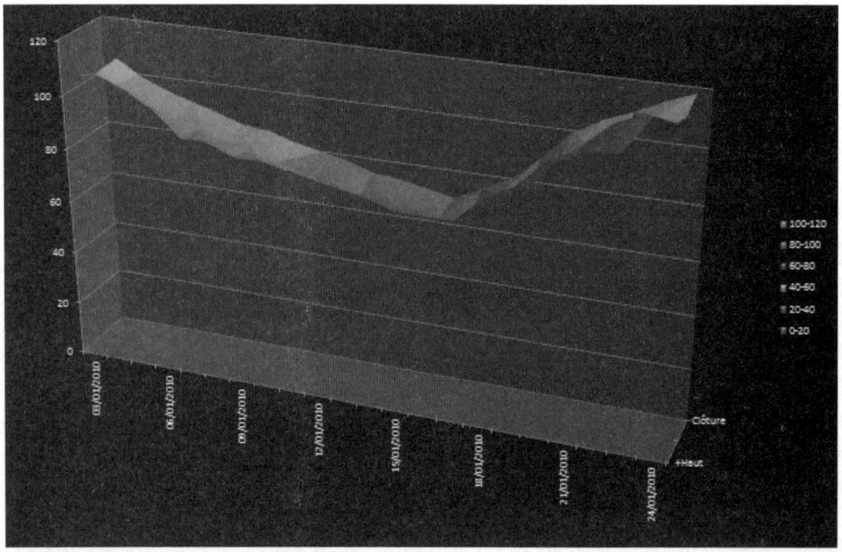

Figure 25-14 Graphique en surface.

Les graphiques en surface montrent les écarts qui apparaissent entre des séries.

Note Ce type de graphique doit comporter au moins deux séries.

Bulles

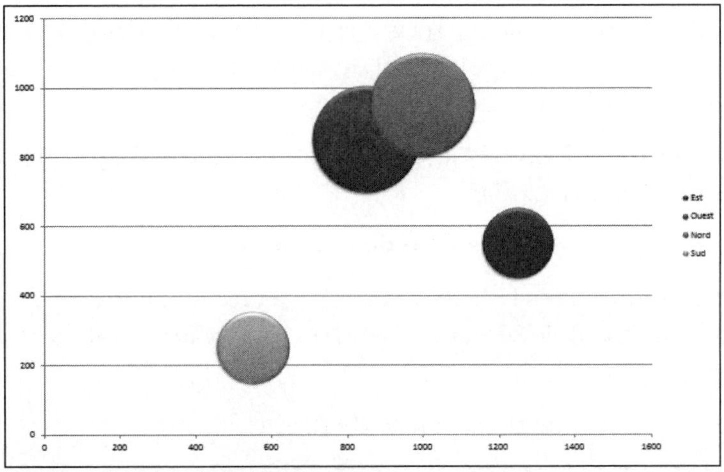

Figure 25-15 Graphique à bulles.

Identique au graphique en nuages, mais la troisième série définit la taille de chaque point.

Note Ce type de graphique doit comporter au moins trois séries.

Cylindres, cônes et pyramides

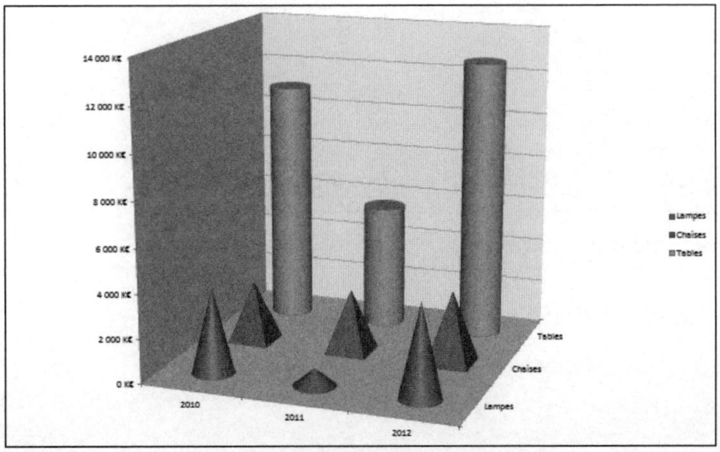

Figure 25-16 Graphique avec des cylindres, des cônes et des pyramides.

Tous ces graphiques sont identiques aux histogrammes et aux graphiques à barres, mais avec une présentation différente.

Modifier le type d'un graphique

Les onglets **Création**, **Disposition** et **Mise en forme** restent toujours disponibles pour modifier les données, les options et la présentation de votre graphique. Vous pouvez à tout moment changer de type de graphique.

1. Cliquez le graphique pour le sélectionner. Les onglets **Création**, **Disposition** et **Mise en forme** s'affichent dans le ruban.
2. Cliquez l'onglet **Création ➔ Modifier le type de graphique**.
3. Cliquez un type de graphique dans la liste de gauche (cette étape n'est pas indispensable, elle permet juste de se placer rapidement sur les sous-types correspondants dans la liste de droite).
4. Cliquez un sous-type de graphique dans la liste de droite.

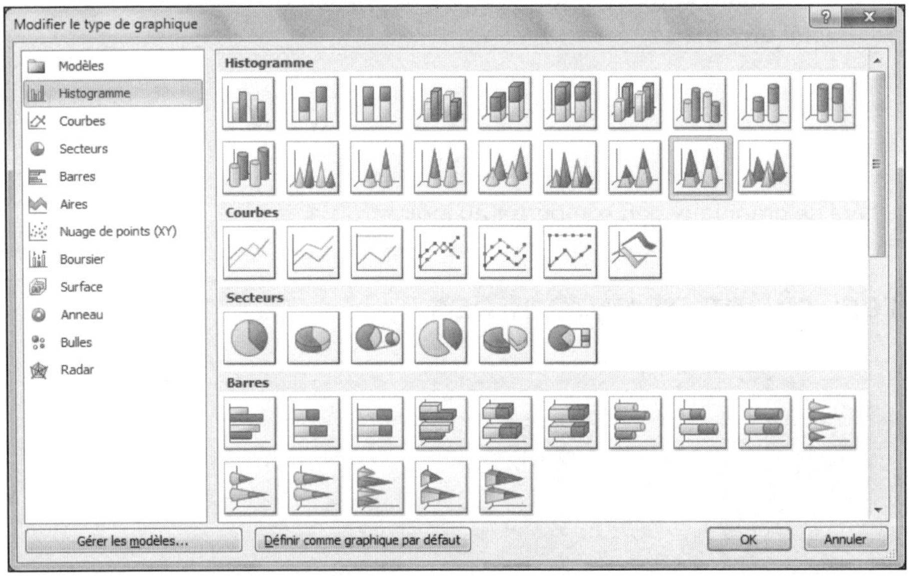

Figure 25-17 Modification du type d'un graphique.

5. Cliquez le bouton **OK** pour appliquer votre choix.

Ajouter ou modifier des titres

Les titres permettent de personnaliser votre graphique et de nommer explicitement ses axes.

1. Cliquez une zone vide du graphique pour le sélectionner.

Note La sélection d'une zone vide évite d'appliquer des modifications à un élément particulier du graphique.

2. Cliquez l'onglet **Disposition ➜ Étiquettes ➜ Titre du graphique**, puis sélectionnez la position du titre.
3. Le titre étant sélectionné, tapez son texte dans la barre de formule et validez avec **Entrée**.
4. Cliquez l'onglet **Disposition ➜ Étiquettes ➜ Titres des axes ➜ Titre de l'axe horizontal principal**, puis sélectionnez la position du titre.
5. Le titre de l'axe étant sélectionné, tapez son texte dans la barre de formule et validez avec **Entrée**.
6. Répétez les étapes **4** et **5** pour le titre de l'axe vertical.

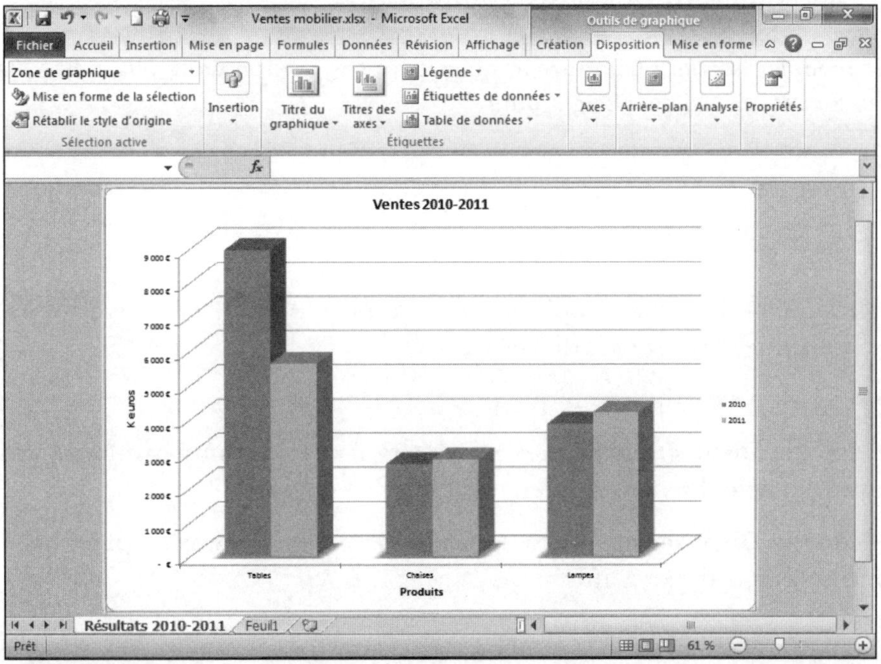

Figure 25-18 Ajout de titres à un graphique.

Pour modifier la mise en forme des titres :

1. Cliquez l'onglet **Disposition ➜ Titre du graphique ➜ Autres options de titre**.

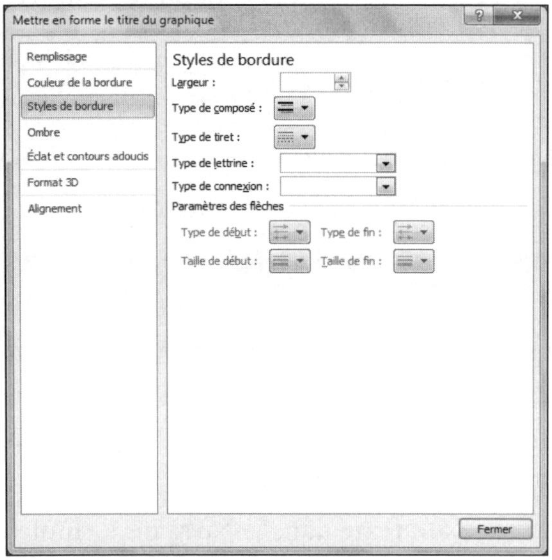

Figure 25-19 Options des titres.

2. Modifiez dans cette boîte les options proposées.

Note Pour modifier la police d'un titre, cliquez-le avec le bouton droit, puis utilisez la barre d'outils contextuelle de mise en forme.

Modifier les axes

Parfois les axes encombrent le graphique et n'apportent rien de plus à sa lisibilité. Dans ce cas, supprimez les repères de ces axes.

1. Cliquez une zone vide du graphique pour le sélectionner.
2. Cliquez l'onglet **Disposition ➜ Axes ➜ Axes ➜ Axe horizontal principal**, puis sélectionnez le type d'axe à afficher.
3. Cliquez l'onglet **Disposition ➜ Axes ➜ Axes ➜ Axe vertical principal**, puis sélectionnez le type d'axe à afficher.

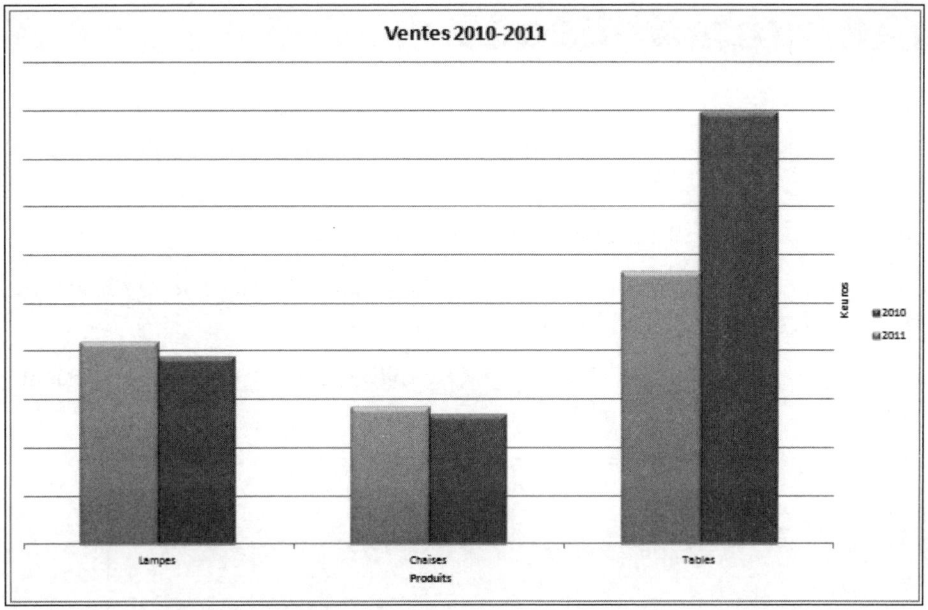

Figure 25-20 Modification des axes (ici la suppression de l'axe vertical).

Pour modifier la mise en forme des axes :

1. Cliquez l'onglet **Disposition → Axes → Axes → Axe horizontal principal → Autres options de l'axe horizontal principal**.

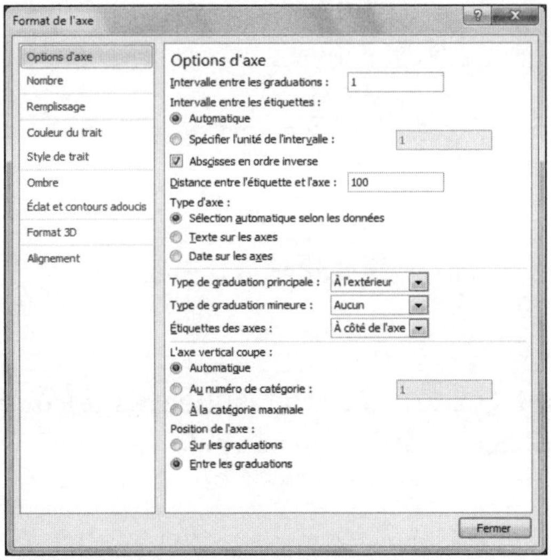

Figure 25-21 Options des axes.

2. Modifiez dans cette boîte les options proposées.

Ajouter des quadrillages

Les quadrillages prolongent les repères des axes pour mieux apprécier les valeurs des points de chaque série. N'en abusez pas ! Trop nombreux, ils rendent le graphique illisible.

1. Cliquez une zone vide du graphique pour le sélectionner.
2. Cliquez l'onglet **Disposition ➜ Axes ➜ Quadrillage ➜ Quadrillage horizontal principal**, puis sélectionnez le type de quadrillage.
3. Cliquez l'onglet **Disposition ➜ Axes ➜ Quadrillage ➜ Quadrillage vertical principal**, puis sélectionnez le type de quadrillage.

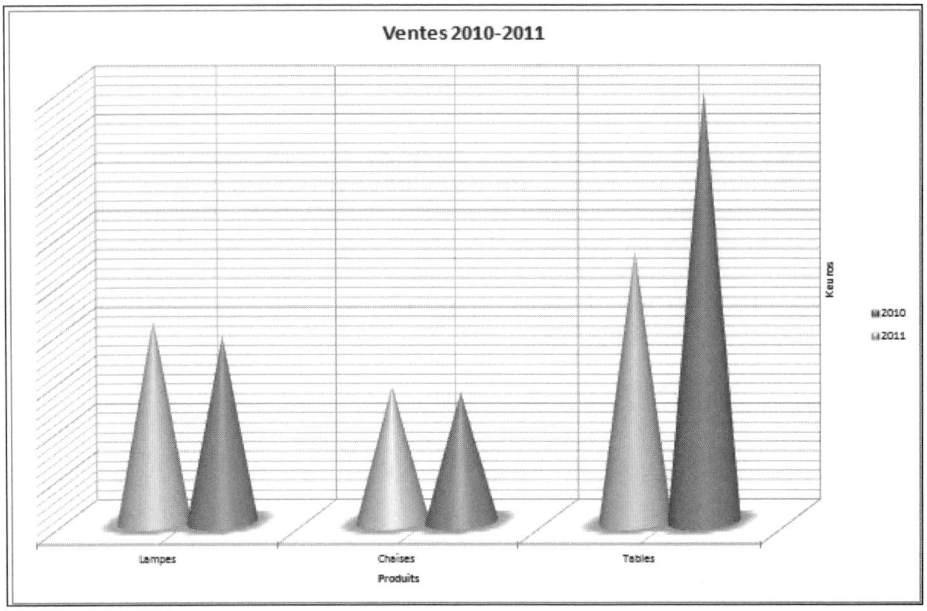

Figure 25-22 Modification des quadrillages (ici l'ajout d'un quadrillage secondaire).

Pour modifier la mise en forme des quadrillages :

1. Cliquez l'onglet **Disposition ➜ Axes ➜ Quadrillage ➜ Quadrillage horizontal principal ➜ Autres options de quadrillage horizontal principal**.

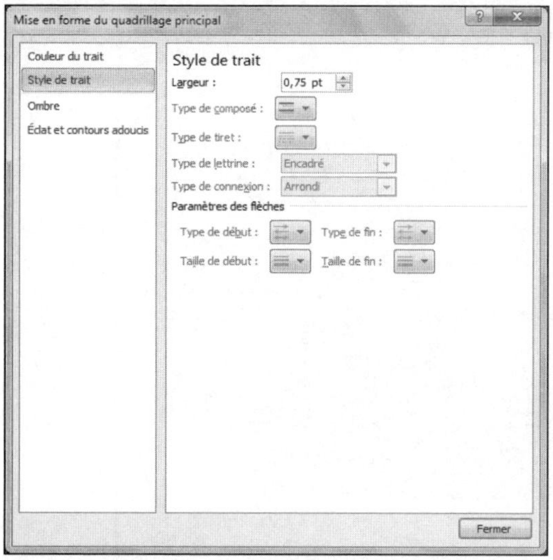

Figure 25-23 Options des quadrillages.

2. Modifiez dans cette boîte les options proposées.

Modifier la légende

La légende contient des repères de couleur correspondant à chaque série.

1. Cliquez une zone vide du graphique pour le sélectionner.
2. Cliquez l'onglet **Disposition ➜ Étiquettes ➜ Légende** puis sélectionnez la position de la légende.

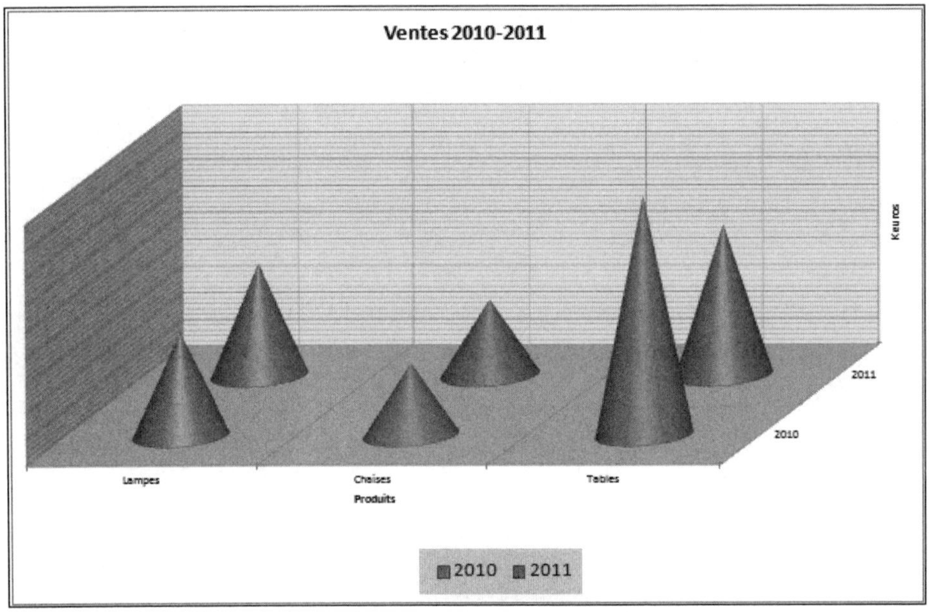

Figure 25-24 Modification de la position de la légende (ici en dessous du graphique).

Note Pour choisir vous-même la position de la légende, cliquez-la et faites-la glisser à un autre emplacement.

Pour modifier la mise en forme de la légende :

1. Cliquez l'onglet **Disposition → Légende → Autres options de légende**.

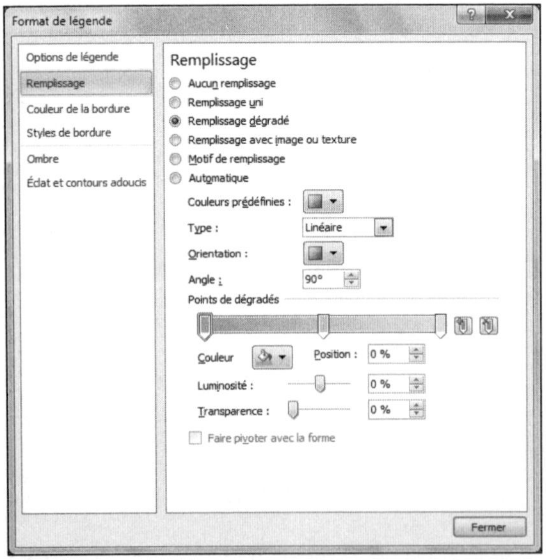

Figure 25-25 Options de la légende.

2. Modifiez dans cette boîte les options proposées.

Afficher la valeur des points des séries

Pour mieux connaître chaque point affiché, Excel propose des étiquettes individuelles pour les valeurs, les noms ou les symboles de légende.

1. Cliquez une zone vide du graphique pour le sélectionner.
2. Cliquez l'onglet **Disposition ➜ Étiquettes ➜ Étiquettes de données** puis sélectionnez la position des étiquettes.

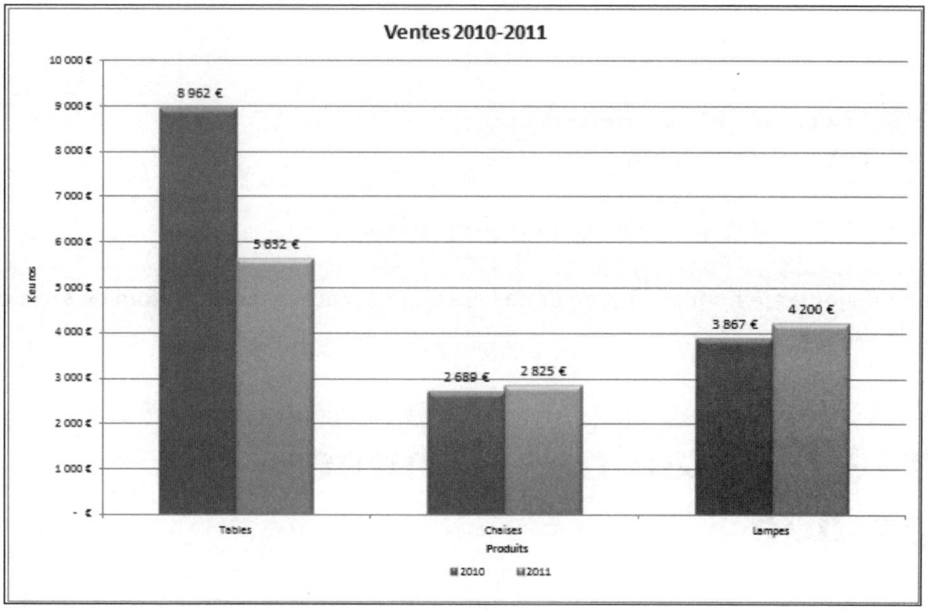

Figure 25-26 Ajout d'étiquettes aux séries (ici des étiquettes de valeur au-dessus de chaque point).

Pour modifier la mise en forme de la légende :

1. Cliquez l'onglet **Disposition ➜ Étiquettes ➜ Étiquettes de données ➜ Autres options d'étiquettes de données**.

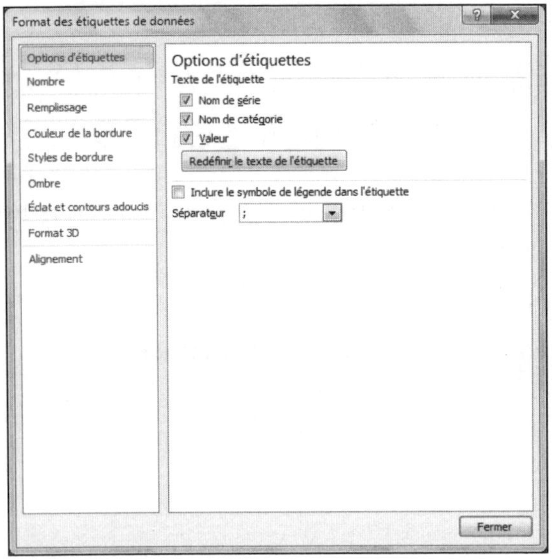

Figure 25-27 Options des étiquettes.

2. Modifiez dans cette boîte les options proposées.

Note Pour ajouter le nom de la série et de la catégorie, cochez les cases **Nom de série** et **Nom de catégorie**.

Ajouter le tableau des données au graphique

Quand le graphique est placé dans une feuille à part, et non comme objet, les données ne sont pas visibles. Il est pourtant intéressant de voir en même temps le graphique et les données.

1. Cliquez une zone vide du graphique pour le sélectionner.
2. Cliquez l'onglet **Disposition → Table de données** puis sélectionnez la position du tableau.

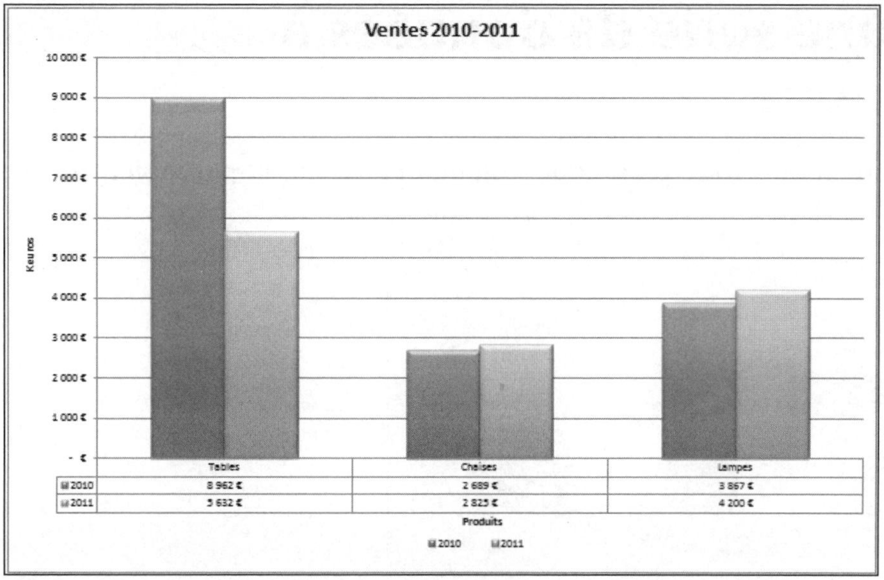

Figure 25-28 Ajout de la table des données (ici en dessous du graphique).

Pour modifier la mise en forme de la légende :

1. Cliquez l'onglet **Disposition ➜ Table de données ➜ Autres options de tables de données**.

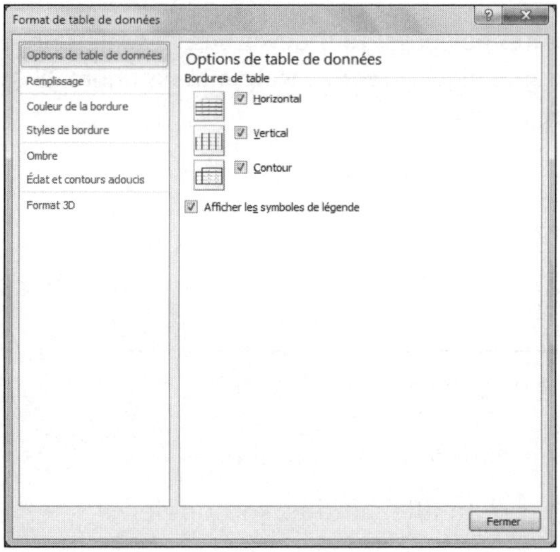

Figure 25-29 Options de la table de données.

2. Modifiez dans cette boîte les options proposées.

Ajouter une série de données à un graphique

Il manque une série à votre graphique ? Ajoutez-la par un simple copier/coller.

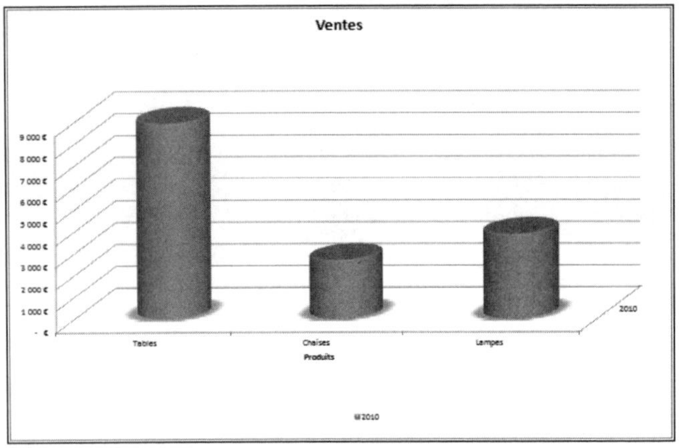

Figure 25-30 Graphique avec une seule série.

1. Sélectionnez la plage des données à ajouter au graphique (les ventes de 2011 dans l'exemple de la figure 25-31).

Attention Si votre tableau contient des étiquettes de lignes, vous devez aussi les sélectionner pour qu'Excel en tienne compte dans le graphique. Dans l'exemple de la figure 25-31, nous avons sélectionné la plage A2:A5 et la plage C2:C5.

	A	B	C	D	E	F	G
1							
2		2010	2011	Total			
3	Tables	8 962 €	5 632 €	14 594 €			
4	Chaises	2 689 €	2 825 €	5 514 €			
5	Lampes	3 867 €	4 200 €	8 067 €			
6							

Figure 25-31 Sélection d'une série à ajouter à un graphique.

2. Tapez **Ctrl+C** pour copier la sélection dans le Presse-papiers.
3. Si le graphique se trouve dans une autre feuille, cliquez son onglet.
4. Cliquez le graphique pour le sélectionner.
5. Tapez **Ctrl+V** pour coller la série dans le graphique.

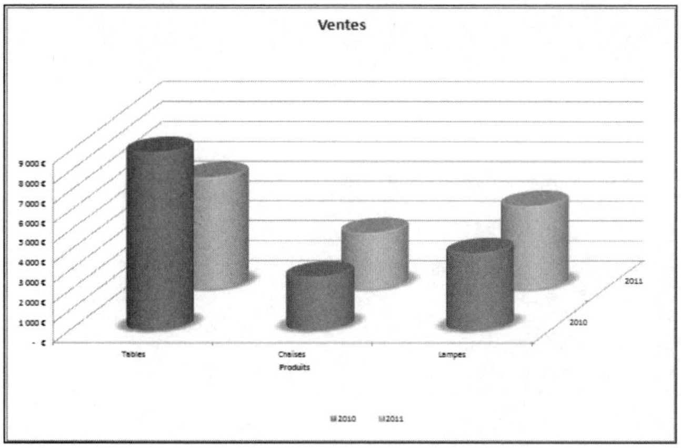

Figure 25-32 Ajout d'une série à un graphique.

Les nouvelles données sont ajoutées au graphique.

Vous pouvez aussi modifier les données avec l'onglet **Création → Données → Sélectionner les données**.

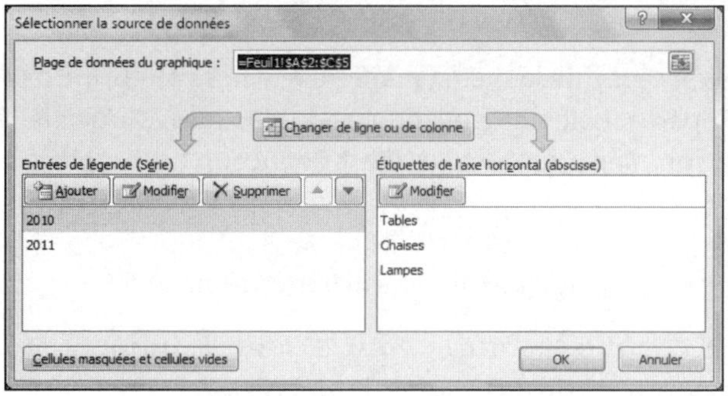

Figure 25-33 Modification des données sources avec une boîte de dialogue.

Modifier le format d'une série de données

Que ce soit en tant qu'objet ou dans une feuille à part, les graphiques sont modifiables directement, élément par élément.

1. Pointez chaque élément du graphique (séries, axes, légende, titres, *etc.*). Une info-bulle vous indique le type d'élément pointé (la série « 2010 » dans l'exemple de la figure 25-34).
2. Cliquez une série du graphique.

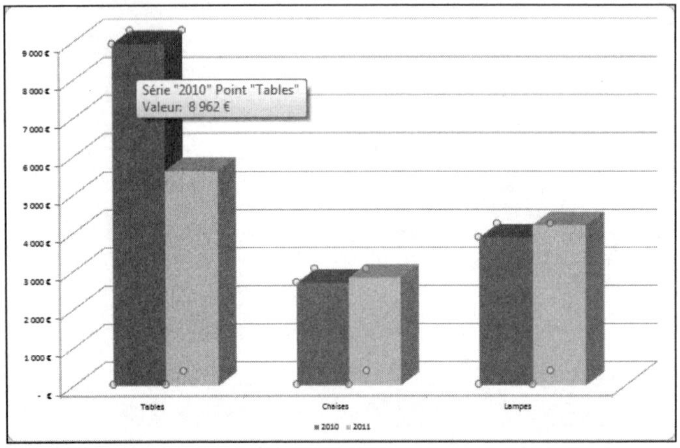

Figure 25-34 Sélection d'une série et affichage de l'info-bulle correspondante.

La série est sélectionnée. Des ronds apparaissent pour chaque point de la série.

3. Cliquez avec le bouton droit la série sélectionnée.
4. Cliquez **Mettre en forme une série de données** dans le menu contextuel.

Astuce Il s'agit ici d'un exemple. Vous accédez de la même manière à la mise en forme de chaque élément d'un graphique. Repérez l'élément avec l'info-bulle, puis cliquez-le avec le bouton droit pour accéder à son menu contextuel. C'est beaucoup plus rapide et précis que de passer par le ruban.

La boîte qui s'affiche permet de modifier la mise en forme de la série.

5. Cliquez dans la liste de gauche chaque catégorie pour trouver l'option à modifier (les catégories sont différentes en fonction du type de graphique).
6. Modifiez les options proposées.

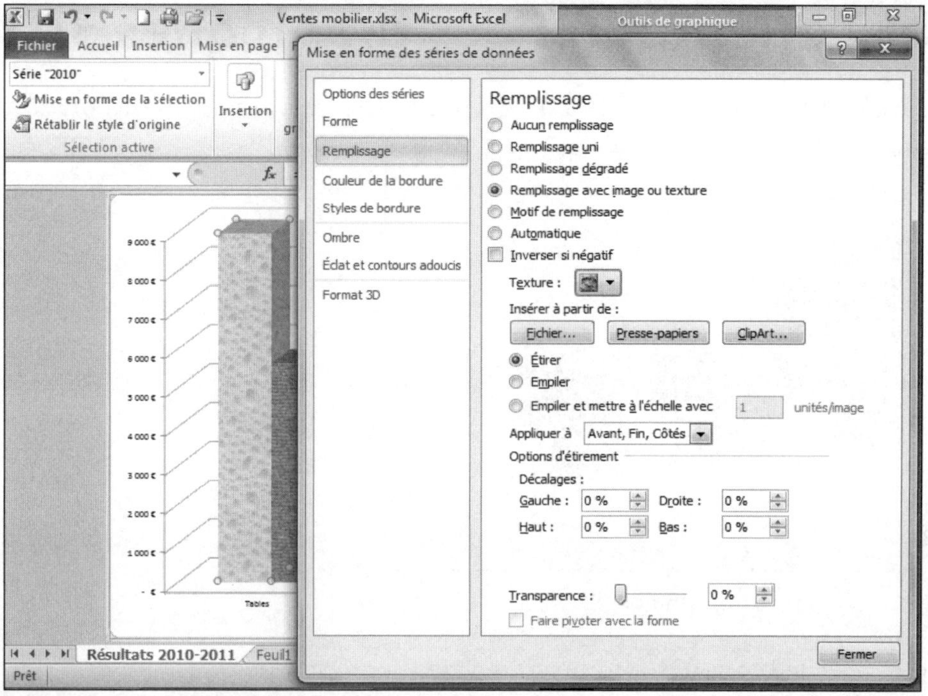

Figure 25-35 Options de mise en forme d'une série.

Astuce Excel met à jour immédiatement le graphique avec les options choisies. Vous les visualisez directement dans la feuille en dessous (figure 25-36).

7. Cliquez le bouton **Fermer**.

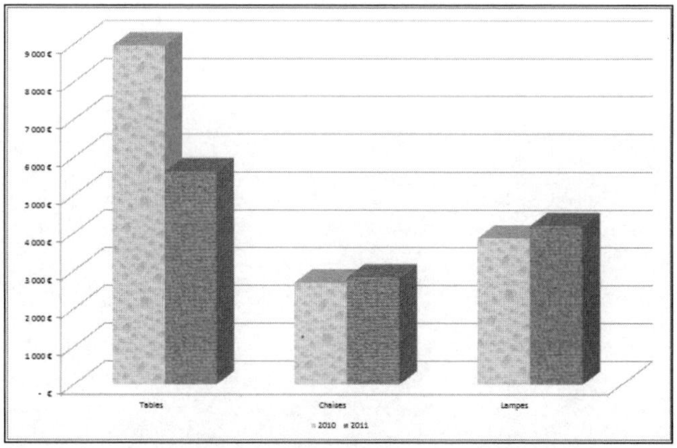

Figure 25-36 Modification de la mise en forme d'une série.

La série est modifiée en fonction de vos choix.

Modifier l'orientation des graphiques 3D

Pour mettre en valeur les données d'un graphique 3D, modifiez son orientation.

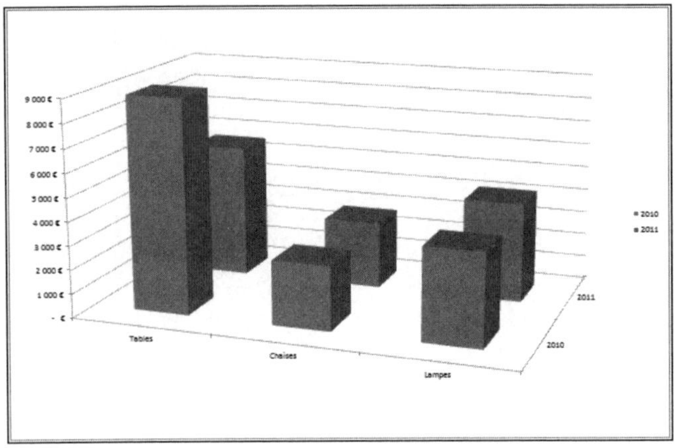

Figure 25-37 Exemple de graphique 3D.

1. Cliquez avec le bouton droit une zone vide du graphique.
2. Cliquez **Rotation 3D** dans le menu contextuel.
3. Modifiez les options proposées pour changer l'orientation du graphique 3D.

Note En fonction du type de graphique 3D, toutes les options ne sont pas accessibles.

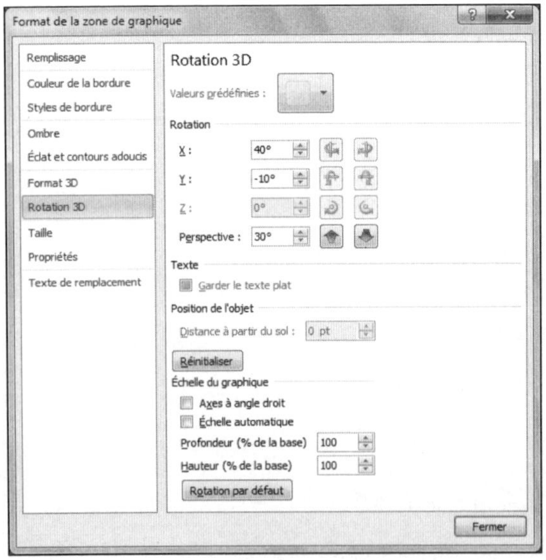

Figure 25-38 Modification de l'orientation d'un graphique 3D.

Excel applique directement les modifications dans le graphique en dessous.

4. Cliquez le bouton **Fermer**.

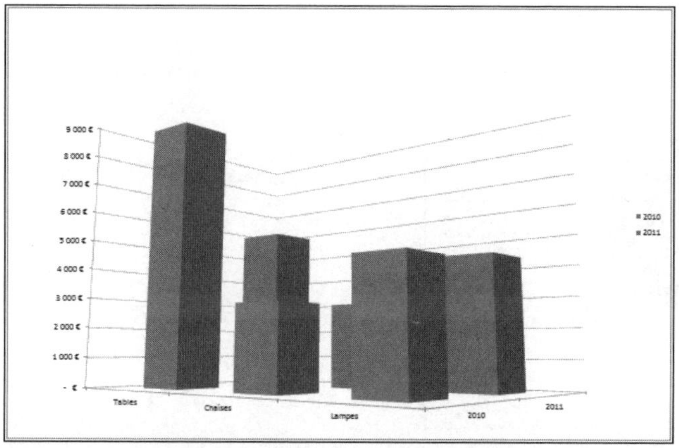

Figure 25-39 Exemple de graphique 3D après modification.

Séparer un point d'un graphique en secteurs ou en anneaux

Pour attirer l'attention sur un point particulier d'un graphique en secteurs ou en anneaux, séparez-le des autres points de la série.

1. Créez un graphique en secteurs ou en anneaux.
2. Cliquez la série pour la sélectionner.
3. Cliquez le point à séparer pour le sélectionner.

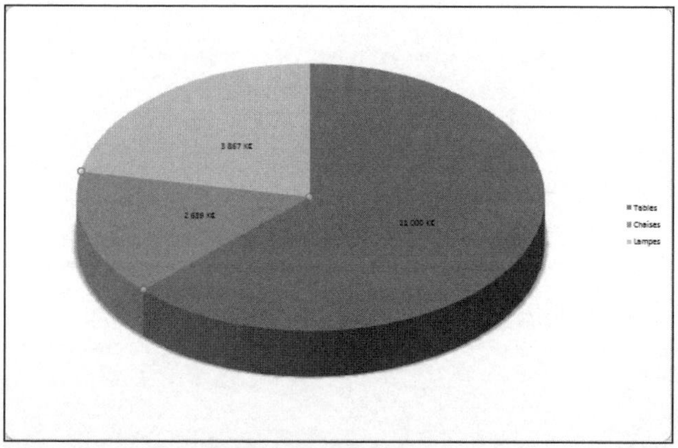

Figure 25-40 Graphique en secteurs.

4. Cliquez et faites glisser le secteur ou l'anneau vers l'extérieur.

Le point choisi est séparé des autres points de la série.

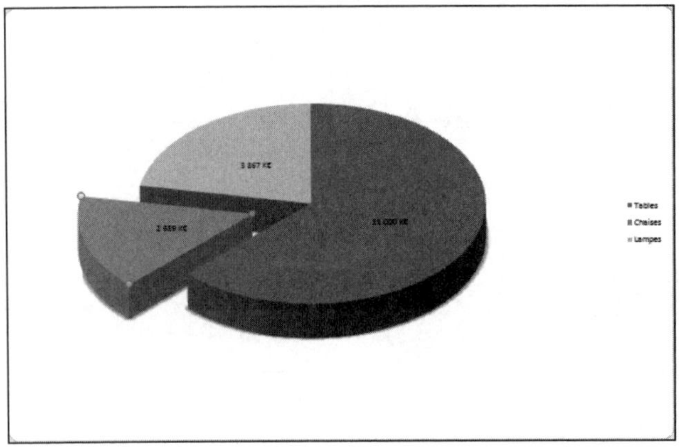

Figure 25-41 Graphique en secteurs après séparation d'un point de la série.

Mettre en forme rapidement un graphique

Si vous ne désirez pas modifier une à une les multiples options des graphiques, vous pouvez appliquer des mises en forme prédéfinies.

Pour modifier l'aspect du graphique :

1. Cliquez une zone vide du graphique pour le sélectionner.
2. Cliquez l'onglet **Création → Styles du graphique → Styles rapides**, puis sélectionnez un style dans la liste qui s'affiche.

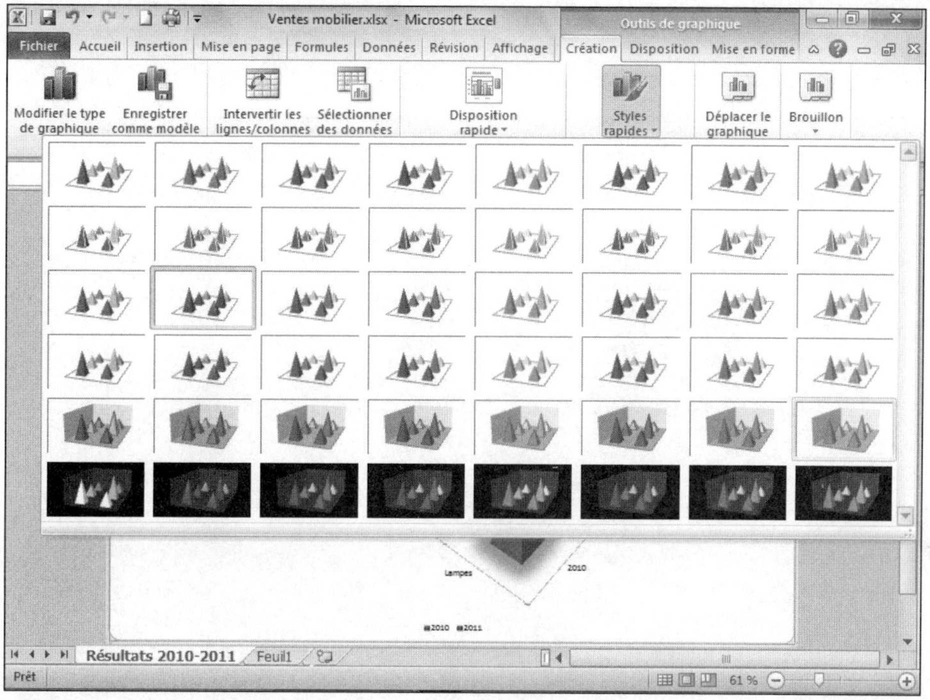

Figure 25-42 Application d'un style prédéfini à un graphique.

Pour modifier les éléments qui entourent le graphique :

1. Cliquez une zone vide du graphique pour le sélectionner.
2. Cliquez l'onglet **Création → Dispositions du graphique → Disposition rapide**, puis sélectionnez une mise en forme dans la liste qui s'affiche.

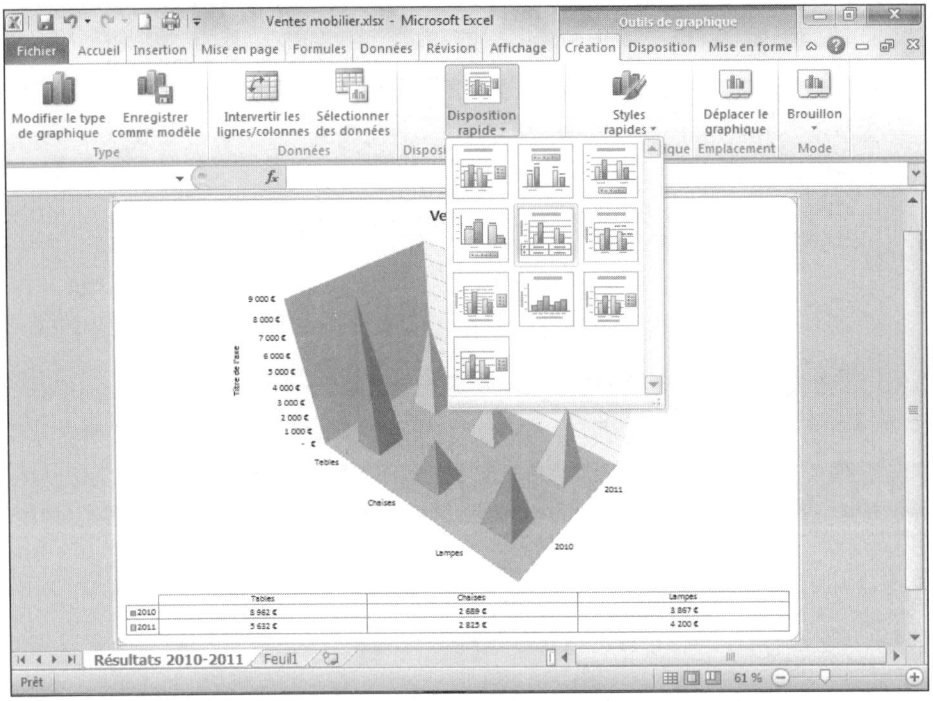

Figure 25-43 Application d'une mise en forme prédéfinie à un graphique.

Utiliser les graphiques sparkline

Un sparkline est petit graphique inséré dans une cellule. Sa mise en œuvre est simple et rapide.

1 Sélectionnez les données à utiliser par le sparkline.

2 Cliquez l'onglet **Insertion ➜ Graphiques sparkline** puis sélectionnez un type de graphique.

3 Cliquez la zone **Plage d'emplacements** puis sélectionnez directement dans la feuille la ou les cellules de destination.

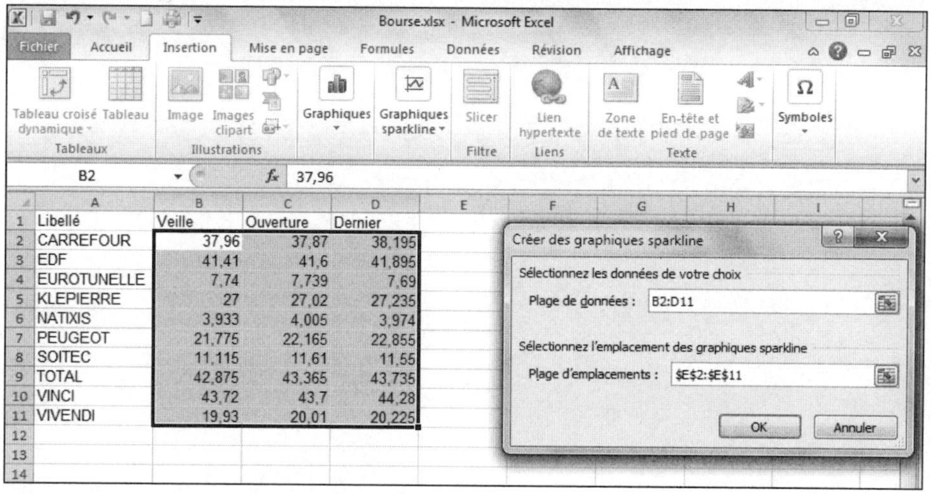

Figure 25-44 Création d'un sparkline.

4 Cliquez le bouton **OK**.

Excel crée les graphiques dans les cellules choisies. Un nouvel onglet **Création** apparaît dans le ruban.

5 Dans l'onglet **Création**, modifiez les mises en formes des sparkline.

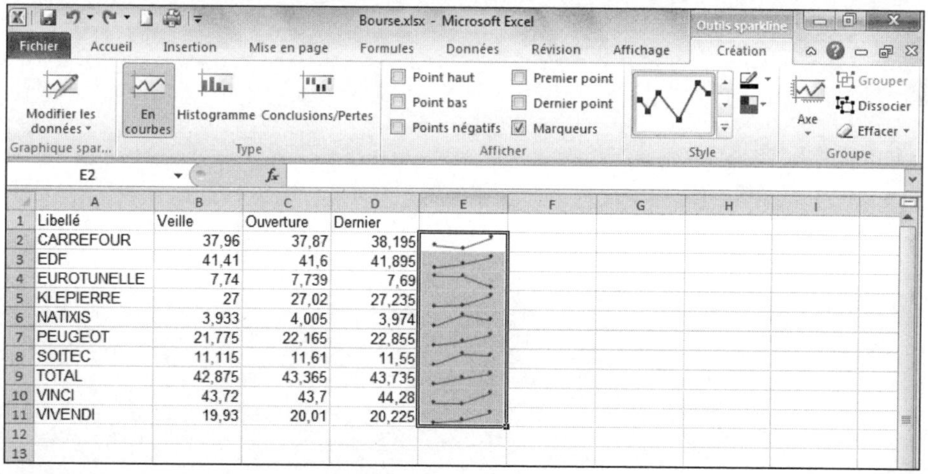

Figure 25-45 Modification d'un sparkline.

Pour supprimer les sparklines, sélectionnez les cellules correspondantes puis cliquez l'onglet **Création → Groupe → Effacer**.

Chapitre 26

Utiliser les graphiques croisés dynamiques

Dans ce chapitre

- Créer un graphique croisé à partir d'un tableau croisé
- Construire un graphique croisé sans tableau croisé
- Modifier la structure d'un graphique croisé
- Filtrer un graphique croisé
- Modifier le type d'un graphique croisé
- Mettre en forme un graphique croisé

Vous avez déjà créé votre tableau croisé dynamique ? Vous désirez obtenir un graphique à partir de ses données ? Excel a prévu cette réalisation en un seul clic, mais surtout il vous propose de le modifier dynamiquement comme un tableau croisé. Et si vous n'avez pas de tableau croisé, il est tout à fait possible de créer directement un graphique croisé.

Note Pour des informations complémentaires sur les tableaux croisés dynamiques, consultez le chapitre 23.

Créer un graphique croisé à partir d'un tableau croisé

Si vous avez créé un tableau croisé dynamique, allez plus loin en créant le graphique correspondant.

1. Cliquez une donnée du tableau croisé dynamique.
2. Cliquez l'onglet **Insertion**.

Le groupe **Graphiques** propose les principaux types de graphiques.

3. Cliquez l'onglet **Insertion ➜ Graphiques**, puis le type et le sous-type de graphique.

Note Pour des informations complémentaires sur les graphiques, consultez le chapitre 25.

Excel crée immédiatement le graphique croisé basé sur le tableau croisé. Quatre nouveaux onglets s'affichent dans le ruban : **Création**, **Disposition**, **Mise en forme** et **Analyse**.

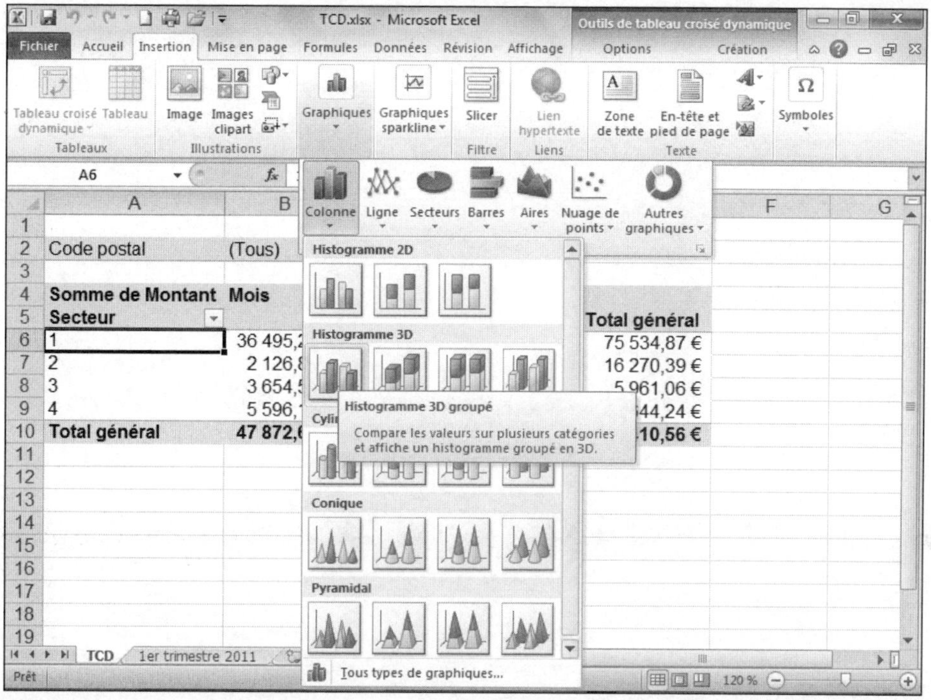

Figure 26-1 Création d'un graphique croisé à partir d'un tableau croisé.

Le graphique contient des boutons pour modifier la valeur des champs. Comme le tableau et le graphique sont liés, la modification de l'un se répercute automatiquement sur l'autre.

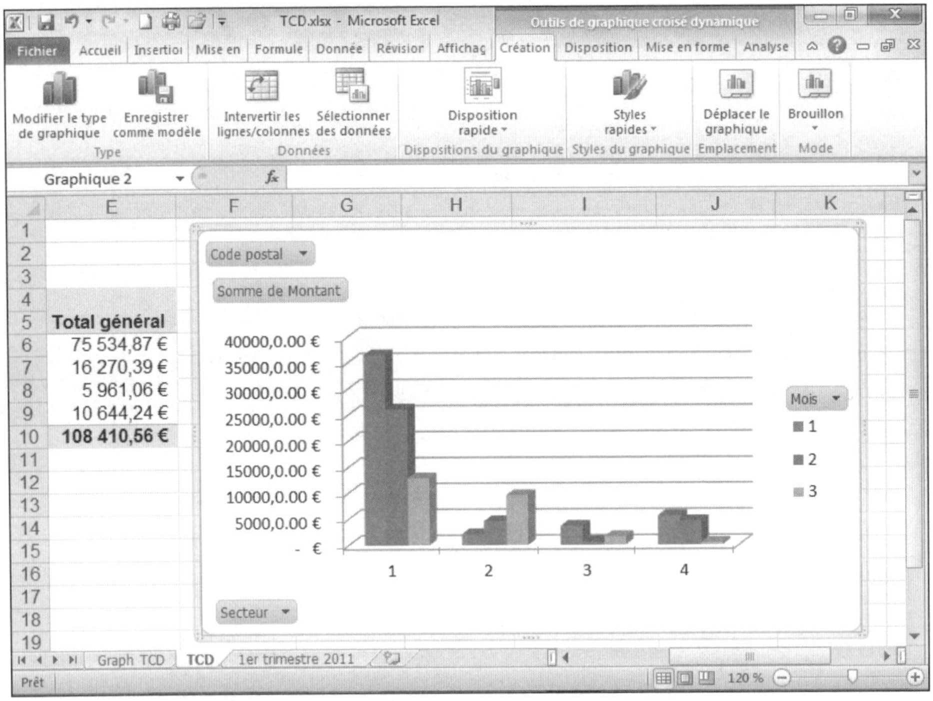

Figure 26-2 Graphique croisé basé sur une tableau croisé.

Si vous désirez placer votre graphique dans une feuille à part, suivez ces étapes :

1. Cliquez l'onglet **Création ➜ Emplacement ➜ Déplacer le graphique**.
2. Cochez l'option **Nouvelle feuille**.
3. Tapez le nom de la feuille dans la zone en regard.

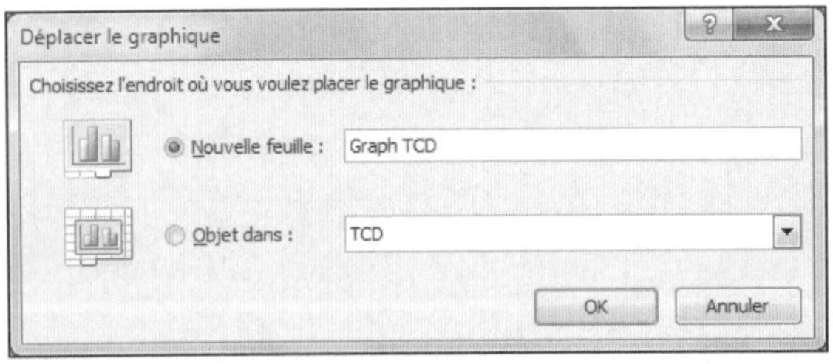

Figure 26-3 Déplacement d'un objet graphique croisé vers une feuille graphique.

4. Cliquez le bouton **OK**.

   Même si le graphique est déplacé vers une autre feuille, il reste lié à son tableau d'origine.

Créer un graphique croisé sans tableau croisé

Même sans tableau croisé, il est possible de construire directement un graphique croisé.

1. Cliquez une cellule du tableau contenant les données à utiliser dans le graphique croisé.
2. Cliquez l'onglet **Insertion** ➜ **Tableaux** ➜ **Tableau croisé dynamique** ➜ **Graphique croisé dynamique**.
3. Vérifiez que la zone **Sélectionner un tableau ou une plage** contient bien les références de vos données.
4. Cochez l'option **Nouvelle feuille de calcul** ou **Feuille de calcul existante** en fonction de l'emplacement du tableau croisé.
5. Si vous avez choisi **Feuille de calcul existante** à l'étape **4**, tapez la référence de la première cellule dans cette zone ou cliquez le bouton .

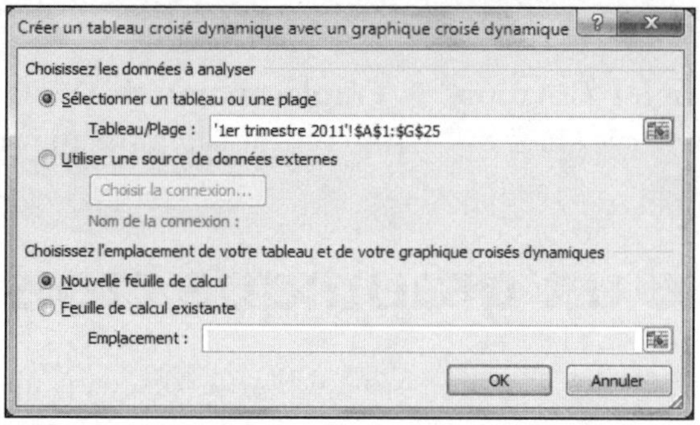

Figure 26-4 Création d'un graphique croisé.

6. Cliquez le bouton **OK**.

La structure du graphique croisé est insérée à l'emplacement choisi. Si vous l'avez demandé, Excel a ajouté une feuille au classeur. Éventuellement, renommez son onglet.

Pour l'instant le graphique est vide car il attend que vous définissiez les champs.

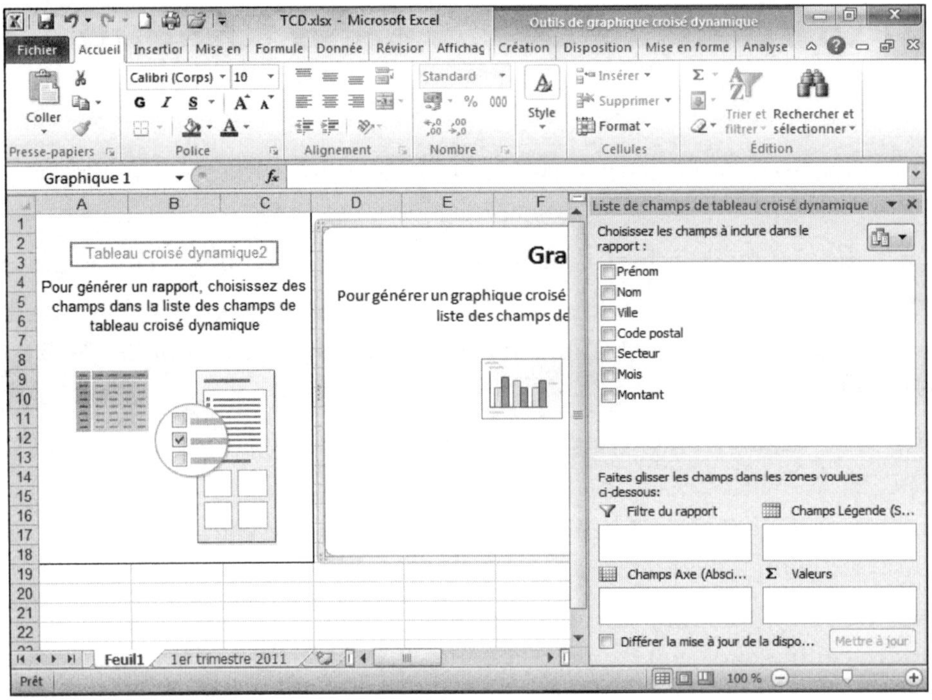

Figure 26-5 Base d'un nouveau graphique croisé.

Vous déplacez le graphique avec l'onglet **Création ➜ Emplacement ➜ Déplacer le graphique**. Vous devrez cependant conserver la feuille qui contient le tableau croisé.

Modifier la structure d'un graphique croisé

Vous créez ou modifiez un graphique croisé, comme un tableau croisé, en ajoutant ou en supprimant des champs. En réalité, Excel applique les modifications en même temps au tableau et au graphique.

Note Pour afficher ou masquer le volet **Liste de champs**, cliquez l'onglet **Analyse ➜ Afficher/Masquer ➜ Liste des champs**.

Ajouter un champ

Pour construire un graphique croisé, vous devez ajouter des champs de la même façon que pour un tableau croisé.

1. Dans le volet **Liste de champs**, cliquez et faites glisser le nom du champ vers la zone **Filtre du rapport**, **Champs Axe**, **Champs Légende** ou **Valeurs**.

2. Répétez l'étape **2** pour les autres champs.

Note Consultez le chapitre 23 pour des informations complémentaires sur l'ajout, la suppression ou le déplacement des champs.

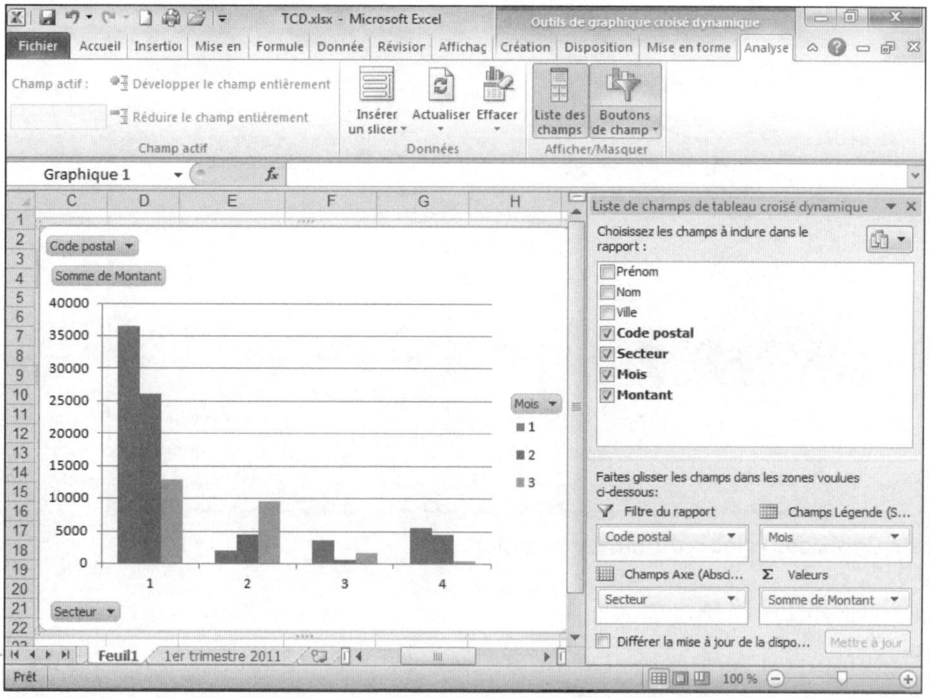

Figure 26-6 Ajout de champs à un graphique croisé.

Filtrer un graphique croisé dynamique

Pour en limiter les données, filtrez votre graphique croisé.

Choisir les éléments du filtre du rapport

1. Cliquez la flèche ▾ dans la liste du **Filtre du rapport** (cde postal dans notre exemple).
2. Cliquez une valeur dans la liste.

Note Pour ne pas se limiter à une seule valeur, cochez la case **Sélectionner plusieurs éléments**, puis cochez les valeurs à ajouter au filtre.

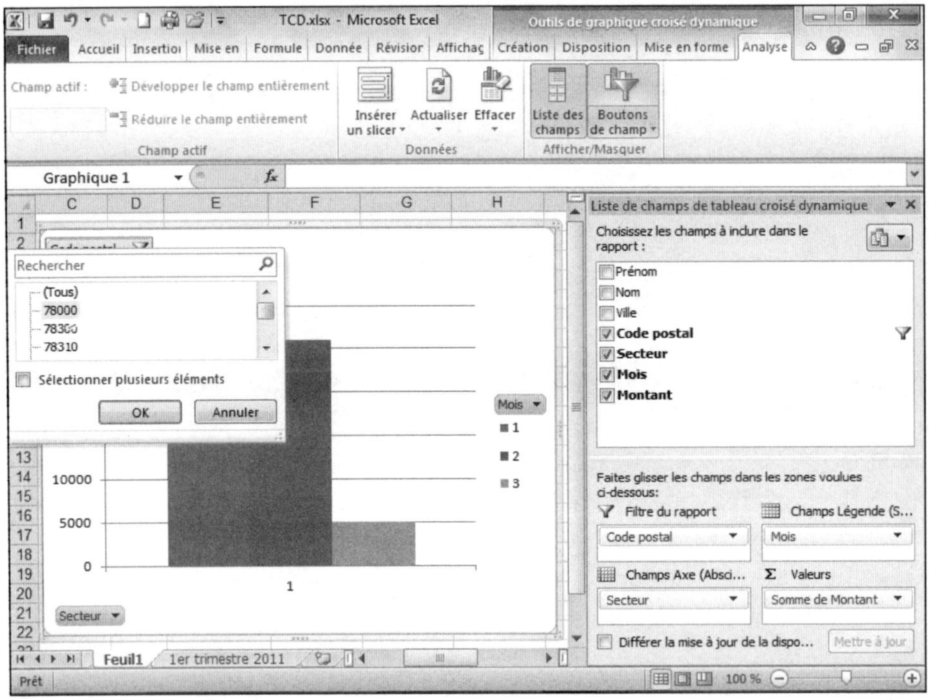

Figure 26-7 Choix des valeurs du filtre du rapport.

3. Cliquez le bouton **OK**.

   Le graphique est recalculé et se limite à la valeur sélectionnée dans le Filtre du rapport. La flèche ▾ devient ▾.

4. Cliquez la flèche ▾ du **Filtre du rapport**.
5. Cliquez **(Tous)** dans la liste pour tenir compte de toutes les valeurs.
6. Cliquez le bouton **OK**.

Tous les éléments sont de nouveau présents dans le graphique croisé.

Choisir les éléments des champs Axes et Légende

1. Cliquez la flèche ▾ du **Champ Axe (Abscisses)** ou du **Champ Légende (Série)** (respectivement Secteur et Mois dans notre exemple).
2. Cochez les éléments à afficher et décochez les éléments à masquer.

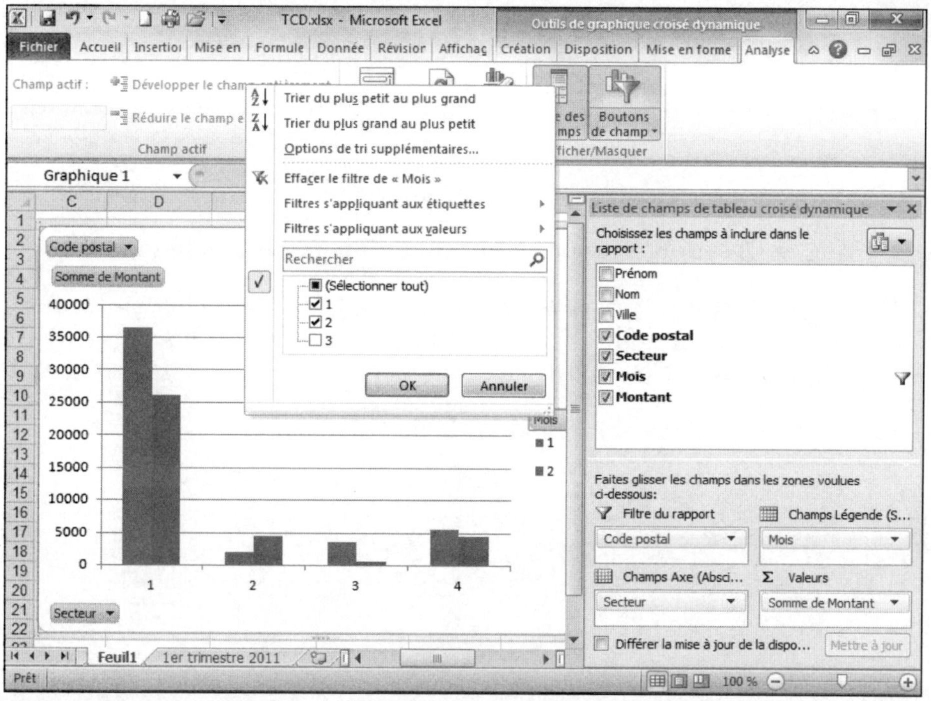

Figure 26-8 Choix des valeurs du Champ Axe (Abscisses) ou du Champ Légende (Série).

Note Cette boîte offre d'autres solutions pour filtrer les valeurs. Faites des tests.

3. Cliquez le bouton **OK**.

   Le graphique est recalculé et se limite aux éléments sélectionnés. La flèche devient .

4. Cliquez la flèche du **Champ Axe (Abscisses)** ou du **Champ Légende (Série)**.
5. Cochez **(Sélectionner tout)** pour tenir compte de tous les éléments.
6. Cliquez le bouton **OK**.

Tous les éléments sont de nouveau présents dans le graphique croisé.

Astuce Comme pour les tableaux croisés, vous pouvez utiliser les slicer avec les graphiques croisés. Consultez le chapitre 23.

Modifier le type de graphique

Les graphiques croisés bénéficient des mises en forme propres à tous les autres graphiques.

1. Cliquez le graphique croisé pour le sélectionner.
2. Cliquez l'onglet **Création → Type → Modifier le type de graphique**.
3. Cliquez un type de graphique dans la liste de gauche (cette étape n'est pas indispensable, elle permet juste de se placer rapidement sur les sous-types correspondants dans la liste de droite).
4. Cliquez un sous-type de graphique dans la liste de droite.

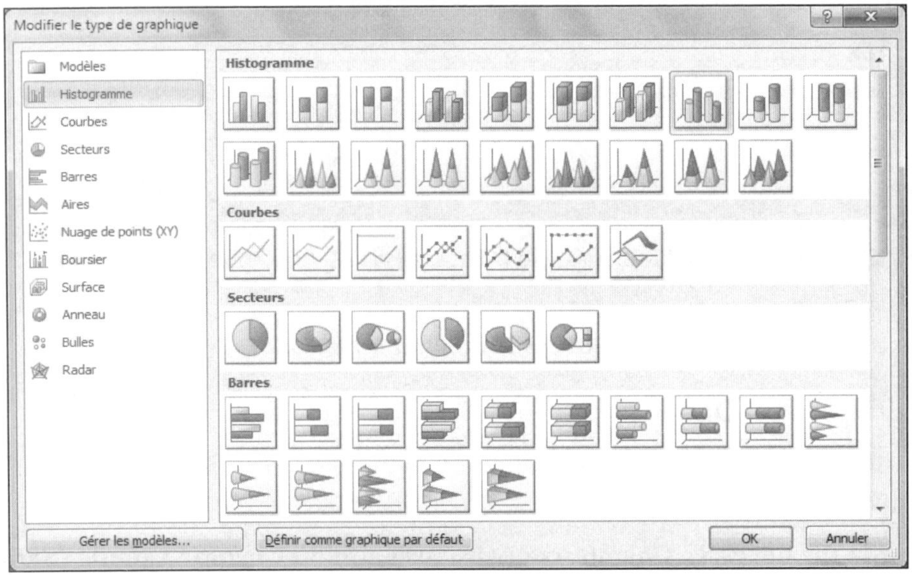

Figure 26-9 Choix du type d'un graphique croisé.

5. Cliquez le bouton **OK** pour appliquer votre choix.

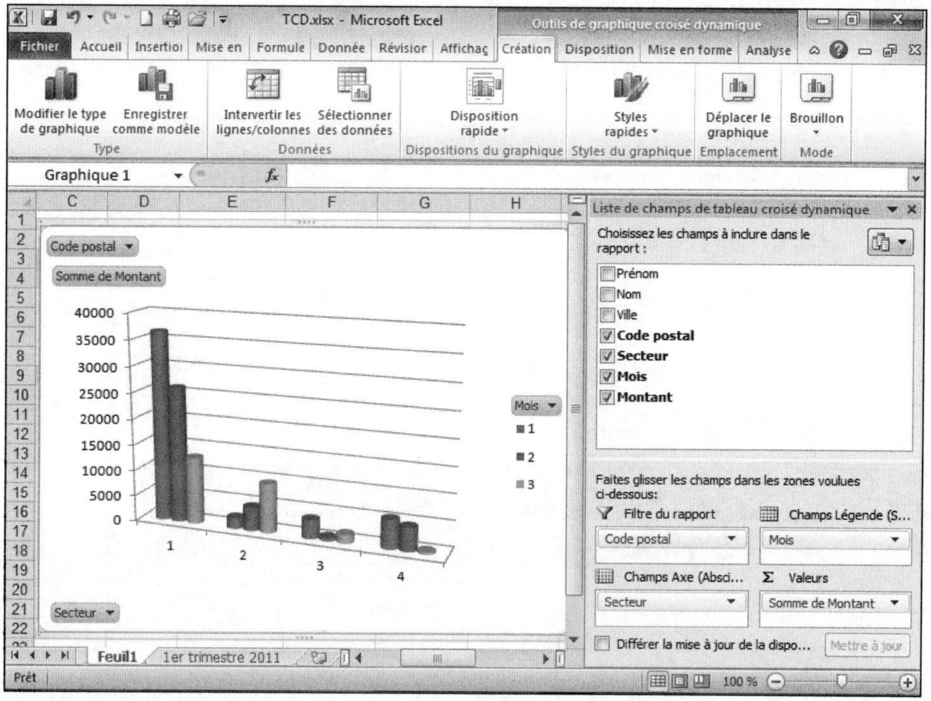

Figure 26-10 Modification du type d'un graphique croisé.

Mettre en forme rapidement un graphique croisé

Comme pour les autres graphiques, vous pouvez appliquer des mises en forme prédéfinies.

1. Cliquez une zone vide du graphique pour le sélectionner.
2. Cliquez l'onglet **Création → Styles du graphique →Styles rapides**, puis sélectionnez un style dans la liste qui s'affiche.

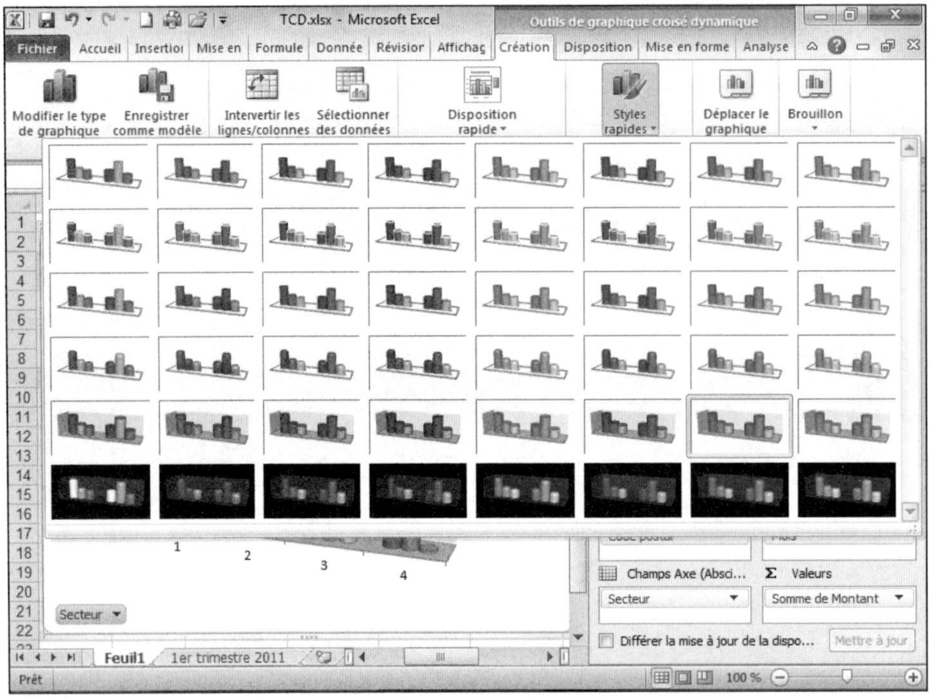

Figure 26-11 Application d'un style prédéfini à un graphique croisé.

Note Vous trouvez des informations plus complètes sur les graphiques dans les chapitres 25 et 27.

Chapitre 27

Personnaliser les graphiques

Dans ce chapitre

- Modifier la superposition et la largeur des barres
- Ajouter des barres d'erreur
- Ajouter des lignes de série
- Créer un graphique avec des valeurs négatives
- Appliquer des textures et des images
- Créer et utiliser des modèles de graphiques

Les graphiques Excel offrent des options qu'il serait dommage de ne pas exploiter. Ce chapitre vous propose d'améliorer la lisibilité de vos graphiques, d'ajouter des barres d'erreur et des lignes de série, ou de gérer les valeurs négatives. Et si vous utilisez toujours le même type de graphique, autant en faire un modèle réutilisable facilement.

Modifier la superposition et la largeur des barres d'un histogramme

Dès que votre histogramme est créé, vous pouvez l'améliorer en modifiant la largeur des barres et leur superposition.

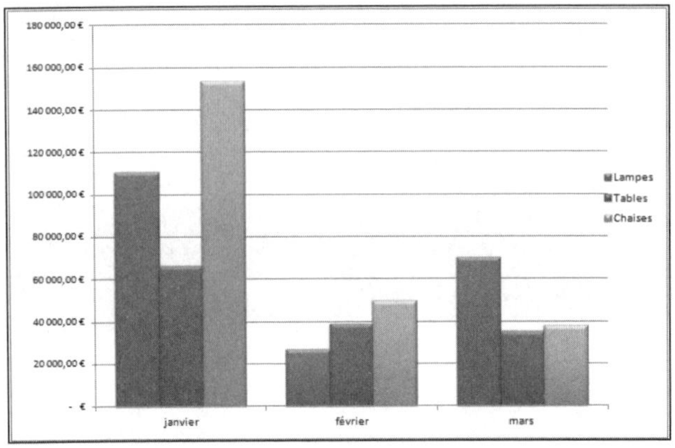

Figure 27-1 Histogramme avant modification.

1. Cliquez avec le bouton droit une barre de l'histogramme.
2. Cliquez la commande **Mettre en forme une série de données** dans le menu contextuel.
3. Cliquez **Options des séries** dans la liste de gauche.
4. Faites glisser le curseur **Superposition de séries** entre -100 % et 100 % correspondant au pourcentage de superposition de deux barres contiguës.

Note Pour toutes les valeurs modifiables avec un curseur, vous pouvez taper une valeur précise dans la zone en dessous.

Astuce Excel met immédiatement à jour le graphique en dessous pour évaluer instantanément la pertinence des modifications.

5. Faites glisser le curseur **Largeur de l'intervalle**, entre 0 et 500, pour modifier l'écart entre les groupes de barres.

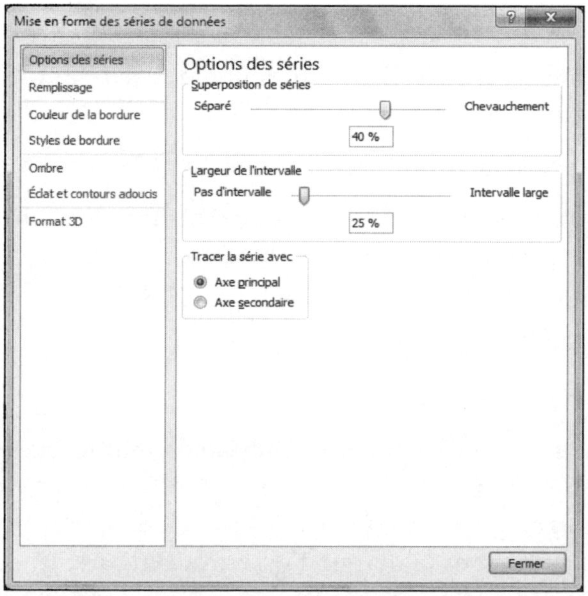

Figure 27-2 Modification de la superposition et de l'intervalle des barres d'un histogramme.

6. Cliquez le bouton **Fermer**.

La superposition et la largeur des barres de l'histogramme sont modifiées.

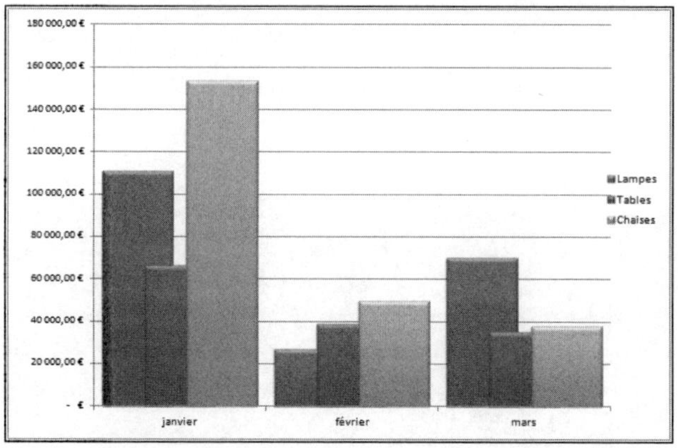

Figure 27-3 Histogramme après modification de la superposition et de l'intervalle.

Ajouter des barres d'erreur aux histogrammes

Si une ou plusieurs séries de votre histogramme correspondent à des estimations, vous pouvez ajouter des barres d'erreur pour justifier vos prévisions.

1. Cliquez la série qui doit afficher des barres d'erreur.
2. Cliquez l'onglet **Disposition → Analyse → Barres d'erreur → Autres options de barres d'erreur**. Vous pouvez aussi choisir une des solutions prédéfinies proposées dans la liste **Barres d'erreur**.
3. Cliquez **Barres d'erreur verticales** dans la liste de gauche.
4. Cliquez le type de barre dans la zone **Affichage**.
5. Cliquez le type de marge d'erreur et tapez sa valeur : **Précision** (marge fixe), **Pourcentage** (% du point de la série), **Écart type** (fonction de l'écart entre les valeurs de la série), **Erreur standard** (valeur standard des points de la série), **Personnalisée** (choix de l'utilisateur pour la marge d'erreur inférieure et supérieure. Valeurs liées à des cellules d'une feuille de calcul).

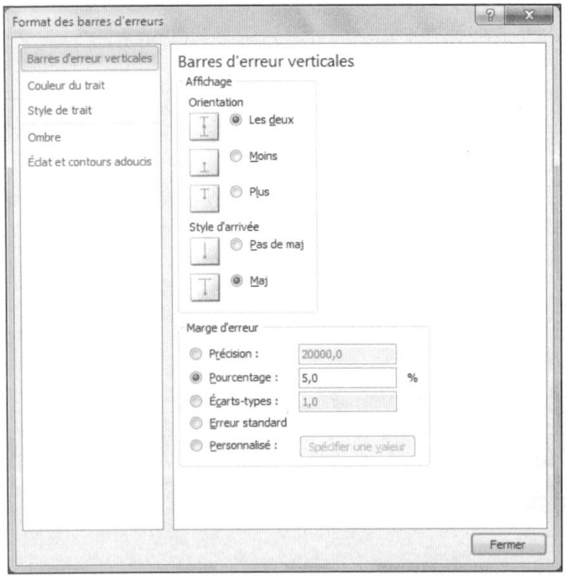

Figure 27-4 Ajout de barres d'erreur dans un histogramme.

6. Cliquez le bouton **Fermer**.

   Des barres d'erreur apparaissent pour chaque point de la série sélectionné à l'étape 1.

7. Répétez les étapes **1** à **6** pour les autres séries.

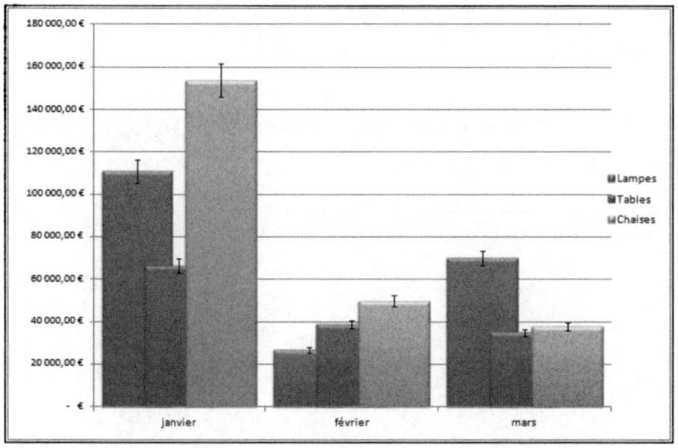

Figure 27-5 Barres d'erreur dans un histogramme.

Ajouter des lignes de série

Les lignes de série relient entre elles les barres d'un histogramme. Elles permettent de mieux apprécier les variations des valeurs comme le ferait une courbe.

1. Cliquez une barre de l'histogramme.
2. Cliquez l'onglet **Disposition ➜ Analyse ➜ Lignes ➜ Lignes de série**.

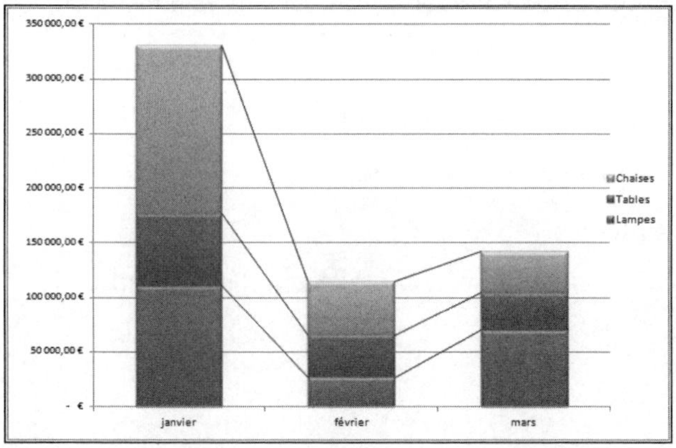

Figure 27-6 Lignes de série dans un histogramme.

Des lignes relient chaque point de la série.

Note Tous les types d'histogrammes ne permettent pas d'ajouter des lignes de série.

Créer un graphique horizontal avec des valeurs positives et négatives

Excel accepte les valeurs négatives dans les graphiques. Il propose en plus de modifier les couleurs si les données sont positives ou négatives.

	A	B	C	D	E	F	G	H	I
1	Date	Niveaux	<>						
2	01/03/2010	80,5	0						
3	02/03/2010	79	-1,5						
4	03/03/2010	81	0,5						
5	04/03/2010	82	1,5						
6	05/03/2010	82,5	2						
7	06/03/2010	81	0,5						
8	07/03/2010	80	-0,5						
9	08/03/2010	79	-1,5						
10	09/03/2010	78	-2,5						
11	10/03/2010	78	-2,5						
12	11/03/2010	78,5	-2						
13	12/03/2010	79	-1,5						
14	13/03/2010	81	0,5						
15	14/03/2010	82	1,5						
16									

Figure 27-7 Données pour la création d'un graphique à barre avec des valeurs négatives.

1. Sélectionnez les données du graphique (les colonnes A et C dans l'exemple de la figure 27-7).
2. Cliquez l'onglet **Insertion** ➜ **Graphiques** ➜ **Barres** ➜ **Barres groupées**.

Note Tous les graphiques n'acceptent pas de changer la couleur des valeurs négatives. Faites des tests.

Déplaçons le graphique dans la feuille du graphique.

3. Cliquez l'onglet **Création** ➜ **Déplacer le graphique**.
4. Cliquez l'option **Nouvelle Feuille**.
5. Tapez le nom de la feuille dans la zone en regard de **Nouvelle feuille**.
6. Cliquez le bouton **OK**.

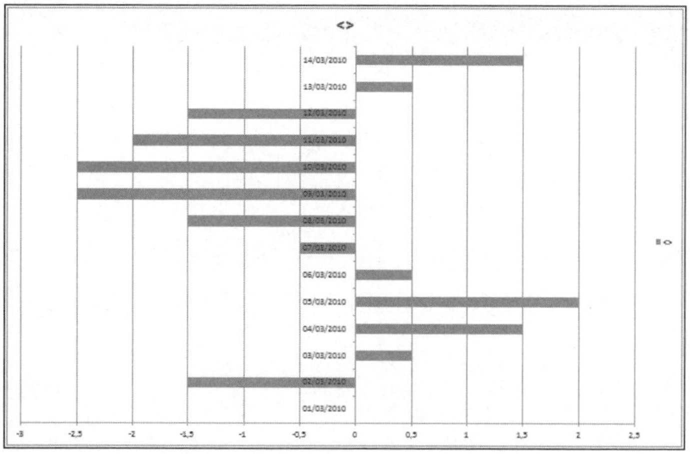

Figure 27-8 Graphique à barres avec des valeurs négatives.

Modifier la position des étiquettes de graduation

Par défaut, les étiquettes se trouvent en dessous de l'axe horizontal. Comme un graphique à barres est tourné de 90 degrés, les étiquettes sont placées sur les valeurs négatives.

1. Cliquez avec le bouton droit une étiquette.
2. Cliquez la commande **Mise en forme de l'axe** dans le menu contextuel.
3. Cliquez **Options d'axe** dans la liste de gauche.
4. Sélectionnez **Bas** dans la liste **Étiquettes des axes**.

Note Comme un graphique à barres est tourné de 90 degrés par rapport à un histogramme, l'option **En bas** correspond au positionnement des étiquettes à gauche.

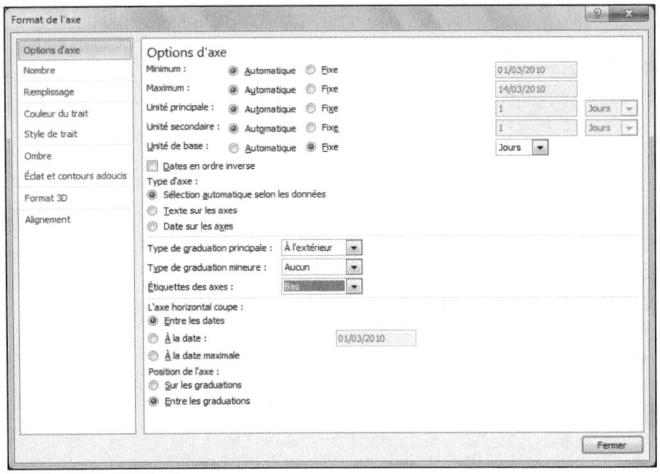

Figure 27-9 Modification de la position des étiquettes du graphique à barres.

5. Cliquez le bouton **Fermer**.

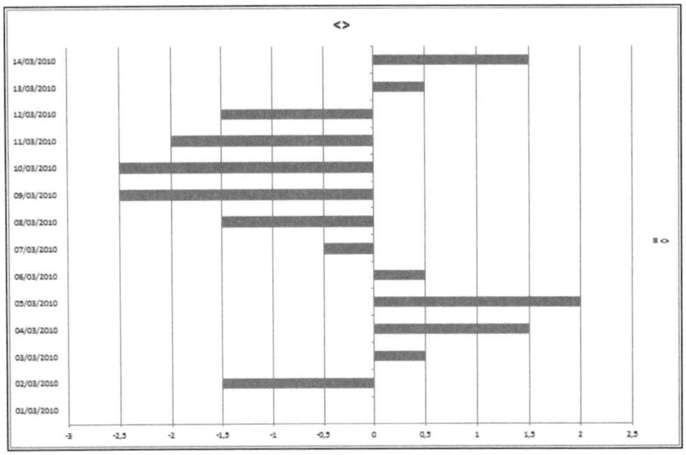

Figure 27-10 Graphique à barres avec les étiquettes à gauche.

Les étiquettes sont placées à gauche du graphique, c'est-à-dire en bas d'un graphique à barres.

Modifier les couleurs des valeurs positives ou négatives

Pour distinguer les valeurs positives des valeurs négatives, il est préférable de leur attribuer des couleurs différentes.

1. Cliquez avec le bouton droit une barre du graphique.
2. Cliquez la commande **Mettre en forme une série de données** dans le menu contextuel.
3. Dans la liste de gauche, cliquez **Remplissage**.
4. Cochez l'option **Remplissage Uni**.
5. Cochez la case **Inverser si négatif**.
6. Sélectionnez la couleur de remplissage pour les valeurs positives et négatives dans les listes **Couleur**.

Figure 27-11 Modification de la couleur de remplissage des barres avec inversion pour les couleurs négatives.

7. Cliquez le bouton **Fermer**.

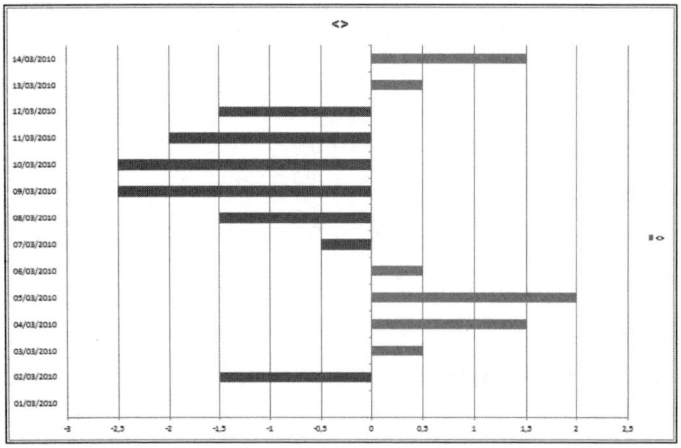

Figure 27-12 Graphique à barres avec des couleurs différentes pour les valeurs négatives.

Les valeurs positives et négatives s'affichent dans des couleurs différentes.

Appliquer des textures aux graphiques

Pour donner plus de relief à votre graphique, ajoutez des textures prédéfinies.

1. Cliquez avec le bouton droit une série d'un graphique.
2. Cliquez la commande **Mettre en forme une série de données** dans le menu contextuel.
3. Dans la liste de gauche, cliquez **Remplissage**.
4. Cochez l'option **Remplissage avec image ou texture**.
5. Sélectionnez la texture dans la liste **Texture**.
6. Cliquez le bouton **Fermer**.

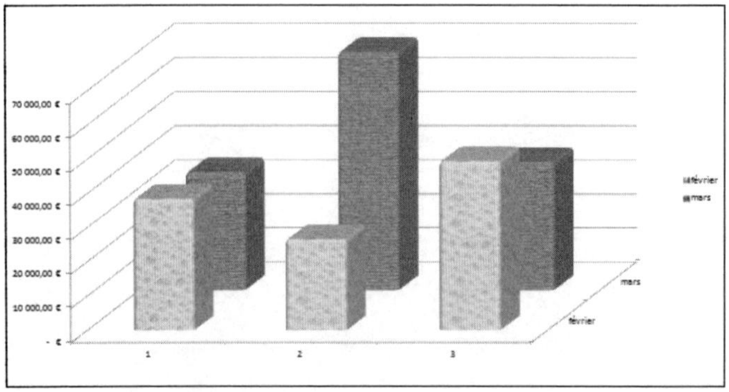

Figure 27-13 Histogramme avec des textures.

Ajouter des images à un histogramme

Pour être encore plus convaincant, ajoutez des images ou des dessins à vos histogrammes.

1. Cliquez avec le bouton droit une série d'un graphique.
2. Cliquez la commande **Mettre en forme une série de données** dans le menu contextuel.
3. Dans la liste de gauche, cliquez **Remplissage**.
4. Cochez l'option **Remplissage avec image ou texture**.
5. Cliquez le bouton **Fichier**.
6. Sélectionnez le dossier qui contient vos images.
7. Cliquez l'image à insérer.
8. Cliquez le bouton **Insérer**.
9. Cochez **Étirer** (une seule image), **Empiler** (plusieurs images) ou **Empiler et mettre à l'échelle** (vous définissez le nombre d'images).
10. Si vous avez choisi **Empiler et mettre à l'échelle** à l'étape **9**, tapez le nombre d'unités dans la zone en regard (valeur de la barre de l'histogramme) pour une image.

Figure 27-14 Ajout d'une image à un histogramme.

11. Cliquez le bouton **Fermer**.

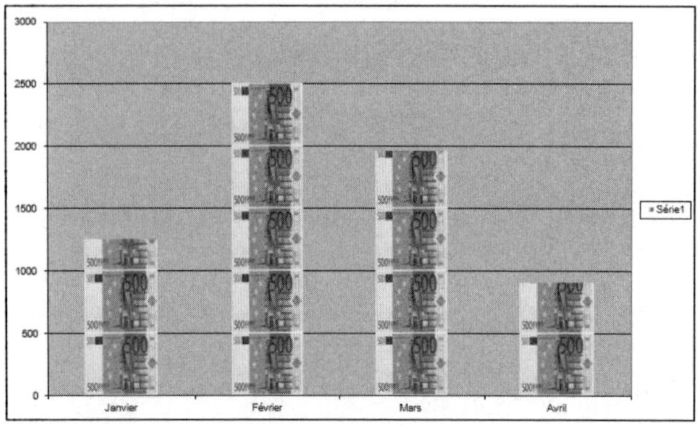

Figure 27-15 Images empilées dans un histogramme.

L'image apparaît dans les barres de l'histogramme.

Si vous avez choisi **Étirer** à l'étape **9**, l'image est déformée pour couvrir toute la superficie des barres.

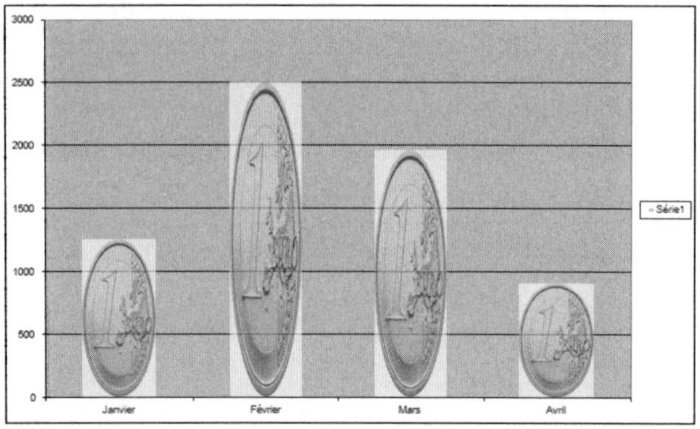

Figure 27-16 Images étirées dans un histogramme.

Définir un modèle personnalisé

Si vous créez toujours le même type de graphique, vous pouvez l'enregistrer comme modèle.

1. Ouvrez le classeur contenant le graphique.
2. Cliquez le graphique pour le sélectionner.
3. Cliquez l'onglet **Création ➜ Type ➜ Enregistrer comme modèle**.
4. Tapez le nom que vous souhaitez donner au modèle dans la zone **Nom de fichier**.

Note Les modèles de graphiques portent l'extension **.CRTX**. Ils sont enregistrés dans un dossier spécial d'Excel. Enregistrez votre modèle uniquement dans le dossier proposé.

5. Cliquez le bouton **Enregistrer**.

Utiliser un modèle personnalisé

Si vous avez ajouté un modèle, vous pouvez créer facilement et rapidement de nouveaux graphiques basés sur celui-ci.

1. Sélectionnez les données pour le graphique.
2. Cliquez l'onglet **Insertion**, puis le bouton du groupe **Graphiques**.
3. Cliquez **Modèle** dans la liste de gauche.
4. Cliquez votre modèle dans la liste **Mes modèles**. Aidez-vous de l'info-bulle pour retrouver votre modèle.

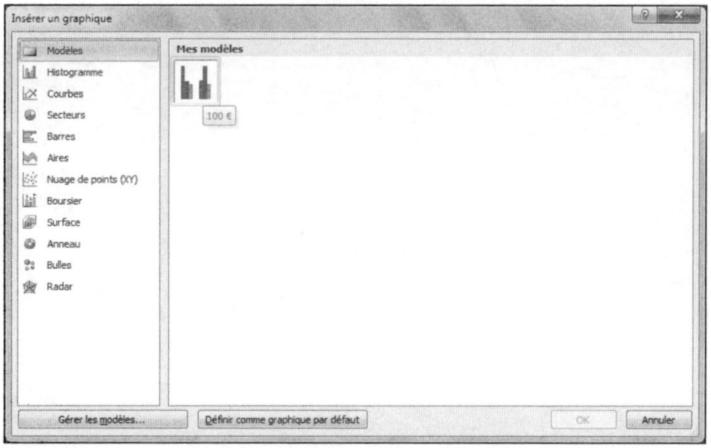

Figure 27-17 Liste des modèles personnalisés.

5. Cliquez le bouton **OK**.

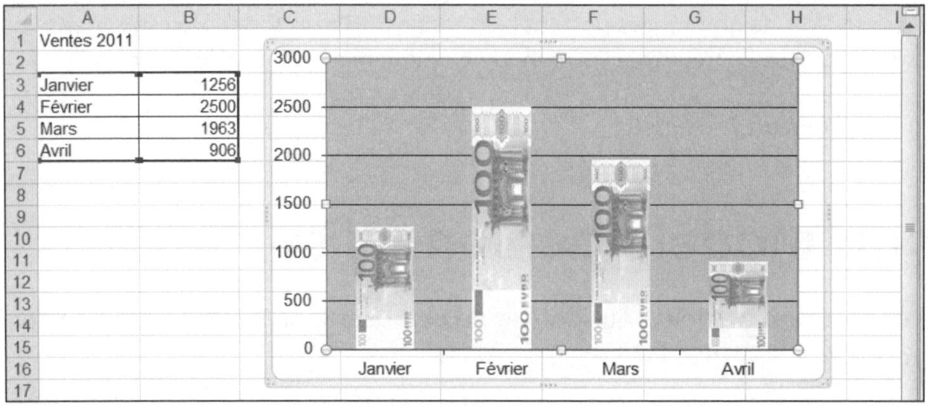

Figure 27-18 Application d'un modèle personnalisé à un nouveau graphique.

Le nouveau graphique est basé sur le modèle personnalisé.

Chapitre 28

Créer des graphiques boursiers

Dans ce chapitre

- Tableaux de valeurs boursières
- Créer un graphique boursier
- Ajouter une droite de tendance
- Ajouter une moyenne mobile
- Calculer une tendance (prospective et rétrospective)
- Modifier une courbe de tendance

Pour la gestion des portefeuilles des « boursicoteurs », Excel a prévu des modèles de graphiques sophistiqués. Pour évaluer l'orientation des cours des actions, ces graphiques peuvent être complétés avec des courbes de tendance.

Un graphique boursier utilise les éléments suivants :

- **Cours de bourse** : cours de cotation d'une action. Pour mieux apprécier les variations d'une même séance, on note le cours d'ouverture, celui de clôture ainsi que le cours le plus haut et le plus bas.
- **Volume** : nombre de titres échangés dans la même séance.

Un graphique boursier permet de calculer les éléments suivants :

- **Courbe de tendance** : courbe calculée qui permet d'apprécier si les cours de bourse ont une orientation à la hausse ou à la baisse.
- **Moyenne mobile** : courbe calculée avec les x derniers points d'une série. Celle-ci permet de lisser les fluctuations des cours de bourse et de mieux apprécier leur tendance.

Créer un tableau de valeurs boursières

Un graphique boursier nécessite de trois à cinq séries (volume de titres échangés, cours d'ouverture, cours le plus haut, cours le plus bas et cours de clôture).

Pour créer un graphique boursier simple, vous devez organiser votre tableau de données comme dans l'exemple de la figure 28-1.

Attention Pour tous les tableaux, vous devez respecter l'ordre des colonnes.

	A	B	C	D
1	Actions Kilomoto			
2				
3	Date	+Haut	+Bas	Clôture
4	04/01/2010	108	104	105
5	05/01/2010	109	98	99
6	06/01/2010	105	95	95
7	07/01/2010	99	90	92
8	08/01/2010	90	89	89
9	11/01/2010	90	85	86
10	12/01/2010	86	84	85
11	13/01/2010	86	80	82
12	14/01/2010	84	78	80
13	15/01/2010	82	76	78
14	18/01/2010	80	71	75
15	19/01/2010	78	72	74

Figure 28-1 Données pour un graphique boursier simple.

Pour un graphique boursier standard (première solution), vous devez organiser votre tableau de données comme dans l'exemple de la figure 28-2.

Actions Kilomoto

Date	Ouverture	+Haut	+Bas	Clôture
04/01/2010	105	108	104	105
05/01/2010	105	109	98	99
06/01/2010	100	105	95	95
07/01/2010	95	99	90	92
08/01/2010	90	90	89	89
11/01/2010	90	90	85	86
12/01/2010	85	86	84	85
13/01/2010	85	86	80	82
14/01/2010	80	84	78	80
15/01/2010	80	82	76	78
18/01/2010	80	80	71	75
19/01/2010	75	78	72	74

Figure 28-2 Données pour un graphique boursier standard (première solution).

Pour un graphique boursier standard (deuxième solution), vous devez organiser votre tableau de données comme dans l'exemple de la figure 28-3.

Actions Kilomoto

Date	Volume	+Haut	+Bas	Clôture
04/01/2010	300	95	90	92
05/01/2010	370	92	84	84
06/01/2010	400	86	83	85
07/01/2010	410	87	80	82
08/01/2010	135	90	76	79
11/01/2010	140	90	75	76
12/01/2010	150	86	76	76
13/01/2010	180	86	72	72
14/01/2010	170	84	69	72
15/01/2010	180	82	76	78
18/01/2010	170	80	71	75
19/01/2010	300	78	72	75

Figure 28-3 Données pour un graphique boursier standard (deuxième solution).

Pour un graphique boursier complet, vous devez organiser votre tableau de données comme dans l'exemple de la figure 28-4.

Actions Kilolobo

Date	Volume	Ouverture	+Haut	+Bas	Clôture
04/01/2010	300	105	108	104	105
05/01/2010	370	105	109	98	99
06/01/2010	400	100	105	95	95
07/01/2010	410	95	99	90	92
08/01/2010	135	90	90	89	89
11/01/2010	140	90	90	85	86
12/01/2010	150	85	86	84	85
13/01/2010	180	85	86	80	82
14/01/2010	170	80	84	78	80
15/01/2010	180	80	82	76	78
18/01/2010	170	80	80	71	75
19/01/2010	300	75	78	72	74

Figure 28-4 Données pour un graphique boursier complet.

Créer un graphique boursier

Excel propose des modèles tout prêts pour créer des graphiques boursiers comportant trois à cinq séries.

1. Cliquez une cellule du tableau regroupant les données à partir desquelles vous désirez créer le graphique.
2. Cliquez l'onglet **Insertion ➜ Graphiques ➜ Autres graphiques**.

   La liste Stock propose quatre types de graphiques correspondant aux quatre types de tableaux de données vus précédemment.

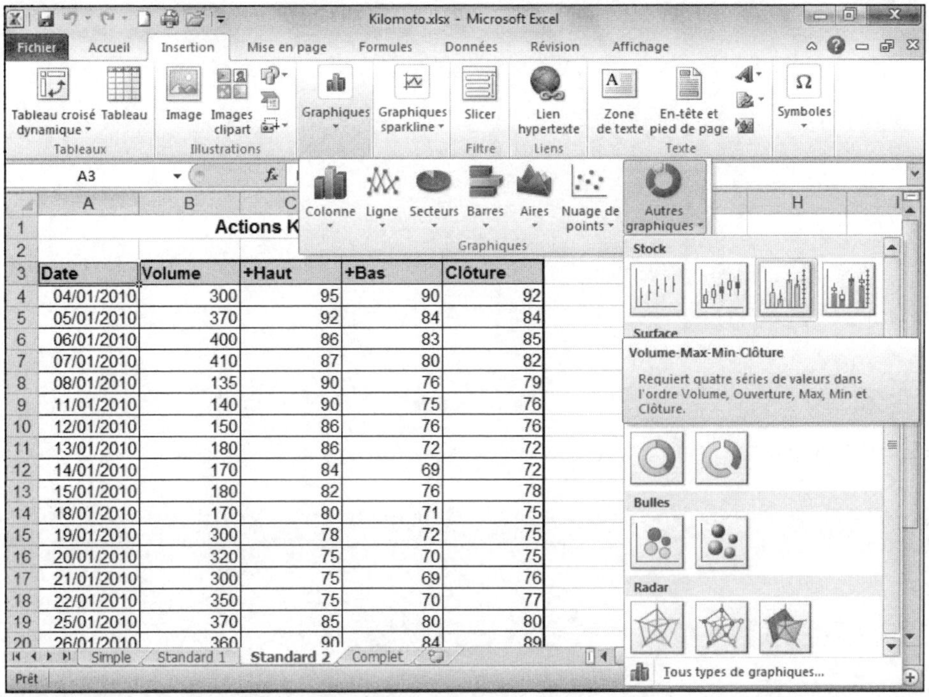

Figure 28-5 Choix du type de graphique boursier.

3. Cliquez le type de graphique en fonction du tableau sélectionné à l'étape **1**. L'info-bulle vous indique l'ordre des données nécessaires à la réalisation du graphique (**Volume-Max-Min-Clôture** dans l'exemple de la figure 28-5).

Si le graphique choisi à l'étape **3** ne correspond pas aux données sélectionnées, Excel affiche une boîte d'information.

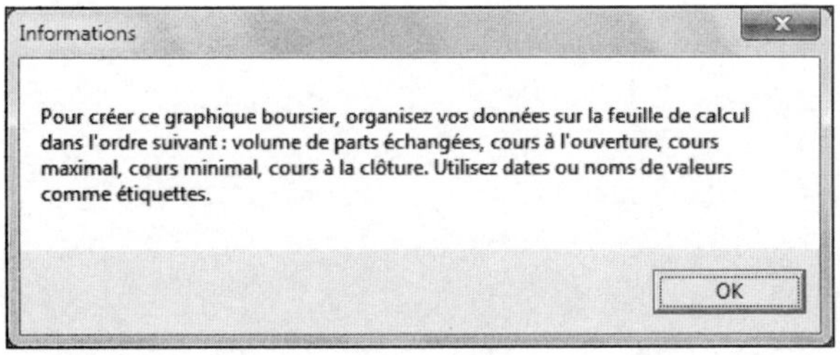

Figure 28-6 Boîte d'information en cas d'erreur de type de graphique.

Le graphique boursier s'affiche.

4. Éventuellement, utilisez l'onglet **Création → Emplacement → Déplacer le graphique** pour placer le graphique dans une feuille à part.

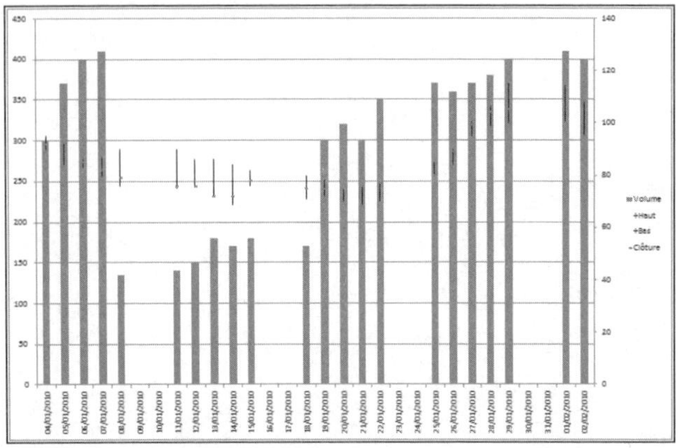

Figure 28-7 Graphique boursier Volume-Max-Min-Clôture.

5. Utilisez la zone **Zoom**, en bas à droite, pour agrandir le graphique.

Ajouter une droite de tendance

Une droite de tendance représente la ligne la plus proche de l'ensemble des points qui composent une série. Elle donne la tendance linéaire des cours de l'action ou des volumes de transaction.

1. Cliquez avec le bouton droit une série du graphique, par exemple le cours de clôture (aidez-vous de l'info-bulle).

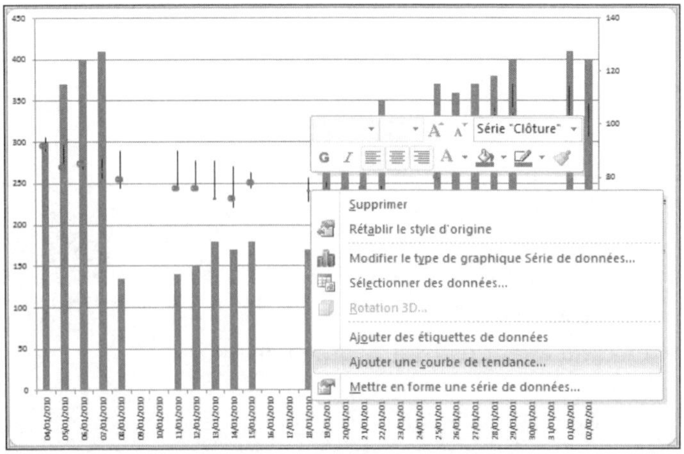

Figure 28-8 Ajout d'une courbe de tendance.

2. Cliquez la commande **Ajouter une courbe de tendance** dans le menu contextuel.

3. Cochez l'option **Linéaire**.
4. Si vous désirez changer le nom par défaut de la droite, tapez-le dans la zone **Personnalisé**.
5. Cochez l'option **Afficher l'équation sur le graphique** afin de voir le calcul effectué par Excel pour déterminer la droite.

Figure 28-9 Paramètres de la courbe de tendance.

6. Cliquez le bouton **Fermer**.

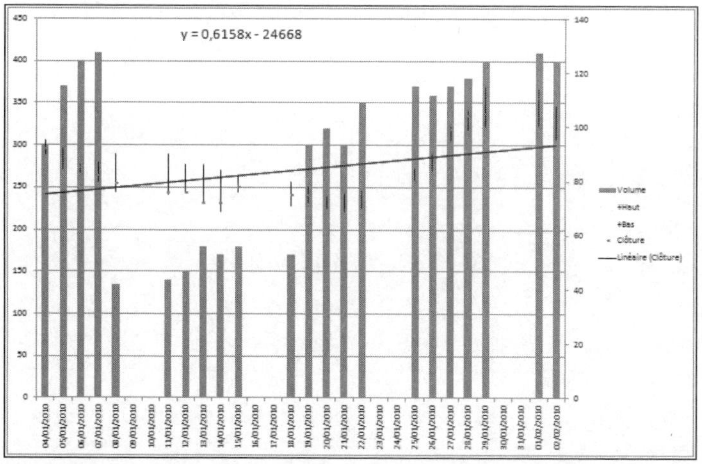

Figure 28-10 Courbe de tendance dans un graphique boursier.

La droite indique la tendance de la série choisie (dans l'exemple, une tendance à la hausse).

Note Faites glisser l'équation si elle se trouve à un endroit gênant.

Ajouter une moyenne mobile

Une moyenne mobile est une moyenne des x derniers cours. Elle permet de voir la tendance à court terme (50 derniers cours), à moyen terme (100 derniers cours) ou à long terme (200 derniers cours).

1. Cliquez avec le bouton droit une série du graphique, par exemple le cours de clôture (aidez-vous de l'info-bulle).
2. Cliquez la commande **Ajouter une courbe de tendance** dans le menu contextuel.
3. Cochez l'option **Moyenne mobile**.
4. Tapez dans la zone **Période** le nombre de cours précédents à prendre en considération dans le calcul de chaque moyenne.
5. Si vous désirez changer le nom par défaut de la courbe, tapez-le dans la zone **Personnalisé**.

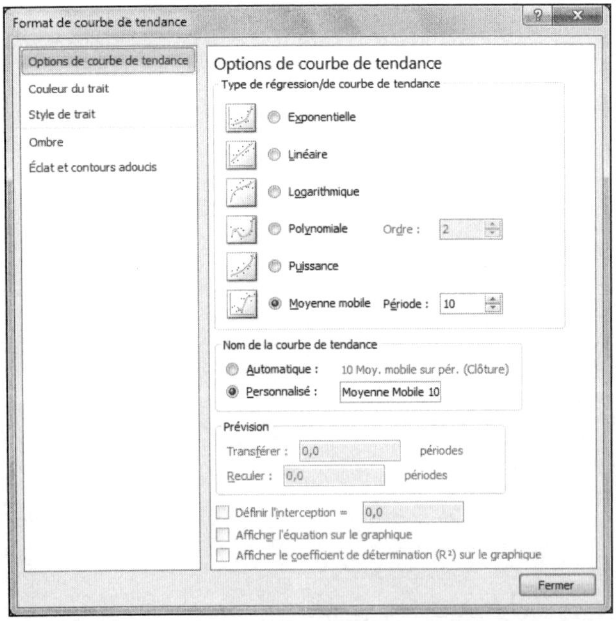

Figure 28-11 Paramètres de la moyenne mobile.

6. Cliquez le bouton **Fermer**.

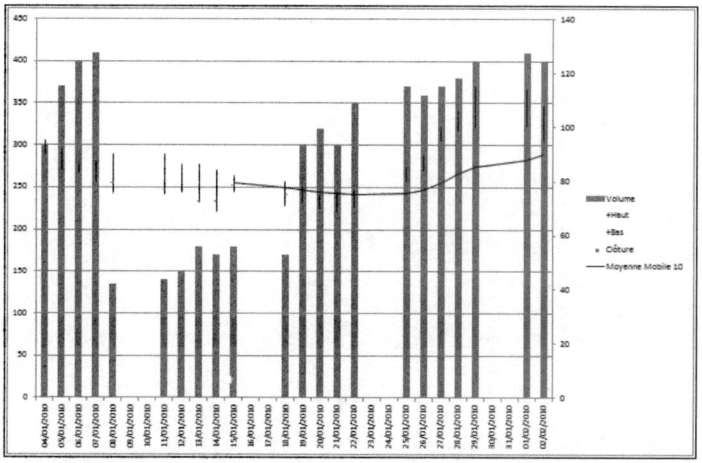

Figure 28-12 Moyenne mobile dans un graphique boursier.

La courbe indique la tendance de la série choisie (dans l'exemple, une tendance à la hausse des cours de l'action). Elle ne commence qu'au xe cours de bourse puisqu'elle a besoin des x cours précédents pour calculer le premier point.

Calculer une tendance (prospective et rétrospective)

Excel peut calculer des points supplémentaires avant le début d'une courbe de tendance (rétrospective) ou à la fin de la courbe de tendance (prospective).

1. Cliquez avec le bouton droit la courbe de tendance.

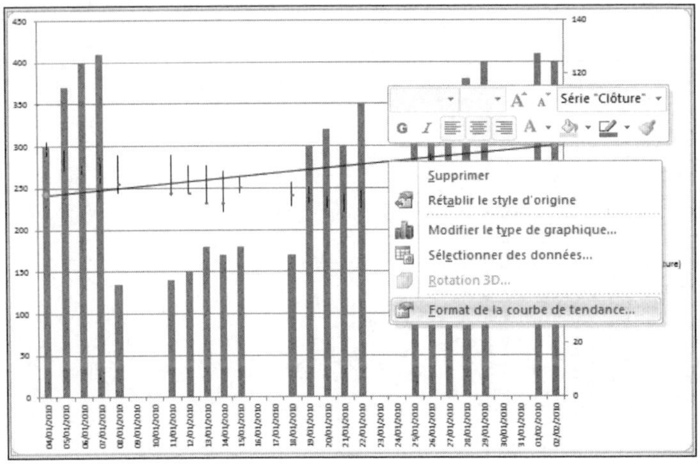

Figure 28-13 Modification d'une courbe de tendance.

2. Cliquez la commande **Format de la courbe de tendance** dans le menu contextuel.
3. Tapez dans les zones **Transférer** et/ou **Reculer** le nombre de nouveaux points après (prospective) ou avant (rétrospective).

Figure 28-14 Ajout de prospective ou de rétrospective à une courbe de tendance.

4. Cliquez le bouton **Fermer**.

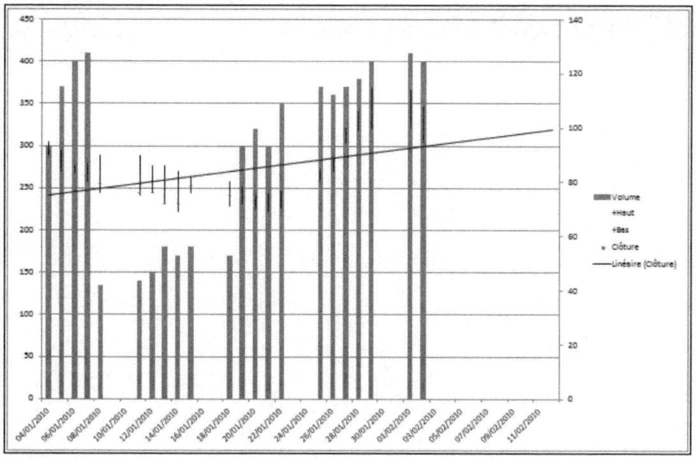

Figure 28-15 Courbe de tendance avec prospective.

La courbe indique la tendance des prochains cours.

Astuce Vous trouverez dans la boîte **Format de courbe de tendance** d'autres types de courbes (courbe logarithmique, courbe polynomiale, courbe de puissance et courbe exponentielle). Testez-les pour trouver celle qui vous convient.

Modifier une courbe de tendance

Pour mieux comprendre le graphique, vous pouvez mettre en forme les courbes de tendance.

1. Cliquez avec le bouton droit la courbe à modifier.
2. Cliquez la commande **Format de la courbe de tendance** dans le menu contextuel.
3. Dans la liste de gauche, cliquez **Couleur du trait**.
4. Cochez une des options de couleur, puis modifiez les paramètres de couleur.
5. Dans la liste de gauche, cliquez **Style de trait**.
6. Modifiez dans les zones proposées la largeur, le type, le style, *etc.*

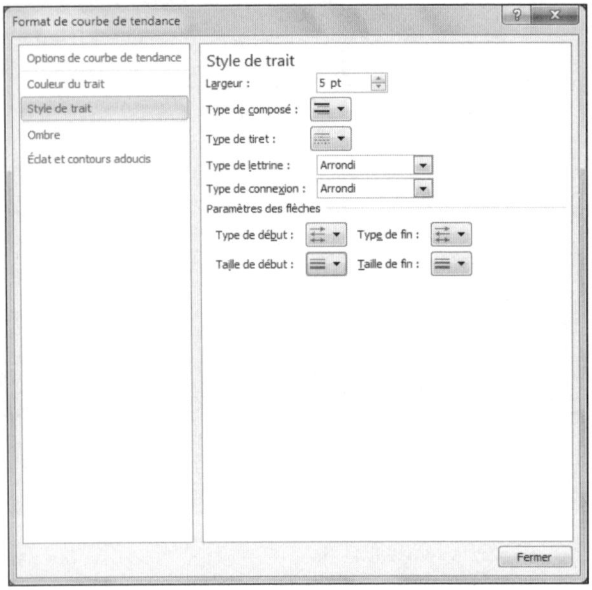

Figure 28-16 Modification de l'apparence d'une courbe de tendance.

7. Cliquez le bouton **Fermer**.

La courbe adopte la nouvelle mise en forme.

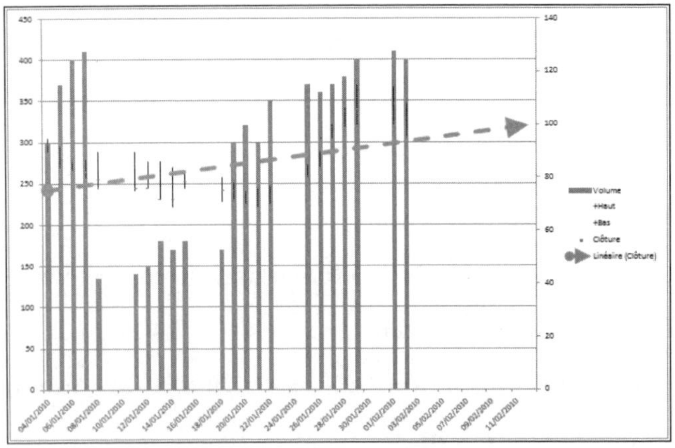

Figure 28-17 Nouvelle apparence de la courbe de tendance.

Pour supprimer une courbe de tendance, cliquez-la avec le bouton droit puis cliquez la commande **Supprimer** dans le menu contextuel.

Note Vous pouvez aussi cliquer la courbe pour la sélectionner puis appuyer sur la touche **Suppr**.

Chapitre 29

Illustrer vos feuilles de calcul

Dans ce chapitre

- Ajouter des formes
- Modifier les formes
- Insérer une zone de texte
- Insérer un objet WordArt
- Utiliser les graphiques SmartArt
- Ajouter une image
- Insérer un clipart

Il existe un autre domaine dans lequel votre tableur « excelle » : l'illustration. Du simple trait aux dessins en trois dimensions en passant par l'insertion d'image, découvrez dans ce chapitre toutes les possibilités graphiques pour agrémenter vos feuilles de calcul et leur donner un impact visuel encore plus convaincant.

Ajouter des formes

Excel propose des formes courantes pour réaliser rapidement des dessins. Flèches, étoiles ou légendes, autant de graphismes nouveaux qui agrémenteront vos tableaux et vos graphiques. Toutes ces formes sont regroupées dans une liste du groupe **Illustrations** de l'onglet **Insertion**.

1. Cliquez l'onglet **Insertion** ➜ **Illustrations** ➜ **Formes** .

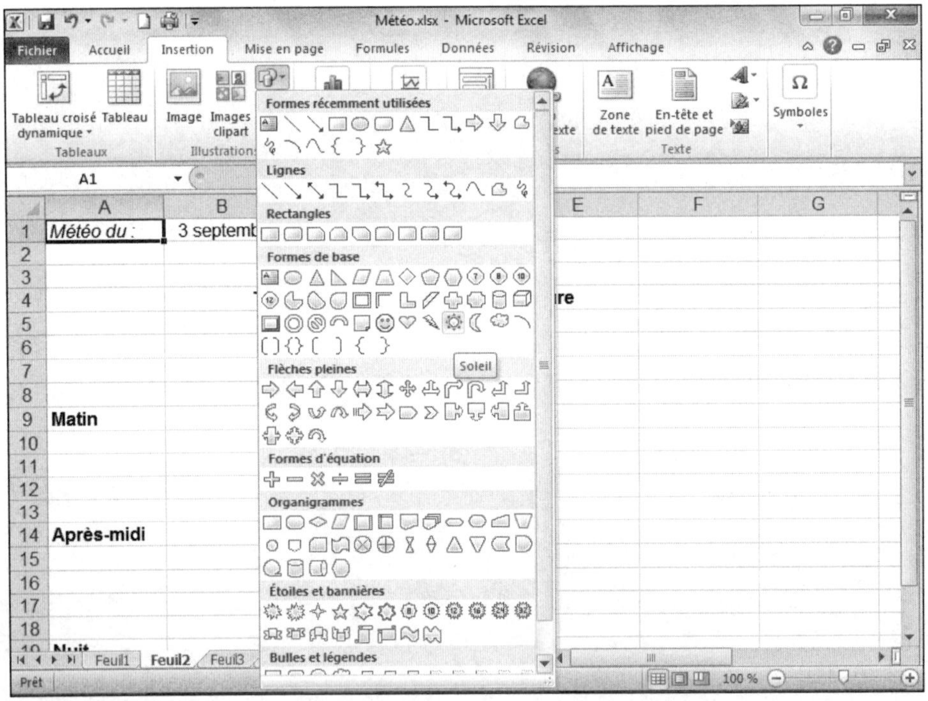

Figure 29-1 Liste des formes disponibles.

2. Cliquez la forme désirée dans la liste **Formes**.

3. Cliquez et faites glisser sur la feuille de calcul.

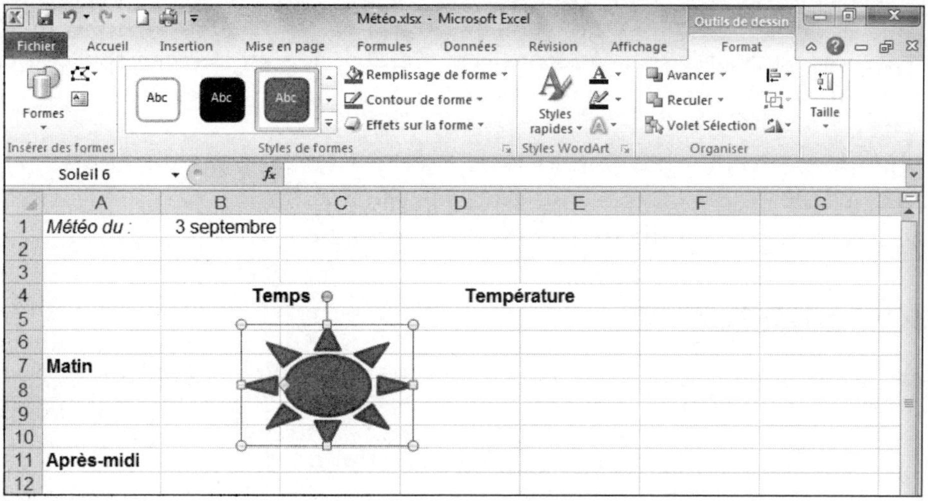

Figure 29-2 Ajout d'une forme à une feuille de calcul.

La forme est posée sur la feuille de calcul. Un nouvel onglet **Format** apparaît dans le ruban.

Redimensionner une forme

Grâce aux poignées de redimensionnement de la forme, vous modifiez sa taille.

1. Cliquez la forme pour la sélectionner.

   La forme est entourée par ses poignées de redimensionnement. Les carrés permettent d'en modifier la hauteur ou la largeur. Les cercles permettent d'en modifier en même temps la largeur et la hauteur.

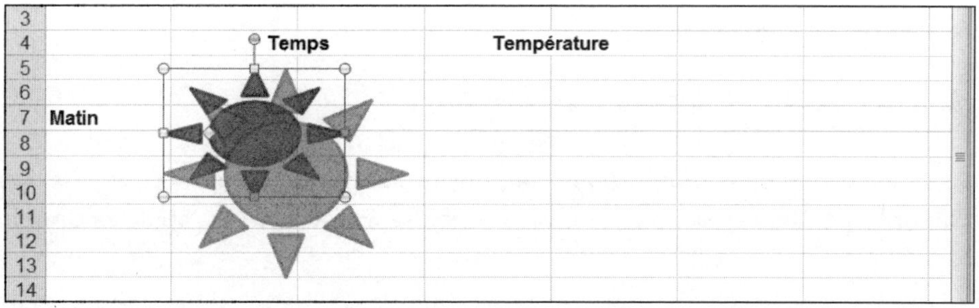

Figure 29-3 Redimensionnement d'une forme.

2. Cliquez et faites glisser une des poignées pour redimensionner la forme.

Astuce Pour respecter les proportions d'origine (largeur et hauteur), maintenez la touche **Maj** enfoncée pendant le redimensionnement. Cette touche est indispensable pour obtenir des cercles et non des ellipses, ou des carrés et non des rectangles.

Pour appliquer une rotation à une forme, faites glisser la poignée ronde de couleur verte. Certaines formes proposent un triangle jaune. Ce dernier permet de modifier la forme, par exemple d'arrondir les angles d'un rectangle.

Déplacer une forme

Pour réorganiser vos dessins, vous pouvez déplacer chaque forme sur la feuille de calcul.

1. Cliquez la forme pour la sélectionner.

   La forme est entourée par ses poignées de redimensionnement.

2. Pointez le centre de la forme. Le curseur de souris prend la forme .

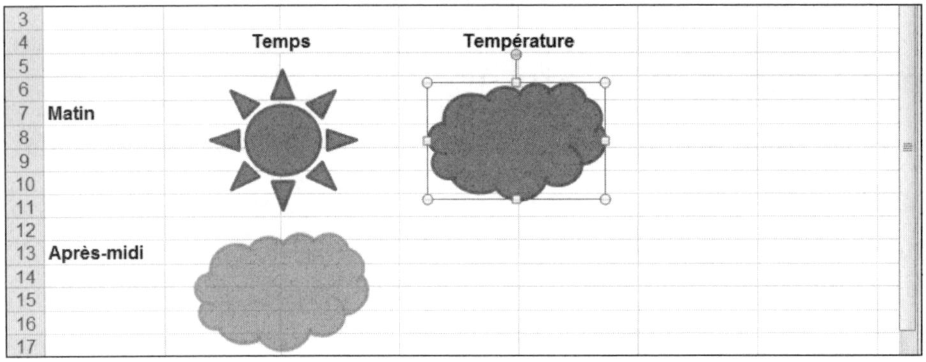

Figure 29-4 Déplacement d'une forme.

3. Cliquez et faites glisser pour déplacer la forme.

Note Pour supprimer une forme, cliquez-la pour la sélectionner, puis appuyez sur la touche **Suppr**. Vous cliquez le bouton de la barre d'outils Accès rapide pour annuler la suppression.

Modifier le style des formes

Tous les paramètres de mise en forme (couleurs, style, effets, *etc.*) sont regroupés dans l'onglet **Format**.

1. Cliquez la forme pour la sélectionner.

2. Éventuellement, cliquez l'onglet **Format**. Cet onglet se sélectionne automatiquement si votre dernière action concernait une forme.

Le groupe **Styles de formes** de l'onglet **Format** propose les commandes suivantes :

- **Remplissage de forme** : cette liste propose de modifier la couleur de fond de la forme, mais aussi d'appliquer des dégradés ou des textures.
- **Contour de forme** : cette liste permet de modifier la couleur du trait qui entoure la forme, ainsi que son apparence (épaisseur, tirets, *etc.*).
- **Effets sur la forme** : effets de couleur, de lumière, d'ombre, de rotation 3D, *etc.*
- **Style visuel** : styles prédéfinis à appliquer à une forme. Cliquez le bouton pour agrandir la liste. La commande **Autres thèmes de remplissage** propose de modifier les dégradés.

1. Cliquez la forme pour la sélectionner.
2. Cliquez l'onglet **Format ➜ Styles de formes** puis le type d'élément à modifier.

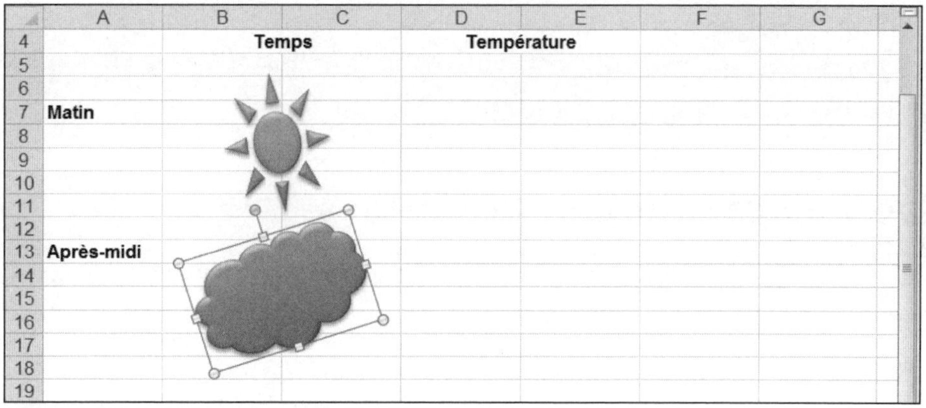

Figure 29-5 Formes après modification des styles.

Modifier l'ordre des formes

Par défaut, chaque nouvelle forme est placée au-dessus des précédentes. Vous pouvez modifier cet ordre.

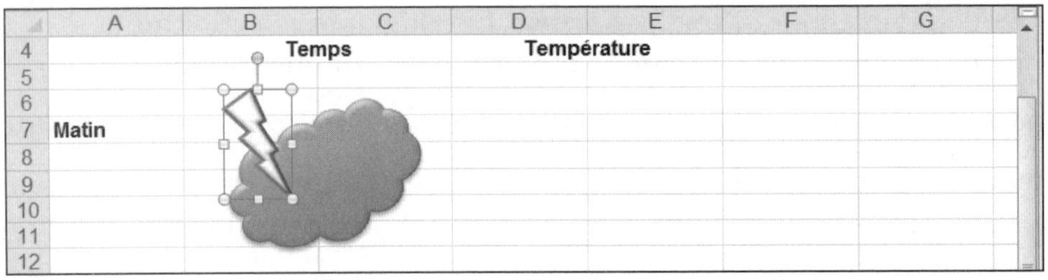

Figure 29-6 Formes avant modification de l'ordre.

1. Cliquez la forme avec le bouton droit.
2. Cliquez la commande **Mettre au premier plan** ou **Mettre à l'arrière-plan**, puis cliquez la position exacte.

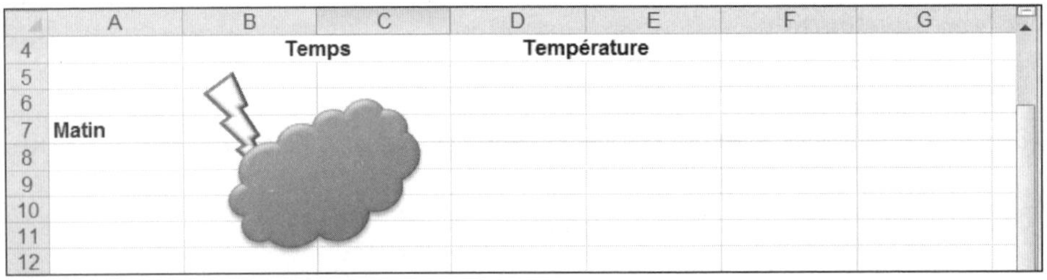

Figure 29-7 Formes après modification de l'ordre.

Sélectionner et grouper des formes

Pour appliquer un format à plusieurs formes ou pour les grouper, vous devez toutes les sélectionner.

1. Cliquez la première forme.
2. Maintenez la touche **Ctrl** enfoncée.
3. Cliquez les autres formes pour les sélectionner aussi.

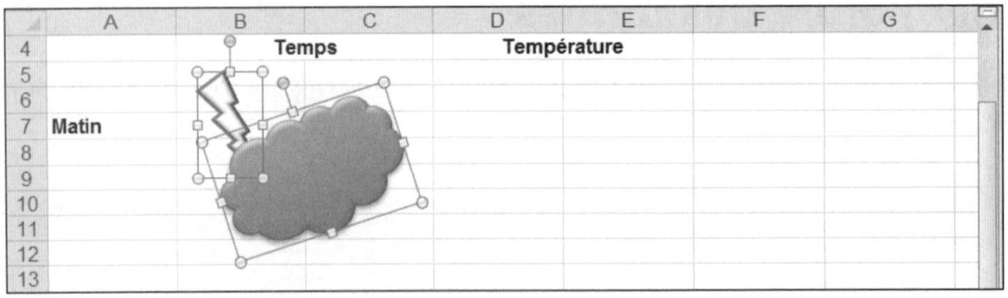

Figure 29-8 Sélection de plusieurs formes.

Pour les déplacer facilement ou modifier leur format, vous pouvez grouper les formes en une seule.

1. Sélectionnez les formes à grouper.
2. Cliquez l'onglet **Format ➜ Organiser ➜ Grouper** ➜ **Grouper**.

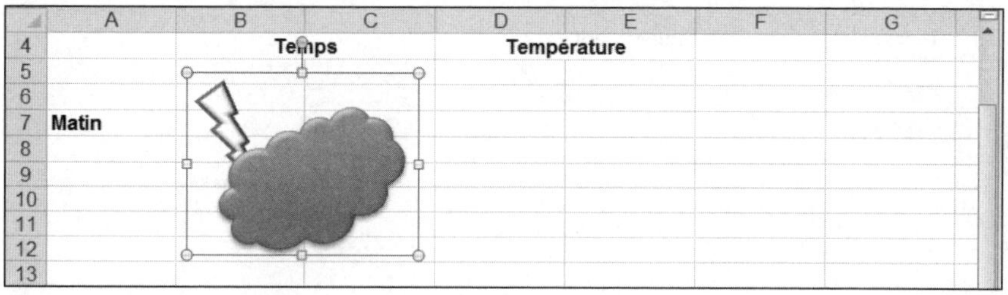

Figure 29-9 Groupe de plusieurs formes.

Pour dissocier des formes groupées, cliquez l'onglet **Format ➜ Organiser ➜ Grouper** ➜ **Dissocier**.

Aligner les formes

Pour obtenir une belle présentation, vous pouvez aligner les formes les unes par rapport aux autres.

1. Sélectionner les formes à déplacer.

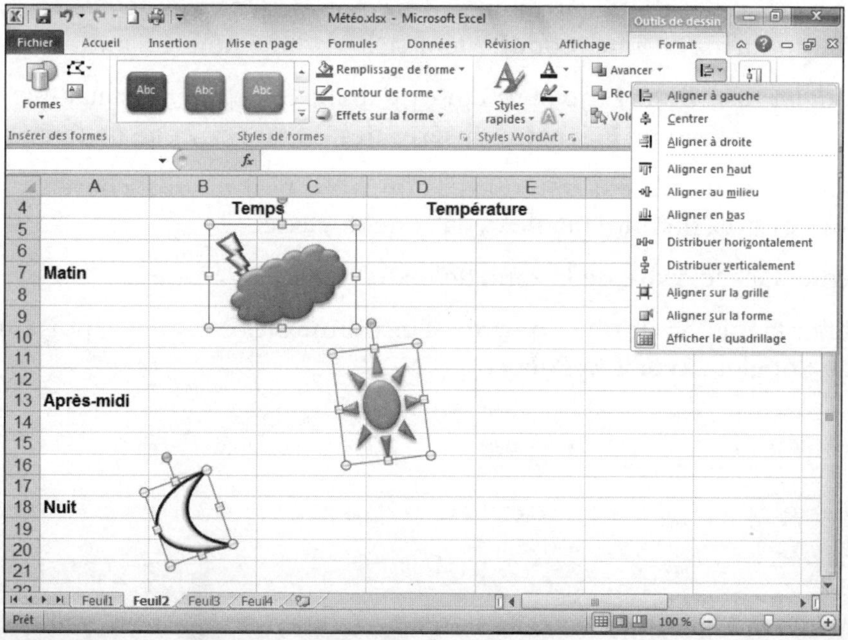

Figure 29-10 Sélection de plusieurs formes à aligner.

2. Cliquez l'onglet **Format → Organiser → Aligner** puis choisissez l'alignement.

Note Les commandes **Distribuer** ne sont disponibles que si vous avez sélectionné au moins trois formes. Elles permettent de placer les formes à égale distance.

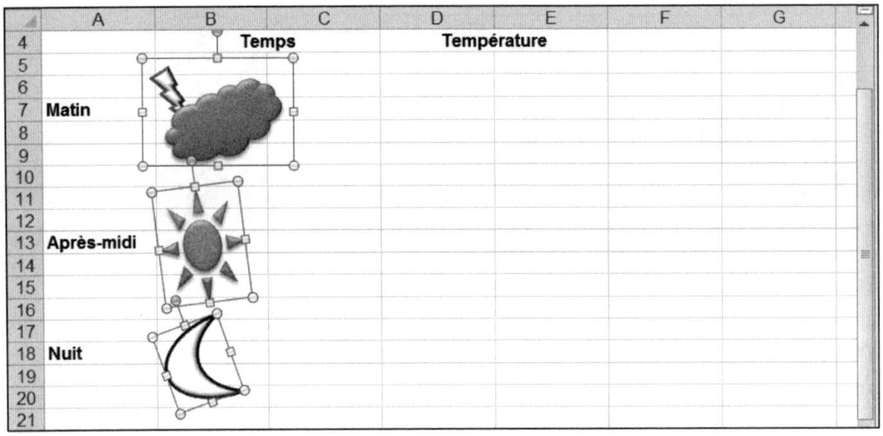

Figure 29-11 Alignement à gauche de plusieurs formes.

Insérer une zone de texte

Pour compléter vos feuilles de calcul, ajoutez des zones de texte qui se superposeront aux cellules. Vous pourrez ensuite modifier leur style comme pour les autres formes.

1. Cliquez l'onglet **Insertion → Texte → Zone de texte**. Si l'onglet **Format** est disponible, cliquez l'onglet **Format → Insérer des formes → Zone de texte**.
2. Cliquez dans la feuille à la position d'insertion. Vous pouvez aussi cliquer et faire glisser si vous désirez définir la taille de la zone de texte.
3. Tapez le texte dans le cadre de la zone de texte.
4. Pour modifier la mise en forme du texte, sélectionnez les caractères, puis utilisez les outils de l'onglet **Accueil → Police**.

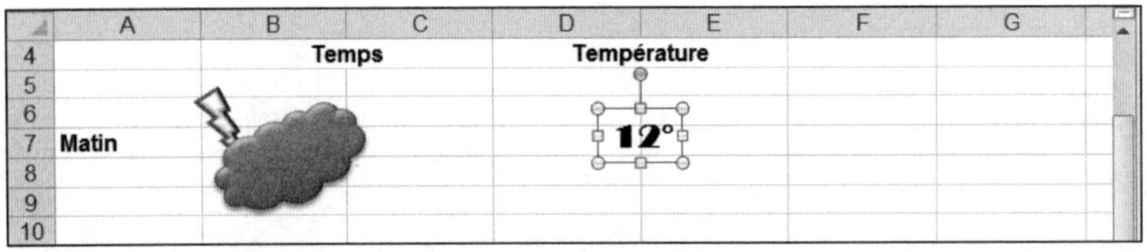

Figure 29-12 Zone de texte posée sur la feuille de calcul.

Insérer un objet WordArt

Les objets WordArt s'apparentent aux zones de texte, mais possèdent des mises en forme plus sophistiquées.

1. Cliquez l'onglet **Insertion ➜ Texte ➜ WordArt**. Si l'onglet **Format** est disponible, cliquez l'onglet **Format ➜ Styles WordArt ➜ Style WordArt**.
2. Cliquez la forme de base du texte dans la liste.

   La forme est immédiatement ajoutée à la feuille avec le texte générique « Votre texte ici ».

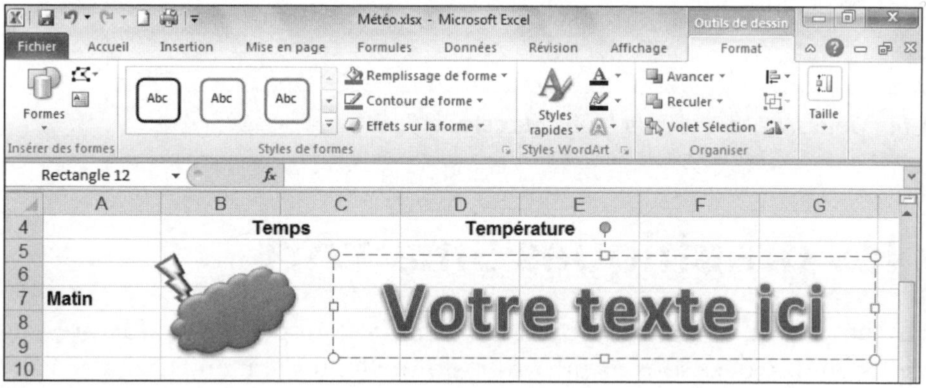

Figure 29-13 Ajout d'un objet WordArt sur la feuille de calcul.

3. Sélectionnez le texte générique puis tapez le vôtre.
4. Utilisez les outils du groupe **Styles WordArt** de l'onglet **Format** pour modifier le texte (couleur de remplissage, couleur de texte et effets). Ces outils fonctionnent de la même manière que ceux des formes du groupe **Styles de forme**.

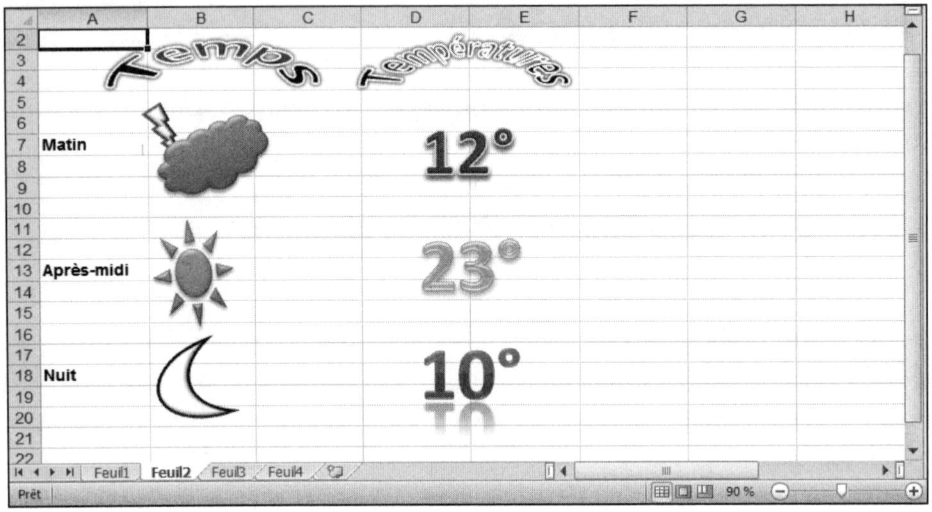

Figure 29-14 Objets WordArt sur la feuille de calcul.

Utiliser les graphiques SmartArt

Les graphiques SmartArt sont des formes prédéfinies qui permettent de présenter des informations ou des idées sous forme professionnelle. Il s'agit en fait d'associations de formes classées par thème : processus, cycle, hiérarchie, relation, *etc.*

1. Cliquez l'onglet **Insertion → Illustration → Insérer un graphique SmartArt** .
2. Cliquez dans la liste de gauche le type de graphique SmartArt.
3. Cliquez dans la liste du centre un graphique SmartArt.

   La liste de droite affiche le graphique sélectionné en couleur, ainsi qu'une description de ses possibilités.

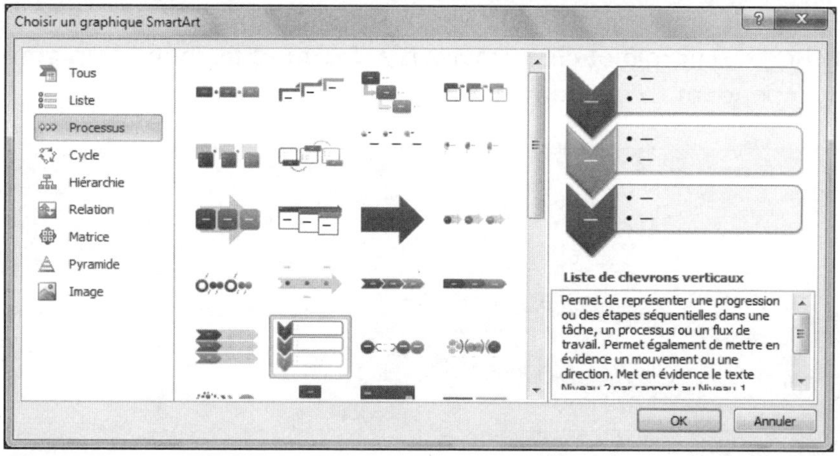

Figure 29-15 Sélection d'un graphique SmartArt.

4. Cliquez le bouton **OK** pour insérer le graphique dans la feuille de calcul.

Excel affiche deux nouveaux onglets dans le ruban : **Création** et **Format**.

Quand le graphique SmartArt est sélectionné, une boîte permet de saisir ses textes.

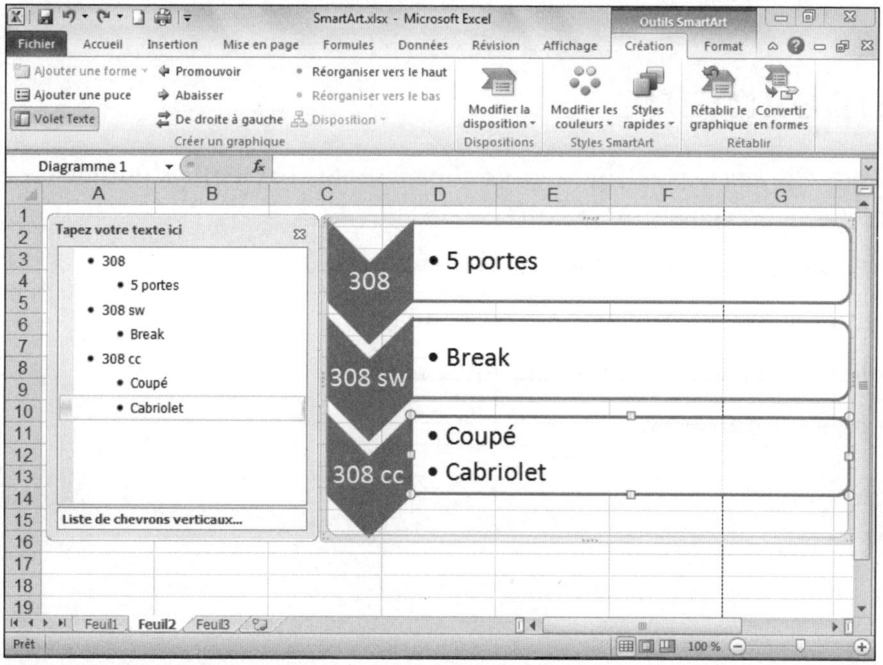

Figure 29-16 Saisie des textes d'un graphique SmartArt.

Vous trouverez dans les onglets **Création** et **Format** toute une panoplie d'outils pour modifier la forme et le style des graphiques SmartArt. Comme ils sont très nombreux, nous vous conseillons de vous reporter à l'aide en ligne. Appuyez sur la touche **F1** puis effectuez une recherche sur le mot-clé « SmartArt ». Les modifications d'un graphique SmartArt restent cependant très intuitives.

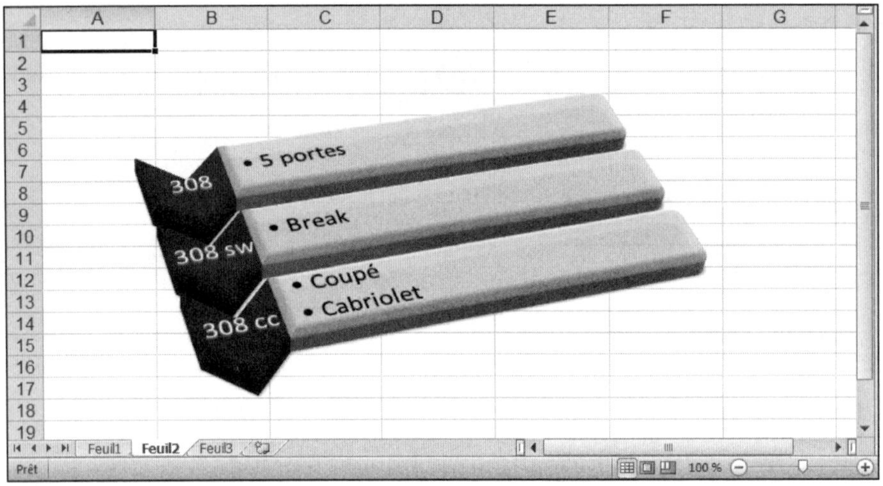

Figure 29-17 Mise en forme d'un graphique SmartArt.

Ajouter une image

Pour augmenter l'impact visuel, ajoutez des images dans vos feuilles de calcul ou dans vos graphiques, quand cela est nécessaire.

1. Cliquez l'onglet **Insertion → Illustrations → Image**.
2. Sélectionnez le dossier qui contient votre image.
3. Cliquez le nom du fichier contenant une image.
4. Cliquez le bouton **Insérer**.

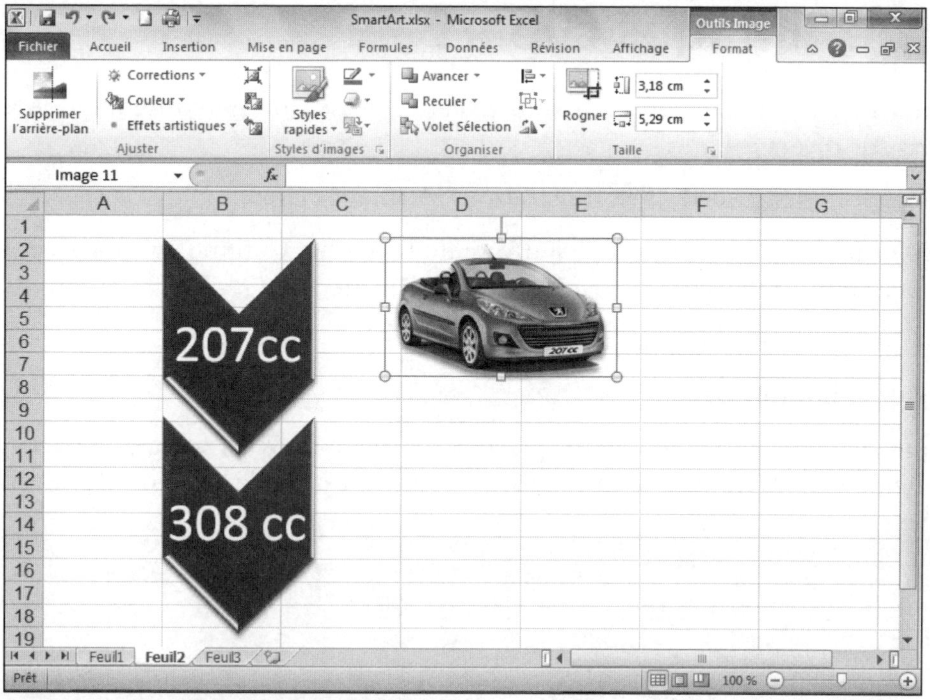

Figure 29-18 Ajout d'une image à une feuille de calcul.

L'image est posée sur la feuille de calcul. Excel affiche l'onglet **Création** dans le ruban. Ce dernier propose des outils pour modifier le style d'affichage, la luminosité, le contraste, *etc.*

Figure 29-19 Modification de l'apparence des images sur une feuille de calcul.

Insérer des images clipart

Si vous n'avez pas d'image sous la main, Excel propose une bibliothèque d'images et de cliparts sur divers thèmes.

1. Cliquez l'onglet **Insertion ➜ Illustrations ➜ Images clipart**.

   Le volet Images clipart s'affiche à droite de la feuille. Comme les images et les dessins sont nombreux, il est préférable d'effectuer une recherche par mots-clés.

2. Tapez un mot-clé dans la zone **Rechercher**.
3. Cliquez le bouton **OK**.
4. Cliquez et faites glisser le clipart qui vous intéresse du volet **Images clipart** vers la feuille de calcul. Cliquez-le simplement pour l'insérer à la position de la cellule active.

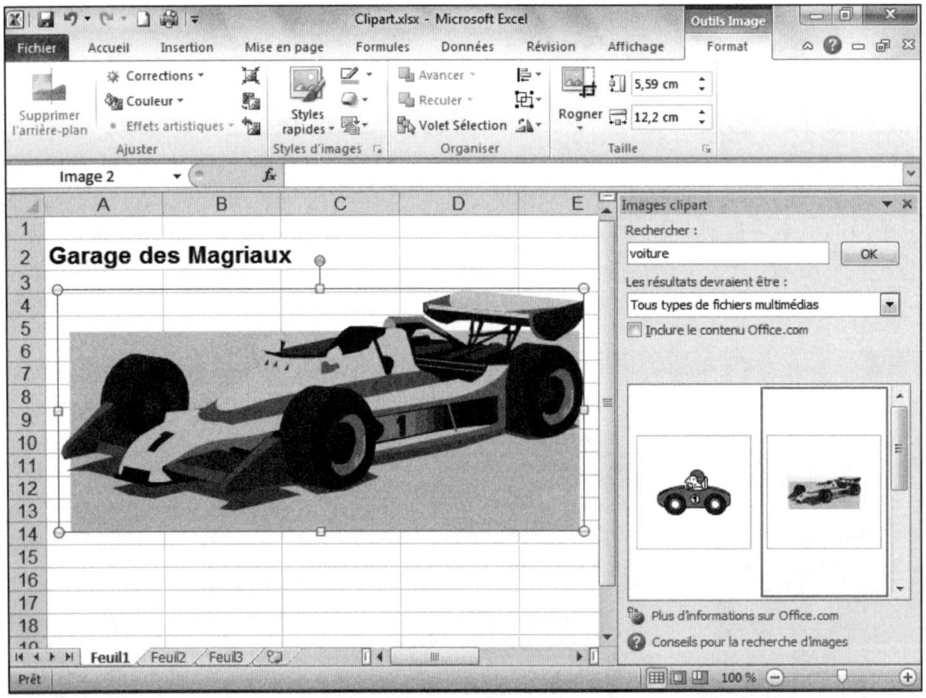

Figure 29-20 Insertion d'une image clipart dans une feuille de calcul.

Comme pour tous les autres objets d'illustration, Excel ajoute un onglet **Format** dans le ruban. Utilisez les outils de cet onglet pour modifier la mise en forme du clipart.

Chapitre 30

Mieux connaître les formules et les fonctions

Dans ce chapitre

- Connaître les opérateurs et les références des cellules
- Insérer des fonctions avec le ruban
- Masquer les formules
- Convertir des formules en valeurs
- Déjouer les erreurs et les références circulaires
- Nommer des cellules et des plages
- Utiliser des noms dans les formules
- Nommer des constantes
- Utiliser les formules nommées

Ce chapitre a pour but de vous faire découvrir tous les éléments concernant les formules et les fonctions d'Excel qui n'ont pas été traités dans le chapitre 16. Vous y trouverez des explications pour comprendre l'accès aux cellules, l'utilisation des arguments, la recherche des erreurs ou l'attribution de noms.

Opérateurs de comparaison et de référence

Excel utilise aussi des opérateurs de comparaison dans les formules et dans certaines fonctions. Vous trouverez ces opérateurs dans le tableau 30-1.

Opérateur	Comparaison
=	Égal à
>	Supérieur à
<	Inférieur à
>=	Supérieur ou égal à
<=	Inférieur ou égal à
<>	Différent de

Tableau 30-1 Opérateurs de comparaison.

Excel utilise une autre catégorie d'opérateurs, appelés opérateurs de référence. Ils permettent d'accéder aux références de plusieurs cellules (tableau 30-2).

Opérateur	Référence
:	Plages de cellules
;	Union de plusieurs cellules ou plages de cellules
espace	Intersection de deux plages de cellules

Tableau 30-2 Opérateurs de référence.

Références de cellules

Vous trouverez ci-après des exemples qui utilisent les opérateurs de référence aux cellules et aux plages de cellules.

Références à une union de cellules ou de plages de cellules

Pour faire référence à plusieurs cellules ou plages de cellules, il suffit de séparer les références par des points-virgules.

```
= SOMME(A1;B2:C3;D1)
```

Dans cet exemple, on fait référence à 6 cellules : A1, B2, B3, C2, C3 et D1.

Références à une intersection de plage de cellules

Une intersection ne fait référence qu'aux cellules communes à deux plages. Ces dernières sont séparées par un espace.

```
= SOMME(A1:B2 B2:C3)
```

Dans cet exemple, la référence est limitée à la cellule B2 qui est la seule cellule commune à la plage A1:B2 et à la plage B2:C3.

Références à des colonnes

Il est parfois intéressant de faire référence à des colonnes ou des lignes complètes quand le nombre de valeurs à traiter est fréquemment modifié. Les exemples ci-après effectuent la somme de toutes les valeurs de la colonne A et de la ligne 1.

```
= SOMME(A:A)
```

```
= SOMME(1:1)
```

Références à d'autres feuilles

Il est tout à fait possible d'utiliser des cellules ou des plages de cellules situées dans une autre feuille de calcul. Il suffit pour cela de faire précéder les références habituelles par le nom de la feuille suivi d'un point d'exclamation.

```
= SOMME(Feuil2!A1:A3)
```

Dans cet exemple, on effectue la somme des cellules A1:A3 de la feuille de calcul nommée Feuil2.

Références à d'autres classeurs

Il est aussi possible d'accéder à des cellules ou des plages de cellules situées dans un autre classeur. Dans ce cas, il faut ajouter le nom du classeur entre crochets puis la référence de la feuille et de la plage de cellules comme vu précédemment :

```
= SOMME([Classeur1.xlsx]Feuil2!A1:A3)
```

Si le nom du classeur contient des espaces, vous devez entourer son nom et celui de la feuille avec des apostrophes :

```
= SOMME('[Mon Classeur.xlsx]Feuil2'!A1:A3)
```

Si le classeur n'est pas ouvert, vous devez préciser son chemin d'accès complet comme le montre l'exemple suivant :

```
= SOMME('C:\Mes document\[Mon Classeur.xlsx]Feuil2'!A1:A3)
```

Références mixtes

Nous avons vu, dans le chapitre 16, les références relatives et les références absolues. Il existe aussi des références mixtes, relatives pour les colonnes et absolues pour les lignes (A$1), et absolues pour les colonnes et relatives pour les lignes ($A1). Les références mixtes sont utilisées quand les en-têtes de lignes et de colonnes contiennent les valeurs utilisées par les formules. Le tableau des tables de multiplication est un bon exemple :

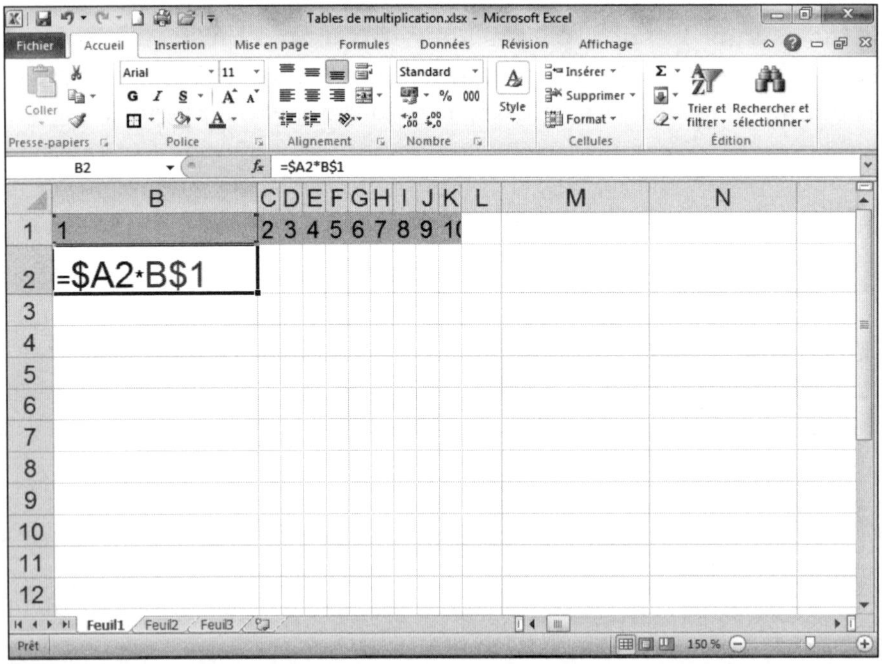

Figure 30-1 Exemple d'utilisation de références mixtes.

Dans la figure 30-1, on multiplie les en-têtes de lignes ($A2) par les en-têtes de colonnes (B$1). Pour conserver la lettre de colonne mais modifier le numéro de ligne pour les en-têtes de lignes lors des recopies, on utilise une référence absolue pour les colonnes

($A) et une référence mixte pour les lignes (2). On applique le système inverse pour les en-têtes de colonnes (B$1).

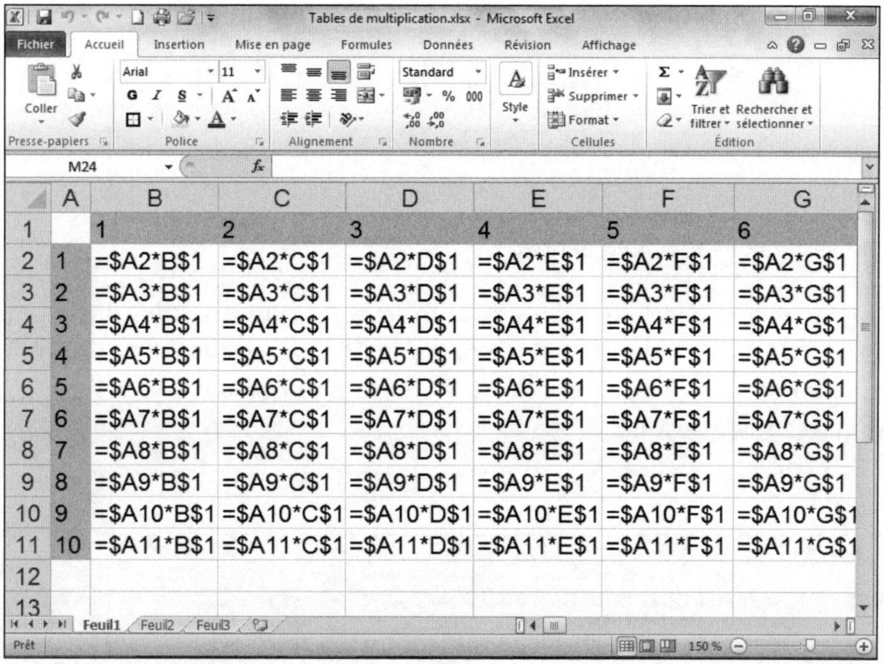

	A	B	C	D	E	F	G
1		1	2	3	4	5	6
2	1	=$A2*B$1	=$A2*C$1	=$A2*D$1	=$A2*E$1	=$A2*F$1	=$A2*G$1
3	2	=$A3*B$1	=$A3*C$1	=$A3*D$1	=$A3*E$1	=$A3*F$1	=$A3*G$1
4	3	=$A4*B$1	=$A4*C$1	=$A4*D$1	=$A4*E$1	=$A4*F$1	=$A4*G$1
5	4	=$A5*B$1	=$A5*C$1	=$A5*D$1	=$A5*E$1	=$A5*F$1	=$A5*G$1
6	5	=$A6*B$1	=$A6*C$1	=$A6*D$1	=$A6*E$1	=$A6*F$1	=$A6*G$1
7	6	=$A7*B$1	=$A7*C$1	=$A7*D$1	=$A7*E$1	=$A7*F$1	=$A7*G$1
8	7	=$A8*B$1	=$A8*C$1	=$A8*D$1	=$A8*E$1	=$A8*F$1	=$A8*G$1
9	8	=$A9*B$1	=$A9*C$1	=$A9*D$1	=$A9*E$1	=$A9*F$1	=$A9*G$1
10	9	=$A10*B$1	=$A10*C$1	=$A10*D$1	=$A10*E$1	=$A10*F$1	=$A10*G$1
11	10	=$A11*B$1	=$A11*C$1	=$A11*D$1	=$A11*E$1	=$A11*F$1	=$A11*G$1
12							
13							

Figure 30-2 Recopie de références mixtes.

Comme le montre la figure 30-2, on peut recopier cette simple formule vers la droite et vers le bas pour remplir le tableau.

Fonctions personnalisées

Excel propose des centaines de fonctions qui couvrent presque tous les sujets (mathématiques, finances, bases de données, *etc.*).Il peut cependant arriver d'être confronté à un cas non prévu.

Prenons un exemple. Si vous désirez convertir des radians en degrés, vous pouvez saisir le calcul suivant, en supposant que la valeur à convertir se trouve dans la cellule A1 :

```
= (A1*180/ 3,14159265358979)
```

Excel propose une fonction correspondant à ce type de calcul. La conversion de radians en degrés est alors simplifiée :

```
= DEGRES(A1)
```

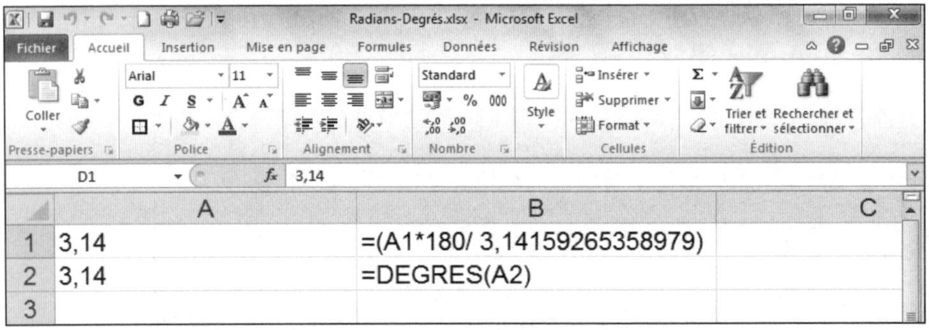

Figure 30-3 Conversion de radians en degrés.

Prenons un autre exemple avec le calcul du volume d'un cylindre. On utilise pour cela la formule Pi*R²* H, où R correspond au rayon et H à la hauteur. En supposant que la valeur du rayon se trouve dans la cellule B1 et la hauteur dans la cellule B2, vous pouvez saisir la formule suivante :

```
= PI()*(B1^2)*B2
```

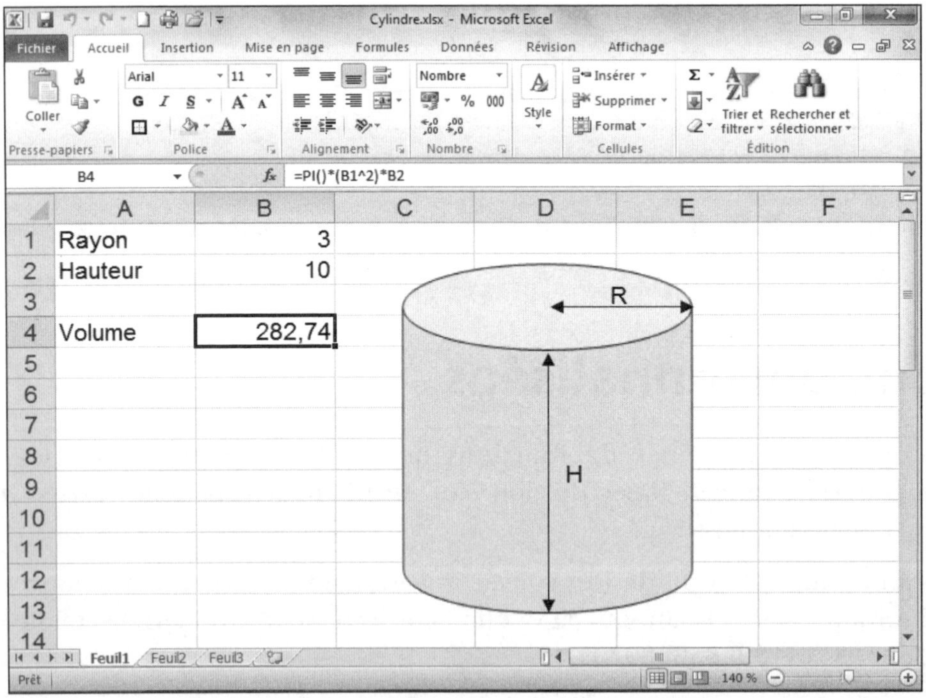

Figure 30-4 Calcul du volume d'un cylindre.

Vous pensez maintenant que nous allons utiliser la fonction VOLUMECYLINDRE pour simplifier la formule. Il n'en est rien, et la cause en est simple : cette fonction n'existe pas dans Excel. Pour ce type de calcul il est donc nécessaire d'utiliser la méthode traditionnelle. Cependant, si vous utilisez très fréquemment ce type de calcul, il existe une autre solution : la création de fonctions personnalisées avec VBA (Visual Basic pour Application), le langage de programmation intégré dans Excel (figure 30-5).

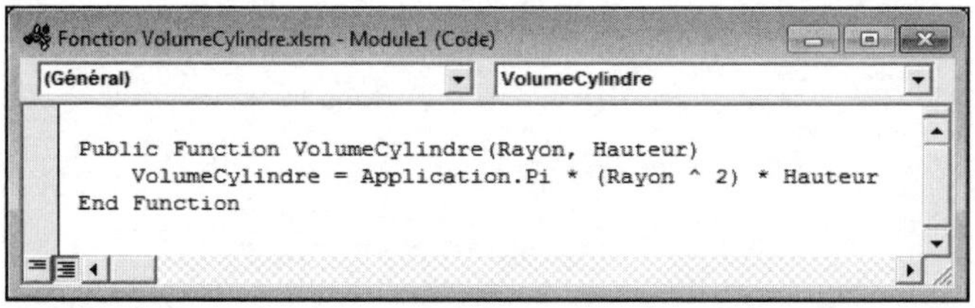

Figure 30-5 Fonction personnalisée en VBA pour calculer le volume d'un cylindre.

Les fonctions créées avec VBA s'utilisent directement dans les feuilles de calcul comme toutes les autres fonctions d'Excel (figure 30-6).

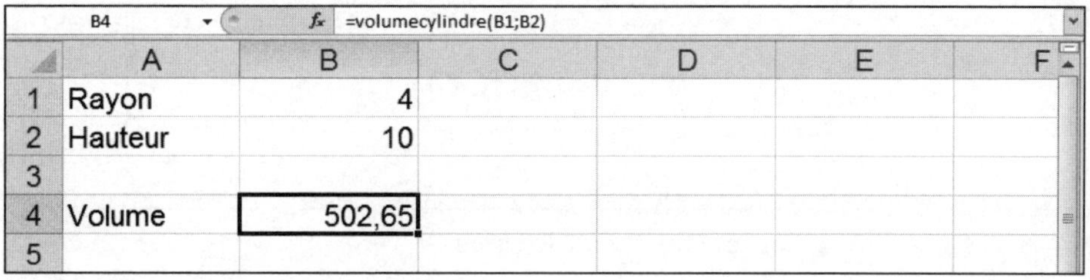

Figure 30-6 Utilisation d'une fonction personnalisée en VBA dans une feuille de calcul.

Insérer des fonctions avec le ruban

Toutes les fonctions ont une structure identique. Elles comportent un nom suivi par des parenthèses qui renferment les arguments. Excel propose une boîte de dialogue accessible avec le bouton *fx* pour choisir facilement la fonction dont vous avez besoin (consultez le chapitre 16).

Excel propose aussi un accès par catégorie aux principales fonctions. Ces catégories sont accessibles dans les listes du groupe **Bibliothèque de fonctions** de l'onglet **Formules** du ruban.

1. Cliquez l'onglet **Formules**.
2. Dans le groupe **Bibliothèque de fonctions**, cliquez un des boutons correspondant à la catégorie de la fonction à insérer.

   Comme vous pouvez le constater dans la figure 30-7, Excel affiche une aide contextuelle pour chaque fonction.

3. Pointez le nom d'une fonction pour afficher l'aide contextuelle. Appuyez sur la touche **F1** pour accéder à l'aide complète.

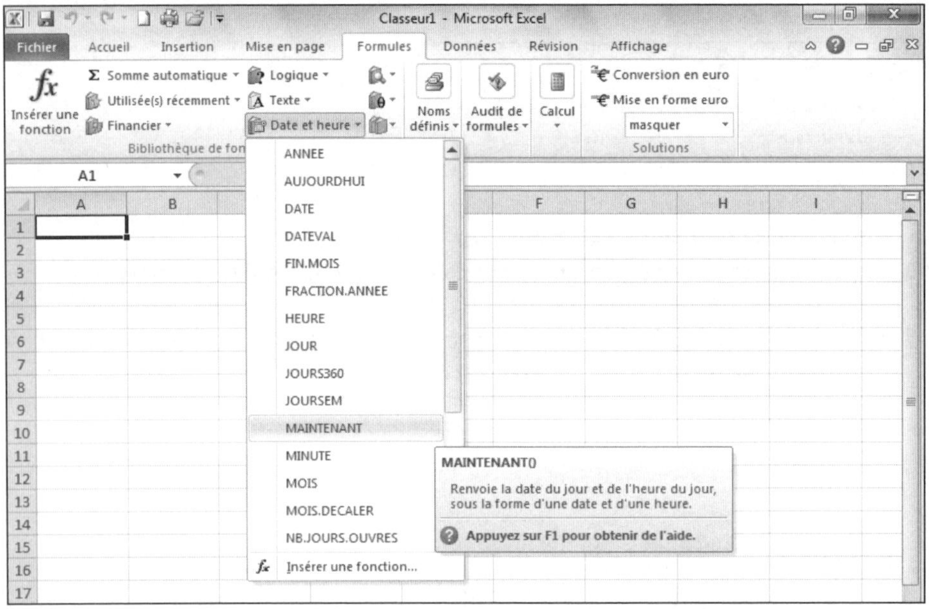

Figure 30-7 Accès aux principales fonctions avec le ruban.

4. Cliquez la fonction pour l'insérer dans la cellule active.

Arguments des fonctions

Pour effectuer des calculs, les fonctions utilisent des arguments, aussi appelés paramètres. Ces arguments sont des valeurs ou des références à des cellules qui retournent elles-mêmes des valeurs. Les arguments peuvent aussi être composés de formules utilisant des valeurs et des références à d'autres cellules ou même à d'autres fonctions.

Les fonctions peuvent être classées selon le nombre de leurs arguments :

- aucun argument ;
- un seul argument ;
- un nombre déterminé d'arguments ;
- un nombre indéterminé, mais limité, d'arguments ;
- des arguments optionnels.

Si une fonction nécessite plusieurs arguments, il convient de les séparer par des points-virgules.

Voici quelques exemples d'arguments pour la fonction SOMME qui peut en accepter jusqu'à trente.

Valeurs littérales :

```
= SOMME(1024;2048)
```

Références à une plage de cellules :

```
= SOMME(A1:C3)
```

Références à des cellules ou des plages de cellules :

```
= SOMME(A1;C3:D5)
```

Formules en arguments :

```
= SOMME(6*4;9*10;14*15)
```

Formules avec des valeurs et des références de cellules :

```
= SOMME(6*A1;9*A2;14*A3)
```

Fonctions en arguments :

```
= SOMME(RACINE(A1);RACINE(A2))
```

Comme vous pouvez le constater, il existe beaucoup de solutions dans la constitution d'une fonction.

Masquer les formules

Si vous ne désirez pas que vos formules apparaissent dans vos feuilles de calcul, vous pouvez les masquer. Pour éviter des déconvenues, il est préférable de verrouiller les cellules dans la même opération. En effet, une cellule contenant une formule masquée mais non verrouillée apparaît comme vide et peut-être modifiée, voire supprimée. Dans l'exemple de la figure 30-8, la cellule C4 semble ne pas contenir de formule puisque la barre de formule n'affiche aucun calcul. Or cette cellule contient une formule masquée mais non verrouillée qu'il est donc possible d'effacer.

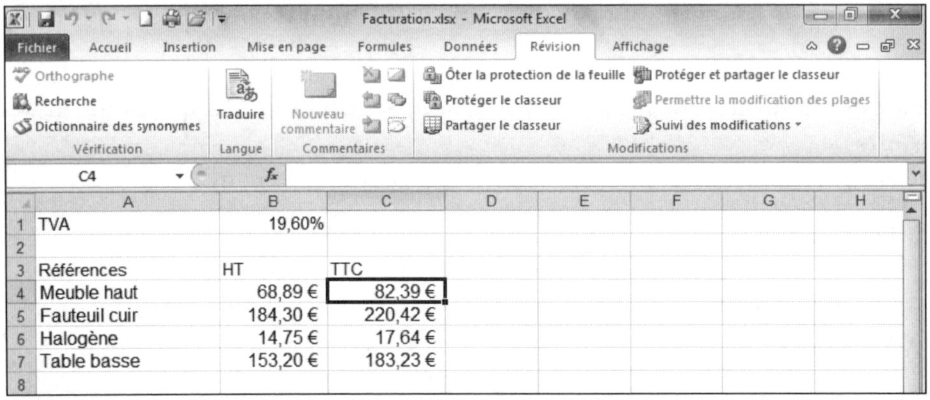

Figure 30-8 Formule masquée dans une cellule.

Par défaut, toutes les cellules sont verrouillées dès que l'on applique la protection de la feuille. Vous devez donc déverrouiller les cellules de saisie de données, et masquer les cellules qui contiennent des formules à cacher.

1. Sélectionnez la ou les cellules contenant les formules à masquer.
2. Cliquez avec le bouton droit la sélection, puis cliquez la commande **Format de cellule** dans le menu contextuel.
3. Cliquez l'onglet **Protection**.
4. Cochez l'option **Masquée**, et laissez l'option **Verrouillée** cochée (figure 30-9).

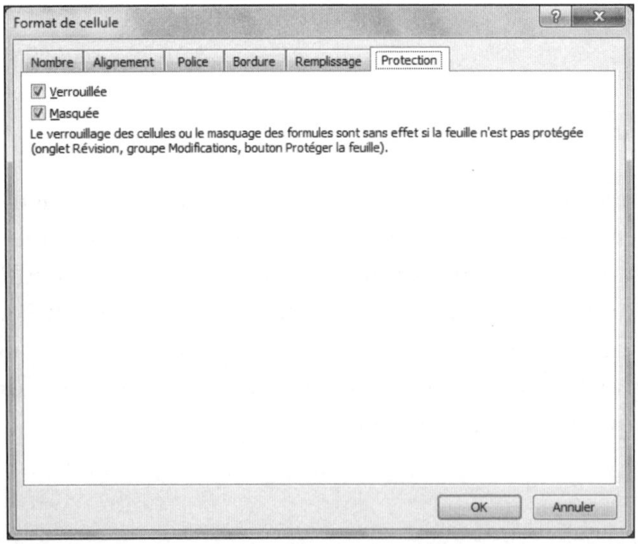

Figure 30-9 Options de protection des cellules.

5. Cliquez le bouton **OK** pour valider vos choix.

6. Sélectionnez la ou les cellules de saisie de données.
7. Répétez les étapes **2** à **3** et décochez l'option **Verrouillée**.

Pour que la protection soit effective, il faut protéger la feuille.

1. Cliquez l'onglet **Révision ➜ Modifications ➜ Protéger la feuille**.

Figure 30-10 Options de protection d'une feuille de calcul.

2. Cliquez le bouton **OK** pour protéger la feuille (figure 30-10).

Convertir des formules en valeurs

Si vous avez des formules qui ne contiennent aucune référence à d'autres cellules, le résultat sera toujours identique. Par exemple, une cellule contenant la formule = RACINE(49) retournera toujours la valeur 7. Vous pouvez dans ce cas convertir les formules en valeurs (constantes).

1. Sélectionnez les cellules contenant les formules à convertir.
2. Tapez **Ctrl+C** ou cliquez le bouton dans l'onglet **Accueil** pour copier la sélection dans le Presse-papiers.
3. Cliquez l'onglet **Accueil ➜ Presse-papiers ➜ Coller ➜ Collage spécial**.
4. Cochez l'option **Valeurs** (figure 30-11).

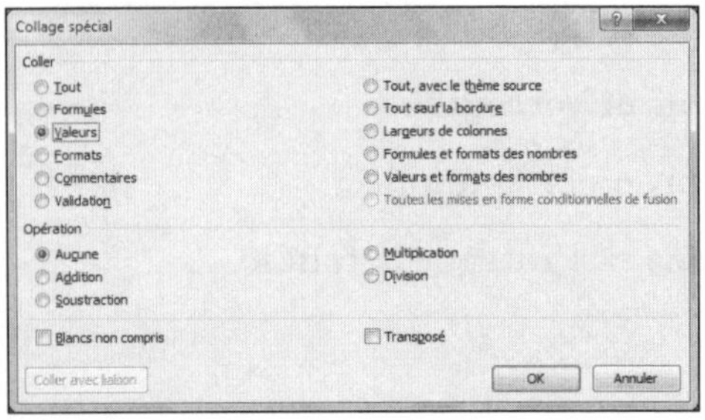

Figure 30-11 Boîte de collage spécial.

5. Cliquez le bouton **OK** pour valider le collage.

Conseil Si vous désirez seulement recopier les valeurs à un autre emplacement, sélectionnez ce dernier entre les étapes 2 et 3.

Connaître les valeurs d'erreur

Il arrive qu'une formule retourne une erreur. Si c'est le cas, consultez le tableau 30-3 pour en trouver la cause. Certaines fonctions prévoient des valeurs d'erreur quand elles ne sont pas utilisées correctement. Par exemple, la fonction RACINE retourne la valeur #NOMBRE! si l'argument est négatif.

Une formule peut aussi afficher une valeur d'erreur si elle fait référence à une cellule qui contient déjà une erreur. C'est une réaction en chaîne logique, et il est nécessaire de remonter à la source de l'erreur pour résoudre le problème.

Erreur	Explication
#DIV/0!	La formule divise un nombre par zéro. Comme Excel considère qu'une cellule vide a pour valeur zéro, une référence à une telle cellule génère cette erreur.
#NOM?	La formule contient un nom qu'Excel ne reconnaît pas. Il peut aussi s'agir d'une référence à une cellule nommée dont le nom a été effacé, ou d'un nom mal orthographié.
#VALEUR!	La formule fait référence à une cellule qu'Excel ne peut pas utiliser dans un calcul, par exemple du texte.
#REF!	La formule fait référence à une cellule qui n'est pas valide, par exemple, une cellule d'une ligne qui a été supprimée.

Tableau 30-3 Erreurs dans les formules. →

#N/A	Une fonction de recherche ne trouve pas de donnée, ou la formule fait référence à une cellule utilisant les fonctions NA pour signaler une donnée manquante.
#NUL!	La formule fait référence à une intersection entre deux plages de données qui n'ont pas de cellules communes (consultez le début de ce chapitre sur les références des cellules et des plages).
#NUM!	Une valeur numérique est incorrecte (par exemple une valeur négative à la place d'une valeur positive).

Tableau 30-3 Erreurs dans les formules *(suite)*.

Attention Si une valeur ne peut pas être affichée car la largeur de la cellule est trop petite, Excel affiche des dièses ###### pour éviter une mauvaise interprétation des données. Ceci n'est pas réellement une erreur. Élargissez simplement la colonne pour afficher tous les chiffres ou toutes les lettres.

Références circulaires

Une formule ne doit pas faire référence à elle-même, directement ou indirectement. Par exemple, la cellule A1 ne peut pas contenir la formule = A1+A2. De même, si la cellule A1 contient la formule = A2, la cellule A2 ne peut pas contenir la formule = A1. On appelle cela une référence circulaire. Quand c'est le cas, Excel ne peut pas effectuer les calculs et vous informe de l'erreur avec la boîte de dialogue de la figure 30-12. L'erreur est aussi indiquée dans la barre d'état.

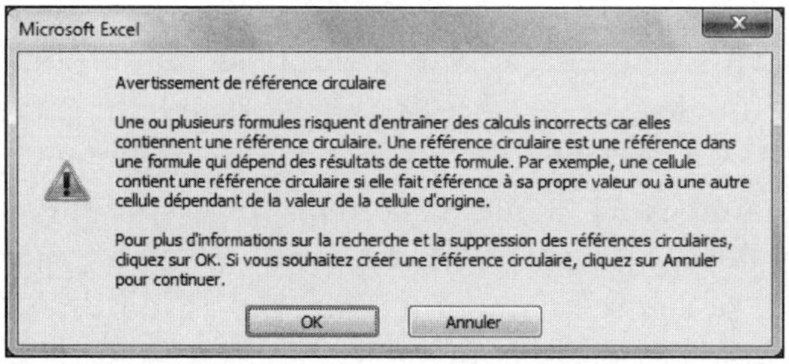
Microsoft Excel
Avertissement de référence circulaire
Une ou plusieurs formules risquent d'entraîner des calculs incorrects car elles contiennent une référence circulaire. Une référence circulaire est une référence dans une formule qui dépend des résultats de cette formule. Par exemple, une cellule contient une référence circulaire si elle fait référence à sa propre valeur ou à une autre cellule dépendant de la valeur de la cellule d'origine.
Pour plus d'informations sur la recherche et la suppression des références circulaires, cliquez sur OK. Si vous souhaitez créer une référence circulaire, cliquez sur Annuler pour continuer.
OK
Annuler

Figure 30-12 Boîte d'erreur en cas de référence circulaire.

Si vous cliquez le bouton **OK**, Excel affiche l'aide en ligne sur les références circulaires. Si vous cliquez sur le bouton **Annuler**, Excel laisse la formule telle quelle.

Pour pister une référence circulaire, suivez ces étapes :

1. Cliquez l'onglet **Formules ➜ Audit de formules ➜ Vérifications des erreurs ➜ Références circulaires**.
2. Cliquez la première référence dans la liste qui s'affiche.

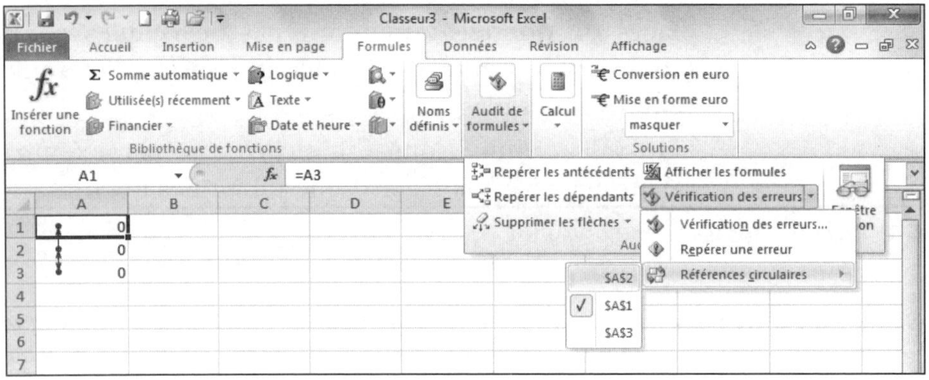

Figure 30-13 Recherche de références circulaires.

3. Vérifiez le contenu de la cellule sélectionnée.
4. Répétez les étapes **1** et **2** pour les autres cellules qui peuvent générer la référence circulaire et ainsi pister l'erreur et corriger le problème.

Noms dans Excel

L'attribution de noms aux cellules et plages de cellules permet de simplifier vos formules et vos fonctions en vous dégageant des contraintes d'utilisation des références classiques. Mais Excel va bien au-delà de cette simple utilisation. Il est aussi possible d'utiliser des noms pour appeler des constantes mais aussi des formules complexes.

Dans l'environnement d'Excel, chaque élément, appelé objet, possède un nom. C'est le cas par exemple d'un classeur, d'une feuille de calcul ou d'une cellule. À la création d'un classeur, Excel attribue des noms par défaut : Classeur1, Feuil1, cellule A1, *etc.* Il en est de même si vous ajoutez de nouveaux éléments comme un graphique ou une image. Il porte alors les noms par défaut Graphique 1, Image 1, *etc.* Notez que deux objets de même type ne peuvent pas porter le même nom. Il ne pas y avoir deux Feuil1 dans le même classeur, ou deux cellules A1 dans la même feuille.

Pourquoi nommer des cellules et des plages de cellules

En nommant des cellules ou des plages de cellules, vous pourrez utiliser ces noms dans vos formules à la place des références traditionnelles. Cela permet de rendre plus lisible le contenu de vos formules. Supposons que vous désiriez calculer vos ventes annuelles TTC, sachant que les ventes mensuelles HT se trouvent dans la plage B3:B14 et le taux de TVA dans la cellule B1. La formule suivante permet d'effectuer ce calcul :

```
= SOMME(B3:B14)*(1+B1)
```

Tant que vous ne vérifiez pas que la plage B3:B14 correspond aux ventes mensuelles et que la cellule B1 correspond au taux de TVA, la formule n'est pas très facile à comprendre.

Mais si vous décidez de nommer « Ventes » la plage B3:B14 et « TVA » la cellule B1, vous pouvez remplacer les références par ces noms. La formule suivante utilise cette solution :

```
= SOMME(Ventes)*(1+TVA)
```

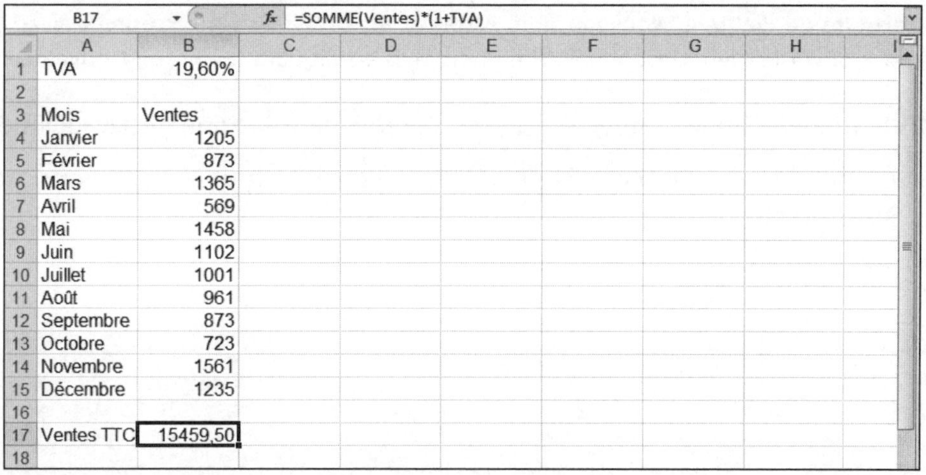
B17 =SOMME(Ventes)*(1+TVA)

	A	B
1	TVA	19,60%
2		
3	Mois	Ventes
4	Janvier	1205
5	Février	873
6	Mars	1365
7	Avril	569
8	Mai	1458
9	Juin	1102
10	Juillet	1001
11	Août	961
12	Septembre	873
13	Octobre	723
14	Novembre	1561
15	Décembre	1235
16		
17	Ventes TTC	15459,50
18		

Figure 30-14 Exemple de formule avec des références nommées.

Comparée à la version avec les références, cette dernière formule est beaucoup plus lisible et vous pouvez comprendre immédiatement son rôle sans effectuer de recherche dans la feuille de calcul.

Nommer des cellules et des plages de cellules

Excel propose plusieurs solutions pour attribuer des noms aux cellules et plages de cellules. Elles ont toutes des avantages et des inconvénients. C'est l'expérience qui permet de choisir celle à utiliser en priorité en fonction du cas. Si la boîte Gestionnaire de noms est plus longue à mettre en œuvre, elle permet de visualiser les noms déjà attribués et les plages correspondantes. La zone Nom est rapide à utiliser mais ne permet pas de modifier la plage d'un nom existant. La création automatique de noms est très pratique mais il est nécessaire d'être très vigilant pour éviter les erreurs.

Utiliser la boîte Nouveau nom

Excel regroupe la gestion des noms des cellules et des plages de cellules dans une boîte de dialogue.

1. Sélectionnez la cellule ou la plage de cellules à nommer.
2. Cliquez l'onglet **Formules ➜ Noms définis ➜ Définir un nom**.

Note La boîte de dialogue Nouveau nom est aussi accessible par le raccourci clavier **Ctrl+F3** pour ouvrir la boîte Gestionnaire de noms, puis en cliquant le bouton **Nouveau**.

3. Tapez le nom de la plage sélectionnée à l'étape **1** dans la zone de saisie **Nom**.
4. Sélectionnez dans la liste **Zone** la portée du nom (dans tout le classeur ou pour une feuille précise).

Figure 30-15 Boîte d'attribution des noms de plage.

5. Cliquez le bouton **OK** pour valider l'attribution du nom.

Si vous avez ouvert la boîte Gestionnaire de noms avec le raccourci **Ctrl+F3** ou avec l'onglet **Formules ➜ Noms définis ➜ Gestionnaire de noms**, vous pouvez définir plusieurs noms à la suite. Cliquez le bouton **Nouveau**, renseignez la zone **Nom**, puis donnez les références des cellules dans la zone **Fait référence à** (les références doivent débuter par le signe égal). Cliquez ensuite le bouton **OK** pour revenir à la boîte Gestionnaire de noms.

La boîte Gestionnaire de noms permet aussi de supprimer ou de modifier des noms existants.

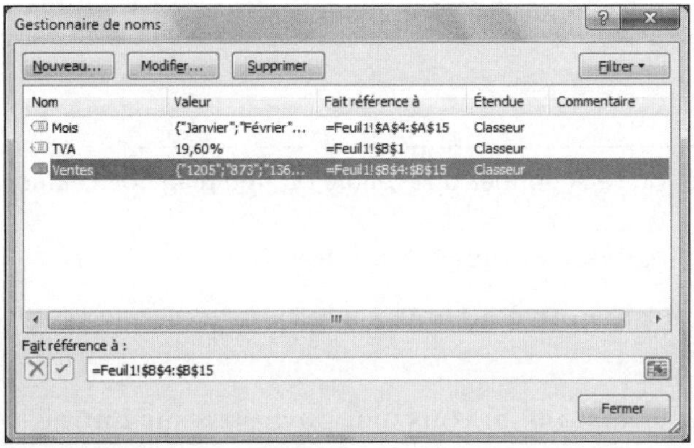

Figure 30-16 Boîte de gestion des noms.

Attention Vous pouvez nommer une plage de cellules avec plusieurs noms. Même si Excel accepte cette solution, il est déconseillé de l'utiliser pour éviter les confusions.

Noms des cellules et des plages de cellules

Les noms utilisés par Excel suivent des règles à respecter.

- Un nom ne peut pas contenir d'espaces. Remplacez ces derniers par le caractère souligné (_), ou, éventuellement par un point : « Ventes_Trimestrielles » ou « Ventes.Trimestrielles ».
- Si un nom peut contenir des chiffres, il ne peut pas commencer par un chiffre, car cela pourrait créer des ambiguïtés dans les formules. Débutez vos noms par une lettre ou le caractère souligné (_).
- Les noms ne peuvent pas contenir de symboles autres que le point et le caractère souligné.
- Les noms sont limités à 255 caractères. Utilisez cependant des noms courts et mnémotechniques.
- Excel ne tient pas compte des majuscules et des minuscules : « VENTES » et « ventes » correspondent au même nom.

Utiliser la zone Nom

La zone Nom, à gauche de la barre de formule (figure 30-17), affiche le nom de la cellule sélectionnée actuellement ainsi que la liste des noms déjà attribués. Elle permet aussi de nommer rapidement une cellule ou une plage de cellules.

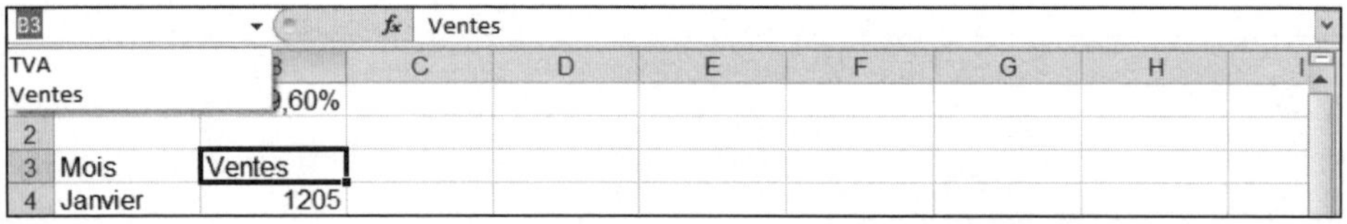

Figure 30-17 Zone Nom pour nommer ou sélectionner une cellule ou une plage de cellules.

1. Sélectionnez la cellule ou la plage de cellules à nommer.
2. Cliquez la zone **Nom**, puis tapez le nom à attribuer à la cellule ou à la plage de cellules.
3. Appuyez sur **Entrée** pour valider le nom. Si vous n'appuyez pas sur **Entrée** immédiatement, Excel ne conserve pas votre saisie.

Attention Si le nom existe déjà dans la liste, la ou les cellules correspondantes sont sélectionnées, mais les références de la plage ne sont pas modifiées. Utilisez dans ce cas la boîte de dialogue Nouveau nom.

La zone Nom permet de sélectionner rapidement une plage de cellules. Cliquez simplement la flèche en regard de la zone puis cliquez un nom pour sélectionner la plage correspondante.

Créer des noms automatiquement

Si un tableau possède des en-têtes de lignes ou de colonnes, vous pouvez demander à Excel d'attribuer automatiquement des noms aux plages correspondantes plutôt que de les nommer une à une.

1. Sélectionnez le tableau, y compris les en-têtes de lignes et/ou de colonnes.
2. Cliquez l'onglet **Formules ➜ Noms définis ➜ Créer à partir de la sélection**.

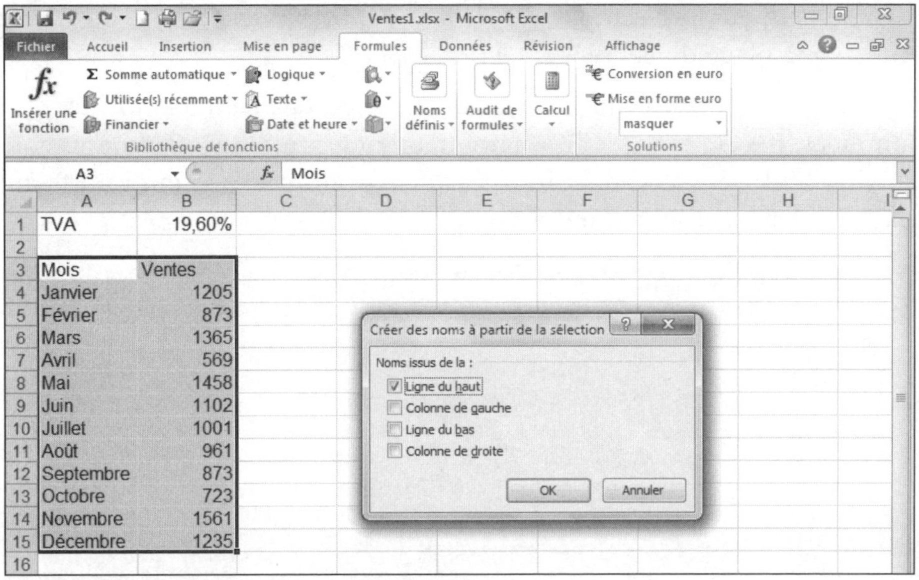

Figure 30-18 Boîte de création automatique de noms.

Excel affiche la boîte Créer des noms à partir de la sélection. Il coche les options de cette boîte en fonction des textes qu'il a trouvés dans la plage sélectionnée. Dans l'exemple de la figure 30-18, les options Ligne du haut et Colonne de gauche sont cochées car la plage sélectionnée contient des textes dans la ligne 3 et la colonne A. Il est donc nécessaire de bien vérifier les propositions de cette boîte de dialogue avant de la valider. En effet, en laissant l'option Colonne de gauche cochée, Excel va créer 12 noms correspondant aux 12 mois, ce qui n'est pas le but recherché.

3. Cochez le ou les emplacements des en-têtes de lignes ou de colonnes qui seront utilisées comme noms.
4. Cliquez le bouton **OK** pour valider vos choix.

Note Si les textes des en-têtes de lignes ou de colonnes ne suivent pas les règles pour les noms de plages (voir encadré plus haut dans ce chapitre), Excel se charge de les rectifier. Les espaces, par exemple, seront transformés automatiquement en caractères soulignés.

Utiliser des noms dans les formules

Une fois que les noms des cellules ou des plages de cellules sont définis, vous pouvez remplacer les références correspondantes dans vos formules. Ainsi, la formule

= SOMME(A1:A12) peut être remplacée par = SOMME(Ventes) si vous avez attribué le nom « Ventes » à la plage de cellules A1:A12.

Si, lors de la saisie d'une formule, vous sélectionnez des cellules ou des plages de cellules nommées, Excel convertit automatiquement les références en noms comme le montre la figure 30-19. Si vous ne désirez pas que les références soient transformées en noms, vous devez les taper au clavier et ne pas utiliser la souris.

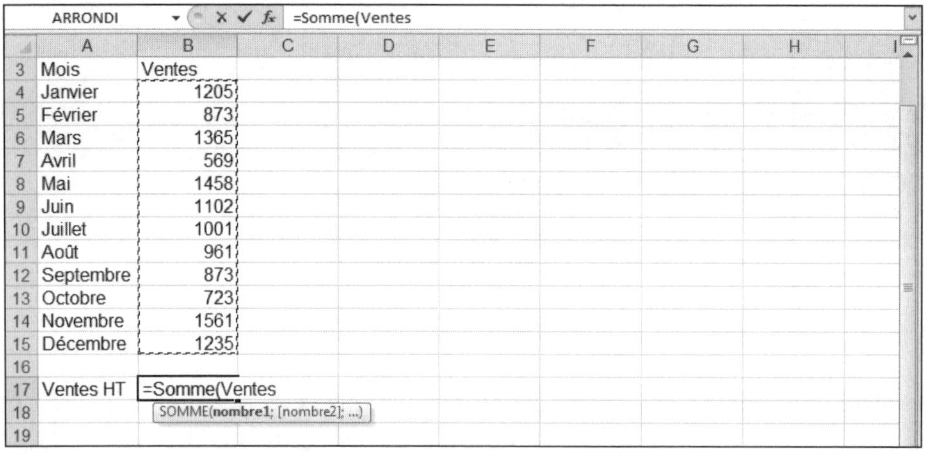

Figure 30-19 Saisie automatique des noms dans les formules.

Remplacer des références par des noms

Si les références des noms que vous venez d'attribuer sont déjà utilisées dans des formules existantes, il est possible de demander à Excel d'effectuer les remplacements. Ceci n'est pas fait automatiquement lors de l'attribution des noms.

1. Pour modifier toutes les formules de la feuille de calcul, sélectionnez une seule cellule. Pour modifier seulement certaines formules, sélectionnez-les au préalable.
2. Cliquez l'onglet **Formules ➜ Noms définis ➜ Définir un nom ➜ Appliquer les noms**.
3. Cliquez un à un les noms qui remplaceront les références correspondantes dans les formules.

Figure 30-20 Remplacement des références par des noms dans les formules.

Note Un nom est sélectionné quand il est en surbrillance. Les noms attribués par la dernière commande **Formules → Noms définis → Créer à partir de la sélection** sont déjà sélectionnés lors de l'ouverture de la boîte **Affecter un nom** de la figure 30-20.

4. Cliquez le bouton **OK** pour appliquer le remplacement.

Visualiser les plages nommées

Si vous appliquez un zoom inférieur à 40 % pour votre feuille de calcul, Excel masque le quadrillage des cellules, entoure les plages nommées et affiche le nom des plages en bleu (figure 30-21).

Cette technique permet de visualiser d'un seul coup d'œil toutes les plages qui portent un nom. Ces informations ne sont pas imprimées.

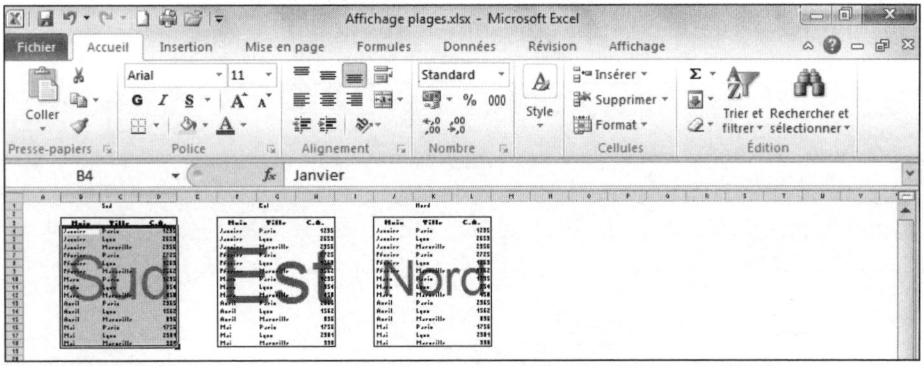

Figure 30-21 Affichage des plages nommées.

Nommer des constantes

Dans l'exemple de la figure 30-14, on calcule un montant TTC à partir du taux de TVA de la cellule B1. Ce taux est en fait une constante puisque cette valeur ne change jamais.

Excel propose une autre solution pour ce type de valeur : les constantes nommées.

1. Cliquez l'onglet **Formule ➜ Noms définis ➜ Définir un nom**.
2. Tapez le nom de la constante dans la zone **Nom**.
3. Sélectionnez **Classeur** dans la liste **Zone**.
4. Tapez la valeur de la constante dans la zone **Fait référence à**. Faites précéder cette valeur du signe égal (figure 30-22).

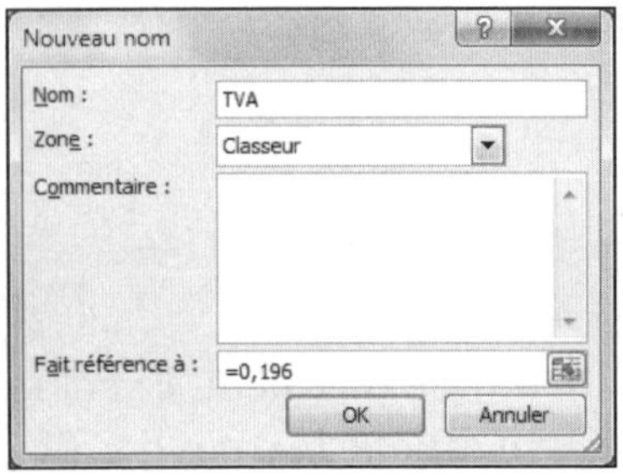

Figure 30-22 Saisie d'une constante nommée.

5. Cliquez le bouton **OK** pour valider la constante.

Comme le montre la figure 30-23, vous pouvez utiliser le nom de la constante dans vos formules alors que sa valeur n'est pas présente dans la feuille de calcul.

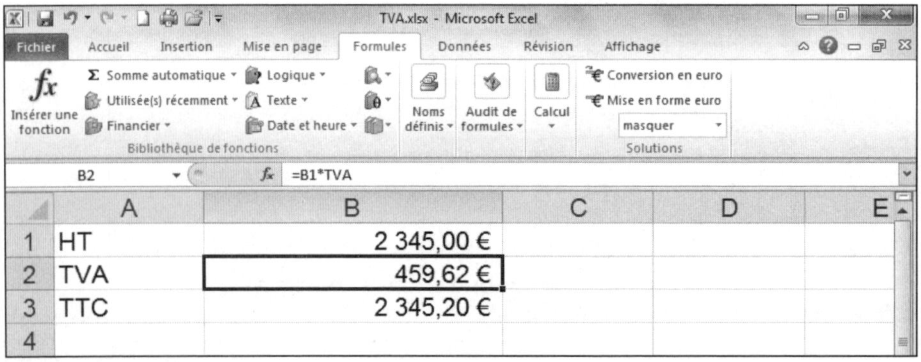

Figure 30-23 Utilisation d'une constante nommée.

Pour modifier la constante, il suffit de changer sa valeur dans la boîte **Modifier le nom** (onglet **Formules ➜ Noms définis ➜ Gestionnaire de noms**, puis le bouton **Modifier**).

De la même manière, vous pouvez définir des constantes de texte, par exemple le nom de votre société. Dans la boîte **Nouveau nom**, tapez le texte de la constante entre guillemets dans la zone **Fait référence à** :

```
= "Dupont S.A."
```

Dans vos formules, utilisez la constante en remplacement d'un texte. Dans l'exemple ci-dessous, la constante texte porte le nom NS :

```
= "Ventes 2005 " & NS
```

Note Les noms ne sont utilisables que dans l'étendue définie lors de leur création (tout le classeur ou une feuille précise). En dehors de cette étendue, Excel affiche le message d'erreur #NOM?.

Formules nommées

Comme vous avez pu le voir précédemment, la valeur saisie dans la zone **Fait référence à** de la boîte Nouveau nom débute par le signe égal. Cela indique qu'Excel interprète son contenu comme une formule. Il est donc possible d'ajouter des calculs et des fonctions comme dans une cellule.

Formules nommées simples

Si vous utilisez souvent la même formule, vous pouvez lui attribuer un nom. Dans l'exemple qui suit, on désire afficher le texte « Ventes » suivi de l'année en cours. On utilise pour cela la fonction AUJOURDHUI qui retourne la date actuelle, et la fonction ANNEE qui retourne l'année contenue dans une date (consultez l'aide pour des détails sur ces fonctions). La formule est ici nommée « AnnéeVente » (figure 30-24).

```
="Ventes " & ANNEE(AUJOURDHUI())
```

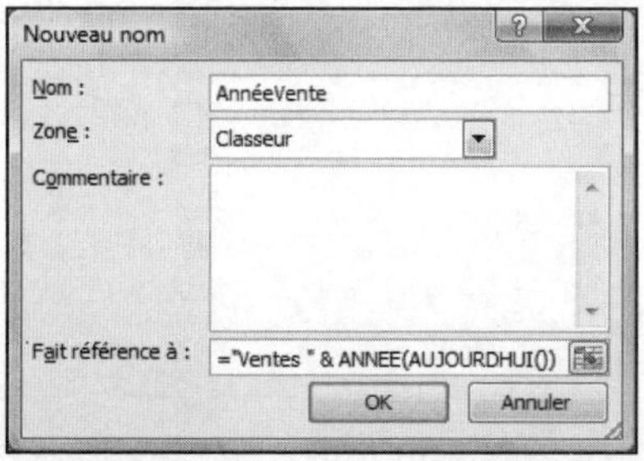

Figure 30-24 Saisie d'une formule nommée simple.

Pour utiliser cette formule, il suffit d'ajouter son nom dans une cellule (figure 30-25) :

```
= AnnéeVente
```

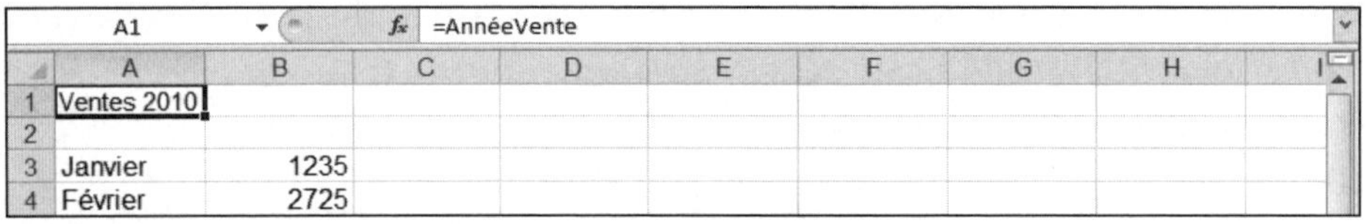

Figure 30-25 Utilisation d'une formule nommée simple.

Formules nommées avec références

Imaginons que la cellule A1 de vos feuilles contient toujours un texte avec une année, par exemple « Ventes 2010 », « Résultats 2011 », *etc.* Avec une formule nommée faisant référence à cette cellule, vous pouvez extraire l'année pour l'utiliser dans d'autres cellules. Dans l'exemple, on utilise la fonction DROITE qui retourne les x caractères de droite d'une chaîne (consultez l'aide pour des détails sur cette fonction). La formule est ici nommée « Année » (figure 30-26).

```
=DROITE(Feuil1!A1;4)
```

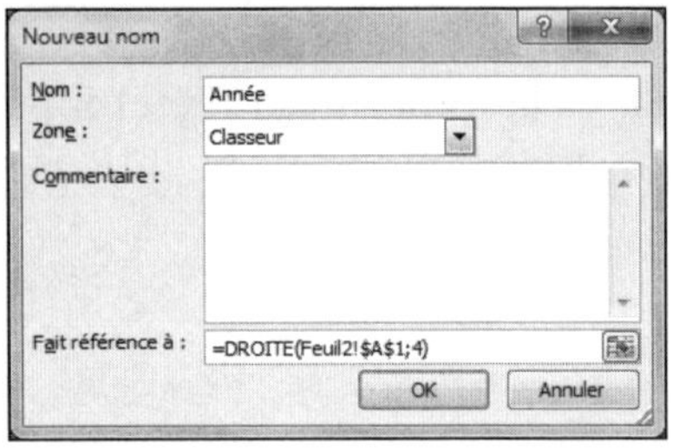

Figure 30-26 Saisie d'une formule nommée avec références.

Pour utiliser cette formule, il suffit d'ajouter son nom dans une cellule ou dans une autre formule comme le montre la figure 30-27.

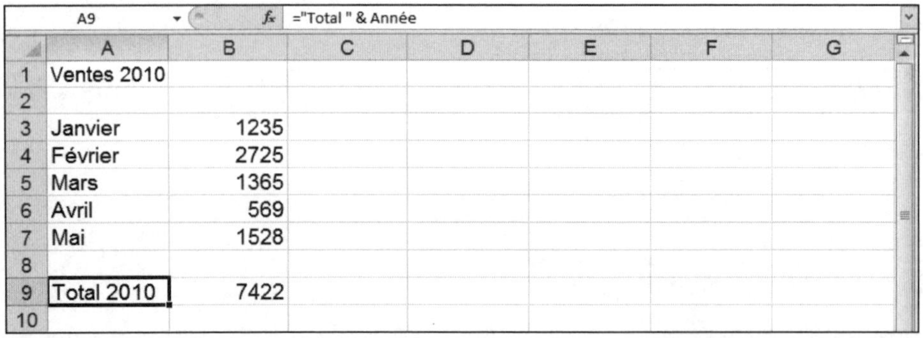

Figure 30-27 Utilisation d'une formule nommée avec références.

PARTIE III
POWERPOINT 2010

Chapitre 31

Découvrir PowerPoint

Dans ce chapitre

- Présentations et diapositives
- Ajouter une diapositive
- Modifier l’ordre des diapositives
- Modifier l’affichage
- Afficher en noir et blanc
- Modifier les fenêtres
- Lancer un diaporama
- Personnaliser un diaporama
- Imprimer une présentation

PowerPoint est un programme de présentation. Il est essentiellement destiné à préparer des conférences ou des exposés, à montrer des projets ou des bilans, à vendre des produits ou des services, *etc.* La liste n'est nullement exhaustive.

PowerPoint est, en fait, un projecteur sophistiqué de diapositives. Il ne s'agit pas ici de passer simplement des images comme dans un simple diaporama. C'est à vous de créer chaque diapositive avec du texte, des tableaux, des dessins et tout l'arsenal multimédia mis à votre disposition (images, commentaires audio, musiques, vidéos, *etc.*).

Pour ouvrir PowerPoint, cliquez le bouton **Démarrer ➜ Tous les programmes ➜ Microsoft Office ➜ Microsoft PowerPoint 2010**.

Astuce Pour ajouter des raccourcis sur le bureau ou au début du menu Démarrer de Windows, consultez le chapitre d'introduction de ce livre.

À l'ouverture, PowerPoint affiche une nouvelle présentation avec une seule diapositive.

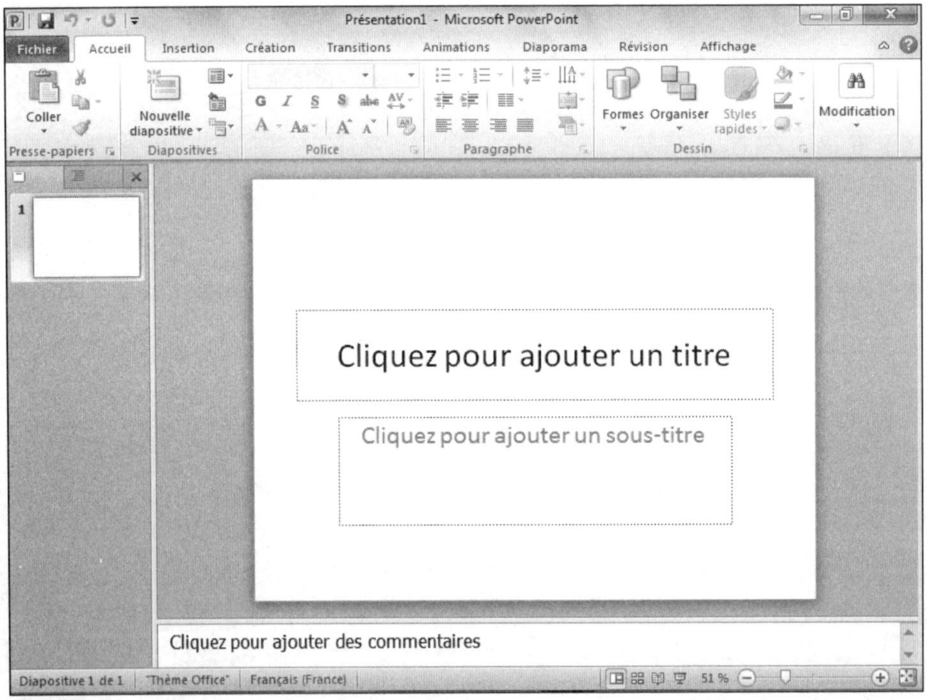

Figure 31-1 La fenêtre de PowerPoint.

Note Pour plus d'informations sur les applications Office, consultez le chapitre d'introduction.

Présentations et diapositives

Les présentations sont les documents de PowerPoint. Elles sont composées de diapositives. Chaque diapositive est accessible dans le volet **Diapositives** situé à gauche de la fenêtre de PowerPoint.

Pour accéder à une diapositive, il suffit de la cliquer dans le volet. Elle apparaît alors dans la partie centrale de l'interface. Vous pouvez aussi utiliser les boutons ⏶ et ⏷ pour passer à la diapositive précédente ou suivante.

Quand les diapositives sont nombreuses, utilisez la barre de défilement verticale. Notez que chaque diapositive porte un numéro d'ordre.

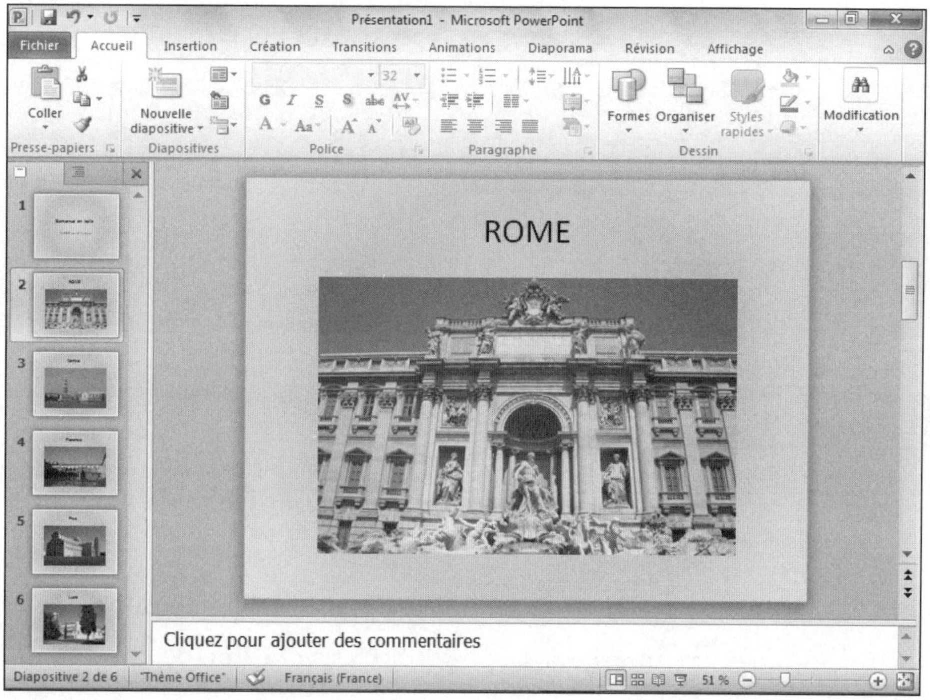

Figure 31-2 Volet Diapositives : la seconde diapositive est sélectionnée.

Ajouter une diapositive

Au fur et à mesure de la construction de votre présentation, vous devrez ajouter de nouvelles diapositives que vous pouvez placer à n'importe quel endroit.

1. Dans le volet **Diapositives**, cliquez à la position d'insertion : avant la première diapositive, entre deux diapositives, ou après la dernière diapositive.

   PowerPoint affiche une ligne clignotante à l'endroit choisi.

2. Cliquez l'onglet **Accueil ➜ Diapositives**, puis la flèche du bouton **Nouvelle diapositive**.

Figure 31-3 Choix du type de la nouvelle diapositive.

3. Cliquez dans la liste le type de présentation de la nouvelle diapositive.

La nouvelle diapositive est insérée à la position choisie à l'étape **1** et avec le type prédéfini choisi à l'étape **3**.

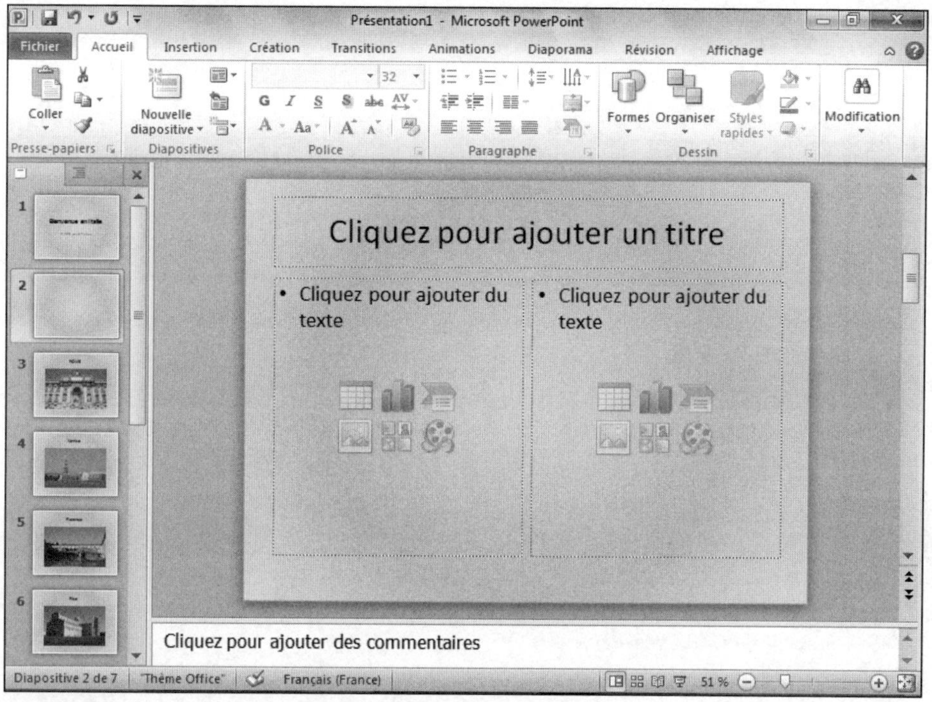

Figure 31-4 Insertion d'une nouvelle diapositive.

Modifier l'ordre des diapositives

Si l'ordre des diapositives ne vous convient pas, ou si des diapositives ont été insérées au mauvais endroit, vous pouvez facilement les déplacer.

1. Dans le volet **Diapositives**, cliquez et faites glisser la diapositive à son nouvel emplacement.

Une ligne vous indique la nouvelle position. Dans l'exemple de la figure 31-5, la diapositive 3 est déplacée entre les diapositives 4 et 5.

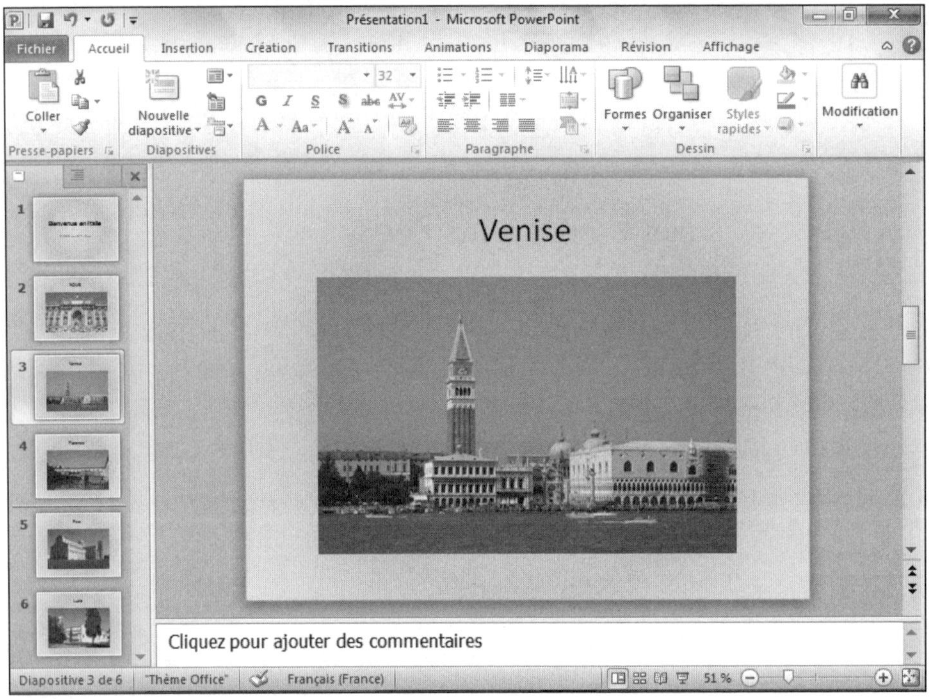

Figure 31-5 Déplacement d'une diapositive.

Les numéros des diapositives sont modifiés en conséquence.

Supprimer une diapositive

Si vous n'avez plus besoin d'une diapositive, vous pouvez la supprimer. Attention ! Vous supprimez du même coup toutes les informations quelle contient.

1. Dans le volet **Diapositives**, cliquez avec le bouton droit la diapositive à supprimer.
2. Cliquez la commande **Supprimer la diapositive** dans le menu contextuel.

PowerPoint ne demande pas de confirmer la suppression. Vous pouvez toujours cliquer le bouton dans la barre Accès rapide ou taper le raccourci **Ctrl+Z** pour annuler la suppression.

Modifier l'affichage

PowerPoint propose plusieurs modes d'affichage des présentations. Vous pouvez changer de mode soit avec l'onglet **Affichage**, soit avec les boutons en bas à droite de la fenêtre. Ces derniers ont l'avantage d'être toujours accessibles sans changer d'onglet.

Mode Trieuse de diapositives

Ce mode permet de voir l'ensemble des diapositives.

1. Cliquez l'onglet **Affichage → Affichages des présentations → Trieuse de diapositive**, ou cliquez le bouton en bas à droite de la fenêtre de PowerPoint.

Les diapositives sont affichées sous forme de miniatures. Vous pouvez, comme dans le volet **Diapositives**, modifier leur organisation en les faisant glisser.

Pour modifier le nombre de diapositives affichées, changez le facteur de zoom avec le curseur en bas à droite.

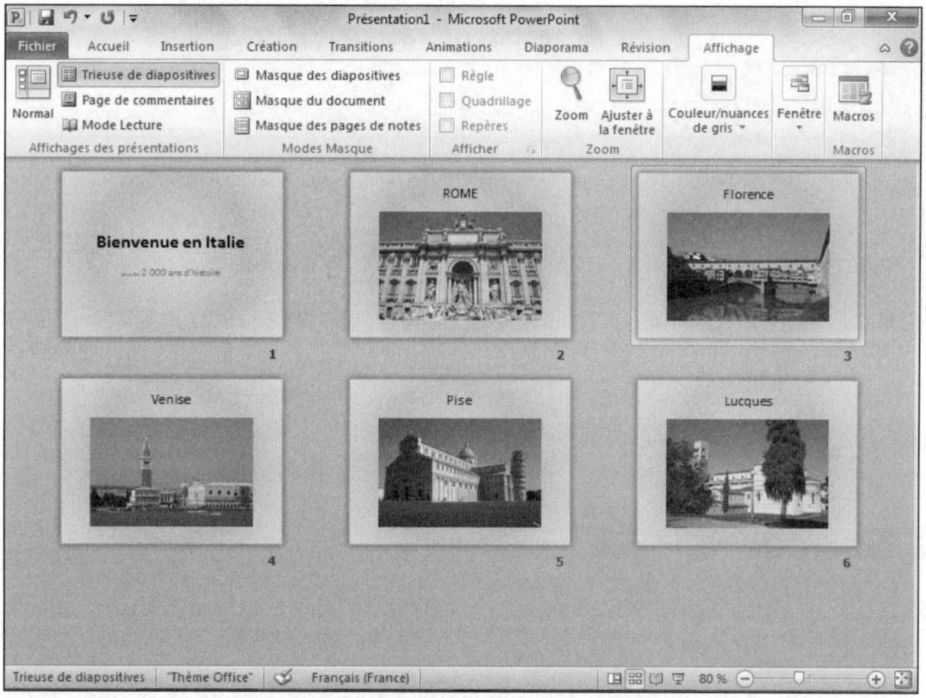

Figure 31-6 Mode Trieuse de diapositives.

Mode Diaporama

Ce mode permet de vérifier votre présentation.

1. Cliquez l'onglet **Affichage → Affichages des présentations → Diaporama**, ou cliquez le bouton en bas à droite de la fenêtre de PowerPoint.

Les diapositives sont affichées en plein écran, en commençant par celle qui est sélectionnée. Cliquez la diapositive affichée pour passer à la suivante. Appuyez sur la touche **Echap** pour sortir du mode Diaporama.

Figure 31-7 Mode diaporama.

Mode Normal

Le mode Normal permet de voir la liste des diapositives et de modifier celle qui est sélectionnée.

1. Cliquez l'onglet **Affichage → Affichages des présentations → Normal**, ou cliquez le bouton en bas à droite de la fenêtre de PowerPoint.

Passer en mode Plan

Le mode Plan permet d'avoir une vue d'ensemble plus concise de votre présentation.

1. Cliquez l'onglet **Plan** dans le volet de gauche.

   Les diapositives sont affichées sous forme de texte. Comme pour le mode **Diapositives**, vous pouvez déplacer, supprimer ou insérer des diapositives.

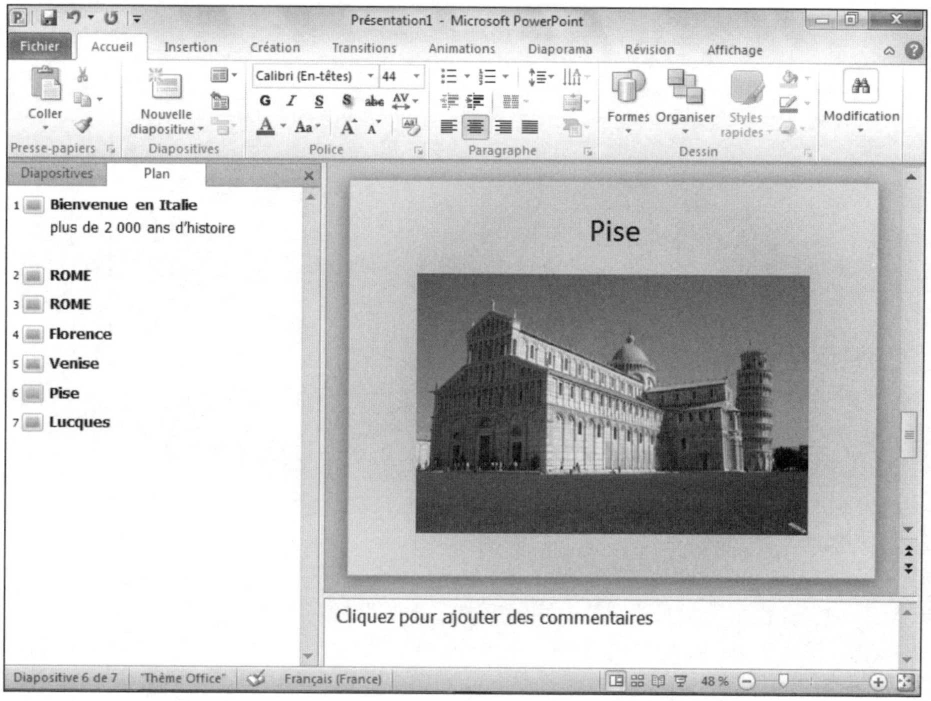

Figure 31-8 Mode Plan.

2. Cliquez l'onglet **Diapositives** dans le volet de gauche.

Modifier les zones d'affichage

En mode normal, la fenêtre est séparée en trois parties : la diapositive, le volet des diapositives et la zone de saisie des commentaires. Vous pouvez agrandir ou réduire ces zones.

1. Pointez la ligne entre le volet de gauche et la diapositive. Le curseur de souris prend la forme ↔. Cliquez et faites glisser pour agrandir ou réduire le volet de gauche.

2. Pointez la ligne entre la diapositive et la zone des commentaires. Le curseur de souris prend la forme ‡. Cliquez et faites glisser pour agrandir ou réduire la zone de saisie des commentaires.

Note Si vous déplacez les lignes de séparation complètement vers la gauche ou complètement vers le bas, le volet de gauche et la zone des commentaires sont masqués. Faites glisser de nouveau les lignes de séparation pour les réafficher.

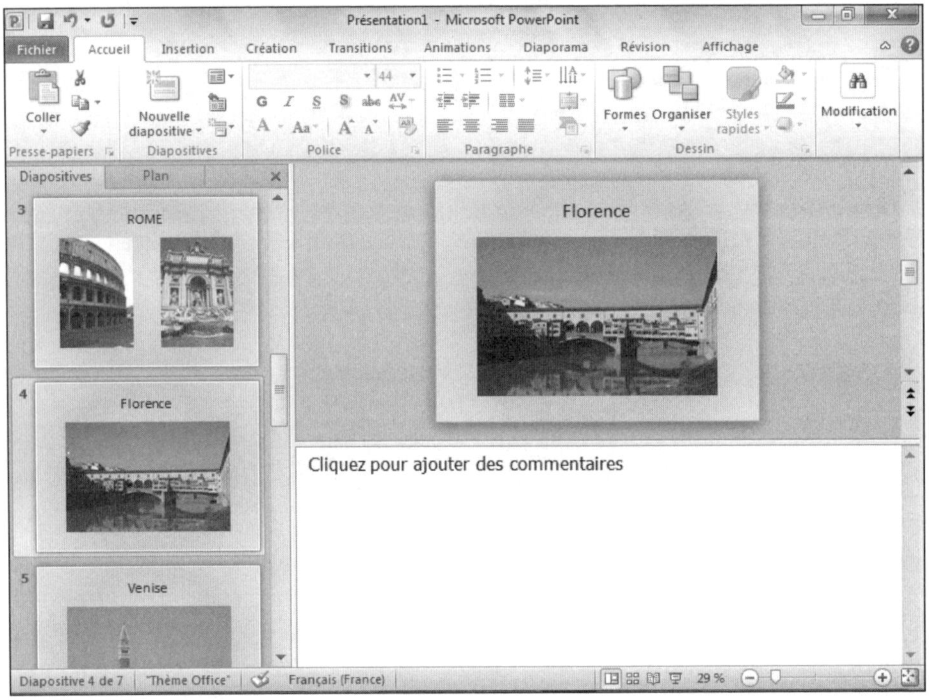

Figure 31-9 Modification des zones d'affichage.

Modifier le zoom

Pour travailler plus confortablement, vous pouvez effectuer un zoom sur vos diapositives. Cela ne modifie en rien la taille de votre texte, mais juste son affichage à l'écran.

Cliquez et faites glisser le curseur de la zone **Zoom** en bas à droite de l'écran pour augmenter ou diminuer la taille de l'affichage.

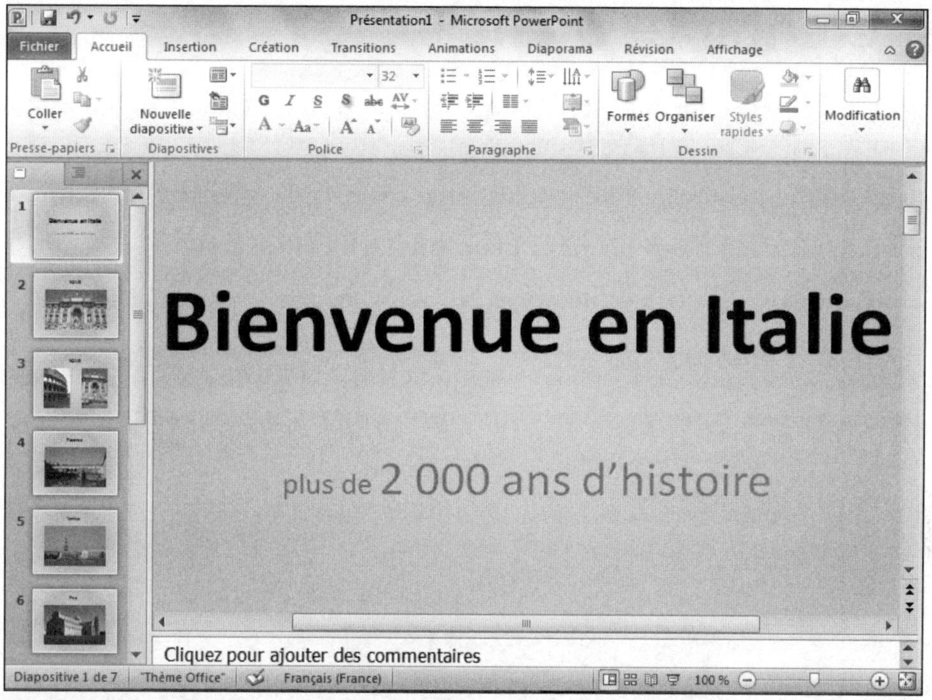

Figure 31-10 Affichage avec un zoom de 100 %.

Le bouton permet d'ajuster le zoom sur la diapositive à la taille de l'écran.

Vous pouvez aussi choisir précisément la taille de votre zoom.

1. Cliquez le chiffre en pourcentage en regard de la zone **Zoom**, ou cliquez l'onglet **Affichage ➜ Zoom ➜ Zoom**.
2. Modifiez les options proposées (faites des tests).

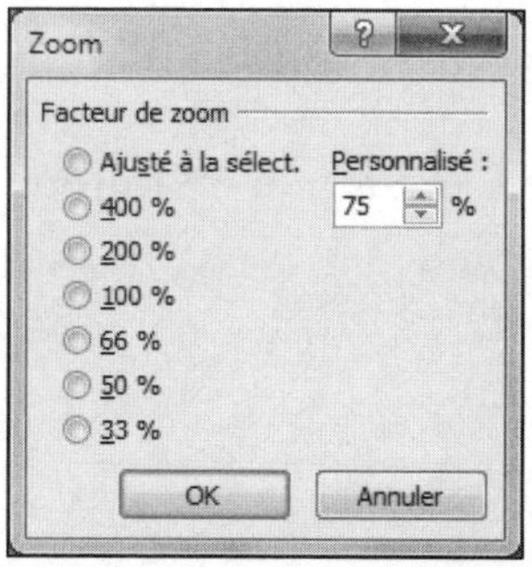

Figure 31-11 Boîte de modification du zoom.

3. Cliquez le bouton **OK**.

Afficher en noir et blanc

Si votre présentation est destinée à une impression en noir et blanc ou en nuances de gris, vous pouvez dès à présent vérifier le résultat à l'écran.

1. Cliquez l'onglet **Affichage ➜ Couleur/Nuances de gris**, puis le type d'affichage.

   PowerPoint affiche l'onglet **Noir et blanc** ou **Nuances de gris**.

2. Cliquez dans l'onglet **Noir et blanc** ou **Nuances de gris** le type d'affichage.

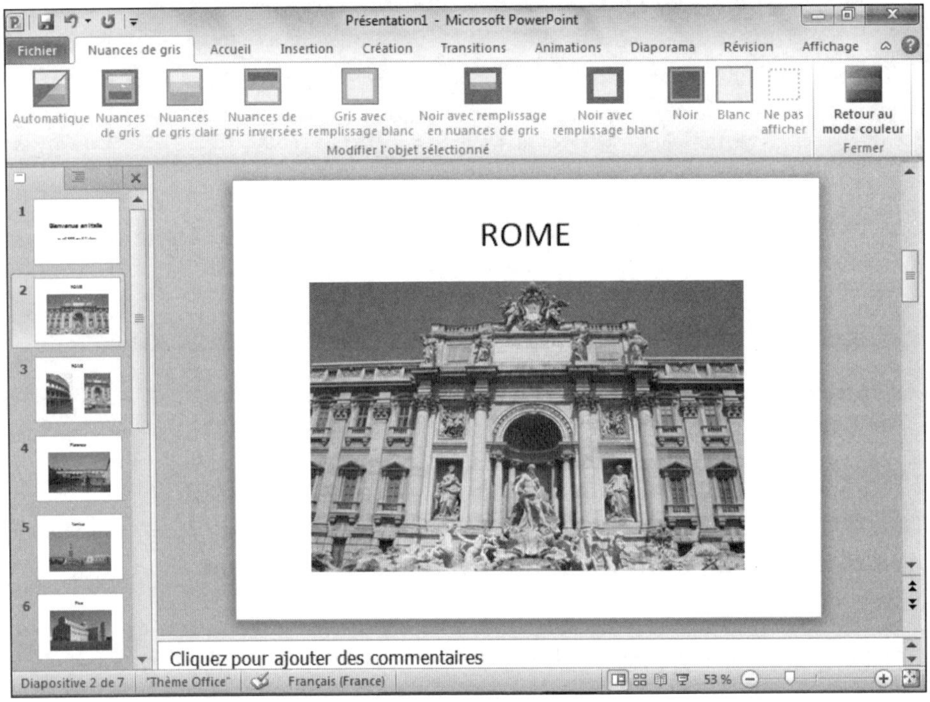

Figure 31-12 Affichage en nuances de gris.

3. Cliquez dans l'onglet **Noir et blanc** ou **Nuances de gris ➜ Fermer ➜ Retour au mode couleur**.

Modifier les fenêtres

PowerPoint permet d'ouvrir plusieurs présentations en même temps. Il existe donc plusieurs solutions pour gérer leur fenêtre.

Changer de présentation

Si vous avez ouvert plusieurs présentations, vous pouvez facilement passer de l'une à l'autre.

1. Cliquez l'onglet **Affichage ➜ Fenêtre ➜ Changer de fenêtre**, puis le nom de la présentation.

Afficher plusieurs fenêtres de la même présentation

PowerPoint n'affiche qu'une seule diapositive de votre présentation. En multipliant les fenêtres, vous pourrez voir plusieurs diapositives en même temps.

1. Cliquez l'onglet **Affichage ➜ Fenêtre ➜ Nouvelle fenêtre**.

La barre de titre indique le nom du document et le numéro de la fenêtre, par exemple « Ma présentation:2 ».

Afficher les règles et le quadrillage

Pour faciliter la mise en forme des diapositives, affichez les règles et/ou le quadrillage.

1. Cliquez l'onglet **Affichage ➜ Afficher**.
2. Cochez les cases des éléments à afficher, et décochez celles à masquer.

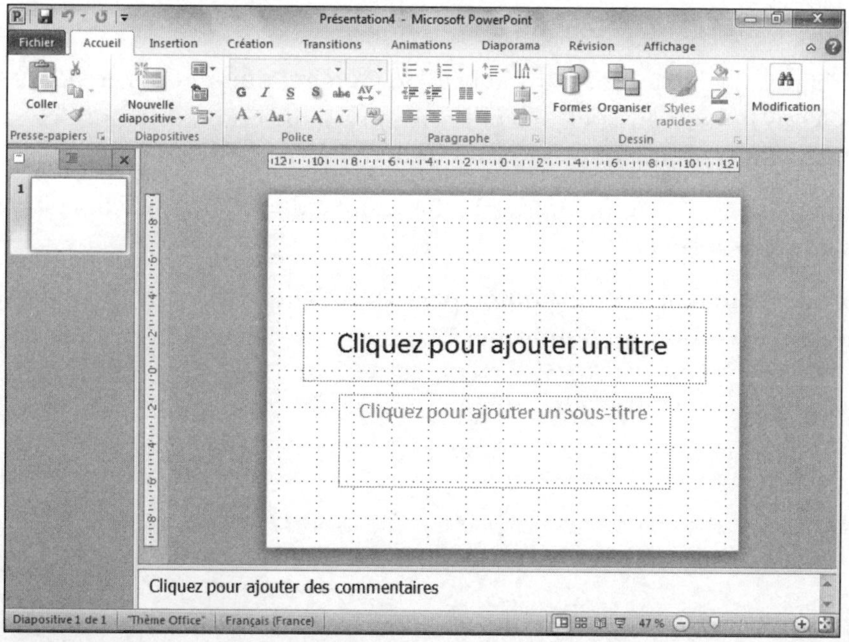

Figure 31-13 Règles et quadrillage.

Lancer le diaporama

Lancez votre diaporama pour vérifier que votre présentation est conforme à vos souhaits.

1. Cliquez l'onglet **Diaporama → Démarrage du diaporama → À partir du début**. Pour débuter le diaporama à partir de la diapositive actuellement sélectionnée, cliquez l'onglet **Diaporama → Démarrage du diaporama → À partir de la diapositive actuelle** .
2. Si vous n'avez pas défini de minutage (voir chapitre 32), cliquez chaque diapositive pour passer à la suivante. Appuyez sur la touche **Echap** à tout moment pour sortir du diaporama.

Personnaliser un diaporama

Si votre présentation est très longue, vous pouvez créer un diaporama personnalisé en définissant les diapositives qui doivent être effectivement affichées.

1. Cliquez l'onglet **Diaporama → Démarrage du diaporama → Diaporama personnalisé** **→ Diaporamas personnalisés**.
2. Dans la boîte Diaporamas personnalisés, cliquez le bouton **Nouveau**.
3. Tapez un nom dans la zone **Nom du diaporama**.
4. Cliquez la diapositive à ajouter dans la liste de gauche, puis cliquez le bouton **Ajouter >>**. Vous pouvez aussi en sélectionner plusieurs en maintenant les touches **Maj** et **Ctrl** comme dans l'Explorateur Windows.
5. Pour modifier son classement, cliquez la diapositive dans la liste de droite, puis cliquez les boutons et .
6. Pour supprimer une diapositive ajoutée par erreur, cliquez-la dans la liste de droite puis cliquez le bouton **Supprimer**.

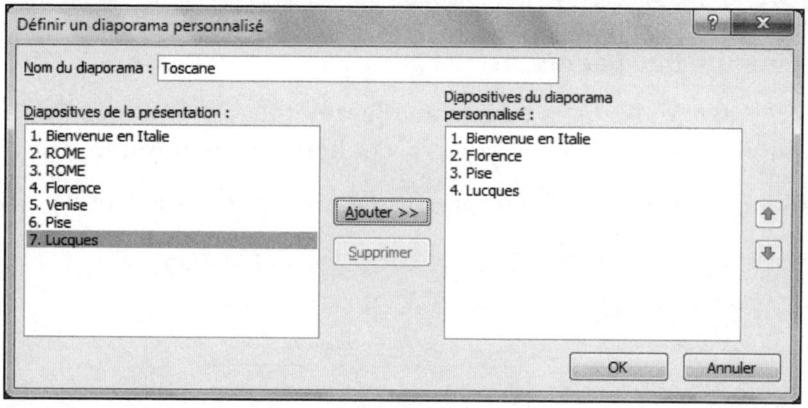

Figure 31-14 Création d'un diaporama personnalisé.

7. Cliquez le bouton **OK**.
8. Pour modifier un diaporama, cliquez son nom dans la liste **Diaporamas personnalisés**, puis utilisez les boutons **Modifier**, **Supprimer** et **Copier**.

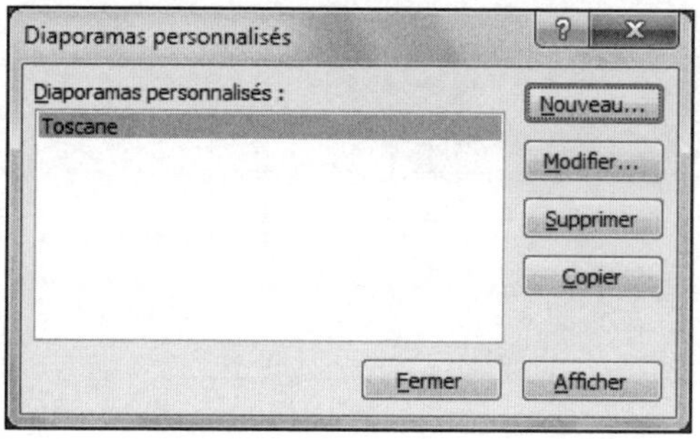

Figure 31-15 Gestion des diaporamas personnalisés.

9. Cliquez le bouton **Fermer**.

Pour afficher le diaporama personnalisé, cliquez l'onglet **Diaporama ➜ Démarrage du diaporama ➜ Diaporama personnalisé** puis le nom du diaporama.

Imprimer une présentation

Pour garder une trace papier ou pour utiliser vos diapositives avec un rétroprojecteur, imprimez-les.

1. Cliquez l'onglet **Fichier ➜ Imprimer ➜ Imprimer**.

2. Sélectionnez dans la liste **Imprimante** l'imprimante à utiliser. Le symbole correspond à l'imprimante par défaut.

3. Dans les zones de texte et les listes de la zone **Paramètres** sélectionnez les diapositives à imprimer, leur mise en page, la couleur d'impression, *etc.*

   PowerPoint affiche un aperçu avant impression dans la partie de droite.

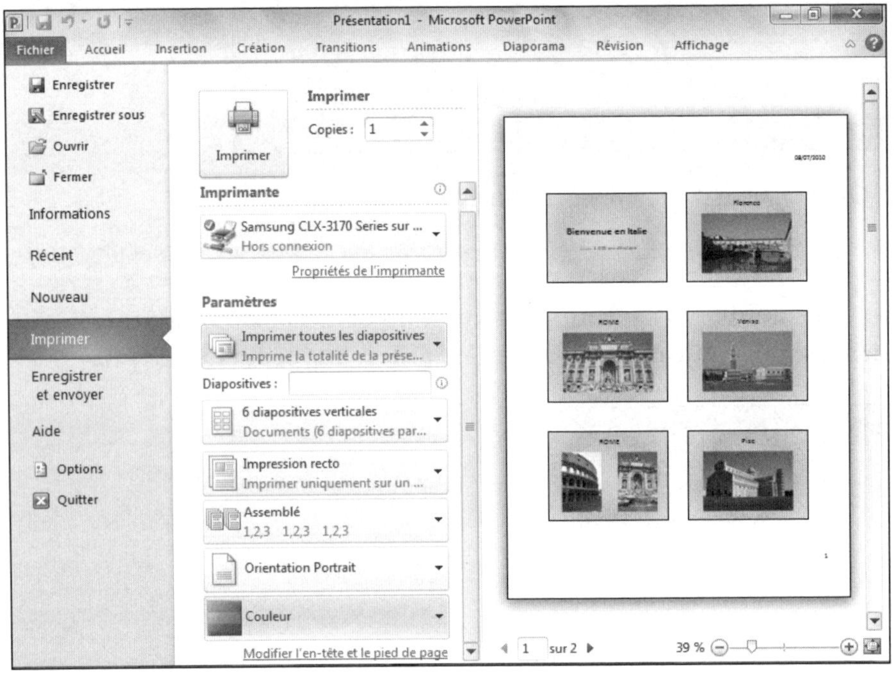

Figure 31-16 Boîte d'impression.

4. Cliquez le bouton **Imprimer** pour débuter l'impression.

Chapitre 32

Modifier les diapositives

Dans ce chapitre

- Changer la disposition d'une diapositive
- Modifier l'agencement d'une diapositive
- Modifier le texte
- Ajouter une zone de texte
- Modifier la mise en forme des caractères
- Modifier la mise en forme des paragraphes
- Appliquer un style
- Ajouter un commentaire
- Masquer une diapositive
- Gérer les fichiers des présentations

Après la mise en route du chapitre précédent, il est temps d'entrer dans le vif du sujet : la saisie et la mise en forme des diapositives de votre présentation. Vous trouverez ici toutes les informations pour modifier la disposition des textes, la mise en formes des caractères et des paragraphes, l'application de styles, *etc.*, mais aussi l'ajout de commentaires ou la numérotation des diapositives.

Changer le type de présentation d'une diapositive

À tout moment vous pouvez modifier la présentation prédéfinie d'une diapositive.

1. Dans le volet **Diapositives**, cliquez la diapositive pour la sélectionner.

Note Pour ajouter, déplacer ou supprimer une diapositive, consultez le chapitre 31.

2. Cliquez l'onglet **Accueil ➜ Diapositives ➜ Disposition** .
3. Cliquez dans la liste le nouveau type de présentation de la diapositive.

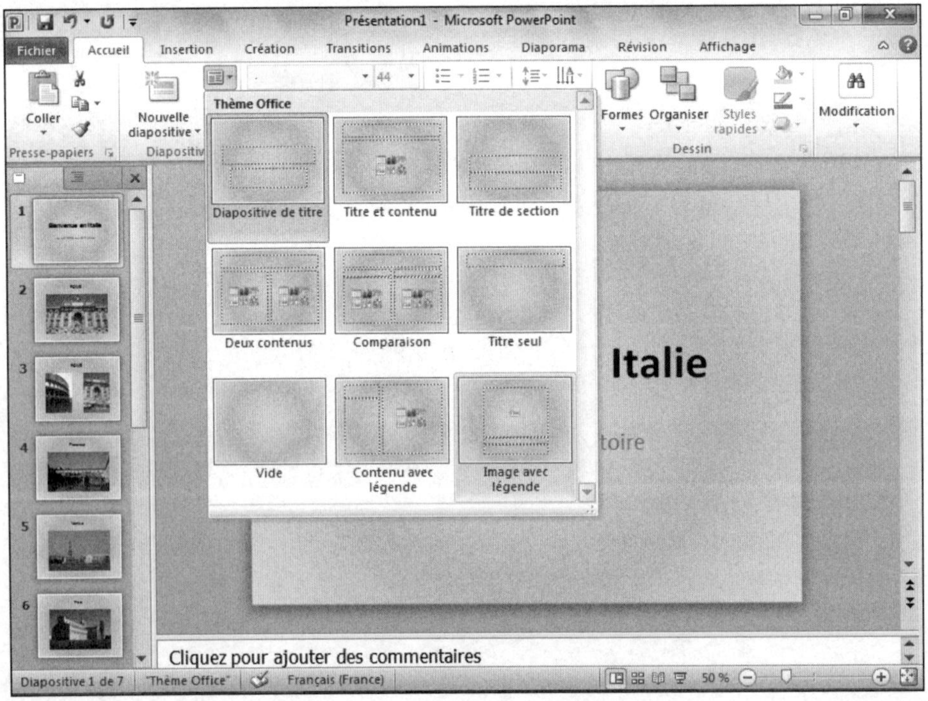

Figure 32-1 Modification de la présentation d'une diapositive.

Si vous avez déjà saisi des textes dans votre diapositive, ils sont simplement déplacés. Ils ne sont jamais supprimés. Si vous avez ajouté d'autres éléments (zones de texte, images, *etc.*), ils restent à leur position actuelle.

Modifier la disposition

Si l'organisation des zones de texte prédéfinies ne vous convient pas, modifiez-la.

Modifier la taille d'une zone de texte

1. Cliquez un texte dans la diapositive.

   La forme est entourée par ses poignées de redimensionnement. Les carrés permettent d'en modifier la hauteur ou la largeur. Les cercles permettent d'en modifier en même temps la largeur et la hauteur. Le cercle vert permet d'effectuer une rotation.

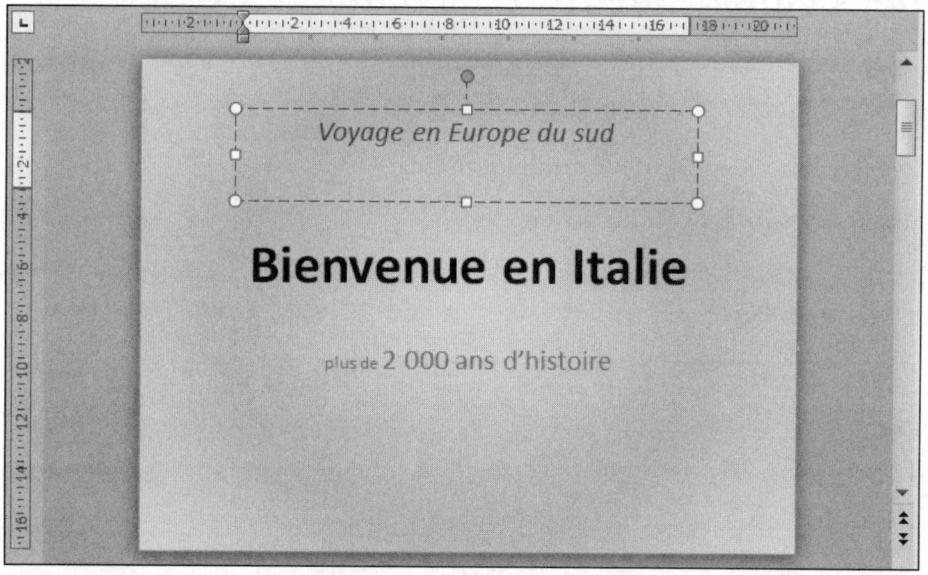
Voyage en Europe du sud
Bienvenue en Italie
plus de 2 000 ans d'histoire

Figure 32-2 Sélection d'une zone de texte.

2. Cliquez et faites glisser une des poignées pour redimensionner la zone de texte.

Astuce Pour modifier en même temps la largeur et la hauteur, maintenez la touche **Maj** enfoncée pendant le redimensionnement avec les cercles.

3. Cliquez et faites glisser le cercle vert pour faire tourner la zone de texte.

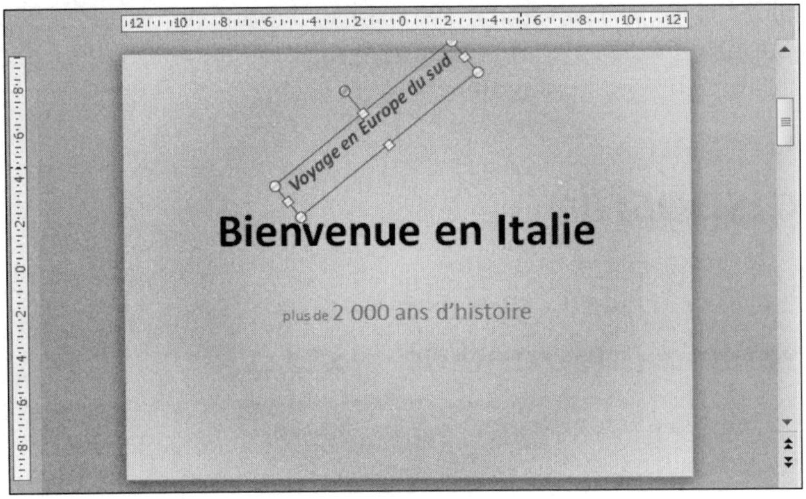
Voyage en Europe du sud
Bienvenue en Italie
plus de 2 000 ans d'histoire

Figure 32-3 Redimensionnement et rotation d'une zone de texte.

Modifier l'emplacement d'une zone de texte

Pour réorganiser vos diapositives, vous pouvez déplacer chaque zone de texte.

1. Cliquez la zone de texte pour la sélectionner.
2. Pointez le bord du cadre de la zone de texte.

   Le curseur de souris prend la forme ✥.
3. Cliquez et faites glisser pour déplacer la zone de texte. Un cadre vous indique la nouvelle position.

Voyage en Europe du sud
Bienvenue en Italie
plus de 2 000 ans d'histoire

Figure 32-4 Déplacement d'une zone de texte.

Supprimer une zone de texte

Supprimez les zones de texte dont vous n'avez plus besoin.

1. Cliquez le bord du cadre de la zone de texte quand le curseur de souris a la forme ✥.
2. Appuyez sur la touche **Suppr**.

Note Vous pouvez cliquer le bouton de la barre d'outils Accès rapide pour annuler la suppression.

Rétablir la disposition

Si vous changez d'avis, vous pouvez toujours revenir à la mise en forme initiale.

1. Dans le volet **Diapositives**, cliquez la diapositive pour la sélectionner.
2. Cliquez l'onglet **Accueil ➜ Diapositives ➜ Rétablir**.

La diapositive retrouve son agencement d'origine. Si vous avez ajouté entre temps d'autres éléments (zones de texte, images, *etc.*), ils restent à leur position actuelle.

Saisir un texte

Il est temps de saisir les textes de vos diapositives.

1. Cliquez dans la zone de texte. Le texte par défaut « Cliquez pour ajouter... » disparaît.

   Notez que la zone de texte en mode saisie est entourée d'un cadre en pointillé. Quand la zone est juste sélectionnée, elle est entourée d'un cadre avec des lignes continues.

2. Appuyez sur la touche **Entrée** pour changer de ligne à l'intérieur de la zone de texte.

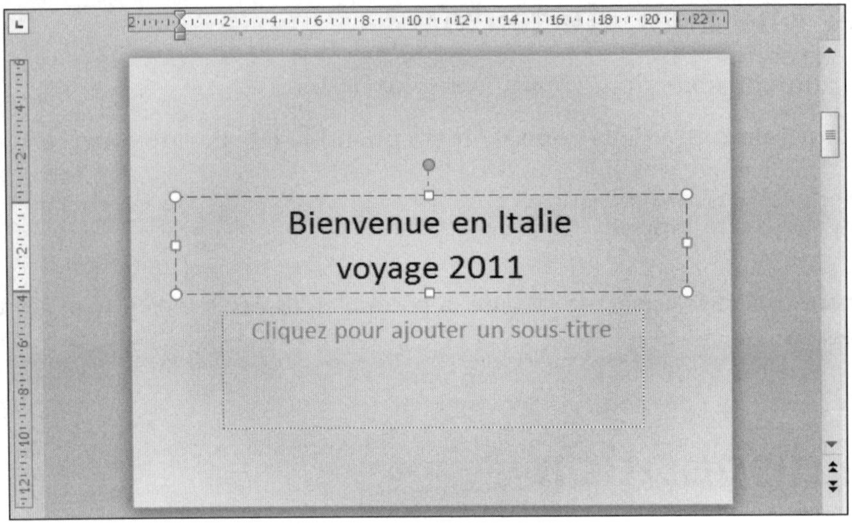
Bienvenue en Italie
voyage 2011
Cliquez pour ajouter un sous-titre

Figure 32-5 Saisie d'une zone de texte.

Ajouter une zone de texte

Pour compléter vos diapositives, ajoutez des zones de texte en plus de celles proposées à la création. Vous pourrez ensuite les modifier comme toutes les autres zones.

1. Cliquez l'onglet **Insertion → Texte → Zone de texte**.
2. Cliquez dans la diapositive à la position d'insertion. Vous pouvez aussi cliquer et faire glisser si vous désirez définir la taille de la zone de texte.
3. Tapez le texte dans le cadre de la zone de texte.

Attention Si vous ne saisissez pas de texte à l'étape **3**, la zone n'est pas créée par PowerPoint.

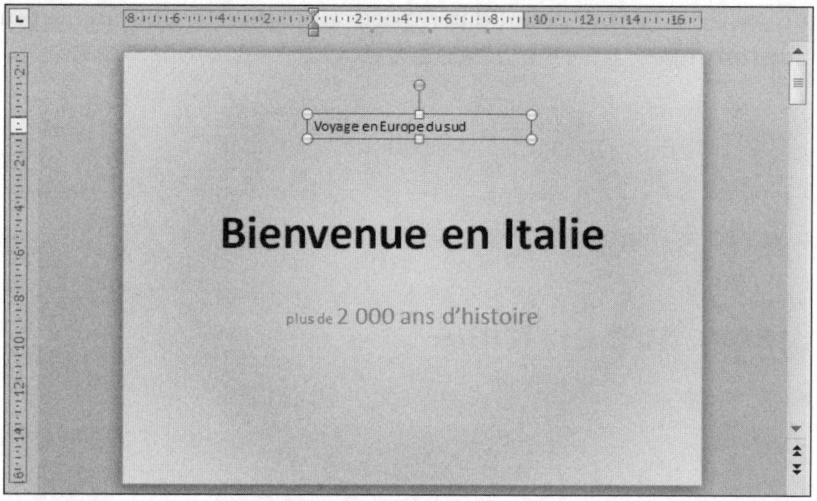
Voyage en Europe du sud
Bienvenue en Italie
plus de 2 000 ans d'histoire

Figure 32-6 Ajout d'une zone de texte.

Mettre en forme un texte

PowerPoint vous propose la panoplie habituelle de mise en forme des caractères. Il suffit de sélectionner le texte à modifier, puis d'utiliser les outils du tableau 32-1. Vous trouverez ces derniers dans le groupe **Police** de l'onglet **Accueil**.

Bouton...	Pour...
Calibri (Corps)	modifier la police de caractères
18	modifier la taille des caractères
G	mettre en gras
I	mettre en italique
S	souligner les caractères
abc	barrer les caractères
S	ajouter une ombre aux caractères
AV	modifier l'espace entre les caractères
A	modifier la couleur des caractères
Aa	mettre en majuscule ou en minuscule
A	augmenter la taille des caractères
A	diminuer la taille des caractères
	effacer toutes les mises en forme

Tableau 32-1 Outils de mises en forme des caractères.

Ces outils fonctionnent de la même façon dans Word. Consultez le chapitre 4 pour des explications plus approfondies.

Figure 32-7 Zone de texte après mise en forme des caractères.

Mettre en forme un paragraphe

Comme pour la mise en forme des caractères, PowerPoint propose des outils pour modifier celles des paragraphes. Il suffit de cliquer dans le paragraphe à modifier, puis d'utiliser les outils du tableau 32-2. Vous trouverez ces derniers dans le groupe **Paragraphe** de l'onglet **Accueil**.

Bouton...	Pour...
	créer une liste à puces
	créer une liste numérotée
	modifier l'espace entre les lignes
	décaler la ligne vers la gauche
	décaler la ligne vers la droite
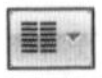	mettre le texte sur plusieurs colonnes
	aligner le texte à gauche
	centrer le texte
	aligner le texte à droite
	justifier le texte

Tableau 32-2 Outils de mises en forme des paragraphes.

Ces outils fonctionnent de la même façon dans Word. Consultez le chapitre 5 pour des explications plus approfondies. Consultez aussi le chapitre 7 pour répartir un texte sur plusieurs colonnes.

Les villes à visiter :
• Rome : 4 jours
• Venise : 3 jours
• Florence : 2 jours
• Pise : 1 jour
• Lucques : 1 jour

Figure 32-8 Zone de texte après mise en forme des paragraphes.

Modifier l'orientation d'un texte

PowerPoint permet de faire pivoter vos textes pour une écriture verticale.

1. Cliquez la zone de texte pour la sélectionner.
2. Cliquez l'onglet **Accueil ➜ Paragraphe ➜ Orientation du texte** .
3. Cliquez le sens d'orientation du texte dans la liste.
4. Si cela est nécessaire, modifiez la taille de la zone de texte pour l'accorder avec son contenu.

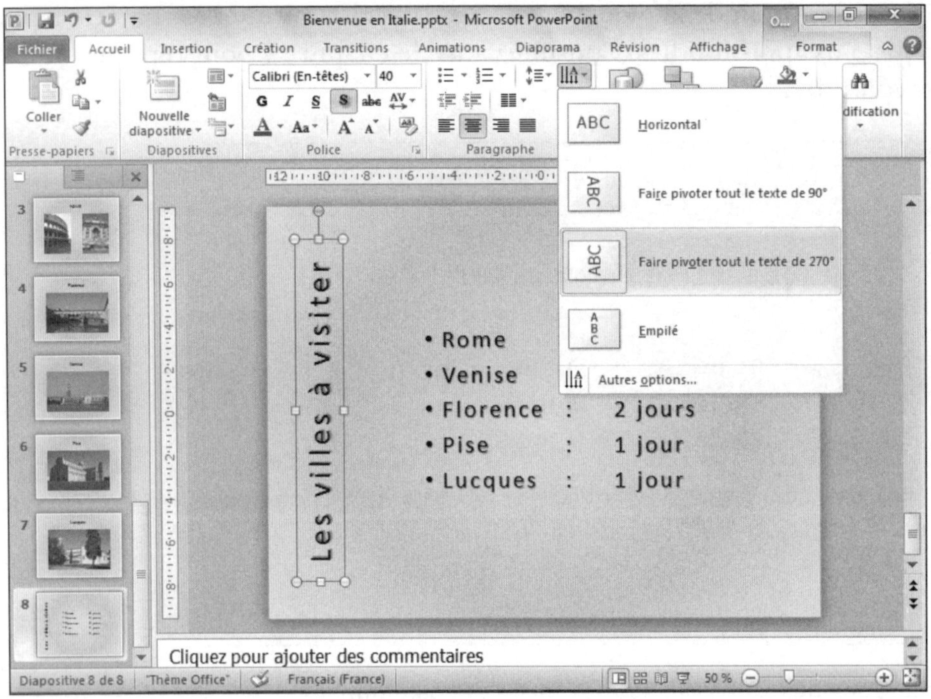

Figure 32-9 Texte à la verticale.

Modifier l'alignement vertical d'un texte

En plus de l'alignement classique à l'horizontal des paragraphes, PowerPoint propose aussi un alignement vertical.

1. Cliquez la zone de texte pour la sélectionner.
2. Cliquez l'onglet **Accueil ➜ Paragraphe ➜ Aligner le texte** .

Figure 32-10 Modification de l'alignement vertical.

Appliquer un style rapide

Pour simplifier la réalisation de vos diapositives, PowerPoint met à votre disposition des styles pour vos zones de texte.

1. Cliquez la zone de texte pour la sélectionner.
2. Cliquez l'onglet **Accueil → Dessin → Styles rapides**.
3. Cliquez un style dans la liste.

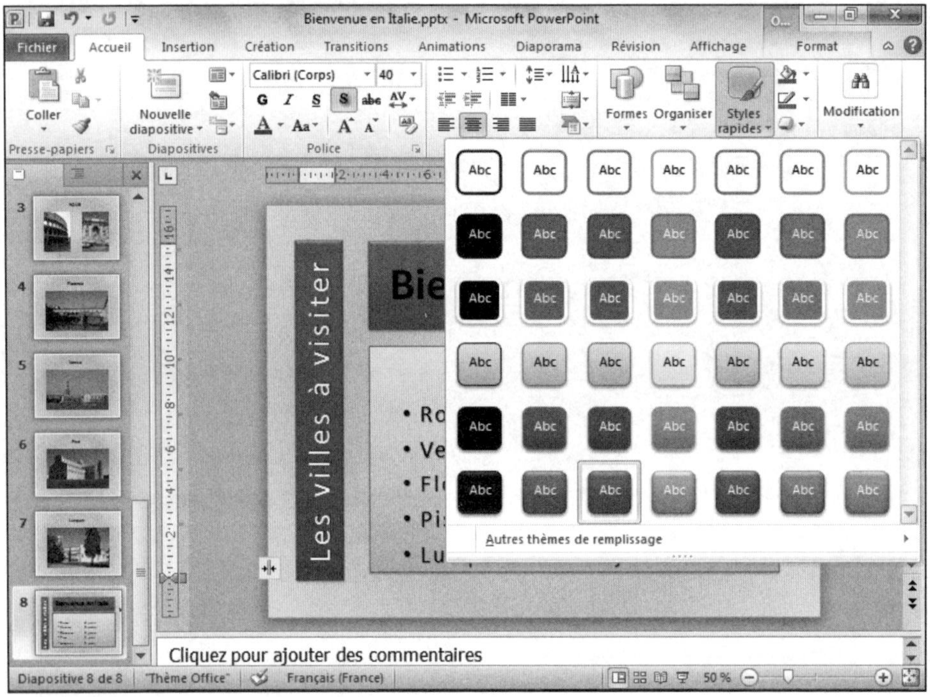

Figure 32-11 Application d'un style rapide.

Ajouter un commentaire

Les commentaires permettent de prendre des notes pour chaque diapositive. Ils ne sont pas visibles lors du diaporama. Cependant, si votre ordinateur le permet, vous pouvez les afficher sur un second moniteur lors d'une conférence ou d'un exposé. Vous serez alors le seul à voir ces commentaires.

1. Cliquez la zone des commentaires en dessous d'une diapositive.
2. Tapez vos commentaires, notes et pense-bêtes nécessaires pour vous aider lors de la diffusion au public ou pour mieux gérer l'organisation de votre présentation lors de sa création.

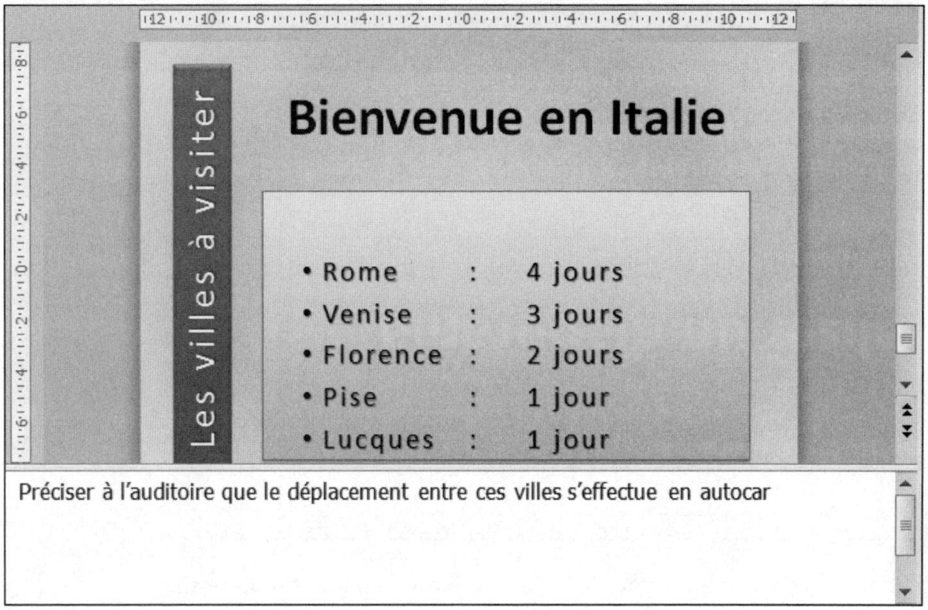
Bienvenue en Italie
Les villes à visiter
• Rome : 4 jours
• Venise : 3 jours
• Florence : 2 jours
• Pise : 1 jour
• Lucques : 1 jour
Préciser à l'auditoire que le déplacement entre ces villes s'effectue en autocar

Figure 32-12 Diapositive avec un commentaire.

Numéroter et dater les diapositives

Pour mieux suivre la chronologie de votre diaporama, vous pouvez numéroter et dater chaque diapositive.

1. Si vous désirez que les modifications s'appliquent à une diapositive en particulier, sélectionnez-la à ce stade.
2. Cliquez l'onglet **Insertion → Texte → Insérer le numéro de diapositive** .
3. Cochez la case **Date et heure** pour les ajouter à gauche dans le pied de page. Cliquez l'option **Fixe** si la date ne doit pas être réactualisée, puis tapez cette date dans la zone en dessous.
4. Cochez la case **Numéro de diapositive** pour les ajouter à droite dans le pied de page.
5. Cochez la case **Pied de page** pour ajouter un commentaire au centre du pied de page. Tapez le texte du commentaire dans la zone en dessous.

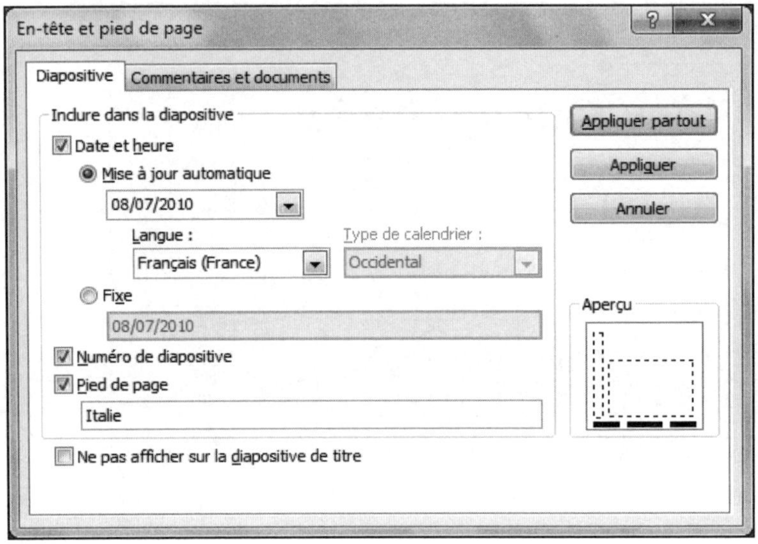

Figure 32-13 Ajout de numéro et de date dans le pied de page des diapositives.

6. Cliquez le bouton **Appliquer partout** pour ajouter ces modifications à l'ensemble des diapositives de la présentation. Cliquez le bouton **Appliquer** pour limiter les modifications à la diapositive sélectionnée à l'étape **1**.

Masquer des diapositives

Sans toutefois créer un diaporama personnalisé (consultez la fin du chapitre 31), vous pouvez vous contenter de masquer certaines diapositives de votre présentation.

1. Sélectionnez la diapositive à masquer.
2. Cliquez l'onglet **Diaporama ➜ Configuration ➜ Masquer la diapositive**.

   Dans le volet de gauche, la diapositive est grisée, et son numéro est barré.

Figure 32-14 Diapositives masquées dans une présentation.

Les diapositives masquées n'apparaissent ni dans le diaporama normal, ni dans les diaporamas personnalisés. Les numéros de ces diapositives sont mis entre parenthèses dans la boîte Définir un diaporama personnalisé (onglet **Diaporama ➜ Démarrage du diaporama ➜ Diaporama personnalisé ➜ Diaporamas personnalisés** puis le bouton **Modifier**).

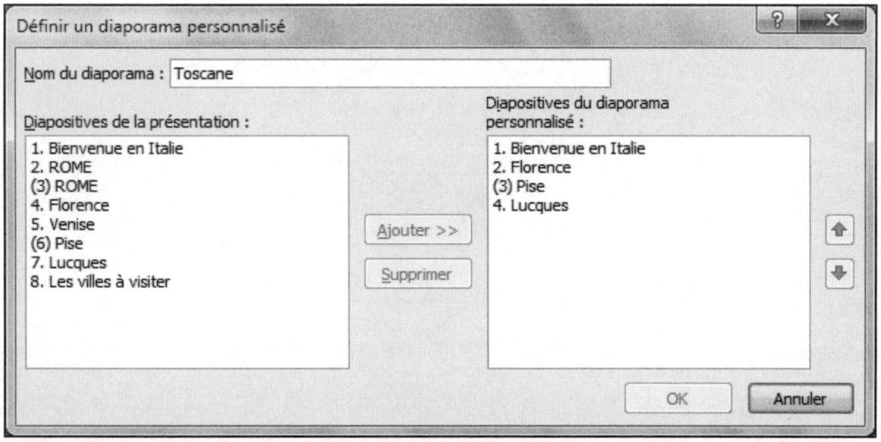

Figure 32-15 Modifications d'un diaporama personnalisé.

Pour réafficher une diapositive, répétez les étapes **1** et **2**.

Gérer les fichiers de vos présentations

Comme pour tous les autres documents, vos présentations doivent être enregistrées régulièrement. Comme les procédures d'enregistrement, d'ouverture et de création de nouvelles présentations sont identiques à celles des documents Word, consultez la fin du chapitre 2 pour connaître les étapes à suivre.

Note Les présentations portent l'extension **.PPTX**. Les versions précédentes de PowerPoint portaient l'extension **.PPT**.

Chapitre 33

Modifier les présentations

Dans ce chapitre

- Appliquer et modifier un thème
- Créer un thème
- Utiliser les modèles
- Modifier l'arrière-plan des diapositives
- Mettre en page la présentation
- Minuter la présentation
- Ajouter des effets de transition

Ce chapitre est consacré à l'agencement des présentations : utilisation de modèles prédéfinis ou disponibles sur Internet, application de styles, arrière-plan coloré ou avec des images, *etc.*

Il traite aussi du minutage et des transitions entre les diapositives.

Appliquer un thème

Les thèmes sont des ensembles de mises en forme pour vos présentations. Ils concernent trois éléments principaux : les couleurs, les polices et les effets graphiques.

1. Cliquez l'onglet **Création ➜ Thèmes ➜ Thèmes**.
2. Pointez un thème dans la liste.

   PowerPoint montre un exemple du thème dans la diapositive active.
3. Cliquez le thème désiré dans la liste.

Figure 33-1 Sélection d'un thème de présentation.

PowerPoint applique le thème à toutes les diapositives de la présentation.

PowerPoint propose aussi des thèmes téléchargés sur Internet. Cette mise à jour est automatique. Ces thèmes apparaissent en bas de la liste des thèmes. Si la mise à jour ne s'effectue pas, cliquez l'onglet **Création ➜ Thèmes ➜ Activer les mises à jour de contenu sur Office.com**.

Figure 33-2 Thèmes téléchargés *via* Internet sur le site Office.com.

Vous pouvez maintenant modifier les autres paramètres du thème :

1. Cliquez l'onglet **Création ➜ Thèmes ➜ Couleurs** puis cliquez un jeu de couleurs dans la liste.
2. Cliquez l'onglet **Création ➜ Thèmes ➜ Polices** puis cliquez un jeu de polices dans la liste.

3. Cliquez l'onglet **Création → Thèmes → Effets** puis cliquez un jeu d'effets dans la liste.

Figure 33-3 Choix des effets d'un thème.

Modifier ou créer un thème

Il n'existe pas de fonction pour créer un thème de toutes pièces. Vous devez donc modifier un thème prédéfini, puis l'enregistrer comme nouveau thème.

1. Cliquez l'onglet **Création → Thèmes → Thèmes**.
2. Cliquez le thème désiré dans la liste.
3. Cliquez l'onglet **Création → Thèmes → Couleurs → Nouvelles couleurs de thème**.
4. Sélectionnez les couleurs de chaque rubrique.
5. Tapez dans la zone **Nom** celui de votre jeu de couleurs.

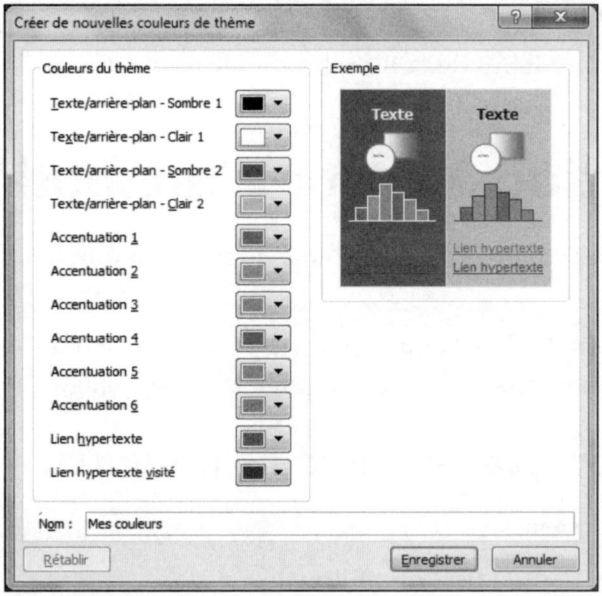

Figure 33-4 Choix des couleurs d'un nouveau thème.

6. Cliquez le bouton **Enregistrer**.
7. Cliquez l'onglet **Création ➜ Thèmes ➜ Polices ➜ Nouvelles polices de thème**.
8. Sélectionnez les polices dans les listes **Police du titre** et **Police du corps du texte**.
9. Tapez dans la zone **Nom** celui de votre jeu de polices.

Figure 33-5 Choix des polices d'un nouveau thème.

10. Cliquez le bouton **Enregistrer**.
11. Cliquez l'onglet **Création ➜ Thèmes ➜ Effets** puis choisissez un jeu d'effets dans la liste.
12. Cliquez l'onglet **Création ➜ Thèmes ➜ Thèmes ➜ Enregistrer le thème actif**.
13. Tapez le nom de votre thème dans la zone **Nom de fichier**.

14. Cliquez le bouton **Enregistrer**.

Votre thème apparaît maintenant au début de la liste des thèmes.

Créer une présentation à partir d'un modèle

PowerPoint propose des modèles pour tous les sujets : présentations, rapports, planifications, calendriers, *etc.*

Un modèle est une description complète de la mise en forme d'une présentation. Cela comprend les styles, les thèmes, mais aussi des mises en page avec des images.

Créer une présentation avec un modèle prédéfini

1. Cliquez l'onglet **Fichier → Nouveau**.
2. Cliquez **Exemples de modèles** dans la liste du milieu.

   La liste du centre propose les modèles disponibles sur votre ordinateur.
3. Cliquez un modèle dans la liste du centre.

   La zone de droite affiche un aperçu du modèle sélectionné.

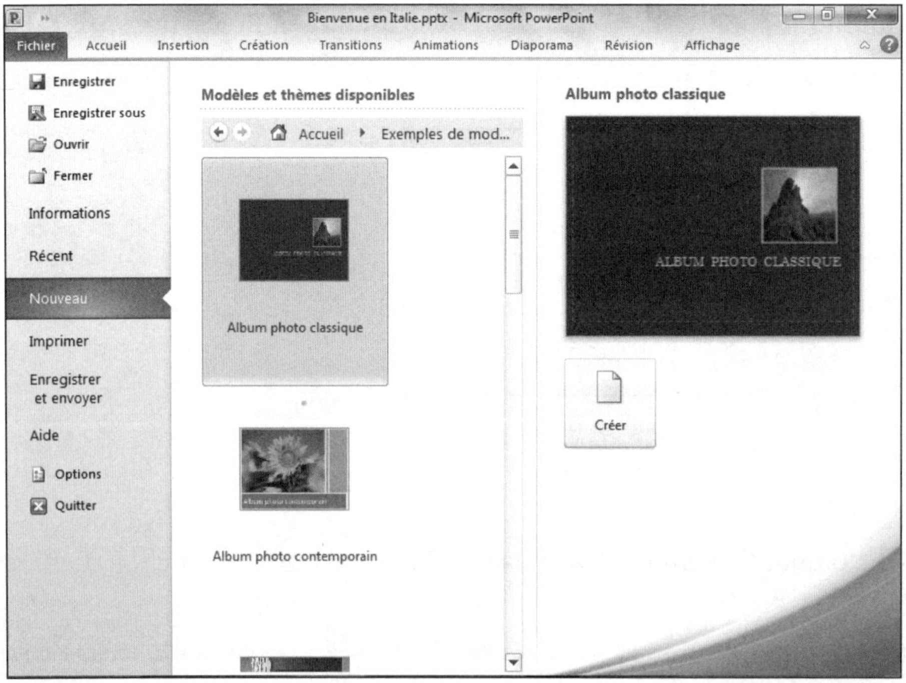

Figure 33-6 Modèle de présentation.

4. Cliquez le bouton **Créer**.

La nouvelle présentation est créée à partir du modèle.

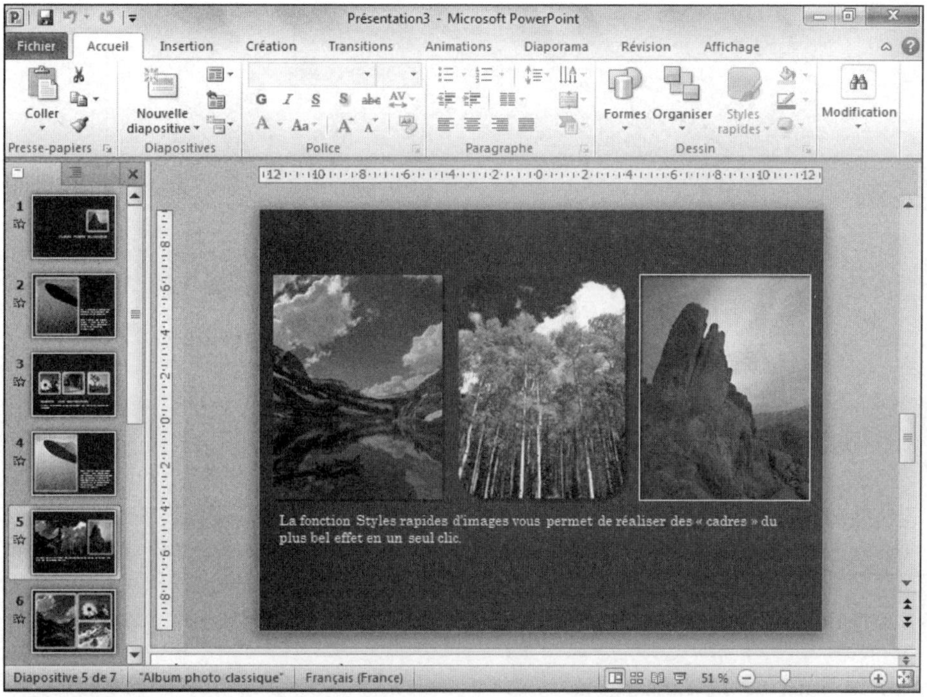

Figure 33-7 Présentation basée sur un modèle prédéfini.

Utiliser un modèle sur Internet

Les modèles déjà installés sur votre ordinateur sont peu nombreux. En accédant à Internet, vous trouverez une foule de modèles sur les sujets les plus divers.

1. Cliquez l'onglet **Fichier → Nouveau**.
2. Cliquez un thème de modèles dans la liste du milieu en dessous de **Modèles Office.com**.

   Les modèles disponibles sur Internet s'affichent dans la liste du centre.

Astuce Si vous ne trouvez pas votre sujet dans la liste de gauche, cliquez **Autres catégories** tout en bas de cette dernière. Certaines catégories affichent des sous-catégories dans la liste du centre. Cliquez alors une des sous-catégories pour afficher les modèles correspondants.

3. Cliquez un modèle dans la liste du centre.

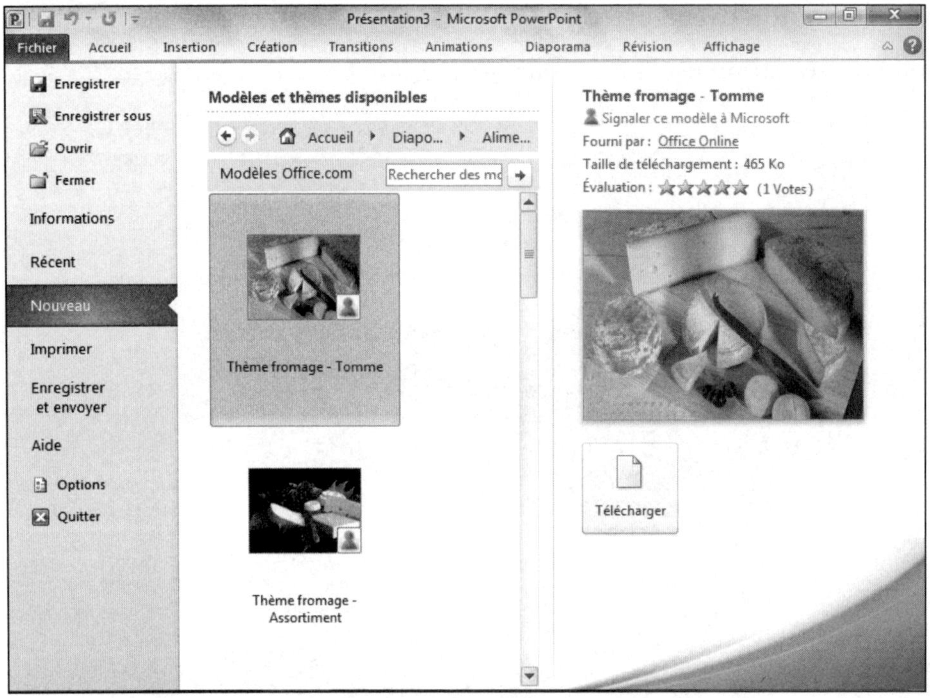

Figure 33-8 Modèle de présentation proposé sur Internet.

4. Cliquez le bouton **Télécharger**.

   Le modèle est téléchargé *via* Internet.

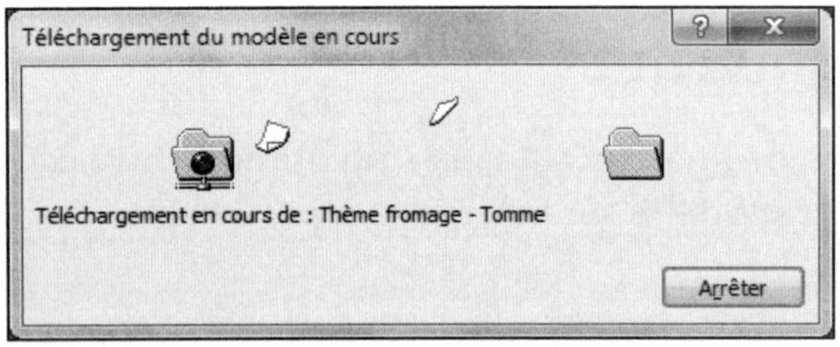

Figure 33-9 Téléchargement d'un modèle sur Internet.

5. Modifiez les éléments des diapositives (textes, images, *etc.*).

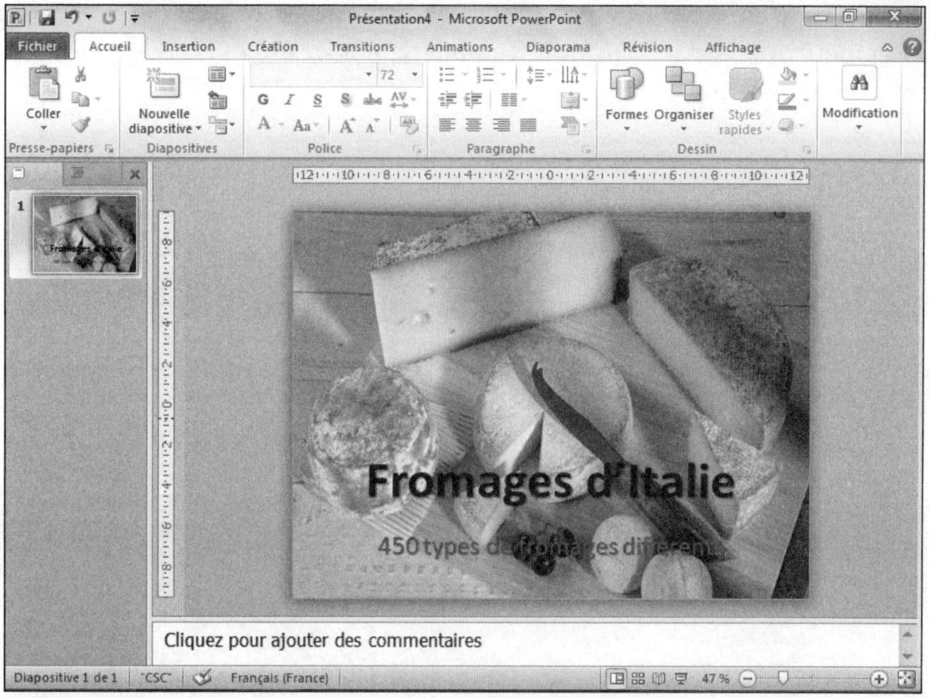

Figure 33-10 Présentation fondée sur un modèle téléchargé sur Internet.

Modifier l'arrière-plan

Pour améliorer vos diapositives, changez leur arrière-plan.

Ajouter un fond coloré en arrière-plan

Vous pouvez choisir un fond coloré correspondant au thème actuel, ou définir vous-même ce fond.

1. Si vous désirez que les modifications s'appliquent à une seule diapositive, sélectionnez-la dès maintenant.
2. Cliquez l'onglet **Création** ➜ **Arrière-plan** ➜ **Styles d'arrière-plan**.
3. Cliquez un arrière-plan dans la liste.
4. Si vous ne trouvez pas votre bonheur à l'étape **3**, cliquez **Mise en forme de l'arrière-plan** en bas de la liste.

5. Cochez l'option **Remplissage uni** et cliquez le bouton **Couleur** pour la choisir dans la palette, ou cochez l'option **Remplissage dégradé** et modifiez les paramètres proposés.

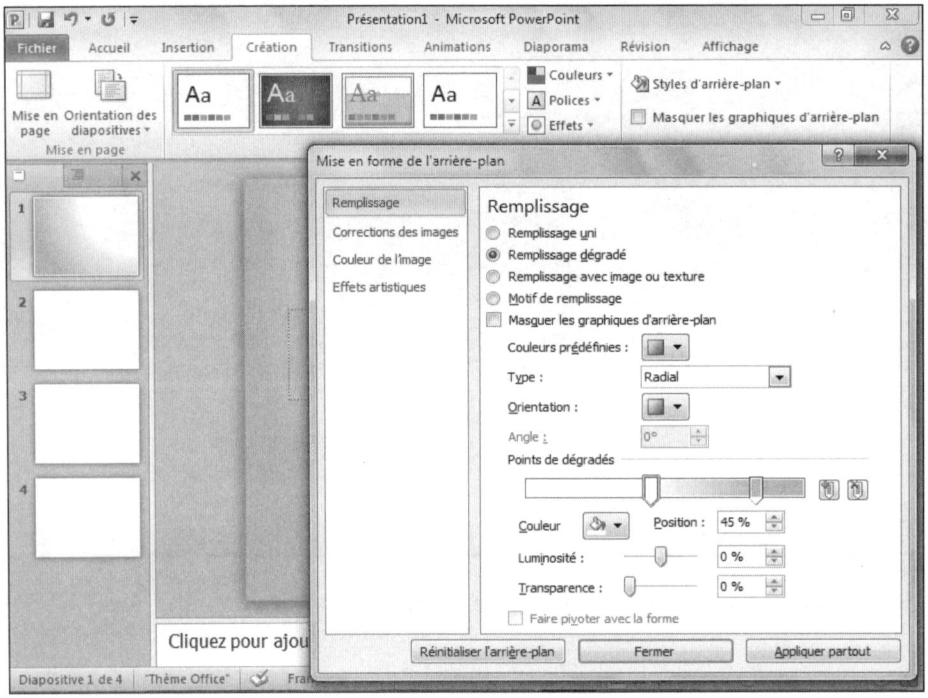

Figure 33-11 Paramètres d'un arrière-plan de couleur.

6. Cliquez le bouton **Appliquer partout** pour ajouter ces modifications à l'ensemble des diapositives de la présentation. Cliquez le bouton **Fermer** pour limiter les modifications à la diapositive sélectionnée à l'étape **1**.

Utiliser une image ou une texture comme arrière-plan

Comme vous l'avez constaté dans les modèles et les thèmes, il est possible d'utiliser une image comme arrière-plan de vos diapositives.

1. Si vous désirez que les modifications s'appliquent à une seule diapositive, sélectionnez-la dès maintenant.
2. Cliquez l'onglet **Création ➜ Arrière-plan ➜ Styles d'arrière-plan ➜ Mise en forme de l'arrière-plan**.
3. Cliquez l'option **Remplissage avec image ou texture**.
4. Pour définir une texture, choisissez-la dans la liste **Texture**.

5. Pour choisir une image, cliquez le bouton **Fichier** et recherchez-la sur votre disque dur. Modifiez ensuite les paramètres en dessous.

Astuce Pour modifier les paramètres de l'image, cliquez **Corrections des images, Couleur d'images** ou **Effets artistiques** dans la liste de gauche de la boîte Mise en forme de l'arrière-plan, puis modifiez les paramètres proposés. Pour des explications complémentaires sur les options proposées, consultez le chapitre 12.

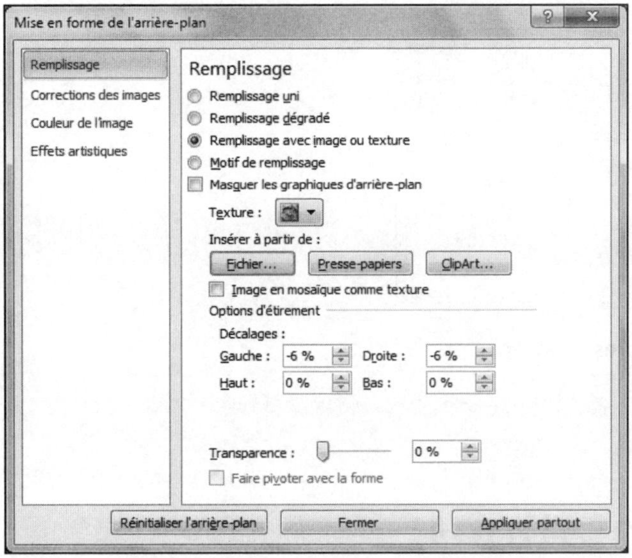

Figure 33-12 Paramètres d'un arrière-plan avec une image.

6. Cliquez le bouton **Appliquer partout** pour ajouter ces modifications à l'ensemble des diapositives de la présentation. Cliquez le bouton **Fermer** pour limiter les modifications à la diapositive sélectionnée à l'étape **1**.

Mise en page

Les options de mise en page permettent de définir certains paramètres d'affichage du diaporama.

1. Cliquez l'onglet **Création ➜ Mise en page ➜ Mise en page**.
2. Sélectionnez dans la liste **Diapositives dimensionnées pour** le format du moniteur ou du projecteur utilisé pour le diaporama.
3. Si vous désirez utiliser un format personnalisé, modifiez les zones **Largeur** et **Hauteur**.

4. Si la numérotation des diapositives ne doit pas débuter à partir de 1, sélectionnez le numéro désiré dans la zone **Numéroter à partir de**.
5. Dans la zone **Orientation**, cochez le sens des diapositives (premier moniteur) et des commentaires (second moniteur).

Note Si vous désirez juste modifier le sens de toutes les diapositives, cliquez l'onglet **Création ➜ Mise en page ➜ Orientation des diapositives** puis le sens d'affichage.

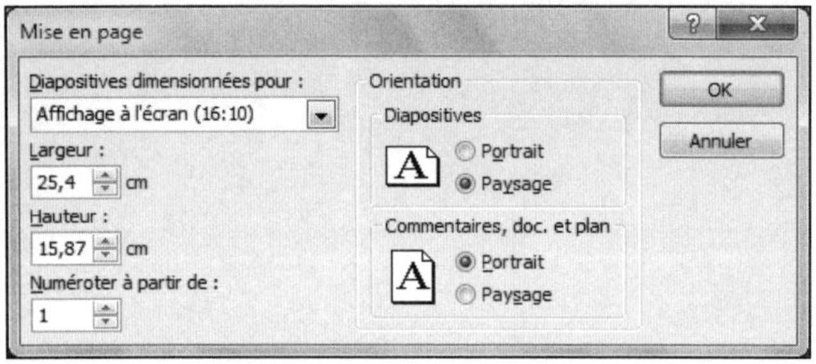

Figure 33-13 Mise en page d'une présentation.

6. Cliquez le bouton **OK**.

Minuter les présentations

Par défaut, le diaporama est manuel. Vous pouvez choisir de minuter chaque diapositive.

1. Sélectionnez la ou les diapositives dont vous désirez définir la durée.
2. Cliquez l'onglet **Transitions ➜ Minutage**, cochez la case **Automatiquement après**, puis sélectionnez la durée dans la zone en regard.

Note Laissez cochée la case **Manuellement** pour laisser la possibilité de changer de diapositive avant la fin de la durée choisie.

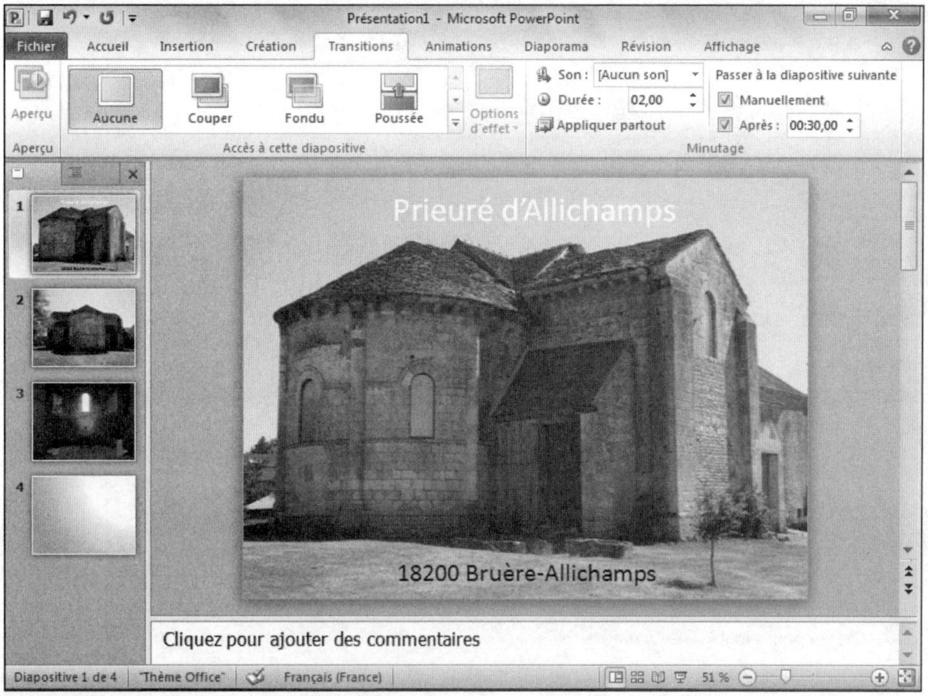

Figure 33-14 Minutage de diapositives.

Appliquer des effets de transitions

Agrémentez vos présentations grâce aux effets de transitions. Ils permettent de passer d'une diapositive à l'autre par le biais d'une animation graphique. Il en existe un grand choix.

1. Sélectionnez la ou les diapositives dont vous désirez modifier l'effet de transition.
2. Cliquez l'onglet **Transitions ➜ Accès à cette diapositive ➜ Jeu de transition**, puis cliquez l'effet désiré dans la liste.

   PowerPoint montre un exemple dans la diapositive active.

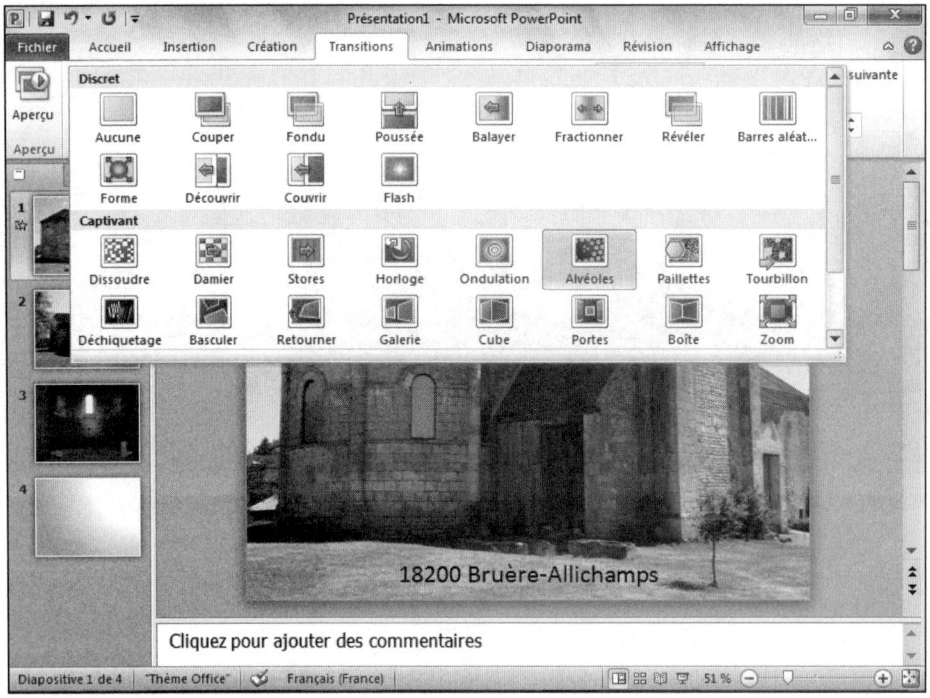

Figure 33-15 Ajout d'un effet de transition.

3. Pour revoir la transition, cliquez l'onglet **Transition → Aperçu.**
4. Si vous souhaitez appliquer la transition choisie à l'étape **2** à toutes les diapositives de la présentation, cliquez l'onglet **Transitions → Minutage → Appliquer partout**.

Configurer le diaporama

PowerPoint propose une multitude de paramètres pour configurer vos diaporamas.

1. Cliquez l'onglet **Diaporama → Configuration → Configurer le diaporama**.
2. Modifiez les paramètres proposés.

Note Comme les paramètres sont nombreux, consultez l'aide en ligne afin d'obtenir des précisions sur chaque option.

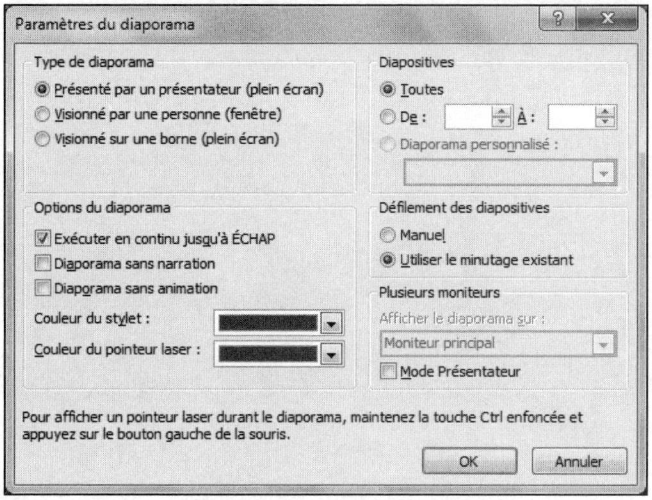

Figure 33-16 Configuration du diaporama.

3. Cliquez le bouton **OK**.

Chapitre 34

Ajouter des graphiques et des contenus multimédias

Dans ce chapitre

- Ajouter des formes
- Définir l'interactivité des formes
- Ajouter un graphique SmartArt
- Convertir un texte en SmartArt
- Utiliser les images et les clipart
- Sonoriser vos diaporamas
- Créer des albums photo
- Insérer des graphiques Excel

Ce dernier chapitre sur PowerPoint va vous permettre de peaufiner vos présentations avec des formes, des SmartArt et des graphiques. Vous y découvrirez aussi la navigation entre les diapositives grâce à des boutons de commande, ainsi que la sonorisation des diaporamas avec de la musique ou vos propres commentaires.

Ajouter des formes

Pour créer des diagrammes, ajouter des boutons de commande ou agrémenter vos diapositives avec des dessins, PowerPoint propose des formes prédéfinies.

1. Cliquez l'onglet **Insertion → Illustrations → Formes**.

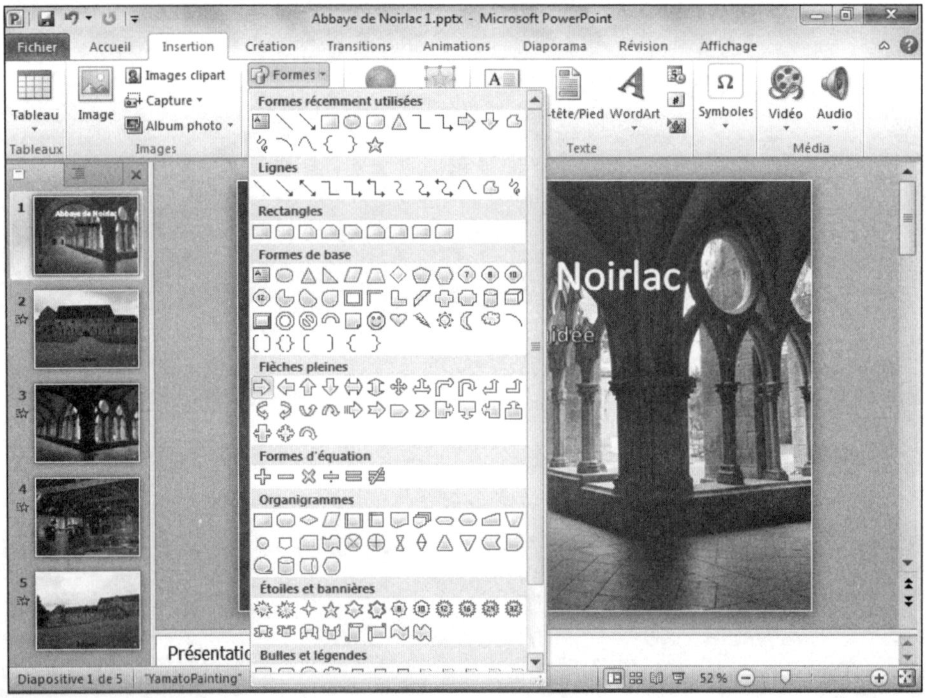

Figure 34-1 Liste des formes disponibles.

2. Cliquez la forme désirée dans la liste **Formes**.
3. Cliquez et faites glisser dans la diapositive.

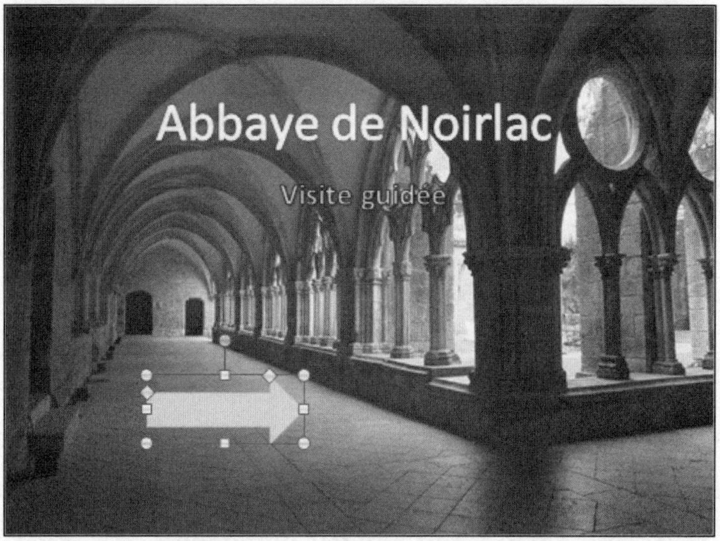
Abbaye de Noirlac
Visite guidée

Figure 34-2 Ajout d'une forme dans un document.

La forme est posée sur la page. Un nouvel onglet **Format** apparaît dans le ruban.

Redimensionner une forme

Grâce aux poignées de redimensionnement de la forme, vous pouvez modifier sa taille.

1. Cliquez la forme pour la sélectionner.

   La forme est entourée par ses poignées de redimensionnement. Les carrés permettent d'en modifier la hauteur ou la largeur. Les cercles permettent d'en modifier en même temps la largeur et la hauteur.

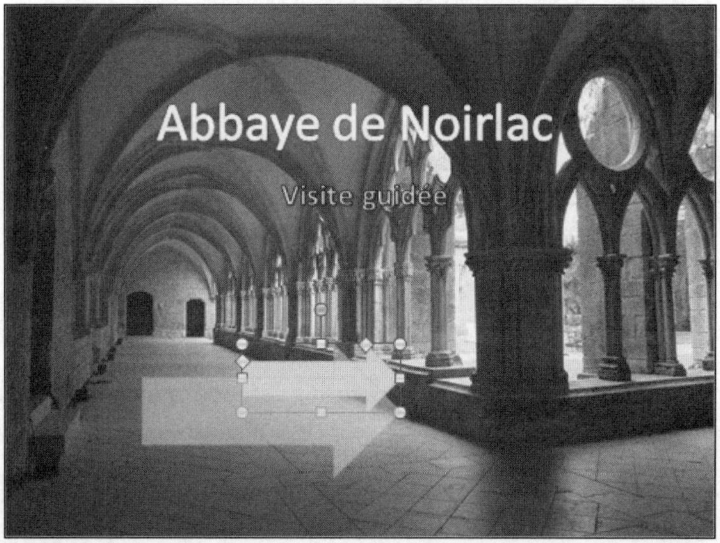
Abbaye de Noirlac
Visite guidée

Figure 34-3 Redimensionnement d'une forme.

2. Cliquez et faites glisser une des poignées pour redimensionner la forme.

Astuce Pour respecter les proportions d'origine (largeur et hauteur), maintenez la touche **Maj** enfoncée pendant le redimensionnement. Cette touche est indispensable pour obtenir des cercles et non des ellipses ou des carrés et non des rectangles.

Pour appliquer une rotation à une forme, faites glisser la poignée ronde de couleur verte. Certaines formes proposent un triangle jaune. Ce dernier permet de modifier la forme, par exemple d'arrondir les angles d'un rectangle.

Déplacer une forme

Pour réorganiser vos dessins, vous pouvez déplacer chaque forme sur le document.

1. Cliquez la forme pour la sélectionner.

   La forme est entourée par ses poignées de redimensionnement.

2. Pointez le centre de la forme. Le curseur de souris prend la forme .

Figure 34-4 Déplacement d'une forme.

3. Cliquez et faites glisser pour déplacer la forme.

Note Pour supprimer une forme, cliquez-la pour la sélectionner, puis appuyez sur la touche **Suppr**. Vous pouvez cliquer le bouton  de la barre d'outils Accès rapide pour annuler la suppression.

Modifier le style des formes

Tous les paramètres de mise en forme (couleurs, style, effets, *etc.*) sont regroupés dans l'onglet **Format**.

1. Cliquez la forme pour la sélectionner.
2. Éventuellement, cliquez l'onglet **Format**. Cet onglet se sélectionne automatiquement si votre dernière action concernait une forme.

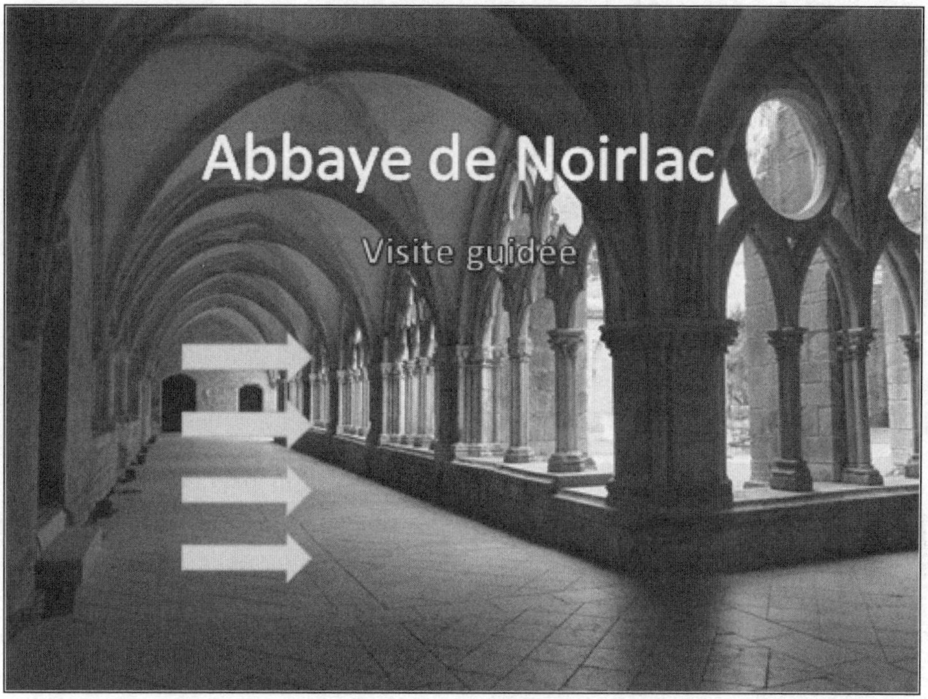
Abbaye de Noirlac
Visite guidée

Figure 34-5 Formes avant modification de styles.

Le groupe **Styles de formes** de l'onglet **Format** propose les commandes suivantes :

- **Remplissage de forme** : modifier la couleur de fond de la forme et appliquer des dégradés ou des textures.
- **Contour de forme** : modifier la couleur du trait qui entoure la forme, ainsi que son apparence (épaisseur, tirets, *etc.*).
- **Style visuel** : appliquer des styles prédéfinis à une forme. Cliquez le bouton pour agrandir la liste. La commande **Autres thèmes de remplissage** propose de modifier les dégradés.
- **Effets sur la forme** : ajouter une ombre, un reflet 3D, un reflet, *etc.*

1. Cliquez la forme pour la sélectionner.
2. Cliquez l'onglet **Format ➔ Styles de formes** puis le type d'élément à modifier.

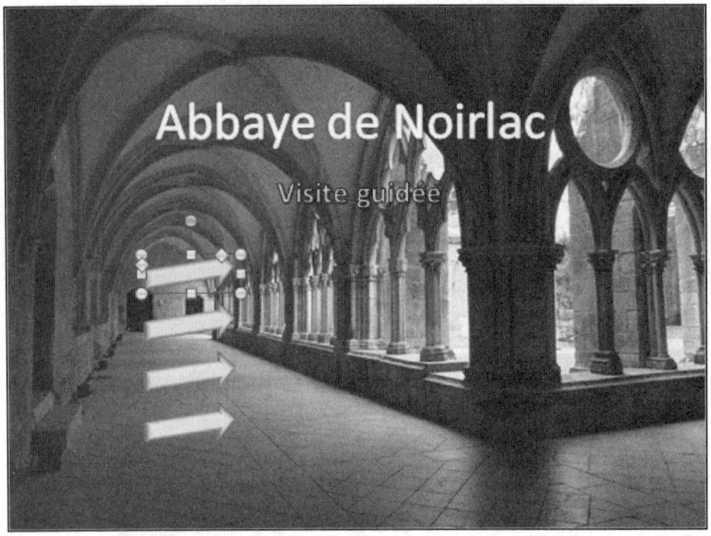
Abbaye de Noirlac
Visite guidée

Figure 34-6 Formes après modification des styles.

Modifier l'ordre des formes

Par défaut, chaque nouvelle forme est placée au-dessus des précédentes. Vous pouvez modifier cet ordre.

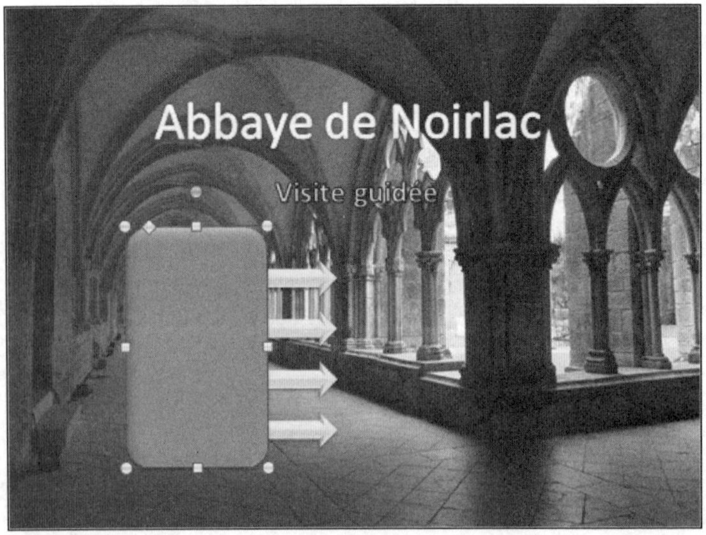
Abbaye de Noirlac
Visite guidée

Figure 34-7 Formes avant modification de l'ordre.

1. Cliquez la forme avec le bouton droit.

2. Cliquez la commande **Mettre au premier plan ou Mettre à l'arrière-plan** dans le menu contextuel, puis cliquez la position exacte.

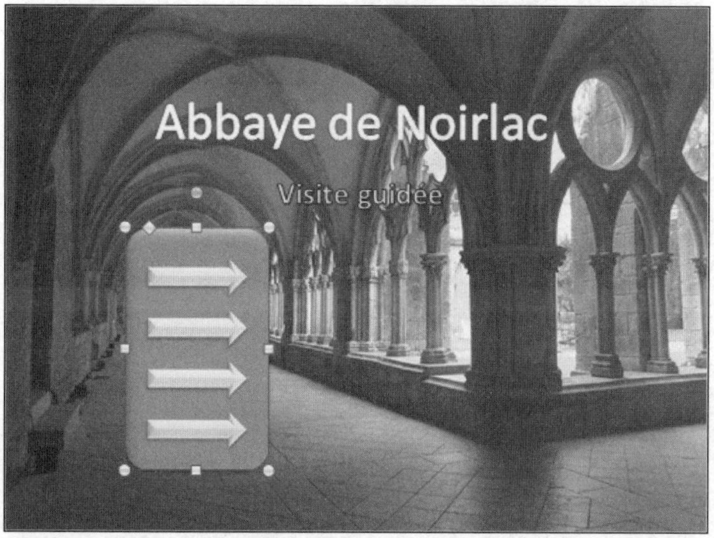
Abbaye de Noirlac
Visite guidée

Figure 34-8 Formes après modification de l'ordre.

Note Vous pouvez aussi utiliser l'onglet **Format → Organiser**.

Sélectionner et grouper des formes

Pour appliquer un format à plusieurs formes ou pour les grouper, vous devez toutes les sélectionner.

1. Cliquez la première forme.
2. Maintenez la touche **Ctrl** enfoncée.
3. Cliquez les autres formes pour les sélectionner aussi.

Astuce Vous pouvez aussi cliquer et faire glisser sur la diapositive, à partir d'une zone vide, pour tracer un cadre autour des formes à sélectionner.

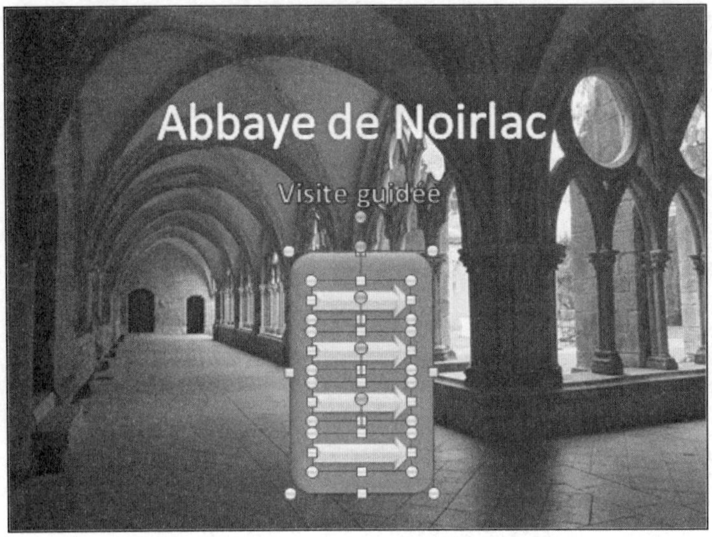
Abbaye de Noirlac
Visite guidée

Figure 34-9 Sélection de plusieurs formes.

Pour les déplacer facilement ou modifier leur format, groupez les formes en une seule.

1. Sélectionnez les formes à grouper.
2. Cliquez l'onglet **Format → Organiser → Grouper** [icône] **→ Grouper**.

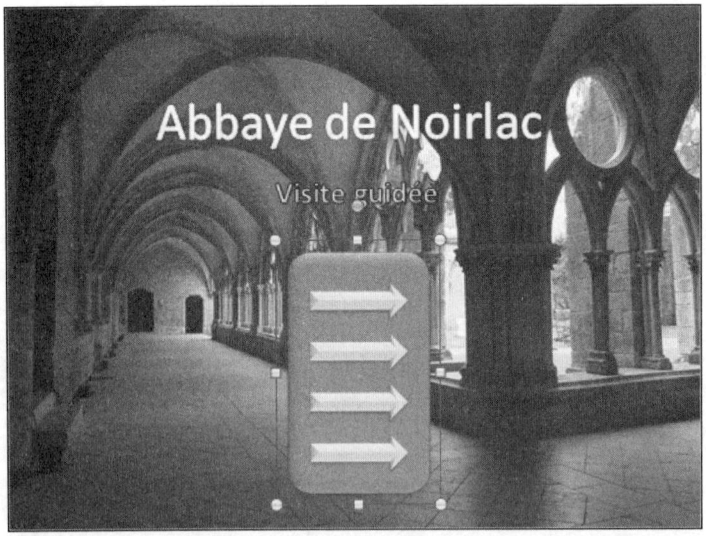
Abbaye de Noirlac
Visite guidée

Figure 34-10 Groupe de plusieurs formes.

Pour dissocier des formes groupées, cliquez l'onglet **Format → Organiser → Grouper** [icône] **→ Dissocier**.

Aligner les formes

Pour obtenir une belle présentation, vous pouvez aligner les formes les unes par rapport aux autres.

1. Sélectionnez les formes à aligner.

Abbaye de Noirlac
Visite guidée

Figure 34-11 Sélection de plusieurs formes à aligner.

2. Cliquez l'onglet **Format** ➜ **Organiser** ➜ **Aligner** puis cliquez l'alignement à appliquer.

Note Les commandes **Distribuer** ne sont disponibles que si vous avez sélectionné au moins trois formes. Elles permettent de placer les formes à égale distance.

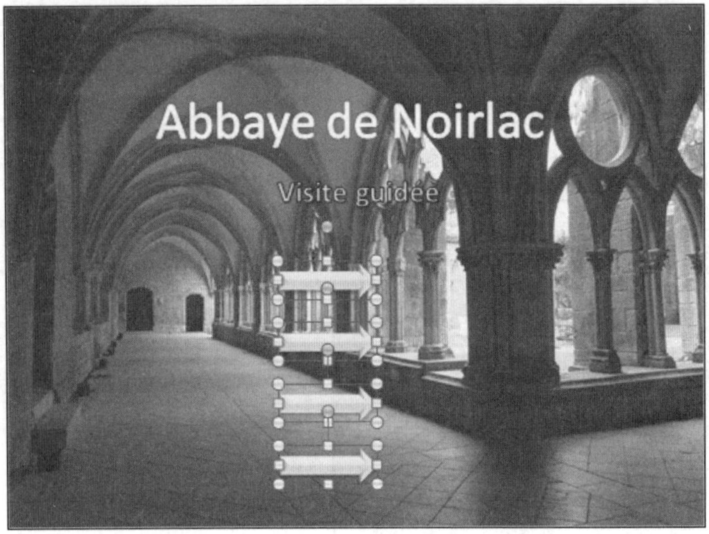
Abbaye de Noirlac
Visite guidée

Figure 34-12 Alignement à gauche et distribution verticale de plusieurs formes.

Ajouter une interactivité aux formes

Les formes peuvent se comporter comme des boutons de déplacement à l'intérieur d'une présentation.

Ajouter un lien hypertexte

1. Cliquez la forme à laquelle vous désirez ajouter un lien.
2. Cliquez l'onglet **Insertion → Liens → Lien hypertexte**.
3. Dans la liste **Lier à** cliquez le type de destination. Cliquez **Emplacement dans ce document** pour atteindre une diapositive.
4. Sélectionnez la destination dans la liste **Sélectionnez un emplacement**. Si vous avez choisi **Emplacement dans ce document** à l'étape **3**, sélectionnez la diapositive à atteindre.

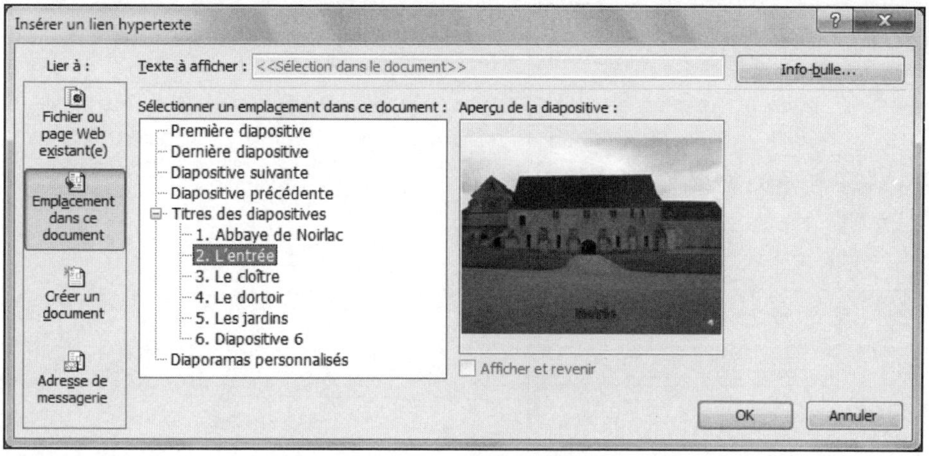

Figure 34-13 Ajout d'un lien vers une diapositive.

5. Cliquez le bouton **OK**.

Note Pour supprimer un lien, répétez les étapes **1** et **2** puis cliquez le bouton **Supprimer le lien.**

Ajouter une action

En plus de proposer des liens vers d'autres diapositives, les formes peuvent aussi être utilisées pour exécuter des macros ou des programmes extérieurs.

1. Cliquez la forme à laquelle vous désirez ajouter une action.
2. Cliquez l'onglet **Insertion ➜ Liens ➜ Action**.
3. Si l'action doit s'exécuter quand la forme est pointée par le curseur de souris, cliquez l'onglet **Pointer avec la souris**.

Note Vous pouvez attribuer des actions distinctes pour le pointage et pour le clic.

4. Cliquez l'option correspondant à l'action à exécuter (lien, programme, macro, *etc.*).
5. Sélectionnez la destination en fonction de votre choix à l'étape **4**. (diapositive, programme, macro, *etc.*). PowerPoint ouvre éventuellement une boîte de dialogue pour préciser la destination (une diapositive ou une autre présentation par exemple).

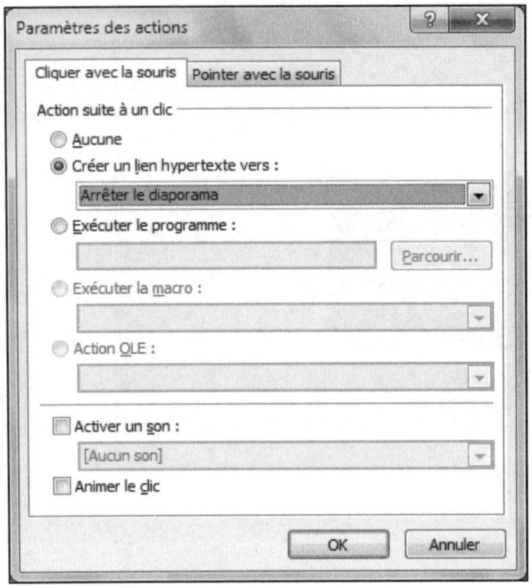

Figure 34-14 Ajout d'une action à une forme.

6. Cliquez le bouton **OK**.

Ajouter un graphique SmartArt

Les graphiques SmartArt sont des formes prédéfinies qui permettent de présenter des informations ou des idées sous forme professionnelle. Il s'agit en fait d'associations de formes classées par thème : processus, cycle, hiérarchie, relation, *etc.*

1. Cliquez l'onglet **Insertion ➜ Illustrations ➜ SmartArt**.
2. Cliquez dans la liste de gauche le type de graphique SmartArt.
3. Cliquez dans la liste du centre un graphique SmartArt.

   La liste de droite affiche le graphique sélectionné en couleur, ainsi qu'une description de ses possibilités.

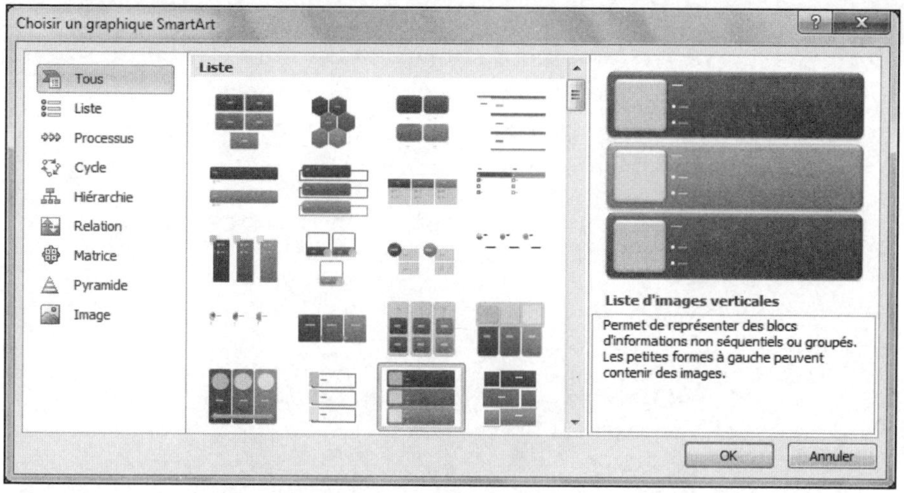

Figure 34-15 Sélection d'un graphique SmartArt.

4. Cliquez le bouton **OK** pour insérer le graphique dans la diapositive.

PowerPoint affiche deux nouveaux onglets dans le ruban : **Création** et **Format**.

Quand le graphique SmartArt est sélectionné, une boîte permet de saisir ses textes. Pour insérer des images, cliquez les symboles directement dans le graphique.

Figure 34-16 Saisie des textes et insertion d'images dans un graphique SmartArt.

Vous trouverez dans les onglets **Création** et **Format** toute une panoplie d'outils pour modifier la forme et le style des graphiques SmartArt. Comme ils sont très nombreux, nous vous conseillons de vous reporter à l'aide en ligne. Appuyez sur la touche **F1** puis effectuez une recherche sur le mot-clé « SmartArt ». Les modifications d'un graphique SmartArt restent cependant très intuitives.

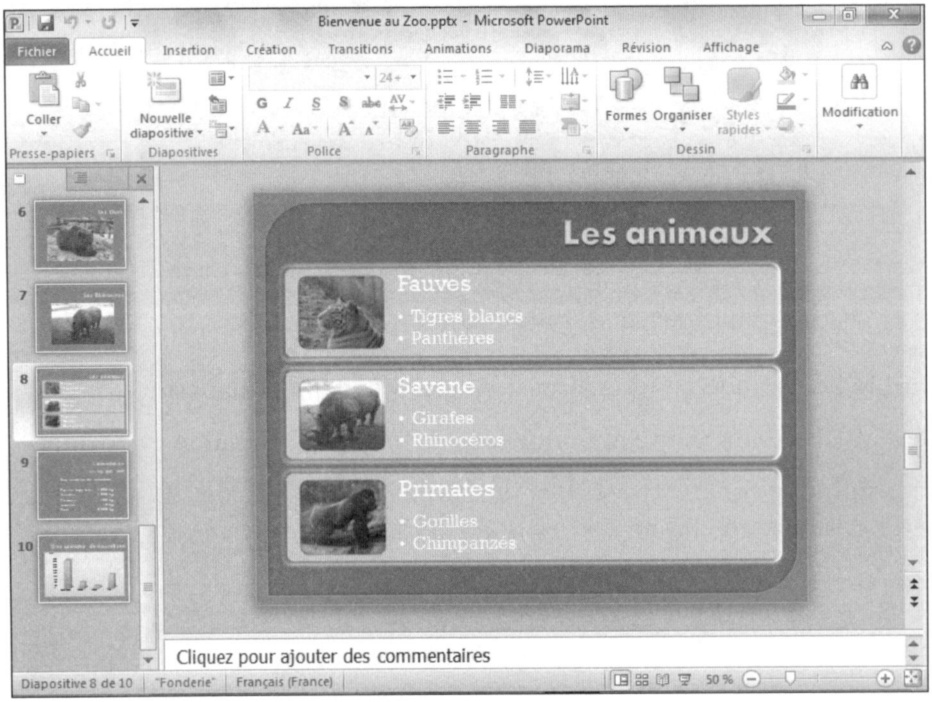

Figure 34-17 Mise en forme d'un graphique SmartArt.

Convertir un texte en SmartArt

Si vos textes sont déjà saisis, vous pouvez les convertir en graphique SmartArt. Respectez cependant la hiérarchie en utilisant le bouton [icône] pour appliquer un retrait droit aux textes de niveaux inférieurs.

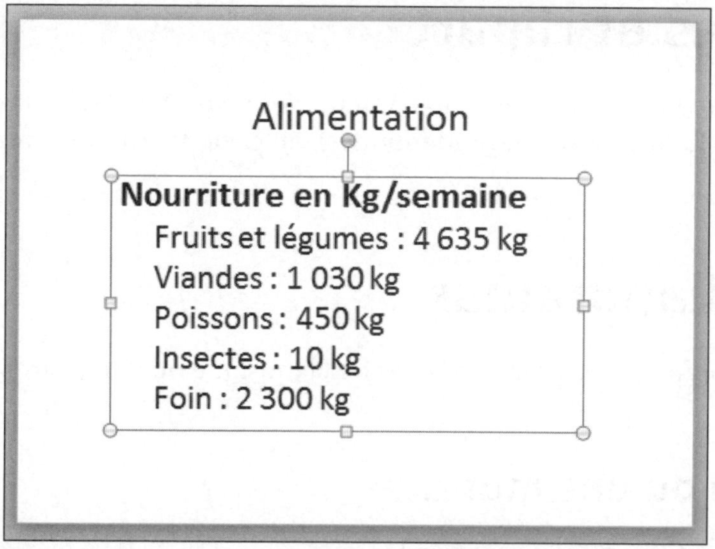
Alimentation
Nourriture en Kg/semaine
Fruits et légumes : 4 635 kg
Viandes : 1 030 kg
Poissons : 450 kg
Insectes : 10 kg
Foin : 2 300 kg

Figure 34-18 Textes à transformer en graphique SmartArt.

1. Sélectionnez le texte à convertir.
2. Cliquez l'onglet **Accueil → Paragraphe → Convertir en graphique SmartArt** .
3. Sélectionnez le type de graphique SmartArt dans la liste. Cliquez **Autres graphiques SmartArt** si le vôtre ne si trouve pas.
4. Modifiez la mise en forme comme vu précédemment.

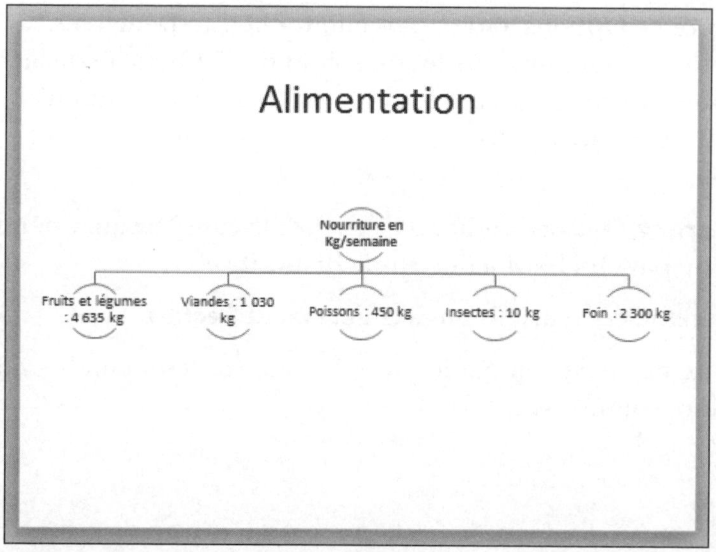
Alimentation
Nourriture en Kg/semaine
Fruits et légumes : 4 635 kg
Viandes : 1 030 kg
Poissons : 450 kg
Insectes : 10 kg
Foin : 2 300 kg

Figure 34-19 Texte converti en graphique SmartArt.

WordArt, images et clipart

Bien sûr, les diapositives de PowerPoint peuvent contenir des textes WordArt, ainsi que des images et des clipart. Leur gestion étant identique à celles de Word, reportez-vous au chapitre 12.

Sonoriser vos diaporamas

Pour parfaire votre diaporama, vous pouvez ajouter de la musique ou enregistrer votre propre commentaire.

Importer un son ou une musique

1. Sélectionnez la diapositive qui doit contenir le son.
2. Cliquez l'onglet **Insertion ➜ Médias ➜ Audio ➜ Audio à partir du fichier**.

Note La commande **Audio clipart** permet de rechercher des sons et des musiques sur votre ordinateur ou sur Internet.

3. Sélectionnez le fichier son sur votre ordinateur, puis cliquez le bouton **OK**.

   PowerPoint affiche les nouveaux onglets **Format** et **Lecture**. Une icône de son est placée sur la diapositive.

4 Cliquez l'onglet **Lecture ➜ Options audio**, puis cliquez la liste **Démarrer**. Sélectionnez **Automatiquement** pour que le son soit lu dès l'affichage de la diapositive. Sélectionnez **Au clic** pour lancer sa lecture manuellement puis **Exécution sur l'ensemble des diapositives** pour que le son continue sur les diapositives suivantes.

5 Cliquez l'onglet **Lecture ➜ Options audio**, puis cochez la case **Masquer pendant la présentation** pour ne pas afficher l'icône sur la diapositive.

6 Modifiez les autres paramètres dans les onglets **Format** et **Lecture**.

PowerPoint affiche une barre de commande sous l'icône représentant le fichier audio (lecture, position, volume, *etc.*).

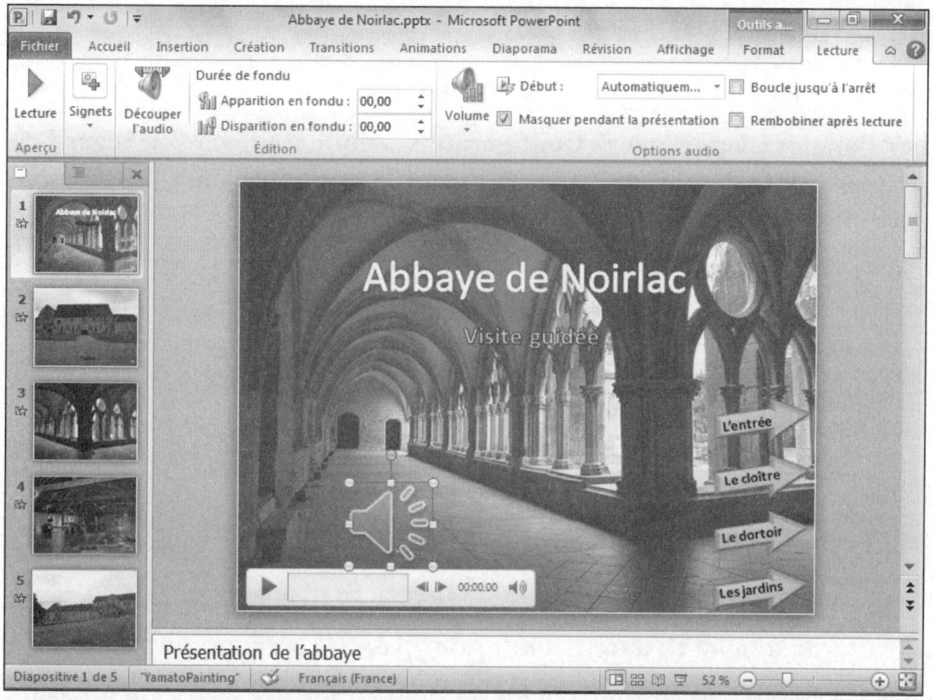

Figure 34-20 Ajout d'un son à une diapositive.

Si vous n'avez pas demandé à masquer l'icône du son, celle-ci apparaît lors du diaporama. Vous pouvez alors utiliser la barre de commande pendant la projection.

Figure 34-21 Lecture du son pendant le diaporama.

Enregistrer un commentaire

Vous pouvez aussi ajouter votre propre commentaire.

1. Cliquez l'onglet **Diaporama → Configuration**, cliquez la flèche en regard de la liste **Enregistrer le diaporama**, puis choisissez la position d'enregistrement dans la liste (début de l'animation ou diapositive courante).

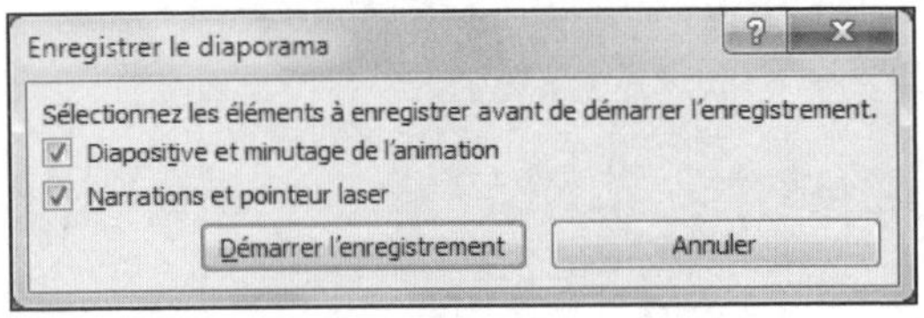

Figure 34-22 Enregistrement d'un commentaire.

2. Cliquez le bouton **Démarrer l'enregistrement** pour débuter votre commentaire.
3. Parlez dans le micro pour commenter la première diapositive.
4. Appuyez sur la touche **Droite** (flèche) pour passer à la diapositive suivante.
5. Répétez les étapes **3** et **4** jusqu'à la fin du diaporama.

La présentation s'affiche en mode trieuse.

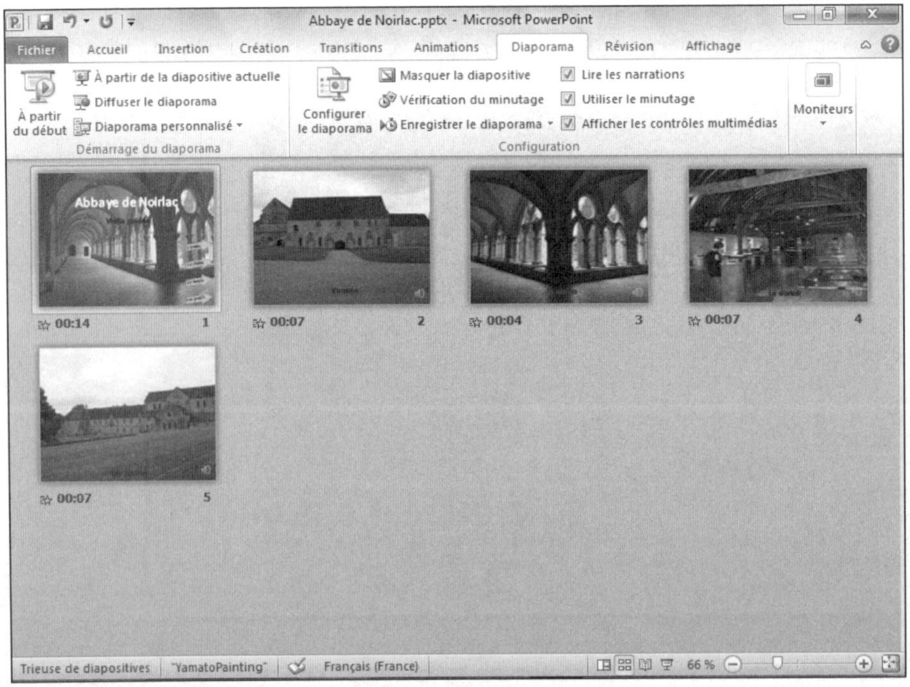

Figure 34-23 Présentation avec le nouveau minutage.

Créer un album photo

PowerPoint permet de créer rapidement et facilement des diaporamas de vos photographies.

1. Cliquez l'onglet **Insertion → Illustrations → Album photo**.
2. Cliquez le bouton **Fichier/Disque** pour ajouter vos photographies.
3. Sélectionnez les fichiers des photographies à ajouter au diaporama. Utilisez les touches **Ctrl** et **Maj** comme dans l'Explorateur Windows. Tapez **Ctrl+A** pour sélectionner tous les fichiers d'un dossier.
4. Cliquez le bouton **Insérer**.

Note Vous pourrez répéter ultérieurement les étapes **3** et **4** si cela s'avère nécessaire.

La liste **Images dans l'album** affiche toutes celles que vous avez sélectionnées.

5. Cliquez un nom dans la liste **Images dans l'album** pour afficher un aperçu. Utilisez les boutons en dessous de l'**Aperçu** pour modifier l'image (orientation, contraste et luminosité).
6. Cliquez le nom d'une image puis utilisez les boutons ↑ et ↓ pour la monter ou la descendre dans la liste. Utilisez le bouton **Supprimer** pour enlever celle qui ne doit pas figurer dans l'album.

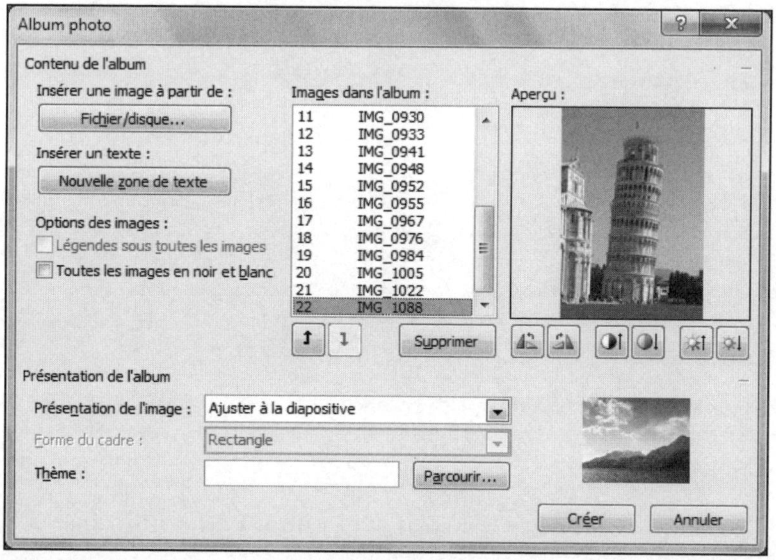

Figure 34-24 Ajout de photographies à un album.

7. Si vous désirez insérer un texte dans le diaporama, cliquez dans la liste **Images dans l'album** l'image qui précède le texte, puis cliquez le bouton **Nouvelle zone de texte**.
8. Pour ajouter le nom du fichier en dessous de chaque image, cochez la case **Légendes sous toutes les images**.
9. Si vous désirez un diaporama en nuances de gris, cochez la case **Toutes les images en noir et blanc**.
10. Sélectionnez dans la liste **Présentation de l'image** le nombre d'images par diapositive et si cette dernière doit contenir un titre. Sélectionnez **Ajuster à la diapositive** pour un affichage plein écran.
11. Sélectionnez la mise en forme des images dans la liste **Forme du cadre**.
12. Cliquez le bouton **Parcourir** pour rechercher le thème de la présentation.

Astuce Il est beaucoup plus pratique de laisser vide la zone **Thème**, puis d'utiliser l'onglet **Création → Thèmes → Thèmes** pour le choisir visuellement.

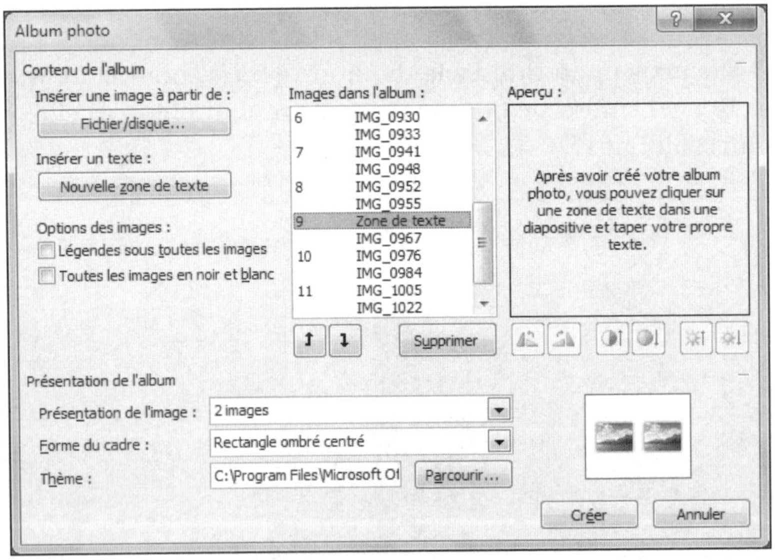

Figure 34-25 Paramètres de la présentation d'un album photo.

13. Cliquez le bouton **Créer**.
14. Modifiez le titre de chaque diapositive si vous avez choisi cette option à l'étape **10**.
15. Modifiez les titres isolés si vous en avez ajoutés à l'étape **7**.

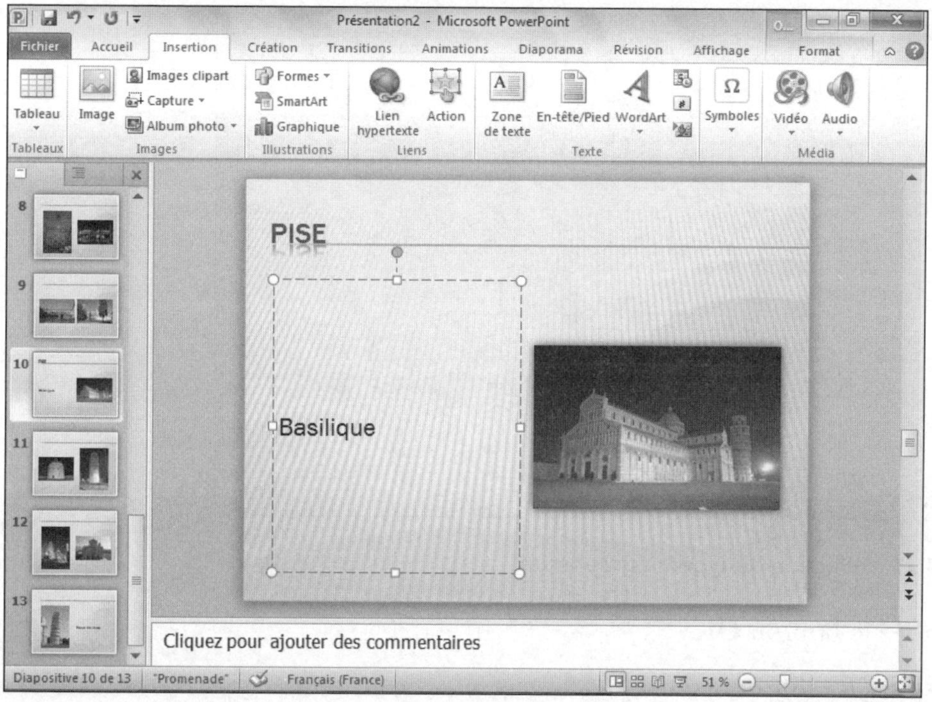

Figure 34-26 Présentation sous forme d'album photo.

À tout moment vous pouvez modifier les paramètres de création. Cliquez pour cela l'onglet **Insertion ➜ Illustrations ➜ Album photo ➜ Modifier l'album photo**.

Créer un graphique

Les graphiques sont souvent importants dans les présentations car ils disposent les chiffres visuellement.

1. Créez une nouvelle diapositive.
2. Cliquez l'onglet **Insertion ➜ Illustrations ➜ Graphique**.
3. Cliquez le type de graphique dans la boîte Insérer un graphique.

Note Consultez le chapitre 25 pour connaître le fonctionnement des graphiques Excel.

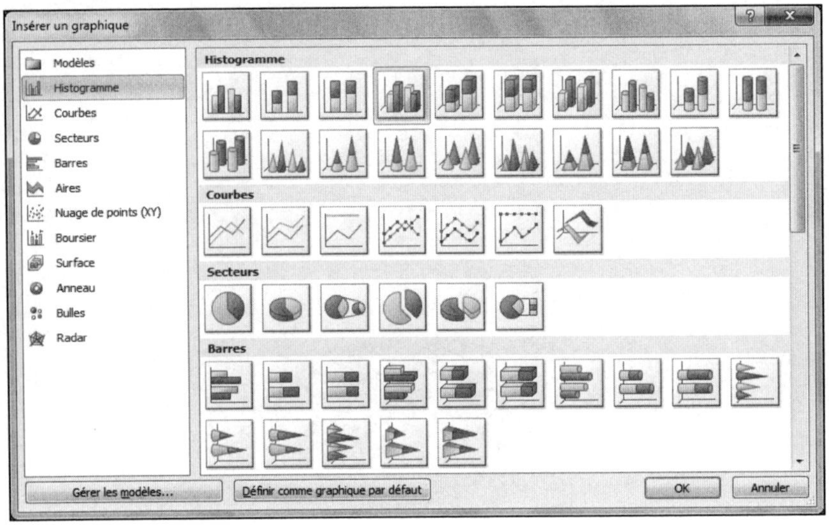

Figure 34-27 Sélection du type de graphique.

4. Cliquez le bouton **OK**.
5. Modifiez les données dans Excel.

Attention Si vous devez modifier la taille du tableau (nombre de lignes et de colonnes), cliquez et faites glisser le coin inférieur droit de couleur bleue. Si vous ne respectez pas cette procédure, vous vous exposez à des messages d'erreur.

Les modifications sont répercutées immédiatement dans PowerPoint.

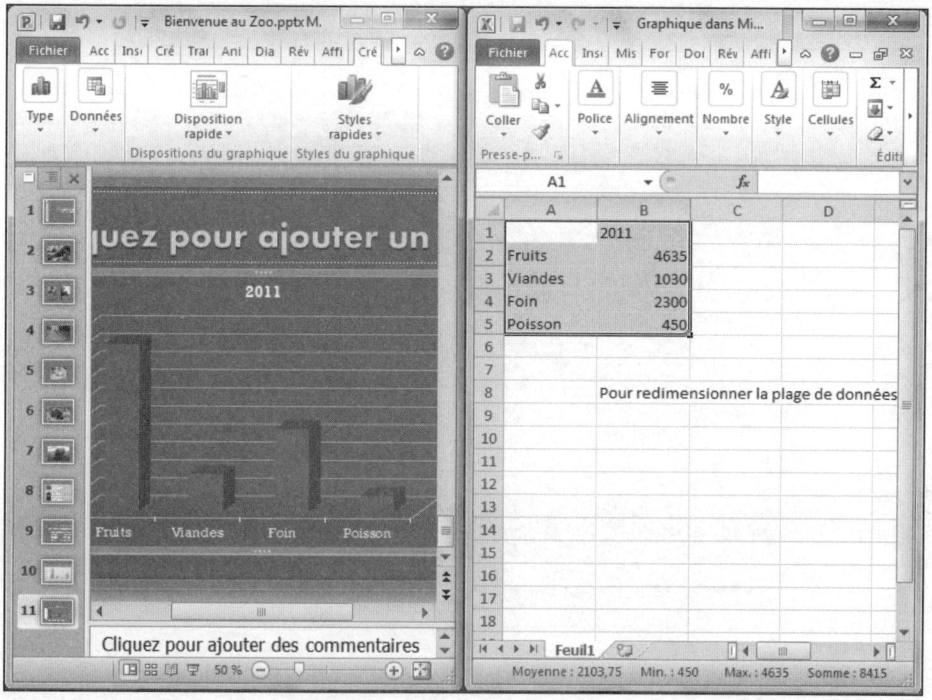

Figure 34-28 Modification des données dans Excel.

6. Cliquez le bouton  dans la fenêtre Excel.

PowerPoint affiche les onglets Création, Disposition et Mise en forme pour modifier le graphique comme dans Excel.

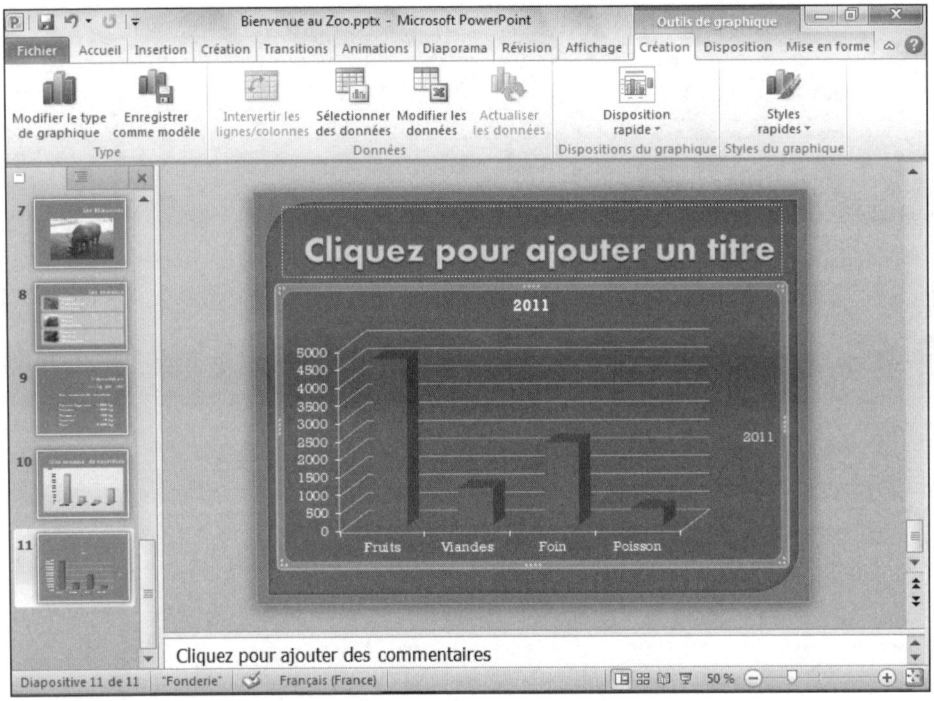

Figure 34-29 Graphique dans PowerPoint.

Utiliser un graphique Excel

La création d'un graphique à partir de PowerPoint n'est pas toujours très simple. Quand un graphique existe déjà dans un classeur Excel, il suffit d'un simple « Copier/Coller » pour l'insérer dans PowerPoint.

1. Ouvrez Excel et le classeur contenant le graphique.
2. Cliquez le graphique pour le sélectionner.
3. Tapez **Ctrl+C** ou cliquez l'onglet **Accueil → Presse-papiers → Copier**.

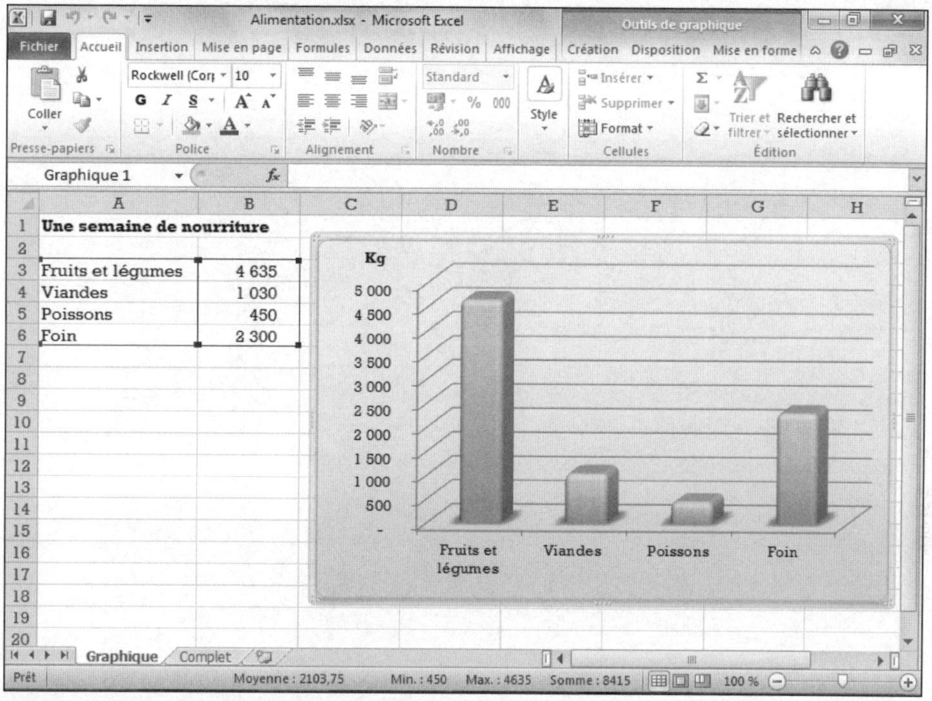

Figure 34-30 Copie d'un graphique Excel.

4. Cliquez le bouton pour fermer Excel.
5. Créez une nouvelle diapositive dans PowerPoint.
6. Tapez **Ctrl+V** ou cliquez l'onglet **Accueil ➜ Presse-papiers ➜ Coller**.

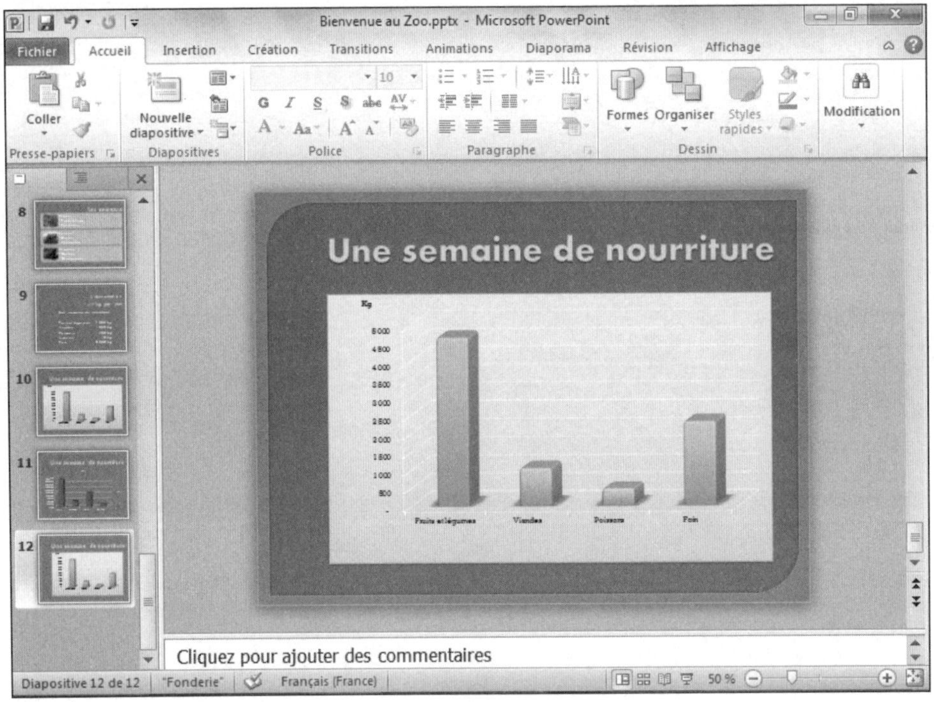

Figure 34-31 Graphique Excel collé dans une diapositive PowerPoint.

PARTIE IV
OUTLOOK 2010

Chapitre 35

Découvrir Outlook

Dans ce chapitre

- Créer un compte de messagerie
- Rédiger et mettre en forme un message
- Envoyer et recevoir des messages et des fichiers
- Ouvrir ou enregistrer les pièces jointes
- Répondre à un message
- Transférer un message
- Filtrer et trier les messages
- Imprimer les messages
- Vérifier le courrier indésirable
- Gérer les contacts
- Ajouter des rendez-vous
- Planifier des tâches

Le courrier électronique permet d'envoyer en quelques secondes des messages à votre voisin ou à un collègue de bureau, mais aussi à des destinataires à l'autre bout du monde. Plus de papier, d'enveloppes ou de timbres. Si ces fonctions sont prises en charge par Outlook, ce dernier propose bien d'autres fonctionnalités comme la planification de tâches ou l'organisation de réunions.

Ce chapitre fait un rapide tour d'horizon des principales fonctions d'Outlook.

Créer un compte de messagerie

Avant d'expédier et de recevoir des messages, vous devez indiquer à Outlook les différents paramètres remis par votre fournisseur de messagerie. Comme il est courant aujourd'hui de posséder plusieurs comptes, il est nécessaire de maîtriser cette étape. Vous devez ajouter autant de comptes que vous possédez d'adresses e-mail.

1. Ouvrez Outlook (bouton **Démarrer ➜ Tous les programmes ➜ Microsoft Office➜ Microsoft Outlook 2010**).
2. Cliquez l'onglet **Fichier ➜ Informations**.

Note Pour ajouter des raccourcis sur le bureau ou au début du menu Démarrer de Windows, consultez le chapitre d'introduction de ce livre.

L'assistant s'affiche automatiquement lors de la première utilisation d'Outlook.

3. Cliquez le lien **Ajouter un compte**.
4. Cochez l'option **Compte de messagerie**.
5. Tapez le nom qui doit apparaître chez vos correspondants lors de la réception de vos messages. Vous pouvez utiliser un pseudonyme ou un surnom que vos destinataires connaissent bien.
6. Tapez votre adresse e-mail.

Note Toutes les indications nécessaires à la création d'un compte vous sont transmises par votre fournisseur d'accès ou le site qui vous propose d'héberger vos messages. Consultez les documents en votre possession.

7. Dans la zone **Mot de passe**, tapez votre mot de passe de messagerie.
8. Tapez de nouveau votre mot de passe dans la zone **Confirmer le mot de passe**.

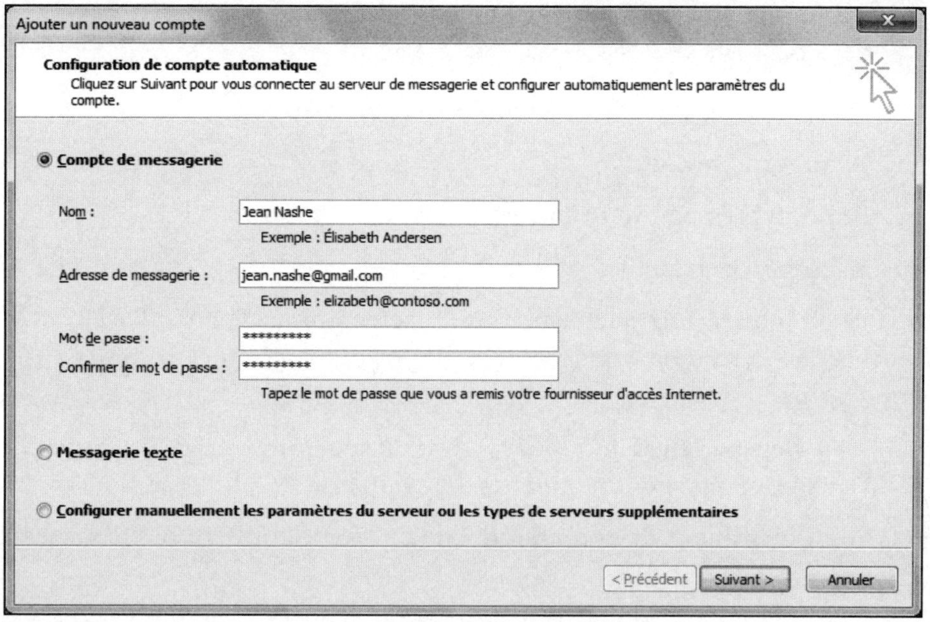

Figure 35-1 Données d'un nouveau compte de messagerie.

9. Cliquez le bouton **Suivant** puis le bouton **Terminer**.

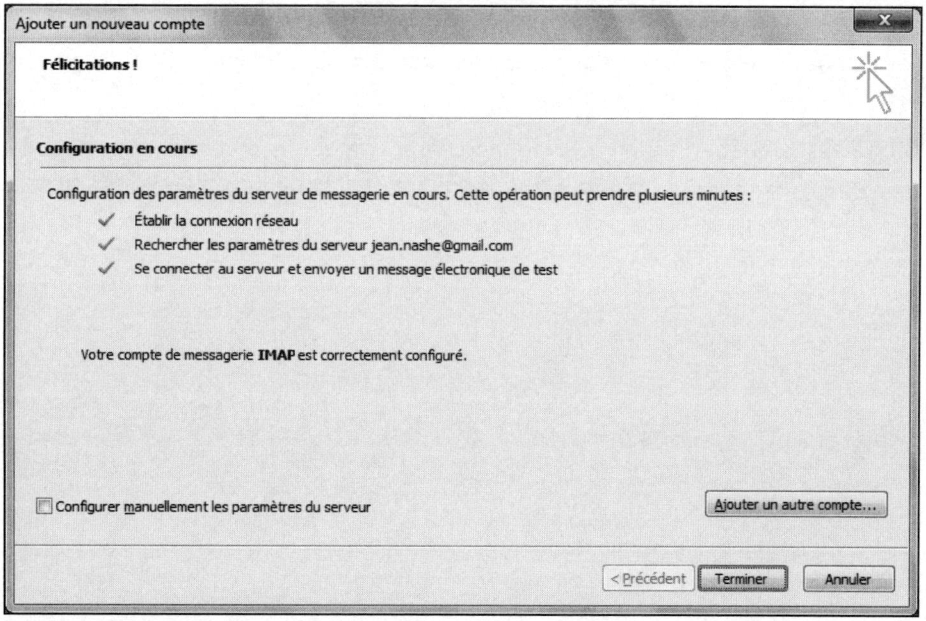

Figure 35-2 Création d'un nouveau compte de messagerie.

Si après la saisie de ces renseignements votre compte de messagerie ne fonctionne pas, c'est qu'il est nécessaire de saisir manuellement les paramètres.

1. Répétez les étapes **1** à **9**. Si vous êtes dans la boîte de la figure 35-2, cliquez le bouton **Précédent**.
2. Cochez la case **Configurer manuellement les paramètres**.
3. Cliquez le bouton **Suivant**.
4. Cochez l'option **Messagerie Internet**.
5. Cliquez le bouton **Suivant**.
6. Dans la liste **Mon serveur de messagerie...**, sélectionnez le type. POP3 est le type courant des serveurs de messagerie. HTTP permet d'ajouter un compte Web comme Hotmail.
7. Dans la zone **Serveur entrant**, tapez le nom du serveur pour les messages à recevoir (Il commence généralement par « pop »).
8. Dans la zone **Identifiant de connexion**, tapez votre identifiant de messagerie.
9. Dans la zone **Serveur sortant**, tapez le nom du serveur pour les messages à expédier (Il commence généralement par « smtp »).
10. Tapez votre **Nom d'utilisateur** et votre **Mot de passe**.

Attention L'option **Mémoriser le mot de passe** permet à d'autres utilisateurs de votre ordinateur de télécharger vos messages. Pour éviter cela, créez dans Windows des comptes d'utilisateurs avec mot de passe (icône **Comptes d'utilisateurs** dans le Panneau de configuration).

Note Certaines messageries sur le Web nécessitent la saisie d'éléments complémentaires. Cliquez alors le bouton **Paramètres supplémentaires** et suivez les instructions fournies par le site.

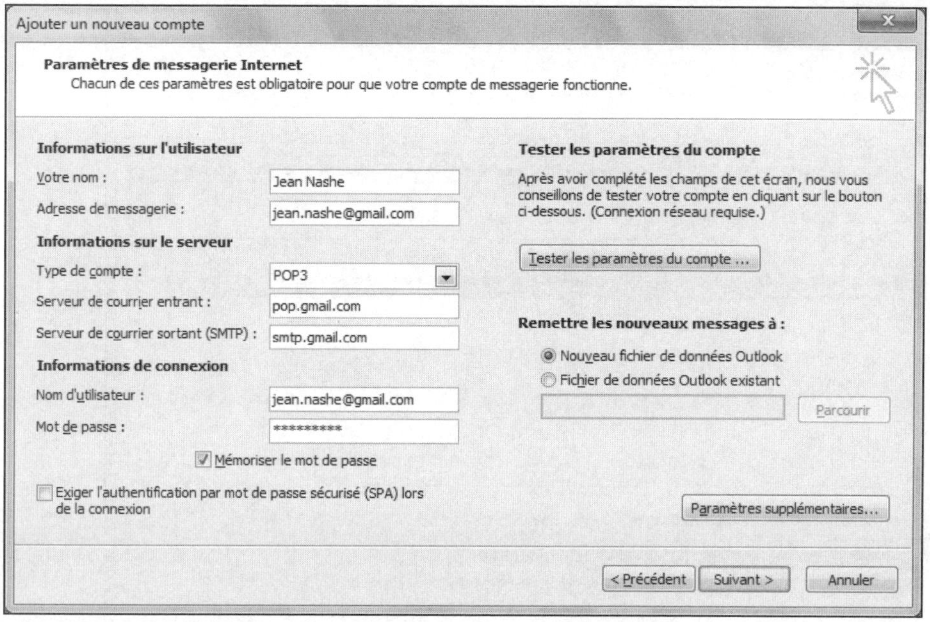

Figure 35-3 Informations sur votre serveur de messagerie.

11. Cliquez le bouton **Tester** pour vérifier les paramètres.
12. Cliquez le bouton **Suivant** puis le bouton **Terminer**.

Consulter et modifier vos comptes de messagerie

Vous pouvez à tout moment vérifier un compte et modifier ses paramètres.

1. Cliquez l'onglet **Fichier ➜ Informations**.
2. Cliquez **Paramètres du compte ➜ Paramètres du compte**.
3. Cliquez le nom du compte dans la liste **Nom**.

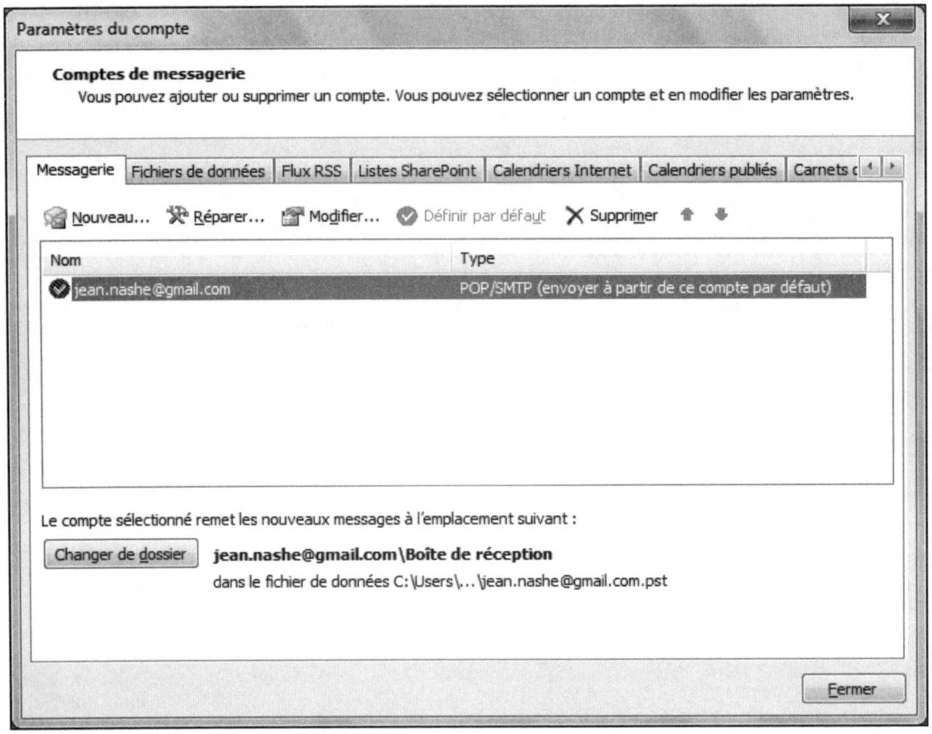

Figure 35-4 Modifications des comptes de messagerie.

4. Cliquez le bouton de votre choix :

   - **Modifier** : affiche tous les éléments nécessaires au fonctionnement du compte.
   - **Définir par défaut** : le compte par défaut est utilisé pour expédier des messages.
   - **Supprimer** : retire le compte de messagerie sélectionné. Cliquez **OK** dans la boîte qui s'affiche pour confirmer la suppression.

Interface d'Outlook

L'interface est composée de trois parties. La liste de gauche (volet de navigation) propose les dossiers des comptes. Utilisez les boutons ▷ et ◢ pour développer ou réduire l'arborescence de chaque compte.

La liste du milieu propose les éléments contenus dans le dossier sélectionné dans le volet de navigation. La zone de droite (volet de lecture) affiche le contenu de l'élément sélectionné dans la liste du milieu.

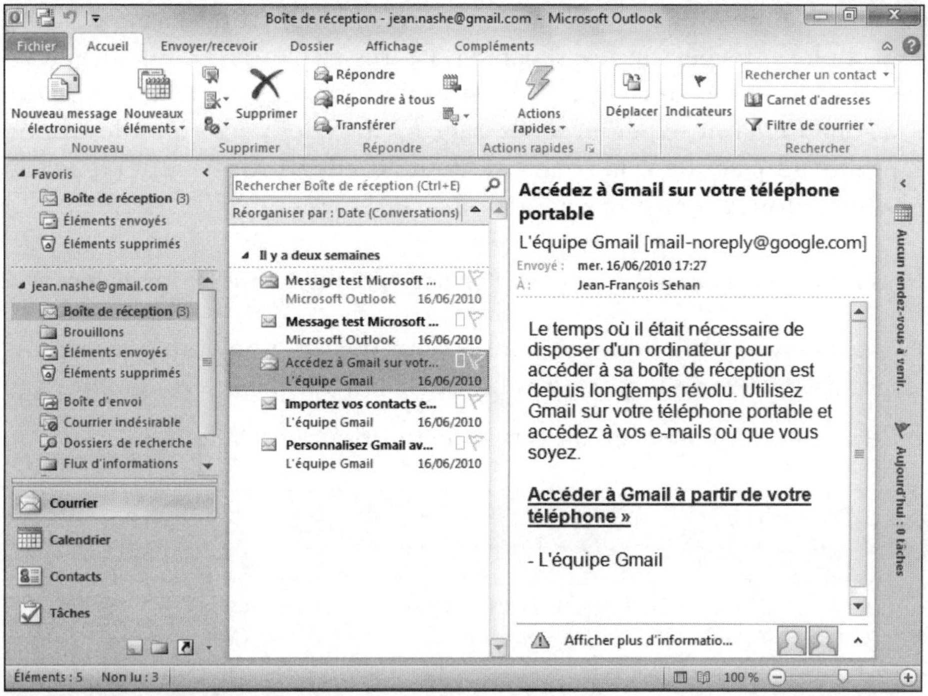

Figure 35-5 Interface d'Outlook.

Vous trouverez en bas de la liste de gauche des boutons pour choisir ce que vous désirez gérer : **Courrier**, **Calendrier**, **Contacts** ou **Tâches**.

Rédiger un message

La composition d'un message est très simple. Vous donnez l'adresse de votre correspondant, vous saisissez une phrase définissant l'objet du message, puis vous tapez le message lui-même.

Une adresse e-mail est composée de deux parties. La première correspond au nom ou au pseudonyme du destinataire, par exemple jean.dupont. La seconde correspond au nom du fournisseur d'accès Internet qui gère la messagerie, par exemple free.fr. Ces deux parties sont séparées par le symbole @ (prononcez *arobase*, *at* ou *chez*). Pour obtenir ce caractère, tapez **Alt Gr** + **à**. Dans notre exemple, l'adresse complète est donc jean.dupont@free.fr.

1. Cliquez l'onglet **Accueil → Nouveau → Nouveau message**. Au besoin, cliquez **Courrier** en bas de la liste de gauche.

   Une fenêtre s'ouvre pour vous permettre de rédiger votre message.

2. Tapez dans la zone **À** l'adresse e-mail du correspondant. Si vous expédiez le message à plusieurs personnes, séparez les adresses par des points-virgules. Vous pouvez aussi expédier une copie à d'autres destinataires en tapant leur adresse dans la zone **Cc**. Pour expédier le message à l'insu des personnes des zones **À** et **Cc**, tapez les adresses dans la zone **Cci**. Pour accéder à votre carnet d'adresses, cliquez le bouton **À** (consultez la section « Gérer les contacts » ci-après).

Note Si la zone **Cci** n'apparaît pas, cliquez l'onglet **Options ➜ Afficher les champs ➜ Cci**.

3. Tapez dans la zone **Objet** quelques mots pour décrire l'objet du message. Votre correspondant verra cette phrase avant de découvrir le contenu du message.
4. Tapez le contenu du message dans la zone inférieure de la fenêtre.

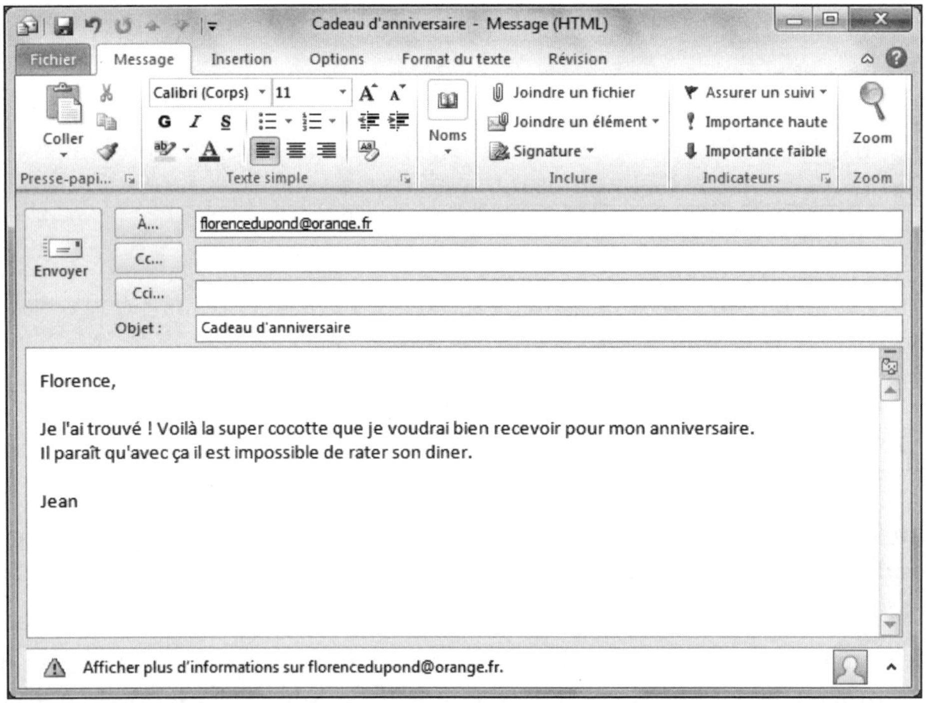

Figure 35-6 Composition d'un message électronique.

5. Cliquez le bouton **Envoyer**.

Note Sauf si vous avez modifié les options d'Outlook, le message est expédié immédiatement (onglet **Fichier ➜ Options ➜ Options avancées**, case **Envoyer immédiatement**).

Utiliser le carnet d'adresses

Comme il n'est pas facile de se souvenir de toutes les adresses e-mail, accédez directement au carnet d'adresses pour les ajouter à vos messages.

Note Pour ajouter des contacts, consultez le paragraphe « Gérer les contacts » plus loin dans ce chapitre.

1. Pour rechercher les destinataires dans le carnet d'adresses, cliquez le bouton **À** dans le message.
2. Dans la zone **Rechercher** tapez le début du nom du contact. Pour effectuer une recherche sur toutes les données des contacts, cochez l'option **Autres colonnes**, tapez votre recherche, puis cliquez le bouton **Activer**.

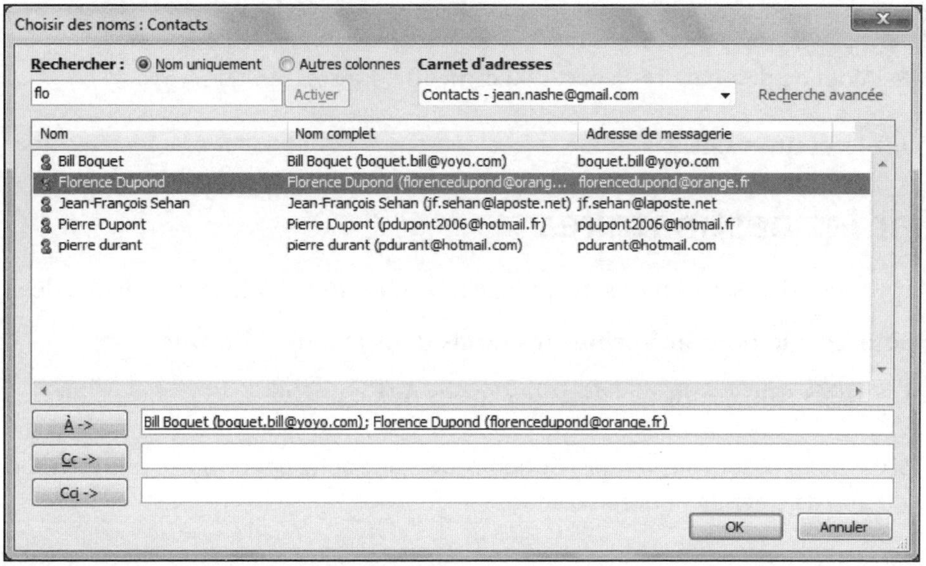

Figure 35-7 Sélection des contacts.

3. Cliquez le contact souhaité dans la liste.
4. Cliquez le bouton **À**, **Cc** ou **Cci** afin d'ajouter le contact à la zone correspondante.

Note Vous pouvez aussi ajouter directement un contact dans la zone **À** en le double-cliquant dans la liste.

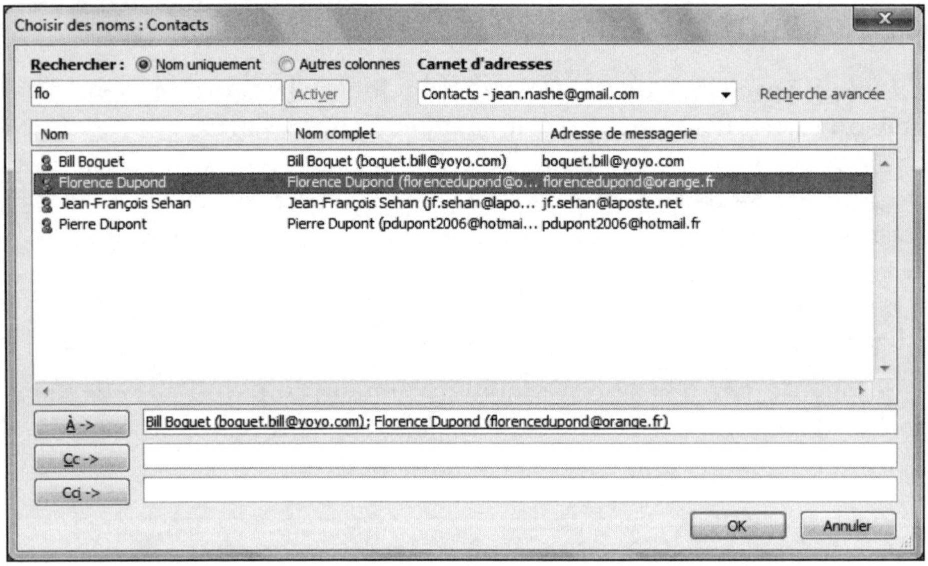

Figure 35-8 Ajout de destinataires à partir du carnet d'adresses.

5. Cliquez le bouton **OK**.

Vérifier les destinataires

Si vous tapez les adresses e-mail sans passer par le carnet d'adresses, vérifiez-les.

Cliquez pour cela le bouton **Vérifier les noms** dans la barre d'outils.

Les noms vérifiés sont soulignés dans les zones **À**, **Cc** et **Cci**.

Note Si des noms ne sont pas vérifiés, Outlook ouvre une boîte pour trouver une correspondance ou afin de créer un nouveau contact.

Changer de compte de messagerie

Si vous avez plusieurs comptes de messagerie, choisissez celui à utiliser avant l'expédition du message.

Cliquez la zone **De**, au dessus de la zone **À**, puis sélectionnez le compte à utiliser.

Note Consultez le début de ce chapitre pour ajouter d'autres comptes de messagerie et définir celui par défaut.

Vérifier l'orthographe

Outlook peut vous aider à traquer les fautes d'orthographe.

1. Cliquez le texte du message.
2. Cliquez l'onglet **Révision → Vérification → Grammaire et orthographe**.
3. Suivez les instructions de la boîte qui s'ouvre pour corriger l'orthographe.

Figure 35-9 Vérification de l'orthographe des messages.

Mettre en forme un message

Outlook propose deux formats pour l'expédition des messages. Si vous utilisez le format HTML, vous pouvez les mettre en forme comme dans un traitement de texte.

1. Créez un nouveau message.
2. Assurez-vous que l'option de l'onglet **Format du texte → Format → HTML** est bien active.
3. Sélectionnez le texte à mettre en forme dans le corps du message.

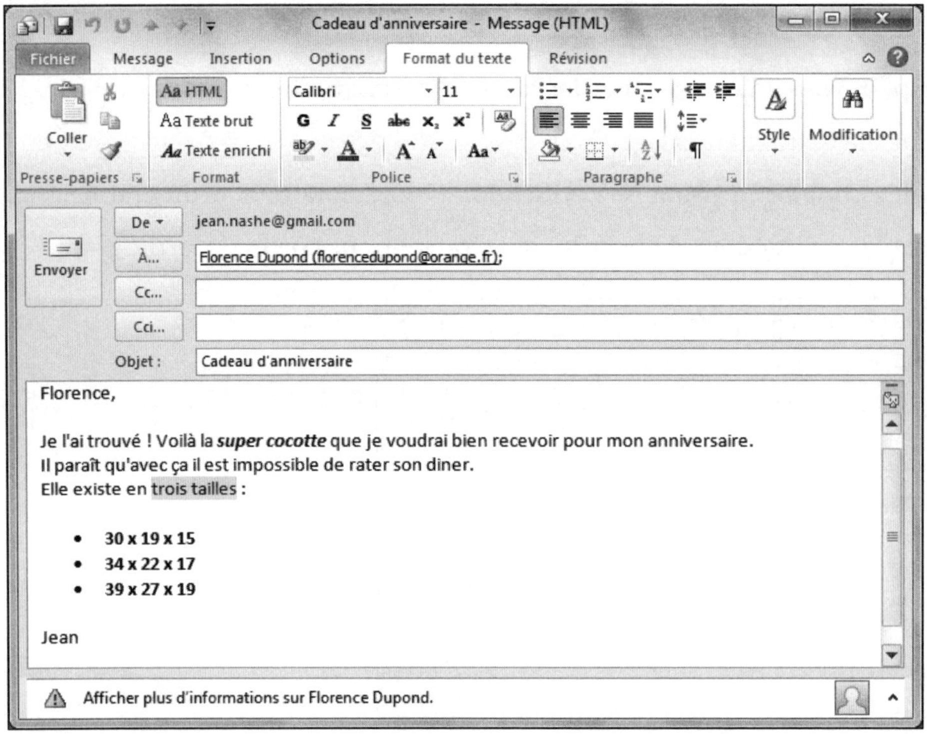

Figure 35-10 Mise en forme d'un message.

4. Dans l'onglet **Format du texte**, utilisez les commandes de mise en forme.

Note Les commandes des onglets **Format du texte** et **Accueil** s'emploient comme celles d'un traitement de texte. Consultez les explications sur Word dans les chapitres 4 et 5.

Personnaliser un message

En plus des mises en forme vues précédemment, Outlook propose de personnaliser vos messages avec des couleurs, des images, *etc.*

Colorer le fond du message

1. Cliquez l'onglet **Options → Thèmes → Couleur de page**.
2. Cliquez la couleur souhaitée dans la palette.

Insérer une image ou un motif d'arrière-plan

1. Cliquez l'onglet **Options** ➔ **Thèmes** ➔ **Couleur de page** ➔ **Motifs et textures**.
2. Dans la boîte Motifs et textures, cliquez l'onglet correspondant au type d'arrière-plan à utiliser.
3. Modifiez les options proposées en fonction du type d'arrière-plan. Éventuellement, recherchez une image personnelle sur votre disque dur.
4. Cliquez le bouton **OK**.

Insérer une image

1. Cliquez là où devra apparaître l'image dans le corps du message.
2. Cliquez l'onglet **Insertion** ➔ **Illustrations** ➔ **Image**.
3. Recherchez l'image sur votre disque dur.
4. Cliquez le bouton **Ouvrir**.

L'image apparaît là où se trouvait le point d'insertion.

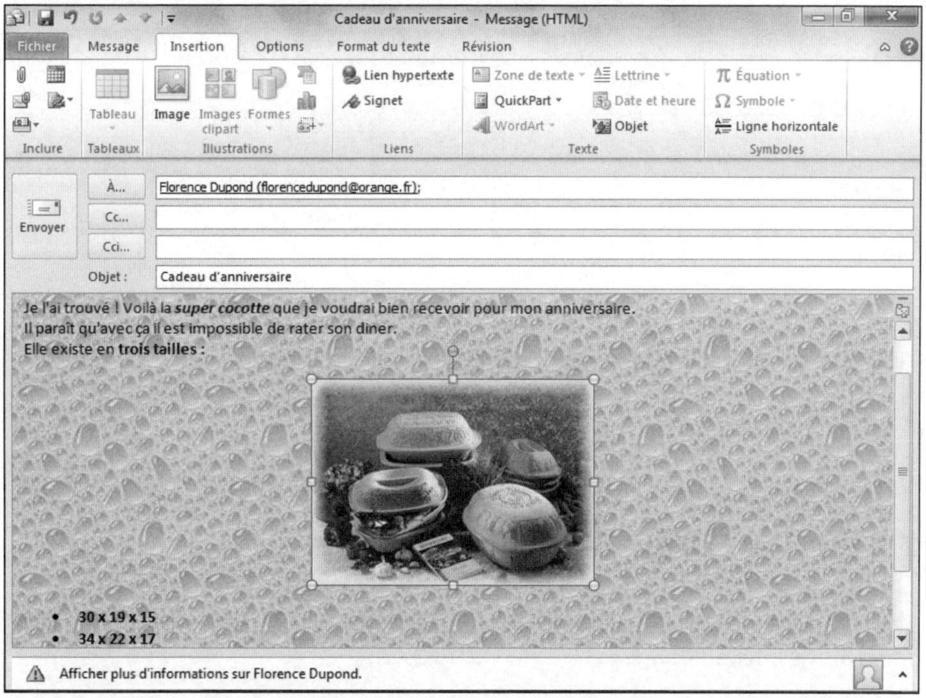

Figure 35-11 Message avec une texture d'arrière-plan et une image insérée.

Choisir un papier à lettres

Un papier à lettres personnalise vos messages. Non seulement il applique une image d'arrière-plan, mais modifie aussi les polices et les marges.

Vous devez définir le papier à lettres lors de la création du nouveau message.

1. Cliquez l'onglet **Accueil ➜ Nouveau ➜ Nouveaux éléments ➜ Message en utilisant**, puis choisissez un papier à lettres. Pour agrandir le choix, cliquez **Davantage de papier à lettres**.

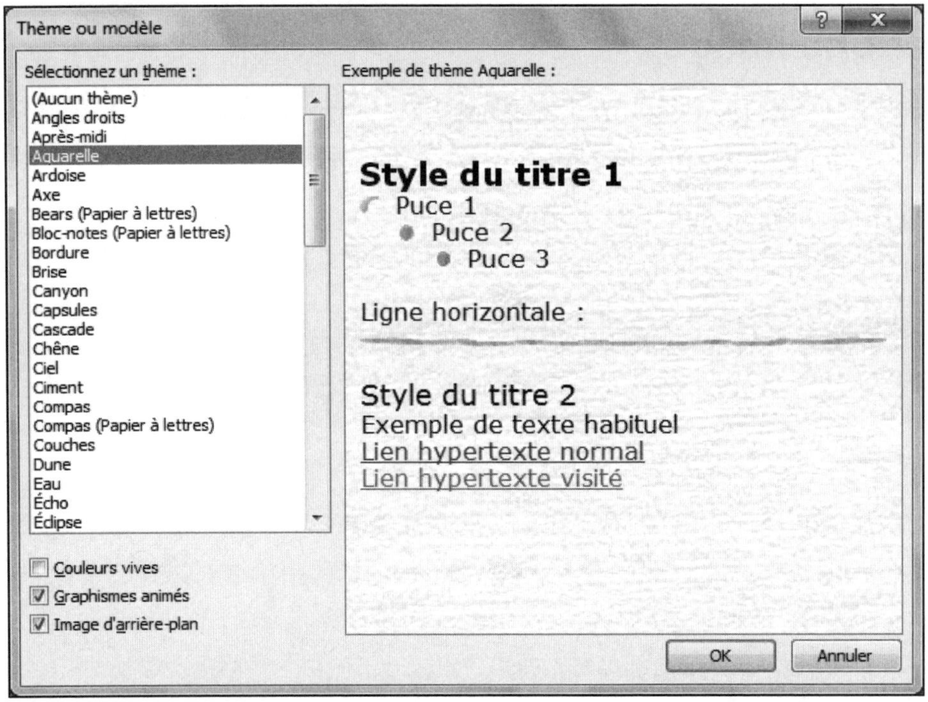

Figure 35-12 Choix d'un papier à lettres.

Le papier à lettres choisi est appliqué au nouveau message.

Ajouter un fichier au message

En plus du texte des messages, vous pouvez expédier des fichiers de différents types : documents, images, logiciels, *etc.*

1. Dans la fenêtre du message, cliquez l'onglet **Insertion ➜ Inclure ➜ Joindre un fichier** .

2. Sélectionnez le dossier qui contient le ou les fichiers.
3. Cliquez le nom du fichier à expédier en même temps que le message. Vous pouvez sélectionner plusieurs fichiers avec les touches **Ctrl** et **Maj**.
4. Cliquez le bouton **Insérer**.

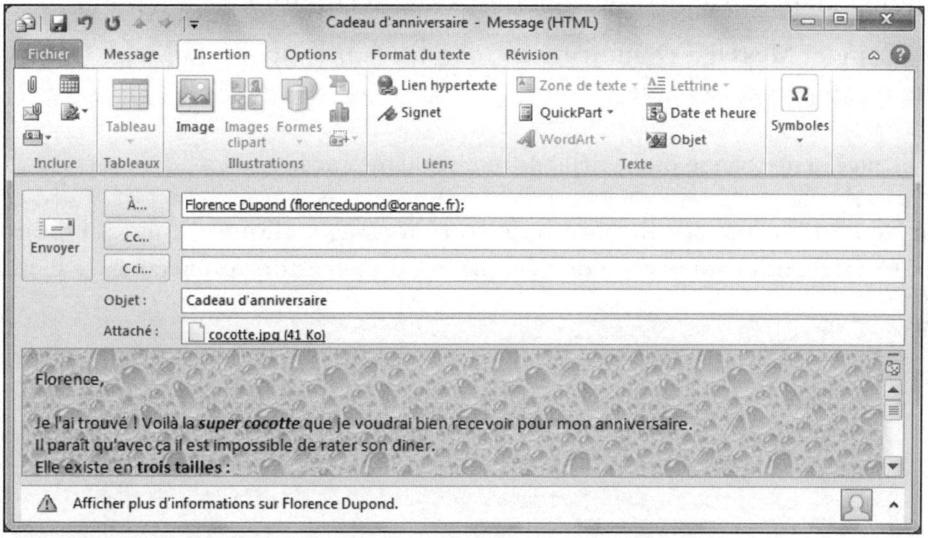

Figure 35-13 Expédition d'un fichier en pièce jointe.

Le nom du fichier apparaît en dessous de la zone **Objet**.

Conseils pour l'expédition des pièces jointes

- N'expédiez des fichiers de grande taille que si c'est indispensable, car l'envoi et la réception risquent d'être très longs si vous n'avez pas l'ADSL.
- Si votre envoi est refusé, vous avez peut-être dépassé certaines limites fixées par votre fournisseur d'accès (taille maximale des messages ou taille globale de la boîte de réception). Utilisez plutôt la messagerie instantanée ou des sites de partage pour les gros fichiers.
- Si vous expédiez un document d'un format particulier, assurez-vous que le destinataire possède le logiciel adéquat pour l'ouvrir.

Attirer l'attention sur les messages expédiés et reçus

Pour attirer l'attention sur un message, ajoutez un niveau de priorité. Vous pouvez aussi indiquer au destinataire que vous désirez qu'il confirme sa réception.

1. Dans l'onglet **Message ➜ Indicateurs**, cliquez la priorité du message (**Importance haute** ou **Importance basse**).

Note Le niveau ne change pas le délai de remise du message.

2. Pour demander une confirmation de votre message, cliquez l'onglet **Options ➜ Suivi ➜ Demander un accusé de réception** ou **Demander un accusé de lecture**.

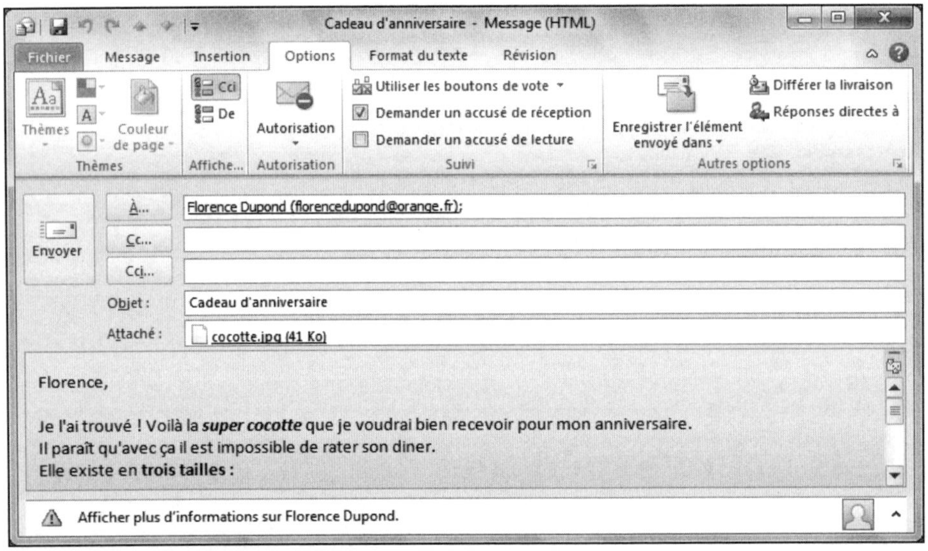

Figure 35-14 Message avec accusé de réception.

Ajouter une signature

Pour vous éviter de saisir toujours le même texte à la fin de vos messages, ajoutez plutôt une signature.

Créer une signature

1. Cliquez l'onglet **Message ➜ Inclure ➜ Signature ➜ Signatures**.

2. Cliquez l'onglet **Signature électronique**.
3. Cliquez le bouton **Nouveau**.
4. Tapez un nom pour la signature puis cliquez le bouton **OK**.
5. Saisissez le texte de la signature dans la zone Modifier la signature. Utilisez éventuellement les commandes de mise en forme proposées.
6. Répétez les étapes **3** à **5** pour ajouter d'autres signatures.
7. Pour ajouter une signature à tous les nouveaux messages, sélectionnez-la dans la liste **Nouveaux messages**.
8. Pour ajouter une signature aux réponses et aux transferts, sélectionnez-la dans la liste **Réponses/transferts**.

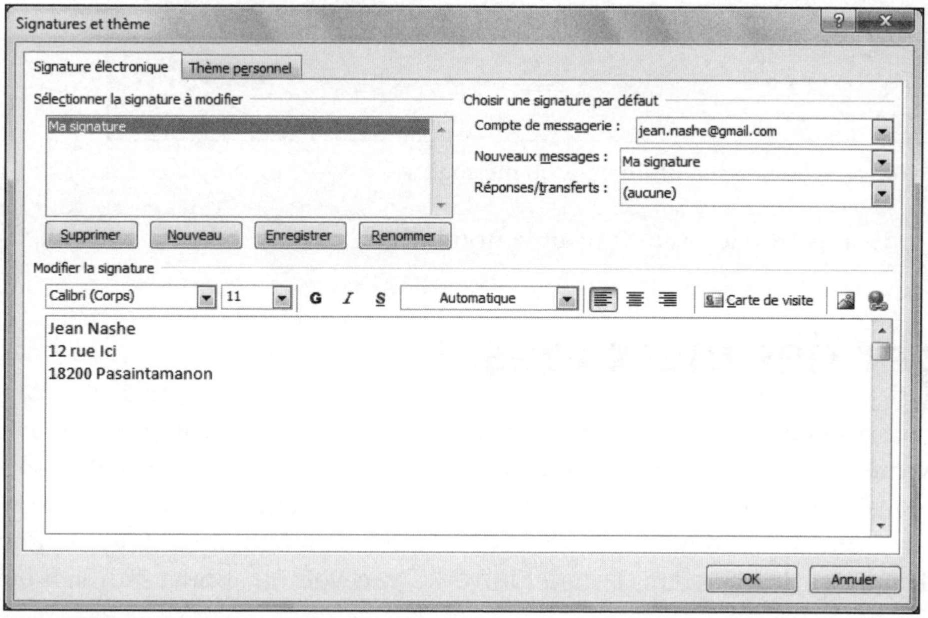

Figure 35-15 Création de signatures.

9. Cliquez le bouton **OK**.

Insérer une signature dans un message

1. Créez un nouveau message.
2. Cliquez la position d'insertion de la signature dans le message.
3. Cliquez l'onglet **Message → Inclure → Signature**, puis la signature à insérer.

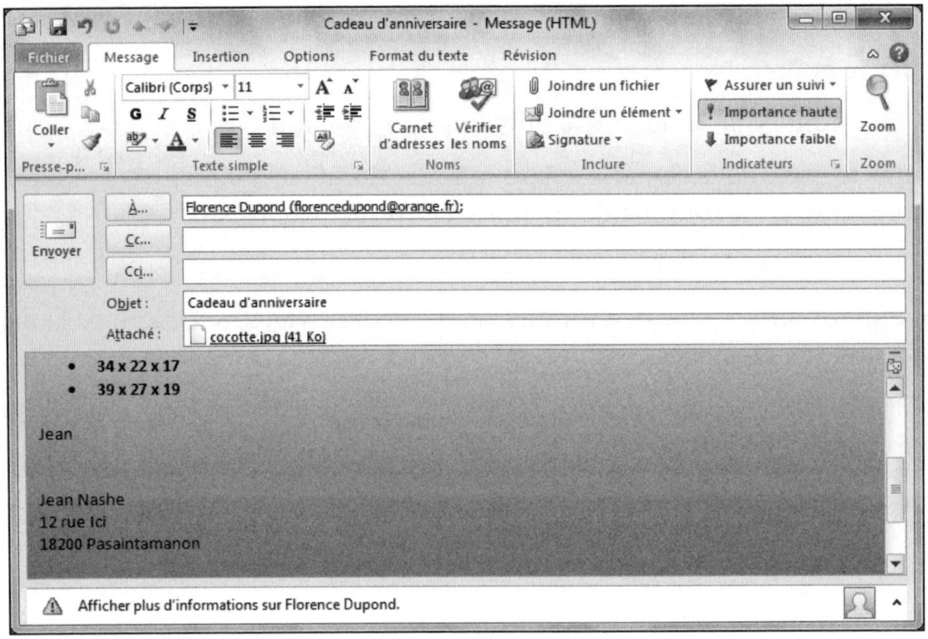

Figure 35-16 Ajout d'une signature dans un message.

La signature apparaît là où se trouvait le point d'insertion.

Échanger des messages

Vous devez vous connecter à votre serveur de messagerie pour vérifier si vous avez reçu de nouveaux messages. Il est aussi possible que des messages non expédiés soient en attente dans le dossier Boîte d'envoi (le chiffre entre crochets qui suit le dossier Boîte d'envoi indique leur nombre). Pour cela, cliquez simplement le bouton **Envoyer/ Recevoir tous les dossiers** dans l'onglet Envoyer/recevoir ou appuyez sur la touche **F9**.

La boîte de dialogue de la figure 35-17 indique la progression de l'expédition et de la réception du courrier.

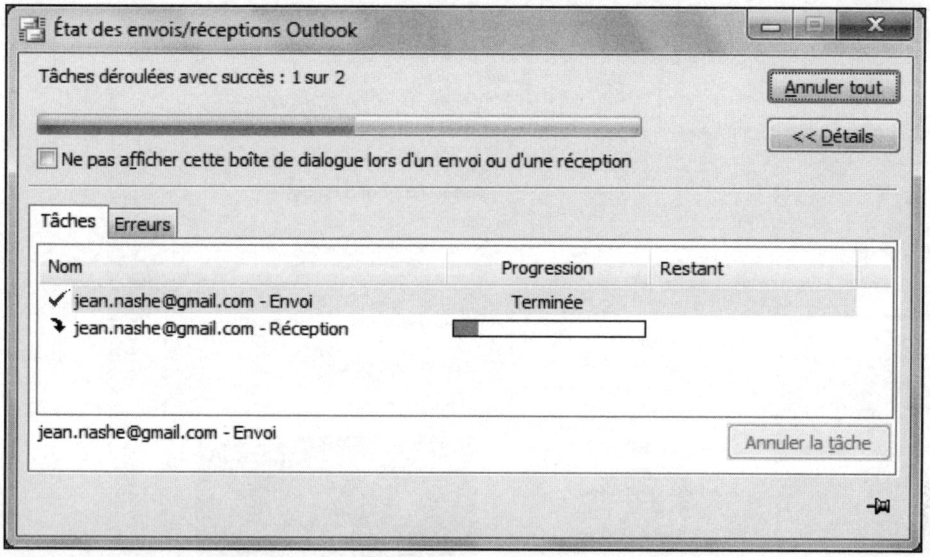

Figure 35-17 Réception et expédition des messages.

Lire les messages reçus

Le nouveau courrier est placé dans le dossier Boîte de réception. Ouvrez-le pour lire vos messages.

Note Le chiffre entre parenthèses qui suit le dossier Boîte de réception indique le nombre de messages non lus.

1. Cliquez le dossier **Boîte de réception** dans la partie de gauche (Volet de navigation).

   La partie du centre affiche la liste des messages de ce dossier. Les messages non lus sont en gras.

2. Cliquez le message à lire (vous pouvez aussi double-cliquer un message pour l'afficher dans une nouvelle fenêtre).

Le message s'affiche dans la partie droite (Volet de lecture).

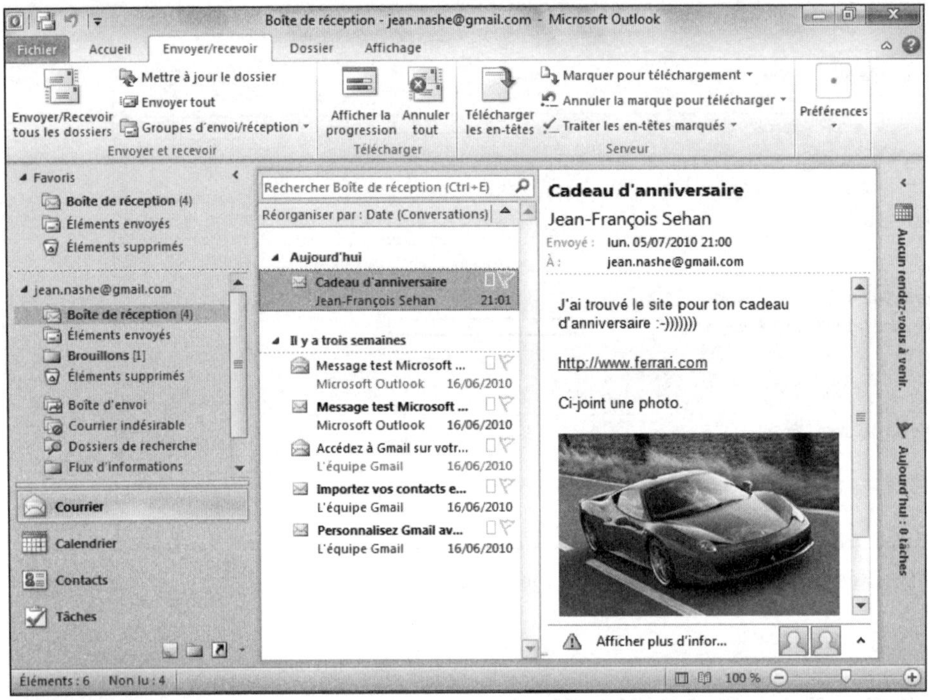

Figure 35-18 Lecture des messages reçus.

Visualiser ou enregistrer des pièces jointes

Si le message contient une pièce jointe, un bouton avec le nom et la taille du fichier s'affiche en haut du Volet de lecture. Consultez-la ou enregistrez-la pour la conserver.

1. Double-cliquez le bouton de la pièce jointe.

Pour des questions de sécurité, Outlook demande s'il doit ouvrir le fichier. En effet, si le fichier est en réalité un virus, il est plus prudent de ne pas l'ouvrir mais de l'enregistrer pour le vérifier avec un antivirus. Dans tous les cas, n'ouvrez pas des fichiers dont vous ne connaissez pas l'expéditeur.

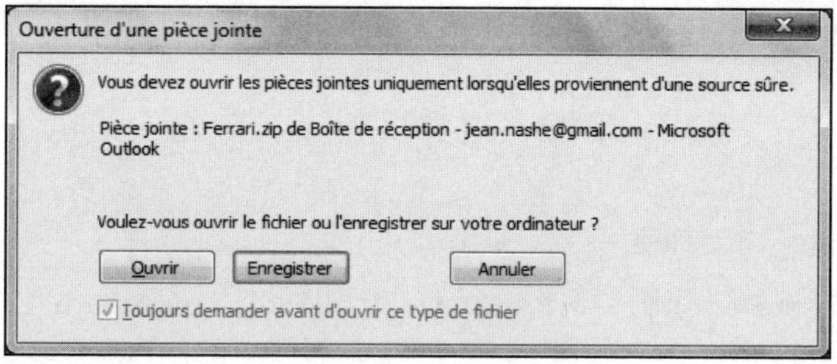
Ouverture d'une pièce jointe
Vous devez ouvrir les pièces jointes uniquement lorsqu'elles proviennent d'une source sûre.
Pièce jointe : Ferrari.zip de Boîte de réception - jean.nashe@gmail.com - Microsoft Outlook
Voulez-vous ouvrir le fichier ou l'enregistrer sur votre ordinateur ?
Ouvrir
Enregistrer
Annuler
Toujours demander avant d'ouvrir ce type de fichier

Figure 35-19 Ouverture d'une pièce jointe.

2. Cliquez le bouton **Ouvrir** si vous connaissez la provenance du fichier.

Le fichier s'ouvre avec l'application qui lui est associée.

Pour enregistrer directement une pièce jointe :

1. Double-cliquez le bouton de la pièce jointe.
2. Cliquez le bouton **Enregistrer** dans la liste qui s'ouvre.
3. Sélectionnez le dossier qui doit contenir le fichier.
4. Cliquez le bouton **Enregistrer**.

Note Vous pouvez aussi utiliser l'onglet **Pièces jointes**. Ce dernier apparaît dès que vous cliquez le nom de la pièce jointe.

Conseils pour la réception des pièces jointes

- Méfiez-vous des fichiers joints dont vous ne connaissez pas la provenance. Ils peuvent contenir des virus et détruire les données de votre ordinateur. Méfiez-vous particulièrement des fichiers avec l'extension .exe, .com, .scr, .js ou .vb.
- Si votre logiciel antivirus ne vérifie pas le contenu des messages reçus, il est préférable d'enregistrer la pièce jointe puis de demander à l'antivirus de la vérifier.
- Méfiez-vous des types de fichiers. À chaque type de fichier est associée une icône précise. Pour vérifier l'association type/icône, visualisez des fichiers du même type dans l'Explorateur Windows. Si l'icône ne correspond pas, n'ouvrez pas le fichier. Certains fichiers sont nommés avec un nom ordinaire (par exemple, Image.jpg), suivi d'une centaine d'espaces puis de la véritable extension (par exemple, .exe).

Répondre à un message

Si vous devez donner suite à un message, il est facile d'y répondre sans ajouter le nom de l'expéditeur d'origine.

1. Cliquez le message auquel vous désirez répondre.
2. Cliquez l'onglet **Accueil ➜ Répondre ➜ Répondre**. Utilisez la commande **Répondre à tous** pour expédier une copie à tous les destinataires du message initial.

   Vous retrouvez la même fenêtre que pour la création d'un message. Le nom du destinataire se trouve déjà dans la zone **À**. L'objet du message est le même que celui de l'expéditeur, mais il est précédé du mot **Re** pour indiquer qu'il s'agit d'une réponse. La zone du message contient le texte d'origine.
3. Ajoutez votre réponse dans le corps du message, puis cliquez le bouton **Envoyer**.

Transférer un message

Si un message reçu peut intéresser une ou plusieurs autres personnes, transférez-le pour ne pas avoir à le retaper.

1. Cliquez le message que vous désirez transférer.
2. Cliquez l'onglet **Accueil ➜ Répondre ➜ Transférer**.
3. Tapez ou recherchez le(s) destinataire(s) du transfert comme pour tous les messages.
4. Tapez le motif de transfert avant le début du texte du message d'origine.
5. Cliquez le bouton **Envoyer**.

Note Si le message d'origine contenait des pièces jointes, elles sont aussi transférées.

Rechercher un message

Vous voulez retrouver un message parmi les centaines enregistrés dans vos dossiers ? Demandez un coup de main à Outlook.

1. Cliquez le dossier où doit s'effectuer la recherche.
2. Tapez **Ctrl+E** pour sélectionner la zone **Rechercher**.

Outlook affiche un nouvel onglet **Recherche**.

3. Tapez les mots recherchés dans la zone **Rechercher**.

   La liste des messages ne propose plus que les messages contenant les mots-clés saisis.

4. Pour ouvrir un message, double-cliquez-le.

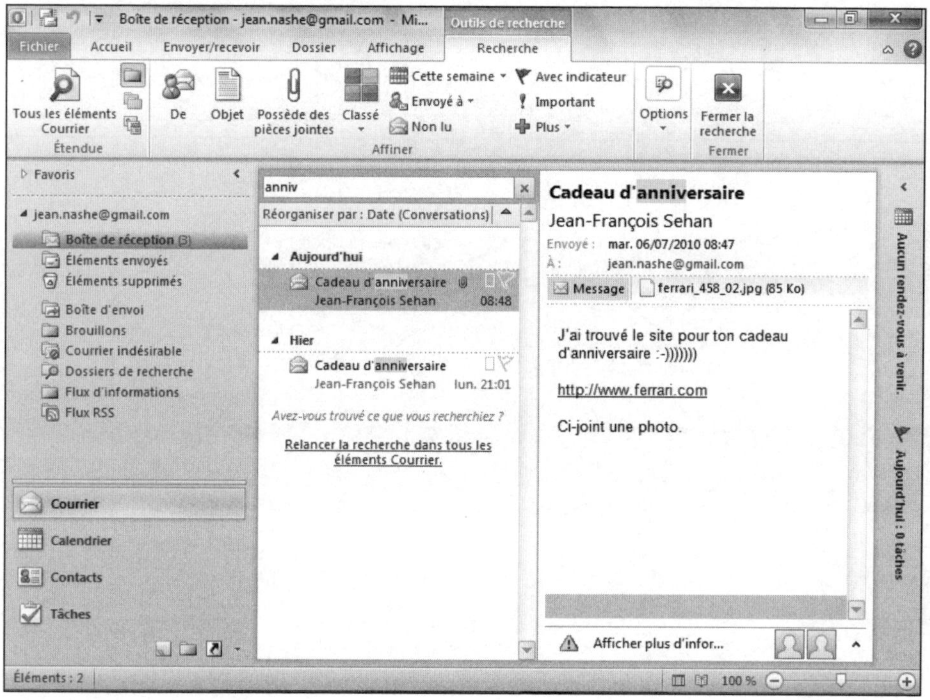

Figure 35-20 Listes des messages trouvés.

5. Utilisez les commandes de l'onglet **Recherche** pour filtrer les résultats.

6. Cliquez le bouton × en regard de la zone **Rechercher** pour annuler la recherche, ou cliquez l'onglet **Recherche** ➜ **Fermer** ➜ **Fermer la recherche**.

Filtrer et trier les messages

Pour accéder rapidement aux messages qui vous intéressent, filtrez-les et triez-les. Vous pourrez ainsi masquer les messages lus et vous concentrer sur les derniers messages reçus.

Filtrer les messages

1. Cliquez le dossier à réorganiser.
2. Cliquez l'onglet **Accueil** ➜ **Rechercher** ➜ **Filtre de courrier**.
3. Cliquez le type de filtre à appliquer dans la liste **Filtre de courrier**.

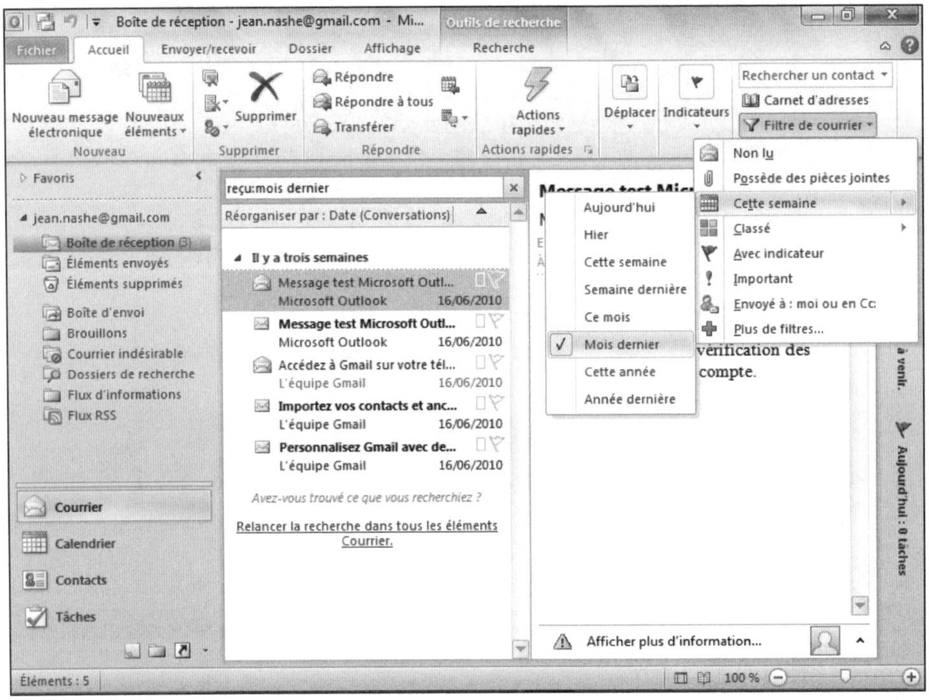

Figure 35-21 Filtrage des messages.

4. Pour supprimer le filtre, répétez les étapes **2** et **3** pour décocher l'option.

Trier les messages

1. Cliquez l'onglet **Affichage** ➜ **Réorganisation** ➜ **Organiser par**, puis cliquez le type de tri.
2. Cliquez l'onglet **Affichage** ➜ **Réorganisation** ➜ **Inverser le tri** ↑↓ pour appliquer un ordre croissant ou décroissant.

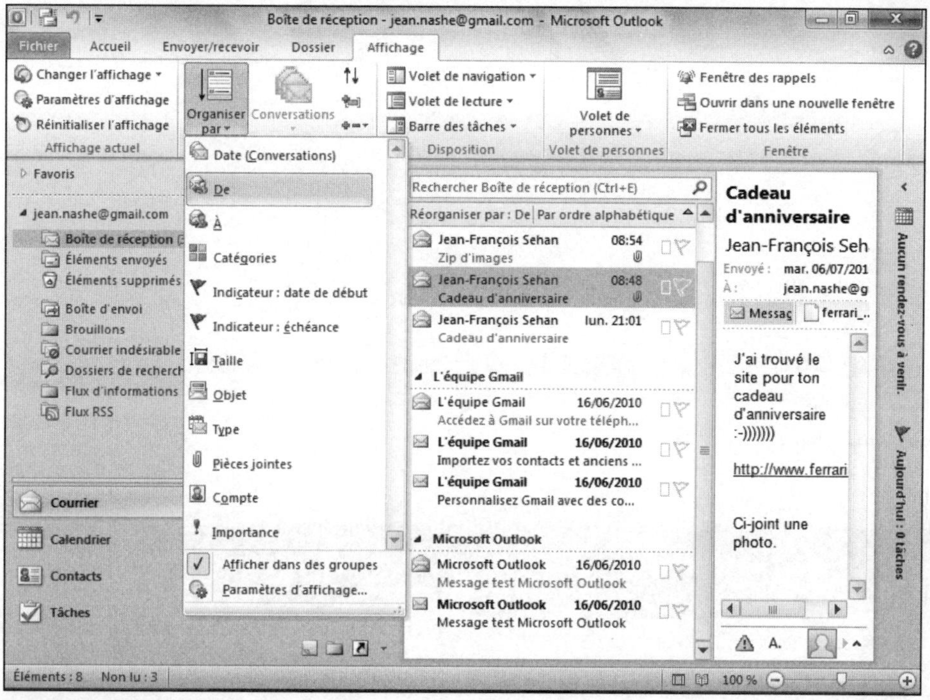

Figure 35-22 Tri des messages.

Organiser la fenêtre d'Outlook

Outlook propose plusieurs types d'affichage pour réorganiser sa fenêtre en fonction de vos habitudes.

1. Cliquez l'onglet **Affichage ➜ Disposition ➜ Volet de navigation**, puis choisissez la taille de ce volet.
2. Cliquez l'onglet **Affichage ➜ Disposition ➜ Volet de lecture**, puis choisissez la position de ce volet.
3. Cliquez l'onglet **Affichage ➜ Disposition ➜ Barre des tâches**, puis cliquez la taille de la barre.

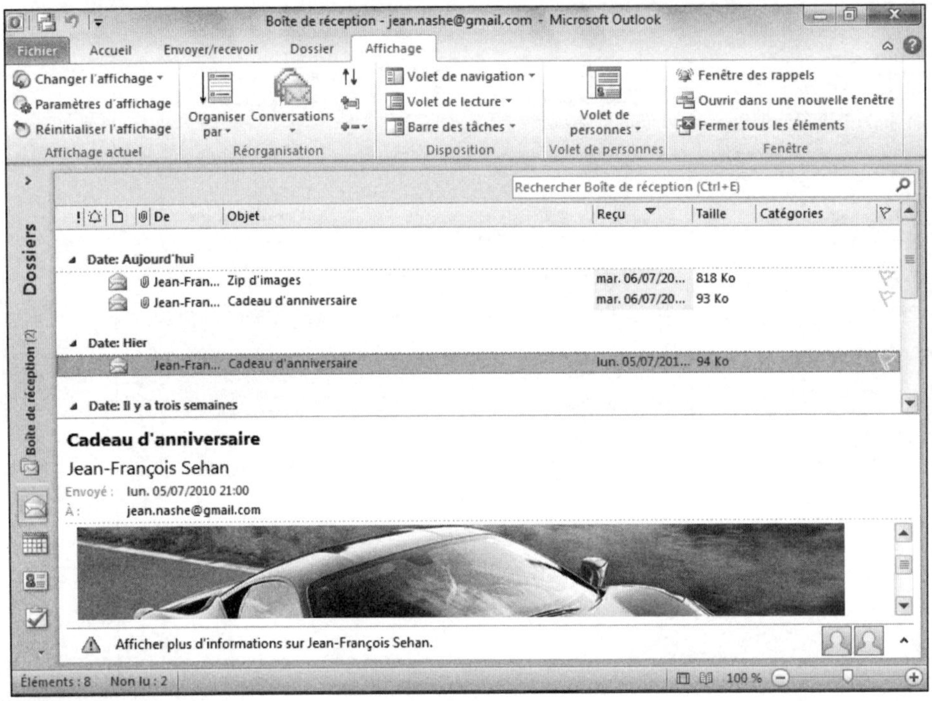

Figure 35-23 Affichage après modification.

Dans cet exemple, le volet de navigation est réduit, le volet de lecture est placé en bas et la barre des tâches est masquée.

Imprimer les messages

Afin de garder une trace de vos messages, imprimez-les.

1. Sélectionnez le message à imprimer.
2. Cliquez l'onglet **Fichier ➜ Imprimer**.

   La partie de droite affiche un aperçu avant impression.

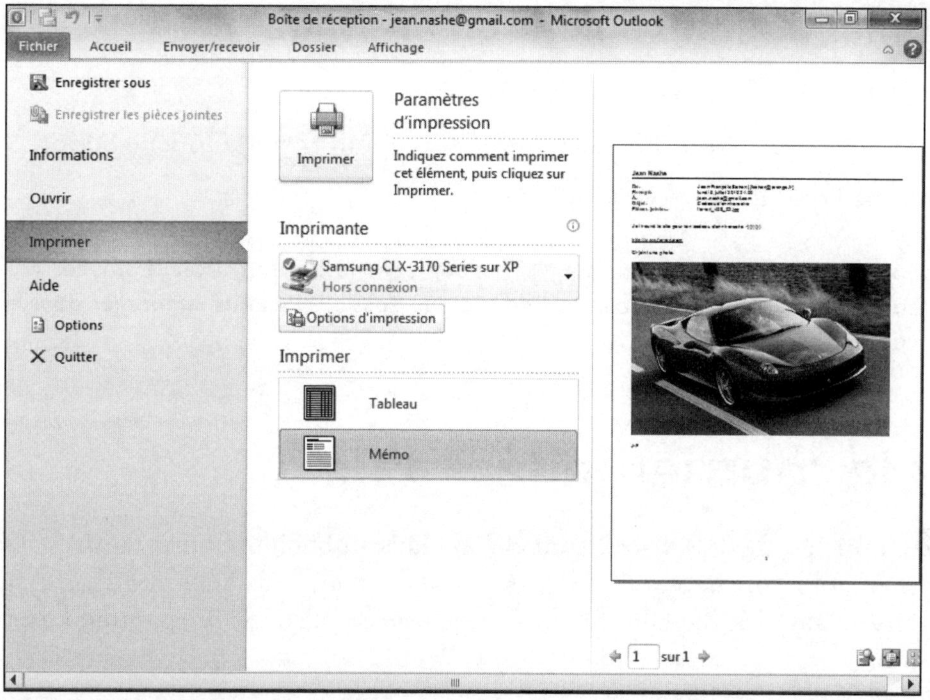

Figure 35-24 Aperçu avant impression.

3. Choisissez les options d'impression.
4. Cliquez le bouton **Imprimer**.

Supprimer des messages

N'encombrez pas inutilement vos dossiers : supprimez les messages obsolètes, inutiles, voire parasites.

Supprimer un message

1. Cliquez le message à supprimer pour le sélectionner.
2. Appuyez sur la touche **Suppr**.

Le message est transféré dans le dossier **Éléments supprimés**.

Astuce Pour supprimer directement le message, appuyez sur les touches **Maj+Suppr** puis cliquez le bouton **Oui** pour confirmer.

Supprimer définitivement un message

1. Cliquez le dossier **Éléments supprimés**.
2. Cliquez le message pour le sélectionner puis appuyez sur la touche **Suppr**.
3. Cliquez le bouton **Oui** pour confirmer.

Conseil Pour supprimer tous les messages, cliquez avec le bouton droit le dossier **Messages supprimés** puis cliquez la commande **Vider le dossier Éléments supprimés** dans le menu contextuel.

Vérifier le courrier indésirable

Les *spams*, appelés aussi *pourriels*, sont des e-mails publicitaires non désirés. Ils vous proposent toujours un lien vers l'adresse du spammer, puis vous redirigent vers un site de vente légale ou illégale. Si vous effectuez des achats, le spammer touche sa commission.

Outlook vérifie automatiquement vos messages et élimine les spams. Ils sont déplacés dans le dossier Courrier indésirable.

Même si ce tri fonctionne convenablement, il est préférable de vérifier si de bons courriers n'ont pas été transférés par mégarde dans ce dossier.

1. Cliquez le dossier **Courrier indésirable**.
2. Vérifiez la liste des messages.
3. Si vous trouvez un courrier déplacé par erreur, cliquez-le avec le bouton droit puis choisissez la commande **Courrier indésirable ➜ Ceci n'est pas indésirable** dans le menu contextuel.
4. Après cette vérification, cliquez avec le bouton droit le dossier **Courrier indésirable**, puis cliquez **Vider le dossier** dans le menu contextuel.

Gérer les contacts

Outlook propose de gérer l'ensemble de vos contacts sous forme de carnet d'adresses.

1. Cliquez **Contacts** dans le Volet de navigation (en bas à gauche).
2. Cliquez l'onglet **Accueil ➜ Nouveau ➜ Nouveau contact**.

Note Si vous êtes dans la partie Courrier d'Outlook, cliquez l'onglet **Accueil ➜ Nouveau ➜ Nouveaux éléments ➜ Contact**.

3. Saisissez les données sur le contact. Vous pouvez même ajouter une photographie.

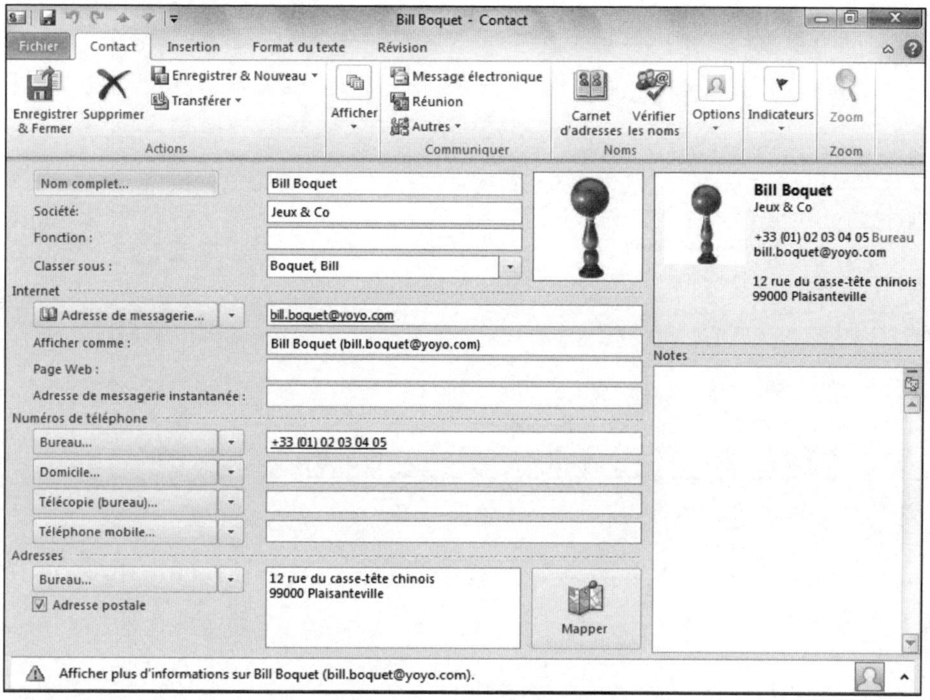

Figure 35-25 Saisie d'un nouveau contact.

4. Cliquez l'onglet **Contact ➜ Actions ➜ Enregistrer et fermer**.

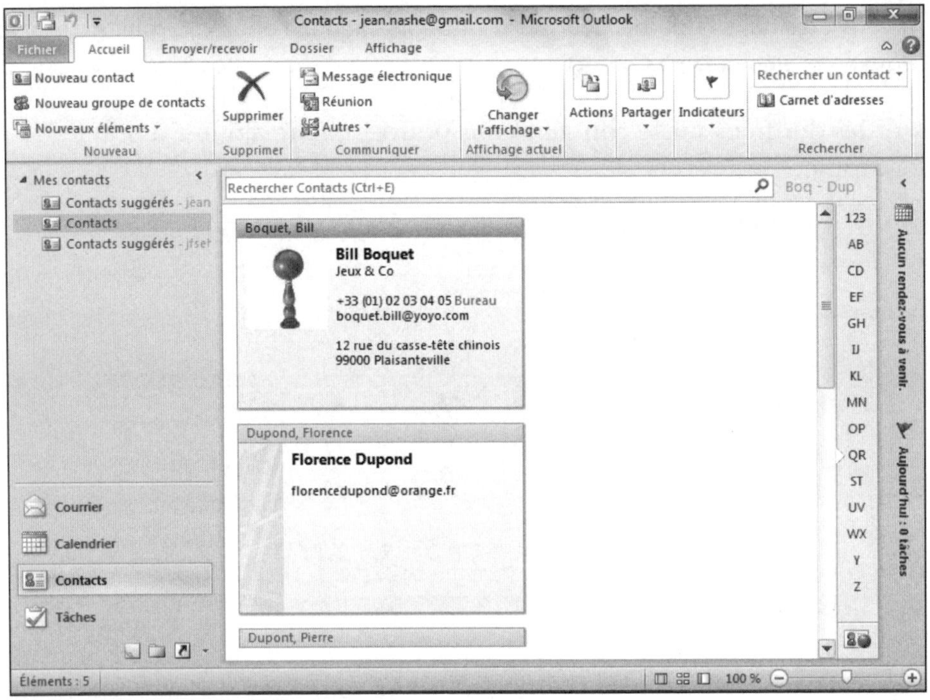

Figure 35-26 Liste des contacts.

5. Cliquez des lettres dans la barre de sélection à droite pour rechercher rapidement un contact.

Créer un groupe de contacts

Si vous vous adressez souvent au même groupe de contacts, il est plus simple de les réunir sous un seul nom. Vous pourrez ainsi leur expédier rapidement le même message.

1. Cliquez l'onglet **Accueil** ➜ **Nouveau** ➜ **Nouveau groupe de contacts**.
2. Tapez dans la zone **Nom** celui du nouveau groupe.
3. Cliquez l'onglet **Groupe de contacts** ➜ **Membres** ➜ **Ajouter des membres** ➜ **À partir des contacts Outlook**.
4. Cliquez le contact à ajouter puis le bouton **Membres**. Vous pouvez aussi double-cliquer le nom des contacts.
5. Répétez l'étape **4** pour les autres membres.

   Les membres du groupe s'affichent dans la zone en regard du bouton **Membres**.

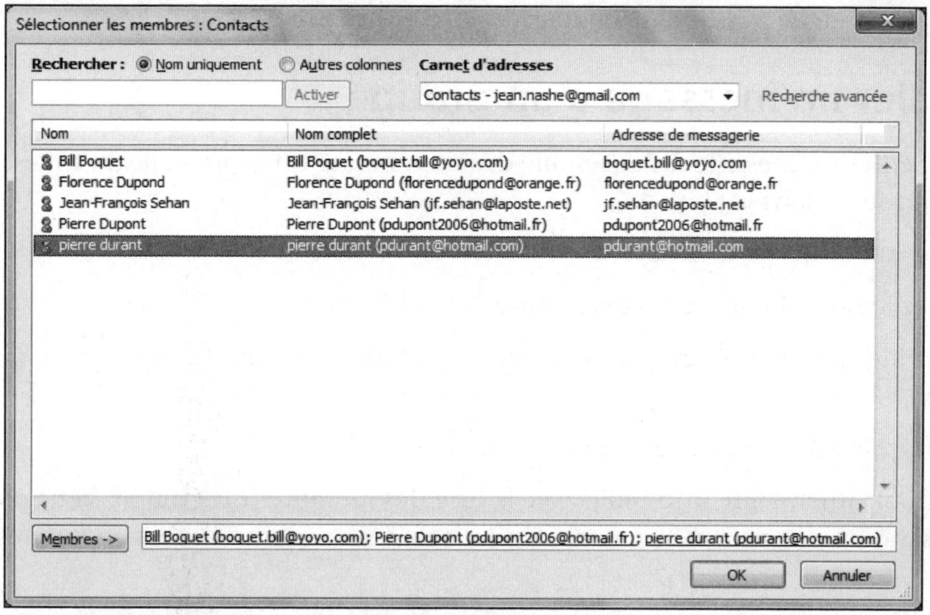

Figure 35-27 Création d'un groupe de contacts.

6. Cliquez le bouton **OK**.

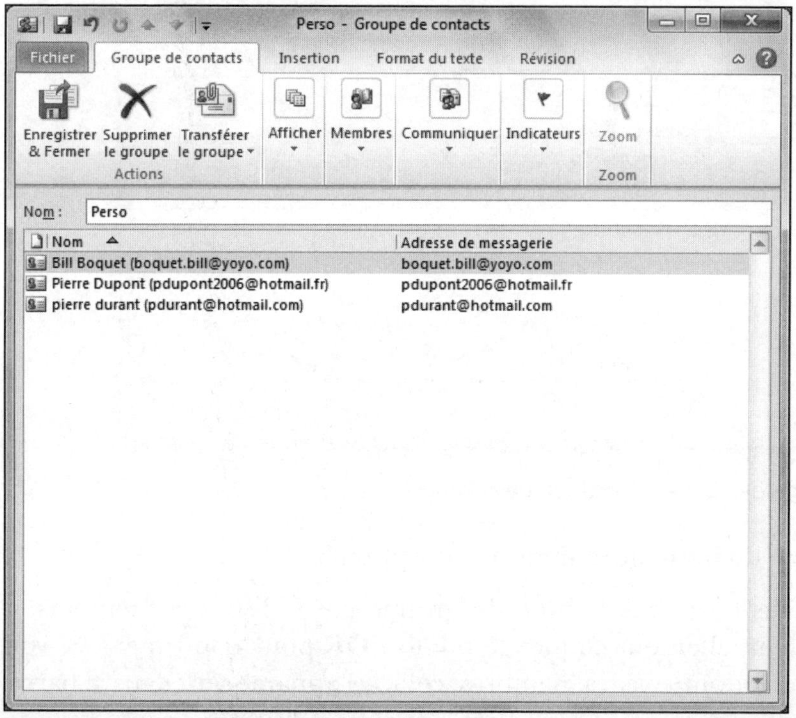

Figure 35-28 Création d'un groupe de contacts.

7. Cliquez l'onglet **Groupe de contacts ➜ Actions ➜ Enregistrer & Fermer**.

Expédier un message à un groupe

Pour expédier un message à l'ensemble des membres d'un groupe, il suffit de saisir le nom du groupe dans la zone **À**.

1. Créez un nouveau message.
2. Tapez le nom du groupe dans la zone **À**.

   Pour indiquer la présence d'un groupe, Outlook ajoute le symbole ⊞ devant son nom.
3. Pointez le nom du groupe dans la zone **À**.

   Outlook affiche une info-bulle avec la liste des membres du groupe. Vous pouvez aussi pointer le nom d'un membre pour afficher ses coordonnées complètes.

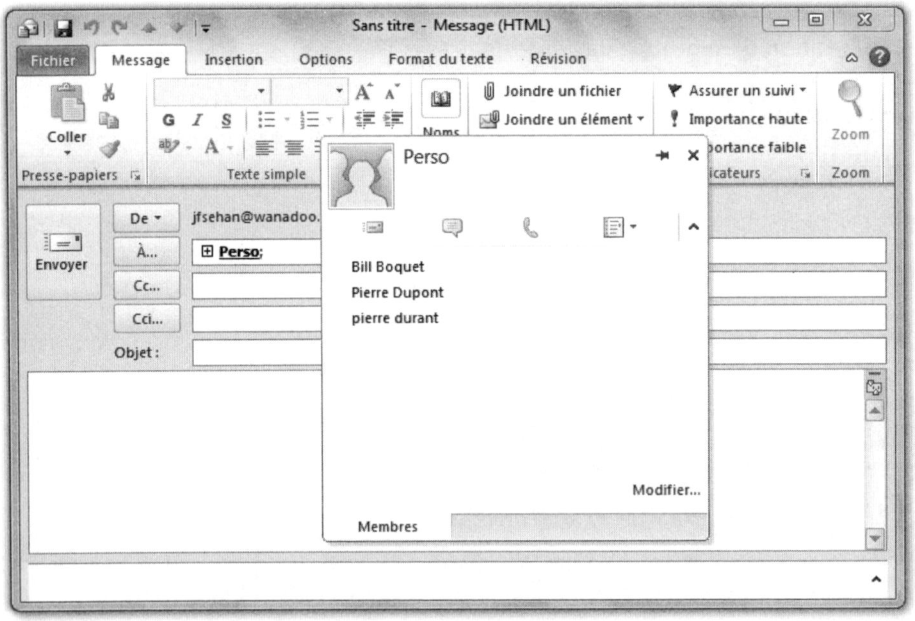

Figure 35-29 Message destiné à un groupe de contacts.

4. Saisissez le reste du message comme à l'accoutumée.

Pour remplacer dans la zone **À** le nom du groupe par la liste des membres, cliquez le symbole ⊞ (éventuellement cliquez le bouton **OK** pour confirmer). Si vous avez ajouté des photos aux données des membres, celles-ci apparaissent dans la barre d'état du message.

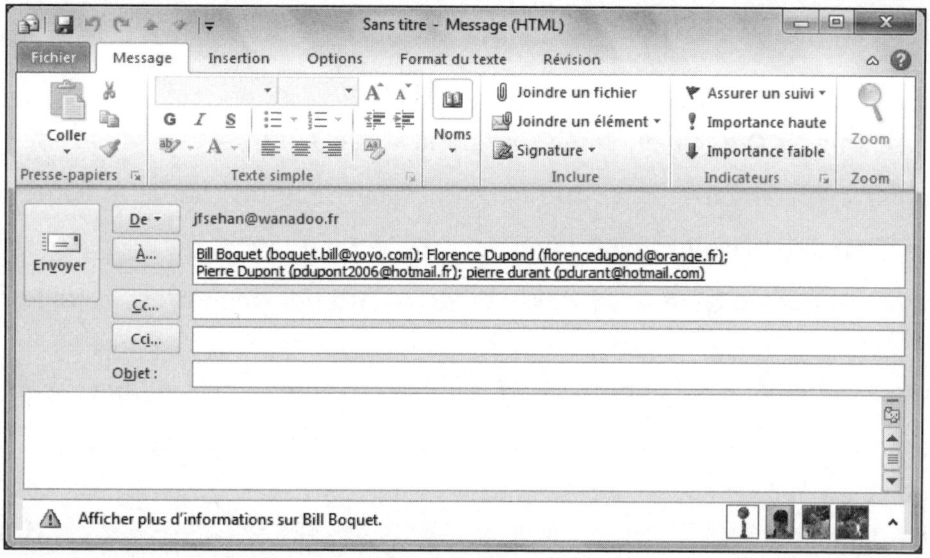

Figure 35-30 Liste des membres dans la zone À.

Utiliser le calendrier

Le calendrier d'Outlook permet de gérer vos rendez-vous et vos tâches journalières. Il permet aussi de partager votre emploi du temps avec vos collaborateurs et vos proches.

1. Cliquez **Calendrier** en bas du Volet de navigation.

   Le volet de navigation affiche un éphéméride pour choisir rapidement une date.

1. Cliquez les boutons en forme de flèche à gauche et à droite du mois et de l'année pour augmenter ou diminuer la valeur.
2. Cliquez le jour dans le calendrier.

Figure 35-31 Choix d'une date.

Si vous vous êtes égaré dans le calendrier, il est facile de revenir à la date actuelle. Pour cela, cliquez l'onglet **Accueil ➜ Atteindre ➜ Aujourd'hui**.

Ajouter un calendrier

Si nécessaire, vous pouvez ajouter plusieurs calendriers.

1. Cliquez l'onglet **Dossier ➜ Nouveau ➜ Nouveau calendrier**.
2. Dans la zone **Nom** tapez celui du nouveau calendrier, puis cliquez le bouton **OK**.

Il est possible d'afficher plusieurs calendriers en même temps.

1. Dans la zone **Calendriers**, cochez la case en regard des calendriers à afficher, et décochez les autres.

Pour mieux distinguer vos calendriers, vous pouvez changer leur couleur.

1. Cliquez le nom du calendrier à modifier dans le Volet de navigation.
2. Cliquez l'onglet **Affichage ➜ Couleur** puis sélectionnez la couleur désirée.

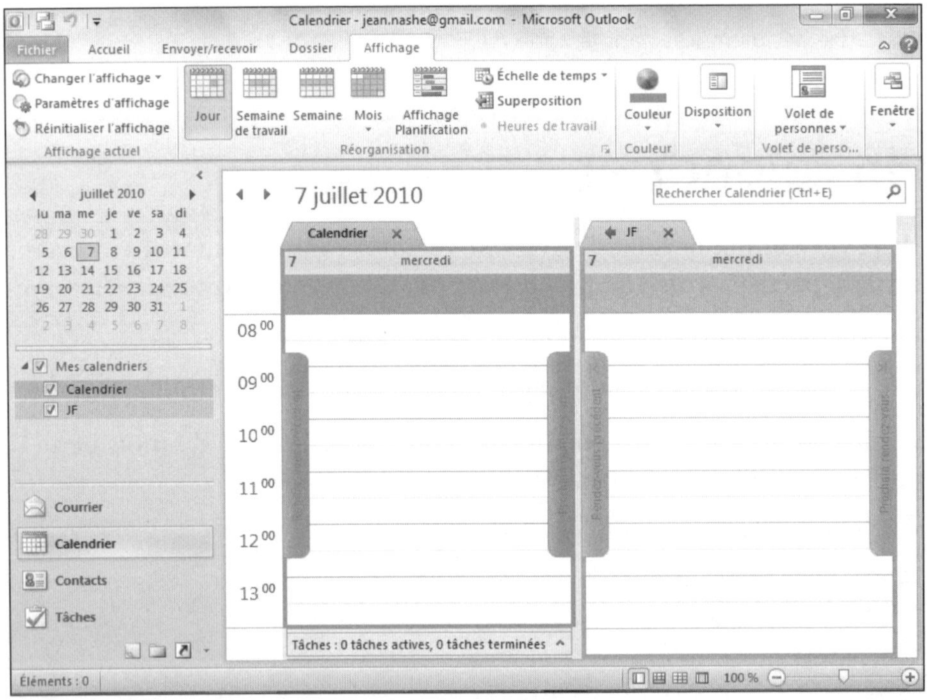

Figure 35-32 Plusieurs calendriers de couleurs différentes.

Modifier l'affichage des calendriers

Vous pouvez choisir le nombre de jours affichés par le calendrier. Pour cela, cliquez l'onglet **Affichage ➜ Réorganisation** puis choisissez la fréquence du calendrier (**Jour**, **Semaine**, *etc.*).

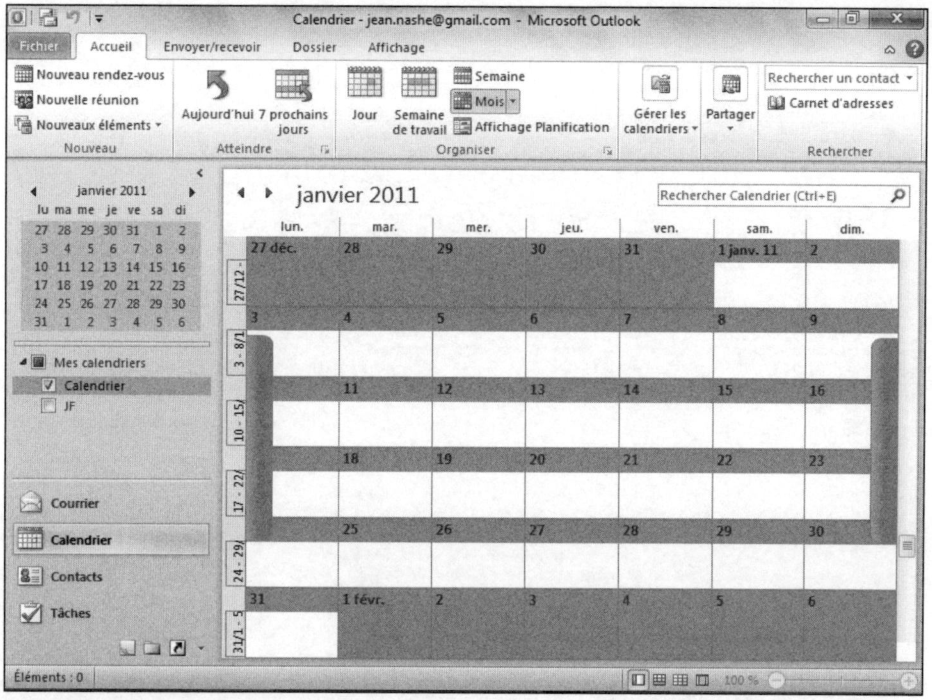

Figure 35-33 Calendrier par mois.

Planifier des rendez-vous

Le calendrier propose une gestion complète de vos rendez-vous, réunions de travail et événements. Il vous avertit par une boîte de dialogue de l'approche d'un rendez-vous, et recourt aussi à un signal sonore.

1. Sélectionnez la date dans l'éphéméride du Volet de navigation.
2. Double-cliquez l'heure du rendez-vous dans l'agenda.
3. Tapez les renseignements sur le rendez-vous (lieu, heure, date, *etc.*) dans la fenêtre qui s'affiche.
4. Si vous désirez bloquer une journée complète, cochez la case **Journée entière**. Il n'est alors plus possible de choisir les heures.
5. Si un rendez-vous revient régulièrement, par exemple un anniversaire, cliquez l'onglet **Rendez-vous ➜ Options ➜ Périodicité** puis saisissez sa fréquence dans la boîte qui s'affiche.

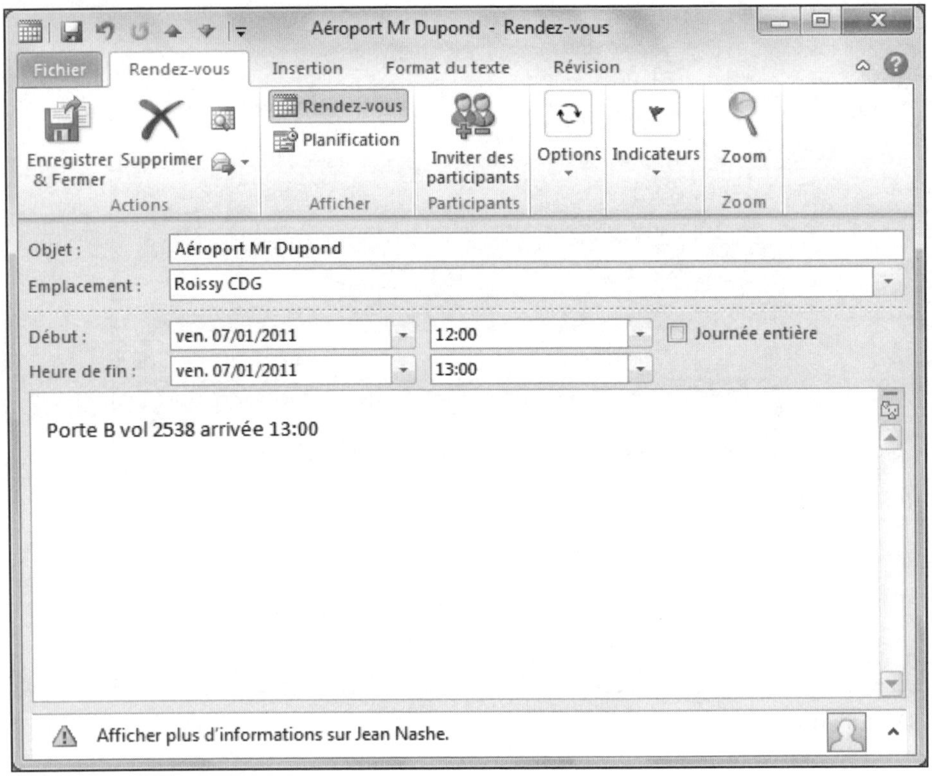

Figure 35-34 Saisie d'un rendez-vous.

6. Cliquez l'onglet **Rendez-vous → Actions → Enregistrer & Fermer**.

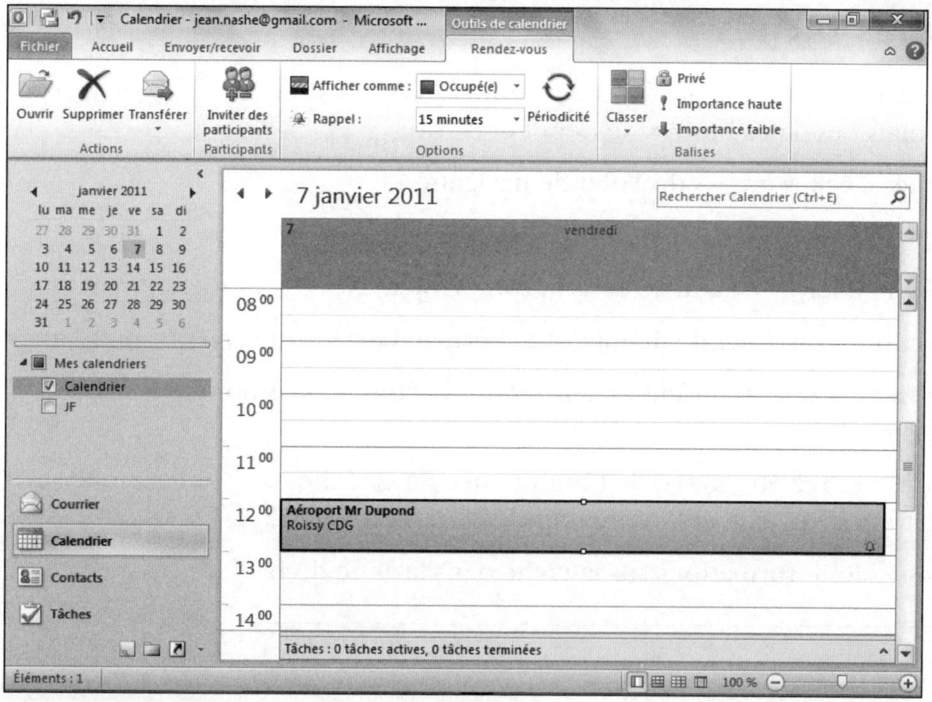

Figure 35-35 Rendez-vous dans l'agenda.

Si vous avez demandé un rappel, une boîte de dialogue s'affiche à l'approche du rendez-vous.

1. Pour supprimer le rendez-vous, cliquez le bouton **Faire disparaître**.
2. Pour être rappelé ultérieurement, cliquez le bouton **Répéter**. Vous pouvez définir la durée du prochain rappel dans la liste en regard du bouton **Répéter**.

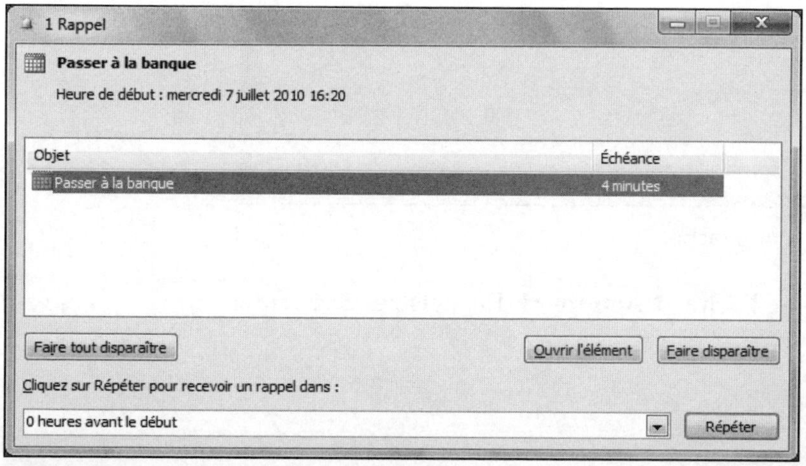

Figure 35-36 Rappel d'un rendez-vous.

Gérer les tâches

Une tâche est un travail ou une activité à réaliser. Les tâches n'exigent pas d'heure précise, mais des dates butoirs de début et de fin.

1. Cliquez **Tâches** en bas du Volet de navigation.
2. Cliquez l'onglet **Accueil ➜ Nouvelle tâche**.
3. Tapez le libellé de la tâche dans la zone **Objet**.
4. Sélectionnez la **Date de début** et l'**Échéance** dans les zones correspondantes.
5. Saisissez les autres renseignements dans les zones correspondantes (**État**, **Priorité**, *etc.*).
6. Si vous désirez être averti de l'imminence de la tâche, cochez la case **Rappel**, puis sélectionnez la date et l'heure dans les zones en regard.
7. Saisissez les informations sur la tâche dans la zone du bas.

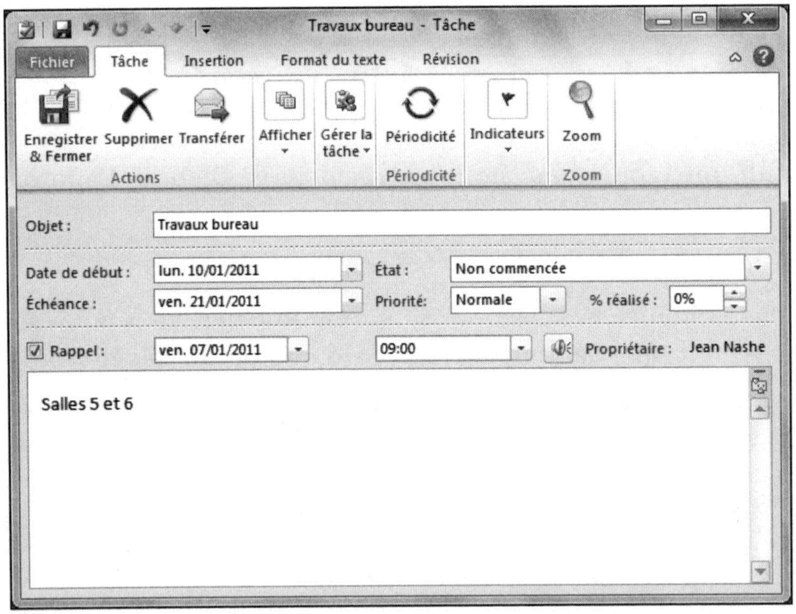

Figure 35-37 Saisie d'une tâche.

8. Cliquez l'onglet **Tâche ➜ Actions ➜ Enregistrer & Fermer**.

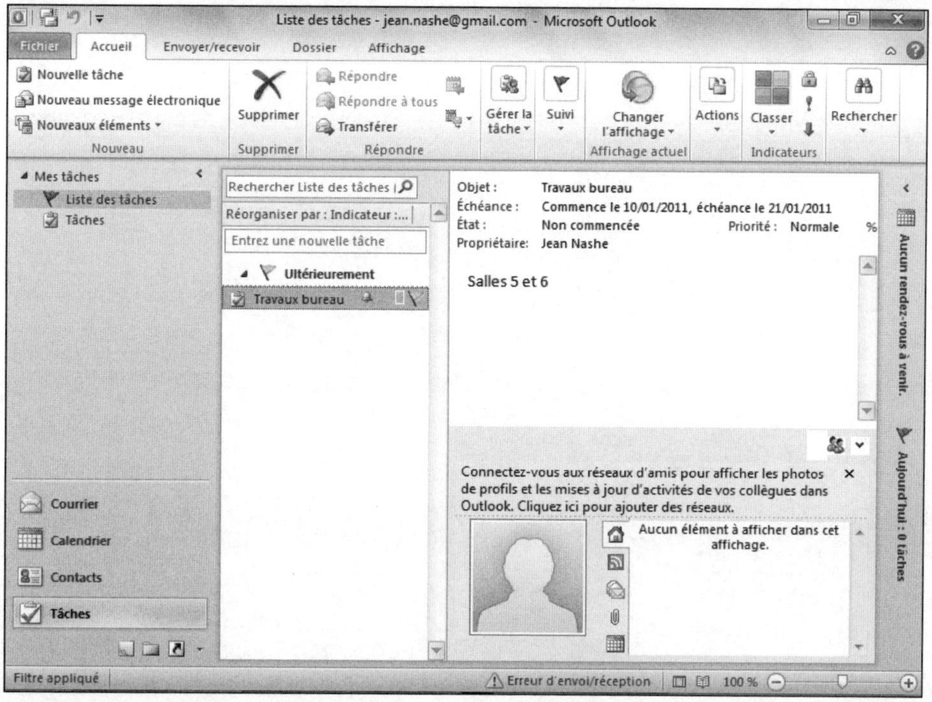

Figure 35-38 Tâches dans Outlook.

Si vous avez demandé un rappel, une boîte de dialogue s'affiche à la date et à l'heure prévues.

Imprimer l'emploi du temps

Si vous êtes en déplacement, vous pouvez imprimer votre agenda par jour, semaine de travail, mois, *etc.*

1. Cliquez **Calendrier** en bas du Volet de navigation.
2. Cliquez l'onglet **Fichier → Imprimer**.
3. Sélectionnez l'étendue de l'agenda dans la liste **Imprimer**.

Outlook affiche un aperçu avant impression dans la partie de droite.

4. Modifiez les autres options comme à l'accoutumée.

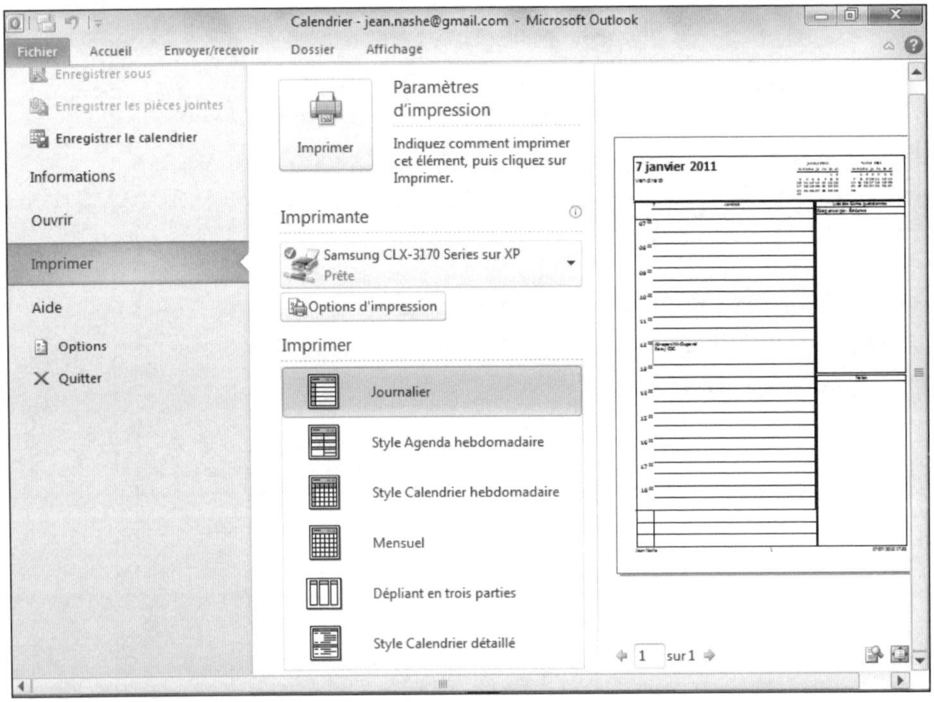

Figure 35-39 Impression d'un agenda.

5. Cliquez le bouton **Imprimer** pour débuter l'impression.

PARTIE V
ONENOTE 2010

Chapitre 36

Découvrir OneNote

Dans ce chapitre

- Découvrir l'interface
- Créer des blocs-notes
- Ajouter des sections et des pages
- Saisir des notes
- Insérer des documents
- Saisir des tableaux
- Utiliser la calculatrice
- Ajouter des liens hypertexte et des pages Web
- Effectuer des recherches
- Enregistrer des notes audio et vidéo
- Ajouter des balises à vos notes

OneNote est la version électronique d'un bloc-notes. Son but est d'éliminer tous les post-it et la paperasse habituelle que l'on trouve sur les bureaux. Il va donc vous permettre de classer vos notes, vos idées, des informations à ne pas oublier, et toutes les autres choses que vous ne savez où ranger.

OneNote ne se comporte pas comme un traitement de texte traditionnel tel Word. Il vous laisse une totale liberté d'expression par des textes, des dessins ou des images.

Si OneNote est très riche, il est aussi intuitif. Il serait donc difficile de faire ici une description exhaustive de toutes ses fonctionnalités. Ce chapitre est donc une prise en main rapide. Vous découvrirez les autres possibilités avec l'expérience. N'oubliez pas que le bouton droit de la souris permet d'afficher un menu contextuel pour modifier l'élément sur lequel vous venez de cliquer. C'est le meilleur moyen de découvrir toutes les fonctionnalités de OneNote.

Pour ouvrir OneNote, cliquez le bouton **Démarrer ➜ Tous les programmes ➜ Microsoft Office ➜ Microsoft OneNote 2010**.

Astuce Pour ajouter des raccourcis sur le bureau ou au début du menu Démarrer de Windows, consultez le chapitre d'introduction de ce livre.

Découvrir l'interface

Lors de la première utilisation, OneNote affiche des blocs-notes qui donnent des informations sur son fonctionnement.

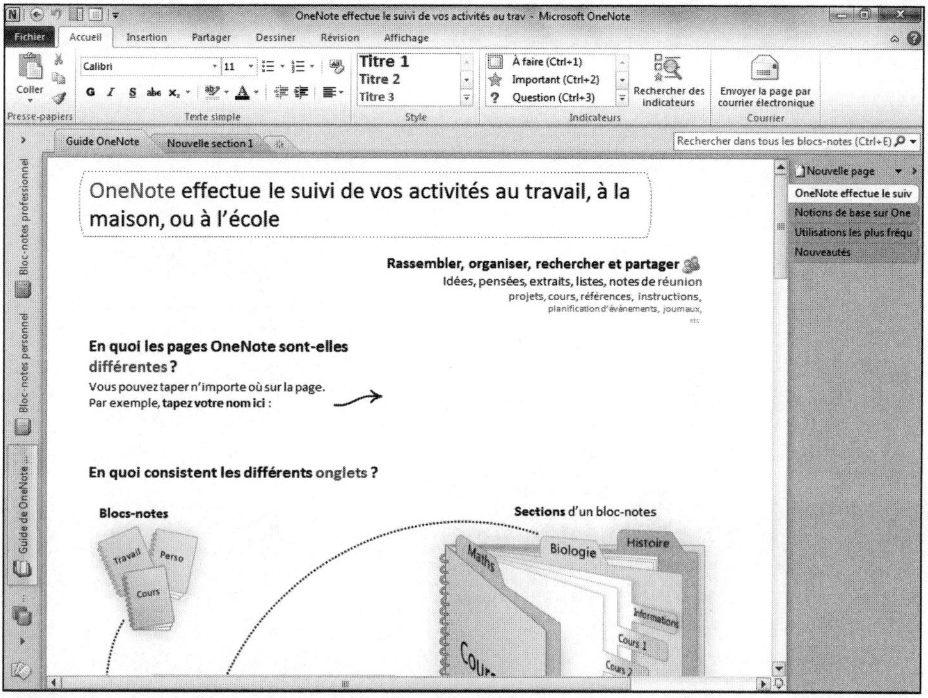

Figure 36-1 Interface d'origine de OneNote.

Bloc-notes, sections et pages

Les blocs-notes sont des dossiers. Comme il est possible d'en ouvrir plusieurs, ils apparaissent sous forme d'onglets dans la partie gauche de la fenêtre.

Les sections sont des rubriques importantes à l'intérieur d'un bloc-notes. Elles apparaissent sous forme d'onglet en haut de la fenêtre (en dessous du ruban). Les sections sont les documents de OneNote. Ils sont enregistrés dans les dossiers des blocs-notes.

Les pages, liées à la section sélectionnée, contiennent tous les éléments que vous allez saisir. Elles sont aussi affichées sous forme d'onglets dans la partie droite de la fenêtre.

L'exemple de la figure 36-2 montre un seul bloc-notes ouvert nommé « Mon bloc-notes », deux sections nommées « Livres » et « DVD », et trois pages nommées « Critiques », « Achats » et « DVDthèque » correspondant à la section « DVD » actuellement sélectionnée.

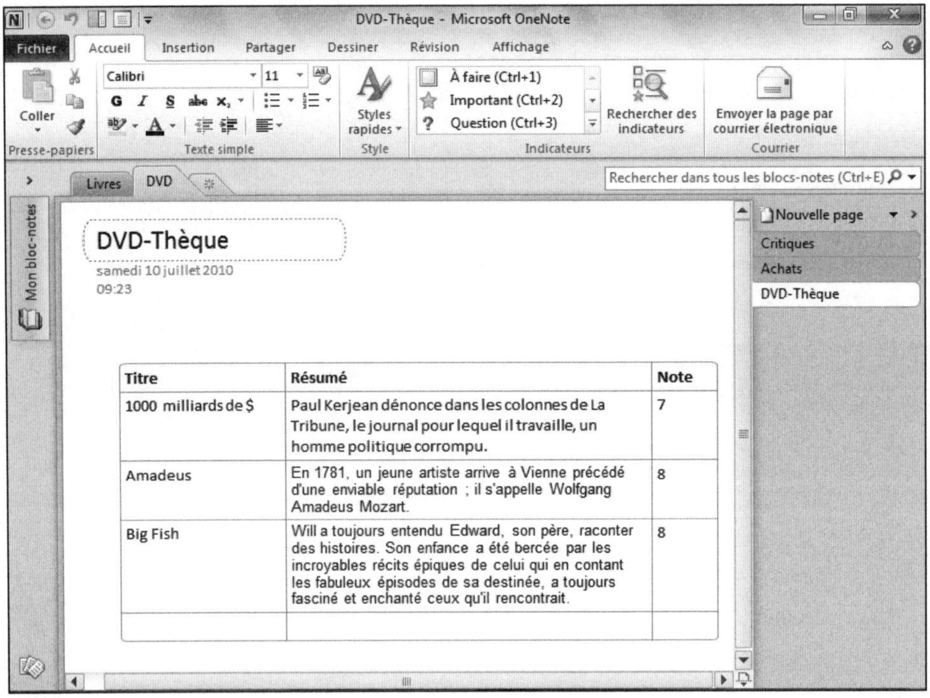

Figure 36-2 Interface de OneNote.

Composer un bloc-notes

Comme nous venons de le voir, un bloc-notes est composé d'un ensemble d'éléments. Nous allons les créer maintenant les uns après les autres.

Créer un bloc-notes

Pour commencer, vous devez créer un nouveau bloc-notes.

1. Cliquez l'onglet **Fichier ➜ Nouveau ➜ Bloc-notes**.

   Les blocs-notes peuvent être employés de plusieurs façons :

   - **Web** : le bloc-notes est enregistré sur un serveur extérieur.
   - **Réseau** : le dossier du bloc-notes sera partagé automatiquement. Vous ou les autres personnes du réseau local pourront y accéder.
   - **Poste de travail** : vous êtes le seul à utiliser le bloc-notes et sur un seul ordinateur.

2. Cliquez **Poste de travail** dans la liste **Stocker le bloc-notes**. Vous pouvez aussi choisir un autre emplacement si vous êtes en réseau ou pour accéder au bloc-notes *via* Internet.

3. Tapez le nom de votre nouveau bloc-notes dans la zone **Nom**.

4. Au besoin, cliquez le bouton **Parcourir** si vous désirez modifier l'emplacement du fichier sur votre disque dur. Nous vous conseillons de garder l'emplacement proposé.

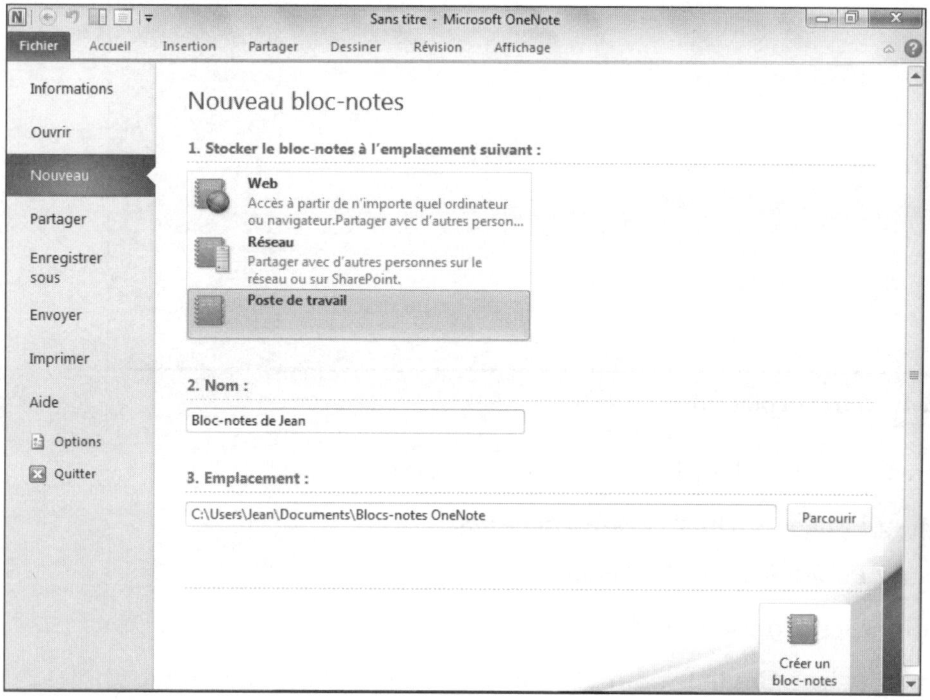

Figure 36-3 Création d'un bloc-notes.

5. Cliquez le bouton **Créer un bloc-notes**.

OneNote crée un dossier à l'emplacement choisi à l'étape **4** avec le nom choisi à l'étape **3**.

Le nom du bloc-notes apparaît dans les onglets de gauche. OneNote a ajouté une section nommée **Nouvelle section 1** (onglets du haut) qui contient elle-même une page nommée **Sans titre** (onglets de droite).

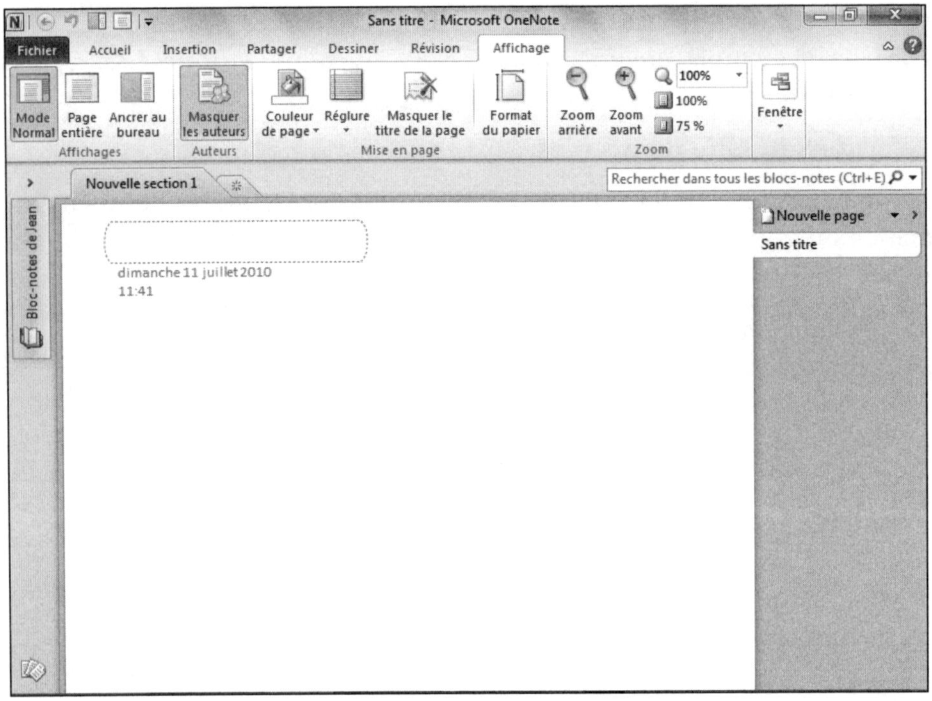

Figure 36-4 Nouveau bloc-notes.

Vous pouvez modifier les propriétés du bloc-notes.

1. Cliquez l'onglet **Fichier ➜ Informations**.
2. Cliquez **Paramètres ➜ Propriétés**.
3. Modifiez les propriétés proposées.
4. Cliquez la liste **Couleur** pour choisir dans une palette celle du bloc-notes.

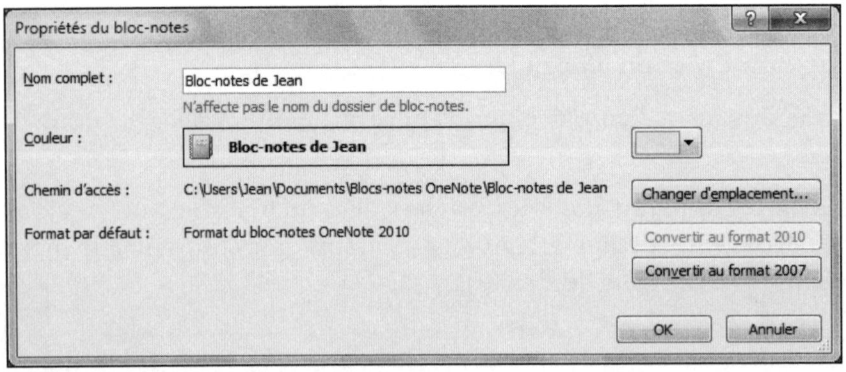

Figure 36-5 Propriétés du bloc-notes.

5. Cliquez le bouton **OK**.

Ajouter une section

Maintenant que le bloc-notes est créé, vous pouvez ajouter des sections pour classer vos données par sujet.

1. Cliquez l'onglet  à droite des onglets de sections existant.
2. Tapez immédiatement le nom de la section pour remplacer le nom générique (Nouvelle section 2, Nouvelle section 3, *etc.*).
3. Pour renommer une section, ne serait-ce que celle ajoutée par défaut à la création du bloc-notes (Nouvelle section 1), double-cliquez son onglet puis tapez le nom désiré.

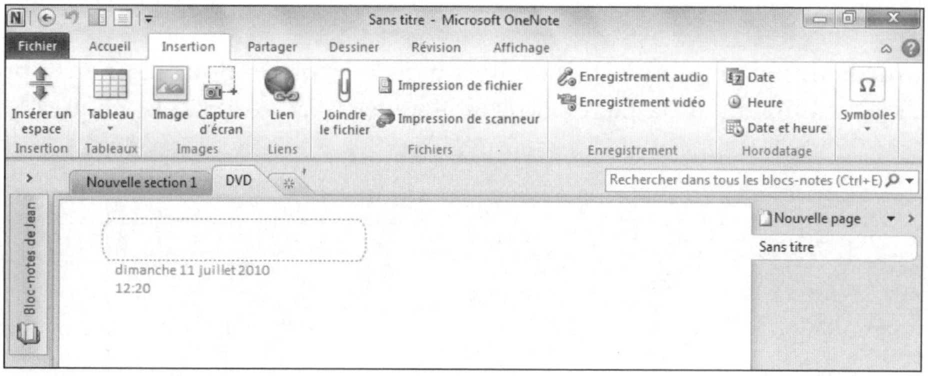

Figure 36-6 Ajout d'une section.

Ajouter un groupe de sections

Si le bloc-notes contient trop de sections, vous pouvez ajouter un groupe de sections pour mieux classer vos données.

1. Cliquez avec le bouton droit les onglets des sections, puis cliquez **Nouveau groupe de sections** dans le menu contextuel.
2. Tapez immédiatement le nom du groupe de sections pour remplacer le nom générique.
3. Pour renommer une section, cliquez son onglet avec le bouton droit de la souris puis cliquez **Renommer** dans le menu contextuel. Tapez ensuite le nom et validez avec la touche **Entrée**.
4. Cliquez l'onglet du groupe pour le sélectionner.

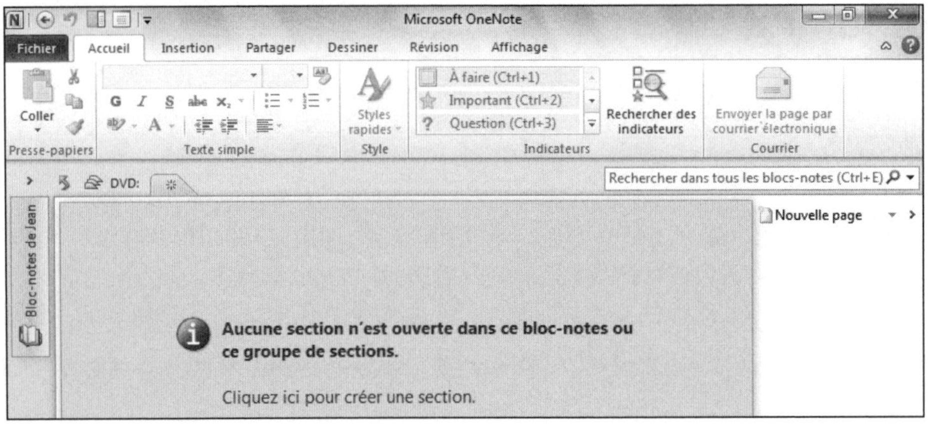

Figure 36-7 Nouveau groupe de sections.

Vous pouvez maintenant ajouter des onglets dans le groupe. Pour ajouter le premier onglet, cliquez simplement la page. Pour ajouter les onglets suivants, cliquez l'onglet .

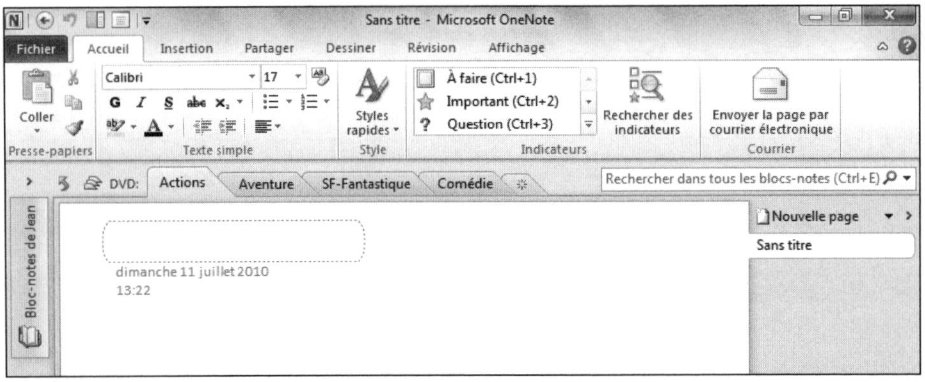

Figure 36-8 Groupe de sections.

Pour sortir du groupe de sections, cliquez le bouton  en regard de son nom.

Ajouter une page

Il est temps maintenant d'ajouter des pages dans vos sections.

1. Cliquez l'onglet de la section.
2. Cliquez le bouton Nouvelle page au-dessus des onglets des pages.

   OneNote ajoute un nouvel onglet de page. La page propose une zone de titre ainsi que la date et l'heure de création.
3. Tapez un titre dans la zone en haut de la page.

L'onglet de la page est automatiquement nommé avec le titre saisi.

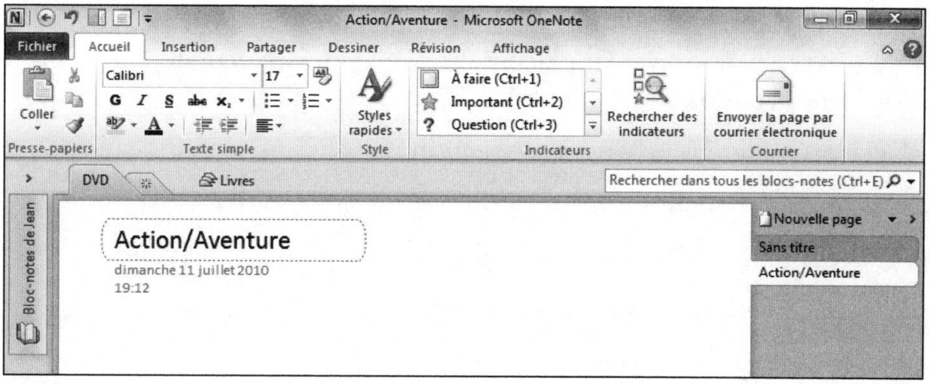

Figure 36-9 Ajout d'une nouvelle page.

Ajouter une sous-page

OneNote propose un dernier niveau de classement pour vos données : les sous-pages.

1. Cliquez l'onglet de la page qui doit contenir la sous-page.
2. Cliquez la flèche du bouton Nouvelle page au-dessus des onglets des pages puis cliquez **Nouvelle sous-page**.
3. Tapez le titre, et donc le nom de l'onglet, dans la zone en haut de la sous-page.

Pour les distinguer, les onglets des sous-pages ont des couleurs plus pâles que celui de la page, et leurs textes sont décalés vers la droite.

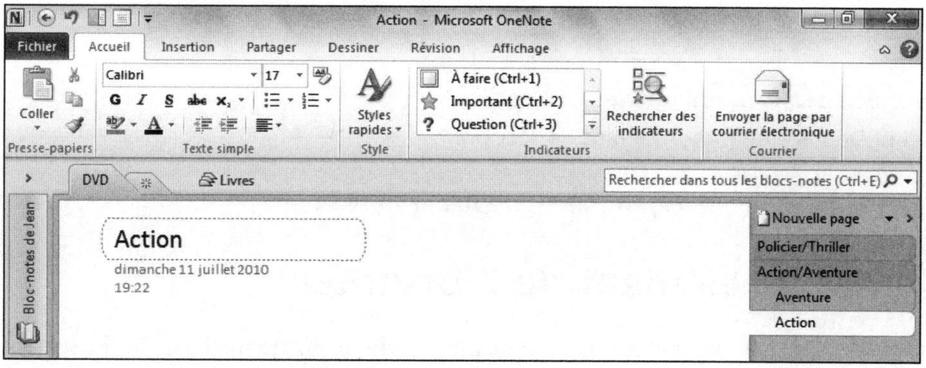

Figure 36-10 Ajout de sous-pages.

Pour réduire ou développer la liste des sous-pages : pointez l'onglet de page pour faire apparaître le boutons ^ ou ˅, puis cliquez un de ces boutons.

Modifier l'ordre des onglets

Pour modifier l'emplacement d'un onglet (bloc-notes, section ou page), faites-le simplement glisser à son nouvel emplacement. Vous pouvez aussi déplacer une section vers un groupe de sections.

Pour déplacer précisément un onglet de section :

1. Cliquez l'onglet de section avec le bouton droit de la souris.
2. Cliquez la commande **Déplacer ou copier** dans le menu contextuel.
3. Cliquez sa destination dans l'arborescence.

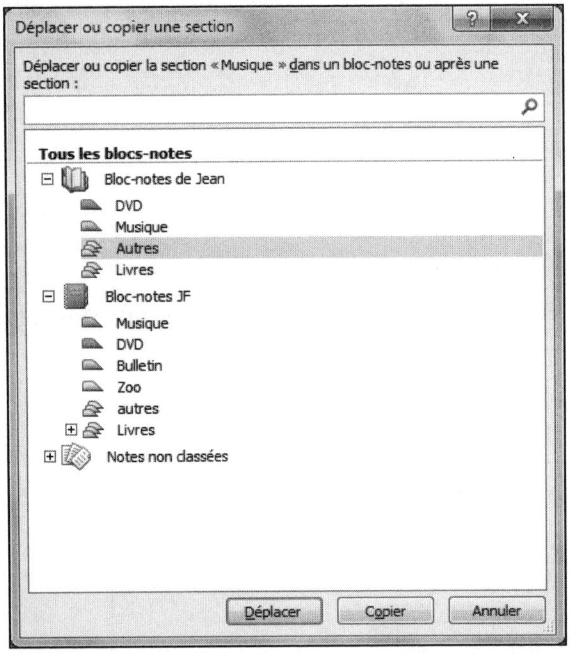

Figure 36-11 Déplacement d'un onglet de section.

4. Cliquez le bouton correspondant : **Déplacer** ou **Copier**.

Supprimer un élément du bloc-notes

1. Cliquez l'onglet de la section ou de la page avec le bouton droit de la souris.
2. Cliquez la commande **Supprimer** dans le menu contextuel.
3. Si vous avez choisi un onglet de section à l'étape **1**, cliquez le bouton **Oui** pour confirmer. OneNote ne demande pas de confirmer la suppression des pages.

Sauvegarder un bloc-notes

Ne cherchez pas dans l'onglet **Fichier** la commande **Enregistrer** : elle n'existe pas. En effet, dès que vous ajoutez des données, OneNote se charge de les sauvegarder. Vous pouvez cependant utiliser la commande **Enregistrer sous** pour sauvegarder vos blocs-notes, sections et pages à un autre emplacement et/ou sous un autre nom.

1. Pour sauvegarder une page ou une section particulière, sélectionnez-la maintenant.
2. Cliquez l'onglet **Fichier ➜ Enregistrer sous**.
3. Choisissez ce que vous désirez enregistrer : **Page**, **Section** ou **Bloc-notes**.
4. Choisissez le format d'enregistrement (**OneNote**, **Word**, **PDF**, *etc.*).

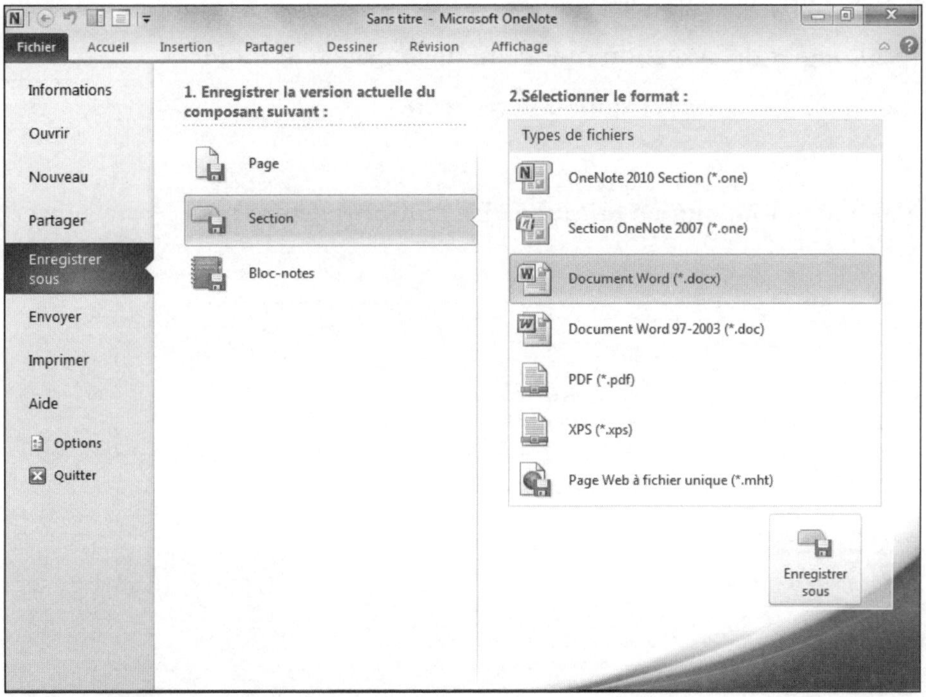

Figure 36-12 Enregistrement d'un élément.

5. Cliquez le bouton **Enregistrer sous**.
6. Sélectionnez le dossier d'enregistrement.
7. Cliquez le bouton **Enregistrer**.

Fermer et ouvrir un bloc-notes

Pour fermer un bloc-notes, cliquez son onglet avec le bouton droit de la souris, puis la commande **Fermer ce bloc-notes** dans le menu contextuel.

Pour ouvrir un bloc-notes, cliquez l'onglet **Fichier ➜ Ouvrir**, le bouton **Ouvrir le bloc-notes**, sélectionnez le dossier puis cliquez le bouton **Ouvrir**.

L'onglet **Fichier ➜ Ouvrir** propose aussi la liste des derniers bloc-notes ouverts.

Prendre des notes

Maintenant que la base de votre bloc-notes est créée, il est temps d'ajouter des notes, idées, pensées, commentaires, *etc.*

1. Cliquez l'onglet de la section puis celui de la page à modifier.
2. Cliquez là où vous désirez ajouter votre texte.
3. Tapez votre texte.

OneNote ajoute automatiquement un cadre autour de votre texte. Vous n'avez rien à faire de plus !

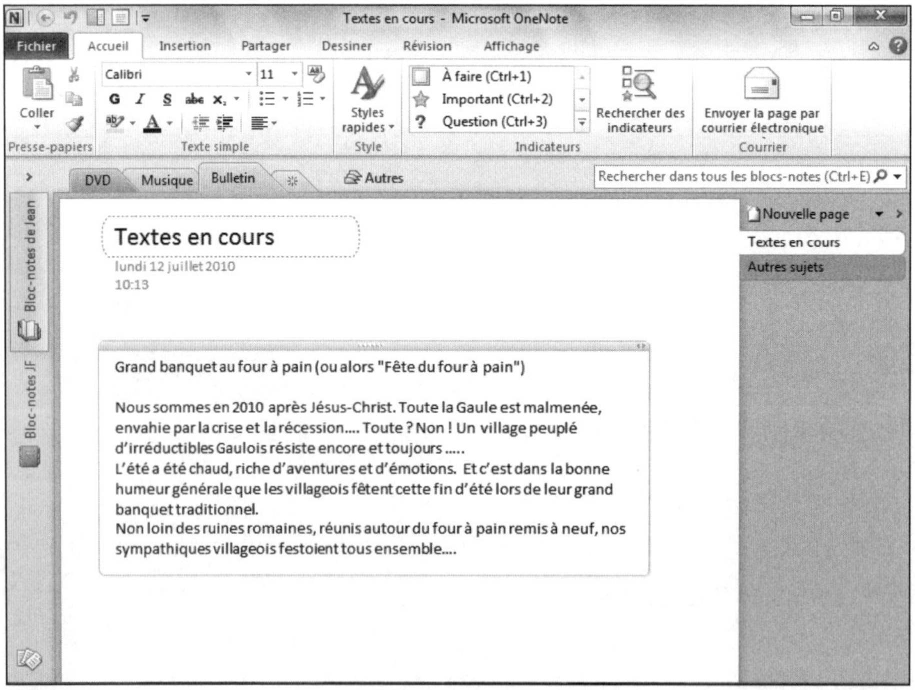
Textes en cours - Microsoft OneNote
Fichier
Accueil
Insertion
Partager
Dessiner
Révision
Affichage
Coller
Presse-papiers
Calibri
11
Texte simple
Styles rapides
Style
À faire (Ctrl+1)
Important (Ctrl+2)
Question (Ctrl+3)
Indicateurs
Rechercher des indicateurs
Envoyer la page par courrier électronique
Courrier
DVD
Musique
Bulletin
Autres
Rechercher dans tous les blocs-notes (Ctrl+E)
Bloc-notes de Jean
Bloc-notes JF
Textes en cours
lundi 12 juillet 2010
10:13
Nouvelle page
Textes en cours
Autres sujets
Grand banquet au four à pain (ou alors "Fête du four à pain")
Nous sommes en 2010 après Jésus-Christ. Toute la Gaule est malmenée, envahie par la crise et la récession.... Toute ? Non ! Un village peuplé d'irréductibles Gaulois résiste encore et toujours .....
L'été a été chaud, riche d'aventures et d'émotions. Et c'est dans la bonne humeur générale que les villageois fêtent cette fin d'été lors de leur grand banquet traditionnel.
Non loin des ruines romaines, réunis autour du four à pain remis à neuf, nos sympathiques villageois festoient tous ensemble....

Figure 36-13 Ajout d'une note dans une page.

Note N'utilisez pas, lors de la saisie, la touche **Tab** car elle crée automatiquement des tableaux.

Pour déplacer un cadre, pointez sa bordure, puis cliquez et faites glisser dès que le curseur de souris prend la forme ✥.

Pour modifier sa largeur, pointez sa bordure droite, puis cliquez et faites glisser dès que le curseur prend la forme ⇔.

Si votre texte est long, ou si vous ajoutez d'autres éléments (images, tableaux, *etc.*), passez simplement en plein écran en appuyant sur la touche **F11** (onglet **Affichage → Affichages → Page entière**).

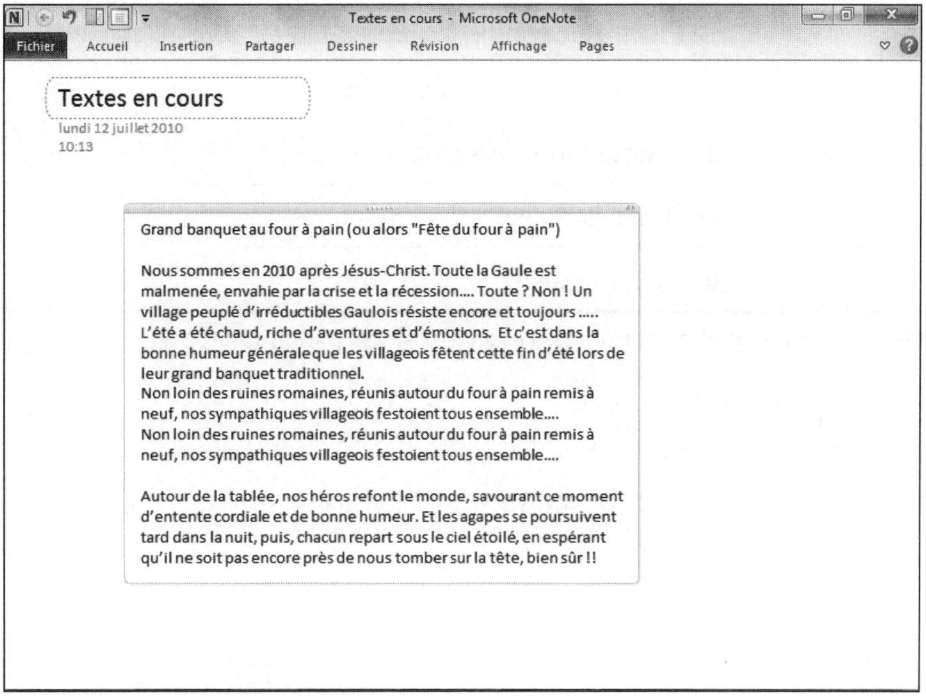

Textes en cours - Microsoft OneNote
Fichier
Accueil
Insertion
Partager
Dessiner
Révision
Affichage
Pages
Textes en cours
lundi 12 juillet 2010
10:13
Grand banquet au four à pain (ou alors "Fête du four à pain")
Nous sommes en 2010 après Jésus-Christ. Toute la Gaule est malmenée, envahie par la crise et la récession.... Toute ? Non ! Un village peuplé d'irréductibles Gaulois résiste encore et toujours ..... L'été a été chaud, riche d'aventures et d'émotions. Et c'est dans la bonne humeur générale que les villageois fêtent cette fin d'été lors de leur grand banquet traditionnel.
Non loin des ruines romaines, réunis autour du four à pain remis à neuf, nos sympathiques villageois festoient tous ensemble....
Non loin des ruines romaines, réunis autour du four à pain remis à neuf, nos sympathiques villageois festoient tous ensemble....
Autour de la tablée, nos héros refont le monde, savourant ce moment d'entente cordiale et de bonne humeur. Et les agapes se poursuivent tard dans la nuit, puis, chacun repart sous le ciel étoilé, en espérant qu'il ne soit pas encore près de nous tomber sur la tête, bien sûr !!

Figure 36-14 Affichage plein écran.

Pour revenir à l'interface de OneNote, appuyez de nouveau sur la touche **F11**.

Mettre en forme des notes

Bien qu'il s'agisse de prendre rapidement des notes, vous pouvez quand même ajouter quelques mises en forme des caractères et des paragraphes.

Il suffit de sélectionner le texte à modifier, puis d'utiliser les outils du tableau 36-1. Ces boutons sont disponibles dans l'onglet **Accueil**.

Bouton...	Pour...
Calibri	modifier la police de caractères
11	modifier la taille des caractères
G	mettre en gras
I	mettre en italique
S	souligner les caractères
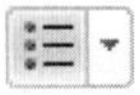	créer une liste à puces
	créer une liste numérotée
	décaler la ligne vers la gauche
	décaler la ligne vers la droite
	modifier la couleur des caractères
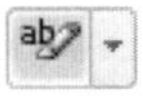	surligner le texte

Tableau 36-1 Outils de mises en forme des caractères et des paragraphes.

Ces outils fonctionnent de la même façon dans Word. Consultez les chapitres 4 et 5 pour des explications plus approfondies.

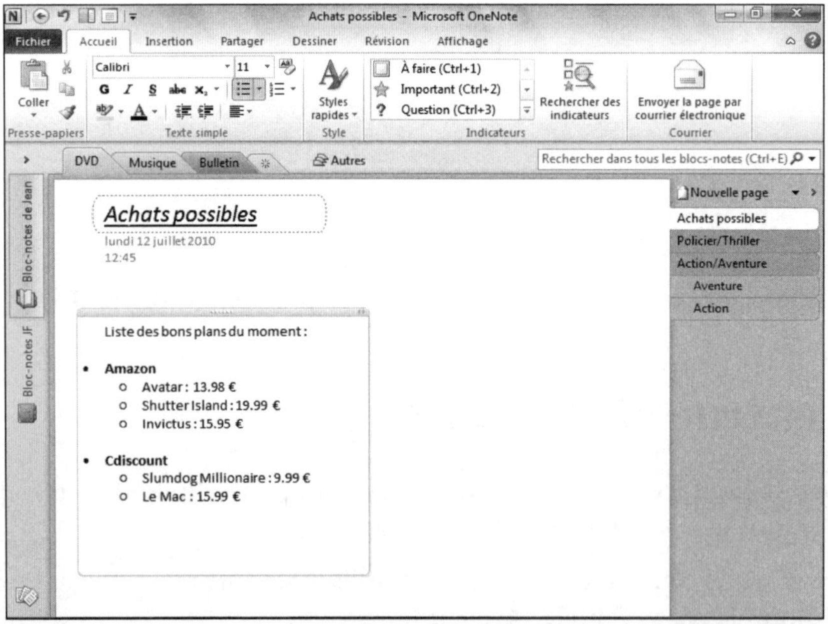

Figure 36-15 Note après mise en forme.

Ajouter des notes non classées

Si vous avez des notes dont vous ne savez que faire, ou qui sont en attente d'un classement futur, OneNote propose un bloc-notes spécial.

1. Cliquez le bouton en bas de l'onglet des blocs-notes (onglets de gauche).
2. Ajoutez des notes comme vu précédemment.

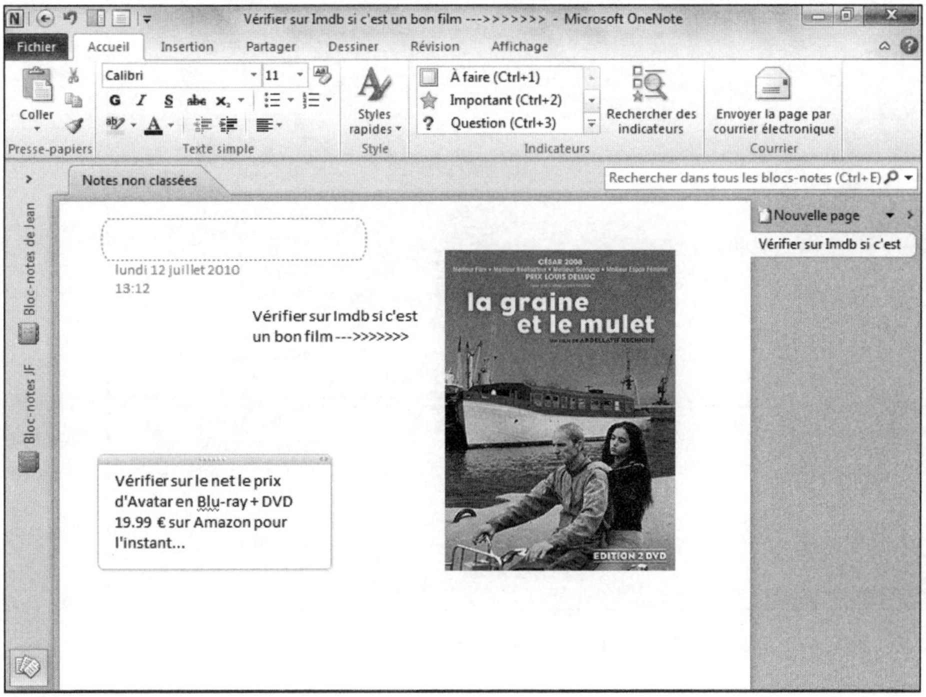

Figure 36-16 Ajout de notes non classées.

Vous pouvez ajouter de nouvelles pages, mais vous ne pouvez pas ajouter de nouvelles sections.

Si vous avez besoin de ces notes à un autre emplacement, effectuez des « Copier/Coller » ou des « Couper/Coller ».

Utiliser des modèles

Comme les autres applications Office, OneNote propose des modèles prêts à l'emploi.

1. Cliquez l'onglet de la section pour laquelle vous désirez ajouter une page fondée sur un modèle.

2. Cliquez la flèche du bouton Nouvelle page au-dessus des onglets des pages puis cliquez **Modèle de page**.

   OneNote crée une nouvelle page et affiche le volet Modèles.

3. Sélectionnez dans le volet Modèles celui à utiliser pour la nouvelle page.

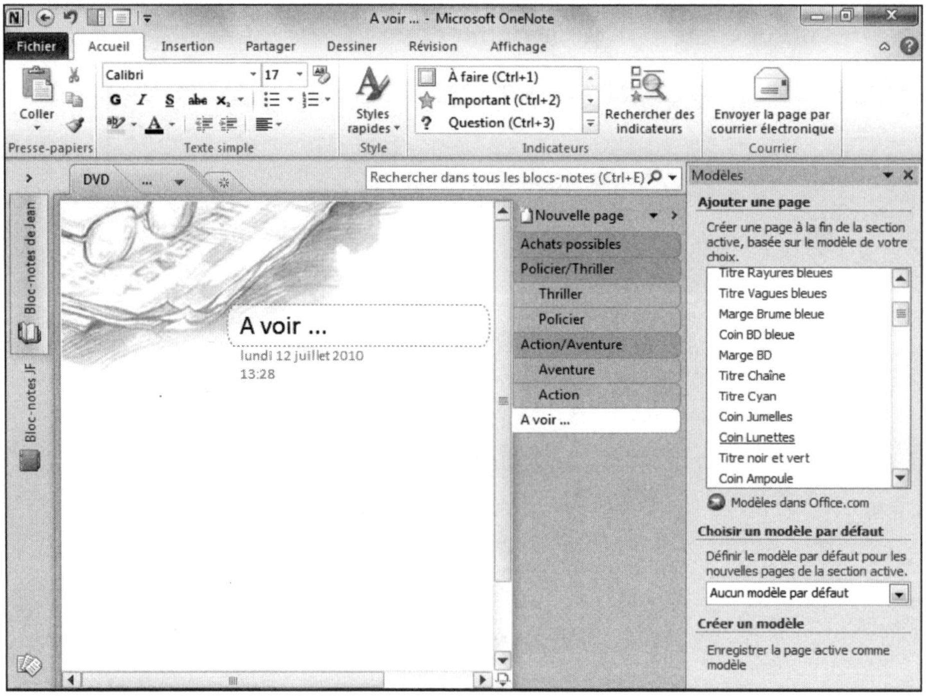

Figure 36-17 Ajout d'une page à partir d'un modèle.

4. Cliquez le bouton ✕ dans le volet Modèles pour le fermer.

Insérer des documents

Vous pouvez insérer toutes sortes de documents provenant des applications Office ou d'autres logiciels.

1. Ouvrez, avec l'application correspondante, le document qui contient les données à récupérer.
2. Sélectionnez les données à copier.
3. Tapez **Ctrl+C** pour copier les données sélectionnées vers le Presse-papiers.

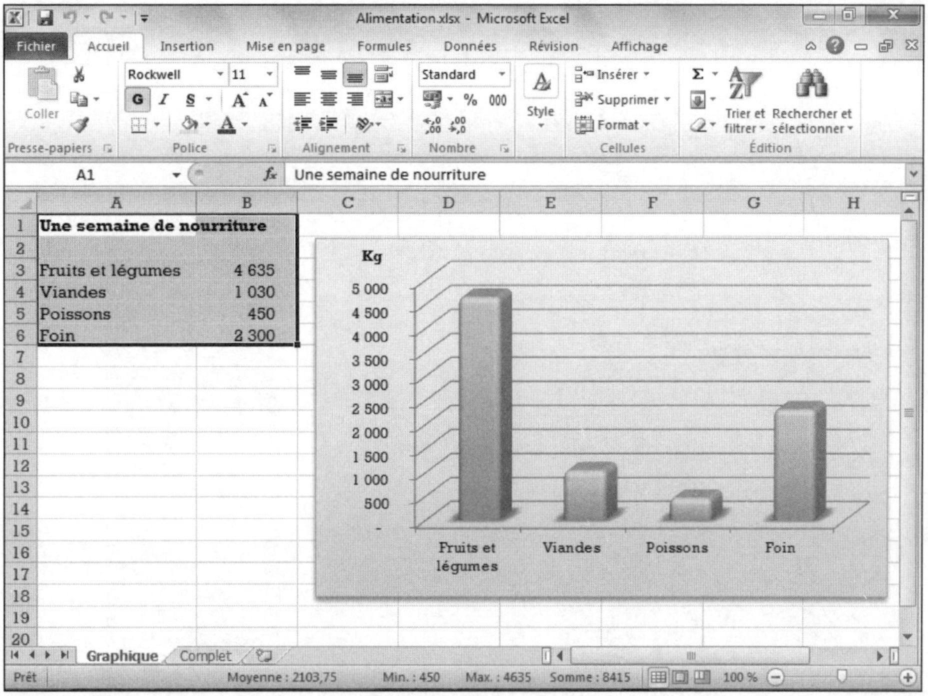

Figure 36-18 Données Excel à copier dans OneNote.

4. Revenez à OneNote avec la barre des tâches de Windows.
5. Tapez **Ctrl+V** pour coller les données contenues dans le Presse-papiers.

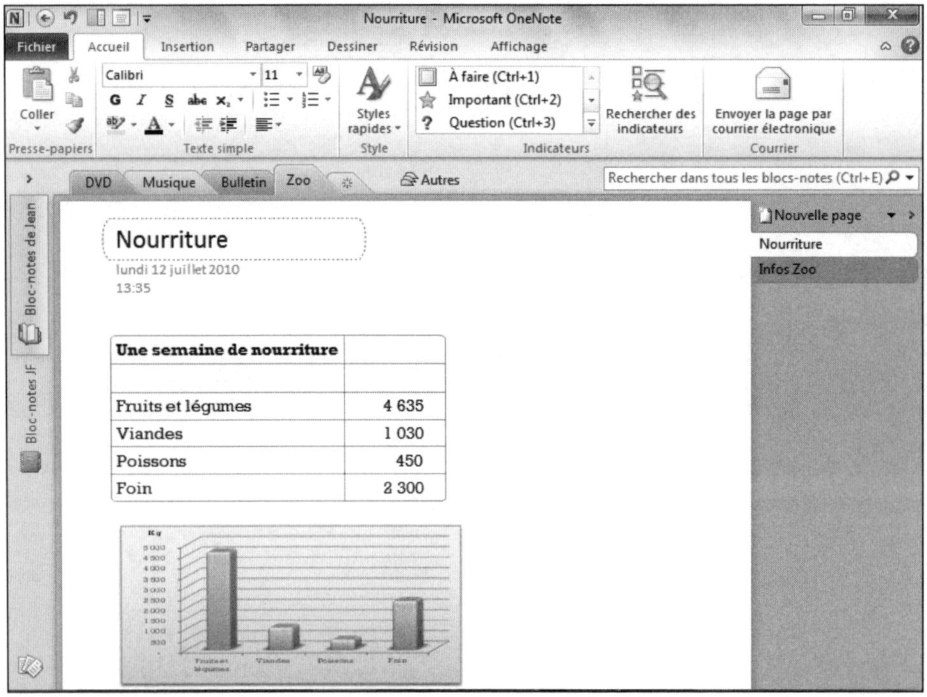

Figure 36-19 Données Excel copiées dans OneNote.

Note Dans certains cas, OneNote ajoute un lien vers le document d'origine sur votre disque dur. Utilisez dans ce cas la balise pour définir les valeurs à coller.

Saisir des tableaux

La saisie d'un tableau est vraiment très simple dans OneNote.

1. Dans une page, cliquez la position du tableau.
2. Tapez la première valeur puis appuyez sur la touche **Tab**.

   La première valeur est encadrée.
3. Tapez la seconde valeur puis appuyez sur la touche **Tab**.

   Les deux premières sont encadrées.
4. Répétez l'étape **3** pour toutes les valeurs de la première ligne.
5. Appuyez sur la touche **Entrée** pour changer de ligne.
6. Répétez les étapes **2** à **5** pour les lignes suivantes.

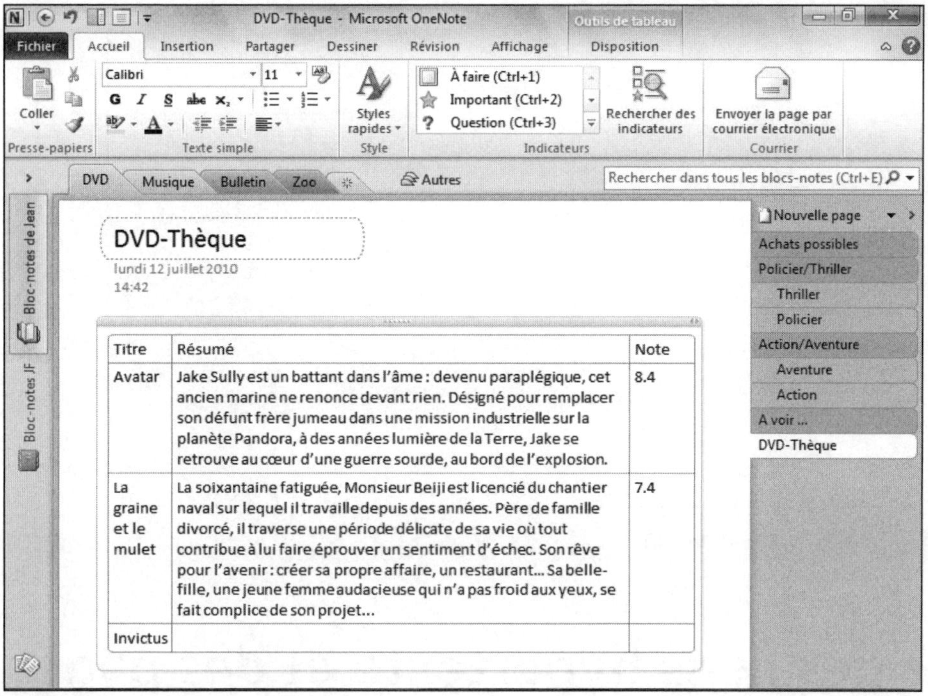
DVD-Thèque - Microsoft OneNote
Outils de tableau
Fichier
Accueil
Insertion
Partager
Dessiner
Révision
Affichage
Disposition
Calibri
11
Coller
Presse-papiers
Texte simple
Styles rapides
Style
À faire (Ctrl+1)
Important (Ctrl+2)
Question (Ctrl+3)
Indicateurs
Rechercher des indicateurs
Envoyer la page par courrier électronique
Courrier
DVD
Musique
Bulletin
Zoo
Autres
Rechercher dans tous les blocs-notes (Ctrl+E)
Bloc-notes de Jean
Bloc-notes JF
DVD-Thèque
lundi 12 juillet 2010
14:42
Titre
Résumé
Note
Avatar
Jake Sully est un battant dans l'âme : devenu paraplégique, cet ancien marine ne renonce devant rien. Désigné pour remplacer son défunt frère jumeau dans une mission industrielle sur la planète Pandora, à des années lumière de la Terre, Jake se retrouve au cœur d'une guerre sourde, au bord de l'explosion.
8.4
La graine et le mulet
La soixantaine fatiguée, Monsieur Beiji est licencié du chantier naval sur lequel il travaille depuis des années. Père de famille divorcé, il traverse une période délicate de sa vie où tout contribue à lui faire éprouver un sentiment d'échec. Son rêve pour l'avenir : créer sa propre affaire, un restaurant... Sa belle-fille, une jeune femme audacieuse qui n'a pas froid aux yeux, se fait complice de son projet...
7.4
Invictus
Nouvelle page
Achats possibles
Policier/Thriller
Thriller
Policier
Action/Aventure
Aventure
Action
A voir ...
DVD-Thèque

Figure 36-20 Saisie d'un tableau.

Utiliser la calculatrice

OneNote peut effectuer des calculs rapides.

1. Cliquez dans une page à l'emplacement de votre calcul.
2. Tapez le calcul à effectuer, par exemple 4 635+1 030+450+2 300.
3. Tapez le signe égal =, puis appuyez sur la barre d'espace.

Le résultat s'affiche après le signe égal.

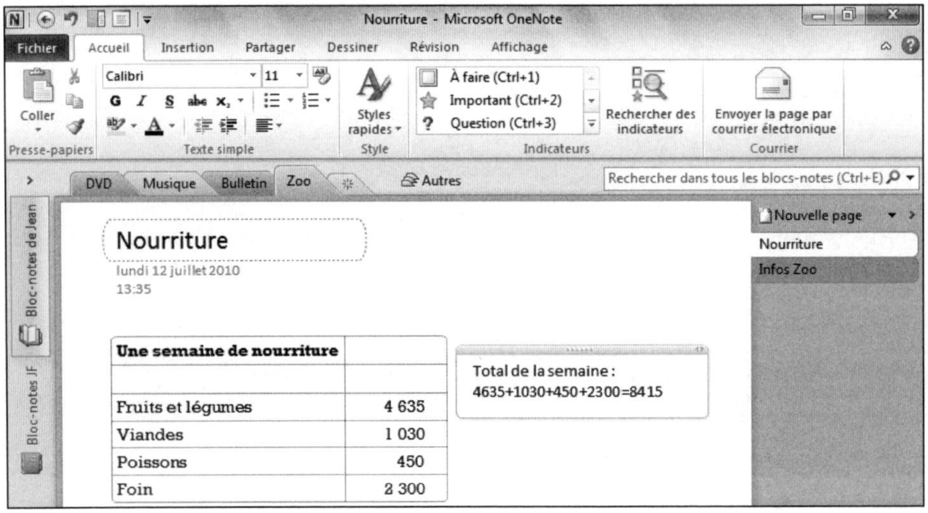

Figure 36-21 Calcul dans une page.

Ajouter des liens hypertexte et des pages Web

Si vous avez trouvé des informations intéressantes sur Internet, vous pouvez les conserver dans OneNote, sous forme de liens ou sous forme d'extraits.

1. Naviguez sur Internet pour trouver la bonne info !
2. Sélectionnez les données à copier (textes, images, liens, *etc.*).
3. Tapez **Ctrl+C** pour copier les données sélectionnées vers le Presse-papiers.

Figure 36-22 Données Internet à copier dans OneNote.

4. Revenez à OneNote avec la barre des tâches de Windows.
5. Tapez **Ctrl+V** pour coller les données contenues dans le Presse-papiers.

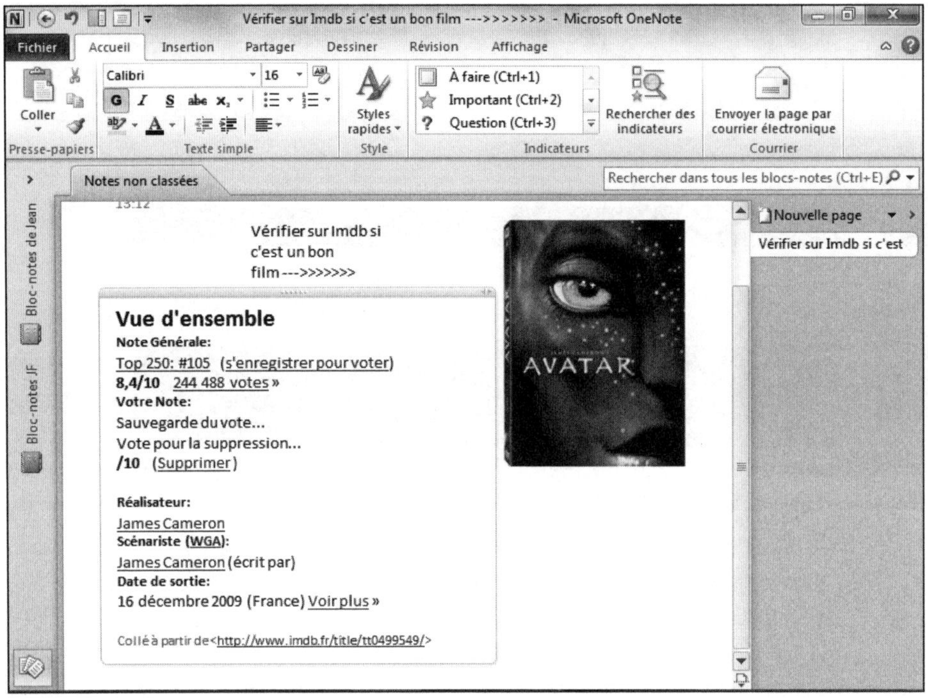

Figure 36-23 Données Internet copiées dans OneNote.

OneNote ajoute dans la page les éléments copiés à partir d'Internet, y compris les liens et les images. Il ajoute aussi le lien vers la page d'origine, précédé du texte « Collé à partir de ».

Dessiner dans une note

Le dessin est aussi un moyen d'agrémenter vos pages.

Les outils de dessin possèdent leur propre onglet.

1. Cliquez l'onglet **Dessiner**.
2. Utilisez les outils de l'onglet **Dessiner** pour ajouter les formes de votre choix. Consultez l'aide en ligne pour les outils qui vous semblent obscurs.

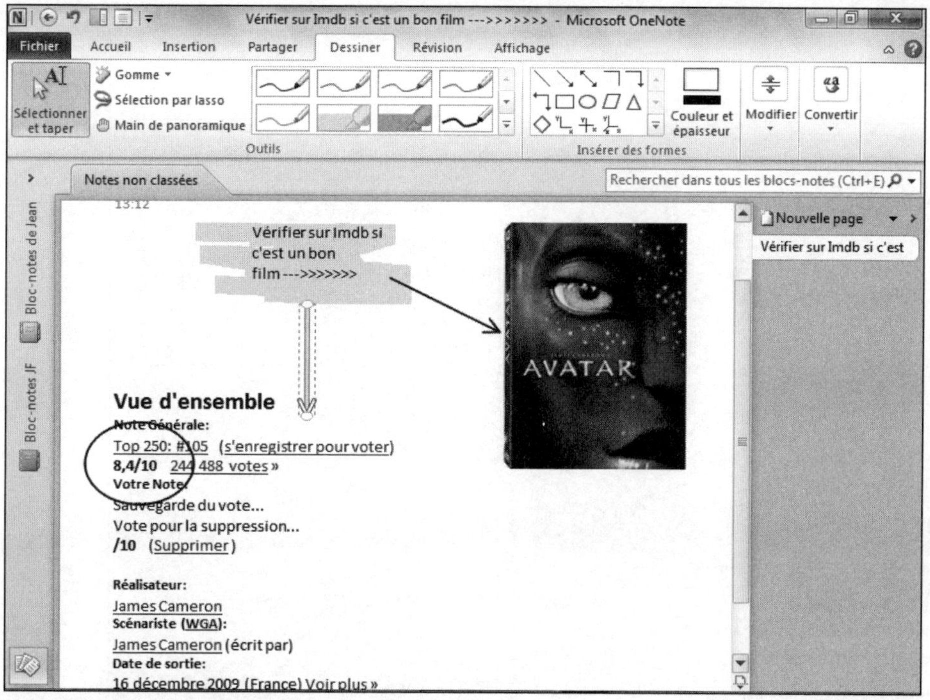

Figure 36-24 Ajout de dessin dans une note.

Capturer des images

Comme nous l'avons vu précédemment, vous pouvez copier des images et les coller dans une page OneNote. Mais vous pouvez aussi effectuer une capture d'une partie de votre écran.

1. Affichez ce que vous désirez copier sous forme d'image (document, page Web, *etc.*).
2. Revenez à OneNote.
3. Cliquez la position d'insertion de l'image.
4. Cliquez l'onglet **Insertion ➜ Images ➜ Capture d'écran.**

   La fenêtre de OneNote est masquée et celle choisie à l'étape **1** revient au premier plan.
5. Cliquez et faites glisser pour tracer un cadre autour de la zone à copier.

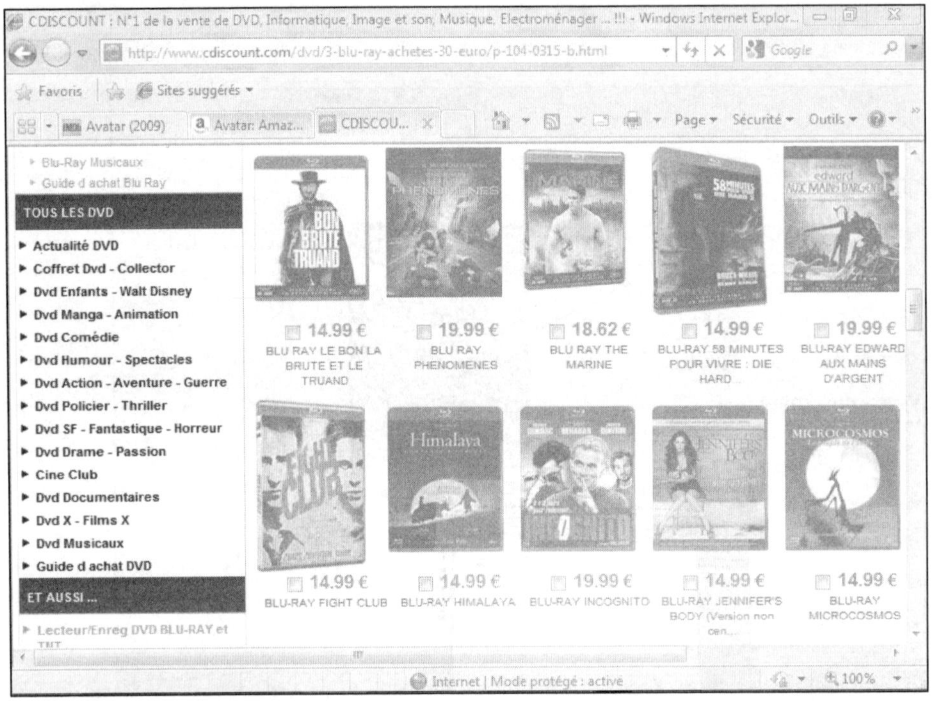

Figure 36-25 Capture d'écran.

Dès que vous relâchez le bouton de la souris, la zone sélectionnée est insérée sous forme d'image dans OneNote.

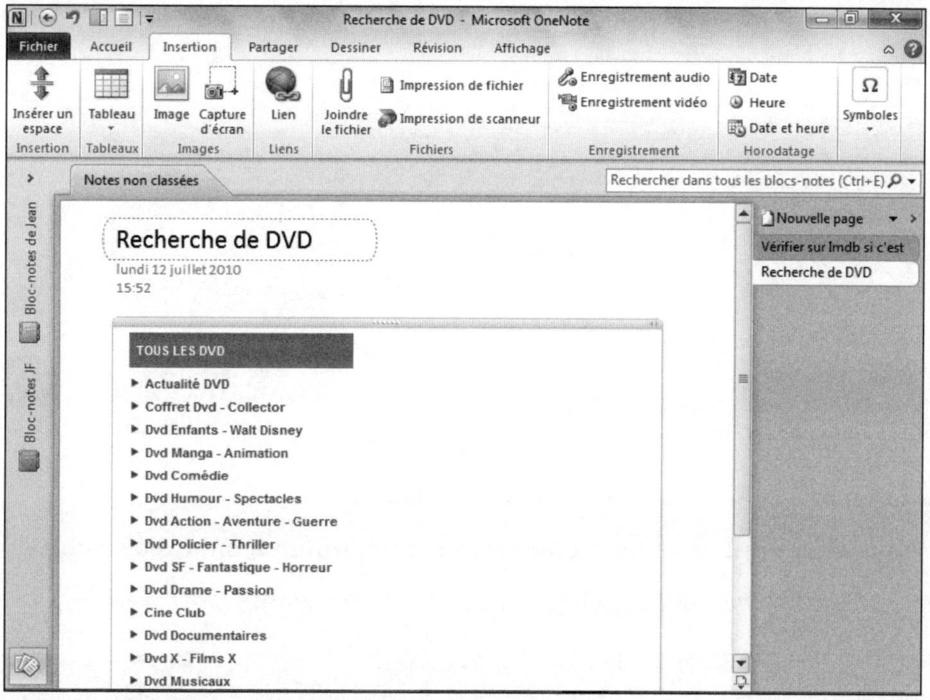

Figure 36-26 Image capturée et insérée dans une page.

Effectuer des recherches dans les notes

À force d'ajout de sections et de pages, il devient nécessaire d'effectuer des recherches pour retrouver certaines notes.

1. Cliquez la flèche en regard de la zone **Rechercher** (à droite des onglets de sections).
2. Sélectionnez l'étendue de la recherche dans la liste (cette section, tous les blocs-notes, *etc.*).

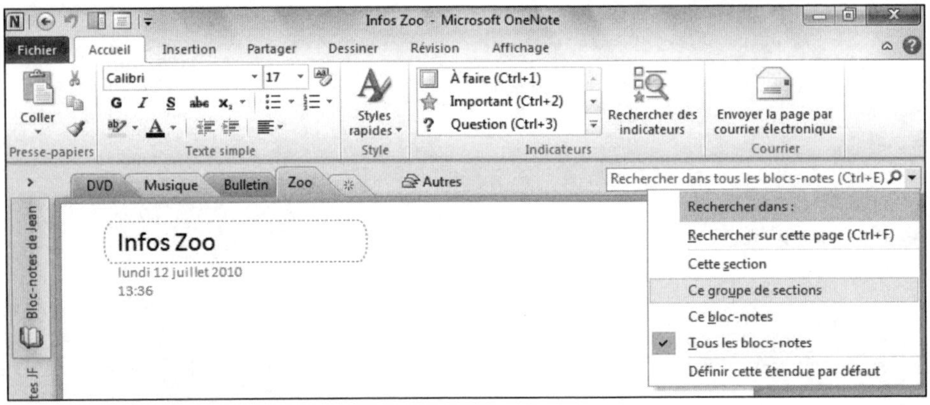

Figure 36-27 Zone de recherche.

3. Tapez le mot à trouver dans la zone **Rechercher**.

   OneNote ouvre une liste des éléments qui contiennent le mot recherché.

4. Cliquez dans la liste pour afficher la page correspondante.

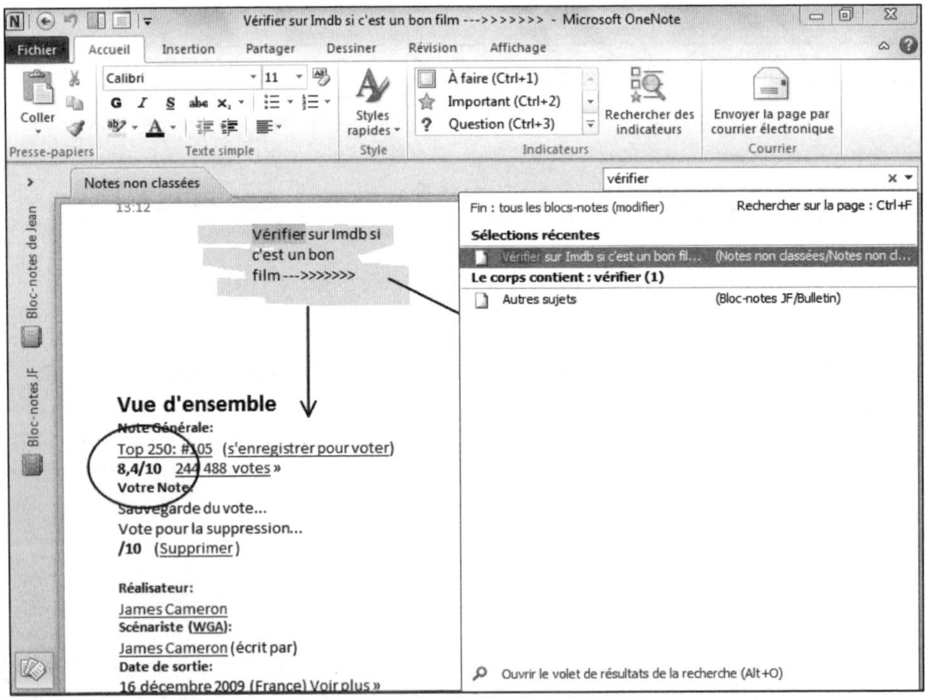

Figure 36-28 Liste des éléments correspondants à la recherche.

Effectuer des recherches dans des images

OneNote peut même effectuer des recherches à l'intérieur des images contenant des textes.

1. Cliquez la flèche en regard de la zone **Rechercher** (à droite des onglets de sections), puis sélectionnez l'étendue de la recherche dans la liste (cette section, tous les blocs-notes, *etc.*).
2. Tapez le mot à trouver dans la zone **Rechercher**, puis validez avec la touche **Entrée**.

Dans l'exemple de la figure 36-29, OneNote a trouvé le mot « thriller » à l'intérieur d'une image.

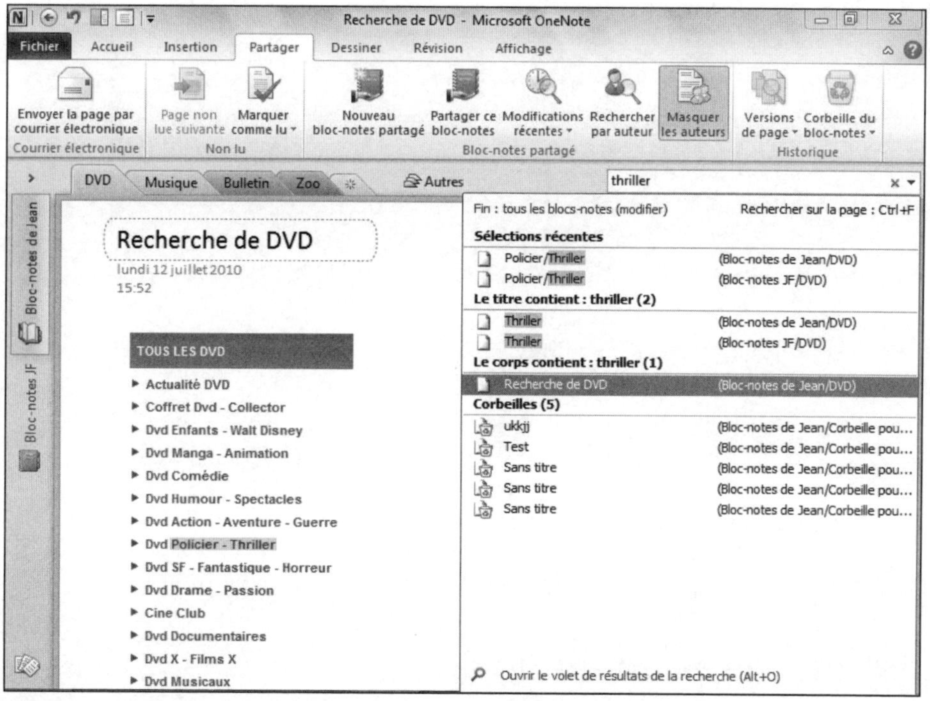

Figure 36-29 Recherche de texte dans les images.

Enregistrer des notes audio ou vidéo

OneNote gère aussi les enregistrements audio et vidéo.

Modifier les paramètres de capture

1. Cliquez l'onglet **Fichier → Options**.
2. Cliquez **Audio et vidéo** dans la liste de gauche.
3. Sélectionnez vos périphériques audio et vidéo.
4. Sélectionnez les formats d'enregistrement audio et vidéo.

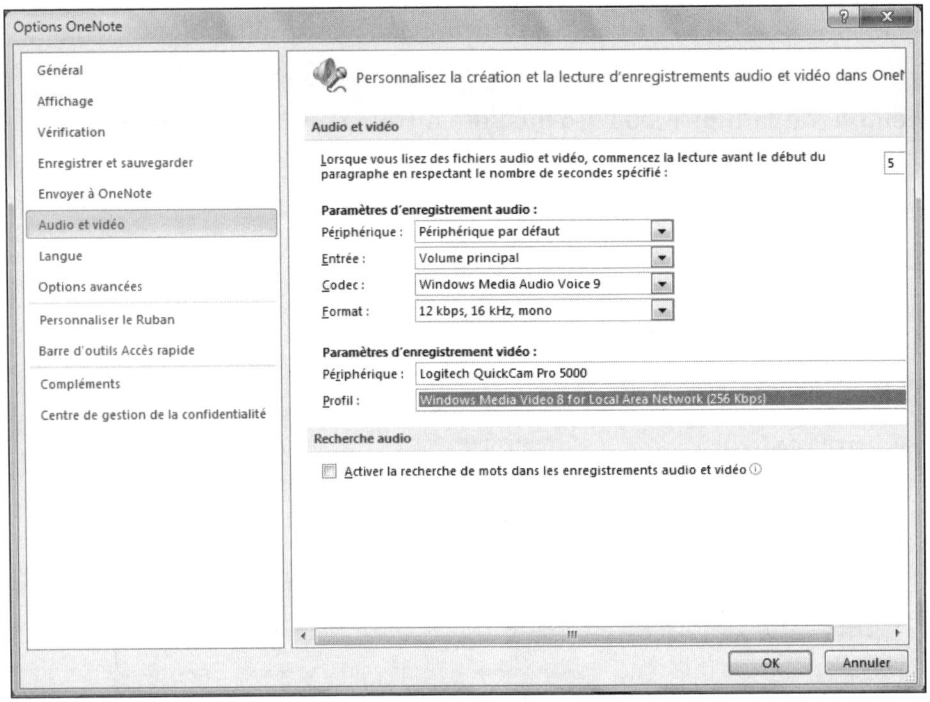

Figure 36-30 Paramètres d'enregistrement audio et vidéo.

5. Cliquez le bouton **OK**.

Enregistrer une note audio

1. Cliquez l'onglet **Insertion → Enregistrement → Enregistrement audio**.

   OnеNote affiche l'onglet **Enregistrement**.
2. Parlez dans votre micro.

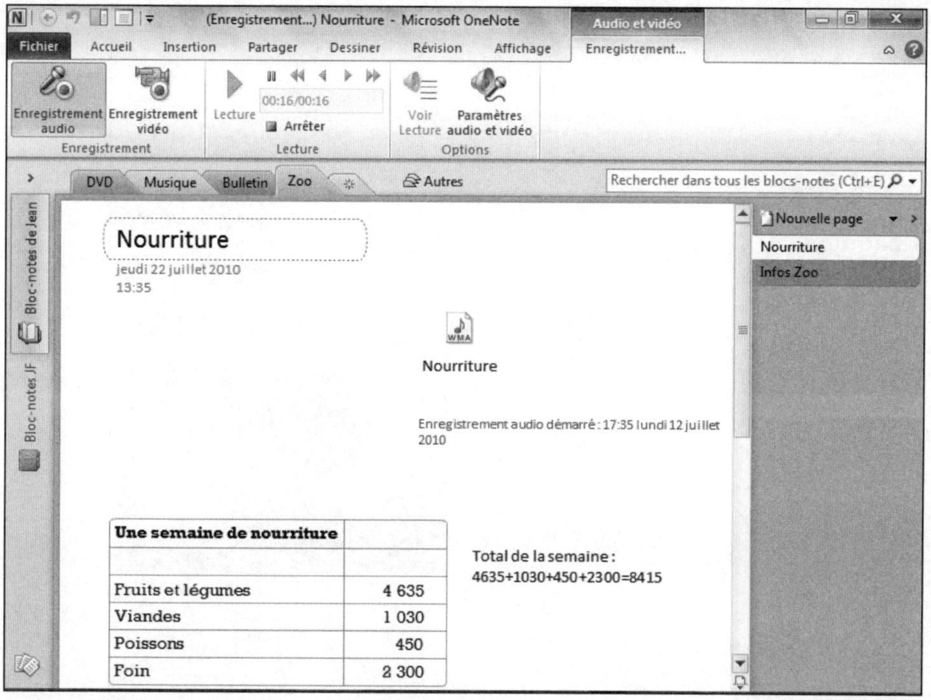

Figure 36-31 Enregistrement audio.

3. Pour arrêter l'enregistrement, cliquez l'onglet **Enregistrement ➜ Lecture ➜ Arrêter**.
4. Utilisez les boutons de l'onglet **Lecture ➜ Lecture** pour relire l'enregistrement.

Note Vous pouvez même rechercher des mots dans un enregistrement audio. Consultez l'aide en ligne.

Enregistrer une vidéo

1. Cliquez l'onglet **Insertion ➜ Enregistrement ➜ Enregistrement vidéo**.

   OneNote affiche l'onglet **Enregistrement** et ouvre une fenêtre de vidéo.
2. Utilisez votre webcam et parlez dans votre micro.

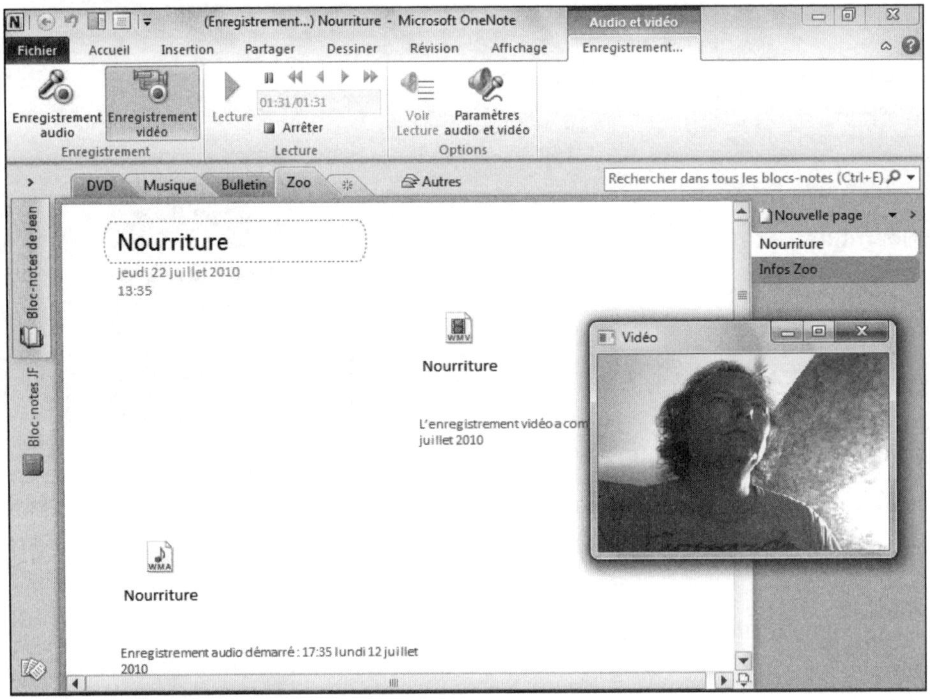

Figure 36-32 Enregistrement vidéo.

3. Pour arrêter l'enregistrement, cliquez l'onglet **Enregistrement ➜ Lecture ➜ Arrêter**.
4. Utilisez les boutons de l'onglet **Lecture ➜ Lecture** pour relire l'enregistrement.

Marquer vos notes

Pour retrouver plus facilement vos notes, marquez-les avec des balises.

1. Sélectionnez une note.
2. Cliquez l'onglet **Insertion ➜ Indicateurs ➜ Balises**, puis cliquez le type de balise à ajouter à la note (cliquez le bouton ▾ pour développer la liste).

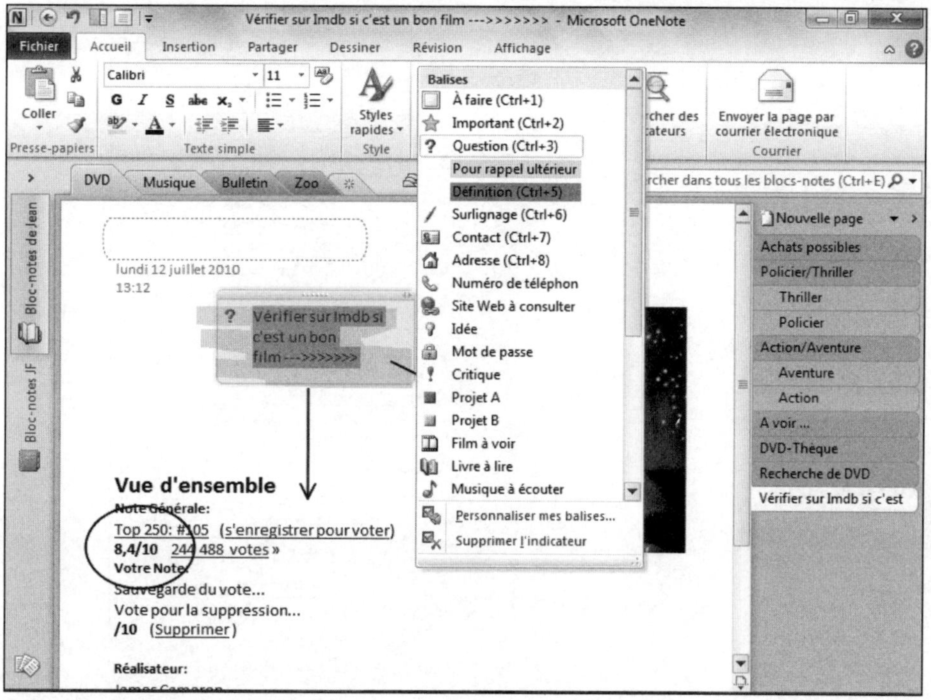

Figure 36-33 Insertion d'une balise dans une note.

Une fois balisées, vous pouvez rechercher plus facilement vos notes.

1. Cliquez l'onglet **Insertion ➜ Indicateurs ➜ Rechercher des indicateurs**.

   OneNote affiche le volet Synthèse des indicateurs. Il regroupe toutes les balises des blocs-notes.

2. Cliquez une balise dans le volet Synthèse des indicateurs pour accéder directement à la note correspondante.

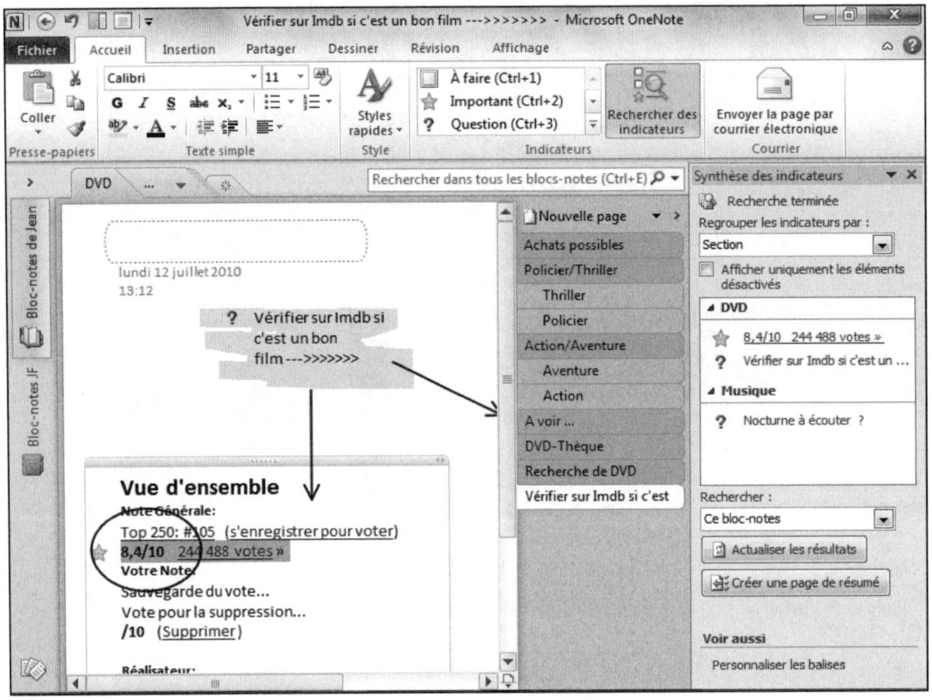

Figure 36-34 Recherche de notes avec les balises.

ANNEXES

Annexe A

Principaux raccourcis clavier Word

Commandes globales

F1	afficher l'aide
Ctrl+O	ouvrir un document
Ctrl+S	enregistrer un document
F12	enregistrer un document sous un autre nom
Ctrl+N	créer un nouveau document
Ctrl+W	fermer un document
Ctrl+P	imprimer un document
Alt+Ctrl+I	afficher l'aperçu avant impression
Alt ou F10	afficher les raccourcis clavier du ruban
Ctrl+F1	afficher ou réduire le ruban
Ctrl+F6	basculer entre les documents ouverts
Alt+Ctrl+N	passer en mode Brouillon
Alt+Ctrl+P	passer en mode Page
Alt+Ctrl+O	passer en mode Plan

Saisie et modifications

Ctrl+Z	annuler une action
Ctrl+Y	rétablir une action annulée
F4	répéter la dernière action
Entrée	créer un nouveau paragraphe
Maj+Entrée	passer à la ligne suivante dans le même paragraphe
Ctrl+Entrée	insérer un saut de page
Ctrl+Maj+Barre d'espace	insérer un espace insécable
Alt+Maj+D	insérer la date
Alt+Maj+H	insérer l'heure
Alt+Maj+P	insérer le numéro de page
Ctrl+Suppr	supprimer le mot d'après
Ctrl+Retour arrière	supprimer le mot d'avant
Ctrl+C	copier la sélection vers le presse-papiers
Ctrl+Maj+C	copier la mise en forme

➜

Ctrl+X	couper la sélection vers le presse-papiers
Ctrl+V	coller le contenu du presse-papier
Ctrl+Maj+V	collage spécial
Ctrl+Alt+V	coller le format uniquement
Ctrl+F	rechercher un texte
Ctrl+H	remplacer un texte
Maj+F7	rechercher un synonyme
F7	vérifier la grammaire et l'orthographe
F9	actualiser une table des matières

Déplacement

Flèche gauche	le caractère précédent
Flèche droite	le caractère suivant
Ctrl+Flèche gauche	le mot précédent
Ctrl+Flèche droite	le mot suivant
Flèche haut	la ligne précédente
Flèche bas	la ligne suivante
Origine	le début de la ligne
Fin	la fin de la ligne
Page précédente (PgPr)	l'écran précédent
Page suivante (PgSv)	l'écran suivant
Ctrl+Origine	le début du document
Ctrl+Fin	la fin du document

Sélection

Maj+Flèche gauche	le caractère précédent
Maj+Flèche droite	le caractère suivant
Ctrl+Maj+Flèche gauche	le mot précédent
Ctrl+Maj+Flèche droite	le mot suivant
Maj+Flèche haut	du curseur jusqu'à la même position dans la ligne précédente

→

Maj+Flèche bas	du curseur jusqu'à la même position dans la ligne suivante
Ctrl+Maj + Flèche haut	du curseur jusqu'au début du paragraphe
Ctrl+Maj+Flèche bas	du curseur jusqu'à la fin du paragraphe
Ctrl+Maj+Origine	du curseur jusqu'au début du document
Ctrl+Maj+Fin	du curseur jusqu'à la fin du document
Ctrl+A	l'intégralité du document

Mise en forme

Ctrl+MAJ+B	mettre en gras (voir note ci-dessous)
Ctrl+I	mettre en italique
Ctrl+U	souligner
Ctrl+Alt+Maj+<	agrandir la taille du texte
Ctrl+Alt+<	réduire la taille du texte
Ctrl+Maj+=	mettre en exposant
Ctrl+=	mettre en indice
Ctrl+D	ouvrir la boîte de dialogue Police
Maj+F3	changer la casse d'un texte
Ctrl+Barre d'espace	retirer la mise en forme de caractères
Ctrl+Maj+G	aligner un paragraphe à gauche
Ctrl+Maj+D	aligner un paragraphe à droite
Ctrl+E	centrer un paragraphe
Ctrl+J	justifier un paragraphe sauf sa dernière ligne
Ctrl+Maj+J	justifier un paragraphe y compris sa dernière ligne
Ctrl+5	appliquer un interligne de 1,5
Ctrl+2	appliquer un interligne double
Ctrl+Maj+L	créer une liste à puces
Ctrl+Maj+S	changer le style
Ctrl+Maj+N	appliquer le style Normal
Ctrl+Alt+1	appliquer le style Titre 1

Note Dans Word et les autres applications Office, le raccourci pour mettre un texte en gras a toujours été **Ctrl+G**. Il s'agit donc d'une erreur qui, espérons-le, sera corrigée par Microsoft lors d'une prochaine mise à jour.

Édition des tableaux

Tab	passer à la cellule suivante
Maj+Tab	passer à la cellule précédente
Alt+Origine	passer Accéder à la première cellule de la ligne
Alt+Fin	passer à la dernière cellule de la ligne
Alt+PgPr	passer à la première cellule de la colonne
Alt+PgSv	passer à la dernière cellule de la colonne
Ctrl+X	supprimer tout ou partie d'un tableau

Annexe B

Principaux raccourcis clavier Excel

Gestion des cellules et des saisies

F2	mettre la cellule active en mode édition
Échap	annuler la saisie d'une cellule
Entrée	valider la saisie et sélectionner la cellule en dessous (ou celle définie dans les options)
Ctrl+Entrée	valider la saisie et rester dans la même cellule
Maj+Entrée	valider la saisie et sélectionner la cellule au-dessus
Tab	valider la saisie et sélectionner la cellule de droite
Alt+Entrée	passer à la ligne suivante dans la même cellule
Ctrl+$	recopier la cellule au-dessus et passer en mode édition
Maj+F2	insérer ou éditer un commentaire de cellule
Ctrl+Z	annuler la dernière action
Ctrl+Y ou **F4**	répéter la dernière action
Ctrl+D	recopier dans la cellule active le contenu de la cellule à gauche
Ctrl+B	recopier dans la cellule active le contenu de la cellule au-dessus
Ctrl+K	insérer un lien hypertexte
Ctrl+ ; (point-virgule)	insérer la date actuelle
Ctrl+ : (deux-points)	insérer l'heure actuelle
Ctrl+F3	créer un nom de cellule ou de plage
Ctrl+Maj+F3	créer des noms à partir des étiquettes de lignes et de colonnes
Ctrl+X	couper
Ctrl+C	copier
Ctrl+V	coller
Ctrl+»	afficher ou masquer les formules
Ctrl++	insérer des lignes, des colonnes ou des cellules en fonction de la sélection
Ctrl+–	supprimer des lignes, des colonnes ou des cellules en fonction de la sélection
Alt+F1	créer un objet graphique avec la plage en cours

➜

Alt+code ASCII sur 4 chiffres	saisir un caractère non disponible au clavier
Alt Gr+E	insérer le symbole de l'euro €
Ctrl+L	créer un tableau Excel

Gestion des feuilles et des classeurs

Maj+F11	insérer une nouvelle feuille
Ctrl+PgSv	sélectionner la feuille suivante
Ctrl+PgPr	sélectionner la feuille précédente
Ctrl+Tab	sélectionner le classeur suivant
Ctrl+Maj+Tab	sélectionner le classeur précédent
F11	créer un graphique dans une feuille graphique avec les données de la plage sélectionnée

Sélection

Flèche gauche	sélectionner la cellule de la colonne précédente
Flèche droite	sélectionner la cellule de la colonne suivante
Flèche haut	sélectionner la cellule de la ligne précédente
Flèche bas	sélectionner la cellule de la ligne suivante
Origine	sélectionner la première cellule de la ligne
Page Haut	sélectionner la cellule de la même colonne un écran plus haut
Page Bas	sélectionner la cellule de la même colonne un écran plus bas
Ctrl+*	sélectionner le tableau autour de la cellule active
Ctrl+Barre d'espace	sélectionner la colonne de la cellule active
Maj+Barre d'espace	sélectionner la ligne de la cellule active
Ctrl+A	sélectionner toute la feuille
Ctrl+Début	sélectionner la cellule A1

➜

Ctrl+Gauche	sélectionner la première cellule à gauche contenant des données (la colonne A s'il n'y a pas de données)
Ctrl+Droite	sélectionner la première cellule à droite contenant des données (la colonne XFD s'il n'y a pas de données)
Ctrl+Haut	sélectionner la première cellule au-dessus contenant des données (la ligne 1 s'il n'y a pas de données)
Ctrl+Bas	sélectionner la première cellule en dessous contenant des données (la ligne 1 048 576 s'il n'y a pas de données)
Ctrl+Maj+Gauche	étendre la sélection jusqu'à la première cellule à gauche contenant des données (la colonne A s'il n'y a pas de données)
Ctrl+Maj+Droite	étendre la sélection jusqu'à la première cellule à droite contenant des données (la colonne XFD s'il n'y a pas de données)
Ctrl+Maj+Haut	étendre la sélection jusqu'à la première cellule au-dessus contenant des données (la ligne 1 s'il n'y a pas de données)
Ctrl+Maj+Bas	étendre la sélection jusqu'à la première cellule en dessous contenant des données (la ligne 1 048 576 s'il n'y a pas de données)
Ctrl+Maj+O (lettre O)	sélectionner toutes les cellules contenant un commentaire

Édition d'une cellule

F2	mettre la cellule active en mode édition
Gauche et **Droite**	déplacer le curseur vers la gauche ou vers la droite
Retour arrière	supprimer le caractère à gauche
Suppr	supprimer le caractère à droite
Début	placer le curseur au début du texte
Fin	placer le curseur à la fin du texte
Entrée	valider la saisie

Format

Ctrl+Maj+1	afficher la boîte Format de cellule
Ctrl+M	appliquer le format monétaire
Ctrl+Maj+%	appliquer le format pourcentage
Ctrl+J	appliquer le format date
Ctrl+Q	appliquer le format horaire
Ctrl+E	appliquer le format scientifique
Ctrl+R	appliquer le format standard

Mise en forme

Ctrl+G	appliquer ou ôter l'attribut Gras
Ctrl+I	appliquer ou ôter l'attribut Italique
Ctrl+U	appliquer ou ôter l'attribut Souligné
Ctrl+Maj+5	appliquer ou ôter l'attribut Barré

Commandes globales

F1	afficher l'aide
Ctrl+O	ouvrir un classeur
Ctrl+S	enregistrer le classeur actif
Ctrl+N	créer un nouveau classeur
Ctrl+W	fermer le classeur actif
F7	vérifier l'orthographe
Alt+F11	afficher l'éditeur de Visual Basic
Maj	éviter l'exécution d'une macro à l'ouverture d'Excel ou d'un classeur
Alt ou **F10**	afficher les raccourcis clavier du ruban
Ctrl+F1	afficher ou réduire le ruban
Ctrl+Maj+U	agrandir ou réduire la hauteur de la barre de formule

Boîtes de dialogue

Ctrl+P	ouvrir l'onglet **Fichier → Imprimer**
Ctrl+F	ouvrir la boîte Rechercher et remplacer pour une recherche
Ctrl+H	ouvrir la boîte Remplacer et remplacer pour un remplacement
Ctrl+T ou **F5**	ouvrir la boîte Atteindre
Ctrl+Maj+1	ouvrir la boîte Format de cellule
Ctrl+O	ouvrir la boîte Ouvrir
Maj+F3	ouvrir la boîte Insérer une fonction (cellule vide) ou Arguments de la fonction (cellule avec fonction)
Ctrl+F3	ouvrir la boîte Gestionnaire de noms
Ctrl+Maj+F3	ouvrir la boîte Créer des noms à partir de la sélection

Calculs

F9	calculer tous les classeurs ouverts
Ctrl+Alt+F9	calculer toutes les feuilles du classeur actif, y compris les fonctions personnalisées en Visual Basic
Maj+F9	calculer la feuille active
Alt+=	calculer une somme
Alt+= puis **Alt+=**	calculer une somme et accepter la plage par défaut

Annexe C

Principaux raccourcis clavier PowerPoint

Commandes globales

F1	afficher l'aide
Ctrl+O	ouvrir une présentation
Ctrl+S	enregistrer une présentation
F12	enregistrer une présentation sous un autre nom
Ctrl+N	créer une nouvelle présentation
Ctrl+W	fermer une présentation
Ctrl+P	imprimer une présentation
Alt ou F10	afficher les raccourcis clavier du ruban
Ctrl+F1	afficher ou réduire le ruban
Ctrl+F6	basculer entre les présentations ouvertes
F5	afficher le diaporama à partir du début
Maj+F5	afficher le diaporama à partir de la diapositive actuelle
Maj+F9	afficher la grille
Ctrl+Maj+Tab	alterner entre le mode diapositive et le mode plan
Ctrl+M	ajouter une nouvelle diapositive courante

Saisie et modifications

Ctrl+Z	annuler une action
Ctrl+Y	rétablir une action annulée
F4	répéter la dernière action
Entrée	créer un nouveau paragraphe
Ctrl+Suppr	supprimer le mot d'après
Ctrl+Retour arrière	supprimer le mot d'avant
Ctrl+C	copier la sélection vers le presse-papiers
Ctrl+X	couper la sélection vers le presse-papiers
Ctrl+V	coller le contenu du presse-papiers
Ctrl+F	rechercher un texte
Ctrl+H	remplacer un texte

➜

Maj+F7	rechercher un synonyme
F7	vérifier la grammaire et l'orthographe

Déplacement

Flèche gauche	le caractère précédent
Flèche droite	le caractère suivant
Ctrl+Flèche gauche	le mot précédent
Ctrl+Flèche droite	le mot suivant
Flèche haut	la ligne précédente
Flèche bas	la ligne suivante
Origine	le début de la ligne
Fin	la fin de la ligne
Ctrl+Origine	le début du texte
Ctrl+Fin	la fin du texte

Mise en forme

Ctrl+Maj+F	afficher la boîte Police
Ctrl+G	mettre en gras
Ctrl+I	mettre en italique
Ctrl+U	souligner
Ctrl+=	mettre en indice
Ctrl+MAj+=	mettre en exposant
Maj+F3	changer la casse d'un texte
Ctrl+Barre d'espace	retirer la mise en forme de caractères
Ctrl+Maj+G	aligner un paragraphe à gauche
Ctrl+Maj+D	aligner un paragraphe à droite
Ctrl+E	centrer un paragraphe
Ctrl+J	justifier un paragraphe sauf sa dernière ligne

Annexe

D

Principaux raccourcis clavier Outlook

Commandes globales

F1	afficher l'aide
Ctrl+1	courrier
Ctrl+2	calendrier
Ctrl+3	contacts
Ctrl+4	tâches
Ctrl+5	notes
Ctrl+6	liste des dossiers dans le volet de navigation
Ctrl+7	liste des raccourcis
Tab	Se déplacer vers la zone suivante (navigation, messages, *etc.*)
Maj+Tab	Se déplacer vers la zone précédente (navigation, messages, *etc.*)
Ctrl+Tab	Se déplacer vers l'élément suivant de la même zone
Ctrl+Maj+Tab	Se déplacer vers l'élément précédent de la même zone
Maj+F9	afficher la grille
Ctrl+Maj+Tab	alterner entre le mode diapositive et le mode plan
Ctrl+E	effectuer une recherche

Création d'éléments

Ctrl+Maj+A	créer un rendez-vous
Ctrl+Maj+C	créer un contact
Ctrl+Maj+E	créer un dossier
Ctrl+Maj+M	créer un message
Ctrl+Maj+K	créer une tâche

Messagerie électronique

Ctrl+Maj+I	boîte de réception
Ctrl+Maj+O	boîte d'envoi
Ctrl+K	vérifier les noms
Alt+S	envoyer
Ctrl+R	répondre à un message
Ctrl+Maj+R	répondre à tous
Ctrl+F	transférer
F9	envoyer/recevoir
Ctrl+N	nouveau message
Ctrl+Maj+B	ouvrir le carnet d'adresses
Ctrl+Q	marquer comme lu
Ctrl+U	marquer comme non lu

Calendrier

Ctrl+N	créer un rendez-vous
Alt+Page précédente (PgPr)	mois précédent
Alt+Page suivante (PgSv)	mois suivant
Alt+Flèche haut	semaine précédente
Alt+Flèche bas	semaine suivante
Alt+Origine	début de semaine
Alt+Fin	fin de semaine

Annexe E

Principaux raccourcis clavier OneNote

Commandes globales

F1	afficher l'aide
Ctrl+O	ouvrir un bloc-notes
Ctrl+N	nouvelle page
Ctrl+Maj+N	nouvelle sous-page
Ctrl+P	ouvre la boîte Imprimer
Ctrl+Tab	section suivante
Ctrl+Maj+Tab	section précédente
F11	afficher en plein écran
Ctrl+1 à Ctrl+9	insérer une balise

Saisie et modifications

Ctrl+Z	annuler une action
Ctrl+Y	rétablir une action annulée
Entrée	créer un nouveau paragraphe
Ctrl+Suppr	supprimer le mot d'après
Ctrl+Retour arrière	supprimer le mot d'avant
Ctrl+C	copier la sélection vers le presse-papiers
Ctrl+X	couper la sélection vers le presse-papiers
Ctrl+V	coller le contenu du presse-papiers
Ctrl+F	se placer sur la zone Rechercher
F7	vérifier l'orthographe
Alt+Maj+F	ajouter la date et l'heure
Ctrl+K	insérer un lien

Déplacement

Flèche gauche	le caractère précédent
Flèche droite	le caractère suivant
Ctrl+Flèche gauche	le mot précédent

→

Ctrl+Flèche droite	le mot suivant
Flèche haut	la ligne précédente
Flèche bas	la ligne suivante
Origine	le début de la ligne
Fin	la fin de la ligne
Tab	sélectionner la note suivante quand une note est déjà sélectionnée
Ctrl+Origine	sélectionner la première note de la page
Ctrl+Fin	sélectionner la dernière note de la page

Mise en forme

Ctrl+G	mettre en gras
Ctrl+I	mettre en italique
Ctrl+S	souligner
Ctrl+=	mettre en indice
Ctrl+MAj+=	mettre en exposant

Index

Cet index est divisé en six parties consacrées successivement à Office 2010, Word 2010, Excel 2010, PowerPoint 2010, Outlook 2010 et OneNote 2010.

Office 2010

A

B

D

F

O

R

T

Word 2010

A

B

C

D

E

J

L

M

N

O

P

R

S

C

D

E

F

G

H

I

L

P

Q

R

S

T

V

W

Z

PowerPoint 2010

A

C

D

F

G

I

L

M

N

P

Outlook 2010

O

P

R

S

OneNote 2010

B

D

E

G

H

I

L

M

N

O

P

S

T

W